刑事法律适用与案例指导丛书

总主编 胡云腾

贪污贿赂罪、渎职罪案件
法律适用与案例指导

本册 │ 主 编 程庆颐
│ 副主编 丁学君

人民法院出版社

图书在版编目（ＣＩＰ）数据

贪污贿赂罪、渎职罪案件法律适用与案例指导 / 程庆颐主编；丁学君副主编. -- 北京 : 人民法院出版社，2023.11
（刑事法律适用与案例指导丛书 / 胡云腾总主编）
ISBN 978-7-5109-3919-8

Ⅰ. ①贪… Ⅱ. ①程… ②丁… Ⅲ. ①贪污贿赂罪－审判－案例－中国②渎职罪－审判－案例－中国 Ⅳ. ①D924.392.5②D924.393.5

中国国家版本馆CIP数据核字(2023)第189383号

贪污贿赂罪、渎职罪案件法律适用与案例指导

程庆颐　主编　　丁学君　副主编

策划编辑　韦钦平　郭继良
责任编辑　王　婷
执行编辑　高　晖
封面设计　尹苗苗
出版发行　人民法院出版社
地　　址　北京市东城区东交民巷 27 号（100745）
电　　话　（010）67550673（执行编辑）　　67550558（发行部查询）
　　　　　　　　65223677（读者服务部）
客 服 QQ　2092078039
网　　址　http://www.courtbook.com.cn
E － mail　courtpress@sohu.com
印　　刷　三河市国英印务有限公司
经　　销　新华书店

开　　本　787 毫米×1092 毫米　1/16
字　　数　1183 千字
印　　张　48.5
版　　次　2023 年 11 月第 1 版　2024 年 7 月第 2 次印刷
书　　号　ISBN 978 - 7 - 5109 - 3919 - 8
定　　价　158.00 元

刑事法律适用与案例指导丛书
编辑委员会

贪污贿赂罪、渎职罪案件法律适用与案例指导
编委会

主　编：程庆颐

副主编：丁学君

撰稿人（按写作顺序）：

张　伟　苏庆松　左树芳　张文波　杨阿荣

张善密　李草原　康　朝　王思睿　孔雨龙

张家磊　张　璇　娄海亮　王丹丹　胡庆雷

出版说明

人民法院的刑事审判工作是党领导人民规制犯罪和治理社会的重要渠道和有效手段，发挥着保障人权，惩罚犯罪，维护社会公平正义，保障社会安定团结的重要职能。在全面建设社会主义现代化国家的新征程上，刑事审判要深入贯彻落实习近平法治思想，全面贯彻党的二十大精神，落实总体国家安全观，紧紧围绕"公正与效率"主题着力提升刑事案件审判水平，充分发挥审判职能作用，更好服务推进中国式现代化，助推以新安全格局保障新发展格局。

司法实践的复杂性与不断发展变化性导致实务中出现的大量问题总是超越立法时的设计。面对层出不穷的各类实务问题，唯有不断加强法律适用研究才能妥当处置。而法律适用研究不单单是法教义学的使命和主题，通过刑事政策的居高引领，强调政治效果、法律效果和社会效果的高度统一也是应有之义。因此，本丛书的出发点和目的地就是试图从妥当处置实务问题的角度出发，通过法律适用问题的研究，回应法律实务之需，为法律实务工作者提供必备的工具助手和法律智囊。

本套丛书以习近平法治思想为指导，其内容涵盖刑法总则，危害公共安全，破坏社会主义市场经济秩序，金融犯罪，侵犯公民人身权利、民主权利，侵犯财产，妨害社会管理秩序，毒品犯罪，贪污贿赂、渎职，刑事诉讼十个专题。在最高人民法院有关领导和专家的指导帮助下，丛书编写汇聚了北京市高级人民法院、黑龙江省高级人民法院、上海市高级人民法院、江苏省高级人民法院、浙江省高级人民法院、山东省高级人民法院、云南省高级人民法院、天津市第一中级人民法院、上海市第一中级人民法院、重庆市第五中级人民法院刑事审判庭的集体智慧。丛书立足刑事审判业务前沿，从司法实务中具体的疑难问题出发，结合刑事法理论认真进行法律适用研究，提炼问题、分析问题并最终解决问题，以期在刑事案件的侦查、公诉、辩护和审判中对读者能有所裨益。质言之，丛书具有如下三大特点：

（一）全面性、系统性

本套丛书定位为全面系统梳理整个刑事法律实务内容的大型实务工具书，其全面性系统性表现在：一是从各类犯罪构成要件、审判态势、审判原则、审判理念到审判所涉及的法律法规、司法解释、刑事审判政策等审判依据的全面系统梳理阐述；二是从最高人民法院、最高人民检察院指导性案例、公报案例，到近10年来刑事审判参考案例、最高人民法院公布的典型案例、人民法院案例选案例、地方法院新型疑难典型案例的全面归纳整理；三是对审判实践中的重点、疑难新型问题全面系统梳理提炼。以上三点亦是本丛书中各类犯罪各章、节的组成部分，内容由总到分，由点及面，层层递进，步步深入，观照每一节内容的系统性和完整性，从而保障了丛书的全面性系统性。

（二）针对性、实用性

本套丛书着眼于刑事审判实践中的重点、疑难新型问题，具有极强的针对性。实务中问题的筛选范围时间跨度长达10年，不仅收录了审判实践前沿问题，亦收录了司法解释明确，但实践中存在理解不一致、不准确的问题，采用一问一案或多案解读的模式，详细阐明事理法理情理，鲜活生动，深入透彻。同时，对于类案审判实务中较难把握的审判价值取向、刑事政策等类案裁判规则集中进行了阐释分析。丛书收录近2000个问题，多达1800余个案例，涉及约300个罪名，力求在目录和案例标题中呈现每一个细致的问题，以便检索，增强实用性和便捷性。

（三）权威性、准确性

本套丛书以最高人民法院司法裁判资源为基础，精选案例、提炼观点，由审判实践一线的专家型、学者型法官及审判业务骨干参与编写，并由最高人民法院专家型法官把关，观点来源权威。选取地方法院案例时要求在裁判观点上与最高人民法院的案例观点保持一致，而且各观点之间要在法律适用上保持统一性，避免前后矛盾、裁判依据不统一等问题。准确性主要体现在两方面：一是法律法规、司法解释等审判依据的有效性、规范性，确保适用的是最新的立法和司法解释；二是案例和问题提炼精准。

需要说明的是各类案例在内容编写时，考虑篇幅的问题，对部分内容进行了适当删减和修改。

囿于编写者和编辑水平能力有限，丛书在内容上难免挂一漏万，不当与错误之处，敬请读者批评指正。

编者

2023 年 10 月

前 言

依法惩治重大职务犯罪，是全面从严治党、坚定不移反对腐败、促进廉洁政治建设的必然要求。党的十八大以来，天津市第一中级人民法院全面贯彻习近平法治思想，始终坚持党对职务犯罪审判工作的绝对领导，在最高法院和市高院的有力指导下，以高质量办理重大职务犯罪案件服务保障反腐败工作大局，大力加强职务犯罪大案要案审判工作，始终保持严惩腐败的高压态势，先后审理了周永康、令计划、孙政才、孟宏伟、赵正永、王富玉等一系列最高人民法院指定管辖的重大职务犯罪案件，不仅在案件审理上实现了政治效果、社会效果和法律效果的有机统一，还积累了丰富的职务犯罪审判经验，储备了精良的职务犯罪审判团队。

新时代新征程对人民法院的职务犯罪审判工作提出了新的更高要求。近年来，新的职务犯罪案件类型层出不穷，司法认定也面临新问题、新形势、新挑战，亟需新理念、新方法、新观点作为支撑。为进一步深入学习贯彻习近平法治思想，推进职务犯罪审判工作高质量发展，不断促进职务犯罪审判能力、审判水平的提升，天津一中院高度重视此次职务犯罪审判经验传承和延续的契机，并由负责审理职务犯罪案件的刑事审判第二庭抽调审判骨干力量组成写作团队，结合以往办案实践经验，就贪污、贿赂和渎职犯罪中的各类疑难复杂问题进行了深入探讨和梳理，并整理、总结和提炼出职务犯罪审判实践中的独特经验和解决方案。

由于专业理论水平有限，加之职务犯罪司法实务研究不断推陈出新，本书的一些观点难免存在疏漏和讹误，恳请实务界各位读者批评指正，不吝赐教。

目录

第一章 贪污罪

第二章　挪用公款罪

第三章　受贿罪

第四章　单位受贿罪

第五章　利用影响力受贿罪

第六章　行贿罪

第七章　对有影响力的人行贿罪

第八章 对单位行贿罪

第九章 介绍贿赂罪

第十章　单位行贿罪

第十一章 巨额财产来源不明罪

第十二章 隐瞒境外存款罪

第十三章 私分国有资产罪

第十四章 私分罚没财物罪

第十五章 滥用职权罪

第十六章　玩忽职守罪

第十七章 徇私枉法罪

第十八章　民事、行政枉法裁判罪

第十九章　执行判决、裁定失职罪，执行判决、裁定滥用职权罪

第二十章　枉法仲裁罪

第二十一章　私放在押人员罪

第二十二章　失职致使在押人员脱逃罪

第二十三章　徇私舞弊减刑、假释、暂予监外执行罪

第二十四章 徇私舞弊不移交刑事案件罪

第二十五章 滥用管理公司、证券职权罪

第二十六章 徇私舞弊不征、少征税款罪

第二十七章　徇私舞弊发售发票、抵扣税款、出口退税罪

第二十八章　违法提供出口退税凭证罪

第二十九章　国家机关工作人员签订、履行合同失职被骗罪

第三十章　违法发放林木采伐许可证罪

第三十一章　环境监管失职罪

第三十二章　食品、药品监管渎职罪

第三十三章　传染病防治失职罪

第三十四章 非法批准征收、征用、占用土地罪，非法低价出让国有土地使用权罪

第三十五章　放纵走私罪

第三十六章　商检徇私舞弊罪

第三十七章　商检失职罪

第三十八章　动植物检疫徇私舞弊罪

第三十九章　动植物检疫失职罪

第四十章　放纵制售伪劣商品犯罪行为罪

第四十一章　办理偷越国（边）境人员出入境证件罪、放行偷越国（边）境人员罪

第四十二章 不解救被拐卖、绑架妇女、儿童罪，阻碍解救被拐卖、绑架妇女、儿童罪

第四十三章 帮助犯罪分子逃避处罚罪

第四十四章　招收公务员、学生徇私舞弊罪

第四十五章　失职造成珍贵文物损毁、流失罪

第四十六章　故意泄露国家秘密罪、过失泄露国家秘密罪

第一章
贪污罪

第一节　贪污罪概述

一、贪污罪的概念及构成要件

贪污罪，是指国家工作人员利用职务上的便利，侵吞、窃取、骗取或者以其他手段非法占有公共财物的行为。

（一）客体要件

本罪侵犯的客体是复杂客体，既侵犯了公共财物的所有权，又侵犯了国家机关、国有企业事业单位的正常活动以及国家工作人员职务行为的廉洁性，但主要侵犯了国家工作人员职务行为的廉洁性。在国有公司、企业中，具有国家工作人员身份的人，侵吞本公司、企业的财物，当然侵犯了公共财物的所有权。在中外合资和中外合作企业、股份制公司、企业中，中方和国有资产大都占控股地位或主导地位，其财产仍可视为公共财产，即使不占主导地位和控股地位，其中一部分财产仍属公共财产，因此，具有国家工作人员身份的人利用职务的便利，侵吞上述公司、企业的财物，仍属于侵犯公共财物的所有权。

本罪的犯罪对象是公共财物或非国有单位财物。其中，当然的国家工作人员而为的贪污罪的对象，是公共财物；拟定的国家工作人员中受国家机关、国有公司、企业、事业单位、人民团体委托管理、经营国有财产的人员而为的贪污罪的对象，是公共（国有）财物；在国有单位从事公务的人员而为的贪污罪的对象，是国有财产；受国有单位委派到非国有单位从事公务的人员而为的贪污罪的对象，是国有或非国有单位财物；勾结、伙同国家工作人员或受国家机关、国有公司、企业、事业单位和人民团体委托管理、经营国有财产的人员而为的贪污罪的对象，既可以是公共财物，也可以是国有财产。因此，一般来说，贪污罪的对象是公共财物或非国有单位财物。所以，作为贪污罪客体物质表现的对象有：一是公共财物；二是国有财物；三是非国有单位的财物。

根据《刑法》第 91 条规定，公共财物分为两类：其一，当然的公共财物。包括：国有财产、劳动群众集体所有的财产以及用于扶贫和其他公益事业的社会捐助或者专项基金的财产。其中，国有财产，是指国家机关、国有公司、企业、事业单位和人民团体所拥有的财产；劳动群众集体所有的财产，是指集体经营组织所拥有的所有权属于该组织全体成员共同所有的财产；扶贫和其他公益事业的社会捐助或者专项基金的财产，是指通过捐助或专项基金手段募集的用于扶贫或其他公益事业的慈善性质的款物。其二，拟定的公共财物，即国有公司、企业、集体企业和人民团体管理、使用或运输中的私人财产。其中，根据《刑法》第 92 条的规定，私人财产包括：公民的合法收入、储蓄、房屋和其他生活资料；依法归个人、家庭所有的生产资料；个体户和私营企业的合法财产；依法归个人所有的股份、股票、债券和其他财产。拟定的公共财产的所有权虽然实际上属于公民个人，但是由于它们处于国有公司、企业、集体企业和人民团体管理、使用或运输中，对其应以公共财产论。

另外，根据《刑法》第 171 条第 2 款的规定，非国有单位的财物，是指非国有公司、企事业单位和社会团体所有的财物。

（二）客观要件

本罪的客观方面表现为利用职务之便，侵吞、窃取、骗取或者以其他手段非法占有公共财物的行为。这是贪污罪区别于盗窃、诈骗、抢夺、侵占等侵犯财产罪的重要特征。

所谓利用职务上的便利，是指行为人利用其职责范围内主管、经手、管理公共财产的职权所形成的便利条件，假借执行职务的形式非法占有公共财物，而不是因工作关系或主体身份所带来的某些方便条件，如因工作关系而熟悉作案环境，凭借工作人员身份进出某些机关、单位的方便等。所谓"主管"，是指具有调拨、转移、使用或者以其他方式支配公共财产的职权，例如，厂长、经理等具有的一定范围内支配企业内部公共财产的权力；所谓"经手"，是指具有领取、支出等经办公共财物流转事务的权限；所谓"管理"，是指具有监守或保管公共财物的职权，例如会计员、出纳员、保管员等具有监守和保管公共财物的职权。行为人如果利用职务上主管、经手、管理公共财物的便利，而攫取公共财物的，就可构成贪污罪。

贪污手段多种多样，但归纳起来不外乎采取侵吞、窃取、骗取或者其他手段非法占有公共财物。

侵吞财物，是指行为人将自己管理或经手的公共财物非法转归自己或他人所有的行为。概括起来侵吞的方法主要有三种：一是将自己管理或经手的公共财物加以隐匿、扣留，应上交的不上交，应支付的不支付，应入账的不入账。二是将自己管理、使用或经手的公共财物非法转卖或擅自赠送他人。三是将追缴的赃款赃物或罚没款物私自用掉或非法据为私有。

窃取财物，是指行为人利用职务之便，采取秘密窃取的方式，将自己管理的公共财物非法占有的行为，也就是通常所说的"监守自盗"。如果出纳员仅是利用对本单位情况熟悉的条件，盗窃由其他出纳员经管的财物，则构成盗窃罪。

骗取财物，是指行为人利用职务之便，采取虚构事实或隐瞒真相的方法，非法占有公共财物的行为。例如，出差人员用涂改或伪造单据的方法虚报或谎报支出冒领公款，工程负责人多报工时或伪造工资表冒领工资，收购人员谎报收购物资等级从中骗取公款等。

其他方法，是指除了侵吞、盗窃、骗取之外，其他非法占有公共财物的方法，主要包括：（1）内外勾结，"迂回贪污"。即国家工作人员利用职务上的便利，内外勾结，将自己管理、经营的公共（国有）财物以"合法"形式，转给与其勾结的外部人员，然后再迂回取回，据为己有。（2）公款私存、私贷坐吃利息。（3）利用回扣非法占有公款。即行为人在为本单位购买货物时，将卖方以购货款中抽出一部分作为回扣的款项占为己有的行为。（4）利用合同非法占有公款。即行为人在为本单位购买货物、推销产品等经济活动中，在与他人签订合同时，双方恶意串通，提高合同标的价格，然后将抬高的差价私分等。（5）间接贪污。如国家工作人员利用职务之便，使用单位雇请的工人为自己干活等。（6）占有应交单位的劳务收入。（7）挪用公共财物后进行平账的。（8）以借用为名，或者谎称公款被骗、被抢而实际自己占有公共财物的。（9）利用新技术手段进行贪污。即行为人利用职务便利，运用新的科技手段进行贪污的行为。主要有银行工作人员利用微机侵吞公款、套取利息，证券从业人员利用技术手段侵吞股金、红利等。

（三）主体要件

本罪的主体是特殊主体，即必须是国家工作人员。根据《刑法》第93条的规定，所谓国家工作人员，是指国家机关中从事公务的人员。国有公司、企业、事业单位、人民团体中从事公务的人员和国家机关、国有公司、企业、事业单位委派到非国有公司、企业、事业单位、社会团体从事公务的人员，以及其他依照法律从事公务的人员，以国家工作人员论。此外，根据本条第2款的规定，受国家机关、国有公司、企业、事业单位、人民团体委托管理、经营国有财产的人员，也可以成为本罪的主体。不具有上述特殊身份的一般公民与上述人员勾结，伙同贪污的，以贪污罪的共犯论处。

这里的"其他依照法律从事公务的人员"应当具有两个特征：一是在特定条件下行使国家管理职能；二是依照法律规定从事公务。具体包括：（1）依法履行职责的各级人民代表大会代表；（2）依法履行审判职责的人民陪审员；（3）协助乡镇人民政府、街道办事处从事行政管理工作的村民委员会、居民委员会等农村和城市基层组织人员；（4）其他由法律授权从事公务的人员。

从事公务，是指代表国家机关、国有公司、企业、事业单位、人民团体等履行组织、领导、监督、管理等职责。公务主要表现为与职权相联系的公共事务以及监督、管理国有财产的职务活动。如国家机关工作人员依法履行职责，国有公司的董事、经理、监事、会计、出纳人员等管理、监督国有财产等活动，属于从事公务。那些不具备职权内容的劳务活动、技术服务工作，如售货员、售票员等所从事的工作，一般不认为是公务。

总之，行为人在具有依法从事公务的前提下，在与其职务身份相对应的单位履行职责时，才有成为贪污罪主体的可能，而无论其是属于当然的国家工作人员还是属于拟定的国家工作人员。此外，据《刑法》第382条第3款规定，勾结、伙同国家工作人员贪污的，以贪污共犯论处。

（四）主观要件

本罪在主观方面是直接故意，并具有非法占有公共财物的目的。过失不构成本罪。故意的具体内容表现为行为人明知自己利用职务之便所实施的行为会发生非法占有公共

（国有）财物或非国有单位财物的结果，并且希望这种结果的发生。犯罪的目的，是非法占有公共（国有）财物或非国有单位财物，既可以是行为人企图将公共（国有）财物或非国有单位财物永久地占为己有，也可以是行为人希望将公共（国有）财物或非国有单位财物非法获取后转送他人。另外，贪污罪不以特定的犯罪动机为其主观方面的必备要素，只要行为人故意实施了利用职务之便非法占有公共（国有）财物或非国有单位财物的行为，无论出于何种动机，均可构成贪污罪。

以上四个要件必须同时具备，才有可能构成贪污罪。如果贪污数额较小，情节显著轻微的，一般也不以贪污罪论处，而给以党纪、政纪处分。

二、贪污罪案件审理情况

贪污罪及其处罚是 1997 年《刑法》吸收、修改 1979 年《刑法》和单行刑法所作出的规定。1979 年《刑法》第 155 条规定："犯贪污罪，处五年以下有期徒刑或者拘役；数额巨大，情节严重的，处五年以上有期徒刑；情节特别严重的，处无期徒刑或者死刑。""犯前款罪的，并处没收财产，或者判令退赔。""受国家机关、企业、事业单位、人民团体委托从事公务的人员犯第一款罪的，依照前两款的规定处罚。" 1988 年 1 月 21 日起施行的《全国人民代表大会常务委员会关于惩治贪污罪贿赂罪的补充规定》第 1 条规定："国家工作人员、集体经济组织工作人员或者其他经手、管理公共财物的人员，利用职务上的便利，侵吞、盗窃、骗取或者以其他手段非法占有公共财物的，是贪污罪。""与国家工作人员、集体经济组织工作人员或者其他经手、管理公共财物的人员勾结，伙同贪污的，以共犯论处。"第 2 条规定："对犯贪污罪的，根据情节轻重，分别依照下列规定处罚：（1）个人贪污数额在 5 万元以上的，处 10 年以上有期徒刑或者无期徒刑，可以并处没收财产；情节特别严重的，处死刑，并处没收财产。（2）个人贪污数额在 1 万元以上不满 5 万元的，处 5 年以上有期徒刑，可以并处没收财产；情节特别严重的，处无期徒刑，并处没收财产。（3）个人贪污数额在 2000 元以上不满 1 万元的，处 1 年以上 7 年以下有期徒刑；情节严重的，处 7 年以上 10 年以下有期徒刑。个人贪污数额在 2000 元以上不满 5000 元，犯罪后自首、立功或者有悔改表现、积极退赃的，可以减轻处罚，或者免予刑事处罚，由其所在单位或者上级主管机关给予行政处分。（4）个人贪污数额不满 2000 元，情节较重的，处 2 年以下有期徒刑或者拘役；情节较轻的，由其所在单位或者上级主管机关酌情给予行政处分。""二人以上共同贪污的，按照个人所得数额及其在犯罪中的作用，分别处罚。对贪污集团的首要分子，按照集团贪污的总数额处罚；对其他共同贪污犯罪中的主犯，情节严重的，按照共同贪污的总数额处罚。""对多次贪污未经处理的，按照累计贪污数额处罚。" 1997 年《刑法》对上述规定作了修改，通过两个条文对贪污罪及其量刑标准做了专门规定。

2015 年 11 月 1 日施行的《刑法修正案（九）》第 44 条对《刑法》第 383 条的规定作了修改，删去了贪污罪定罪量刑的具体数额，改为"数额＋情节"的定罪量刑标准，并针对重特大贪污受贿犯罪增加规定终身监禁措施。

贪污罪作为贪污渎职犯罪的主要罪名，案件数量较多。通过中国裁判文书网检索，2018 年至 2022 年间，全国法院审结一审贪污罪刑事案件共计 10298 件，其中，2018 年 4298 件，2019 年 3170 件，2020 年 2011 件，2021 年 694 件，2022 年 125 件。

司法实践中，贪污罪案件主要呈现出以下特点及趋势：一是近些年案件数量整体呈现出逐年下降的趋势，主要原因是近些年来党中央的反腐败威慑力正在显现，不敢腐、不能腐、不想腐的一体机制正在形成，国家工作人员产生畏惧心理，犯案数量有所下降。二是案件本身呈现出行业性、系统性贪腐特点，如金融领域、粮食购销领域、国有大型企业等资源富集、资金富集领域，且涉案金额不断攀升。三是犯罪手段更加隐蔽，犯罪行为更加复杂，案件审查调查及审理难度均高于以往此类案件，对调查机关和司法机关在证据提取与审查、采信以及查明钱款去向等事项上都提出了更高的要求。

三、贪污罪案件审理热点、难点问题

（一）审判实践中，贪污罪多与其他犯罪行为相互交织，难以区分

首先是贪污罪与盗窃罪、诈骗罪、侵占罪在犯罪对象、行为方式以及犯罪主体等方面虽存在一定区别，但仍具有相当的重合性，容易混淆。尤其在行为方式上，前者的行为包括利用职务之便的侵吞、窃取、骗取及其他手段，后者的行为分别是特定的窃取、骗取与侵占行为，不存在利用职务之便的问题，那么二者区分的关键就在于对"利用职务之便"的分析与界定。而对于此，通常理解为"利用职务上主管、管理、经手公共财物的权力及方便条件"，但在该理解中，主管、管理、经手等词语的内涵与外延并不明晰，在具体案件适用中仍需要进一步解释，缺乏明确的判断标准。其次，关于一罪与数罪问题也是审理贪污案件的难点问题。例如，行为人通过伪造国家机关公文、证件等方式而担任国家工作人员职务，在担任职务期间，实施了贪污行为，对此行为该是以一罪还是数罪论处？在司法实践中认识并不统一。

（二）贪污罪的犯罪手段越来越隐蔽，案件审理难度越来越大

随着经济社会的迅速发展，贪污犯罪的手段越来越多样化，尤其是一些经过精心设计，制造烦琐程序，利用其他下属国家工作人员实施的犯罪。这些犯罪往往通过正常的经济活动，采用幕后操纵、强权介入的方式以达到贪污的目的。一些国家工作人员利用职务上主管的便利实施贪污犯罪，其虽然不具体管理，经手公共财物，但具有调拨、支配、转移、使用或者以其他方法支配公共财物的职权，这类人包括部门的负责人、上级分管的领导以及系统的主要领导或者更高层次的领导，他们利用自己的职权进行新型的贪污犯罪。例如，通过单位之间的正常经济交往活动，从而将单位用公款购买的名酒据为己有。还有的通过借壳走程序以实现贪污的目的，在外界看来手续齐备、程序完整，事实上贪污手段非常隐蔽。还有的在幕后操纵，指使、利用其他国家工作人员实施的行为贪污，这些新类型贪污案件的审理难度比以往大大提升。

（三）行为人有时存在复合型的主观故意，难以准确区分

在贪污案件审判实务中，有些行为人在犯罪行为初始阶段并没有非常明确的归个人所有的贪污故意，而只是具有一种含混的、概括的、复合的占有目的。例如，一方面希望规避单位的财务制度，设立账外之账，将沉淀下来的资金作为"小金库"处理一些单位的违规支出，另一方面也希望浑水摸鱼，从中为个人渔利，而这种由个人非法占有使用的目的可能出现在行为伊始，也可能是在行为发展过程中逐渐萌生的。因此，在认定行为人具有贪污犯罪的主观故意时，应综合考量行为人非法占有的手段如何、非法占有

的时间长短、是否有其他人知情以及知情面大小等客观方面，将贪污行为与违纪行为、私设"小金库"行为区分开来。

四、贪污罪案件办案思路及原则

（一）办理贪污案件时，应注意审查相关证据标准的问题

职务犯罪的调查要求被调查人的犯罪事实应有确实、充分的证据证明。因此，在审查犯罪嫌疑人是否构成贪污罪时，应重点审查：（1）证明犯罪主体身份的证据。包括证明犯罪嫌疑人身份、职务的证据，证明单位性质的证据，是否因贪污、受贿、挪用公款而受到党纪、行政处分，以及其他自然人信息，包括姓名、性别等证据。（2）证明犯罪嫌疑人具有非法占有公共财物的主观故意的证据。包括犯罪嫌疑人供述和辩解、账册、银行凭证与票据、相关笔迹、赃款用途以及去向等证据。（3）证明犯罪嫌疑人利用职务之便侵吞、骗取或者以其他手段非法占有公共财物的行为的证据。包括犯罪嫌疑人工作职责以及上下级之间，同一部门同事之间不同分工等书证、证明作案时间、地点、过程的证据、相关关联人员的证言等。（4）证明贪污款项性质的证据。即审查贪污的款项是否是用于救灾、抢险、防汛等特殊款项的证据。

（二）办理贪污案件时，应注意对犯罪数额的认定

根据《刑法》第383条第1款第1项以及《最高人民法院、最高人民检察院关于办理贪污贿赂刑事案件适用法律若干问题的解释》（法释〔2016〕9号）第1条的规定，个人贪污数额1万元以上不满3万元的，只有同时具有"较重情节"的才构成贪污罪。该司法解释较为详尽地总结了"情节较重"的具体体现，主要包括贪污款项对象特定，如贪污救灾救济等特定款项；或者态度恶劣，如拒不交代赃款赃物去向或拒不配合追缴工作，致使无法追缴的或造成其他恶劣影响或严重后果的；或者曾因贪污、受贿、挪用公款受到党纪、行政处分或曾因故意犯罪受过刑事追究，又进行贪污的等等。如果不具有此类较重情节，贪污公共财物不满3万元的，不以犯罪论处，可以由单位予以行政纪律处分。

（三）办理贪污案件时，应准确认定共犯及案件定性

《刑法》第382条第3款规定：与国家工作人员或者受委托管理、经营国有财产的人员勾结，伙同贪污的，以共犯论处。与上述人员伙同贪污的人员的身份，《刑法》并没有予以明确限制，其在共同犯罪中的地位、作用，《刑法》亦未予以限定。因此，这部分人不论是否属于国家工作人员，是否属于被委托管理、经营国有财产的人员，也不论其在共同犯罪中处于主犯还是从犯的地位，都构成贪污罪的共犯，对所有共同犯罪人均应以贪污罪定罪处罚。其中，参与共同犯罪的人，必须是利用了其中的国家工作人员或者受委托管理、经营国有财产人员的职务上的便利，非法占有了公共财物或国有财物。对此，《最高人民法院关于审理贪污、职务侵占案件如何认定共同犯罪几个问题的解释》已经予以明确规定。关于国家工作人员与非国有公司、企业等单位工作人员共同在一合资公司、企业等单位工作，相互勾结，共同侵吞单位财物的，上述司法解释第3条明确规定："公司、企业或者其他单位中，不具有国家工作人员身份的人与国家工作人员勾结，分别利

用各自的职务便利，共同将本单位财物非法占为己有的，按照主犯的犯罪性质定罪"。值得注意的是，这与前条司法解释规定之不同之处在于，前条司法解释规定的是行为人本身不具有职务上的便利，而是纯粹利用国家工作人员的职务便利，非法占有公共财物，按照《刑法》第382条第3款的规定定罪处罚。本条司法解释则是对具有不同身份共同犯罪的各行为人，分别利用自己的职务便利，伙同侵吞本单位财物时，如何对全案定性作出的特别规定。

另外需要指出的是，在国家工作人员与不具有国家工作人员身份的人，分别利用各自职务便利，共同将本单位财物非法占为己有的共同犯罪中，有时可能难以分出主从犯。对此，根据《全国法院审理经济犯罪案件工作座谈会纪要》之精神，全案可以以贪污罪定罪处罚。

第二节　贪污罪审判依据

一、法律

《刑法》（2020年12月26日修正）（节录）

第三百八十二条　国家工作人员利用职务上的便利，侵吞、窃取、骗取或者以其他手段非法占有公共财物的，是贪污罪。

受国家机关、国有公司、企业、事业单位、人民团体委托管理、经营国有财产的人员，利用职务上的便利，侵吞、窃取、骗取或者以其他手段非法占有国有财物的，以贪污论。

与前两款所列人员勾结，伙同贪污的，以共犯论处。

第三百八十三条　对犯贪污罪的，根据情节轻重，分别依照下列规定处罚：

（一）贪污数额较大或者有其他较重情节的，处三年以下有期徒刑或者拘役，并处罚金。

（二）贪污数额巨大或者有其他严重情节的，处三年以上十年以下有期徒刑，并处罚金或者没收财产。

（三）贪污数额特别巨大或者有其他特别严重情节的，处十年以上有期徒刑或者无期徒刑，并处罚金或者没收财产；数额特别巨大，并使国家和人民利益遭受特别重大损失的，处无期徒刑或者死刑，并处没收财产。

对多次贪污未经处理的，按照累计贪污数额处罚。

犯第一款罪，在提起公诉前如实供述自己罪行、真诚悔罪、积极退赃，避免、减少损害结果的发生，有第一项规定情形的，可以从轻、减轻或者免除处罚；有第二项、第三项规定情形的，可以从轻处罚。

犯第一款罪，有第三项规定情形被判处死刑缓期执行的，人民法院根据犯罪情节等情况可以同时决定在其死刑缓期执行二年期满依法减为无期徒刑后，终身监禁，不得减刑、假释。

二、司法解释

1. **《最高人民法院、最高人民检察院关于办理贪污贿赂刑事案件适用法律若干问题的解释》**（2016 年 4 月 18 日　法释〔2016〕9 号）（节录）

第一条　贪污或者受贿数额在三万元以上不满二十万元的，应当认定为刑法第三百八十三条第一款规定的"数额较大"，依法判处三年以下有期徒刑或者拘役，并处罚金。

贪污数额在一万元以上不满三万元，具有下列情形之一的，应当认定为刑法第三百八十三条第一款规定的"其他较重情节"，依法判处三年以下有期徒刑或者拘役，并处罚金：

（一）贪污救灾、抢险、防汛、优抚、扶贫、移民、救济、防疫、社会捐助等特定款物的；

（二）曾因贪污、受贿、挪用公款受过党纪、行政处分的；

（三）曾因故意犯罪受过刑事追究的；

（四）赃款赃物用于非法活动的；

（五）拒不交待赃款赃物去向或者拒不配合追缴工作，致使无法追缴的；

（六）造成恶劣影响或者其他严重后果的。

……

第二条　贪污或者受贿数额在二十万元以上不满三百万元的，应当认定为刑法第三百八十三条第一款规定的"数额巨大"，依法判处三年以上十年以下有期徒刑，并处罚金或者没收财产。

贪污数额在十万元以上不满二十万元，具有本解释第一条第二款规定的情形之一的，应当认定为刑法第三百八十三条第一款规定的"其他严重情节"，依法判处三年以上十年以下有期徒刑，并处罚金或者没收财产。

……

第三条　贪污或者受贿数额在三百万元以上的，应当认定为刑法第三百八十三条第一款规定的"数额特别巨大"，依法判处十年以上有期徒刑、无期徒刑或者死刑，并处罚金或者没收财产。

贪污数额在一百五十万元以上不满三百万元，具有本解释第一条第二款规定的情形之一的，应当认定为刑法第三百八十三条第一款规定的"其他特别严重情节"，依法判处十年以上有期徒刑、无期徒刑或者死刑，并处罚金或者没收财产。

……

第四条　贪污、受贿数额特别巨大，犯罪情节特别严重、社会影响特别恶劣、给国家和人民利益造成特别重大损失的，可以判处死刑。

符合前款规定的情形，但具有自首，立功，如实供述自己罪行、真诚悔罪、积极退赃，或者避免、减少损害结果的发生等情节，不是必须立即执行的，可以判处死刑缓期二年执行。

符合第一款规定情形的，根据犯罪情节等情况可以判处死刑缓期二年执行，同时裁判决定在其死刑缓期执行二年期满依法减为无期徒刑后，终身监禁，不得减刑、假释。

第十二条　贿赂犯罪中的"财物"，包括货币、物品和财产性利益。财产性利益包括可以折算为货币的物质利益如房屋装修、债务免除等，以及需要支付货币的其他利益如会员服务、旅游等。后者的犯罪数额，以实际支付或者应当支付的数额计算。

第十六条 国家工作人员出于贪污、受贿的故意，非法占有公共财物、收受他人财物之后，将赃款赃物用于单位公务支出或者社会捐赠的，不影响贪污罪、受贿罪的认定，但量刑时可以酌情考虑。

......

第十八条 贪污贿赂犯罪分子违法所得的一切财物，应当依照刑法第六十四条的规定予以追缴或者责令退赔，对被害人的合法财产应当及时返还。对尚未追缴到案或者尚未足额退赔的违法所得，应当继续追缴或者责令退赔。

第十九条 对贪污罪、受贿罪判处三年以下有期徒刑或者拘役的，应当并处十万元以上五十万元以下的罚金；判处三年以上十年以下有期徒刑的，应当并处二十万元以上犯罪数额二倍以下的罚金或者没收财产；判处十年以上有期徒刑或者无期徒刑的，应当并处五十万元以上犯罪数额二倍以下的罚金或者没收财产。

对刑法规定并处罚金的其他贪污贿赂犯罪，应当在十万元以上犯罪数额二倍以下判处罚金。

2. 《最高人民法院关于审理贪污、职务侵占案件如何认定共同犯罪几个问题的解释》（2000 年 6 月 30 日 法释〔2000〕15 号）

为依法审理贪污或者职务侵占犯罪案件，现就这类案件如何认定共同犯罪问题解释如下：

第一条 行为人与国家工作人员勾结，利用国家工作人员的职务便利，共同侵吞、窃取、骗取或者以其他手段非法占有公共财物的，以贪污罪共犯论处。

第二条 行为人与公司、企业或者其他单位的人员勾结，利用公司、企业或者其他单位人员的职务便利，共同将该单位财物非法占为己有，数额较大的，以职务侵占罪共犯论处。

第三条 公司、企业或者其他单位中，不具有国家工作人员身份的人与国家工作人员勾结，分别利用各自的职务便利，共同将本单位财物非法占为己有的，按照主犯的犯罪性质定罪。

3. 《最高人民检察院关于人民检察院直接受理立案侦查案件立案标准的规定（试行）》（1999 年 9 月 16 日 高检发释字〔1999〕2 号）（节录）

贪污案（第 382 条、第 383 条、第 183 条第 2 款、第 271 条第 2 款、第 394 条）

贪污罪是指国家工作人员利用职务上的便利，侵吞、窃取、骗取或者以其他手段非法占有公共财物的行为。

"利用职务上的便利"是指利用职务上主管、管理、经手公共财物的权力及方便条件。

受国家机关、国有公司、企业、事业单位、人民团体委托管理、经营国有财产的人员，利用职务上的便利，侵吞、窃取、骗取或者以其他手段非法占有国有财物的，以贪污罪追究其刑事责任。

"受委托管理、经营国有财产"是指因承包、租赁、聘用等而管理、经营国有财产。

国有保险公司的工作人员和国有保险公司委派到非国有保险公司从事公务的人员利用职务上的便利，故意编造未曾发生的保险事故进行虚假理赔，骗取保险金归自己所有的，以贪污罪追究刑事责任。

国有公司、企业或者其他国有单位中从事公务的人员和国有公司、企业或者其他国有单位委派到非国有公司、企业以及其他非国有单位从事公务的人员，利用职务上的便利，将本单位财物非法占为己有的，以贪污罪追究刑事责任。

国家工作人员在国内公务活动或者对外交往中接受礼物，依照国家规定应当交公而不交公，数额较大的，以贪污罪追究刑事责任。

三、刑事政策文件

《最高人民法院、最高人民检察院关于办理国家出资企业中职务犯罪案件具体应用法律若干问题的意见》（2010 年 11 月 26 日　法发〔2010〕49 号）（节录）

随着企业改制的不断推进，人民法院、人民检察院在办理国家出资企业中的贪污、受贿等职务犯罪案件时遇到了一些新情况、新问题。这些新情况、新问题具有一定的特殊性和复杂性，需要结合企业改制的特定历史条件，依法妥善地进行处理。现根据刑法规定和相关政策精神，就办理此类刑事案件具体应用法律的若干问题，提出以下意见：

一、关于国家出资企业工作人员在改制过程中隐匿公司、企业财产归个人持股的改制后公司、企业所有的行为的处理

国家工作人员或者受国家机关、国有公司、企业、事业单位、人民团体委托管理、经营国有财产的人员利用职务上的便利，在国家出资企业改制过程中故意通过低估资产、隐瞒债权、虚设债务、虚构产权交易等方式隐匿公司、企业财产，转为本人持有股份的改制后公司、企业所有，应当依法追究刑事责任的，依照刑法第三百八十二条、第三百八十三条的规定，以贪污罪定罪处罚。贪污数额一般应当以所隐匿财产全额计算；改制后公司、企业仍有国有股份的，按股份比例扣除归于国有的部分。

所隐匿财产在改制过程中已为行为人实际控制，或者国家出资企业改制已经完成的，以犯罪既遂处理。

第一款规定以外的人员实施该款行为的，依照刑法第二百七十一条的规定，以职务侵占罪定罪处罚；第一款规定以外的人员与第一款规定的人员共同实施该款行为的，以贪污罪的共犯论处。

在企业改制过程中未采取低估资产、隐瞒债权、虚设债务、虚构产权交易等方式故意隐匿公司、企业财产的，一般不应当认定为贪污；造成国有资产重大损失，依法构成刑法第一百六十八条或者第一百六十九条规定的犯罪的，依照该规定定罪处罚。

二、关于国有公司、企业在改制过程中隐匿公司、企业财产归职工集体持股的改制后公司、企业所有的行为的处理

国有公司、企业违反国家规定，在改制过程中隐匿公司、企业财产，转为职工集体持股的改制后公司、企业所有的，对其直接负责的主管人员和其他直接责任人员，依照刑法第三百九十六条第一款的规定，以私分国有资产罪定罪处罚。

改制后的公司、企业中只有改制前公司、企业的管理人员或者少数职工持股，改制前公司、企业的多数职工未持股的，依照本意见第一条的规定，以贪污罪定罪处罚。

四、关于国家工作人员在企业改制过程中的渎职行为的处理

国家出资企业中的国家工作人员在公司、企业改制或者国有资产处置过程中严重不负责任或者滥用职权，致使国家利益遭受重大损失的，依照刑法第一百六十八条的规定，以国有公司、企业人员失职罪或者国有公司、企业人员滥用职权罪定罪处罚。

国家出资企业中的国家工作人员在公司、企业改制或者国有资产处置过程中徇私舞弊，将国有资产低价折股或者低价出售给其本人未持有股份的公司、企业或者其他个人，致使国家利益遭受重大损失的，依照刑法第一百六十九条的规定，以徇私舞弊低价折股、出售国有资产罪定罪处罚。

国家出资企业中的国家工作人员在公司、企业改制或者国有资产处置过程中徇私舞弊，将国有资产低价折股或者低价出售给特定关系人持有股份或者本人实际控制的公司、企业，致使国家利益遭受重大损失的，依照刑法第三百八十二条、第三百八十三条的规定，以贪污罪定罪处罚。贪污数额以国有资产的损失数额计算。

国家出资企业中的国家工作人员因实施第一款、第二款行为收受贿赂，同时又构成刑法第三百八十五条规定之罪的，依照处罚较重的规定定罪处罚。

五、关于改制前后主体身份发生变化的犯罪的处理

国家工作人员在国家出资企业改制前利用职务上的便利实施犯罪，在其不再具有国家工作人员身份后又实施同种行为，依法构成不同犯罪的，应当分别定罪，实行数罪并罚。

国家工作人员利用职务上的便利，在国家出资企业改制过程中隐匿公司、企业财产，在其不再具有国家工作人员身份后将所隐匿财产据为己有的，依照刑法第三百八十二条、第三百八十三条的规定，以贪污罪定罪处罚。

国家工作人员在国家出资企业改制过程中利用职务上的便利为请托人谋取利益，事先约定在其不再具有国家工作人员身份后收受请托人财物，或者在身份变化前后连续收受请托人财物的，依照刑法第三百八十五条、第三百八十六条的规定，以受贿罪定罪处罚。

六、关于国家出资企业中国家工作人员的认定

经国家机关、国有公司、企业、事业单位提名、推荐、任命、批准等，在国有控股、参股公司及其分支机构中从事公务的人员，应当认定为国家工作人员。具体的任命机构和程序，不影响国家工作人员的认定。

经国家出资企业中负有管理、监督国有资产职责的组织批准或者研究决定，代表其在国有控股、参股公司及其分支机构中从事组织、领导、监督、经营、管理工作的人员，应当认定为国家工作人员。

国家出资企业中的国家工作人员，在国家出资企业中持有个人股份或者同时接受非国有股东委托的，不影响其国家工作人员身份的认定。

七、关于国家出资企业的界定

本意见所称"国家出资企业"，包括国家出资的国有独资公司、国有独资企业，以及国有资本控股公司、国有资本参股公司。

是否属于国家出资企业不清楚的，应遵循"谁投资、谁拥有产权"的原则进行界定。企业注册登记中的资金来源与实际出资不符的，应根据实际出资情况确定企业的性质。企业实际出资情况不清楚的，可以综合工商注册、分配形式、经营管理等因素确定企业的性质。

第三节 贪污罪在审判实践中的疑难新型问题

问题 1. 如何区分贪污犯罪行为与一般违纪行为

在自收自支的事业单位中，对违规发放奖金的行为，应当从所发放钱款的性质、来源及行为方式等方面区分犯罪与一般违纪行为。首先，从所发放钱款性质、来源方面来看，考察单位对所分财产有无支配权，进而认定该钱款是否属于公款；其次，从行为方式来看，是否采取掩饰或者隐瞒手段可以反映出行为人是否具有非法占有公共财产的目的。实践中，以发放奖金为名侵吞公共财产的犯罪行为，往往巧立名目，采取虚假记账、虚构交易等手段掩人耳目。

【刑事审判参考案例】刘某春贪污案①

一、基本案情

北京市顺义区自来水公司自 2006 年至 2013 年系自收自支事业单位（2016 年改制变更为北京顺义自来水有限责任公司，以下简称自来水公司）。2007 年至 2012 年，被告人刘某春在担任自来水公司经理期间，利用管理自来水公司全面工作的职务便利，指使自来水公司财务科科长李某容（另案处理）、现金会计张某桂（另案处理），采取虚构交易、通过其他公司倒账等形式每年从公司账户套取现金为其本人、公司其他领导班子成员及李某容、张某桂发放年度"额外奖金"，并采取虚列开支、使用没有发生真实业务的发票等方式平账。其中，刘某春分得人民币 63 万元，李某容分得人民币 32 万元，张某桂分得人民币 16 万元。2016 年 1 月 22 日，刘某春经侦查机关电话通知后主动到案。案发后，刘某春、李某容、张某桂已将上述个人所得钱款全部退缴。

法院经审理认为，刘某春违反相关规定，擅自决定为其本人及会计发放"奖金"，并采取了虚构交易、虚开发票平账等隐蔽手段，其实质是以发放奖金之名行侵吞公款之实，客观上符合贪污罪的构成要件；主观上，刘某春明知奖金的正常决策和发放程序以及会计应如实记账的规定，仍然违反相关程序和要求发放涉案钱款、授意会计虚假记账，其本人亦领取了涉案钱款，足以证明其主观上具有非法占有的故意，故其行为已构成贪污罪。

二、案例评析

在自收自支的事业单位中，对违规发放奖金的行为，应当从所发放钱款的性质、来源及行为方式等方面区分犯罪与一般违纪行为：

1. 从所发放钱款性质、来源方面来看，考察单位对所分财产有无支配权，进而认定该款是否属于公款。自收自支的事业单位，虽然国家不再核拨经费，靠自身经营收入维持，但对于经营收入并不能完全自由支配，其自留分成部分，包括发放工资、奖金、福

---

① 宋素娟、朱进博文：《刘某春贪污案——自收自支事业单位中非法套取公款发放"奖金"的行为如何定性》，载中华人民共和国最高人民法院刑事审判第一、二、三、四、五庭主办：《刑事审判参考》（总第 115 集），指导案例第 1281 号，法律出版社 2019 年版，第 92 页。

利的标准等都要经过相关部门的核定。1985 年 8 月 19 日发布的《劳动人事部、财政部关于国家机关和事业单位工作人员工资制度改革后奖金、津贴、补贴和保险福利问题的通知》规定，凡有经济收入的事业单位，应由主管部门会同财政部门核定收入分成比例、各项基金比例和奖金限额。换言之，发放奖金、福利应当在核定允许的范围内。如果在依法上缴利税之后，将其所获利润部分在核定标准范围内用于发放奖金、福利的，是正当合法的行为；如果超过核定标准和范围的发放奖金、福利，通常属于违反财经纪律的行为；如果违法套取钱款或者违规截留应当上缴国家、无权支配的钱款，则侵犯了国家对于公共财产的经营、管理和支配的权限，已超出一般违纪行为的范畴，应受《刑法》的规制。

本案中，从钱款来源和性质分析，自来水公司虽然在案发期间系自收自支事业单位，但其经营具有社会公共性和垄断性，在市场竞争中具有特殊优势地位，国家对自来水公司的投资和投资所形成的财产权益属于国有资产。自来水公司作为自收自支的事业单位，其发放工资、奖金由国资委进行核定，对于超出核定范围的资金，公司不具有支配权。被告人刘某春所发放的奖金系其授意财务人员通过不如实记账、虚构与其他公司的交易套取的资金，该部分钱款显然属于自来水公司和刘某春无权支配与处分的公款。

2. 从行为方式来看，是否采取掩饰或者隐瞒手段可以反映出行为人是否具有非法占有公共财产的目的。实践中，以发放奖金为名侵吞公共财产的犯罪行为，往往巧立名目，采取虚假记账、虚构交易等手段掩人耳目。本案中，被告人刘某春授意财务人员通过虚增支出套取资金，并在账目上进行了虚假平账。刘某春以套取的公款为单位领导班子成员及两名财务人员发放奖金，发放范围、标准均由刘某春个人决定，能够认定刘某春具有非法侵吞公款的目的。

综上，本案中，被告人刘某春以发放奖金的名义实施套取、侵吞国家公款的行为，且涉案金额共计 100 余万元，严重侵犯了国家财产所有权，已非一般违纪行为，应当依法追究其刑事责任。

问题 2. 如何认定国有公司工作人员利用职务便利私分单位"小金库"的行为

对国有公司工作人员利用职务便利私分单位"小金库"行为的认定，重点在于考察"小金库"资金的性质，只有在认定为公共财物的基础上，才能进一步考虑该行为是否构成贪污罪。对"小金库"资金的性质的判断，应当着重审查其来源与归属。尤其要注意，对于在国家机关、国有公司、企业、集体企业和人民团体管理、使用或者运输中的私人财产，亦应以公共财产论。

【刑事审判参考案例】郭某鳌等贪污案[①]

一、基本案情

中国经济开发信托投资公司系全民所有制企业，中国经济开发信托投资公司内蒙古证券营业部系该公司分支机构。1996 年下半年，中国经济开发信托投资公司内蒙古证券

---

① 文丑、杨金华：《郭某鳌、张某琴、赵某贪污、挪用公款案——证券营业部工作人员利用职务便利私分单位违规自营炒股盈利款的行为如何定性》，载中华人民共和国最高人民法院刑事审判第一、二、三、四、五庭主办：《刑事审判参考》（总第 48 集），指导案例第 383 号，法律出版社 2006 年版，第 41 页。

营业部常务副总经理李某林（另案处理）召集时任中国经济开发信托投资公司内蒙古证券营业部财务部经理的被告人张某琴和时任中国经济开发信托投资公司内蒙古证券营业部交易部经理的被告人赵某，研究决定本单位自营炒股，并商定了自营炒股的资金数额及来源。后被告人赵某在李某林的指使下，以转账存款方式虚增账户资金透支代理股民证券交易的资金 1952.5 万元，又将本单位从内蒙古哲里木盟国债服务部借用的 1996 年七年期国债 1000 万元卖出，得款 983.40211 万元，同时将在本单位开设的金宇集团账户（账号 0853）期初结存股票卖出，得款 17.49467 万元，及黎某账户（账号 3601）资金期初余额 1241.75 元，共计 2953.520955 万元，先后用在本单位开设的柳某翘账户（账号 4262）、丁某明账户（账号 4273）、张某勉账户（账号 4290）等 14 个账户进行自营炒股，共计盈利 864 万余元。1997 年下半年，时任中国经济开发信托投资公司内蒙古证券营业部总经理的被告人郭某鳌在得知自营炒股获利后，命令停止自营炒股，并指使被告人张某琴、赵某将盈利款提出，以个人名义存入银行。1998 年 4、5 月份，被告人郭某鳌、张某琴、赵某伙同李某林在呼和浩特市内蒙古饭店研究决定将其中的 500 万元盈利款四人私分。其中，被告人郭某鳌分得 180 万元，李某林分得 120 万元，被告人张某琴、赵某各分得 100 万元。

法院经审理，认定各被告人均构成贪污罪，并判处刑罚。

二、案例评析

国有证券营业部工作人员利用职务便利私分单位违规自营炒股盈利款的行为构成贪污罪。

第一，中国经济开发信托投资公司内蒙古证券营业部（以下简称中经信内蒙营业部）违规自营炒股的盈利款属于公共财产。中国经济开发信托投资公司是国有公司，中经信内蒙营业部系其分支机构，系国有公司。对其自营炒股盈利款的性质，可从以下三个方面理解：一是从盈利款的来源看，该盈利款是中经信内蒙营业部违规自营炒股所得。被告人赵某等人根据中经信内蒙营业部常务副总经理李某林的指示，以单位名义筹措资金进行炒股，虽然自营炒股违反了国家规定，但并不因此改变盈利款属于中经信内蒙营业部所有的性质。二是从炒股所用的资金看，既有中经信内蒙营业部透支代理股民证券交易的资金，又有营业部自有资金和被告人赵某以本单位名义借的 1000 万元国债资金。所透支的代理股民证券交易的资金虽然在量上占主要部分，并且在最终的所有权上属于股民个人所有，但是，根据《刑法》第 91 条第 2 款的规定，"在国家机关、国有公司、企业、集体企业和人民团体管理、使用或者运输中的私人财产，以公共财产论"，该股民资金亦应认定为公共财产。中经信内蒙营业部自营炒股所用的资金属于公共财产，其孳息即炒股盈利款显然属于公共财产。三是从最终归属看，该盈利款亦应认定为公共财产。《证券法》规定，证券公司自营业务必须以自己的名义进行，不得假借他人名义或者以个人名义进行。证券公司违反规定，假借他人名义或者以个人名义从事自营业务的，责令改正，没收违法所得，并处以违法所得一倍以上五倍以下的罚款；情节严重的，停止其自营业务。证券公司接受委托买入证券必须以客户资金账户上实有的资金支付，不得为客户融资交易。证券公司违反规定，为客户融资买入证券的，没收违法所得，并处以非法买卖证券等值的罚款。构成犯罪的，依法追究刑事责任。中经信内蒙营业部作为从事证券经营业务的公司，不仅假借他人名义和以个人名义非法从事证券自营业务，还通过虚增客户资金账户上资金的方式，非法从事融资交易，其盈利款当属证券法规定的非法所得，应当予以没收，上缴国库。但在没有依法对其非法经营行为进行处理前，该盈利款暂由中经信内蒙营业部管理，仍然属于公共财产。

第二，被告人郭某鳌等人私分本单位违规自营炒股盈利款 500 万元的行为构成贪污罪。被告人郭某鳌系中经信内蒙营业部的总经理，被告人赵某、张某琴于 1996 年 11 月分别被中经信内蒙营业部正式聘任为交易部、财务部经理，且私分盈利款的行为发生在 1998 年 4 月至 5 月，根据《刑法》第 93 条第 2 款的规定，属于国有公司中从事公务的人员，三被告人的主体身份应当认定为国家工作人员。被告人郭某鳌等人私分自营炒股盈利款的行为实际上有两次，一是以非法占有为目的，通过私下秘密商议，将公共财物即单位自营炒股盈利款中的 500 万元予以私分；二是为掩盖私分 500 万元的事实，又以房补的名义与其他职工私分盈利款 230 万元。两次私分的区别在于：虽然私分的决定由被告人同时作出，但前者私分的决定者与实际受益人具有同一性、私分行为具有秘密性等特征，而后者还包括单位其他职工，私分的受益人具有多数性、私分行为具有相对公开性等特征，因而前者私分的决定属于个人行为，而后者则体现了单位意志，具有私分国有资产的性质。当然，由于检察机关未对该私分行为提起公诉，人民法院不能主动予以追究。被告人郭某鳌等人私分自营炒股盈利款 500 万元的行为符合《刑法》第 382 条之规定，均构成贪污罪。

问题 3. 如何区分贪污罪中的骗取方式与诈骗罪

诈骗罪与贪污罪的主体不同，诈骗罪的主体是一般主体。以养老保险为例，国家工作人员利用职务便利，将代为保管的他人所上交的养老保险费据为己有，属于利用职务上的便利非法占有公共财物，其行为完全符合贪污罪的构成特征，应当认定构成贪污罪。

【刑事审判参考案例】李某兴贪污案[①]

一、基本案情

2004 年 8 月至 2008 年 10 月间，被告人李某兴利用担任浙江省瑞安市劳动和社会保障局湖岭劳保所所长职务上的便利，在企业和参保人不知情的情况下，将参保人员（非企业员工）30 多人次挂靠到企业名下以企业员工身份办理社会养老保险关系，使企业虚增养老保险参保人数并多缴纳养老保险金合计人民币（以下币种均为人民币）425360.12 元，然后再私自收取参保人的养老保险费（数额与企业缴纳的数额基本一致）。此外，李某兴通过操作，将非企业人员代替企业的"空名户"（空名户是指部分地方社保主管部门在办理企业人员参保基本养老保险时，要求企业同时多缴纳一名额的基本养老保险费，为并非真实存在的非实名企业人员办理基本养老保险关系的一种参保户，空名户参保属于法律禁止情形）名额，以两种方式非法获利 96677.73 元：一是占用 32 位"空名户"名额并让参保人继续参保。由于企业在社保统筹账户内已为"空名户"缴纳了保险费并不得主张返回，这笔预征款被用来折抵占用"空名户"名额参保人员的保险费，又再私自收取了这些参保人员已被抵缴了的保险费计 78166 元；二是占用企业 37 位"空名户"

---

① 彭丁云、游浩然：《李某兴贪污案——社保工作人员骗取企业为非企业人员参保并私自收取养老保险费的行为如何定性》，载中华人民共和国最高人民法院刑事审判第一、二、三、四、五庭主办：《刑事审判参考》（总第 85 集），指导案例第 771 号，法律出版社 2012 年版，第 94 ~ 98 页。

名额激活养老保险关系后，随即停止参保，终止养老保险关系，依据相关规定，终止因占用"空名户"名额而成的养老保险关系，可将企业已缴的养老保险预征款约三分之一退还给参保个人，而这部分应退款共计 18511.73 元也被李某兴领取占有。法院经审理认定被告人李某兴犯贪污罪。

二、案例评析

本案被告人李某兴的行为方式有三种：第一，通过隐瞒事实使企业为非企业人员缴纳养老保险费，又私自向参保人员收取养老保险费并占为己有；第二，利用企业"空名户"名额收取参保人员已被抵缴的养老保险费并占为己有；第三，占用企业"空名户"名额激活养老保险关系后，随即停止参保，领取应退还给参保人员的养老保险预征款。第二种、第三种行为在审判实践中争议不大，但对第一种行为如何定性存在一定分歧。第一种观点认为，李某兴的这一行为构成诈骗罪。理由是：（1）虚增企业的参保人数，欺骗企业为非本企业人员缴纳保险费，同时自己又收取参保人员的参保费，是典型的虚构事实、隐瞒真相的行为。（2）就被诈骗财物的属性而言，李某兴形式上是收取了参保人员的参保费，如果不能确认参保人员与国家建立了养老保险关系，则实际受到财产损失的是参保人员，诈骗的对象为参保人员；如果能够确认参保人员与国家建立了养老保险关系，则李某兴实质上是骗取企业多缴纳了保险费，实际受到财产损失的是企业。但无论哪种情况，李某兴的这一行为都应当构成诈骗罪。第二种观点认为，李某兴的这一行为构成贪污罪。李某兴利用职务便利，将代为保管的他人所上交的养老保险费据为己有，其行为完全符合贪污罪的构成特征。

诈骗罪与贪污罪的行为人在客观方面都可能采取虚构事实、隐瞒真相的方法，但诈骗罪的主体是一般主体，客观上要求行为人未利用职务上的便利条件。本案被告人李某兴身为国家工作人员，利用职务上的便利非法占有公共财物，应当认定构成贪污罪。具体理由如下：

1. 李某兴非法取得的 42 万余元钱款性质属于社会养老保险基金。要厘清这个问题首先要关注本案存在的行政法律关系，本案被告人李某兴在经手办理社保关系时，对电脑上设档的单位投保人员名单进行修改，虚增非企业人员为企业人员，企业已经缴纳了虚增人员的参保费，在此情况下，各参保人员、被挂靠企业与管理养老保险费的社会保障机构已经形成行政法上的法律关系，无论参保人员与国家建立的养老保险关系是否有效，均应依据相关行政法律进行处理；如果养老保险关系有效，参保人员的保险种类可以转换为城镇个体户或者灵活就业人员户养老保险形式，企业对于多缴纳的养老保险费拥有无限期的主张返还的权利，社保单位自发现起，也有依职权主动返还的职责；如果养老保险关系无效，社保单位应当退还参保人员所交的养老保险费。在上述行政法律关系存在的前提下，各参保人员基于对李某兴（劳保所所长）职务身份的信任，交给李某兴 42 万余元参保费，李某兴是以社保经办人的身份收取参保费的，因此，该笔参保费理所当然属于社会养老保险基金。无论李某兴收取的程序违法还是收取的目的非法，均不影响该笔钱款的属性。

2. 社会养老保险基金属于公共财物。社会养老保险是按国家统一政策规定强制实施的社会统筹与个人账户相结合的养老保险制度。按照相关法律、法规规定，社会养老保险基金由以下几个部分构成：（1）用人单位和职工、城镇个体劳动者缴纳的基本养老保险费；（2）基本养老保险基金的利息等增值收益；（3）基本养老保险费滞纳金；（4）社会捐赠；（5）财政补贴。社会养老保险基金中的国家财政补贴部分当然属于国有财产，用人单位的缴费（除去纳入个人账户的部分）在一定范围内进行社会统筹，进入统筹的部分显然属于集体财产。然而，社会养老保险基金中个人账户部分（包括职工个人缴费和企业缴费纳入职工个人账户的部分）的性质，法律、法规没有明确规定。由于这部分资金在个人符合法定的领取条件时可以领取，个人享有实际的支配权，个人死亡的，个人账户中的余额还可以全部继承，因此，个人账户中的养老保险基金从本质上说属于个人财产。但是根据《刑法》第91条的规定，"在国家机关、国有公司、企业、集体企业和人民团体管理、使用或者运输中的私人财物"也属于"公共财物"的范畴。社会养老保险基金中个人账户部分虽然是私人所有，但在个人不符合领取条件时一直由劳动保障行政部门负责管理、使用，在此期间损毁灭失风险由国家机关承担，因而应以公共财物论。

3. 李某兴系利用职务上的便利非法占有公共财物。李某兴系瑞安市劳动和社会保障局湖岭劳保所所长，湖岭劳保所系瑞安市劳动和社会保障局下设机构，因此，李某兴的身份属于国家机关工作人员。根据瑞安市劳动和社会保障局的相关规定，劳保所具有"负责所在辖区内机关、事业单位、社会团体、企业、个体工商户的养老保险、医疗保险、工伤保险、生育保险、失业保险的管理及各险种的宣传、扩面工作"等八项职责。李某兴在主管和经手办理社保关系时，对电脑上设档的单位投保人员名单进行修改，虚增非企业人员为企业人员，再要求企业缴纳虚增人员的参保费。可见，李某兴利用其职务上的便利条件，骗取企业多缴纳参保费（由地税代扣），同时利用他人对其身份的信任，承诺为他人建立保险关系并收取参保人的参保费，其行为应当认定为利用职务上的便利非法占有公共财物。

问题4. 如何区分集体私分国有资产行为与共同贪污行为

从《刑法》条文来看，贪污罪客观要件的核心内容是"侵吞、窃取、骗取或以其他手段非法占有"，共同贪污系在单位内某个人或几个人的意志支配下，采取侵吞、窃取、骗取等所谓"暗箱操作"的非法手段占有公共财产，具有小范围性和秘密性。而私分国有资产罪的客观要件是"违反国家规定，以单位名义将国有资产集体私分"，在单位内部具有普遍性和公开性。简而言之，二者的区别在于，共同贪污是有权决定者共同利用职权便利，为少数人牟私利；私分国有资产罪是有权决定者利用职权便利，非法为多数人牟私利。

【刑事审判参考案例】 刘某春贪污案[①]

一、基本案情（详见问题1刘某春贪污案案情）

二、案例评析

共同贪污通常表现为有权决定者与公司财务、营销或其他少数公款知情者相勾结，各自利用职权，共同侵吞公共财产；而私分国有资产罪则通常表现为有权决定者集体决

---

① 宋素娟、朱进博文：《刘某春贪污案———自收自支事业单位中非法套取公款发放"奖金"的行为如何定性》，载中华人民共和国最高人民法院刑事审判第一、二、三、四、五庭主办：《刑事审判参考》（总第115集），指导案例第1281号，法律出版社2019年版，第92页。

定将国有资产私分给单位员工，犯罪意志具有整体性特征，受益人一般也不以某一特定层面为限且具有广泛性特征。共同贪污多会采取做假账或平账的手段以掩人耳目；私分国有资产罪一般在财务账上不会隐瞒私分的国有资产，只是采取不按规定、规范记账的方法来应付各种监督。

本案中，从发放程序来看，虽然被告人刘某春辩解发放奖金之前召开过班子会议，但并无会议记录、决议等相关文件，发放奖金的人员范围、数额标准均由刘某春个人随意决定，未经正常决策程序和发放程序，亦无具体发放标准和考核办法，发放额外奖金实为刘某春个人意志而非单位意志的体现。从发放范围来看，发放对象仅限所有领导班子成员、财务人员，相对于全体职工而言范围很小，且对其他职工保密，不具备一定的公开性。从奖金来源来看，发放的奖金均系由虚增支出等倒账形式套取出来的钱款，且使用未真实发生的发票进行虚假平账。综上，刘某春的行为不符合私分国有资产罪的犯罪构成，实则是以发放奖金之名行贪污之实。

另外，共同贪污表现的是个人犯罪意志，主观上要求每个成员均具有将公共财产非法占为己有的故意，故需对发放钱款的性质、来源均明知。而私分国有资产罪体现的是单位犯罪意志，单位决策人员应对所分钱款的性质、来源知悉，其他受益人则不要求必须知晓。本案中，发放额外奖金的数额、范围均由被告人刘某春个人决定，系刘某春个人意志的体现。刘某春明知奖金的正常决策及发放程序、规定，仍违反相关流程和规定发放额外奖金，并授意会计虚假记账，两名财务人员明知奖金发放不合常规，仍积极套取钱款、虚假记账，故两名财务人员对该钱款的性质和来源是明知的，主观上具有相互勾结共同侵吞公款的共同贪污故意。

因此，本案中系刘某春等人的共同贪污行为，构成贪污罪。

【地方参考案例】吴某民贪污案[①]

一、基本案情

2010年至2012年间，被告人吴某民先后担任津联集团有限公司（以下简称津联集团）党委委员、副书记、副董事长、总经理，天津发展控股有限公司（以下简称天津发展）执行董事、总经理、提名委员会及薪酬委员会成员，天津津联控股有限公司（以下简称津联控股）党委委员、书记、总经理等职务，并对天津发展的子公司天津发展资产管理有限公司（以下简称资产公司）负有管理职权。

2011年下半年，吴某民经与戴某、段某私下商议，决定借津联集团发行企业融资债券之机，给部分领导及少数关键岗位员工发放"奖金"，并进行虚假记账。当年11月3日，天津发展代津联集团支付发行人民币债券费用的付款申请由戴某批准通过；次日，天津发展将611.75万港元（折合人民币4974261.6元）支付给吴某民、戴某、段某等八人，吴某民分得122.35万港元（折合人民币994852.32元）。后津联集团将611.75万港元返还天津发展。

2012年11月，吴某民经与段某私下商议并签字决定，借天津泰康实业有限公司（天津发展的子公司）资产重组之机，给部分领导及少数关键岗位员工发放"奖金"，并进行虚假记账。后天津发展支付泰康重组费用的付款申请由吴某民批准通过，天津发展将285

---

① 天津市第一中级人民法院（2016）津01刑初57号刑事判决书。

万港元（折合人民币 2313088.5 元）支付给李某夷、梁某湘、段某；其后，段某将部分款项支付给吴某民、戴某，吴某民分得 90 万港元（折合人民币 730449 元）。

法院认定吴某民的行为构成贪污罪。

二、案例评析

本案审理中，有观点认为对吴某民的行为应认定为私分国有资产罪，我们认为，吴某民伙同他人侵吞津联集团、天津发展钱款期间，未经单位领导班子集体研究决定，体现的不是相关单位的意志，而是吴某民等人的个人意志，津联集团、天津发展应被认定为被害单位，而不属于犯罪主体；且吴某民决定进行虚假记账，钱款发放范围仅限于部分公司领导及少数关键岗位员工，亦不符合私分国有资产罪的构成要件。因此，应认定为贪污罪。

问题 5. 如何区分非法经营同类营业罪和贪污罪

非法经营同类营业罪与贪污罪的主体有重合之处，国有公司、企业的董事、经理都可以成为两罪的主体，客观方面都要求利用职务上的便利并获取一定数额的非法利益，主观方面均为直接故意。在司法实践中，对于获取购销差价的非法经营同类营业行为与增设中间环节截留国有财产的贪污行为，由于两行为存在相似之处，区分起来有一定难度，争议较大。但从增设的中间环节来看，非法经营同类营业行为所增设的中间环节通常是因为营业客观所需，而贪污行为所增设的中间环节多数并无必要，单纯是为了截留国有财产才设置，且不具有实际经营能力，也未进行过实际经营活动、不承担经营责任风险，所获取的购销差价也存在明显的不合常理。

【刑事审判参考案例】 祝某财等贪污案[①]

一、基本案情

被告人祝某财、杨某、王某立、及某才均系国有公司北京万商大厦管理人员。2004 年 2 月至 3 月间，四被告人和陈某琴（另案处理）等人共同商定并出资，以祝某财亲属的名义成立了北京恒威佳信经贸有限公司（以下简称恒威佳信公司）。同年 3 月，北京中复电讯设备有限责任公司（以下简称中复电讯公司）有意承租万商大厦裙楼一层约 488 平方米原"鞋服城"项目用于经营。

时任北京万商大厦总经理的祝某财与时任副总经理的杨某，共同利用职务便利，由杨某代表北京万商大厦与中复电讯公司洽谈租赁万商大厦底商事宜，在双方商定租赁价格后，采用由恒威佳信公司同日先与北京万商大厦签订承租合同，再与中复电讯公司签订转租合同的手段，截留本应属于北京万商大厦的底商租赁款。

被告人及某才受祝某财指派负责管理恒威佳信公司，将所截留的房屋租金收入扣除各类税款等费用后不定期分配给上述被告人，2006 年 12 月该公司注销。2007 年 1 月，被告人王某立受祝某财指派，以自己与他人共同成立的北京瑞源通泰商贸有限责任公司（以下简称瑞源通泰公司）接替恒威佳信公司继续开展上述业务，并受祝某财指派管理瑞

---

① 林辛建：《祝某财等贪污案——如何区分非法经营同类营业罪和贪污罪》，载中华人民共和国最高人民法院刑事审判第一、二、三、四、五庭主办：《刑事审判参考》（总第 103 集），指导案例第 1087 号，法律出版社 2016 年版，第 84 页。

源通泰公司所截留的房屋租赁款，不定期分配给上述被告人。

2004年5月至2010年10月间，四被告人利用恒威佳信公司和瑞源通泰公司截留万商大厦底商租赁差价款共计人民币（以下币种同）2122501.96元。其中，上述两家公司上缴国家的各类税款共计657584.19元。

法院以贪污罪对各被告人分别判处刑罚。

二、案例评析

获取购销差价的非法经营同类营业行为与增设中间环节截留国有财产的贪污行为在增设中间环节、获取购销差价上具有共同性，但同时存在以下区别：

1. 对增设的中间环节是否客观存在要求不同。两种犯罪行为都人为地增设了中间环节，使国有公司、企业原本与业务单位的直接购销关系变成了有其他公司、企业参与的间接购销关系，这个中间环节不是因经营的客观需要而自然产生的，本来不应存在，属于行为人故意设置。但是对获取购销差价的非法经营同类营业行为而言，由于需要从事同类营业，故增设的中间环节通常是客观所需，且中间环节所涉及的公司、企业往往成立并从事同类或者类似的经营行为已有一定时日。而对增设中间环节截留国有财产的贪污行为而言，由于虚设的中间环节不是用于正常的经营活动，故增设的中间环节通常是为了截留国有资产的目的而虚构的。在经济活动中，尽管有时增设的中间环节涉及的公司、企业真实存在，但这些公司、企业往往是为了承揽相关业务而成立，并无从事同类或者类似经营行为的经历。本案中，虽然恒威佳信公司客观存在，但其是各被告人为了在万商大厦公司和中复电讯公司之间的租赁关系增设中间环节而突击成立。中复电讯公司之前一直与万商大厦公司接洽租赁万商大厦底商事宜，直到签订合同时，才得知必须与恒威佳信公司签订合同而不是直接与万商大厦签订合同，中复电讯公司从未接洽过恒威佳信公司。而恒威佳信公司与万商大厦公司签订承租万商大厦底商的合同，恒威佳信公司向中复电讯公司转租底商的合同，万商大厦出具的同意转租书面意见均在同一天时间内完成。恒威佳信公司此时刚刚成立，之前并无从事同类或者相似经营行为的经历。

2. 对增设的中间环节是否具有经营能力要求不同。如果增设的中间环节都是客观存在的，则要看增设的中间环节是否具有经营能力。一般而言，贪污罪中为截留国有财产而增设的中间环节的经营，往往是无经营投资、无经营场地和无经营人员，即属于"三无"经营；而非法经营同类营业罪中增设的中间环节的经营，是有投资、有经营场所、有经营人员的经营，即具有经营同类营业的完全能力。司法实践中，一些国有公司、企业的董事、经理为了截留国有财产而增设的中间环节系"三无"经营公司、企业，不具有经营能力，只是为变相贪污国有财产掩人耳目。本案中，恒威佳信公司成立之后，并不具备实体经营的特征。具体体现在：一是恒威佳信公司的注册资金仅50万元，而万商大厦底商出租给中复电讯公司第一年的租金就高达150万元。如果不能马上转租，恒威佳信公司并不具备承租万商大厦的经济实力。二是恒威佳信公司并不具备开展经营活动所需的最低限度的组织机构。该公司法定代表人仅是挂名，不参与公司管理，公司仅有一名会计负责管理公司收付租金、报税等工作，公司的股东基本上均为国家工作人员，平时也不参与公司经营。恒威佳信公司不具备开展实体经营的条件。三是从恒威佳信公司的经营情况来看，该公司成立后除了从事万商大厦底商出租的业务外，基本上从未开展其他的经营业务。四是该公司虽然缴纳了65万余元的税款，但这是因为万商大厦底商出租收入而必然产生的成本，不能作为该公司曾进行实体经营活动的根据。

3. 对增设的中间环节是否进行了实际经营活动并承担一定的经营责任风险要求不同。如果增设的中间环节都客观存在且具有经营能力，则要看增设的中间环节是否进行了实际经营活动并承担一定的经营责任风险。有经营就有风险，就可能存在盈亏。如果增设的中间环节进行了实际经营活动并承担了一定的经营责任风险，则行为人所获取的购销差价系通过利用国有公司、企业让渡的商业机会所进行的经营所得，属于获取购销差价的非法经营同类营业行为。如果增设的中间环节没有进行实际经营活动，而是由国有公司、企业一手操办，或者进行了相关的经营活动，但只管盈利，而由国有公司、企业承担经营责任风险的，则此时行为人所获取的购销差价不是经营所得而是截留的国有财产，属于增设中间环节截留国有财产的贪污行为。本案中，在案证据不能证明恒威佳信公司介入中复电讯承租万商大厦底商业务承担了相应的经营风险。辩护人辩称恒威佳信公司介入中复电讯承租万商大厦底商业务承担了相应的经营风险，理由是：一是恒威佳信公司承租万商大厦的合同期限长达15年，租金总额2439万元，而中复电讯与恒威佳信公司的合同期限仅为8年，租金总额为1400万元。中复电讯与恒威佳信公司的合同履行终止以后，恒威佳信公司还要对万商大厦承担7年的承租合同义务，还有超过1000万元的巨额租金需要交付。二是如果中复电讯不能如期缴付租金，则恒威佳信公司将立即面临对万商大厦的租金支付风险。三是涉案几名被告人年龄较大，其职务便利无法覆盖合同履行全过程，且万商大厦有可能改制成为民营企业，届时将只能按照市场规则与万商大厦打交道。但辩护人的上述意见，均是基于祝某财等人将严格受恒威佳信公司与中复电讯，恒威佳信公司与万商大厦所签订合同的约束的推断和假设。

从本案的事实分析，祝某财等人实际上并无严格受其所签订合同约束的意愿。2006年年底，在恒威佳信公司与万商大厦、恒威佳信与中复电讯合同正常履行的情况下，祝某财仅凭个人意愿就将恒威佳信公司注销，让王某立以瑞源通泰公司接下恒威佳信转租万商大厦底商的业务，并对中复电讯公司谎称恒威佳信公司改组更名为瑞源通泰公司，原租赁合同均以瑞源通泰公司继续履行。可见，祝某财等人并不认为恒威佳信公司严格受其与万商大厦、中复电讯签订合同的限制，恒威佳信公司不论是转租万商大厦底商，还是退出承租业务自行注销，均是由祝某财等人利用其职务便利行使职权所致，而非市场行为，其根本没有承担相应的经营风险。

此外，恒威佳信公司的成立、注销、由其他公司代为承接业务、减少股东等均极其随意，未经过正常、必要的程序，从中反映出祝某财等人只是将恒威佳信公司作为截留公款的工具，而非将恒威佳信公司视为真正的经营实体。而承接万商大厦底商转租的瑞源通泰公司也无实际的经营项目，账目混乱，对获取的转租款中的将近50万元无法合理说明具体去向。

4. 对所获取的购销差价是否合理要求不同。如果增设的中间环节不仅客观存在、具有经营能力，而且进行了实际经营活动并承担了一定的经营责任风险，则要看所获取的购销差价是否合理。获取的购销差价合理的，属于获取购销差价的非法经营同类营业行为；不合理的，则为增设中间环节截留国有财产的贪污行为，因为此时的差价不再是经营行为的对价。当然，在法律没有明确规定的情况下，其合理范围需要司法人员根据经验具体把握。

一言以蔽之，区分获取购销差价的非法经营同类营业行为与增设中间环节截留国有财产的贪污行为的关键，在于行为人是采取何种方式取得非法利益的。如果行为人直接通过非法手段将国有公司、企业的财产转移到兼营公司、企业中，属于截留国有财产的贪污行为，构成贪污罪。如果行为人没有直接转移财产，而是利用职务便利将任职国有公司、企业的盈利性商业机会交由兼营公司、企业经营，获取数额巨大的非法利益的，则构成非法经营同类营业罪。因为国有公司、企业让渡给兼营公司、企业的是商业机会，商业机会本身并非财物，不能成为贪污罪的对象。而且兼营公司、企业所获取的非法利益，系利用让渡的商业机会所进行的经营所得，这种经营行为本身就存在一定的风险，并不意味着百分之百地获利，与采取非法手段将国有公司、企业的财产直接转移到兼营公司、企业中去的贪污行为方式不同。

综上，本案四被告人的行为实际上是将国有公司本可直接获得的房租收入转移给其个人成立的没有实际经营能力的公司，属于截留国有财产的贪污行为，构成贪污罪。

问题6. 如何认定受贿后将请托人支付贿赂的成本转嫁给国有单位的行为

例如，在某案中，叶某系某市教育局师资办主任。2005 年 5 月，叶某为该市所属各县教育局统一从朱某任经理的私营公司订购了 80 万元的教辅材料，并收受朱某所送 5 万元。2006 年初，为顺利拿到货款，朱某先后多次到叶某家看望。此后，叶某对朱某表示你们做生意也不容易，这 5 万元可摊入购书款里。2006 年下半年，根据叶某的安排，市教育局按 85 万元向朱某支付了购书款。对于该案应如何认定，有三种不同意见：

第一种意见认为，叶某的行为构成受贿罪、贪污罪。叶某收受朱某贿赂为朱某谋取利益构成受贿既遂，此后将所收钱款转嫁给国有单位，则叶某所占有的 5 万元事实上属于国有单位公款，应以贪污罪认定，因此，对叶某应以受贿罪、贪污罪并罚。

第二种意见认为，叶某的行为属于受贿既遂后，主观故意和客观行为发生变化，转化为侵害公共财物的行为，应以贪污罪认定。

第三种意见认为，叶某的行为构成受贿罪。叶某利用职务之便为朱某谋利，收受朱某财物的行为构成受贿罪，其受贿后提高购书款属于为朱某谋取不正当利益，不影响性质的认定。[①]

我们认为，就上述案例而言认定叶某的行为构成贪污罪一罪的意见比较妥当。具体理由是：（1）对叶某的行为不宜认定为受贿罪。叶某所在的国有单位是实际受到损失的一方，若认定为受贿罪，对叶某收受的 5 万元应判处追缴，而单位所受到的损失则无法得到弥补。这一问题的产生就在于叶某所得到的 5 万元实际来源于单位公款而非朱某，其提出"5 万元可摊入购书款里"的行为明确体现出对公款的非法占有目的，而非与朱某之间的权钱交易，更符合贪污罪的构成。（2）对叶某的行为不宜以受贿罪、贪污罪并罚。本案的特殊性在于，叶某的目的是弥补朱某行贿款的损失，并非为朱某谋取利益的扩大，换言之，叶某只想获得 5 万元，要么从朱某处来，要么从单位来，即便前后两行为存在时间间隔，中间可能发生主观变化，但从财产获取和转移的角度，不宜也没必要分割成两段，认为先是占有行贿人的，再是占有单位的。因此，不宜进行并罚。（3）若叶某受贿行为与套取行为之间间隔时间较长，则可考虑其受贿行为已经既遂，之后其将请托人支付贿赂的成本转嫁给国有单位的行为的目的不是为自己占有财产，而是通过套取行为给朱某弥补损失，本质上是滥用职权行为。因此，在损失数额达到刑事案件标准时，可考

---

① 参见赵煜：《惩治贪污贿赂犯罪实务指南》，法律出版社 2017 年版，第 70 页。

虑以受贿罪和滥用职权罪并罚来追究叶某的刑事责任，对其行为进行完整评价。

【刑事审判参考案例】胡某能贪污案①

一、基本案情

被告人胡某能在任重庆市农业生产资料总公司总经理期间，在公司以联营形式向其他单位转卖进口化肥配额指标或实物化肥的经营过程中，利用职务便利，侵吞公司利润款占为己有。具体如下：

1996年10月至1998年12月，被告人胡某能在将13.7万吨进口化肥配额指标转卖给广东省珠海市农业生产资料总公司的过程中，要求该公司总经理陈某兴将应付给重庆市农资总公司利润款中的人民币491万元，以支付现金的方式交给其个人。陈某兴按照胡某能的要求将现金人民币461万元交给了胡某能，将现金人民币30万元交给了胡某能之子胡某松。

1997年3月至下半年，被告人胡某能在将3万吨进口化肥配额指标转卖给广东省从化市农业生产资料公司的过程中，要求该公司经理张某颜将应付给重庆市农资总公司利润款中的人民币50万元，以支付现金的方式交给其个人。后张某颜将现金人民币50万元交给了胡某能。

1998年10月至1999年8月，被告人胡某能在将4万吨进口化肥配额指标转卖给广东省汕头市农业生产资料总公司的过程中，要求该公司总经理周某耀将应付给重庆市农资总公司利润款中的人民币180万元，以支付现金的方式交给其个人。后周某耀将现金人民币180万元交给了胡某能。

1999年3月至7月，被告人胡某能在将6.5万吨进口化肥配额指标转卖给广西广源贸易公司的过程中，要求该公司总经理莫某柱将应付给重庆市农资总公司利润款中的320万元人民币，以支付现金的方式交给其个人。后莫某柱将现金人民币320万元交给了胡某能。

1999年4月至10月，被告人胡某能在将2万吨进口化肥配额指标、3万吨进口实物化肥转卖给中国农业生产资料广州公司的过程中，要求该公司化肥科科长张某将应付重庆市农资总公司利润款中的人民币150万元，以支付现金的方式交给其个人。张某按照胡某能的要求，先后将现金人民币50万元交给胡某能；将人民币75万元兑换美元8.24万元交给胡某能；将人民币25万元转到了广东省增城农业生产资料公司的账上。

综上，被告人胡某能侵吞重庆市农资总公司利润款人民币1116万元、美元8.24万元，共计人民币1191万元。法院经审理认定被告人胡某能犯贪污罪。

二、案例评析

一般而言，通过犯罪对象，可以对贪污与受贿作出清楚的界定。行为人所取得的财物系他人（包括单位）的财物，即为受贿；所取得的财物系本单位的公共财物（包括本单位管理、使用或者运输中的私人财物），即为贪污。但是，在经济往来中，国家工作人员利用签订、履行合同的职务便利，经由交易对方以各种名义的回扣、手续费等形式给

---

① 姚裕知、刘一守：《胡某能贪污案——截流并非法占有本单位利润款的贪污行为与收受回扣的贪污行为的区分》，载中华人民共和国最高人民法院刑事审判第一庭、第二庭：《刑事审判参考》（总第35集），指导案例第275号，法律出版社2003年版，第64~77页。

付其个人的财物，不能不加区别地一概认定为《刑法》第 385 条第 2 款规定的受贿行为，而应当结合交易的真实情况，具体分析行为人所获得的财物实际上是属于经济往来的对方单位，还是行为人单位，审慎加以区分，然后准确认定其行为的性质。在购销活动中，如果购入方行为人收受的各种名义的回扣、手续费等实际上来源于虚增标的金额，或者卖出方行为人收受的各种名义的回扣、手续费，实际上来源于降低标的金额者，因该回扣或者手续费实质上属于本单位的额外支出或者应得利益，实际上侵犯的是本单位的财产权利，就应当特别注意是否是一种变相的贪污行为。

本案被告人胡某能在转卖进口化肥配额指标及进口实物化肥中所收受的巨额款项，尽管从形式上看是通过合同对方以所谓回扣或者手续费的名义取得的，但是，被告人胡某能收取的这些款项均是其要求合同对方将应付给重庆市农资公司的配额指标及实物化肥转让款中以支付部分现金的方式交给其个人，无证据证明该款项系合同对方给付其个人的贿赂款。本案的证人证言和书证均证实，被告人胡某能收取的现金是各购入公司本应付给重庆市农资公司的转让（转卖）款。对此，汕头市农资公司总经理周某跃、广源公司总经理莫某柱、中农广州公司化肥科科长张某、从化农资公司经理张某颜、珠海农资公司总经理陈某兴均在证言中指出，本公司在从重庆市农资公司购买进口化肥配额指标的过程中付给胡某能的现金，均是作为向重庆市农资公司支付的购买进口化肥配额指标的配额款的一部分支付给胡某能的。从犯罪对象及后果方面来看，被告人胡某能所在单位要么承受不必要的额外开支，要么丧失了可获得的财产利益，实际上遭受财产损失的是本单位，而非交易对方；从行为方式方面来看，被告人胡某能是以欺骗本单位为手段，在本单位不知情或者不知真情的情况下，通过要求交易对方支付部分现金的方式，将应当归本单位所得的利润截留后直接据为己有；从被告人胡某能的主观故意来看，也是出于贪污的故意而非受贿的故意，即行为人主观上就是为了在交易过程中假对方之手非法占有本单位的利润，而不是为了通过交易为对方谋取利益，并从交易对方收取回扣、手续费等好处。不仅被告人胡某能明知其占有的是本单位的财产而非对方单位的财物，其交易对方也明知相关款项并非从己方财产或者可得利益中支付。最高人民法院根据复核查明的事实，将被告人胡某能在受国家机关委派担任重庆市农资总公司总经理期间，利用职务便利，将本应归公司所有的 1191 万元的经营进口化肥配额指标及实物化肥的利润款据为己有的行为，依法认定为贪污罪。这样定罪，更准确地反映了犯罪行为的性质，符合本案的实际，符合《刑法》的规定。

问题 7. 如何认定"受委托管理、经营国有财产的人员"

根据《刑法》第 382 条第 2 款的规定，受国家机关、国有公司、企业、事业单位、人民团体委托管理、经营国有财产的人员，可以构成贪污犯罪。这一规定是出于严惩贪污犯罪，更为广泛的保护国有财产的目的。其中，所谓管理，是指具有监守或者保管公共财物的职权。所谓经营，是指将公共财物投放市场并作为资本使其增值的商业活动，或者利用公共财物从事营利性活动。这里需要注意的是：受委托管理、经营国有财产的人员不是国家工作人员，不能以国家工作人员论。因此，其只能成为贪污犯罪的主体，不能成为受贿、挪用公款等其他国家工作人员职务犯罪的主体。根据《最高人民检察院关于人民检察院直接受理立案侦查案件立案标准的规定（试行）》的规定，"受委托管理、经营国有财产"是指因承包、租赁、聘用等而管理、经营国有财产。《全国法院审理经济犯罪案件工作座谈会纪要》（以下简称《纪要》）进一步规定，"受委托管理、经营国有财产"，是指因承包、租赁、临时聘用等管理、经营国有财产。根据新的规定，临时聘用人员为受委托管理、经营国有财产的人员，不属于国家工作人员，只能根据《刑法》第382条第2款的规定构成贪污罪；而长期正式聘用的人员属于国家工作人员，还可构成受贿、挪用公款等犯罪。这是因为，受委托管理国有财产的人员，无论是在受托前还是受托后，受托人与委托单位之间都不存在行政上的隶属关系，而是处于平等地位。但如果被国有单位聘用后与单位之间建立了隶属关系，且在国有单位内承担管理、经营国有财产的职责，即属于在国有单位中从事公务的人员，应当认定为国家工作人员。因此，《纪要》明确规定，"受委托管理、经营国有财产"，是指因临时聘用等管理、经营国有财产，与长期、固定聘用的国家工作人员区别开来。

另外，根据《刑法》规定，国有公司、企业或者其他国有单位中从事公务的人员和国有公司、企业或者其他国有单位委派到非国有公司、企业以及其他单位从事公务的人员亦能构成贪污罪的主体。该主体与受委托管理、经营国有财产的人员有何区别？为厘清此问题，尚需正确区分委托与委派。委托具有以下特点，一是委托人必须是法律规定的具有委托权的单位。二是委托内容具有特定性，即所从事的委托工作是对国有财产进行管理、经营活动。委托和委派的区别在于：委派是单位派出，实质是任命，带有行政性，被委派者在就委派事项和是否接受委派上与委派方不是处于平等地位而是具有行政隶属性质。同时，被委派者接受委派后获得一定授权，在授权范围内独立从事公务活动，公务行为的结果具有独立的法律意义。委托，是国有单位以平等者身份就国有财产的管理、经营与被委托者达成的协议，本质上是民事委托关系。当然，委托人可以根据委托协议对被委托人的活动进行监督，但双方不具有行政隶属关系。至于被委托人原来是属于委托单位内部人员还是外部人员无关紧要，只要双方在委托与接受委托上处于平等地位，就符合《刑法》第382条第2款的含义。① 换言之，委托关系本质上是民事上的委托，而非行政性质的委托，双方不存在隶属关系。这与受委派人员的工作性质有根本区别。

在因受委派而构成贪污罪主体的情况中，应特别注意二次委派的情况。所谓二次委派，是指在一些特殊行业的非国有单位中，其高层管理决策人员（比如，董事会成员）由行政主管部门委派，而具体的执行人员（比如，经理人员）又由管理决策层决定任命。这些公司管理决策层自主决定任命的人员称为二次委派。一般认为，二次委派因非行政主管部门决定任命，且非国有单位享有任命与否的自主决定权，故不应认定为受国家机关委派从事公务的人员。实践中，对于"二次委派"确有必要区别对待：如果二次委派经过原委派国有单位同意，并从事对国有资产的监督、管理等公务，应视为原国有单位作出的委派，二次委派人员可视为国家工作人员。如果二次委派未得到原委派国有单位同意，或是在二次委派后代表非国有单位的利益从事工作，则二次委派人员不能认定为国家工作人员。

---

① 参见赵煜：《惩治贪污贿赂犯罪实务指南》，法律出版社2017年版，第33页。

【刑事审判参考案例1】张某贵、黄某章职务侵占案①

一、基本案情

被告人张某贵通过与国有的储运公司签订临时劳务合同，受聘担任储运公司承包经营的海关验货场门卫，当班时负责验货场内货柜及物资安全，凭司机所持的缴费卡放行车辆，晚上还代业务员、核算员对进出场车辆进行打卡、收费。受聘用期间，张某贵多次萌发纠集他人合伙盗窃验货场内货柜的念头，自结识了在厦门市象屿胜狮货柜有限公司任初验员的被告人黄某章后，两人经密谋商定作案。

1999年4月29日，五矿公司将欲出口的6个集装箱货柜运入海关验货场等待检验。是日，正值被告人张某贵当班。张某贵即按与被告人黄某章的约定，通知黄某章联系拖车前来行窃。当日下午7时许，黄某章带着联系好的拖车前往海关验货场，在张某贵的配合下，将场中箱号为NEWU5111199、NEWU5111120、NEWU5111218的3个集装箱货柜（内装1860箱涤纶丝）连同3个车架（总价值659878元）偷运出验货场，并利用其窃取的厦门象屿胜狮货柜公司货物出场单，将货柜运出保税区大门，连夜运往龙海市港尾镇准备销赃。黄某章走后，张某贵到保税区门岗室，乘值班经警不备，将上述3个货柜的货物出场单及货物出区登记表偷出销毁。

公诉机关指控张某贵、黄某章构成贪污罪，法院经审理认为二人均应构成职务侵占罪。

二、案例评析

贪污罪与职务侵占罪的一个重要区别，是犯罪主体不同。贪污罪的主体是国家工作人员（国家机关中从事公务的人员），包括以国家工作人员论的人员，即国有公司、企业、事业单位、人民团体中从事公务的人员和国家机关、国有公司、企业、事业单位委派到非国有公司、企业、事业单位、社会团体从事公务的人员以及其他依照法律从事公务的人员。虽非国家工作人员，但受国家机关、国有公司、企业、事业单位、人民团体委托管理、经营国有财产的人员，利用职务上的便利侵吞、窃取、骗取或者以其他非法手段占有国有财物的，依法也以贪污罪定罪处罚。职务侵占罪的主体是公司、企业或者其他单位的人员，包括非国有公司、企业和其他非国有事业单位、社会团体中不具有国家工作人员身份的人员，以及国有单位中不具有国家工作人员身份的人员。本案被告人张某贵与国有公司厦门象屿储运有限公司（以下简称储运公司）签订临时劳务合同，受聘担任储运公司承包经营的海关验货场的门卫，当班时负责验货场内货柜及物资安全、凭已缴费的缴费卡放行货柜车辆、晚上另代业务员、核算员对进出场的车辆打卡、收费。被告人张某贵所从事的工作不具有公务性，因而不具有国家工作人员身份，不能成为贪污罪的当然主体。但是，张某贵是否属于受委托管理、经营国有财产的人员？

根据《刑法》第382条第2款规定，构成受委托管理、经营国有财产的人员必须符合下述三个条件：其一，委托主体必须是国家机关、国有公司、企业、事业单位、人民团体；其二，必须存在委托和被委托关系；其三，委托内容必须是特定的事务，即从事

① 刘一守：《张某贵、黄某章职务侵占案——受委托管理经营国有财产人员的认定》，载中华人民共和国最高人民法院刑事审判第一、二、三、四、五庭主办：《刑事审判参考》（总第35集），指导案例第274号，法律出版社2003年版，第55页。

对国有财产的管理、经营这样一种特殊的事务。本案中的委托主体厦门象屿储运有限公司是由两家国有独资公司共同出资成立的经营仓储等业务的公司，属于国有公司不成问题。被告人张某贵等窃取的验货场的财物虽然不归储运公司所有，但该验货场由储运公司包干经营，储运公司对该验货场的货物负有保管、管理及损失赔偿的责任，参照《刑法》第91条第2款的规定，在国有公司管理、使用或者运输中的私人财产以公共财产论，被告人张某贵等窃取的财物也应当视为国有财产。张某贵是否属于受委托管理、经营国有财产的人员，能否以贪污论，关键是如何具体理解这里的"委托关系"及"管理、经营"行为。

贪污罪是国家工作人员利用职务上的便利，侵吞、窃取、骗取或者以其他手段非法占有公共财物的行为。根据《刑法》第93条的规定，从事公务是国家工作人员的本质特征。既然刑法将不具有国家工作人员身份但受委托管理、经营国有财产的人员与国家工作人员并列为贪污罪的主体，那么，两者之间就应当具有某种内在一致的本质属性，这就是公务性。一切公务都直接或间接地表现为对国家和社会公共事务的管理活动，国有财产属于公共财产，因此，受委托对国有财产进行的管理、经营活动就带有一定的公务性，也就是说，受委托管理、经营国有财产的人员也是从事公务的人员。其与国家工作人员的区别仅仅在于从事公务的依据不同，前者是受委托，而后者或者是依职权或者是受委派或者是依法律，而非公务本身。受委托管理、经营国有财产的这种公务性，是《刑法》对利用职务上的便利非法占有受委托管理、经营的国有财物行为规定以贪污论处的主要原因。但是，受委托管理、经营国有财产的人员毕竟不是国家工作人员，"以贪污论"毕竟不是"以国家工作人员论"，在司法实践中，应当严格掌握其认定标准。

首先，受委托管理、经营国有财产不同于国有单位对其内部工作人员的任命、聘任或者委派。国有单位任命、聘任其工作人员担任一定职务，在本单位从事经营、管理活动的人员，以及基于投资或者领导关系委派到非国有单位从事经营、管理、监督活动的人员，在性质上均属于国有单位的内部人员，国有单位对其所作的任命、聘任或者委派，属于单位内部的工作安排，从这一点来讲，双方不是平等的关系。根据《刑法》第93条第2款的规定，这些人员属于依法律、依职权或者授权从事的公务，应当以国家工作人员论。受委托管理、经营国有财产则不同，委托是基于信任或者合同等其他关系而产生的权利义务关系，被委托人与委托单位是一种平等的关系。受委托最典型的，就是公民个人与国有企业签订承包、租赁合同，依照合同约定对国有企业进行管理、经营。1999年《最高人民检察院关于人民检察院直接受理立案侦查案件立案标准的规定（试行）》对"'受委托管理、经营国有财产'解释为是指因承包、租赁、聘用等而管理、经营国有财产。"2003年最高人民法院印发的《全国法院审理经济犯罪案件工作座谈会纪要》中，对"受委托管理、经营国有财产"也明确是指"因承包、租赁、临时聘用等管理、经营国有财产"。需要注意的是，聘用虽然亦可成立委托关系，但不是一般劳动关系意义上的聘用，而是管理、经营国有财产意义上的聘用。随着劳动制度改革的深化，国有公司、企业与其工作人员，都必须通过签订劳动合同明确相互的权利义务关系，而且往往表现为聘用的形式。因此，单纯从聘用形式来看，还不足以将国有公司、企业中以国家工作人员论的人员与受委托管理、经营国有财产的人员区分开来，必须联系聘用的内容是基于内部劳动关系所作的工作安排，还是基于信任或者合同等其他关系而作出的委托，加以判断。本案中，被告人张某贵与国有公司厦门象屿储运有限公司（以下简称储运公司）

签订临时劳务合同，受聘担任储运公司承包经营的海关验货场的门卫，这种基于劳务合同（劳动合同）的聘用，显然不是平等主体之间基于信任或者合同等其他关系而作出的委托，而是国有公司对内部工作人员的工作安排，不能作为受委托管理、经营国有财产人员看待。如果其负责的工作具有从事公务性质，那么，就应当作为国有公司中从事公务的人员对待，以国家工作人员论；否则，就不可能成为贪污罪的主体。

其次，受委托管理、经营国有财产也不同于国有单位非国家工作人员从事的不具有公务性质的生产、服务等劳务活动。委托的内容必须限于对国有资产进行管理、经营。所谓管理，是指依委托行使监守或保管国有资产职权的活动；所谓经营，是指行为人在对国有资产具有管理职权的前提下，将国有资产投入市场，作为资本使其增值的商业活动，也就是对国有财物具有处分权。显然，管理、经营国有财产与经手国有财物是有区别的。1997 年《刑法》也正是出于这一考虑，将 1988 年全国人大常委会颁布的《关于惩治贪污罪贿赂罪的补充规定》第 1 条关于"其他经手、管理公共财物的人员"的规定修改限缩为"受……委托管理、经营国有财产的人员"。如果受委托的事项不是管理、经营国有财产，而是从事具体的保管、经手、生产、服务等劳务活动，不能适用《刑法》第382 条第 2 款的规定。比如，国有企业的承包、租赁经营者受国有企业的委托，在生产或经营过程中依照合同约定对国有财产行使管理和经营权，因此，应视为"受委托管理、经营国有财产的人员"。在承包企业里的一般职工，则不能视为"受委托管理、经营国有财产的人员"。本案中，被告人张某贵所从事的门岗工作，属于劳务活动，不具有管理、经营性质，因而不属于受委托管理、经营国有财产人员。

【刑事审判参考案例2】 朱某岩贪污案[①]

一、基本案情

2002 年年底，被告人朱某岩与泗阳县食品总公司破产清算组签订租赁经营泗阳县食品总公司肉联厂（国有企业）的合同，租赁期限为 2003 年 1 月 1 日至 2003 年 12 月 31 日。协议签订前后，有韩某业、王某宇等 9 名股东入股经营，朱某岩任厂长，韩某业、王某宇任副厂长。由于经营亏损，股东向朱某岩索要股金。2003 年 11 月份，被告人朱某岩让王某宇通过马某国联系，与扬州市一名做废旧金属生意的商人蒋某达成协议，将肉联厂一台 12V － 135 型柴油发电机和一台 170 型制冷机以 8 万元价格卖给蒋某。2004 年 1 月 2 日深夜，被告人朱某岩及韩某业、王某宇等人将蒋某等人及货车带到肉联厂院内，将两台机器及附属设备（价值 9.4 万余元）拆卸装车运走。被告人朱某岩及韩某业、王某宇等人将蒋某的货车"护送"出泗阳后，携带蒋某支付的 8 万元返回泗阳。在王某宇家中，朱某岩从卖机器款中取 3 万元给王某宇，让王某宇按股东出资比例予以分配，又取2000 元交给韩某业，作为泗阳县食品公司破产清算组的诉讼费用。朱某岩携带其余 4.8 万元潜逃。法院经审理认定朱某岩构成贪污罪。

二、案例评析

根据《刑法》第 382 条的规定，贪污罪的主体包括两类：一类是国家工作人员；另

---

① 叶巍、刘怀：《朱某岩贪污案——租赁国有企业的人员盗卖国有资产的行为如何处理》，载中华人民共和国最高人民法院刑事审判第一庭、第二庭编：《刑事审判参考》（总第 45 集），指导案例第 355 号，法律出版社 2005 年版，第 18 页。

一类是受国家机关、国有公司、企业、事业单位、人民团体委托管理、经营国有财产的人员。本案被告人朱某岩既非《刑法》第 93 条规定的在国家机关中从事公务的人员，也不是"以国家工作人员论"的人员，故不属于上述第一类主体。因此，朱某岩是否构成贪污罪的关键，在于准确把握《刑法》第 382 条第 2 款规定的内涵，认定其是否属于"受委托管理、经营国有财产的人员"。我们认为，朱某岩租赁经营国有企业的行为，属于受委托管理、经营国有财产，符合《刑法》关于贪污罪规定的第二类犯罪主体构成要件，其利用职务上的便利盗卖国有财产并私分的行为，应当以贪污罪定罪处罚。

《刑法》第 382 条第 2 款规定："受国家机关、国有公司、企业、事业单位、人民团体委托管理、经营国有财产的人员，利用职务上的便利，侵吞、窃取、骗取或者以其他手段非法占有国有财物的，以贪污论。"对于其中的"委托"应当如何理解的问题，最高人民检察院于 1999 年 9 月 19 日下发的《关于人民检察院直接受理立案侦查案件立案标准的规定（试行）》作出了如下规定："受委托管理、经营国有财产"是指因承包、租赁、聘用等而管理、经营国有财产。2003 年 11 月 13 日，最高人民法院下发的《全国法院审理经济犯罪案件工作座谈会纪要》（以下简称《纪要》）中规定："受委托管理、经营国有财产"是指因承包、租赁、临时聘用等管理、经营国有财产。可见，承包、租赁和聘用是"受委托"的主要方式，不同之处在于《纪要》对聘用的范围限制在"临时聘用"。因为长期受聘用的人员直接可视为国家工作人员，对于其利用职务上便利侵吞国有财产的，可以直接适用《刑法》第 382 条第 1 款的规定处罚，而临时聘用人员由于尚未与国有单位形成固定的劳动关系，难以认定其为国家工作人员。因此，将临时聘用的人员纳入《刑法》382 条第 2 款规定的受委托人员范畴，符合《刑法》的立法精神和保护国有资产的价值取向。

尽管委托方式多种多样，实践中除了承包、租赁和临时聘用以外，不排除其他形式存在的可能，但其共同的特征在于，委托双方属于平等的民事主体关系，这种委托是国有单位以平等主体身份就国有财产的管理、经营与被委托者达成的协议，本质上是民事委托关系，因此，有别于《刑法》第 93 条规定的"委派"。委派的实质是任命，具有一定的行政性，被委派者在委派事项及是否接受委派方面，与委派方不是处于平等地位而是具有行政隶属性质，两者间的关系具有隶属性和服从性。本案被告人朱某岩与泗阳县食品总公司破产清算组签订了租赁经营泗阳县食品总公司肉联厂的合同，属于一种典型的民事委托方式，因此，朱某岩符合"受委托"管理、经营国有财产的要件，其行为已经构成贪污罪。

【刑事审判参考案例 3】顾某忠贪污案①

一、基本案情

被告人顾某忠原系铁实公司（系国有公司）投资管理科科长。1999 年 9 月，被告人顾某忠经铁实公司董事长张某端提名，由铁成公司（铁实公司参股的非国有公司）的董事会聘任，时任铁成公司总经理。华勤投资有限公司（以下简称华勤公司）总经理张某

---

① 贺凌云、魏海欢：《顾某忠挪用公款、贪污案——由国有公司负责人口头提名、非国有公司聘任的管理人员能否以国家工作人员论》，载中华人民共和国最高人民法院刑事审判第一、二、三、四、五庭主办：《刑事审判参考》（总第 56 集），指导案例第 446 号，法律出版社 2007 年版，第 49 页。

找到顾某忠，要求将铁成公司持有的"同仁铝业"股票"转仓"给华勤公司。双方约定以股市交易价在上海证券公司交易，但实际按每股人民币18元结算。"同仁铝业"股票的股市交易价与议定的每股18元实际结算价间的差额款由华勤公司另行支付。1999年9月16日，铁成公司将2582821股"同仁铝业"股票通过股市交易转给华勤公司。被告人顾某忠提供给张某两个股票账户（A178275159、A13248830），要求张某将差额款在上述两个股票账户中买入国债和"宁城老窖"股票。1999年9月16日，华勤公司在A178275159股票账户中买入4986240元国债；同年9月22日，华勤公司在A13248830股票账户中买入84000股"宁城老窖"股票，市值计人民币1041512.2元。上述款项被顾某忠非法占有。

公诉机关指控顾某忠构成受贿罪，法院经审理认定顾某忠构成贪污罪。

二、案例评析

根据《刑法》第93条的规定，刑法意义上的国家工作人员有四类：一是指国家机关中从事公务的人员；二是指在国有公司、企业、事业单位、人民团体中从事公务的人员；三是指国家机关、国有公司、企业、事业单位委派到非国有公司、企业、事业单位、社会团体从事公务的人员；四是指其他依照法律从事公务的人员。实践中，对于前两类国家工作人员的身份认定一般比较简单，而对于后两类国家工作人员的认定就相对较为复杂了，往往成为案件审理中的难点。本案即属此类情况，对于被告人顾某忠作为铁成公司总经理是否属于国家工作人员，控辩双方存在争议。

本案中，被告人顾某忠时任铁成公司总经理。而铁成公司是国有公司铁实公司与江苏省大邦化工实业有限公司、江苏省大路贸易有限公司、江苏省铁路建设工程有限公司、江苏省铁路有限责任公司工会五方共同投资成立的有限责任公司。其中，江苏省大路贸易有限公司属非国有性质，可见，铁成公司不是刑法意义上的国有公司，因此，顾某忠不属于在国有公司中从事公务的人员，那么其是否属于国有公司委派到非国有公司从事公务的人员呢？

我们认为，受国有公司委派到非国有公司从事公务的人员的认定关键要把握好"受委派"和"从事公务"两个特征。

对于"受委派"，2003年《全国法院审理经济犯罪案件工作座谈会纪要》（以下简称《纪要》）指出："所谓委派，即委任、派遣，其形式多种多样，如任命、指派、提名、批准等。不论被委派的人身份如何，只要是接受国家机关、国有公司、企业、事业单位委派，代表国家机关、国有公司、企业、事业单位在非国有公司、企业、事业单位、社会团体中从事组织、领导、监督、管理等工作，都可以认定为国家机关、国有公司、企业、事业单位委派到非国有公司、企业、事业单位、社会团体从事公务的人员。如国家机关、国有公司、企业、事业单位委派在国有控股或者参股的股份有限公司从事组织、领导、监督、管理等工作的人员，应当以国家工作人员论。"据此，这里的"委派"在形式上可以不拘一格，如任命、指派、提名、推荐、认可、同意、批准等均可，无论是书面委任文件还是口头提名，只要是有证据证明属上述委派形式之一即可，这是与我国现阶段有关国家工作人员身份来源变动多样性的实际情况相符合的。

对于"从事公务"，《纪要》指出："从事公务，是指代表国家机关、国有公司、企业、事业单位、人民团体等履行组织、领导、监督、管理等职责。公务主要表现为与职权相联系的公共事务以及监督、管理国有财产的职务活动。如国家机关工作人员依法履行职责，国有公司的董事、经理、监事、会计、出纳人员等管理、监督国有财产等活动，属于从事公务。"据此，从事公务是以国家工作人员论的实质特征，即必须代表国家机关、国有公司、企业、事业单位在非国有公司、企业、事业单位、社会团体中从事组织、领导、监督、管理等公务活动，亦即具有国有单位的直接代表性和从事工作内容的公务性。

由以上《纪要》规定的精神可以看出，对于受委派从事公务的国家工作人员的认定上更强调的是从事公务，即代表国有单位行使组织、领导、监督、管理等职权活动，而不再是单纯关注国家工作人员的身份形式，只要真正地代表国有单位行使了相关职务活动就应以国家工作人员论。如在国有公司、企业改制为股份有限公司的情况中，即使原国有公司、企业的工作人员因各种原因未获得任何形式的委派手续，但仍代表国有投资主体行使监督、管理职权的，同样应以国家工作人员论。

随着国有企业改革的深化和人事制度的完善，股份制将成为国有资本的主要实现形式。除了国有独资公司的董事会成员由相关部门直接委派外，股份公司的董事会成员和总经理均需由股东大会选举或者董事会决定，而国有出资单位依法仅享有提名、推荐权，当然，这种提名、推荐往往实际影响着董事会的决定。本案中，被告人顾某忠担任非国有公司铁成公司总经理，是由铁成公司董事长沈某法委托国有公司铁实公司董事长张某端提名，由董事会聘任的。虽然从形式上看，顾某忠是由非国有公司董事会聘任为总经理的，但顾某忠任总经理是由铁实公司董事长张某端提名，非国有公司铁成公司董事会才决定聘任的，应当属于"受委派"；而他事实上作为总经理，全面负责铁成公司的工作，享有对该公司的全面领导、管理、经营的权力，负有监督、管理国有财产并使之保值增值的职责，从其工作内容和职责考察显然应当认定为"从事公务"，即是代表铁实公司行使经营、管理职权。综上，从顾某忠担任铁成公司总经理的身份来源及其职务内容来看，顾某忠符合《纪要》规定的受委派从事公务的国家工作人员特征，应当认定为受国有公司的委派到非国有公司中从事公务的人员，以国家工作人员论。

【刑事审判参考案例4】黄某惠贪污案①

一、基本案情

2004年1月至2015年12月期间，被告人黄某惠个人独资经营的苏州市通安食品购销站依法接受苏州市国家税务局新区分局委托代征收生猪零售环节增值税，黄某惠利用职务便利，采取收取增值税税款后不出具增值税发票的手段，将收取的增值税共计人民币182808元截留侵吞，非法占为己有。法院经审理认定其构成贪污罪。

二、案例评析

被告人黄某惠受税务机关委托代为行使征收税款的权力，属于《刑法》第93条第2款规定的"其他依照法律从事公务的人员"，其利用职务便利侵吞代收税款的行为构成贪污罪。具体理由如下：

1. 认为被告人黄某惠无罪的理由不能成立。其一，在司法实践中，判断黄某惠的行

---

① 王志辉：《黄某惠贪污案——利用受国家税务机关委托行使代收税款的便利侵吞税款的行为如何定罪处罚》，载中华人民共和国最高人民法院刑事审判第一、二、三、四、五庭主办：《刑事审判参考》（总第79集），指导案例第692号，法律出版社2011年版，第92页。

为是否构成犯罪，应首先找到黄某惠的行为所可能符合的犯罪构成群，然后归纳案件事实，进行相符性判断。其二，主张本案无罪的论据之一，是黄某惠侵占税款的行为只是违反了通安食品购销站与税务机关的协议，仅能按照协议约定追究黄某惠的违约责任，而不应追究其刑事责任。显然，这种观点难以成立。虽然协议约定对违约者"追究违约方的责任"，但这并不意味着违约责任只是民事违约责任，当违约行为严重影响到国家公共利益和社会管理秩序时，不能排除国家公权力的介入和调整。

2. 被告人黄某惠不符合偷税罪 [《刑法修正案（七）》颁布前罪名] 的主体身份，其行为不构成偷税罪。黄某惠与苏州市国家税务局新区分局签订的《委托代征税款协议书》约定，黄某惠是生猪零售环节增值税税款的代征人，而非扣缴义务人。根据《税收征收管理法》第 4 条的规定，扣缴义务人是指"法律、行政法规规定负有代扣代缴、代收代缴义务的单位和个人"，对于法律、行政法规没有规定负有代扣、代收义务的单位和个人，税务机关不得要求其履行代扣、代收税款义务。而税款代征人，是税务机关依照《税收征收管理法实施细则》第 44 条的规定，根据有利于税收控管和方便纳税的原则，按照国家有关规定委托有关单位和人员代征零星分散和异地缴纳的税收，并发给委托代征证书，受委托单位和人员按照代征证书的要求，以税务机关的名义依法征收税款，纳税人不得拒绝；纳税人拒绝的，受委托单位和个人应当及时报告税务机关。可见，税款代征人与税款扣缴义务人具有本质区别：首先，成立前提不同。代征人资格的取得，是源于税务机关依法进行的行政委托；而扣缴义务人的资格的取得，是以法定义务为前提。其次，行为的法律性质有别。代征人在法律地位上等同于受委托代表税务机关征收税款的非税务工作人员，代征人以税务机关的名义并代表税务机关向纳税人、扣缴义务人征收税款时，应向缴付税款的纳税人、扣缴义务人开具相应的完税凭证或交付税票，而纳税人、扣缴义务人一旦向代征人交付税款，即视为已向税务机关履行了纳税义务；而扣缴义务人在法律地位上等同于纳税人，扣缴义务人代扣、代缴税款并非以税务机关的名义进行，代扣、代缴的税款未上交税务机关前，仍然是税务机关征税的对象，税收征纳关系尚未终结。最后，违法行为侵害的客体不同。纳税人、扣缴义务人一旦向代征人交付税款，即视为已向税务机关履行了纳税义务，代征人收缴的税款在法律权属上已属于国家财产，截留、侵占该款项，侵犯的是国家财产所有权和代征职务的廉洁性；而扣缴义务人所代扣、代缴的税款未上交税务机关前，不能视为税务机关已经完成税收征纳，代扣代缴的款项还未转移为国家所有，侵吞、截留有关款项只是侵犯了税收征管秩序。至于 1992 年最高人民法院、最高人民检察院联合印发的《关于办理偷税、抗税刑事案件具体应用法律的若干问题的解释》中有关代征人不缴或少缴应收税款，以偷税罪论处的规定，是由于当时《刑法》及有关司法解释对于贪污罪主体尚未有科学明晰的界定。但之后 1997 年《刑法》对国家工作人员范围已作明确规定，且在《刑法》及相关司法解释已将其他依照法律从事公务活动的人员明确为国家工作人员范围的情况下，以 1992 年最高人民法院、最高人民检察院联合印发的《关于办理偷税、抗税刑事案件具体应用法律的若干问题的解释》的相关规定为依据主张代征人不具有国家工作人员身份，其不将代征的税款上缴的行为仅构成偷税罪的观点难以成立。这一结论，可以从 2002 年《最高人民法院关于审理偷税抗税刑事案件具体应用法律若干问题的解释》不再规定代征人不缴或少缴应收税款可以偷税罪论处得以佐证。

3. 被告人黄某惠的行为不构成侵占罪。《刑法》第 270 条规定的侵占罪，是指以非法占有为目的，将代为他人保管的财物或者他人的遗忘物、埋藏物占为己有，数额较大且拒不退还或拒不交出的行为。本案中，税务机关并没有将国有财产委托给黄某惠保管，只是委托黄某惠代征税款。黄某惠在征收税款后，尚未交付税务机关前，税务机关并不知道已征收税款的存在，因而也谈不上要求退还的问题，因此黄某惠侵吞代为征收税款的行为不符合侵占罪的构成要件，不能以侵占罪定罪处罚。

4. 被告人黄某惠不属于《刑法》第 382 条第 2 款规定的受委托管理、经营国有财产的人员。对于《刑法》第 382 条第 2 款规定的受委托管理、经营国有财产的人员，2003 年《全国法院审理经济犯罪案件工作座谈会纪要》规定："刑法第三百八十二条第二款规定的受委托管理经营国有财产是指承包、租赁、临时聘用等管理、经营国有财产。"也就是说，受委托经营、管理国有财产的人员在司法实践中主要是指承包经营国有企业、国有公司，租赁国有公司以及临时聘用管理经营国有财产等人员。由上可见，该条规定的受委托是有特定含义的：首先，委托人对于委托事项必须有委托权限。无论是民事委托还是行政委托，如果委托人对委托事项没有委托权限，则不能成立委托。《税收征收管理法》第二章明确规定了税务机关从事税务管理活动的范围为税务登记、账簿、凭证管理和纳税申报管理，所征税款的经营、管理依法由财政部门负责，不属于税务机关的权限范围，因此，税务机关无权委托他人（单位）对税款进行经营、管理。其次，《刑法》第 382 条第 2 款规定的委托，实质上属于民事委托，受托人受托从事的经营、管理国有财产的行为是民商事行为，委托方和受托方之间是平等主体间的委托法律关系。而代征人接受税务机关委托，所从事的是代为征收税款的行政管理活动，在代征税款期间，代征人必须接受委托人税务机关的监督管理。因此，代征人与委托人的税务机关之间并非平等的民事法律关系，而是一种行政委托关系。据此，代征人并未包括在受委托管理经营国有财产的人员之中，如果以《刑法》第 382 条第 2 款对代征人定罪处罚，与代征人及其受委托从事的代征活动的本质特征不符，因而不能适用该法条。

5. 被告人黄某惠属于《刑法》第 93 条第 2 款规定的"其他依照法律从事公务的人员"，其私自截留、侵吞税款的行为，应根据《刑法》第 382 条第 1 款定罪处罚。征税权是国家权力的当然组成部分，税收征管活动也是国家行政管理活动的重要组成部分，属于一种公务执行活动。根据《税收征管法实施细则》第 44 条的规定，税务机关根据有利于税收控管和方便纳税的原则，可以按照国家有关规定委托有关单位和人员代征零星分散和异地缴纳的税收，并发给委托代征证书。受委托代征税款的单位和人员应当按照代征证书的要求，以税务机关的名义依法征收税款，纳税人不得拒绝；纳税人拒绝的，受委托单位和个人应当及时报告税务机关。由该规定不难分析，受国家税务机关委托代征税款的单位和人员代为征收相关税款的行为，实质上就是代表国家税务机关征收税款，是一种依照《税收征管法实施细则》从事公务的行为。本案中，黄某惠及其经营的食品站在与税务机关签订《委托代征税款协议》、接受税务机关依法作出的代征税款的委托之后，以税务机关的名义进行的代征生猪流通环节增值税的行为，属于在特定条件下行使国家税收征管权，符合《刑法》第 93 条第 2 款规定的"依照法律从事公务活动"。黄某惠在从事代征税款时，应以国家工作人员论。黄某惠在受委托代征税款期间，以非法占有为目的，利用代征税款的职务便利，私自截留、侵吞代征的税款，不但侵犯了国有财产所有权，而且侵犯了代征税款职务的廉洁性，其行为触犯了《刑法》第 382 条第 1 款的规定，应构成贪污罪。

综上，本案被告人黄某惠利用受国家税务机关委托行使代收税款的职务便利侵吞税款的行为符合贪污罪的构成要件，法院以贪污罪对其定罪处罚是正确的。

问题8. 如何审查认定国家出资企业中国家工作人员的身份

根据《最高人民法院、最高人民检察院关于办理国家出资企业中职务犯罪案件具体应用法律若干问题的意见》，经国家机关、国有公司、企业、事业单位提名、推荐、任命、批准等，在国有控股、参股公司及其分支机构中从事公务的人员，应当认定为国家工作人员。具体的任命机构和程序，不影响国家工作人员的认定。经国家出资企业中负有管理、监督国有资产职责的组织批准或者研究决定，代表其在国有控股、参股公司及其分支机构中从事组织、领导、监督、经营、管理工作的人员，应当认定为国家工作人员。国家出资企业中的国家工作人员，在国家出资企业中持有个人股份或者同时接受非国有股东委托的，不影响其国家工作人员身份的认定。

"国家出资企业"，包括国家出资的国有独资公司、国有独资企业，以及国有资本控股公司、国有资本参股公司。是否属于国家出资企业不清楚的，应遵循"谁投资、谁拥有产权"的原则进行界定。企业注册登记中的资金来源与实际出资不符的，应根据实际出资情况确定企业的性质。企业实际出资情况不清楚的，可以综合工商注册、分配形式、经营管理等因素确定企业的性质。

【刑事审判参考案例】李某光贪污案[①]

一、基本案情

2009年5月至9月间，被告人李某光利用担任中铁三局四公司南广铁路NGZQ－4项目部一分部财务主任的职务便利，多次到贵港市港北区国家税务局虚开收款人为林某顺、谢某全，总金额为人民币（以下币种同）1247040元的发票4张，在单位报账后将1247040元据为己有。具体事实如下：

（1）2009年5月8日，李某光虚设西江农场林某顺财务科目，以林某顺名义在贵港市的工商银行开立了账号为6222×××××××××××××银行账户，制作了科目为"应付账款—应付货款—贵港市西江农场林某顺"、总金额为561060元的转账凭证，并于5月11日到贵港市港北区国家税务局开具收款人为林某顺、金额为561060元的发票在其单位中铁三局四公司南广铁路NGZQ－4项目部一分部报账，一分部财务分别于5月12日、6月26日、7月27日开具转账支票361060元、102000元、98000元付款至工商银行账号为6222×××××××××××××的林某顺账户，李某光将虚报所得561060元据为己有。

（2）2009年7月至9月，李某光在其单位与谢某全发生业务后，以谢某全名义在贵港市的工商银行开立了2111×××××××××××××银行账户，随后三次到贵港市港北区国家税务局开具收款人为谢某全、金额分别为98400元、96180元和491400元的发票三张，列入其所在单位中铁三局四公司南广铁路NGZQ－4项目部一分部虚设的

① 康瑛：《李某光贪污、挪用公款案——如何审查认定国家出资企业中国家工作人员的身份》，载中华人民共和国最高人民法院刑事审判第一、二、三、四、五庭主办：《刑事审判参考》（总第99集），指导案例第1016号，法律出版社2014年版，第103页。

"港城镇谢某全"财务科目中报账。2009年8月18日、9月14日、9月17日，一分部财务分别先后三次转款98400元、300000元、287580元至工商银行账号为2111××××××××××××××的谢某全账户，李某光将虚报所得685980元据为己有。

李某光将虚报所得款项中的825000元用于购买国债和银行定期存款，422040元取现后交由一分部食堂职工高某庆藏入一分部食堂的库房里。

一审法院认为被告人李某光系国家出资企业中从事公务的人员，进而认定其构成贪污罪；李某光上诉后，二审法院认为，上诉人李某光所在中铁三局四公司系国有资本控股公司中铁三局的全资子公司，属于国家出资企业，李某光系该公司合同制员工，只有技术职称，没有行政级别，其担任南广铁路NGZQ-4项目部一分部财务主任是经过公司人力资源部提名，主管总会计师同意报公司总经理聘任的，未经公司党委或者党政联席会讨论、批准或者任命，故其不具有国家工作人员身份，并据此改判其构成职务侵占罪而非贪污罪。

二、案例评析

本案中，李某光的主体身份对适用何罪名起到决定作用。根据在案证据，不能认定被告人李某光属于国家工作人员。具体理由如下：

1. 从形式要件分析，认定国家出资企业中的国家工作人员一般要求行为人的职务系经党政联席会等形式批准、任命。中国中铁股份有限公司上市前名称为中国铁路工程总公司（国有企业）。2007年9月，中国铁路工程总公司改制注册为中国中铁股份有限公司，主管机构为国务院国有资产监督管理委员会。2007年12月，中国中铁股份有限公司上市后，公司股本结构为中国铁路工程总公司持股占58.30%，境内社会公众持股占21.95%，境外社会公众及社保基金理事会持股19.75%。据此，可以认定中国中铁股份有限公司上市后成为国有控股公司，亦即国家出资企业。

中铁三局集团有限公司（以下简称中铁三局）前身为铁道部第三工程局，创建于1952年。2000年11月28日改制成立中铁三局集团，股东为中国铁路工程总公司和中铁三局职工持股会。2007年3月，该公司将全部职工个人股权转让给第一股东中国铁路工程总公司，随中国铁路工程总公司整体上市成立中国中铁股份有限公司，中铁三局成为中国中铁股份有限公司的全资子公司，中铁三局四公司系中铁三局的全资子公司。

由上可见，被告人李某光所在中铁三局四公司系上市公司中国中铁股份有限公司的三级全资子公司，因中国中铁股份有限公司已经上市并非国有公司，该公司性质上属于国家出资企业，并非国有公司。李某光在实施相关犯罪行为时，担任中铁三局四公司南广铁路NGZQ-4项目部一分部财务主任，直接负责经手、管理所在单位财务，从其岗位职责来讲，属于关键岗位，具有"从事监督、经营、管理工作"的特点。但其是否属于国家工作人员，根据最高人民法院、最高人民检察院发布的《关于办理国家出资企业中职务犯罪案件具体应用法律若干问题的意见》的相关规定，首先要考察其是否具有"经国家出资企业中负有管理、监督国有资产职责的组织批准或者研究决定，代表其在国有控股、参股公司及其分支机构中从事组织、领导、监督、经营、管理工作"的情况。

从现有证据看，中铁三局四公司改制后，全体员工全部重新签订劳动合同，2005年李某光重新签订劳动合同，成为一名劳动合同制员工。李某光在该公司系一名普通工作人员，无任何行政级别，只有技术职称，其工作调动不需要经过公司的任何会议研究决定，其工作调动程序是公司人力资源部根据项目设置和项目需要进行人员调配的。李某光担任中铁三局四公司南广铁路 NGZQ-4 项目部一分部财务主任一职，是经过公司人力资源部提名、主管领导总会计师同意，报公司总经理任命的，因为财务人员不是领导班子成员，故一般无须公司领导层或党政联席会讨论、批准、任命，事实上也没有经过有关会议讨论、批准、任命。因此，李某光担任该职务并非属于"经国家出资企业中负有管理、监督国有资产职责的组织批准或者研究决定"。关于李某光的任命，时任中铁三局四公司总经理蔡某生在其证言里提到，其在任命前向公司党委书记汇报过，得到同意后才下发了任命通知。经查，蔡某生的证言中只是抽象提到其对财务人员的岗位人事安排一般会向党委书记说明，听取意见，但这只是形式而已。类似这样的岗位人事安排，党委书记一般也不会反对，然后由其审批签字，由人力资源部发文即告完成。可见，蔡某生的证言并未明确提及李某光的任命已经向公司党委书记汇报过；且即使汇报过，依据四公司有关制度规定和操作惯例，党委书记同意只是"走形式"，并无实质意义，不能将之简单视为"国家出资企业中负有管理、监督国有资产职责的组织批准或者研究决定"的表现形式，否则将会造成实践中对此类国家出资企业中国家工作人员范围认定的不当扩大。

2. 从实质要件分析，国家出资企业中的国家工作人员代表负有管理、监督国有资产职责的组织在国有控股、参股公司及其分支机构中从事组织、领导、监督、经营、管理工作。在国有控股、参股公司中国家工作人员身份的认定中，除了需要审查行为人的任命程序，还需要审查其是否"代表负有管理、监督国有资产职责的组织"，从事"组织、领导、监督、经营、管理工作"。这一审查主要围绕以下三个特征进行：（1）代表性。作为授权方的负有管理、监督国有资产职责的组织，与作为被授权方的国家工作人员，通过批准、研究决定等政治授权行为方式，产生一种认可被授权方法律行为所建立的法律关系的效果，并将这种法律关系最终归属于国家。也即在国有出资企业中，国家工作人员系代表国有资产的监督、管理组织从事工作，这种代表性是认定国家工作人员身份的首要特征。（2）公务性。公务首先是管理性的事务，而不是一般的技术性、业务性的活动，与劳务相比其具有明显的管理属性。公务与职权具有紧密的关联。（3）与国有资产的紧密关联性。对于经党政联席会等形式批准、任命的人员，实践中把握的原则是，只要从事的是公务，一般都认定为国家工作人员。但对于未经党政联席会等形式批准、任命的人员，还要区分是公司整体的公务，还是代表国有资产管理、监督部门从事公务，只有代表国有投资主体行使监督、管理国有资产的职权，才能认定为国家工作人员。本案中，无证据证实被告人李某光属于"受国家机关、国有公司、企业、事业单位委派从事公务"的情形，综合案情和各种证据分析，难以认定其代表国有投资主体行使监督、管理国有资产的职权，因此，从实质层面分析，不应认定李某光具有国家工作人员的身份。

综上，本案被告人李某光职权的变动并未经负有管理、监督国有资产职责的组织批准或者研究决定，其所从事的工作也并非代表国有投资主体在国有出资企业中从事公务。因此，不能认定李某光为国家工作人员，其利用职务便利，将本单位资金非法占为己有的行为，构成职务侵占罪。

问题9. 如何认定村民委员会等村基层组织成员为依照法律从事公务的人员

村民委员会等村基层组织不是国家机关，但村民委员会等村基层组织人员在管理基层集体性自治事务的同时，还经常受乡、民族乡、镇人民政府委托协助乡、民族乡、镇人民政府开展工作，执行政府指令，组织村民完成国家行政任务，行使一定的行政管理职能。因此，村民委员会等村基层组织成员在协助人民政府从事行政管理工作时，属于《刑法》第93条第2款规定的"其他依照法律从事公务的人员"。根据《全国人民代表大会常务委员会关于〈中华人民共和国刑法〉第九十三条第二款的解释》的规定，村民委员会等基层组织成员在从事下列七种工作时，属于依照法律从事公务：（1）救灾、抢险、防汛、优抚、扶贫、移民、救济款物的管理；（2）社会捐助公益事业款物的管理；（3）国有土地的经营和管理；（4）土地征用补偿费用的管理；（5）代征、代缴税款；（6）有关计划生育、户籍、征兵工作；（7）协助人民政府从事的其他行政管理工作。

【刑事审判参考案例】宾某春等贪污案[①]

一、基本案情

被告人宾某春原系湖南省湘潭市岳塘区荷塘乡清水村村民委员会主任，被告人郭某原系该村党支部书记、村民委员会委员兼出纳，被告人戴某立原系该村村民委员会委员兼会计。

1997年9月18日，被告人宾某春使用作废的收款收据到湘潭电厂领取"施工作业上坝公路用地补偿费"10万元。同月26日，湘潭电厂应宾要求将该款转账至清水建筑工程队在中国农业银行岳塘支行纺城储蓄专柜开设的户头上。当日，宾某春在该工程队法人代表戴某的协助下，又将该款转至以假名"戴某华"开设的活期存折上。之后，分三次取出，除部分用于做生意外，余款以其妻的名义存入银行。

1997年9月，被告人宾某春、郭某、戴某立伙同村支部委员赵某龙，出具虚假领条，从湘潭市征地拆迁事务所套取付给清水村的"迁坟补偿费"1.2万元，四人平分，各得赃款3000元。1997年9月23日，被告人宾某春使用作废的收款收据从湘潭市征地拆迁事务所领取"油茶林补偿费"10万元。同年10月8日，宾某春将该款转至清水村在湘潭市板塘城市合作银行以"清水工程款"名义虚设的账户上。同月24日，被告人郭某将款取出，又以宾某春个人名义存入中国银行雨湖支行。1998年3月的一天，宾某春对郭某、戴某立说："那10万元钱三个人分了，以后被发现，各退各的。"郭、戴均表示同意。尔后，三人平分，各得赃款3.3万余元。

1998年4月4日，被告人宾某春以湘潭市荷塘乡清水村村民委员会名义用作废的收款收据从湘潭电厂领取"租用运输道路泥沙冲进稻田补偿费"4.2916万元。同月20日，湘潭电厂将该款转账至清水村在荷塘信用社开立的账户上。尔后，宾某春对被告人郭某、戴某立说："电厂来了笔扫尾工程款，这笔款不入账，几个人分了算了。"郭、戴均表示同意。于是，被告人郭某分两次将钱取出，并将其中的3.2916万元予以平分，各得赃款1.0972万元。

[①] 贺小电：《宾某春、郭某、戴某立贪污案——如何认定村民委员会等村基层组织成员为依照法律从事公务的人员》，载中华人民共和国最高人民法院刑事审判第一庭、第二庭：《刑事审判参考》（总第21集），指导案例第136号，法律出版社2001年版，第35~40页。

人民法院经审理认定三被告人均构成贪污罪，对其分别判处刑罚。

二、案例评析

1. 村民委员会等村基层组织成员在协助人民政府从事行政管理工作时，属于《刑法》第93条第2款规定的"其他依照法律从事公务的人员"。本案被告人宾某春、郭某、戴某立利用职务便利，共同侵吞"迁坟补偿费""油茶林补偿费"和"租用运输道路泥沙冲进稻田补偿费"共14.1916万元，各分得赃款4.7305万元。被告人宾某春还独自利用职务便利侵吞"施工作业上坝公路用地补偿费"10万元。对于三被告人的行为如何处理，关键在于三被告人是否属于《刑法》第93条第2款所规定的"其他依照法律从事公务的人员"。由于村民委员会等村基层组织不是国家机关，但村民委员会等村基层组织人员在管理基层集体性自治事务的同时，还经常受乡、民族乡、镇人民政府委托协助乡、民族乡、镇人民政府开展工作，执行政府指令，组织村民完成国家行政任务，行使一定的行政管理职能。因此，《全国人民代表大会常务委员会关于〈中华人民共和国刑法〉第九十三条第二款的解释》（以下简称《解释》）明确规定了村民委员会等基层组织成员在从事下列七种工作时，属于依照法律从事公务：（1）救灾、抢险、防汛、优抚、扶贫、移民、救济款物的管理；（2）社会捐助公益事业款物的管理；（3）国有土地的经营和管理；（4）土地征用补偿费用的管理；（5）代征、代缴税款；（6）有关计划生育、户籍、征兵工作；（7）协助人民政府从事的其他行政管理工作。村民委员会等村基层组织成员在从事上述七种工作时，属于"其他依照法律从事公务的人员"。他们利用职务便利非法占有公共财物、挪用公款、索取他人财物或者非法收受他人财物构成犯罪的，适用《刑法》关于国家工作人员犯罪的处罚规定。本案被告人宾某春、郭某、戴某立均系村民委员会组成人员，宾某春还是村民委员会主任，在依职务管理村集体土地征用补偿费用过程中，三人共同利用职务上的便利，非法占有公共财物，依法共同构成贪污犯罪。

2. 村党支部成员在协助人民政府履行《解释》规定的七类行政管理工作时，也属于"其他依照法律从事公务的人员"。虽然《解释》没有明确村党支部成员在协助人民政府从事行政管理工作时，是否属于"其他依照法律从事公务的人员"，但从《解释》的规定和我国的实际情况来看，村党支部成员无疑也属于"其他依照法律从事公务的人员"。其理由是：第一，从立法解释的技术来看，《解释》用"村民委员会等村基层组织人员"这种列举加概括的方法，应当认为是涵盖了村党支部、村经联社、村经济合作社等各种依法设立或者经过批准设立的村基层组织；第二，认定村民委员会等村基层组织人员是否属于"其他依照法律从事公务的人员"，关键在于其是否协助人民政府从事行政管理工作。在我国农村的各种公共管理活动中，村党支部实际上起着领导和决策的作用，乡级人民政府不仅通过村民委员会而且主要是通过村党支部落实国家的各种路线、方针、政策，组织实施与村民利益及社会发展相关的各种公共事务管理活动。也就是说，村党支部成员更为经常地协助人民政府从事行政管理工作。因此，村党支部成员在协助人民政府开展工作时，利用职务上的便利非法占有公共财物、挪用公款、索取他人财物或者非法收受他人财物，构成犯罪的，当然也适用《刑法》关于国家工作人员犯罪的处罚规定。

3. 村民委员会等村基层组织成员利用职务上的便利非法占有的财物既包括国有财产也包括村集体所有财产的，应当分别定罪处罚。被告人宾某春、郭某、戴某立以村民委员会名义从湘潭市征地拆迁事务所领取的"油茶林补偿费"和"迁坟补偿费"，实际是乡人民政府对国家征用土地后所发给的土地补偿费，村民委员会是受乡人民政府委托协助进行管理和发放，属于依照法律从事公务。三被告人利用职务便利予以侵吞，应以贪污罪定罪处刑，湘潭市岳塘区人民法院对各被告人以贪污罪定罪处罚，是正确的。但"施工作业上坝公路用地补偿费"和"租用运输道路泥沙冲进稻田补偿费"，则是湘潭电厂依合同约定支付给清水村的使用土地补偿费用，不属于国家土地征用补偿费用。管理和发放"施工作业上坝公路用地补偿费"和"租用运输道路泥沙冲进稻田补偿费"，属于村民委员会对农村集体所有土地的经营和管理范围，是村民自治范围内的公共事物，不是依照法律从事公务。被告人宾某春、郭某、戴某立利用职务便利对这部分属于村集体所有的款项予以侵吞，不应以贪污罪定罪处刑，而应依照《刑法》第271条的规定，以职务侵占罪定罪处刑。当然，本案的发生和处理都在《解释》公布之前，因此，湘潭市岳塘区人民法院对本案的判决可不再变动。

实践中，还应当注意的是，由于村民委员会等村基层组织成员不是国家工作人员，也不享有国家工作人员的待遇，因此，对其适用《刑法》第93条第2款应当严格掌握，慎重对待。如果在处理具体案件时，难以区分村民委员会等村基层组织成员是利用协助人民政府从事行政管理工作的职务便利，还是利用管理村公共事物的职务便利的，即在对主体的认定存在难以确定的疑问时，一般应当认定为利用管理村公共事物的职务便利，因为他们本身毕竟是村民委员会等村基层组织成员，而并非政府公务人员。

问题10. 如何理解村基层组织人员协助人民政府从事"国有土地的经营和管理"

所谓协助政府从事行政管理工作，是指以政府的名义参与组织、领导、监督、管理涉及人民利益和社会发展的相关国家事务和政府事务的活动。村民委员会、居民委员会是基层群众自治性组织，职责主要是管理村、居民点的集体性事务，其本身并无行政管理权能。但由于该组织能起到国家与群众的纽带作用，便于协助行政机关传达、贯彻党和国家的方针政策，常代行部分行政管理事务，但这也仅是"协助"从事行政管理工作，因此，必须是以政府的名义。

【刑事审判参考案例】钱某元贪污案[①]

一、基本案情

被告人钱某元于1998年7月被中共锡山市鸿声镇委员会任命为锡山市鸿声镇鸿声村党支部书记，后因行政区划调整，锡山市鸿声镇鸿声村先后变更为无锡市锡山区鸿山镇鸿声村、无锡市新区鸿山镇鸿声村，被告人钱某元所任职务未有变动。在2001年至2004年间，鸿声村委先后将六宗集体土地出租给无锡市健明冷作装潢厂（以下简称健明厂）、无锡市海圣五金厂（以下简称海圣厂）、无锡市恒益纸制品厂（以下简称恒益厂）等单位使用，并收取了五十年的集体土地租用费。

被告人钱某元于2004年12月至2005年5月间，利用其职务上的便利，以为租用集体土地的单位办理国有土地使用权证，需增收土地租金的名义，先后收取健明厂、海圣

---

① 孙炜、范莉：《钱某元贪污、职务侵占案——如何理解村基层组织人员协助人民政府从事"国有土地的经营和管理"》，载中华人民共和国最高人民法院刑事审判第一、二、三、四、五庭主办：《刑事审判参考》（总第75集），指导案例第642号，法律出版社2011年版，第87页。

厂、恒益厂共计63000元，后采用收款不入账的手法，将该款非法占为己有。

2005年5月，健明厂、海圣厂、恒益厂所租用的宗地取得国有土地使用权证，登记土地使用权人均为鸿声村委，使用权类型为国有划拨土地，地类（用途）为工业用地。鸿声村委为此向国有土地行政管理机关交纳了相关费用。

公诉机关指控钱某元构成贪污罪。法院经审理认为，公诉机关提供的证据不能证实被告人钱某元当时是在实施"协助人民政府从事国有土地的经营和管理"的行政管理工作，不能据此认定被告人钱某元属于《刑法》第93条第2款规定的"其他依照法律从事公务的人员"。因此，对被告人钱某元的该部分犯罪事实应当以职务侵占罪追究刑事责任。

二、案例评析

本案焦点问题在于，被告人钱某元作为村支书，以村集体土地需要办理国有土地使用权证为由，增收租地单位土地租金，是否属于村基层组织人员协助人民政府从事"国有土地的经营和管理"。对此，可从以下两个层次分析：

（一）从土管部门、村委会、租地单位之间的法律关系来看，被告人钱某元的行为不属于从事"国有土地经营和管理"的行政管理工作

1. 村委会与土管部门之间存在隶属的土地管理关系。在国家土地行政管理关系中，本案鸿声村委作为被管理相对人，完善集体土地使用、出租划拨土地使用权缴纳土地年租金，均是村委的法定义务：（1）完善用地手续。我国《土地管理法》等法律规定，集体土地的使用权不得出让、转让或者出租用于非农业建设；除集体企业、宅基地、村基本设施建设及公益事业外，任何单位和个人需要使用土地的，必须依法申请使用国有土地。而鸿声村委未经合法的集体土地征用手续就将集体土地出租给用地单位，违反了有关法律规定。因此，2004年10月，当地土管部门要求鸿声村委健全、完善租用给企业使用宗地的用地手续。（2）依照国有土地使用权证行使权利，在出租划拨土地使用权时，应交纳土地年租金。村委取得的国有土地使用权证载明：土地使用人为鸿声村委，未经批准，不得转让、抵押、出租等；用途为工业用地，不能用于其他。根据相关法律规定，鸿声村委经批准出租该划拨土地时，须办理相关手续并交纳土地年租金。本案中，当地土管部门向法院出具情况说明，表示同意村委将应当缴纳的土地租金用于村公益事业、土地复垦等，不再向土管部门缴纳。尽管事实上，村委未实际缴纳土地租金，但缴纳土地租金的义务并没有免除。这种变通做法仅是土管部门处置土地租金的方式。

2. 村委会与租地单位之间是平等的民事租赁关系。鸿声村委将集体土地出租给用地单位，双方客观上存在集体土地的租赁关系；在村委取得上述宗地的国有划拨土地使用权后，上述宗地仍由用地单位继续租用，该行为虽未经土管部门正式审核批准，但双方客观存在国有划拨土地租赁合同关系。出租人与承租人之间系土地使用权租赁关系，归属于民事合同关系，关系双方是平等民事主体。用地单位根据村委要求向其补交的租金，不同于村委应当向土管部门交纳的土地年租金。前者是基于民事租赁关系产生的租金，是双方意思自治的结果；后者是基于行政管理关系产生的费用，体现国家意志，具有强制性。

3. 租地单位与土管部门之间无直接法律关系。鸿声村委作为国有划拨土地使用权人，在将土地出租后，应按规定向土管部门交纳土地年租金，鸿声村委是法律规定的土地年租金的交纳义务人。用地单位作为承租人，不是国有划拨土地使用权人，其没有交纳土地年租金的法定义务，而仅有依据租赁关系产生的合同义务。土管部门同意鸿声村委将

应交纳的土地租金用于村公益事业、土地复垦，系土管部门对鸿声村委的意思表示，与承租单位间无直接关系。村委向承租单位增收土地租金，充其量是其将应交纳土地年租金的出租成本，间接转嫁于租赁合同对方当事人，与土管部门行使行政管理职权无直接关联。因此，不能就此认为村委收取土地租金是在协助行使行政管理职能。

（二）从钱某元行使职务行为本身来看，钱某元的职务行为不属于协助人民政府从事"国有土地的经营和管理"工作

1. 本案被告人系以村委的名义，而非政府名义处理相关事务。所谓协助政府从事行政管理工作，是指以政府的名义参与组织、领导、监督、管理涉及人民利益和社会发展的相关国家事务和政府事务的活动。村民委员会、居民委员会是基层群众自治性组织，职责主要是管理村、居民点的集体性事务，其本身并无行政管理权能。但由于该组织能起到国家与群众的纽带作用，便于协助行政机关传达、贯彻党和国家的方针政策，常代行部分行政管理事务，但这也仅是"协助"从事行政管理工作，因此，必须是以政府的名义。然而，本案被告人基于租赁关系向对方当事人增收租金，是以村委的名义，而不是以政府的名义。

2. 出租土地事务性质属于村务，而非公务。基层组织人员是否属于国家工作人员，以该成员是否具有依法从事公务这一本质特征来判断。如果其从事的仅是本集体组织的事务，不能以国家工作人员论。但若是其受行政机关委托，代替行政机关从事一定的行政管理事务，系依法受委托从事公务的人员，应以国家工作人员论。而国家公务明显区别于集体组织事务。从本质看，从事公务是公共权力的直接运用。本案中，鸿声村委将集体土地出租给用地单位并收取租金，后该土地收归国有，村委将拥有使用权的该宗土地继续出租，并增收租金，其行为始终属于从事村务性质。

问题 11. 使用公款购买房屋构成贪污的，犯罪对象是公款还是房屋

贪污罪的对象既包括动产，也包括不动产。使用公款购买房屋构成贪污的，犯罪对象是什么，审判实践中，对于此问题有两种意见。一种意见认为，犯罪对象是房屋，而另一种意见认为犯罪对象是公款。我们认为，无论从行为对象还是犯罪结果看，直接指向的都是单位的公款，单位实际遭受的也是财产损失而非房屋损失。因此，犯罪对象是公款而非房屋。

【刑事审判参考案例】高某华等贪污案[①]

一、基本案情

1994 年 12 月 16 日，时任郑州市二七区铭功路办事处党委书记的被告人高某华，主持召开了办事处党委扩大会议，被告人岳某生、张某萍、许某成等参加了会议。会议讨论了用公款购买私房的问题，经研究决定，每人交集资款 30000 元，并动用祥云大厦给付铭功路办事处的拆迁补偿费，给包括四被告人在内的 9 人共购买房屋 9 套，并要求参与买房人员要保密。高某华还指示该办事处劳动服务公司会计将拆迁补偿费不入服务公司账，

---

① 张云周：《高某华等贪污案——使用公款购买房屋构成贪污的，犯罪对象是公款还是房屋》，载中华人民共和国最高人民法院刑事审判第一、二、三、四、五庭主办：《刑事审判参考》（总第 58 集），指导案例第 462 号，法律出版社 2008 年版，第 62 页。

单独走账。之后，9 人向服务公司各交纳了 30000 元，并选定了购买的房屋，后一人退出购房。铭功路办事处劳动服务公司陆续向中亨（河南）房地产开发管理有限公司（以下简称中亨公司）等处汇款。其中，高某华用 245052.6 元（其中公款 215052.6 元），购买在郑州市南阳路中亨花园 1 号院 8 号楼房屋一套；岳某生用 253000 元（其中公款 223000 元），购买在二七区商业局第三贸易公司房屋一套；张某萍用 223025.4 元（其中公款 193025.4 元），购买在郑州市南阳路中亨花园 1 号院 8 号楼房屋一套；许某成用 223025.4 元（其中公款 193025.4 元），购买在郑州市南阳路中亨花园 1 号院 8 号楼房屋一套。之后，四被告人均以个人名义交纳了契税。案发时，房屋所有权证尚未办理。

法院经审理认定各被告人均构成贪污罪。

二、案例评析

根据我国《刑法》的规定，贪污罪的对象为"公共财物"。参照《刑法》第 91 条关于公共财产的规定，这里的"公共财物"一般包括以下四类财物，即国有财物、劳动群众集体所有的财物、用于扶贫和其他公益事业的社会捐助或者专项基金以及在国家机关、国有公司、企业、事业单位和人民团体管理、使用或者运输中的私人财物。可见，贪污罪的对象既包括动产，也包括不动产。本案较大的争议是四被告人使用公款以个人名义购买房屋，贪污对象是公款还是房屋。

从行为对象看，被告人高某华等动用祥云大厦给付铭功路办事处的拆迁补偿款，所有权应当属于该办事处，性质应为该办事处的公款。高某华等人用该公款以个人名义所购买的房屋，未在单位进行固定资产登记，该房屋不属于公房，而是高等人将贪污所得赃款的处理结果。从犯罪结果看，铭功路办事处因四被告人的贪污行为遭受的是财产损失，并不是公房损失，而是应从祥云大厦处得到的拆迁补偿费减少了，损失的是公款。至于高某华等人借"房改"之机以集资购房为名每人"分"一套住房，每人缴纳少量房款和契税，只是为了制造"房改福利房屋"的假象以掩盖共同贪污犯罪行为的实质。因此，高某华等人贪污的对象不是单位的公房，而是公款。

问题 12. 单位尚未取得的财物能否成为贪污罪的犯罪对象①

【实务专论】

例如，在某案中，民警甲和民警乙，在执行查处卖淫嫖娼任务中，对有关场所罚款 2 万元。在回单位的路上，甲、乙二人商量后将 2 万元私分。该案例实际反映了占有单位尚未取得的财物能否构成贪污的问题。此案的争议在于，没收的 2 万元尚未进入公安机关的账户，能否认定为公款。② 对此实践中有两种意见，一种认为，公款应该是单位实际取得的财物，尚未取得的不能认定为公款；另一种意见认为该 2 万元可以认定为公款。我们认为，贪污行为的对象即公共财物，既包括本单位实际控制的财物，也包括本单位应当取得却尚未取得的财物。参考《刑法》第 394 条的规定，国家工作人员在国内公务活动或者对外交往中接受礼物，按照国家规定应当交公而不交公的，数额较大的，构成贪污罪。可见，应当上交国家而没有上交的礼物，虽然还没有上交入账，国家还没有取得对财物

---

① 参见王作富主编：《刑法分则实务研究（下）》，方正出版社 2010 年版，第 1705 页。
② 参见赵煜：《惩治贪污贿赂犯罪实务指南》，法律出版社 2017 年版，第 41 页。

的实际控制权，但根据规定，这些财物应当上交国家，其所有权性质是明确的，行为人将其占为己有，必将侵害国家对公共财物的所有权，同时也违反了公职人员代表国家暂时管理财物的义务，侵害了职务的廉洁性。因此，贪污罪以单位所有的公共财物为侵犯的对象，不仅指已在单位实际掌握之中的财物，如已经入账、入库的财物，而且包括单位所有权已经确定，尚未到手的财物，如单位已订购的货物、尚未收回的债务，应追缴的款物等。

问题13. 单位违法收取的不合理费用能否成为贪污罪的犯罪对象

有观点认为，单位违法收取的不合理费用不具有合法性，不应认定为单位的公共财物，因此，不能成为贪污罪的犯罪对象。我们认为，财产犯罪的对象范围不以合法所有或者持有的财物为限，不能以单位所收取的费用违反了国家有关规定、不属于合法收入为由，将其排除在《刑法》保护之外。《刑法》所保护的财产权利，源于相关民事、行政法律法规的规定，同时又具有相对的独立性，这是由《刑法》承担着维护社会秩序基本机能所决定的。所以，《刑法》上的财产，更多强调的是财产的经济价值性，而非合法性。即便不受民法保护或者为相关行政法规所明文禁止持有的财物，如赌资、赃物、违禁品等，只要具有一定的经济价值，并且与《刑法》的基本保护精神不相违背，则同样可以成为财产犯罪的对象，并应当受到《刑法》的保护。

【刑事审判参考案例】尚某多等贪污案①

一、基本案情

在原四川商业高等专科学校（以下简称商专）2001年的招生工作中，被告人尚某多和被告人李某明负责招生录取领导小组的工作，学生处处长彭某斌具体负责收取和保管"点招费"。2001年10月招生工作结束后，经尚某多、李某明、彭某斌三人清点，除用于招生工作的开支，"点招费"余款为34.2万元。三人商量后决定，只向学校汇报并上缴14.2万元。2001年11月28日，彭某斌将20万元转入以其子名义开设的个人账户。2002年春节前，尚某多、李某明和彭某斌共谋将截留的20万元私分，议定三人各得6万元，给原商专校长张某2万元。后尚某多单独找到彭某斌商定：李某明仍得6万元，尚某多得5万元、彭某斌得4万元，张某得5万元。后彭某斌给李某明6万元，存入尚某多个人户头5万元，以学生处所留活动费的名义送给张某5万元，张某当时即将该款退回。事后，为逃避追查，被告人尚某多、李某明及彭某斌三人商量了统一口径，约定谁都不许对外提截留、私分"点招费"一事。

2001年12月，被告人尚某多指使彭某斌从"点招费"14.2万元中提取部分钱款用作活动费。彭某斌遂以奖励招生工作人员的名义向学校打报告，经当时负责行政工作的副校长蔡某恒签字同意后，从"点招费"中提出5.7万元。之后，彭某斌按照尚某多的要求，将其中7000元用于学生处发奖金，5万元于2001年12月28日存入尚某多个人账户。尚某多于同月31日、2002年1月4日分两次取出此款，用于个人开支。

---

① 刘一守：《尚某多等贪污案——学校违规收取的"点招费"能否视为公共财产》，载中华人民共和国最高人民法院刑事审判第一庭、第二庭编：《刑事审判参考》（总第39集），指导案例第312号，法律出版社2005年版，第54页。

法院经审理认为，国家行政主管部门明令禁止学校在招生工作中收取"点招费"。原商专校务会违反这一规定，擅自决定收取"点招费"，并决定将其中一部分用于奖励招生工作人员，情况属实。"点招费"是原商专以学校名义违法收取的费用，在行政主管部门未对学校的乱收费行为进行查处前，这笔费用应当视为由原商专授权学生处管理的公共财产，即公款。因此，被告人尚某多等人共谋截留并侵吞该款的行为，侵犯了公共财物的所有权，构成贪污罪。

二、案例评析

在招生工作中以学校名义收取的"点招费"，能否视为公共财产，这是认定本案性质首先需要明确的一个问题。有观点认为，"点招费"是国家明令禁止的乱收费项目，收取"点招费"并作为奖金进行分配，侵犯的只是学生家长的私人财产所有权，国有财产并没有也不会因之遭受损失，本案行为性质上属于民事侵权而非贪污。对此意见，我们认为不能成立。具体理由如下：第一，财产犯罪的对象范围不以合法所有或者持有的财物为限，不能以本案中"点招费"的收取违反了国家有关规定、不属于合法收入为由，将其排除在《刑法》保护之外。《刑法》所保护的财产权利，源于相关民事、行政法律法规的规定，同时又具有相对的独立性，这是由《刑法》承担着维护社会秩序基本机能所决定的。所以，《刑法》上的财产，更多强调的是财产的经济价值性，而非合法性。即便不受民法保护或者为相关行政法规所明文禁止持有的财物，如赌资、赃物、违禁品等，只要具有一定的经济价值，并且与《刑法》的基本保护精神不相违背，则同样可以成为财产犯罪的对象，并应当受到《刑法》的保护。《最高人民法院关于审理盗窃案件具体应用法律若干问题的解释》有关盗窃违禁品的规定，就很好地说明了这一点。第二，公共财产的认定，关键不在于某一财产在法律上的最终所有权属关系，而是行为当时该财产的占有、持有及与之相对应的责任关系。对此，《刑法》第91条第2款明确规定："在国家机关、国有公司、企业、集体企业和人民团体管理、使用或者运输中的私人财产，以公共财产论。"我们认为，不管基于合法还是非法事由，在行为当时处于国家机关、国有公司、企业、集体企业和人民团体等单位占有、持有状态下的私人财产，均应认定为公共财产，因为此时的责任主体是这些单位，如果期间财产遭受到了损失，这些单位将需承担赔偿责任。在本案中，"点招费"的收取系经原商专校务会研究决定、并以原商专学校的名义作出的，且收取后的"点招费"实际处于原商专学校的占有、支配之下，如果学生家长依法提起诉讼，原商专学校负有依规定返还或者赔偿的对外责任，同时考虑到原商专属于国有事业单位，故在有关部门查处之前将之视为公共财产是妥当的，也是符合《刑法》第91条第2款规定精神的。

问题14. 如何认定套取高校科研经费类贪污案件的犯罪数额

高校的科研经费属于公共财产，准确地说属于国有财产，经手国有财产属于管理国有财产的一种方式，属于从事公务。因此，即使科研项目课题组负责人本身不具有国家工作人员的身份，但其被授权具体管理科研经费，即具有了从事公务的职务便利。根据《刑法》规定，即符合贪污罪的主体要件。行为人通过虚列支出、虚开发票等手段套取科研经费转入个人实际控制的公司或关联公司，公司确有参与科研合作的，应从公司参与科研项目实施和完成情况、公司实际为科研项目的支出情况、科研经费真实去向等方面，综合认定行为人对套取的科研经费是否具有非法占有目的。在认定犯罪数额方面，应根据在案证据，结合案件实际，审查套取资金的实际用途，将在科研项目真实开支之外虚列支出、虚开发票套取后用于个人日常开支、归还个人借款等部分认定为贪污，计入犯罪数额。

【刑事审判参考案例】吴某文贪污案[①]

一、基本案情

浙江海洋学院（以下简称海洋学院）系国有事业单位，2016年3月更名为浙江海洋大学。被告人吴某文自2005年8月开始担任海洋学院副院长、2012年6月开始担任海洋学院院长、2016年5月至2017年5月担任海洋大学校长。吴某文于2010年起协助海洋学院院长分管学科建设、研究生教育、科研工作等，分管科研处、研究生处等；自2011年起至案发，主持海洋学院行政全面工作，负责计划财务、审计工作，分管发展规划处、计划财务处、审计处等。被告人徐某英于2013年7月起被聘为海洋学院教师。

大海洋公司由海洋学院于2001年10月发起设立，注册资金1000万元，其中海洋学院及其下属浙江海洋水产研究所占股38%，其余股份由被告人吴某文等人所有。此后，大海洋公司股东几经变更，注册资本亦减为500万元。至2008年，除前述国有单位共持有38%股份和公司出纳顾某持有约1%股份外，大海洋公司其余股份均为吴某文实际所有。2012年4月，国有资本退出大海洋公司，所持有的38%股份挂牌出让，被吴某文以蒋某平名义出面拍得。至此，大海洋公司99%的股份为吴某文实际所有，成为吴某文个人实际控制的私营企业。之后，吴某文为激励员工，将其一部分股份无偿分配给被告人徐某英等人，为合作养殖大黄鱼将9%的股份出让给台州市大陈岛养殖有限公司（以下简称大陈岛公司）总经理俞某，但仍由他人为其代持公司58.5%以上股份，并控制、支配大海洋公司。徐某英于2008年4月至2013年5月任大海洋公司总经理，2012年11月起任大海洋公司法定代表人、董事长。

2010年9月至2016年12月间，被告人吴某文利用担任海洋学院副院长、院长、海洋大学校长，以及相关科研项目负责人、研究生平台负责人、研究生导师、学科建设负责人的职务便利，单独或指使被告人徐某英等人，以实施学校科研项目为名，通过故意扩大科研教育等经费预算和虚列支出、虚开发票等手段，从学校上述经费中套取款项，部分用于吴某文个人日常开支、归还个人借款，部分用于大海洋公司的日常运转和经营活动。吴某文从学校套取的款项共计581.674568万元，徐某英参与套取281.871425万元。

法院经审理，认定吴某文构成贪污罪。

二、案例评析

本案在认定行为性质及确定犯罪数额时，应厘清以下两种观点：

（一）科研经费具有明确的专属性，并非课题组的私有财产，课题组对项目承担单位管理的科研经费不具有随意处置的权利

1. 无论纵向科研经费还是横向科研经费均属于公共财产，科研人员仅拥有使用权而

---

① 管友军、陈将领、李莹：《吴某文贪污案——高校科研经费贪污案件的司法认定》，载最高人民法院刑事审判第一、二、三、四、五庭编：《刑事审判参考》（总第128辑），指导案例第1430号，人民法院出版社2021年版，第113页。

非所有权。科研经费根据项目及经费来源不同，分为纵向科研经费和横向科研经费。纵向科研经费系由各级政府部门批准立项的科研项目经费，来源于国家财政拨款，属于中央或地方财政资金，即使划拨给高校后，其性质仍属于国有财产，并非项目承担单位、课题组，更非课题项目负责人的财产。纵向科研经费属于国有财产或者公共财产，在理论界是主流观点，在实务中也争议不大。而对于横向科研经费的性质，学术界、实务界均有分歧意见。横向科研项目一般是指高校或科研院所接受第三方委托进行的各类科研开发、科技服务、科技研究等项目，双方权利义务依照科研服务合同加以界定。有观点认为，横向科研经费因其来源非为公款，在进入项目承担单位的高校后，不能界定为公共财产，因而行为人侵吞横向科研经费的行为也不构成贪污罪。

我们认为，首先，课题组科研人员及课题组负责人虽然可以在课题实施过程中、完成后获得一定的绩效奖励和间接费用等，但对科研经费并不具有所有权，仅具有依照预算及相关经费管理规定、项目协议书规定加以使用的权利。那种认为"项目承担单位与项目主管部门签订项目协议书，课题组与项目承担单位实行内部责任制，项目协议属于民事合同，课题组只要履行完成科研任务、交出科研成果的义务，就可以随意处置科研经费"的观点，与项目主管部门、项目承担单位按照各层面的科研项目及其资金的管理规定对科研经费进行全程、全方位的监管相矛盾，不能成立。

其次，横向科研经费与纵向科研经费在本质上并无不同。根据教育部、财政部《关于进一步加强高校科研经费管理的若干意见》规定，高校取得的各类经费，不论其资金来源渠道，均为学校收入，必须全部纳入学校财务部门统一管理、集中核算，并确保科研经费专款专用。鉴此，科研经费不论其资金来源渠道，划拨、转入至承接项目的高校后，均属于高校的公共财产。高校性质属于国有事业单位的，相关科研经费的性质则属于国有资产。与横向科研经费相比，纵向科研经费因其来源于财政资金，在预算制定、资金使用、资金结算、信息公开等方面有着更为严格的规定，具有明显的行政管理属性。但横向科研项目及其经费使用也要接受作为承担单位的高校等部门的监管，横向科研经费进入高校后也属于高校管理的资金。对此，教育部、财政部在《关于加强中央部门所属高校科研经费管理的意见》专门规定，纵向科研经费和横向科研经费应当全部纳入学校财务统一管理，按照相关科研经费管理办法、委托方或科研合同的要求合理使用。

再次，尽管项目委托单位可能因为看中课题组负责人的学术水平和科研能力，才选择课题组负责人所在的高校作为科研项目承担单位，但科研项目的立项、实施、验收、鉴定不是课题组负责人个人单打独斗、单枪匹马就能完成，它离不开高校组织并提供的相关科研力量、配套的关联学科人才和提供符合条件的实验场地和科研设备，离不开高校利用自身资源和品牌效应保障科研项目顺利立项、实施、验收、评估鉴定、成果转化等。无论是在硬件还是软件上，项目课题组都依托于所在的高校。同时，高校作为项目承担单位还承担项目协议所规定的义务和责任，有别于课题组、更非课题组负责人个人作为项目承担单位承担协议规定的义务和责任。因此，认定科研经费进入项目承担单位的高校属于学校的资金，符合权责利一致的原则，明显具有合理性。课题组必须按照学校相关规定合理使用科研经费，不得违反规定使用虚开发票虚列开支等方式套取科研经费占为己有，损害国家、高校的利益。

综上，虽然纵向科研项目与横向科研项目的经费来源不同，管理机构层级、相关规定也有较大差异，但是在项目承担单位均为高校而非具体科研人员的情形下，项目科研经费总体属于公共财产的性质没有改变。本案中，浙江海洋大学作为国有事业单位法人，其作为项目承担单位获得的科研经费，不论来源如何，均属于国有财产。

2. 国家为激励科研创新、调动科研人员积极性，适度放宽对科研经费管理，增加科研经费使用的灵活性，并不意味着科研人员可以将科研经费随意挪作他用，甚至非法占为己有。属于国家下拨款项的纵向科研经费属于财政资金，必须专款专用。《国务院关于改进加强中央财政科研项目和资金管理的若干意见》（国发〔2014〕11 号）对规范科研项目经费使用的行为作出规定："科研人员和项目承担单位要依法依规使用项目经费，不得擅自调整外拨资金，不得利用虚假票据套取资金，不得通过编造虚假合同、虚构人员名单等方式虚报冒领劳务费和专家咨询费，不得通过虚构测试化验内容、提高测试化验支出标准等方式违规开支测试加工费，不得随意调账变动支出、随意修改记账凭证、以表代账应付财务审计和检查"。同时，该规定对于结余资金的处理也做出了规定，"项目在研期间，年度剩余资金可以结转下一年度继续使用。项目完成任务目标并通过验收，且承担单位信用评价好的，项目结余资金按规定在一定期限内由单位统筹安排用于科研活动的直接支出，并将使用情况报项目主管部门；未通过验收和整改后通过验收的项目，或承担单位信用评价差的，结余资金按原渠道收回"。上述规定根据项目验收情况的不同，对结余资金的处理分为三种处理方式，但均系用于科研用途，不可私自挪作他用，包括不可作为奖励分配给项目组成员，更遑论本案中套取科研经费用以营利的行为。

横向科研项目则由项目承担单位的高校的财务部门统一调配使用、监督管理，需遵循科研服务合同的预定，用于实现合同目的，结余经费也需要遵循高校关于科研项目及其经费管理制度、财务管理规定及合同约定进行处理，项目课题组负责人同样不得以任何名义挪作他用，更不能予以侵吞。

目前，我国科研经费的管理、使用、分配中确实存在管理制度不完善、激励机制不健全等问题，如因科研活动存在一定不确定性，科研经费预算编制无法与资金使用完全一致，经费管理不能适应科研活动开展的需要进行及时调整；报销项目规定过于注重形式，容易使部分费用无法报销；资金拨付不及时，有时需要科研人员先行垫付等等。上述科研经费管理制度上存在的问题，也使得实践中科研人员通过编制虚假预算、以虚假发票冲账、伪造账目等手段套取科研经费的现象时有发生。为激励科研创新，调动科研人员积极性，提高科研经费使用的灵活性，促进科研经费使用效率，中共中央、国务院先后印发了《关于深化体制机制改革加快实施创新驱动发展战略的若干意见》《关于改进加强中央财政科研项目和资金管理的若干意见》等，国家及有关部委对科研经费管理做出一系列松绑、激励规定，比如在项目总预算不变的情况下，直接费用中的多数科目预算可自主调剂；允许项目承担单位在间接费用中按照实际贡献支出绩效奖励等。但国家对科研经费管理趋于灵活并不意味着允许以虚假事由、虚假支出套取科研教育经费。国家工作人员利用职务上的便利套取科研经费非法占为己有的，属于贪污行为，应依法惩处。依法惩处那种视科研经费为"唐僧肉"进行肆意侵吞的非法行为，是保护国有资产等公共财产不流失、保护国家和高校利益、保障科研经费切实用于科研项目的切实需要。

本案中，被告人吴某文及辩护人援引浙江省级层面制定发布的《关于进一步完善省财政科研项目经费管理等政策的实施意见》、海洋大学浙海大发（2017）74 号文件等，提出国家对科研经费管理趋于灵活放宽，科研经费的使用具有灵活性，吴某文的行为应属于为达成科研目标的违规套取行为，而非贪污行为。经查，无论是国家层面的规定还是浙江省出台的相关规定，从未改变科研经费需用于科研的基本要求，更不会允许套取科研经费的贪污行为。吴某文套取科研经费用于个人开支、归还借款以及其实际控制的大海洋公司的日常经营及与他人合作投资经营等活动，而非用于科研目的，显然为法律和政策禁止。被告人及辩护人的相关辩解、辩护意见显然不符合逻辑，更与法律和国家及有关部委、浙江省等规定相违背。

需要注意的是，有种观点认为高校科研人员只是从事技术性服务工作，不具有管理项目经费的公权力，不具备贪污罪中利用从事公务的职务便利这一客观要件。我们认为，这种观点是片面的。因为无论是纵向科研项目还是横向科研项目，国家主管部门、省市相关部门及高校各层级制定的对科研项目及资金进行管理的各类规范性文件，除规定不同层级的主管部门对科研项目及资金进行监管、监督外，还规定科研项目课题组负责人必须对科研经费的使用等进行具体管理。因此，课题组负责人不仅是科研的负责人，而且还是科研经费管理环节中的重要一环。课题组负责人使用发票等财务凭证向所在高校报销相关经费时，其实质上就经手了科研经费的使用、处置等。经手是管理职权的一种表现方式。高校的科研经费属于公共财产，明确地说属于国有财产，经手国有财产属于管理国有财产的一种方式，属于从事公务。因此，即使科研项目课题组负责人本身不具有国家工作人员的身份，但其被授权具体管理科研经费，即具有了从事公务的职务便利。根据刑法规定，即符合贪污罪的主体要件。

（二）行为人通过虚列支出、虚开发票等手段套取科研经费转入个人实际控制的公司或关联公司，公司确有参与科研合作的，应从公司参与科研项目实施和完成情况、公司实际为科研项目的支出情况、科研经费真实去向等方面，综合认定行为人对套取的科研经费是否具有非法占有目的

在科研经费贪污案中，关联公司是出现频率较高的关键词，其中部分涉案科研人员曾做出杰出的科研贡献，在科研界引发强烈反响。同样，涉案的关联公司很多也确实参与科研合作。在此种情况下，判定行为人对套取的科研经费是否具有非法占有目的时，既不能不作具体分析简单地将套取行为一概认定为贪污，也不能不加分析机械套用"疑罪从无"而导致放纵犯罪，应当综合全案证据认真审查项目协议书规定的各方的权利义务和甄别套取的科研经费是实际用于科研还是被行为人违背管理规定凭空占有，准确把握罪与非罪的界限。

本案是较为典型的利用关联公司套取科研经费，被告人吴某文既是浙江海洋大学校长又是关联公司实际控制人，其正是利用自己"研""商"一体的双重身份，伙同徐某英将海洋大学的科研教育经费套取至吴某文个人实际控制的大海洋公司，而大海洋公司与海洋大学在科研平台、科研课题申报及科研项目实施等方面均存在一定合作关系，吴某文、徐某英套取的大部分科研经费都转入大海洋公司。吴某文及辩护人均提出，大海洋公司设立是为了给海洋大学提供科研平台及筹集经费，改制后仍然是海洋大学的科研平台，套取科研教育经费进入大海洋公司等公司是为了实施学校的科研项目，并据此提出吴某文套取的科研教育经费均用于科研，不具有非法占有目的。

因海洋大学与大海洋公司之间资金来往情况复杂，而且大海洋公司为了能够在新三板上市和提高银行贷款成功率，通过虚增成本套取公司现金，公司财务账目中存在较多虚假记载、虚假凭证，不具备审计条件。控辩双方对于吴某文、徐某英套取后转入大海洋公司的资金是否实际用于科研、双方科研合作项目来往款项是否已经结清等均存在较

大争议。因此，被告人吴某文等人套取的科研教育经费是否真实用于科研，对案件定性具有决定性意义，是认定行为人是否具有非法占有科研经费目的的关键。经对在案证据仔细梳理、审查，法院最终查明吴某文等被告人套取的部分科研经费进入大海洋公司并没有实际用于科研，能够认定被告人等具有非法占有科研经费的目的，理由如下：

一是大海洋公司改制后已成为被告人吴某文实际控制的以营利为目的的私营企业。大海洋公司原系由海洋学院于2001年10月发起设立，起初海洋学院及下属的浙江海洋水产研究所占股38%，其余股份由吴某文等人所有。此后几经股权变更，至2008年，除前述国有单位共持有38%股份和公司出纳顾某持有约1%股份外，大海洋公司其余股份均为吴某文实际所有。2012年4月，国有资本完全退出大海洋公司，38%的国有股份被吴某文以他人名义拍得，吴某文实际占有大海洋公司99%的股份，大海洋公司成为吴某文个人实际控制的私营企业，该公司的主营业务是大黄鱼养殖生意、乌贼增殖放流，均系营利性的经营活动。之后，为养殖经营大黄鱼，大海洋公司又与大陈岛公司共同投资成立了裕洋公司。

二是大海洋公司与海洋大学虽然开展了部分科研合作，但大海洋公司参与或承担的科研项目均已经从学校得到足额拨款。该案审理过程中，被告人吴某文及辩护人均提出，大海洋公司和海洋学院之间历史上存有隶属关系，大海洋公司基于历史原因成为学校的科研基地，在大海洋公司改制以后也没有发生变化。经审查，该案中大海洋公司在改制前后与海洋学院确实开展了部分科研项目的合作，吴某文等人套取后进入大海洋公司的科研经费部分被用于科研、部分被挪作他用，但在案的海洋大学出具的科研项目经费情况说明等证据显示，大海洋公司参与或承担的科研项目，均已经从学校得到足额拨款。海洋大学与大海洋公司、裕洋公司的科研合作活动主要有三方面：（1）学校有偿使用公司的基地开展科研项目。海洋大学和吴某文在大海洋公司的东极基地、裕洋公司的苍南基地实施过育苗、养殖试验等科研活动，但均系有偿使用，相关费用及科研活动支出均由学校承担，并已在学校实报实销。（2）公司与学校共同申报、建造工程实验室。大海洋公司和海洋学院曾联合向国家、省有关部门申报"海洋生物种质资源发掘利用浙江工程实验室"等平台，但海洋学院承担了购买实验器材、装备等建设实验室和装修实验室所在楼层的费用，以获得大海洋公司办公大楼部分楼层的使用权。此系大海洋公司依托海洋学院的技术支撑互利合作，且相关费用也均已结清。（3）学校师生到公司基地进行科研、教学活动。包括海洋大学师生在公司基地进行藻类、贝类观察等科研、教学活动，学校师生的相关费用亦由学校支付。而且，大量学生在该公司基地实习，实际上为公司提供了免费的劳动力。此外，吴某文作为学校的主要行政领导和科研项目实际负责人，以学校名义申请课题、项目，带领团队，利用国家及有关部委、浙江省等下拨的国有资金，从事科研、教育等工作，据此取得的科研成果，属于利用国有资金、利用学校条件从事工作任务而产生的职务成果，即使吴某文在从事科研、教育过程中，使用过大海洋公司、裕洋公司的基地或设备，亦均由学校付清了费用，因此，学校理所当然可以将吴某文完成科研教育项目获得的成果和荣誉作为单位科研教育成果和荣誉使用。辩护人以吴某文获得的科研成果和荣誉使用过大海洋公司、裕洋公司基地为由，提出大海洋公司、裕洋公司反哺学校，从而得出吴某文套取科研经费不属于贪污的结论，与事实不符，亦与法律及国家及有关部委、浙江省等规定相违背。

三是本案认定的贪污犯罪数额仅包括套取后归被告人吴某文个人使用或用于其个人

实际控制的大海洋公司生产、经营活动的科研教育经费。该案认定吴某文、徐某英贪污的犯罪数额，并非二被告人套取的全部科研教育经费，而是根据在案证据，结合案件实际，审查套取资金的实际用途，将在科研项目真实开支之外虚列支出、虚开发票套取后用于个人日常开支、归还个人借款及用于大海洋公司的日常运转和经营活动的部分认定为贪污，计入犯罪数额，以做到实事求是地认定行为性质和犯罪数额。

综上，被告人吴某文利用职务上的便利，违反国家、省及学校关于科研、教育等经费的管理规定，通过虚增支出、虚开发票，从科研项目、教育经费中骗取资金，以自己控制的公司或者关联公司参与科研合作为掩护，将相关科研经费归个人使用或用于其个人控制、经营的私营企业经营性支出，具有非法占有目的，属于贪污行为。

【地方参考案例】赵某军贪污案①

一、基本案情

天津师范大学系天津市教育委员会直属的国有事业单位。被告人赵某军自 2006 年 9 月至 2015 年 3 月间，分别担任天津师范大学化学与生命科学学院院长、化学学院院长，并从事教学、课题研究工作。

2009 年至 2017 年间，被告人赵某军与杨某翠（与赵某军为同一课题组成员）各主持研究"基于嘌呤及其衍生物的人工核酸酶的设计及性能研究""共配体调控的分子基磁体的设计、合成及性能研究""核酸碱基－过渡金属配合物的设计、结构及性能研究""基于环状多唑基配体的混桥磁性配合物的可控组装及磁耦合作用的理论研究""新型多氮杂环超分子配合物的合成及构效研究"与"核酸碱基固态超分子体系中 PI－弱相互作用的理论和实验研究"与"新世纪人才""核酸碱为配体的过渡金属配合物作用下 DNA 的稳定性和构象研究"，以上六个项目均为国家基金面上项目及教育部重点项目。赵某军在上述课题研究工作中，利用其对国家拨付的款项具有委托管理的职务便利，通过王某源（另案处理）实际经营的中天龙翔（天津）科技有限公司（以下简称中天龙翔公司）、天津浅源科技有限公司（以下简称浅源公司）、天津俊城源科技有限公司（以下简称俊城源公司）等公司，采取虚列支出的手段，从自己主持的课题项目经费、杨某翠主持的课题项目经费中骗取国家课题经费共计 1666104 元。

2013 年至 2016 年间，杨某翠主持了"天津市 131 创新人才培养工程""中青年骨干创新人才培养计划""天津市高等学校创新团队"等项目。以上项目的资金使用适用《天津市高等学校"十二五"综合投资规划专项资金管理办法》。被告人赵某军利用其管理杨某翠上述项目资金的便利，通过王某源实际经营的多家公司，采取虚列支出的手段，套取经费共计 1014078 元。

2010 年至 2014 年间，被告人赵某军主持了"品牌专业－化学软件""化学科技创新项目"等项目。以上项目适用《天津市师范大学"十一五"综合投资规划专项资金使用管理办法》。赵某军利用其管理资金的便利，通过王某源实际经营的多家公司，采取虚列支出的手段，套取经费共计 681797 元。

2010 年至 2015 年间，被告人赵某军在主持"实验教学运行经费项目""教学经费项目"中，通过上述手段，通过王某源的实际经营的多家公司套取经费 300244 元。上述资

---

① 参见天津市第一中级人民法院（2020）津 01 刑终 426 号刑事裁定书。

金适用《天津师范大学关于本科教学经费开支范围及审批权限的暂行规定》。

2014年12月至2016年4月间，被告人赵某军在主持"天津重点实验室建设费项目"中，通过上述手段，通过王某源的实际经营的多家公司套取经费190594元。

2012年至2013年，被告人赵某军担任化学学院院长期间，借天津师范大学化学学院承办学术会议之机，在与高某民实际控制的天津狮达会议服务有限公司（以下简称狮达公司）结算会务费用时，采取虚增会务费发票金额的手段，骗取公款共计389552元，据为己有。

二、案例评析

赵某军对其套取经费的事实不持异议，但辩称将套取的资金均用于学术活动等公务支出，不具有贪污的主观故意。法院经审理，认为赵某军对所套取公款具有非法占有的主观目的，理由如下：

1. 根据《天津市师范大学科研经费管理办法》的规定，科研经费由学校财务统一管理，实行"一题一户"、专款专用，只能用于科学研究工作的开支，并按照规定办理审批开支手续，严禁截留、挪用或挤占。因此，科研经费划拨给学校后，性质上属于国有财产，不是课题组或课题负责人的私人财产。赵某军作为天津师范大学化学学院院长，对学校的上述规定是知悉的。其在侦查阶段多次供述"觉得科研经费申请下来后就是自己的了，想着把剩余的套出来"，"用于一些不好报销的费用，剩余部分留给了自己"。赵某军还供述这些钱中剩下的"都存在尾号为1628的建行卡里了，有三四十万元，和我自己的钱混在一起用于购买保险和理财"，在案的银行交易记录明细能佐证其使用该账户钱款购买保险和理财产品的事实。从赵某军的上述供述及已占有部分公款的客观实际来看，其侵占科研经费的主观目的明确，具有贪污公款的犯罪故意。

2. 赵某军的供述与王某源、高某民的证言及会计财务凭证、银行转账记录等书证相一致，证明赵某军通过王某源、高某民的公司虚开发票，从天津师范大学套取经费后，王某源、高某民将钱款以现金或转账的形式交给赵某军。赵某军还供述，套取经费的事单位其他人都不知道，课题组的杨某翠也不知道，这些钱都以现金形式放在其办公室里，由其掌管使用。天津师范大学化学学院副院长、课题组成员杨某翠及校长办公室主任张某东等人均证明不知道赵某军套取科研经费的事。上述事实证明，赵某军套取的科研经费在单位账目上已平账，且单位其他人均不知晓，故上述公款已脱离单位，被赵某军实际控制并占有。

3.《天津市师范大学科研经费管理办法》规定"科研经费的使用要符合开展科研活动的实际需要，不得开支与科研课题无关的费用，不得超过预算范围，财务部门对列入预算的直接费用凭合法票据实报实销；已批复的科研经费需要调整预算的，经科研管理部门批准后，到财务处履行相关调整程序"。《天津市师范大学国内学术会议费管理办法》规定"会议费标准本着勤俭节约的原则，从严控制。严禁各部门借会议名义组织会餐或安排宴请；严禁组织高消费娱乐活动；严禁以任何名义发放纪念品"。上述文件对科研经费、会费的使用、报销等做了具体规定，从赵某军等人申报相关科研课题的项目计划书来看，其在申报课题时也按规定对科研业务费、实验材料费、仪器设备费、国际合作与交流费、劳务费等做了详细预算。但赵某军未按照上述规定和预算使用科研经费，根据其在侦查阶段的供述，因其私自提高专家费及招待费标准，只将其中一小部分用于相关课题，绝大部分用于吃请、送礼及个人消费、理财等与科研无关的事项上，套取的科研经费或被其肆意挥霍，或被其个人实际占有，上述事实足以证明套取的公款被赵某军个人支配使用。在案证据还证明，赵某军用于相关课题、会议的费用，其中合理部分已在学校报销。另外，根据天津师范大学相关文件，批复的科研经费需要调整预算的，可根据相关程序予以调整；杨某翠还证明"课题中标后就应按任务书中的额度使用，赵某军说的把虚开发票套取的钱用于学术交流、给专家报告费和学生劳务费等花销，都不用开票倒现，直接走劳务费就行。"上述证据亦能佐证赵某军非法占有上述公款的主观目的。因此，其所谓将套取的公款均用于公务支出的辩解不能成立。

问题 15. 国家工作人员套取的公款中用于支付原单位业务回扣费用的部分，是否应当计入贪污数额

对于国家工作人员套取的公款中用于支付原单位业务回扣费用的部分，有观点认为，国家工作人员套取公款后贪污行为就已既遂，支付原单位业务回扣费用系对所贪污钱款的支配使用，因此，应计入贪污数额。我们认为，国家工作人员成立第三方公司套取单位公款，用于替原单位支付业务回扣费用，因其主观上没有非法占有的故意，在客观上也未实际控制和占有，且该部分业务费用支出客观上有利于原单位开展业务，因行为人实施的贪污犯罪未造成原单位的财产损失，因此，第三方公司代原单位支出违规业务费用不属贪污对象，不应计入行为人的贪污数额。

【刑事审判参考案例】陈某等贪污案①

一、基本案情

2005 年年底，时任浙江省残疾人康复指导中心副主任、辅具中心主任的被告人陈某为侵吞听力中心公款，并解决听力中心销售助听器的业务费用支付问题，授意被告人胡某燕成立达那福公司，该公司由陈某、胡某燕实际控制。2006 年 3 月至 2011 年 1 月，陈某对听力中心谎称达那福公司系供货商的分公司，同时对供货商谎称达那福公司系听力中心的下属单位，并指使先后担任听力中心负责人的被告人周某波、张某利用采购助听器的职权，与胡某燕里应外合，通过增加助听器交易环节的方式，即要求供货商以原供货价格和模式将助听器先行销售给达那福公司，达那福公司再加价转售给听力中心，获取不法利益。陈某、胡某燕控制的达那福公司通过上述方式累计非法获利人民币（以下币种同）3630408 元，并将供货商原应返给听力中心的助听器（价值 442114 元）予以侵吞。在此过程中，达那福公司按照助听器实际销售额 4.5% ~ 13.5% 的比例，以现金形式支付给听力中心业务员共计约 2529000 元，用于支付销售助听器的业务费用，剩余价值约 1543522 元的财物被陈某、胡某燕侵吞。此后，陈某授意胡某燕、张某成立杭州天聪听力设备有限公司（以下简称天聪公司）接替达那福公司，通过上述同样方式累计获利 633953 元，其中按照一定比例以现金形式支付给听力中心业务员共计约 282088 元，用于支付销售助听器的业务费用，剩余约 351865 元被陈某、胡某燕、张某侵吞。

2008 年 5 月，被告人陈某为了侵吞康复指导中心增设机构辅具中心的公款，并解决

① 张琦：《陈某等贪污、受贿案——国家工作人员套取的公款中用于支付原单位业务回扣费用的部分是否应当计入贪污数额》，载中华人民共和国最高人民法院刑事审判第一、二、三、四、五庭主办：《刑事审判参考》（总第 102 集），指导案例第 1071 号，法律出版社 2016 年版，第 97 页。

辅具中心下属部门假肢中心销售假肢配件、矫形器的业务费用支付问题，授意时任假肢中心负责人的被告人沈某锋成立杭州来帮特假肢矫形器有限公司（以下简称来帮特公司），通过上述同样方式累计获利148225元，其中按照一定比例以现金形式支付给假肢中心业务员共计约50000元，用于支付销售假肢配件、矫形器的业务费用，剩余约98225元由沈某锋等人侵吞。

法院认为，被告人陈某、周某波、张某、沈某锋身为国家工作人员，分别结伙或伙同胡某燕，利用陈某等的职务之便侵吞公共财物共计2093412元，其行为均已构成贪污罪。

二、案例评析

本案中，被告人陈某等人的行为依法构成贪污罪，对此并无争议。争议焦点在于，陈某等人套取的公款中为原单位支出的业务回扣费用（属违法违规费用），是否应当计入贪污数额。一种意见认为，各被告人通过虚增交易环节、抬高交易价格的方式从听力中心等单位套取公款，已经完成了对该笔钱款的贪污行为，属贪污犯罪既遂，此后用于支付原单位业务回扣费用，系犯罪既遂后对赃款的处置，且该项费用因系违规已被上级主管单位严令禁止，故不应将该笔钱款从各被告人的贪污数额中扣除。另一种意见认为，陈某等人成立第三方公司的目的之一，就是要解决原单位业务回扣费用的支付问题，套取公款后也确实按照预期计划支付该项费用，陈某等人对该笔钱款主观上没有非法占有的故意，客观上也未侵吞，故应将该笔钱款从各被告人的贪污数额中扣除。

我们同意后一种意见，即本案中套取公款用于支付原单位业务回扣费用的部分不应计入贪污数额。理由如下：

1. 本案中，套取的公款用于支付原单位业务回扣费用的部分，不属于各被告人贪污的对象，不应计入贪污数额。通说认为，国家工作人员套取公款后，再将部分钱款用于原单位公务支出，不论出于何种原因，均应全额计入贪污数额，理由是该行为属于犯罪既遂后的赃款处置行为。本案与上述"套取公款后用于单位业务开支"的情形有以下本质区别：

第一，各被告人自始至终均无占有该部分用于支付业务回扣费用的钱款的主观故意。在各被告人产生贪污犯意之前，支付业务回扣费用的做法在原单位早已存在，且已成惯例，后因审计部门及上级主管单位明令禁止该项支出，切断了直接支付路径，各被告人才决定另立第三方公司解决业务回扣费的走账问题，将无法直接从原单位支出的该部分费用经由第三方公司中转支付，以规避审计和调查，并在走账过程中谋取个人私利。可见，本案各被告人在贪污犯意产生之际，已商定将套取公款中的部分钱款用于支付原单位业务回扣费用，并无侵吞该部分钱款的故意。这与一般案件中，行为人最初对套取的全部公款具有非法占有的故意，在套取公款后因各种原因才临时将部分钱款用于单位开支的情况存在本质差异。

第二，各被告人客观上对该部分用于支付业务回扣费用的钱款并无自由支配权。一般案件中，行为人套取公款后便实际掌握该笔公款，并有权决定该笔公款的用途，包括是否拿出部分用于单位业务支出、拿出多少、用于何种支出等，均由行为人决定。本案中，各被告人套取公款之前，关于从第三方公司领取该部分钱款用于支付业务回扣费用一事，原单位及第三方公司其他人员均已知情，且钱款的支出方式、数量、用途等相关内容在双方协议中也已注明，各被告人无权自由变更，因此，原单位将该笔钱款转至各被告人控制的第三方公司账户时，各被告人对该笔钱款仅起到暂为保管、中转的作用，并无自由支配权，也未实际占有。

第三，在实际操作中，第三方公司成立后，确如各被告人事前商议的，由原单位业务员按照之前的惯例报送本月应支付的业务回扣费用，第三方公司从截留的利润中支付该项费用。各被告人并未侵吞该部分钱款。

综上，各被告人对第三方公司替原单位支付的业务回扣费用，在主观上没有非法占有的故意，在客观上也未实际控制和占有；同时，该部分业务费用支出客观上有利于原单位开展业务，各被告人实施的贪污犯罪未造成原单位的财产损失。鉴于此，第三方公司代原单位支出的上述违规业务费用不属贪污对象，不应计入相关被告人的贪污数额。

2. 从贪污数额中扣除该部分费用，并不意味着放纵或默许业务回扣的行为。本案中，支付回扣费用的做法在相关被告人原单位由来已久，各被告人也确是出于单位利益的考虑而决定继续沿用惯例。这种支付业务回扣费用的做法固然应予取缔，但从行业惯例和现实的角度评判，不能将全部责任归于相关被告人。如将该部分费用计入各被告人的贪污数额，将会导致罪刑不相适应。

从贪污数额中扣除该部分费用，只是表明相关被告人对该部分钱款不用承担贪污罪的责任，并不意味着放纵或默许业务回扣的行为。至于业务回扣行为是属于违法违规还是构成行贿犯罪、是个人行贿还是单位行贿等，均需另行评判。

问题 16. 如何认定"小金库"性质公司及公务性支出能否从贪污数额中扣除

认定"小金库"性质的公司，应当从其设置的知情面、设置的目的、公司的管理、经费的使用及受益方等方面进行综合考量。"小金库"，在设立、管理、使用过程中均应经过单位的集体决策程序，体现单位意志，任何个人决定或者以个人名义截留公共款项设立的所谓"小金库"，均属于违纪、违法甚至犯罪行为，不应认定为本单位的"小金库"。行为人将赃款用于公务性支出的，是其犯罪既遂之后对赃款的处分行为，不影响对其贪污行为的认定，用于公务支出的部分不能从贪污数额中扣除。

【刑事审判参考案例】王某龙贪污案①

一、基本案情

上海市青浦区农业机械管理站（以下简称青浦区农机站）是青浦区农业委员会设立的全额拨款事业单位。上海神牛农机服务有限公司（以下简称神牛公司）是青浦区农机站全额出资成立的有限责任公司。2008 年 1 月至 2014 年间，被告人王某龙任青浦区农机站站长、神牛公司法定代表人。

2009 年 8 月，神牛公司以设置青浦区农机零配件服务网点名义出资成立上海通阳农机服务有限公司（以下简称通阳公司），王某龙担任公司法定代表人，股东为王某龙及时任青浦区农机站党支部书记的祝某林。2011 年 4 月 19 日，王某龙利用其全面负责神牛公司、通阳公司工作的职务便利，私自将通阳公司无偿转让至马某元名下并由王某龙个人实际控制，至工商变更登记当日，通阳公司利润合计 22 万余元。2012 年 9 月，王某龙个

① 王宗光、夏稷栋、关敬杨：《王某龙挪用公款、贪污案——如何认定"小金库"性质公司及公务性支出能否从贪污数额中扣除》，载中华人民共和国最高人民法院刑事审判第一、二、三、四、五庭主办：《刑事审判参考》（总第 106 集），指导案例第 1142 号，法律出版社 2017 年版，第 40 页。

人决定将上海昊燊农业机械设备有限公司（以下简称昊燊公司）支付神牛公司的服务费36万元由通阳公司收取。后王某龙将上述通阳公司利润及收取的服务费用于个人套现、消费等。

2013年4月，王某龙与王某民经事先商量，成立上海厚缘农业科技服务有限公司（以下简称厚缘公司），王某龙为实质股东之一。2013年5月、12月，王某龙利用其全面负责神牛公司的职务便利，个人决定将昊燊公司支付神牛公司的服务费42万元由厚缘公司收取。后王某龙将上述厚缘公司收取的服务费用于个人套现、消费等。

二、案例评析

本案的主要问题有二：一是如何认定"小金库"性质的公司，二是贪污款项用于公务性支出的部分能否从贪污数额中扣除。

（一）认定"小金库"性质的公司，应当从其设置的知情面、设置的目的、公司的管理、经费的使用及受益方等方面进行综合考量

2009年《中共中央办公厅、国务院办公厅印发〈关于深入开展"小金库"治理工作的意见〉的通知》发布以后，全国各级、各部门均开展了全面治理"小金库"的行动。关于"小金库"的界定，中央纪委发布的《关于设立"小金库"和使用"小金库"款项违纪行为适用〈中国共产党纪律处分条例〉若干问题的解释》中将"小金库"定义为"违反法律法规及其他有关规定，应列入而未列入符合规定的单位账簿的各项资金（含有价证券）及其形成的资产"。中央纪委、监察部、财政部、审计署发布的《关于在党政机关和事业单位开展"小金库"专项治理工作的实施办法》中沿用了上述定义并将"小金库"总结为7种表现形式：违规收费、罚款及摊派设立"小金库"；用资产处置、出租收入设立"小金库"；以会议费、劳务费、培训费和咨询费等名义套取资金设立"小金库"；经营收入未纳入规定账簿核算设立"小金库"；虚列支出转出资金设立"小金库"；以假发票等非法票据骗取资金设立"小金库"；上下级单位之间相互转移资金设立"小金库"等。综观上述规定，可以看出"小金库"，在设立、管理、使用过程中均应经过单位的集体决策程序，体现单位意志，任何个人决定或者以个人名义截留公共款项设立的所谓"小金库"，均属于违纪、违法甚至犯罪行为，不应认定为本单位的"小金库"。

本案中，对通阳公司、厚缘公司是青浦区农机站下属的"小金库"性质公司，还是被告人王某龙控制下用于侵吞公款的私营企业的认定，直接影响到王某龙的行为是否构成贪污罪的问题。对这一问题，法院在审理中形成两种意见：

一种意见认为，通阳公司、厚缘公司实际上是青浦区农机站下属的"小金库"性质公司，王某龙将昊燊公司本应支付给神牛公司的服务费分别由通阳公司、厚缘公司收取这一行为本身，只是为规避国家的政策和逃避监督，将属于原单位的资金隐匿于部门财务会计账外，但其资金的性质仍属于公有资金。王某龙将大部分资金主要用于原单位的公务性支出，其个人并没有非法侵吞公款，不能据此认定其构成贪污罪。

另一种意见认为，转制后的通阳公司以及厚缘公司并非青浦区农机站下属的"小金库"性质公司，而是由王某龙实际控制的私营企业，是王某龙利用职务之便侵吞神牛公司公款的工具。王某龙私自将净资产22万元的通阳公司无偿转让给马某元并由王某龙实际控制，属于典型的利用职务便利侵吞国有资产的行为；其又利用职务便利私自将昊燊公司本应支付给神牛公司的服务费分别由通阳公司、厚缘公司收取，这一行为亦具有非

法占有公共财物的性质，其行为构成贪污罪。

我们同意第二种意见。主要理由是：

1. 从公司设立知情面来看，虽然从表面上知情面较窄，具有一定隐蔽性，但由于"小金库"性质公司的设立体现的是单位意志，单位的决策管理层应当对该公司的设立知情，而绝非仅个别领导知情。本案中，转制前的通阳公司由神牛公司出资设立，此时神牛公司管理层对通阳公司的设立是知情的。2011年4月，王某龙利用职务便利私自将通阳公司转让给马某元并办理了工商变更登记，此后神牛公司的管理层对通阳公司的存在及运营状况毫不知情，完全由王某龙一人实际控制。至于厚缘公司，从设立之初就与神牛公司没有任何关联，神牛公司也并不知情。

2. 从公司设置目的来看，单位设立"小金库"一般用于安置单位违规收费、罚款、摊派的资金、以会议费等名义套取的资金、虚列支出转出的资金等，以便单位逃避监管违规发放工资、福利、接待等，也不排除部分资金用于弥补正常公务支出的差额。就本案来讲，王某龙控制通阳公司、厚缘公司的目的完全是供个人套现、消费、截留神牛公司的业务款项，与神牛公司安置、支出资金无关，不符合单位设置"小金库"的目的性要求。

3. 从公司管理来看，"小金库"及"小金库"性质公司的管理同样应体现单位意志，在"小金库"资金的收入、支出，或者"小金库"性质公司的人、财、物管理等方面都应体现出单位的集体决策。因为从本质来讲，单位"小金库"中的资金仍属于单位财产，即使成立了独立的"小金库"性质公司，该公司的财产也属于设立该公司的单位所有，公司事务也应由设立其的单位管理。本案中，转制后的通阳公司以及厚缘公司均由王某龙个人实际控制，公司性质已变更为私营企业，神牛公司与该两家公司之间客观上并无管理与被管理的关系。

4. 从经费的使用及受益方来看，"小金库"或者"小金库"性质公司中的资金由设立其的单位支配、使用，受益方也是设立该"小金库"的单位，这是由"小金库"的性质决定的。本案中，改制后的通阳公司及厚缘公司的资产全部由王某龙等人支配、使用，受益方也无疑是王某龙个人。即使有部分资金用于神牛公司的公务性支出，也与神牛公司支配、使用资金具有本质区别。

综上，通阳公司、厚缘公司并非"小金库"性质的公司，王某龙利用职务便利将昊燊公司支付给神牛公司的服务费通过上述其个人控制的公司进行截留，并个人套现消费使用，其行为应认定为贪污罪。

（二）公务性支出不能从贪污数额中扣除

关于公务性支出能否从贪污数额中扣除，是本案的另一争议焦点，审理中也存在两种意见：

一种意见认为，不论通阳公司、厚缘公司是否属于国有单位的"小金库"，因部分涉案款项被王某龙用于公务性支出，王对该部分款项没有占为己有的主观故意，客观上也没有使国有财产受到损失，对该部分款项应从贪污数额中予以扣除。

另一种意见认为，本案涉案款项进入通阳公司、厚缘公司以后，王某龙的行为即成立贪污罪的既遂，此后即使王某龙将部分款项用于公务性支出，也属于对赃款的处分行为，该部分款项不能从贪污数额中扣除。

我们同意第二种意见。理由是：

1. 被告人王某龙的贪污犯罪行为已经既遂。根据贪污罪既遂标准的通说"控制说"，只要行为人取得对公共财物的实际控制与支配，即构成贪污罪的既遂。最高人民法院2003年11月13日印发的《全国法院审理经济犯罪案件工作座谈会纪要》第2条第1项专门就"贪污罪既遂与未遂的认定"做出规定："贪污罪是一种以非法占有为目的的财产性职务犯罪，与盗窃、诈骗、抢夺等侵犯财产罪一样，应当以行为人是否实际控制财物作为区分贪污罪既遂与未遂的标准……行为人控制公共财物后，是否将财物据为己有，不影响贪污既遂的认定。"本案中，通阳公司、厚缘公司属于财务独立核算的私营企业，王某龙将本应由神牛公司收取的款项转由两家公司分别收取以后，便实际实现了对这部分款项的控制、支配，其贪污犯罪行为已经既遂。

2. 行为人将赃款用于公务性支出的，不影响对其贪污行为的认定，用于公务支出的部分不能从贪污数额中扣除。根据犯罪既遂理论，犯罪既遂即代表着行为人的行为已经齐备了某种犯罪的全部构成要件，对其应以既遂状态下的行为及其结果定罪处罚。此后行为人对赃款、赃物的处分以及退赃、退赔等情形，不影响对其行为的定性，也不影响对犯罪数额的认定。这些事后行为只能在量刑时酌情考虑。

对此，2016年4月18日《最高人民法院、最高人民检察院关于办理贪污贿赂刑事案件适用法律若干问题的解释》第16条第1款明确规定："国家工作人员出于贪污、受贿的故意，非法占有公共财物、收受他人财物之后，将赃款赃物用于单位公务支出或者社会捐赠的，不影响贪污罪、受贿罪的认定，但量刑时可以酌情考虑。"该《解释》对贪污、贿赂犯罪既遂后，行为人出于各种目的将赃款用于公务性支出或者社会公益事业如何认定犯罪数额的问题进行了明确规定，统一了法律适用。

综上，被告人王某龙将部分赃款用于单位公务性支出，对该部分赃款不能从其贪污数额中扣除，只能在量刑时酌情考虑。

问题17. 在单位授权公司负责人体外运营公司账外股权过程中，公司负责人将账外股权秘密转移至个人控制公司名下的行为，应当如何定性

判断公司负责人究竟系在单位授权下体外运营带有"单位小金库"性质的账外股权，还是利用职务便利非法占有本单位公共财产，关键看该账外股权是否脱离本单位的监管。我们认为，在实践中，可从以下方面把握：公司负责人是否通过垄断账外股权交易的信息、价格、数额、审批和登记等程序，形成了高度隐蔽的股份流转形式；账外股权运行过程中是否有公司其他高级管理人员、财会人员参与资金分配、记账结算或对股权流转过程知情；公司负责人是否擅自处置、变现其掌握的公司账外股权，是否曾向相关部门、人员汇报、交接其掌握公司账外股权的情况，是否有隐匿、毁弃与账外股权运营相关的会计账簿的行为。

【职务犯罪参考案例】姜某某贪污案①

一、基本案情

被告人姜某某，男，汉族，1949年11月30日出生。曾任Y市H银行股份有限公司

---

① 于同志、张文波：《公司负责人将账外股权秘密转移至个人控制的公司名下的行为如何认定》，载最高人民法院刑事审判第二庭编：《职务犯罪审判指导》（第1辑），法律出版社2022年版，第6～10页。

董事长、党委书记，2015 年 2 月 9 日被逮捕。

H 银行在 2002 年改制为国有参股商业银行过程中，为解决入股资金不足问题，曾以向企业提供贷款、自办公司等方式体外运营本行股权。2004 年 5 月，因银监会要求 H 银行清理自办公司和入股贷款等问题，H 银行决定将上述股权转至其他公司代持。此后，时任 H 银行董事长姜某某利用控制、掌握 H 银行股权变动的职务便利，"一手托两家"，以低买高卖转让股份的方式赚取差价，用以归还代持股份中的贷款和垫资，最终使部分代持股份变为不需要支付对价的账外净资产。2010 年，姜某某在 H 银行高管会议上宣布，已将委托其他公司代持的 H 银行股份"全部处置完毕"，即在账面上已经显示不出 H 银行的账外资产情况。但姜某某实际上利用职务上的便利将本单位已转为账外净资产的 2.83 亿余股 H 银行股份，陆续转至其个人或亲友控制的公司名下，予以隐匿，共计折合人民币 7.547034664 亿元。姜某某自 2014 年初退休后，安排亲属注册成立多家由其实际控制的公司，并使用上述款项在上海、杭州等地购买写字楼、住宅。2014 年 9 月，被告人姜某某指使其亲属将其实际控制的多家公司的会计档案予以销毁。

二、案例评析

案件处理过程中，存在两种不同意见：

第一种意见认为，姜某某不构成贪污罪。具体理由是：（1）H 银行授权姜某某长期体外运营本行股份，是落实银监会清理内部职工集资股的要求，并维护国有资本在 H 银行的大股东地位；（2）姜某某是以 H 银行董事长身份在管理 H 银行的资产，其决策体现的是 H 银行的意志，代持 H 银行账外股权的公司均系姜某某为便于集中管理 H 银行股份而成立，实际上是姜某某代管本公司的"账外小金库"；（3）姜某某在被免职后，曾多次向继任董事长提出将其控制的 H 银行账外股权、资金进行交接，但 H 银行管理层迟迟未回应，证明其并无侵吞账外股权的主观故意。

第二种意见认为，被告人姜某某构成贪污罪。具体理由是：姜某某运营代持股份在启动初期有董事会授权、有众多银行管理层知情的事实，与代持股份转变为净资产后，被姜某某采取秘密手段非法据为己有的事实，属于两个不同性质的阶段。姜某某退休后将所代持股份变现购房、盈利的行为，进一步证明其具有非法占有本单位公共财产的目的。

我们同意第二种意见。具体理由如下：

1. 从犯罪主观方面分析，考虑到该案中"为公"与"为私"、设立账外小金库与将单位财产据为己有、履行职务与秘密窃取、违规违纪与违法犯罪等情节交织在一起，因而应将姜某某非法占有 H 银行账外股份的主观故意，从其经营账外"小金库"的行为中剥离出来。本案中，2004 年初因银监会发现 H 银行存在职工入股自办公司、股东违规贷款持股等问题并要求限期清理。为此，经 H 银行董事会授权，姜某某以董事长身份安排银行高管及各分行行长寻找企业代持 H 银行股份，并通过操纵股权转让、赚取差价以清退职工入股款、支付代持资金。在这一阶段，尚无证据表明姜某某具有非法占有账外股份的主观目的。但自 2010 年开始，姜某某在领导班子会议上谎称账外运营股份已经全部清理完毕，其他银行高管此后均不再掌握账外资金及股份流向，亦从未参与过日常运营管理，其由此产生了将上述账外股权据为己有的犯罪故意。此后，姜某某出于非法占有目的，将已转化为净资产的 H 银行股份秘密转入其本人直接控制或通过亲友成立的公司名下，将部分股份变现后，支出 7800 万元用于在上海购买写字楼及住宅归个人使用，另有巨额资金被其出借盈利，且受益方是姜某某本人而不是 H 银行。上述情节与其所作"账外股份均系小金库"的辩解相互矛盾。

2. 从犯罪客观方面分析，姜某某利用其本人职权形成的便利条件，通过垄断 H 银行股份交易的信息、价格、数额、审批和登记等程序，形成了高度隐蔽的股份流转形式，其占有单位公共财产的手段符合贪污犯罪的秘密性特征。在姜某某操作股份转让过程中，不仅 H 银行其他高级管理人员对股份转让的详情不了解，股份交易双方亦被姜某某采取"背靠背"方式分别签订转让协议，甚至常年为姜某某代持 H 银行股份的朱某某、周某某等人，也不清楚姜某某安排他们代持的股份所有人是谁。与此同时，姜某某又通过其亲友控制的公司或自行设立多个公司承接 H 银行股份，上述公司的法定代表人或股东均与 H 银行无任何关系，对于姜某某所控制的账外股份，H 银行其他人员均不知情，亦从未参与过日常运营管理。姜某某占有单位财产的情况不能在 H 银行财务账目中反映出来，有关股份在事实上已经完全脱离了本单位的监管、控制。

3. 姜某某退休前后对 H 银行股权、资金的处置，进一步印证了其主观上具有占有本单位财物的故意。2013 年 3 月至 4 月，姜某某将其控制的 4.1 亿余股股份，全部转让并获利 23.8 亿余元，后将上述巨额资金用于继续购买 H 银行股权、出借理财。同年 11 月，姜某某被宣布退休后，未与 H 银行新任领导班子就其掌握的巨额账外资产进行书面交接。2014 年 2 月，在审计部门对姜某某进行离任审计期间，其仍未将控制巨额资产、股份的情况进行汇报。2014 年 4 月，姜某某在上海、杭州新成立四家公司并使用转让股权的收益以上述公司名义在上海购买写字楼、住宅及理财产品。2014 年 9 月初，姜某某被采取"两规"前，指使其亲属销毁公司账簿。2014 年 9 月 26 日姜某某被纪检部门采取"两规"措施后，虚构一名北京商人"刘某某"，谎称全部账外股份和资金均为"刘某某"所有，企图以此蒙混过关，掩盖其非法占有 H 银行巨额股份和资金的犯罪事实。

4. 姜某某对其行为不能作出合理解释。姜某某及其辩护人称：姜某某经营账外股权是为了保证 H 银行国有控股地位，且在退休时曾向继任董事长进行过口头交接，其秘密运行账外股份均是为 H 银行代持，没有贪污本单位财产的主观故意。但在案证据显示，姜某某作为 Y 市市管干部，从未向有关部门汇报股份代持情况，且逐步将大量股权空转至其本人或亲友控制的公司名下，与其所作"经营账外股权是为了保证国有控股地位"的辩解相互矛盾；姜某某担任 H 银行董事长多年，掌握大量账外资产、工作秘密和银行运营情况，其离任前应当履行完备的交接手续，向继任董事长及相关部门提交书面交接清单，但姜某某仅以曾向继任董事长做口头汇报为辩解理由，既不能得到相关证人证言的支持，也显然不符合交接工作的一般流程；尽管一些单位设立的"小金库"往往也在账外运行且多数为秘密状态，但在本质上仍未脱离本单位的监管，除单位主要领导人员外，其他高级管理人员、财会人员都会不同程度参与"小金库"的资金分配、记账结算等，但对于姜某某所控制的账外股份，H 银行其他人员均不知情，且姜某某对其退休后将股份变现购房、盈利的行为亦不能作出合理解释，故姜某某关于其秘密运行账外股份均属于 H 银行"小金库"的辩解不能成立。

综上，被告人姜某某以非法占有为目的，在操作 H 银行股份交易过程中，以秘密手段将价值 7.54 亿余元的股份据为己有，符合贪污罪的构成要件，应当以贪污罪依法追究其刑事责任。

问题18. 如何区分内外勾结型贪污与滥用职权

【实务专论】

贪污罪不以国家工作人员个人最终非法占有公共财产为必要，因此，在国家工作人员实施职务行为、不具有国家工作人员身份的其他人实际获利的情况下，可能存在共同贪污与滥用职权两种定性。我们认为，对此行为性质的认定应着重考察国家工作人员与不具有国家工作人员身份的其他人之间是否存在共同贪污的犯意沟通。一方面，对内外勾结即国家工作人员与其他人共同贪污的，即使国家工作人员个人最终没有非法占有任何公共财产的，只要其与他人具有共同的贪污故意和行为，仍应认定为贪污罪，其他人成立贪污罪的共同犯罪。而另一方面，尽管贪污罪中的非法占有并不限于国家工作人员自己占有，但贪污罪属于贪利性犯罪，如对不具有非法占有故意也不具有非法占有行为的情形以贪污论处，明显不符合主客观相统一的原则，也容易造成量刑畸重；[1] 如果双方不存在犯意沟通，国家工作人员在主观上并无非法占有公共财产的故意，且客观上也未非法占有公共财产，其仅是违反规定利用职权为另一方提供帮助而给国家造成损失，其行为本质是渎职而非贪利，故其行为构成滥用职权罪而非贪污罪。

问题19. 如何区分贪污犯罪与挪用公款不能归还的情形

【实务专论】

挪用公款不能归还的情形与贪污犯罪二者的主要区别在于行为人是否具有非法占有公款的目的。但是，如何认定非法占有公款目的，实践中常存误区。我们认为，应坚持主客观相统一的原则，通过对行为人客观行为、经济状况、公款风险状态等因素的综合审查分析来进行判断，而不能仅以行为人所供述的个人意图作为定案根据。否则，如若行为人均宣称无非法占有公款目的，贪污罪几无适用余地。[2] 具体而言，从客观行为来看，如果行为人有部分归还款项的行为或者切合实际的计划，则更能体现其挪用的意图；如果行为人采取平账、销账等掩饰隐瞒证据的行为，则更能体现其非法占有的目的。从行为人的经济状况来看，如行为人经济状况持续恶化甚至背负巨额债务，其明知非法使用的公款数额与自身经济状况悬殊仍执意而为，归还公款希望极其渺茫，更能体现其将公款据为己有的主观意图。从行为人使用公款的用途来看，区别于具有一定收益的理财投资或经营行为，如果行为人将公款用于买彩票等行为甚至赌博，体现出其将公款置于极高灭失风险状态，一定程度上反映出其非法占有公款的主观故意。

---

① 罗开卷：《内外勾结型贪污与滥用职权之界分》，载《人民法院报》2020年7月16日。
② 李鹏飞：《如何认定挪用公款罪与贪污罪的主观目的及转化》，载《中国纪检监察报》2019年6月19日。

问题 20. 如何理解贪污罪中的"利用职务上的便利"和"公共财物"

1. 贪污罪中的"利用职务上的便利",是指利用职务上主管、管理、经手公共财物的权力及方便条件,既包括利用本人职务上主管、管理公共财物的职务便利,也包括利用职务上有隶属关系的其他国家工作人员的职务便利。

2. 土地使用权具有财产性利益,属于刑法第三百八十二条第一款规定中的"公共财物",可以成为贪污的对象。

【最高人民法院指导性案例】杨某虎等贪污案[①]

关键词:刑事　贪污罪　职务便利　骗取土地使用权

裁判要点:

1. 贪污罪中的"利用职务上的便利",是指利用职务上主管、管理、经手公共财物的权力及方便条件,既包括利用本人职务上主管、管理公共财物的职务便利,也包括利用职务上有隶属关系的其他国家工作人员的职务便利。

2. 土地使用权具有财产性利益,属于刑法第三百八十二条第一款规定中的"公共财物",可以成为贪污的对象。

相关法条:

《中华人民共和国刑法》第三百八十二条第一款

基本案情:

被告人杨某虎1996年8月任浙江省义乌市委常委,2003年3月任义乌市人大常委会副主任,2000年8月兼任中国小商品城福田市场(2003年3月改称中国义乌国际商贸城,简称国际商贸城)建设领导小组副组长兼指挥部总指挥,主持指挥部全面工作。2002年,杨某虎得知义乌市稠城街道共和村将列入拆迁和旧村改造范围后,决定在该村购买旧房,利用其职务便利,在拆迁安置时骗取非法利益。杨某虎遂与被告人王某芳(杨某虎的妻妹)、被告人郑某潮(王某芳之夫)共谋后,由王、郑二人出面,通过共和村王某某,以王某芳的名义在该村购买赵某某的3间旧房(房产证登记面积61.87平方米,发证日期1998年8月3日)。按当地拆迁和旧村改造政策,赵某某有无该旧房,其所得安置土地面积均相同,事实上赵某某也按无房户得到了土地安置。2003年3、4月份,为使3间旧房所占土地确权到王某芳名下,在杨某虎指使和安排下,郑某潮再次通过共和村王某某,让该村村民委员会及其成员出具了该3间旧房系王某芳1983年所建的虚假证明。杨某虎利用职务便利,要求兼任国际商贸城建设指挥部分管土地确权工作的副总指挥、义乌市国土资源局副局长吴某某和指挥部确权报批科人员,对王某芳拆迁安置、土地确权予以关照。国际商贸城建设指挥部遂将王某芳所购房屋作为有村证明但无产权证的旧房进行确权审核,上报义乌市国土资源局确权,并按丈量结果认定其占地面积64.7平方米。

此后,被告人杨某虎与郑某潮、王某芳等人共谋,在其岳父王某祥在共和村拆迁中可得25.5平方米土地确权的基础上,于2005年1月编造了由王某芳等人签名的申请报告,谎称"王某祥与王某芳共有三间半房屋,占地90.2平方米,二人在1986年分家,王某祥分得36.1平方米,王某芳分得54.1平方米,有关部门确认王某祥房屋25.5平方米、王某芳房屋64平方米有误",要求义乌市国土资源局更正。随后,杨某虎利用职务便利,

---

① 最高人民法院指导案例11号。

指使国际商贸城建设指挥部工作人员以该部名义对该申请报告盖章确认，并使该申请报告得到义乌市国土资源局和义乌市政府认可，从而让王某芳、王某祥分别获得72和54平方米（共126平方米）的建设用地审批。按王某祥的土地确权面积仅应得36平方米建设用地审批，其余90平方米系非法所得。2005年5月，杨某虎等人在支付选位费24.552万元后，在国际商贸城拆迁安置区获得两间店面72平方米土地的拆迁安置补偿（案发后，该72平方米的土地使用权被依法冻结）。该处地块在用作安置前已被国家征用并转为建设用地，属国有划拨土地。经评估，该处每平方米的土地使用权价值35270元。杨某虎等人非法所得的建设用地90平方米，按照当地拆迁安置规定，折合拆迁安置区店面的土地面积为72平方米，价值253.944万元，扣除其支付的24.552万元后，实际非法所得229.392万元。

此外，2001年至2007年间，被告人杨某虎利用职务便利，为他人承揽工程、拆迁安置、国有土地受让等谋取利益，先后非法收受或索取57万元，其中索贿5万元。

裁判结果：

浙江省金华市中级人民法院于2008年12月15日作出（2008）金中刑二初字第30号刑事判决：一、被告人杨某虎犯贪污罪，判处有期徒刑十五年，并处没收财产二十万元；犯受贿罪，判处有期徒刑十一年，并处没收财产十万元；决定执行有期徒刑十八年，并处没收财产三十万元。二、被告人郑某潮犯贪污罪，判处有期徒刑五年。三、被告人王某芳犯贪污罪，判处有期徒刑三年。宣判后，三被告人均提出上诉。浙江省高级人民法院于2009年3月16日作出（2009）浙刑二终字第34号刑事裁定，驳回上诉，维持原判。

裁判理由：

法院生效裁判认为：关于被告人杨某虎的辩护人提出杨延虎没有利用职务便利的辩护意见。经查，义乌国际商贸城指挥部系义乌市委、市政府为确保国际商贸城建设工程顺利进行而设立的机构，指挥部下设确权报批科，工作人员从国土资源局抽调，负责土地确权、建房建设用地的审核及报批工作，分管该科的副总指挥吴某某也是国土资源局的副局长。确权报批科作为指挥部下设机构，同时受指挥部的领导，作为指挥部总指挥的杨某虎具有对该科室的领导职权。贪污罪中的"利用职务上的便利"，是指利用职务上主管、管理、经手公共财物的权力及方便条件，既包括利用本人职务上主管、管理公共财物的职务便利，也包括利用职务上有隶属关系的其他国家工作人员的职务便利。本案中，杨某虎正是利用担任义乌市委常委、义乌市人大常委会副主任和兼任指挥部总指挥的职务便利，给下属的土地确权报批科人员及其分管副总指挥打招呼，才使得王某芳等人虚报的拆迁安置得以实现。

关于被告人杨某虎等人及其辩护人提出被告人王某芳应当获得土地安置补偿，涉案土地属于集体土地，不能构成贪污罪的辩护意见。经查，王某芳购房时系居民户口，按照法律规定和义乌市拆迁安置有关规定，不属于拆迁安置对象，不具备获得土地确权的资格，其在共和村所购房屋既不能获得土地确权，又不能得到拆迁安置补偿。杨某虎等人明知王某芳不符合拆迁安置条件，却利用杨某虎的职务便利，通过将王某芳所购房屋谎报为其祖传旧房、虚构王某芳与王某祥分家事实，骗得旧房拆迁安置资格，骗取国有土地确权。同时，由于杨某虎利用职务便利，杨某虎、王某芳等人弄虚作假，既使王某芳所购旧房的房主赵某某按无房户得到了土地安置补偿，又使本来不应获得土地安置补偿的王某芳获得了土地安置补偿。《中华人民共和国土地管理法》第二条、第九条规定，我国土地实行社会主义公有制，即全民所有制和劳动群众集体所有制，并可以依法确定给单位或者个人使用。对土地进行占有、使用、开发、经营、交易和流转，能够带来相应经济收益。因此，土地使用权自然具有财产性利益，无论国有土地，还是集体土地，都属于刑法第三百八十二条第一款规定中的"公共财物"，可以成为贪污的对象。王某芳名下安置的地块已在 2002 年 8 月被征为国有并转为建设用地，义乌市政府文件抄告单也明确该处的拆迁安置土地使用权登记核发国有土地使用权证。因此，杨某虎等人及其辩护人所提该项辩护意见，不能成立。

综上，被告人杨某虎作为国家工作人员，利用担任义乌市委常委、义乌市人大常委会副主任和兼任国际商贸城指挥部总指挥的职务便利，伙同被告人郑某潮、王某芳以虚构事实的手段，骗取国有土地使用权，非法占有公共财物，三被告人的行为均已构成贪污罪。杨某虎还利用职务便利，索取或收受他人贿赂，为他人谋取利益，其行为又构成受贿罪，应依法数罪并罚。在共同贪污犯罪中，杨某虎起主要作用，系主犯，应当按照其所参与或者组织、指挥的全部犯罪处罚；郑某潮、王某芳起次要作用，系从犯，应减轻处罚。故一、二审法院依法作出如上裁判。

第二章

挪用公款罪

第一节　挪用公款罪概述

一、挪用公款罪的概念及构成要件

挪用公款罪，是指国家工作人员，利用职务上的便利，挪用公款归个人使用，进行非法活动的，或者挪用公款数额较大、进行营利活动的，或者挪用数额较大、超过3个月未还的行为。

（一）客体要件

本罪侵犯的客体，主要是公共财产的所有权，同时在一定程度上也侵犯了国家的财经管理制度。挪用公款罪侵犯的直接客体是公款的使用权，同时行为人挪用公款后必然占有，有的还因此获得收益。而所有权包括占有、使用、收益、处分四种相互联系又具有相对独立性的权能，因此，对所有权权能的侵犯也必然是对所有权的侵犯。所有权被侵犯并不意味着所有权转移。根据我国《民法典》相关规定，取得所有权必须依照法律规定，因此，从这一法律意义上讲，任何财产犯罪实际上都不可能真正取得所有权，挪用公款罪与贪污罪一样都侵犯了公共财产所有权，不同之处只是在于所有权被侵犯的程度不同而已。同时，正因为挪用公款罪直接侵犯了公款的使用权，而这是违反国家财经管理制度中的公款使用制度的，因而它又侵犯了国家财经管理制度。但是，由于挪用公款侵犯的主要客体是国家公共财产所有权，挪用公款罪所侵犯的客体包括：（1）国有财产的所有权；（2）劳动群众集体财产的所有权；（3）用于扶贫和其他公益事业的社会捐助或专项基金的财产的所有权；（4）在国家机关、国有公司、企业、集体企业和人民团体管理、使用或运输中的私人财产的所有权；（5）非国有公司、企业以及其他非国有单位资金的所有权；（6）非国有金融机构中客户资金的所有权。其中，挪用公款罪的犯罪对象，既包括当然的公共资金款项，也包括拟定的公共资金款项。

本罪侵犯的对象主要是公款。公款既包括国家、集体所有的货币资金，也包括由国家管理、使用、运输、汇兑与储存过程中的私人所有的货币。在国有企业、公司中，具有国家工作人员身份的人挪用本企业、公司的财物，属于侵犯了公共财物的所有权。在中外合资、合作、股份制公司、企业中，具有国家工作人员身份的人挪用上述公司、企业的资金，也应属于侵犯公共财物所有权。根据《刑法》第 384 条的规定，挪用用于救灾、抢险、防汛、优抚、扶贫、移民、救济款物归个人使用的，要按挪用公款罪从重处罚，因此这些特定的公款、公物可以成为本罪的对象。挪用公物归个人使用，一般应由主管部门按政纪处理，情节严重，需要追究刑事责任的，可以折价按挪用公款罪处罚。因而一般的公物也可以成为本罪的对象。

广义的公款，是指公共款项、国有款项和特定款物以及非国有单位（金融机构）和客户资金的统称，既具有当然的公共财产特性，也具有拟定的公共财产的特性。其中，公共款项，就是为公共所有的资金款项；国有款项，是指为国家所有的资金款项；特定款物，是指专门用于救灾、抢险、防汛、优抚、扶贫、移民、救济款物。它既可以为国家所有，也可以为劳动群众集体组织所有，还可以为社会公益组织所有；非国有单位资金，是指非国有公司、企业和其他非国有单位所有的资金；客户资金，是指金融机构客户所有的资金。因此，广义的公款不仅包括公共资金款项和国有资金款项，而且还包括特定财物和非国有单位、客户资金。所谓狭义的公款，专指公共所有的资金款项。包括国有的资金款项、劳动群众集体所有的资金款项或用于扶贫和其他公益事业的社会捐助、专项基金。该类公款只具有当然的公共财产特性。

根据《最高人民检察院关于国家工作人员挪用非特定公物能否定罪的请示的批复》的规定，本条规定的挪用公款罪中未包括挪用非特定公物归个人使用的行为，对该行为不以挪用公款罪论处。如构成其他犯罪的，依照《刑法》的相关规定定罪处罚。

（二）客观要件

本罪的客观方面表现为行为人实施了利用职务上的便利，挪用公款归个人使用，进行非法活动，或者挪用数额较大的公款进行营利活动，或者挪用数额较大的公款超过三个月未还的行为。其中包含三个要件：（1）行为人实施了挪用公款的行为，即行为人未经合法批准而擅自将公款移作他用。（2）行为人挪用公款的行为是利用其主管、管理、经手公款的职务上的便利实施的。（3）行为人挪用的公款是归个人使用的，所谓"归个人使用"，既包括由挪用者本人使用，也包括由挪用者交给、借给他人使用。根据本条之规定，挪用公款归个人使用具体可包括以下三种情况：

1. 挪用公款归个人使用进行非法活动。这里所说的非法活动，是指挪用公款供个人或他人进行走私、赌博等违法犯罪活动。对这种情况的定罪，没有要求挪用公款的数额要达到较大，也没有规定挪用达到多长时间，根据《最高人民法院、最高人民检察院关于办理贪污贿赂刑事案件适用法律若干问题的解释》的规定，挪用公款归个人使用，进行非法活动，数额在 3 万元以上的，应当以挪用公款罪追究刑事责任。如果挪用公款未达到以上标准的，一般可不认为构成犯罪。

挪用公款归还个人欠款的，应当根据产生欠款的原因，分别认定属于挪用公款的何种情形。归还个人进行非法活动或者进行营利活动产生的欠款，应当认定为挪用公款进行非法活动或者进行营利活动。

2. 挪用公款归个人进行营利活动，并且数额较大的。这是指挪用数额较大的公款作为挪用人或者他人进行营利活动的资本，如挪用人本人或者他人将挪用的公款用于生产、经营、买房出租，作为个人参与企业经营活动的入股资金，存入银行或者借给他人而个人取利等。如果行为人挪用公款后，为私利以个人名义将挪用的公款借给企业事业单位、机关、团体使用的，不管这些单位是否将其挪用的公款用于营利活动，都应视为挪用公款归个人使用进行营利活动，而不能认为属于挪归公用。根据《最高人民法院、最高人民检察院关于办理贪污贿赂刑事案件适用法律若干问题的解释》的规定，挪用公款归个人使用，进行营利活动，数额在 5 万元以上的，应当认定为"数额较大"。对于这种挪用公款数额较大的公款归个人进行营利活动的，法律既没有要求挪用公款要达到多长时间，也不要求行为人营利的目的要真正达到。但如果行为人在案发前已部分或者全部归还本息的，可以分别情节，从轻处罚，情节轻微的，可以免除处罚。

申报注册资本是为进行生产经营活动做准备，属于成立公司、企业进行营利活动的组成部分。因此，挪用公款归个人用于公司、企业注册资本验资证明的，应当认定为挪用公款进行营利活动。

3. 挪用公款归个人用于上述非法活动、营利活动以外的用途，并且数额较大，超过 3 个月未还的。如挪用公款用于建造私房、购置家具和其他生活用品、办理婚丧、支付医疗费或者偿还家庭、个人债务等。这种情况既要求挪用公款要达到一定数额，也要求挪用公款要达到一定时间。根据《最高人民法院、最高人民检察院关于办理贪污贿赂刑事案件适用法律若干问题的解释》的规定，挪用公款超过 3 个月未还，数额在 5 万元以上的，应当认定为"数额较大"。"未还"是指案发前（被司法机关、主管部门或者有关单位发现前）未还。如果挪用公款数额较大，超过三个月，在案发前已全部归还本金的，可以从轻处罚或减轻处罚。给国家、集体造成的利益损失应予追缴。挪用公款数额巨大，超过三个月，在案发前已全部归还本息的，可以酌情从轻处罚。在实践中，也有这样的情况，行为人多次挪用公款，用后次挪用的公款归还前次挪用的公款，而每次挪用的间隔时间都不超过三个月，对此，应从第一次挪用公款的时间算起。连续累计至挪用行为终止。在追究行为人的刑事责任时，挪用公款的数额按最后未归还的金额认定。

挪用公款后尚未投入实际使用的，只要同时具备"数额较大"和"超过三个月未还"的构成要件，应当认定为挪用公款罪，但可以酌情从轻处罚。

根据《全国人大常委会关于〈中华人民共和国刑法〉第三百八十四条第一款的解释》的规定，"以个人名义将公款供其他单位使用的""个人决定以单位名义将公款供其他单位使用，谋取个人利益的"，属于挪用公款"归个人使用"。在司法实践中，对于将公款供其他单位使用的，认定是否属于"以个人名义"，不能只看形式，要从实质上把握。对于行为人逃避财务监管，或者与使用人约定以个人名义进行，或者借款、还款都以个人名义进行，将公款给其他单位使用的，应认定为"以个人名义"。"个人决定"既包括行为人在职权范围内决定，也包括超越职权范围决定。"谋取个人利益"，既包括行为人与使用人事先约定谋取个人利益实际尚未获取的情况，也包括虽未事先约定但实际已获取了个人利益的情况。其中的"个人利益"，既包括不正当利益，也包括正当利益；既包括财产性利益，也包括非财产性利益，但这种非财产性利益应当是具体的实际利益，如升学、就业等。

（三）主体要件

本罪的主体是特殊主体，即国家工作人员，这里所说的国家工作人员与前述贪污罪中国家工作人员的内涵、外延基本相同。同样具有特定性和公务（职务）性。构成挪用公款罪的国家工作人员包括：在国家机关中从事公务的国家工作人员；在国有公司、企事业单位和人民团体中从事公务的人员；受国有单位委派到非国有单位中从事公务的人员；其他依照法律从事公务的人员。

（四）主观要件

本罪在主观方面是直接故意，行为人明知是公款而故意挪作他用，其犯罪目的是非法取得公款的使用权，但其主观特征，只是暂时非法取得公款的使用权，打算以后予以归还。至于行为人挪用公款的动机则可能是多种多样的，有的是为了营利，有的出于一时的家庭困难，有的为了赞助他人，有的为了从事违法犯罪活动。动机如何不影响本罪成立。具体言之，挪用公款罪在主观方面有以下特点：

1. 挪用公款具有非法性。即行为人未经批准或许可（包括直接明示的许可或间接明示的默许），违反规章制度私自动用公款。其中，规章制度具有广泛性。因此，挪用的非法性具有两层含义：一是故意违反有关公款管理的规章制度；二是故意违反有关公款使用的规章制度，未经合法批准、许可。

2. 挪用的本意，是指公款私用、移用、占用、借用。行为目的是使用，而非占有公款。其中，行为的目的包括：（1）挪用公款归个人使用；（2）挪用公款进行非法活动；（3）挪用公款进行营利活动。

3. 挪用并不侵吞公款，而是准备归还，具有"擅自借用"的特性。即便挪用后而不能归还，也不是出于行为人的主观故意占有，而是出于行为人意志之外的客观原因造成的。

因此，司法实践中，在认定挪用公款罪的主观方面时，可把握以下几点：是否明知是公款；是否故意非法使用；是否只是想暂时挪用；是否准备以后归还。当挪用人与使用人不一致时，如果挪用人不知使用人利用公款进行非法活动时，只能根据挪用人的明知内容，按照挪用公款进行营利或挪用公款归个人使用处罚。如果挪用人知道使用人用公款进行非法活动的，则按挪用公款进行非法活动处罚；如果挪用人开始作案后，主观故意由暂时挪用发展为非法永久占为己有时，无论行为人主观上是否真的具有非法永久占有公款的目的，也无论这种占有是否已客观存在，只要超过三个月未还的，就按挪用公款罪论处，而不按贪污罪或侵占罪处罚。因此，挪用公款罪与贪污罪、侵占罪在行为人犯意发展过程中是不同的：挪用公款罪开始为使用公款，后来可能发展为占有；而贪污罪、侵占罪却始终贯穿占有公款的目的。

二、挪用公款罪案件审理情况

我国1979年《刑法》第126条规定了挪用特定款物罪，并没有挪用公款罪这一罪名。随着我国改革开放以来社会主义市场经济快速发展，各类经济类型犯罪大量出现，1985年7月及1987年3月，最高人民法院、最高人民检察院先后联合发布了两个司法文件，即《关于当前办理经济犯罪案件中具体应用法律的若干问题的解答（试行）》以及

《"关于挪用公款归个人使用或者进行非法活动以贪污论处的问题"的修改补充意见》，将情节严重的挪用公款归个人使用超过6个月不还以及挪用公款进行非法活动的行为，原则上作为贪污罪定罪处罚。1988年1月21日，第六届全国人大常委会第二十四次会议通过了《关于惩治贪污罪贿赂罪的补充规定》，正式设立了挪用公款罪，并规定了轻于贪污罪的法定刑。1989年11月6日，最高人民法院、最高人民检察院联合发布了《关于执行〈关于惩治贪污罪贿赂罪的补充规定〉若干问题的解答》，规定挪用公款归个人使用，不仅包括挪用者本人使用或者给其他个人使用的情形，还包括挪用者为了私利，以个人名义将公款给企事业单位、机关、团体使用的情形。1997年3月14日，第八届全国人大第五次会议对我国《刑法》进行了全面修订后，正式将挪用公款罪纳入了《刑法》，规定在第384条，其具体罪状表述为：国家工作人员利用职务上的便利，挪用公款归个人使用，进行非法活动的，或者挪用公款数额较大、进行营利活动的，或者挪用公款数额较大、超过三个月未还的，是挪用公款罪。

通过中国裁判文书网检索，2018年至2022年间，全国法院审结一审挪用公款罪刑事案件共计3963件，其中，2018年1696件，2019年1098件，2020年824件，2021年271件，2022年74件。

司法实践中，挪用公款罪案件主要呈现出以下特点及趋势：

一是当前挪用公款犯罪集中在机关、企事业单位和国有股份企业。以往的挪用公款犯罪，多发生在生产经营领域，大部分在企业，1997年《刑法》颁布实施后，将集体经济组织工作人员这一主体从挪用公款的罪名中划出，主体仅限定在国家工作人员。相应地，在行政机关、司法机关和经济部门的挪用公款犯罪呈上升趋势。

二是犯罪手段不断翻新，由单一向复杂、隐蔽、智能化的方向发展。具体而言，行为人使用的犯罪手段已从过去简单的以权谋私和监守自盗转向运用专业知识，利用相关业务程序、制度漏洞进行作案，犯罪的隐蔽性逐步增强。

三是犯罪情节错综复杂，往往与贪污贿赂等案件互相交错。挪用公款行为人的目的，大部分都是为获取利益，一般将挪用的款项进行营利活动，或者自己经营，或者借给亲戚、朋友。对于不是自己使用的挪用犯罪使用人往往要给予挪用人一定的经济利益，挪用人收受这些经济利益，自己或与有关知情人进行分配，与贪污、贿赂案件交织在一起。还有的使用人在得到被挪用的资金后，改变使用的用途，甚至带款潜逃，因而形成其他刑事犯罪。

四是挪用公款犯罪的案值越来越大，从几十万元到百万元、千万元，且被挪用的资金在进行营利活动的过程中难免会造成资金无法收回的情况，还有的资金被多次挪用于赌博，行为人输掉了巨款，造成了国家财产的严重损失。以前挪用公款不归还的按贪污定性，1997年《刑法》实施后，按挪用公款加重处罚，但无法追回的资金数额却越来越大，给国家造成严重损失。

三、挪用公款罪案件审理热点、难点问题

1. 多次挪用公款数额如何计算问题。1998年施行的《最高人民法院关于审理挪用公款案件具体应用法律若干问题的解释》第4条规定："多次挪用公款不还，挪用公款数额累计计算；多次挪用公款，并以后次挪用的公款归还前次挪用的公款，挪用公款数额以案发时未还的实际数额认定。"然而，该解释对多次挪用公款的情形只列举了"多次挪用

公款不还"和"多次挪用公款、以后次挪用的公款归还前次挪用的公款"两种情形，没有穷尽多次挪用公款的所有情形。实践中，除了上述两种情形外，还存在"多次挪用公款、每次均分别归还"和"多次挪用公款，在前次挪用的公款部分归还的情况下又挪用公款"的情形，因此，这两种多次挪用公款情形下的数额认定问题在实践中缺乏统一标准。

2. 对于多次挪用公款、以后次挪用公款归还前次挪用公款的情形，如果以案发时未还的实际数额认定，则实践中对于多次挪用公款并每次以后次挪用公款归还前次挪用公款，但案发时已全部归还情形下的数额认定问题难以处理，因为这时挪用公款未还的数额已为"零"。以此可以推断，挪用公款不论多少次，也不管数额大小及其用途，只要以后次挪用公款归还前次挪用公款且在案发前全部归还的，就不构成挪用公款罪。如这样理解，则与上述解释第 2 条关于"挪用正在生息或者需要支付利息的公款归个人使用，数额较大，超过三个月但在案发前全部归还本金的，可以从轻处罚或者免除处罚。挪用公款数额巨大，超过三个月，案发前全部归还的，可以酌情从轻处罚。挪用公款数额较大，归个人进行营利活动的，构成挪用公款罪，不受挪用时间和是否归还的限制。在案发前部分或者全部归还本息的，可以从轻处罚；情节轻微的，可以免除处罚"的规定相冲突。

四、挪用公款罪案件办案思路及原则

1. 对挪用公款罪与一般挪用公款行为的界限，应当从挪用数额、挪用用途、挪用时间、挪用对象、使用主体、主观因素等多方面进行分析，予以综合认定。

2. "挪用公款数额巨大不退还"是挪用公款罪的加重情节与法定刑升格的标准，在理解与适用上应注意以下三点：一是时间限制在一审宣判前；二是仅指尚有数额巨大的公款未退还，尽管挪用公款数额巨大，但行为人在一审宣判前已经归还一部分，剩余未还部分尚未达到数额巨大的标准的，不应适用该条款；三是限于因客观原因不能退还的情形。如果行为人主观上不想退还的，如行为人将挪用的公款存入银行拒不交出的，就说明行为人已从挪用公款的故意转化为非法占有的目的，应当按照贪污罪定罪处罚。

3. 对于构成挪用公款罪的证据，应重点审查：（1）挪用公款的次数、来源、手段、形式以及数额是否达到数额较大、数额巨大的标准；（2）挪用公款的用途，注意区分是用于非法活动、营利活动，还是个人一般使用；（3）公款使用人与被告人的关系，使用公款的时间、数量、来源、具体用途；是否教唆、指使被告人挪用公款；（4）挪用公款归还的时间、数额；（5）被告人对挪用行为的隐瞒、欺骗情况，挪用公款的理由、借口、事情经过；（6）被挪用单位相关的账册、记账凭证、银行记录、反映挪用公款行为的书信、日记、合同、收据、借条、欠条、股票、债券、汇票、本票、支票等有价证券；（7）查获的赃款、银行存单、存折、股票资金账户等凭证及被告人用挪用的款项购买的物品。

4. 对于挪用公款转化为贪污的，应审查：（1）被告人是否携带挪用的公款潜逃；（2）被告人挪用公款后是否采取虚假发票平账、销毁有关账目等手段，使所挪用的公款难以在单位财务账目上反映出来，且没有归还的行为；（3）被告人是否截取单位收入不入账，使所占有的公款难以在单位财务账目上反映出来，且没有归还行为；（4）被告人是否有能力归还所挪用的公款而拒不归还，并隐瞒挪用的公款去向。

第二节　挪用公款罪审判依据

一、法律

《刑法》（2020 年 12 月 26 日修正）（节录）

第三百八十四条　国家工作人员利用职务上的便利，挪用公款归个人使用，进行非法活动的，或者挪用公款数额较大、进行营利活动的，或者挪用公款数额较大、超过三个月未还的，是挪用公款罪，处五年以下有期徒刑或者拘役；情节严重的，处五年以上有期徒刑。挪用公款数额巨大不退还的，处十年以上有期徒刑或者无期徒刑。

挪用用于救灾、抢险、防汛、优抚、扶贫、移民、救济款物归个人使用的，从重处罚。

二、立法解释

《全国人民代表大会常务委员会关于〈中华人民共和国刑法〉第三百八十四条第一款的解释》（2002 年 4 月 28 日第九届全国人民代表大会常务委员会第二十七次会议通过）

全国人民代表大会常务委员会讨论了刑法第三百八十四条第一款规定的国家工作人员利用职务上的便利，挪用公款"归个人使用"的含义问题，解释如下：

有下列情形之一的，属于挪用公款"归个人使用"：

（一）将公款供本人、亲友或者其他自然人使用的；

（二）以个人名义将公款供其他单位使用的；

（三）个人决定以单位名义将公款供其他单位使用，谋取个人利益的。

现予公告。

三、司法解释

1. **《最高人民法院关于审理挪用公款案件具体应用法律若干问题的解释》**（1998 年 4 月 29 日　法释〔1998〕9 号）

第一条　刑法第三百八十四条规定的"挪用公款归个人使用"，包括挪用者本人使用或者给他人使用。

挪用公款给私有公司、私有企业使用的，属于挪用公款归个人使用。

第二条　对挪用公款罪，应区分三种不同情况予以认定：

（一）挪用公款归个人使用，数额较大、超过三个月未还的，构成挪用公款罪。

挪用正在生息或者需要支付利息的公款归个人使用，数额较大，超过三个月但在案发前全部归还本金的，可以从轻处罚或者免除处罚。给国家、集体造成的利息损失应予追缴。挪用公款数额巨大，超过三个月，案发前全部归还的，可以酌情从轻处罚。

（二）挪用公款数额较大，归个人进行营利活动的，构成挪用公款罪，不受挪用时间和是否归还的限制。在案发前部分或者全部归还本息的，可以从轻处罚；情节轻微的，可以免除处罚。

挪用公款存入银行、用于集资、购买股票、国债等，属于挪用公款进行营利活动。所获取的利息、收益等违法所得，应当追缴，但不计入挪用公款的数额。

（三）挪用公款归个人使用，进行赌博、走私等非法活动的，构成挪用公款罪，不受"数额较大"和挪用时间的限制。

挪用公款给他人使用，不知道使用人用公款进行营利活动或者用于非法活动，数额较大、超过三个月未还的，构成挪用公款罪；明知使用人用于营利活动或者非法活动的，应当认定为挪用人挪用公款进行营利活动或者非法活动。

第三条 挪用公款归个人使用，"数额较大、进行营利活动的"，或者"数额较大、超过三个月未还的"，以挪用公款一万元至三万元为"数额较大"的起点，以挪用公款十五万元至二十万元为"数额巨大"的起点。挪用公款"情节严重"，是指挪用公款数额巨大，或者数额虽未达到巨大，但挪用公款手段恶劣；多次挪用公款；因挪用公款严重影响生产、经营，造成严重损失等情形。

"挪用公款归个人使用，进行非法活动的"，以挪用公款五千元至一万元为追究刑事责任的数额起点。挪用公款五万元至十万元以上的，属于挪用公款归个人使用，进行非法活动"情节严重"的情形之一。挪用公款归个人使用，进行非法活动，情节严重的其他情形，按照本条第一款的规定执行。

各高级人民法院可以根据本地实际情况，按照本解释规定的数额幅度，确定本地区执行的具体数额标准，并报最高人民法院备案。

挪用救灾、抢险、防汛、优抚、扶贫、移民、救济款物归个人使用的数额标准，参照挪用公款归个人使用进行非法活动的数额标准。

第四条 多次挪用公款不还，挪用公款数额累计计算；多次挪用公款，并以后次挪用的公款归还前次挪用的公款，挪用公款数额以案发时未还的实际数额认定。

第五条 "挪用公款数额巨大不退还的"，是指挪用公款数额巨大，因客观原因在一审宣判前不能退还的。

第六条 携带挪用的公款潜逃的，依照刑法第三百八十二条、第三百八十三条的规定定罪处罚。

第七条 因挪用公款索取、收受贿赂构成犯罪的，依照数罪并罚的规定处罚。

挪用公款进行非法活动构成其他犯罪的，依照数罪并罚的规定处罚。

第八条 挪用公款给他人使用，使用人与挪用人共谋，指使或者参与策划取得挪用款的，以挪用公款罪的共犯定罪处罚。

2. **《最高人民法院、最高人民检察院关于办理妨害预防、控制突发传染病疫情等灾害的刑事案件具体应用法律若干问题的解释》**（2003 年 5 月 14 日　法释〔2003〕8 号）（节录）

第十四条 贪污、侵占用于预防、控制突发传染病疫情等灾害的款物或者挪用归个人使用，构成犯罪的，分别依照刑法第三百八十二条、第三百八十三条、第二百七十一条、第三百八十四条、第二百七十二条的规定，以贪污罪、侵占罪、挪用公款罪、挪用资金罪定罪，依法从重处罚。

挪用用于预防、控制突发传染病疫情等灾害的救灾、优抚、救济等款物，构成犯罪的，对直接责任人员，依照刑法第二百七十三条的规定，以挪用特定款物罪定罪处罚。

3.《最高人民法院关于挪用公款犯罪如何计算追诉期限问题的批复》（2003年9月22日　法释〔2003〕16号）

根据刑法第八十九条、第三百八十四条的规定，挪用公款归个人使用，进行非法活动的，或者挪用公款数额较大、进行营利活动的，犯罪的追诉期限从挪用行为实施完毕之日起计算；挪用公款数额较大、超过三个月未还的，犯罪的追诉期限从挪用公款罪成立之日起计算。挪用公款行为有连续状态的，犯罪的追诉期限应当从最后一次挪用行为实施完毕之日或者犯罪成立之日起计算。

4.《最高人民法院、最高人民检察院关于办理贪污贿赂刑事案件适用法律若干问题的解释》（2016年4月18日　法释〔2016〕9号）（节录）

第五条　挪用公款归个人使用，进行非法活动，数额在三万元以上的，应当依照刑法第三百八十四条的规定以挪用公款罪追究刑事责任；数额在三百万元以上的，应当认定为刑法第三百八十四条第一款规定的"数额巨大"。具有下列情形之一的，应当认定为刑法第三百八十四条第一款规定的"情节严重"：

（一）挪用公款数额在一百万元以上的；

（二）挪用救灾、抢险、防汛、优抚、扶贫、移民、救济特定款物，数额在五十万元以上不满一百万元的；

（三）挪用公款不退还，数额在五十万元以上不满一百万元的；

（四）其他严重的情节。

第六条　挪用公款归个人使用，进行营利活动或者超过三个月未还，数额在五万元以上的，应当认定为刑法第三百八十四条第一款规定的"数额较大"；数额在五百万元以上的，应当认定为刑法第三百八十四条第一款规定的"数额巨大"。具有下列情形之一的，应当认定为刑法第三百八十四条第一款规定的"情节严重"：

（一）挪用公款数额在二百万元以上的；

（二）挪用救灾、抢险、防汛、优抚、扶贫、移民、救济特定款物，数额在一百万元以上不满二百万元的；

（三）挪用公款不退还，数额在一百万元以上不满二百万元的；

（四）其他严重的情节。

5.《最高人民检察院关于挪用国库券如何定性问题的批复》（1997年10月13日　高检发释字〔1997〕5号）

国家工作人员利用职务上的便利，挪用公有或本单位的国库券的行为以挪用公款论；符合刑法第384条、第272条第2款规定的情形构成犯罪的，按挪用公款罪追究刑事责任。

6.《最高人民检察院关于人民检察院直接受理立案侦查案件立案标准的规定（试行）》（1999年9月16日　高检发释字〔1999〕2号）（节录）

（二）挪用公款案（第384条，第185条第2款，第272条第2款）

挪用公款罪是指国家工作人员利用职务上的便利，挪用公款归个人使用，进行非法活动的，或者挪用公款数额较大、进行营利活动的，或者挪用公款数额较大、超过三个月未还的行为。

国有金融机构工作人员和国有金融机构委派到非国有金融机构从事公务的人员，利用职务上的便利，挪用本单位或者客户资金的，以挪用公款罪追究刑事责任。

国有公司、企业或者其他国有单位中从事公务的人员和国有公司、企业或者其他国有单位委派到非国有公司、企业以及其他单位从事公务的人员，利用职务上的便利，挪用本单位资金归个人使用或者借贷给他人，数额较大，超过三个月未还的，或者虽未超过三个月，但数额较大，进行营利活动的，或者进行非法活动的，以挪用公款罪追究刑事责任。

涉嫌下列情形之一的，应予立案：

1. 挪用公款归个人使用，数额在 5 千元至 1 万元以上，进行非法活动的；

2. 挪用公款数额在 1 万元至 3 万元以上，归个人进行营利活动的；

3. 挪用公款归个人使用，数额在 1 万元至 3 万元以上，超过三个月未还的。

各省级人民检察院可以根据本地实际情况，在上述数额幅度内，确定本地区执行的具体数额标准，并报最高人民检察院备案。

"挪用公款归个人使用"，既包括挪用者本人使用，也包括给他人使用。

多次挪用公款不还的，挪用公款数额累计计算；多次挪用公款并以后次挪用的公款归还前次挪用的公款，挪用公款数额以案发时未还的数额认定。

挪用公款给其他个人使用的案件，使用人与挪用人共谋，指使或者参与策划取得挪用款的，对使用人以挪用公款罪的共犯追究刑事责任。

7. 《最高人民检察院关于国家工作人员挪用非特定公物能否定罪的请示的批复》（2000 年 3 月 15 日　高检发释字〔2000〕1 号）

经研究认为，刑法第 384 条规定的挪用公款罪中未包括挪用非特定公物归个人使用的行为，对该行为不以挪用公款罪论处。如构成其他犯罪的，依照刑法的相关规定定罪处罚。

8. 《最高人民检察院关于挪用失业保险基金和下岗职工基本生活保障资金的行为适用法律问题的批复》（2003 年 1 月 30 日　高检发释字〔2003〕1 号）

挪用失业保险基金和下岗职工基本生活保障资金属于挪用救济款物。挪用失业保险基金和下岗职工基本生活保障资金，情节严重，致使国家和人民群众利益遭受重大损害的，对直接责任人员，应当依照刑法第二百七十三条的规定，以挪用特定款物罪追究刑事责任；国家工作人员利用职务上的便利，挪用失业保险基金和下岗职工基本生活保障资金归个人使用，构成犯罪的，应当依照刑法第三百八十四条的规定，以挪用公款罪追究刑事责任。

四、刑事政策文件

《最高人民法院、最高人民检察院关于办理国家出资企业中职务犯罪案件具体应用法律若干问题的意见》（2010 年 11 月 26 日　法发〔2010〕49 号）（节录）

三、关于国家出资企业工作人员使用改制公司、企业的资金担保个人贷款，用于购

买改制公司、企业股份的行为的处理

国家出资企业的工作人员在公司、企业改制过程中为购买公司、企业股份，利用职务上的便利，将公司、企业的资金或者金融凭证、有价证券等用于个人贷款担保的，依照刑法第二百七十二条或者第三百八十四条的规定，以挪用资金罪或者挪用公款罪定罪处罚。

行为人在改制前的国家出资企业持有股份的，不影响挪用数额的认定，但量刑时应当酌情考虑。

经有关主管部门批准或者按照有关政策规定，国家出资企业的工作人员为购买改制公司、企业股份实施前款行为的，可以视具体情况不作为犯罪处理。

第三节　挪用公款罪在审判实践中的疑难新型问题

问题 1. 国有企业改制过程中，原国企中国家工作人员的主体身份如何认定

在国有企业改制前担任主要负责人，具备国家工作人员身份，国有企业改制后，在国家出资企业中的国家工作人员，在国家出资企业中持有个人股份或者同时接受非国有股东委托的，不影响其国家工作人员身份的认定。

【刑事审判参考案例】马某华挪用公款案①

一、基本案情

南通市土地综合开发公司（下称土综公司）于 1992 年成立，系全民所有制事业单位。马某华于 1998 年 2 月至 2003 年间任该公司总经理。2003 年 7 月至 12 月间该公司进行改制，转让 40% 的国有股权，其中 25% 明确向原公司的经营层转让，另 15% 向社会公开转让。2003 年 7 月，向社会公开出让的 15% 股权后来由马某华委托李某刚通过竞拍程序购得。同年 8 月，向原公司经营层转让的另 25% 国有股权由马某华和严某华分别购得 20%、5%。另 60% 的国有股权由南通市国有资产管理局授权众和公司经营管理。2003 年 10 月 28 日，南通市国土资源局与受让方马某华、严某华、李某刚完成了产权交割手续。2003 年 11 月 14 日，南通市政府办公室批复同意土综公司改制转企。2003 年 12 月 16 日，经中共南通市委组织部对改制后土综公司领导班子考察研究后，由众和公司推荐马某华为土综公司董事、董事长，并于 12 月 18 日经该公司董事会选举和聘任，马某华担任该公司董事长和总经理。2004 年 1 月 13 日，经南通市工商行政管理局核准，土综公司完成变更注册。2005 年 7 月，土综公司进行再次改制，公开转让剩余 60% 的国有股权，由马某华受让 53%，严某华受让 7%。原国有性质的土综公司经两次改制后，实际变更为由马某华出资 88%、严某华出资 12% 的有限责任公司。2003 年 9 月，马某华为筹集购买国有股

① 高洪江：《马某华挪用公款案——国有企业改制过程中，原国企中国家工作人员的主体身份如何认定》，载中华人民共和国最高人民法院刑事审判第一、二、三、四、五庭主办：《刑事审判参考》（总第 64 集），指导案例第 510 号，法律出版社 2009 年版，第 54 页。

权的资金，于当月个人向银行贷款 2000 万元（期限 6 个月）。但按银行对个人贷款必须有担保的要求，马某华即与坤园公司（原系土综公司下属企业）董事长杨某建商定，由坤园公司向银行贷款 2000 万元（期限 1 年），作为马某华个人 2000 万元贷款的担保。与此同时，马某华又个人决定坤园公司向银行的 2000 万元贷款由土综公司担保。两笔 2000 万元的贷款利息均由马某华个人支付。为此，马某华、坤园公司及银行三方办理了续贷 2000 万元个人贷款的手续，期限 6 个月。2004 年 3 月 30 日，马某华为了免除由其个人支付的坤园公司向银行贷款的利息，个人决定由土综公司向银行贷款 2000 万元（贷款利息由土综公司支付），作为土综公司的单位定期存款存到银行，并同意开立该单位定期存款开户证实书交由银行工作人员，于 2004 年 4 月 8 日存放于银行金库，作为马某华个人贷款 2000 万元的担保，但双方并未办理书面质押担保手续。同日，坤园公司在银行的 2000 万元保证金提前归还。2004 年 9 月，马某华个人向银行贷款 2500 万元（期限 1 年），其中 2000 万元为以贷还贷，仍以土综公司的原 2000 万元单位定期存款作担保，500 万元由坤园公司在土综公司担保下（系经该公司董事会集体讨论决定）向银行以等额贷款作担保，同时，马某华承诺以其个人所有财产及权利为担保。2005 年 8 月 29 日，银行将土综公司的 2000 万元定期存款转入了保证金专户，后于 2005 年 9 月 22 日用该款归还了土综公司的等额贷款。

二、案例评析

被告人马某华在国有企业改制前是该企业的主要负责人，具备国家工作人员身份，在企业改制过程中是领导小组成员，初次改制后是国家控股企业的管理者并在改制后的公司中持有个人股份，此过程中涉嫌职务犯罪的，对其主体身份的认定成为案件焦点。

本案中，土综公司第一次改制完成（即 2004 年 1 月 13 日申请变更注册）前，因属国有独资公司，被告人马某华作为该公司的总经理，属于在国有公司中从事公务的人员，符合《刑法》第 93 条第 2 款的规定，应以国家工作人员论。第一次改制后至 2005 年 7 月第二次改制完成前，土综公司改制为国有控股公司，在此阶段马某华实际具有了双重身份：一方面，他在改制后的公司中实际占有 35% 的股份，成为土综公司的第二大股东；另一方面，在由政府部门召开的相关会议上，南通市委组织部决定由经营管理 60% 国有股权的众和公司出面推荐马某华任董事长，然后通过股东大会选举履行相关手续，再由董事会聘任其担任总经理的职务。虽然形式上看马某华的职务有董事会的聘任，但其实质来源于国有单位即南通市委组织部和众和公司的委派，因此，可以认定马某华是受国有众和控股公司的委派，负有对占土综公司 60% 股权的国有资产行使监督、管理职权，这一点没有疑问。而且，根据本案的实际情况，马某华原本就是南通市国土局任命的土综公司总经理，该职务一直未免，其职务具有连续性，所以马某华在此阶段的身份实质还兼有在国有资本控股的股份有限公司中受国有公司委派管理、经营国有资产的职责，应以国家工作人员论。需要指出的是，至 2005 年 7 月土综公司第二次改制结束后，国有股完全退出，土综公司彻底改制脱离国有性质，至此马某华才彻底不具备国家工作人员身份。

问题 2. 借用下属单位公款炒期货的行为，是否属于挪用公款行为中利用职务上的便利

挪用公款行为中利用职务上的便利，是指国家工作人员职务活动的一切便利，包括利用本人对下属单位领导、管理关系中的各种便利。我们认为，担任单位领导职务的国家工作人员通过自己主管的下级部门的国家工作人员实施违法犯罪活动的，应当认定为利用职务上的便利。

【刑事审判参考案例】万某英受贿、挪用公款案①

一、基本案情

甘肃省白银市白银有色金属公司（以下简称白银公司）是国有公司，被告人万某英系白银公司副总经理。1998年3、4月间，白银公司决定修建安居工程，具体由白银公司下属的建安公司承担，由万某英主管。1997年4月，被告人万某英为炒期货向其分管的白银公司疗养院院长李某提出借公款5万元。5月2日，李某让单位财务人员从该院下属的滨河贸易公司开出5万元转账支票，交给万某英。万某英将此5万元及自筹的15万元用于炒期货，后获利7万元。1998年1月4日，万某英归还了上述5万元公款。（受贿事实略）

二、案例评析

本案中，对于利用职务上的便利借用下属单位公款进行营利活动能否构成挪用公款罪，存在两种意见：

一种意见认为，被告人万某英所借的5万元是白银公司下属单位疗养院的公款，且是经过疗养院院长李某同意的；白银公司和疗养院及疗养院的下属单位滨河贸易公司都是独立的企业法人，依照《公司法》的规定各自独立经营，万某英是分管疗养院，对其下属单位疗养院及滨河贸易公司的财物，不能直接依自己的职权支配；万某英作为一个使用人，事先没有与李某共谋。因此，万某英的行为属于借贷性质，不构成挪用公款罪。

另一种意见认为，白银公司和疗养院是上下级关系，被告人万某英分管疗养院，就对疗养院具有监督、管理的职责，其给疗养院院长李某打电话，要求借款5万元公款，是利用了其主管疗养院的职务便利挪用公款；其所挪用的款项已用于营利活动，其行为依法构成挪用公款罪。

《刑法》第384条规定的挪用公款罪定罪条件中的"利用职务上的便利"，是指国家工作人员职务活动的一切便利，包括利用本人对下属单位领导、管理关系中的各种便利。担任单位领导职务的国家工作人员通过自己主管的下级部门的国家工作人员实施违法犯罪活动的，应当认定为"利用职务上的便利"。从我国国有企业的实际情况来看，大量的国有企业是由上级国有企业出资设立的，下级企业的主要领导也是由上级企业任命的，上下级企业虽然都具备公司法规定的独立法人资格，但实质上仍有较强的行政领导的特点。这就意味着上下级企业间的行政关系可以超越一般意义上独立法人之间相对平等的财产关系，使得上级法人享有对下级法人人事和经营活动的监督、管理的权力。由于这种隶属关系的存在，在司法实践中对《刑法》第385条第1款规定的"利用职务上的便利"，应当作出实事求是的理解，对那些担任领导职务的国家工作人员，即使其是通过属于自己主管的本单位或者下级单位的国家工作人员的职务挪用公款的，也应当认定为

---

① 李祥民：《万某英受贿、挪用公款案——利用职务上的便利借用下级单位公款进行营利活动、能否构成挪用公款罪》，载中华人民共和国最高人民法院刑事审判第一、二庭编：《刑事审判参考》（总第29集），指导案例第217号，法律出版社2003年版，第51页。

"利用职务上的便利"。与此相对应，挪用公款罪中的公款，应指国家工作人员利用职务便利能够挪用的所有公款，既包括国家工作人员依职务直接经管、支配的公款，也包括国家工作人员职务或者职权便利所涉及的下属单位经管、支配的公款。本案中，被告人万某英不具有直接经管、支配疗养院及滨河贸易公司财产的权力，但是万某英作为白银公司主管疗养院的副经理，在职务上对疗养院具有管理职权，其打电话给疗养院院长李某，提出"借"款 5 万元供自己使用，正是利用了他主管疗养院的职权。

问题 3. 无法区分村民委员会人员利用职务之便挪用款项性质的如何定罪处罚

在农村基层组织人员所挪用款项的具体性质以及利用何种职务之便无法查清的情况下，由于无法区分他们究竟是利用何种职务便利挪用何种款项，主体身份无法明确，因此根据《刑法》的谦抑原则，应该从有利于被告人的角度出发，以刑罚较轻的罪名对被告人进行定罪处罚。

【刑事审判参考案例】陈某林等挪用资金、贪污案[①]

一、基本案情

被告人陈某林自 2000 年 11 月至 2005 年上半年任潮安县彩塘镇和平村村民委员会主任。被告人杨某浩从 2000 年 11 月至 2005 年 7 月任潮安县彩塘镇和平村村民委员会委员、出纳员。在二被告人任职期间，经该村村委会决定，将村集体资金交由杨某浩存入杨某浩个人的银行账户中。和平村 2000 年 11 月现金结余人民币（下同）l31753209 元。2000 年 12 月至 2005 年 2 月，现金收入共 29345607.01 元，总收入共计 30663139.1 元。上述现金收入主要是该村的集体土地租金，仅有 2001 年该村的集体土地被征用于潮汕公路改道工程的补偿款 1114874.3 元属征地补偿款，该项征地补偿款全部记入该村总账，未设独立科目，也没有存入专项资金账户。2000 年 12 月至 2005 年 2 月，该村的现金支出共 26074424.74 元，截至 2005 年 2 月 28 日，出纳现金日记表余额为 4588714.36 元。和平村的 1114874.3 元征地补偿款由彩塘镇财政所分 9 次通过银行划拨，其中有 4 笔共 800000 元实际划入和平村账户。但对该 4 笔资金和平村村委会没有专门设立账目并存入专项资金账户，而是与其他资金混同使用。而其余 5 笔均没有实际划入该村账户，其中 4 笔共 164874.3 元由和平村村民委员会委托彩塘镇财政所直接转账用于缴交该村 2001 年度至 2004 年的农业税；另一笔 150000 元由和平村村民委员会委托彩塘镇财政所直接转账划入彩塘镇规划建设办的账户，用于缴交该村的生活用地基础设施配套费。2004 年间，陈某林利用职务之便，多次从杨某浩处借出由杨某浩保管的该村集体资金，用于赌博，并以借付工程款的名义立下 6 单借条，共计人民币 4125000 元。所有款项被陈某林用于赌博输光，案发后无法追回。杨某浩在明知陈某林借钱不是用于支付和平村的工程款或其他公共开支而是另作他用的情况下，仍按陈某林的指令连续、多次把和平村的上述集体资金共 4125000 元借给陈某林个人使用。其间还按陈某林的授意用假存折和假利息单据来冲抵被陈某林借走的资金数额，以欺瞒、应付村查账小组的查账。

---

① 江瑾：《陈某林等挪用资金、贪污案——无法区分村民委员会人员利用职务之便挪用款项性质的如何定罪处罚》，载中华人民共和国最高人民法院刑事审判第一、二、三、四、五庭主办：《刑事审判参考》（总第 57 集），指导案例第 454 号，法律出版社 2007 年版，第 56 页。

公诉机关指控陈某林、杨某浩挪用4125000元的行为构成挪用公款罪，法院审理查明根据在案证据，该4125000元中可能包括了800000元的征地补偿款，也可能没有包括这800000元征地补偿款。根据有利于被告人原则，应认定被二被告人挪用的4125000元不包括征地补偿款，全部都是该村的集体资金。故法院对二被告人的该行为以挪用资金罪定罪处刑。

二、案例评析

根据《刑法》的规定，挪用公款罪与挪用资金罪除了犯罪主体上的区别外，在行为对象和行为特征上也存在明显不同：挪用公款罪的行为对象必须是公款，而挪用资金罪的行为对象则为公司、企业或其他单位的资金；挪用公款利用的是从事公务之便，而挪用资金利用的则是从事公司、企业或其他单位的特定职务之便。根据全国人大常委会的立法解释，对于协助人民政府从事行政管理工作的七项事务，村基层组织人员以国家工作人员论，由于七项事务中所涉及的款项为公款，利用的是从事公务之便，故村基层组织人员利用此职务之便挪用这些款项的构成挪用公款罪；如果村基层组织人员从事的并非上述立法解释规定的七项事务，而是村内自治管理服务工作，其所利用的是村内自治管理服务工作之便，故利用此职务之便挪用村集体资金的构成挪用资金罪。当然，在能够准确区分所挪用的款项来源，确定所利用的职务便利性质的情况下，按照上述原则定罪处罚是比较明晰的，而在农村基层组织人员所挪用款项的具体性质以及利用何种职务之便无法查清的情况下，由于无法区分他们究竟是利用何种职务便利挪用何种款项，主体身份无法明确，因此，根据《刑法》的谦抑原则，应该从有利于被告人的角度出发，以刑罚较轻的罪名对被告人进行定罪处罚。

在本案中，被告人陈某林、杨某浩在2000年11月任职时，潮安县彩塘镇和平村结余现金合计人民币1317532.09元。同年12月至2005年2月二被告人任职期间，和平村的集体经济收入共计人民币29345607.01元。上述两项资金总额合计30663139.1元，本案现有证据显示上述款项除1114874.3元征地补偿款属于公款性质以外，其他款项均为该村的集体资金。本案证据还证明，该村1114874.3元征地补偿款中的314874.3元由和平村村委会委托彩塘镇财政所直接转账用于缴交农业税和生活用地基础设施配套费外（即没有实际划入和平村的资金账户），只有80万元实际划入和平村的资金账户。由于这80万元征地补偿款在账务上只记入该村总账，而没有设独立科目，也没有存入专项账户，而是与该村的集体资金混合使用，没有与其他集体资金区分开来，导致本案中二被告人每次所挪用的资金性质不明，它们既可能均是集体资金，也有可能均是征地补偿款，或者是两者兼有。由于公诉机关无法举证证明二被告人所具体挪用的6笔资金的性质，二被告人所挪用的资金的来源既有村出租集体土地的租金收入，又有征地补偿款，因此不能确定村委会对上述款项的管理是纯粹属于协助人民政府从事行政管理工作，还是从事村自治范围内的管理村公共事务和公益事业的工作，也就是说，无法查明二被告人挪用有关款项利用的是从事特定公务之便还是村内自治管理服务工作之便，无从确定其主体身份，因此，根据《刑法》的谦抑原则，从有利于被告人的角度出发，应以挪用资金罪追究本案二被告人的刑事责任。

问题4. 如何认定挪用公款罪中对公款使用权的侵犯

刑法意义上的侵犯使用权，其实质是行为人的行为使权利人不能达到利用财产预期所能产生的效果，造成权利人使用财产的目的落空。挪用公款罪侵犯公款使用权体现为，将原本应当始终用于公用的公款归于个人使用，使单位无法有效行使所有权权能，将公款公用的目的转化为公款私用的目的，即挪用公款"归个人使用"。我们认为，对于没有侵犯公款的使用权、收益权等权能，例如，利用职务便利将关系单位未到期的银行承兑汇票背书转让用于清偿本单位的债务，同时将本单位等额的银行转账支票出票给关系单位，并未造成公款任何损失的行为，不符合挪用公款罪的构成要件。

【刑事审判参考案例】杨某珍挪用公款案①

一、基本案情

无锡市旺庄医院系事业单位法人。被告人杨某珍于 2005 年 11 月被无锡市新区旺庄街道办事处任命为副院长，分管行政、财务工作。万兆公司系尤某兴（杨某珍丈夫）、浦某敏出资设立的有限公司，长江公司系尤某兴与杨某珍出资设立的有限公司。2006 年 4 月至 2007 年 6 月间，杨某珍利用担任旺庄医院副院长、分管财务的职务便利，在征得旺庄医院药品供应商同意后，先后 4 次用万兆公司或长江公司收到的未到期的银行承兑汇票支付药款给旺庄医院的供货单位，与此同时将旺庄医院等额的公款合计人民币 700386 元通过转账的方式转入万兆公司和长江公司。上述汇票已由承兑银行兑付。

二、案例评析

本案的争议焦点在于，被告人杨某珍作为事业单位旺庄医院分管财务工作的副院长，在征得医药供应商同意的情况下，将其丈夫所经营公司的未到期银行承兑汇票背书转让用于清偿本单位的药款，同时将本单位等额的银行转账支票出票给其丈夫所经营公司的行为，如何定性。对此，本案在诉讼过程中，存在三种争议意见：

第一种意见认为，被告人杨某珍的行为构成挪用公款罪。理由是：本案的款项是从旺庄医院的账上直接转到杨某珍丈夫所经营的公司账上的，把旺庄医院的现有现金换成了其丈夫公司的未到期银行承兑汇票，而未到期银行承兑汇票与现金是有明显区别的，在使用和处分上不能像现金一般自由地用于购买物品、支付货款等，也不能带来收益，如果要转化成即时可用的现金需贴现，杨某珍的行为实质上侵犯了医院的资金使用、处分、收益权，上述款项在没有支付给医药公司之前所有权是属于旺庄医院的，医药公司没有权利处置该资金的流向。杨某珍身为国家工作人员，利用职务上的便利，挪用本单位公款，归个人使用，情节严重，其行为已构成挪用公款罪。

第二种意见认为，被告人杨某珍的行为无罪。理由是：杨某珍虽将本单位公款转入其丈夫的公司，但其同时将等额的银行承兑汇票交至财务，并作为药款支付给了旺庄医院的药品供应商，因银行承兑汇票承兑是有保障的，故在此过程中，并未给旺庄医院造成任何损失，药品供应商到期得到了兑付，也未有损失，故不符合挪用公款罪的构成要件。杨某珍的行为仅属于违反财务纪律的违规行为，社会危害性不大，不属《刑法》打击的范畴。

---

① 孙炜、范莉：《杨某珍挪用公款案——利用职务便利将关系单位未到期的银行承兑汇票背书转让用于清偿本单位的债务，同时将本单位等额的银行转账支票出票给关系单位的行为，不构成挪用公款罪》，载中华人民共和国最高人民法院刑事审判第一、二、三、四、五庭主办：《刑事审判参考》（总第 69 集），指导案例第 574 号，法律出版社 2009 年版。

第三种意见认为，被告人杨某珍的行为构成贪污罪。理由是：被告人行为导致的最终结果是万兆、长江两家关系单位以有一定承兑期限的银行承兑汇票换取了见票即付的转账支票，杨某珍实施的行为实质上是其利用国家工作人员职务上的便利，侵吞了与银行转账支票等额的银行承兑汇票的贴现利息。

我们认为，结合本案案情，被告人杨某珍的行为依法不构成挪用公款罪，具体理由如下：

1. 挪用公款犯罪侵害公款的本质特征在于使单位公款失控、处于风险之中，而本案被告人杨某珍的行为不符合该特征。挪用公款罪行为的危害性本质上体现为：一是使公款脱离应有控制，二是使公款处于风险之中。首先，挪用公款犯罪中，公款的所有权归于单位，该公款理应由享有所有权的单位控制，正是由于犯罪人的挪用行为，使公款脱离应有的公共控制，转为私人控制。行为人对这种公款控制权的非法侵犯，是挪用公款罪成罪原因之一。而本案中，以支付药款为目的向外流转款项，是旺庄医院与医药供应商交接款项控制权的过程。作为该款项合法的继任控制权人，医药供应商有权行使，包括事先指定该款项向哪个方向流转。因此，被告人杨某珍在事先征得医药供应商同意的情况下，以其他单位的等额银行承兑汇票代替医院付款从而清偿欠款，同时使医院资金流向其他单位的行为，实质上是在行使医药供应商对该款的控制权，因此，谈不上使该部分公款脱离单位的控制。其次，惩罚使公款处于风险之中的行为，也是设置挪用公款罪的题中之义。公共财产作为社会公共物质基础，严格的保护和合理安排使用具有重大意义。挪用公款罪正是基于此，对非法将"公用"转为"私用"、使公共财产处于风险之中的行为给予刑事制裁，避免公共财产因私用遭受损失。根据对公款造成的风险大小，《刑法》区分私用之挪用公款进行一般活动、营利活动和非法活动三种形式，并设置了不同的成立挪用公款犯罪的时间及数额标准。即一般活动，要求数额较大且超过 3 个月未还；营利活动，要求数额较大；非法活动，没有时间及数额要求，也就是风险系数越大，对成立犯罪的时间及数额要求越低，行为构成犯罪"门槛"越低。而本案中，医院药款并未处于风险之中：（1）支付药款是医院履行药品买卖合同的义务，合同项下确定数额的药款从医院流出是必然且必需的；（2）药商作为接受药款的权利人，事先同意以银行承兑汇票清结药款，即同意该交付手段的改变；（3）关系单位转让的银行承兑汇票和医院转让的银行转账支票同时进行，且数额相等。虽然本案医院的款项形式上并未直接用于清偿该单位债务，但经药商事先同意，并以等额汇票作为偿付替代手段的情况下，药款不存在危险，医院债务实际上已经得到及时清结，与直接将款项给付药商没有本质差别。

2. 侵犯本单位公款使用权是挪用公款罪的必备要件，本案被告人杨某珍的行为未侵犯医院公款使用权，不构成挪用公款罪。使用权，源自民法所有权权能的概念，意指利用财产以满足某种需求，达到某一目的的权利。刑法意义上的侵犯使用权，其实质是行为人的行为使权利人不能达到利用财产预期所能产生的效果，造成权利人使用财产的目的落空。挪用公款罪侵犯公款使用权体现为，将原本应当始终用于公用的公款归于个人使用，使单位无法有效行使所有权权能，将公款公用的目的转化为公款私用的目的，即挪用公款"归个人使用"。为了明确侵犯公款使用权行为的外部表现，立法与司法解释，如《全国人民代表大会常务委员会关于〈中华人民共和国刑法〉第三百八十四条第一款的解释》《最高人民法院关于如何认定挪用公款归个人使用有关问题的解释》《全国法院审理经济犯罪案件工作座谈会纪要》等对"归个人使用"进行了具体规定。本案中，医院 70 余万元的药款在向外流转时，正常使用目的在于清偿医院债务，消灭医院与药商之间的因药品买卖而产生的债权债务关系。虽然由于被告人行为的实施，使药款形式上流向了关系单位，但是关系单位银行承兑汇票的介入，并经医院背书转让给药商的过程，同样达到消灭医院与药商之间债权债务关系的效果，起到了替代医院药款实现公用的目的，也即公款使用权行使目的并未落空。此时，就清偿医院债务的作用而言，关系单位的银行承兑汇票背书转让予药商，与医院支付等额现金或者银行转账支票于药商是完全相同的。因此，被告人杨某珍在支付药款时预先征得医药供应商同意后，将真实的银行承兑汇票由医院背书转让用于支付药款，然后让财务开具等额转账支票给其丈夫所在公司的过程中，医院作为付款方支付药款是一种单向的付款行为或清偿债务的行为，杨某珍不管是将转账支票，还是将等额的银行承兑汇票交付给医药供应商，其导致的最终结果都是医院药款的结清或债务的消除，医院的公款不会因这种支付方式的转换而受到损害或承受任何风险，杨某珍的行为没有侵犯本单位公款的使用权，其行为仅是支付方式的转换，影响的仅是医药供应商对承兑汇票载明款项实现的期限。

3. 归还可能性是挪用公款罪的成立前提。挪用公款罪是国家工作人员利用职务上的便利，挪用公款归个人使用的行为。侵犯的是以使用权为核心的，包括占有权、收益权在内的本单位对公共财产的利益。虽然上述三种权益均归属于所有权的权能，但该罪的行为并不从根本上动摇公共财产的完整所有权。挪用公款罪的"有挪必有还"，与贪污罪"有吞无还"有本质的区别。主观上，挪用之人具有的是临时使用、暂时占有的意图，使用一定期限后将来准备归还。归还的意图非常明确，而且"准备归还"这一主观故意须贯穿行为全过程，倘若之后产生永久占有、侵吞之故意，即便行为初始仅有挪用的故意，也应当以贪污罪追究刑事责任。客观上，成立挪用公款罪，所挪用的公款亦具备归还的可能性。我国《刑法》通过规定对挪用数额巨大且不退还的予以较重处罚，意在督促和鼓励实施挪用公款犯罪的行为人积极退还公款，尽量减轻公共财产的损失，该规定即是以存在归还可能性为逻辑前提的。即便因客观原因在挪用之后事实上无法归还，但在实施挪用行为当时应当存在归还的可能性。本案中，旺庄医院出账款项的用途在于支付应付款，达到清结债务的目的，是旺庄医院资金向外流动的过程，而且事实上债务的确得以清偿，因此，在客观上该款项没有归还回转的必要性和可能性。被告人杨某珍虽然利用职务便利，转变了该资金流动方向，但其以等额的其他形式资金代之发挥清偿债务之作用的行为，主观上也不可能存在暂时使用并在今后归还医院该款项的意图，同样也不具有侵吞医院药款的故意。

（二）被告人杨某珍没有非法占有公款，其行为不构成贪污罪

关于本案被告人的行为构成贪污罪的观点，我们认为不能成立。理由在于：

1. 本案药商取得汇票后并未立即贴现，不存在贴现利息的损失问题。《刑法》并不惩罚危害可能性。汇票不仅能作为信用工具，而且是一种支付工具。当汇票通过背书等票据行为用于交易时，与等额现款、支票具有相同的清结债务的作用。而该观点所认为的票据贴现只是一种假设，假设持票人可能会立即贴现，而不是通过背书等其他票据行为使用该票据，持票人也即药商会损失贴现利息，但这是一种将可能性代替必然性和现实性的思维模式。《刑法》仅惩罚现实危害或危险性，并不惩罚可能会存在的危害或危险性。事实上，被告人杨某珍提供的由旺庄医院背书转让给医药供应商的真实汇票，经医

药供应商背书转让后均已由银行全额兑付，药商并未损失任何所谓贴息。据此，本案没有人受到贴息损失，也就是说，认为被告人占有这部分贴息是没有事实依据的。

2. 行为对象不符合贪污罪要求。贪污罪的行为对象是本单位的钱款。而本案中，银行承兑汇票交付给医药供应商后，医院债务清结。即便假定药商将银行承兑汇票立即贴现，被告人通过某种方式侵占了贴息，但该部分贴息也是医药供应商受到的损失，在该医院与药商之间债权债务关系结清后，医院不会就此承担任何损失，也即受到侵害的是药商的利益。所以，基于上述理由，本案被告人的行为不构成贪污罪。

综上，《刑法》保护的挪用公款的主要客体是所有权人对公款的使用权、控制权及公款的安全性。而本案中，被告人杨某珍利用职务便利在清偿所在单位债务的过程中，出于便利其丈夫所在公司资金周转的动机，擅自决定改变公款支付方式，其行为未对单位控制和使用公款权力产生实质影响，也未导致公款面临损失风险，未侵犯挪用公款罪所保护的客体。虽然被告人事先征得医药供应商的同意与其利用职务便利不无关系，在一定程度上具有渎职性，且在不具有真实交易关系和债权债务关系等基础关系的情况下，实施出票、背书等票据行为也违反了相关的财经纪律。但该行为不符合挪用公款罪的行为本质和构成要件，并不构成挪用公款罪。

问题5. 行为人挪用公款归个人使用，进行营利活动或非法活动，数额较大，并以后次挪用的公款归还前次挪用的公款，挪用的公款在案发时均已归还，挪用公款数额如何认定

【实务专论】

实践中，存在行为人挪用公款归个人使用，进行营利活动或非法活动，数额较大，并以后次挪用的公款归还前次挪用的公款，但挪用的公款在案发时均已归还的情形，此情形下挪用公款的数额应如何认定，我们认为，应根据不同情况依法认定。如果后次挪用的公款数额与前次挪用的数额相同，犯罪数额以单次挪用的犯罪数额认定。如果后次挪用的数额多于前次挪用的数额，后次挪用的数额除了用于归还前次挪用数额，其余用于营利活动或非法活动，犯罪数额以前次挪用的数额加上后次挪用数额与前次挪用数额的差额认定。

问题6. 个人决定以单位名义将公款供其他单位使用，后又收受贿赂的行为，数罪并罚还是择一重罪处理

《全国人民代表大会常务委员会关于〈中华人民共和国刑法〉第三百八十四条第一款的解释》将"挪用公款归个人使用"的含义分为三种类型：一是将公款供本人、亲友或者其他自然人使用的；二是以个人名义将公款供其他单位使用的；三是个人决定以单位名义将公款供其他单位使用，谋取个人利益的。如果行为人挪用公款的行为属于前述第三种情形，则挪用公款罪的构成必须以行为人谋取个人利益为要件，该情形下收受贿赂的行为，同时构成挪用公款罪和受贿罪，应择一重罪处理。

【地方参考案例】王某忠、韩某君受贿、挪用公款案①

一、基本案情

2011年上半年，被告人王某忠在担任上海市青浦区科学技术委员会党委书记、分管青浦区科技创业中心（以下简称科创中心）工作期间，同时任科创中心副主任（全面负责该中心工作）的被告人韩某君，经与郑某然（另案处理）就招商问题多次接触后，商定由郑某然在科创中心孵化大楼内注册成立上海星云公司，注册资本为人民币1000万元（以下币种均为人民币），科创中心在星云公司注册登记后两年内每年一次性给予135万元的房租补贴作为扶持，星云公司承诺在三年内完成一定的营业额，否则退还相应的扶持资金。同年12月30日，郑某然以他人名义在科创中心注册成立由其实际控制的星云公司；同日，韩某君代表科创中心与星云公司签订了企业落户扶持协议；次日，科创中心将135万元扶持资金转入星云公司账户内。2012年1月，王某忠、韩某君经事先商量后，由已调任上海市青浦区文化广播影视管理局党委书记的王某忠出面，就发放135万元扶持资金一事向郑某然索取财物。后王某忠、韩某君于当月某日晚，在上海某牛排馆内共同收受郑某然给予的15万元，王某忠从中分得9万元，韩某君从中分得6万元，均用于各自花销。星云公司注册成立后，无任何经营活动，而上述扶持资金至案发未退还，造成135万元国有资产损失。

2012年4月，被告人韩某君在担任科创中心副主任期间，利用其全面负责该中心工作的职务便利，在至浙江省杭州市实地考察星云公司期间，非法收受郑某然给予的3000元。事后，韩某君应郑某然要求，欲从科创中心借款300万元给星云公司用于资金周转，遭到科创中心其他负责人的反对。后韩某君利用职务便利，未经集体研究决定，谎称上级领导已同意借款，骗得相关人员在借款凭证上签字，尔后，韩某君又以个人名义签订了该300万元的借款合同担保书。同年4月28日，科创中心向星云公司支付300万元，该300万元至案发未归还。

二、案例评析

本案中的争议焦点是：被告人韩某君个人决定以单位名义将公款300万元挪给星云公司，收受郑某然给予的贿赂款3000元，是否应当和其前次受贿的15万元累加一起以受贿罪处罚。

第一种意见认为被告人韩某君个人决定以单位名义将公款300万元挪给星云公司，收受郑某然给予的贿赂款3000元，应当认定为《全国人大常委会关于〈中华人民共和国刑法〉第三百八十四条第一款的解释》（以下简称《挪用公款立法解释》）第3项所规定的"个人决定以单位名义将公款供其他单位使用，谋取个人利益的"情形，其行为构成挪用公款罪。同时根据《挪用公款立法解释》第7条之规定，因挪用公款索取、收受贿赂构成犯罪的，依照数罪并罚的规定处罚。韩某君另收受郑某然给予的贿赂款3000元应当和其前次受贿的15万元累加一起以受贿罪处罚。

第二种意见认为，被告人韩某君收受的3000元贿赂与其个人决定以单位名义将公款挪给郑某然的星云公司使用存在密切关联，即属于其实施"公对公"借款后所谋取的个人利益，根据立法解释规定，其后次收受贿赂的行为与其"公对公"借款行为相结合构

---

① 上海市青浦区人民法院（2013）青刑初字第1268号刑事判决书。

成挪用公款罪。其中已经将韩某君受贿的 3000 元作为成立挪用公款罪的一个构成要件评价，就不得再将其和 15 万元累加一起以受贿罪论处，否则属于重复评价。

我们同意第二种意见。理由在于：1. 全国人大常委会 2002 年 4 月 28 日通过的《关于〈中华人民共和国刑法〉第三百八十四条第一款的解释》，对挪用公款"归个人使用"的含义进行了解释，即有下列情形之一的，属于挪用公款"归个人使用"：（1）将公款给本人、亲友或者其他自然人使用的；（2）以个人名义将公款供其他单位使用的；（3）个人决定以单位名义将公款供其他单位使用（即"公对公"借款），谋取个人利益的。可见，根据 2002 年立法解释，将公款供本人、亲友或者其他自然人使用，或者以个人名义将公款供其他单位使用的，都属于挪用公款归个人使用，即公款私用，在成立挪用公款罪上不需要谋取个人利益要件。如果谋取了个人利益，如收受贿赂的，则根据 1998 年《最高人民法院关于审理挪用公款案件具体应用法律若干问题的解释》第 7 条 "挪用公款索取、收受贿赂构成犯罪的，依照数罪并罚的规定处罚"的规定，因公款私用收受他人贿赂的行为，应以挪用公款罪和受贿罪数罪并罚。同时根据 2002 年立法解释，对于"公对公"借款，只有谋取个人利益的，才属于挪用公款归个人使用，以挪用公款罪处理。也就是立法解释将"公对公"借款和"谋取个人利益"拟制为一个犯罪行为即挪用公款归个人使用，谋取个人利益成为该种挪用公款罪的一个必要构成要件。相反，如果没有谋取个人利益，即使实施了"公对公"借款，也不构成挪用公款罪。这里的"谋取个人利益"，既包括谋取财产性利益也包括谋取非财产性利益，当然包括收受他人贿赂的行为。2. "公对公"借款并受贿的，成立挪用公款罪和受贿罪的想象竞合，应择一重罪处罚。对于实施"公对公"借款并收受他人贿赂的行为，有两个罪过即挪用公款的主观罪过和受贿的主观罪过，侵犯了两个客体即公共财产的使用收益权和国家工作人员的职务廉洁性，符合两个性质不同的犯罪构成，构成挪用公款罪和受贿罪，属于想象竞合，根据刑法理论，应择一重罪处罚。当然，如果收受他人贿赂行为尚不构成受贿罪，因刑法及立法、司法解释未对"谋取个人利益"作定量规定，此时仅构成挪用公款罪。3. 对"公对公"借款而收受他人贿赂的行为如以挪用公款罪和受贿罪两罪并罚，则属于重复评价。如果先将收受他人贿赂的行为作为挪用公款罪中"谋取个人利益"要件进行一次刑法评价，然后再将收受他人贿赂的行为认定为受贿罪，反之亦然，都对收受他人贿赂的行为进行两次刑法评价，违背刑法理论中不得对同一事实或行为进行两次刑法评价的禁止重复评价原则。

问题 7. 个人决定以单位名义将公款借给其他单位使用，虽然在事后收受对方财物，但难以证实借款当时具有谋取个人利益目的的，如何定罪处罚

对于个人决定以单位名义将公款借给其他单位使用的情形，我们认为，必须是行为人主观上具有谋取个人利益的目的才能认定构成挪用公款罪，而对于事后虽然收受对方财物，但不能证实当时具有谋取个人利益目的的，不宜认定构成挪用公款罪。

【刑事审判参考案例】姚某文贪污、受贿案①

一、基本案情

1999 年 10 月，被告人姚某文在任吉林省慈善总会秘书长、吉林省民政福利大厦筹建办公室主任期间，利用掌管吉林省慈善总会慈善基金和基建一资金的职务便利，以吉林省慈善总会名义与吉林省大力实业公司签订借款协议，将吉林省慈善总会的 440 万元公款借给吉林省大力实业公司用于支付松原市珲乌公路一级路工程保证金。2000 年 6 月至 2001 年 8 月，吉林省大力实业公司经理王某某分六次将 440 万元返还。2003 年春节，王某某为感谢姚某文借给其 440 万元工程保证金以及为其修路提供保函等帮助，送给姚某文 10 万元钱。（贪污事实略）

二、案例评析

在本案审理过程中，对被告人姚某文构成受贿罪这一问题不存在争议，但对其是否应当以受贿罪与挪用公款罪数罪并罚，存在以下两种意见；

第一种意见认为，1999 年被告人姚某文个人决定将其所在单位公款以单位名义借给吉林省大力实业公司，并在 2003 年收受王某某贿赂的 10 万元钱，应当认定为《全国人大常委会关于〈中华人民共和国刑法〉第三百八十四条第一款的解释》（以下简称《挪用公款立法解释》）第 3 项所规定的"个人决定以单位名义将公款供其他单位使用，谋取个人利益的"情形，其行为构成挪用公款罪。同时根据《挪用公款立法解释》第 7 条之规定，因挪用公款索取、收受贿赂构成犯罪的，依照数罪并罚的规定处罚。故姚某某的行为分别构成挪用公款罪、受贿罪，应予数罪并罚。

第二种意见认为，1999 年被告人姚某文擅自决定以吉林省慈善总会名义将公款借给吉林省大力实业公司使用，但其挪用款项时并未与王某某约定事后收受财物。直到 2003 年，王某某才以姚某文借给其 440 万元工程保证金以及为其修路提供保函等帮助为由送给姚某文 10 万元钱，姚某文收受财物的行为应当认定为受贿罪，但如将四年后姚某文收受贿赂的行为认定为"个人决定以单位名义将公款供其他单位使用，谋取个人利益"的情形中"谋取个人利益"的行为，则属于重复评价。因此，姚某文的行为应当认定为受贿罪一罪，而不构成挪用公款罪。

我们同意第二种意见，具体理由如下：

1. 本案被告人姚某文的行为不构成挪用公款罪

本案中，姚某文的供述、证人王某某的证言及借款协议均证实，姚某文决定以吉林省慈善总会名义借款给吉林省大力实业公司的时间是 1999 年，吉林省大力实业公司还款的时间是 2000 年 6 月至 2001 年 8 月。姚某文因上述借款事宜收受王某某贿赂的 10 万元的时间是 2003 年春节期间。由于姚某文的行为属于个人决定以单位名义将公款借给其他单位使用情形，要认定构成挪用公款罪，必须是姚某文主观上具有谋取个人利益的目的。然而，姚某文借款当时谋取个人利益的意图并不明显，在案证据也难以证实姚某文与王

---

① 邵坤、董屹红：《姚某文贪污、受贿案——个人决定以单位名义将公款借给其他单位使用，虽然在事后收受对方财物，但难以证实借款当时具有谋取个人利益目的的，如何定罪处罚》，载中华人民共和国最高人民法院刑事审判，第一、二、三、四、五庭主办：《刑事审判参考》（总第 87 集），指导案例第 805 号，法律出版社 2013 年版，第 107 页。

某某具有事后收受贿赂的合意或者默契，故姚某文以个人名义借款吉林省大力实业公司的行为，不属于《挪用公款立法解释》第 3 项所规定的"个人决定以单位名义将公款供其他单位使用，谋取个人利益的"情形，其行为不构成挪用公款罪。

2.《挪用公款立法解释》中第三种"挪用公款归个人使用"情形不适用挪用公款罪和受贿罪并罚的规定

《挪用公款立法解释》将"挪用公款归个人使用"的含义分为三种类型：一是将公款供本人、亲友或者其他自然人使用的；二是以个人名义将公款供其他单位使用的；三是个人决定以单位名义将公款供其他单位使用，谋取个人利益的。如果挪用公款的行为属于前述第一、二种情形，则挪用公款罪的构成不以行为人谋取个人利益为要件，即无论是否收受他人财物，均不影响挪用公款罪的成立。如果在此过程中，行为人又趁机索要或者收受他人财物的，则行为人已超出挪用公款罪的犯罪故意，即产生新的受贿罪的犯意，根据《挪用公款司法解释》第 7 条的规定，因挪用公款索取、收受贿赂构成犯罪的，依照数罪并罚的规定处罚。如果行为人挪用公款的行为属于前述第三种情形，则挪用公款罪的构成必须以行为人谋取个人利益为要件，该情形下收受贿赂的行为，可能同时被认定为谋取个人利益，即一行为同时构成挪用公款罪和受贿罪，应当按照想象竞合犯从一重罪处断原则，以受贿罪定罪处罚。如果在此种情况下仍然机械照搬适用《挪用公款司法解释》第 7 条的规定，对行为人以挪用公款罪和受贿罪实行并罚，则实质上是对谋取个人利益的事实（包括挪用公款的事实）进行了双重评价，违反了刑法禁止重复评价的原则。

问题 8.　单位"小金库"的资金是否可以成为挪用公款罪的对象

挪用公款罪的对象无疑是公款，具体是指国家工作人员利用职务上的便利所能够挪用的所有公款，既包括国家工作人员依本职职务直接经管、支配的公款，也包括与国家工作人员本职职务相关联可直接经管、支配的公款。在此前提下，单位"小金库"的资金可以成为挪用公款罪的对象。

【典型案例】彭某春挪用公款案①

一、基本案情

2002 年 1 月，被告人彭某春担任原重庆铁路客运公司总经理期间，在办理其女儿赴澳大利亚留学的过程中，指使该公司有关人员用该公司小金库的公款以彭某春和其妻子陈某的名义在光大银行重庆分行存入人民币 61 万元，作为其女儿出国留学的经济担保。并由财务部主任黄某红安排财务部出纳黄某、业务室业务员陈某具体办理。2002 年 1 月 10 日、23 日，黄某红分三次从小金库公款的存折上取款 30 万元并于同年 1 月 23 日以彭某春妻子的名字存 20 万元的一年定期，1 月 25 日以彭某春的名字存 10 万元的一年定期。2002 年 1 月 16 日、17 日，陈某分两次从小金库公款的存折上取款 31 万元并于同年 1 月 16 日在光大银行以彭某春的名字存 10 万元半年定期，1 月 23 日在光大银行以彭某春的名字存 7 万元及 14 万元的两张半年定期，以供被告人彭某春个人使用。2002 年 3 月 27 日，被告人彭某春在光大银行重庆分行两路口支行办理了两份存款证明并将此 61 万元作为其

① 　熊选国主编：《挪用公款和挪用资金犯罪判解》，人民法院出版社 2006 年版，第 112 页。

女儿出国留学的经济担保，并在四川外语学院海外留学服务中心申请办理了赴澳大利亚留学的签证手续。2002年9月，被告人彭某春在其女儿留学签证办好后指使财务人员将61万元取出归还公司，2002年10月至11月，由陈某陆续将61万元取出并存入其保管的存有小金库公款的光大银行阳光卡上。案发后，彭某春向重庆铁路运输检察院投案自首。

二、案例评析

挪用公款罪中的"公款"，是指国家工作人员利用职务上的便利所能够挪用的所有公款，既包括国家工作人员依本职职务直接经管、支配的公款，也包括国家工作人员依临时职务直接经管、支配的公款。单位"小金库"的资金可以成为挪用公款罪的对象。实践中，不少单位违反财经纪律私设"小金库"，这些"小金库"的资金主要还是与单位的职责关联，归根结底"羊毛出在羊身上"，是国家投资等正当渠道的资金，辗转被改头换面变成体现部门利益或者团体利益的"小金库"。因此，国家工作人员利用职务便利，挪用"小金库"的资金，本质上仍是对国有财产权益的侵犯，"小金库"的资金应视为公款，可以成为挪用公款罪的对象。

问题9. 个人决定以单位名义将公款借给学校使用，是否属于挪用公款用于营利活动；在案证据不能证实存在谋取个人利益的情况的，是否构成挪用公款罪

个人决定以单位名义将公款借给私立学校（民办非企业单位）使用，不属于挪用公款用于营利活动，在案证据不能证实存在谋取个人利益的情况的，不构成挪用公款罪。

【刑事审判参考案例】张某同挪用公款案[①]

一、基本案情

2002年8月底，酒泉三正世纪学校董事长王某红以该校资金紧张为由，向被告人张某同提出想从张某同所在的新村村委会贷款200万元，月息为0.8%，张某同在未与村委会其他成员商议的情况下，安排村委会文书兼出纳柴某荣将村里的征地补偿款共210万元分别于2002年9月2日、10月11日、10月21日3次借给三正世纪学校使用，约定月利息为0.8%。2002年10月，王某红再次找张某同提出向新村村委会借款600万元，包括前面已经借出的210万元，张某同便于2002年10月30日召集村委会委员会议就是否给三正学校借款进行讨论，张某同未将此前已经借款给三正学校210万元向会议说明，会上大家一致同意借款给三正学校600万元，会后新村村委会与三正学校签订了600万元的贷款合同，约定月利息0.6%，2003年9月30日归还。合同签订后，新村村委会实际只给三正学校借款531.5万元，包括开会研究之前借给三正学校的210万元。2003年9月24日三正学校归还220万元，案发时尚未归还的311.5万元，通过司法程序大部分已经追回。

二、案例评析

本案中，张某同在未经村委会开会研究情况下，先行将征地补偿款210万元借给三正世纪学校使用的行为是否构成挪用公款罪成为案件审理的焦点。

① 郭彦东：《张某同挪用公款案——个人决定以单位名义将公款借给其他单位使用，没有谋取个人利益的不构成挪用公款罪》，载中华人民共和国最高人民法院刑事审判第一、二、三、四、五庭主办：《刑事审判参考》（总第63集），指导案例第502号，法律出版社2008年版，第54页。

　　个人决定以单位名义将公款借给其他单位使用，没有谋取个人利益的不构成挪用公款罪。被告人张某同系西峰乡新村村委会主任，不属于国家工作人员，然而其利用职权借给三正世纪学校的是人民政府发放给村民的征地补偿款，根据《全国人大常委会关于〈中华人民共和国刑法〉第九十三条第二款的解释》的规定，其作为村委会主任管理征地补偿款的行为属于村基层组织人员协助人民政府从事土地征用补偿费用的管理和发放的行政管理工作，因此，应当认定为《刑法》第 93 条第 2 款规定的"其他依照法律从事公务的人员"，以国家工作人员论，所以，张某同可以构成挪用公款罪的主体。在此前提下，认定张某同利用职权借给三正世纪学校 210 万元征地补偿款的行为是否构成挪用公款罪，根据罪刑法定原则，应主要考察其行为是否符合《刑法》第 384 条规定的三种情形之一。根据《刑法》第 384 条的规定，成立挪用公款罪的客观行为有三种，即国家工作人员利用职务上的便利，挪用公款归个人使用，进行非法活动的；或者挪用公款数额较大、进行营利活动的；或者挪用公款数额较大、超过三个月未还的。结合本案案情，我们不难发现，被告人张某同将公款借给三正世纪学校使用，三正世纪学校将该款用于正当的办学行为，显然不是进行非法活动，那么，张某同借出公款给三正世纪学校使用是否属于挪用公款进行营利活动呢？审理中有观点认为，三正世纪学校是私立学校，是以营利活动为目的的学校，张某同明知三正世纪学校的性质和借款用途还借款给三正世纪学校，就是挪用公款进行营利活动。我们认为，首先，三正世纪学校是带有公益性质、具有法人资格的全日制学校，属于合法民办非企业单位，从本案证据情况看，张某同借款给三正世纪学校，是在三正世纪学校贷款没有办下来的情况下，单位之间相互救急的行为，不应认定将公款借给私立学校进行筹建工作就是进行营利活动。私立学校具有公益性和营利性双重性质，单纯地扩大某一方面属性都不合适，应当具体分析所借公款的用途，毕竟将公款用于筹建学校与将公款直接投入经营营利活动不是一回事。其次，那种认为三正世纪学校是以营利为目的的全收费学校，并根据《最高人民法院关于审理挪用公款案件具体应用法律若干问题的解释》第 2 条第 2 款关于"挪用公款给他人使用，明知使用人用于营利活动或者非法活动的，应当认定为挪用人挪用公款进行营利活动或者非法活动"的规定，认为张某同就是挪用公款进行营利活动的观点，属于对司法解释的误读，挪用公款的本质是公款私用、谋取私利，而本案张某同借款给三正世纪学校，主要是为了给公款的所有权单位即新村村委会谋取利益，解决村委会四年没有提留资金紧张的问题，没有任何证据证明张某同主观上是为了谋取个人私利而借出公款，也没有任何证据证明张某同谋取了个人私利，这与公款私用、以公款谋取个人私利的挪用公款行为，具有本质上的区别，因此其行为亦不属于挪用公款进行营利活动。在排除了张某同借出公款的行为属于挪用公款进行非法活动和进行营利活动的情况下，就要判断其行为是否属于挪用公款归个人使用的情形，对此，《全国人民代表大会常务委员会关于〈中华人民共和国刑法〉第三百八十四条第一款的解释》将挪用公款"归个人使用"解释为三种情形：（1）将公款供本人、亲友或者其他自然人使用的；（2）以个人名义将公款供其他单位使用的；（3）个人决定以单位名义将公款供其他单位使用，谋取个人利益的。由于本案公款使用方为单位，故只要考察其行为是否符合上述解释规定的后两种情形，就可作出其是否构成挪用公款罪的判断。首先，张某同决定出借的 210 万元征地补偿款，从现有证据上看，是以村委会名义借出的，不是以个人名义借出的。张某同在村委会开会研究借出 600 万元公款给三正世纪学校使用之前，就已将 210 万元公款借给了三正世纪学校。此 210 万元虽然是张某同个人决定借出，没有向村委会说明，却不能认定是以个人名义借款。这是因为，从 210 万元转账的凭证上看，付款人均写明是新村村委会，收款人是三正世纪学校；从三正世纪学校的收据上看，亦均写明收到的是新村村委会借款；从办理借款及还款的程序来看，张某同并不是私下将公款借给了三正世纪学校，而是通过村委会成员文书兼出纳的柴某荣经手办理，使该款始终控制在村委会名下，直至到期还款，三正世纪学校也是直接将款还给了新村村委会，而不是还给张某同个人。可见，没有证据证明张某同是以个人名义借款给三正世纪学校。个人决定借出公款和以个人名义将公款借出是完全不同的两回事，二者之间的根本区别在于公款的所有权单位对公款的真实去向是否知情，借款人是否隐瞒了款项的真实用途，借出的款项是由单位直接控制还是由借款人背着单位私下控制，借款人是否用公款谋取了个人私利。本案村委会对 210 万元公款的去向用途都是知道的，并且直接控制借据按期收回。故张某同的行为不属于《全国人大常委会关于〈中华人民共和国刑法〉第三百八十四条第一款的解释》中第 2 项规定的"以个人名义将公款供其他单位使用的"情形，因此，一审判决认定张某同是"以个人名义将公款挪给他人使用"不当。其次，张某同决定借出 210 万元后，经村委会讨论决定，向三正世纪学校借出 600 万元，张某同虽在村委会研究时对先前借出的 210 万元未作说明，但在与三正世纪学校履行合同时实际上包含了这 210 万元，且没有任何证据证明张某同因此谋取了个人利益，故其行为不属于《全国人大常委会关于〈中华人民共和国刑法〉第三百八十四条第一款的解释》中第 3 项规定的"个人决定以单位名义将公款供其他单位使用，谋取个人利益的"情形。综上，张某同将公款借给三正世纪学校，既不是"以个人名义将公款挪给他人使用"，也不是"个人决定以单位名义将公款供其他单位使用，谋取个人利益"，所以张某同个人决定借出公款给三正世纪学校使用的行为不符合立法解释规定的挪用公款"归个人使用"，因此不构成挪用公款罪。

问题 10. 下级单位人员受上级单位的领导指使挪用公款，是否构成挪用公款罪的共犯[①]

【实务专论】

实践中存在下级单位人员受上级单位的领导指使挪用公款的情形，这种情况下，对下级单位人员是否认定为挪用公款罪的共犯存在争议。我们认为，对下级单位人员应区分情况，依法分别处理。如果下级单位人员与上级单位领导共谋，给上级领导挪用公款出谋划策，帮助上级单位领导完成挪用公款的，下级单位人员已具有帮助上级单位领导挪用公款的主观故意和行为，应以挪用公款罪共犯论处；如果下级单位人员不知道上级单位领导划拨款项的真实意图，仅仅出于执行上级单位领导的指示而办理划拨手续的，下级单位人员不应承担刑事责任；如果上级单位的领导将挪用公款的意图告诉下级单位人员，下级单位人员迫于上级单位领导的压力而挪用公款归上级领导使用的，一般也不宜以挪用公款罪论处，构成犯罪的，可依照《刑法》其他有关规定处理。

① 李祥民：《万国英受贿、挪用公款案——利用职务上的便利借用下级单位公款进行营利活动能否构成挪用公款罪》，载最高人民法院刑事审判第一庭、第二庭：《刑事审判参考》（总第 29 集），指导案例第 217 号，第 57 页。

问题11. 挪用公款后不退还的，如何区分挪用公款罪与贪污罪①

【实务专论】

挪用公款罪与贪污罪均是直接侵犯公款的犯罪，尤其对于挪用公款后不退还的行为，实践中不易区分。一种意见认为，行为人挪用公款后，携带挪用的公款潜逃的；挥霍公款，致使公款不能退还的；使用公款进行违法犯罪活动，致使公款不能退还的；使用公款进行高风险投资，致使公款不能退还的，均应按照贪污罪定罪处罚。我们认为，上述后三种情况，都属于挪用公款罪的客观形式，如挪用公款进行挥霍的，属于挪用公款归个人使用；挪用公款进行违法犯罪活动的，属于挪用公款进行非法活动；挪用公款进行高风险投资，属于挪用公款进行营利活动等。而且行为人不退还的原因是客观的，如果作为贪污罪处理，不符合《刑法》修改的立法原意。只有第一种情况，表明行为人的主观犯意发生了变化，即从原来的挪用公款的故意转化为非法占有的故意，因此，《最高人民法院关于审理挪用公款案件具体应用法律若干问题的解释》第6条规定："携带挪用的公款潜逃的，依照刑法第三百八十二条、第三百八十三条的规定定罪处罚。"理解上述规定，要注意如果行为人不是携带挪用的公款潜逃，而是因挪用公款案发，由于客观原因不能归还，行为人畏罪潜逃的，仍应定挪用公款罪。也就是说，不是在挪用公款后，凡是潜逃了的都转化成贪污罪。因为潜逃的行为原因很复杂，包括挪用公款后发现无力归还畏罪潜逃的，此时挪用公款的行为已经实施完毕，行为人是因为无力归还才潜逃，如将整个行为都认定为贪污，就是客观归罪。但如果行为人将公款挪出之后即携带潜逃则很明显地表明行为人的主观犯意发生了变化，说明其没有了归还的故意，应该定贪污罪。

问题12. 如何区分挪用公款与挪用资金②

【实务专论】

对于挪用公款罪与挪用资金罪的区分，我们认为，主要应从以下两方面把握：

第一，侵犯的客体和犯罪对象不同。挪用资金罪侵犯的客体是公司、企业或者其他单位的资金的使用权，对象是公司、企业或者其他单位的资金，其中，既包括国有或者集体所有的资金，也包括公民个人所有、外商所有的资金。挪用公款罪侵犯的客体是公款的使用权和国家机关的威信、国家机关的正常活动等，既有侵犯财产的性质，又有严重的渎职的性质，因此，《刑法》将挪用公款罪规定在《刑法》分则第八章的贪污贿赂罪专章中，而不是在"侵犯财产罪"专章中。挪用公款罪侵犯的对象限于公款，其中主要是国有财产和国家投资、参股的单位财产，即国家机关、国有公司、企业、事业单位等所有的款项。挪用公款罪和挪用资金罪侵犯的对象不同，客体不同，社会危害性程度也有较大的差别。《刑法》第384条规定的挪用公款罪在客观上的三种不同情形的排列顺序，与挪用资金罪在客观上的三种不同情形的排列顺序不同，也说明立法者对这两种犯罪打击的重点的不同。在处罚上挪用公款罪也比挪用资金罪严厉得多。

第二，犯罪主体不同。挪用资金罪的主体是公司、企业或者其他单位的工作人员，

---

① 人民法院出版社编：《司法解释理解与适用全集》（刑事卷4），人民法院出版社2018年版，第2610页。

② 张军主编：《刑法（分则）及配套规定新释新解》（第9版）（中），人民法院出版社2016年版，第1241页。

但国家工作人员除外。挪用公款罪的主体是国家工作人员，包括国家机关中从事公务的人员，国有公司、企业、事业单位、人民团体中从事公务的人员，国家机关、国有公司、企业、事业单位委派到非国有公司、企业、事业单位、社会团体从事公务的人员，以及其他依照法律从事公务的人员。因此，国有公司、企业或者其他国有单位中从事公务的人员和国有公司、企业或者其他国有单位委派到非国有公司、企业以及其他单位从事公务的人员，利用职务上的便利，挪用本单位资金的，依照《刑法》第 384 条关于挪用公款罪的规定定罪处罚。

问题 13. 挪用被扣押的款项可否认定为挪用"公款"①

【实务专论】

挪用公款罪的犯罪对象是公款，在办理各类刑事案件中，往往会涉及扣押款项，如果办案人员挪用被扣押的款项，对于该款项是否属于挪用公款罪中的"公款"，实践中存在较大的争议。我们认为，被扣押的款项属于挪用公款罪中的"公款"。理由如下：

首先，公款具有公共属性，不仅包括国家或集体所有的财产，还包括在国家或集体管理、使用之下的财产。《刑法》第 91 条对公共财产进行了专门解释，把"在国家机关、国有公司、企业、集体企业和人民团体管理、使用或者运输中的私人财产"纳入公共财产的范围之内。这就说明公共部门是否享有所有权，并不是判断是否属于公共财产的唯一标准。在刑事诉讼中，扣押的款项是国家机关依法扣押并保管的，是在不改变当事人的所有权前提下，由国家机关暂时管理，最后根据刑事诉讼结果来作出没收、返还等相应处理。虽然处于扣押中款项的所有权并未改变，但进入国家机关的控制之下，就具有了公共属性。

其次，从相关司法解释的精神来看，挪用扣押款项可以构成挪用公款。1999 年《最高人民检察院关于人民检察院直接受理立案侦查案件立案标准的规定（试行）》规定："国有金融机构工作人员和国有金融机构委派到非国有金融机构从事公务的人员，利用职务上的便利，挪用本单位资金或者客户资金的，以挪用公款罪追究刑事责任。"扣押款项与银行存款共同点在于，财产的所有权归属于原所有人不变，只是暂时由其他机构管理或使用。从这一司法解释来看，财产的所有权并不是影响挪用公款罪中"公款"定性的直接因素，关键在于该款项是否在特定机构的管理、使用之下，是否具有公共属性，即使是暂时性的公共属性。被扣押的款项，虽然所有权可能不变，但显然管理权已经转移至国家机关，就应该属于公款。

最后，挪用公款罪侵害的法益是国家工作人员职务行为的廉洁性。依法、廉洁执行职务是对国家工作人员的基本要求，不得利用公权力为私人谋取利益。挪用被扣押款项的行为在本质上就是以权谋私，利用了职务上的便利，并以此获取个人的不法利益，已经侵害了职务行为的廉洁性。

---

① 陈鹏飞、谭婧：《挪用的被扣押款项可否被认定为"公款"》，载《检察日报》2016 年 7 月 27 日。

第三章

受 贿 罪

第一节 受贿罪概述

一、受贿罪的概念及构成要件

受贿罪，是指国家工作人员利用职务上的便利，索取他人财物，或者非法收受他人财物，为他人谋取利益的行为；以及利用本人职权或者地位形成的便利条件，通过其他国家工作人员职务上的行为，为请托人谋取不正当利益，索取或者收受请托人财物的行为。

（一）客体要件

本罪侵犯的客体是国家工作人员职务行为的廉洁性。

目前，关于贿赂犯罪的保护法益主要包括廉洁性说、职务行为的公正性说、职务行为的不可收买性说、职务行为的不可谋私利性说等。廉洁性说认为，如国家工作人员已经获得了合法报酬，就不能再以职务上的作为或不作为为由索取或非法收受他人的财物；职务行为的不可收买性说认为，无论国家工作人员行使的职务行为是否适法、公正，只要其索取或者收受与其职务行为相关的不正当报酬，就侵犯了贿赂犯罪的保护法益，构成受贿罪；职务行为的公正性说认为，国家工作人员在索取或者收受他人财物之后，利用职务上的便利，就会使本应公正行使的职务行为受到贿赂的影响，出现"在执行职务的过程中不当行使裁量权的危险"。司法实务中，更倾向于廉洁性说或以廉洁性说为基础的混合说（在廉洁性说的基础上添加国家机关的正常管理活动、公共财产权、职务行为的不可收买性、职务行为的公正性等，作为并列或者选择性的法益）。

本罪的犯罪对象是"财物"，关于财物的范围，除金钱和物品外，目前司法解释扩充为包括财产性利益，即可以折算为货币的物质利益如房屋装修、债务免除等，以及需要支付货币的其他利益如会员服务、旅游等。根据《最高人民法院、最高人民检察院关于办理商业贿赂刑事案件适用法律若干问题的意见》的规定，商业贿赂中的财物，既包括金钱和实物，也包括可以用金钱计算数额的财产性利益，如提供房屋装修、含有金额的会员卡、代币卡（券）、旅游费用等。具体数额以实际支付的资费为准。能够转移占有的有体物与无体物，属于财物自不待言，但财产性利益也应包括在内，因为财产性利益可以通过金钱估价，而且许多财产性利益的价值超出了一般物品的经济价值，没有理由将财产性利益排除在财物之外。受贿罪本质上是权钱交易，将能够转移占有与使用的财产性利益解释为财物，完全符合受贿罪的本质。至于非财产性利益，则不属于财物，虽然从受贿罪的实质以及国外的刑法立法与司法实践上看，贿赂可能包括非物质性利益，但从罪刑法定和刑法谦抑性的角度来看，对受贿财物的认定应当控制在适当的范围内，将非财产性利益视为贿赂，则扩大了受贿罪的处罚范围。因此，在目前还不适宜将非财产性利益作为贿赂。根据《最高人民法院、最高人民检察院关于办理贪污贿赂刑事案件适用法律若干问题的解释》的规定，贿赂犯罪中的"财物"，包括货币、物品和财产性利益。财产性利益包括可以折算为货币的物质利益如房屋装修、债务免除等，以及需要支付货币的其他利益如会员服务、旅游等。后者的犯罪数额，以实际支付或者应当支付的数额计算。

（二）客观要件

本罪在客观上表现为行为人利用职务上的便利，向他人索取财物，或者收受他人财物并为他人谋取利益的行为；以及利用本人职权或者地位形成的便利条件，通过其他国家工作人员职务上的行为，为请托人谋取不正当利益，索取或者收受请托人财物的行为。

利用职务上的便利是受贿罪的客观构成要件，具体可以分为以下两种情况：

1. 利用职务上的便利，即利用职权

"职权"是指国家机关及其公职人员依法作出一定行为的资格，是权力的特殊表现形式，具体是指利用本人职务范围内的权力，也即利用本人在职务上直接处理某项事务的权利。既包括利用本人职务上主管、负责、承办某项公共事务的职权，例如，负责掌管物资调拨、分配、销售、采购的人，利用其调拨权、分配权、销售权、采购权，为行贿人谋取利益，而收受财物；也包括利用职务上有隶属、制约关系的其他国家工作人员的职权，例如，担任单位领导职务的国家工作人员通过不属于自己主管的下级部门的国家工作人员的职务为他人谋取利益的，就符合上述情形，应当认定为"利用职务上的便利"。利用职权为他人谋取利益而收受他人财物，是典型的受贿行为。

2. 利用与职务有关的便利条件

利用与职务有关的便利条件，是指行为人不是直接利用本人的职权，而是利用本人的职权或地位形成的便利条件，而本人从中向请托人索取或者非法收受财物的行为。实践中，行为人利用与职务有关的便利，主要有以下三种情形：一是亲属关系；二是私人关系；三是职务关系。前两种情况利用的主要是血缘与感情的关系，与本人职务无关。对于单纯利用亲友关系，为请托人办事，从中收受财物的，不应以受贿论处，符合利用影响力受贿犯罪构成要件的，应按照利用影响力受贿罪定罪。在第三种情况下，则与本人职务有一定关联，实践中一般应具备以下两个条件：（1）利用第三者的职务之便，必须以自己的职务为基础或者利用了与本人职务活动有紧密联系的身份便利。（2）受贿人从中斡旋使他人获得利益。

这里的"利用本人职权或者地位形成的便利条件"，是指行为人与被其利用的国家工作人员之间在职务上虽然没有隶属、制约关系，但是行为人利用了本人职权或者地位产生的影响和一定的工作联系，如单位内不同部门的国家工作人员之间、上下级单位没有职务上隶属、制约关系的国家工作人员之间、有工作联系的不同单位的国家工作人员之间等。

从受贿罪的客观行为来看，有两种具体表现形式：

（1）行为人利用职务上的便利，向他人索取财物。索贿是受贿人以公开或暗示的方法，主动向行贿人索取贿赂，有的甚至是公然以要挟的方式，迫使请托人行贿。鉴于索贿主观恶性更严重，情节更恶劣，社会危害性相对于单纯收受贿赂更为严重。因此，刑法明确规定，对于索贿从重处罚。索取他人财物的，不论是否为他人谋取利益，均可构成受贿罪。

（2）行为人利用职务上的便利，收受他人贿赂而为他人谋取利益的行为。收受贿赂，一般是行贿人以各种方式主动进行收买腐蚀，受贿人一般是被动接受他人财物或者是接受他人允诺给予财物，而为行贿人谋取利益。

为他人谋取利益是受贿罪的客观要件，[①] 如果国家工作人员收受财物但事实上并没有为他人谋取利益的，则不成立受贿罪。根据《最高人民法院、最高人民检察院关于办理贪污贿赂刑事案件适用法律若干问题的解释》的规定，具有下列情形之一的，应当认定为"为他人谋取利益"，构成犯罪的，应当依照《刑法》关于受贿犯罪的规定定罪处罚：实际或者承诺为他人谋取利益的；明知他人有具体请托事项的；履职时未被请托，但事后基于该履职事由收受他人财物的。国家工作人员索取、收受具有上下级关系的下属或者具有行政管理关系的被管理人员的财物价值3万元以上，可能影响职权行使的，视为承诺为他人谋取利益。

为他人谋取利益的承诺既可以是明示的，也可以是暗示的。当他人主动行贿并提出为其谋取利益的要求后，国家工作人员虽没明确答复办理，但只要不予拒绝，就应当认为是一种暗示的承诺。承诺既可以直接对行贿人作出，也可以通过第三者对行贿人作出；承诺既可以是真实的，也可以是虚假的。虚假承诺，是指国家工作人员具有为他人谋取利益的职权或者职务条件，在他人有求于自己的职务行为时，并不打算为他人谋取利益，却又承诺为他人谋取利益。但虚假承诺构成受贿罪是有条件的：（1）一般只能在收受财物后作虚假承诺；（2）承诺的内容与国家工作人员的职务有关联；（3）因为承诺而在客观上形成了为他人谋取利益的约定。

受贿行为所索取、收受的是财物，该财物称为"贿赂"。贿赂的本质在于，它是与国家工作人员的职务有关的、作为不正当报酬的利益。贿赂与国家工作人员的职务具有关联性，职务是国家工作人员基于其地位应当作为公务处理的一切事务，其范围由法律、法规或职务的内容决定。职务行为既可能是作为，也可能是不作为。贿赂与职务行为的关联性，是指因为行为人具有某种职务，才可能向他人索取贿赂，他人才向其提供贿赂。不仅如此，贿赂还是作为职务行为的不正当报酬的利益，它与职务行为之间存在对价关系，即贿赂是对国家工作人员职务行为的不正当报酬。不正当报酬不要求国家工作人员的职务行为本身是不正当的，而是指国家工作人员实施职务行为时不应当索取或者收受

---

① 部分学者认为为他人谋取利益是受贿罪的主观要件，即行为人除具有受贿故意之外，主观上必须具有为他人谋取利益的动机，但不要求有为他人谋取利益的具体行为。

利益却索取、收受了这种利益。贿赂还必须是一种能够满足人的某种需要的利益。

（三）主体要件

本罪的主体是特殊主体，即国家工作人员。根据《刑法》第93条规定，国家工作人员包括当然的国家工作人员，即在国家机关中从事公务的人员；拟制的国家工作人员，即国有公司、企事业单位、人民团体中从事公务的人员和国家机关、国有公司、企事业单位委派到非国有公司、企事业单位、社会团体从事公务的人员，以及其他依照法律从事公务的人员。

本条第2款是对国家工作人员在经济往来中违反国家规定收受各种名义的回扣、手续费归个人所有的、以受贿论处的规定。这种发生在经济往来活动中的受贿，理论界称之为经济受贿。本款所称"违反国家规定"是指违反全国人大及其常委会制定的法律和决定，国务院制定的行政法规和行政措施、发布的决定和命令中关于在经济往来中禁止收受回扣和各种名义的手续费的规定。前者如《中华人民共和国反不正当竞争法》，后者如国务院办公厅1986年6月5日发出的《关于严禁在社会经济活动中牟取非法利益的通知》。其主要内容包括：在经济交往、商品交易中，如果需要给买方优惠，可以采取明示方式给对方价格折扣，不能采取回扣或者各种名义的手续费的方式，经营者给予对方折扣的，必须如实入账。所谓折扣，即商品购销中的让利，是指经营者在销售商品时，以明示并如实入账的方式给予对方的价格优惠，包括支付价款时对价款总额按一定比例予以退还的形式。所谓明示和入账，是指根据合同约定的金额和支付方式，在依法设立的反映其生产经营活动或者行政事业经营收入的财务账上按照财务会计制度规定明确如实记载。回扣是指经营者销售商品在账外暗中以现金、实物或者其他方式退给对方单位或者个人的一定比例的商品价款。所谓账外暗中，是指未在依法设立的反映其生产经营活动或者行政事业经费收支的财务账上按照财物会计制度规定明确如实记载，包括不记入财务账、转入其他财务账或者做假账等。在经济交往中，在账外暗中给予对方单位或者个人回扣的，以行贿论；对方单位或者个人在暗中收受回扣的，以受贿论。"手续费"，是指在经济活动中，除回扣以外，违反国家规定支付给有关公务人员的各种名义的钱或物，如佣金、信息费、顾问费、劳务费、辛苦费、好处费。根据这些规定，收受回扣或者各种名义的手续费归个人所有的，应以受贿论处。

（四）主观要件

本罪在主观方面是由故意构成，只有行为人是出于故意所实施的受贿犯罪行为才构成受贿罪，过失行为不构成本罪。如果国家工作人员为他人谋利益，而无受贿意图，后者以"酬谢"名义将财物送至其家中，而前者并不知情，不能以受贿论处。在实践中，行为人往往以各种巧妙手法掩盖其真实的犯罪目的，因而必须深入地加以分析判断。如在实践中，有的国家工作人员利用职务上的便利，为他人谋取利益，收受贵重物品，只象征性地付少量现金，实际上是掩盖受贿行为的一种手段，对此应当认定为受贿。对于这种案件的受贿金额，应当以行贿人购买物品实际支付的金额减去受贿人已付的金额来计算。

二、受贿罪案件审理情况

我国现行《刑法》在 1979 年《刑法》的基础上，吸收了全国人大常委会 1982 年《关于严惩严重破坏经济的罪犯的决定》、1988 年《关于惩治贪污罪贿赂罪的补充规定》、1995 年《关于惩治违反公司法的犯罪的决定》、1995 年《关于惩治破坏金融秩序犯罪的决定》等法律以及最高人民法院和最高人民检察院《关于当前办理经济犯罪案件中具体应用法律的若干问题的解答（试行）》《关于执行〈关于惩治贪污罪贿赂罪的补充规定〉若干问题的解答》等司法解释的内容，并结合我国反腐败斗争的情况和借鉴国外的立法经验，完善了受贿罪的立法规定。关于受贿罪的规定主要体现在《刑法》分则第八章"贪污贿赂罪"当中，此外，第三章"破坏社会主义市场经济秩序罪"、第九章"渎职罪"也有相关条文的规定。2015 年 8 月 29 日《刑法修正案（九）》第 44 条对贪污罪的处罚进行了修正，取消了按照具体贪污数额设置法定刑的原有规定，按贪污数额或者贪污情节的严重程度，重新设置了贪污罪的法定刑，并增设了第 3 款从宽处罚规定、第 4 款死缓犯的终身监禁规定。根据《刑法》第 386 条的规定，受贿罪的处罚依照贪污罪的规定处罚，受贿罪的处罚亦应按照数额或者情节进行处罚。

1997 年修订后的《刑法》施行以来，关于受贿罪的司法解释或司法解释性质文件主要有：

（1）1999 年 9 月 16 日《最高人民法院关于人民检察院直接受理立案侦查案件立案标准的规定（试行）》，对受贿犯罪的立案标准做出了具体规定。

（2）2000 年《最高人民法院关于国家工作人员利用职务上的便利为请托人谋取利益离退休后收受财物如何处理的批复》，主要规定国家工作人员利用职务便利为请托人谋取利益，并与请托人实现约定，在其离退休后收受财物，构成犯罪的，以受贿罪定罪处罚。

（3）2003 年 1 月 13 日《最高人民检察院关于佛教协会工作人员能否构成受贿罪或者公司、企业人员受贿罪主体问题的答复》、2003 年 4 月 2 日《最高人民检察院关于集体性质的乡镇卫生院院长利用职务之便收受财物的性质如何适用法律问题的答复》，分别对佛教协会人员、乡镇卫生院院长的不同行为定性作出了具体解释。

（4）2003 年 11 月 13 日最高人民法院《全国法院审理经济犯罪案件工作座谈会纪要》，主要对受贿罪"利用职务上的便利""为他人谋取利益""利用职权或者地位形成的便利条件"等构成要素的理解及离职国家工作人员收受财物行为、共同受贿行为、以借款为名受贿行为、股票受贿行为如何认定作出具体解释。

（5）2007 年 7 月 8 日最高人民法院、最高人民检察院联合发布《关于办理受贿刑事案件适用法律若干问题的意见》，对十种形式的受贿行为定性处理问题进行了规定，还规定了办理受贿案案件中，正确贯彻宽严相济的刑事政策。此外，该文件第一次提出了"特定关系人"的概念。

（6）2008 年 11 月 20 日最高人民法院、最高人民检察院联合发布了《关于办理商业贿赂刑事案件适用法律若干问题的意见》，规定商业贿赂犯罪的范围包括受贿罪，因此该意见的相关规定也同样适用于受贿罪的认定。

（7）《刑法修正案（九）》对受贿罪定罪量刑标准做了如下修改和完善：①取消了对受贿罪的具体量刑数额标准，取而代之的是原则性规定"数额较大或者有其他较重情节""数额巨大或者有其他严重情节""数额特别巨大或者有其他特别严重情节"三种量刑情节，并相应规定三档刑罚，最高刑仍到死刑。②在刑罚上增加了罚金刑，以加大对犯罪的惩罚力度。③增加了从宽处理的特别条款。《刑法修正案（九）》在《刑法》第383条增加了第3款，"犯第一款罪，在提起公诉前如实供述自己罪行、真诚悔罪、积极退赔，避免、较少损害结果的发生，有第一项规定情形的，可以从轻、减轻或者免除处罚；有第二项、第三项规定情形的，可以从轻处罚"，以更好体现宽严相济的刑事政策。④规定了对受贿罪犯的死刑替代措施。《刑法修正案（九）》在本条增加了一款规定："犯第一款罪，有第三项规定情形被判处死刑缓期执行的，人民法院根据犯罪情节等情况可以同时决定在其死刑缓期执行二年期满依法减为无期徒刑后，终身监禁，不得减刑、假释。"这里需要特别指出的是，这里的终身监禁不是单独的刑种，而是对受贿罪行极其严重、本该判处死刑立即执行的罪犯判处死刑缓期二年执行，考验期满减为无期徒刑后的特殊刑罚执行方法，即便有立功等情形，也不得减刑、假释，在监狱里服刑一直到死。相对于判处死刑立即执行来说，不仅体现了人道主义精神，而且并没有减轻对社会公众切齿痛恨的贪官的惩处力度，也使对非暴力犯罪严格限制死刑的观点更加容易被社会逐渐接受。

（8）2016年3月28日最高人民法院、最高人民检察院发布了《关于办理贪污贿赂刑事案件适用法律若干问题的解释》，针对《刑法修正案（九）》对贪污贿赂犯罪定罪量刑标准的修改，该解释对贪污贿赂犯罪数额和情节认定标准进行了规定，明确了受贿罪的主观要件、谋利事项、贿赂的范围、多次受贿的计算方法、受贿罪与渎职罪的数罪并罚问题，以及罚金刑的适用、涉案赃款赃物的处理等相关问题。

通过中国裁判文书网检索，自党的十八大以来，全国法院审结一审受贿罪刑事案件共计4万余件，其中2018年至2022年共审结一审刑事案件共计12807件，其中2018年4492件，2019年3888件，2020年3195件，2021年1075件，2022年157件。

司法实践中，受贿罪案件审理主要呈现出以下特点及趋势：一是受贿犯罪的隐蔽性较强。受财行为往往一对一实施，不为外人所知晓；受贿案件的犯罪手段往往较为隐蔽，以"影子公司""期权腐败"、政商"旋转门"等方式掩饰权钱交易本质案件增多。二是行业性、系统性、地域性腐败现象突出。一些单位或部门存在权力过分集中、监管机制缺乏或者流于形式等问题，不少一把手的行为往往交叉感染，加之金钱诱惑，很容易竞相仿效，在自己的职务范围内收受贿赂，导致一窝蜂式的犯罪。三是犯罪时间长、跨度大。行为人初次犯罪后，侥幸心理加强，相应的防范意识就会进一步弱化，随之会持续不断犯案，频率增高，作案的时间跨度加大。四是收受财物与谋利之间的对应关系越来越模糊，相当多的贿赂犯罪案件是以活动费、过节费、红包等"礼尚往来"名目出现的，掩盖了权钱交易的实质罪行，使得贿赂行为更容易得逞。随着犯罪手段的更新换代，受财和谋利行为往往隐藏在经济交往和正常履职之中，查证难度大。五是领域集中，重点岗位权力寻租。工程建设改造、违章拆除动迁、房屋土地租赁等，是现阶段经济社会发展中的阶段性工作项目，相应地，工程建设、房地产租赁等领域，更易成为开发商、承揽方、承租方等竞相逐利的对象。六是涉案金额不断攀升。大多数行为人每次受贿的金额可能不大，由于"温水煮青蛙"的效应，犯案习以为常，经过多次作案至案发涉案总金额达到法律上的数额特别巨大的程度。而且随着经济发展，涉案金额也呈现出不断攀升的趋势。此外，领导干部亲属"寄生性"腐败犯罪层出不穷，家族式腐败问题日渐突出。

三、受贿罪案件审理热点、难点问题

1. 受贿罪与非罪的区分。根据《最高人民法院、最高人民检察院关于办理受贿刑事案件适用法律若干问题的意见》第 9 条关于收受财物后退还或者上交问题的规定，"国家工作人员收受请托人财物后及时退还或者上交的，不是受贿。国家工作人员受贿后，因自身或者与其受贿有关联的人、事被查处，为掩饰犯罪而退还或者上交的，不影响认定受贿罪。"这里明确提出"及时退还"是判断罪与非罪的界限，而非罪重与罪轻的界限。但在司法实践中如何认定"及时退还"存在较大争议。

2. 受贿数额的认定。2007 年 7 月 8 日，最高人民法院、最高人民检察院联合发布了《关于办理受贿刑事案件适用法律若干问题的意见》，对以交易形式、合作投资名义受贿等十种行为的定性处理问题进行了规定，其中对于不同类型的受贿犯罪数额的认定作出了规定。但随着经济和社会的发展，受贿犯罪案件出现了一些新的情况，受贿方式和手段不断翻新，更具复杂性、隐蔽性，这给司法机关适用法律带来了一定的困难。特别是行受贿双方通过公司股权结构的变化、专业会计的操作等，对收受财物进行多层次、专业化的股权设计，使得如何认定收受财物的价值成为难点，如受贿人收受上市公司限售股股权价值的认定等，需要司法解释做出针对性的回应。

3. 关于收受商业机会能否认定为行贿。根据《最高人民法院、最高人民检察院关于办理贪污贿赂刑事案件适用法律若干问题的解释》第 12 条规定，受贿犯罪中的财产性利益，包括可以折算为货币的物质利益如房屋装修、债务免除等，以及需要支付货币的其他利益如会员服务、旅游等。实践中，部分工程领域受贿犯罪中，出现国家工作人员向请托人索要、收受工程量的情形，对于工程量是否属于可以折算为货币的物质利益、在能够查明受贿人通过转让工程量获得货币利益情况下是否可以将违法所得数额认定为受贿数额等问题，在实践中均存在较大争议，需要司法解释做出针对性回应。

4. 索贿的认定。根据刑法规定，索贿是受贿罪的从重处罚情节，因此是否构成索贿往往成为控辩双方争议的焦点，也成为案件审理的重点。对于索贿的认定，司法实践中存在两种观点：一种观点认为，在行贿、受贿犯罪中，只要受贿人主动向请托人提出具体明确的财物要求，受贿人是主动的，而请托人是被动的，就应当认定为索贿；另一种观点认为，虽然索贿案件中，都是受贿人主动向请托人提出具体明确的财物要求，但是受贿人的行为并不一定因此构成索贿，还要根据受贿人给请托人谋利的大小，请托人事先是否对受贿人有承诺，受贿人提出具体、明确的财物要求是否在请托人预知承受的范围内，以及请托人得知受贿的要求时内心的表现等多种因素进行考量，然后才能确定是否构成索贿。

5. 犯罪既未遂的认定。传统观点认为，受贿罪以被请托人取得财物为既遂。但随着社会经济的发展，收受财物的范围进一步扩大，收受贿赂的手段也呈现出一定程度的专业化和新颖化，行受贿双方之间的关系愈加复杂，特别是行受贿双方为掩饰犯罪，受贿方通常并不直接持有收受的股权、房屋等，因此，需要通过分析是否实际控制所有权来判断受贿人是否实际取得财物，例如，对于所收受财物虽未登记在受贿方名下，但受贿方能够实际控制的，应当认定为犯罪既遂。

6. 共同犯罪的认定。司法实践中，对于受贿罪的共犯与利用影响力受贿罪的区分，往往成为审判的难点。根据共犯原理，国家工作人员的近亲属、关系密切者收受贿赂行

为同国家工作人员形成共犯关系，则应当以受贿罪共犯论处；而利用影响力受贿罪的成立前提是国家工作人员的近亲属、关系密切者通过或利用国家工作人员的职务便利、职权、地位形成的便利条件收受贿赂，但与国家工作人员没有共犯关系。非国家工作人员是否构成受贿罪共犯，取决于双方有无共同受贿的故意和行为。例如，国家工作人员的近亲属向国家工作人员代为转达请托事项，收受请托人财物并告知该国家工作人员；或者国家工作人员明知其近亲属收受了他人财物，仍按照近亲属的要求利用职权为他人谋取利益的，对该国家工作人员应认定为受贿罪，其近亲属可以受贿罪共犯论处。近亲属以外的其他人与国家工作人员通谋，由国家工作人员利用职务上的便利为请托人谋取利益，收受请托人财物后双方共同占有的，也构成受贿罪共犯。这就表明，利用影响力受贿罪的认定，首先需要排除受贿罪共犯的情形（尤其是家属受贿的场合），只有在基于证据等事实认定等方面的原因，确实不成立受贿罪共犯的前提下，才有以利用影响力受贿罪单独定罪的余地。

四、受贿罪案件办案思路及原则

1. 突出依法从严，坚持宽严相济的刑事政策。依法从严是惩治贪污贿赂犯罪的一贯原则，要严厉打击贪污、受贿犯罪行为，加大经济处罚力度和财产刑执行力度。要从严从重打击滥用职权损害国家、人民利益的受贿犯罪，对国家工作人员收受贿赂、违反规定为他人谋取利益，同时构成受贿罪和渎职犯罪的，要实行数罪并罚。同时坚持宽严相济的刑事政策，注重从宽情节的认定，对于行为人具有自首、如实供述自己的罪行、积极退赔赃款赃物等从宽情节的，要充分体现从宽政策。

2. 坚持证据裁判原则。办理职务犯罪案件，应当全面、客观地审查和判断案件证据，既要审查认定被告人有罪、罪重的证据，更要对罪轻、无罪的证据进行审查。要注重对被告人供述和辩解的审查和判断，只有被告人的供述，没有其他证据的，不宜认定其有罪或处以刑罚。

3. 加强证据的审查和判断。在审理受贿犯罪案件时，应根据受贿罪的犯罪构成要件，从行为人主体身份、谋利事项、收受财物等方面对定罪证据进行审查和判断，进而判断行为人是否构成犯罪。同时要注重量刑证据的审查和判断，《刑法修正案（九）》对受贿罪的处罚进行了修订，取消了按照具体受贿数额设置法定刑的原有规定，按受贿数额和情节的严重程度，重新设置了受贿罪的法定刑，即受贿罪的量刑不再单纯依照收受财物的数量，而是要综合判断受贿犯罪的情节，因此，在办理受贿案件时要加强对社会影响、谋利事项是否枉法等情节证据的审查和判断。

4. 强化对涉案财物的审查和处理。2021 年 3 月 1 日施行的《最高人民法院关于适用〈中华人民共和国刑事诉讼法〉的解释》进一步强化对涉案财物的当庭调查，规定在法庭审理过程中，应当对查封、扣押、冻结财物及其孳息的权属、来源等情况，是否属于违法所得或者依法应当追缴的其他涉案财物进行调查，由公诉人说明情况、出示证据、提出处理建议，并听取被告人、辩护人等诉讼参与人的意见；案外人对涉案财物提出权属异议的，人民法院应当听取案外人的意见，必要时，可以通知案外人出庭；在法庭辩论时，要就涉案财物处理的相关问题进行辩论。受贿犯罪作为财产类型的犯罪，财产的数量多少、是否追缴、退赔直接影响着对行为人的定罪、量刑，因此，在办理该类案件时，要严格依照法定程序对涉案财物进行审查和处理。

5. 以法律为根本遵循，拓展法律适用的方法。正如前文分析，随着经济和社会的发展，受贿犯罪案件出现了一些新的情况，受贿方式和手段不断翻新，更具复杂性、隐蔽性，这对办案人员的理论和实践能力均提出了新的更高要求。一方面要加强对法律、司法解释以及相关政策的学习，另一方面也要拓展法律适用方法，注重理论与实践结合。实践中，要围绕重点和难点问题进行研究和探索，热点问题注重理论探索，难点问题注重实践应用，在程序和实体方面各有侧重。

第二节　受贿罪审判依据

一、法律

《刑法》（2020 年 12 月 26 日修正）（节录）

第三百八十五条　国家工作人员利用职务上的便利，索取他人财物的，或者非法收受他人财物，为他人谋取利益的，是受贿罪。

国家工作人员在经济往来中，违反国家规定，收受各种名义的回扣、手续费，归个人所有的，以受贿论处。

第三百八十六条　对犯受贿罪的，根据受贿所得数额及情节，依照本法第三百八十三条的规定处罚。索贿的从重处罚。

第三百八十八条　国家工作人员利用本人职权或者地位形成的便利条件，通过其他国家工作人员职务上的行为，为请托人谋取不正当利益，索取请托人财物或者收受请托人财物的，以受贿论处。

二、司法解释

1. **《最高人民法院、最高人民检察院关于办理贪污贿赂刑事案件适用法律若干问题的解释》**（2016 年 4 月 18 日　法释〔2016〕9 号）（节录）

第一条　贪污或者受贿数额在三万元以上不满二十万元的，应当认定为刑法第三百八十三条第一款规定的"数额较大"，依法判处三年以下有期徒刑或者拘役，并处罚金。

贪污数额在一万元以上不满三万元，具有下列情形之一的，应当认定为刑法第三百八十三条第一款规定的"其他较重情节"，依法判处三年以下有期徒刑或者拘役，并处罚金：

（一）贪污救灾、抢险、防汛、优抚、扶贫、移民、救济、防疫、社会捐助等特定款物的；

（二）曾因贪污、受贿、挪用公款受过党纪、行政处分的；

（三）曾因故意犯罪受过刑事追究的；

（四）赃款赃物用于非法活动的；

（五）拒不交待赃款赃物去向或者拒不配合追缴工作，致使无法追缴的；

（六）造成恶劣影响或者其他严重后果的。

受贿数额在一万元以上不满三万元，具有前款第二项至第六项规定的情形之一，或者具有下列情形之一的，应当认定为刑法第三百八十三条第一款规定的"其他较重情节"，依法判处三年以下有期徒刑或者拘役，并处罚金：

（一）多次索贿的；

（二）为他人谋取不正当利益，致使公共财产、国家和人民利益遭受损失的；

（三）为他人谋取职务提拔、调整的。

第二条　贪污或者受贿数额在二十万元以上不满三百万元的，应当认定为刑法第三百八十三条第一款规定的"数额巨大"，依法判处三年以上十年以下有期徒刑，并处罚金或者没收财产。

贪污数额在十万元以上不满二十万元，具有本解释第一条第二款规定的情形之一的，应当认定为刑法第三百八十三条第一款规定的"其他严重情节"，依法判处三年以上十年以下有期徒刑，并处罚金或者没收财产。

受贿数额在十万元以上不满二十万元，具有本解释第一条第三款规定的情形之一的，应当认定为刑法第三百八十三条第一款规定的"其他严重情节"，依法判处三年以上十年以下有期徒刑，并处罚金或者没收财产。

第三条　贪污或者受贿数额在三百万元以上的，应当认定为刑法第三百八十三条第一款规定的"数额特别巨大"，依法判处十年以上有期徒刑、无期徒刑或者死刑，并处罚金或者没收财产。

贪污数额在一百五十万元以上不满三百万元，具有本解释第一条第二款规定的情形之一的，应当认定为刑法第三百八十三条第一款规定的"其他特别严重情节"，依法判处十年以上有期徒刑、无期徒刑或者死刑，并处罚金或者没收财产。

受贿数额在一百五十万元以上不满三百万元，具有本解释第一条第三款规定的情形之一的，应当认定为刑法第三百八十三条第一款规定的"其他特别严重情节"，依法判处十年以上有期徒刑、无期徒刑或者死刑，并处罚金或者没收财产。

第四条　贪污、受贿数额特别巨大，犯罪情节特别严重、社会影响特别恶劣、给国家和人民利益造成特别重大损失的，可以判处死刑。

符合前款规定的情形，但具有自首，立功，如实供述自己罪行、真诚悔罪、积极退赃，或者避免、减少损害结果的发生等情节，不是必须立即执行的，可以判处死刑缓期二年执行。

符合第一款规定情形的，根据犯罪情节等情况可以判处死刑缓期二年执行，同时裁判决定在其死刑缓期执行二年期满依法减为无期徒刑后，终身监禁，不得减刑、假释。

第十二条　贿赂犯罪中的"财物"，包括货币、物品和财产性利益。财产性利益包括可以折算为货币的物质利益如房屋装修、债务免除等，以及需要支付货币的其他利益如会员服务、旅游等。后者的犯罪数额，以实际支付或者应当支付的数额计算。

第十三条　具有下列情形之一的，应当认定为"为他人谋取利益"，构成犯罪的，应当依照刑法关于受贿犯罪的规定定罪处罚：

（一）实际或者承诺为他人谋取利益的；

（二）明知他人有具体请托事项的；

（三）履职时未被请托，但事后基于该履职事由收受他人财物的。

国家工作人员索取、收受具有上下级关系的下属或者具有行政管理关系的被管理人员的财物价值三万元以上，可能影响职权行使的，视为承诺为他人谋取利益。

第十五条 对多次受贿未经处理的，累计计算受贿数额。

国家工作人员利用职务上的便利为请托人谋取利益前后多次收受请托人财物，受请托之前收受的财物数额在一万元以上的，应当一并计入受贿数额。

第十六条 国家工作人员出于贪污、受贿的故意，非法占有公共财物、收受他人财物之后，将赃款赃物用于单位公务支出或者社会捐赠的，不影响贪污罪、受贿罪的认定，但量刑时可以酌情考虑。

特定关系人索取、收受他人财物，国家工作人员知道后未退还或者上交的，应当认定国家工作人员具有受贿故意。

第十七条 国家工作人员利用职务上的便利，收受他人财物，为他人谋取利益，同时构成受贿罪和刑法分则第三章第三节、第九章规定的渎职犯罪的，除刑法另有规定外，以受贿罪和渎职犯罪数罪并罚。

第十八条 贪污贿赂犯罪分子违法所得的一切财物，应当依照刑法第六十四条的规定予以追缴或者责令退赔，对被害人的合法财产应当及时返还。对尚未追缴到案或者尚未足额退赔的违法所得，应当继续追缴或者责令退赔。

第十九条 对贪污罪、受贿罪判处三年以下有期徒刑或者拘役的，应当并处十万元以上五十万元以下的罚金；判处三年以上十年以下有期徒刑的，应当并处二十万元以上犯罪数额二倍以下的罚金或者没收财产；判处十年以上有期徒刑或者无期徒刑的，应当并处五十万元以上犯罪数额二倍以下的罚金或者没收财产。

对刑法规定并处罚金的其他贪污贿赂犯罪，应当在十万元以上犯罪数额二倍以下判处罚金。

2.《最高人民法院关于国家工作人员利用职务上的便利为他人谋取利益离退休后收受财物行为如何处理问题的批复》（2000 年 7 月 13 日　法释〔2000〕21 号）（节录）

国家工作人员利用职务上的便利为请托人谋取利益，并与请托人事先约定，在其离退休后收受请托人财物，构成犯罪的，以受贿罪定罪处罚。

3.《最高人民检察院关于人民检察院直接受理立案侦查案件立案标准的规定（试行）》（1999 年 9 月 16 日　高检发释字〔1999〕2 号）（节录）

"利用职务上的便利"，是指利用本人职务范围内的权力，即自己职务上主管、负责或者承办某项公共事务的职权及其所形成的便利条件。索取他人财物的，不论是否"为他人谋取利益"，均可构成受贿罪。非法收受他人财物的，必须同时具备"为他人谋取利益"的条件，才能构成受贿罪。但是为他人谋取的利益是否正当，为他人谋取的利益是否实现，不影响受贿罪的认定。国家工作人员在经济往来中，违反国家规定，收受各种名义的回扣、手续费，归个人所有的，以受贿罪追究刑事责任。国有公司、企业中从事公务的人员和国有公司、企业委派到非国有公司、企业从事公务的人员利用职务上的便利，索取他人财物或者非法收受他人财物，为他人谋取利益，或者在经济往来中，违反国家规定，收受各种名义的回扣、手续费，归个人所有的，以受贿罪追究刑事责任。国有金融机构工作人员和国有金融机构委派到非国有金融机构从事公务的人员在金融业务活动中索取他人财物或者非法收受他人财物，为他人谋取利益的，或者违反国家规定，收受各种名义的回扣、手续费归个人所有的，以受贿罪追究刑事责任。国家工作人员利用本人职权或者地位形成的便利条件，通过其他国家工作人员职务上的行为，为请托人谋取不正当利益，索取请托人财物或者收受请托人财物的，以受贿罪追究刑事责任。本规定中有关贿赂案中的"谋取不正当利益"，是指谋取违反法律、法规、国家政策和国务院各部门规章规定的利益，以及谋取违反法律、法规、国家政策和国务院各部门规章规定的帮助或者方便条件。

三、刑事政策文件

1. 《最高人民法院、最高人民检察院关于办理受贿刑事案件适用法律若干问题的意见》（2007 年 7 月 8 日　法发〔2007〕22 号）

为依法惩治受贿犯罪活动，根据刑法有关规定，现就办理受贿刑事案件具体适用法律若干问题，提出以下意见：

一、关于以交易形式收受贿赂问题

国家工作人员利用职务上的便利为请托人谋取利益，以下列交易形式收受请托人财物的，以受贿论处：

（1）以明显低于市场的价格向请托人购买房屋、汽车等物品的；

（2）以明显高于市场的价格向请托人出售房屋、汽车等物品的；

（3）以其他交易形式非法收受请托人财物的。

受贿数额按照交易时当地市场价格与实际支付价格的差额计算。

前款所列市场价格包括商品经营者事先设定的不针对特定人的最低优惠价格。根据商品经营者事先设定的各种优惠交易条件，以优惠价格购买商品的，不属于受贿。

二、关于收受干股问题

干股是指未出资而获得的股份。国家工作人员利用职务上的便利为请托人谋取利益，收受请托人提供的干股的，以受贿论处。进行了股权转让登记，或者相关证据证明股份发生了实际转让的，受贿数额按转让行为时股份价值计算，所分红利按受贿孳息处理。股份未实际转让，以股份分红名义获取利益的，实际获利数额应当认定为受贿数额。

三、关于以开办公司等合作投资名义收受贿赂问题

国家工作人员利用职务上的便利为请托人谋取利益，由请托人出资，"合作"开办公司或者进行其他"合作"投资的，以受贿论处。受贿数额为请托人给国家工作人员的出资额。

国家工作人员利用职务上的便利为请托人谋取利益，以合作开办公司或者其他合作投资的名义获取"利润"，没有实际出资和参与管理、经营的，以受贿论处。

四、关于以委托请托人投资证券、期货或者其他委托理财的名义收受贿赂问题

国家工作人员利用职务上的便利为请托人谋取利益，以委托请托人投资证券、期货或者其他委托理财的名义，未实际出资而获取"收益"，或者虽然实际出资，但获取"收益"明显高于出资应得收益的，以受贿论处。受贿数额，前一情形，以"收益"额计算；后一情形，以"收益"额与出资应得收益额的差额计算。

五、关于以赌博形式收受贿赂的认定问题

根据《最高人民法院、最高人民检察院关于办理赌博刑事案件具体应用法律若干问

题的解释》第七条规定，国家工作人员利用职务上的便利为请托人谋取利益，通过赌博方式收受请托人财物的，构成受贿。

实践中应注意区分贿赂与赌博活动、娱乐活动的界限。具体认定时，主要应当结合以下因素进行判断：（1）赌博的背景、场合、时间、次数；（2）赌资来源；（3）其他赌博参与者有无事先通谋；（4）输赢钱物的具体情况和金额大小。

六、关于特定关系人"挂名"领取薪酬问题

国家工作人员利用职务上的便利为请托人谋取利益，要求或者接受请托人以给特定关系人安排工作为名，使特定关系人不实际工作却获取所谓薪酬的，以受贿论处。

七、关于由特定关系人收受贿赂问题

国家工作人员利用职务上的便利为请托人谋取利益，授意请托人以本意见所列形式，将有关财物给予特定关系人的，以受贿论处。

特定关系人与国家工作人员通谋，共同实施前款行为的，对特定关系人以受贿罪的共犯论处。特定关系人以外的其他人与国家工作人员通谋，由国家工作人员利用职务上的便利为请托人谋取利益，收受请托人财物后双方共同占有的，以受贿罪的共犯论处。

八、关于收受贿赂物品未办理权属变更问题

国家工作人员利用职务上的便利为请托人谋取利益，收受请托人房屋、汽车等物品，未变更权属登记或者借用他人名义办理权属变更登记的，不影响受贿的认定。

认定以房屋、汽车等物品为对象的受贿，应注意与借用的区分。具体认定时，除双方交代或者书面协议之外，主要应当结合以下因素进行判断：（1）有无借用的合理事由；（2）是否实际使用；（3）借用时间的长短；（4）有无归还的条件；（5）有无归还的意思表示及行为。

九、关于收受财物后退还或者上交问题

国家工作人员收受请托人财物后及时退还或者上交的，不是受贿。

国家工作人员受贿后，因自身或者与其受贿有关联的人、事被查处，为掩饰犯罪而退还或者上交的，不影响认定受贿罪。

十、关于在职时为请托人谋利，离职后收受财物问题

国家工作人员利用职务上的便利为请托人谋取利益之前或者之后，约定在其离职后收受请托人财物，并在离职后收受的，以受贿论处。

国家工作人员利用职务上的便利为请托人谋取利益，离职前后连续收受请托人财物的，离职前后收受部分均应计入受贿数额。

十一、关于"特定关系人"的范围

本意见所称"特定关系人"，是指与国家工作人员有近亲属、情妇（夫）以及其他共同利益关系的人。

十二、关于正确贯彻宽严相济刑事政策的问题

依照本意见办理受贿刑事案件，要根据刑法关于受贿罪的有关规定和受贿罪权钱交易的本质特征，准确区分罪与非罪、此罪与彼罪的界限，惩处少数，教育多数。在从严惩处受贿犯罪的同时，对于具有自首、立功等情节的，依法从轻、减轻或者免除处罚。

2.《最高人民法院、最高人民检察院关于办理商业贿赂刑事案件适用法律若干问题的意见》（2008 年 11 月 20 日　法发〔2008〕33 号）（节录）

一、商业贿赂犯罪涉及刑法规定的以下八种罪名：（1）非国家工作人员受贿罪（刑法第一百六十三条）；（2）对非国家工作人员行贿罪（刑法第一百六十四条）；（3）受贿罪（刑法第三百八十五条）；（4）单位受贿罪（刑法第三百八十七条）；（5）行贿罪（刑法第三百八十九条）；（6）对单位行贿罪（刑法第三百九十一条）；（7）介绍贿赂罪（刑法第三百九十二条）；（8）单位行贿罪（刑法第三百九十三条）。

……

四、医疗机构中的国家工作人员，在药品、医疗器械、医用卫生材料等医药产品采购活动中，利用职务上的便利，索取销售方财物，或者非法收受销售方财物，为销售方谋取利益，构成犯罪的，依照刑法第三百八十五条的规定，以受贿罪定罪处罚。

医疗机构中的非国家工作人员，有前款行为，数额较大的，依照刑法第一百六十三条的规定，以非国家工作人员受贿罪定罪处罚。

医疗机构中的医务人员，利用开处方的职务便利，以各种名义非法收受药品、医疗器械、医用卫生材料等医药产品销售方财物，为医药产品销售方谋取利益，数额较大的，依照刑法第一百六十三条的规定，以非国家工作人员受贿罪定罪处罚。

五、学校及其他教育机构中的国家工作人员，在教材、教具、校服或者其他物品的采购等活动中，利用职务上的便利，索取销售方财物，或者非法收受销售方财物，为销售方谋取利益，构成犯罪的，依照刑法第三百八十五条的规定，以受贿罪定罪处罚。

学校及其他教育机构中的非国家工作人员，有前款行为，数额较大的，依照刑法第一百六十三条的规定，以非国家工作人员受贿罪定罪处罚。

学校及其他教育机构中的教师，利用教学活动的职务便利，以各种名义非法收受教材、教具、校服或者其他物品销售方财物，为教材、教具、校服或者其他物品销售方谋取利益，数额较大的，依照刑法第一百六十三条的规定，以非国家工作人员受贿罪定罪处罚。

六、依法组建的评标委员会、竞争性谈判采购中谈判小组、询价采购中询价小组的组成人员，在招标、政府采购等事项的评标或者采购活动中，索取他人财物或者非法收受他人财物，为他人谋取利益，数额较大的，依照刑法第一百六十三条的规定，以非国家工作人员受贿罪定罪处罚。

依法组建的评标委员会、竞争性谈判采购中谈判小组、询价采购中询价小组中国家机关或者其他国有单位的代表有前款行为的，依照刑法第三百八十五条的规定，以受贿罪定罪处罚。

七、商业贿赂中的财物，既包括金钱和实物，也包括可以用金钱计算数额的财产性利益，如提供房屋装修、含有金额的会员卡、代币卡（券）、旅游费用等。具体数额以实际支付的资费为准。

八、收受银行卡的，不论受贿人是否实际取出或者消费，卡内的存款数额一般应全额认定为受贿数额。使用银行卡透支的，如果由给予银行卡的一方承担还款责任，透支数额也应当认定为受贿数额。

……

十、办理商业贿赂犯罪案件，要注意区分贿赂与馈赠的界限。主要应当结合以下因素全面分析、综合判断：（1）发生财物往来的背景，如双方是否存在亲友关系及历史上交往的情形和程度；（2）往来财物的价值；（3）财物往来的缘由、时机和方式，提供财物方对于接受方有无职务上的请托；（4）接受方是否利用职务上的便利为提供方谋取利益。

十一、非国家工作人员与国家工作人员通谋，共同收受他人财物，构成共同犯罪的，根据双方利用职务便利的具体情形分别定罪追究刑事责任：

（1）利用国家工作人员的职务便利为他人谋取利益的，以受贿罪追究刑事责任。

（2）利用非国家工作人员的职务便利为他人谋取利益的，以非国家工作人员受贿罪追究刑事责任。

（3）分别利用各自的职务便利为他人谋取利益的，按照主犯的犯罪性质追究刑事责任，不能分清主从犯的，可以受贿罪追究刑事责任。

3. 《最高人民法院、最高人民检察院关于办理国家出资企业中职务犯罪案件具体应用法律若干问题的意见》（2010 年 11 月 26 日　法发〔2010〕49 号）（节录）

四、关于国家工作人员在企业改制过程中的渎职行为的处理

国家出资企业中的国家工作人员在公司、企业改制或者国有资产处置过程中严重不负责任或者滥用职权，致使国家利益遭受重大损失的，依照刑法第一百六十八条的规定，以国有公司、企业人员失职罪或者国有公司、企业人员滥用职权罪定罪处罚。

国家出资企业中的国家工作人员在公司、企业改制或者国有资产处置过程中徇私舞弊，将国有资产低价折股或者低价出售给其本人未持有股份的公司、企业或者其他个人，致使国家利益遭受重大损失的，依照刑法第一百六十九条的规定，以徇私舞弊低价折股、出售国有资产罪定罪处罚。

国家出资企业中的国家工作人员在公司、企业改制或者国有资产处置过程中徇私舞弊，将国有资产低价折股或者低价出售给特定关系人持有股份或者本人实际控制的公司、企业，致使国家利益遭受重大损失的，依照刑法第三百八十二条、第三百八十三条的规定，以贪污罪定罪处罚。贪污数额以国有资产的损失数额计算。

国家出资企业中的国家工作人员因实施第一款、第二款行为收受贿赂，同时又构成刑法第三百八十五条规定之罪的，依照处罚较重的规定定罪处罚。

五、关于改制前后主体身份发生变化的犯罪的处理

国家工作人员在国家出资企业改制前利用职务上的便利实施犯罪，在其不再具有国家工作人员身份后又实施同种行为，依法构成不同犯罪的，应当分别定罪，实行数罪并罚。

国家工作人员利用职务上的便利，在国家出资企业改制过程中隐匿公司、企业财产，在其不再具有国家工作人员身份后将所隐匿财产据为己有的，依照刑法第三百八十二条、第三百八十三条的规定，以贪污罪定罪处罚。

国家工作人员在国家出资企业改制过程中利用职务上的便利为请托人谋取利益，事先约定在其不再具有国家工作人员身份后收受请托人财物，或者在身份变化前后连续收受请托人财物的，依照刑法第三百八十五条、第三百八十六条的规定，以受贿罪定罪

处罚。

六、关于国家出资企业中国家工作人员的认定

经国家机关、国有公司、企业、事业单位提名、推荐、任命、批准等，在国有控股、参股公司及其分支机构中从事公务的人员，应当认定为国家工作人员。具体的任命机构和程序，不影响国家工作人员的认定。

经国家出资企业中负有管理、监督国有资产职责的组织批准或者研究决定，代表其在国有控股、参股公司及其分支机构中从事组织、领导、监督、经营、管理工作的人员，应当认定为国家工作人员。

国家出资企业中的国家工作人员，在国家出资企业中持有个人股份或者同时接受非国有股东委托的，不影响其国家工作人员身份的认定。

七、关于国家出资企业的界定

本意见所称"国家出资企业"，包括国家出资的国有独资公司、国有独资企业，以及国有资本控股公司、国有资本参股公司。

是否属于国家出资企业不清楚的，应遵循"谁投资、谁拥有产权"的原则进行界定。企业注册登记中的资金来源与实际出资不符的，应根据实际出资情况确定企业的性质。企业实际出资情况不清楚的，可以综合工商注册、分配形式、经营管理等因素确定企业的性质。

4. 最高人民法院《全国法院审理经济犯罪案件工作座谈会纪要》（2003 年 11 月 3 日法发〔2003〕167 号）（节录）

三、关于受贿罪

（一）关于"利用职务上的便利"的认定

刑法第三百八十五条第一款规定的"利用职务上的便利"，既包括利用本人职务上主管、负责、承办某项公共事务的职权，也包括利用职务上有隶属、制约关系的其他国家工作人员的职权。担任单位领导职务的国家工作人员通过不属自己主管的下级部门的国家工作人员的职务为他人谋取利益的，应当认定为"利用职务上的便利"为他人谋取利益。

（二）"为他人谋取利益"的认定

为他人谋取利益包括承诺、实施和实现三个阶段的行为。只要具有其中一个阶段的行为，如国家工作人员收受他人财物时，根据他人提出的具体请托事项，承诺为他人谋取利益的，就具备了为他人谋取利益的要件。明知他人有具体请托事项而收受其财物的，视为承诺为他人谋取利益。

（三）"利用职权或地位形成的便利条件"的认定

刑法第三百八十八条规定的"利用本人职权或者地位形成的便利条件"，是指行为人与被其利用的国家工作人员之间在职务上虽然没有隶属、制约关系，但是行为人利用了本人职权或者地位产生的影响和一定的工作联系，如单位内不同部门的国家工作人员之间、上下级单位没有职务上隶属、制约关系的国家工作人员之间、有工作联系的不同单位的国家工作人员之间等。

（四）离职国家工作人员收受财物行为的处理

参照《最高人民法院关于国家工作人员利用职务上的便利为他人谋取利益离退休后

收受财物行为如何处理问题的批复》规定的精神，国家工作人员利用职务上的便利为请托人谋取利益，并与请托人事先约定，在其离职后收受请托人财物，构成犯罪的，以受贿罪定罪处罚。

（五）共同受贿犯罪的认定

根据刑法关于共同犯罪的规定，非国家工作人员与国家工作人员勾结伙同受贿的，应当以受贿罪的共犯追究刑事责任。非国家工作人员是否构成受贿罪共犯，取决于双方有无共同受贿的故意和行为，国家工作人员的近亲属向国家工作人员代为转达请托事项，收受请托人财物并告知该国家工作人员。或者国家工作人员明知其近亲属收受了他人财物，仍按照近亲属的要求利用职权为他人谋取利益的，对该国家工作人员应认定为受贿罪，其近亲属以受贿罪共犯论处；近亲属以外的其他人与国家工作人员通谋，由国家工作人员利用职务上的便利为请托人谋取利益，收受请托人财物后双方共同占有的，构成受贿罪共犯，国家工作人员利用职务上的便利为他人谋取利益，并指定他人将财物送给其他人。构成犯罪的，应以受贿罪定罪处罚。

（六）以借款为名索取或者非法收受财物行为的认定

国家工作人员利用职务上的便利以借为名向他人索取财物，或者非法收受财物为他人谋取利益的，应当认定为受贿。具体认定时，不能仅仅看是否有书面借款手续，应当根据以下因素综合判定：（1）有无正当、合理的借款事由；（2）款项的去向；（3）双方平时关系如何、有无经济往来；（4）出借方是否要求国家工作人员利用职务上的便利为其谋取利益；（5）借款后是否有归还的意思表示及行为；（6）是否有归还的能力；（7）未归还的原因；等等。

（七）涉及股票受贿案件的认定

在办理涉及股票的受贿案件时，应当注意：（1）国家工作人员利用职务上的便利，索取或非法收受股票，没有支付股本金，为他人谋取利益，构成受贿罪的，其受贿数额按照收受股票时的实际价格计算。（2）行为人支付股本金而购买较有可能升值的股票，由于不是无偿收受请托人财物，不以受贿罪论处。（3）股票已上市且已升值，行为人仅支付股本金，其"购买"股票时的实际价格与股本金的差价部分应认定为受贿。

5.《最高人民检察院法律政策研究室关于集体性质的乡镇卫生院院长利用职务之便收受他人财物的行为如何适用法律问题的答复》（2003 年 4 月 2 日　〔2003〕高检研发第 9 号）

经过乡镇政府或者主管行政机关任命的乡镇卫生院院长，在依法从事本区域卫生工作的管理与业务技术指导，承担医疗预防保健服务工作等公务活动时，属于刑法第九十三条第二款规定的其他依照法律从事公务的人员。对其利用职务上的便利，索取他人财物的，或者非法收受他人财物，为他人谋取利益的，应当依照刑法第三百八十五条、第三百八十六条的规定，以受贿罪追究刑事责任。

第三节　受贿罪在审判实践中的疑难新型问题

问题 1. 如何把握"及时退还"的规定

《最高人民法院、最高人民检察院关于办理受贿刑事案件适用法律若干问题的意见》第 9 条规定了关于收受财物后退还或者上交的处理原则，规定"国家工作人员收受请托人财物后及时退还或者上交的，不是受贿。国家工作人员受贿后，因自身或者与其受贿有关联的人、事被查处，为掩饰犯罪而退还或者上交的，不影响认定受贿罪"。这里明确提出"及时退还"的规定是非常重要的内容，是判断罪与非罪的界限，而非罪重与罪轻的界限。

结合司法实践，对于国家工作人员及时退还财物不构成受贿罪，应当同时满足三个条件：第一，客观上要求收受财物的人及时退还。从文意上解释看，"及时"在时间上表现为尽可能短，但单纯时间的长短并不是判断是否及时的根本因素，还要结合其他因素进行判断。第二，要审查判断是否存在及时归还的阻却事由。要排除各种失控和自然条件的限制，审查是否存在行为人生病住院、请托人送出财物后出国，或者请托人出差没有及时相见等情形。第三，能够认定"及时退还"更重要的是看行为人本身是否具有占有财物的故意。判断行为人收受财物时是否具有占有的故意，不能完全以其供述作为依据，而应根据主客观相一致原则：如果没有占有的故意，当时就会予以拒绝，即便一时未能拒绝或者遇到行贿人扔下财物迅速离开的情形，行为人也应及时与请托人进行沟通。实践中，值得注意的是，当行为人或请托人被监察机关函询或者接受调查时，才主动将财物退还的，不能视为及时退还。或者请托人被留置后，行为人将财物退还请托人的家属或者近亲属，或转交给单位同志保管、上交廉洁账户的，亦不能视为及时退还，此时，只能认定为掩盖犯罪的一种手段。[①]

【刑事审判参考案例 1】毋某良受贿案[②]

一、基本案情

2003 年至 2012 年间，被告人毋某良利用担任萧县人民政府副县长、县长，中共萧县县委副书记、书记等职务便利，在工程项目、征地拆迁、干部调整等方面为他人谋取利益，非法收受他人财物，共计人民币 1869.2 万元、美元 4.2 万元、购物卡 6.4 万元以及价值 3.5 万元的手表一块。

2006 年 12 月至 2012 年 2 月间，毋某良累计 23 次将现金人民币 1790 余万元及美元、购物卡、手表等物品交存到萧县招商局、县委办，知情范围极其有限，款物的使用、支配由毋某良决定、控制。后 1100 余万元用于公务支出，400 余万元用于退还他人、为退

[①]　王晓东：《贪污贿赂、渎职犯罪司法实务疑难问题解析》，人民法院出版社 2020 年版，第 96~97 页。

[②]　陈华舒：《毋某良受贿案——赃款、赃物用于公务支出，是否影响受贿罪的认定》，载中华人民共和国最高人民法院刑事审判第一、二、三、四、五庭主办：《刑事审判参考》（总第 106 集），指导案例第 1149 号，法律出版社 2016 年版，第 86~92 页。

休领导违规配车及招待费用等，尚有余款 280 余万元及购物卡、物品等。2012 年年初，毋某良在与其有关联的他人被查处、办案机关已初步掌握其涉嫌受贿犯罪线索后，始退还部分款项，并向县委班子通报、向上级领导报告收受他人 1600 余万元及交存情况。

法院认为，毋某良为掩饰受贿犯罪，采取边退边收的方式混淆视听、逃避打击，将部分款物交存于招商局、县委办，是犯罪既遂后对赃款的处置，以受贿罪对其判处刑罚。

二、案例评析

行为人出于受贿故意，非法收受他人财物后，部分赃款交存于国有单位，后大部分用于公务支出，仍以受贿论处。

根据罪刑法定原则，行为人的行为是否构成犯罪，应以《刑法》规定的犯罪构成要件为标准，对司法解释的理解和适用亦应遵循该原则，与立法本意一致而不能随意脱离、相悖。受贿罪作为故意犯罪，只要国家工作人员具有受贿故意，利用职务上的便利，为他人谋取利益，或者利用本人职权或者地位形成的便利条件，通过其他国家工作人员职务上的行为，为请托人谋取不正当利益，并实际索取、收受他人财物的，即应认定为受贿既遂。《最高人民法院、最高人民检察院关于办理受贿刑事案件适用法律若干问题的意见》（以下简称《意见》）第 9 条第 1 款"国家工作人员收受请托人财物后及时退还或者上交的，不是受贿"的规定，是针对实践中国家工作人员主观上没有受贿故意，但客观上收受了他人财物，并及时退还或者上交，并非针对受贿既遂后退还或者上交的情形。该款明确表述为"收受请托人财物后"，而非第二款表述的"受贿后"，并强调"及时退还或者上交"，索贿情形被排除在外即为此意。例如，某甲利用职权为朋友某乙实际谋取了利益，某乙为表示感谢，送给某甲价值 800 元的两盒茶叶，其中一盒内置现金 3 万元，某甲当时未详加查看，发现藏有现金后及时退还。此种情形下，某甲虽客观收受了他人财物，但自始至终均无受贿故意，没有侵犯职务行为的廉洁性，当然不应认定为犯罪。但如果某甲没有及时退还或上交，且没有任何无法退还或上交的客观理由，应认定其实际收受财物后，主观心理发生了变化，产生了非法占有故意，应认定为受贿。第 2 款所明确的不影响认定受贿罪的行为，与第 1 款规定的行为性质迥异，旨在避免第 1 款在司法实践中被错用、滥用，不能错误理解为行为人受贿后，在自身或者与其受贿有关联的人、事被查处前，主动上交、退还的，视为第 1 款规定的不构成受贿的及时退交。就本案所查明的全部犯罪事实而言，毋某良均具有受贿故意，并为他人实际谋取或承诺谋取利益，部分谋利行为积极主动，甚至置法律、组织原则于不顾，不惜严重损害国家利益。以毋某良收受吴某芝、周某青 900 万元的事实为例，周某青就其欲与吴某芝共同开发萧县老火车站地块，通过毋某良的原秘书姜某杰向毋提出请托，并承诺按照净利润的 20% 给予回报，毋某良同意后通过姜某杰向周某青透露涉案土地的拍卖标底，致使该地块的最终出让价格仅高于底价 200 万元。此外，毋某良在加大拆迁力度、证照办理以及周某青承接其他工程等方面，均给予积极帮助，先后三次、每次 300 万元，共收受吴某芝、周某青给予的 900 万元。再以毋某良收受萧县体育局局长邢某、县卫生局副局长兼疾控中心主任王某乐 28 万元为例，邢某系萧县教育局原局长，因无证游医参与学生体检事件被免职，毋某良应邢某、王某乐夫妇之请托，在三常委小范围酝酿干部人选时罔顾其他两位异议，坚持并实际安排邢某担任体育局长，承诺调整王某乐任萧县人民医院院长。毋某良的此种利用职权积极为请托人谋利，收受甚至索取财物的行为，在本案中极为常见。再就毋某良交存款项的数额、时间及来源看，2003 年至 2005 年间分文未交，2009 年收少交多，其他年份收多交少，并非及时、全部交存且差异明显，部分源于所查明的受贿事实和非法礼金，部分并不在查明事实之列而是源于其他收入甚至非法收入。从交存款物的部门、知情范围及处分情况来看，也能证明毋某良有受贿故意及侥幸心理：一是交存款物的部门既非纪律检查部门，亦非廉政专用账户，而是毋某良主管、便于控制的县招商局和县委办；二是知情者极少且知情内容有限，通报相关情况系迫于压力；三是交存款物的支取，必须经过毋某良同意或安排，毋具有绝对的控制、处分权。因此，毋某良案发前退还、交存部分款物，不属于《意见》第9条"及时退还或者上交"，而是借此混淆视听，逃避查处，相应数额不应从受贿数额中扣除。

【刑事审判参考案例2】周某受贿案①

一、基本案情

2010年7月，海南省三亚市海棠湾镇开展综合打击整治非法占用铁炉港海域从事生产、经营、建设行为，销毁非法抢建鱼排等专项工作，时任三亚市海棠湾镇委副书记的被告人周某负责该项销毁工作。其间，林某瑜的鱼排被销毁后，通过他人找到周某，欲要求政府部门予以补偿，并两次以为周某买茶单的形式向周某行贿现金人民币24万元。2010年年底，周某认为不能给林某瑜帮忙解决鱼排补偿事宜，害怕事情暴露，于2010年12月6日将24万元退还给林某瑜。2012年11月周某受贿案被立案侦查。

法院认为，被告人周某利用职务上的便利，为他人谋取利益，非法收受他人钱财的行为构成受贿罪。周某所犯受贿罪，本应在十年以上有期徒刑进行处罚，鉴于周某在立案前一年已主动退还赃款给行贿人，确有悔改表现，其犯罪行为也没有给国家的利益造成实际损失，且到案后能如实供述自己的罪行，以最低法定刑十年处罚仍然较重，故依照《刑法》第63条第2款的规定，对周某以受贿罪在法定刑以下判处有期徒刑五年。

二、案例评析

本案在审理过程中，对被告人周某在案发前主动退还受贿款的行为是否属于《最高人民法院、最高人民检察院关于办理受贿刑事案件适用法律若干问题的意见》（以下简称《意见》）规定的"及时退还"的情形，存在意见分歧：一种意见认为，被告人周某具备受贿的主观故意和客观行为，其在案发前主动退还贿赂款，属于退赃行为，不属于《意见》规定的"及时退还"，不影响受贿罪定性；另一种意见认为，周某接受他人财物后，并未为他人谋取利益且在收取钱款五个月后主动退还所收钱款，属于《意见》规定的"及时退还"情形，不构成受贿罪。

同时，在认定被告人周某构成受贿罪的情况下对其是否需要减轻处罚，也存在意见分歧：一种意见认为，周某并没有为请托人谋取任何利益，且在案发前主动退还贿赂款，案发后如实供述犯罪，主观恶性较小，确有悔改表现，可依照《刑法》第63条第2款的规定在法定最低刑以下判处刑罚；另一种意见认为，周某在无法为他人谋取利益的情况下，害怕犯罪暴露，主动退还贿赂款，属于一般的退赃行为，依法酌情从轻处罚即可，不应在法定刑以下判处刑罚。

---

① 尚晓阳：《周某受贿案——案发前主动退还贿赂款的行为如何处理以及上一级人民法院同意在法定刑以下判处刑罚的应当制作何种文书》，载中华人民共和国最高人民法院刑事审判第一、二、三、四、五庭主办：《刑事审判参考》（总第99集），指导案例第1017号，法律出版社2015年版，第112页。

我们同意前一种意见。具体理由如下：

1. 案发前退还财物的三种情形。《意见》第9条规定："国家工作人员收受请托人财物后及时退还或者上交的，不是受贿。国家工作人员受贿后，因自身或者与其受贿有关联的、事被查处，为掩饰犯罪而退还或者上交的，不影响认定受贿罪。"

《意见》列举了案发前退还（上交）财物的两种情形：一种是"及时退还或者上交的"，可简称为"及时退还"；另一种是"为掩饰犯罪而退还或者上交的"，可简称为"被动退还"。其中"及时退还"情形，要求行为人主观上没有受贿的故意，客观上表现为及时退还或者上交，不存在犯罪故意，故不构成犯罪。值得注意的是，判断行为人是否具有受贿故意，不能仅根据其本人供述，还应当结合其收受和退还财物的具体行为进行综合分析。首先，"及时退还"情形的行为人收受他人财物并非本人意愿，往往受当时的时空条件限制不得已接收或者"误收"，如请托人放下财物即离开，无法追及的；掺夹到正常物品中当时无法发现的；等等。其次，退还必须"及时"，在条件允许的情况下，一般是指即时退还。如将礼盒拿回家后发现里面放有现金，第二天即退还的。实践中，对"及时"不能作绝对化理解，只要在客观障碍条件消除后退还都算"及时"。如行为人因病无法即时退还，待数月后身体痊愈退还也应视为"及时"，而"被动退还"情形，行为人在接受财物时存在受贿故意，后因自身或者与受贿相关联的人、事被查处，为了掩饰犯罪，才被动退还或者上交。这种情形下，行为人退还的时间距离接受财物的时间相对较长，距离被正式查处的时间相对较短，行为人对犯罪并没有真实悔意，一般不影响受贿罪的认定和处罚。另外，因请托人索要财物而不得已退还的，也应属于"被动退还"情形。

除《意见》列举的两种退还情形外，在实践中还有一种情形，即行为人虽未及时退还或者上交，但在收受财物后至案发前的期间内主动退还或者上交的。此种情形可以简称为"主动退还"。在该情形下，行为人在接受财物时存在受贿的故意，但经过一定时间段后，因主客观原因等诸多因素的变化，自己主动退还或者上交收受的财物。从法理分析，行为人既具有受贿的故意，又具有受贿的行为，且犯罪过程已经完成，因此，应当构成受贿罪（既遂），至于后面的退还行为，应当视为犯罪后的"退赃"，可以作为处罚时的量刑情节，但不能改变已然犯罪的性质。

本案中，被告人周某利用职务上的便利，收受他人现金24万元，既有收受他人贿赂的主观故意，又有接受并使用他人贿赂款的具体行为，只是因考虑到无法给请托人谋取利益，出于害怕犯罪暴露而主动向请托人退还贿赂款，虽然属于"主动退还"情形，但不属于《意见》规定的"及时退还"情形，故对其行为应当依法以受贿罪论处。

2. "主动退还"情形的处理。实践中，"主动退还"的情况复杂多样，是否追究刑事责任司法机关把握的标准不一，故《意见》对此种情形未作规定。近年来，"主动退还"被追诉的案件越来越多，如何把握此类案件被告人的刑事责任，成为人民法院审判中的难题。我们认为，对于"主动退还"情形，可以结合收受财物的时间长短、数额大小以及是否牟利等具体情况，选择适用不以犯罪论处以及依法从轻、减轻或者免除处罚等处理方式。

（1）如上所述，"主动退还"一般不会影响构成犯罪，但在少数情况下，行为人虽然接受财物时存在受贿故意，但在较短时间内即出现悔悟，且未为对方谋取利益即主动退还财物，情节显著轻微危害不大的，可不以犯罪论处。如某公职人员收受他人财物回家后，经亲属规劝或者自己权衡利害得失，旋即将财物退还。这种情形，就不应以犯罪论处。

（2）在构成犯罪的前提下，考虑到行为人"主动退还"虽然属于"退赃"情节，但表明其有悔罪表现，主观恶性较小，对职务廉洁性的损害也相应减小，故对其从宽处罚往往能获得民众认同。另对不同退赃行为比较分析，在实践中，被告人到案后的"积极退赃"行为尚可作为从轻处罚的情节，"主动退还"与"积极退赃"相比，行为人体现的主观恶性更小，社会危害更低，举重以明轻，对"主动退还"情形更应当从宽处罚。可见，对案发前"主动退还"的行为从宽处罚有一定的法理基础、司法基础和民意基础。反之，如果无视"主动退还"与"积极退赃"的区别，则容易产生"白退不如抓住再说"的不良引导作用，不利于激励行为人及时悔罪，也与宽严相济的刑事政策背道而驰。

在具体案件中，对从宽处罚幅度的把握应当考虑以下三个方面的因素：（1）从退还的时间来看，"主动退还"一般介于"及时退还"和"被动退还"之间，退还时间的迟早反映了悔罪程度的大小，一般而言，越接近"及时退还"情形的，从宽处罚的幅度就越大；越接近"被动退还"情形、退还越晚的，从宽处罚的幅度就越小；（2）从是否为请托人谋取利益来看，"主动退还"时已为请托人谋取了利益，尤其是非法利益的，从宽的幅度就小，没有或者不愿为请托人谋取利益的，从宽的幅度就大；（3）收受财物数额的大小，也影响从宽的幅度。根据以上三个方面的因素，结合行为人到案后的认罪态度等情况，分别确定从轻、减轻或免予刑事处罚。对案发前"主动退还"的，首先应当考虑从轻处罚；对数额不大，且没有为他人牟利，退还时间早，犯罪情节轻微的，可免予刑事处罚；根据案件的实际情况，如果在法律规定的幅度内处罚仍明显偏重的，可以依照《刑法》第63条第2款的规定，在法定刑以下判处刑罚。

本案中，鉴于被告人周某在接受贿赂五个月后、被司法机关查处一年前，主动退还所收财物，且未为他人谋取利益，到案后如实供述犯罪，体现出的社会危害程度和主观恶性较小，同时具有悔罪表现，如果按照受贿数额对其判处十年以上有期徒刑，仍然明显偏重，所以人民法院依照《刑法》第63条第2款的规定，对其减轻处罚。

问题2. 国有企业改制期间，国家工作人员与企业解除劳动关系后，还能否被认定为国家工作人员，从而构成受贿罪

对于国有企业改制期间，国家工作人员与企业解除劳动关系后，还能否被认定为国家工作人员，实践中存在以下两种观点：

一种意见认为，国家工作人员与企业解除劳动关系，双方之间的劳动权利和义务关系消灭，既然劳动权利消灭，国家工作人员亦不再具备监督、管理国有资产的权力基础，即不再具有从事公务的前提，不应继续认定为国家工作人员。

另一种意见认为，判断行为人是否属于国家工作人员，不应以是否与企业继续存在劳动关系为标准，而应以行为人是否继续从事公务，是否继续对国有资产负有监督、管理职责为标准。

我们同意第二种意见，我国《刑法》第93条规定，国家工作人员，是指国家机关中从事公务的人员。国有公司、企业、事业单位、人民团体中从事公务的人员和国家机关、国有公司、企业、事业单位委派到非国有公司、企业、事业单位、社会团体从事公务的

人员，以及其他依照法律从事公务的人员，以国家工作人员论。根据上述规定，国家工作人员的本质特征是从事公务，是否认定为国家工作人员，不是取决于形式上是否与国有企业存在劳动关系，而是取决于实质上是否仍然在国有企业中从事监督、管理国有资产等公务。国有企业在改制期间仍是国有企业，其资产仍然是国有资产，改制期间的留守人员，只要在国有企业领取薪酬，对国有资产仍负有监督、管理等职责，就应认定为国家工作人员。

【刑事审判参考案例】黄某斌受贿案[①]

一、基本案情

1998 年 3 月 31 日，被告人黄某斌被中共武汉市洪山区委计经工作委员会任命为电表厂厂长。2000 年 12 月 22 日，经武汉市洪山区经济体制改革委员会同意，电表厂实行企业改制，黄某斌为该厂企业改制领导小组组长。2001 年 7 月 5 日，电表厂经上级主管部门批准，将其位于武汉市洪山区卓刀泉南路 12 号土地（面积为 51.06 亩）以 1697.5 万元转让给湖北省住宅发展有限公司（以下简称"住宅公司"），并签订了《土地使用权转让协议书》。此后，住宅公司又将该《土地使用权转让协议书》确定的权利义务转让给了新纪元公司。因电表厂在买断职工时资金存在缺口，上级主管部门与该厂改制领导小组协商后，遂向新纪元公司要求追加缺口资金 80 万元。2003 年年初，新纪元公司在给付电表厂追加的 80 万元后，该公司执行董事程某明感到心里很烦，但考虑到马上开始的拆迁工作还得靠黄某斌出力，便对黄某斌说："算了，只要你把拆迁工作搞好、速度快，以后我还是会好好地照顾你的。"2003 年 11 月，拆迁工作完成后，黄某斌通过新纪元公司副经理肖某军向程某明要求兑现其先前的承诺，程某明为感谢黄某斌在拆迁时所做的工作，遂给了黄某斌现金 8 万元。

另查明，电表厂属国有企业，于 1990 年 4 月 2 日成立，最后年检年度为 2000 年，2001 年破产进行企业改制，2005 年 8 月 8 日被吊销执照。被告人黄某斌从 1999 年开始担任电表厂厂长，其厂长身份一直未行文免除。2003 年被洪山区政府任命为东方水泥公司书记，负责处理东方水泥公司的改制工作。电表厂通过整体出让土地实现改制，其间，黄某斌系企业改制领导小组组长，同时系拆迁组成员。2002 年 1 月 28 日，黄某斌与电表厂签订解除劳动关系的协议。电表厂至今仍未行文免去黄某斌电表厂厂长的职务。

人民法院认为，被告人黄某斌身为国家工作人员，利用其担任电表厂厂长和该厂改制领导小组组长的职务之便，在电表厂土地转让和在动员该厂职工搬迁以便新纪元公司顺利完成拆迁的过程中，为该公司提供职务上的帮助并从中索取财物，其行为构成受贿罪。并以受贿罪对其定罪处罚。

二、案例评析

本案在审理过程中，对于被告人黄某斌索取新纪元公司 8 万元的行为如何定性，主要存在两种意见：

第一种意见认为，黄某斌的行为应按受贿罪定罪处罚。理由是：电表厂虽经上级主

---

① 牛克乾、刘旭：《黄某斌受贿案——国有企业改制期间，国家工作人员与企业解除劳动关系后，还能否被认定为国家工作人员，从而构成受贿罪》，载中华人民共和国最高人民法院刑事审判第一、二、三、四、五庭主办：《刑事审判参考》（总第 79 集），指导案例第 693 号，法律出版社 2011 年版，第 100～106 页。

管部门批准改制，但黄某斌的电表厂厂长职务一直未行文免除。电表厂于 2005 年 8 月 8 日被吊销执照，在与住宅公司签订土地转让合同和向新纪元公司追加资金 80 万元并实施职工宿舍拆迁还建等一切活动中，黄某斌作为该厂改制领导小组组长，均是以电表厂法人名义对外进行民事活动，其仍在履行组织、领导、管理、监督国有资产的职责，其实质上具备国家工作人员身份，其利用职权向土地受让人新纪元公司索要 8 万元的行为，应按受贿罪定罪处罚。

第二种意见认为，被告人黄某斌的行为属民事行为，不应作犯罪处理。理由是：其一，2001 年 7 月，黄某斌所在单位将厂区土地以 1697.5 万元转让后，该土地及其附着物的民事权利依法归受让人新纪元公司所有，黄某斌不享有对该土地及其附着物的监督、经营、管理职权。房屋拆迁工作不是黄某斌所任厂长及企业改制领导小组组长的职责，拆迁工作是开发商自己的事。其二，2002 年 1 月 6 日，电表厂作出决定，与 106 名在册职工解除劳动关系，其中包括黄某斌。2002 年 1 月 28 日，黄某斌与电表厂签订了《国有企业改制解除（终止）劳动合同（劳动关系）给予经济补偿协议书》，并经武汉市洪山区劳动局签证。同年 3 月 20 日，黄某斌在武汉市洪山区失业管理办公室进行了失业人员登记。同年 4 月 5 日，黄某斌人事档案移交洪山区劳动力市场代管，社会养老保险由个人缴纳。此时，其与国有企业完全脱离了关系，已经不具有国家工作人员的身份，其协调原电表厂的拆迁工作是受新纪元执行董事程某明之托，向程某明索要的 8 万元应认定为拆迁工作所获得的报酬，属于民事行为。

我们同意第一种意见，结合本案具体事实，被告人黄某斌的行为构成受贿罪。具体理由如下：

1. 判断被告人黄某斌是否属于国家工作人员，应以其是否从事公务为依据

我国《刑法》第 93 条规定："本法所称国家工作人员，是指国家机关中从事公务的人员。国有公司、企业、事业单位、人民团体中从事公务的人员和国家机关、国有公司、企业、事业单位委派到非国有公司、企业、事业单位、社会团体从事公务的人员，以及其他依照法律从事公务的人员，以国家工作人员论。"据此，国家工作人员的本质特征是从事公务，认定国家工作人员也应以是否从事公务为依据，基于签订劳动关系解除协议就否定黄某斌是国家工作人员的结论是不妥当的。

第一，国有企业在改制期间仍然是国有企业，其资产仍然是国有资产，其中从事监督、管理国有资产等公务的人员依然应认定为国家工作人员。认为签订了解除劳动关系协议，办理了失业登记，黄某斌就不能再认定为国家工作人员的观点，过于看重形式，忽视国家工作人员的本质特征，因而不可取。20 世纪 90 年代后期，关于国家工作人员的认定，曾经存在"身份论"和"职责论"的激烈争论。1997 年《刑法》修订后，理论界和实务界的主流观点均认为，国家工作人员的认定，应采纳"职责论"，即不是单纯通过被告人的"身份"（一般是审查有无干部履历表）来认定，而应结合被告人是否从事公务来判断其是否属于国家工作人员。因此，黄某斌是否为国家工作人员，不是取决于其形式上是否与电表厂解除劳动关系，而是取决于其实质上是否仍然在电表厂从事监督、管理国有资产等公务。

第二，电表厂改制期间，黄某斌作为厂长和改制领导小组组长，是电表厂的"一把手"，对电表厂国有资产的监督和管理负第一位的责任，应属国有企业中从事公务的人员。在案证据证实，黄某斌虽然于 2002 年 1 月与电表厂签订了解除劳动关系的协议并进

行了失业登记，但其并非一般职工，其厂长职务并未免除，仍然是厂长和改制领导小组组长。黄某斌作为改制期间的留守人员之一，其仍在电表厂领取薪酬，对国有资产仍负有监督、管理等职责，应认定其为国家工作人员。

2. 被告人黄某斌在电表厂的土地转让和土地拆迁过程中均利用职务之便为新纪元公司谋取了利益

主张黄某斌不构成受贿罪的观点认为，黄某斌在电表厂的土地转让和土地拆迁过程中没有利用职务之便。这种看法是没有事实根据的。黄某斌的口供与证人程某明、肖某军的证言和在案书证相印证，不仅证明在电表厂的土地转让过程中，黄某斌为新纪元公司提供了职务上的帮助，而且证明职工搬迁是土地转让方电表厂的事务，黄某斌在动员职工搬迁以便新纪元公司顺利完成拆迁的过程中，为新纪元公司提供了职务上的帮助。

综上，被告人黄某斌虽在电表厂改制期间与电表厂解除了劳动关系，但其身为电表厂厂长和改制领导小组组长，利用职务之便在电表厂的土地转让和土地拆迁过程中为新纪元公司谋取利益，并索取新纪元公司8万元的行为，依法构成受贿罪。

问题3. 受国有公司委派担任非国有公司诉讼代理人期间，收受他人财物的，是否成立受贿罪

我国《刑法》第93条第2款规定，国有公司、企业、事业单位、人民团体中从事公务的人员和国家机关、国有公司、企业、事业单位委派到非国有公司、企业、事业单位、社会团体从事公务的人员，以及其他依照法律从事公务的人员，以国家工作人员论。理论和实务界对于该类型国家工作人员一般称之为"委派型"国家工作人员。实践中，"委派型"国家工作人员，主要是国家机关、国有公司、企业、事业单位为了行使对国有资产的管理而派驻到非国有公司、企业等管理人员。如国家机关、国有公司、企业、事业单位委派到国有控股或者参股的股份有限公司从事组织、领导、监督、管理等工作的人员。在特殊情况下，国有公司基于公司经营需要，需委派工作人员到非国有公司从事相关事务，如委派工作人员作为债权人代表监督非国有公司财物使用，或担任非国有公司诉讼代理人参加诉讼等，对于工作人员的上述履职行为，是否属于履行公务活动，存在两种意见：

一种意见认为，根据2003年最高人民法院《全国法院审理经济犯罪案件工作座谈会纪要》的规定，从事公务，是指代表国家机关、国有公司、企业、事业单位、人民团体等履行组织、领导、监督、管理等职责。公务主要表现为与职权相联系的公共事务以及监督、管理国有财产的职务活动。而国有公司委派工作人员担任非国有公司诉讼代理人，并不属于监督、管理国有财产的职务活动，其履行的是法律服务工作，不应当认定为从事公务。

另一种意见认为，国有公司委派工作人员担任非国有公司诉讼代理人，其委派的目的是监督、管理非国有公司规范诉讼行为，防止非国有公司不规范诉讼，影响国有公司对非国有公司债权利益的实现，从本质上属于对国有公司财产的监督、管理工作，应当认定为从事公务。

我们认为，特定情况下，国家机关、国有公司、企业事业单位为了加强指导、监督，而委派到非国有单位中的人员，应当认定为国家工作人员。主要理由如下：判断被委派工作人员是否属于国家工作人员，应以是否从事公务活动为标准。实践中，国有公司委

派工作人员到非国有公司从事公司治理活动，并非基于股权控制或参股关系，而是基于债权债务关系等，如非国有公司不能偿还国有公司债务，国有公司委派工作人员监督非国有公司，其实质上属于国有公司为了自身利益委派人员监督、管理非国有公司公司治理活动的行为，被委派人员从事的是对非国有公司公司治理活动的监督、管理行为，应当认定为从事公务活动。

【刑事审判参考案例】王某峰受贿、伪造证据案[①]

一、基本案情

1997 年 11 月至 1998 年 7 月间，湖北中钢物贸有限责任公司（以下简称"中钢公司"）与湖北鑫鹰物贸公司（以下简称"鑫鹰公司"）口头约定购销钢材 8258.605 吨，总金额 2415.7669 万元，鑫鹰公司按约定交货后，中钢公司支付货款 1945.1699 万元，尚差货款 470 余万元。1997 年 11 月 20 日，中钢公司通过武汉钢铁（集团）公司（以下简称"武钢集团"）委托辽阳铁合金厂、南通港务局、镇江港务局利用武钢集团内部转账支票将 651 万元货款汇至鑫鹰公司在武钢集团的账户上。由于是通过中间环节转入鑫鹰公司账户，鑫鹰公司的账上未反映是中钢公司付的货款。1998 年 6 月，中钢公司法人代表赵某生因车祸身亡。由于中钢公司拖欠武钢集团货款 8700 余万元，武钢集团对中钢公司提起诉讼，并通过青山区人民法院查封了中钢公司的全部财产及账务。同时要求与中钢公司有业务往来的公司与中钢公司对账，否则，冻结与其业务往来。鑫鹰公司于 1998 年 9 月以中钢公司拖欠货款 470 万余元为由向武汉市中级人民法院提起民事诉讼，武汉中院受理后，于 1998 年 9 月作出（1998）武刑初字第 357 号民事判决，判处中钢公司支付鑫鹰公司钢材款 475 万余元，并付违约金 9.4 万余元。中钢公司不服，向湖北省高级法院提出上诉。武钢集团经中钢公司认可，指派被告人王某峰担任中钢公司二审诉讼代理人。

在二审期间，被告人王某峰在调查过程中，发现中钢公司于 1998 年 1 月 20 日通过南通港务局、镇江港务局、辽阳铁合金厂服务部 3 个单位，共支付给鑫鹰公司人民币 651 万元。该证据证实中钢公司不仅不欠鑫鹰公司的货款，而且还多支付了人民币 180.4 万余元。王某峰将此情况告诉了鑫鹰公司法定代表人蒋某和总经理樊某，并说明此证据在二审时将对鑫鹰公司不利。樊某提出以中钢公司的名义出个证明，让王某峰帮忙盖中钢公司的章，王某峰表示同意。樊某等人合谋伪造了一份中钢公司函件，内容为："湖北鑫鹰物资有限公司：我公司通过镇江港务局、南通港务局以及辽阳铁合金厂服务部三家付给湖北锦鹰贸易有限公司订购武钢钢坯货款共计 651 万元，现根据锦鹰公司的要求汇入你公司在武钢的账户上。特此证明，落款，湖北中钢物贸有限公司。1997 年 12 月 26 日。"王某峰以中钢公司诉讼代理人的身份，在该函件上偷盖了中钢公司的印章从而改变了原有的法律关系。然后由鑫鹰公司律师提交给湖北省高级人民法院。湖北省高级人民法院据此认定 651 万元系另一法律关系，裁定驳回上诉，维持原判。事后，王某峰收受樊某给的人民币 8 万元。

1998 年 10 月，被告人王某峰作为中钢公司诉讼代理人会同青山区人民法院对江苏省

[①] 王志辉：《王某峰受贿、伪造证据案——受国有公司委派担任非国有公司诉讼代理人过程中收受他人财物能否构成受贿罪》，载中华人民共和国最高人民法院刑事审判第一庭、第二庭：《刑事审判参考》（总第 17 集），指导案例第 110 号，法律出版社 2001 年版，第 24～29 页。

常州市常州经济发展公司的债权进行清理，青山区法院将该公司 165.872 吨钢材查封后，委托中钢公司全权委托人樊某变卖。事后，王某峰陪同法院的两名工作人员到上海等地办事。回武汉后，王某峰找到樊某以有些费用不能报销为由，收受樊某给的人民币 1 万元。

法院认为，王某峰作为武钢集团法律顾问处工作人员，受国有公司委派担任非国有公司诉讼代理人，所代表的是武钢集团的利益，其诉讼活动的行为是执行公务的行为。在代理活动中，利用职务便利帮助对方当事人伪造证据并收受人民币 9 万元的行为，已构成受贿罪、帮助伪造证据罪，并据此对王某峰定罪量刑。

二、案例评析

被告人王某峰在担任中钢公司诉讼代理人期间，利用职务上的便利，帮助对方当事人伪造证据，非法收受人民币 8 万元的行为，能否以受贿罪追究刑事责任，关键在于：一是王某峰在担任中钢公司诉讼代理人时是否属于国家工作人员；二是王某峰伪造证据的行为是否利用了国家工作人员的职务便利。我们认为：首先，根据《刑法》第 385 条的规定，受贿罪只能由国家工作人员构成，非国家工作人员，只能成为受贿罪的共犯，不能单独构成受贿罪。本案中，被告人王某峰所在的法律顾问处是武钢集团的内设组织，王某峰作为国有公司武钢集团法律顾问处工作人员，系国有公司中从事公务的人员，属于国家工作人员。虽然王某峰担任中钢公司诉讼代理人与一般的律师代理并无不同，但当武钢集团指定法律顾问处代理与公司有关的诉讼业务活动，维护本公司利益，武钢集团法律顾问处指派本处工作人员王某峰为完成武钢集团委派的任务而进行诉讼代理活动时，王某峰的此次代理活动实际上是为了完成武钢集团分配的工作任务，其受单位委派到非国有的中钢公司从事代理诉讼活动，根据《刑法》第 93 条第 2 款的规定，属于国有公司委派到非国有公司从事公务的人员，应以国家工作人员论，符合受贿罪的主体特征。

其次，受贿罪的成立还必须以行为人利用国家工作人员的职务便利，为他人谋取利益为条件。行为人没有国家工作人员的职务，或者虽有国家工作人员的职务，但在为他人谋取利益时没有利用自己的职务或职务上的便利的，均不构成受贿罪。本案中，虽然在中钢公司和鑫鹰公司的民事诉讼中，王某峰是中钢公司的诉讼代理人，其任务是依法维护中钢公司的合法权益，但其之所以受武钢集团委派担任中钢公司的二审诉讼代理人，是因为武钢集团是中钢公司的债权人，中钢公司的诉讼结果直接关系到武钢集团债权的实现。因此，王某峰在诉讼过程中实际上具有双重身份、负有双重职责：一方面作为中钢公司的诉讼代理人，要维护中钢公司的合法权益；另一方面作为受武钢集团委派从事公务的人员，其职务活动同时是在维护武钢集团自身的利益。也就是说，王某峰的诉讼代理活动，不仅是一种诉讼代理行为，也是一种执行武钢集团任务的职务活动，即公务活动。王某峰利用职务上的便利，伪造证据，收受中钢公司 8 万元钱款的行为，符合受贿罪客观方面的特征，应当以受贿罪追究刑事责任。

问题 4. 国家工作人员为请托人谋取利益后，出资购买请托人持有的拟上市公司原始股，公司上市升值后出售获得高额利润，能否认定为受贿犯罪，犯罪数额如何认定

司法实践中，处理涉股权受贿案件长期适用足额出资判断标准，并严格区分犯罪数额与孳息。该传统型裁判进路在处理未出资型涉股权受贿案时较少争议，但难以应对日渐增多的以可期待的巨额上市增益为贿赂的出资型拟上市原始股受贿案。对于国家工作人员为请托人谋取利益后，出资购买拟上市原始股，是否成立犯罪，司法实践中存在两种意见：

一种意见认为，2003 年《全国法院审理经济犯罪案件工作座谈会议纪要》第 7 条规定了涉及股票受贿案件的认定，其规定"行为人支付股本金而购买较有可能升值的股票，由于不是无偿收受请托人财物，不以受贿罪论处"。根据上述规定，国家工作人员在收受股票时只要支付了合理对价，即便股票具有升值可能性，也不宜认定为受贿。

另一种意见认为，2003 年《全国法院审理经济犯罪案件工作座谈会议纪要》第 7 条规定的不以受贿罪论处的是行为人购买"较有可能升值的股票"，但对于具有高度可能升值的股票，不应纳入该范围。

我们认为，对于行为人购买高度可能升值的股票，因行为人主观上购买股票的原因系明知该股票拟上市，其追求的是股票上市后的高额利润，从主客观一致的角度，对于股票上市后的高额利润，应当认定为受贿，并将高额利润认定为犯罪数额。

【地方参考案例】李某受贿案[①]

一、基本案情

被告人李某原系深圳市发展改革委能源与循环经济处处长。李某利用负责项目审批等职务便利，为涉案公司提供帮助后要求以他人代持方式购买未公开发行的原始股。2009 年，李某以 5 元/股的价格认购拟上市公司 C 公司 5 万元股份，该公司成功上市发行价格为 46 元/股，李某在禁售期满后抛售股票获利 122 万元。2015 年，李某以 1.5 元/股价格认购拟上市公司 D 公司 75 万元股份，该公司上市后发行价位 9.5 元/股（同期股东协议转让价格相同），案发时未抛售。

法院认为，行贿人系出于行贿目的让被告人低价认购原始股，且该股"发行对象均系公司高管及专门引进的投资机构等特定人群，并非面对社会对外公开发行"，被告人作为公职人员，利用"管理服务关系，在明知该公司即将上市且购买原始股利润空间巨大的情况下予以认购获利"，其行为构成受贿罪。同时，法院将被告人已抛售部分以实际获利扣除出资后作为收受 C 公司原始股的受贿数额；对于未抛售的 D 公司股票，则认为案发时"仍处于持有状态，未进行市场交易，结合该公司新三板上市价及股东协议转让价（两者价格相同），与被告人购买该股份时价格预期基本一致"，据此认定上市后发行价与出资额之差作为受贿数额。

二、案例评析

在主客观一致的情况下，国家工作人员为获取拟上市公司上市后的巨额增益，索取、收受请托人拟上市公司原始股的行为，成立受贿罪。主要理由是：第一、如果严格按照"行为人支付股本金而购买较有可能升值的股票，由于不是无偿收受请托人财物，不以受贿罪论处"的观点，可能导致一些实质上属于权钱交易，应当定罪处罚的受贿行为，因为行为人支付了一定股本金却不被作为犯罪处理的情况。第二、如果股票已经上市且大幅升值，仅将"购买"股票时的实际价格与股本金的差价部分认定为受贿，会导致升值的巨额获利部分不能认定为犯罪数额，明显影响了法律的严肃性和办案效果。第三、对

---

① 广东省深圳市南山区人民法院（2018）粤 0305 刑初第 506 号刑事判决书。

原始股交易型受贿犯罪而言，行受贿双方均明确地将犯罪的意图、行为及对象锁定在股票上市的巨额升值部分，如果对于犯罪数额仍按照收受股票时的实际价格计算，不仅与行为人的主客观实际不符，也会造成重罪轻判、放纵犯罪的后果。[①]

问题5. 国家工作人员为请托人谋取利益后，索取、收受请托人工程承揽权，该行为是否构成受贿罪，如何认定犯罪数额

司法实践中，存在国家工作人员利用职务便利向某国资公司索取工程项目后，通过近亲属将工程项目转让给他人并收取好处费的案例。对于收受工程项目转让他人并收取好处费的行为是否构成犯罪，存在两种意见：一种意见认为，国家工作人员索取、收受工程项目，属于索取、收受商业机会，而商业机会具有不确定性，不属于贿赂犯罪中的财产性利益，因此，对于此种行为不能认定为受贿罪。另一种意见认为，对于国家工作人员收受商业机会后直接将商业机会转卖、转包给第三人，再由第三人给予一定利益的方式，所得收益可以评价为商业机会的交换价值，从而认定为受贿犯罪。

我们认为，收受商业机会后通过经营获得利润，难以区分商业机会本身的价值和实质的经营管理活动的对价，进而难以确定受贿的数额，通常只能以违纪论；但直接将商业机会转卖、转包给第三人，再由第三人给予一定利益的方式，所得收益可以评价为商业机会的交换价值，从而认定为受贿犯罪数额，即宜以受贿论处。

【地方参考案例】沈某明受贿案[②]

一、基本案情

2002年至2020年间，沈某明利用担任常州监狱党委书记、监狱长，苏州监狱党委书记、监狱长等职务上的便利或者职权、地位形成的便利条件，为他人在工程承接等方面谋取利益，多次单独或伙同其子沈某（另案处理）非法收受他人所送财物折合人民币349万余元。其中，2011年，沈某明利用担任苏州监狱党委书记、监狱长的职务便利，要求苏州监狱相关工程的承建单位某国资公司将某门窗安装工程项目交给沈某承接。沈某并不具备承接工程项目的资金、资质和能力，在沈某明的安排下，沈某将某门窗安装工程项目交给某施工公司，沈某明要求沈某与某施工公司约定好处费。2014年至2017年，沈某从某施工公司获取好处费70万元，沈某明对此予以认可。

二、案例评析

本案系一起国家工作人员利用职务便利向某国资公司索取工程项目后，通过近亲属将工程项目转让给他人并收取好处费的典型案例。司法实践中，对于收受工程项目转让他人并收取好处费的行为是否构成犯罪，存在两种意见：

一种意见认为，国家工作人员索取、收受工程项目，属于索取、收受商业机会，而商业机会一般是指通过经营活动获取财产性利益的机会和可能，是一种期待性利益，具有不确定性，不属于贿赂犯罪中的财产性利益，理由如下：一是商业机会需要投入人力、资金等成本，通过经营、管理等一系列商业活动，才能转变为财产性利益；二是商业机会是否能够转变为现实的经济利益与经济环境、市场行为、经营能力等主客观因素密不

---

① 于同志、胡锋云：《股权交易型受贿犯罪认定新思路》，载《中国法律评论》2022年第4期。

② 江苏省苏州市（2022）苏05刑初21号刑事判决书。

可分，存在亏损的风险，具有不确定性，而财产性利益具有相对的确定性。三是商业机会的价值通常难以量化和评估，而财产性利益是可以折算为货币的利益，在货币对价上是明确而具体的。

另一种意见认为，单纯的收受商业机会的行为不宜认定为犯罪，但对于国家工作人员收受商业机会后直接将商业机会转卖、转包给第三人，再由第三人给予一定利益的方式，所得收益可以评价为商业机会的交换价值，从而认定为受贿犯罪数额。具体理由如下：一是国家工作人员获取商业机会系基于利用职务便利为请托人谋取利益的对价，从法益上侵害了职务行为的廉洁性或不可收买性。二是单纯的商业机会并不能直接折算为货币，不宜认定为财产性利益，但行为人直接将商业机会转卖给第三人获取利益，所得收益可以评价为商业机会的交换价值，属于财产性利益。三是国家工作人员将商业机会转卖，并未实际投入人力、资金等成本，其本人亦不存在经营亏损的风险，将转卖利益认定为受贿数额也不存在扩大受贿数额的问题。四是从国家工作人员主观上看，该类型受贿中，国家工作人员主观上追求的并非经营该商业机会，而是转卖后获取利益，将该类型受贿认定为犯罪并不超出行为人的主观故意范畴。

我们认为，司法实践中对该问题的争议，实质上是对于受贿犯罪对象范畴界定的争议。《最高人民法院、最高人民检察院关于办理贪污贿赂刑事案件适用法律若干问题的解释》采用概括加列举的方式，对于贿赂犯罪中的"财物"进行了限定，明确规定，贿赂犯罪中的"财物"，包括货币、物品和财产性利益。财产性利益包括可以折算为货币的物质利益如房屋装修、债务免除等，以及需要支付货币的其他利益如会员服务、旅游等。后者的犯罪数额，以实际支付或者应当支付的数额计算。司法实践中，"财物"与权力的交易已经逐步发展为形态多样的"利益"输送，受贿罪中的收受财物行为越来越表现为"获取利益"，并出现大量收取不能直接用货币折算的利益，如利用职权获取商业机会变现谋利等。该类利益具有以下特征：第一，虽然均具有财物的基本属性，但在形式上已脱离"实物"而呈现为具有一定抽象性的"利益"。第二，"财物"收受时价值存在一定的不确定性。第三，"财物"的价值并非全部直接、单纯地源于行贿人，而是经过了一定的市场化运作或交易过程来实现。第四，虽然客观上都存在权钱交易性质，但较之之前两种贿赂形态（收受货币、房产等实物以及收受财产性利益）而言，因为介入市场化因素，且行受贿双方之间常常介入第三方，权钱交易的链条拉长，财物与权力的关联性不够紧密，权钱交易的直接性、对应性较为淡化。① 但受制于我国立法及司法解释对于贿赂犯罪"财物"的限制界定，对于无法直接用货币折算的"财产性利益"，能否认定为是否属于贿赂犯罪，理论和实践中均存在较大争议。

我们同意第二种意见，认为在商业机会型受贿案中，根据获利方式的不同应当予以区分评价。收受后通过经营该商业机会获得利润，难以区分商业机会本身的价值和实质的经营管理活动的对价，进而难以确定受贿的数额，通常只能以违纪论；但直接将商业机会转卖、转包给第三人，再由第三人给予一定利益的方式，所得收益可以评价为商业机会的交换价值，从而认定为受贿犯罪数额，即宜以受贿论处。至于该观点可能导致索取、收受商业机会后自己经营并获取收益的不以受贿论处，而交予他人经营获取收益的反而以受贿论处的问题，我们认为并不矛盾。第一，索取、收受商业机会后自己经营，

---

① 于同志、胡锋云：《股权交易型受贿犯罪认定新思路》，载《中国法律评论》2022年第4期。

所获取的收益系经营利润，此时也难以区分和认定商业机会的对价，故不以受贿论处。第二，将索取、收受的商业机会交予无职务制约关系的他人经营并获取收益，属于不劳而获，与索取、收受商业机会后没有付出实质性经营活动而获取收益或者所获取的收益明显高于相应经营活动应得的收益，属于类似情况，应定性为受贿。

但需要注意的是，商业机会提供者向国家工作人员行贿的仅是非财产性利益，国家工作人员获取的收益系其将所索取、收受的商业机会通过其他人员兑现所得，故商业机会提供者即使为谋取不正当利益的，其行为也不构成行贿罪。即在这种情况下，仅追究国家工作人员受贿罪的刑事责任。

问题6. 成立斡旋型受贿罪，是否要求国家工作人员向其他国家工作人员转达请托事项

对于认定斡旋型受贿罪的成立是否要求国家工作人员向其他国家工作人员转达请托谋利事项，实践中存在两种意见：

一种意见认为，斡旋受贿与直接受贿相对应，只要请托人提出了不正当的请托事项，行为人对此明知，不要求行为人实际为请托人谋取了不正当利益，但要求行为人向其他国家工作人员提出了为请托人谋取不正当利益的请求，至于其他国家工作人员是否答应、是否实际去谋取了不正当利益，不影响斡旋受贿的认定。持这种观点的人认为，斡旋受贿中的贿赂，是斡旋行为的对价，而不是行为人自身职务行为的对价。

另一种意见认为，斡旋受贿应以行为人明知利益不正当性为要件，斡旋受贿与普通受贿的区别在于普通受贿利用的是本人职务上的便利，行为人一旦承诺为他人谋取利益，其职务行为的不可收买性就受到了侵犯，而斡旋受贿则不然，行为人利用自身的职务无法为请托人谋取利益，而必须斡旋其他国家工作人员，离开了其他国家工作人员，则不可能为请托人谋取不正当利益，因此，如果行为人收取请托人财物，仅明知请托人有不正当利益的请托事项或者承诺请托其他国家工作人员，但没有实际实施斡旋行为，其与请托人之间的权钱交易仅初步约定但未真正达成，其职务行为的不可收买性虽然受到了一定的侵害，但未真正受到实质性的侵害，因此，斡旋受贿的谋利要素，包括行为人承诺为请托人谋取不正当利益、行为人实施了斡旋其他国家工作人员的行为、其他国家工作人员至承诺帮助谋取不正当利益三个要素。

我们同意第一种意见，认为成立斡旋受贿，只要行为人承诺通过其他国家工作人员为请托人谋取不正当利益，或者明知请托人有具体谋取不正当利益的请托事项，行为人是否向其他国家工作人员转达请托事项，并不影响斡旋受贿的成立。具体理由如下：

1. 从侵害法益的角度来看，斡旋受贿只是受贿的一种形式，侵犯的法益与直接受贿一样，都是国家工作人员职务行为的不可收买性。直接受贿的贿赂是行为人自身职务行为的对价，斡旋受贿的贿赂应当是行为人自身职权、地位形成的便利条件即职务影响力的对价，因为请托人看重的不是行为人再去找哪个国家工作人员提供帮助，而是行为人的职权、地位可以影响到其他国家工作人员职权行为的行使，行为人基于自身职务、地位产生的这种职务影响力可以帮助请托人谋取到不正当利益。行为人无论是利用自身职务便利还是职务影响力为他人谋取不正当利益，侵犯的都是国家工作人员职务行为的廉洁性和不可收买性，体现了受贿行为权钱交易的本质特征。所以只要国家工作人员基于自身职权或地位收受了请托人财物，接受了请托，承诺帮助斡旋其他国家工作人员为请

托人谋取不正当利益，国家公权力的不可收买性就受到了侵犯，至于其是否真正斡旋其他国家工作人员，不影响受贿犯罪的成立。

2. 从相关司法解释的精神来看，对受贿罪谋利要素的规定在不断放宽。相关司法解释将直接受贿中"为他人谋取利益"从实际谋取利益放宽到承诺谋利和明知有请托事项，再进一步放宽到基于正常履职而事后收受财物，甚至放宽到收取下级或具有行政管理关系的对象财物视为谋取利益。司法解释的规定，说明司法者在认定受贿犯罪时越来越弱化对谋利事项的要求。实际上，在《联合国反腐败国际公约》第15条中，贿赂罪就没有"为他人谋利"这一要素，司法解释对受贿罪谋利要素的放宽反映了我国与国际立法进一步接轨的趋势。

3. 从惩治腐败犯罪的形势来看，我国受贿犯罪还处在多发易发阶段，犯罪手段、花样在不断翻新，隐蔽性在逐渐增强，如果过分强调斡旋受贿的谋利要素，拔高入罪的门槛，可能会使许多犯罪得不到惩处，不利于国家反腐败的大局。例如，如果行为人收受了巨额贿赂，仅知道请托人有不正当利益的请托或承诺通过其他国家工作人员帮忙谋取不正当利益，但实际没有实施斡旋行为或其他国家工作人员明确拒绝，就认为不构成犯罪，无疑会放纵犯罪。

【职务犯罪参考案例】霍某某受贿案①

一、基本案情

霍某某原系某中院民事审判庭庭长。1999年至2010年，霍某某在接受某公司的请托后，承诺利用其职权、地位形成的便利条件，通过其他国家工作人员为商标系列案件谋取诉讼优势，收受或约定收受财物合计6000余万元。但是，现有证据不能证实霍某某是否转请托其他国家工作人员、其他国家工作人员是否承诺或实际通过职务上的便利为请托人谋取了不正当利益。

二、案例评析

在案件处理过程中，关于国家工作人员在索取或收受他人财物时，承诺为他人谋取不正当利益，未向其他国家工作人员转达请托谋利事项，是否成立斡旋受贿的问题，存在以下两种不同意见：

第一种意见认为，斡旋受贿的成立要求国家工作人员向其他国家工作人员转达请托谋利事项。霍某某在收取财物时承诺运作关系为请托人谋取利益，还要根据其后续行为进行判断，才有可能认定斡旋受贿。具体又有两种观点，一种观点认为，只要霍某某向其他国家工作人员转达请托谋利事项就可以构成；② 另一种观点认为，不仅要求霍某某向其他国家工作人员转达请托，还要求其他国家工作人员承诺为请托人谋取不正当利益。③

第二种意见认为，斡旋受贿的成立不要求国家工作人员向其他国家工作人员转达请

---

① 罗灿：《成立斡旋受贿不以斡旋行为为必要条件》，载最高人民法院刑事审判第二庭编：《职务犯罪审判指导》（第1辑），法律出版社2022年版，第18~23页。

② 张明楷：《刑法学》（第五版），法律出版社2016年版，第1213页；孙国祥：《贪污贿赂犯罪研究》，中国人民大学出版社2018年版，第662页。

③ 朱孝清：《斡旋受贿的几个问题》，载《法学研究》2005年第3期；黎宏：《受贿犯罪保护法益与刑法第388条的解释》，载《法学研究》2017年第1期；赵煜：《惩治贪污贿赂犯罪实务指南》，法律出版社2019年版，第434~436页。

托谋利事项。霍某某在接受请托后，承诺通过国家工作人员为案件谋取诉讼优势并收取了贿赂款，受贿行为即告完成，符合斡旋受贿的构成要件，至于其是否找到其他国家工作人员、是否实际完成请托事项，均不影响（斡旋）受贿罪的认定。

司法实践中，斡旋受贿时有发生，且情形多样。从行为人（斡旋受贿人）的角度来看，可以分为行为人承诺但未实施斡旋行为、行为人承诺并且实施斡旋行为两种。其中，行为人承诺但未实施斡旋行为又可以分为行为人一开始就不打算实施斡旋行为、行为人一开始打算实施斡旋行为但后来由于主客观原因未实施斡旋行为两种情形。从第三人（其他国家工作人员）的角度来说，可以分为第三人拒绝为请托人谋取不正当利益、第三人对是否为请托人谋取不正当利益没有明确表态或行动、第三人承诺为请托人谋取不正当利益、第三人实施为请托人谋取不正当利益、第三人实现为请托人谋取不正当利益、甚至第三人碍于情面表面上承诺为请托人谋取不正当利益而实际上拒绝。此外，还可能存在"二次斡旋""多次斡旋"的情形，即行为人找到第三人，第三人找到第四人、第五人等多名后手进行斡旋。

我们认为，国家工作人员在索取或收受他人财物时，承诺为他人谋取不正当利益，就能够成立斡旋受贿；即使行为人后来没有利用本人职权或者地位形成的便利条件，向其他国家工作人员转达请托谋利事项，仍然成立斡旋受贿。主要理由如下：

首先，从罪名本质来说，斡旋受贿与一般受贿没有本质上的差别。《刑法》第385条规定的一般受贿和《刑法》第388条规定的斡旋受贿在构成要件上存在若干差异，例如，一般受贿是利用职务上的便利，斡旋受贿是利用职权和地位形成的便利条件；一般受贿仅要求为他人谋取利益，斡旋受贿要求为他人谋取不正当利益。不过，两者的关键差异在于收受贿赂的代价不同，一般受贿是自己的权力；斡旋受贿是自己的权力性影响力，这种权力性影响力无疑是基于自己的权力，而非第三人的权力。但是，无论是一般受贿还是斡旋受贿，都统摄于受贿罪这一个罪名，而不是不同罪名。因而，斡旋受贿与一般受贿在权钱交易这一受贿罪的本质特征上并无差异，在职务行为的廉洁性或不可交易性这一受贿的保护法益上也无差异。换言之，斡旋受贿体现的是利用自己而非第三人的权力性影响力形成对价关系，侵犯的是自己而非第三人的职务行为的廉洁性或不可交易性。虽然在斡旋受贿中，收钱行为与谋利行为具有间接性，但谋利的基础是行为人自己的权力。有观点认为，斡旋受贿的实行行为由谋利行为和收钱行为两个部分构成，在斡旋受贿中，行为人承诺寻找其他国家工作人员斡旋的，仅是谋利行为的预备，并认为第三人拒绝则构成斡旋未遂。这种观点没有充分注意到受贿罪权钱交易的本质特征，没有紧紧抓住收钱行为和谋利行为两个关键构成要件行为。

其次，从刑法解释来说，斡旋受贿与一般受贿的谋利程度没有不同。2003年《全国法院审理经济犯罪案件工作座谈会纪要》规定："为他人谋取利益包括承诺、实施和实现三个阶段的行为。只要具有其中一个阶段的行为，如国家工作人员收受他人财物时，根据他人提出的具体请托事项，承诺为他人谋取利益的，就具备了为他人谋取利益的要件。明知他人有具体请托事项而收受其财物的，视为承诺为他人谋取利益。"2016年《关于办理贪污贿赂刑事案件适用法律若干问题的解释》第13条规定："具有下列情形之一的，应当认定为'为他人谋取利益'，构成犯罪的，应当依照刑法关于受贿犯罪的规定定罪处罚：（一）实际或者承诺为他人谋取利益的；（二）明知他人有具体请托事项的；（三）履职时未被请托，但事后基于该履职事由收受他人财物的。国家工作人员索取、收受具有上下级关系的下属或者具有行政管理关系的被管理人员的财物价值三万元以上，可能影响职权行使的，视为承诺为他人谋取利益。"也就是说，成立受贿的最低限度是国家工作人员收受他人财物时，根据他人提出的具体请托事项，承诺为他人谋取利益。根据上文分析，斡旋受贿和一般受贿在本质上没有差别，斡旋受贿也是受贿，谋取利益同样包含承诺、实施和实现三个阶段，并不以行为人实际实施斡旋行为为必备条件，承诺即视为"为他人谋取利益"。

再次，从刑事政策来说，要求国家工作人员向其他国家工作人员转达请托谋利事项将不利于打击犯罪。倘若要求国家工作人员向其他国家工作人员转达请托谋利事项，对于"二次斡旋""多次斡旋"的情形，那么除了行为人向第三人转达请托谋利事项以外，是否还要求第三人向第四人、第四人向第五人等逐个再转达请托谋利事项呢？如果作出肯定回答，要求转达请托谋利事项到最后实现谋利事项的国家工作人员身上，则会导致斡旋受贿的成立具有很大的难度，且防线设置过于靠后；如果作出否定的回答，不要求转达请托谋利事项到最后实现谋利事项的国家工作人员身上，而同时又要求行为人向第三人转达请托谋利事项，则会导致逻辑上的不完整。由此可见，这就造成了一个"两难"困境。相反，如果将防线前移，不要求国家工作人员向其他国家工作人员转达请托谋利事项，就可以有效打击"二次斡旋""多次斡旋"的情形。对于行为人承诺并且实施斡旋行为的，如果第三人拒绝为请托人谋取不正当利益、第三人对是否为请托人谋取不正当利益没有明确表态或行动、第三人碍于情面表面上承诺而实际上拒绝，那么在实际效果上，与行为人没有向第三人转达请托谋利事项不存在任何差别。在上述情况下，要求国家工作人员向其他国家工作人员转达请托谋利事项就没有实际意义了。对于行为人承诺并且实施斡旋行为的，如果第三人承诺为请托人谋取不正当利益，虽然看起来毫无疑问会构成斡旋受贿，但一旦第三人翻供，将很容易导致无法认定构成斡旋受贿。因此，在全面从严治党的背景下，为了更好地打击贿赂犯罪，不宜让构成犯罪的标准过于后延。

这里，还有必要提及不正当利益的认定问题。根据 2008 年《关于办理商业贿赂刑事案件适用法律若干问题的意见》第 9 条的规定，在行贿犯罪中，"谋取不正当利益"，是指行贿人谋取违反法律、法规、规章或者政策规定的利益，或者要求对方违反法律、法规、规章、政策、行业规范的规定提供帮助或者方便条件。在招标投标、政府采购等商业活动中，违背公平原则，给予相关人员财物以谋取竞争优势的，属于"谋取不正当利益"。鉴于受贿罪是行贿罪的对合犯罪，斡旋受贿中的不正当利益可以参照行贿罪中的不正当利益予以认定。也就是说，斡旋受贿中的不正当利益不仅包括目的不正当的非法利益，也包括手段不正当的非法利益。

本案中，霍某某在接受某公司的请托并收受贿赂后，承诺通过其他国家工作人员的职权，为某公司的商标系列案件谋取诉讼优势，是通过不正当手段谋取民事诉讼的不确定利益，属于谋取不正当利益，应当认定为（斡旋）受贿罪。

【地方参考案例】孙某波受贿案[①]

一、基本案情

2015 年至 2017 年，被告人孙某波利用担任天津市公安局北京工作处副处长职权和地

---

① 天津市第一中级人民法院（2019）津 01 刑初 67 号刑事判决书。

位形成的便利条件，通过其他国家工作人员职务上的行为，为焦某卫、孟某宝承揽工程项目提供帮助，收受焦某卫、孟某宝给予的财物价值共计 59.4 万元。其中，2017 下半年，被告人孙某波应孟某宝请托，利用担任天津市公安局北京工作处副处长职权地位形成的便利条件，承诺通过蓟州区相关部门领导为孟某宝承揽蓟州区旧城改造工程提供帮助，收受孟某宝给予的钱款人民币 20 万元。

二、案例评析

法院认为，孟某宝向孙某波提出明确具体请托事项后，孙某波即承诺联系相关领导帮孟某宝承揽工程提供帮助，并收受孟某宝给予的钱款 20 万元。孙某波不仅明知孟某宝请托事项的不正当性，而且对需要斡旋的其他国家工作人员也是知悉的，虽然其为请托人谋取不正当利益尚未发展到实施或实现阶段，但其基于自身职权、地位形成的对其他国家工作人员职务行为的影响力，已实际收受了请托人钱款，侵犯了国家工作人员职务行为的廉洁性和不可收买性，体现了权钱交易的本质特征，依法应认定为受贿。

问题 7. 如何区分人情往来、感情投资与受贿的界限

人情往来，是指人们之间的感情联络。人情，就是人的感情，即所谓的"人之常情"。人情往来具有互动、双向的特征。在任何社会里，都不太可能将人情往来作为犯罪来处理。然而以人情往来为名、行贿赂之实的现象又是常见的，必须纳入刑法打击的视野。感情投资，是以增进感情为目的进行的物质投入。感情投资与人情往来不同，具有单向性。感情投资发生在具有上下级关系的国家工作人员之间，或者具有行政管理关系的双方之间，数额超过一定范围的，则可能具备贿赂的性质。但是数额微小的感情投资，不应当成为《刑法》关注的对象。《最高人民法院、最高人民检察院关于办理贪污贿赂刑事案件适用法律若干问题的解释》第 13 第 2 款规定了感情投资与受贿罪的处理原则。根据该条规定，国家工作人员索取、收受具有上下级关系的下属或者具有行政管理关系的被管理人员的财物价值三万元以上，可能影响职权行使的，视为承诺为他人谋取利益。

判断被告人的行为系人情往来还是"感情投资型"受贿，应当严格按照受贿罪的构成要件进行认定。具体而言，应从以下方面综合认定：（1）审查被告人与财物往来方的关系。人情往来一般存在于亲友、同学或者其他私人关系之间，且维系时间较长。贿赂行为可能发生在上述人员之间，也可能发生在不具有私人关系的人员之间。（2）审查双方的财物往来情况。即使双方存在私人关系，若被告人单方面收受财物，则不属于人情往来，而属于接受馈赠或感情投资，此时应审查双方是否存在职务上的隶属关系或被告人是否有利用职务便利为对方谋利的情况及可能性。（3）审查财物往来的缘由、时机和方式，以及提供财物方对于被告人有无职务上的请托。行贿人往往会趁节假日、婚丧活动等时机给予被告人财物，方式较为隐蔽。（4）审查往来财物的价值，并判断是否具有对等性。人情往来涉及的财物价值相对较小，而贿赂财物的价值较大。人情往来中，双方赠与彼此的财物价值大致是相当的，若被告人给予对方的财物与对方给予的财物价值相差较大，且被告人又为其谋取利益的，则应认定为受贿罪。（5）审查被告人是否利用职务上的便利为财物给予方谋取利益。[①]

---

① 茆荣华主编：《上海法院类案办案要件指南》（第 1 册），人民法院出版社 2020 年版，第 472~473 页。

【刑事审判参考案例】 毋某良受贿案①

一、基本案情（详见问题 1 毋某良受贿案案情）

二、案例评析

"为他人谋取利益"是受贿犯罪的法定构成要件，对这一要件的理解和认定问题，是长期困扰司法实践的一个难题。尤其是在行为人收受具有上下级关系的下属或者具有行政管理关系的被管理人员财物时，如何把握受贿犯罪与"感情投资"的界限，是正确认定这一类型受贿犯罪的关键。

对于日常意义上的"感情投资"，通常分为两种情形：一种是与行为人当前职务无关的感情投资；另一种是与当前行为人职务行为有着具体关联的所谓"感情投资"。对于后者，由于双方行为人在日常职务活动中的紧密关系，谋利事项要么已经通过具体的职务行为得以体现，要么可以直接推断出给付金钱有对对方职务行为施加影响的图谋，在这种情况下只要能够排除正常人情往来的，即可认定为受贿。

综观本案，给予毋某良数额较大甚至巨大财物者，或为已在或欲在萧县境内从事经营活动的商人，或为与毋某良存在职务隶属关系的萧县乡镇、科局干部，这些人员除了商业经营、工作需要可能与毋发生联系外，并无证据证明他们与毋存在长期的、深厚的亲情、友情等特殊关系；毋某良既没有给予他们大体相当的款物，也不能作出合理解释。上述人员无一不是谋求与毋处好关系，由毋对现行或将来请托事项给予帮助，而实际上毋亦实际给予或承诺给予帮助，实质仍为权钱交易，并非正常的人情往来，故相应款物依法应计入受贿数额。

《最高人民法院、最高人民检察院关于办理贪污贿赂刑事案件适用法律若干问题的解释》为适应惩治受贿犯罪的实践需要，进一步统一了在"礼金型"受贿犯罪类型中对"为他人谋取利益"要件的理解，其第 13 条第 2 款规定："国家工作人员索取、收受具有上下级关系的下属或者具有行政管理关系的被管理人员的财物价值三万元以上，可能影响职权行使的，视为承诺为他人谋取利益。"其中，"价值三万元以上"是为了便于实践掌握而对非正常人情往来做出的量化规定。

问题 8. 多笔受贿犯罪中，对于国家工作人员收受单个行贿人不足 1 万元的贿赂，是否累计计入犯罪数额

多笔受贿犯罪中，对于国家工作人员收受单个行贿人不足 1 万元的贿赂，是否累计计入犯罪数额，存在两种意见：一种意见认为，只要国家工作人员为收受财物系基于具体职务行为，能够认定国家公工作人员的行为属于受贿行为，无论收受财物数额多少，均应计入犯罪数额。另一种意见认为，《最高人民法院、最高人民检察院关于办理贪污贿赂刑事案件适用法律若干问题的解释》第 15 条第 2 款规定，国家工作人员利用职务上的便利为请托人谋取利益前后多次收受请托人财物，受请托之前收受的财物数额在一万元以上的，应当一并计入受贿数额。根据上述规定，对于请托之后收受的财物应当一并计算

---

① 陈华舒：《毋某良受贿案——赃款、赃物用于公务支出，是否影响受贿罪的认定》，载中华人民共和国最高人民法院刑事审判第一、二、三、四、五庭主办：《刑事审判参考》（总第106集），指导案例第1149号，法律出版社2016年版，第86~92页。

受贿数额，但对于请托之前收受的财物，应当对一万以上的数额计入犯罪数额。

我们同意第一种意见，行贿人长期连续给予受贿人财物，且超出正常人情往来，其间只要发生过具体请托事项，则可以把这些连续收受的财物视为一个整体行为，全额认定受贿数额。

【地方参考案例】刘某明受贿、利用影响力受贿案[①]

一、基本案情

1998 年至 2018 年，被告人刘某明利用担任天津市西青区监狱副狱长、天津市监狱局狱政管理处处长职务上的便利，为颜某 1、王某军、王某等服刑人员谋取利益，非法收受颜某 2、孙某英、王某生等人财物，共计价值人民币 15.3517 万元。其中，1998 年至 2007 年，被告人刘某明利用担任天津市西青区监狱副监狱长职务上的便利，接受颜某 2 请托，为颜某 1 调换监区、申报奖励提供帮助。2010 年 10 月，刘某明收受颜某 2 给予的人民币 2000 元。

人民法院认为，被告人刘某明身为国家工作人员，利用职务上的便利，为请托人谋取利益，收受他人财物数额较大，其行为已构成受贿罪；刘某明离职后利用原职权地位形成便利条件，通过其他国家工作人员职务上的行为，为请托人谋取不正当利益，收受他人财物数额较大，其行为已构成利用影响力受贿罪。法院据此对刘某明定罪处刑。

二、案例评析

《最高人民法院、最高人民检察院关于办理贪污贿赂刑事案件适用法律若干问题的解释》第 15 条第 2 款针对的是行贿人长期连续给予受贿人超出正常人情往来范围的财物，收受财物与具体请托事项不能一一对应情况下受贿数额如何计算的问题，解决的是受贿事实的认定问题。根据上述规定，行贿人长期连续给予受贿人财物，且超出正常人情往来，其间只要发生过具体请托事项，则可以把这些连续收受的财物视为一个整体行为，全额认定受贿数额。适用本款规定时要注意多次收受财物之间应具有连续性，这是得以在法律上将受请托前收受财物与谋利事项建立联系进而将之作为整体受贿行为对待的事实基础。之所以规定"一万元以上"，是为了区分是否超出正常人情往来，并非数额标准。而对于能够明确收受财物与谋利事项存在对应关系的受贿事实，无论数额多少，均应计入受贿数额。

问题 9. 如何区分国家工作人员是利用职务上的便利，还是利用职权或者地位形成的便利条件

在受贿案件中，大量存在国家工作人员向其他国家工作人员打招呼为请托人谋利的情形。对于此种情形应认定为直接利用职务上的便利还是利用职权、地位形成的便利条件存在不同的观点。我们认为，区分"利用职务上的便利"与"利用职权地位形成的便利条件"，关键在于国家工作人员与其他国家工作人员是否存在隶属、制约关系。如担任单位领导职务的国家工作人员通过下级部门的国家工作人员的职务为他人谋取利益的，应当认定为"利用职务上的便利"为他人谋取利益；而通过单位内不同部门没有职务上隶属、制约关系的国家工作人员为他人谋取利益的，应当认定为"利用职权地位形成的便利条件"为他人谋取利益。

【地方参考案例】刘某华受贿[①]

一、基本案情

2009年11月至2018年5月，被告人刘某华任财政部办公厅部长办公室正处级秘书，作为部领导秘书，其主要工作职责是根据工作需要和部领导意见，做好部领导参加各项公务活动的具体安排、协调等工作，根据部领导意见，做好与部领导分管单位及其他有关单位的联系沟通等。

2010年，刘某华利用财政部正处级秘书的职权或者地位形成的便利条件，通过其他国家工作人员职务上的行为，为某公司董事长赵某之子考取某大学提供帮助。2010年八九月，刘某华在北京市西城区金融街星巴克咖啡厅收受赵某给予的人民币20万元。

2013年至2018年，被告人刘某华利用担任财政部正处级秘书职务上的便利，为某集团有限公司（以下简称"某集团"）及其实际控制人于某在日常联系财政部原副部长张某、中法人寿保险有限责任公司（以下简称"中法人寿公司"）股权收购及中国邮政储蓄银行股份有限公司（以下简称"邮储银行"）股份认购等事项上提供帮助。2014年至2018年，刘某华在其办公室等地，先后多次收受于某给予的共计价值人民币10万元的购物卡及人民币30万元。

法院以受贿罪对刘某华定罪处刑。

二、案例评析

司法实践中，对于担任领导秘书职务的国家工作人员，其通过向领导具有隶属、制约关系的国家工作人员打招呼，是否属于"利用职务上的便利"，存在两种意见：

一种意见认为，判断领导秘书是否属于"利用职务上的便利"，应根据领导秘书的岗位职责确定，对于领导秘书在岗位职责范围内向其他国家工作人员打招呼的行为，应当认定为"利用职务上的便利"，对于岗位职责范围外的打招呼行为，即使被打招呼的国家工作人员与领导之间存在隶属、制约关系，也不宜认定为"利用职务上的便利"，而应认定为"利用职权或地位形成的便利条件"。

另一种意见认为，对于担任领导秘书职务的国家工作人员，因领导秘书实践中形成的权力，其对于领导具有隶属、制约关系的国家工作人员，同样具有隶属、制约关系，其向该国家工作人员打招呼，应当认定为"利用职务上的便利"。

我们倾向于第二种意见。2003年最高人民法院《全国法院审理经济犯罪案件工作座谈会纪要》第3条规定了受贿罪中"利用职务上的便利"以及"利用职权或地位形成的便利条件"的认定，规定《刑法》第385条第1款规定的"利用职务上的便利"，既包括利用本人职务上主管、负责、承办某项公共事务的职权，也包括利用职务上有隶属、制约关系的其他国家工作人员的职权。担任单位领导职务的国家工作人员通过不属自己主管的下级部门的国家工作人员的职务为他人谋取利益的，应当认定为"利用职务上的便利"为他人谋取利益。《刑法》第388条规定的"利用本人职权或者地位形成的便利条件"，是指行为人与被其利用的国家工作人员之间在职务上虽然没有隶属、制约关系，但是行为人利用了本人职权或者地位产生的影响和一定的工作联系，如单位内不同部门的

[①] 北京市第四中级人民法院（2019）京04刑初8号刑事判决书。

国家工作人员之间、上下级单位没有职务上隶属、制约关系的国家工作人员之间、有工作联系的不同单位的国家工作人员之间等。根据上述规定，区分"利用职务上的便利"与"利用职权地位形成的便利条件"，关键在于国家工作人员与其他国家工作人员是否存在隶属、制约关系，对于领导秘书等岗位工作人员亦应按照该标准判断。实践中，领导秘书岗位职责中包括领导参加各项公务活动的具体安排、协调等工作，以及根据领导意见与领导分管单位及其他有关单位的联系沟通等，且因领导秘书岗位的特殊性，其往往具有一般国家工作人员所不具有的实践权力，如有能力给领导分管单位带来不利后果。因此，我们认为，领导秘书等岗位国家工作人员对于领导分管单位和部门的国家工作人员具有隶属、制约关系，其向该国家工作人员打招呼的行为，一般应认定为"利用职务上的便利"。

问题 10. 国家工作人员向请托人"虚假承诺"，收受请托人财物的，是否应当认定为受贿犯罪

对于行为人虚假承诺的，即行为人承诺但未实施斡旋行为，且系行为人一开始就不打算实施斡旋行为的，我们认为一般应当认定为受贿罪，理由在于无论虚假承诺还是真实承诺，都损害了职务行为的廉洁性或不可交易性，但实践中请托及收钱情形纷繁复杂，还需要结合案件情况进行分析，并不能因为主体是国家工作人员就绝对排除构成诈骗等犯罪的可能性。

【职务犯罪参考案例】霍某某受贿案[①]

一、基本案情（详见问题 6 霍某某受贿案案情）

二、案例评析

对于行为人虚假承诺的，即行为人承诺但未实施斡旋行为，且系行为人一开始就不打算实施斡旋行为的，应当如何处理？

在一般受贿中，对于行为人虚假承诺的处理，刑法理论上和司法实务中存在不同观点。第一种观点认为，应当认定为诈骗罪，主要理由是行为人的主观目的是非法占有他人财物。第二种观点认为，应当认定为受贿罪，"收钱不办事"更可恶，[②] 应当按照想象竞合犯择一重处。第三种观点认为，应当根据是否利用职务上的便利分别定罪，如果行为人利用了职务上的便利，即便存在欺骗行为，也构成受贿罪；反之，如果并无利用职务上的便利，则构成诈骗罪。[③] 目前，司法实务中的通说观点认为应当认定为受贿罪，主要理由是无论虚假承诺还是真实承诺，都损害了职务行为的廉洁性或不可交易性。[④]

在斡旋受贿中，对于行为人虚假承诺的处理，也相应地存在认定为诈骗罪、受贿罪、区别认定等不同观点。基于上述分析，我们认为一般应认定为受贿罪。但实践中请托及收钱情形纷繁复杂，还需要结合案件情况进行分析，并不能因为主体是国家工作人员就绝对排除构成诈骗等犯罪的可能性。除了上述理由以外，还有一个重要理由在于：斡旋

---

① 罗灿：《成立斡旋受贿不以斡旋行为为必要条件》，载最高人民法院刑事审判第二庭编：《职务犯罪审判指导》（第 1 辑），法律出版社 2022 年版，第 18~23 页。

② 是"收钱办事"还是"收钱不办事"应当从重也存在不同观点。——案例编者注

③ 孙国祥：《贪污贿赂犯罪研究》，中国人民大学出版社 2018 年版，第 719~721 页。

④ 王晓东：《贪污贿赂、渎职犯罪司法实务疑难问题解析》，人民法院出版社 2020 年版，第 131~132 页。

受贿要求为他人谋取的利益必须为不正当利益,而不正当利益往往是非法利益;如果认定诈骗罪,则意味着存在犯罪被害人,而对于犯罪被害人的被骗财物,原则上应当予以返还,这与《刑法》不保护非法利益的精神是不相符的。

但是,在虚假承诺中还有一种情况,如果请托事项是正当的,那么根据犯罪构成要件,收受财物的国家工作人员就不构成斡旋受贿罪,且由于国家工作人员不是利用自己职务上的便利,也不构成一般受贿罪。在这种情况下,我们认为,对于构成诈骗罪的,可以认定为诈骗罪。

问题 11. 在贿赂犯罪案件中,受贿人首先向行贿人提出财物要求的是否都认定为索贿

行受贿行为的发生系双方达成合意的结果。在合意过程中,对于受贿人首先向行贿人提出财物要求的是否都认定为索贿,我们认为,在司法实践中应当根据被告人的职务、地位及其影响、是否为行贿人谋取利益、是否主动提起犯意、行贿人的利益是否违法等多个情节来综合判断行贿是否违背了行贿人的意愿,进而确定是否构成索贿。具体办案中可以从以下几点进行把握:(1)并非国家工作人员先提出的均构成索贿,但是索贿应当是国家工作人员率先通过明示或者暗示的方式向请托人表达了收取财物的意图。(2)索贿的本质是违背了行贿人的意愿,虽然不要求达到被胁迫、勒索的程度,但是应当能够反映出行贿人是出于压力、无奈、不情愿才交付财物。(3)实践中可以根据受贿人给请托人谋取利益的大小,受贿人提出的财物要求是否在请托人心理预期之内,请托人请托的事项是否违法等进行综合判断。比如,请托人本来就是谋取违法的利益,对于让渡部分"利润"早有心理预期,双方对于行受贿事实属于"心知肚明",此时即使是受贿人率先提出受贿的具体数额,一般也不宜认定为索贿。

【刑事审判参考案例】吴某宝受贿案[①]

一、基本案情

2001 年 4 月,被告人吴某宝任义乌市运输管理稽征所所长后结识了义乌市客货运输有限公司(以下简称"客货运公司")法定代表人、董事长金某。金某因公司业务有求于吴某宝,逢年过节都给吴某宝送若干香烟票。吴某宝则利用其所长的职权,对客货运公司在出租车招投标、日常监管、企业考核及客运线路审批等方面给予便利及帮助。在吴某宝的帮助下,客货运公司于 2004 年 9 月在义乌市交通局组织的义乌市客运出租汽车经营权招标活动中被确定为中标单位,取得 70 辆出租车的经营权。中标后,吴某宝伙同缪某、傅某、吴某(均另案处理)等人,以只支付车辆成本及相关费用的方式,向金某、客货运公司索取其中 15 辆出租车的经营权,攫取该 15 辆出租车的巨额承包款差价(承包款差价按应收承包款减去车辆成本再减去相关费用计算,下同)。金某、客货运公司虽不情愿,但慑于吴某宝手中的权力并考虑到今后还需要依靠吴某宝进一步拓展业务,遂答允了吴某宝的要求。此后至 2014 年 3 月期间,被告人吴某宝继续利用其担任义乌市运输

[①] 胡晓景、段凰:《吴某宝受贿案——交易型受贿犯罪数额及索贿的认定》,载最高人民法院刑事审判第一、二、三、四、五庭编:《刑事审判参考》(总第 128 集),指导案例 1431 号,人民法院出版社 2021 年版,第 13 ~ 18 页。

管理稽征所所长和义乌市交通局副局长、党委委员的职务便利，继续对客货运公司在出租车招投标、日常监管、企业考核及客运线路审批等方面给予便利及帮助。与此同时，吴某宝采用相同手段，甚至不顾客货运公司已经完成发包的事实，以仅支付车辆成本及相关费用的条件，在无任何经营行为的情况下，向金某、客货运公司索取该公司中标的部分出租车经营权，从中攫取巨额承包款差价。2014 年 3 月，吴某宝任恒风集团董事长后，吴某宝等人采用相同手段，还向金某、客货运公司索取了 4 辆出租车的经营权，从中攫取该 4 辆出租车的承包款差价。

综上，被告人吴某宝共先后向客货运公司、金某索取 8 批 56 辆出租车经营权。经会计师事务所审计，其从客货运公司攫取承包款差价共计人民币 10583084.44 元。

法院认为，吴某宝的行为构成受贿罪，且属索贿。

二、案例评析

索贿，是指国家工作人员利用职务上的便利，主动向他人索要或勒索并收受财物。无论是主观罪过还是客观危害，索贿都要比受贿严重。我国《刑法》第 386 条规定索贿的从重处罚，2016 年最高人民法院、最高人民检察院出台的《关于办理贪污贿赂刑事案件适用法律若干问题的解释》中也将多次索贿认定为其他较重情节。但实践中对于索贿情节的理解存在差异，把握的标准亦不一致，存在以下几种意见：

第一种意见认为，区别索要还是一般收受的标准在于贿赂首先由谁提出，在权钱交易中，只要是受贿人主动提起，就应当认定为索贿。

第二种意见认为，《刑法》第 389 条第 3 款规定，因被勒索给予国家工作人员以财物，没有获得不正当利益的，不是行贿。《刑法》第 385 规定的"索取"与此处的"被勒索"具有对应性，即索贿具有明显的勒索性、胁迫性，只有行贿人能够明确感受到行为人利用职务便利进行勒索时，才能认定索贿。

我们认为，上述两种意见均未精准把握索贿的内涵，因而在界定索贿的外延时失于偏颇。

首先，实践中有的行为人故意拖延甚至拒绝办理应当办理的事项，或者利用职务便利进行打击报复以要挟对方行贿，这种情形当然构成索贿。但索贿中"索"是指索取、主动索要，将其理解为"勒索"则是不当地限制了索贿的范围，亦会导致轻纵犯罪。

其次，由于权力的稀缺资源性，实践中有的行贿人主动围猎国家工作人员，积极寻找机会实现权钱交易，但很多时候"苦于无门"，因而当被告人主动提出时，行贿人是"心甘情愿"甚至"求之不得"，此种情形与行贿人主动提出、受贿人欣然接受的情形无论从本质还是从危害性程度而言都没有太大区别。而《刑法》之所以对索贿行为规定了较重的刑罚，是因为相比一般受贿行为而言，索贿行为对国家工作人员职务廉洁性的危害更甚，社会影响更恶劣，如果仅因为被告人主动开口而认定索贿，并予以从重处罚，与立法精神未免有出入。

我们认为，受贿犯罪中应当根据被告人的职务、地位及其影响、是否为行贿人谋取利益、是否主动提起犯意、行贿人的利益是否违法等多个情节来综合判断行贿是否违背了行贿人的意愿，进而确定是否构成索贿。具体办案中可以从以下几点进行把握：（1）并非国家工作人员先提出的均构成索贿，但是索贿应当是国家工作人员率先通过明示或者暗示的方式向请托人表达了收取财物的意图。（2）索贿的本质是违背了行贿人的意愿，虽然不要求达到被胁迫、勒索的程度，但是应当能够反映出行贿人是出于压力、无奈、不情愿才交付财物。（3）实践中可以根据受贿人给请托人谋取利益的大小，受贿人提出的财物要求是否在请托人心理预期之内，请托人请托的事项是否违法等进行综合判断。比如，请托人本来就是谋取违法的利益，对于让渡部分"利润"早有心理预期，双方对于行受贿事实属于"心知肚明"，此时即使是受贿人率先提出受贿的具体数额，一般也不宜认定为索贿。

本案中，被告人吴某宝以所掌握的职权为条件，向管理服务对象施加精神压力，迫使对方同意其低价承包出租车，是权钱交易的主动方、造意者、提起人。金某的证言证实，因为其公司的所有业务都是运管所主管的，吴某宝提出来，其不敢不答应，因而在第一次给了傅某 15 辆出租车的经营权，后来几次傅某向其要经营权，其都没有答应，都是吴某宝又给其打招呼，其没有办法才给了傅某。上述情节也得到傅某证言的印证，充分反映出金某行贿的被动性。故法院综合本案证据，最终依法认定了吴某宝具有索贿情节。

【人民法院案例选案例】 张某受贿、巨额财产来源不明案[①]

一、基本案情

2008 年至 2018 年间，被告人张某利用担任原广东省卫生厅（以下简称"原省卫生厅"）医政处副调研员、副处长和广东省卫生和计划生育委员会（以下简称"省卫计委"）医政处副处长、处长的职务便利，接受广东丹霞生物制药有限公司（以下简称"丹霞制药公司"）、广东双林生物制药有限公司（以下简称"双林制药公司"）等单位的请托，在行政审批、药品推销等业务上提供帮助，收受张某海、何某霞等人贿送的财物共计 2086.25 万元。其中，2013 年至 2018 年间，被告人张某利用担任省卫计委医政处副处长、处长，负责血液管理业务的职务便利，为丹霞制药公司在本省东莞市塘厦镇等 15 家单采血浆站设置审批和执业许可等业务上提供帮助，先后多次收受该公司董事长张某海的贿赂共计人民币 200 万元。2015 年，张某与张某海约定以 1500 万元价格购买该公司 0.375% 股权，在支付 11.25 万元办理股权过户后，不支付余款 1488.75 万元。2017 年 4 月，上述股权转让得款 1473.3 万元，张某继续占有该款，并交由张某海进行理财投资。

人民法院认为，张某没有以手中权力相要挟，没有给张某海造成如不给付财物，可能遭受人身财产或者名誉损失的心理强制，且张某海具有贿送财物的意愿，并非完全处于被动地位，故张某以购买股权为由收受张某海 1488.75 万元的行为构成受贿罪，但不应认定为《刑法》上的索贿情节。

二、案例评析

索贿是受贿的下位概念，其与一般受贿共同构成受贿罪的两种表现形式。鉴于索贿情节对被告人的刑罚轻重具有重大影响，故有必要审慎适用。对于本案被告人张某购买股权后拒不支付余款是否构成索贿的问题，存在两种意见：一种意见认为，张某作为行业主管部门领导，利用自己职权的优势地位，通过认购原始股后拖延拒不支付余款的方式向他人索要财物，在此过程中，张某海多次催要余款不得，明显处于被动地位而非主

① 庞美娟、谢韵静：《贿人购买股权后拒不支付余款的行为同时符合主动性、强制性、交易性的三大特征，构成索贿——张某受贿、巨额财产来源不明案》，载最高人民法院中国应用法学研究所编：《人民法院案例选》（总第 145 辑），人民法院出版社 2020 年版，第 60～67 页。

动贿送财物，故应认定为索贿。另一种意见认为，张某没有以手中权力相要挟，没有逼迫他人交付财物的行为，且张某海之前一直贿送财物给张某，其并非没有犯意，并非完全处于被动地位，故张某的行为不构成索贿。

我们同意第二种观点。"索贿"是指国家工作人员利用职务上的便利，主动向他人索要或勒索并收取财物。[1] "索要"指行为人在进行职务活动时，向当事人以明示或者暗示的方式要求贿赂，但未使用要挟胁迫的方法；"勒索"指使用要挟胁迫的方法，明示或者暗示如不送财物其事就不好办或者会有严重后果，迫使对方不得已给自己送财物。[2] 由此可见，构成索贿应当符合主动性、强制性、交易性三个特征，具体论述如下：

1. 受贿人的索要行为应当具有主动性

主动性是指受贿人主动以明示或暗示的方式要求行贿人给予自己财物，而非被动地等待行贿人给予财物。在索贿犯罪中，行贿人本来无行贿的意图，而是受贿人通过勒索、胁迫的方式使行贿人给付财物，因此，收受贿赂行为的产生具有单方支配性。倘若在受贿人的索要行为前，行贿人一直有行贿的行为；或者行贿人本就有行贿的意图，即便受贿人提出了索要财物的请求，受贿人也仅是"顺水推舟"，并非"始作俑者"，故不能认为受贿人的行为积极主导权钱交易进程，从而认定受贿人构成"索贿型"受贿罪。

主动性特征主要用于区分索取贿赂和收受贿赂两种行为。中国古代把收受贿赂和行贿称为"彼此俱罪之赃"，也就是说两者互为犯罪对象，是对合犯。而索取贿赂则称为"取与不和之赃"，也就是说被索之人是无可奈何的，是不同意的。因此，无论是主观罪过还是客观危害，索取贿赂都要比收受贿赂严重，故我国《刑法》规定对索贿行为予以从重处罚。[3] 具体到本案，张某虽以购买股权为由取得股权后拖延不支付对价，但张某海并非完全处于被动地位。一方面，张某海之前一直有贿送财物给张某，并表示如果张某还在当省卫计委医政处处长、负责管单采血浆站，其还是会把钱款给他，这反映了张某海并非没有行贿犯意；另一方面，张某将款项转给张某海委托理财时，张某海无论在主观上还是客观上，都没有拿回上述款项，仍认可该款项属张某所有，并未有要求其归还的意思表示，这反映了张某海主动贿送财物的意愿。换言之，张某的行为缺乏索要的主动性。

2. 受贿人的索要行为应当具有强制性

强制性是指行为人以所掌握的职权为条件，乘人之危，向他人施加精神压力，迫使对方向其交付财物。具体表现在以下三方面：第一，索贿必须伴随相当程度上的心理强制。这种心理强制虽未达到抢劫、敲诈勒索的威胁程度，但必须能够引发一定的作用，即足以致使受贿人产生若不给付财物，其人身、名誉、财产或正常行为将遭受损失的恐惧心理。第二，索贿必须伴随"现实较为确定"的心理强制，不包括受贿人以不利用将来可能获得的职务上的便利帮助谋取利益为条件。如果国家工作人员向行贿人提出，行贿人如不给付财物，其不会以将来可能获得的职务便利帮助谋取利益（包括正当利益和不正当利益），则不宜认定为索贿。例如，房地产规划审批案件中，某规划局副局长提出不给付财物，将会提高审批要求，让审批事项无法如期获批通过，将构成索贿；反之，若该副局长提出不给付财物，虽然其现在并无项目规划审批职权，但将会在"未来当上

① 高铭暄、马克昌：《刑法学》，中国法制出版社1999年版，第315页。
② 马克昌：《刑法理论探索》，法律出版社1995年版，第268页。
③ 李成：《"索贿"若干问题研究》，载《人民检察》2003年第1期。

正职后"让审批事项无法通过，则不构成索贿。第三，索贿必须伴随"既存的"心理强制，不包括行贿人自己臆想的受贿人可能施加的行为。倘若受贿人主动提出让行贿人给付财物，但并未施加任何影响行贿人心理的行为，反之是行贿人自己认为如不给付财物，国家工作人员将会对其实施不利行为，此类情形因不符合主客观相一致的原则，不应认定具有索贿情节。

受贿罪中的索贿行为与敲诈勒索罪中的索要行为均有强制性特征。敲诈勒索罪是指以非法占有为目的，采用威胁或要挟等手段，强行索要公私财物的行为。除了犯罪主体和犯罪客体外，敲诈勒索罪和受贿罪在客观方面的索取财物手段上也有差异。① 根据《现代汉语词典》的解释，索取只有"向他人要财物"的意思，而勒索则是"以威胁手段向他人要财物"。据此可以认为，敲诈勒索罪主要是以暴力加害被害人及其亲属，揭发他人的隐私或不正当行为危害他人的名誉、地位、前途，毁坏他人的财物，破坏生产或营业等相威胁或要挟，强行迫使他人不得不交出公私财物，具有明显、公开、强行的特点。受贿罪的索要财物行为，则主要体现在进行公务的活动中，利用职务上的便利向他人索取财物或以为他人谋利益相交换，索取他人财物，一般是利用对方有所要求之机主动索取财物，并不使用暴力、威胁等强行勒索手段，尽管有时也可能刁难、要挟，但索取手段较隐蔽，方法较婉转。

在判断受贿人行为的性质时，不能仅着眼于索要行为的手段和方式，更要衡量索要行为的强制程度。本案中，张某并未达到要挟、强迫的地步，行贿人仍存在与受贿人协商的可能，仍可以自行决定是否实施行贿行为，故张某的索要手段未达到强制性的要求，即没有以手中权力相要挟，给张某海造成如不给付财物就可能遭受人身财产或者名誉损失的心理强制，因而不应认定为索贿。

3. 受贿人的索要行为应当具有交易性

交易性是指索贿者通过要挟迫使对方向自己给付财物，而以本人利用职权为某种行为或者不为某种行为为交换，这种交易也可以是以未来的利益为交易，表现为权钱交易的造意者、提起者。② 当前受贿犯罪由"短平快型"的直接权钱交易向长期的"感情投资型"发展。行贿者为了长期利用国家工作人员手中的权力谋求利益，往往对受贿人进行"感情投资"，以"感谢业务照顾""搞好关系"等名义进行长期铺垫，以此建立密切稳定的关系，"放长线，钓大鱼"，并以此掩盖权钱交易的实质。

索贿与一般受贿具有同质性，两者均具有权钱交易的本质特征，故交易性主要作为衡量罪与非罪的标准。根据《全国法院审理经济犯罪案件工作座谈会纪要》的规定，关于以借款为名索取或者非法收受财物行为的认定，应当根据以下因素综合判断：（1）有无正当、合理的借款事由；（2）款项的去向；（3）双方平时关系如何、有无经济往来；（4）出借方是否要求国家工作人员利用职务上的便利为其谋取利益；（5）借款后是否有归还的意思表示及行为；（6）是否有归还的能力；（7）未归还的原因等。本案受贿人"购买股权后拒不支付余款"的行为与上述规定中"以借款为名索取或者非法收受财物行为"的行为存在一定的相似性，根据上述因素可认定其具有交易性。

在本案中，张某和张某海之间并非正常的股权转让关系。从行贿人的角度而言，张

---

① 张军主编：《刑法（分则）及配套规定新释新解》（第9版），人民法院出版社2016年版，第1998页。
② 陈正云、钱舫：《国家工作人员职务经济犯罪的定罪和量刑》，人民法院出版社2000年版，第285页。

某海之前一直有财物给予张某，且事实上，在张某将款项转给张某海委托理财时，不仅主观上认可款项属张某所有，而且客观上也没有拿回款项，这反映了张某海并无真实、合理地收回对方所欠款项的意愿。从受贿人的角度而言，张某并未约定支付余款的日期、利息等，也没有支付余款的意思表示和行为。还有一个不能忽视的事实是，张某担任省卫计委医政处副处长、处长，负责血液管理业务，张某海担任被管理方丹霞制药公司董事长，张某和张某海的企业之间存在业务上的管理与被管理关系，因此，张某与张某海之间的行为实为权钱交易、长线投资，张某构成受贿罪。同时，鉴于张某的索要行为不具有主动性和强制性特征，故仅构成一般受贿。

问题 12. 以欺骗方式让行贿人主动交付财物的，应如何认定

司法实践中，存在受贿人欺骗行贿人，进而让行贿人主动交付财物的，对于此种情况应如何认定，我们认为，必须结合行为人利用职务上的便利实施犯罪的背景准确定性。如果受贿人所实施的欺骗行为只是对其受贿行为的一种掩盖，而行贿人对送出财物以满足受贿人的要求、进而借助受贿的权力谋取利益这一事实有清晰的认识，其关注的重点不在于何人收取贿赂，而在于能否用贿赂换取利益，对此类案件认定为受贿而非诈骗更符合客观事实的本质，也更符合主客观相统一的原则。

【刑事审判参考案例】吴某徕受贿案①

一、基本案情

2006 年至 2013 年 3 月，被告人吴某徕在担任湖南省高速公路管理局养护工程公司副经理、湖南省郴州至宁远高速公路筹备组组长、湖南省郴宁高速公路建设开发有限公司总监、湖南省洞口至新宁高速公路筹备组组长和湖南省洞新高速公路建设开发有限公司（以下简称"洞新公司"）经理期间，利用职务之便，在耒宜高速维护业务，郴宁高速公路、洞新高速公路的土建工程、监理、路面工程、材料供应及驻地建设等业务的招投标，以及工程质量监督、工程管理、工程款支付等方面为他人谋取利益，单独或伙同其情妇赵某某（另案处理）、其妻成某某共同收受其他单位和个人财物。吴某徕收受财物共计折合人民币（以下币种同）1223.0789 万元。其中，2010 年下半年，吴某徕担任洞新公司经理期间，某公司股东徐某某多次找到吴某徕，要求承接某高速所需钢绞线全部供应业务。吴某徕原计划安排赵某某承接该业务，便以"让领导的朋友退出"为由，要徐某某给予"领导的朋友"好处费 100 万元，徐某某表示同意。之后，吴某徕利用职权，决定由徐某某以三家公司的名义承接总额 7000 余万元的钢绞线供应业务。2010 年 9 月底，徐某某按约定联系吴某徕交付 100 万元好处费。吴某徕带徐某某与赵某某的弟弟见面，谎称赵某某的弟弟系领导的朋友。赵某某的弟弟收到徐某某所送的 100 万元后将该笔钱款转交给赵某某。

法院以受贿罪对吴某徕定罪处刑。

① 陈健：《吴某徕受贿案——以欺骗方式让行贿人主动交付财物的，应如何认定》，载中华人民共和国最高人民法院刑事审判第一、二、三、四、五庭主办：《刑事审判参考》（总第106集），指导案例第1147 号，法律出版社2017年版，第74～77 页。

二、案例评析

本案中，被告人吴某徕多次收受他人财物，利用职务便利为行贿人谋利，其行为构成受贿罪，对此并无异议。但对其以欺骗方式收受徐某某 100 万元的行为是否构成索贿，审理过程中存在不同意见：一种意见认为，徐某某为顺利承揽工程，在得知有"领导的朋友"介入后主动向吴某徕提出给予对方好处费，以换取对方退出竞争，不能认定吴某徕索贿。另一种意见认为，吴某徕得知徐某某有意承揽工程后，通过虚构有"领导的朋友"介入的事实给徐某某施加压力，在徐某某表示愿意支付好处费后即提出 100 万元的补偿要求，最终通过赵某某等人收取该笔贿款，构成索贿，应酌情从重处罚。我们同意第二种意见，具体分析如下：

首先，必须准确把握"索贿""索取他人财物"的含义。根据《刑法》第 385 条第 1 款的规定，受贿罪的行为方式分为"索取他人财物"和"非法收受他人财物"两种，《刑法》第 386 条又规定"索贿的从重处罚"。"索贿"即是指"索取他人财物"。《刑法》及相关司法解释未对"索贿"或"索取他人财物"的含义作出规定，在司法实践中可以按照上述用语的通常含义来认定索贿。依据《现代汉语词典》（第 5 版）的解释，索取即"向人要（钱或东西）"，索贿即"索取贿赂"。可见，只要行为人主动向他人索要财物，即属于"索取他人财物"，"索贿"只是《刑法》对"索取他人财物"的简便表述，二者含义相同。因此，认定行为人是否构成索贿关键看其是否主动要求对方交付财物作为对价。本案中，被告人吴某徕表面上似乎并未直接向行贿人徐某某索要财物，而是以要给"领导的朋友"好处费为由主动要求徐某某交付财物给第三人。这一行为能否认定为索贿？我们认为，吴某徕虽然采取欺骗手段使徐某某相信确有"领导的朋友"介入并"自愿"向"领导的朋友"支付好处费，但吴某徕在徐某某"自愿"交付之前已向其传递出明确的信号，即徐某某不付出一定代价不可能顺利承揽业务，徐某某面对这种情况并无多少选择余地。在徐某某表示愿意给对方好处费后，吴某徕立即提出 100 万元的数额要求。该起受贿事实中，吴某徕与徐某某的沟通过程符合索贿犯罪中受贿人积极地主导权钱交易进程，而行贿人比较被动地按照受贿人的要求给付财物的特点，犯罪情节较一般的被动接受贿赂的受贿犯罪更为恶劣，理应认定为索贿并酌情从重处罚。至于吴某徕使用的欺骗手段，并不改变其主动向徐某某索要巨额贿赂的实质。

其次，对索贿行为必须结合行为人利用职务上的便利实施犯罪的背景准确定性。有观点认为，被告人吴某徕虚构事实、隐瞒真相促使徐某某交付财物的行为符合诈骗罪的犯罪构成。我们认为，单纯地看该起事实，形式上似乎也符合诈骗罪的犯罪构成，但吴某徕实施上述行为时充分利用了职务上的便利，徐某某也是基于对吴某徕职权的信任交付财物，后在吴某徕的帮助下承接了相关业务。徐某某虽误以为其所送财物交给了"领导的朋友"，但其对送出财物以满足吴某徕的要求，进而借助吴的权力谋取利益有清晰的认识，其关注的重点不在于何人收取贿赂，而在于能否用贿赂换取利益，事实上徐某某也确实通过行贿获得了巨额利益。因此，以索贿而不是诈骗来评价吴某徕在本起事实中的行为性质更为准确。

综上，以虚构事实、隐瞒真相的方式向行贿人施加压力进而索要财物，并利用职务上的便利为行贿人谋取利益的行为，属于索贿。

问题 13. 如何理解 "多次索贿"

《最高人民法院、最高人民检察院关于办理贪污贿赂刑事案件适用法律若干问题的解释》规定，受贿数额在一万元以上不满三万元，受贿数额在十万元以上不满二十万元，受贿数额在一百五十万元以上不满三百万元，具有多次索贿情节的，属于受贿犯罪"其他较重情节""其他严重情节""其他特别严重情节"。该规定进一步细化了刑法规定的受贿犯罪数额和情节定罪量刑标准，对于适用，严厉打击受贿犯罪中的索贿行为，具有积极作用。在实践中，我们认为，对于"多次索贿"应理解为 3 次以上索贿，并应当将索贿理解为情节，即索贿未遂亦应当计入索贿次数，以体现从严从重处罚索贿的司法政策。"多次"通常是指基于不同的事由多次向多人索贿。基于同一事由多次向同一人索贿，也只能作一次认定。基于不同的事由向同一人多次索贿，应认定为"多次"。"多次"没有间隔时间的限制。

【地方参考案例】李某军受贿案①

一、基本案情

2010 年 12 月 3 日，孤山子镇人民政府根据上级文件要求，为做好张唐铁路拆迁工作，确保工程顺利施工，成立张唐铁路拆迁办公室。孤政通〔2010〕16 号文件列明时任兴隆县孤山子镇榆木岭村党支部书记李某军系孤山子镇张唐铁路拆迁办公室成员。被告人李某军在张唐铁路榆木岭村新宅基地建设工程（"三通一平"工程）招标过程中，利用其孤山子镇张唐铁路拆迁办公室成员的职务便利，为龙某波中标张唐铁路榆木岭村新宅基地建设工程提供帮助，先后向龙某波索取人民币合计 19.85 万元。法院认定李某军构成受贿罪。

二、案例评析

本案中，对于"多次索贿"中的"多次"及"索贿"的理解存在较大争议：

一种意见认为，只要形式上符合"多次"即三次以上就应该认定为"多次"，"索贿"系一种情节，只要行为人实施了索贿行为，无论是否既遂，均应当认定为"索贿"。根据此观点，本案应当认定为多次索贿，被告人李某军的法定刑应为三至十年。

另一种观点认为，除了形式上符合"多次"的条件外，必须实质上也符合"多次"的标准。即在一定的时间内，因同一目的和请托事由，向同一人多次索要钱款，不应当认定为多次索贿，根据此观点，本案中涉案款虽为多次交付但系因同一请托事由向同一人索要，且被告人索要钱款具有一定的连续性，故不应该认定为多次索贿，被告人李某军的法定刑应为三年以下。

我们认为，被告人李某军在开始时向龙某波索要的就是"三通一平"工程"好处费"的总数额，即认定为犯罪数额的 19.85 万元，此款系因同一理由，向同一人索取，被告人李某军一段时间内连续龙某波索要涉案款总额，龙某波虽分几次给付李某军涉案款并不等于李某军多次索贿。因此，不应认定为多次索贿。

问题 14. 已经作为法定刑升格情节的 "多次索贿" 是否应作为从重情节评价

司法实践中，受贿人存在多次索贿情节的并不鲜见。《刑法》第 386 条规定，索贿的

从重处罚。同时，根据《最高人民法院、最高人民检察院关于办理贪污贿赂刑事案件适用法律若干问题的解释》的规定，行为人受贿数额虽未达到"数额较大""数额巨大""数额特别巨大"数额标准，但具有"多次索贿的""赃款赃物用于非法活动的"等情形的，应当认定为受贿犯罪"其他较重情节""其他严重情节"以及"其他特别严重情节"。对于因"多次索贿"已经评价为升格情节的，在量刑时是否还应对索贿情节进行从重处罚，实践中存在两种意见：

一种意见认为，因"多次索贿"已经作为"其他较重情节""其他严重情节"以及"其他特别严重情节"的情形，在犯罪构成方面进行了评价，如继续在量刑时进行评价，违反了《刑法》中的重复评价原则。

一种意见认为，"索贿"从重处罚系刑法的明确规定，系从严打击索贿行为的立法规定，在量刑时应严格适用，不存在例外情形。

我们认为，《刑法》的禁止重复评价是我国《刑法》适用的重要原则，是指在一次定罪量刑活动中，被告人的一个行为或者一个情节，不能两次以上作为定罪量刑的事实依据。因"多次索贿"作为升格情节已经在定罪中评价，因此在量刑时不应再对索贿情节进行从重处罚。

【地方参考案例】王某受贿罪、包庇、纵容黑社会性质组织罪案①

一、基本案情

2009 年至 2018 年期间，被告人王某在担任蚌埠市委政法委副书记、市综治办主任、大洪山林场及周边地区非法开采经营活动整治工作领导小组（以下简称"大洪山整治领导小组"）副组长期间，利用职务便利，收受或索要他人财物合计 238.8 万元。其中收受或索取刘某水、刘某本、刘某刚、刘某贿赂 227.5 万元。

法院认为，被告人王某利用职务上的便利，非法多次索取或收受他人财物共计 238.8 万元，为他人谋取利益，其行为构成受贿罪，且属具有其他特别严重情节。以受贿罪判处王某有期徒刑十年，并处罚金人民币五十万元。

二、案例评析

本案中，法院以王某具有多次索贿情节，认定王某具有受贿"其他特别严重情节"，在处罚时，未再对索贿情节予以从重处罚，做到了罪责刑相适用。

问题 15. 受贿犯罪中，"多次索贿"数额占受贿数额比重较小的，是否可继续升格处理

司法实务中，存在这样的案件：行为人受贿数额 160 万元，虽然具有 3 次索贿，但每次都仅取得 1 万元，索贿数额在犯罪总额中所占的比例极其有限。对于此类案件，是否应根据《最高人民法院、最高人民检察院关于办理贪污贿赂刑事案件适用法律若干问题的解释》的规定，认定其属于受贿数额虽未达到"数额特别巨大"数额标准，但具有"多次索贿"情形的，应当认定为受贿犯罪"其他特别严重情节"，进而适用十年以上有期徒刑这一档法定刑，司法实践中存在两种意见：

一种意见认为，《最高人民法院、最高人民检察院关于办理贪污贿赂刑事案件适用法

---

① 安徽省来安县人民法院（2019）皖 1122 刑初 257 号刑事判决书。

律若干问题的解释》规定只要具有"多次索贿"情节即可升格法定刑，而未规定索贿数额所占比例，因此，对于行为人符合司法解释规定的情形，应依法升格认定。

另一种意见认为，虽然司法解释明确规定"多次索贿"系法定刑升格的量刑情节，但对于索贿数额所占比例极少的情形，可通过折算数额的标准综合认定，如折算后超过300万元即认定为受贿"情节特别严重"。以问题中所举案例中的数额，将3万元索贿折算为6万元，连同收受的157万元，综合认定为收受贿赂163万元，因未达到300万元，行为人不属于受贿"情节特别严重"。

我们同意第一种意见，具体理由如下：首先，《最高人民法院、最高人民检察院关于办理贪污贿赂刑事案件适用法律若干问题的解释》明确具有"多次索贿"情节即可升格法定刑量刑情节，并未规定索贿数额所占比例。其次，要求索贿数额到达到150万元或折算总体数额到300万元，缺乏理论和实践支撑，没有意识到索贿行为的危害性，不利于打击索贿犯罪。

【地方参考案例】王某军贪污、受贿案①

一、基本案情

2007年春节至2018年初，被告人王某军在任平邑县流峪镇党委书记、县水利局局长、县环保局局长期间，利用职务之便，单独或通过其朋友王某（山东冠鲁集团员工，已判刑）索取、收受他人财物2139352元，并为他人谋取利益。其中：

2015年年初，经王某介绍，被告人王某军决定将唐村水库二干渠清淤工程发包给县农协办工作人员席某的亲属张某。2015年3月，王某军通过王某向席某索要现金40000元，后席某按照王某安排，将张某提供的40000元现金交给铭汇公司经理田某，田某用该款结算了王某军的酒水欠款。

2015年3月，被告人王某军向县水利局下属的鑫源水利工程养护公司经理安某索要现金20000元，用于解决其走访费用。

2016年春天，被告人王某军安排县水利局下属的平邑县水利建筑公司原经理姜某，结算王某军个人在铭汇公司的酒水欠款22200元。

2017年9月，王某军和王某商议，由王某找到山东玉泉食品有限公司法人代表孟某山结算二人在铭汇酒行所欠酒水款。后王某通过铭汇酒行向孟某山索要现金158000元，其中108000元用于结算了王某所欠酒水款，50000元被王某军个人使用。

2018年1月，王某军又与王某商议，由王某向山东鲁冠玻璃制品有限公司董事长臧某索要现金150000元，用于结算二人在铭汇酒行所欠酒水款。其中用于结算王某军酒水欠款20568元，结算王某酒水欠款129432元。

王某军向以上两企业承诺将在技改资金申请及日常监管等方面提供关照。

2018年6月，被告人王某军与王某商定，由王某向山东晟银药业有限公司总经理马某索要现金200000元，以解决二人在平某汇公司的酒水欠款。并向马某承诺，王某军在晟银药业公司投资的临沂九州天润中药饮片产业有限公司锅炉技改资金拨付方面会给予帮助。因马某未及时付款，王某自行与铭汇酒行结算酒水款157800元。后马某让其子马洪成给王某现金20万元。该款被王某个人使用。

---

① 山东省平邑县人民法院（2019）鲁1326刑初286号刑事判决书。

（其他事实略）

法院认定王某军构成受贿罪，且具有其他特别严重情节。

二、案例评析

本案中，王某军共计受贿 2139352 元，其中多次索贿 590200 元，受贿 1549152 元，索贿数额占总体数额不足 30%，但法院依照司法解释的规定，认定王某军具有受贿"特别严重情节"，并综合考虑王某军所具有的法定、酌定从轻处罚情节，对王某军判决有期徒刑十年，既考虑到了王某军多次索贿的危害性，又实现了罪责刑相适应。

问题 16. 受贿犯罪中已经作为法定刑升格情节评价的，是否仍在渎职犯罪中评价

渎职犯罪与受贿犯罪通常具有密不可分的关系。实践中，行为人在受贿犯罪中因"造成恶劣社会影响""为他人谋取不正当利益，致使公共财产、国家和人民利益遭受损失"，从而将受贿数额不足"数额较大""数额巨大""数额特别巨大"的情形升格为"其他较重情节""其他严重情节""其他特别严重情节"进行定罪处罚，对于该种情形，是否还应将"造成恶劣社会影响""为他人谋取不正当利益，致使公共财产、国家和人民利益遭受损失"情节在滥用职权犯罪中评价，我们认为，在上述情节已经作为定罪情节认定的前提下，不应再作为渎职犯罪的定罪或量刑情节评价，以免对同一情节进行重复评价。

【地方参考案例】 张某强滥用职权、受贿案①

一、基本案情

2016 年 8 月至 2017 年 6 月，被告人张某强在担任武警文山州边防支队董某边境检查站站长期间，与时任该检查站教导员的李某 1（另案处理）及走私人员李某 3 等人约定，走私过货以每车 500 元或者每吨大米 50 元、每头生猪 20 元收取好处费。多次通过撤回巡查士兵、安排过货时间、路线或者直接放行等方式给走私人员李某 2、李某 3、张某等人提供帮助，致使大量从越南走私的大米、生猪顺利通过并运到文山州境内非法销售。其间，被告人张某强多次收受走私人员李某 2、李某 3、张某分别送给的现金，共计人民币 12.1 万元。

法院认为，被告人张某强利用职务便利，为走私人员提供帮助并多次收受走私人员现金共计 12.1 万元，数额较大，已构成受贿罪；本案造成大量走私的越南大米和来自疫区的越南生猪非法进入文山州境内销售，一方面冲击和扰乱了国内市场，另一方面造成了恶劣的社会影响，依法应当认定为《刑法》第 397 条规定的"致使国家和人民利益遭受重大损失"，其行为已构成滥用职权罪。法院以受贿罪、滥用职权罪依法对其数罪并罚。

本案中，张某强收受贿赂 12.1 万元，同时为行贿人谋取不正当利益，致使国家和人民利益遭受重大损失，符合司法解释规定的受贿"其他严重情节"情形，同时也符合滥用职权罪中的"致使公共财产、国家和人民利益遭受重大损失"情形，而法院并未按照受贿罪（情节严重）与滥用职权罪数罪并罚，而是以受贿罪（数额较大）与滥用职权罪数罪并罚，避免了对同一情节的重复评价。

---

① 云南省文山壮族苗族自治州中级人民法院（2018）云 26 刑初 16 号刑事判决书。

二、案例评析

《最高人民法院、最高人民检察院关于办理贪污贿赂刑事案件适用法律若干问题的解释》第 17 条规定，国家工作人员利用职务上的便利，收受他人财物，为他人谋取利益，同时构成受贿罪和《刑法》分则第三章第三节、第九章规定的渎职犯罪的，除《刑法》另有规定外，以受贿罪和渎职犯罪数罪并罚。《最高人民法院、最高人民检察院关于办理渎职刑事案件适用法律若干问题的解释（一）》第 3 条规定，国家机关工作人员实施渎职犯罪并收受贿赂，同时构成受贿罪的，除《刑法》另有规定外，以渎职犯罪和受贿罪数罪并罚。上述司法解释明确规定，行为人的行为同时触犯受贿罪和滥用职权罪时，应当数罪并罚。但实践中，行为人在受贿犯罪中因"造成恶劣社会影响""为他人谋取不正当利益，致使公共财产、国家和人民利益遭受损失"，从而将受贿数额不足"数额较大""数额巨大""数额特别巨大"的情形升格为"其他较重情节""其他严重情节""其他特别严重情节"进行定罪处罚，对于该种情形，是否还应将"造成恶劣社会影响""为他人谋取不正当利益，致使公共财产、国家和人民利益遭受损失"情节在滥用职权犯罪中评价，司法实践中有两种意见：

一种意见认为，鉴于受贿犯罪已经将"造成恶劣社会影响""为他人谋取不正当利益，致使公共财产、国家和人民利益遭受损失"作为定罪情节认定，该情节再认定为渎职犯罪中的定罪量刑情节，违反了禁止重复评价原则。

另一种意见认为，司法解释已经明确受贿犯罪中的谋利事项可以单独认定为渎职犯罪，其本身就属于禁止重复评价原则的突破，因此，在对于"造成恶劣社会影响""为他人谋取不正当利益，致使公共财产、国家和人民利益遭受损失"等情节，可重复评价。

我们同意第一种意见，具体理由如下：（1）司法解释明确受贿罪与渎职犯罪数罪并罚，并非属于禁止重复评价原则的突破或例外，因为禁止重复评价禁止评价的系将定罪情节重复评价为量刑情节适用，谋利事项本身并不属于定罪情节。（2）当"造成恶劣社会影响""为他人谋取不正当利益，致使公共财产、国家和人民利益遭受损失"被评价为"其他较重情节""其他严重情节""其他特别严重情节"时，上述情节已经作为定罪情节认定，如再作为渎职犯罪的定罪或量刑情节评价，则违反了禁止重复评价原则。（3）将"造成恶劣社会影响""为他人谋取不正当利益，致使公共财产、国家和人民利益遭受损失"单独在受贿或渎职犯罪中评价，也能够对行为人的行为进行精确的打击，有利于实现罪责刑的统一。

问题 17. 受贿既未遂并存时如何处罚

《最高人民法院、最高人民检察院关于办理诈骗刑事案件具体应用法律若干问题的解释》第 6 条规定："诈骗既有既遂，又有未遂，分别达到不同量刑幅度的，依照处罚较重的规定处罚；达到同一量刑幅度的，以诈骗罪既遂处罚。"我们认为，上述司法解释为受贿犯罪既有既遂又有未遂的处罚提供了重要参考，在受贿犯罪类似情况的认定上，可以借鉴并参照上述规则进行处理。具体言之，首先要分别根据被告人受贿的既遂数额和未遂数额判定其各自所对应的法定刑幅度；之后，如果既遂部分所对应的量刑幅度较重或者既遂、未遂部分所对应的量刑幅度相同的，则以既遂部分对应的量刑幅度为基础，酌情从重处罚；如果未遂部分对应的量刑幅度较重的，则以该量刑幅度为基础，酌情从重处罚。

【刑事审判参考案例】杨某林滥用职权、受贿案[①]

一、基本案情

1. 被告人杨某林原系贵州百里杜鹃风景名胜区管理委员会（以下简称"百管委"）副主任，其隐瞒金隆煤矿 2013 年 10 月 4 日发生的重大劳动安全事故后，向湾田煤业公司副总经理陈某虹提出需要人民币（以下币种同）400 万元用于协调有关事宜。经陈某虹等人商量，同意杨某林的要求。为规避法律责任，双方商定采用由杨某林出资 60 万元虚假入股的方式，给予杨某林 400 万元。2013 年 11 月，杨某林安排其侄子杨某出面与湾田煤业公司签订虚假入股协议。同年 12 月 9 日，按照杨某林的安排，杨某从杨某林的账户转款 60 万元给湾田煤业公司。应杨某林的要求，湾田煤业公司将该 60 万元以"入股"分的形式退还给杨某林，并承诺于 2014 年 4 月底用 200 万元以"退股"形式收购杨某林 50% 的"股份"，剩余 200 万元在同年 6 月兑现。2014 年 4 月，杨某林因涉嫌犯滥用职权罪被调查，该 400 万元未实际取得。

2. 2013 年，根据贵州省和毕节市有关文件规定及会议精神，百管委将对辖区内煤矿企业进行兼并重组。同年 1 月起，杨某林兼任百管委煤矿企业兼并重组工作领导小组副组长。在煤矿企业兼并重组过程中，鹏程煤矿总经理朱某宝为实现兼并相邻煤矿的目的，请托杨某林以鹏程煤矿与相邻煤矿整合的方案上报，并愿提供协调费用。同年 5 月 30 日，杨某林通过杨某收到朱某宝贿赂 200 万元。其间，中心煤矿负责人苏某省为规避产业政策，防止煤矿被关闭淘汰，请托杨某林以中心煤矿作为单列技改保留现状的煤矿上报。杨某林提出苏某省需提供 300 万元作为协调费用，苏某省答应。同年 6 月 2 日，杨某林通过杨某收到苏某省贿赂 300 万元。在百管委开会讨论编制煤矿兼并重组方案时，杨某林在会上提出将鹏程煤矿与相邻煤矿整合、将中心煤矿进行单列保留上报的兼并重组方案。后经杨某林签字同意并将方案上报毕节市工能委。

案发后，湾田煤业公司将涉案款 400 万元上缴，杨某林亦退缴全部受贿所得赃款。

法院认为，杨某林身为国家工作人员，利用职务便利，索取请托人苏某省贿赂 300 万元，向湾田煤业公司索要贿赂 400 万元，但该 400 万元因其涉嫌犯滥用职权罪被调查而未实际取得，系受贿犯罪未遂，非法收受请托人朱某宝贿赂 200 万元并为其谋取利益，其行为已构成受贿罪。法院以受贿罪判处杨某林有期徒刑十五年，并处没收个人财产 50 万元。

二、案例评析

在受贿犯罪中，可能存在既遂、未遂或者既有既遂又有未遂三种情况。对于只有既遂或者未遂的定罪处罚，当无疑问。但是对于既遂与未遂并存的定罪处罚，则相对较复杂。司法实务中，对此争议较大。第一种观点认为，应仅以受贿既遂论处，不再追究未遂的刑事责任。第二种观点认为，在以受贿既遂论处的同时，将未遂作为从重量刑情节予以考虑。该观点又具体分为：（1）应全案以既遂认定，并累计计算既遂和未遂数额后确定所对应的法定刑幅度，再考虑未遂情节酌情从轻处罚；（2）应根据既遂和未遂的累计数额确定所对应的法定刑幅度，再考虑既遂和未遂的轻重情况，依法从轻或者减轻

---

① 孔德伦：《杨某林滥用职权、受贿案——滥用职权造成恶劣社会影响的及供犯罪所用的本人财物如何认定，受贿既、未遂并存的如何处罚》，载中华人民共和国最高人民法院刑事审判第一、二、三、四、五庭主办：《刑事审判参考》（总第 103 集），指导案例第 1089 号，法律出版社 2016 年版，第 97 页。

处罚。

2010 年 3 月，《最高人民法院、最高人民检察院关于办理非法生产、销售烟草专卖品等刑事案件具体应用法律若干问题的解释》第 2 条第 2 款规定："销售金额和未销售货值金额分别达到不同的法定刑幅度或者均达到同一法定刑幅度的，在处罚较重的法定刑幅度内酌情从重处罚。"2011 年 4 月，《最高人民法院、最高人民检察院关于办理诈骗刑事案件具体应用法律若干问题的解释》第 6 条规定："诈骗既有既遂，又有未遂，分别达到不同量刑幅度的，依照处罚较重的规定处罚；达到同一量刑幅度的，以诈骗罪既遂处罚。"我们认为，上述司法解释为受贿犯罪既有既遂又有未遂的处罚提供了重要参考，实践中，可以借鉴并参照上述规则进行处理。具体言之，首先要分别根据被告人受贿的既遂数额和未遂数额判定其各自所对应的法定刑幅度；之后，如果既遂部分所对应的量刑幅度较重或者既遂、未遂部分所对应的量刑幅度相同的，则以既遂部分对应的量刑幅度为基础，酌情从重处罚；如果未遂部分对应的量刑幅度较重的，则以该量刑幅度为基础，酌情从重处罚。本案中，被告人杨某林受贿既遂 500 万元，其中 300 万元系索贿；其受贿未遂 400 万元。杨某林受贿既遂、未遂所对应的量刑幅度相同，即按照《刑法》第 383 条第 1 款第 1 项［《刑法修正案（九）》实施前］的规定，应判处十年以上有期徒刑或者无期徒刑，可以并处没收财产；情节特别严重的，处死刑，并处没收财产。据此，法院以杨某林受贿既遂 500 万元所对应的法定量刑幅度——十年以上有期徒刑或者无期徒刑，可以并处没收财产为基础，酌情从重处罚，并综合考虑其索贿的从重处罚情节及坦白、退赃的从轻处罚情节，以受贿罪（既遂）判处杨某林有期徒刑十五年，并处没收个人财产 50 万元是适当的。

问题 18. 国家工作人员收受请托人所送房产后，请托人又将该房产用于抵押贷款的，是受贿既遂还是未遂

《最高人民法院、最高人民检察院关于办理受贿刑事案件适用法律若干问题的意见》第 8 条第 1 款规定，国家工作人员利用职务上的便利为请托人谋取利益，收受请托人房屋、汽车等物品，未变更权属登记或者借用他人名义办理权属变更登记的，不影响受贿的认定。上述规定明确了收受房屋、汽车等不必须以办理权属变更手续为其成立要件，但未变更权属登记是否影响受贿的既未遂状态，特别是国家工作人员收受房屋、汽车后，行贿人基于登记所有权人身份抵押房屋、汽车的，是否影响既未遂状态的认定，在司法实践中存在较大的争议。我们认为，判断国家工作人员索取、收受房屋、汽车等物品的既未遂状态，亦应按照受贿犯罪既未遂标准判断，即应以国家工作人员是否实际上取得或控制、占有被索取或者收受到的财物为标准。国家工作人员已经实际取得或控制、占有被索取或者收受财物的为既遂，反之则为未遂。对于国家工作人员实际取得房屋、汽车后，行贿人将房屋、汽车抵押的，不影响既遂的认定。

【刑事审判参考案例】朱某平受贿案①

一、基本案情

被告人朱某平利用担任中共无锡市滨湖区委书记的职务便利，接受上海某房地产有限公司总经理吴某某的请托，为吴某某收购上海某酒店式公寓项目提供帮助，收受吴某某所送的价值1400余万元的住房一套及其他财物。后吴某某因资金周转困难，利用代办被告人朱某平实际控制的上海某公司年检等事项的便利，将该房产用于抵押，获取贷款以解决自己资金周转困难。案发后吴某某还清上述贷款并解除该房产的抵押。

法院以受贿罪对朱某平定罪量刑。

二、案例评析

本案中，被告人朱某平收受吴某某所送房产之后，吴某某由于资金周转困难，又将该房产用于抵押贷款以解决资金周转问题，那么被告人朱某平的行为究竟是构成受贿罪的既遂还是未遂，在认定时引发争议。朱某平利用职务上的便利，为吴某某收购上海某酒店式公寓项目提供融资帮助，吴某某在该项目成功收购后，将该项目中一套价值人民币1400余万元的房产过户至朱某平实际控制的公司名下并代缴了买方应缴税费。因该公司办理年检等手续均由吴某某代办，后吴某某在经营资金周转困难时，将该房产抵押以获取贷款供自己经营使用，案发后吴某某还清上述贷款并解除该房产的抵押。

对上述事实，一种意见认为：吴某某用该房产抵押贷款至案发时尚未还清，被告人朱某平对该房产所拥有的权能受限，应当认定为受贿未遂；另一种意见则认为，朱某平通过吴某某将该套房产转移至自己实际控制的公司名下，受贿已经既遂。

我们同意后一种观点，理由如下：

首先，被告人朱某平利用职务上的便利为吴某某收购房地产项目提供融资帮助，后其为掩人耳目，与吴某某商定，将欲收受的房产过户至其实际控制的上海某公司名下，其行为已构成受贿罪。

其次，在该房产完成交易过户至被告人朱某平实际控制的公司名下之日起，受贿已经既遂，即便朱某平并不实际居住该房产甚至钥匙亦在吴某某手中，亦不影响对其受贿行为既遂的认定。因为朱某平与吴某某商定的上述方式正是为了掩人耳目、逃避打击，当房产过户至其实际控制的公司之日起，其权钱交易行为的实质危害性已经实现。

最后，吴某某因资金周转困难，利用代办被告人朱某平实际控制的上海某公司年检等事项的便利，将该房产用于抵押，获取贷款以解决自己资金周转困难的行为并不影响朱某平受贿犯罪的形态。表面上看，吴某某用该房产抵押贷款的行为似乎表明房产尚未实际交付给朱某平，因为行贿人尚能行使该房产的抵押权，但上述行为是受贿事实完成后吴某某利用其代管公司公章等便利条件行使部分物权的行为，其本质上属于受贿完成后的事后行为，不能据此否定朱某平的受贿故意、吴某某的行贿心态和客观上已经完成的变更产权所有人的行为。

---

① 黄勇、余枫霜：《国家工作人员对特定关系人收受他人财物事后知情且未退还，如何判定其是否具有受贿故意；国家工作人员收受请托人所送房产，后请托人又将该房产用于抵押贷款的，是受贿既遂还是未遂》，载中华人民共和国最高人民法院刑事审判第一、二、三、四、五庭主办：《刑事审判参考》（总第106集），指导案例第1145号，法律出版社2017年版，第59~66页。

《最高人民法院、最高人民检察院关于办理受贿刑事案件适用法律若干问题的意见》第8条明确规定："国家工作人员利用职务上的便利为请托人谋取利益，收受请托人房屋、汽车等物品，未变更权属登记或者借用他人名义办理权属变更登记的，不影响受贿的认定。"司法实务中，针对行贿、受贿双方为逃避打击而采取不断变化的方式、手段、方法所进行的特殊形式的权钱交易行为，要根据上述意见中的精神，结合行贿、受贿双方主观心态和客观行为的隐蔽性、实质性进行综合判定。本案中，朱某平收受吴某某所送房产的事实应当认定为犯罪既遂。

问题 19. 国家工作人员收受银行卡后，因行贿人挂失等原因，导致受贿人无法取款或消费的，对无法取款或消费的数额，是否应当认定为未遂

《最高人民法院、最高人民检察院关于办理商业贿赂刑事案件适用法律若干问题的意见》第8条规定，收受银行卡的，不论受贿人是否实际取出或者消费，卡内的存款数额一般应全额认定为受贿数额。使用银行卡透支的，如果由给予银行卡的一方承担还款责任，透支数额也应当认定为受贿数额。应当注意的是，对收受银行卡的，在具体认定受贿数额时要区别以下情形：（1）行贿人、受贿人对以送卡的方式行贿、受贿的意思明确（包括明示或暗示）、真实，且行贿人提供了完全充分的信息足以保证受贿人完全取出卡内存款或者消费的，不论受贿人是否实际取出或者消费，卡内的存款数额应全额认定为受贿数额。使用银行卡透支的，如果由给予银行卡的一方承担还款责任，透支数额也应当认定为受贿数额。（2）行贿人提供了完全充分的信息足以保证受贿人完全取出卡内存款或者消费的，由于银行方面的原因，如技术故障导致受贿人暂时不能全额取出存款或者消费的，或者由于受贿人自身操作技术问题，如记错密码、操作错误导致受贿人暂时不能全额取出存款或者消费的，或者由于认识错误，如认为已经将卡内存款用完而没有完全取出或者消费的，未取出或者未消费的卡内存款余额应当认定为受贿数额。（3）行贿人送卡后抽回存款或者以挂失等方式阻碍受贿人取款或者消费的，受贿数额以实际取款或者消费的数额计算。因行贿人的上述行为未能实际取款或者消费的，按受贿未遂论处。

【人民法院报案例】李某受贿案①

一、基本案情

李某系四川省达州市人民医院功能检查科主持工作的副主任。1999年至2001年期间，其利用职务之便，在医院向四川成都榕株实业有限责任公司购买惠普1000型和4500型彩色多普勒超声成像系统的过程中，先后三次收受该公司总经理罗某榕送的现金人民币3万元和存有人民币16万元的中国建设银行银行卡。李某持卡到中国建设银行核实卡上金额为16万元后，连续48次在中国建设银行的多处柜员机上取款2.3万元。由于当时的中国建设银行银行卡章程规定，卡、折并用的储户，连续使用银行卡办理交易达到银行规定的笔数后，应到中国建设银行所属网点补登存折，否则银行卡不能继续办理交易。在李某第49次取款时发现柜员机提示此卡不能再行取款时，认为卡上余款已被罗某榕用

---

① 陈明国：《收受银行卡未实际支取的余额应认定为犯罪未遂——李某受贿案》，载《人民法院报》2006年7月20日。

存折取走，即没有再行取款。案发后，检察机关追回赃款19万元（包括中国建设银行银行卡上未支取的13.7万元）。四川省达州市人民检察院以李某收受贿赂19万元为由指控其构成受贿罪。

四川省达州市中级人民法院认定李某受贿金额5.3万元，对收受中国建设银行银行卡上未实际支取的13.7万元未予认定。遂判决：一、被告人李某犯受贿罪，判处有期徒刑五年；二、李某所获全部赃款予以没收，上缴国库。宣判后，达州市人民检察院以李某受贿16万元银行卡的行为已实施完毕，达到既遂状态，受贿总金额应为19万元，原判量刑畸轻为由提出抗诉。四川省高级人民法院经审理，认定李某受贿金额19万元，对银行卡上未实际支取的13.7万元予以认定，按照受贿未遂处理。2006年5月9日判决：一、撤销一审判决；二、李某犯受贿罪，判处有期徒刑七年；三、对赃款及孳息全部予以追缴，上缴国库。

二、案例评析

本案的争议焦点是受贿数额的认定问题。对本案受贿数额的分歧之所以较大，是因为本案被告人收受的是银行卡这种特殊"财物"。银行卡可以支取现金，但又不等于现金，与传统的财物形式有一定的区别。因此，对本案受贿犯罪数额的认定，就涉及两个问题：

第一，关于银行卡的数额如何认定。对于受贿案件中收受银行卡这一种"财物"的数额认定，确有一定的难度。《刑法》对此并无规定，最高人民法院有关贪污贿赂犯罪的司法解释对此也未明确。2003年11月13日《全国法院审理经济犯罪案件工作座谈会纪要》仅对收受股票行为的数额进行了解释，"没有支付股本金，为他人谋取利益，构成受贿罪的，其受贿数额按照收受股票时的实际价格计算"。而对于收受其他有价证券的数额如何计算则没有涉及。1998年3月10日《最高人民法院关于审理盗窃案件具体应用法律若干问题的解释》在对盗窃数额进行解释时规定，"不记名、不挂失的有价支付凭证、有价证券、有价票证，不论能否即时兑现，均按票面数额和案发时应得的孳息、奖金或者奖品等可得收益一并计算"。"记名的有价支付凭证、有价证券、有价票证，如果票面价值已定并能即时兑现的，如活期存折、已到期的定期存折和已填上金额的支票，以及不需要证明手续即可提取货物的提货单等，按票面数额和案发时应得的利息或者可提货物的价值计算。"就司法实践来看，对受贿案中收受有价证券犯罪数额的认定，在别无他途的情况下比照盗窃有价证券数额计算方法，似乎是可行的。就本案来讲，被告人收受的银行卡系可以即时支取的银行卡，行贿人在送卡时告知了银行卡上的金额和支取的密码，且被告人事后也进行了查询和核实，因此，参照前述最高人民法院关于盗窃罪的司法解释，将银行卡比照活期存折，以票面（卡面）数额计算受贿数额是较为适当的。并且，最高人民法院公报2004年刊登的"北京市第二检察分院诉程绍志受贿案"，也是将收受的"一卡通"银行卡（全部未支取）的卡面金额认定为受贿数额，可以看成是司法实践可资参考的案例。

第二，关于未实际支取的余款系既遂还是未遂。《刑法》第23条规定："已经着手实行犯罪，由于犯罪分子意志以外的原因而未得逞的，是犯罪未遂。对于未遂犯，可以比照既遂犯从轻或减轻处罚。"虽然学界对受贿罪是否存在犯罪未遂形态也存有争论，但大多学者和司法部门都持肯定态度。对受贿犯罪既遂与未遂形态的认定标准也有"重大损失说""承诺说""实际受贿说""谋取利益说""谋取利益与收受贿赂结合说"等不同的观点，但"实际受贿说"更为大多数人所接受。对于犯罪未遂，在刑法理论上，一般又分为着手未遂和实施未遂。着手未遂亦称实施行为未终了的未遂，指行为者的实施行为已着手，但由于主观的任意或由于客观的阻碍而未达到结果发生的阶段。实施未遂亦称实施行为终了的未遂，指行为者把犯罪构成要件的内容所需要的行为，全部实施完毕，但未能发生行为者所预期的危害结果。按"实际受贿说"，受贿犯罪系结果犯而非行为犯，以受贿人开始收到贿赂为着手行为，以收取贿赂为实施行为，以受贿人意志以外的原因未实际获取贿赂为未遂的结果状态。就本案而言，从主观方面来看，行贿人在送银行卡时，明确告知了银行卡上的金额，行贿人的行贿意思和行贿数额是确定的，被告人对此也是明知的，且事后根据行贿人提供的密码对银行卡的金额进行了查询和核实。因此，被告人收受 16 万元的主观犯意是明确的。从客观方面来看，由于该卡为可以在银行柜员机上任意支取现金的银行卡，从被告人收受银行卡时起，被告人就开始对银行卡上的 16 万元进行实际控制，只要被告人愿意，他就能轻易将 16 万元支取完毕。事实上被告人也先后支取了 48 次之多。因此，被告人接受银行卡的行为就是受贿的实施行为，收到银行卡就已经是受贿行为实施终了了，仅因其不知道该卡有支取次数的限制才未能完全实际占有 16 万元，其受贿目的无法完全得逞完全是由被告人意志以外的原因所致。因此，将银行卡上未支取完毕的余款，认定为受贿犯罪未遂，完全符合刑法理论中关于实施行为终了的未遂即实施未遂的特征。二审法院将未支取的余额认定为犯罪未遂，并据此依照《刑法》比照既遂犯从轻或减轻处罚，是适当的。

问题 20. 如何认定国家工作人员与特定关系人共同受贿

对于国家工作人员与特定关系人是否构成共同受贿，我们认为，应当按照《刑法》关于共同犯罪的规定予以认定，并综合审查特定关系人是否向国家工作人员代为转达请托事项，特定关系人是否存在索取、受贿贿赂行为，以综合判断双方是否存在受贿共谋和行为。

根据 2003 年最高人民法院《全国法院审理经济犯罪案件工作座谈会议纪要》第 5 条关于共同受贿犯罪的认定，其规定根据《刑法》关于共同犯罪的规定，非国家工作人员与国家工作人员勾结，伙同受贿的，应当以受贿罪的共犯追究刑事责任。非国家工作人员是否构成受贿罪共犯，取决于双方有无共同受贿的故意和行为。国家工作人员的近亲属向国家工作人员代为转达请托事项，收受请托人财物并告知该国家工作人员，或者国家工作人员明知其近亲属收受了他人财物，仍按照近亲属的要求利用职权为他人谋取利益的，对该国家工作人员应认定为受贿罪，其近亲属以受贿罪共犯论处。近亲属以外的其他人与国家工作人员通谋，由国家工作人员利用职务上的便利为请托人谋取利益，收受请托人财物后双方共同占有的，构成受贿罪共犯。根据上述规定，认定非国家工作人员与国家工作人员是否构成受贿罪共犯，应按照刑法共同犯罪理论认定，判断双方有无共同受贿的故意和行为。该规定同时针对当时司法实践中较为突出的一类情形，以示例方式列明国家工作人员的亲属构成受贿罪，要求其向国家工作人员代为转达请托事项或要求国家工作人员为他人谋利。

2007 年《最高人民法院、最高人民检察院关于办理受贿刑事案件适用法律若干问题的意见》规定，"特定关系人与国家工作人员通谋，共同实施前款行为（国家工作人员利用职务上的便利为请托人谋取利益，授意请托人将有关财物给予特定关系人）的，对特定关系人以受贿罪的共犯论处"。该规定进一步明确了受贿罪共犯"通谋＋行为"的认定标准。

2016 年《最高人民法院、最高人民检察院关于办理贪污贿赂刑事案件适用法律若干问题的解释》第 16 条第 2 款规定："特定关系人索取、收受他人财物，国家工作人员知道后未退还或者上交的，应当认定国家工作人员具有受贿的故意。"此规定实际上将认定"通谋"成立的时段进一步予以延伸，因为该规定针对的情况，往往是国家工作人员已经利用职务便利为请托人谋取了利益，其特定关系人收受请托人财物的行为已经完成，只不过国家工作人员在为请托人谋利时对其特定关系人收受财物并不知情（此时如果案发，则特定关系人可能构成利用影响力受贿罪，国家工作人员可能构成渎职犯罪，但因为彼此缺乏受贿犯意的沟通而并不构成受贿罪共犯），如果事后特定关系人将其收受请托人财物的情况告知了国家工作人员，则国家工作人员具有退还或上交财物的法定义务，否则就视为其与特定关系人之间具有了受贿的共同故意，双方就应均以受贿罪共犯论处。

【刑事审判参考案例】罗某受贿案[①]

一、基本案情

2007 年上半年至 2011 年 1 月间，被告人罗某明知广州中车铁路机车车辆销售租赁有限公司等公司法定代表人杨某宇给予其财物，是为讨好其情夫张某光，以获得张某光利用担任原铁道部运输局局长的职务便利提供帮助，仍在北京、香港等地，多次收受杨某宇给予的折合人民币 157.686 万元的财物，并征得张某光同意或者于事后告知张某光。为此，张某光于同一期间，为杨某宇的公司解决蓝箭动车组租赁到期后继续使用及列车空调设备销售等问题提供了帮助。

法院认为，被告人罗某明知杨某宇给予其财物是为讨好其情夫张某光，以获得张某光利用担任铁道部运输局局长的职务便利提供帮助，仍收受杨某宇给予的财物并于事前征得张某光同意或者事后告知了张某光，张某光亦接受杨某宇的请托利用职务便利为杨某宇提供了帮助，据此应认定罗某具有与张某光共同受贿的故意，参与实施了共同受贿行为，其行为符合《最高人民法院、最高人民检察院关于办理受贿刑事案件适用法律若干问题的意见》第 7 条、第 11 条的规定，应认定为与张某光构成共同受贿，对其应当按受贿罪的共犯定罪处罚。

二、案例评析

近年来，国家工作人员受贿犯罪案件中，特定关系人参与犯罪的现象越发突出，如不少国家工作人员的配偶、子女、情人或是代请托人转达请托事项并直接收受财物，或是积极帮助收受财物，或是帮助保管、隐匿受贿所得财物。这些特定关系人的行为对国家工作人员的受贿犯罪起不可忽视的推波助澜作用，而对其是否追究刑事责任以及如何定罪处罚在司法实践中的认识和处理不一，直接影响到依法惩治受贿犯罪的社会警示和预防效果，有必要结合案情根据《刑法》规定进行研究规范，本案即为其中一例，涉及如何认定特定关系人与国家工作人员成立受贿罪共犯的问题。

一种意见认为，根据 2003 年《全国法院审理经济犯罪案件工作座谈会纪要》（以下简称《纪要》）的规定，特定关系人向国家工作人员代为转达请托事项是认定成立受贿罪

[①] 康瑛：《如何认定特定关系人是否成立受贿罪共犯》，载中华人民共和国最高人民法院刑事审判第一、二、三、四、五庭主办：《刑事审判参考》（总第 106 集），指导案例第 1143 号，法律出版社 2017 年版，第 47~52 页。

共犯的前提条件，在案证据不足以认定罗某有代杨某宇向张某光转达请托事项的行为，故不能认定其构成受贿罪共犯。罗某明知杨某宇给其的款物是张某光的受贿犯罪所得，而予以消费、使用、存入银行账户，并在张某光案发后将部分财物转移，应以掩饰、隐瞒犯罪所得罪定罪处罚。

另一种意见认为，虽然在案证据不足以认定罗某有代杨某宇向张某光转达请托事项的行为，但在案证据证实，罗某在明知杨某宇系为感谢和讨好张某光而给予其财物，明知张某光利用职务便利为杨某宇谋取了利益的情况下，仍收受杨某宇给予的财物并于事先征得张某光的同意或事后告知了张某光，足以认定其具有与张某光共同受贿的故意，并参与实施了共同受贿的行为，符合共同犯罪的构成要件，应当作为受贿罪的共犯论处。

我们同意第二种意见，具体理由如下：根据现行《刑法》规定及共同犯罪理论，二人以上基于共同的故意实施共同的犯罪行为即成立共同犯罪。这里的共同故意既包括事前通谋的情况，也包括事中通谋的情况。同时，同一犯罪可以由不同行为环节构成，各行为人在共同犯罪故意的支配下分别实施了构成共同犯罪整体行为的某一部分行为，即可认定为共同参与了犯罪实施；就受贿罪而言，受贿行为由两部分组成：一是为他人谋利，二是收受他人财物。据此，特定关系人只要主观上与国家工作人员形成受贿的通谋，客观上实施了部分受贿行为，对其以受贿罪共犯论处是符合刑法规定和共同犯罪理论的。

对于特定关系人成立受贿罪共犯的认定，虽然根据《纪要》的有关规定，国家工作人员的近亲属收受请托人财物构成受贿罪共犯的前提条件是其向国家工作人员代为转达请托事项，但司法实践中不能将此规定作为认定特定关系人成立受贿罪共犯的排他性标准。因为这一规定主要针对的是当时司法实践中较为突出的一类情形，为了统一认识，才予以例示性写入《纪要》，属于注意规定而非创设新的共犯认定标准。而关于非国家工作人员成立受贿罪共犯的条件，《纪要》同时也有总则性规定，即"根据刑法关于共同犯罪的规定，非国家工作人员与国家工作人员勾结伙同受贿的，应当以受贿罪的共犯追究刑事责任。非国家工作人员是否构成受贿罪共犯，取决于双方有无共同受贿的故意和行为"。据此，虽不具有代为转达请托事项行为，但特定关系人与国家工作人员具有受贿通谋和行为的，仍构成受贿罪共犯。因此，《纪要》并未改变刑法关于受贿罪共同犯罪认定的基本标准，那种将向国家工作人员代为转达请托事项认定为国家工作人员的近亲属构成受贿罪共犯的必要条件的认识是对《纪要》有关规定的片面理解，实际是对受贿罪限定了较一般共同犯罪更为严格的条件，与刑法共同犯罪理论不符，不能适应当前打击腐败犯罪形势的需要，在实践中更会造成放纵部分特定关系人的负面效果。对此，2007年《最高人民法院、最高人民检察院关于办理受贿刑事案件适用法律若干问题的意见》中就专门予以强调，"特定关系人与国家工作人员通谋，共同实施前款行为（国家工作人员利用职务上的便利为请托人谋取利益，授意请托人将有关财物给予特定关系人）的，对特定关系人以受贿罪的共犯论处"。该规定就未再提及代为转达请托事项这一条件，符合《刑法》共同犯罪理论的一般要求，进一步明确了受贿罪共犯"通谋＋行为"的认定标准。这里的"通谋"指的是双方对于受贿故意的意思联络、沟通。从"通谋"发生的时段上看，既包括事先通谋，也包括事中通谋，即虽然特定关系人与国家工作人员事先未就为请托人谋利并收受财物形成共同的犯意联络，但其在对国家工作人员利用职务便利为他人谋利的事实明知的情况下仍代国家工作人员收受财物，应认定与国家工作人员具有通谋。从"通谋"的形式上看，既有特定关系人与国家工作人员之间明示性的谋议，也有心照不宣的默契配合，当然，后种情况要求相互对对方行为和意思具有确定性明知。从"通谋"的内容上看，特定关系人与国家工作人员不仅对收受请托人财物具有共同意思沟通，而且对由国家工作人员利用职务便利为请托人谋利具有共同意思联络。需要指出的是，对于特定关系人没有事先与国家工作人员通谋，仅是在请托人给予国家工作人员财物时在场的，一般不宜认定为受贿罪共犯。

此外，2016 年 4 月 18 日公布实施的《最高人民法院、最高人民检察院关于办理贪污贿赂刑事案件适用法律若干问题的解释》第 16 条第 2 款规定："特定关系人索取、收受他人财物，国家工作人员知道后未退还或者上交的，应当认定国家工作人员具有受贿的故意。"此规定实际上将认定"通谋"成立的时段进一步予以延伸，因为该规定针对的情况，往往是国家工作人员已经利用职务便利为请托人谋取了利益，其特定关系人收受请托人财物的行为已经完成，只不过国家工作人员在为请托人谋利时对其特定关系人收受财物并不知情（此时如果案发，则特定关系人可能构成利用影响力受贿罪，国家工作人员可能构成渎职犯罪，但因为彼此缺乏受贿犯意的沟通而并不构成受贿罪共犯），如果事后特定关系人将其收受请托人财物的情况告知了国家工作人员，则国家工作人员具有退还或上交财物的法定义务，否则就视为其与特定关系人之间具有了受贿的共同故意，双方就应均以受贿罪共犯论处。本案中，被告人罗某系国家工作人员张某光的特定关系人。在案证据证实，罗某对于请托人杨某宇与张某光之间具有请托谋利关系知情，即罗某明知杨某宇为感谢和讨好张某光并得到张的职务上的帮助、关照而给予其财物，明知张某光利用职务便利为杨某宇谋取了利益的情况下，仍收受杨某宇给予的财物并于事先征得张某光的同意或事后告知了张某光，张某光对之予以认可，足以认定其与张某光形成了受贿"通谋"，二人具有共同受贿的故意，罗某收受杨某宇财物的行为系张某光受贿行为的组成部分，因此，法院对罗某以受贿罪共犯定罪处罚是正确的。至于被告人罗某事后对杨某宇给其的款物予以消费、使用、存入银行账户，并在张某光案发后将部分财物转移，虽具有掩饰、隐瞒犯罪所得的故意，但鉴于其之前收受财物的行为已作为受贿行为评价，与张某光成立受贿罪共犯，其上述行为属于事后不可罚的行为，依法只应以受贿一罪处理。

问题21. 在国家工作人员与非国家工作人员共同受贿中，非国家工作人员单独"截留"受贿款的，应如何认定国家工作人员的犯罪数额

【实务专论】

对于国家工作人员与非国家工作人员通谋，由非国家工作人员出面联系或接受请托并收受财物，国家工作人员利用职务便利为请托人谋取利益，对于双方构成受贿罪的共犯并无争议。实践中犯罪数额一般应当以非国家工作人员实际收取的数额认定。但在非国家工作人员单独"截留"受贿款的情况下，因国家工作人员并不知道具体数额，双方对于非国家工作人员单独"截留"部分，不应认定为共同犯罪数额，如符合利用影响力受贿的要件，应当认定为利用影响力受贿。

问题 22. 特定关系人索取、收受他人财物，国家工作人员知道后要求特定关系人退还而特定关系人未退还的，国家工作人员是否具有受贿故意

司法实践中，对于国家工作人员知道特定关系人索取、收受他人财物后，要求特定关系人退还而特定关系人未退还的情形，对于该情形能否认定国家工作人员具有受贿故意，我们认为，应当综合审查特定关系人未退还的原因、国家工作人员是否尽到必要的督促等，综合判断国家工作人员是否具有受贿主观故意。对于国家工作人员知道特定关系人索取、收受请托人财物后，虽有退还的意思表示，但发现特定关系人未退还后予以默认的，应当认定国家工作人员主观上具有受贿的故意。对于国家工作人员知道特定关系人索取、收受请托人财物后，要求特定关系人退还，特定关系人欺骗国家工作人员财物已经退还的，若确有合理理由相信国家工作人员被蒙蔽，确信财物已经退还的，不宜认定其主观上具有受贿的故意。对于国家工作人员知道特定关系人索取、收受请托人财物后，口头要求特定关系人退还财物，事后不再过问此事，特定关系人实际未退还财物的，如果国家工作人员对退还财物本无真心，实际上持"还不还根本无所谓"的心态，事后也不再过问财物是否退还，甚至在得知特定关系人再次索要、收受请托人财物后仍默许和收受的，应当认定其主观上具有受贿的故意。

【刑事审判参考案例】朱某平受贿案①

一、基本案情（详见问题 18 朱某平受贿案案情）

二、案例评析

《最高人民法院、最高人民检察院关于办理贪污贿赂刑事案件适用法律若干问题的解释》第 16 条第 2 款规定，特定关系人索取、收受他人财物，国家工作人员知道后未退还或者上交的，应当认定国家工作人员具有受贿故意。本条系受贿主观故意认定的规定。适用本规定时需要注意以下三点：一是此情形以国家工作人员接受特定关系人转请托为前提，特定关系人未将转请托事项告知国家工作人员的不适用本规定。二是不同于刑法在影响力贿赂犯罪中规定的"关系密切的人"，对于"特定关系人"的认定范围要依照《最高人民法院、最高人民检察院关于办理受贿刑事案件适用法律若干问题的意见》的相关规定从严掌握，即"特定关系人"仅指"与国家工作人员有近亲属、情妇（夫）以及其他共同利益关系的人"。三是知道后未退还或者上交强调的是主观故意的判断，因赃款赃物被特定关系人挥霍等，知道时确实已经不具备退还或者上交的客观条件的，则应当有所区别慎重适用。四是影响力贿赂犯罪以国家工作人员不构成受贿罪为前提，在认定国家工作人员构成受贿罪的情况下，相关行受贿犯罪的罪名适用应当保持协调一致，对特定关系人不得另以利用影响力受贿罪处理，对行贿人也不得以对有影响力的人行贿罪处理。

司法实践中，对于国家工作人员知道特定关系人索取、收受他人财物后，要求特定关系人退还而特定关系人未退还的情形，对于该情形能否认定国家工作人员具有受贿故

① 黄勇、余枫霜：《国家工作人员对特定关系人收受他人财物事后知情且未退还，如何判定其是否具有受贿故意；国家工作人员收受请托人所送房产，后请托人又将该房产用于抵押贷款的，是受贿既遂还是未遂》，载中华人民共和国最高人民法院刑事审判第一、二、三、四、五庭主办：《刑事审判参考》（总第 106 集），指导案例第 1145 号，法律出版社 2017 年版，第 59～66 页。

意，应当综合审查特定关系人未退还的原因、国家工作人员是否尽到必要的督促等，综合判断国家工作人员是否具有受贿主观故意。

司法实践中，国家工作人员办事，特定关系人收钱的情况屡见不鲜，一些行贿人甚至将"攻克领导干部的身边人"作为一条事半功倍的捷径。在国家工作人员和特定关系人事先有通谋的情形下，实施上述行为，构成受贿罪的共犯。2003 年《全国法院审理经济犯罪案件工作座谈会纪要》第 3 条第 5 项明确规定："国家工作人员的近亲属向国家工作人员代为转达请托事项，收受请托人财物并告知该国家工作人员，或者国家工作人员明知其近亲属收受了他人财物，仍按照近亲属的要求利用职权为他人谋取利益的，对该国家工作人员应认定为受贿罪，其近亲属以受贿罪共犯论处。"2007 年《最高人民法院、最高人民检察院关于办理受贿刑事案件适用法律若干问题的意见》（以下简称《意见》）第 7 条第 2 款亦明确："特定关系人与国家工作人员通谋，共同实施前款行为的，对特定关系人以受贿罪的共犯论处。"但是，如果国家工作人员和特定关系人没有事前通谋，特定关系人利用或通过国家工作人员的职权或职务上的便利条件为他人谋取利益，单独索取、收受请托人财物，这种情况下能否以受贿罪追究国家工作人员的刑事责任？长期以来，对这一问题存在不少争议。

结合本案看，被告人朱某平在收受刘某所送 500 克金条第一笔事实中，其本人与刘某并不相识，妻子金某和刘某在业务交往中相识。刘某在得知金某系朱某平的妻子后，欲让金某通过朱某平向相关人员打招呼，以帮助自己承接土石方工程。朱某平应妻子金某要求，为刘某承接土石方工程向相关人员打招呼，后妻子金某收受刘某所送的 500 克金条。金某将上述金条带回家后告知朱某平，朱某平因担心刘某不可靠，遂让金某退还该金条，但金某并未退还，此后朱某平发现金某未退还金条，未再继续要求金某退还。

本案在起诉、审判时，2016 年《最高人民法院、最高人民检察院关于办理贪污贿赂刑事案件适用法律若干问题的解释》（以下简称《解释》）尚未出台，对上述行为是否应该评价为受贿罪，主要形成以下两种意见：

一种意见认为，收受金条系朱某平妻子金某的个人行为，朱某平在得知金某收受金条后立刻让金某退还，这一行为表明朱某平主观上并没有受贿的故意，而妻子金某并未退还，在此种情形下，不应对朱某平有过高的要求，朱某平在该笔事实中不构成受贿罪；另一种意见认为，朱某平虽在得知妻子金某收受刘某所送金条后有过退还的意思表示，但其在发现妻子并未退还后，未继续坚持要求妻子退还，表明其主观上仍然具有受贿的故意，应当认定为受贿罪。

我们同意后一种意见。我们认为，国家工作人员和特定关系人没有事前通谋，国家工作人员利用职务上的便利为请托人谋取利益，特定关系人索取或收受请托人财物的，判定国家工作人员是否具有受贿的故意，关键看其对收钱一事是否知情以及知情后的态度。具体可以分为以下几种情形：

第一种情形，特定关系人索取、收受请托人财物后一直未告知国家工作人员，直至案发国家工作人员才知道其收钱的事实。在这种情况下，由于国家工作人员主观上对收受财物没有认知，无受贿之故意，显然不能以受贿罪追究其刑事责任。但是，根据《中国共产党纪律处分条例》第 80 条的规定："利用职权或者职务上的影响为他人谋取利益，本人的配偶、子女及其配偶等亲属和其他特定关系人收受对方财物，情节较重的，给予警告或者严重警告处分；情节严重的，给予撤销党内职务、留党察看或者开除党籍处分。"虽然国家工作人员对收钱一事确不知情，但由于没有管住身边人，仍可能面临党纪处分。

为了弥补可罚性漏洞，《刑法修正案（七）》增设了利用影响力受贿罪。在上述情形中，对于收受财物的特定关系人，若其为请托人谋取的系不正当利益，可能构成《刑法》第388条之一规定的利用影响力受贿罪。本案中，金某在被告人朱某平要求其将金条还给刘某后，不仅没有退还金条，后又再次收受刘某所送500克金条，但其因为害怕朱某平说她而未再告诉朱某平。对再次收受刘某所送金条的事实，因朱某平并不知晓，不能认定其具有受贿的故意，故检察机关未列入其受贿事实中加以指控。而此时，金某收受第二根金条的行为有可能构成利用影响力受贿罪。

第二种情形，特定关系人索取、收受他人财物，国家工作人员知道后及时退还或者上交。国家工作人员在知晓特定关系人收受财物后，及时退还或者上交的，表明国家工作人员对收受请托人财物持反对、否定的态度，主观上没有受贿的故意，不能以受贿罪追究其刑事责任。《意见》第9条规定："国家工作人员收受请托人财物后及时退还或者上交的，不是受贿。"根据该《意见》，既然国家工作人员本人收受财物后及时退还或者上交的不是受贿，那么，国家工作人员知道特定关系人收受财物后及时退还或者上交的，也应坚持同一标准，不应评价为受贿。需要注意的是，这种情况下特定关系人仍有可能构成利用影响力受贿罪，"及时退还或者上交"仅仅作为利用影响力受贿罪的一个酌定量刑情节予以考虑。

第三种情形，国家工作人员知道特定关系人索取、收受请托人财物后，虽有退还的意思表示，但发现特定关系人未退还后予以默认的。此种情形也就是朱某平一案中存在的情况，应当认定国家工作人员主观上具有受贿的故意。结合本案看，具体有以下几点理由：

首先，被告人朱某平应妻子金某的要求为请托人刘某承接工程提供帮助，事后得知妻子收受刘某所送金条。从主观上看，朱某平对所收受财物的性质有明确的认识，知道该金条是其先前利用职权为刘某谋利行为的回报。

其次，被告人朱某平得知妻子收受金条后，的确有要求妻子退还的意思表示，但不能简单地根据这种言语表达来否定朱某平主观上具有受贿的意思。朱某平要求妻子退还金条的动机，是朱某平和刘某不熟悉，担心刘某不可靠，害怕随便收"生人"的钱容易出事。要求妻子退还金条，反映了朱某平对收受财物一开始是持担忧、疑虑和否定态度的。但最终，朱某平发现妻子并未按其要求退还金条后，未再坚持让妻子退还，亦未将金条上交，说明朱某平经一番权衡考虑之后，还是心存侥幸，对收受请托人财物持默许、认可和接受的态度。对受贿故意的考察判断，不能孤立地看国家工作人员得知特定关系人收受他人财物这一时间节点的个别言语和行为，而要综合考察国家工作人员知情后，是否积极敦促、要求特定关系人退还财物，最终对收受他人财物是否持认可、默许的态度。国家工作人员和特定关系人处于同一利益共同体，共同体中的任何一方收受他人财物的行为，客观上应视为"利益共同体"的整体行为。当国家工作人员发现特定关系人未按要求退还财物仍然默许的，表明其对共同体另一方收受财物的行为总体上持认可态度，当然应对这种客观上未退还的不法后果担责。本案中，检察机关对该笔事实以受贿罪追究朱某平的刑事责任（对其妻子金某另案处理），也得到了法院裁判的认可。《解释》第16条第2款明确规定："特定关系人索取、收受他人财物，国家工作人员知道后未退还或者上交的，应当认定国家工作人员具有受贿故意。"可见，《解释》亦明确了此种情形下应当认定国家工作人员具有受贿的故意。

第四种情形，国家工作人员知道特定关系人索取、收受请托人财物后，要求特定关系人退还，特定关系人欺骗国家工作人员财物已经退还。这种情形下，客观上财物未退还或者上交，能否依据《解释》认定符合"国家工作人员知道后未退还或者上交"的要求，直接判定国家工作人员具有受贿的故意？我们认为，还是应当从案件实际情况出发谨慎判断受贿故意的有无。若国家工作人员知道特定关系人收受财物后强烈反对，坚决要求特定关系人及时退还财物并多次提醒、督促，特定关系人欺骗国家工作人员财物已经退还，根据案件的具体情况，确有合理理由相信国家工作人员被蒙蔽，确信财物已经退还的，不宜认定其主观上具有受贿的故意。

第五种情形，国家工作人员知道特定关系人索取、收受请托人财物后，口头要求特定关系人退还财物，事后不再过问此事，特定关系人实际未退还财物的。司法实践中第五种情形并不少见，办案机关也经常听到国家工作人提出类似辩解，"开始我不知道她收了钱，她告诉我后，我让她赶紧还掉，谁知道居然没有还"。这种情形比较复杂，需要结合具体案情，包括国家工作人员有无积极监督、督促特定关系人退还财物，国家工作人员事后有无接触并问询请托人，有无亲自向请托人退还财物的条件，有无上交财物的条件等，综合判断国家工作人员要求特定关系人退还财物的意思表示是随口说说，还是确有此意。如果国家工作人员对退还财物本无真心，实际上持"还不还根本无所谓"的心态，事后也不再过问财物是否退还，甚至在得知特定关系人再次索要、收受请托人财物后仍默许和收受的，应当认定其主观上具有受贿的故意。

第六种情形，国家工作人员知道特定关系人索取、收受请托人财物后，坚决要求特定关系人退还，而特定关系人始终不肯退还并和国家工作人员就此发生矛盾、冲突，最终财物未退还或者上交。在此种情形中，国家工作人员要求退还财物的态度是明确的，表明收受财物实质上违背了国家工作人员的意愿，但由于在利益共同体内部，国家工作人员和特定关系人就是否退还财物发生了激烈的对抗冲突，此时能否将特定关系人收受财物的结果归责于国家工作人员？此种情形下认定国家工作人员是否具有受贿故意，容易产生较大分歧。《解释》出台后，有意见认为，国家工作人员对收受财物知情而客观上未退还或上交的，应直接适用《解释》，判定国家工作人员具有受贿的故意，而不问国家工作人员和特定关系人在归还财物一事上是否有分歧、矛盾和冲突。我们认为，由于国家工作人员和特定关系人利益的一致性和关系的亲密性，法律对国家工作人员提出了"退还或者上交财物"的严格要求，只要客观上财物未退还或者上交的，我们在考察国家工作人员是否具有受贿意图时通常会做出不利于国家工作人员的推断，但这种情形也不能一概而论。例如，国家工作人员的情妇收受请托人一块翡翠，国家工作人员知道后坚决要求情妇退还，情妇不肯退还并和国家工作人员发生争吵甚至大打出手，情妇将翡翠藏匿并以揭发其与国家工作人员的特殊关系相要挟，拒绝退还翡翠，国家工作人员为此和情妇断交。在此情况下，国家工作人员坚持要求退还、和情妇断交等一系列的行为，反映其主观上并没有受贿的故意，但由于情妇藏匿翡翠，国家工作人员客观上无法退还和上交翡翠，又因情妇以告发关系相威胁，我们很难期待国家工作人员主动揭发情妇、鱼死网破。在类似案例中，我们应从案件的基本情况出发，客观、公正地认定国家工作人员是否具有受贿故意，谨慎地判断是否以受贿罪追究国家工作人员的刑事责任。

问题23. 低价购房型受贿，如何界定"明显低于市场价格"

腐败分子为掩盖受贿犯罪、逃避惩罚，犯罪手段日趋隐蔽，以购房等合法交易的名义掩盖行受贿本质的案件屡见不鲜，其中，低价购房型受贿就是一种常见的犯罪方式。我们认为，对于低价购房型受贿，首先应区分购买的是新房还是二手房。对于新房买卖，应判断优惠价、成本价、内部价等各种名义出现的销售价是不是正常的优惠价格，判断时应注意以下几点：首先，所谓的购房优惠是否事先真实存在；其次，这些优惠价是否针对不特定人员制定；再次，国家工作人员是否具备享受优惠的条件。对于二手房买卖，首先应当参考房屋的买入价，如果买入时的市场行情与行贿人和国家工作人员发生转让时的市场行情变化较大的，则应按照转让行为发生时的市场价（评估价）认定。

【最高人民法院指导性案例】潘某梅、陈某受贿案①

关键词：刑事　受贿罪　"合办"公司受贿　低价购房受贿承诺谋利　受贿数额计算　掩饰受贿退赃

裁判要点：

1. 国家工作人员利用职务上的便利为请托人谋取利益，并与请托人以"合办"公司的名义获取"利润"，没有实际出资和参与经营管理的，以受贿论处。

2. 国家工作人员明知他人有请托事项而收受其财物，视为承诺"为他人谋取利益"，是否已实际为他人谋取利益或谋取到利益，不影响受贿的认定。

3. 国家工作人员利用职务上的便利为请托人谋取利益，以明显低于市场的价格向请托人购买房屋等物品的，以受贿论处，受贿数额按照交易时当地市场价格与实际支付价格的差额计算。

4. 国家工作人员收受财物后，因与其受贿有关联的人、事被查处，为掩饰犯罪而退还的，不影响认定受贿罪。

相关法条：

《中华人民共和国刑法》第三百八十五条第一款

基本案情：

2003年8、9月间，被告人潘某梅、陈某分别利用担任江苏省南京市栖霞区迈皋桥街道工委书记、迈皋桥办事处主任的职务便利，为南京某房地产开发有限公司总经理陈某某在迈皋桥创业园区低价获取100亩土地等提供帮助，并于9月3日分别以其亲属名义与陈某某共同注册成立南京多贺工贸有限责任公司（简称"多贺公司"），以"开发"上述土地。潘某梅、陈某既未实际出资，也未参与该公司经营管理。2004年6月，陈某某以多贺公司的名义将该公司及其土地转让给南京某体育用品有限公司，潘某梅、陈某以参与利润分配名义，分别收受陈某某给予的480万元。2007年3月，陈某因潘某梅被调查，在美国出差期间安排其驾驶员退给陈某某80万元。案发后，潘某梅、陈某所得赃款及赃款收益均被依法追缴。

2004年2月至10月，被告人潘某梅、陈某分别利用担任迈皋桥街道工委书记、迈皋桥办事处主任的职务之便，为南京某置业发展有限公司在迈皋桥创业园购买土地提供帮助，并先后4次各收受该公司总经理吴某某给予的50万元。

---

① 最高人民法院指导案例3号。

2004 年上半年，被告人潘某梅利用担任迈皋桥街道工委书记的职务便利，为南京某发展有限公司受让金桥大厦项目减免 100 万元费用提供帮助，并在购买对方开发的一处房产时接受该公司总经理许某某为其支付的房屋差价款和相关税费 61 万余元（房价含税费 121.0817 万元，潘支付 60 万元）。2006 年 4 月，潘某梅因检察机关从许某某的公司账上已掌握其购房仅支付部分款项的情况而补还给许某某 55 万元。

此外，2000 年春节前至 2006 年 12 月，被告人潘某梅利用职务便利，先后收受迈皋桥办事处一党支部书记兼南京某商贸有限责任公司总经理高某某人民币 201 万元和美元 49 万元、浙江某房地产集团南京置业有限公司范某某美元 1 万元。2002 年至 2005 年间，被告人陈某利用职务便利，先后收受迈皋桥办事处一党支部书记高某某 21 万元、迈皋桥办事处副主任刘某 8 万元。

综上，被告人潘某梅收受贿赂人民币 792 万余元、美元 50 万元（折合人民币 398.1234 万元），共计收受贿赂 1190.2 万余元；被告人陈某收受贿赂 559 万元。

裁判结果：

江苏省南京市中级人民法院于 2009 年 2 月 25 日以（2008）宁刑初字第 49 号刑事判决，认定被告人潘某梅犯受贿罪，判处死刑，缓期二年执行，剥夺政治权利终身，并处没收个人全部财产；被告人陈某犯受贿罪，判处无期徒刑，剥夺政治权利终身，并处没收个人全部财产。宣判后，潘某梅、陈某提出上诉。江苏省高级人民法院于 2009 年 11 月 30 日以同样的事实和理由作出（2009）苏刑二终字第 0028 号刑事裁定，驳回上诉，维持原判，并核准一审以受贿罪判处被告人潘某梅死刑，缓期二年执行，剥夺政治权利终身，并处没收个人全部财产的刑事判决。

裁判理由：

法院生效裁判认为：关于被告人潘某梅、陈某及其辩护人提出二被告人与陈某某共同开办多贺公司开发土地获取"利润"480 万元不应认定为受贿的辩护意见。经查，潘某梅时任迈皋桥街道工委书记，陈某时任迈皋桥街道办事处主任，对迈皋桥创业园区的招商工作、土地转让负有领导或协调职责，二人分别利用各自职务便利，为陈某某低价取得创业园区的土地等提供了帮助，属于利用职务上的便利为他人谋取利益；在此期间，潘某梅、陈某与陈某某商议合作成立多贺公司用于开发上述土地，公司注册资金全部来源于陈某某，潘某梅、陈某既未实际出资，也未参与公司的经营管理。因此，潘某梅、陈某利用职务便利为陈某某谋取利益，以与陈某某合办公司开发该土地的名义而分别获取的 480 万元，并非所谓的公司利润，而是利用职务便利使陈某某低价获取土地并转卖后获利的一部分，体现了受贿罪权钱交易的本质，属于以合办公司为名的变相受贿，应以受贿论处。

关于被告人潘某梅及其辩护人提出潘某梅没有为许某某实际谋取利益的辩护意见。经查，请托人许某某向潘某梅行贿时，要求在受让金桥大厦项目中减免 100 万元的费用，潘某梅明知许某某有请托事项而收受贿赂；虽然该请托事项没有实现，但"为他人谋取利益"包括承诺、实施和实现不同阶段的行为，只要具有其中一项，就属于为他人谋取利益。承诺"为他人谋取利益"，可以从为他人谋取利益的明示或默示的意思表示予以认定。潘某梅明知他人有请托事项而收受其财物，应视为承诺为他人谋取利益，至于是否已实际为他人谋取利益或谋取到利益，只是受贿的情节问题，不影响受贿的认定。

关于被告人潘某梅及其辩护人提出潘某梅购买许某某的房产不应认定为受贿的辩护

意见。经查，潘某梅购买的房产，市场价格含税费共计应为 121 万余元，潘某梅仅支付 60 万元，明显低于该房产交易时当地市场价格。潘某梅利用职务之便为请托人谋取利益，以明显低于市场的价格向请托人购买房产的行为，是以形式上支付一定数额的价款来掩盖其受贿权钱交易本质的一种手段，应以受贿论处，受贿数额按照涉案房产交易时当地市场价格与实际支付价格的差额计算。

关于被告人潘某梅及其辩护人提出潘某梅购买许某某开发的房产，在案发前已将房产差价款给付了许某某，不应认定为受贿的辩护意见。经查，2006 年 4 月，潘某梅在案发前将购买许某某开发房产的差价款中的 55 万元补给许某某，相距 2004 年上半年其低价购房有近两年时间，没有及时补还巨额差价；潘某梅的补还行为，是由于许某某因其他案件被检察机关找去谈话，检察机关从许某某的公司账上已掌握潘某梅购房仅支付部分款项的情况后，出于掩盖罪行目的而采取的退赃行为。因此，潘某梅为掩饰犯罪而补还房屋差价款，不影响对其受贿罪的认定。

综上所述，被告人潘某梅、陈某及其辩护人提出的上述辩护意见不能成立，不予采纳。潘某梅、陈某作为国家工作人员，分别利用各自的职务便利，为他人谋取利益，收受他人财物的行为均已构成受贿罪，且受贿数额特别巨大，但同时鉴于二被告人均具有归案后如实供述犯罪、认罪态度好，主动交代司法机关尚未掌握的同种余罪，案发前退出部分赃款，案发后配合追缴涉案全部赃款等从轻处罚情节，故一、二审法院依法作出如上裁判。

【刑事审判参考案例】寿某年受贿案①

一、基本案情

1999 年以来，被告人寿某年利用其担任浙江省鄞县人民政府县长、宁波市鄞州区人民政府区长、中共宁波市鄞州区委书记、中共宁波市委常委、宁波市人民政府常务副市长等职务上的便利，为宁波金盛置业有限公司（以下简称"金盛公司"）、宁波盛光包装印刷有限公司、宁波广利来实业有限公司（以下简称"广利来公司"）、原北京东西南北中文化艺术有限公司、宁波联合动力传媒广告有限公司、宁波侨商会、海能调和油有限公司、利时集团、宁波纳米新材料科技有限公司、浙江开开集团、原宁波方圆化纤有限公司等企业，在企业用地、企业经营、资产处置、项目审批、项目开发、政策扶持等事项上提供帮助，单独或者与特定关系人共同非法收受上述企业实际控制人或董事长钱某某、张某等人给予的财物，共计价值人民币 1144.959686 万元（以下币种同）。寿某年受贿犯罪中涉及以明显低于市场价购买房屋受贿的事实如下：

1. 2005 年至 2013 年，被告人寿某年利用其担任中共宁波市鄞州区委书记、中共宁波市委常委、宁波市人民政府常务副市长等职务上的便利，为金盛公司、宁波盛光包装印刷有限公司等企业在宁波高教园区土地性质变更、宁波烟厂仓库用地置换、工业用地取得等事宜上提供帮助。2010 年下半年，寿某年与其特定关系人吴某共同商议后，向上述企业的实际控制人钱某某提出吴某要在金盛公司开发的金域华府小区购买房屋，要求钱

---

① 管友军、陈曜：《寿某年受贿案——如何认定以明显低于市场价购买房屋的受贿形式》，载最高人民法院刑事审判第一、二、三、四、五庭编：《刑事审判参考》（总第 128 集），指导案例 1432 号，人民法院出版社 2021 年版，第 134～143 页。

某某给予价格优惠，钱某某同意。2010 年 12 月 28 日，吴某与金盛公司签订了购房合同，后来以总价 235.5406 万元的价格购买金域华府商品房 1 套（面积为 175.85 平方米）。经鉴定，该房屋市场总价为 328.1893 万元，吴某购房价低于市场价 92.6478 万元。

2. 2005 年至 2010 年，被告人寿某年利用担任中共宁波市鄞州区委书记、中共宁波市委常委等职务上的便利，为广利来公司创新 128 园区的土地置换、项目开发、用地性质变更等事项提供帮助。2008 年年底，寿某年特定关系人吴某想在创新 128 园区购买房产用于公司经营，与寿某年商议后，寿某年向广利来公司的董事张某提出给予吴某购房价优惠的要求。2008 年 12 月，吴某以宁波鄞州奇宏贸易有限公司名义，以总价 313 万元的价格向广利来公司订购了创新 128 园区一期某处房产，支付定金 50 万元。2009 年 10 月，吴某以自己经营的宁波市金石文化传播有限公司的名义与广利来公司正式签订购房合同，并付清余款 263 万元。经鉴定，该房产在订购时的总价为 364.342 万元，吴某购房价低于市场价 51.342 万元。

3. 2009 年，被告人寿某年及其儿子寿某某向广利来公司的董事张某以寿某某的名义在创新 128 园区订购了一套房产。由于没有交付定金、没有签订合同，该订购的房屋被售楼部对外售出。张某得知后，让寿某某重新选房，寿某某选中创新 128 园区三期的一套房产。因三期当时尚未开盘，张某决定按二期每平方米 500 元的价格将该房屋出售给寿某某。寿某年得知后，考虑到房价的上涨趋势，提出按 600 元每平方米的价格购买，张某表示同意。2009 年 12 月，寿某某以宁波欧澳国际贸易有限公司的名义、以总价 391.2 万元向广利来公司订购该套房产，并交付定金 30 万元。在付清余款 361.2 万元后，寿某年与寿某某经商议于 2011 年 12 月以寿某某实际控制的宁波鄞州金益贸易有限公司的名义与广利来公司签订正式合同并购得该套房产。经鉴定，该房产在 2010 年 6 月三期开盘时的总价为 553.424 万元，寿某某购房价低于市场价 162.224 万元。

二、案例评析

在反腐败的高压态势之下，腐败分子为掩盖受贿犯罪、逃避惩罚，受贿的方式、手段不断变化和翻新，收受贿赂更趋隐蔽，时常将受贿行为披上市场交易行为的外衣。2007 年《最高人民法院、最高人民检察院关于办理受贿刑事案件适用法律若干问题的意见》（以下简称《意见》）指出的几种受贿方式，均掩藏在买卖房屋、汽车物品，委托投资证券、期货或者其他委托理财，合伙开办公司等日常的民事、经济行为之中。其中，对于以低价购房形式的受贿犯罪，《意见》指出，国家工作人员利用职务上的便利为请托人谋取利益，以明显低于市场的价格向请托人购买房屋等物品的，以受贿论处；前款所列市场价格包括商品经营者事先设定的不针对特定人的最低优惠价格，受贿数额按照交易时当地市场价格与实际支付价格的差额计算。但对于甄别正常购房优惠和低价购房受贿具有决定作用的两个关键问题，即如何具体认定市场价和何谓明显低于市场价，没有进一步展开叙述。司法实践中，对于房产市场存在的多种价格中哪一个属于市场价、哪个时间点作为认定市场价的基准点以及如何认定明显低于市场价的标准等关键问题，意见分歧较大。

我们从房产交易的常见种类、国家工作人员与请托人之间房产转让的具体特点出发，结合本案例，对上述问题进行具体分析，以归纳出房屋市场价的认定方法和购买价明显低于市场价的判断标准。

（一）区分新房和"二手房"买卖，分别确定不同种类房屋交易中的市场价

实际生活中，常见的房屋买卖种类主要分为新房买卖和"二手房"买卖。新房也称"一手房"，是指没有经过市场交易环节的房屋，可能是刚刚竣工验收后马上进入销售市场的现房，也可能是竣工后已经在市场上销售的现房，也可以是未竣工的可以预售的期房，只要没有经过交易环节的房屋都属于"新房"，新房的销售主体为房产开发商或房产经销商。"二手房"是指至少已经在市场上交易过一次或者经过一次产权变更的房屋。即使是刚刚建成不久的新房，但只要经过转售环节，都属于市场上的"二手房"。"二手房"的销售主体一般是房产开发商或房产经销商以外的房产拥有者。新房的价格主要是开发商根据开发成本和一定的利润空间参考市场行情制定；"二手房"则因为有过一次交易价，其定价主要由市场决定。由于新房和"二手房"的定价机制不同，因而有必要按照新房买卖和"二手房"买卖分别分析市场价的认定方法。

1. 新房买卖中房屋市场价的认定方法

房屋是贵重商品，房产开发商或经销商为了促销，会充分运用营销手段，针对所谓不同的购房对象、不同的付款方式等，给予各种名义的"优惠"，推出不同的价格，比如，"优惠价"、VIP价、成本价、内部价等。这么多的价格中哪个是真正的优惠价，哪些是为特定的关系户量身定做的，判断起来有较大的难度。《意见》指出，针对不特定人的最低优惠价也属于市场价。在以低价购房实施行贿、受贿的案件中，售房者、购房者都会以购房价是市场价，享受的价格优惠是给予所有人的优惠作为否定行贿、受贿的理由。因此，判断何为真正的优惠价对于认定房屋的市场价具有重要的现实意义。

我们认为，判断以"优惠价"、VIP价、成本价、内部价等各种名义出现的销售价是不是给予购房者正常的优惠价，是不是市场价，应当按照以下规则认定：（1）判断所谓的购房优惠是否事先真实存在。在收集、审查证据上，主要依靠房产开发商或者经销商的证人证言、内部资料、促销广告、同期房屋销售合同等证据综合认定所谓的"优惠价"、VIP价、成本价、内部价是否事先真实存在。（2）审查这些优惠价是否针对不特定人制定。是不是符合相应条件的不特定购房者都能享受对应的优惠，是判断所谓的"优惠价"、VIP价、内部价、成本价能不能成为市场价的第二个条件。如果并非符合相应购房条件的所有购房者都能享受，而是个别或极少数与房产开发商或者经销商具有特定关系的人才可以享受，那么这些价格就不能被认定为《意见》所指的针对不特定人的优惠价，也就不能被认定为市场价。（3）判断国家工作人员是否具备享受优惠的条件。房产开发商或者经销商制定的所谓的"优惠价"、VIP价、内部价、成本价等，一般是针对不同条件的购房者推出的。通常根据购房者是不是公司股东、员工，或者一次性付现款、首付的比例大小、按揭贷款是公积金贷款还是商业贷款、商业贷款的比例大小等付款方式的不同，或者出售的具体房屋的不同特点，比如，房屋材质、所在位置、房屋结构、楼层、采光、通风、层高等，或者结合付款方式和房屋的不同特点等，分别制定优惠价格。涉案的国家工作人员如果不具备享受这些优惠的条件，而享受了购房的优惠价格，就不能认定国家工作人员是以市场价购买这套房屋。反之，享受的优惠价格则可以认定为市场价。

需要注意的是，在所谓的优惠价难以判断，需要通过评估认定某一套房屋的市场价时，特别要注意市场价不是指整个小区所有房屋平均的售价，而是同类别（商品房标准套房、排屋、独栋别墅）、同时期、同地段、同结构、同楼层等最近似品质的房屋市场销

售价。如果评估机构依据的样本没有按照上述最近似品质的原则收集，则评估结论很可能因为不具有科学性而不具有可采性。

本案中，被告人寿某年及其特定关系人主动向作为请托人的房产开发商或房产开发公司的股东、董事提出购买房屋要求，属于新房买卖。寿某年及其特定关系人在主观明知房产开发商并没有事先针对不特定购房人制定大幅度的优惠购房政策的情况下，仍然主动要求请托人给予较大幅度的"优惠"，三次购房"优惠"分别达到92万余元、51万余元、162万余元。由于这些"优惠"不是事先针对不特定人制定的，上述"优惠价"显然不能作为这三套房屋的市场价认定。侦查机关按照最近似品质的原则收集了参考样本，委托相关鉴定机构对三套房屋进行价格评估，按照评估价格认定了市场价，以此作为计算寿某年及其特定关系人购买房屋收受差价的基准价。

2. "二手房"买卖中房屋市场价的认定

在低价购房类受贿案件中，有的请托人在得知国家工作人员的购房意向后，或者将自己已经购买的房屋低价卖给国家工作人员，或专门购买房屋再低价转售给国家工作人员。与前述利用新房买卖中的差价受贿有所不同的是，在购买"二手房"收受差价贿赂过程中，"二手房"有三个价格：第一个是行贿人的买入价；第二个是转让价，即行贿人和受贿的国家工作人员之间转让房屋的价格；第三个是受贿人从行贿人处转让房屋时该房屋在当地市场上的交易价格。这三个价格中，第一个和第二个价格均已客观存在，第三个价格往往是在案发后由办案机关取样再由评估机构评估，从这个意义上来说也可以称为"评估价"。究竟以哪种价格作为房屋的市场价，实践中存在争议。《刑法》上涉案物品价值、价格的认定，往往直接关系行为人的刑事责任，因而有必要遵循大体一致的认定规则。有些贵重物品，比如，房屋、汽车、名人书画等，受市场价格波动的影响比较明显，在商品流转过程中可能出现多个价格。一般来说，犯罪数额的认定应当体现危害行为发生时涉案物品的市场价值，这样才能相对客观反映行为的社会危害性和行为人的主观恶性。这和以行为时的法律判断行为是否构成犯罪的定罪原则，是一样的原理。在"二手房"买卖收受差价贿赂的犯罪中，房屋市场价的认定首先应当参考房屋的买入价，如果买入时的市场行情与行贿人和国家工作人员发生转让时的市场行情变化较大的，则应按照转让行为发生时的市场价认定。

有两个司法解释确立的物品价值认定的规则，可以作为"二手房"转让受贿中房屋价值认定的参考依据。一是2013年发布的《最高人民法院、最高人民检察院关于办理盗窃刑事案件适用法律若干问题的解释》，其中第4条规定，被盗财物有有效价格证明的，根据有效价格证明认定；无有效价格证明，或者根据价格证明认定盗窃数额明显不合理的，应当按照有关规定委托估价机构估价。二是2015年发布的《最高人民法院、最高人民检察院关于办理妨害文物管理等刑事案件适用法律若干问题的解释》，其中第14条规定，依照文物价值定罪量刑的，根据涉案文物的有效价格证明认定文物价值；无有效价格证明，或者根据价格证明认定明显不合理的，根据销赃数额认定，或者结合该解释第15条规定的鉴定意见、报告认定。上述两个司法解释确定的涉案物品价值的认定规则是：首先考虑按买入价格计算，在买入价缺少有效证明或者犯罪行为发生当时的市场价格与原买入价格相差较大时，可以按照作案当时的市场价格计算。

上述认定规则可以作为"二手房"转让受贿中房屋市场价认定的借鉴，主要有以下理由：（1）按房屋的买入价计算，与《意见》规定的"按照交易时当地市场价格计算"

并不冲突。因为行贿人的买入价格本身就是被交易行为验证过的当地市场价格。（2）按买入价认定市场价，相对而言更能体现认定行贿、受贿双方犯罪的主客观一致性。因为对于行贿人、受贿人来说，主观明知程度最高的就是买入价。如果在市场行情变化不大的情况下，当评估价格明显高于买入价格时，容易造成行贿、受贿双方共同怀疑评估本身的合理性。相反，当评估价格明显低于买入价时，又不能客观反映双方的主观恶性程度。因此，在这两种情况下，以有效证据证明的买入价认定为市场价比较稳妥。当然，买入价证据不实或者行贿人买入时与转让给受贿人时的市场行情发生明显变化的，则应当按照委托评估的"交易时当地市场价格"认定为市场价。而判断市场行情有无变化，则需要进行以下判断：一是收集最近似品质的"二手房"交易价格进行比较；二是按照规定委托评估机构估价。当评估机构的评估价与收集的交易价格趋势一致时，评估意见可以采纳为证据；当评估价与买入价相差不大时，如上文所述，以买入价作为该套房屋转让时的市场价比较稳妥；当评估价与买入价相差较大（通常是评估价远高于转让价），又与收集其他证据表明的市场行情一致，如果有证据证明国家工作人员明知市场行情大体走势的，则将评估价认定为转让时的市场价，以评估价与转让价之间的差价作为受贿数额加以认定，是合适的。

（二）购房价是否明显低于市场价的判断标准

有种意见认为，房价折扣率通常能反映交易行为背离公平交易规则的程度，可以将折扣率作为判断购房价是否明显低于市场价的主要标准。比如，新房买卖中，在市场优惠价为开发商定价的 9.8～9.9 折的情况下，国家工作人员向请托人购房的价格为定价 9.5 折甚至更低的，享受的"优惠"明显高于正常优惠的程度，应当认定为购房价明显低于市场价。另一种意见认为，房屋属于贵重物品，在房屋总价动辄百万元甚至千万元计的社会现状下，折扣率不能全面反映交易行为背离公平交易规则的程度，应当以国家工作人员从请托人处的购房价与房屋市场价的差价绝对值作为判断购房价是否明显低于市场价的标准。

我们认为，以差价绝对值多少或者以折扣率的高低为判断的唯一标准，均有失偏颇。比如，一套市场总价为 1000 万元的新房（已经扣除了开发商或者经销商事先设定的针对不特定人的最大优惠），作为请托人的开发商或者经销商在市场价的基础上再给予国家工作人员 20 万元的优惠，虽然差价绝对值已经超过受贿罪数额巨大的标准，但购房折扣率为 2%，对于市场价 1000 万元的房屋来说，980 万元的购房价虽然低了，但是对于 1000 万元的市场价来说，偏离公平交易的程度没有达到明显的程度，认定国家工作人员以明显低于市场的价格购房并构成受贿，有违社会常理，容易造成打击面过宽、处罚过于严苛的现象。相反，一套市场总价为 100 万元的房屋，请托人在市场价的基础上再给予国家工作人员 10 万元的"优惠"，即购房价为 90 万元，虽然差价绝对值不大，没有达到受贿数额巨大的标准，但购房折扣率已经达到了不常见的 10%，偏离市场价的程度明显，可以认定为以明显低于市场的价格购房，可能构成受贿罪。因而，我们认为，应当以差价绝对值为基础，同时兼顾折扣率的高低，综合判断购房价是否明显低于市场价，避免造成打击面过宽和放纵犯罪两个方面的弊端。同样，文中所述市场价的认定方法和明显低于市场价的判断标准，也适用于国家工作人员以明显高于市场的价格出售房屋给请托人收受贿赂的情形。

需要指出的是，认定国家工作人员向请托人以明显低于市场的价格购房构成受贿，客观上还需要国家工作人员利用职务便利为请托人谋利，主观上还需要国家工作人员明知或者应当知道其购房获得的差价不是正常的市场优惠，而是权钱交易的结果，才能认定其成立受贿罪。综合以上因素，能够清晰地将以明显低于市场价购买房屋形式的受贿与正常的房屋买卖区分开来，前者的本质是权钱交易，房屋买卖只是用来掩盖这一非法行为的外在形式。

本案中，被告人寿某年从请托人处购买的三处房产，其购房价与市场价（评估价）的差价在51万元至162万元之间，绝对数额达到了数额巨大，同时差价与市场价相比，达到了14.09%至29.31%，即购房价只有市场价的85.91%至70.69%，明显偏离市场价，应当认定为以明显低于市场价格购买房屋。卷中证据显示，行贿人钱某某和张某均供述，因为寿某年在用地一系列事宜上给他们提供了帮助。并知道特定关系人和寿某年的关系，才给予特定关系人特别的购房折扣；寿某年也供述其明知市场房价和房价上涨的形势，之所以要求钱某某和张某给予折扣也是因为自己曾经利用职权给他们提供了便利。综上，被告人寿某年利用职务上的便利，为他人谋取利益，以明显低于市场价购买房屋的形式受贿，行为构成受贿罪。

问题24. 如何认定高息型受贿犯罪的犯罪金额

国家工作人员与请托人之间以借贷为名的贿赂关系与正常民间借贷有本质区别，表现为双方之间的关系、是否有借款需求、借款后的行为表现、出借资金的来源以及回报等。我们认为，国家工作人员利用职务便利为请托人谋取利益，请托人虽有借款需要，但明知请托人支付的借款利息明显高于正常结款利息仍收取的，或者请托人无借款需求，以民间借贷为名"借款"给请托人收取利息的，均应以受贿论处。有借款需求的，以借款人同期从他人处借款的最高利率的差额来认定受贿数额；无借款需求的，将国家工作人员获得的所有利息均认定为受贿数额。

【刑事审判参考案例】沈某根受贿案①

一、基本案情

2009年8月12日，时任湖州市供销合作社联合社（以下简称"湖州市供销社"）党委书记、主任的被告人沈某根个人出借50万元给湖州市供销石油有限公司、湖州荣恒石油化工有限公司法定代表人杨某强，双方未约定借款利息、还款期限等事项，杨某强出具了收款凭证。2010年年初，杨某强为感谢沈某根通过湖州市供销社对其公司提供借款、担保等业务上的关照，以支付个人借款"利息"的名义给沈某根50万元现金，沈某根仍保留其所借本金50万的收款凭证。2016年1月，沈某根又出借90万元给杨某强，杨某强出具借条。2011年至2018年，杨某强分别以支付"利息"的名义送给沈某根232万元，其中2011年、2012年每年送50万元，2013年、2014年每年送30万元，2017年、2018年每年送36万元。沈某根共计收受杨某强"利息"款282万元，扣除杨某强同期从他人处借款的最高年利率18%，实际受贿数额为174万余元。法院认定沈某根犯受贿罪。

---

① 管友军、陈克娥：《沈某根受贿案——利用职务便利，以民间借贷形式收受请托人高额利息的行为应如何认定》，载最高人民法院刑事审判第一、二、三、四、五庭编：《刑事审判参考》（总第129集），指导案例第1447号，人民法院出版社2022年版，第103~108页。

二、案例分析

1. 以借贷为名受贿行为的认定

为严密反腐败法网，2007 年《最高人民法院、最高人民检察院关于办理受贿刑事案件适用法律若干问题的意见》列举了实践中纷繁多样的"花式"收受贿赂手段，包括以交易形式收受贿赂、收受干股，以开办公司等合作投资名义收受贿赂，以委托请托人投资证券、期货或者其他委托理财的名义收受贿赂，以赌博形式收受贿赂、特定关系人"挂名"领取薪酬等。2016 年《最高人民法院、最高人民检察院关于办理贪污贿赂刑事案件适用法律若干问题的解释》进一步明确指出贿赂犯罪中的"财物"包括可以折算为货币的物质利益，如房屋装修、债务免除等。故在现行法律下，认定受贿罪的关键在于物质利益与行为人职权因素之间的关联性，而不是拘泥于何种物质形式。

本案中，被告人沈某根担任湖州市供销社党委书记、主任期间，利用其对社有资产监督、管理的便利，为请托人杨某强等谋取利益，但未直接收受杨某强的好处费，而是另外与杨某强之间建立个人借贷关系，以收受借款利息的名义收取杨某强资金。有观点提出，沈某根向请托人放款收取高额利息的行为有涉嫌犯罪的可能，但鉴于现行法律和司法解释对这种行为如何定性没有明确规定，依照法无明文规定不为罪的原则，该行为不构成犯罪。对此，我们认为，国家工作人员利用职务上的便利给予请托人照顾，又以个人名义向请托人出借钱款，收取高额利息完成利益输送，属于以借贷为名的受贿行为。国家工作人员作为社会的一员，也享有正常出借资金并收取利息的权利，国家工作人员与其他平等民事主体之间发生的借款及收取利息行为受到法律的保护。根据 2020 年 12 月第二次修正的《最高人民法院关于审理民间借贷案件适用法律若干问题的规定》（以下简称《民间借贷规定》），以借贷合同成立时一年期贷款市场报价利率的四倍为法律保护的上限。国家工作人员参与正常合法的民间借贷关系，当然也应适用《民间借贷规定》予以保护。

但是，国家工作人员与请托人之间以借贷为名的贿赂关系与正常民间借贷有本质区别，表现在：（1）从双方之间的关系来看，在正常民间借贷中，一般双方原来就有经济往来，或者双方是亲戚、朋友、同事、同学等较密切关系；在请托人和受托人之间的借贷中，出借人是国家工作人员，借款人是国家工作人员管理、制约、监督的对象，通常双方平时没有经济往来，借款发生在双方达成权钱交易的合意之后。（2）从是否有借款需求来看，在正常民间借贷中，借款人有借款需求，一般主动向出借人提出借款要求；在请托人和受托人之间的借贷中，出借人不管借款人是否需要资金，有些甚至是主动提出出借资金来为后续的利益输送布局。（3）从借款后的行为表现来看，在正常民间借贷中，借款人为了使出借人放心将资金借给他，一般会告知出借人借用资金的目的、使用过程，以及归还日期、归还的利息等，以言语和行动表达资金处于安全之中；在请托人和受托人之间的借贷中，出借人通常不过问或不具体过问资金用途、还款保障、借款利息，也不关心何时可以归还。（4）从出借资金的来源来看，在正常民间借贷中，出借人一般是将自有资金借给对方；在请托人和受托人之间的借贷中，不但有出借人将自有资金出借给对方的情况，还存在出借人将从他人处以无息或低息借款的资金再出借给借款人，从而赚取高额差价的情况。（5）从回报上看，在正常民间借贷中，借款人给出借人的利息一般是与正常经济活动所产生的收益相匹配；在请托人和受托人之间的借贷中，借款人给予出借人高额的利息，获取的利息与资金正常产生的收益严重不成比例。

本案中被告人沈某根与杨某强之间的关系，表面上是民间借贷，实际上是权钱交易。判断的依据有：（1）沈某根收受高额利息的行为与正常民间借贷不同。沈某根与杨某强本无经济往来；借贷发生在沈某根为杨某强谋取了利益之后；沈某根主动提出将资金借给杨某强；杨某强因企业发展过程中需要沈某根的帮助，也为了表示感谢，给予沈某根的利息远超同期向其他人的借款；出借资金时，双方并未约定借款用途、借款利息、归还日期等。（2）沈某根有收受他人钱财的主观故意。其作为供销社党委书记、主任，明知供销社对杨某强所在的公司提供借款、担保等业务上的关照，仍主动向杨某强提出放款的要求，其供称"他给我钱，是以支付利息的名义向我行贿，并不是正常的利息"，反映其主观上具有通过向公司放款让公司支付高额利息，进而变相收受他人财物的目的。杨某强的证言也印证了沈某根的供述。（3）沈某根收受了他人支付的高额利息。沈某根于 2009 年向杨某强所在的公司放款 50 万元，2010 年年初（短短 4 个月）就收到了 50 万元利息，后又把该 50 万元放回杨某强处，以本金的名义继续收取利息，自述"这样杨某强再支付利息给我，显得利率低一点，看上去更正常一点"，之后每年均拿到远超银行同期贷款利率的高额利息，其出借资金的收益与正常投资获取的收益严重不成比例。（4）沈某根利用职务之便为他人谋取了利益。沈某根作为供销社党委书记和主任，对杨某强所在的公司提供了借款、担保等业务上的关照，也正因此杨某强才在借款时并未与沈某根约定具体利息的情况下，愿意持续支付远超正常借款利息的高额利息。

综上，被告人沈某根作为国家工作人员，利用职务上的便利，主动向请托人提出出借资金，并以收取高额利息的方式收受贿赂，符合受贿罪的犯罪构成，应认定为受贿罪。

2. 关于受贿数额的认定

对于数额的认定有几种观点：第一种观点认为，以全部的利息款（282 万元）来认定受贿数额；第二种观点认为，以超过银行同期贷款利率的数额来认定受贿数额；第三种观点认为，参照《民间借贷规定》第 25 条（2020 年第二次修正前为第 26 条）的规定，对超出借贷合同成立时民间借贷的保护上限（本案行为当时，《民间借贷规定》尚未修正，当时的保护上限是年利率 24%）的部分认定受贿数额；第四种观点认为，以超过同期从他人处借款的最高年利率 18% 的部分来认定受贿数额。

我们同意第四种观点，理由是：（1）将利息全额认定为受贿数额不妥。被告人沈某根确实将 50 万元和 90 万元借给杨某强，而且长达十年，杨某强除向沈某根借款外，还向他人借款，并将所借款项用于公司经营，对沈某根放款的 140 万元本金完全不予认可有失公平。（2）以超过借贷合同成立时民间借贷的保护上限的差额认定受贿数额不妥。基于正常的民间借贷建立在双方平等协商、意思自治的基础上，法律对民间借贷设定利率保护上限，以维护金融秩序的稳定、有序。本案不是正常民间借贷，在认定受贿数额时套用民事法律规定并不合适。（3）宜以借款人同期从他人处借款的最高利率的差额来认定受贿数额。本案杨某强除了从被告人沈某根处借得款项外，还从亲戚、朋友处借款，一般为年利率 12%，最高为年利率 18%，扣除杨某强同期从他人处借款的最高年利率 18% 部分来认定受贿数额，既考虑到被告人与借款人之间权钱交易的受贿行为应予打击，又注意适当保护被告人的合法权益。另外，需要说明的是，我们在本案中采取扣除杨某强同期从他人处借款的最高年利率 18% 部分来认定受贿数额的方法，主要还是考虑被告人沈某根给杨某强的借款确实用于杨某强的公司经营，有实际的借款关系为基础，只是在此之上附加了利益输送，如果能查明整个借款关系都是虚假的，换言之，如果根据证据可以认定借款人本身无借款需要，国家工作人员也明知借款人无借款需要，仍将款项"借"给借款人，款项放在借款人处完全是幌子，以此来收取高额利息，而且借款人实际也并未使用该款项，那么根据主客观相一致原则，在认定受贿数额时，国家工作人员获得的所有利息均应认定为受贿数额。

问题 25. 如何区分利用职务便利敲诈勒索与索贿

索贿与敲诈勒索有相似之处，但索贿的行为主体必须是国家工作人员，而敲诈勒索罪的行为主体不必是国家工作人员；索贿必须利用职务上的便利，敲诈勒索罪不需要利用职务上的便利。可以肯定的是，行为人虽然是国家工作人员，但对方有求于他的事项与其职务行为没有关系，行为人利用对方的困境，以此相要挟，索取财物的，成立敲诈勒索罪。而对于国家工作人员利用职务上的便利向请托人勒索财物的，应当如何处理，实践中存在两种意见：一种意见认为，国家工作人员利用职务上的便利向请托人勒索财物的，因侵害的是职务的廉洁性或不可收买性，应当按照受贿罪定罪。另一种意见认为，因行为人的行为同时构成受贿罪与敲诈勒索罪，属于想象竞合犯，应当从一重罪处罚。我们认为，想象竞合，是数法条对一行为造成的多个刑法上的危害逐一认定，因存在多重损害、形成多个结果，其中法益互不相容，任何单一罪名都无法进行充分评价；所谓触犯数罪，实因各个法条在法益保护范围与功能上各有不同，根据全面评价原则，必须适用全部法条，并从一重罪处断。因此，若某行为侵害的各法益性质同一、相互包容，则一行为触犯数法条的形态是法条竞合；若某行为侵害的各法益性质迥异、竞相排斥，则一行为触犯数法条的形态是想象竞合。因此，国家工作人员利用职务上的便利向请托人勒索财物的行为同时侵害了职务行为的不可收买性与他人财产，符合想象竞合犯的特征，应从一重罪处罚。

【人民司法案例】马某涛、于某等敲诈勒索案[①]

一、基本案情

被告人马某涛、于某、路某岽、李某系天津市公安局河东分局大王庄派出所原民警。2017 年 9 月 4 日至 7 日，马某涛根据被告人马某提供的嫖娼信息，并在马某等人的配合下，带领或指派于某、路某岽、李某，假借治安检查，多次以要挟方式向嫖娼人员索要钱款，共计 51500 元。其中，马某涛分得 25700 元，于某分得 11500 元，路某岽分得 6700 元，李某分得 600 元，马某分得 7000 元。

法院经审理认为，被告人马某涛、于某、路某岽、李某利用马某提供的嫖娼信息，以警察执行公务、给予处罚相威胁，向嫖娼人员索要钱财，该 4 人的行为均已构成敲诈勒索罪。同时该行为的社会危害性大、影响恶劣，应予从重处罚。

二、案例评析

本案在审理过程中，对马某涛等人行为的定性争议较大，主要问题在于：人民警察屡次向嫖娼人员索要钱款，能否构成索贿型受贿罪？是否成立受贿罪与敲诈勒索罪的犯罪竞合？对此有两种不同意见：第一种认为构成受贿罪，是受贿罪与敲诈勒索罪的法条竞合，应以受贿罪处罚；第二种认为是受贿罪与敲诈勒索罪的想象竞合，应以敲诈勒索

---

① 钱岩：《利用职务便利敲诈勒索的认定》，载《人民司法·案例》2021 年第 11 期。

罪处罚。我们同意第二种意见。上述二罪的犯罪数额认定标准差异较大，定性不同将直接影响量刑，我们将从此罪彼罪区分及《刑法》规范适用上，具体阐述认定理由。

1. 索贿行为与敲诈勒索的界分

根据《刑法》第385条，国家工作人员利用职务上的便利索取他人财物的，构成受贿罪。根据《刑法》第274条，敲诈勒索公私财物数额较大或多次敲诈勒索的，构成敲诈勒索罪。前者"索取"与后者"勒索"能否作同一认定，关系到相关行为该当何罪，可从语义解释、语境解释、体系解释三个方面加以界分。

首先，索指要、取，① 仅标识意欲方向，不牵涉行为方式及规范评价。索取是要求得到，强调内心自愿、行动自觉，勒索是强行索要，突出手段暴力和对他人意志的强制；对于索取可以不理，对于勒索却不得不给。

其次，索贿型受贿索取他人财物、要求他人给付，旨在以权索利，具有鲜明的主动性和明显的交易性，既包括一拍即合的协商式索取，也不排除乘人之危的胁迫式索取。但是，受贿、行贿存在对合关系，其中的他人可能也是罪犯，而敲诈勒索的行为对象仅是被害人。

最后，《刑法》第389条第3款在立法层面将索取行为分成一般索要与勒索财物，只有利用职务便利以勒索方式向他人索要财物时，索贿之勒索与敲诈勒索在行为性质上才可作同一认定。

本案中，马某涛、于某、路某岂、李某利用治安管理权，以扣押证件、行政拘留等相要挟，向嫖娼人员勒索财物，因利用职权、以权索利，其行为首先该当受贿罪犯罪构成。同时，马某涛等利用嫖娼者害怕事情闹大的惶恐心理，以曝光阴私相恫吓，使对方心生恐惧，并基于恐惧交付钱财，其行为又该当敲诈勒索罪犯罪构成。因此，一行为同时触犯数个罪名，成立犯罪竞合。

2. 交叉型法条竞合与想象竞合的辨析

交叉关系的法条竞合以具体犯罪构成之间的交叉关系为基础，在外延上表现为两个具体犯罪构成存在部分重合之处。② 如上所述，索贿型受贿罪与敲诈勒索罪在客观方面可能出现部分重合，此时行为成立法条竞合还是想象竞合，究竟适用整体法优于部分法原则还是从一重罪处断？

（一）法条间逻辑关系是成立法条竞合的必要条件

传统观点主张法条关系是法条竞合的本质特征，进而认为：当一行为触犯的两个法条之间存在罪名上的从属或交叉关系时，为法条竞合；如不存在这种逻辑关系，则为想象竞合。③ 不可否认，法条间的逻辑关系是法条竞合得以存在的实质根源，一行为常因错综复杂的立法规定同时触犯数个罪名，数法条间通常具有内在关系，其中竞合属于法律问题。而想象竞合往往基于犯罪的多重危害，一行为仅因具体事实偶然导致数种结果，并相应触犯数个罪名，其中竞合属于事实问题。因此，当某行为实现了数法条规定的犯罪构成时，如法条之间没有逻辑关系，一定成立想象竞合；然而，如法条之间存在内在联系，却并不必然成立法条竞合。

---

① 《现代汉语词典》（第六版），商务印书馆2013年版，第1250页。
② 黄京平、陈毅坚：《法条竞合犯的类型及其法律适用》，载《中国刑事法杂志》2007年第4期。
③ 陈兴良、周光权：《刑法学的现代展开》，中国人民大学出版社2006年版，第382～383页。

传统标准在界定包容关系的从属型法条竞合时比较严谨，但用以区分交叉型法条竞合与想象竞合，却可能导致错误。如放火罪与故意杀人罪，二者在行为手段、危害结果上存有要件重合，法条之间存在交叉关系。但为了杀人而放火并危害公共安全的行为完全符合想象竞合的特征，属于放火罪与杀人罪的想象竞合犯。① 又如，销售伪劣产品罪、销售假冒注册商标的商品罪与非法经营罪，三者的客观方面在无证经营假冒伪劣卷烟上交互竞合，存在逻辑关联。而王某旺案，② 一、二审法院均认为此类行为构成想象竞合，最终从一重罪以非法经营罪定罪处罚。因此，法条间关系只是成立法条竞合的必要条件，而非充分条件。

本案中，受贿罪与敲诈勒索罪均可涵括利用职权以勒索方式向他人索取财物的行为，二罪的客观方面存在部分重合，但不能由此得出涉案行为成立法条竞合、应以受贿罪定罪处罚的结论。

（二）法益间内在联系是区分二者的核心要件

作为判断是否存在法条竞合的标准，仅刑罚法规保护的同一性这一点即为已足。③ 犯罪竞合是法条之间的竞合，更是危害行为所侵犯的数种社会关系的竞合，前者是问题的表象，后者是背后的本质。由于刑法的目的是保护以法益形式存在的社会主义社会关系，法益属性及法益之间的内在关联理应成为区分法条竞合与想象竞合的核心准则。

具体而言，法条竞合是数法条对一行为造成的一个刑法上的危害予以多角度评价，无论法条之间存在包容、交叉还是补充关系，它们保护的法益都具有同一或重合性；所谓触犯数罪，只是各个法条在法益保护的侧重点上有所区分，根据禁止重复评价原则，只能以一罪定罪处罚。而想象竞合，是数法条对一行为造成的多个刑法上的危害逐一认定，因存在多重损害、形成多个结果，其中法益互不相容，任何单一罪名都无法进行充分评价；所谓触犯数罪，实因各个法条在法益保护范围与功能上各有不同，根据全面评价原则，必须适用全部法条，并从一重罪处断。因此，若某行为侵害的各法益性质同一、相互包容，则一行为触犯数法条的形态是法条竞合；若某行为侵害的各法益性质迥异、竞相排斥，则一行为触犯数法条的形态是想象竞合。

本案中，马某涛、于某、路某岿、李某利用职务便利向嫖娼人员索取财物，侵犯了国家机关正常管理活动和国家机关工作人员职务行为的廉洁性，已构成受贿罪。同时，该四人以非法占有为目的，以曝光嫖娼行为相要挟，非法取得被害人财物，侵犯了公私财物所有权与他人人身及其他权利，已构成敲诈勒索罪。而受贿罪被规定在刑法分则第八章，从属于贪污贿赂类罪；敲诈勒索罪被规定在第五章，从属于侵犯财产类罪，犯罪客体相互独立，不存在重合或交叉。因此，涉案行为触犯两罪的竞合形态应是想象竞合而非法条竞合。

（三）犯罪构成适用规则是司法评价的重要标准

即使侵害的法益相同，但如果适用一个法条不能充分评价行为的不法内容时，也必须认定为想象竞合。④ 与法条竞合形式上构成数罪、实际只该当一罪不同，想象竞合真实

① 张明楷：《论以危险方法杀人案件的性质》，载《中国法学》1999 年第 6 期。

② 刘为波、毛逸潇：《王某旺非法经营案——特殊情况下减轻处罚的理解与适用》，载中华人民共和国最高人民法院刑事审判第一、二、三、四、五庭主办：《刑事审判参考》（总第 113 集），指导案例第 1237 号，法律出版社 2019 年版，第 10～15 页。

③④ 张明楷：《法条竞合与想象竞合的区分》，载《法学研究》2016 年第 1 期。

地触犯了数个罪名，因此，每个相关法条都有资格参与行为评价和定罪量刑。即在想象竞合中，危害行为虽有单一性，但具备数个罪过、数个结果，现实地实现了数个犯罪构成，由此形成的不法及有责低于并罚的数罪却高于单纯的一罪，唯有借助该当的所有犯罪构成，才能充分、完整地评价社会危害与可责难程度。因此，数个犯罪构成必须累积适用，并将轻罪作为从重处罚情节，从一重罪处断。

而对于法条竞合，罪数本质只是一罪，只能选择一个最具合理性、全面性评价的法条予以适用。③ 就交叉型法条竞合而言：

（1）若是一行为只该当重合部分的交互竞合。因危害行为仅符合数个犯罪构成的重叠之处，所触犯的数法条间地位平等，合理评价应兼顾刑罚轻重，须根据重法优于轻法原则适用重法。

（2）若是一行为已超出重合范围的偏一竞合。因危害行为的不法内涵不能被某个或某些犯罪构成完全评价，数法条间出现认定上的区别和分化，合理评价更应考虑全面适当，须根据全部法优于部分法原则适用全面法。

因此，法条竞合最终排除其他法条而对犯罪构成择一适用，疑似触犯数罪，实际该当一罪，属于假性竞合。

本案中，受贿与敲诈勒索二罪的客观方面在利用职权勒索他人财物上形成竞合，形式上似乎满足交叉型法条竞合的条件，成立偏一竞合。但是，上述任何单一罪名均不能完整评价"职务犯罪 + 财产犯罪"，均无法对马某涛等人利用行政权力限制他人意志自由、非法占有他人财产的行为予以全面责难。其一，马某涛等四人不仅有利用职务便利与他人进行权钱交易的受贿故意，还有以扩大嫖娼影响相要挟，非法占有他人财物的勒索目的。这是两种完全不同的犯罪主观方面，单一认定为任何罪名都无法完全涵括。其二，马某涛等人原系大王庄派出所民警，在查处卖淫嫖娼中以权索利、执法犯法，不仅玷污了国家工作人员职务行为的廉洁性，而且侵犯嫖娼人员的财产所有权，这是两种性质有别的严重危害结果，单一适用《刑法》第385条或第274条均不能予以充分否定评价。因此，马某涛等人的行为成立想象竞合，应当以敲诈勒索罪定罪量刑，同时将受贿罪作为从重情节从重处断。

问题26. 如何认定受贿人收受按揭房屋的受贿数额及既未遂

【实务专论】

司法实践中，对收受按揭房屋的，如行贿人仅付首付款，明确由受贿人承担按揭还贷义务的，受贿数额即为首付款，受贿人自行承担的房贷不能认定为受贿数额，对此无争议。实践中鲜见由受贿人承担按揭还贷的情形，常见的是行贿人不仅支付首付款还承担按揭还贷。例如，国家工作人员王某收受按揭房屋一套，价款1700余万元，行贿人支付首付款，并按月偿还贷款，案发时尚有300余万元贷款未还清。此种情况下，如何认定受贿数额及把握既未遂标准，存在几种不同观点：

第一种观点认为，案发时尚有部分贷款本金未还清的，应以案发时行贿人已经实际支付的首付款和银行贷款认定受贿数额，不存在未遂情节；

---

③ 黄京平、陈毅坚：《法条竞合犯的类型及其法律适用》，载《中国刑事法杂志》2007年第4期。

第二种观点认为，案发时尚有部分贷款本金未还清的，受贿数额以收受该房屋时的价值扣除尚未还清的贷款本金计算，不存在未遂情节；

第三种观点认为，案发时尚有部分贷款本金未还清的，应以收受房屋时的价值全额认定，案发时尚未还清的贷款本金以未遂认定；

第四种观点认为，房屋有贷款既不影响对受贿犯罪形态的认定，也不影响对受贿数额的认定，应以行贿人实际购买房屋的合同价作为受贿数额的认定标准。

我们倾向第四种观点，理由在于：无论是全款支付房款还是以贷款方式偿还房款，其实质是行贿人选择使用不同渠道筹措购房资金，以达到行贿目的，行贿人偿还贷款的行为实际上是代受贿人承担购房资金的责任。行贿人主观上具有代受贿人支付房屋总价款作为谋取不正当利益的手段，受贿人亦具有收受整个房屋的主观故意，受贿人往往并不关心房屋是否存在按揭，也不会去承担按揭，应以行贿人实际购买房屋的合同价款认定受贿数额，不宜以案发时存在尚未偿还的贷款作为认定既未遂的标准，这易致受贿人与行贿人采取该种方式规避，违背罪责刑相适应原则。

问题27. 共同受贿犯罪违法所得如何追缴

【实务专论】

司法实践中，对于共同受贿犯罪中违法所得如何追缴素有争议。例如，张某、李某、王某收受他人给付的某公司11%干股，其中张某占6%，李某、王某各占2.5%。股份价值220万元，股份产生非法获利1780万元。对于违法所得的追缴问题，有观点认为，共同犯罪的行为人应承担的责任互相独立，根据各自违法所得予以追缴。另一种观点认为，共同犯罪的行为人应对全部违法所得承担连带责任，全额追缴的行为人可向其他人追偿。

我们倾向第一种观点。原因在于：

1. 从共同受贿犯罪侵犯法益及危害后果层面考量，宜以实际违法所得作为追缴数额[①]。

共同犯罪中，每个人的行为都是他人行为的一部分，行为人不仅要对自己的行为及结果承担刑事责任，也要对他人的行为及结果承担刑事责任。这里的"结果"，应当理解为"犯罪后果"，是指犯罪行为直接导致的结果，各行为人对此犯罪结果明知或者应当明知，这也是承担刑事责任的基础。共同贪污犯罪等直接获取财物的犯罪，犯罪危害后果主要体现在获利数额上，而共同受贿犯罪的危害后果主要体现在利用职务便利为他人谋取利益、对国家工作人员职务廉洁性的损害等受贿情节上，各行为人共同侵害了国家工作人员职务廉洁性这一法益，造成了社会危害后果，共同受贿犯罪行为对法益的侵害程度和造成社会危害性的大小最直观的体现即为获取财物的数额，故共同受贿行为人对于全部犯罪结果承担责任的方式应是个人实际获取财物的数额。

2. 共同受贿犯罪不完全适用"部分实行全部责任"，以实际违法所得追缴亦不影响对各行为人的定罪量刑。

共同犯罪虽实行"部分实行全部责任"，但不意味着否认区别对待与罪责自负的原则，共同犯罪中各行为人虽应对全部犯罪结果担责，但量刑时不仅主刑不尽相同，财产

① 邓光扬：《追缴共同犯罪之违法所得不能一概适用连带责任》，载《法律适用·司法案例》2018年第22期。

刑、剥夺政治权利等附加刑也有轻重之别。具体到前述案例，三被告人共同受贿，需共同对受贿 2000 万元负责，仅指三被告人的行为与共同受贿所得 2000 万元具有因果关系，但三被告人在受贿罪上所获主刑、附加刑均不相同，这足以说明"部分实行全部责任"解决的是犯罪形态问题，不完全适用"部分实行全部责任"。此外，不同于共同贪污等直接致被害方损失的犯罪行为，对行为人追缴全部违法所得系为保障被害方损失得以弥补。共同受贿犯罪追缴违法所得系上缴国库，不存在国有资产损失，也不需要发还被害方，以各行为人实际违法所得认定追缴数额，并不影响对各行为人定罪量刑，且更具有操作性。

3. 对于共同受贿犯罪以实际违法所得追缴更具程序正当性。

刑事裁判涉财产执行领域并无"连带责任"之说。《最高人民法院关于刑事裁判涉财产部分执行的若干规定》第 16 条明确："人民法院办理刑事裁判涉财产部分执行案件，《刑法》、《刑事诉讼法》及有关司法解释没有相应规定的，参照适用民事执行的有关规定。"民事案件执行中虽实行连带责任的也屡见不鲜，但均局限于作为执行依据的生效法律文书明确各行为人对某项债务互负连带责任。若执行依据只责令各行为人共同追缴受贿所得，而未明确互负连带责任，执行中苟以连带责任，不仅实体上加重部分被执行人的财产性义务，程序上也缺乏正当性。

4. 从价值衡量角度，对共同犯罪行为人以全部违法所得追缴会增加执行随意性以及内部追偿无法实现、未履行行为人获利的情形。

如果按照共同受贿违法所得全额追缴，会出现执行人员为追求效率，"谁有钱，执行谁"，遭致"选择性执行"的诟病。且内部追偿也很难实现，不法债务不受法律保护，行为人履行了超出自己违法所得的份额后能否向其他行为人追偿，法律和司法解释没有规定，即便可以主张，如果被主张行为人没有履行能力，会出现没有偿付能力的行为人因他人履行而免除被追缴，从而实际违法所得不予追缴、行为人间接获利的情形。

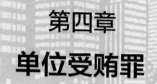

第四章

单位受贿罪

第一节　单位受贿罪概述

一、单位受贿罪的概念及构成要件

单位受贿罪，是指国家机关、国有公司、企业、事业单位、人民团体，索取、非法收受他人财物，为他人谋取利益，情节严重的行为。

（一）客体要件

本罪侵犯的客体，是国有单位公务活动的廉洁制度。

本罪的对象是财物、回扣、手续费。其所有权人既可以是单位，也可以是自然人；其主要包括有价值或使用价值的商品、物品、有价证券、货币等。

（二）客观要件

本罪在客观表现上有两项内容，即索取、收受他人的财物，为他人谋取利益，情节严重的行为，以及在经济往来中，在账外暗中收受各种名义的回扣、手续费的行为。

索取是指主动向他人索要，收受是指非主动地接受。为他人谋取利益既包括非法利益，也包括正当利益，至于是否实现了为他人谋取利益，并不影响本罪成立。贿赂犯罪中的"财物"，包括货币、物品和财产性利益。财产性利益包括可以折算为货币的物质利益如房屋装修、债务免除等，以及需要支付货币的其他利益如会员服务、旅游等。后者的犯罪数额，以实际支付或者应当支付的数额计算。所谓情节严重，主要是指索取、非法收受他人大量财物或者索取、非法收受他人财物，为他人谋取利益，给国家利益造成重大损失。参照1999年9月16日最高人民检察院发布施行的《关于人民检察院直接受理立案侦查案件立案标准的规定（试行）》的规定，涉嫌下列情形之一的，应予立案：（1）单位受贿数额在10万元以上的。（2）单位受贿数额不满10万元，但具有下列情形之一的：①故意刁难、要挟有关单位、个人，造成恶劣影响的；②强行索取财物的；③致使国家或者社会利益遭受重大损失的。这些行为是通过单位直接负责的主管人员和其他直接责任人员实施的，但是他们是在单位的意志支配下，以单位名义，违法所得归于单位，因此，这种行为实质上是单位受贿行为。

所谓账外暗中，是指未在依法设立的财务账目按照财务会计制度如实记载。手续费，是指在经济活动中，除回扣以外，支付给对方的各种名义的金钱或物品，如佣金、信息费、顾问费、劳务费、辛苦费、好处费。

需要注意的是，如果国家机关、国家公司、企业、事业单位、人民团体实施了索取、非法收受他人财物、为他人谋取利益的行为，但索取、收受的财物不足定罪标准，并且没有其他严重情节，则应按一般单位受贿行为对待，不宜按犯罪处理。另外，对于实施了索取、收受他人财物的行为，但没有为他人谋取利益的，也不宜按犯罪论处。对于国有单位在经济往来中，收受各种名义的回扣、手续费，但收受回扣和手续费在账上记载的，也不宜以犯罪论处。

（三）主体要件

本罪的主体是国有单位，包括：国家机关、国有公司、企业、事业单位、人民团体。集体经济组织、中外合资企业、中外合作企业、外商独资企业和私营企业，不能成为单位受贿罪的主体。我国是以公有制为基础的社会主义国家，由于国家机关、国有公司、企业、事业单位、人民团体的性质和在社会主义政治、经济体制中的地位，他们违背自己的职责，索取或收受他人财物，并利用国家给予的权力为他人谋取利益，就会损害国家法律的尊严，破坏社会主义经济秩序，并使国家机关正常的职能活动受到严重侵犯，败坏了国家机关、国有公司、企业、事业单位、人民团体的声誉，并会给国家利益造成严重损失，因此，应当追究刑事责任。需要注意的是，国有单位的内设机构可以成为单位受贿罪的主体。

（四）主观要件

本罪在主观方面表现为直接故意，即国有公司、企业、事业单位、机关、团体具有索取或者收受贿赂，为他人谋取利益的动机、目的。单位受贿罪的这种故意，是经单位决策机构的授权或同意，由其直接负责的主管人员和其他责任人员故意收受或索取贿赂的行为表现出来的，是单位整体意志的体现。

二、单位受贿罪案件审理情况

随着我国社会主义市场经济的发展，以单位名义进行受贿、索贿的案件不断增多，1988年全国人大常委会制定了《关于惩治贪污贿赂罪的补充规定》，从立法上肯定了单位可以成为受贿罪的主体，1997年《刑法》则是以法典形式规定了单位受贿罪。以单位作为受贿犯罪主体，打破了传统自然人一元犯罪主体论。

通过中国裁判文书网检索，2018年至2022年间，全国法院审结一审单位受贿罪刑事案件共计256件，其中2018年132件，2019年81件，2020年33件，2021年9件，2022年1件。

司法实践中，单位受贿罪案件主要呈现出以下特点及趋势：一是案件数量较少，尤其与个人受贿犯罪相比较，司法实践中适用不多；二是案件整体虽逐年呈下降趋势，但涉及领域广泛，如医疗卫生、交通运输、公共治安、工程建设等与人民群众日常生活密切相关领域均有此类案件发生，且通常与个人受贿犯罪、贪污犯罪、滥用职权犯罪等交织在一起，容易引起社会关注。

三、单位受贿罪案件审理热点、难点问题

1. 单位受贿罪与个人受贿行为之间界限较为模糊。单位本身不可能去直接实施受贿犯罪，该犯罪行为只能是由单位的自然人实施的，在此种情况下，单位受贿罪与受贿罪存在认定上的困难。从犯罪构成来讲，单位受贿应该体现单位意志，但在司法实践中，对于认定单位决策是领导班子集体意见还是主要领导"一言堂"、如何理解对单位决策的"决定性作用"等问题均存在争议。

2. "利用职务便利"是否为单位受贿的认定要件。《刑法》第 385 条规定的受贿罪以及第 163 条规定的非国家工作人员受贿罪在构成要件上均有"利用职务上的便利"的表述，但单位受贿罪的法条表述中却没有将"利用职务便利"作为客观要件，导致对单位受贿罪的认定是否应以单位利用职务便利为必要条件在实践中存在分歧。

四、单位受贿罪案件办案思路及原则

1. 坚持证据裁判原则，注重认定单位集体意志和利益证据的审查。在审理单位受贿案件过程中，除按照个人受贿犯罪案件的办案思路和原则审理外，还要注重对单位集体意志和利益相关证据的审查。实践中，部分单位并未通过履行单位集体决策程序决定收受贿赂，相关决策过程并未"留痕"抑或可以"不留痕"，因此，在审查单位意志的证据时，要注意对参与决策人员证言的全面审查。另外，对于利益是否归属于集体，要全面审查财产流向，即只要财产实质上归属于单位，才能认定为单位犯罪。

2. 坚持宽严相济的刑事政策，正确区分直接责任人员的范围，对起决定作用的直接责任人员，要从严打击，对不起决定作用的其他直接责任人员，要从宽处理。单位受贿系单位集体意志的体现，多为单位领导班子决定实施，领导班子成员是否全部构成犯罪，要根据班子成员的职责及所起作用来确定，只有对受贿犯罪起决定作用的班子成员，才应认定直接责任人员，对于不起决定作用的人员不宜认定为直接责任人员。司法实践中，单位主要领导已经决定收受贿赂，通过班子会议等仅系履行单位工作程序，其他班子成员虽然同意了该决定，但其对于收受贿赂并未起到实质性的决定作用，对于该部分班子成员，不宜认定为直接责任人员。

第二节　单位受贿罪审判依据

一、法律

《刑法》（2020 年 12 月 26 日修正）（节录）

第三百八十七条　国家机关、国有公司、企业、事业单位、人民团体，索取、非法收受他人财物，为他人谋取利益，情节严重的，对单位判处罚金，并对其直接负责的主管人员和其他直接责任人员，处五年以下有期徒刑或者拘役。

前款所列单位，在经济往来中，在账外暗中收受各种名义的回扣、手续费的，以受贿论，依照前款的规定处罚。

二、司法解释

《最高人民检察院关于人民检察院直接受理立案侦查案件立案标准的规定（试行）》（1999 年 9 月 16 日　高检发释字〔1999〕2 号）（节录）

（四）单位受贿案（第 387 条）

单位受贿罪是指国家机关、国有公司、企业、事业单位、人民团体，索取、非法收受他人财物，为他人谋取利益，情节严重的行为。

索取他人财物或者非法收受他人财物，必须同时具备为他人谋取利益的条件，且是情节严重的行为，才能构成单位受贿罪。

国家机关、国有公司、企业、事业单位、人民团体，在经济往来中，在账外暗中收受各种名义的回扣、手续费的，以单位受贿罪追究刑事责任。

涉嫌下列情形之一的，应予立案：

1. 单位受贿数额在 10 万元以上的；
2. 单位受贿数额不满 10 万元，但具有下列情形之一的：

（1）故意刁难、要挟有关单位、个人，造成恶劣影响的；

（2）强行索取财物的；

（3）致使国家或者社会利益遭受重大损失的。

三、刑事政策文件

《最高人民检察院研究室关于国有单位的内设机构能否构成单位受贿罪主体问题的答复》（2006 年 9 月 12 日　高检研发〔2006〕8 号）

陕西省人民检察院法律政策研究室：

你室《关于国家机关、国有公司、企业、事业单位、人民团体的内设机构能否构成单位受贿罪主体的请示》（陕检研发〔2005〕13 号）收悉。经研究，答复如下：

国有单位的内设机构利用其行使职权的便利，索取、非法收受他人财物并归该内设机构所有或者支配，为他人谋取利益，情节严重的，依照刑法第三百八十七条的规定以单位受贿罪追究刑事责任。

上述内设机构在经济往来中，在账外暗中收受各种名义的回扣、手续费的，以受贿论。

此复

第三节　单位受贿罪在审判实践中的疑难新型问题

问题 1. 村民委员会、居民委员会等基层组织协助人民政府从事行政管理工作过程中，能否成为单位受贿罪的犯罪主体

【实务专论】

根据《刑法》规定，单位受贿罪的主体是单位，而且只能是国家机关、国有公司、企业、事业单位、人民团体等国有单位。一般情况下，村民委员会、居民委员会等组织属于群众性自治组织，并不属于国有单位，不能成为单位受贿罪的主体。但村民委员会、居民委员会往往会协助政府承担部分行政管理工作，对于村民委员会等在承担上述行政管理工作时，以村民委员会名义向被管理单位、个人索取、收受财物的，能否认定为单位受贿罪，实践中存在两种意见：

一种意见认为，根据全国人大常委会《关于〈中华人民共和国刑法〉第九十三条第二款的解释》的规定，村民委员会等村基层组织人员协助人民政府从事行政管理工作时，属于其他依照法律从事公务的人员，应当以国家工作人员论。村民委员会等村基层组织人员从事前款规定的公务，利用职务上的便利，非法占有公共财物、挪用公款、索取他人财物或非法收受他人财物，构成犯罪的，适用贪污罪、挪用公款罪、受贿罪的规定。因此，村民委员会等基层组织在协助人民政府从事行政管理时，可适用上述规定，成立单位受贿罪。

另一种意见认为，单位受贿罪的主体只能是国有单位，村民委员会、居民委员会等基层组织不属于国有单位，不应认定为单位受贿的主体。且村民委员会在协助政府承担部分行政管工作时，是以政府名义而非村委会名义从事工作，不能因村民委员会等协助政府工作，而认定其具有国有单位身份。

我们认为，村民委员会、居民委员会等基层组织，在特定条件下行使国家管理职能，为被管理对象谋取利益，索取或收受被管理对象财物的，也可成立单位受贿罪。具体理由如下：一是村民委员会、居民委员会等基层组织在协助人民政府从事行政管理工作时，其索取、收受管理对象财物，侵害的是单位公务活动的廉洁制度，属于刑法打击的范围。二是基层组织索取、收受管理对象财物，是基于协助人民政府从事行政管理工作，属于典型的权钱交易行为。

需要注意的是，在认定村民委员会、居民委员会等基层组织成立单位受贿罪时，需要具备以下条件：（1）人民政府授权基层组织协助从事行政管理工作的授权要清晰、明确，对于授权不清晰、明确，无法查明被授权主体是基层组织还是基层组织工作人员的，

不宜认定基层组织协助人民政府从事行政管理工作；（2）基层组织索取、收受财物系基于协助行政管理工作，对于基层组织基于其他事由索取、收受财物的，不能认定为单位行为；（3）财物归基层组织所用，并用于基层组织事务，对于财物未归基层组织所用、被基层组织工作人员私分的，可认定为其他犯罪。

问题2. 如何认定国有单位收受回扣款后，领导研究决定将款项为少数领导私分的行为

一般认为，在单位受贿罪中，索取、收受他人财物归单位所有的，成立单位受贿罪；索取、收受他人财物归个人所有的，因行为人主观上具有索取或者收受贿赂的意思，一般成立受贿罪。问题是，在国有单位索取、收受他人财物后，有关人员又以单位名义将财物私分的，是按照受贿罪一罪处罚，还是按照受贿罪、私分国有资产罪（或贪污罪）数罪处罚，存在二种意见：第一种意见认为，国有单位领导私分单位受贿财物的行为，因受贿财物从性质上属于违法所得，并非国有单位的合法财产，行为人私分单位受贿财物的行为不构成犯罪。第二种意见认为，国有单位收受财物行为与少数领导私分受贿财物的行为分别侵害了两个法益，且均已具备了完整的犯罪构成要件，因此，对两行为均应单独定罪处罚。

我们同意第二种意见，具体理由如下：（1）从犯罪构成角度，国有单位索取、收受他人财物后将财物归单位所有，其行为已经构成单位受贿罪，单位领导研究决定私分单位受贿款物，其行为已经构成私分国有资产罪或贪污罪。（2）从法益侵害角度，国有单位收受贿赂后，如将款物用于单位公务支出等，属于对受贿款物的处分，但被少数领导私分，则属于对国有财产权利的侵害，具有刑罚可责性。（3）受贿款物也可成为私分国有资产罪或贪污罪的对象，虽然受贿款物从性质上属于单位违法所得，但在单位犯罪既遂后该款物已被单位占有控制，属于国有单位资产。但需要注意的是，如果单位领导在研究决定收受贿赂之前、之时或者收受贿赂过程中即决定将款物私分的，该情形属于以单位名义实施的个人受贿犯罪，其私分受贿款物的行为属于对受贿款物的处分行为，不宜再对该行为单独定罪。

【刑事审判参考案例】左某等受贿、贪污、挪用公款案①

一、基本案情

广东省罗定市食品企业集团公司系全民所有制企业；左某、邓某超、彭某杰均系全民所有制企业职工，陈某祥系国家干部。1995年10月，公司领导决定由被告人左某在负责购进生猪业务中收取回扣款。1995年10月至1996年6月间，左某在购进生猪业务过程中，收取廖某、刘某、欧某昌、林某芬等生猪供应商的回扣款22万余元，被告人邓某超得知此情况后，便向左某提出索要回扣款或者左某有时亦主动将回扣款给付邓某超，左某共分给邓某超46000元回扣款，自己占有81600元。之后公司领导班子共同策划将左某收取的回扣款不入账并进行私分，由左某从保管的回扣款中发给左某、邓某超、陈某

---

① 康瑛：《左某等受贿、贪污、挪用公款案——单位领导研究决定收受回扣款、并为少数领导私分行为的定性》，载中华人民共和国最高人民法院刑事审判第一庭、第二庭：《刑事审判参考》（总第27集），指导案例第195号，法律出版社2002年版，第54页。

祥、黎某辉等 8 名中层以上公司领导，每人得 8000 元。因此，左某共分得回扣款 89600 元、邓某超分得 54000 元，陈某祥分得 8000 元。法院以受贿罪对左某等人判处刑罚，二审法院认为左某及邓某超二人不具有国家工作人员身份，改判二人犯公司、企业人员受贿罪。

二、案例评析

作为本案争议的焦点，收受回扣究竟是单位行为还是个人行为，对于本案的定性、量刑均有着至关重要的意义，是本案审理过程中首先应予解决的一个前提性问题。如认定收受回扣属于单位行为，左某、邓某超等被告人收受回扣、继而私分，将不仅需承担单位受贿的刑事责任，同时还将构成贪污罪。确定是否属于单位行为、构成单位犯罪，应从两方面来把握，一是以单位名义实施犯罪，即由单位集体研究决定，或者由单位的负责人或者被授权的其他人员决定、同意；二是为单位谋取利益或者违法所得大部分归单位所有。在本案，由左某在购进生猪业务中收取回扣款，系经单位领导研究决定的，并无争议。但左某在根据公司决定收取回扣款后，未如实向单位汇报，而是私自分给被告人邓某超 46000 元，自己占有 81600 元、分给总经理 30000 元，剩下的 6 万余元也是由公司的 8 名中层以上领导人员以每人 8000 元瓜分了事，因此，该贿赂款并未归单位所有。综上分析，本案收受回扣款虽经单位领导集体研究决定，但主观方面不是为了单位利益，而是名为单位、实为单位领导个人谋取私利，故不应认定为单位受贿，应对单位具体参与的人员以个人受贿罪定罪处罚。

问题 3. 国有单位以威胁、要挟手段向相关单位、个人索要相关费用的，应如何定性

实践中，国有单位以威胁、要挟手段向其他单位或个人索要相关费用的，因国有单位通过工作人员客观上实施了威胁、要挟行为，可能涉及单位受贿罪或个人的敲诈勒索罪，对此，应着重审查国有单位是否利用了单位的职权，即是否存在权钱交易，对于国有单位利用了单位职权向相关单位和个人索要相关费用的，一般以单位受贿罪定罪处罚。

【典型案例】农民日报社陕西记者站、江某博单位受贿、挪用公款案①

一、基本案情

农民日报社陕西记者站（以下简称陕西记者站）系农民日报社（事业法人）根据新闻采访需要在陕西设立的从事新闻业务活动的派出机构。被告人江某博自 2005 年 11 月起担任陕西记者站站长，全面负责记者站工作。2007 年 3 月至 2009 年 1 月间，陕西记者站在被告人江某博的授意和纵容下，利用其新闻媒体舆论监督权，以发表负面报道为名，要挟陕西省相关单位支付宣传费，分别向陕西省安康市旬阳县等 12 家单位索取人民币 65.6 万元。

法院经审理认为，被告单位农民日报社陕西记者站利用新闻媒体的舆论监督权，以发表负面报道相要挟，索取他人财物，为他人谋取利益，情节严重，其行为已触犯了

---

① 吴小军：《新闻机构以发表负面报道相要挟向相关单位索要或收取宣传费、版面费的行为，构成单位受贿罪——农民日报社陕西记者站、江某博单位受贿、挪用公款案》，载国家法官学院、中国人民大学法学院编：《中国审判案例要览》（2011 年刑事审判案例卷），中国人民大学出版社 2011 年版，第 484～488 页。

《刑法》，构成单位受贿罪；被告人江某博身为单位直接负责的主管人员，亦构成单位受贿罪。

二、案例评析

本案是北京市朝阳区人民法院受理的首例单位受贿案件，加之犯罪单位农民日报社陕西记者站系新闻机构，属于新类型案件。客观、真实报道是新闻媒体从业的基本职业道德和纪律要求，依法开展舆论监督是新闻媒体的职责。中宣部、国家新闻出版总署等宣传管理部门多次明文要求各报社记者站不得以新闻报道的名义，以"曝光"相要挟，向采访对象摊派报纸或者索取财物。对于新闻机构利用媒体的舆论监督权，以发表负面报道相要挟，向相关单位索要或收取宣传费、版面费等相关费用的行为，如何准确定性，无疑是处理该类案件的关键所在。单位受贿罪，是指国家机关、国有公司、企业、事业单位、人民团体，索取、非法收受他人财物，为他人牟取利益，情节严重的行为。该罪是单位犯罪，行为主体为国家机关、国有公司、企业、事业单位与人民团体，行为内容为索取、非法收受他人财物归单位所有，为他人谋取利益。单位犯罪要求行为主体以单位的名义，违法所得归单位所有；以单位的分支机构或内设机构、部门的名义实施犯罪，违法所得归分支机构或者内设机构、部门所有的，应认定为单位犯罪。本案中，农民日报社陕西记者站作为事业单位的分支机构，利用新闻媒体的舆论监督权，以发表负面报道相要挟，多次向相关单位索要宣传费共计60余万元，为相关单位谋取利益，违法所得亦由其支配，其行为符合单位受贿罪的犯罪构成。江某博身为陕西记者站负责人，在单位实施的犯罪中起决定、授意、纵容等作用，系单位犯罪中直接负责的主管人员，亦构成单位受贿罪。

问题 4. 国有企业受贿后，因企业改制等原因导致企业性质不再属于国有，是否应继续追究企业单位受贿罪责任

【实务专论】

《最高人民法院关于适用〈中华人民共和国刑事诉讼法〉的解释》第 345 条规定，审判期间，被告单位合并、分立的，应当将原单位列为被告单位，并注明合并、分立情况。对被告单位所判处的罚金以其在新单位的财产及收益为限。实践中，部分国有单位特别是国有企业因企业改制等原因，导致企业性质不再属于国有企业，对于该企业在改制前所犯的单位受贿犯罪，是否应当继续追究刑事责任，实践中存在两种意见：

第一种意见认为，国有企业因改制等原因导致企业性质不再是国有单位，但鉴于企业的独立人格，其股东的变化对企业人格并不产生影响，且受贿款物仍归属于企业，并未因企业股东变化导致受贿款物的归属发生变化，对于企业改制前的单位受贿犯罪行为，可参照适用司法解释关于被告单位合并、分立的规定，继续追究该企业的刑事责任。

第二种意见认为，国有企业因改制后，企业受贿款物虽仍归属于企业，但因企业的国有资本成分通过货币对价等方式退出，受贿款物的对价已经归属于企业的原国有股东，在此情况下仍对企业按照单位受贿罪判处罚金，刑事处罚对象明显错误。

我们同意第二种意见，理由如下：（1）根据公司法的相关规定，股东的变化并不影响公司人格，但因为公司利益根本上从属于全体股东利益，单纯地依照公司人格未变化来判定，并不符合刑事诉讼客观实质认定事实的原则。（2）从受贿款物的最终归属上判断，企业的原国有股东通过获取对价的方式将企业财产权利转让给非国有股东，受贿款物虽仍归属于企业财产，但国有股东已经获得受贿款物的对价，是单位受贿犯罪的最终受益人。（3）股东变化并不属于企业合并、分立，不能参照适用司法解释关于被告单位合并、分立的规定。

需要注意的是，不对单位追究刑事责任，并不是否认单位构成犯罪，亦不代表不能对单位实施犯罪时直接负责的主管人员及直接责任人员追究刑事责任，同时，对于改制后的单位仍占有、使用受贿财物的，亦可一并追缴。

问题5. 国有单位负责人员利用职务上的便利，以单位名义索取或收受他人财物，部分归单位所有，部分归个人所有，对于归单位所有部分是否应当认定为单位受贿罪

一种意见认为，因国有单位负责人以单位名义索取、收受他人财物，对于归单位所有的财物，符合单位受贿罪的犯罪构成，应当认定为单位受贿罪。

另一种意见认为，对于归单位所有的财物，属于单位负责人员对于受贿款物的支配使用，应按照受贿罪处罚。

我们同意第一种意见，司法实践中，认定单位犯罪，主要把握两个构成特征：一是犯罪意志的整体性，即单位故意犯罪是经单位集体研究决定或由负责人决定的；二是非法利益归属的团体性，即单位故意犯罪在客观上表现为单位谋取非法利益的行为，或者违法所得实际归属于单位或其中的部分股东单位。只有同时具备以上两个特征的行为，才能认定单位构成犯罪。对于单位受贿犯罪的认定，亦应符合上述两个特征，而对于国有单位的负责人员以单位名义实施犯罪，符合犯罪意志整体性的特征，同时受贿财物归于单位的部分，亦符合非法利益归属的团体性特征，因此，对于上述行为，原则上应认定为单位受贿。

【刑事审判参考案例】蒙某受贿案①

一、基本案情

1997年12月间，被告人蒙某任某市地方税务局岭南税务分局局长职务，在职务工作中，从某市信用联社的纳税申报表中发现该联社及其下属的里兰信用社尚欠应缴税款共计95018.14元。于是便主动找到某市信用联社的领导及财务科科长，以分局经费紧张为借口，要求该社赞助6万元现金，就不再征收应缴的95018.14元税款。对方表示同意其要求后，被告人蒙某即指使岭南税务分局副局长潘某及其弟弟分别到信用社财务处收取了4万元和2万元现金。潘收得4万元现金中的1.2万元及蒙某弟弟所收2万元，根据蒙某的安排交给了被告人蒙某。上述6万元的"赞助费"，没有入单位账户，其中的3.2万元被蒙某个人挥霍。另查明，某市信用联社及里兰信用社1997年尚欠应缴的税款95018.14元，至案发尚未补征。

法院以受贿罪对蒙某定罪处刑。

---

① 牛克乾：《蒙某受贿案——税务机关工作人员利用职务之便索取他人"赞助费"不征应征税款的行为如何定性》，载中华人民共和国最高人民法院刑事审判第一庭、第二庭：《刑事审判参考》（总第33集），指导案例第257号，法律出版社2003年版，第46页。

二、案例评析

本案中，蒙某作为岭南税务分局局长，利用税收征管的职务便利，向某市信用联社索取"赞助费"6 万元，其中 3.2 万元归个人所有，其余款项交给了副局长潘某，作为本单位收取的"赞助费"。对于这种作为税务部门直接负责的主管人员，利用职务便利索取他人财物，部分归单位、部分归个人的行为，如何定性，存在两种观点：一种观点认为，蒙某实施的是一个行为，应以主要方面来决定行为性质，因此应以受贿罪论处；另一种观点认为，蒙某实施的是两种不同性质的行为，应以受贿罪和单位受贿罪两罪并罚。

我们认为，刑法意义上行为个数的确定，应以法律规定为基准。《刑法》第 385 条规定了受贿罪，同时在第 387 条规定了单位受贿罪，可见，自然人受贿行为与单位受贿行为在刑法中是分别规定的。蒙某的行为从表面上看，仅是从某市信用联社索取"赞助费"6 万元一个行为，但综合全案看，自一开始蒙某便有索取财物部分归个人、部分归单位的主观意图，客观上也实施了让其下属和其弟弟分别收取"赞助费"的行为，应该说，蒙某实施了刑法意义上的两个行为，即作为国家工作人员利用职务上的便利，索取他人 3.2 万元的行为，以及作为国家机关直接负责的主管人员，代表岭南税务分局索取他人 2.8 万元，为他人谋取利益的行为。从犯罪构成看，蒙某的行为符合受贿罪和单位受贿罪的构成特征。

同时应注意到，被告人蒙某的行为构成受贿罪、单位受贿罪和徇私舞弊不征税款罪的牵连犯，应按照受贿罪、单位受贿罪两罪并罚，并依法从重处罚。所谓牵连犯，是指行为人实施某种犯罪（本罪），而方法行为或结果行为又触犯其他罪名（他罪）的犯罪形态。本案的牵连犯形态应该说有一定的特殊性，主要在于被告人追求的是受贿、单位受贿两个犯罪目的，不同于一般意义上牵连犯追求的是一个犯罪目的，但这并不影响受贿罪、单位受贿罪两罪（本罪）与徇私舞弊不征税款罪（他罪）之间的目的与手段的牵连关系。

对于牵连犯，除了现行刑法及有效司法解释明确规定应实行数罪并罚的以外，应采取"择一重罪从重处罚"的原则，选择被告人行为所触犯的法条中法定刑规定较重的法条定罪并从重处罚。对于因受贿而进行其他犯罪活动的行为，亦应择一重罪从重处罚。如前所述，本案牵连犯的牵连关系具有不同于一般牵连犯的特征，是两个目的犯罪与一个手段犯罪的牵连，或者说是两个本罪与一个他罪的牵连。在适用牵连犯"择一重罪从重处罚"的原则时，应以受贿罪、单位受贿罪两个本罪的刑罚与徇私舞弊不征税款罪一个他罪刑罚轻重相比较，因此，蒙某的行为构成受贿罪、单位受贿罪，应该两罪并罚，并应按照牵连犯的处罚原则依法从重处罚。

第五章
利用影响力受贿罪

第一节　利用影响力受贿罪概述

一、利用影响力受贿罪的概念及构成要件

利用影响力受贿罪，是指国家工作人员的近亲属或者其他与该国家工作人员关系密切的人，通过该国家工作人员职务上的行为，或者利用该国家工作人员职权或者地位形成的便利条件，以及离职的国家工作人员或者其近亲属以及其他与其关系密切的人，利用该离职的国家工作人员原职权或者地位形成的便利条件，通过其他国家工作人员职务上的行为，为请托人谋取不正当利益，索取请托人财物或者收受请托人财物，数额较大或者有其他较重情节的行为。

（一）客体要件

本罪侵犯的客体，理论界并未达成共识，主流观点认为本罪的客体是国家的廉政制度或者国家工作人员职务行为的廉洁性。公职人员本应按照有关规定公正地实施职务行为，而影响力交易的行为人利用其影响力对公职人员的职务行为进行了某种程度的影响，国家工作人员职务行为的公正性就遭到了侵害，公众对国家工作人员职务行为的公正感就必然有所降低。但有学者认为，本罪的客体还是国家工作人员职权和职务行为的不可交易性，行为人与请托人交换的不是影响力，而是职务行为，只是国家工作人员没有直接出卖职务行为而已（实际上国家工作人员的职务行为被偷卖了），但这无法改变权钱交易的贿赂犯罪本质。[①]

（二）客观要件

本罪在客观方面表现为特定人员通过该国家工作人员职务上的行为，或者利用该国

---

① 孙国祥：《贪污贿赂犯罪研究》（下册），中国人民大学出版社 2018 年版，第 908 页。

家工作人员职权或者地位形成的便利条件，通过其他国家工作人员职务上的行为，为请托人谋取不正当利益，索取请托人财物或者收受请托人财物，数额较大或者有其他较重情节的行为。

首先，"利用该国家工作人员职权或者地位形成的便利条件"，可从以下几个方面去理解：

1. 利用上级对下级具有的非制约性影响关系

一般来说，上级对下级存在隶属、制约性影响，但并非所有情形均具有制约性影响。具体体现在以下三个方面：（1）在同一单位的不同职能部门中，职务高的工作人员要求职务低的工作人员实施或不实施某种行为。如某银行财务科的负责人要求信贷科的工作人员对其关系人违规发放贷款，从而收受关系人的贿赂。（2）上级单位的普通工作人员要求下级单位的工作人员实施或不实施某种行为。（3）上级单位的某一职能部门的负责人要求下级单位非对应部门的负责人实施或不实施某种行为。如市国土资源局甲科负责人要求县国土资源局乙科负责人违规出让土地，从而收受关系人的贿赂。需要注意的是，如果同一系统的上级单位工作人员与对应的下级单位的工作人员具有领导关系，或者上级单位的主要责任人要求下级单位，上级单位的某一职能部门的负责人要求下级单位对应职能部门实施或不实施某种行为，由于其具有一定程度的制约关系，因此，如果行为人的行为符合《刑法》第 385 条规定的条件，应以受贿罪定罪处罚。

2. 利用下级对上级职务上的影响关系

下级国家工作人员对上级国家工作人员虽然不具有职务上的制约关系，但可以影响上级国家工作人员的职务行为。从司法实践中看，主要有以下三种情况：（1）领导身边的工作人员游说、说服领导为请托人谋取不正当利益。如秘书说服领导破格提拔其关系人，从而收受关系人的贿赂。（2）同一系统的下级国家工作人员，利用职务和地位，说服、影响上级国家工作人员，为请托人谋取不正当利益。（3）不同系统但有一定业务联系的下级国家工作人员，利用职务和地位，说服、影响上级国家工作人员，为请托人谋取不正当利益。

3. 利用职务上横向协作的影响关系

国家、社会是个复杂的有机体，虽然国家各机关、部门之间分工和职能不同，但相互间总是存在一定的制约或协作关系。如果某职能部门的国家工作人员利用其所属职能部门对其他职能部门的制约关系，通过被制约职能部门国家工作人员的职务行为为请托人谋取利益，并索取或者收受他人财物的，应当按照一般受贿来处理。如果行为人利用的是非制约性的影响关系，为请托人谋取不正当利益，并索取或者收受他人财物的，应按照斡旋受贿来处理。从司法实践来看，可大体划分为三种情况：（1）利用同一单位平级的同事关系产生的非制约性的影响关系。如法院民庭的工作人员要求刑庭的工作人员对被告人进行枉法裁判，从而收受被告人的贿赂。（2）利用同一行政区域内的不同职能部门之间的非制约性的影响关系。如某市建设局负责人受人之托，说服工商局负责人对不符合条件的企业进行工商登记，从而收受贿赂。（3）利用不同行政区域各职能部门之间的影响关系。不同行政区域的各职能部门之间由于工作上的关系可能存在着影响关系，行为人利用这种影响关系，通过对方为请托人谋取不正当利益，可以认为是利用本人职权和地位形成的便利条件为请托人谋取不正当利益。如某市 A 区的税务局长要求 B 区的税务局长对位于 B 区的 C 企业减免税收，从而收受 C 企业负责人的贿赂。

4. 如何理解"利用亲友关系"

实践中，利用亲友关系与利用本人职权或地位形成的便利条件往往交织在一起，如不正确区分把握，容易造成放纵犯罪的结果。"单纯利用亲友关系"就是要完全排除行为人利用本人职权或地位形成的影响。如果行为人有相应的职权或地位形成的影响作保证，又与其他国家工作人员是亲友，这种情况应以斡旋受贿论处。因为这时，其他国家工作人员为请托人谋取不正当利益，主要看重的是行为人存在相应的职权或地位，而不是单纯的亲友关系，具有社会危害性。

"为请托人谋取不正当利益"中的不正当利益主要是以下两种情况：

第一种是违反法律、法规、国家政策和国务院各部门规章规定的利益，即非法利益。这种非法利益又可细分为以下三种类型：（1）通过违法犯罪行为取得的利益。如通过走私、贩毒、抢劫、盗窃等犯罪行为取得的利益。这些利益当然是不正当利益。（2）特定主体不享有某种权利而被赋予某种权利。如某建筑公司不符合竞标条件而获得承建某办公大楼的资格。（3）特定主体应当履行的义务被非法减免。如纳税人应当履行纳税义务但被非法免除。

第二种是要求国家工作人员或有关单位提供违反法律、法规、国家政策和国务院各部门规章规定的帮助和便利条件，即非法程序利益。也就是说，特定主体本来可以通过合法途径获得某种利益但却采用了非法的手段，这种情况下取得的利益也属于不正当利益。如在工程招标过程中，尽管投标单位符合投标条件，通过正常途径也有中标可能，但投标单位通过行贿手段中标就属于获取不正当利益。[①]

特定人员通过该国家工作人员职务上的行为，或者利用该国家工作人员职权或者地位形成的便利条件，通过其他国家工作人员职务上的行为，为请托人谋取不正当利益，索取请托人财物或者收受请托人财物的行为，只有数额较大或者有其他较重情节，才能构成本罪。根据《最高人民法院、最高人民检察院关于办理贪污贿赂刑事案件适用法律若干问题的解释》的规定，受贿数额在3万元以上不满20万元的，应当认定为"数额较大"。受贿数额在1万元以上不满3万元，具有下列情形之一的，应当认定为"其他较重情节"：曾因贪污、受贿、挪用公款受过党纪、行政处分的；曾因故意犯罪受过刑事追究的；赃款赃物用于非法活动的；拒不交待赃款赃物去向或者拒不配合追缴工作，致使无法追缴的；造成恶劣影响或者其他严重后果的；多次索贿的；为他人谋取不正当利益，致使公共财产、国家和人民利益遭受损失的；为他人谋取职务提拔、调整的。利用影响力受贿罪的定罪量刑适用标准，参照该解释关于受贿罪的规定执行。

（三）主体要件

本罪的主体为特殊主体，即国家工作人员的近亲属或者其他与该国家工作人员关系密切的人，以及离职的国家工作人员或者其近亲属以及其他与其关系密切的人。近亲属包括配偶、父母、子女、同胞兄弟姐妹、祖父母、外祖父母、孙子女、外孙子女。其他与国家工作人员关系密切的人，是指与国家工作人员具有紧密关系，其关系达到足以影响国家工作人员职务行为的程度的人员，如情妇、情夫、领导秘书等，都应包括在内。离职的国家工作人员是指曾担任国家工作人员，但现在已经离开国家工作人员的岗位，

不再履行国家工作人员职责的人员。

（四）主观要件

本罪在主观方面表现为故意，即行为人明知自己利用影响力受贿的行为会使公职行为公正性受到损害，而希望或者放任这种危害结果发生的。一般来说，行为人具有贪利的动机。

二、利用影响力受贿罪案件审理情况

2009 年 2 月 28 日，《刑法修正案（七）》在《刑法》第 388 条后增加一条作为第 388 条之一，该条是关于利用影响力受贿罪的及其处罚的规定。2016 年 4 月 18 日，《最高人民法院、最高人民检察院关于办理贪污贿赂刑事案件适用法律若干问题的解释》第 10 条第 1 款对该罪的定罪量刑适用标准作出了规定，即参照受贿罪的规定执行。

通过中国裁判文书网检索，2018 年至 2022 年间，全国法院审结一审利用影响力受贿罪刑事案件共计 274 件，其中 2018 年 101 件，2019 年 78 件，2020 年 65 件，2021 年 26 件，2022 年 4 件。

司法实践中，利用影响力受贿罪案件主要呈现出以下特点及趋势：一是相较于贪污、受贿等其他常见贪污贿赂犯罪，利用影响力受贿刑事案件整体数量不多；二是案件数量虽呈下降趋势，但由于国家工作人员的近亲属、关系密切的人的特殊身份及犯罪造成的危害，对于该罪的打击仍然属于打击腐败的重点，以更好地对实践中新涌现的腐败现象予以惩治，进一步严密贿赂犯罪刑事法网，顺应国际反腐败斗争趋势，彰显国家对于腐败犯罪的打击决心。

三、利用影响力受贿罪案件审理热点、难点问题

本罪为特殊主体，其中，对"关系密切的人"如何认定是案件审理中的难点问题。何谓"关系密切人"，目前我国立法尚未明确规定，从司法实践来看，有的是与国家工作人员存在血缘、亲属关系，但不属于近亲属；有的虽不存在亲属关系，但彼此是同学、战友、老部下、老上级或是有着某种共同的利益关系；以及其他过从甚密、具有足够的影响力的情况。实践中通常由司法机关根据案件的具体情况确定，缺乏统一的认定标准。

四、利用影响力受贿罪案件办案思路及原则

1. 注重对谋利事项中"不正当利益"的审查和判断。构成利用影响力受贿罪，要求行为人利用国家工作人员职务上的行为为请托人谋取不正当利益，只有谋取的系不正当利益，才能构成本罪。因此，在审理此类案件时应注重对谋利事项是否正当的审查与判断。司法实践中，不正当利益主要包括非法利益和不应当得到的利益，非法利益是指违反法律、法规、政策，用非法手段取得的利益，非法利益不仅表现为获取手段的非法性和不正当性，更突出地表现为利益本身的违法性，非法利益的取得侵害了国家的法律秩序即国家的利益。不应当得到的利益是指非法利益以外的其他不正当利益，其利益的本身不是法律、法规、政策所禁止的，但从取得利益的手段与非法利益一样也具有非法性和不正当性，这种不当利益的取得，侵犯的是他人应当得到的利益。根据《最高人民法院、最高人民检察院关于办理行贿刑事案件具体应用法律若干问题的解释》第 12 条的规

定，行贿犯罪中的"谋取不正当利益"，是指行贿人谋取的利益违反法律、法规、规章、政策规定，或者要求国家工作人员违反法律、法规、规章、政策、行业规范的规定，为自己提供帮助或者方便条件。违背公平、公正原则，在经济、组织人事管理等活动中，谋取竞争优势的，应当认定为"谋取不正当利益"。对利用影响力受贿罪中的不正当利益的判断，亦应根据上述司法解释的规定进行。

2. 正确区分利用影响力受贿罪与斡旋型受贿罪。利用影响力受贿罪和斡旋型受贿罪，在谋利事项方面均系利用了其他国家工作人员职务上的便利，为请托人谋取了不正当利益。但利用影响力受贿罪的主体本身不要求行为人系国家工作人员，而是国家工作人员的近亲属或者其他与该国家工作人员关系密切的人，而斡旋型受贿罪的主体要求行为人系国家工作人员。司法实践中，国家工作人员的近亲属或关系密切的人同样是国家工作人员的情况并不少见，有时甚至当事人都不知道自己究竟是基于哪种影响力实施此行为。在这种情况下，利用影响力受贿罪中的"影响力"更多的是基于一种情感或道德上的关系，这种关系具有不确定性，也不具有法律约束性，在实践中更是很难评判。而斡旋受贿中的公权力影响力则正好相反。因此，只要有证据证明涉及了公权力影响力，就应该定斡旋形式的受贿罪。

3. 正确区分利用影响力受贿罪与受贿共同犯罪。根据共同犯罪理论，国家工作人员的近亲属、关系密切者收受贿赂行为同国家工作人员形成共犯关系，则应当以受贿罪共犯论处；而本罪的成立前提是国家工作人员的近亲属、关系密切者通过或利用国家工作人员的职务便利、职权、地位形成的便利条件收受贿赂，但与国家工作人员没有共犯关系。利用影响力受贿罪的认定，首先需要排除受贿罪共犯的情形，只有基于证据等事实认定等方面的原因，确实不成立受贿罪共犯的前提下，才有利用影响力受贿罪单独定罪的余地。非国家工作人员是否构成受贿罪共犯，取决于双方有无共同受贿的故意和行为，因此，在办理此类案件时应当注意犯意联络的审查判断。司法实践中，认定双方有犯意联络的常见情形包括：（1）国家工作人员与关系密切人共谋，分工合作，由国家工作人员利用职务上的便利为请托人谋取利益，关系密切人索取或者收受财物。（2）关系密切人向国家工作人员代为转达请托事项，收受请托人财物并告知该国家工作人员的。（3）国家工作人员明知关系密切人收受了他人财物，仍按照其要求利用职权为他人谋取利益的。只有排除上述情形的情况下，才能按照利用影响力受贿罪定罪。

第二节　利用影响力受贿罪审判依据

一、法律及理解与适用

《中华人民共和国刑法修正案（七）》（2009 年 2 月 28 日第十一届全国人民代表大会常务委员会第七次会议通过）

十三、在刑法第三百八十八条后增加一条作为第三百八十八条之一："国家工作人员的近亲属或者其他与该国家工作人员关系密切的人，通过该国家工作人员职务上的行为，或者利用该国家工作人员职权或者地位形成的便利条件，通过其他国家工作人员职务上的行为，为请托人谋取不正当利益，索取请托人财物或者收受请托人财物，数额较大或者有其他较重情节的，处三年以下有期徒刑或者拘役，并处罚金；数额巨大或者有其他严重情节的，处三年以上七年以下有期徒刑，并处罚金；数额特别巨大或者有其他特别严重情节的，处七年以上有期徒刑，并处罚金或者没收财产。

"离职的国家工作人员或者其近亲属以及其他与其关系密切的人，利用该离职的国家工作人员原职权或者地位形成的便利条件实施前款行为的，依照前款的规定定罪处罚。"

附：《刑法修正案（七）》解读（节选）①

十三、增加了影响力交易罪②

（一）立法背景

《刑法》第388条对国家工作人员利用本人职权或地位形成的便利条件，通过其他国家工作人员职务上的行为，为请托人谋取不正当利益，索取或收受请托人财物的犯罪作了规定。对于非国家工作人员收受贿赂追究刑事责任的问题，根据2003年最高人民法院《全国法院审理经济犯罪案件座谈会纪要》的规定，非国家工作人员与国家工作人员勾结伙同受贿的，应当以受贿罪的共犯追究刑事责任。非国家工作人员是否构成受贿罪共犯，取决于双方有无共同受贿的故意和行为，国家工作人员的近亲属向国家工作人员代为转达请托事项，收受请托人财物并告知该国家工作人员的，或者国家工作人员明知其近亲属收受了他人财物，仍按照近亲属的要求利用职权为他人谋取利益的，对该国家工作人员应认定为受贿罪，其近亲属以受贿罪共犯论处；近亲属以外的其他人与国家工作人员通谋，由国家工作人员利用职务上的便利为请托人谋取利益，收受请托人财物后双方共同占有的，构成受贿罪共犯。

近年来，随着反腐败斗争的深入，一些全国人大代表和司法机关提出，目前在处理涉及腐败案件时遇到了一些新问题。一些国家工作人员的配偶、子女打着老公、老子的旗号为请托人办事谋取不正当利益，收受请托人财物，事发以后，配偶、子女说收财物为他人谋利益之事是背着老公、老子办的，老公、老子说不知道此事，使案件难以处理。此外，一些已经离职的国家工作人员，虽然已不具备国家工作人员的身份，但他们或者其近亲属及关系密切的人利用其在职时形成的影响力，通过其他国家工作人员的职务行为为请托人谋取不正当利益，自己从中索取或者收受财物。这些行为严重败坏了党风、政风和社会风气，应作为犯罪追究。另外，我国已批准了《联合国反腐败公约》，公约第18条对影响力交易犯罪也作了明确规定，要求各缔约国将"公职人员或者其他任何人为其本人或者他人直接或间接索取或者收受任何不正当好处，以作为该公职人员或者该其他人员滥用本人的实际影响力或者被认为具有的影响力，从缔约国的行政部门或者公共机构获得任何不正当好处的条件"规定为犯罪。其中的"公职人员或者其他任何人"就包括国家工作人员的配偶、子女、亲朋好友、离职的国家工作人员及其配偶、子女、亲朋好友等非国家工作人员。一些部门提出，为适应反腐败的需要，《刑法》的有关条文规定应当修改完善，与公约衔接，以有利于我国履行承担的国际公约义务。

---

① 黄太云：《〈刑法修正案（七）〉解读》，载《人民检察》2009年第6期。

② 2009年9月，《最高人民法院、最高人民检察院关于执行〈中华人民共和国刑法〉确定罪名的补充规定（四）》将本罪罪名确定为利用影响力受贿罪，解读中的影响力受贿罪即为利用影响力受贿罪。

（二）影响力交易罪

《刑法修正案（七）》规定，在《刑法》第 388 条之后增加一条作为第 388 条之一："国家工作人员的近亲属或者其他与该国家工作人员关系密切的人，通过该国家工作人员职务上的行为，或者利用该国家工作人员职权或者地位形成的便利条件，通过其他国家工作人员职务上的行为，为请托人谋取不正当利益，索取请托人财物或者收受请托人财物，数额较大或者有其他较重情节的，处三年以下有期徒刑或者拘役，并处罚金；数额巨大或者有其他严重情节的，处三年以上七年以下有期徒刑，并处罚金；数额特别巨大或者有其他特别严重情节的，处七年以上有期徒刑，并处罚金或者没收财产。""离职的国家工作人员或者其近亲属以及其他与其关系密切的人，利用该离职的国家工作人员原职权或者地位形成的便利条件实施前款行为的，依照前款的规定定罪处罚。"

关于影响力交易罪，有以下几点需特别指出：

1. 本罪的犯罪主体规定为"国家工作人员的近亲属或者其他与该国家工作人员关系密切的人"及"离职的国家工作人员或者其近亲属以及其他与其关系密切的人"。"离职的国家工作人员"是指曾经是国家工作人员，但由于离休、退休、辞职、辞退等原因目前已离开了国家工作人员岗位的人。在草案审议修改的过程中，有的部门建议将条文中国家工作人员（以及离职的国家工作人员）的"近亲属"及"其他与其关系密切的人"改为"特定关系人"。理由是，2007 年 7 月 8 日最高人民法院、最高人民检察院在联合出台的《关于办理受贿刑事案件适用法律若干问题的意见》中已经使用了"特定关系人"一词，规定："特定关系人是指与国家工作人员有近亲属、情妇（夫）以及其他共同利益关系的人"，这个概念已被广泛接受和使用；另外，条文规定的"其他与其关系密切的人"的概念过于宽泛，范围也难以确定。法律委员会经研究认为：国家工作人员（以及离职的国家工作人员）的"近亲属"及"其他与其关系密切的人"，是与国家工作人员（以及离职的国家工作人员）关系密切的非国家工作人员，之所以将这两种人利用影响力交易行为规定为犯罪，主要是考虑到他们与国家工作人员或有血缘、亲属关系，或虽不存在亲属关系，但属情夫、情妇，或者彼此是同学、战友、老部下、老上级或者老朋友，交往甚密，有些关系密切到甚至可相互称兄道弟，这些人对国家工作人员（以及离职的国家工作人员）的影响力自然也非同一般。以此影响力去为请托人办事，自己收受财物的案件屡见不鲜。如果将影响力交易犯罪主体仅限于"特定关系人"的范围，内涵及外延显然窄了，不利于惩治人民群众深恶痛绝的腐败犯罪。因此，这个意见没被采纳。

2. 本罪的犯罪主体在实施影响力交易犯罪时在具体行为上有所不同："国家工作人员的近亲属或者其他与该国家工作人员关系密切的人"，是通过该国家工作人员职务上的行为，或者利用该国家工作人员职权或者地位形成的便利条件，通过其他国家工作人员职务上的行为，为请托人谋取不正当利益，索取请托人财物或者收受请托人财物；而"离职的国家工作人员或者其近亲属以及其他与其关系密切的人"，则是利用该离职的国家工作人员原职权或者地位形成的便利条件，通过其他国家工作人员职务上的行为，为请托人谋取不正当利益，索取请托人财物或者收受请托人财物。

3. 条文对影响力交易罪不同量刑档次的条件的规定方式与现行刑法条文不同：影响力交易犯罪虽然也属贿赂犯罪，但本条只规定了"数额较大或者有其他较重情节的""数额巨大或者有其他严重情节的""数额特别巨大或者有其他特别严重情节的"等三个既考虑数额又考虑情节的量刑档次，而对具体数额标准没再作具体规定。这主要是考虑到受贿犯罪与贪污罪不同，受贿的数额可能不大，但给国家和人民的利益造成的损失可能是巨大的。因此，对受贿罪的量刑，除了要考虑数额，还应当考虑其他情节，具体的数额和情节规定，要由司法机关根据实践作出司法解释。这样一种规定方式，为今后完善刑法对贿赂等犯罪的量刑条件规定提供了经验。

二、司法解释及理解与适用

1. **《最高人民法院、最高人民检察院关于执行〈中华人民共和国刑法〉确定罪名的补充规定（四）》**（2009 年 10 月 14 日，法释〔2009〕13 号）

根据《中华人民共和国刑法修正案（七）》［以下简称《刑法修正案（七）》］的规定，现对最高人民法院《关于执行〈中华人民共和国刑法〉确定罪名的规定》、最高人民检察院《关于适用刑法分则规定的犯罪的罪名的意见》作如下补充、修改：

刑法条文	罪名
第 388 条之一 ［《刑法修正案（七）》第 13 条］	利用影响力受贿罪

附：解读《关于执行〈中华人民共和国刑法〉确定罪名的补充规定（四）》（一）[①] **（节选）**

《刑法修正案（七）》第 13 条在第 388 条后增加一条作为第 388 条之一，将国家工作人员的近亲属或者其他与该国家工作人员关系密切的人，通过该国家工作人员职务上的行为，或者利用该国家工作人员职权或者地位形成的便利条件，通过其他国家工作人员职务上的行为，为请托人谋取不正当利益，索取或者收受贿赂数额较大或者有其他严重情节的行为，以及离职的国家工作人员或者其近亲属以及其他与其关系密切的人，利用该离职的国家工作人员原职权或者地位形成的便利条件实施的索贿受贿行为，规定为犯罪。该罪的主体不是国家工作人员，行为人没有直接的公权力，其进行索贿、受贿犯罪主要是利用了国家工作人员或者离职国家工作人员职务、职权、地位形成的影响力进行的，没有国家工作人员或者离职国家工作人员职务、职权的影响力或者原职务、职权的影响力，行为人的索贿、受贿行为就无法实施。因此，将第 388 条之一的罪名确定为利用影响力受贿罪，准确地概括和反映了该条的本质特点，体现出了立法者的意图。另外，这一罪名也与《联合国反腐败公约》第 18 条规定的影响力交易犯罪相对应，是我国刑事立法在打击腐败犯罪方面与国际公约相衔接的具体表现。

征求意见过程中，有同志建议本罪应定为间接受贿罪，以同受贿罪相区别。也有人提出定利用国家工作人员影响力受贿罪。经研究，本罪实质上是利用国家工作人员的职权直接受贿，不是什么间接受贿，也不是国家工作人员间接受贿，而是非国家工作人员利用国家工作人员职权、地位的影响力直接受贿。同时，从罪名应当简洁的角度出发，不必表述"国家工作人员"六个字。

---

① 马东、周海洋：《解读〈关于执行《中华人民共和国刑法》确定罪名的补充规定（四）〉》，载《刑事法律文件解读》2009 年第 10 辑（总第 52 辑）。

2.《最高人民法院、最高人民检察院关于办理贪污贿赂刑事案件适用法律若干问题的解释》（2016 年 4 月 18 日　法释〔2016〕9 号）（节录）

第十条　刑法第三百八十八条之一规定的利用影响力受贿罪的定罪量刑适用标准，参照本解释关于受贿罪的规定执行。

刑法第三百九十条之一规定的对有影响力的人行贿罪的定罪量刑适用标准，参照本解释关于行贿罪的规定执行。

单位对有影响力的人行贿数额在二十万元以上的，应当依照刑法第三百九十条之一的规定以对有影响力的人行贿罪追究刑事责任。

第三节　利用影响力受贿罪在审判实践中的疑难新型问题

问题 1. 国家工作人员能否成为利用影响力受贿罪的主体

对于利用影响力受贿罪的犯罪主体是否包括国家工作人员，我们认为，《刑法》规定利用影响力受贿罪的主体是国家工作人员的近亲属或者其他与该国家工作人员关系密切的人，但对于上述人员是否具有国家工作人员身份并无规定，具有国家工作人员身份的关系密切的人，对其他国家工作人员施加非权力性影响力时，可以成为本罪的主体。

【地方参考案例】孟某利用影响力受贿案①

一、基本案情

被告人孟某在担任四川省军区武侯区人民武装部党委委员、政工科科长期间，与成都市公安局武侯区分局晋阳派出所所长卜某（另案处理）结识后，建立了密切的关系。2016 年 1 月，高某伟（因犯组织、领导黑社会性质组织罪、开设赌场罪等被判处无期徒刑）告诉孟某准备在武侯区开设电玩城，请孟某帮忙让武侯区晋阳派出所所长卜某关照其电玩城，并承诺给孟某 10% 的电玩城收益。被告人孟某在高某伟的请托下，通过成都市公安局武侯区分局晋阳派出所所长卜某的职务便利，为高某伟开设电玩城提供保护。2016 年 1 月底和 2 月中下旬，高某伟为感谢被告人孟某，安排电玩城管理人员华某霞分两次给孟某司机李某人民币 4.5 万元和 5 万元，共计人民币 9.5 万元。李某将这 9.5 万元交给被告人孟某后，孟某将该款用于支付李某等人的工资、房租及个人日常开支。

法院以利用影响力受贿罪对被告人孟某定罪处刑。

二、案例评析

利用影响力受贿罪的犯罪主体是否包括国家工作人员，存在两种意见：

一种意见认为，利用影响力受贿罪的主体属于特殊主体，是指与国家工作人存在近亲属或其他密切关系的非国家工作人员，若国家工作人员实施受贿行为，以受贿罪（斡旋受贿）认定即可。

---

① 　四川省金堂县人民法院（2020）川 0121 刑初 278 号刑事判决书。

另一种意见认为，《刑法》规定利用影响力受贿罪的主体是国家工作人员的近亲属或者其他与该国家工作人员关系密切的人，但对于上述人员是否具有国家工作人员身份并无规定，具有国家工作人员身份的关系密切的人，对其他国家工作人员施加非权力性影响力时，可以成为本罪的主体。

我们同意第二种观点，主要理由如下：（1）《刑法》对于利用影响力受贿罪主体的规定，并未规定国家工作人员的近亲属或者其他与该国家工作人员关系密切的人不能具有国家工作人员身份，《刑法》强调的是该类人与国家工作人员之间存在密切关系。（2）具有国家工作人员身份的近亲属或者关系密切的人，在向国家工作人员施加非权力性影响时，因该影响并未利用其本人职权或地位形成的便利条件，其行为不符合受贿罪构成要件，如否认国家工作人员不能成为利用影响力受贿的主体，对上述行为将无法用《刑法》规制。

本案中，根据裁判文书记载，孟某在担任四川省军区武侯区人民武装部党委委员、政工科科长期间，与成都市公安局武侯区分局晋阳派出所所长卜某结识并建立了密切的关系，孟某系利用自身职权之外的非权力性影响力向卜某收受贿赂，其符合利用影响力受贿罪的主体要件。

问题2. 退居二线的国家工作人员是否属于"离职的国家工作人员"

通说认为，离职的国家工作人员，是指过去曾是国家工作人员群体的一部分，基于辞职、辞退、离职、退休、受到开除处分等因素而离开国家工作人群岗位的人员。其强调的是国家工作人员身份的失去，而对于部分退居二线的领导，其虽然不再拥有相关职位，但仍具有国家工作人员身份，对于上述人员是否属于"离职的国家工作人员"，实践中存在两种意见：

一种意见认为，应当以是否具有国家工作人员身份判断行为人是否属于"离职的国家工作人员"，对于不再担任领导职务，但仍具有国家工作人员身份的人员，不应认定为离职的国家工作人员。

另一种意见认为，不应以行为人是否还继续存在国家工作人员身份判断是否属于"离职的国家工作人员"，如按照该类标准认定，可能会扩大斡旋型受贿的范围。

我们同意第一种意见，认为界定离职的国家工作人员这一概念时，应当从以下特点进行把握：第一，行为人离职前应具有相应的职务，即离职前曾经具有国家工作人员身份，并实际上承担从事公务活动的职责。第二，离职应是永久性的离职，即离开原工作岗位丧失公职身份且已不再掌握其职权拥有的权力便利的人员。如国家工作人员只是丧失了原任职务，此时他们仍具有国家工作人员身份，不能把这些人员纳入离职的国家工作人员范围内。第三，对于退居二线的领导，应区分其对现职国家工作人员施加的是否属于权力性影响，对于施加的属于非权力性影响力的，可按照"密切关系的人"认定，不存在扩大斡旋型受贿范围的问题。

【地方参考案例】陆某斌利用影响力受贿案①

一、基本案情

长江南京航道工程局为事业法人单位，被告人陆某斌自 2001 年 4 月 2 日任长江南京

---

① 山东省东营市东营区人民法院（2017）鲁 0502 刑初 439 号刑事判决书。

航道工程局副局长，2008 年 5 月 11 日被免去副局长职务，保留副处级，2011 年 7 月退休。2011 年至 2012 年 1 月，被告人陆某斌利用其原担任长江南京航道工程局副局长期间的职权和地位形成的便利条件，通过分别时任长江南京航道工程局的副局长兼工程师鄢某、市场经营处副处长陈某、工程项目部经理韩某职务上的行为，为天津冠全建设工程有限公司总经理周某在长江南京航道工程局青岛董家口项目承揽工程中谋取不正当利益，并非法收受周某人民币 10 万元。

法院认定被告人陆某斌系离职的国家工作人员，其行为已构成利用影响力受贿罪。

二、案例评析

本案中，根据裁判文书记载，陆某斌的犯罪事实发生在 2011 年至 2012 年 1 月，其于 2011 年 7 月退休，根据文书内容无法判断，陆某斌是完全离职后实施犯罪，还是退居二线后离职前即开始实施犯罪，但鉴于其已经退居二线，不再拥有职务身份，法院认定其构成利用影响力受贿罪是适当的，同时从有利于被告人角度，认定陆某斌系"离职的国家工作人员"亦是适当的。

问题 3. 如何认定与国家工作人员关系密切的人

"与国家工作人员关系密切的人"是本罪主体中的重要部分。我们认为，界定行为人是否属于"关系密切的人"，应进行实质解释，着重判断行为人与国家工作人员或者离职的国家工作人员是否具有共同利益关系，其中的共同利益不仅包括物质利益，而且包括其他方面的利益。

【地方参考案例】蔡某生利用影响力受贿案①

一、基本案情

被告人蔡某生自 2007 年认识时任怀化市人民政府市长李某（已判刑）后，与李某建立了密切关系。2014 年，蔡某生通过时任中共衡阳市委书记李某出面，向衡阳市中心医院院长申某打招呼，并通过衡阳市中心医院院长申某的职务便利，以泄露参与投标公司、帮助劝退投标公司、串通投标等方式，帮助请托人黄某获得承揽衡阳市中心医院搬迁工程第二期老年养护院项目工程的不正当利益。2014 年 9 月 24 日，黄某以银行转账方式支付给被告人蔡某生贿赂款 200 万元。

法院认定被告人蔡某生犯利用影响力受贿罪并判处刑罚。

二、案例评析

本案中，根据李某的证言，其系在 2007 年上半年任怀化市市长时在广州招商过程中认识了蔡某生。其与蔡某生系朋友，蔡某生及其公司的前后两个女秘书小肖、小田与其女儿女婿都熟悉，关系也好，在其担任怀化、衡阳主要领导期间，蔡某生通过其支持，在怀化、衡阳承建了多个工程项目。对于招商过程中认识的人，能否认定为"关系密切的人"，有两种意见：

一种意见认为，招商过程中认识的人不能认定为"关系密切的人"。对于"关系密切的人"的界定应当严格界定，现有法律及司法解释对于"关系密切的人"的范围没有明确的定义，但从刑法体系解释的原则出发，蔡某生并非基于同乡、同学、同事等关系而

---

① 湖南省长沙县人民法院（2017）湘 0121 刑初 503 号刑事判决书。

密切，不具有一定的感情基础，因为招商工作偶然认识就认定为关系密切的人，范围太广，违背刑法谦抑制性原则。

另一种意见认为，招商过程中认识的人能够认定为"关系密切的人"，因为法律及司法解释并未明确"关系密切的人"的范围，需要结合具体案件情况进行具体分析。本案中，蔡某生作为投资公司负责人，两人在招商引资过程中认识，李某帮助蔡某生承揽了多个工程项目，且在蔡某生提出请求时，李某能够予以回应，说明蔡某生对李某具有"影响力"。

我们同意第二种意见，界定行为人是否属于"关系密切的人"，应进行实质解释，着重判断行为人与国家工作人员或者离职的国家工作人员是否具有共同利益关系，其中的共同利益不仅包括物质利益，而且包括其他方面的利益。例如，情人关系、恋人关系、前妻前夫关系、密切的上下级关系（如国家工作人员的秘书、司机等）、密切的姻亲或血亲关系等。从审判实践来看，客观上能够通过国家工作人员职务上的行为，或者利用国家工作人员职权或者地位形成的便利条件，通过其他国家工作人员职务上的行为，为请托人谋取不正当利益的人，基本上都是与国家工作人员有密切关系的人。与离职的国家工作人员有密切关系的人，也是如此。

问题 4. 与国家工作人员关系密切的人索取、收受请托人财物后，未向国家工作人员打招呼，是否影响利用影响力受贿罪的成立

与斡旋受贿情形类似，实践中也存在与国家工作人员关系密切的人，索取、收受请托人财物后，未向国家工作人员打招呼的情形。我们认为，只要请托人请托的事项属于不正当利益，与国家工作人员关系密切的人承诺为请托人谋取利益并索取、收受财物的，即已构成利用影响力受贿罪，是否向国家工作人员打招呼，不影响犯罪的成立。

【地方参考案例】赵某法受贿、利用影响力受贿案①

一、基本案情

被告人赵某法，曾任三门峡市政府副市长、三门峡市委政法委书记。

2013 年 1 月，马某亲戚许某明被三门峡市纪委"双规"，马某请已退休但在三门峡市有影响力的赵某法帮忙协调，赵某法承诺帮忙。2017 年 8 月至 9 月，赵某法明知马某经营的金矿发生过重大安全事故，仍然利用其原职权形成的便利条件，请三门峡市安监局党组成员、调研员李某帮助鑫泰公司办理了安全生产许可证。赵某法收受马某钱款共计折合人民币 60 余万元。

法院经审理认定赵某法犯利用影响力受贿罪。

二、案例评析

本案中，马某请托退休后的赵某法协调案件，赵某法只是承诺帮忙，并未实际向其他国家工作人员打招呼，对于该节是否影响利用影响力受贿罪的成立，实践中存在两种意见：

一种意见认为，只要请托人请托的事项属于不正当利益，与国家工作人员关系密切的人承诺为请托人谋取利益并索取、收受财物的，即已构成利用影响力受贿罪，是否向

---

① 河南省开封市中级人民法院（2020）豫 02 刑初 6 号刑事判决书。

国家工作人员打招呼，不影响犯罪的成立。

另一种意见认为，在普通受贿犯罪模式中，一般只有行为人和请托人两个主体，行为人收受请托人财物，其国家工作人员的职务廉洁性就受到侵害。而利用影响力受贿罪不同于受贿罪，在利用影响力受贿犯罪模式中，行为人并非国家工作人员或者不以国家工作人员身份出现，行为人收受请托人财物，并不必然导致国家工作人员职务上的廉洁性受到侵害，因此，密切关系人尚未向国家工作人员打招呼的，并不成立利用影响力受贿罪。

我们同意第一种意见，认为成立利用影响力受贿罪并不以行为人实际向国家工作人员打招呼为要件，只要行为人承诺通过国家工作人员为请托人谋取不正当利益即可。具体理由如下：（1）从侵害法益的角度来看，利用影响力受贿罪本质上属于权钱交易，其侵犯的法益与直接受贿一样，都是国家工作人员职务行为廉洁性或职务行为的不可收买性。实践中，请托人一般都知悉行为人与国家工作人员之间的特殊关系，因此才提出请托，行为人基于与国家工作人员之间的特殊关系，只要接受请托，并承诺帮助谋取不正当利益，国家公权力的不可收买性就受到了侵犯。（2）从严厉打击腐败犯罪的形势来看，我国受贿犯罪还处在多发易发阶段，犯罪手段、花样在不断翻新，隐蔽性越来越强，如果过分强调谋利要素，拔高入罪的门槛，可能会使许多犯罪得不到惩处，不利于打击腐败犯罪。

问题 5. 与国家工作人员关系密切的人利用其影响力从请托人处收受财物后，将财物给予国家工作人员的行为应如何定性

对于与国家工作人员关系密切的人利用其影响力从请托人处收受财物后，将财物给予国家工作人员的行为应认定为一罪还是按牵连犯从一重处理还是数罪并罚，实践中素有争议。我们认为，该行为实际上是关系密切的人将非法所得财物又作非法处分，该非法处分赃款的行为又触犯了行贿罪的犯罪构成要件，虽然赃款都是从请托人处收受的财物，但前后两者分属不同的法律关系，均已对立成罪，两者之间不存在吸收、牵连或者竞合关系，应以两罪定罪处罚。

【地方参考案例】 祝某忠利用影响力受贿、行贿案①

一、基本案情

2007 年 4 月至 2011 年 11 月，被告人祝某忠与南汇交通协管服务社签订劳动协定，先后担任原上海市公安局南汇分局、上海市公安局浦东分局的交通协管员，协助上海市公安局浦东分局交警二支队高速大队的民警在上海浦东临港地区进行事故勘查、排堵疏导以及工作记录等辅助性工作。其间被告人祝某忠接受上海喜华集装箱储运有限公司、上海港航集装箱有限公司、上海逸祝恒物流有限公司等单位人员的请托和给予的大量钱款，通过转账汇款及现金给予的方式收受贿赂款共计 100 余万元。

被告人祝某忠收受上述钱款后，为使上述公司的违法超载运输车辆在查处中能予以

---

① 李俊英：《交通协管员不属于国家工作人员，其收受请托人财物后向关系密切的国家工作人员行贿，利用国家工作人员的职务行为为请托人谋取不正当利益的，应以利用影响力受贿罪和行贿罪两罪论处——祝某某受贿案》，参见上海市浦东新区人民法院（2012）浦刑初字第 2441 号刑事判决书。

减轻处罚或者不作处罚，多次向上海市公安局浦东分局交警二支队高速大队的民警康波、唐纯、朱海荣、季波等人行贿 25.3 万元，另有部分用于请民警吃饭、娱乐等，被告人祝某忠个人实际占有 21 万余元。

公诉机关指控祝某忠犯受贿罪（斡旋受贿）和行贿罪二罪，法院经审理认为，祝某忠身为与国家工作人员即交通执法民警关系密切的交通协管员，通过民警在交通执法过程中职务上的行为，为请托人谋取不正当利益，收受请托人财物，数额较大，已构成利用影响力受贿罪；同时，其为谋取不正当利益，向多名国家工作人员行贿，情节严重，其行为又构成行贿罪。

二、案例评析

关于本罪的罪数问题，出现了两种不同的意见：一种意见认为，祝某忠的受贿行为和之后的行贿行为存在牵连关系，应当按照牵连犯的处罚原则，择一重罪处断。另一种意见认为，祝某忠的受贿和行贿是两个独立的行为，应当两罪并罚。

持牵连犯观点的意见认为，本案中祝某忠为了实现受贿的目的，将部分钱款用于请民警吃饭、娱乐，部分钱款则用于直接向民警行贿，祝某忠的受贿行为与之后的行贿行为存在目的与手段的牵连关系。主观上，祝某忠对受贿行为和行贿行为之间的主从关系有清醒的认识，客观上也正是在这种认识的支配下实施了从受贿到行贿的整个犯罪行为。事实上，祝某忠主观目的只有一个，就是从车老板处收受贿赂款，不应当过分关注祝某忠事后是怎么处分这些钱款的，其基于同一法律事实、同一法律关系实施的数行为不应被割裂开来对待，牵连关系的认定可以避免重复评价。对于牵连犯的处罚原则，一般情况下，具有牵连关系的两个犯罪行为不以数罪论，而是从一重罪处断。如《刑法》第 399 条第 3 款规定的徇私枉法、枉法裁判并受贿的，依照处罚较重的规定定罪处罚，即在两个犯罪行为中，根据其所对应的具体法定刑幅度，选择较重的罪处罚。故对本案祝某忠的行为应以受贿罪一罪论处更为妥当。

持并罚观点的意见认为，由于行贿罪和受贿罪属于对向犯，行贿人和受贿人有主观认识上的对应性和客观行为上的配合性，行贿行为和受贿行为之间具有对合性，没有行贿就没有受贿，两者互相依存、相互依赖。目前涉案民警已经因受贿行为被判刑，那么对于祝某忠的行贿行为也应当定罪。祝某忠将其从车老板处收受的 25 万余元送给民警，实际上是将非法所得财物又作非法处分，该非法处分赃款的行为又触犯了行贿罪的犯罪构成要件，虽然源头都是在违章车辆查处中收取好处，但前后两者分属不同的法律关系，均已对立成罪，两者之间不存在吸收、牵连或者竞合关系，应以两罪定罪处罚。

我们认为，对牵连犯中手段行为与目的行为、原因行为与结果行为之间牵连关系的认定，应当采取类型说。即只有当某种手段通常用于实施某类犯罪，或者某种原因行为通常导致某种结果行为时，才宜认定为牵连犯。本案中祝某忠受贿后再行贿的行为，不宜认定为牵连犯。此外，司法实践中出现被告人用受贿来的钱再去行贿的情况时，一般也是将两个行为分开评价的。如果对受贿以后再行贿的被告人仅以受贿罪一罪处罚，可能出现被告人先受贿、后行贿，为减轻处罚再去检举他人受贿事实的情形，则此时被告人不仅不会因其后面的行贿行为加重处罚，反而可能成立立功情节而减轻处罚，这样的判定显然是不合理的。

问题6. 如何区分与国家工作人员关系密切的人利用影响力受贿罪与受贿罪共犯

【实务专论】

实践中，对于国家工作人员与关系密切的人通谋，由国家工作人员利用职务上的便利为请托人谋取利益，收受请托人财物后双方共同占有的，构成受贿罪共犯，一般不存在认定上的争议。实践中存在争议的一般为，关系密切的人将收受他人财物的情况告知国家工作人员是否一并认定为受贿罪共犯，对此存在两种意见：

一种意见认为，因国家工作人员对于谋利事项以及收受贿赂均属明知，可以确定双方存在受贿共同故意，即便其没有实际获得违法所得，一般也应认定双方为受贿共犯。

另一种意见认为，国家工作人员单纯的明知并不足以认定双方存在受贿共同故意，应综合考察国家工作人员明知关系密切人收受贿赂的时间等因素，综合判断双方是否存在受贿共同故意。

我们同意第二种意见，对于与该国家工作人员关系密切的人是否构成受贿罪的共犯，应按《刑法》关于共同犯罪的规定进行认定，即判断行为人之间是否存在共同犯罪的故意和行为。《全国法院审理经济犯罪案件工作座谈会纪要》关于共同受贿犯罪的认定的规定，即依照上述原则进行了规定，规定"非国家工作人员是否构成受贿罪共犯，取决于双方有无共同受贿的故意和行为。"司法实践中，对于关系密切的人在索取或者收受请托人财物后，不仅将请托事项转达国家工作人员，而且将自己索取、收受财物的事实告知国家工作人员，国家工作人员在明知关系密切的人已经索取、收受财物的情况下，仍按照关系密切的人的要求为请托人谋取利益的，应当认定国家工作人成立受贿罪，关系密切的人成立国家工作人员受贿罪的共犯。因为这种情况属于关系密切的人与国家工作人员客观上各有分工、主观上具有受贿共同故意或通谋，符合受贿罪的共同犯罪成立条件。而且，在这种情况下，如果国家工作人员系利用自己职务上的行为为请托人谋取利益，所谋取的利益正当与否，也不影响受贿罪及其共同犯罪的成立（但利用职权或者地位形成的便利条件通过其他工作人员职务行为为请托人谋利的，要求利益不正当才成立受贿罪）。而对于国家工作人员已经为请托人谋取不正当利益后，关系密切的人才将自己索取、收受贿赂的事实告知国家工作人员的，难以认定国家工作人员与关系密切的人之间存在受贿的共同故意与行为，并不符合受贿罪的共同犯罪成立条件。

问题7. 如何区分利用影响力受贿与办事型诈骗

【实务专论】

办事型诈骗，是指行为人虚构自己的履行能力，宣称能够帮助被害人办理好特定事项，获得被害人信任，进而诈骗被害人财物的诈骗行为。实践中，对于行为人往往虚构自己的人脉关系的办事型诈骗行为，如宣称自己与国家工作人员存在特定关系等，因涉及是否存在与国家工作人员的关系，对于行为人的行为定性存在利用影响力受贿罪与诈骗罪的争议。

我们认为，区分行为人是构成诈骗罪还是利用影响力受贿，应重点审查以下因素：一是行为人是否存在虚构与国家工作人员存在特定关系的情形，对于存在虚构情形的，其行为可能构成诈骗罪，而不应认定为利用影响力受贿罪，需要注意的是夸大情形不属于虚构，如行为人与国家工作人员系同学关系，却宣传二人系表兄弟关系。二是行为人有无实际履行请托这一行为，如行为人存在向国家工作人员请托的行为，因其行为更多的是侵犯国家工作人员的廉洁性，对其行为应当认定为利用影响力受贿罪。三是在行为人未实际履行请托行为的情况下要考察没有请托的原因，行为人只有主观上不存在请托意愿，客观上未实施请托行为的，才宜认定为诈骗罪。

问题8. 如何区分利用影响力受贿罪与介绍贿赂罪

不同于受贿罪常见的一方行贿、一方受贿的对合方式，在介绍贿赂罪与利用影响力受贿罪的犯罪过程中，均存在请托人、中间人、受托人三方，且最终都是通过受托人的国家工作人员身份及职务便利，为请托人谋取不正当利益，因此，容易混淆。我们认为，两罪之间既有联系又有区别，应从犯罪主体是一般主体还是特殊主体、中间人的作用是牵线搭桥还是利用影响力、中间人受托的主观目的是什么、侵犯了何种法益等方面综合认定。

【人民法院案例选案例】郑某雄利用影响力受贿案[①]

一、基本案情

被告人郑某雄是从事茶叶生意的个体户，酷爱收藏茶叶。清远市地方税务局稽查局办公室工作人员吴某也喜欢收藏茶叶。两人经常在一起品茶和买卖茶叶，因共同的爱好而结成了交往密切的朋友关系。

2009年3月，被告人郑某雄通过吴某（另案处理）得知清远市地方税务局稽查局准备对清远市伟华实业有限公司（以下简称伟华实业）进行税务立案稽查的情况后，将消息转告伟华实业法定代表人刘某某（另案处理）。刘某某为使伟华实业避免被税务稽查局立案稽查和罚款，要求郑某雄帮忙想办法解决。郑某雄表示只要花180万元，就能使刘某某的公司不被税务机关查处和罚款。刘某某先后分两次将180万元交予郑某雄。被告人郑某雄将其中135万元送给吴某，余下45万元占为己有。

公诉机关以被告人郑某雄犯介绍贿赂罪提起公诉。法院经审理认定被告人郑某雄的行为构成利用影响力受贿罪，并据此定罪处刑。

二、案例评析

本案争议焦点是被告人郑某雄所犯之罪应定性为介绍贿赂罪，还是利用影响力受贿罪。两罪之间既有联系又有区别。就本案而言，相同之处在于，都存在一个请托人，一个中间人和一个受托人，最终都是通过受托人的国家工作人员身份及职务便利，为请托人谋取不正当利益。但两罪之间也有许多明显的区别：

一是两罪的犯罪主体不尽相同。介绍贿赂罪的犯罪主体是一般主体，只要中间人与请托人及受托的国家工作人员认识就可以成立该罪的犯罪主体身份。而利用影响力受贿罪的犯罪主体是特殊主体，即国家工作人员的近亲属或者其他与该国家工作人员关系密

---

① 王凯：《收受请托人财物后通过国家工作人员为请托人谋取不当利益的行为人构成何罪，关键在于行为人是一般主体还是特殊主体——郑某雄利用影响力受贿案》，载最高人民法院中国应用法学研究所编：《人民法院案例选》（总第89辑），人民法院出版社2014年版，第112~117页。

切的人，以及离职的国家工作人员或者其近亲属以及其他与其关系密切的人。二是两罪的犯罪客观方面不同。介绍贿赂罪的主要表现形式是：中间人接受请托人的请托，从中牵线搭桥，促成请托人直接向特定的国家工作人员行贿或代表请托人向特定的国家工作人员行贿。对于请托人而言，其非常清楚自己要向谁行贿。对于受托的国家工作人员而言，其也很清楚是谁在向其行贿。中间人本身是否收受请托人的好处，不影响其对象的明确性和其中间人的身份和作用。而利用影响力受贿罪的表现形式则有所不同，在利用影响力受贿罪的语境下，中间人的作用并不是牵线搭桥促成国家工作人员受贿，而是直接收受请托人的财物，然后利用其对国家工作人员的影响力，影响该国家工作人员的职务行为或职务便利，为请托人谋取不正当利益。被影响的国家工作人员本身是否收受好处，是否存在违法违纪行为，不影响该罪的成立。三是两罪的犯罪主观方面不完全相同。虽然两罪的犯罪主观方面都是直接故意，但具体的主观目的和心理状态有细微的差别。就介绍贿赂罪而言，只要犯罪主体具有牵线搭桥、促成行贿的主观目的，就构成了直接故意，至于其是否有收受财物好处的主观目的和行为，不影响该罪的成立；而利用影响力受贿罪的主观目的就是自己收受财物，然后运用自己的影响力去为请托人办事，如果中间人主观上没有收受请托人财物的意思，客观上也没有收受财物的行为，就很难认定为利用影响力受贿罪。四是两罪的犯罪客体不完全相同。虽然两罪最终都损害了国家的权威和形象，但在介绍贿赂罪中，最终是国家工作人员收取了贿赂，其侵犯的客体直指国家工作人员的职务廉洁性。而利用影响力受贿罪中，关系密切人是运用其影响力，间接地利用了国家工作人员的职务便利，其直接侵犯的客体主要是国家机关的正常管理活动和公众对国家工作人员廉洁依法办事的信赖，使公众对公权力产生不信任。

结合本案，国家工作人员吴某利用职务上的便利，为他人谋取不正当利益，收受现金人民币135万元，构成受贿罪已无争议（另案处理）。但是对中间人郑某雄的行为如何定性？我们认为，法院认定被告人郑某雄犯利用影响力受贿罪的定性是正确的。从主体看，被告人郑某雄与国家工作人员吴某因共同的茶叶爱好而结成了较密切的朋友关系并常有来往，可以认定郑某雄是与国家工作人员吴某关系密切的人之一。从主观方面看，郑某雄在从国家工作人员吴某处获悉地税局将要对刘某某公司的偷税、漏税行为进行立案查处时即将该信息透露给刘某某，当刘某某找到郑某雄要求帮忙时又表示要花180万元才能解决，并最终从刘某某处获取了45万元的财物，证明郑某雄在主观上确实具有收受请托人刘某某财物的故意。并且，其明知道刘某某请托的事项不合法，仍然表示愿意帮忙，在主观上也具有要运用其对国家工作人员吴某的影响力，为请托人刘某某谋取不正当利益的目的。从客观方面看，请托人刘某某分两次送给郑某雄180万元时，只是要求郑某雄用这些钱帮其办成事，而至于郑某雄如何用这些钱，请托人刘某某并没有明确的意见，更没有明确表示或要求郑某雄要将这些钱送交或转交给国家工作人员吴某或其他任何一名国家工作人员。可见，即使请托人刘某某有希望郑某雄通过非法手段包括行贿来帮其办成事的目的，也因受贿人为不特定人（请托人刘某某并不清楚郑某雄要找谁来行贿，要把钱送给谁），而不能构成介绍贿赂罪。被告人郑某雄在收到刘某某送的180万元后，利用其与国家工作人员吴某较密切的朋友关系及通过将其中的135万元送给国家工作人员吴某，让吴某利用职权上的便利使请托人刘某某的公司免于被查处和罚款，为请托人谋取了不正当的利益，同时又将剩余的45万元占为己有，该行为构成了利用影响力受贿罪，而非介绍贿赂罪。

第六章

行 贿 罪

第一节 行贿罪概述

一、行贿罪的概念及构成要件

行贿罪，是指行为人为了谋取不正当利益而给予国家工作人员财物的行为。

（一）客体要件

关于行贿罪侵犯的客体，目前主流观点认为是"职务行为的不可收买性以及职务行为的公正性"，[1] 或者是"国家工作人员职务行为的廉洁性"，[2] 并由此衍生出诸如"国民信赖说""公正性说""不可交易说""不可收买说"等多种理论。但对于司法实践而言，从行贿罪"权钱交易"的本质来讲，以上观点都能够在一定程度上反映行贿罪侵害的法益。而从严厉打击行贿犯罪的角度来讲，也不宜人为缩小行贿犯罪侵害法益的范围，更不宜非此即彼只选择其中某一种观点而排斥其他观点，只要满足上述特征之一的行贿行为，都应当纳入刑事打击的范畴。因此，也可以简单概括本罪的客体是复杂客体，主要客体是国家工作人员职务的廉洁性；次要客体是国家经济管理的正常活动。

另外，行贿罪的犯罪对象是财物。这里所说的财物，与受贿罪中的财物相同。财物首先必须具有使用价值或交换价值，能够产生或附随一定的经济利益。类似"语言贿赂""精神贿赂"，都不属于刑法意义上的行贿罪"财物"的范畴。对于财物的范围除了相对明确的货币、物品外，财产性利益主要是指需要支付货币的物质性或非物质利益。

（二）客观要件

本罪的客观方面表现为为谋取不正当利益，给予国家工作人员以财物，或者在经济

---

[1] 张明楷：《刑法学》（第六版），法律出版社 2021 年版，第 1616 页。

[2] 高铭暄、马克昌：《刑法学》（第七版），北京大学出版社、高等教育出版社 2016 年版，第 629 页。

往来中，给予国家工作人员以各种名义的回扣、手续费的行为。上述行为须达到一定界限才能构成犯罪。

根据《最高人民法院、最高人民检察院关于办理贪污贿赂刑事案件适用法律若干问题的解释》的规定，为谋取不正当利益，向国家工作人员行贿，数额在 3 万元以上的，应当以行贿罪追究刑事责任。行贿数额在 1 万元以上不满 3 万元，具有下列情形之一的，应当以行贿罪追究刑事责任：（1）向 3 人以上行贿的；（2）将违法所得用于行贿的；（3）通过行贿谋取职务提拔、调整的；（4）向负有食品、药品、安全生产、环境保护等监督管理职责的国家工作人员行贿，实施非法活动的；（5）向司法工作人员行贿，影响司法公正的；（6）造成经济损失数额在 50 万元以上不满 100 万元的。

（三）主体要件

本罪的主体是一般主体。但仅限于自然人，不包括单位。

鉴于行贿罪的对象是国家工作人员，因而对于行贿罪主体身份证据的审查，应首先确定行贿对象是否是国家工作人员。在大多数情况下，国家工作人员的身份一目了然，甚至不证自明，但实践中也会遇到行贿对象为党政机关工人编制、国有参股企业聘任人员、辅警、村委会主任、教师、主任医师等情形，对于上述人员属于国家工作人员还是非国家工作人员，涉及认定行贿罪还是对非国家工作人员行贿罪的问题，因而有必要对此进行区分。根据《刑法》第 93 条的规定，国家工作人员，是指"国家机关中从事公务的人员。国有公司、企业、事业单位、人民团体中从事公务的人员和国家机关、国有公司、企业、事业单位委派到非国有公司、企业、事业单位、社会团体从事公务的人员，以及其他依照法律从事公务的人员，以国家工作人员论"。①

（四）主观要件

本罪在主观方面表现为直接故意，即明知自己的行为是收买国家工作人员以及其他依法从事公务的人员利用职务上的便利为自己谋取不正当的利益而实施这种行为，意图谋取不正当利益。

行贿的目的，在于使国家工作人员或其他从事公务的人员利用其职务上的便利为自己谋取不正当利益。在行贿犯罪中，"谋取不正当利益"，是指行贿人谋取违反法律、法规、规章或者政策规定的利益，或者要求对方违反法律、法规、规章、政策、行业规范的规定提供帮助或者方便条件。例如，行贿人为了走私而行贿于海关人员；为了生产、销售伪劣产品而行贿于工商人员、技术监督人员；明知自己或者他人不符合升学、招工、提职、农转非的条件而行贿于有关人员；为了减、免税而行贿于税务人员等。给予国家工作人员财物的情况比较复杂，有的人根据法律、政策符合条件，有资格，也应当得到某种正当利益，如招工、晋升、分房、办理某种手续等，但由于社会上存在着不正之风，

---

① 《监察法》第 15 条规定，监察机关对下列公职人员和有关人员进行监察：（一）中国共产党机关、人民代表大会及其常务委员会机关、人民政府、监察委员会、人民法院、人民检察院、中国人民政治协商会议各级委员会机关、民主党派机关和工商业联合会机关的公务员，以及参照《中华人民共和国公务员法》管理的人员；（二）法律、法规授权或者受国家机关依法委托管理公共事务的组织中从事公务的人员；（三）国有企业管理人员；（四）公办的教育、科研、文化、医疗卫生、体育等单位中从事管理的人员；（五）基层群众性自治组织中从事管理的人员；（六）其他依法履行公职的人员。

一些人不给钱不办事，问题长期得不到解决，不得已送钱送物。这种情况的出现，主要责任在受贿方。对方有这种行为的可以批评教育，但这一行为不构成行贿罪。这样规定，有利于区分罪与非罪的界限，避免打击面过宽。行贿者是否获得不正当利益不影响本罪的成立。为谋取不正当利益是构成行贿罪的必要条件，行为人若不是为了不正当利益而行贿，则不构成行贿罪。

二、行贿罪案件审理情况

中华人民共和国成立后，行贿犯罪的立法经历了一个长期的演进过程。1952年4月，中央人民政府公布《惩治贪污条例》，是新中国第一部关于贪污贿赂犯罪的刑事法律，也是我国首次以立法形式规定行贿罪的相关定罪量刑标准。

1979年《刑法》第185条第3款规定，"向国家工作人员行贿或者介绍贿赂的，处三年以下有期徒刑或者拘役"，但这一时期的立法在行贿罪名设置、构成要件和法定刑方面还较为简单粗疏，既没有规定具体犯罪数额，也没有划分量刑档次。[①]

1982年《关于严惩严重破坏经济的罪犯的决定》加重了受贿罪的惩罚力度，最高刑罚为死刑。

1985年7月，最高人民法院、最高人民检察院印发的《关于当前办理经济犯罪案件中具体应用法律的若干问题的解答（试行）》规定："个人为谋取非法利益，向国家工作人员行贿或者介绍贿赂的，应按刑法第一百八十五条第三款追究刑事责任"，很大程度上提高了我国行贿罪的定罪门槛，大大提高了入罪难度。

1988年1月，第六届全国人民代表大会常务委员会第二十四次会议通过的《关于惩治贪污罪贿赂罪的补充规定》，明确了"为谋取不正当利益"的主观要件，并将行贿罪的犯罪对象从之前的国家工作人员扩大至"集体经济组织工作人员或者其他从事公务的人员"，即包括国家工作人员和"准国家工作人员"，并将行贿罪的最高法定刑提高至无期徒刑，并处没收财产。

1997年《刑法》严密了行贿犯罪刑事法网，继续重申了此前关于行贿罪的立法内容，形成了较为完整的惩治行贿犯罪的法律体系。

2015年8月29日，《刑法修正案（九）》进一步加大对行贿犯罪的打击力度，对行贿犯罪的规定作了进一步修正，主要包括：第一，完善行贿犯罪的刑罚结构，对行贿罪全面适用罚金刑，增加了行贿犯罪的成本，使行贿犯罪的刑罚体系更加科学完备；[②] 第二，严格了对行贿犯罪从宽处罚的条件，将《刑法修正案（九）》之前的"行贿人在被追诉前主动交待行贿行为的，可以减轻处罚或者免除处罚"修改为"行贿人在被追诉前主动交待行贿行为的，可以从轻或者减轻处罚。其中，犯罪较轻的，对侦破重大案件起关键作用的，或者有重大立功表现的，可以减轻或者免除处罚"。

通过中国裁判文书网检索，2018年至2022年间，全国法院审结一审行贿罪刑事案件共计4154件，其中，2018年1828件，2019年1240件，2020年756件，2021年262件，

① 杨遇豪：《行贿罪司法控制策略的实证分析与省思——以106份刑事裁判文书为研究样本》，载《社会科学家》2020年第7期。

② 张兆松：《论〈刑法修正案（九）〉对贪污贿赂犯罪的十大重大修改和完善》，载《法治研究》2016年第2期。

2022 年 68 件。

司法实践中，行贿犯罪案件主要呈现出以下特点及趋势：一是从目的上看，行贿人由以往单纯追求经济利益向追求经济利益及政治利益等利益多元化趋势演变；二是从行贿的形态看，行贿人由以往被动请托向积极主动寻找时机或者创造时机，围绕并依附产业链、项目链、利益链等，有计划地对国家工作人员特别是手握实权的领导干部实施"全面进攻"等趋势演化，形成"围猎"之势；三是从行贿的手段和方式上看，行贿人往往采取各种不易被发现的十分隐蔽的手段，使国家工作人员特别是领导干部在"不知不觉"中被"拉下水"，成为"温水中的青蛙"甚至行贿人的谋利工具；四是行贿罪处罚现状表明，在司法实践中，行贿罪主刑呈现轻刑化趋势，即重型比例低、自由刑刑罚量偏低、缓刑和免予刑事处罚比例高；附加刑方面表现为罚金刑适用随意，具体为罚金数额缺乏梯度、罚金数额不均衡、部分判决缺乏依据；在罪刑关系上表现为量刑不均衡，未能实现同案同判、异案异判。

三、行贿罪案件审理热点、难点问题

1. 查办案件取证难、突破难。行贿受贿双方是基于权钱交易形成的利益共同体，存在着一损俱损、一安皆安的依存关系。尤其是行贿人与受贿人均知晓一些社会潜规则和规避法律的意识和能力，在事先就可能采取了防止事发的攻守同盟，且一般是在"一对一"的情境中完成财物交接行为的，行为的对合性增加了行贿行为的隐蔽性。因此，贿赂案件一般都是"一对一"的证据，大多局限于行贿、受贿双方的口供，这种言词证据在没有其他证据印证的情况下，有时可能形成稳定的供证一致，但行为人出于自我保护的本能，其口供又极易反复变化，翻供、假证和不供情况较为常见，这就给查办案件带来了发案难、取证难、突破难等困境。

2. 有关行贿犯罪定罪量刑的现行法律、司法解释还不够完善。在 1997 年《刑法》颁布以后，有关贿赂犯罪定罪量刑问题的规范性规定数量很多，发布密度也较为频繁。这些规定确实为准确、有效地惩治贿赂犯罪提供了有力的法律武器，解决了司法实践中不断出现的一些难题，统一了司法机关的认识，尤其是大量的司法解释对弥补立法不足、促进统一司法具有积极的意义。但是，已有的司法解释存在着规定尚不够详尽的情况，容易导致司法人员认识上的分歧，也会引发控辩审三方对同一法律事实的争议，无法形成对行贿犯罪的打击合力。

3. 司法实践中，每年查处的行贿犯罪案件与受贿犯罪案件相比，数量悬殊，而且行贿犯罪个案处罚偏轻。首先，行贿罪惩处概率偏低。在我国重受贿轻行贿的刑事政策长期影响下，即使监察体制改革已推行，但行贿受贿一起查的理念还未深入人心，以往为了惩治受贿罪而对行贿人宽纵以取得配合的办案思想仍未根除，绝大多数行贿人都在移送审查起诉前被纵容脱罪，能够最终被判决的只占极少数。从有关数据看，同期行贿受贿案件查处数量差距较大，从这些年法院一审新收案件数量看，行贿罪与受贿罪案件数的比例大概在 1：3，有的年份达到 1：4 或者更大比例。实践中一个受贿案件对应的行贿人通常为多人，如果考虑到这一情况，未被追究刑事责任的行贿人（次）比例会更高。

这种过于宽大不追究行贿的情况不利于切断贿赂犯罪因果链。[①] 其次，罚金刑是否溯及既往适用不一。受《刑法修正案（九）》和《司法解释》的影响，行贿罪量刑面临溯及既往的问题。司法实践中，法院对罚金刑的规定认识不一，是否依据从旧兼从轻原则判处罚金刑存在争议。最后，罚金刑裁量标准不一。行贿罪的罚金刑适用裁量空间较大，没有完全依据犯罪金额和犯罪情节逐步递增适用罚金刑，可能存在量刑不均的问题。此外，在不要求对方为自身利益提供帮助的前提下，"感情投资型"贿赂能否认定存在争议；对行为跨越旧法持续到新法生效的如何适用法律出现分歧，多数法官选择适用新法，但也有部分法官同时适用新旧两部法律。

四、行贿罪案件办案思路及原则

1. 牢固树立"受贿行贿一起查"的司法观念，在保持惩治受贿犯罪高压态势的同时，加大对行贿行为惩治力度，妥善把握查处行贿的政策尺度，扭转有的执法办案人员重受贿轻行贿的观念，不断提升办案能力和水平，对法律规定重点查处的行贿案件，防止在案件处理中出现不该从轻、减轻、免除处罚而从轻、减轻或者免除处罚等情形，防止在案件审理环节出现处罚偏轻、失之于宽等问题，确保行贿案件依法公正处理。

2. 集中力量重点打击情节严重、影响恶劣的个人行贿和单位行贿犯罪。特别是要严厉惩处主动行贿、多次行贿、行贿数额巨大、长期"围猎"干部的行贿犯罪，严厉惩处在干部选拔任用中的行贿犯罪，严厉惩处严重侵害民生民利引发群体性事件或者重大责任事故的行贿犯罪，严厉惩处党的十八大以来不收敛、不收手、性质恶劣的行贿犯罪。

3. 积极运用现有法律规定和刑事政策，发挥保护、促进经济健康发展等司法保障作用。由于行贿犯罪是一类贪利性犯罪，其中一个重要特征是"以利换权、钱权交易"，而要加大打击力度，有效遏制行贿犯罪蔓延势头，从立法上系统规定罚金刑、没收财产、取消资格资质等措施是完全必要的。同时，通过积极发挥打击行贿犯罪、进一步促进经济环境净化的司法功能，为经济建设、改革和发展的大局服务。

4. 对于证明行贿罪主观方面的证据，应重点审查以下内容：（1）行贿人给予国家工作人员财物或给予其回扣、手续费的动机、目的；（2）行贿人是否具有明确的请托事项；行、受贿双方的关系及是否存在经济往来；（3）行贿人贿送财物时的意思表示和商议过程；（4）行贿人对自己行为的性质、目的、结果的认识；（5）共同行贿的，应查明行贿犯罪的起意、策划、分工、实施、各自的地位和作用等情况；（6）对于被告人辩解其被国家工作人员索贿且没有谋取不正当利益的情形，应审查国家工作人员是否主动向被告人提出给予财物的要求、被告人是否实际谋取到不正当利益。

5. 在贯彻"受贿行贿一起查"的刑事政策背景下，应树立积极主义的刑法观，在坚持罪刑法定原则的前提下，分别对不正当利益要件中的主观要素和客观要素进行再解释，并适度扩张不正当利益的内涵，从司法裁判的角度解决行贿罪适用面狭窄的问题。

6. 对于证明行贿罪客观方面的证据，应重点审查以下内容：（1）行贿人给予国家工作人员财物或返还回扣、手续费的时间、地点、经过、结果；（2）行贿的金钱数额、物

---

① 蒲晓磊：《全国人大常委会法工委刑法室负责人就刑法修正案（十二）草案答记者问》，载《法治日报》2023 年 7 月 26 日。

品名称、特征、价值，并查明被告人是否将违法所得用于行贿；（3）国家工作人员的个人身份、职务、职权情况；（4）调取国家工作人员利用职务便利为行贿人谋取不正当利益的批示、文件、会议记录，以查明受贿人如何违反法律和政策为行贿人谋取不正当利益以及获得的不正当利益的情况；（5）行贿款来源是单位还是个人，来源于单位的是否经过单位组织集体讨论，行贿所谋取的不正当利益最终归于集体还是个人，以区别单位行贿罪与行贿罪；（6）被告人是否为实施违法犯罪活动，向负有食品、药品、安全生产、环境保护等监督管理职责的国家工作人员行贿，严重危害民生、侵犯公众生命财产安全；（7）被告人是否向行政执法机关、司法机关的国家工作人员行贿，影响行政执法和司法公正；（8）行贿人在被追诉前有无主动交代行贿行为的情况。

第二节　行贿罪审判依据

一、法律

《刑法》（2020 年 12 月 26 日修正）（节录）

第三百八十九条　为谋取不正当利益，给予国家工作人员以财物的，是行贿罪。

在经济往来中，违反国家规定，给予国家工作人员以财物，数额较大的，或者违反国家规定，给予国家工作人员以各种名义的回扣、手续费的，以行贿论处。

因被勒索给予国家工作人员以财物，没有获得不正当利益的，不是行贿。

第三百九十条　对犯行贿罪的，处五年以下有期徒刑或者拘役，并处罚金；因行贿谋取不正当利益，情节严重的，或者使国家利益遭受重大损失的，处五年以上十年以下有期徒刑，并处罚金；情节特别严重的，或者使国家利益遭受特别重大损失的，处十年以上有期徒刑或者无期徒刑，并处罚金或者没收财产。

行贿人在被追诉前主动交待行贿行为的，可以从轻或者减轻处罚。其中，犯罪较轻的，对侦破重大案件起关键作用的，或者有重大立功表现的，可以减轻或者免除处罚。

二、司法解释

1. **《最高人民法院、最高人民检察院关于办理行贿刑事案件具体应用法律若干问题的解释》**（2012 年 12 月 16 日　法释〔2012〕22 号）（节录）

第一条　为谋取不正当利益，向国家工作人员行贿，数额在一万元以上的，应当依照刑法第三百九十条的规定追究刑事责任。

第二条　因行贿谋取不正当利益，具有下列情形之一的，应当认定为刑法第三百九十条第一款规定的"情节严重"：

（一）行贿数额在二十万元以上不满一百万元的；

（二）行贿数额在十万元以上不满二十万元，并具有下列情形之一的：

1. 向三人以上行贿的；

2. 将违法所得用于行贿的；

3. 为实施违法犯罪活动，向负有食品、药品、安全生产、环境保护等监督管理职责的国家工作人员行贿，严重危害民生、侵犯公众生命财产安全的；

4. 向行政执法机关、司法机关的国家工作人员行贿，影响行政执法和司法公正的；

（三）其他情节严重的情形。

第三条 因行贿谋取不正当利益，造成直接经济损失数额在一百万元以上的，应当认定为刑法第三百九十条第一款规定的"使国家利益遭受重大损失"。

第四条 因行贿谋取不正当利益，具有下列情形之一的，应当认定为刑法第三百九十条第一款规定的"情节特别严重"：

（一）行贿数额在一百万元以上的；

（二）行贿数额在五十万元以上不满一百万元，并具有下列情形之一的：

1. 向三人以上行贿的；

2. 将违法所得用于行贿的；

3. 为实施违法犯罪活动，向负有食品、药品、安全生产、环境保护等监督管理职责的国家工作人员行贿，严重危害民生、侵犯公众生命财产安全的；

4. 向行政执法机关、司法机关的国家工作人员行贿，影响行政执法和司法公正的；

（三）造成直接经济损失数额在五百万元以上的；

（四）其他情节特别严重的情形。

第五条 多次行贿未经处理的，按照累计行贿数额处罚。

第六条 行贿人谋取不正当利益的行为构成犯罪的，应当与行贿犯罪实行数罪并罚。

第七条 因行贿人在被追诉前主动交待行贿行为而破获相关受贿案件的，对行贿人不适用刑法第六十八条关于立功的规定，依照刑法第三百九十条第二款的规定，可以减轻或者免除处罚。

单位行贿的，在被追诉前，单位集体决定或者单位负责人决定主动交待单位行贿行为的，依照刑法第三百九十条第二款的规定，对单位及相关责任人员可以减轻处罚或者免除处罚；受委托直接办理单位行贿事项的直接责任人员在被追诉前主动交待自己知道的单位行贿行为的，对该直接责任人员可以依照刑法第三百九十条第二款的规定减轻处罚或者免除处罚。

第八条 行贿人被追诉后如实供述自己罪行的，依照刑法第六十七条第三款的规定，可以从轻处罚；因其如实供述自己罪行，避免特别严重后果发生的，可以减轻处罚。

第九条 行贿人揭发受贿人与其行贿无关的其他犯罪行为，查证属实的，依照刑法第六十八条关于立功的规定，可以从轻、减轻或者免除处罚。

第十条 实施行贿犯罪，具有下列情形之一的，一般不适用缓刑和免予刑事处罚：

（一）向三人以上行贿的；

（二）因行贿受过行政处罚或者刑事处罚的；

（三）为实施违法犯罪活动而行贿的；

（四）造成严重危害后果的；

（五）其他不适用缓刑和免予刑事处罚的情形。

具有刑法第三百九十条第二款规定的情形的，不受前款规定的限制。

第十一条 行贿犯罪取得的不正当财产性利益应当依照刑法第六十四条的规定予以追缴、责令退赔或者返还被害人。

因行贿犯罪取得财产性利益以外的经营资格、资质或者职务晋升等其他不正当利益，建议有关部门依照相关规定予以处理。

第十二条 行贿犯罪中的"谋取不正当利益"，是指行贿人谋取的利益违反法律、法规、规章、政策规定，或者要求国家工作人员违反法律、法规、规章、政策、行业规范的规定，为自己提供帮助或者方便条件。

违背公平、公正原则，在经济、组织人事管理等活动中，谋取竞争优势的，应当认定为"谋取不正当利益"。

第十三条 刑法第三百九十条第二款规定的"被追诉前"，是指检察机关对行贿人的行贿行为刑事立案前。

2.《最高人民法院、最高人民检察院关于办理贪污贿赂刑事案件适用法律若干问题的解释》（2016 年 4 月 18 日 法释〔2016〕9 号）（节录）

第七条 为谋取不正当利益，向国家工作人员行贿，数额在三万元以上的，应当依照刑法第三百九十条的规定以行贿罪追究刑事责任。

行贿数额在一万元以上不满三万元，具有下列情形之一的，应当依照刑法第三百九十条的规定以行贿罪追究刑事责任：

（一）向三人以上行贿的；

（二）将违法所得用于行贿的；

（三）通过行贿谋取职务提拔、调整的；

（四）向负有食品、药品、安全生产、环境保护等监督管理职责的国家工作人员行贿，实施非法活动的；

（五）向司法工作人员行贿，影响司法公正的；

（六）造成经济损失数额在五十万元以上不满一百万元的。

第八条 犯行贿罪，具有下列情形之一的，应当认定为刑法第三百九十条第一款规定的"情节严重"：

（一）行贿数额在一百万元以上不满五百万元的；

（二）行贿数额在五十万元以上不满一百万元，并具有本解释第七条第二款第一项至第五项规定的情形之一的；

（三）其他严重的情节。

为谋取不正当利益，向国家工作人员行贿，造成经济损失数额在一百万元以上不满五百万元的，应当认定为刑法第三百九十条第一款规定的"使国家利益遭受重大损失"。

第九条 犯行贿罪，具有下列情形之一的，应当认定为刑法第三百九十条第一款规定的"情节特别严重"：

（一）行贿数额在五百万元以上的；

（二）行贿数额在二百五十万元以上不满五百万元，并具有本解释第七条第二款第一项至第五项规定的情形之一的；

（三）其他特别严重的情节。

为谋取不正当利益，向国家工作人员行贿，造成经济损失数额在五百万元以上的，应当认定为刑法第三百九十条第一款规定的"使国家利益遭受特别重大损失"。

第十二条 贿赂犯罪中的"财物",包括货币、物品和财产性利益。财产性利益包括可以折算为货币的物质利益如房屋装修、债务免除等,以及需要支付货币的其他利益如会员服务、旅游等。后者的犯罪数额,以实际支付或者应当支付的数额计算。

第十四条 根据行贿犯罪的事实、情节,可能被判处三年有期徒刑以下刑罚的,可以认定为刑法第三百九十条第二款规定的"犯罪较轻"。

根据犯罪的事实、情节,已经或者可能被判处十年有期徒刑以上刑罚的,或者案件在本省、自治区、直辖市或者全国范围内有较大影响的,可以认定为刑法第三百九十条第二款规定的"重大案件"。

具有下列情形之一的,可以认定为刑法第三百九十条第二款规定的"对侦破重大案件起关键作用":

(一)主动交待办案机关未掌握的重大案件线索的;

(二)主动交待的犯罪线索不属于重大案件的线索,但该线索对于重大案件侦破有重要作用的;

(三)主动交待行贿事实,对于重大案件的证据收集有重要作用的;

(四)主动交待行贿事实,对于重大案件的追逃、追赃有重要作用的。

3.《最高人民检察院关于人民检察院直接受理立案侦查案件立案标准的规定(试行)》(1999 年 9 月 16 日   高检发释字〔1999〕2 号)(节录)

(五)行贿案(第 389 条、第 390 条)

行贿罪是指为谋取不正当利益,给予国家工作人员以财物的行为。

在经济往来中,违反国家规定,给予国家工作人员以财物,数额较大的,或者违反国家规定,给予国家工作人员以各种名义的回扣、手续费的,以行贿罪追究刑事责任。

涉嫌下列情形之一的,应予立案:

1. 行贿数额在 1 万元以上的;

2. 行贿数额不满 1 万元,但具有下列情形之一的:

(1)为谋取非法利益而行贿的;

(2)向 3 人以上行贿的;

(3)向党政领导、司法工作人员、行政执法人员行贿的;

(4)致使国家或者社会利益遭受重大损失的。

因被勒索给予国家工作人员以财物,已获得不正当利益的,以行贿罪追究刑事责任。

三、刑事政策文件

1.《最高人民法院、最高人民检察院关于在办理受贿犯罪大要案的同时要严肃查处严重行贿犯罪分子的通知》(1999 年 3 月 4 日   高检会〔1999〕1 号)

近一时期,各级人民法院、人民检察院依法严肃惩处了一批严重受贿犯罪分子,取得了良好的社会效果。但是还有一些大肆拉拢、腐蚀国家工作人员的行贿犯罪分子却没有受到应有的法律追究,他们继续进行行贿犯罪,严重危害了党和国家的廉政建设。为依法严肃惩处严重行贿犯罪,特作如下通知:

一、要充分认识严肃惩处行贿犯罪,对于全面落实党中央反腐败工作部署,把反腐败斗争引向深入，从源头上遏制和预防受贿犯罪的重要意义。各级人民法院、人民检察院要把严肃惩处行贿犯罪作为反腐败斗争中的一项重要和紧迫的工作，在继续严肃惩处受贿犯罪分子的同时，对严重行贿犯罪分子，必须依法严肃惩处，坚决打击。

二、对于为谋取不正当利益而行贿，构成行贿罪、向单位行贿罪、单位行贿罪的，必须依法追究刑事责任。"谋取不正当利益"是指谋取违反法律、法规、国家政策和国务院各部门规章规定的利益，以及要求国家工作人员或者有关单位提供违反法律、法规、国家政策和国务院各部门规章规定的帮助或者方便条件。

对于向国家工作人员介绍贿赂，构成犯罪的案件，也要依法查处。

三、当前要特别注意依法严肃惩处下列严重行贿犯罪行为：

1. 行贿数额巨大，多次行贿或者向多人行贿的；

2. 向党政干部和司法工作人员行贿的；

3. 为进行走私、偷税、骗税、逃汇、非法买卖外汇等违法犯罪活动，向海关、工商、税务、外汇管理等行政执法机关工作人员行贿的；

4. 为非法办理金融、证券业务，向银行等金融机构、证券管理机构工作人员行贿，致使国家利益遭受重大损失的；

5. 为非法获取工程、项目的开发、承包、经营权，向有关主管部门及其主管领导行贿，致使公共财产、国家和人民利益遭受重大损失的；

6. 为制售假冒伪劣产品，向有关国家机关、国有单位及国家工作人员行贿，造成严重后果的；

7. 其他情节严重的行贿犯罪行为。

四、在查处严重行贿、介绍贿赂犯罪案件中，既要坚持从严惩处的方针，又要注意体现政策。行贿人、介绍贿赂人具有刑法第三百九十条第二款、第三百九十二条第二款规定的在被追诉前主动交代行贿、介绍贿赂犯罪情节的，依法分别可以减轻或者免除处罚；行贿人、介绍贿赂人在被追诉后如实交待行贿、介绍贿赂行为的，也可以酌情从轻处罚。

五、在依法严肃查处严重行贿、介绍贿赂犯罪案件中，要讲究斗争策略，注意工作方法。要把查处受贿犯罪大案要案同查处严重行贿、介绍贿赂犯罪案件有机地结合起来，通过打击行贿、介绍贿赂犯罪，促进受贿犯罪大案要案的查处工作，推动查办贪污贿赂案件工作的全面、深入开展。

六、各级人民法院、人民检察院要结合办理贿赂犯罪案件情况，认真总结经验、教训，找出存在的问题，提出切实可行的解决办法，以改变对严重行贿犯罪打击不力的状况。工作中遇到什么情况和问题，要及时报告最高人民法院、最高人民检察院。

2. 《最高人民法院、最高人民检察院关于办理商业贿赂刑事案件适用法律若干问题的意见》（2008 年 11 月 20 日　法发〔2008〕33 号）（节录）

一、商业贿赂犯罪涉及刑法规定的以下八种罪名：（1）非国家工作人员受贿罪（刑法第一百六十三条）；（2）对非国家工作人员行贿罪（刑法第一百六十四条）；（3）受贿罪（刑法第三百八十五条）；（4）单位受贿罪（刑法第三百八十七条）；（5）行贿罪（刑法第三百八十九条）；（6）对单位行贿罪（刑法第三百九十一条）；（7）介绍贿赂罪（刑法第三百九十二条）；（8）单位行贿罪（刑法第三百九十三条）。

七、商业贿赂中的财物，既包括金钱和实物，也包括可以用金钱计算数额的财产性利益，如提供房屋装修、含有金额的会员卡、代币卡（券）、旅游费用等。具体数额以实际支付的资费为准。

八、收受银行卡的，不论受贿人是否实际取出或者消费，卡内的存款数额一般应全额认定为受贿数额。使用银行卡透支的，如果由给予银行卡的一方承担还款责任，透支数额也应当认定为受贿数额。

九、在行贿犯罪中，"谋取不正当利益"，是指行贿人谋取违反法律、法规、规章或者政策规定的利益，或者要求对方违反法律、法规、规章、政策、行业规范的规定提供帮助或者方便条件。

在招标投标、政府采购等商业活动中，违背公平原则，给予相关人员财物以谋取竞争优势的，属于"谋取不正当利益"。

十、办理商业贿赂犯罪案件，要注意区分贿赂与馈赠的界限。主要应当结合以下因素全面分析、综合判断：（1）发生财物往来的背景，如双方是否存在亲友关系及历史上交往的情形和程度；（2）往来财物的价值；（3）财物往来的缘由、时机和方式，提供财物方对于接受方有无职务上的请托；（4）接受方是否利用职务上的便利为提供方谋取利益。

十一、非国家工作人员与国家工作人员通谋，共同收受他人财物，构成共同犯罪的，根据双方利用职务便利的具体情形分别定罪追究刑事责任：

（1）利用国家工作人员的职务便利为他人谋取利益的，以受贿罪追究刑事责任。

（2）利用非国家工作人员的职务便利为他人谋取利益的，以非国家工作人员受贿罪追究刑事责任。

（3）分别利用各自的职务便利为他人谋取利益的，按照主犯的犯罪性质追究刑事责任，不能分清主从犯的，可以受贿罪追究刑事责任。

第三节　行贿罪在审判实践中的疑难新型问题

问题1. 如何理解"为谋取不正当利益"的主观要件

【实务专论】

从立法沿革来看，1979年《刑法》关于行贿罪的规定没有设置"为谋取不正当利益"的要件。1985年，最高人民法院、最高人民检察院发布了《关于当前办理经济犯罪案件中具体应用法律的若干问题的解答（试行）》，增加了"谋取非法利益"作为行贿罪的构成要件，限缩了行贿罪的适用范围。1988年全国人大常委会《关于惩治贪污罪贿赂罪的补充规定》才明确将"谋取不正当利益"作为行贿罪的构成要件，1997年《刑法》延续了这一要件。关于"不正当利益"的具体内涵和范围，司法实践中先后有三个文件予以界定：

（1）1999年3月4日，最高人民法院、最高人民检察院联合下发《关于在办理受贿犯罪大要案的同时要严肃查处严重行贿犯罪分子的通知》第2条明确规定，"谋取不正当利益"是指谋取违反法律、法规、国家政策和国务院各部门规章规定的利益，以及要求国家工作人员或者有关单位提供违反法律、法规、国家政策和国务院各部门规章规定的帮助或者方便条件。

（2）2008年11月20日，最高人民法院、最高人民检察院发布的《关于办理商业贿赂刑事案件适用法律若干问题的意见》第9条规定，"谋取不正当利益"，是指行贿人谋取违反法律、法规、规章或者政策规定的利益，或者要求对方违反法律、法规、规章、政策、行业规范的规定提供帮助或者方便条件。在招标投标、政府采购等商业活动中，违背公平原则，给予相关人员财物以谋取竞争优势的，属于"谋取不正当利益"。

（3）2012年12月26日，最高人民法院、最高人民检察院发布的《关于办理行贿刑事案件具体应用法律若干问题的解释》第12条规定，行贿犯罪中的"谋取不正当利益"，是指行贿人谋取的利益违反法律、法规、规章、政策规定，或者要求国家工作人员违反法律、法规、规章、政策、行业规范的规定，为自己提供帮助或者方便条件。违背公平、公正原则，在经济、组织人事管理等活动中，谋取竞争优势的，应当认定为"谋取不正当利益"。

根据上述司法解释、司法解释性质的文件，"谋取不正当利益"可分为以下几类：

第一，"违法型"或"禁止型"利益，即行贿人通过向国家工作人员行贿所谋取的利益不符合由全国人民代表大会及其常务委员会所制定的宪法、法律、国务院制定的行政法规、各地方性法规、自治条例和单行条例、国务院各部门以及地方政府规章、党和国家制定的政策方针路线，就可以认定其具有谋取不正当利益的主观目的。在此需要注意的是，党和国家的政策范围较为宽泛，既包括各类经过严格程序制定的党内法规文件，也包括在一定时期发布的针对特定事项的通知、决议、纪要、批示、讲话等。有观点认为，相关司法解释中的"政策"不应当包含地方性政策。① 当然，也有观点支持将地方性政策纳入到认定"不正当利益"的依据中。② 我们认为，《行贿司法解释》第12条中的"政策规定"既包括中央政策，也包括地方性政策，但考虑到"地方性政策"的标准和尺度不易把握，在认定行贿犯罪中所谋取的利益系违反地方性政策时，应当严格审查该地方性政策是否与相关法律法规、中央政策文件相抵触、是否通过政府信息公开制度将相关地方性政策予以公示。对于有的看似属于地方灵活把握特别是村民自治范围内的事务，但实际上仍然违背了有关地方政策的规定。例如，村干部为让村民代表在出售村办企业告村民代表书上签字，向村民代表行贿的行为，尽管从《村民委员会组织法》中并无严格对应的条文予以规制，但是当地组织部门和民政部门在政策上已有明确规定，严禁在村民自治过程中采用贿赂村民代表的方式办理涉及村民利益的有关事项，对此应当认定为属于不正当利益。同时，对于行贿犯罪中常见的几种类型，司法人员应当掌握相关政策界限，以确定行贿人所谋取的利益是否不正当。

第二，"程序不正当型"或"手段不正当型"利益，即行贿人要求国家工作人员为其

---

① 彭新林、范庆东：《关于完善行贿罪刑法规制的若干思考——以"为谋取不正当利益"为视点》，载《刑法论丛》第57卷，法律出版社2015年版，第79页。

② 冯新华：《"为谋取不正当利益"在司法实践中的界定》，载《人民检察》2010年第20期。

谋取利益的程序、方式、途径不符合国家法律法规、规章、政策以及行业协会的规定。对于"手段不正当"利益的判断标准，实际上是从行贿人一方转向国家工作人员是否违背职务作为判断行贿人所谋取的利益是否正当的标准。① 换言之，无论行贿人所谋取的利益本身是否合规，只要行贿人通过行贿手段要求国家工作人员采用不合规的方式或途径为其谋利益，该利益就视为不合规的利益。即便所谋取的利益在实体上并未违反法律法规，但违背了"程序正义"，存在"程序瑕疵"，同样属于不正当利益。国家工作人员违反的法律、法规、规章以及政策的范围与上文阐述内容一致。另外，由于我国地域之间的差异性，各地方制定的行业规范不可避免的会存在一些不同之处，有可能对行贿罪中"谋取不正当利益"的认定产生影响，故将行业规范应当限定于全国性行业协会在法律规定的范围内所制定的行业规范。需要指出的是，"手段不正当"并不等同于行贿行为本身，不能认为只要实施了行贿行为，就必然属于手段不正当，否则将陷入循环论证的困境。行贿罪中的"不正当利益"主要是指财产性利益，即需要支付货币的物质性或非物质性利益，既包括财物，也包括商业机会等具有使用价值或交换价值，能够产生一定经济利益的类型。如果行为人所追求的是与其本人的人身合法权利密切相关的内容，除非遇有特殊情形，否则不宜苛求其在情势紧迫或被逼无奈的情况下，放弃对其人身权利的维护。换句话说，如果行为人为维护其人身基本权利而向国家工作人员提出请托的，此种情形下对行为人不具有犯罪的期待可能性。此类行为显然与典型的权钱交易存在差异，如果认定为谋取不正当利益，既不能得到社会公众的认可，也不符合一般社会价值观。例如，行为人向公安机关户籍管理部门申请换发第二代身份证，跑了六趟、耗费将近半年时间均未办成，每次都被告知"需提交补充材料""需要等待"，无奈之下，为争取早日领到新身份证，其向户籍科长行贿人民币1万元。② 该案中，虽然行为人实施了行贿手段，但是其所谋取的利益与个人身份密切相关，并且这种利益之所以长时间没有实现，完全是由于国家工作人员的不担当不作为、懒政怠政所致，因而不宜归入"不正当利益"的范畴。

第三，谋取竞争优势型利益。根据《行贿司法解释》第12条第2款的规定，行贿人通过向国家工作人员行贿要求国家工作人员在经济、组织人事管理等活动中违背公平、公正原则为其谋取竞争优势，也属于"谋取不正当利益"。其中，对于组织人事管理应作扩大理解，不仅包括常规的国家工作人员职务职级调整、提拔和单位内部的日常考核、评优评先，也包括事业单位的职称评聘、全国性学会会长、副会长的选举、两院院士以及国务院特殊津贴者的遴选等活动。③ 实践中，"竞争优势"这一概念具有一定抽象性、模糊性。"公平"不仅是社会主义市场经济的本质要求，也是整个社会主义现代化进程中的核心目标，如果不能保证各行各业和各个领域的公平秩序，那么现代化所取得任何成果都将失去示范意义和应有价值。因此，只要行贿人在销售产品、提供服务和承揽工程等商业活动中，违背"条件公平、程序公平、机会公平"的要求，请托国家工作人员为其谋取竞争优势的，均属于"谋取不正当利益"。如果经营者不是利用自己的资金优势、技术优势、管理优势、业绩优势等而取得的竞争优势，而是通过行贿并利用国家工作人

① 车浩：《行贿罪之"谋取不正当利益"的法理内涵》，载《法学研究》2017年第2期。
② 李少平：《行贿犯罪执法困局及其对策》，载《中国法学》2015年第1期。
③ 孙国祥：《行贿谋取竞争优势的本质和认定》，载《中国刑事法杂志》2013年第7期。

员的职权取得的竞争优势，就属于"不正当利益"。换句话说，不确定利益＋手段的不正当性＝不正当利益。① 对于谋取竞争优势，在招投标领域较为常见，例如行贿人在项目招投标前找到国家工作人员谋取帮助，国家工作人员向相关人员推荐，参加评标的专家给行贿人所在公司倾向性地打出高分，客观上使其产生竞争优势，就属于较为典型的"谋取竞争优势"的情形。同样，通过向国家工作人员行贿，并借助国家工作人员不正当行使职权，迫使其他投标参与人退出或放弃投标竞争，也属于谋取竞争优势。对于为了提高中标率和中标量，在中标结果公布前通过国家工作人员提前获知厂家是否中标及废标的具体原因，同样违反了招投标活动应有的公平、公正原则，应属于谋取不正当利益。

问题2. 施工方为顺利结算工程款而向工程发包方贿送财物的，是否属于"谋取不正当利益"

【实务专论】

为结算工程款而送钱的行为是否谋取了不正当利益，在认定中存在两种意见：

第一种意见认为：贿赂的本质是一种权钱交易，不管是为了谋取不正当利益还是为了谋取正当利益，贿赂行为本身客观上均侵害了国家工作人员或非国家工作人员职务行为的不可收买性，都具有社会危害性。通过给相关国家工作人员送钱的方式来换取顺利结算工程款，属于明显的手段不正当，既然手段不正当，所获取的利益必定也是不正当的。

第二种意见认为：行为没有谋取不正当利益。理由是，工程款本来就是施工单位付出劳动后应得的报酬，且受法律保护，其获得的利益属于"应得利益"，② 不属于谋取不正当利益。

我们同意第二种意见。理由是：

首先，对于那种认为只要手段本身不正当，则目的不可能正当，即行贿犯罪中根本不存在"正当利益"的空间的观点，在逻辑上有失偏颇，这种观点将"谋取竞争优势"的解释推向了一个极端，依此逻辑，只要是未实际到手的利益，即便是绝对、必然的，都存在谋取竞争优势的土壤和条件，因而可能被认定为谋取不正当利益，这样一来，实践中可以被认定为正当利益的情形将极为少见。对此，应坚持罪刑法定原则，在司法裁判层面保持合理的解释边界，以避免单纯客观归责所导致的行贿罪"为谋取不正当利益"要件的空洞化。从正当性角度来看，利益可以分为确定性利益和非确定性利益，或分为应得利益与待定利益。在谋取不正当利益时应当以存在优势竞争、资源博弈为前提，存在竞争和博弈，则表明行为人所谋取的利益一般为不确定利益。而依法或依程序必然归属于行为人的利益，则很难认定行为人谋取的是不正当利益。因此，不加甄别对行贿行为"一刀切"式的处理，并不能使行为本身得到全面、客观评价。

其次，行贿罪系故意犯罪，对于其入罪应坚持主客观相一致的原则，在扩张不正当利益外延的同时，也确定合理边界。较之受贿罪，行贿罪有其自身的独立性，虽然为他

---

① 建超、薛莉莉：《漫谈行贿罪——基于对"谋取不正当利益"的分析》，载《犯罪研究》2011 年第 1 期。
② 夏伟、王周瑜：《对行贿罪中不正当谋取利益的理解》，载《人民司法》2015 年第 13 期。

人谋取的利益种类并不影响受贿罪的基本构成，但谋取利益的性质对行贿罪的构成具有决定性的意义。考虑到中国"人情社会"的传统和部分地区和行业仍然不定程度存在"不给钱不办事"的不良风气，一些国家工作人员仍然存在吃拿卡要、冷横硬推、故意懈怠放慢履职进度等严重侵害群众切身利益的行为，一些行贿行为的发生与行为人的主观愿望是相背离的，客观上确实存在"为正当利益"而被迫支付"加速费"的情形。[①] 与之类似的是《刑法》第388条"斡旋受贿"条款，同样设置了"为请托人谋取不正当利益"的要件。因此，应从我国实际国情出发，不宜不加甄别地一味扩大打击面，而应当保持刑法的"谦抑性"。[②] 也就是说，谋取竞争优势应当以存在竞争为前提，存在竞争则表明行为人所谋取的利益一般为不确定利益，而谋取已经确定的利益，很难说谋取了竞争优势。

最后，如果将催要工程款而送钱的行为认定为谋取了竞争优势，进而构成行贿犯罪，也不符合普通民众朴素的法感情。否则，按照上述论证逻辑，农民工为讨薪而不得已向用工单位负责人行贿的行为，也将得出存在与其他讨薪农民工之间存在竞争关系，因而属于"谋取了竞争优势"的荒谬结论。因此，在分析行贿人具体目的时应当本着实事求是的态度，"综合考量行贿人谋求不减少可不减少之正当利益的客观情势、主观动机等，考察其情势的可期待性、行为的可避免性、动机的可谴责性，综合判断其责任程度，看其是出于无奈还是贪婪、看其行为是可以谅解还是不可宽宥，考察其法益侵害是否达到需要以刑法制裁的程度，进而决定对此类行为是否入罪"。[③] 现实中，之所以将确定性利益从"不正当利益"中剥离出来，是由于客观上确实存在依据正当程序必然获得的确定性利益，此种情况下发生行贿往往是由于国家工作人员怠于兑现相对人的确定性利益所致。例如，施工方为顺利结算工程款而被迫向工程发包方贿送财物的，工程款本来就是施工单位与发包方在施工合同中明确约定的，受法律保护，其获得的利益属于"应得利益"，不属于谋取不正当利益。当然，如果发包方需要偿还多个施工方的工程款，即在债务人一方存在并列关系或者债务受偿的先后次序，某个施工方通过行贿方式改变了受偿顺序的，或者本来双方已经约定了明确的付款日期，而施工方通过行贿希望提前支付工程款，则主观上具有谋取竞争优势等不正当利益的故意，应当认定为行贿罪。[④]

问题3. 如何评价事先无约定而事后行贿的行为

【实务专论】

对于国家工作人员为行贿人谋取利益时双方并未有过权钱交易的意思表示，但事后行贿人为感谢国家工作人员的帮助，趁年节给予国家工作人员大额财物的行为应当如何认定，目前有两种观点：

第一种观点认为，行为人与国家工作人员并无明确约定，国家工作人员履职过程也并未违反法律和程序，仅在事后行贿，不可能产生为谋取不正当利益的主观动机。事先

---

① 于同志：《刑法实务十堂课：刑事审判思路与方法》，法律出版社2020年版，第297页。

② 张明楷：《刑法学（第5版）》，法律出版社2016年版，第1230页。

③ 王政勋：《贿赂犯罪中"谋取不正当利益"的法教义学分析》，载《法学家》2018年第5期。

④ 孙国祥：《"加速费""通融费"与行贿罪的认定——以对"为谋取不正当利益"的实质解释为切入》，载《政治与法律》2017年第3期。

无约定的行贿行为，无法认定特殊不正当利益的获取与事后行贿之间的因果关系。

从受贿人一方的角度来看，如果没有事先约定，行为人就不可能具有收受贿赂的认识，更不可能具有将职务行为置于不公正裁量之下的危险，[①] 因而行贿人给予财物与谋取利益之间很难建立准确的对应关系。

第二种观点认为，从侵犯法益的角度来讲，无论是"事前行贿"还是"事后行贿"，二者都侵害了国家工作人员的职务廉洁性；从主观恶性和社会危害性的角度来看，行为人为尚未获取的不正当利益给予国家工作人员财物，与为已获取的不正当利益给予国家工作人员财物也并无本质区别，因而确有追究刑事责任的必要。

我们同意第二种观点，主要理由是：行贿犯罪无论千变万化，终归不离"权钱交易"的本质。尽管传统的类型化解释难以评价"事后行贿"中的主观要素，但如果从"权钱交易"的角度进行分析，则可迎刃而解。一般而言，凡是打着"人情往来"或者"感情投资"旗号的行贿行为，往往是在行贿人有求于国家工作人员的情况下发生的，即使没有明确的表示双方对此也基本是心知肚明的，即先有"为谋取不正当利益"，后有"给予国家工作人员财物"。而"事后行贿"的情形则是先有国家工作人员正常履职，后有行贿人给予财物。也就是说，如果仅从行贿罪的基本构成要件来看，"事后行贿"并不属于典型的行贿罪。因而应当对"事后行贿"的情形进行区分：

1. 从行贿人谋取不正当利益的角度来看，在事先没有和国家工作人员提出请托的情况下，国家工作人员几乎不太可能会违规操作帮助其谋取不正当利益，因而事后行贿往往是针对国家工作人员正常履职的情况。《最高人民法院、最高人民检察院关于办理贪污贿赂刑事案件适用法律若干问题解释》第 13 条第 3 项规定，事先未约定事后受贿的，也属于为他人谋取利益，构成受贿罪。对于"事后受贿"的精神是否同样可以适用于"事后行贿"，有观点认为，只有为谋取尚未获得的不正当利益，给予国家工作人员财物的行为才有法益侵害性，理由是"事先无约定的行贿行为，无法认定特殊不正当利益的获取与事后行贿之间的因果关系"。[②] 还有观点认为，如国家工作人员暗中主动帮忙，客观上为行为人谋取了不正当利益，行为人知晓后主动以财物感谢的，因为其行贿行为没有事前直接与谋取不正当利益相勾连，不能认定为行贿。[③] 我们认为，上述观点对于谋取不正当利益与行贿行为之间的关系在理解上过于简单化。对此，应当从行贿行为侵害的法益入手，将相关谋取利益的行为和动机嵌入在刑法所保护的相关法益之中。

2. 从侵犯法益的角度来讲，"事后行贿"的行为同样"破坏了国民对于凭借自己实力获取相应公共资源的信赖利益"，[④] 令人足以怀疑行为人并非通过正当途径取得公共资源。事前无约定的权钱交易看似没有破坏规则，一切都是"顺理成章""顺水推舟"，但事实上这种较为隐蔽的方式，遮蔽了权力被腐蚀的真相，如果不加以追究将会极大纵容腐败的滋生。特别是对那种已经形成"潜规则"或者"卖官鬻爵"成风的地区和系统，当地主要领导在常委会或党组会上以"集体研究"的名义表决通过人事问题后，新调整提拔的干部会像"流水线作业"一般轮流到主要领导家中奉上"礼金"以表示感谢。在

① 黎宏：《贿赂犯罪的保护法益与事后受贿行为的定性》，载《中国法学》2017 年第 4 期。
② 王志：《无约定的事后给付型"行贿"的法律适用》，载《江苏警官学院学报》2018 年第 1 期。
③ 孙国祥：《行贿谋取竞争优势的本质和认定》，载《中国刑事法杂志》2013 年第 7 期。
④ 李世阳：《论贿赂犯罪的差序法益构造》，载《政治与法律》2022 年第 8 期。

此过程中，貌似一切提拔都是经过严格的组织程序考察，行受贿双方在组织公示前也没有明确的约定，但是这种事后感谢的风气在当地是"公开的秘密"，严重败坏了一个地方的政治生态。又如，某律师在代理案件过程中胜诉，其为"避嫌"并未在案件审理过程中与主审法官有过私下接触，但在案件结束以后，其按照"惯例"主动联系主审法官并向其送上礼金表示感谢。对于上述行为，具有明显的社会危害性，绝不能以"事前没有约定"为由不予处罚。且根据相关规定，即便是正常的任免程序和司法程序，在事后给予有关人员财物也同样违反了组织原则和审判原则。事前无约定的行受贿行为看似建立在正常履职的基础上，但实际上，"事后行贿"是在行贿人给予财物与利用公权力谋取利益之间建立了准确的对价关系，即只要行贿人意识到此种对价关系的存在，无论是其准备"提前购买"公权力还是事后对公权力进行酬谢，从权钱交易的角度来看，并无本质差别。更何况对于行贿人而言，他们向国家工作人员行贿往往不只是"一锤子买卖"，而是抱着"日后还有用得着的地方"的想法和动机。

3. 对行贿的主观方面应进一步作扩张解释，即"为谋取不正当利益"不仅包括事前的作案动机，也包括事后的客观行为所体现的主观认知。张明楷教授也指出，"为谋取不正当利益"既可以解释为主观要素，也可以解释为客观要素。[①] 也就是说，从权钱交易的角度来分析"事后行贿"，应当超越以往那种仅从行贿人的认知来判断是否具有谋取不正当利益动机的模式，不再强调把"为谋取不正当利益"当然置于"已经实际谋取到不正当利益"之前，不再机械地要求先有行贿动机后有行贿事实，而是把行贿人的主观动机抽象化，重新建构一个行贿罪主—客观要素的认定模式，将主观认知、主观动机作为整体性的评价。行贿人与国家工作人员之间事先是否有约定，仅反映行贿人主观恶性的大小和社会危害程度的不同，并不影响行贿罪的成立。因此，无论事前、事中、事后的行贿行为，只要行为人基于权钱交易的本质，给予财物与获取不正当利益的对价关系客观存在，且发生行贿的原因与国家工作人员履行职务密切相关，就应当认定为行贿罪。这样的解释方式，既没有超出行为人本人的主观认知范畴，也符合行、受贿犯罪对价关系一致性的逻辑。

4. 对于国家工作人员在职时为行为人谋取利益，事先双方没有约定国家工作人员离职后给予其财物的，行为人待国家工作人员离职或退休后给予其财物的，则不宜按行贿罪来处理。贿赂犯罪本身具有很强的复杂性，如不加甄别对行贿行为"一刀切"式的处理，并不能使行为本身得到全面、客观评价。特别是在定性缺乏足够依据的时候，更应当慎重处理有关争议问题。根据《最高人民法院、最高人民检察院关于办理受贿刑事案件适用法律若干问题的意见》的相关规定，国家工作人员利用职务上的便利为请托人谋取利益之前或者之后，约定在其离职后收受请托人财物，并在离职后收受的，以受贿论处。上述规定也就意味着，国家工作人员如果与行贿人没有明确约定离职后收受财物的，则不宜以受贿论处。黎宏教授曾就此举例：某商人在外地经商时遭人构陷，身陷囹圄。主审法官在审理过程中，秉公执法，最终顶住压力判决该商人无罪。该商人重获自由后返回家乡，与法官再无交集。多年后，其偶然得知法官退休后身患重病，经济拮据，晚景凄凉，遂托人送给该法官 20 万元现金作为治疗费用。[②] 对此，如果认定该商人构成行

---

① 张明楷：《刑法分则的解释原理》（上），中国人民大学出版社 2011 年版，第 394 页。

② 黎宏：《贿赂犯罪的保护法益与事后受贿行为的定性》，载《中国法学》2017 年第 4 期。

贿罪，则显然与典型的权钱交易存在差异，既不能得到社会公众的认可，也不符合一般社会价值观。

问题4. 经济往来中的行贿犯罪，是否应当具备谋取不正当利益的要件

【实务专论】

根据《刑法》第389条第2款之规定，在经济往来中，违反国家规定，给予国家工作人员以财物，数额较大的，或者违反国家规定，给予国家工作人员以各种名义的回扣、手续费的，以行贿论处。对于该条款是否要求具备谋取不正当利益的要件，存在两种观点：

第一种观点认为，谋取不正当利益是所有行贿犯罪的必备要件，经济往来中的行贿犯罪也不例外，[①] 即便《刑法》未明确规定"商业贿赂条款"是否需要具备谋取不正当利益的要件，但从立法精神上推断也应具备。仅仅在经济往来给予国家工作人员财物或回扣、手续费，而没有谋取不正当利益的，依法不构成行贿罪。

第二种观点认为，经济往来中的行贿犯罪不要求以谋取不正当利益为构成要件。

我们同意第二种观点，具体理由是：

1. 对于行贿罪中的"特殊条款"，如果仅从条文内容上来分析，很难直接判断行为人是否具有谋取不正当利益的主观动机。对此，可通过体系解释的方法，考察刑法规定及其立法背景，将具体的《刑法》条文置于整个犯罪体系框架内进行分析，并对刑法条文所蕴含的法律逻辑进行延伸，而又不超出刑法条文语义的射程之外。[②] 行贿犯罪中的经济往来条款是刑法关于行贿罪的"拟制"条款，[③] 具有独立的构成要件意义，区别于普通行贿罪条款，不要求以谋取不正当利益为构成要件。刑法关于单位行贿罪的规定中，也同样规定类似的经济往来行贿条款。

2. 所谓"经济往来"，是指在市场经济条件下平等的市场主体之间所发生的商品交易或提供服务等活动。例如，国家工作人员代表单位向商品销售方集中采购办公用品、公务车辆、购买物业服务及车辆维修和保养服务。所谓"违反国家规定"，特指违反全国人民代表大会及其常务委员会制定的法律和决定，国务院制定的行政法规、规定的行政措施、发布的决定和命令。其中，针对经济往来型行贿进行规制的立法和行政法规主要是治理商业贿赂领域的一系列法律法规，包括《中华人民共和国反不正当竞争法》《国务院关于严禁在社会经济活动中牟取非法利益的通知》。此外，中央治理商业贿赂领导小组发布的《关于深入推进治理商业贿赂专项工作的意见》《关于在治理商业贿赂专项工作中正确把握政策界限的意见》等文件也具有重要的参考价值。所谓"回扣、手续费"，不同于商业往来中的"折扣""佣金"。一般而言，折扣是指经营者为了销售商品或者购买商品，在销售商品或者购买商品时，给予对方的价格优惠。根据《反不正当竞争法》第8条第2款的规定，"经营者销售或者购买商品，可以以明示方式给对方折扣，可以给中间人佣金。经营者给对方折扣、给中间人佣金的，必须如实入账"。而回扣则是指经营者销售商

① 赵煜：《惩治贪污贿赂犯罪实务指南》，法律出版社2019年版，第717页。
② 贾银生：《刑法体系解释之解释规则的反思、重构与展开》，载《西南政法大学学报》2020年第6期。
③ 薛进展：《贿赂犯罪"经济往来"系列条款是法律拟制规定》，载《检察日报》2008年3月25日。

品时以现金、实物或者其他方式退给对方单位或者个人的一定比例的商品价款的行为。根据《反不正当竞争法》第 8 条第 1 款的规定，"经营者不得采用财物或者其他手段进行贿赂以销售或者购买商品。在账外暗中给予对方单位或者个人回扣的，以行贿论处"。"手续费"，顾名思义是办理特定事项或者特定手续过程中所产生的费用，实质上是为办理某些事务所支付的必要补偿或者报酬，故而也可以称为"服务费"。"手续费"在银行、证券等金融机构的日常交易活动中广泛存在，支付手续费并不一定是违法行为，《刑法》第 389 条第 2 款中所列举的"手续费"具有特定含义，即没有以明示方式如实入账而是直接给予国家工作人员个人以手续费，才属于违反国家规定的行贿行为。

3. 从罪刑法定的角度来看，《刑法》第 389 条第 2 款并没有明确要求行贿人在经济往来中给予国家工作人员以财物或回扣、手续费的，需要具备"为谋取不正当利益"的要件。而从立法的一致性来看，《反不正当竞争法》对于商业贿赂的认定也没有要求将"为谋取不正当利益"作为构成要件；从立法背景来看，1997 年《刑法》设立该条款时，正值我国社会主义市场经济初步建立，国家对商业领域的监管措施还不够到位，一些商品经营者经常以各种名目的回扣、手续费为幌子，向有关国家工作人员大肆输送非法利益，并严重败坏了社会风气和市场秩序。为进一步治理商业贿赂，彻底遏制经济腐败的不正之风，同时考虑到增设"谋取不正当利益"的要件将增加论证上的难度，为避免人为抬高行贿罪的入罪门槛，故而《刑法》第 389 条第 2 款对此类发生在特定的经济往来活动中的行贿行为设置了区别于普通行贿罪的构成要件，即没有专门强调"谋取不正当利益"的构成要件。当然，这并不意味着对"谋取不正当利益"的消解或者否定，因为《刑法》已经对此设定了两个前置性条件，即"在经济往来中"和"违反国家规定"，因而也不必担心"谋取不正当利益"要件被该条款架空。因此，行为人不论是否为谋取不正当利益，只要在经济往来中违反国家规定给予国家工作人员以财物或者各种名义的回扣、手续费的，且数额达到三万元以上的，均可构成行贿罪。

问题 5. 如何区分"人情往来"与行贿犯罪的界限

【实务专论】

在办理行贿案件过程中，经常遇到以"人情往来"的名义给予国家工作人员财物，但行贿人当时未向国家工作人员提出具体请托事项的情形。这种对价关系模糊化的"感情投资"能否认定为行贿罪，还存在一定争议。① 毋庸讳言，中国是一个人情大国，逢年过节、红白喜事、乔迁新居、升学就业、参军入伍、住院就医等，往往存在"礼尚往来""关系走动"的空间，也成为行贿案件中被告人及其辩护人的辩点。如打击面过宽，则与影响我国几千年的人情文化和人情社会心理不相符合，还可能导致社会生活与司法实践的混乱。② 对此，《最高人民法院、最高人民检察院关于办理贪污贿赂刑事案件适用法律若干问题的解释》将国家工作人员收受具有特定上下级或管理关系的人员给予的 3 万元以上的"礼金""红包"的行为，拟制为"为他人谋取利益"，解决了受贿罪长期以来的司法适用难题。这是一种有条件地对情感投资行为入罪的方式，以此作为对情感投资问

---

① 车浩：《贿赂犯罪中"感情投资"与"人情往来"的教义学形塑》，载《法学评论》2019 年第 4 期。
② 高铭暄、张慧：《论受贿犯罪的几个问题》，载《法学论坛》2015 年第 1 期。

题处理的解决方案。① 但对于行贿罪而言，能否参照适用上述条款还存在一定争议，因而仍需要结合具体案情进行分析。在此类行贿案件中，如果单纯考察行为人所谋求的利益本身，很难判断是否属于不正当利益，但如果从行贿人与对合犯即国家工作人员的互动关系入手，特别是分析行为人给予国家工作人员财物的方式，则更为容易判断行贿罪中的主观要素。例如，对于如何区分谋取不正当利益与"人情往来"的情形，应当从行贿人与受贿人的双重视角来审视二者的差异，其中包括给予利益、好处的时间节点、交往程度、数额大小。《最高人民法院、最高人民检察院关于办理商业贿赂刑事案件适用法律若干问题的意见》曾提出，区分贿赂与馈赠的界限应当结合以下因素判断：（1）发生财物往来的背景，如双方是否存在亲友关系及历史上交往的情形和程度；（2）往来财物的价值；（3）财物往来的缘由、时机和方式，提供财物方对于接受方有无职务上的请托；（4）接受方是否利用职务上的便利为提供方谋取利益。

因此，对于如何区别"人情往来"与行贿犯罪，应从以下方面重点进行审查：

1. 双方关系是否具有平等性，是否系具有上下级关系的下属或者具有行政管理关系的被管理人员。一般而言，"人情往来"需要双方具备长期交往的基础和一定的感情因素，仅因某个项目审批而结识者显然不具有人情基础。此外，双方的交往还应保持在一个大致平等的关系幅度内，而不是基于权力基础所建立的交往关系，如明显具有一定的利益诉求，则不属于平等关系。例如，根据《最高人民法院、最高人民检察院关于办理贪污贿赂刑事案件适用法律若干问题解释》的规定，"国家工作人员索取、收受具有上下级关系的下属或者具有行政管理关系的被管理人员的财物价值三万元以上，可能影响职权行使的，视为承诺为他人谋取利益"。在办理行贿案件过程中，可以参照上述规定的精神理解何为"具有明显的利益诉求"。此处的行政管理关系，指基于广义的法律、法规、规章所确认的监管关系。② 此外，还应注意即使是亲属关系，也不宜一概认定为具有平等关系。如果行贿人虽然与某国家工作人员系亲属关系，但双方财产关系各自独立，其为谋取不正当利益向该国家工作人员赠送财物的行为，仍然超出了平等交往的范畴，应当认定为行贿。反之，如亲属间是出于增进亲情而在逢年过节期间赠送财物，且与请托、谋利行为的发生时间缺乏明显的关联性、对应性或非出于明显功利目的的，则不宜认定为行贿。

2. 赠送礼金时是否有明确的请托事项。谋取不正当利益是行贿犯罪的核心要件，且请托事项不要求明确具体，实践中往往存在行受贿双方"心知肚明""心照不宣"的情形。换句话说，"礼金"不过是赠送者收买"公权力"的社交策略。③ 例如，某企业老板在中秋节期间向具有相关审批权的国家机关工作人员赠送礼金，仅提出请该国家工作人员今后对其公司"多多关照"，在此情况下，给予财物和请托、承诺谋利事项具有明显的关联性、对应性，应认定为具有明确的请托事项。

3. 所送财物是否具有双向性及价值上大致对称性。《礼记·曲礼上》曾有言，"往而不来，非礼也；来而不往，亦非礼也"。因此，所谓"礼尚往来"必须具有双向性，在年

---

① 陈兴良：《为他人谋取利益的性质与认定——以"两高"贪污贿赂司法解释为中心》，载《法学评论》2016年第4期。

② 周光权：《刑法客观主义与方法论》，法律出版社2013年版，第331页。

③ 孙国祥：《"礼金"入罪的理据和认定》，载《法学评论》2016年第5期。

节期间馈赠给对方礼金，要求在类似的情境中对方也应回赠等价的财物，这是区别于贿赂犯罪中"权钱交易"的重要特征。如果只有单方的利益输送，而对方从未有过回馈或者为了掩饰行受贿关系而选择给予少量不对等的财物的，均属于行贿。

4. 所送财物是否超过正常人情往来的数额。一般而言，所谓"正常往来数额"并无确定或统一标准，需要根据当地的社会风俗习惯和经济发展水平来确定。有些地方虽然经济条件落后，但是民间礼金畸高，甚至动辄过万元，对此也不能一概认定为超出正常往来的数额。反之，如果已经明显超出当地通行标准，且无其他特别原因予以合理解释，又存在谋利事项，则不属于正常人情往来范畴。[①]

5. 赠送财物时是否具有一定公开性。在具体的送钱方式方面，人情往来具有公开性，这种公开性表现在不避讳、不隐瞒，如在婚宴现场将礼金公开登记在礼簿上；贿赂则具有隐秘性，通常在办公室、住所等"一对一"环境下进行。

综上，对于"人情往来"和"感情投资"的性质判断，应当借助法益的功能，从公共权力廉洁性和社会一般成员对公平竞争的信赖感出发，超越"不正当利益"要件中主观要素的限制，只要行贿行为客观上使社会一般人获取公共资源的信心、预期与判断产生了动摇、怀疑，就应当将破坏上述法益的行为纳入到行贿罪惩处的范围。

问题6. 向国家工作人员提供商业机会的，能否认定为行贿

【实务专论】

商业机会，是指某种商业业务的经营机遇。商业机会转化为经营收益过程中，不仅需要资金的投入，还需要人力等其他经营成本的支出。有观点认为，商业机会不能等同于财物或者财产性利益，不是我国刑法规定的行贿罪的犯罪对象。[②] 对上述观点，我们认为值得商榷，向国家工作人员提供商业机会能否认定为行贿，应当结合具体情况认定，主要理由是：

司法实践中，商业机会分为两种：

第一种是确定性的商业机会，例如在工程招标活动中，某企业负责人为承揽到工程项目，向具体负责的国家工作人员承诺如竞标成功，则将工程施工量的10%直接交由该国家工作人员，此种情况该国家工作人员往往会将工程量直接转包，并获得巨额转让费用，可以直接计算为行贿金额。还有一种提供"旱涝保收型"的商业机会，如名义上是从事某项事业，但实际上不需要额外投入即可获得巨额回报，特别是在矿产资源等垄断性行业较为常见。例如，某煤炭企业老板为感谢当地县长的支持，向其赠送若干业已探明储量的煤炭区块。在该案中，无论该县长是否实际开采煤炭，都已经获得了确定的贿赂，此种商业机会更近似于某种唾手可得的资源，是典型的权钱交易行为。尽管如果该县长果真亲自开采，客观上也存在一定的经营风险，但市场风险不影响财物属性本身的认定。反过来讲，行贿人向国家工作人员赠送房产尚且可能存在价格波动，但并不影响对其财物属性的认定，因而赠送矿产资源的行为亦可直接认定为财产性利益。也就是说，向国家工作人员提供商业机会后，该国家工作人员未付出实质性经营活动而获取收益或

---

① 于同志：《刑法实务十堂课：刑事审判思路与方法》，法律出版社2020年版，第261页。
② 陈新民：《商业机会可否认定为受贿罪中的财物》，载《中国检察官》2010年第7期。

者所获取的收益明显高于相应经营活动应得收益的，应当认定为行贿。[①]

第二种是不确定性的商业机会，如向国家工作人员及其特定关系人提供某种经营资格资质，后续的经营由受贿一方自主决定并自负盈亏。能否认定为确定性的商业机会，应当结合盈利前景、市场进入门槛、国家工作人员是否投入开发还是直接转让、投资项目是否需要特定资质等情况严格把握。如行贿人所提供的商业机会存在一定市场风险，涨跌盈亏都较为常见，即使产生收益，还需要智力资源、人力资源、管理成本等诸多因素。也就是说，"不确定性"的商业机会只是一种获取利益的机会和可能，并非直接经济利益，无法折算成具体的、确定的金额，在转变成现实利益的过程中，也存在亏损的风险，因而不宜将此类商业机会归为贿赂。此外还需要交代的是，有观点认为，向国家工作人员的近亲属提供工作机会的，由于工作机会本身也意味着一定收益，因而也应属于财产性利益。[②] 我们认为，此种观点有过于扩张"财产性利益"之嫌，且即便此种工作机会可以通过工资报酬予以量化，但其中也凝结了个人的劳动付出，在没有充分证据证实"挂名领薪"的情况，不宜认定为财产性利益。

问题 7. 行贿人多次小额行贿后才达到行贿罪入罪标准的，能否构成行贿罪

【实务专论】

数额作为判断行贿罪法益侵害的重要标准，对于行贿罪定罪量刑具有基础性作用。《最高人民法院、最高人民检察院关于办理行贿刑事案件具体应用法律若干问题的解释》第 5 条规定，多次行贿未经处理的，按照累计行贿数额处罚。该条实际上借鉴了《刑法》第 383 条第 2 款"对多次贪污未经处理的，按照累计贪污数额处罚"的规定。此处的"未经处理"，既包括达到定罪标准未受处理，也包括未达到定罪标准未受处理。[③] "处理"包括刑事处罚和党纪政务处分，依照规定，已经受过相关处理的原则上不再累计计算行贿数额。[④] "多次"一般指多次向单人行贿，对于"同时向多人行贿"虽然客观上也符合"多次"的要求，但鉴于司法解释对此种情形已经另有规定，且多次向单人行贿比一次向多人行贿的入罪门槛要高，在累计计算行贿数额时也不宜混同适用。一般而言，行贿人贿送小额财物分为以下情况：

第一种情形：行贿人向同一名国家工作人员多次贿送小额财物，虽每次均未达到定罪标准，但累计后已经达到了行贿罪的入罪标准。对此，曾有观点提出，如果允许对多次小额非罪数额累计的话，为了达到总额 3 万元的定罪标准，将低于 100 元甚至 50 元的财物加以累计也是可能的。那么，贿赂犯罪的数额标准就成了虚置的标准。[⑤] 对此，我们认为，如确有证据证明，行贿人每次贿送的小额财物均有具体的请托事项相对应，并且累计数额达到行贿罪定罪标准，其法益侵害程度就达到了值得刑罚处罚的程度，则应当

① 罗开卷：《索取、收受商业机会行为的刑法评价》，载《人民法院报》2019 年 10 月 10 日。

② 卢勤忠：《商业贿赂犯罪研究》，上海人民出版社 2009 年版，第 47 页。

③ 裴显鼎、刘为波、王珅等：《〈关于办理贪污贿赂刑事案件适用法律若干问题的解释〉的理解与适用》，载《人民司法》2016 年第 19 期。

④ 陈兴良：《贪污贿赂犯罪司法解释：刑法教义学的阐释》，载《法学》2016 年第 5 期。

⑤ 黄伟明、李泽康：《受贿罪定罪数额标准与数额累计适用研究》，载《山东大学学报（哲学社会科学版）》2019 年第 5 期。

以累计贿送的财物计算行贿数额。实践中，有行贿人为规避调查，采用"蚂蚁搬家"的方式，向同一个国家工作人员今天送一千元、明天送两千元，最后累计高达数万元甚至数十万元，而双方对这种"化整为零"的行贿方式心照不宣，如果不予处罚，则严重背离了严惩行贿犯罪的刑事政策精神。尽管表面上看，由于单笔数额较少，确实达不到行贿罪的立案起诉标准，但对此不宜孤立看待每一笔数额，而是纳入整体性的框架内分析行受贿双方的心态和作案的特殊手段。最高人民法院刑二庭在对《贪污贿赂司法解释》的"理解与适用"中主张，"行贿人长期连续给予受贿人财物，且超出正常人情往来，其间只要发生过具体请托事项，则可以把这些连续收受的财物视为一个整体行为"。[①] 当然，上述论断的成立，需要行贿人针对特定的谋利事项而在较短的时间内连续行贿，才值得纳入行贿罪的打击范畴。如果不是针对单一的特定事项，且系在较长的时间段内，每次只赠送国家工作人员一两千元甚至几百元，待累计到数十次才达到三万元以上的，则更接近于人情往来，没有作为犯罪处理的必要。例如，行贿人为了自己的儿子（时年 10 岁）将来能够在找工作时得到某国家工作人员的帮助，每年定期向国家工作人员送礼金 3000 元。即使双方对此心知肚明甚至有明确约定，由于间隔时间过长，已经不再是行贿犯罪中"掩人耳目"的手段而纯粹演变成为"小额感情投资"和"人情往来"，对此亦没有刑事处罚的必要。也就是说，行贿数额的累计应以行贿事实的客观存在为前提，如果是不存在上下级关系、行政管理关系或者并非出于谋取不正当利益的目的，行为人之间单纯的人情往来、年节拜贺中所送红包、礼金，因不具有行贿事实，不宜将有关财物价值计入行贿数额。

第二种情形：行贿人以"人情往来"的名义，向多名国家工作人员先后给予小额财物，客观上也显示为"多次"的特征，但实际上是"一对多"的状态。对此，可以从受贿人的角度来反向论证：实践中，一些领导干部借家庭成员婚丧嫁娶之机大摆宴席，并收受到场人员赠送的礼金，虽然单笔数额往往不超过一千元，但是在总数上动辄总额达到数万元甚至数十上百万元。从实际情况来看，对这种借机"敛财"的行为，进入刑事司法程序的较少，而是由监察机关作为党内违纪行为予以处理。同理，对于这种"一对多"的小额礼金的行贿方式，即便达到了行贿罪入罪标准，也不应认定犯罪。主要理由是：行贿罪的成立，要求行贿人与国家工作人员之间在谋取不正当利益方面具有对应性、指向性和关联性，不同的权钱交易关系要求对应不同的行贿事实。如果"多对一"的收受礼金在实践中不作为受贿罪处理，则那种行为人为与多名国家工作人员搞好关系，每个国家工作人员红白喜事都送一千元，最后累计达到 3 万元的"一对多"的赠送礼金方式，也不宜认定为犯罪，否则将明显有失公平。

第三种情形：行贿人为谋取不正当利益，向多名国家工作人员先后给予小额财物的。例如，某工程施工队老板为承揽某中学新建教学楼工程，在当年春节向该中学校长及四名副校长分别赠送礼金 2000 元。在此，行贿总额已经达到 1 万元，且行贿对象也超过三人，对此能否适用《最高人民法院、最高人民检察院关于办理贪污贿赂刑事案件适用法律若干问题的解释》第 7 条"行贿数额在一万元以上不满三万元，向三人以上行贿的"的规定？最高人民检察院法律政策研究室提出，《行贿司法解释》之所以规定"多次行贿

---

① 裴显鼎、刘为波、王珅等：《〈关于办理贪污贿赂刑事案件适用法律若干问题的解释〉的理解与适用》，载《人民司法》2016 年第 19 期。

未经处理的，按照累计行贿数额处罚，正是为了解决行贿数额较小但多次行贿或向多人行贿均未达到行贿罪入罪数额标准的问题"。① 因此，对于满足上述司法解释情形的应当纳入行贿罪的惩治范围。

第四种情形：行贿人分为两个阶段，前期给予小额财物时仅属于人情往来，或者缺乏足够证据证明存在谋取不正当利益的主观目的，后期才正式向国家工作人员提出自己的明确诉求，国家工作人员承诺提供帮助后，行贿人继续贿送小额财物，前后两个阶段的财物总额累计后才达到入罪标准的。尽管该行贿人也是针对同一谋利事项、向同一个国家工作人员行贿，但是在提出请托事项前给予的小额财物如果超过正常的人情往来界限，则应当纳入行贿的金额之中。因此，根据《贪污贿赂司法解释》第 15 条第 2 款规定，"国家工作人员利用职务上的便利为请托人谋取利益前后多次收受请托人财物，受请托之前收受的财物数额在一万元以上的，应当一并计入受贿数额"。作为对合犯罪，对于行贿罪同样应当确立上述标准，即"行贿人为谋取不正当利益，在提出请托前后多次向国家工作人员行贿的，在提出请托之前贿送的财物数额在一万元以上的，应当一并计入行贿数额"。但是对其前期给予国家工作人员的财物未超过一万元的，根据最高人民法院刑二庭对《贪污贿赂司法解释》的解读，"未达到一万元数额标准的，意味着性质上不属于受贿（行贿），故不宜计入受贿（行贿）数额"。②

问题 8. 如何把握"交易型贿赂"案件中"明显低于市场价格"的标准

【实务专论】

最高人民法院、最高人民检察院于 2007 年联合发布的《关于办理受贿刑事案件适用法律若干问题的意见》第 1 条规定了以交易形式行贿的性质认定与数额计算规则，但上述规定对于房产交易型行贿案件中市场交易价格的认定、交易时间的确定以及如何把握"明显低于市场价格"等未作具体规定。

1. 市场价格的认定标准

房产交易型行贿案件中，市场价格是确定行贿数额的关键，因而确定市场价格的标准尤为必要。实践中，常见的观点主要有以下几种：（1）以开发商对外标明的售价为准；（2）以政府指导价为准；（3）以司法机关委托鉴定部门所作的市场评估价格为准。但受供求关系、开发商投入成本及回笼资金等因素的影响，上述价格作为市场价格标准均缺乏相对合理性，因而不宜作为判断依据。

真正反映市场交易价格的是开发商针对不特定人优惠折扣后的实际成交价格，这不仅能够避免控辩双方对于评估价格是否准确的争论，而且充分考虑房产交易的实际操作惯例。在认定实际成交价格时，应注意以下几点：一是要根据商品房买卖合同、房地产权属登记簿证明、房地产销售专用发票、商品房销售明细证明、客户优惠申请单、现金存款凭证证明、刷卡交易记录、记账凭证、银行进账单、收据证明等查明在交易时间、

① 陈国庆、韩耀元、宋丹：《〈关于办理行贿刑事案件具体应用法律若干问题的解释〉理解和适用》，载《人民检察》2013 年第 4 期。

② 裴显鼎、刘为波、王珅等：《〈关于办理贪污贿赂刑事案件适用法律若干问题的解释〉的理解与适用》，载《人民司法》2016 年第 19 期。

地理位置、面积、户型、朝向、所在层数相同或较为相近的开发商针对不特定人的商品房最低优惠价格；二是要查清开发商的优惠价格是否针对不特定对象，同时还应当查清最低优惠价格是否附有条件；三是如果商家真实交易价格无法查明，而评估价格能够反映当时的市场行情，则应采用评估价格。

2. 房产交易型行贿案件中"明显低于市场价格"的认定

认定"明显低于市场价格"属于主观判断范畴，司法实践中，关于如何判断"明显低于市场价格"主要有以下几种观点：

（1）相对比例说，即低价购买超过一定比例的，为明显偏离市场价格。相对比例限定过高，则难以区分经营者特殊优惠价格与明显偏离市场价格的界限；如相对比例限定过低，则容易放纵行贿犯罪；（2）绝对数额说，即确立一个立案标准，贿赂双方实际交易价格与市场交易价格的差额如果超过立案标准，则认定为明显低于市场价格。该标准虽易操作，但亦有可能不当扩大或缩小打击面，绝对数额设定太高，容易放纵行贿，绝对数额过低，又无法体现《意见》中"明显低于"的标准。（3）数额比例结合说，即确定相对比例及一定数额标准，符合这两个标准则构成"明显"，该观点虽然总结了前两种观点的不足，但仍有绝对化倾向，缺乏弹性，不仅存在用行贿数额标准替换明显偏离市场价格标准的问题，而且集合了相对比例说与绝对数额说的操作障碍，因而难以解决纷繁芜杂的司法实践问题。

由于司法实践中房产成交价格动辄上百万元，尤其在大城市行贿人稍微让利几个点就会远超过一般行贿罪立案标准，而在一些小城市或经济不发达地区，房产价格仅为 10 万元、20 万元，行贿人哪怕仅让利一两万元，也不能就此认为不属于"明显低于市场价格"。因此，判断是否"明显低于市场价格"，应从行贿罪权钱交易的本质出发，通过查证房产开发商内部的优惠销售记录，结合特点地区、特定时期的经济发展水平、房产市场的交易规则及差额所占涉案房屋价值总额的比例等多方面进行综合判断。

3. 房产交易型行贿案件的交易时间的界定

房产交易型行贿案件中，涉案房屋市场价格具有较大的波动性，以不同的时间基准计算交易时间犯罪数额相差悬殊。因此，准确界定交易时间将对行贿人的量刑起到至关重要的作用。司法实践中，对于房产交易时间的认定主要有以下几种观点：

（1）以办理房屋权属登记时间为准；（2）以房屋交付作为交易时间的标准。但是，将办理房屋权属登记或以房屋交付受贿人使用时认定为交易时间缺乏可操作性。司法实践中，有的受贿人收受"期房"后，转手倒卖给第三方，亦有受贿人收受房屋后并不办理房屋权属变更登记转而出租牟利。此类受贿人始终未办理房屋产权登记，行贿人也未将房屋交付给受贿人使用，按照上述观点则很难进行受贿数额计算。另外，根据《民法典》的相关规定，商品房在尚未过户登记但买受人已订立预售合同的情况下，买受人对于上述房屋虽无所有权但对出卖人享有债权，而债权本身亦为一种财产性收益，故商品房交付的时间和阶段只在一定程度上影响交易时间的认定。

因此，房产交易型行贿案件的交易时间一般应以商品房买卖合同成立时间为准。根据《民法典》相关规定，当事人之间订立有关设立、变更、转让和消灭不动产物权的合同，除法律另有规定或者合同另有约定外，自合同成立时生效；未办理物权登记的，不影响合同的效力。因此，房屋买卖合同成立时，受贿人与行贿人已经完全具备贿赂犯罪的意思表示，双方均明知签订合同为形式，贿赂为实质，行贿行为已经完成，危害结果也实际发生，因而应当认定为"交易时间"。

同时，在一些交易型受贿案件中还存在预先订立预售合同后又发生变更的情况，此时，因预售合同中行为人得以反悔，行贿犯罪的实质性危害尚处于待定状态，故一般不作为认定交易时间的标准。当然，订立商品房买卖合同只是合同正式成立的书面凭证，如果在订立合同之前买受人已经向出卖人陆续交付房款，而在首次交付房款与最终订立书面合同的时间段内房屋价格变动较大，则应以买受人首次交纳房款的时间作为交易时间。例如，在某起受贿案中，A公司为达到减免"玛歌庄园"项目人防工程易地建设费的目的，以低价售房的形式向时任H市人防办副主任杨某行贿。杨某从最初预订的"玛歌庄园·悦景园"9号别墅至2007年8月13日调为"悦水园"26号别墅，且自2006年6月6日起陆续交纳了购房款，并得到了A公司的认可。关于该房屋的价值，A公司自2006年4月28日起的销售定价为376万元，2007年8月1日起销售定价为648万元，鉴于该价格变动包含一定市场因素，并非杨某所能控制。一般来讲，行贿人在请托事项的可得利益和所付出的"好处费"之间，必然有一个相对明确的标准即行贿数额的上限不超过请托事项的可得利益，否则行贿即无必要。如果仅以双方于2009年2月24日订立的正式买卖合同为交易时间的计算标准，则所认定市场价格明显过高。在无法准确评估涉案房屋价值的情况下，以其与A公司签订预订协议并实际支付购房款时的销售定价认定该房屋的价值，符合行贿、受贿双方的客观认识，更具有合理性。因此，在上述情况下，结合购房付款说明、账目明细、记账凭证、房地产预售款专用收据、收款通知单、现金缴款单、调房通知单、银行进账单、销售发票记账联、往来收据、现金存款凭证证明等证据证明，杨某自2006年6月6日首次付款时已与开发商达成权钱交易的真正意思表示，故上述时间应当认定为交易时间。

问题9. 借贷型行贿的犯罪金额如何认定

【实务专论】

对于以正常的民间借贷为掩饰，在平时没有经济往来或者没有急迫的借款需求情况下，从国家工作人员处借贷资金并支付高额利息的，实践中对此认定为行贿一般争议不大。认定此类犯罪的难点在于，如何把握"高息"的标准，目前有以下几种观点：

第一种观点认为，"高息"的标准应以银行同期定期存款利率为准。理由是，银行同期定期存款利率系一般社会成员可以预见的可得收益，无论是否存在权钱交易均可正常获取，超出银行同期定期存款利率的则属于高息部分，应当认定为权钱交易的对价。

第二种观点认为，"高息"的标准应以银行同期贷款利率为标准。理由是，考虑到行、受贿双方尽管有权钱交易的事实，但也不能否认还有一部分客观上属于真实的民事借贷关系，因而应从国家工作人员放贷的角度，将国家法定贷款利率作为其可得收益的标准，超出该利率的部分才属于行贿金额。

第三种观点认为，"高息"的标准应以银行同期贷款利率的4倍为标准。理由是，鉴于民间借贷的利率普遍高于银行贷款利率，不能强求一般民事主体之间的借贷利率仅仅参照银行贷款利率的标准执行，而应根据《最高人民法院关于人民法院审理借贷案件的若干意见》的有关规定，只要未超过银行同类贷款利率4倍的利息即属于合法部分，只有超出银行同期贷款利率的 4 倍的部分才能认定为行贿。

第四种观点认为，考虑到各地区经济发展差异较大，民间借贷的供应和需求在不同时期也存在较大起伏，因而不宜以银行贷款利率作为参照，而应深入考察行贿行为发生时案发地的民间借贷情况，并以当地通行的民间借贷利率为标准。即使行贿人支付的利息明显高于一般银行贷款利率，但未超出案发地的民间借贷一般利率的，不宜认定为行贿。

对此，我们同意第四种观点，主要理由是：

1. 借贷型行贿案件仍然没有脱离权钱交易的本质，行贿人从国家工作人员处"借来"资金，并约定支付高额利息，如果仅以银行同期存款利率或贷款利率计算，考虑到我国当前民间投资、民间资金相互拆借的情况较为普遍，有打击面过大之嫌。且实践中，由于银行同期存款或贷款利率并不高，因此极少有行贿人仅按照此标准向国家工作人员支付利息；

2. 如以银行同期存款利率的 4 倍作为标准，则忽视了行、受贿双方事实上均明知该借贷关系是建立在希望通过支付高额利息以"收买"国家权力的基础之上，而并不能完全评价为一般意义上的正常民事借贷关系，不宜完全参照有关民事案件的规定。换句话说，如果不是双方心知肚明的权钱交易关系，行贿人即便资金需求较大或者资金链紧张，也未必一定要从本就有所求的国家工作人员处借款，而国家工作人员的高额利息回报本质上不是靠市场调节而是靠权力依托。如将"高息"的认定门槛过分抬高，则容易出现轻纵行贿犯罪的情况；

3. 以案发当地的民间贷款利率作为认定"高息"的标准，将超出部分认定为行贿人支付的对价，符合刑法实质判断的要求，也能够对行贿犯罪的打击实现不枉不纵。如果确实无法查明或确定当地民间贷款利率的，则以行贿人同期从其他人处借款的最高利率的差额来认定行贿数额，较为符合实际情况。

问题 10. 行贿人向国家工作人员所送物品经鉴定为赝品的，如何认定行贿金额

【实务专论】

对于行贿人向国家工作人员所送物品经鉴定为赝品的，如何认定行贿金额，目前有两种意见：

第一种意见认为，应以相关部门认定的物品实际价值计算。此类物品购买或卖出的交易价格往往易受多种条件的影响而与其实际价值存在巨大差异，甚至出现以假作真、以真作假的情况，应依据专门程序确定涉案物品价值。作为行、受贿犯罪对象的财物，是可以用金钱衡量的具有物质性利益并以客观形态存在的物品，如该物品被鉴定为赝品，并无实际价值时，相关行、受贿行为均不成立。本案中，行贿数额应以行贿人所送贿赂物即赝品的实际价值认定，即行贿数额为 5000 元，由于价值过低，对该笔行贿事实可不予评价。

第二种意见认为，应以行贿人实际购入价格计算。行贿物品系行贿人支付相应对价换取所得，无论该物品的真实价值是高还是低，行贿人已经有了真实的也是最直接的市场货币衡量标准，其主观上具有行贿的故意，应当认定行贿未遂。

我们同意第二种意见，主要理由是：

1. 近年来，行贿案件中经常出现案发后经鉴定贿赂物为赝品的情况，特别是对于字画、玉石类的"雅贿"，由于市场上鱼目混珠、真伪难辨，即便是有着多年鉴赏或收藏经验的艺术爱好者也难免买到赝品，对于一般消费者而言更是经常遇到陷阱。因此，认定贿赂物品的价值，应当综合考察行、受贿双方的主观认识内容、供述情况以及行贿物品实际价值的大小来综合认定。该案中，从行贿人的角度来看，其实际支付了50万元购买字画，表示其行贿意愿为50万元；但从受贿人的角度来看，其最终收受的贿赂仅价值5000元。考虑到贿赂犯罪中对行贿罪与受贿罪的处理，需对贿赂物的价值保持一致。如果以前者认定行（受）贿金额，则显然对受贿人不利；而如果以后者认定行（受）贿金额，则又明显不符合行为人在行贿时的主观意愿。之所以出现这种两难境地，主要是由于贿赂的标的物不是现金，而是需要折算成现金后的财物，而物品的特质与现金存在较大差别。有的物品自购买后便持续贬值，例如，汽车等消耗品；而有的物品则没有统一市场购买价，属于一事一议，如玉石、字画；有的物品本身真伪判断难度较大，需要借助鉴定机构的专业判断。司法实践中，在涉及相关涉案财物价值认定时，原则上都要委托价格认证机构进行价格认定。当然，在认定字画类行贿金额时，在保证字画为正品的前提下，若有购买时的原始发票等证据时，可按购买时的价格认定，若没有则应按照鉴定价格认定。如果购买时价格较高，而鉴定价格较低时，一般按照鉴定价格来认定。

2. 对于此类贿送物品经鉴定为赝品的，实践中行、受贿双方的主观认知程度并不完全一致，因而也不要求同时成立对合犯罪。从受贿人的角度来看，鉴于其实现对所收受的物品价值如何并不知情，如最终被鉴定为赝品，且实际价值远低于其付出的"权力对价"，尚未达到受贿罪入罪标准的，可以不予认定犯罪数额；但从行贿人的角度来看，则不宜简单以财物实际价值是否达到入罪标准作为犯罪成立与否的依据。犯罪对象在案发后的评价不应该成为阻却犯罪事实成立的必然条件。行贿人在行贿当时可能限于专业知识的欠缺无法辨别艺术品的真假，但其行贿当时的主观意图为贿送有价值的真品，犯罪行为已经完成，特殊犯罪对象的真伪不应该成为罪与非罪的标准。考虑到行贿人已经具有明确的为谋取不正当利益而给予国家工作人员财物的动机，并且实施了筹集资金、购买字画、贿送财物等一系列具体行为，其对交换权力的对价也具有明确的认知和心理预期，只是由于行为人意志以外的原因，导致贿送的财物为赝品。在此情况下，如对行为人一律出罪，既不利于惩治行贿犯罪，也不符合主客观相一致的原则。因此，从行为无价值论的立场出发，应当对此类行为给以刑法意义上的否定评价，但在具体量刑时可以按照犯罪未遂予以从轻或减轻处罚。当然，如果行为人对所贿送的财物价值事先确实不明知，也没有在该财物上投入相应成本（如确系祖传或亲友赠送），如鉴定为赝品的，可不再就该笔行贿事实予以认定。

3. 需要注意的是，实践中出现了一种十分隐蔽的行贿手段：行贿人在受贿人的明示或暗示下，主动到受贿人指定的场所、机构或者商家手中高价购买一幅"假字画""假玉石"，再将该字画、玉石贿送给国家工作人员，以确保即便将来国家工作人员被调查，也能够以所收受的物品系赝品为由而难以定罪。之后，国家工作人员再将行贿人高价支付的费用，从其事先指定的场所、机构或者商家处提取现金。整个过程中，行、受贿双方对于充当贿赂媒介物的赝品心知肚明，对此种情形的行贿金额，应直接以行贿人实际支付的购买价认定。

4. 此外，还存在一种较为特殊的行贿人主观认识低于鉴定价值的情形。对于"雅贿"而言，鉴定价值只能反映物品的客观实际价值，不一定能反映行贿人和受贿人双方的主观故意，因此，要遵循主客观相统一原则。行贿罪作为数额犯，行为人在行贿时不仅要认识到其正在实施行贿行为，还要认识到贿赂的价值，受贿数额应当属于故意的认识内容，这样才符合主客观相统一的原则。例如，行贿人以 50 万元价格购买一幅字画，后送予受贿人并告知字画的具体价格。案发后，经鉴定该字画价值为 100 万元。在此情况下，由于实际鉴定价值远远超出了行贿人和受贿人的预期，行为人由于认识错误导致没有认识到贿送财物的数额，难以认定行贿人具有行贿 100 万元的主观故意，应根据主客观相一致和有利于被告人的原则，对行贿数额宜认定为原有的购买价格 50 万元。

问题 11. 行贿过程中支付的额外成本，是否计入行贿金额

【实务专论】

司法实践中，一些行贿人向国家工作人员贿送房产、汽车等大宗物品时，因资金紧张还办理了银行贷款。由此产生的贷款利息，是否应当计入行贿金额中，还存在一定争议。实践中存在以下三种观点：

第一种观点认为，行贿犯罪所支付的额外成本是附随于犯罪的一部分，从打击行贿犯罪的角度来看，不应从行贿金额中扣除；

第二种观点认为，从受贿人的角度来看，无论行贿人为准备行贿财物而额外支付多少成本，这部分支付都没有转化成为受贿所得，因此，认定行贿金额时也应当实事求是，将该部分额外成本予以扣除；

第三种观点认为，应当综合考察行贿案件的具体情况，特别是根据行贿财物与权钱交易关系的"距离"远近，来决定是否扣除行贿成本。

我们同意第三种观点，主要理由是：

在确定行贿数额时，一般应根据行贿人贿送财物或财产性利益的价值来确定。对于行贿人为了实现行贿目的而额外支出的费用是否应计入行贿数额，应确立一项基本的操作标准，即坚持主客观相统一原则，结合行贿人主观认识、国家工作人员有无对收受贿赂的具体要求以及额外支出费用的具体内容、性质、产生原因等因素综合分析。

1. 对于行贿产生的额外成本与行贿标的物密不可分的，如行贿人为国家工作人员子女安排"挂名领薪"所支付必要的"五险一金"、代缴的"个人所得税"，或者行贿人向国家工作人员贿送房产、汽车所产生的车船税、购置税、契税，应当计入行贿数额。最高人民法院刑二庭法官会议曾专门研究"行贿人支付的税费是否应计入受贿数额"这一问题，并主张如果有确切证据证实受贿人对税款部分明知，如行受贿双方对于税费已经明确达成合意由行贿人缴纳的，根据主客观一致原则，可考虑计入受贿数额。[①] 尽管有观点认为，受贿人没有实际收到行贿人代缴税额所对应的金额，因而应将税费从犯罪金额中扣除，但这显然没有注意到此处的税费与后续的行、受贿金额系"唇齿相依"的状态，

---

① 段凰：《行贿人支付的税费是否应计入受贿数额》，最高人民法院刑事审判第二庭编：《职务犯罪审判指导》（第 1 辑），法律出版社 2022 年版，第 88 页。

受贿并不意味着必须"实得"，免除必要的税负、债务同样属于收受财物。因此，考虑到行、受贿的对合关系，在计算行贿数额时同样可以参照上述纪要内容确定。需要注意的是，由于行贿人代缴或者代扣代缴的税费已经上缴国家财政，在追缴受贿涉案赃款时应考虑这一情节。

2. 如果行贿产生的额外成本系受贿人明知且明确提出要求的，则无论该成本是否合理或与行贿标的物联系是否紧密，都应计入行贿金额。例如，国家工作人员向行贿人索要一辆汽车，行贿人表示目前市面上该款汽车紧缺，需要向经销商加价5万元才能顺利提车，受贿人遂要求行贿人向经销商加价5万元购车。此时，行贿人的行贿数额就应当包括汽车的实际价值和5万元加价款。

3. 如果行贿产生的额外成本与行贿标的物并不具有必然联系，也不是行贿犯罪中普遍发生的现象，属于行贿人为达到行贿目的的"偶然性"支出，不宜计入行贿犯罪数额。例如，行贿人为了筹集行贿资金，不得不借高利贷，最后偿还的高额利息，只能是行贿的"成本"而不是行贿款本身。又如，行贿人为送给国家工作人员一幅书画作品，经多方联系，找到国内某著名画家亲自作画，并支付100万元的费用。行贿人在购画过程中乘飞机、住宿、宴请有关人员花费共计3万元，该3万元显然属于行贿成本而不是行贿金额本身。另外从受贿人的角度来看，由于对合关系中的受贿人并没有"享受"到该部分行贿成本所对应的价值，如计入行贿数额，则不利于合理划定行、受贿数额的认定边界，易产生扩大认定的风险。

此外，还有一种较为特殊的情形，是行贿过程中对行贿资金发生的损耗，如行受贿双方约定将行贿资金转账汇入受贿人指定的第三人公司名下，第三人公司再通过做假账的方式，将该笔资金扣除基本税款后再提现交给受贿人。在一些行、受贿链条复杂的案件中，还可能发生向指定企业支付"过桥费""通道费"之后，涉案资金已经被"洗白"，行贿人再将涉案资金取走。考虑到这一过程中发生的资金损耗，一般发生在行贿犯罪既遂之后，且行贿人对于发生损耗的具体情形也无从知晓，因而不宜从行贿金额中扣除。

综上，对于行贿支出的额外成本，应当判断属于行贿犯罪中的"必然支出"还是"偶然支出"，受贿人一方对于额外支出是否明知或提出明确要求，支出事项与行、受贿犯罪本身是否密切相关来综合分析，既做到依法认定，也兼顾合理公允。

问题12. 行贿人揭发对合的受贿犯罪，能否认定为立功

【实务专论】

实践中，常有行贿人向司法机关提出，其在接受调查机关调查谈话期间，主动检举揭发了受贿人，为办案机关查处受贿犯罪提供了重要线索，应当构成立功。对此如何认定，存在两种不同观点：

第一种意见认为，行为人因犯罪被采取强制措施，在刑事诉讼过程中，行为人主动交代向有关公务人员行贿并检举该公务人员收受自己贿赂的犯罪事实，且办案机关根据行为人的检举揭发，查获了该公务员的受贿犯罪，这一行为应当认定为"立功"。[1]

---

[1] 高一飞、李一凡：《行贿人揭发对合的受贿犯罪应认定为"自首并立功"》，载《检察日报》2007年4月9日。

第二种意见认为，如行贿人因涉嫌犯行贿罪接受调查或讯问时交代自己的行贿事实，其交代行贿对方的受贿事实包含在其应交代的本人犯罪事实中，不属于法律规定的"他人犯罪行为"或"其他案件的重要线索"，依法不能认定为立功。

我们同意第二种观点，主要理由是：

1. 根据最高人民法院 2010 年 12 月公布的《关于处理自首和立功若干具体问题的意见》的规定，"虽然如实供述的其他罪行的罪名与司法机关已掌握犯罪的罪名不同，但如实供述的其他犯罪与司法机关已掌握的犯罪属选择性罪名或者在法律、事实上密切关联，如因受贿被采取强制措施后，又交代因受贿为他人谋取利益行为，构成滥用职权罪的，应认定为同种罪行"。同时，根据《最高人民法院、最高人民检察院关于办理行贿刑事案件具体应用法律若干问题的解释》第 7 条规定："因行贿人在被追诉前主动交待行贿行为而破获相关受贿案件的，对行贿人不适用刑法第六十八条关于立功的规定，依照刑法第三百九十条第二款的规定，可以减轻或者免除处罚。"因此，行为人供述的犯罪与司法机关已经掌握的犯罪在法律和事实上密切关联的，所供犯罪不属于立功。

2. 《行贿司法解释》之所以排除了揭发对合犯罪构成立功的情形，主要是考虑到行贿与受贿属于对合犯，行贿人要如实交代自己的行贿行为，必然要涉及对方的受贿行为，具体包括行贿对象、时间、地点和贿赂款的来源。反过来，行为人检举揭发对方的受贿行为，实质上也是在交代自己的行贿行为。对此，可建立一个具有操作性的区分标准：审查行为人的交代是属于可为或不可为的"自主行为"，还是带有法律强制性的"义务行为"。如系自主行为，则属于立功；如系义务行为，则仍属于必须如实交代的范围。

3. 立功情节的认定须以线索来源合法为前提。行贿人主动交代受贿人的犯罪线索，源自其在实施行贿犯罪过程中所获得的信息，而《刑法》和有关司法解释禁止通过违法手段获取案件线索以立功。如认定行贿人构成立功，则无异于使其从自己参与的不法行为中获得他罪的量刑利益，违背"任何人不得从自己违法行为中获利"的法理，不符合《刑法》设立立功制度的初衷。

因此，如实交代与检举揭发貌似两个行为，实为一个行为，即向办案机关陈述整个犯罪事实的行为，行贿人在被追诉前主动交代虽会使相关受贿案件得以侦破，但这种破案并非基于行贿人的检举揭发，仍属于如实供述自己犯罪事实的范畴，依法不能认定立功。①

问题 13. 如何理解"特别从宽制度"中的"对调查突破重大案件起关键作用"

【实务专论】

根据《刑法》第 390 条之规定，行贿人在被追诉前主动交待行贿行为的，可以从轻或者减轻处罚。其中，犯罪较轻的，对调查突破重大案件起关键作用的，或者有重大立功表现的，可以减轻或者免除处罚。其中，根据，"犯罪较轻"是指根据行贿犯罪的事实、情节，可能被判处三年有期徒刑以下刑罚的犯罪；"重大案件"是指根据犯罪的事实、情节，已经或者可能被判处十年有期徒刑以上刑罚的，或者案件在本省、自治区、

---

① 陈国庆、韩耀元、宋丹：《〈关于办理行贿刑事案件具体应用法律若干问题的解释〉理解和适用》，载《人民检察》2013 年第 4 期。

直辖市或者全国范围内有较大影响。①

需要注意的是，《最高人民法院、最高人民检察院关于办理贪污贿赂刑事案件适用法律若干问题的解释》第 14 条中的"重大案件"的掌握标准低于《最高人民法院关于处理自首和立功具体应用法律若干问题的解释》（以下简称《自首立功解释》）关于"重大案件"的标准。按照《自首立功解释》的规定，"重大案件"指可能判处无期徒刑以上刑罚的案件，以及在本省、自治区、直辖市或全国有较大影响的案件。之所以降低"重大案件"的认定标准，主要考虑是提高行贿人配合办案机关侦破贿赂犯罪案件的积极性，且"更为符合社会的普遍认知"。② 其中，具有下列情形之一的，可以认定为《刑法》第 390 条第 2 款规定的"对侦破重大案件起关键作用"：（1）主动交待办案机关未掌握的重大案件线索的；（2）主动交代的犯罪线索不属于重大案件的线索，但该线索对于重大案件侦破有重要作用的；（3）主动交代行贿事实，对于重大案件的证据收集有重要作用的；（4）主动交代行贿事实，对于重大案件的追逃、追赃有重要作用的。

行贿人主动交代行贿事实，对侦破重大案件所起作用主要体现在两个方面：一是提供案件线索，即司法机关不掌握某一行受贿案件的线索，由于行贿人主动交代，使得重大案件得以侦破。其中又分为两种情况：行贿人主动交代的行贿行为相对应的受贿本身就构成重大案件，以及行贿人主动交代的行贿行为相对应的受贿不构成重大案件，但以此为线索另外查出受贿人其他重大受贿犯罪事实。二是对受贿案件的证据收集、事实认定、追逃追赃起关键作用，即司法机关虽掌握某行受贿案件的线索，但未掌握追究刑事责任的足够证据，行贿人主动交代的事实为司法机关收集、完善、固定证据起到关键作用，或者行贿人主动交待的事实涉及受贿犯罪分子的行踪或者赃款赃物的去向等，对于办案机关抓捕受贿犯罪分子，追缴赃款赃物起到关键作用的。综上，行贿人在不同阶段主动交代，会产生不同的法律效果：

1. 因行贿人在被追诉前主动交待行贿行为而破获相关受贿案件的，对行贿人不适用《刑法》第 68 条关于立功的规定，依照《刑法》第 390 条第 2 款的规定，可以减轻或者免除处罚。

2. 行贿人被追诉后如实供述自己罪行的，依照《刑法》第 67 条第 3 款的规定，可以从轻处罚；因其如实供述自己罪行，避免特别严重后果发生的，可以减轻处罚。

3. 行贿人揭发受贿人与其行贿无关的其他犯罪行为，查证属实的，依照《刑法》第 68 条关于立功的规定，可以从轻、减轻或者免除处罚。

4. 实施行贿犯罪，具有下列情形之一的，一般不适用缓刑和免予刑事处罚：（1）向三人以上行贿的；（2）因行贿受过行政处罚或者刑事处罚的；（3）为实施违法犯罪活动而行贿的；（4）造成严重危害后果的；（5）其他不适用缓刑和免予刑事处罚的情形。

《刑法修正案（九）》对减轻或者免除处罚设定了更为严格的条件，而 1997 年《刑法》对行贿罪的处罚相对较轻。因此，如果行贿行为发生在 2015 年 11 月 1 日之前，那么依据从旧兼从轻的刑法适用原则，应该适用 1997 年《刑法》第 390 条第 2 款的规定，同时依据 2016 年 4 月 18 日施行的《最高人民法院、最高人民检察院关于办理贪污贿赂刑事案件适用法律若干问题的解释》的定罪量刑标准对行为人定罪处罚，为此，司法机关适

---

① 《最高人民法院、最高人民检察院关于办理贪污贿赂刑事案件适用法律若干问题的解释》第 14 条之规定。

② 刘山煈：《解释论视角下的行贿罪特殊从宽处罚条款》，载《社会科学》2020 年第 5 期。

用的是减轻或者免除处罚，而非从轻或者减轻处罚，比较而言，对行贿人的刑事处罚会更轻。因此，关于对非国家工作人员行贿罪、行贿罪、介绍贿赂罪、单位行贿罪，在判断特别自首时需要重点关注行贿时间，尤其要与《刑法修正案（九）》的施行时间 2015 年 11 月 1 日进行比对。当然，如果行贿行为延续到《刑法修正案（九）》施行之后，则应当适用修正后的《刑法》予以判决。

需要注意的是，对行贿人适用特别从宽制度予以从轻处罚，不是毫无限度的，特别是在当前落实"受贿行贿一起查"政策的大背景下，更应严格把握从轻处罚的尺度。根据《最高人民法院、最高人民检察院关于办理职务犯罪案件严格适用缓刑、免予刑事处罚若干问题的意见》第 2 条第 4 项的规定，"犯有数个职务犯罪依法实行并罚或者以一罪处理的，一般不适用缓刑或者免予刑事处罚"。因此，如果被告人同时触犯行贿罪、对非国家工作人员行贿罪、对单位行贿罪等罪名或者被告单位同时触犯了单位行贿罪、对非国家工作人员行贿罪、对单位行贿罪等罪名的，即使有其他从轻、减轻处罚情节的，也不宜对被告人或者被告人单位直接负责的主管人员判处缓刑或者免予刑事处罚。

问题 14. 行贿行为存在犯罪竞合的情形应如何处理

【实务专论】

对于存在"法条竞合交叉关系"或"想象竞合"的犯罪，一般适用牵连犯的处罚原则，即择一重而处罚。

问题 15. 如何确定行贿造成的恶劣社会影响

【实务专论】

关于行贿"造成恶劣社会影响"的认定，并不是不着边际、完全不可量化的，可以通过行贿行为对党和政府的形象、公信力和声誉、社会安全秩序、社会经济秩序、食品安全秩序、民众的安全感的影响及损害程度。具体包括：

1. 严重损害国家声誉形象，或者严重损害党和政府的公信力。例如，2013 年，在当年 1 月举行的辽宁省第十二届人大一次会议期间，选举全国人大代表过程中，有 45 名当选的全国人大代表采用了各种手段拉票贿选，而当时投票的 619 名辽宁省第十二届人大代表中，有 523 名省人大代表牵扯到了贿选当中。2016 年 9 月 13 日，为查处辽宁贿选案，十二届全国人大常委会表决通过，确定辽宁省 45 名十二届全国人大代表当选无效。[①] 这是新中国成立以来查处的首个发生在省级层面，严重破坏党内选举制度和人大选举制度的重大案件，严重违反了组织纪律和换届纪律，是对我国人民代表大会制度的挑战，是对社会主义民主政治的挑战，是对国家法律和党的纪律的挑战，触碰了中国特色社会主义制度底线和中国共产党执政底线，造成了极为恶劣的社会影响。又如，在赖昌星走私犯罪集团首要分子赖昌星走私普通货物、行贿犯罪一案中，赖昌星为谋取不正当利益，直接或指使他人给国家工作人员以财物，还在经济往来中，违反国家规定，给予国家

---

① 丁爱萍：《坚决查处辽宁拉票贿选案的警示意义》，载《人大建设》2016 年第 10 期。

工作人员以财物，向64名国家工作人员行贿，共计折合人民币3912.891694万元。海关、边防等部门国家工作人员被赖昌星走私集团收买后，或违反规定批准设立海关监管点；或帮助搞假货物查验、假复出口核销；或违法开具海关保证函；或违规为走私提供过驳重量鉴定；或帮助截留关封；或对发现的走私活动不予查处；或对查扣的走私货物予以放行；或违规审批赴港单程证；或案发后帮助销毁证据或通风报信等。赖昌星走私集团之所以能够长时间、大规模在厦门地区进行走私活动，与上述国家工作人员被收买后，放弃监管、查处职责，放纵走私行为具有直接关系。该案被媒体称为"中华人民共和国第一经济大案"，引起国内外的广泛关注。

2. 引发严重舆情，挑战社会伦理和价值观底线或引发社会公众严重关切甚至公愤的。如云南孙小果案，2005年6月至2008年，昆明市五华区城管局原局长李桥忠（孙小果继父）、孙鹤予（孙小果母亲）为达到通过再审让孙小果获得较轻刑罚的目的，先后分别多次请托时任云南省高级人民法院审判委员会专职委员、立案庭庭长田波及审判委员会专职委员、审判监督庭庭长梁子安对孙小果申诉再审立案及审理提供帮助，并分别向二人行贿。田波、梁子安接受请托后，为二人出谋划策，并在案件办理过程中徇私枉法，故意违背事实和法律，违反规定为孙小果申诉再审立案及审理提供帮助。2007年至2008年年初，李桥忠、王德彬请托时任云南省政府办公厅秘书二处副处长袁鹏，并向其行贿，为孙小果再审从轻处罚说情、打招呼。2019年12月15日，云南省玉溪市中级人民法院对李桥忠以徇私枉法罪、徇私舞弊减刑罪、受贿罪、行贿罪、单位行贿罪判处有期徒刑十九年；对孙鹤予以徇私枉法罪、徇私舞弊减刑罪、行贿罪、受贿罪判处有期徒刑二十年。该案曝光后，引发社会公众极大愤慨，造成十分恶劣的社会影响。孙小果案反映出司法腐败对法治建设的极强破坏性，司法防线层层洞穿，公职人员集体失守，教训十分惨痛。

3. 在特定领域实施行贿，造成不可预见的隐患或者破坏社会公平正义的。例如，通过行贿手段，使相关国家工作人员在建筑施工企业主要负责人、项目负责人和专职安全生产管理人员安全生产知识考试提供帮助，获得虚假的安全生产考核合格证书，不仅损害了相关资格考试的权威性、公平性，加之涉案人数众多、涉及建设工地数量众多，给建筑工程安全带来潜在危害。又如，在非法开采矿山资源的过程中，通过行贿手段避免受到国土资源部门监管和查处，造成当地生态环境被严重破坏。

4. 引发社会公众强烈恐慌或不安全感，或严重危害社会治安，例如，在组织、领导黑社会性质组织犯罪中，为寻求"保护伞"向国家工作人员行贿，并在有关公职人员的庇护下称霸一方、欺压百姓的，属于较为典型的造成恶劣社会影响。又如，在销售有毒有害食品罪中，在通过行贿手段，让检验检疫人员放松对生猪批发和屠宰检验监督，逃避"瘦肉精"的检测，致使大量含有"瘦肉精"的生猪得以长期屠宰和流向市场，供人食用，严重威胁社会公众身体健康。

问题16. 如何理解"被勒索给予国家工作人员以财物"

【实务专论】

对于实践中如何判断行贿案件是否存在索贿情节，存在两种意见：

一种意见认为，只要国家工作人员首先提出给予财物的要求，就是"索贿"，不应在索取的基础上另外附加其他条件。① 国家工作人员主动提出索要财物行为，应当认定为索贿；

另一种意见认为，索贿必须达到必要的强制程度，迫使对方给付财物才能认定，因此本案不存在索贿情节。②

我们同意第二种意见，理由是：

《刑法》第 389 条规定，"因被勒索给予国家工作人员以财物，没有获得不正当利益的，不是行贿"。由于索贿是法定出罪情节，不少案件中行贿人往往以被受贿人索贿为由，辩解自己无罪，给行受贿关系的认定增加了一定困难。

所谓"勒索"，在语义学上带有一定身体和心理的强制性，往往是逼迫他人并使对方就范，刑法中"敲诈勒索罪"即是利用被害人的恐惧心理而迫使被害人交付财产。因此，为充分体现对行贿犯罪的打击力度，对于"索贿"的认定应严格把握其内涵，不宜将国家工作人员首先提出给予财物的情形一概认定为索贿。特别是对于行贿人本来就有行贿意图，即便受贿人首先提出要求，鉴于行贿人与受贿人之间属于"一拍即合""互相利用"的情形，不能因为受贿人主动提出而认定为索贿。认定索贿需要满足主动性、交易性和强迫性三个要件：一是受贿人在主动要求行贿人给付财物的同时，往往以如对方不答应则不会再为行贿人谋取利益为要挟，并积极地主导权钱交易进程；二是行贿人与受贿人之间处于严重不对等的利害关系，并在受贿人的明示或暗示下，基于担心受贿人利用职权损害其利益或导致无法获得预期收益，相对被动地按照受贿人的要求给付财物；三是在此过程中行贿人在心理上受到一定强制，这种强制虽然不要求达到构成敲诈勒索罪的程度，但至少应带有一定不情愿、不认可的主观心态。因此，只有当国家工作人员先提出财物要求→国家工作人员采取了一定方式，给请托人施加压力→请托人从内心深处不愿意给予财物，其内心是不情愿的。③

还有观点认为，把索贿解释为带有胁迫性质的"强要财物"，要求对他人形成心理强制甚至是造成极度痛苦的这种观点，限缩了索贿的适用范围，偏离了刑法关于索贿条款的含义及立法意图。④ 我们认为，考虑到当前行贿犯罪仍然形势严峻的背景下，应当对行贿罪中的出罪条款从严把握，不宜过分扩张"索贿"的内涵，以避免索贿条款成为行贿人的"避风港"。特别是对于辩方提出行贿人系被受贿人索贿的辩解和辩护理由时，应严格审查和仔细甄别受贿人向行贿人所提出的给予财物的要求，是否严重超出了行贿人的心理预期、是否对行贿人造成了强大的心理压制，如果尚未达到上述程度，则一般情况下不宜认定为索贿。⑤

因此，对于以下情形一般不宜认定为索贿：

1. 受贿人主动提出借款，行贿人应允后在借款之初即决定不再要回借款，可以认定行贿人在心理上并不具有排斥和抗拒的态度，对此不宜认定为索贿；

2. 双方系借贷关系，行贿人曾向受贿人催要该款项，而受贿人也曾归还过部分款项，

① 陈洪兵：《职务犯罪罪名精释与案例百选》，法律出版社 2023 年版，第 216 页。

② 孙国祥：《贪污贿赂犯罪研究》（下），中国人民大学出版社 2018 年版，第 956 页。

③ 陈伟、熊波：《"多次索贿"犯罪情节的认知及其规范化适用——基于〈关于办理贪污贿赂刑事案件适用法律若干问题的解释〉第 1 条的立法检视》，载《法律适用》2017 年第 13 期。

④ 段剑良：《从两个层次把握索贿的认定》，载《检察日报》2021 年 9 月 7 日。

⑤ 参见王晓东：《贪污贿赂、渎职犯罪司法实务疑难问题解析》，人民法院出版社 2020 年版，第 122 页。

不宜认定为索贿；

3. 受贿方虽提出给付财物的要求，但未再施加其他胁迫行为，行贿方亦承诺支付的，不予认定为索贿；

4. 行贿人提出对受贿人进行感谢，并由受贿一方最后确定行贿具体金额的，不宜认定为索贿。

问题17. 被索贿后实际谋取到不正当利益的，是否构成行贿罪

【实务专论】

行贿案件中还有一种较为常见的现象，即虽然被索贿但谋取到了不正当利益，对此是否认定为行贿罪，目前亦有两种观点：

一种观点认为，对于虽然被索贿但实际谋取到了不正当利益的情形如何处理，刑法并未明确规定。考虑到"没有获得不正当利益"是一个客观结果，属于客观要素的范围，这与作为主观要素的"为谋取不当利益"是否能够画等号，还存在一定争议。[①]在被国家工作人员利用职权索贿的情况下，不宜苛求行为人必须拒绝国家工作人员的索贿要求，特别是在招投标领域，如果参与投标的企业资质符合法律规定，但仍然被主管人员索贿的，不能仅因中标成功且存在权钱交易行为就否定其谋取利益的正当性，因而不应认定为行贿罪。

另一种观点认为，对于虽然被索贿但已经谋取到不正当利益的，是否具有"为谋取不正当利益"的主观动机在所不论。刑法关于行贿罪的构成要件是完整的，不能人为割裂或单独予以理解。即便被国家工作人员索贿，但是并非没有任何救济途径。行贿罪中的不正当利益设置了一个前提，要么属于直接违法利益，要么是违反程序正义的利益或获得不正当竞争优势的利益。对此，行贿人均应有明确认知，其仍然向国家工作人员行贿不过是顺水推舟的行为，因而对其被索贿后实际谋取到不正当利益的情况，应当认定为行贿罪。

我们同意第二种观点，理由是：根据《刑法》规定，"因被勒索给予国家工作人员以财物，没有获得不正当利益的，不是行贿"，该条款也被称为"行贿出罪条款"。也就是说，立法机关对于依法不认定为行贿罪的情形已经预先设置了两个条件，分别为"被勒索给予国家工作人员以财物"和"没有获得不正当利益"，上述规定是完整的、缺一不可的，不能人为割裂或单独予以理解，缺少任何一个条件都会影响出罪的结论。对于不正当利益的获得，行为人应当认识到与其给予国家工作人员财物的行为之间存在因果关系，并至少存在一种间接故意的心态。例如，因醉酒驾车被交警查处后，此时该民警借机向行为人勒索财物，行为人亦出于急于脱身的考虑给予了民警财物的，该情形中虽存在索贿情节，但行为人显然对其醉驾违法行为未被查处系不正当利益是具有明确认识的，此种情况下仍然向国家工作人员行贿，不过是顺水推舟的行为。因此，为避免自身违法违纪问题被查处，而遭到相关国家工作人员借故吃拿卡要的，可作为一般量刑情节认定，对此酌情予以从轻处罚，但并非绝对意义上的出罪情节。因此，在分析行贿人具体目的时应本着实事求是的态度，"综合考察其情势的可期待性、行为的可避免性、动机的可谴

① 彭新林：《我国腐败犯罪刑法立法完善建议》，载《法学杂志》2021年第3期。

责性，综合判断其责任程度，看其是出于无奈还是贪婪、看其行为是可以谅解还是不可宽宥，考察其法益侵害是否达到需要以刑法制裁的程度，进而决定对此类行为是否入罪"。①

问题 18. 行贿违禁品的价值如何认定

【实务专论】

在一些行贿案件中，行贿人行贿的财物不仅包括常见的贵金属、珠宝玉器、字画，还出现了象牙制品、象骨、玳瑁、虎皮、犀牛角、抹香鲸牙、豹犬牙、蟒蛇皮制品、海马干、沉香木、天然红珊瑚等国家禁止销售的濒危野生动植物及其制品。② 对于此类物品的价值如何认定，存在两种意见：

一种意见认为，对此类禁止流通物品，由于没有合法的市场价格，价格认证机构一般也不接受对此类物品进行价格认证，且如果出具具体价格，会向社会传递一种违禁品可以交易的错误观念。

另一种意见认为，尽管非法流通物一般情况下不是从正规的市场渠道购买，客观上不存在明确的市场价格，但考虑到此类物品确实能够表征一定的非法利益，属于财物的范畴，应当采取合理的方式进行价值鉴定。

我们同意第二种意见，对于此类限制流通物或禁止流通物，考虑到国内尚无合法正规的鉴定此类物品的机构及人员，应聘请国家允许使用该类物品的相关单位和机构出具检测真伪的意见，以单位证明的形式对财物的属性进行评定，对于相应价值可作出估价或聘请一般鉴定机构作出评估，并根据行贿人、出售人的证言以及市场中普遍认定的标准进行认定。

1. 对于贿送象牙制品的，根据 2001 年国家林业局《关于破坏野生动物资源刑事案件中涉及走私的象牙及其制品价值标准的通知》（林濒发〔2001〕234 号），将破坏野生动物资源刑事案件中涉及走私的象牙及其制品的价值标准规定如下：一根未加工象牙的价值为 25 万元；由整根象牙雕刻而成的一件象牙制品，应视为一根象牙，其价值为 25 万元；由一根象牙切割成数段象牙块或者雕刻成数件象牙制品的，这些象牙块或者象牙制品总和，也应视为一根象牙，其价值为 25 万元；对于无法确定是否属一根象牙切割或者雕刻成的象牙块或象牙制品，应根据其重量来核定，单价为 41667 元/千克。按上述价值标准核定的象牙及其制品价格低于实际销售价的，按实际销售价格执行。

2. 对于贿送犀牛角的，根据《国家林业局关于破坏野生动物资源刑事案件中涉及犀牛角价值标准的通知》（林护发〔2002〕130 号）的相关规定，将破坏野生动物资源刑事案件中涉及犀牛角的价值标准确定为：每千克犀牛角的价值为 25 万元，实际交易价高于上述价值的按实际交易价执行。

3. 对于其他珍贵动物制品的价值认定，根据《最高人民法院、最高人民检察院、国

---

① 王政勋：《贿赂犯罪中"谋取不正当利益"的法教义学分析》，载《法学家》2018 年第 5 期。
② 实践中，象牙制品有部分是合法流通物，主要是 1981 年我国缔结《濒危野生动植物种国际贸易公约》前进口并保存的象牙以及 2008 年我国为保护传统牙雕技艺，经《公约》常委会批准，从国外合法购买的官方库存象牙，并施行"定点加工、定点销售、标识管理"制度，严格限定象牙及其制品的加工和销售场所，并进行逐一造册登记，此类象牙制品不属于违禁品。

家林业局、公安部、海关总署关于破坏野生动物资源刑事案件中所涉及的 CITES 附录 I 和附录 II 所列陆生野生动物制品价值核定问题的通知》（林濒发〔2012〕239 号）文件，对于价值核定上出现困难的，"县级以上林业主管部门、国家濒危物种进出口管理机构或者其他的鉴定单位应该协助"。

需要说明的是，行为人向国家工作人员赇送文物的，也同样面临价值如何确定的问题。很多文物因禁止交易性，无法估价，或者只具有很强的历史研究价值，缺乏实用性。对此，应首先参照国家文物局、最高人民法院、最高人民检察院、公安部、海关总署共同制定的《涉案文物鉴定评估管理办法》的规定，选取国家文物局指定的涉案文物鉴定评估机构和予以备案的文物鉴定评估人员，对涉案文物进行真伪鉴定和价格认定。如认定价格确有困难或者各方对文物鉴定价格存在较大争议的，可具体根据文物珍稀级别、馆藏地点等认定其情节因素，对于赇送国家明文禁止私人收藏或私自交易的文物的，应当从重处罚。

问题 19. 如何把握行贿罪中的"禁止重复评价原则"

如果"使国家利益遭受特别重大损失"这一情节已经在行贿罪入罪或升格法定刑中发挥了作用，但该情节虽符合其他犯罪的构成要件，但其他犯罪又同时具备若干情节，不依赖于该情节入罪的，亦不违反禁止重复评价原则。

【地方参考案例】金某辉行贿案①

一、基本案情

贵州鸿熙矿业有限公司威宁县炉山镇孔家沟煤矿（以下简称"孔家沟煤矿"）隶属于贵州鸿熙矿业有限公司，被告人金某辉为该煤矿的实际控制人。孔家沟煤矿安全生产许可证到期前后经威宁县安全生产监督管理局检查，存在多处安全隐患和问题。因孔家沟煤矿安全生产许可证已于 2017 年 2 月 24 日到期，2017 年 9 月 29 日被威宁县安全生产监督管理局决定对其停止审批火工品。被告人柯某军为使该煤矿借整改之名非法生产的情况能躲避煤矿安监部门查处，于 2017 年 10 月至 11 月期间分别送给威宁县煤矿安全监督管理局工作人员共计 185000 元。2017 年 12 月 13 日，孔家沟煤矿在非法生产过程中，发生瓦斯爆炸，致 6 人死亡、2 人重伤、13 人轻伤、5 人轻微伤。后经鉴定：该事故造成的损失为 9044975 元。

二、案例评析

本案中，对于因行贿造成重大安全事故，在追究其重大责任事故罪、行贿罪时，是否可以将事故导致的经济损失作为行贿罪的量刑情节，存在两种观点：

第一种观点认为，在重大责任事故罪中已将造成直接经济损失作为定罪量刑情节，对被告人提档判处有期徒刑五年，不应再作为行贿罪的量刑情节，否则将是对同一定罪量刑情节重复评价；

第二种观点认为，法律将因行贿造成国家利益经济损失作为量刑情节考量，使其明显区别于行贿未使国家利益遭受经济损失的情形，对于行贿人而言是一种威慑与惩戒。因此，对于因行贿造成国家利益遭受特别重大损失，同时作为两罪的量刑情节，不违反

---

① 贵州省毕节市中级人民法院（2020）黔 05 刑终 151 号刑事判决书。

法律规定，不属于重复评价。

我们同意第二种观点，主要理由是：

《刑法》中的重复评价，是指将一个定罪或者量刑的事实反复进行评价。"重复评价"主要分为两种情形：一种是同一事实、情节在定罪中作为入罪条件被使用，又在量刑中被再次评价；另一种是同一事实、情节在构成此罪中被评价，又在构成彼罪被再次评价；或者同一事实在量刑中被反复评价。此时，这种层层加码的评价方式，极有可能产生对被告人明显不利的量刑后果，违背了罪责刑相适应原则，因而重复评价在刑法解释和适用上应该被禁止。

首先，根据《最高人民法院、最高人民检察院关于办理行贿刑事案件具体应用法律若干问题的解释》第6条的规定，即"行贿人谋取不正当利益的行为构成犯罪的，应当与行贿犯罪实行数罪并罚"本案中，被告人为躲避煤矿安监部门查处，向国家工作人员行贿，其行为依法构成行贿罪；其明知管理的煤矿存在多处安全隐患和问题的情况下，仍违反安全生产规定，导致发生重大安全事故，依法构成重大责任事故罪。此外，我国《刑法》对于贿赂犯罪中发生的渎职犯罪或其他犯罪，所持基本立场即是数罪并罚。例如，1998年最高人民法院颁布的《关于审理挪用公款案件具体应用法律若干问题的解释》第7条规定："因挪用公款索取、收受贿赂构成犯罪的，依照数罪并罚的规定处罚。"2013年最高人民法院、最高人民检察院颁布的《关于办理渎职刑事案件适用法律若干问题的解释（一）》第3条规定，"国家机关工作人员实施渎职犯罪并收受贿赂，同时构成受贿罪的，除刑法另有规定外，以渎职犯罪和受贿罪数罪并罚"。2016年最高人民法院、最高人民检察院颁布的《关于办理贪污贿赂刑事案件适用法律若干问题的解释》第17条的规定，国家工作人员利用职务上的便利，收受他人财物，为他人谋取利益，同时构成受贿罪和《刑法》分则第三章第三节、第九章规定的渎职犯罪的，除刑法另有规定外，以受贿罪和渎职犯罪数罪并罚。因此，本案中依法对被告人适用数罪并罚应无异议。

其次，对于同一事实情节能否在数罪并罚时重复评价，应当区别不同情况：（1）如果抛开"使国家利益遭受特别重大损失"这一情节，凭借其他情节仍然能够单独成立行贿罪或升格处罚，而该情节又构成其他犯罪的，两罪之间系原因与结果关系的牵连犯，予以并罚，并未重复评价。（2）如果"使国家利益遭受特别重大损失"这一情节已经在行贿罪入罪或升格法定刑中发挥了作用，再将该情节以相关犯罪认定的，此时该情节被评价了两次，则违反禁止重复评价原则。换句话说，行贿罪中的情节加重犯中，如果加重的前提是数额没有达到更重一档的法定刑，因为加重情节的出现，符合了加重法定刑适用的条件，进而法定刑"提档升格"。此时就不能进行重复评价。（3）如果"使国家利益遭受特别重大损失"这一情节已经在行贿罪入罪或升格法定刑中发挥了作用，但该情节虽符合其他犯罪的构成要件，但其他犯罪又同时具备若干情节，不依赖于该情节入罪的，亦不违反禁止重复评价原则。

最后，根据《最高人民法院、最高人民检察院关于办理贪污贿赂刑事案件适用法律若干问题的解释》第9条的规定，为谋取不正当利益，向国家工作人员行贿，造成经济损失数额在五百万元以上的，应当认定为《刑法》第390条第1款规定的"使国家利益遭受特别重大损失"，即应当处十年以上有期徒刑或者无期徒刑。同时，根据《最高人民法院、最高人民检察院关于办理危害生产安全刑事案件适用法律若干问题的解释》第7条的规定，造成死亡三人以上或者重伤十人以上，负事故主要责任的或造成直接经济损失五百万元以上，负事故主要责任的，对相关责任人员，处三年以上七年以下有期徒刑。本案中，被告人向国家工作人员行贿185000元，同时违反安全生产规定，导致发生重大安全事故，造成6人死亡、2人重伤、13人轻伤、5人轻微伤，经济损失9044975元。由此可以看出，对于被告人所犯两罪，"使国家利益遭受特别重大损失"是行贿罪定格处罚的构成要件，但在重大责任事故罪中是选择性要件，还有其他情节可以满足升格量刑的要求。因此，就本案而言，不存在量刑情节重复评价的问题。

问题20. 行为人为骗取国家专项补贴与国家工作人员勾结，并向国家工作人员赇送财物的，应当如何定性

【实务专论】

行为人实施行贿和诈骗两个行为具有独立性，后一行为侵犯的法益（公私财物所有权）超出了前一行为侵犯的法益（国家工作人员的职务行为廉洁性）的效力范围，因而对以行贿手段骗取国家补贴的行为，应实行双重评价。

问题21. 行贿案件中新法规定的主刑有利于被告人，但附加刑不利于被告人的，应当如何适用从旧兼从轻原则

《刑法修正案（九）》对于贪污罪、受贿罪的修正模式与对行贿罪的修正方式并不完全相同。从《刑法修正案（九）》的前后条文表述来看，行贿罪的基本罪状并没有发生较大变化，仅仅增加了罚金刑的设置。但是对于贪污罪、受贿罪而言，则基本罪状发生了重大变化。根据从旧兼从轻的刑法溯及力适用原则，应当适用修正前的《刑法》。

【地方参考案例】何某行贿案①

一、基本案情

被告人何某为感谢江苏省南通监狱民警李某2、王某帮其舅舅罗某在劳动改造岗位调整、计分考核等方面给予关照，以及希望和感谢李某2、王某违反规定帮何某传递信息、物品，于2010年至2014年间，先后13次向李某2、王某行贿，合计人民币248000元。

二、案例评析

该案的争议焦点在于，对行贿案件新法规定的主刑有利于被告人，但附加刑不利于被告人的，应当如何适用从旧兼从轻原则，实践中有两种观点：

第一种观点认为，对何某应当适用《刑法修正案（九）》及《贪污贿赂司法解释》判处罚金。主要理由是：《刑法修正案（九）》对行贿罪的刑罚在主刑未变的情形下，增加了财产附加刑，但与之配套的司法解释将行贿罪情节严重的标准予以了上调，按照《刑法》第12条从旧兼从轻原则，适用修正后的刑法规定更有利于被告人。同时，适用《刑法修正案（九）》有关并处罚金刑规定，总体上并没有加重对被告人何某的刑罚。因此，对何某应当判处罚金。

---

① 江苏省高级人民法院（2018）苏刑抗1号刑事判决书。

第二种观点认为，不应对被告人何某并处罚金。理由是：一是根据从旧兼从轻原则，本案应当适用1997年《刑法》。《刑法修正案（九）》第45条对行贿罪的处罚进行了修正，增设了罚金刑，并对行贿人减轻处罚或者免除处罚作了从严规定。与1997年《刑法》关于行贿罪处罚的规定相比较，《刑法修正案（九）》处罚更重。本案中，被告人何某的犯罪行为均发生在《刑法修正案（九）》规定之前，根据从旧兼从轻的刑法溯及力适用原则，对原审被告人何某的行为应当适用1997年《刑法》；二是根据有利于被告人的原则，本案认定原审被告人何某行贿行为"情节严重"应当适用新的司法解释。关于"情节严重"的认定标准，《刑法修正案（九）》实施前后均有相应的司法解释，新的司法解释提高了认定行贿行为情节严重的标准，适用新司法解释对被告人有利。《关于适用刑事司法解释时间效力问题的规定》规定"对于新的司法解释实施前发生的行为，行为时已有相关司法解释，依照行为时的司法解释办理，但适用新的司法解释对犯罪嫌疑人、被告人有利的，适用新的司法解释"。对照本案，适用新的解释对原审被告人何某更有利，在主刑上应当适用《贪污贿赂司法解释》，且从有利于被告人的角度对何某不再并处罚金。

我们同意第二种意见，主要理由是：

《刑法修正案（九）》颁布以前，《刑法》对行贿罪没有设置罚金刑。《刑法修正案（九）》对行贿罪设立了罚金刑，《贪污贿赂司法解释》又进一步明确了罚金的数额，从而让行贿犯罪分子受到经济上的严厉制裁。这一立法变化，使行贿罪的刑罚从单一主刑转变为主刑、附加刑同时科处。对于《刑法修正案（九）》实施之后的犯罪行为，并处罚金并无争议，但对于《刑法修正案（九）》实施之前的犯罪行为，能否适用罚金刑还存在一定争议。这主要涉及从旧兼从轻原则的理解问题，即对于行为时原本没有罚金刑的案件，适用新法后判处罚金刑是否违背从旧兼从轻的原则。

（1）《刑法修正案（九）》施行之前，1997年《刑法》对行贿罪规定了三档的量刑，前两个刑档没有财产刑，而2015年11月1日施行的《刑法修正案（九）》在基础法定刑未修改的情况下对行贿罪三个量刑档均增设了罚金刑。由于《刑法修正案（九）》对行贿罪增加规定了罚金刑并对行贿罪规定了更加严格的从宽处罚条件，显然新法重于旧法。本案中，何某向他人行贿数额计人民币248000元，按照犯罪行为发生时的1997年《刑法》及《关于办理行贿刑事案件具体应用法律若干问题的解释》的规定，属情节严重，应当判处五年以上十年以下有期徒刑；若按照审判时《刑法修正案（九）》及《贪污贿赂司法解释》的规定，因其行贿数额未达到100万元以上，不符合情节严重的情形，仅能判处五年以下有期徒刑或者拘役，但要同时并处罚金。本案在主刑判罚上适用《贪污贿赂司法解释》对被告人何某有利，故对被告人何某应处五年以下有期徒刑。对于本案，在适用从旧兼从轻原则时，倘若将主刑与附加刑完全分开考虑，就不得并处罚金；倘若认为只需要整体考虑主刑法定刑的轻重，就可以并处罚金。刑事司法解释是最高司法机关就刑事审判和检察具体应用刑事法律的问题作出的解释，刑法的效力高于刑事司法解释，司法解释仅是对刑法的解释，并没有调整、改变刑法，从旧兼从轻原则同样适用于司法解释。其中，《贪污贿赂司法解释》不仅包含对《刑法修正案（九）》增设的"罚金"的解释，也有对行贿罪尚未被修改的原条文的解释，比如关于"情节严重""情节特别严重""财物"的解释；反之，2013年《最高人民法院、最高人民检察院关于办理行贿刑事案件具体应用法律若干问题的解释》（以下简称《行贿司法解释》）不仅有对1997年《刑法》原有条文的解释，也有对《刑法修正案（九）》未变动条文的解释，比如，关于"谋取不正当利益""被追诉前"的解释。实际上，《贪污贿赂司法解释》仅仅是调整了《行贿司法解释》的具体定罪量刑标准，并没有全面取代、废止《行贿司法解释》，依然依附于相关的新旧刑法条文。因此，对《刑法修正案（九）》施行之前的行贿行为，即使是在《贪污贿赂司法解释》施行后进行裁判，首先考虑的依然是适用新法还是旧法，在从旧兼从轻原则下选择旧法的基础上，再因新解释提高了行贿罪定罪量刑数额情节标准而选择新解释。这两者实际上是并不矛盾的，恰恰体现了罪刑法定原则下禁止溯及既往的裁判理念。

（2）《贪污贿赂司法解释》虽然在《刑法修正案（九）》之后制定，但其不是《刑法修正案（九）》的配套解释，而是对所有涉及贪污贿赂犯罪刑法条款的诠释，因此，适用修正前的《刑法》和适用新的司法解释并不矛盾，其有关行贿罪的判罚标准应当溯及修正前的行贿罪相关规定。据此，被告人何某的行贿行为发生在《刑法修正案（九）》施行前，而在《贪污贿赂司法解释》施行后裁判，依法应当适用 1997 年《刑法》和《贪污贿赂司法解释》，不应判处罚金。当然，如果行贿期间未经处理，犯罪行为具有连续性，并持续到《刑法修正案（九）》实施之日后，应适用新法新解释对其定罪量刑，并适用罚金刑。因此，对本案适用 1997 年《刑法》不能对被告人何某并处罚金，这种法律适用充分体现了有利于被告人原则。

（3）需要注意的是，对于罚金刑的适用，在涉及行贿罪和贪污、受贿罪上是存在较大区别的。有观点认为，并处罚金是贪污贿赂犯罪的法定刑构成中不可拆分的一部分，不具有独立的溯及力。主刑、附加刑分别适用新、旧法是对《刑法》条文完整性的侵害，同时也违背了罪刑法定原则。[①] 从法定刑的性质来看，在同时规定有主刑和附加刑的情况下，二者是一个有机整体。适用某一法律条文，必须做到完整适用，而不能割裂开来。如果主刑用新法，附加刑用旧法，新法旧法同时适用，则违背了从旧兼从轻原则，造成法律适用上的混乱。[②] 我们认为，上述观点对于解释贪污罪、受贿罪是适用的，但是这一逻辑并不能适用于行贿罪，主要理由是：《刑法修正案（九）》对于贪污罪、受贿罪的修订模式与对行贿罪的修订方式并不完全相同。从刑法修正案的前后条文表述来看，行贿罪的基本罪状并没有发生较大变化，仅仅增加了罚金刑的设置。[③] 但是对于贪污罪、受贿罪而言，则基本罪状发生了重大变化。以贪污罪为例，1997 年《刑法》第 383 条规定为：对犯贪污罪的，根据情节轻重，分别依照下列规定处罚：（1）个人贪污数额在十万元以上的，处十年以上有期徒刑或者无期徒刑，可以并处没收财产；情节特别严重的，处死刑，并处没收财产。（2）个人贪污数额在五万元以上不满十万元的，处五年以上有期徒

---

① 周维平、段凰：《李某辉受贿案——刑法修正案（九）施行后，二审在减轻犯受贿罪被告人主刑的同时，能否加重财产刑》，载最高人民法院刑事审判第一、二、三、四、五庭主办：《刑事审判参考》（总第 106 集），指导案例第 1146 号，法律出版社 2017 年版，第 67 页。

② 臧德胜：《周某武、周某污案——贪污特定款物的司法认定以及新旧法选择适用时罚金刑的判处》，载中华人民共和国最高人民法院刑事审判第一、二、三、四、五庭主办：《刑事审判参考》（总第 106 集），指导案例第 1139 号，法律出版社 2017 年版，第 19 页。

③ 1997 年《刑法》第 390 条，对犯行贿罪的，处五年以下有期徒刑或者拘役；因行贿谋取不正当利益，情节严重的，或者使国家利益遭受重大损失的，处五年以上十年以下有期徒刑；情节特别严重的，处十年以上有期徒刑或者无期徒刑，可以并处没收财产。《刑法修正案（九）》第 45 条将《刑法》第 390 条修改为："对犯行贿罪的，处五年以下有期徒刑或者拘役，并处罚金；因行贿谋取不正当利益，情节严重的，或者使国家利益遭受重大损失的，处五年以上十年以下有期徒刑，并处罚金；情节特别严重的，或者使国家利益遭受特别重大损失的，处十年以上有期徒刑或者无期徒刑，并处罚金或者没收财产。"

刑，可以并处没收财产；情节特别严重的，处无期徒刑，并处没收财产。（3）个人贪污数额在五千元以上不满五万元的，处一年以上七年以下有期徒刑；情节严重的，处七年以上十年以下有期徒刑。而经过《刑法修正案（九）》调整之后，修改为"对犯贪污罪的，根据情节轻重，分别依照下列规定处罚：（一）贪污数额较大或者有其他较重情节的，处三年以下有期徒刑或者拘役，并处罚金。（二）贪污数额巨大或者有其他严重情节的，处三年以上十年以下有期徒刑，并处罚金或者没收财产。（三）贪污数额特别巨大或者有其他特别严重情节的，处十年以上有期徒刑或者无期徒刑，并处罚金或者没收财产；数额特别巨大，并使国家和人民利益遭受特别重大损失的，处无期徒刑或者死刑，并处没收财产"。通过对比可以发现，对于贪污罪的修改已经完全改变了其量刑幅度和档次，与行贿罪的修订模式存在较大区别。因此，在贪污罪、受贿罪中出现新旧刑法交替现象时，可以按照从旧兼从轻的原则"一体适用"刑法法条，即如果适用新刑法处罚较轻的，则也应当同样适用罚金刑，这种做法是符合法律规定的。但对于行贿罪而言，则并不适用上述规则。

另外需要提示的是，根据《最高人民法院〈关于在裁判文书中如何表述修正前后刑法条文的批复〉》的规定：有关刑法条文经过修正，引用修正前的条文，表述为"1997年修订的《中华人民共和国刑法》第××条"。

问题22. 如何判断行贿罪的既、未遂标准

【实务专论】

关于行贿罪既遂的认定标准，实践中主要有以下几种认定方式：

第一种意见认为，行贿人实际给予国家工作人员财物时，才能认定行贿罪既遂。主要考虑是：行贿罪保护的客体系国家工作人员的职务廉洁性，即只要行贿人主观上为谋取不正当利益，或是在经济往来中违反国家规定，将一定数额的财物交给国家工作人员，客观上就侵犯了国家工作人员的职务廉洁性，其行贿行为就构成既遂。而不论国家工作人员是否实际接受行贿人所送的财物，也不论国家工作人员是否为其谋取了不正当利益。

第二种意见认为，应当将行贿人是否实际获取不正当利益作为行贿罪的既遂标准。理由是，犯罪是否既遂应当以犯罪行为人所追求的犯罪目的是否实现为标准，行贿人向国家工作人员行贿的最终目的是利用国家工作人员的职务来谋取不正当利益，而不是以给予国家工作人员以财物为目的，所以应当以行贿人谋取不正当利益的目的达到作为行贿罪既遂的标准。从行贿罪的构成要件来看，只要求行贿人具有谋取不正当利益的主观故意，而并不要求受贿人实际上为行贿人谋取了不正当利益。

第三种意见认为，应当将行贿人向国家工作人员实际给付财物，国家工作人员实际收受行贿人送给其的财物，且行贿人请托国家工作人员为其谋取不正当利益，作为行贿罪既遂的标准，但不要求行贿人所谋取的不正当利益目的客观上已实现。理由是，行贿罪所保护的客体是国家工作人员的职务不可交换性，司法实践中认定行贿罪也需要行贿人向国家工作人员表明具体的请托事项，从而使行贿人给予国家工作人员的财物与国家工作人员职务之间形成交换关系，所以在认定行贿罪既遂时除了需要行贿人将财物交付给国家工作人员之外，还必须向国家工作人员表明其请托事项。只要行贿人与国家工作

人员之间形成这种"权钱交易"关系，行贿罪就构成既遂，行贿人是否实际获得不正当利益不影响行贿罪既遂的认定。

我们同意第三种观点，主要理由是：

行贿罪与受贿罪所侵犯的都是国家工作人员职务行为的不可收买性，只是因为"主体身份不同、行为内容不同而导致侵犯的程度不同而已"。[①] 典型的行贿罪既遂，应当为行贿人请托国家工作人员为其谋取不正当利益，且实际给予了国家工作人员财物，即"作为贿赂物的财物已经从行贿人手中转移到受贿人控制之下"之时，[②] 构成行贿罪既遂。考虑到如果行贿人仅作出贿赂财物的意思表示，国家工作人员并不一定接受，实质上没有侵犯到国家工作人员的不可收买性和职务廉洁性，对此以犯罪既遂进行打击不符合刑法的谦抑性；而如果将行贿人实际获取到不正当利益作为认定行贿罪既遂的标准，将明显影响对贿赂犯罪的整体打击效果，也与当前严惩行贿犯罪的政策精神不一致。因此，只要行贿人将财物交付给国家工作人员，无论国家工作人员是否为行贿人实际谋取到不正当利益，都侵犯了行贿罪所保护的法益，即"行贿行为完全可以在不依赖受贿行为的前提下实质地侵犯法益"。[③] 对于先谋取到不正当利益，而后再给予国家工作人员财物的，鉴于在行贿人获得不正当利益时，国家工作人员的职务廉洁性即已经受到了侵害，因此，应以获得不正当利益的节点来认定行贿罪既遂。

以现金、银行卡、金银首饰、珠宝玉石、古玩字画等实物行贿的，以实际交付给受贿人本人或其指定的第三人作为行贿既遂的标志。如果行贿人与受贿人之间系口头承诺行贿，但尚未支付或仅支付一部分资金，则未支付部分应认定未遂。同时，如行贿人将银行卡等财物夹带在其他文件、书籍、礼品中送给国家工作人员，国家工作人员发现后随即退回或要求行贿人立即取走财物的，或者行贿人趁国家工作人员不备，将随身携带财物藏匿或者扔弃在国家工作人员办公室或家中，国家工作人员发现后随即退回或要求行贿人取走财物的，应当认定行贿未遂。

假借"借款"方式行贿的，以受贿人实际享有或控制该权利为既遂。如果行贿人以将债权转移给受贿人的方式行贿，则应当以受贿人实际掌控该债权为既遂；如果行贿人以免除受贿人债务的方式行贿，则以行贿人宣告免除其债务之时为既遂。如行贿人向国家工作人员虚设债权后，实际兑现了债权进而支付相应"欠款"及利息的，应当认定为行贿既遂。

以干股行贿的，根据《最高人民法院、最高人民检察院关于办理受贿刑事案件适用法律若干问题的意见》的规定，如股份未实际转让的，以分红名义向国家工作人员输送利益的，以实际获利为受贿数额。但这一规定是对行、受贿数额的判断标准，并不意味着没有分红就不构成行贿既遂。行贿完成形态的认定，应当结合行、受贿双方的特定关系、供证的内容、被告人是否以某种形式参与、过问、管理或者就股份的处置提出某种建议、意见、主张，只要有证据证明受贿人能够对涉案股份施加控制性影响，而不是毫无掌控干股的意思与能力，就应当认定为行贿既遂。在认定犯罪数额方面，还应调取公

---

① 张明楷：《法益初论》，中国政法大学出版社 2003 年版，第 628 页。
② 全国人大常委会法制工作委员会刑法室：《〈中华人民共和国刑法修正案（八）〉解读与思考》，中国人民大学出版社 2011 年版，第 96 页。
③ 黄明儒、王振华：《行贿罪刑罚处罚完善论——以单一制理论和刑罚根据论为视角》，载《刑法论丛》2019 年第 1 卷。

司的增发扩股情况、上市前内部转让规定、上市后的交易状况以及涉案股票在每一个时间节点上的股权价值和股份相应的盈利数额、分红数额等。①

问题23. 由行贿人为国家工作人员代持贿赂财物的，能否成立未遂

【实务专论】

实践中，有不少行、受贿案件为掩盖犯罪，常常由国家工作人员一方委托行贿人继续保管财物，等国家工作人员需要时再拿走；如贿送的财物系房屋、汽车等不动产或需要登记的动产，则双方约定暂不办理过户登记手续，而是仍然由行贿人代持。对此，是否成立行贿犯罪的犯罪未遂，存在以下两种观点：

第一种观点认为，如行贿人贿送财物后，受贿人提出由行贿人继续代为保管所送财物且待受贿人需要时再取走的，由于可能存在行贿人事后反悔或者届时无法兑现约定的情形，应当视为行贿未遂。

第二种观点认为，无论以何种方式代持，行贿人均已完成了行贿犯罪。至于后续与国家工作人员之间协商代为保管赃物，只是犯罪既遂后对财物的进一步处置，不影响对既遂状态的认定。

我们同意第二种观点，主要理由是：

对于受贿人一方而言确实存在上述风险，但从行贿人的角度来讲，行、受贿犯罪的既遂标准并不完全对应，如行贿人代为保管贿送财物期间，受贿人通过定期听取汇报、行贿人设置单独账户予以保存赃款等方式，在客观上确保受贿人已经控制或支配了该财物的，涉案赃款在行贿人处保持较为稳定的"代管"状态，应当视为行贿既遂。②

司法实践中，由于近年来反腐败高压态势的形成，行受贿双方为规避调查，以往那种明目张胆将房产、汽车过户到受贿人名下的情形已经极为少见，大部分情况都是由行贿人秘密代持。以房屋、汽车等不动产或需要登记的动产进行行贿的，不以涉案财物实际过户为既遂标准，而坚持实质化标准认定此类房贿赂犯罪。③ 因此，只要受贿人实际上支配了该房屋、汽车，就构成行贿罪既遂。例如，行贿人向某国家工作人员赠送一套别墅，但始终没有办理房屋过户手续，该国家工作人员考虑到反腐败形势紧张，亦未入住别墅，且为掩人耳目还催促行贿人住进去，但又和行贿人明确约定，要求行贿人将来寻机将房产出售后把房款交给国家工作人员，且可扣除行贿人先行装修的成本。对此，尽管该国家工作人员未通过过户或入住等方式控制涉案房屋，但考虑到行、受贿双方已经就涉案房产的后续处置达成了明确约定，应当认定为行贿既遂。又如，行贿人送给某国家工作人员一套位于海南三亚的别墅，为掩人耳目，行受贿双方约定房产登记在行贿人妻子名下，受贿人每年仅春节期间携家人入住该别墅一周，平时则长期无人居住。尽管受贿人对涉案房产的使用时间较短，但并不能否认受贿人一方已经实质控制涉案房产，故应当认定行贿既遂。

---

① 马铁鹏：《涉股票类受贿犯罪疑难问题探析》，载《中国检察官》2020年第12期。
② 王晓东：《贪污贿赂、渎职犯罪司法实务疑难问题解析》，人民法院出版社2020年版。
③ 曹坚徐、灵菱：《以实质化标准认定收受房屋型受贿犯罪》，载《检察日报》2017年5月7日。

另外，如涉案房产或汽车上有银行贷款或抵押，至案发时贷款尚未还清的，考虑到尽管房产或汽车送出后被受贿人事实占有，但部分价值仍然客观上归银行所有，即便受贿人在案发前需要变现，也只能获得扣除未偿还贷款后的剩余部分，因而对于赇送设定抵押贷款的房产、汽车的，应当将案发时尚未偿还的贷款部分作为未遂认定。

综上，在认定行贿罪的既遂标准时，应当围绕是否侵犯国家工作人员职务廉洁性这一法益，从实质解释的角度适当扩大认定范围，无论财物或财产性利益是否已经实际交付或登记过户，只要行、受贿双方达成合意，不是完全捕风捉影的贿赂，或者确实是出于意志以外原因未能送出财物，且有证据证明受贿人已经实际掌控行贿财物的，就应认定为犯罪既遂。①

问题 24. 配合检察机关调查他人受贿案件时，交代向他人行贿的事实，能否认定为被追诉前主动交代

行为人通过给予国家工作人员财物以达到规避竞争而取得特殊利益的目的，属于谋取不正当利益，依法构成行贿罪。行贿人向纪检监察部门、司法机关举报受贿人的受贿行为，显然属于被追诉前主动交代行贿行为的情形，行贿人在纪检监察部门查处他人受贿案件时，交代（承认）向他人行贿的事实，亦应属于被追诉前主动交代行贿行为。

【刑事审判参考案例】袁某行贿案②

一、基本案情

兴化市检察院以袁某犯行贿罪，向法院提起公诉。袁某对公诉机关的指控无异议。其辩护人的辩护意见为：（1）被告人送钱给刘某东是出于感谢，没有以"为谋取不正当利益"为目的的，不构成行贿罪；（2）即使构成犯罪，合同系同济大学建筑设计研究院（集团）有限公司签订，该公司亦有"谋取不正当利益"的故意；（3）如果被告人构成犯罪，因其在配合泰州市人民检察院调查刘某东案件时，就已主动交代送钱给刘某东的事实，不仅符合《刑法》第 67 条第 3 款的规定，更符合《刑法》第 390 条第 2 款的规定，故建议对其免除处罚。

兴化市人民法院根据江苏省泰州市中级人民法院指定管辖立案，经公开审理查明：

2010 年 5 月，被告人袁某通过同学沈某龙（泰州市路灯管理处主任，另案处理）的介绍，与负责拆迁安置房开发建设的泰州市海陵房产开发公司经理刘某东（国家工作人员，另案处理）相识，并委托沈某龙向刘某东索要其使用的银行卡号，于 2010 年 6 月 14 日向该卡存入人民币（以下币种同）4000 元，2010 年 9 月 18 日向该卡存入 20000 元，又于 2011 年 3 月 12 日向该卡存入 100000 元，总计 124000 元。在刘某东的帮助下，未经招标程序，被告人袁某以挂靠单位同济大学建筑设计研究院（集团）有限公司的名义承揽了泰州市迎春东路安置小区海曙颐园的规划设计项目。

① 雷一鸣：《犯罪未完成形态处罚范围的规范依据与判断路径》，载《国家检察官学院学报》2021 年第 5 期。

② 卞蜻娴：《袁某行贿案——配合检察机关调查他人受贿案件时，交代向他人行贿的事实，能否认定为被追诉前主动交代》，载中华人民共和国最高人民法院刑事审判第一、二、三、四、五庭主办：《刑事审判参考》（总第 86 集），指导案例第 787 号，法律出版社 2013 年版，第 90～95 页。

2011 年 4 月 11 日，被告人袁某在配合检察机关调查刘某东问题时，交代了向刘某东行贿的事实。

兴化市人民法院认为，被告人袁某在经济往来中，给予国家工作人员以财物，数额较大，其行为构成行贿罪。公诉机关起诉指控袁某犯罪的事实清楚，证据确实、充分，罪名成立，予以支持。关于袁某的辩护人提出袁某没有以为谋取不正当利益为目的送钱给刘某东的意见，经查，根据《招标投标法》的规定，袁某是从业多年的国家注册建筑师，应当知道投资泰州市迎春东路安置小区海曙颐园项目必须进行招标，然而通过承诺送钱的方式非法获得其规划设计项目，其行为违反了国家规定，故不论被告人是否具有谋取不正当利益或者出于感谢的目的，均应以行贿论处。关于袁某的辩护人提出同济大学建筑设计研究院（集团）有限公司有谋取不正当利益的故意的意见，经查，袁某挂靠于该公司，是承揽泰州市迎春东路安置小区海曙颐园的规划设计项目的主要受益者，同济大学建筑设计研究院（集团）有限公司是否具有谋取不正当利益的故意不影响本案的认定。关于袁某的辩护人提出袁某在配合泰州市人民检察院调查刘某东案件的时候，就已主动交代送钱给刘某东的事实，不仅符合《刑法》第 67 条第 1 款的规定，更符合《刑法》第 390 条第 2 款的规定，建议对其免除处罚的辩护意见，经查，袁某在检察机关立案前即已交代其行贿行为，其行为符合《刑法》第 390 条第 2 款规定的情形，故对此辩护意见予以采信，结合本案的具体情况，决定对袁某免予刑事处罚。据此，依照《刑法》第 389 条、第 390 条第 2 款及《最高人民法院、最高人民检察院、司法部关于适用普通程序审理"被告人认罪案件"的若干意见（试行）》第 9 条之规定，兴化市人民法院以被告人袁某犯行贿罪，判处免予刑事处罚。

一审宣判后，被告人未提出上诉，检察机关亦未抗诉，判决已发生法律效力。

二、案例评析

（一）被告人袁某通过给予国家工作人员财物以达到规避竞争而取得特殊利益的目的，属于谋取不正当利益，依法构成行贿罪

根据《刑法》第 389 条第 1 款的规定，行贿罪是指为谋取不正当利益，给予国家工作人员财物的行为。本案在构成行贿罪的犯罪主体、客体、客观方面均无异议，有争议的是构成该罪的主观方面，即如何界定"为谋取不正当利益"的范围。《最高人民法院、最高人民检察院关于在办理受贿犯罪大要案的同时要严肃查处严重行贿犯罪分子的通知》（以下简称《通知》）第 2 条规定，"谋取不正当利益"是指谋取违反法律、法规、国家政策和国务院各部门规章规定的利益，以及要求国家工作人员或者有关单位提供违反法律、法规、国家政策和国务院各部门规章规定的帮助或者方便条件。《最高人民法院、最高人民检察院关于办理商业贿赂刑事案件适用法律若干问题的意见》（以下简称《意见》）第 9 条第 1 款对此作了进一步规定："在行贿犯罪中，'谋取不正当利益'，是指行贿人谋取违反法律、法规、规章或者政策规定的利益，或者要求对方违反法律、法规、规章、政策、行业规范的规定提供帮助或者方便条件。"

刑法对行贿罪设置了"为谋取不正当利益"的条件，对此，理论界和实务界存在一定争议。有观点认为，该条件使行贿罪的范围过于狭窄。我们认为，这种观点存在的问题在于对"谋取不正当利益"进行了狭义的理解，认为只有谋取的利益本身是非法的，才构成行贿罪。根据《通知》《意见》对"谋取不正当利益"的界定，"谋取不正当利益"既包括谋取各种形式的不正当利益，也包括以不正当手段谋取合法利益；既包括实

体违规，也包括程序违规。实体违规是指行贿人企图谋取的利益本身违反有关规定，即利益本身不正当，通常表现为国家禁止性的利益和特定义务的不当免除两种情形；前者如通过行贿使公路管理人员对超载货车放行，后者如通过行贿使本应依法履行的纳税、缴纳罚款等义务得以减免。程序违规是指国家工作人员或有关单位为行贿人提供违法、违规或违反国家政策的帮助或者便利条件，即利益取得方式不正当，其可罚性基础并不在于利益本身的违法，而是基于为谋取利益所提供的"帮助或者方便条件"是违规的。即便行为人获取的利益本身可能是合法的，但其通过行贿手段要求国家工作人员或者有关单位为获取该利益所提供的"帮助或者方便条件"是违反相关法律法规等规定的，就属于在程序上不符合规定，仍然应当被认定为程序违法所导致的"谋取不正当利益"。具体而言，其主要包括两种情况：一是本不具备获取某种利益的条件，通过行贿而取得该利益，如贷款、提干、招干等；二是需要经过竞争才可能取得的利益，如行贿人虽然符合晋级、晋升的条件，但为了使自己优于他人晋级、晋升而给予国家工作人员财物以获得帮助。

根据《招标投标法》第3条的规定，全部或者部分使用国有资金投资或者国家融资的工程建设项目包括项目的勘察、设计、施工、监理以及与工程建设有关的重要设备、材料等的采购，必须进行招标。本案就是属于原本需要进行招标投标程序的竞争才可能获得利益，袁某却通过行贿手段规避招投标程序而直接获得工程项目的情形。对此，《意见》第9条第2款专门规定："在招标投标、政府采购等商业活动中，违背公平原则，给予相关人员财物以谋取竞争优势的，属于'谋取不正当利益'。"

本案被告人袁某是从业多年的国家注册建筑师，应当知道由国有资金投资的拆迁安置房项目依据招标投标法的上述规定必须进行招标，却通过行贿手段，非法获得本应当通过招投标竞争方可能取得的规划设计项目。袁某虽然以挂靠单位同济大学建筑设计研究院（集团）有限公司的名义承揽规划设计项目，但其是承揽泰州市迎春东路安置小区海曙颐园规划设计项目的直接负责人和主要受益者，其行贿行为不但严重违反国家规定，而且明显具有谋取不正当利益的目的，故法院认定其构成行贿罪是正确的。

（二）在检察机关对其立案前交代行贿事实，属于被追诉前主动交代的情形

基于受贿行为所侵害的法益一般情况下比行贿行为更为严重，为鼓励行贿者揭发、举报犯罪，打破同盟关系，刑法在对行贿犯罪的处理上给了行为人更多从宽处理的机会。《刑法》第390条第2款规定："行贿人在被追诉前主动交代行贿行为的，可以减轻处罚或者免除处罚。"通过给行贿人以减轻或免除处罚的机会，换取行贿人主动交代行贿行为，揭发受贿犯罪，本质上符合维护国家公权力的廉洁性这一打击贿赂犯罪的根本目的，有利于司法机关获取贿赂犯罪证据，重点打击受贿行为，同时还能够贯彻和体现我国刑事司法中宽严相济的刑事政策精神。

对是否属于被追诉前主动交代行贿行为情形的认定，关键在于对"被追诉"的理解。追诉是指司法机关依照法定程序进行的追究犯罪分子刑事责任的一系列司法活动，包括立案侦查、审查起诉、开庭审判等诉讼过程。1996年《刑事诉讼法》第83条规定："公安机关或者人民检察院发现犯罪事实或者被告人，应当按照管辖范围，立案侦查。"从该规定分析，立案侦查是司法机关进行刑事追诉活动的开始。此外，1996年《刑事诉讼法》第61条规定："公安机关对于一些特定情形的现行犯和重大嫌疑分子，可以先行拘留。"因而，司法机关在立案前的某些紧急情况下依法采取的强制措施和讯问被告人等活动也

属于追诉活动的一部分，但这只能视为一种例外情形。因此，"被追诉前"通常是指司法机关立案侦查之前，行贿罪是否"被追诉"应当以检察机关是否立案为准。

行贿人向纪检监察部门、司法机关举报受贿人的受贿行为，显然属于被追诉前主动交代行贿行为的情形。行贿人在纪检监察部门查处他人受贿案件时，交代（承认）向他人行贿的事实，亦应属于被追诉前主动交代行贿行为的情形。即使检察机关已经对受贿人立案查处，行贿人作为证人接受检察机关调查，只要检察机关对行贿人尚未立案查处，行贿人承认其向受贿人行贿的事实，也应当认定为被追诉前主动交代行贿行为的情形。本案公诉机关未认定被告人具有被追诉前主动交代行贿行为的情形，但法院根据被告人在检察机关对其行贿行为立案查处前已经交代了向刘某东行贿的事实证据，认定被告人具有被追诉前主动交代行贿行为的情形，并结合本案的具体情况，决定对被告人免予刑事处罚是妥当的。

问题25. 对于层层转请托型贿赂的犯罪中间人，应当如何认定

对于层层转请托型贿赂的犯罪中间人，不符合介绍贿赂罪的罪质特征，认定为行贿罪则会带来量刑不均衡的问题。中间人的行为更符合受贿罪，认定为受贿罪还可以很好地解决行贿罪所不能解决的犯罪数额问题，但从定受贿罪可能存在犯意联络上的障碍，需要审查具体案情加以判断。

【人民司法案例】王某刚行贿案[①]

一、基本案情

2002 年至 2015 年期间，被告人王某刚为谋取不正当利益，伙同张某全（另案处理）请托北京市公安局某分局所辖派出所户籍民警刘某（另案处理）为其女及他人共 16 人违规办理北京户口，给予刘某好处费共计 1831 万元，并从中获利 65 万元。审理期间，王某刚家属代其退缴赃款 20 万元。

朝阳法院认为，被告人王某刚明知他人身为国家工作人员，为谋取不正当利益，伙同他人给予国家工作人员财物，其行为构成行贿罪。据此判决：被告人王某刚犯行贿罪，判处有期徒刑 6 年；追缴被告人王某刚违法所得 65 万元（含在案之 20 万元）予以没收。

一审宣判后，王某刚提出上诉。上诉理由为：其不清楚下线张某全如何办理户口，未与张某全共谋。王某刚的辩护人的主要辩护意见为：本案呈现典型的单人、单线联系特征，现有证据不能证明王某刚与下线张某全、民警刘某间存在行受贿合意，王某刚的行为应认定构成介绍贿赂罪。

案件经送北京市人民检察院第三分院阅卷，检察院的意见为：王某刚的行为应认定受贿共犯；同时，王某刚为其女办理北京户口，本应另定性为行贿罪，但鉴于上诉不加刑原则，不增加认定罪名。

二审审理期间，王某刚家属代其退缴赃款 45 万元。

北京市第三中级人民法院认为：上诉人王某刚伙同他人，利用国家工作人员的职务

---

① 杨立军、王硕：《层层转请托型贿赂犯罪中间人的定性应个案分析》，载《人民司法·案例》2019 年第 20 期。

便利，非法收受财物，谋取不法利益，其行为构成受贿罪，且受贿数额巨大。朝阳法院判决认定上诉人王某刚犯行贿罪的事实清楚，证据确实、充分，审判程序合法，惟定性不准确，依法予以纠正。王某刚为其女违规办理北京户口，行为性质属于行贿，基于上诉不加刑原则，不再增加认定行贿罪名，但应作为量刑情节予以考虑。据此判决：撤销朝阳法院（2017）京 0105 刑初 2340 号刑事判决书主文的第一项、第二项，改判上诉人王某刚犯受贿罪，判处有期徒刑 3 年 6 个月，并处罚金 20 万元；在案扣押的王某刚违法所得 65 万元予以没收。

二、案例评析

层层转请托型贿赂犯罪，是对行贿人通过中间人向国家工作人员行贿，同时中间人获取非法报酬的犯罪现象的一种称谓。这种犯罪呈现行贿人、中间人、受贿人单人、单线联系的特征，而且有时中间人不止一层。比如本案，涉案人员就有请托人—中间人 1 王某刚—中间人 2 张某全—受贿人刘某四层。对于请托人和受贿人分别以行贿罪、受贿罪定罪处罚，没有争议，而对于中间人如何定罪，则有不同观点。本案被告人王某刚被公诉机关以行贿罪提起公诉，辩方则认为其应构成介绍贿赂罪，一审法院判决其犯行贿罪，二审法院改判其犯受贿罪。可见，对中间人行为的定性确实属于疑难有争议的问题在司法实践中存在法律适用不统一的情况。

（一）中间人不符合介绍贿赂罪的罪质特征

辩护人提出，王某刚不知道下线张某全通过什么途径为请托人办理户口，与张某全、民警刘某缺乏共同犯罪故意，王某刚的行为构成介绍贿赂罪。关于本案的定性，主要涉及三个罪名，即介绍贿赂罪、行贿罪、受贿罪。刑法第三百九十二条对介绍贿赂罪的表述为："向国家工作人员介绍贿赂，情节严重。"从罪状描述中看这种介绍贿赂，是单纯的介绍行为，而不是本案这种层层转请托的行为。二者的主要区别在于，介绍贿赂的中间人所起作用较小，社会危害较轻且一般不经手或收取钱款；而在层层转请托型犯罪中，中间人一方面作为请托人的受托人，收取请托人钱款，同时又作为请托人，向国家工作人员交付钱款，不仅经手贿赂款部分还从中非法牟利。本案中，王某刚联络需要违规办户口的家长并收取行贿款，截留部分钱款后将贿赂款交给下线张某全，张某全再截留部分钱款后联络具有职务身份且有能力违规办理户口的民警刘某。王某刚与张某全在过程中均切分利益。因此，王某刚、张某全的行为并不是仅仅在行受贿之间起到单纯的介绍作用，不构成介绍贿赂罪。

此外，通过法定刑的规定可以帮助理解《刑法》中相近罪名的罪质。介绍贿赂罪的法定最高刑为 3 年有期徒刑，与行贿罪、受贿罪在法定刑上存在明显差距。根据刑法的规定，只有情节严重的介绍贿赂行为才成立介绍贿赂罪；而刑法之所以要求情节严重，显然是因为介绍贿赂行为本身对法益的侵害还没有达到应当追究刑事责任的程度。因此，介绍贿赂罪本身应当仅限于社会危害相对轻微的犯罪行为，与本案王某刚的行为明显不符。

（二）认定中间人为行贿罪带来的问题

既然不是介绍贿赂行为，那么中间人的行为要么属于行贿罪，要么构成国家工作人员的共犯，以受贿罪论。从朴素的直观认识上来看，中间人帮助请托人寻找有权为其谋取不正当利益的国家工作人员，应当属于行贿罪。一直以来，对类似案件，也都是以行贿罪来判处的。但是，将中间人认定为行贿罪，有几个不可避免的矛盾无法解决：

1. 中间人的行为不符合行贿罪的罪质特征。行贿罪的本质特征是行为人通过向国家工作人员付出钱财获取特定利益。而在本案中，作为行、受贿链条中的中间人，王某刚既不是该特定利益（办理户口）的获得者，也不是赃款的支付者，相反，其却通过行贿款的中转，从中切分了部分非法所得。认定其犯行贿罪明显不妥。

2. 以行贿罪定罪会使犯罪数额认定不合理，进而导致量刑失衡。行贿罪和受贿罪是数额犯，必须明确其犯罪数额。转托型中间人层层截留贿赂款，每层中间人切分利益大小不一，对于中间人如果以行贿罪认定，如何确定其犯罪数额有两种做法：

一种做法是以中间人看到的数额认定为其行贿数额，"所见即所涉"，则整个链条中，距离行贿人最近的中间人量刑最重。比如本案，由于王某刚从行贿人处获得行贿款后，截留了一部分转给下线张某全，那么王某刚的行贿数额高于张某全，量刑应重于张某全。而这种做法忽视了中间人各自切分利益的大小。假设王某刚仅切分小额利益，下线张某全切分了大额利益，但是从行贿数额上看，王某刚却要重于张某全，这就导致共同犯罪人量刑失衡，有违罪责刑相适应原则。

另一种做法是以最终受贿人实际收到的受贿数额统一作为中间人的行贿数额予以认定，不再考虑中间切分掉的钱款。本案一审检察院和法院均系采用这种认定方式。这种方式由于没有考虑各中间人切分利益的情况，也会导致量刑失衡。

以行贿罪定罪，中间人切分数额没有受到完整评价。对转托型中间人认定行贿罪，不论按照上述两种做法的哪种来认定其行贿数额，其所切分的利益都仅能认定为违法所得予以追缴，而不能作为其犯罪数额进行刑事归责，其行为对法益的侵害并未得到完整评价。

（三）中间人作为受贿共犯的理由及其缺陷

与行贿罪的思路相反，受贿共犯的思路认为，王某刚、张某全作为中间人，和国家工作人员具有共同的利益诉求，即通过为他人违规办理落户而获利，其行为实质是利用国家工作人员职权共同受贿。

除了更符合受贿罪的行为本质以外，认定中间人为受贿共犯还可以很好地解决行贿罪所不能解决的犯罪数额问题。在层层转请托型行受贿案件中，往往中间人之间对于总体数额和各人切分数额并不知情，不同于受贿共同犯罪对于受贿数额有明确共谋的情形。比如本案，王某刚在其所参与的共同受贿中，与张某全、刘某在主观上存在概括的共同受贿故意，但对其他受贿共犯各自收取受贿款的数额并不知晓，故应以其实际所得额确定受贿数额。这种思路，更符合主客观相一致的原则，对其违法所得进行了刑事评价，以违法所得大小进行刑事归责和量刑，也更合理。

但是，将中间人认定为受贿共犯，也存在难以解决的理论难题，那就是共同犯罪的认定与归责问题。即便按照共犯理论中的行为共同说，成立共同正犯并"不以故意的共同为必要"，即不拘泥于各行为人是否达到共同故意，但仍以共同者之间具有意思联络为必要条件。以本案为例，可以查明王某刚对于张某全寻找有职权的民警违规办理户口是明知的，尽管王某刚未必知晓刘某这个具体的人，但可以认定王某刚具有与某国家工作人员共同受贿的意思；但是假设无法查明刘某对于王某刚的知晓，受贿的核心人物刘某只知道贿赂款来自张某全，并概括地知晓张某全的贿赂款来自行贿人，但未必知晓张某全之上还有没有、有几层中间人，此时对于王某刚和刘某之间来说，可能只存在王某刚单方面与刘某共同犯罪的意（片面共犯）。这不能称为"意思联络"，片面共犯也是存在争议的理论。

第二个缺陷是认定受贿共犯后的归责问题。共犯体系是一套工具，它的目的在于结果归属。认定共同犯罪最重要的意义在于将全部结果归属于所有的行为人，即使行为人在物理上或客观上只实施了部分行为，但由于共同实行犯罪，使得其部分实行与不法结果之间具有物理的或者心理的因果性，因而要将全部结果归属于其行为。由此，既然将中间人认定为国家工作人员的共犯，那么其不但因共犯补充了本不具备的国家工作人员身份，也因共犯要承担全部责任，即所谓"部分行为，共同责任"。在层层转请托的共同受贿犯罪中，全部责任即全部的受贿款，但是在本案的处理中可见，不仅王某刚、张某全仅对其各自非法获取的受贿款承担责任，刘某也仅对其实际收受的贿赂款承担责任，并没有采纳全部责任的归责方式。事实上，由于刘某并没有见到除其收受的贿赂款之外的钱款，要求其对全部贿赂款承担责任也不符合主客观相一致原则。由此，本来是为了解决犯罪数额问题而认定的受贿共犯，却带来犯罪数额的认定不符合共犯归责理论的悖论。

（四）"就近认定"原则的缺陷

还有第三种思路，就是按照相互之间意思和行为联系的紧密程度来确认共犯，与请托人联系紧密的中间人认为是请托人的共犯，构成行贿罪，与受托人联系紧密的中间人认为是受托人的共犯，构成受贿罪。张某全与王某刚同属中间人，区别在于王某刚负责寻找请托人，而张某全负责联系国家工作人员。按照这一思路，认为王某刚与请托人有共同的犯意（向国家工作人员行贿以违规办理户口）和共同的行为（给付钱财、请托），而对其从中切分利益的事实不予评价；同时，认为张某全与国家工作人员刘某的联系更为紧密，认定其为刘某的受贿共犯。这一思路乍一看很顺畅，但其实有两个问题无法解决：

一是同为中间人，同样切分利益，与请托人相近的中间人的切分数额不能评价，而与受托人相近的中间人的切分数额则评价为受贿数额，不仅对违法获利的评价不公，行贿罪与受贿罪的法定刑也不同。同样的行为，不同评价，属于同案不同判。

二是奇数中间人如何评价，也就是中间人不是本案中的两个，而是一个或三个，那么处在中间的那个中间人，既不能认为与请托人更近，也不能认为与受托人更近，其定性问题依然没有解决。况且，实践中并不总是理想的模型化的犯罪样态，不能仅因与谁更熟络、联系更紧密就认定罪行与谁同质。认定犯罪性质是法律判断，只能依据构成要件并结合共犯理论来认定。

层层转请托型行受贿犯罪中间人的定性问题是贿赂犯罪案件审理中的难点，从司法导向的稳定性角度，有个明确的一致意见无疑是最理想的这既能使监察机关明确办案方向，也能使公诉机关明确起诉罪名，还可以避免法律适用不统一，减少上下级法院的改判，维护判决既判力。但是目前，不论采哪种认定思路，都有或多或少的矛盾和问题。只能说对于本案，在查明各涉案人员的客观行为和主观方面条件下，可以作出本案的判决，但在其他具体案件中，又会有个案不同的具体情况，对于中间人的定性，不能一概而论，仍然要根据个案进行具体分析。本案例旨在对于审理此类案件提供一种思路，扩宽完善此类案件法律适用的路径和可能性。①

---

① 对此，2017 年最高人民法院、最高人民检察院、公安部、国家安全部、司法部联合出台的《关于办理刑事案件严格排除非法证据若干问题的规定》第 4 条明确规定："采用非法拘禁等非法限制人身自由的方法收集的犯罪嫌疑人、被告人供述，应当予以排除。"

第七章

对有影响力的人行贿罪

第一节 对有影响力的人行贿罪概述

一、对有影响力的人行贿罪的概念及构成要件

对有影响力的人行贿罪，是指为谋取不正当利益，向国家工作人员的近亲属或者其他与该国家工作人员关系密切的人，或者向离职的国家工作人员或者其近亲属以及其他与其关系密切的人行贿的行为。

《刑法修正案（七）》增加了利用影响力受贿罪，将国家工作人员的近亲属或者其他与该国家工作人员关系密切的人，通过该国家工作人员职务上的行为，或者利用该国家工作人员职权或者地位形成的便利条件，通过其他国家工作人员职务上的行为，为请托人谋取不正当利益，索取请托人财物或者收受请托人财物，数额较大或者有其他较重情节的行为规定为犯罪。不具有国家工作人员身份的国家工作人员近亲属或者其他关系密切的人，利用国家工作人员的职务行为，进行权钱交易的行为不再游离于刑法之外，有力地打击了这种影响力交易的行为。但是，该次修正只将利用影响力受贿的行为规定为犯罪，却未将作为对偶犯的向国家工作人员关系密切的人员行贿的行为规定为犯罪。为全面落实党中央反腐败的工作部署，加强对行贿行为的查处打击力度，完善惩治行贿犯罪的法律制度，从源头上遏制和预防贿赂犯罪，《刑法修正案（九）》将向与国家工作人员关系密切的人员行贿的行为规定为犯罪。

（一）客体要件

2005 年 12 月 14 日正式生效的《联合国反腐败公约》第 18 条规定了"影响力交易罪"：（一）直接或间接向公职人员或者其他任何人员许诺给予、提议给予或者实际给予任何不正当好处，以使其滥用本人的实际影响或者被认为具有的影响力，为该行为的造意人或者其他任何人从缔约国的行政部门或者公共机关获得不正当好处；（二）公职人员或者其他任何人员为其本人或者他人直接或间接索取或者收受任何不正当好处，以作

为该公职人员或者该其他人员滥用本人的实际影响力或者被认为具有的影响力，从缔约国的行政部门或者公共机关获得任何不正当好处的条件。从公约第 18 条第（一）款可以看出，不管行贿人是给公职人员还是其他任何人财物，只要行贿人给予了财物，并试图通过国家工作人员的职务或者非国家工作人员的影响力来谋取不正当利益，都应该认为是侵犯了国家工作人员职务行为的不可收买性和廉洁性，都应该认定为犯罪，追究行贿人的刑事责任。

对有影响力的人行贿罪侵犯的法益是国家工作人员职务行为的公正性和公众对职务行为公正性的依赖。一方面，尽管对有影响力的人行贿罪的行为对象不是国家工作人员，但这并不意味着行贿行为侵犯的客体与职务行为无关。对有影响力的人行贿罪，虽不存在国家工作人员与行贿人之间直接的钱权交易，但是此处的行为人企图通过国家工作人员的密切关系人的影响力为自己谋取不正当利益，而影响力作用的发挥必然离不开国家工作人员的职务行为，不正当利益的不正当性又决定了利益的实现往往无法通过正常途径实现，从而破坏了职务行为的公正性或者对职务行为的公正性产生威胁。另一方面，公众普遍对国家工作人员施以相当程度的依赖，正是由于这种已经建立起来的信任关系，才保证了国家机关各项活动得以正常展开，社会活动得以有序进行。但是由于行贿人的行贿行为，破坏了群众对这些人的信赖，进而破坏了对国家工作人员的信赖，从而对职务行为的公正性产生怀疑，让公众认为只要"想办法"，人们还是能够利用职务行为谋取利益，从而使群众丧失对职务行为的信赖。

（二）客观要件

本罪在客观方面表现为为谋取不正当利益，向国家工作人员的近亲属或者其他与该国家工作人员关系密切的人，或者向离职的国家工作人员或者其近亲属以及其他与其关系密切的人行贿的行为。"国家工作人员的近亲属"，是指与国家工作人员有血缘关系或者婚姻关系的亲属，具体包括夫、妻、父、母、子、女、同胞兄弟姐妹、祖父母、外祖父母、孙子女、外孙子女。"其他与该国家工作人员关系密切的人"，是指在国家工作人员近亲属之外，与其有密切关系的人，如同学、战友、老乡、同事，或者有着某种共同利益关系的人，或者与其关系非常密切，交往不同于一般关系、对其具有足够的影响力的人。"离职的国家工作人员"，是指曾经是国家工作人员，但目前已离开国家工作人员的工作岗位，如离休、退休、辞职、辞退等情形。这些人虽然现在不具有国家工作人员的身份，但因为曾经是国家工作人员，仍然具有足够的影响力。"离职的国家工作人员的近亲属"，是指与离职的工作人员有血缘关系或者婚姻关系的亲属，包括夫、妻、父、母、子、女、同胞兄弟姐妹、祖父母、外祖父母、孙子女、外孙子女。"其他与离职国家工作人员关系密切的人"，是指在离职的国家工作人员近亲属之外，其他与其有密切关系的人，如同学、战友、老乡、老领导、老部下，或者有着某种共同利益关系的人，或者与其关系非常密切，交往不同于一般关系、具有足够的影响力的人。

行贿的行为可以包括以下几种情形：第一，为利用国家工作人员的职务行为，行为人主动给予国家工作人员的近亲属或者其他与该国家工作人员关系密切的人，或者离职的国家工作人员或者其近亲属以及其他与其关系密切的人财物；第二，在经济往来中，违反国家规定，给予国家工作人员的近亲属或者其他与该国家工作人员关系密切的人，或者离职的国家工作人员或者其近亲属以及其他与其关系密切的人以各种名义的回扣、手续费的。

根据《最高人民法院、最高人民检察院关于办理贪污贿赂刑事案件适用法律若干问题的解释》的规定，为谋取不正当利益，向国家工作人员的近亲属或者其他与该国家工作人员关系密切的人，或者向离职的国家工作人员或者其近亲属以及其他与其关系密切的人行贿，数额在 3 万元以上的，应当以对有影响力的人行贿罪追究刑事责任。对有影响力的人行贿数额在 1 万元以上不满 3 万元，具有下列情形之一的，应当以对有影响力的人行贿罪追究刑事责任：（1）向 3 人以上行贿的；（2）将违法所得用于行贿的；（3）通过行贿谋取职务提拔、调整的；（4）向负有食品、药品、安全生产、环境保护等监督管理职责的国家工作人员行贿，实施非法活动的；（5）向司法工作人员行贿，影响司法公正的；（6）造成经济损失数额在 50 万元以上不满 100 万元的。单位对有影响力的人行贿数额在 20 万元以上的，应当以对有影响力的人行贿罪追究刑事责任。

（三）主体要件

本罪的主体是一般主体，即凡达到刑事责任年龄、具备刑事责任能力的人均可构成本罪。

（四）主观要件

本罪在主观方面表现为，行为人明知对方是国家工作人员的近亲属或关系密切人，并相信其能够利用该国家工作人员的职务行为或该国家工作人员职权或地位形成的便利条件，通过其他国家工作人员职务上的行为其谋取不正当利益，进而向有影响力的人给予财物。

二、对有影响力的人行贿罪案件审理情况

《刑法修正案（七）》增加了利用影响力受贿罪，将国家工作人员的近亲属或者其他与该国家工作人员关系密切的人，通过该国家工作人员职务上的行为，或者利用该国家工作人员职权或者地位形成的便利条件，通过其他国家工作人员职务上的行为，为请托人谋取不正当利益，索取请托人财物或者收受请托人财物，数额较大或者有其他较重情节的行为规定为犯罪。不具有国家工作人员身份的国家工作人员近亲属或者其他关系密切的人，利用国家工作人员的职务行为，进行权钱交易的行为不再游离于刑法之外，有力地打击了这种影响力交易的行为。但是，该次修正只将利用影响力受贿的行为规定为犯罪，却未将作为对偶犯的向国家工作人员关系密切的人员行贿的行为规定为犯罪。为全面落实党中央反腐败的工作部署，加强对行贿行为的查处打击力度，完善惩治行贿犯罪的法律制度，从源头上遏制和预防贿赂犯罪，《刑法修正案（九）》将向与国家工作人员关系密切的人员行贿的行为规定为犯罪。

通过中国裁判文书网检索，2018 年至 2022 年间，全国法院审结一审对有影响力的人行贿罪刑事案件共计 14 件，其中，2018 年 2 件，2019 年 1 件，2020 年 5 件，2021 年 6 件，2022 年 0 件。

司法实践中，对有影响力的人行贿罪犯罪案件主要呈现出以下特点及趋势：一是犯罪主体相对集中，个体经营者、企业公司主管涉嫌行贿犯罪居多，工程承包商成为行贿犯罪案件高发人群；二是涉案范围广且金额巨大，涉案范围包括工程建设、行政审批、

医药供应、征地拆迁、惠农补贴等领域，工程建设领域行贿犯罪相对突出；三是行贿方式以直接给现金为主。行贿方式以"感谢费""好处费""服务费"等多种名目给予受贿人现金，但也有一些新的贿赂方式，如合作开办公司或参与投资入股等；四是作案手段隐蔽。此种犯罪与受贿犯罪往往是"一对一"的方式进行，作案手段隐蔽，有的并不是赤裸裸的权钱交易，而是采取邀请外出考察，给付咨询费、顾问费、赠送礼品等更隐秘的方式，给发现和查处此类犯罪增加了难度。

三、对有影响力的人行贿罪案件审理热点、难点问题

1. 司法实践对有影响力的人行贿罪的处罚力度偏轻，缓刑、免刑适用比例仍然偏高。

2. 罚金数额规定过于宽泛，《刑法修正案（九）》规定了对对有影响力的人行贿罪并处罚金。2016 年最高人民法院、最高人民检察院颁布《关于办理贪污贿赂刑事案件适用法律若干问题的解释》（以下简称"《贪污贿赂司法解释》"），对行贿罪罚金数额细化规定为：应当在 10 万元以上犯罪数额 2 倍以下判处罚金。但由于罚金的规定过于宽泛，数额的确定仍然具有很大的不确定性。对于罚金处罚多少，究竟要高于还是低于行贿数额，以什么样的标准计算才更能发挥罚金的作用，这些问题目前还没有明确的规定，需进一步探讨。

3. 将财物给予冒充国家工作人员的近亲属如何认定，还存在争议。

四、对有影响力的人行贿罪案件办案思路及原则

1. 切实转变司法观念，坚持查办行贿案件与查办受贿案件相统一，严格依据刑法的规定执行对行贿人从轻、减轻、免除刑事处罚的规定。

2. 实践中，有不法人员谎称自己是国家工作人员特别是一些高级领导干部的近亲属，招摇撞骗，而行为人误认为其是"有影响力的人"，为谋取不正当利益而将财物给予招摇撞骗者。此种情况下，行贿人对行贿的对象发生了错误认识。行为人意图侵害党和国家工作人员职务的廉洁性，而实际上这一客体不存在。从对象认识错误理论来讲，此种情况在处理时应慎重把握，综合考虑行贿行为的性质、情节和后果，行贿人的态度和表现，以及司法机关是否认定行贿未遂等因素进行判断。

第二节　对有影响力的人行贿罪审判依据

一、法律

《刑法》（2020 年 12 月 26 日修正）（节录）

第三百九十条之一　为谋取不正当利益，向国家工作人员的近亲属或者其他与该国家工作人员关系密切的人，或者向离职的国家工作人员或者其近亲属以及其他与其关系密切的人行贿的，处三年以下有期徒刑或者拘役，并处罚金；情节严重的，或者使国家利益遭受重大损失的，处三年以上七年以下有期徒刑，并处罚金；情节特别严重的，或

者使国家利益遭受特别重大损失的，处七年以上十年以下有期徒刑，并处罚金。

单位犯前款罪的，对单位判处罚金，并对其直接负责的主管人员和其他直接责任人员，处三年以下有期徒刑或者拘役，并处罚金。

二、司法解释

《最高人民法院、最高人民检察院关于办理贪污贿赂刑事案件适用法律若干问题的解释》（2016 年 4 月 18 日　法释〔2016〕9 号）（节录）

第十条　刑法第三百八十八条之一规定的利用影响力受贿罪的定罪量刑适用标准，参照本解释关于受贿罪的规定执行。

刑法第三百九十条之一规定的对有影响力的人行贿罪的定罪量刑适用标准，参照本解释关于行贿罪的规定执行。

单位对有影响力的人行贿数额在二十万元以上的，应当依照刑法第三百九十条之一的规定以对有影响力的人行贿罪追究刑事责任。

第七条　为谋取不正当利益，向国家工作人员行贿，数额在三万元以上的，应当依照刑法第三百九十条的规定以行贿罪追究刑事责任。

行贿数额在一万元以上不满三万元，具有下列情形之一的，应当依照刑法第三百九十条的规定以行贿罪追究刑事责任：

（一）向三人以上行贿的；

（二）将违法所得用于行贿的；

（三）通过行贿谋取职务提拔、调整的；

（四）向负有食品、药品、安全生产、环境保护等监督管理职责的国家工作人员行贿，实施非法活动的；

（五）向司法工作人员行贿，影响司法公正的；

（六）造成经济损失数额在五十万元以上不满一百万元的。

第八条　犯行贿罪，具有下列情形之一的，应当认定为刑法第三百九十条第一款规定的"情节严重"：

（一）行贿数额在一百万元以上不满五百万元的；

（二）行贿数额在五十万元以上不满一百万元，并具有本解释第七条第二款第一项至第五项规定的情形之一的；

（三）其他严重的情节。

为谋取不正当利益，向国家工作人员行贿，造成经济损失数额在一百万元以上不满五百万元的，应当认定为刑法第三百九十条第一款规定的"使国家利益遭受重大损失"。

第九条　犯行贿罪，具有下列情形之一的，应当认定为刑法第三百九十条第一款规定的"情节特别严重"：

（一）行贿数额在五百万元以上的；

（二）行贿数额在二百五十万元以上不满五百万元，并具有本解释第七条第二款第一项至第五项规定的情形之一的；

（三）其他特别严重的情节。

为谋取不正当利益，向国家工作人员行贿，造成经济损失数额在五百万元以上的，应当认定为刑法第三百九十条第一款规定的"使国家利益遭受特别重大损失"。

第三节 对有影响力的人行贿罪在审判实践中的疑难新型问题

问题 1. 如何界定"有影响力的人"的范围

【实务专论】

本罪中，"有影响力的人"包括四类人员：国家工作人员的近亲属和与国家工作人员关系密切的人员、离职的国家工作人员及其近亲属或与离职国家工作人员关系密切的人员。

1. 国家工作人员的近亲属的范围。《民法典》第 1045 条规定，"近亲属"包括配偶、父母、子女、兄弟姐妹、祖父母、外祖父母、孙子女、外孙子女，即只有配偶和三代以内的直系血亲。《刑事诉讼法》第 108 条规定，"近亲属"指夫、妻、父、母、子、女、同胞兄弟姊妹，在近亲属范围上略小于民法范畴。我们认为，刑诉法中所规定的近亲属，主要是为了在赋予其提起附带民事诉讼或代为委托辩护人、担任诉讼代理人等刑事诉讼权利的同时，设置一定的范围以便于实践中把握和操作。但不同于上述考虑，本罪中"影响力"的辐射范围并不限于上述刑诉法所列举的近亲属，为最大限度规制贿赂犯罪，应当将国家工作人员的近亲属的范围作开放式的理解，即包括配偶、父母、子女、兄弟姐妹、祖父母、外祖父母、孙子女、外孙子女和其他具有扶养、赡养关系的亲属。①

2. 其他与该国家工作人员关系密切的人的范围。《最高人民法院、最高人民检察院关于办理受贿刑事案件适用法律若干问题的意见》第 11 条创设了"特定关系人"这一新的概念，即与国家工作人员有近亲属、情妇（夫）以及其他共同利益关系的人。在此，"其他与该国家工作人员关系密切的人的范围"有别于"特定关系人"之处在于，除了近亲属、情妇（夫）以及其他共同利益关系之外，还包括带有同学、战友、上下级、姻亲或者同属于朋友圈、老乡圈、同事圈性质等与国家工作人员平时交往密切的有关人员。能否认定与国家工作人员关系密切，应当结合证据进行严格审查，即国家工作人员与行贿对象之间是否存在频繁而深入的交往、双方是否存在血缘关系、感情关系、利益关系以及其他密切关系产生的原因、双方关系密切的程度及国家工作人员对于这种密切关系的认知、认可度等维度考量，从而才能准确判定是否属于"关系密切的人"。需要注意的是，本罪中的"影响力"应当区别于利用职务和职权而形成的影响力，即"关系密切的人"不包括工作和职务中产生的制约关系，否则就会形成斡旋受贿的情况。

另外，在认定此类人员范围时，应当做实质判断，即便是那些与该国家工作人员地

---

① 此处借鉴了《最高人民法院关于适用〈中华人民共和国行政诉讼法〉的解释》第 14 条规定的《行政诉讼法》第 25 条第 2 款规定的"近亲属"范围，即包括配偶、父母、子女、兄弟姐妹、祖父母、外祖父母、孙子女、外孙子女和其他具有扶养、赡养关系的亲属。

位相差悬殊的人员，只要能够对国家工作人员在行使职权方面能够产生实质影响力，均属于"关系密切的人员"。例如，在山西省太原市迎泽区人民法院审理的被告人乔某志犯利用影响力受贿罪一案中，经法院审理查明，2009 年至 2016 年，乔某志利用其担任时任山西省晋城市委书记、山西省人大常委会副主任张某才（2020 年因犯受贿罪被判处有期徒刑十五年）司机的身份，通过向时任山西兰花煤炭实业集团有限公司董事长贺某、李某打招呼的方式，为付某承揽了兰花集团下属单位开发的部分项目工程。在上述工程招投标中，付某均采取了陪标的不正当竞争手段，中标工程价共计约 3.6 亿元。根据乔某志与付某的约定，乔某志帮助其中标后，付某支付乔某志中标价百分之二到三的好处费。从 2009 年至 2018 年，乔某志在个人建房、购房、装修房等事项中，先后收受付某好处费共计 375.8308 万元。又如，湖南省长沙县人民法院审理的被告人胡某红利用影响力受贿罪一案，经法院审理查明，胡某红自 2013 年 6 月起在时任湖南省衡阳市委书记李某龙（2018 年因犯受贿罪、贪污罪、滥用职权罪、巨额财产来源不明罪，数罪并罚，被判处有期徒刑十八年）家从事保姆工作，负责李某龙一家的日常生活起居，利用李某龙职权和地位形成的便利条件，请李某龙在请托人王某递交的材料上作出批示，要求对他人的工作调动、应聘予以照顾，在此过程中胡某红收受了王某人民币 20 万元。在上述两个案例中，司机、保姆等传统意义上较为边缘的社会群体，同样可以成为与国家工作人员关系密切的人。他们在与所保障、服务的国家工作人员朝夕相处，照顾后者的饮食起居和日常生活中，形成了较为密切、稳定的社会关系，虽然不具有亲属关系，但深得国家工作人员的信任，因而逐渐拥有了对国家工作人员的"影响力"。

3. 离职的国家工作人员。鉴于在中国处于"人情社会"的现实情况，离职的国家工作人员利用在位期间形成的庞大的"关系网"，为他人谋取不正当利益的情况在现实生活中也时有发生。《刑法修正案（七）》中的利用影响力受贿罪将此类行为规定为犯罪，对于进一步严密我国贪污贿赂犯罪的刑事法网，加大反腐力度，无疑具有重大意义。需要注意的是，"离职的国家工作人员"既包括离退休的国家工作人员，也包括已辞职、辞退、免职、撤职、开除或调任、遴选至其他单位的国家工作人员。有观点认为，"离职的国家工作人员"不应当包括调任至其他岗位的国家工作人员。我们认为，这一观点人为限缩了"离职的国家工作人员"的适用范围。例如，部分国家工作人员因年龄、身体健康等因素从重要领导岗位"退居二线"，担任非领导职务或者到人大、政协担任专门委员会的主任、副主任委员的，尽管他们仍然具有国家工作人员的身份，但事实上已经失去了原有职权。其协调其他国家工作人员为请托人谋取不正当利益，由于和后者之间不具有权力上的制约关系，因而也不属于"斡旋受贿"。此外，如因患有重大疾病，无法继续在职，但保留公务员身份的人员，他们长时间无法正常工作，且在上述情形消失之后一般不会再回到原有岗位，应当归入离职国家工作人员的范畴。有观点认为，对于离职国家工作人员的"影响力"应当设置一定的"影响期"，这种观点虽有一定道理，但在实践中难于操作。① 因此，只要是离开原有岗位后仍然能够利用其先前职权、地位所形成的影响力，就应当纳入"离职的国家工作人员"的范畴。

4. 离职的国家工作人员的近亲属及与离职的国家工作人员关系密切的人。对于国家工作人员的近亲属、其他与国家工作人员关系密切的人、离职的国家工作人员、离职国

---

① 李伟迪：《利用影响力受贿罪适用研究》，中国政法大学出版社 2011 年版，第 92 页。

家工作人员的近亲属、其他与离职国家工作人员关系密切的人，应重点审查以下证据：（1）关于近亲属，是否调取被告人与国家工作人员身份关系的有关证据，包括：户口簿、户籍档案、相关证人证言等。（2）关于离职国家工作人员，是否调取证明国家工作人员离职的相关证据，包括：被告人离职的相关手续、单位证明、工资发放记录等相关书证；被告人的供述和辩解；单位的有关人员及被告人家属等证人证言等。（3）关于关系密切的人，是否调取证明被告人与国家工作人员关系密切的相关证据，包括：被告人供述；知情人证人证言；能够证明双方关系密切的有关书证等。

问题2. 向具备国家工作人员身份的领导亲属行贿的行为如何定性

【实务专论】

本罪中的"影响力"不是抽象的，而是具体的；不是利用自身拥有的职权对其他国家工作人员给予的指示、命令所带来的"权力型影响力"，而是基于血缘亲情、乡情友情、同学战友等非权力因素所产生的影响力。同时，"有影响力的人"对于国家工作人员应当是基于密切关系所产生的"直接影响力"，而不是带有"媒介性""转委托"性质的"间接影响力"。例如，某行贿人为承揽工程建设项目而找到社会人员甲并向甲支付了"酬金"，甲通过朋友乙向乙的近亲属国家工作人员丙提出请托后，帮助行贿人顺利中标该工程项目，其中甲对国家工作人员丙并无直接影响力，而属于间接影响力，不属于本罪的"有影响力的人"。有影响力的人身份如何，对于定罪没有影响，重点是看其如何帮助行贿人实现不正当利益。也就是说，对于"关系密切的人"的判断应坚持一个基本原则，即以实质关系作为评价标准，而非仅以身份作为评判标准，关键看国家工作人员及其关系密切的人之间是否属于"利益共同体"，是否具有"一荣俱荣""一损俱损"的关系。即便是在职国家工作人员，如果没有利用自己所具有的职权，或者其收受财物与其履行职权之间并不具有对应关系，而是因其自身与其他国家工作人员关系密切而产生的非权力性影响力，该具备国家工作人员身份的受托人当然可以成为对有影响力的人行贿罪的行贿对象。

问题3. 对有影响力的人行贿罪，是否包括利用"斡旋方式"谋取不正当利益

【实务专论】

实践中，有一类行贿案件涉及的"有影响力的人"身份特殊、背景深厚，例如一些地方党委书记的妻子、子女、司机，他们虽然不具有国家工作人员的身份，但却能量惊人、神通广大，堪称"地下组织部长"或者"地下财政局长"，对于地方、人、财物等各方面资源都能够插手干预，甚至已经到了可以绕过地方主要领导而直接向地方相关单位领导打招呼的地步。一方面，他们为了将所依附的国家工作人员的权力快速"变现"，积极向有关领域的商人显示自己的"背景"和"人脉"，以吸引那些谋求不正当利益的不法商人主动靠拢并向他们送钱送物；另一方面，他们利用了党委主要领导在家风管理上的疏忽和过失，或者因长期投身工作难以照顾家庭而产生的愧疚感和补偿心理，对他们打着自己的旗号出去"赚钱"也听之任之。当然，还有的"有影响力的人"是忌惮主要领

导一旦知情他们在地方人事、公共投资等领域上下其手，将会严厉制止，故而有意规避只寻找具体经办单位的负责人。而在一些地方由于长期以来政治生态恶化，"一言堂"现象十分严重，一些领导干部为了急于获得升迁，也乐于和这些领导家属接触，甚至对其提出的不正当利益的诉求也积极迎合、大力配合。

一般情况下，对有影响力的人行贿罪应当是行贿人提出请托并给予财物——国家工作人员的近亲属或者其他与该国家工作人员关系密切的人接受请托——上述人员向该国家工作人员转达请托——国家工作人员提供帮助谋取到不正当利益。但是，应当看到的是，在过去一个时期某些政治风气不良的地方，"权力家族化"的现象十分严重，例如，江西省委原书记苏荣之妻于丽芳、云南省委原书记白恩培之妻张慧清等人擅权干政，[①] 个别党委主要领导的权力以极为不正常的方式扩散影响力，形成了"夫人政治"等现象，一些急功近利的官员也热衷于走"上层路线"和"夫人路线"，并以此作为"进身之阶"。

因此，这些身份和地位特殊的"有影响力的人"，不仅能够直接影响到作为近亲属的国家工作人员，同时也能够直接影响到辖区内其他单位国家工作人员，行贿人的行为应当认为对有影响力的人行贿罪。同时，对非国家工作人员行贿罪被设置于刑法破坏社会主义市场秩序一章，主要针对的是在市场经济活动中向公司、企业有关人员行贿的行为，尽管国家工作人员的近亲属和其他特定关系人往往也属于广义上的"非国家工作人员"，但与对有影响力的人行贿罪在针对的规制对象、发生语境都存在较大区别，在惩治"家族腐败""身边人腐败"等现象时，一般不宜适用对非国家工作人员行贿罪。

问题 4. 同时对有影响力的人和与其关系密切的国家工作人员行贿的行为如何定性

【实务专论】

1. 实践中，行贿人向"有影响力人"行贿的情形非常复杂，行贿人与"有影响力的人"之间的交往密切程度、"有影响力的人"与国家工作人员之间的具体关系如何，都会直接影响到对行贿行为的定性。除了那种完全扮演"掮客"角色的"有影响力的人"以外，还有相当一批行贿案件中，行贿人实际上对"有影响力人"及其背后的国家工作人员的关系是非常清楚的，甚至对后者的利益捆绑关系也心知肚明，在这种情况下，很多行贿人的供述中往往承认其将贿赂交付于有影响力的人，但其主观目的不是只给予对方，而是同时感谢有影响力的人和国家工作人员，同时给予上述两人。还有的行贿人甚至将贿赂交付于有影响力的人，并不是真正给予对方，而是托有影响力的人将此贿赂转交给国家工作人员。对于上述情形如何定性，实践中还有不同认识。

2. 行贿人向有影响的人行贿的行为，是构成对有影响力的人行贿罪还是行贿罪，关键在于行贿者在向有影响力的人行贿时的主观认识。根据《关于办理受贿刑事案件适用法律若干问题的意见》的规定，有影响力的人和国家工作人员合谋，国家工作人员以职务之便帮助请托人谋得利益进行受贿的，判处其为受贿罪的共犯。在王某的第一次行贿中，其行贿的对象明确为李某，且其感谢的原因也是因为李某利用其关系帮助其承揽到

---

① 郭芳、董显苹：《大老虎的夫人们》，载《中国新闻周刊》2015 年第 3 期。

项目。因此，行贿人对受贿者与国家工作人员事中形成的受贿故意不知情，仍然是想利用受贿者对于国家工作人员的影响力谋取私利，此时不论国家工作人员是否知晓，不管其最后是否得到了不正当利益，都构成了对有影响力的人行贿罪。在王某的第二次行贿中，其行贿的对象既包括李某，也包括国家工作人员许某，其交付财物的时候基于李某与许某的特定关系只表达了概括的故意。在第二次请托李某时，王某也明确了请其向许某打招呼，在此过程中既利用了李某对许某的影响力，最本质的还是利用了许某的职务便利为其在工程竞标中谋利。

3. 如果行贿人在行贿时已经明确认识到，有影响力的人在发生行贿行为的过程中和国家工作人员产生了受贿的共同故意，行贿人只是将有影响力的人作为自己犯罪过程中财产的转交者，或者是概括的认为只要将财物交付给有影响力的人，就等于给有影响力的人和国家工作人员这一对利益共同体。[①] 在此，行贿人与国家工作人员之间已经不再是间接的权钱交易，而是直接的权钱交易，有影响力的人在这个过程中扮演着帮助犯的角色。从行贿者的主观认识来看，其犯罪目的就是为了向国家工作人员行贿，而非将财物给予有影响力的人，应该将其行为评价为一般行贿罪。

问题5. 对有影响力的人行贿行为跨越《刑法修正案（九）》前后的，如何处理

【实务专论】

根据《最高人民检察院关于对跨越修订刑法施行日期的继续犯罪、连续犯罪以及其他同种数罪应如何具体适用刑法问题的批复》的规定，对于开始于1997年9月30日以前，继续或者连续到1997年10月1日以后的行为，以及在1997年10月1日前后分别实施的同种类数罪，如果原刑法和修订刑法都认为是犯罪并且应当追诉，适用一并追诉原则。从该批复明确的"原刑法和修订刑法都认为是犯罪并且应当追诉"条件分析，如果原《刑法》和修订《刑法》并非都认为是犯罪或者应当追诉，则不适用一并追诉原则。该批复虽未针对利用有影响力的行贿罪，但原理相同。因此，本案的争议焦点就在于，对于《刑法修正案（九）》颁布之前的向此类与国家关系密切的人员行贿是否构成犯罪。有观点认为，"有影响力的人"可以分为国家工作人员和非国家工作人员两类，因而即便在《刑法修正案（九）》颁布前对影响力的人行贿的，也仍然符合行贿罪或对非国家工作人员行贿罪的构成要件，因而属于"原刑法和修订刑法都认为是犯罪并且应当追诉"的情形，应当一并处理。

我们认为，上述观点没有正确认识刑法溯及力和罪刑法定原则的基本精神。尽管"有影响力的人"从主体身份上可以划分为国家工作人员和非国家工作人员，但并不意味着只要实施了上述给付财物的行为就构成犯罪，而应当具备基本的因果关系才符合构成条件。也就是说，行贿罪与对有影响力的人行贿罪的区别不仅在于行贿对象的身份，主要在于行贿人所谋取不正当利益是基于行贿对象自身的职权还是基于其和其他国家工作人员的密切关系。因此，在立法没有明文规定向有影响力的人行贿入罪之前，此种行为不宜追究其刑事责任，但可以作为综合情节在量刑上予以酌情考虑。

---

① 刘明祥：《从单一正犯视角看贿赂罪中的共同犯罪疑难问题》，载《法学家》2017年第2期。

第八章
对单位行贿罪

第一节　对单位行贿罪概述

一、对单位行贿罪的概念及构成要件

对单位行贿罪，指为谋取不正当利益，给予国家机关、国有公司、企业、事业单位、人民团体以财物，或者在经济往来中违反国家规定，给予各种名义的回扣、手续费的行为。

《刑法修正案（九）》增加了"并处罚金"的规定。贿赂犯罪既是职务性犯罪，也是一种图利性犯罪，在对这类犯罪分子给予惩处的同时，也要给予经济处罚，本条既对个人向单位行贿规定为犯罪，也对单位向单位行贿规定为犯罪，并且都规定了罚金刑，体现了个人犯罪和单位犯罪并重的原则。

（一）客体要件

在我国，"单位"并不是一个严格意义上的法律概念，但在政治、社会生活中却扮演着极为重要的角色。在最初的语境下，"单位"一词的使用带有浓厚的计划经济色彩，即并非所有的组织都可以叫作"单位"，通常只有带有一定"公共性质"或"集体性质"的机构才属于"单位"，例如，国家机关、事业单位、社会团体和国家企业等。而随着改革开放后市场经济的兴起，计划经济年代"包办一切"的集体色彩逐渐褪去，"单位"的外延才逐步扩展至依法设立的合资经营、合作经营企业和具有法人资格的独资、股份制公司、企业等组织。

因此，本罪侵犯的法益应为国有单位公务行为的廉洁性。从表象上来看，国有单位要想行使其公共权力，就必须借助内部的国家工作人员代表其行使职务行为，好像权力主体成了自然人。然而此时国家工作人员不再是对外的独立法人主体，其作为国有单位内部人员是在国有单位集体意志支配下开展工作的，是在代表单位行使职务行为。所以，对单位行贿罪的犯罪客体是复杂客体。其中，主要客体是国家工作人员职务的廉洁性；

次要客体是国家经济管理的正常活动。

另外，行贿罪的犯罪对象是财物。这里所说的财物，与受贿罪中的财物是相同的。

（二）客观要件

本罪在客观方面表现为行为人向国家机关、国有公司、企业、事业单位、人民团体行贿的行为。至于行贿人所要谋取的不正当利益是否客观实现，不影响本罪的构成。表现为两种形式：一是为谋取不正当利益，而给予国家机关、国有公司、企业、事业单位、人民团体财物；二是在经济往来中，违反国家规定，给予国家机关、国有公司、企业、事业单位、人民团体各种名义的回扣、手续费。

参照 1999 年 9 月 16 日最高人民检察院发布施行的《关于人民检察院直接受理立案侦查案件立案标准的规定（试行）》的规定，涉嫌下列情形之一的，应予立案：（1）个人行贿数额在 10 万元以上、单位行贿数额在 20 万元以上的；（2）个人行贿数额不满 10 万元、单位行贿数额在 10 万元以上不满 20 万元，但具有下列情形之一的：①为谋取非法利益而行贿的；②向 3 个以上单位行贿的；③向党政机关、司法机关、行政执法机关行贿的；④致使国家或者社会利益遭受重大损失的。

（三）主体要件

本罪的主体是一般主体。自然人和单位均能构成本罪。

（四）主观要件

本罪的主观方面表现为直接故意，且一般具有谋取不正当利益的目的。根据《最高人民法院、最高人民检察院关于办理商业贿赂刑事案件适用法律若干问题的意见》的规定，在行贿犯罪中，"谋取不正当利益"，是指行贿人谋取违反法律、法规、规章或者政策规定的利益，或者要求对方违反法律、法规、规章、政策、行业规范的规定提供帮助或者方便条件。在招标投标、政府采购等商业活动中，违背公平原则，给予相关人员财物以谋取竞争优势的，属于"谋取不正当利益"。

二、对单位行贿罪案件审理情况

1988 年第六届全国人大常委会通过《关于惩治贪污罪贿赂罪的补充规定》，明确规定国家机关、有关企业事业单位、社会团体可以成为行贿罪的对象。1997 年刑法在总则中正式对单位犯罪进行了规定，并设立了对单位行贿罪。2015 年 8 月，《刑法修正案（九）》第 47 条对本罪增设了"并处罚金"之规定。

通过中国裁判文书网检索，2018 年至 2022 年间，全国法院审结一审对单位行贿罪刑事案件共计 91 件，其中，2018 年 63 件，2019 年 19 件，2020 年 7 件，2021 年 1 件，2022 年 1 件。

司法实践中，对单位行贿罪案件主要呈现出以下特点及趋势：一是涉案领域相对集中，行贿范围集中于涉及人、财、物的权力部门和岗位，主要分布在工程建设、资源开发、金融证券和医疗卫生等领域；二是行贿手段越来越隐蔽，为了逃避法律制裁，行贿人在行贿手段上不断翻新，如以宣传费、赞助费、科研费、劳务费、咨询费、佣金等形式来实现贿赂的目的。

三、对单位行贿罪案件审理热点、难点问题

1. 对于借用国有企业的施工资质投标并支付管理费的行为，是否构成对单位行贿罪，存在一定争议；

2. 因国家强制向被管理单位收费的，能否认定为对单位行贿罪，存在一定争议；

3. 企业向政府部门进行捐赠的行为，能否认定为对单位行贿罪，存在一定争议。

四、对单位行贿罪案件办案思路及原则

1. 对单位行贿罪首先应当表现"权钱交易"，即受贿一方的单位收受贿赂应当利用的是职权而不是其他便利条件。换句话说，对单位行贿罪中的行贿应当与行贿对象所利用的职权之间建立一一对应的关系，才能认定对单位行贿罪的成立。尽管出借施工资质的行为违反了《建筑法》第26条第2款、第66条关于国家禁止建筑施工企业允许其他单位和个人使用本企业的资质证书，以本企业名义承揽工程的规定，但此类行为可以交由具有行政执法权的有关部门予以行政处罚或规制即可，因而不符合对单位行贿罪的构成要件。同时，考虑到实践中有大量有相关资质的单位有偿出借其企业资质给公司或个人，如果一律对行政违法行为进行刑事惩罚，则有打击面过大之嫌。因此，对于借用国有企业的施工资质投标并支付管理费、手续费的行为，不宜认定为对单位行贿罪。

2. 在中央三令五申不许增加基层经济负担的情况下，现实中仍有不少单位违规违纪擅自创设各种名目的"工作经费""赞助费""指导费""培训费"等的费用项目，甚至滥用执法权胁迫被管理单位交纳一定的管理费或其他形式的费用，严重干扰了企业正常的生产经营，加重了企业负担，助长了不正之风，对此，无论是否谋取到不正当利益，都不应当认定交纳费用的单位构成单位行贿罪。

3. 企业向政府部门进行捐赠的行为，要区分不同情形分别对待。根据《公益事业捐赠法》的相关规定，可以依法接受捐赠的主体只有公益性社会团体和公益性非营利的事业单位，以及在发生自然灾害时或者境外捐赠人要求县级以上人民政府及其部门作为受赠人时，县级以上人民政府及其部门可以接受捐赠，但不得以本机关为受益对象。因此，除以发展公益事业为宗旨的基金会、慈善组织等社会团体和从事公益事业的不以营利为目的的教育机构、科学研究机构、医疗卫生机构、社会公共文化机构、社会公共体育机构和社会福利机构外，一般政府部门不得在重大灾害和境外捐赠以外的范围接受捐赠，更不得以本机关为直接受益对象。之所以立法对政府接受捐赠作出严格限制，主要是考虑到政府作为公权力的行使者，本来就有相对充足的财政经费予以保障，如接受捐赠既无必要，也不利于社会财富流动和合理分配，甚至有可能产生个别政府工作人员利用公权力变相收受贿赂的问题。因此，企业、个人为谋取不正当利益，向具有管理与被管理关系的政府部门以"捐赠"的名义给予财物，构成对单位行贿罪。

第二节 对单位行贿罪审判依据

一、法律

《刑法》（2020 年 12 月 26 日修正）（节录）

第三百九十一条 为谋取不正当利益，给予国家机关、国有公司、企业、事业单位、人民团体以财物的，或者在经济往来中，违反国家规定，给予各种名义的回扣、手续费的，处三年以下有期徒刑或者拘役，并处罚金。

单位犯前款罪的，对单位判处罚金，并对其直接负责的主管人员和其他直接责任人员，依照前款的规定处罚。

二、司法解释

《最高人民检察院关于人民检察院直接受理立案侦查案件立案标准的规定（试行）》（1999 年 9 月 16 日 高检发释字〔1999〕2 号）（节录）

（六）对单位行贿案（第 391 条）

对单位行贿罪是指为谋取不正当利益，给予国家机关、国有公司、企业、事业单位、人民团体以财物，或者在经济往来中，违反国家规定，给予上述单位各种名义的回扣、手续费的行为。

涉嫌下列情形之一的，应予立案：（1）个人行贿数额在 10 万元以上、单位行贿数额在 20 万元以上的；（2）个人行贿数额不满 10 万元、单位行贿数额在 10 万元以上不满 20 万元，但具有下列情形之一的：①为谋取非法利益而行贿的；②向 3 个以上单位行贿的；③向党政机关、司法机关、行政执法机关行贿的；④致使国家或者社会利益遭受重大损失的。

三、刑事政策文件

《最高人民法院、最高人民检察院关于办理商业贿赂刑事案件适用法律若干问题的意见》（2008 年 11 月 20 日 法发〔2008〕33 号）（节录）

七、商业贿赂中的财物，既包括金钱和实物，也包括可以用金钱计算数额的财产性利益，如提供房屋装修、含有金额的会员卡、代币卡（券）、旅游费用等。具体数额以实际支付的资费为准。

八、收受银行卡的，不论受贿人是否实际取出或者消费，卡内的存款数额一般应全额认定为受贿数额。使用银行卡透支的，如果由给予银行卡的一方承担还款责任，透支数额也应当认定为受贿数额。

九、在行贿犯罪中，"谋取不正当利益"，是指行贿人谋取违反法律、法规、规章或者政策规定的利益，或者要求对方违反法律、法规、规章、政策、行业规范的规定提供帮助或者方便条件。

在招标投标、政府采购等商业活动中，违背公平原则，给予相关人员财物以谋取竞争优势的，属于"谋取不正当利益"。

十、办理商业贿赂犯罪案件，要注意区分贿赂与馈赠的界限。主要应当结合以下因素全面分析、综合判断：（1）发生财物往来的背景，如双方是否存在亲友关系及历史上交往的情形和程度；（2）往来财物的价值；（3）财物往来的缘由、时机和方式，提供财物方对于接受方有无职务上的请托；（4）接受方是否利用职务上的便利为提供方谋取利益。

十一、非国家工作人员与国家工作人员通谋，共同收受他人财物，构成共同犯罪的，根据双方利用职务便利的具体情形分别定罪追究刑事责任：

（1）利用国家工作人员的职务便利为他人谋取利益的，以受贿罪追究刑事责任。

（2）利用非国家工作人员的职务便利为他人谋取利益的，以非国家工作人员受贿罪追究刑事责任。

（3）分别利用各自的职务便利为他人谋取利益的，按照主犯的犯罪性质追究刑事责任，不能分清主从犯的，可以受贿罪追究刑事责任。

第三节 对单位行贿罪在审判实践中的疑难新型问题

问题1. 向国家机关派出机构行贿的，能否构成对单位行贿罪

【实务专论】

对于向国家机关派出机构行贿的，能否构成对单位行贿罪，目前有以下两种观点：

有观点认为，派出所是公安派出机构而非内设机构，不是单位行贿罪的适格主体，没有经济来源，没有执行财产刑的能力，不具有行政主体资格，对外不能独立承担法律责任，不是单位行贿罪的犯罪对象，因而不构成对单位行贿罪。对此，我们认为，根据《全国法院审理金融犯罪案件工作座谈会纪要》的相关规定，单位的分支机构或者内设机构、部门实施犯罪行为的处理。以单位的分支机构或者内设机构、部门的名义实施犯罪，违法所得亦归分支机构或者内设机构、部门所有的，应认定为单位犯罪。不能因为单位的分支机构或者内设机构、部门没有可供执行罚金的财产，就不将其认定为单位犯罪，而按照个人犯罪处理。最高人民检察院法律政策研究室《关于国有单位的内设机构能否构成单位受贿罪主体问题的答复》（〔2006〕高检研发8号），国有单位的内设机构利用其行使职权的便利，索取、非法收受他人财物并归该内设机构所有或者支配，为他人谋取利益，情节严重的，依照《刑法》第387条的规定以单位受贿罪追究刑事责任。上述内设机构在经济往来中，在账外暗中收受各种名义的回扣、手续费的，以受贿论。但上述会议纪要和答复仅提到国有单位的分支机构、内设机构、部门实施的犯罪按照单位犯罪处理，但实践中还有一类属于国有单位的派出机构实施的犯罪。

行政法意义上的"派出机构"，是指作为某一级人民政府职能工作部门的行政机关根

据实际需要针对某项特定行政事务而设置的工作机构，派出机构的人事权和办公经费由派出单位负责。根据实际职能不同，派出机构可以分为以下三种：一是各级政府以招商引资为主要目的设置的各类驻外办事机构，如驻京办、驻沪办等；二是地方政府出于发展经济、贸易、旅游等特定目的而设置的派出机构，如各类高新技术产业园区、经济技术开发区、出口加工区及风景名胜区管委会等；三是由政府职能部门为加强基层治理而设立的派出机构，如公安派出所、国土所、工商所、税务所、司法所等。政府派出机构主要根据行政性规章或地方性法规设立，不是独立的行政主体，除非有法律法规的明确授权，否则不能以自己的名义行使行政权力。

既然国家机关的内设机构可以被视为国家机关，那么派出机构也没有理由被排除在国家机关的范畴之外。根据《刑法》第30条、第387条第1款之规定，国家机关可以构成单位受贿罪的犯罪主体。因此，向国家机关派出机构行贿的，依法应当构成对单位行贿罪。

问题2. 医药公司与医疗机构建立药房托管协议后，向医院支付赞助费的行为应当如何认定

为切实封堵医院购销领域腐败漏洞，缩限医药购销领域的权力寻租空间，促进医疗卫生行业健康有序发展，应对向医院支付赞助费的行为，统一界定为具有谋取不正当利益的主观目的。

【地方参考案例】美信公司单位行贿案①

一、基本案情

2001年青海红十字医院为了杜绝药品购销中收受回扣等不正之风，纠正医务人员以开单费、统方费等形式谋取不正当利益的行为，以向社会公开招标的形式，将该院的药剂科，托管给医药公司管理。经报请青海省卫生厅批准，2001年9月青海保康医药有限公司与青海红十字医院签订了《关于医院药房托管合作协议书》。根据协议约定，青海红十字医院的药房由青海保康医药有限公司托管，是青海红十字医院药品的唯一供应商。2003年12月以青海保康医药有限公司为基础，青海美信医药有限公司成立，于2004年3月与青海红十字医院签订了《青海红十字医院药房委托经营管理合作续约协议书》，继续托管青海红十字医院药剂科。

青海美信医药有限公司在托管青海红十字医院药房的2007年3月至2013年4月期间，为提高公司的效益、提高医院的药品用药量，经公司法定代表人兼总经理刘某甲与副总经理谭某甲商议并报请占公司股份90%的公司实际控制人王某乙批准后，决定根据青海红十字医院各科室每月的用药量，以"业务维护费"的名义给医院各科室、医生药品回扣款。并由黄某某向负责红十字医院各科室业务的公司业务员传达，为规避风险，要求医院各科室主任及医生用他人名义办理银行卡。美信医药公司先以差旅费、备用金的名义将现金从公司的账户中提出，存入由公司用他人身份证办理的银行卡中，再通过银行卡转入红十字医院各科室主任、医生提供的银行卡账户。青海美信医药有限公司通过上述方式，向青海红十字医院麻醉科、重症监护室、产科、妇一科、血液内分泌科、妇二科、急诊外科、耳鼻喉科、肿瘤内科、眼科、儿科、骨科、妇四科、特需科、神经

---

① 青海省西宁市中级人民法院（2016）青01刑申29号刑事判决书。

内科、消化内科、泌尿科、皮肤科、普外科、妇三科、口腔科等 21 个科室，共计给付药品回扣款人民币 9251683 元。

二、案例评析

当前，医药领域行贿受贿问题屡禁不止。医务机构收受回扣和财物一旦成为潜规则与行业风气，就会丧失医德，甚至违纪违法，最终抬高医疗费用，加重患者和医保基金的负担，加剧医患矛盾。根据《药品管理法》第 88 条的规定，"禁止药品上市许可持有人、药品生产企业、药品经营企业和医疗机构在药品购销中给予、收受回扣或者其他不正当利益。禁止药品上市许可持有人、药品生产企业、药品经营企业或者代理人以任何名义给予使用其药品的医疗机构的负责人、药品采购人员、医师、药师等有关人员财物或者其他不正当利益。"

本案中，美信公司与红十字医院签订托管协议属实，但不能将美信公司与红十字医院的正常用药费结算和本案所涉给予红十字医院科室及医生行贿款项混淆：根据双方托管合作协议，由美信公司托管的药房实行全成本独立核算，经营所得利润由甲（红十字医院）乙（美信公司）双方按比例分配，并由红十字医院按期结算提取，对于药房工作人员学习进修等产生的费用也作了约定。托管协议中未涉及对于药房以外的医院其他科室、医生给予培训或科室建设费用支持的约定，即不能将协议中约定对于药房工作人员培训、基础设施建设的费用扩大到医院其他科室的范围。美信公司给红十字医院相关科室以用药量多少给予回扣，并要求医院各科室主任及医生用他人名义办理银行卡，采用高度隐秘的手段实现回扣款的支付。综上，本案中美信公司给红十字医院科室的款项应界定为回扣款而非协议约定的人员培训费用等，美信公司构成对单位行贿罪。

曾有观点认为，医药企业单纯为了支持医疗卫生事业发展，通过捐赠、赞助等方式支持专家进行学术交流，组织进行医疗培训的，不具有谋取不正当利益的目的，不宜对此种行为认定为犯罪。[①] 我们认为，这一观点值得商榷。在我国，药品行业长期供大于求，药品销售竞争激烈，许多医药公司或分销商采取不正当竞争手段，破坏了市场竞争的正常秩序。实践中，由于医药企业和医疗机构之间的利益深度捆绑，很难分辨医药企业哪些是为了支持医药卫生事业发展，哪些是为了企业自身利益，况且很多医药企业对医疗机构的赞助本来就打着"支持医疗行业发展"的旗号，使得此类商业贿赂行为以更加隐蔽的形式存在。为切实封堵医院购销领域腐败漏洞，缩限医药购销领域的权力寻租空间，促进医疗卫生行业健康有序发展，应对此类行为统一界定为具有谋取不正当利益的主观目的。

问题 3. 经济活动中对方单位将收受回扣作为前置条件的，在认定对单位行贿犯罪时，是否可以作为从宽处罚情节

从二元的行为无价值论的立场出发，犯罪故意包含违法性要素和责任性要素，前者决定是否成立犯罪，而后者则决定了责任的大小。特别是在行贿对象主导的贿赂犯罪中，不仅在商业往来的磋商中以明示或暗示的方法强化、巩固行贿人的犯意，有的甚至明确设置了收受回扣、手续费、佣金的比例。在上述情形中，行贿人尽管具备行贿故意，但在责任的分配上确实有别于典型的由行贿人主导的贿赂犯罪。

① 罗开卷：《新型经济犯罪实务精解》，上海人民出版社 2017 年版，第 103 页。

【地方参考案例】胡某军对单位行贿案①

一、基本案情

2012 年 10 月，钟祥市人民政府决定对钟祥宾馆改制和资产处置。钟祥市国有资产监督管理局授权钟祥宾馆处置钟祥宾馆资产，钟祥宾馆原总经理李某 1 具体负责资产拍卖工作。2012 年 11 月，被告人胡某军以三顺公司的名义找到李某 1 递交相关资料，联系承接该拍卖业务，李某 1 提出无论谁来承担拍卖业务都必须返 50%的拍卖佣金给钟祥宾馆用于解决复员军人的住房补贴等遗留问题，胡某军表示同意。后李某 1 告诉胡某军其三顺公司不能承担此次拍卖业务，要选择省一级比较知名的拍卖公司来承担此次拍卖业务。被告人胡某军于 2012 年 11 月 25 日找到正大公司负责人黄某，约定三顺公司受正大公司委托以正大公司的名义承接拍卖业务。被告人胡某军再次找到李某 1，要求代表正大公司来洽谈拍卖业务，李某 1 向胡某军提出如正大公司要承接到该拍卖业务，必须同意将从钟祥宾馆支付的拍卖佣金中按 50%比例返给钟祥宾馆，以解决相关费用，并且还要签订关于返佣金 50%的补充协议，胡某军表示同意。2012 年 12 月 28 日拍卖成交后，正大公司向钟祥宾馆出具了 60 万元的拍卖佣金发票，钟祥宾馆将 60 万元拍卖佣金支付给胡某军个人银行账户。2013 年 1 月，李某 1 授意钟祥宾馆总支书记王某与胡某军联系，要求胡某军返还 30 万元的拍卖佣金给钟祥宾馆。2013 年 2 月，胡某军分两次给王某现金共计 30 万元。2013 年 4 月，李某 1 听说检察机关正在调查钟祥宾馆资产处置的情况，便与王某一起将 26 万元现金及钟祥宾馆职工杨某领取的 4 万元住房补贴领条一起退给了胡某军。

二、案例评析

本案中，在经济活动对方单位将收受回扣作为前置条件的，在认定对单位行贿犯罪时，上述因素是否应作为量刑情节，我们认为：

对单位行贿罪中的行、受贿双方关系，并没有脱离权钱交易的本质，因而在判断诸多量刑情节时仍然应当在此基础上进行分析。在本罪中，既有行贿人主导贿赂犯罪的情形，也有接受行贿的单位主导贿赂犯罪的情形。二者虽然在结果上并无实质差别，但具体过程则反映出行贿人的主观恶性大小不一。特别是在行贿对象主导的贿赂犯罪中，不仅在商业往来的磋商中以明示或暗示的方法强化、巩固行贿人的犯意，有的甚至明确设置了收受回扣、手续费、佣金的比例。也就是说，此种情况下无论行为人是否以谋取不正当利益为目的，是否属于一拍即合还是不情愿给付财物，事实上都只能在接受对方条件的前提下才有成功签订合同的可能。这也充分说明，商业活动中的一些公司、企业对贿赂行为推波助澜甚至公然参与其中，正是商业贿赂屡禁不止、愈演愈烈的重要根源。从二元的行为无价值论的立场出发，犯罪故意包含违法性要素和责任性要素，前者决定是否成立犯罪，而后者则决定了责任的大小。在上述情形中，行贿人尽管具备行贿故意，但在责任的分配上确实有别于典型的由行贿人主导的贿赂犯罪。

本案中，胡某军在签订合同之前即许诺给钟祥宾馆解决部分费用，主观上具有获取不正当利益的故意。同时，胡某军实施了为谋取不正当利益的客观行为，胡某军向钟祥宾馆返还拍卖佣金 30 万元，属于为谋取不正当利益，在经济往来中，违反国家规定给予国有企业回扣，依法已构成行贿罪。

---

① 湖北省钟祥市人民法院（2018）鄂 0881 刑初 43 号刑事判决书。

本案中尽管被告人向钟祥宾馆行贿的事实客观存在，但系事出有因，即受贿单位钟祥宾馆亦在双方订立合同之前就已明确约定，无论谁来承担拍卖业务都必须返50%的拍卖佣金，用以给钟祥宾馆解决复员军人的住房补贴等遗留问题，且事实上该笔回扣也的确用于解决上述问题。钟祥宾馆预先设置了支付回扣的要求，严格来讲，具有一定的索贿性质，特别是将该条款堂而皇之地作为订立合同的先决条件，在情节上较为恶劣。从主观动机、赃款用途、恶劣程度等方面来看，被告人对单位行贿的犯罪情节有别于一般的贿赂犯罪。我国《刑法》第37条规定：对于犯罪情节轻微不需要判处刑罚的，可以免予刑事处罚。此外，本案并不具有《最高人民法院、最高人民检察院关于办理行贿刑事案件具体应用法律若干问题的解释》第十条所规定的不适用缓刑和免予刑事处罚的几种情形，对被告人免予刑事处罚，有利于体现《关于进一步推进受贿行贿一起查的意见》所要求的"在办理行贿案件中准确适用法律、把握政策，做好同类案件的平衡"的政策要求。最终，法院对被告人胡某军以对单位行贿罪免予刑事处罚。

问题4. 被强制向上级主管单位交纳费用的，能否认定为对单位行贿罪

【实务专论】

早在1988年4月，国务院就发布了《禁止向企业摊派暂行条例》，要求禁止任何国家机关、人民团体、部队、企业、事业单位和其他社会组织向企业摊派，不得在法律、法规的规定之外向企业征收各地教育部门、学校自定的职工子女入学费、建田费、垦复费、进入城市落户的人头费、煤气开发费、集中供电费、过路费、过桥费（集资或用贷款建桥的除外）、排水增容费、各种名目的治安管理费、各种名目的卫生费、绿化费、支农费、各种名目的会议费以及其他名目的费用。1997年7月，中共中央、国务院曾发布《关于治理向企业乱收费、乱罚款和各种摊派等问题的决定》，明令取消不符合规定的向企业的行政事业性收费、罚款、集资、基金项目和各种摊派，严禁擅自设立行政事业性收费、罚款、集资、基金项目；严禁擅自提高收取标准，扩大收取范围；严禁向企业摊派、索要赞助和无偿占用企业的人财物；严禁向企业强买强卖，强制企业接受指定服务，从中牟利；严禁在公务活动中通过中介组织对企业进行收费；严禁将应由企业自愿接受的咨询、信息、检测、商业保险等服务变为强制性服务，强行收费；凡利用行政权力和垄断地位强行进行的经营服务性收费，属于乱收费行为，要一律严肃查处。2014年，国务院办公厅再次发布《关于进一步加强涉企收费管理减轻企业负担的通知》（国办发〔2014〕30号），重申"坚决制止各类针对企业的乱收费、乱罚款和摊派等行为，对违规设立的行政事业性收费、政府性基金和行政审批前置经营服务收费项目，一律取消。严禁擅自提高收费标准、扩大收费范围，严禁以各种方式强制企业赞助捐赠、订购报刊、参加培训、加入社团、指定服务，严禁行业协会、中介组织利用行政资源强制收取费用等行为"。

在中央三令五申不许增加基层经济负担的情况下，现实中仍有不少单位违规违纪擅自创设各种名目的"工作经费""赞助费""指导费""培训费"等费用项目，甚至滥用执法权强行要求被管理单位交纳一定的管理费或其他形式的费用，严重干扰了企业正常的生产经营，加重了企业负担，助长了不正之风，特别是疫情期间企业普遍经营困难，为进一步落实"六稳""六保"政策，对于被强制交纳赞助费的企业，应当一律不认定为

对单位行贿罪。

问题5. 借用事业单位的施工资质投标并支付管理费的行为是否构成对单位行贿罪

【实务专论】

对单位行贿罪中的行贿应当与行贿对象所利用的职权之间建立一一对应的关系，才能认定对单位行贿罪的成立。考虑到实践中存在大量有相关资质的单位违规有偿出借其企业资质给公司或个人，如果一律对行政违法行为进行刑事惩罚，则有打击面过大之嫌。

问题6. 如何认定对单位行贿罪中的自首行为

单位犯罪是在单位意志直接支配下以单位名义为本单位谋取非法利益实施的犯罪行为。我国《刑法》第30条规定："公司、企业、事业单位、机关、团体实施的危害社会的行为，法律规定为单位犯罪的，应担负刑事责任。"由此看出单位犯罪的主体必须是法律明文规定的，只有在犯罪主体符合此条件的情况下，才存在单位犯罪及单位承担刑事责任的问题。单位是由自然人组成的有机整体，单位的活动是通过作为单位构成要素的自然人的活动来实现的。对于单位犯罪来讲，单位主管人员和直接责任人员作为单位整体意志所实施犯罪的个人意志，不仅影响着自身的行为性质，同时也影响着单位的行为性质。因此，在规定有双罚制的单位犯罪中，单位主管人员和直接责任人员的自首行为，既属于个人自首，也属于单位自首。

【人民法院案例选案例】昆明××科技有限公司等对单位行贿案①

一、基本案情

昆明市盘龙区人民检察院指控：2002年至2006年期间，昆明展煜科贸有限公司、昆明裕群同科技有限公司（该公司已于2006年9月5日注销）、昆明示好科技有限公司在销售"百利多""威克创"心脏起搏器和"强生"冠脉支架、导管过程中，为增加公司销量，以支付"射线补助费"的形式，向昆明医学院第一附属医院心内科、昆明四十三医院心内科、丽江市人民医院心内科、曲靖市第一人民医院心内科、大理州人民医院心内科、昆钢职工医院心内科、曲靖市第二人民医院心内科、红河州第一人民医院心内科、思茅市人民医院心内科共计返还回扣款人民币2241960元。被告单位昆明展煜科贸有限公司、昆明示好科技有限公司、被告人许某在经济往来中，违反国家规定，给予国有事业单位各种名义的回扣，其行为已触犯《刑法》第391条，应当以对单位行贿罪追究刑事责任。

昆明市盘龙区人民法院经审理认为，被告单位昆明展煜科贸有限公司、昆明示好科技有限公司在经济往来中，违反国家规定，给予国有事业单位各种名义的回扣，其行为已触犯《刑法》第391条，构成对单位行贿罪。被告人许某作为昆明展煜科贸有限公司、昆明示好科技有限公司直接负责的主管人员，其行为亦构成对单位行贿罪。被告人许某

---

① 《行贿罪单位主管人员的自首认定——昆明××科技有限公司等对单位行贿案》，载最高人民法院中国应用法学研究所编：《人民法院案例选》（总第64辑），人民法院出版社2008年版。

在未被采取强制措施时，如实供述自己的罪行，属自首，依法可以从轻处罚。依照《刑法》第 391 条、第 67 条第 1 款、第 72 条、第 73 条及《最高人民法院关于处理自首和立功具体应用法律问题的解释》第 1 条之规定，判决如下：

（一）昆明展煜科贸有限公司犯对单位行贿罪，判处罚金人民币 20 万元。

（二）昆明示好科技有限公司犯对单位行贿罪，判处罚金人民币 20 万元。

（三）被告人许某犯对单位行贿罪，判处有期徒刑一年零六个月，缓刑二年。

宣判后，被告单位昆明展煜科贸有限公司、昆明示好科技有限公司及被告人许某均没有提出上诉。

二、案例评析

1997 年修订后的我国现行《刑法》，采用总则和分则相结合的方式确立了单位犯罪及其刑事责任，在这类犯罪中犯罪主体的确定、刑事责任主体的确定及法定量刑情节的认定都要严格按照《刑法》规定进行仔细分析。法院在审理本案中解决了以下两个问题：

1. 关于对单位行贿罪的犯罪主体

我国《刑法》第 30 条规定："公司、企业、事业单位、机关、团体实施的危害社会的行为，法律规定为单位犯罪的，应担负刑事责任。"由此可以看出单位犯罪的主体包括公司、企业、事业单位、机关、团体。其中公司、企业、事业单位既包括国有公司、企业、事业单位，也包括集体所有制的公司、企业、事业单位以及合资或独资、私人所有的公司、企业、事业单位。同时只有法律明文规定单位可以成为犯罪主体的犯罪，才存在单位犯罪及单位承担刑事责任的问题，并非一切犯罪都可以由单位构成。相对自然人犯罪，单位犯罪是在单位意志直接支配下以单位名义为本单位谋取非法利益实施的犯罪行为。在整个犯罪过程中都体现了单位的利益和意志。根据《刑法》第 391 条的规定"为谋取不正当利益，给予国家机关、国有公司、企业、事业单位、人民团体以财物的，或者在经济往来中，违反国家规定，给予各种名义的回扣、手续费的，处三年以下有期徒刑或者拘役。单位犯前款罪的，对单位判处罚金，并对其直接负责的主管人员和其他直接责任人员依照前款的规定处罚。"本案中，被告人许某作为昆明展煜科贸有限公司和昆明示好科技有限公司的法定代表人在经济往来中，给予国有事业单位各种名义的回扣，其行为完全符合对单位行贿罪的犯罪构成。在刑事责任的承担上，昆明展煜科贸有限公司、昆明示好科技有限公司以及许某都应当承担相应的刑事责任。

2. 关于对单位行贿罪的自首问题

根据我国《刑法》第 67 条的规定"犯罪以后自动投案，如实供述自己罪行的，是自首。"成立一般自首必须具备两个条件，即自动投案和如实供述自己的罪行。对于自动投案有一点要求是基于犯罪分子本人的意志。对于单位犯罪来讲，单位作为一个系统整体而存在，它具有自己的意志能力和行为能力，从而具有自己的犯罪能力和刑事责任能力。但同时，单位是一个由自然人组成的有机整体，单位的运动和活动，是通过作为单位构成要素的自然人的自觉活动实现的。单位主管人员和直接责任人员的意志具有双重性，作为单位整体意志的一部分决定实施犯罪的个人意志，既影响着自身的行为性质，也影响着单位的行为性质。所以在规定有双罚制的单位犯罪中，单位主管人员和直接责任人员的自首行为既应当视为是个人的自首也应当视为是单位的自首，在量刑时予以考虑。

第九章
介绍贿赂罪

第一节　介绍贿赂罪概述

一、介绍贿赂罪的概念及构成要件

介绍贿赂罪，是指向国家工作人员介绍贿赂，情节严重的行为。

《刑法修正案（九）》增加了"并处罚金"的规定。由于受贿、行贿和介绍贿赂是一个贿赂犯罪链条，行贿犯罪此次都增加了并处罚金的规定，介绍贿赂同样需要增加并处罚金。

（一）客体要件

本罪侵犯的客体是国家机关管理活动和国家工作人员职务的廉洁性。

（二）客观要件

本罪在客观方面表现为行为人在行贿人和受贿人之间实施沟通、撮合，促使行贿与受贿得以实现的行为，即为行贿受贿双方"穿针引线"，促使双方相识相通，代为联络，甚至传递贿赂物品，帮助双方完成行贿受贿的行为。介绍贿赂行为，只有情节严重的才构成犯罪。如果只是口头表明引见，并没有具体实施撮合行为，或者已经使行贿、受贿双方见面，由于某种原因，贿赂行为未进行的，均不能构成介绍贿赂罪。

参照 1999 年 9 月 16 日最高人民检察院发布施行的《关于人民检察院直接受理立案侦查案件立案标准的规定（试行）》的规定，涉嫌下列情形之一的，应予立案：（1）介绍个人向国家工作人员行贿，数额在 2 万元以上的；介绍单位向国家工作人员行贿，数额在 20 万元以上的；（2）介绍贿赂数额不满上述标准，但具有下列情形之一的：①为使行贿人获取非法利益而介绍贿赂的；②3 次以上或者为 3 人以上介绍贿赂的；③向党政领导、司法工作人员、行政执法人员介绍贿赂的；④致使国家或者社会利益遭受重大损失的。

（三）主体要件

本罪主体为一般主体。

（四）主观要件

本罪在主观方面表现为直接故意，即行为人明知自己撮合的是行贿、受贿行为而有意为之。一般都具有从中谋取私利的目的。对于出自亲友关系，或者其他非物质利益的考虑，自愿介绍贿赂的，一般不影响本罪的成立。其中情节较轻，危害后果不严重的，也可以不按犯罪论处。

二、介绍贿赂罪案件审理情况

1979年《刑法》在第185条对受贿、行贿和介绍贿赂罪一并作出规定，1997年《刑法》则在第392条对介绍贿赂罪单独作出规定。2015年11月1日生效的《刑法修正案（九）》又对介绍贿赂罪增加规定了罚金刑。

通过中国裁判文书网检索，2018年至2022年间，全国法院审结一审介绍贿赂罪刑事案件共计165件，其中，2018年53件，2019年43件，2020年60件，2021年8件，2022年1件。

司法实践中，介绍贿赂罪案件主要呈现出以下特点及趋势：一是在已经判处的介绍贿赂犯罪案件中，大多数被告人系代替行贿人转送行贿款物，也有接收行贿人的款物多、转交行贿款物少，自己占有部分财物行为，也即所谓"截贿"行为；二是介绍贿赂罪判处免予刑事处罚的比例相对较高。

三、介绍贿赂罪案件审理热点、难点问题

1. 各地司法机关在办理介绍贿赂案件中仍然存在争议，适用标准尚不统一，未被判处介绍贿赂罪的案件中，多数被认定为行贿或者受贿的共犯，主要理由是被告人依附于行贿或者受贿一方，与其中一方共同预谋、共同行为，并非居间介绍，或者为了从严打击来选择认定行贿或者受贿犯罪，在罪名认定上缺乏严肃性。

2. 司法实践中，有的人先教唆他人行贿或者受贿，然后再在行贿人、受贿人之间居间介绍，此时应以一罪还是数罪处理。我们认为，教唆贿赂行为并不是介绍贿赂行为的必经阶段，介绍贿赂行为也不是教唆贿赂行为发展的当然结果。因此，先教唆他人行贿或受贿，然后再居间介绍贿赂的行为不属于吸收关系，应当属于目的行为和方法行为的牵连关系，只能以牵连犯从一重处断，即以行贿罪或受贿罪的教唆犯论处。

3. 司法实践中，有的国家工作人员在斡旋受贿的过程中，不仅索取请托人财物或者收受请托人财物，而且从中介绍请托人给予直接经办的其他国家工作人员贿赂。在此情形中，行为人主观上有两个犯罪故意：不仅有自己受贿的故意，还有介绍请托人行贿的故意，行为人客观上也实施了两个犯罪行为。不仅自己受贿，而且在请托人和直接经办的国家工作人员之间居间贿赂。由于该情形中两种犯罪行为也没有牵连吸收关系，因此，对行为人应当数罪并罚，即以受贿罪和介绍贿赂罪数罪并罚。

四、介绍贿赂罪案件办案思路及原则

1. 正确区分介绍贿赂罪与行贿罪的帮助行为。介绍贿赂是对行、受贿犯罪特定帮助行为的正犯化，与其他行、受贿犯罪的帮助犯有其比较明显的界限，不能选择性适用。行、受贿罪的帮助犯是指行为人与行贿或者受贿方具有共同的犯罪故意，共同的犯罪行为，依附、代表、帮助行贿或者受贿一方从事相关活动。而介绍贿赂犯罪是指行为人处于行贿人与受贿人之外的第三方，在两方之间沟通、撮合，使行受贿行为得以实现，即明知行、受贿双方已经产生或者可能产生行贿故意和受贿故意，自己的居间介绍行为能够使行、受贿得以实现，仍然希望这一后果的发生，也即介绍贿赂行为是对行、受贿犯罪的一种特定帮助行为，介绍贿赂罪则是这种帮助行为的正犯化。在行贿人、受贿人构成犯罪的情况下，对介绍贿赂人应当根据其犯罪具体情节来处理。如果介绍贿赂人实施的是为他人行贿、受贿提供便利居间介绍的行为，则其应当认定为介绍贿赂罪，如果介绍贿赂人不仅仅是居间介绍，在主观上和客观上还实施了积极帮助行贿方或者受贿方的行为，并从中非法获利的，应当认定为行贿罪或者受贿罪的共犯。

2. 正确把握"截贿"行为的性质。介绍贿赂中经常发生中间人在自身利益的支配下，截留部分行贿款的情况，从全面、整体把握行为人的行为来看，截留行贿款行为是利用在两人之间代为转送行贿款的便利、为满足私欲而实施的，应从属于介绍贿赂行为，可视为介绍贿赂行为发生、发展的组成部分，不宜再单独定性处理。另外，从该行为侵犯的对象、客体以及造成的社会危害性等方面来看，也不宜将该行为单独评价后，与介绍贿赂行为合并处理，将该行为作为介绍贿赂行为的从重情节考虑，更为稳妥。

3. 行为人如果不知他人要行贿或者受贿，而是受蒙蔽为双方引荐、沟通、撮合的，或者只有一般送礼与说情行为的，不构成犯罪；行为人介绍贿赂的贿赂对象不是国家工作人员的，不构成犯罪。

第二节　介绍贿赂罪审判依据

一、法律

《刑法》（2020 年 12 月 26 日修正）（节录）

第三百九十二条　向国家工作人员介绍贿赂，情节严重的，处三年以下有期徒刑或者拘役，并处罚金。

介绍贿赂人在被追诉前主动交待介绍贿赂行为的，可以减轻处罚或者免除处罚。

二、司法解释

《最高人民检察院关于人民检察院直接受理立案侦查案件立案标准的规定（试行）》
（1999 年 9 月 16 日　高检发释字〔1999〕2 号）（节录）

（七）介绍贿赂案（第 392 条）

介绍贿赂罪是指向国家工作人员介绍贿赂，情节严重的行为。

"介绍贿赂"是指在行贿人与受贿人之间沟通关系、撮合条件，使贿赂行为得以实现的行为。

涉嫌下列情形之一的，应予立案：

1. 介绍个人向国家工作人员行贿，数额在 2 万元以上的；介绍单位向国家工作人员行贿，数额在 20 万元以上的；

2. 介绍贿赂数额不满上述标准，但具有下列情形之一的：

（1）为使行贿人获取非法利益而介绍贿赂的；

（2）3 次以上或者为 3 人以上介绍贿赂的；

（3）向党政领导、司法工作人员、行政执法人员介绍贿赂的；

（4）致使国家或者社会利益遭受重大损失的。

三、刑事政策文件

《最高人民法院、最高人民检察院关于办理商业贿赂刑事案件适用法律若干问题的意见》（2008 年 11 月 20 日　法发〔2008〕33 号）（节录）

七、商业贿赂中的财物，既包括金钱和实物，也包括可以用金钱计算数额的财产性利益，如提供房屋装修、含有金额的会员卡、代币卡（券）、旅游费用等。具体数额以实际支付的资费为准。

八、收受银行卡的，不论受贿人是否实际取出或者消费，卡内的存款数额一般应全额认定为受贿数额。使用银行卡透支的，如果由给予银行卡的一方承担还款责任，透支数额也应当认定为受贿数额。

十、办理商业贿赂犯罪案件，要注意区分贿赂与馈赠的界限。主要应当结合以下因素全面分析、综合判断：（1）发生财物往来的背景，如双方是否存在亲友关系及历史上交往的情形和程度；（2）往来财物的价值；（3）财物往来的缘由、时机和方式，提供财物方对于接受方有无职务上的请托；（4）接受方是否利用职务上的便利为提供方谋取利益。

十一、非国家工作人员与国家工作人员通谋，共同收受他人财物，构成共同犯罪的，根据双方利用职务便利的具体情形分别定罪追究刑事责任：

（1）利用国家工作人员的职务便利为他人谋取利益的，以受贿罪追究刑事责任。

（2）利用非国家工作人员的职务便利为他人谋取利益的，以非国家工作人员受贿罪追究刑事责任。

（3）分别利用各自的职务便利为他人谋取利益的，按照主犯的犯罪性质追究刑事责任，不能分清主从犯的，可以受贿罪追究刑事责任。

第三节　介绍贿赂罪在审判实践中的疑难新型问题

问题 1. 如何准确区分介绍贿赂罪与行受贿共同犯罪

介绍贿赂与行受贿共犯的区分，可从主观认识及客观行为方面着手。从主观认识方面而言，介绍贿赂行为的目的本身不是行贿也不是受贿，而是旨在帮助行受贿双方建立贿赂联系，即起到牵线搭桥、沟通联络、撮合作用，主观上必须有向国家工作人员介绍贿赂的故意，认识到自己处于"中间人"的地位。因此，介绍贿赂的行为人主观上具有独立的故意即介绍贿赂的故意，而行受贿共犯是行为人与行贿人或者受贿人形成了共同故意，认识到自己是在帮助行贿或者受贿人受贿。行为人与行贿人或者受贿人的共同故意包括两个内容：一是各行为人均有相同的犯罪故意；二是行为人与行贿人或者受贿人之间具有意思联络。从客观行为方面而言，介绍贿赂行为是在行受贿双方之间起到提供信息、引荐、沟通、撮合的作用；行贿共同犯罪是为谋取不正当利益共同向国家工作人员行贿；受贿共同犯罪是以各自的行为共同促成行贿人谋取利益，并收受财物。

【刑事审判参考案例】刚某、吴某竹受贿、伪造国家机关证件案①

一、基本案情

被告人刚某、吴某竹均系宜兴市交通警察大队和桥中队辅警。2017 年 7 月初，刚某调至宜兴市交通警察大队综合中队工作，负责材料、信息工作。2017 年 10 月，吴某竹在宜兴市交通警察大队和桥中队交通违章处理窗口工作，负责处理非现场交通违法行为。吴某竹在刚某怂恿和劝说下同意帮助张某波（另案处理）违法处理他人交通违法行为，并接受刚某提出的给予好处的方案。自 2017 年 10 月至 2018 年 6 月期间，刚某伙同吴某竹利用吴某竹负责非现场交通违法处理的职务之便，帮助张某波违法处理他人交通违法行为，从而收受张某波给予的钱款共计 472500 元。刚某分给吴某竹 135609 元，分给涉案期间提供帮助的张某达、张某琴（均另案处理）93980 元，刚某自己分得 242911 元。

二、案例评析

关于被告人刚某、吴某竹收受张某波钱款的行为，在审理过程中形成了以下三种意见：

第一种意见认为：被告人刚某、吴某竹构成共同受贿犯罪。本案中刚某作为聘用制文职人员，虽非国家工作人员，但其与从事公务的吴某竹相互勾结，利用吴某竹处理车辆违章的职务之便，为"黄牛"张某波谋取经济利益，应认定受贿罪共犯。

第二种意见认为：被告人刚某应张某波的要求，为帮助张某波违法处理车辆违章从中谋取不法利益，积极主动地为张某波介绍违章处理人员被告人吴某竹，就行贿方式和

---

① 楼炯燕：《刚某、吴某竹受贿、伪造国家机关证件案——介绍贿赂罪与行受贿共同犯罪的区分》，载最高人民法院刑事审判第一、二、三、四、五庭编：《刑事审判参考》（总第 129 集），指导案例第 1446 号，人民法院出版社 2022 年版，第 95 页。

数额达成一致意见，后刚某在张某波的安排下向受贿人吴某竹请托、给予贿赂款，刚某帮助张某波为谋取非法利益向国家工作人员行贿，应构成行贿罪的共犯。

第三种意见认为：被告人刚某、吴某竹原系交警中队同事，关系较好，刚某利用该便利条件，在吴某竹与张某波之间牵线搭桥、撮合引荐，情节严重，应构成介绍贿赂罪。

我们同意第一种意见。理由如下：

1. 从主观认识区分介绍贿赂与行受贿共同犯罪

介绍贿赂行为的目的本身不是行贿也不是受贿，而是旨在帮助行受贿双方建立贿赂联系，即起到牵线搭桥、沟通联络、撮合作用，主观上必须有向国家工作人员介绍贿赂的故意，认识到自己处于"中间人"的地位。由此可见，介绍贿赂人既不同于行贿人主观上具有行贿故意，以图受贿人利用职务便利为己谋取利益，也不同于受贿人主观上具有受贿故意，企图收受他人贿赂。即介绍贿赂人主观上具有独立的故意即介绍贿赂的故意。而行受贿共犯是行为人与行贿人或受贿人形成了共同故意，认识到自己是在帮助行贿人行贿或受贿人受贿。行为人与行贿人或受贿人的共同故意包括两个内容，一是各行为人均有相同的犯罪故意；二是行为人与行贿人或受贿人之间具有意思联络。

本案中，张某波专门从事车辆中介代理业务，包括帮人处理非现场查处交通违章事务，与被告人刚某曾经认识。2017 年 6 月，刚某调到宜兴市交通警察大队后，从事内勤工作，不接触处理违章业务。张某波遂要求刚某介绍同事帮其处理交通违章。刚某同意并介绍在业务窗口处理违章事务的被告人吴某竹与张某波认识，张某波答应给刚某、吴某竹相应好处费。刚某虽在张、吴之间牵线搭桥，但其所起的作用远非中间人的角色，其与吴某竹之间存在受贿通谋的行为。通谋的内容包括：（1）谋利事项。在驾驶人或黄牛没有到场的情况下帮助处理非现场查处的交通违章。（2）受贿标准。按照扣分的违章处理每分收取 20 元，不扣分的违章处理每分收取 2 元的标准，向张某波收取好处费，后期分别涨价至每分 30 元与每分 5 元。（3）收受贿赂形式。由张某波先将好处费给予刚某，再由刚某通过微信转账形式负责分配。（4）规避监管的方式。2018 年 3 月宜兴交警大队新系统上线后，要求驾驶人亲自前往处理违章并进行人像识别，刚某等人随即找了"群众演员"代为人像识别，吴某竹提出同样的人频繁出现容易触发监管警报，刚某就找了不同的人员前去处理违章。可见，刚某与吴某竹就受贿内容与形式、分配贿赂的方式、规避监管的方式达成了一致，并不是简单地居间介绍或是站在行贿人张某波的立场向吴某竹行贿。

2. 从客观行为区分介绍贿赂与行受贿共同犯罪

介绍贿赂行为是在行受贿双方之间起到提供信息、引荐、沟通、撮合的作用；行贿共同犯罪是为谋取不正当利益共同向国家工作人员行贿；受贿共同犯罪是以各自的行为共同促成行贿人谋取利益，并收受财物。本案中，被告人刚某、吴某竹的行为更符合受贿共同犯罪的特征。

（1）被告人刚某、吴某竹通过各自的行为，共同帮助张某波开展代办业务。2017 年 10 月底，刚某、吴某竹、张某波为了便于发送违章信息建立了微信群，先由张某波把要处理的违章信息截图或者编辑成文字发到群里，吴某竹按照张某波的要求进行业务处理，刚某每天按照业务处理的实际情况按照约定的标准进行结算，通过张某波给予的银行卡内取款后再通过微信转账给吴某竹。2018 年 3 月交通违章处理新系统正式运行，要求被处罚驾驶人本人携带驾驶证、身份证、行驶证原件到窗口办理，将上述三证上传系统后台备案。为了继续方便处理违章，刚某一方面安排"群众演员"假冒真实的驾驶人到窗口办理业务，另一方面按照张某波提供的制作假证的软件通过其丈夫阙某的介绍安排张某达、张某琴等人在获取他人行驶证的照片后，伪造机动车行驶证116份，后至吴某竹处办理交通违章。吴某竹明知上述"群众演员"系假冒身份、且行驶证是伪造的，仍然予以办理。可见刚某、吴某竹在帮助张某波代办业务过程中分别起到了各自的作用，起决定作用的是吴某竹的职务行为，而刚某是在外围促成吴某竹通过职务行为实现为张某波谋利的目的。

（2）被告人刚某、吴某竹共同收受财物。张某波专门办理一张银行卡交给刚某保管，然后按照双方事先约定的收取好处费标准，张某波不定期存入钱款到银行卡，刚某从银行卡内取款后再与吴某竹分配。

（3）从行贿人的认知上看，张某波也是将被告人刚某、吴某竹视为一个整体，共同帮其促成办理违章代办业务。张某波没有将好处费分别交给两人，而是全部交给刚某，由刚某进行分配，至于刚某与吴某竹内部如何分配，张某波在所不问。即在张某波与刚某之间，并不是转交行贿款的关系，而是给予刚某与吴某竹两人贿赂款。这也能说明刚某、吴某竹是共同受贿关系。

2007年《最高人民法院、最高人民检察院关于办理受贿刑事案件适用法律若干问题的意见》规定："特定关系人以外的其他人与国家工作人员通谋，由国家工作人员利用职务上的便利为请托人谋取利益，收受请托人财物后双方共同占有的，以受贿罪的共犯论处。"本案即为该规定的适例。

3. 关于本案共同受贿金额的认定

本案张某波给予被告人刚某、吴某竹钱款共计472500元，但刚某从该款项中支取了93980元作为张某达、张某琴等人的窗口跑腿费、制作假证费。关于该93980元是否从共同受贿金额中扣除的问题，形成了两种意见：第一种意见认为，无论是刚某还是吴某竹均未实际获取该93980元，该款是帮助张某波代办业务的部分支出，只不过是通过刚某支付，不应计入刚某、吴某竹的共同受贿金额。第二种意见认为，找人到窗口跑腿或制作假证均是刚某、吴某竹为张某波谋取利益的附属组成部分，该93980元是在刚某、吴某竹收受贿赂完成后，对赃款的处分行为，应计入刚某、吴某竹的共同受贿金额。我们同意第二种意见。从被告人刚某、吴某竹的角度看，找人到窗口跑腿或制作假证是吴某竹利用职务之便为张某波谋取利益的前置条件，与吴某竹办理违章业务密不可分。刚某为帮助张某波顺利办理业务，将寻找"群众演员"到窗口办理违章以及制作假证的事务外包给张某达、张某琴等人负责，并支付费用，属于其为张某波谋利行为的延伸，支付的费用应视为其受贿款的再分配。从张某波的角度看，其已通过涨价的形式，将窗口跑腿费、制作假证费作为行贿成本打包支付给刚某、吴某竹，至于刚某等人找多少人跑腿、按照什么标准向跑腿人或制作假证人支付好处费，其在所不问。因此，该93980元是在刚某、吴某竹收受贿赂完成后，对赃款的处分行为，应计入刚某、吴某竹的共同受贿金额。

问题2. 行为人积极为行贿人和受贿人之间牵线，并代为传递贿赂款，促成行贿人和受贿人之间收受贿赂的行为，应当如何定性

在行贿人、受贿人构成犯罪的情况下，对介绍贿赂人应当根据其犯罪具体情节来处理。如果介绍贿赂人实施的是为他人行贿、受贿提供便利居间介绍的行为则其应当认定为介绍贿赂罪，如果介绍贿赂人不仅仅是居间介绍，在主观上和客观上还实施积极帮助行贿方或者受贿方的行为，并从中非法获利的，应当认定为行贿罪或者受贿罪的共犯。

【人民法院案例选案例】李某科、袁某洪介绍贿赂案①

一、基本案情

2009年9月底，被告人袁某洪因筹备其女袁某与被告人李某科10月5日的婚事，电话邀请袁某某（另案处理）时得知袁某某的儿子袁某、袁某凯涉嫌开设赌场罪被成都市公安局新都区分局查处并羁押。电话中袁某某询问被告人袁某洪是否有办法帮其将儿子放出来，事后肯定会记情的。袁某洪答应帮忙找一下关系。之后袁某洪与李某科联系，让其想办法。李某科答应帮忙问一下再说。被告人李某科随后找到被告人王某华，让其帮忙问。王某华找到成都市公安局刑侦局刑警黄某帮忙。被告人黄某答应帮忙，并先通过市公安局内网2009年9月19日关于该案的治安简报了解到相关信息，后找到成都市公安局新都区分局钱某（另案处理）为袁某、袁某凯开设赌场案打探消息，积极运作。然后，黄某给王某华、李某科说要二三十万元才放得出来，李某科说没有问题。10月7日，李某科对袁某洪说，让袁某某先准备20万元。袁某某当天便准备了13万元到袁某洪家，由于钱暂时不够，袁某洪临时从家里借了7万元给袁某某（几天后归还了袁某洪）凑足，一起交给李某科并带出门。李某科出门后给王某华打电话说钱已经准备好了，20万元是否全部送过来？王某华随后给黄某打电话说李某科凑了20万，问先拿多少过来，黄某说先拿5万元。于是，李某科回家放了15万元后，由李、王一起把黄某接上给付黄某现金5万元。之后黄某将该款拿到新都送给钱某，但钱某未收，由黄某自己得了这笔钱。被告人黄某对收到这5万元钱无异议，但当庭提出其在收这5万元钱时在车上抽了4000元给被告人王某华。

二、案例评析

介绍贿赂是在行贿人和受贿人之间居间活动，客观上也确实对行贿与受贿起到了帮助、促进作用，因此，介绍贿赂行为构成行贿、受贿罪的帮助犯还是独立的介绍贿赂行为，就成了理论界有争议的一个难题。

有学者认为介绍贿赂罪实际上就是行贿受贿的帮助行为，在行贿受贿之间总是倾向性地帮助某一方或者帮助行贿方或者帮助受贿一方进而或者成立行贿罪的共犯或者成立受贿罪的共犯。

也有学者认为介绍贿赂行为的目的本身不是行贿也不是受贿，而是旨在帮助行贿、受贿双方建立贿赂联系，其结果是不仅对行贿的实现起促成作用，同时对受贿的实现也起促成作用。即介绍贿赂的行为不仅指向行贿人和行贿犯罪，而且指向受贿人和受贿犯罪，既不能单纯地看成行贿罪的帮助犯、教唆犯，也不能单纯地看成是受贿罪的帮助犯或者教唆犯。由此可见，介绍贿赂人既不同于行贿人主观上具有行贿故意，以图受贿人利用职务便利为己谋取利益，也不同于受贿人主观上具有受贿故意，企图收受他人贿赂。介绍贿赂人主观上具有独立的故意即介绍贿赂的故意，客观上具有独立的行为即介绍贿赂行为。因此，对于行为人与行贿人、受贿人没有形成共同故意的，即使行为人因介绍贿赂得逞而从行贿方或者受贿方接受一定中介费用也只能以介绍贿赂罪论处而不能以行贿罪或者受贿罪的帮助犯或教唆犯论处。

我们倾向于第二种观点，介绍贿赂罪是单独的一种犯罪，与行贿罪、受贿罪的共犯是有区别的。根据《刑法》的精神，应当根据主客观相统一原则来区分介绍贿赂罪和行贿罪、受贿罪的帮助犯。

首先，从主观方面来看，行贿罪、受贿罪的帮助犯认识到自己是在帮助行贿一方或者受贿一方，而介绍贿赂的行为人认识到自己是处于第三者的地位，是在居间介绍贿赂，自己并不具有行贿或者受贿的故意。

其次，从客观方面来看，行贿罪、受贿罪的帮助犯的行为只是帮助行贿人或受贿人一方，即客观上积极策划进行索取、收受贿赂或者向他人行贿，而介绍贿赂的行为人不是单纯帮助某一方，而是在帮助行贿或受贿的双方，并且这里的"介绍"限于在国家工作人员与行贿人中间起牵线搭桥的作用，没有实施行贿、受贿以及为行贿人谋取利益的具体行为。在介绍贿赂人提供"有偿"介绍的情况下，其非法所得是通过自己的介绍行为所得，而不是贿赂的财物。

在司法实践中，对于介绍贿赂的行为应当根据具体情况认定：

（1）在行贿人、受贿人构成犯罪的情况下，对介绍贿赂人应当根据其犯罪具体情节来处理。如果介绍贿赂人实施的是为他人行贿、受贿提供便利居间介绍的行为则其应当认定为介绍贿赂罪，如果介绍贿赂人不仅仅是居间介绍，在主观上和客观上还实施积极帮助行贿方或者受贿方的行为，并从中非法获利的，应当认定为行贿罪或者受贿罪的共犯。

（2）在行贿人、受贿人一方构成犯罪或者双方都不构成犯罪的情况下，介绍贿赂人实施向国家工作人员介绍贿赂的仍然可以构成介绍贿赂罪。对此有学者持否定观点，认为当行贿罪与受贿罪均不成立的情况下，不宜认定介绍贿赂罪成立。这种观点值得商榷，其理由是：①从理论上讲，介绍贿赂行为并不是行贿或者受贿的帮助行为，二者并不是共犯关系，其成立自然不以行贿罪或受贿罪的成立为前提。②从刑事立法上讲《刑法》第392条以及司法解释都没有规定要求介绍贿赂必须达到使行贿、受贿犯罪得以实现的条件，而只是要求使行贿、受贿得以实现，也就是说，介绍贿赂只要使行贿、受贿得以实现即可而不是必须要以行贿、受贿都构成犯罪为条件。因此，行贿人或受贿人的行为双方均不构成或者一方不构成犯罪的情况下，介绍人的行为仍有可能构成介绍贿赂罪。

本案中，被告人李某科、袁某洪主观上明知是在为行贿人袁某某和受贿人黄某等人之间进行牵线效劳，客观上实施了沟通关系、引荐、撮合，并代为传递贿赂款，促成行贿和受贿得以实现，其行为符合介绍贿赂罪的犯罪构成要件。二人主要是以中间人的身份，对行贿、受贿双方进行撮合，主观上自始并无参与分配赃款的故意。被告人袁某洪、李某科与黄某、王某华并不熟悉，二人与黄某等无共同收受贿赂的故意。相反，其帮助行贿方寻找受贿目标送钱"捞人"的目的更为明显。同样，对于李某科来说，不仅碍于老丈人的强硬请求，而且想在老丈人面前显示自己的能干，努力为其寻找受贿人或者寻找能够帮助找到受贿人的人，还故意编造一些假象，使行贿、受贿更容易成功，其行为符合介绍贿赂的特征。故被告人李某科和袁某洪的行为相对于被告人黄某、王某华的行为具有独立性，应当予以区分。因此，法院对公诉机关指控的受贿罪罪名予以变更，以介绍贿赂罪定罪处罚是恰当的。

问题3. 如何区分介绍贿赂人收取行贿人"好处费"与利用影响力受贿

【实务专论】

介绍贿赂罪中的行为人往往不是社会中孤立的个体，而是必然与行受贿双方熟识，特别是与国家工作人员有着某种特殊联系或特定关系（如同学、老乡、同事、战友、亲属、邻居），并取得对方的信任，才能有机会、有渠道去搭建介绍贿赂的平台。否则，有任何一方对权钱交易的安全性产生怀疑，都不会允许第三方介入到行、受贿的环节中。实践中，为表示对介绍贿赂人的感谢，行贿人往往给予其一定数额的"好处费""介绍费""辛苦费""中介费""跑腿费""劳务费"等，对此如何定性，存在以下几种意见：

第一种意见认为，介绍贿赂行为只限于单纯的牵线搭桥或者转交贿赂款物，一旦收取好处费，即便有证据证明其与行、受贿双方并无共同犯罪故意，也应考虑到其与国家工作人员的特殊关系，认定其构成利用影响力受贿罪。

第二种意见认为，介绍贿赂的主观目的形式多样，有获取利益、巴结权贵、讲义气、重情感等，但常与介绍贿赂并存且最能体现居间介绍特点的就是获取居间利益。因此，收取好处费没有超出介绍贿赂犯罪的评价范围，属于事后不可罚的行为。

第三种意见认为，介绍贿赂犯罪中收取好处费的行为，应当结合具体案情进行分析判断。

我们同意第三种意见，主要理由是：

在收取"介绍费"的情况下，对于行贿人而言，其一般只关心谋取的不正当利益能否实现，而不太关心其给予的财物究竟是给了中间人还是国家工作人员。

从主观方面来看，利用影响力受贿罪的行为人的主观目的不在于收取少量的"好处费"，而是要将贿赂的全部或绝大部分占为己有，其利用国家工作人员的权力所支付的"对价"，并不一定是金钱或其他财物，而体现为对双方密切关系、个人感情或友谊的"消费"。在此过程中，国家工作人员并不一定具有受贿的意图，甚至对于关系密切的人是否具有受贿意图，也并不知晓或关心。而对于介绍贿赂人而言，由于其只是作为中间人的角色，国家工作人员具有明确的受贿意图，因而即便其想独吞整个或大部分贿赂，事实上也无法完成。

从客观方面来看，利用影响力受贿罪中的行为人与行贿人之间是对合关系，国家工作人员所发挥的谋取不正当利益的作用，仅仅是一种"功能性角色"或者通俗地称之为"工具人"。而在介绍贿赂罪中，国家工作人员与行贿人之间仍然是传统的"权钱交易"关系，仅仅是由于二者之间信息不对称，因而才需要介绍贿赂人从中牵线搭桥。而对于利用影响力受贿罪中的行贿人而言，其对贿赂款给予行为人是明知的，至于行为人是否将贿赂款分给国家工作人员，其并不关心。但在介绍贿赂罪中，行贿人仅仅是给予介绍贿赂人少量"好处费"，其对贿赂款最终转交给国家工作人员是有明确预期的。

因此，如果国家工作人员的近亲属，或者与国家工作人员关系密切的人，通过该国家工作人员的职务之便，或者利用该国家工作人员地位或职务形成的便利条件，通过其他国家工作人员的职务之便，为请托人谋取不正当利益，收受财物或者索要财物，数额较大或者情节严重的，已经超出了介绍贿赂罪"居间介绍、协调联系"的评价范围，已经实质意义上参与了权钱交易的全过程，并且扮演了主要角色，应从一重罪论处，即认定为利用影响力受贿罪更为合适。

此外，如果介绍人系国家工作人员，其利用本人职权或者地位形成的便利条件，通过受贿人职务上的行为，为行贿人谋取不正当利益，收受行贿人的"好处费"，则介绍人为行贿人谋取的不正当利益的过程也是其介绍贿赂的过程，介绍人的手段行为和目的行为分别触犯不同罪名，成立斡旋受贿和介绍贿赂罪的牵连犯，从一重罪处罚。

问题4. 如何理解"截贿"行为

【实务专论】

实践中，经常发生一种情况，即介绍贿赂人在转送贿赂款过程中，将行贿人的部分贿赂款私自侵吞的现象，也被称为"截贿"或者"截胡"。对此应当如何定性，存在不同意见：

第一种意见认为，中间人对用于行贿的财物，无论是一开始就打算占为己有的，还是在介绍贿赂后由于种种原因虚构事实、隐瞒真相将其占为己有的，均应以诈骗罪进行定罪量刑。

第二种意见认为，行为人把自己暂时保管的、代为转交的财物部分占有，且没有归还的，如果达到较大数额的标准，该截留财物的行为就满足侵占罪的构罪要件，应认定为侵占罪。

第三种意见认为，"截贿"行为可以看作是介绍贿赂行为发生与发展的组成部分，对介绍人截留贿赂款的行为通常不再作出单独的刑法评价。

第四种意见认为，应当区分不同情形具体认定，对截贿行为究竟以诈骗罪还是侵占罪定性，要视行为人非法占有目的的产生时间而定。对于行贿人事先无明确约定的情况下，介绍人占有一部分贿赂款的，没有单独处罚的必要。

我们同意第四种意见，主要理由是：

刑法并不要求介绍贿赂罪以获取报酬或者中间费用为必要，但在实践中，常常发生行为人出于各种动机占有一部分贿赂款的情形。对此，应当区分不同情形对待，有的情形中行为人另有犯意，有的情形中行为人的截贿行为并未超出行受贿犯罪的主观认知范畴。有规定曾将"截贿"行为概括为四种类型，分别为诈骗型"截贿"、侵占型"截贿"、事后不可罚的"截贿"以及不构成犯罪的"截贿"。

1. 诈骗型的"截贿"行为。对于行为人"一手托两家""两头吃两头骗"，以介绍贿赂为名骗取行贿人交付钱财，财物到手后并未转交给受贿人，而是自己非法占有的，应当以诈骗罪定罪处罚；具体可分为以下四种类型：（1）无能力介绍贿赂；（2）不打算也没有实施介绍贿赂；（3）没有转交财物谎称已经转交；（4）"多收少送"占有部分财物。如果行为人编造理由从委托人处多收取贿赂款，而少给委托人，从中截取部分贿赂款，或者行为人在帮助贿赂或者介绍贿赂过程中，虽无编造理由要求委托人多给予贿赂款，但在获取贿赂款后截取部分款项，且在委托人的问询下谎称已将全部贿赂款转交受贿人，或者主动明确告知委托人已将全部贿赂款转交受贿人，在该行为类型中，并没有行贿行为或者介绍贿赂行为发生，也不存在所谓事实的委托关系，因而无法成立侵占罪，该行为类型虚构事实、隐瞒真相的主要目的就是为骗取委托人交付财物，应以诈骗罪处理。

2. 侵占型的"截贿"行为。对于行为人起初确实是想帮助行贿人转交贿赂款，但中途临时起意，打算"顺手牵羊"截留一部分贿赂款的，或者在居间介绍过程中，因公职人员不肯收受贿赂，介绍人向行贿方谎称受贿人已经收受财物而实际上将财物据为己有的，截贿行为没有切断原有的行、受贿关系，截贿人通过受贿人所谋取的利益与行贿人期待所谋取的利益具有同一性，期待受贿人利用的职务也没有发生改变。委托人交付财物时并没有产生错误认识，行为人也不具有诈骗故意。客观上占有了被贿送的委托物，涉及对"拒不返还的"认定。其中，根据《刑法》第270条的规定，当行为人将代为保管的他人财物据为己有，数额较大，拒不返还时，即可认定为侵占罪。

3. 事后不可罚的"截贿"行为，一般为"多收少送型"介绍贿赂。行为人从委托人处取得款物后，只将其中一部分用于行贿，另一部分占为己有。在行贿人的观念中，自己提供的贿赂财物就是收买国家公权力所付出的所有对价与全部成本，无论向国家工作人员，抑或是向其委托的中间人交付，都不会影响行贿人对于自己所承担的行贿"代价"的整体认识和权力寻租"价格"的概括接受。换言之，第三人收取前述贿赂后，是悉数转交给受贿人，还是截留部分之后再将余下财物交给受贿人，甚或是受贿人如何安排分配等，都不会对行贿人利用特定数额财物收买公权力的认知造成任何误导与误读。

4. 不构成犯罪的"截贿"行为，一般为"概括授权型"介绍贿赂。实践中存在这样一种情形，行贿人委托中间人联系相关国家工作人员并帮助其行贿，同时给予一定金额的"活动经费"，但对于该部分经费却并没有指定受贿人也没有指定行贿的具体款项。此种情况下，行贿人更关心的是能否最终办成请托事项，而对于介绍人是否"截贿"是不关心的，或者在事实上是存在"默许"的心态。对此，则仍以介绍贿赂定罪处罚为宜，没有另行处罚的必要。

问题5. 介绍贿赂罪的成立是否以行贿罪、受贿罪成立为前提

【实务专论】

实践中，介绍贿赂犯罪可能会遇到行、受贿犯罪未予认定的情形，例如行贿人没有在行贿中谋取不正当利益、受贿数额未达到入罪门槛而不构成受贿罪等。在此情况下，介绍贿赂行为是否构成犯罪，目前有两种意见：

第一种意见认为，介绍贿赂罪是一个单独成立的犯罪，不依附于其他贿赂类犯罪，本罪也有着其自己的法益侵害性与社会危害性，不以贿赂类犯罪的构罪为前提，即使贿赂类行为没有达到成罪要件标准，只要介绍的行为达到自身成罪要件标准，就应该认为是介绍贿赂罪。因此，即使行贿人、受贿人均不成立行贿罪、受贿罪时，介绍贿赂行为人也有可能成立介绍贿赂罪，即此情况下介绍贿赂罪的成立不以行贿罪或受贿罪成立为前提。

第二种意见认为，介绍贿赂罪和行贿罪、受贿罪是一种依附和被依附的关系。从性质上来说，行贿罪、受贿罪重于介绍贿赂罪，既然性质更严重的行、受贿行为都不构成犯罪，则举重以明轻，介绍贿赂行为更不能以犯罪论处。

我们同意第一种意见，主要理由是：

1. 将介绍贿赂罪单独规定为犯罪，与重视非法取利的理念和计赃论罪的模式相关。[①]因此，介绍贿赂罪具有独立的犯罪构成，介绍贿赂人在行贿人和受贿人之间牵线搭桥，促成贿赂的成功，这种贿赂掮客的存在，本身就具有社会危害性，对其应进行独立评价。

---

① 阮齐林：《论计赃论罪立法模式对受贿罪共犯适用的限缩》，载《社会科学论坛》2019年第4期。

2. 介绍贿赂罪中，介绍的次数、介绍的人数以及相应的危害后果，不仅是本罪的量刑情节，同时也构成了入罪标准。如果多次介绍贿赂，但每次介绍贿赂的数额都未达到行、受贿犯罪的入罪标准，但累计数额巨大的或者有其他严重情节的，甚至成为职业掮客的，在此情况下介绍贿赂行为的社会危害性已远远大于其单独介绍的每一次行、受贿行为，不能因为行受贿犯罪未予认定就轻纵介绍贿赂犯罪。

3. 如果介绍贿赂人只实施了一次介绍贿赂行为，而行贿人和受贿人均不构成行贿罪和受贿罪，则在这种情况下，可以认为介绍贿赂行为尚未达到情节严重，不以介绍贿赂罪处罚。

第十章
单位行贿罪

第一节　单位行贿罪概述

一、单位行贿罪的概念及构成要件

单位行贿罪，是指单位为谋取不正当利益而行贿，或者违反国家规定，给予国家工作人员以回扣、手续费，情节严重的行为。

《刑法修正案（九）》增加了"并处罚金"的规定。此次修正《刑法》对个人行贿犯罪和单位行贿犯罪以及介绍贿赂犯罪都增加并处罚金的规定，加大了对行贿犯罪的惩处力度，使犯罪分子在受到人身处罚的同时，在经济上也得不到好处，对于遏制贿赂犯罪的发生和惩处贿赂犯罪具有重要意义。

（一）客体要件

本罪侵犯的客体，主要是国家机关、公司、企业、事业单位和团体的正常管理活动和职能活动及声誉。

该罪的犯罪对象是财物。该财物一般是公司、企业、事业单位、机关、团体的财物，而非某个人的财物。同时，也包括一些具有财产性质的利益，如国内外旅游等。

（二）客观要件

本罪在客观方面表现为公司、企业、事业单位、机关、团体，为了谋取不正当利益，给予国家工作人员以财物，数额较大的，或者违反国家规定，给予上述人员以"回扣""手续费"，情节严重的行为。根据《最高人民法院、最高人民检察院关于办理商业贿赂刑事案件适用法律若干问题的意见》的规定，商业贿赂中的财物，既包括金钱和实物，也包括可以用金钱计算数额的财产性利益，如提供房屋装修、含有金额的会员卡、代币卡（券）、旅游费用等。具体数额以实际支付的资费为准。

参照《最高人民检察院关于人民检察院直接受理立案侦查案件立案标准的规定（试

行〉》的规定，涉嫌下列情形之一的，应予立案：（1）单位行贿数额在 20 万元以上的；（2）单位为谋取不正当利益而行贿，数额在 10 万元以上不满 20 万元，但具有下列情形之一的：①为谋取非法利益而行贿的；②向 3 人以上行贿的；③向党政领导、司法工作人员、行政执法人员行贿的；④致使国家或者社会利益遭受重大损失的。因行贿取得的违法所得归个人所有的，依照本规定关于个人行贿的规定立案，追究其刑事责任。

（三）主体要件

单位行贿罪的主体是单位，所谓"单位"，包括公司、企业、事业单位、机关、团体。与单位受贿罪不同，并不仅仅局限于国有公司、企业、事业单位、机关、团体，还包括集体所有制企业、中外合作企业、有限公司、外资公司、私营公司等。

（四）主观要件

本罪在主观方面表现为直接故意。

二、单位行贿罪案件审理情况

"单位犯罪"在 1979 年《刑法》中尚属空白，1985 年 7 月 18 日，最高人民法院、最高人民检察院发布了《关于当前办理经济犯罪案件中具体应用法律的若干问题的解答（试行）》，首次明确了单位行贿罪的构成要件，即"国家机关、团体、企业事业单位和集体经济组织为谋取非法利益而行贿，数额巨大，情节严重的，对其主管人员和直接责任人员应追究行贿罪的刑事责任"。1997 年《刑法》第 30 条规定，"公司、企业、事业单位、机关、团体实施的危害社会的行为，法律规定为单位犯罪的，应当负刑事责任"，正式设立了单位行贿罪。2015 年 8 月，《刑法修正案（九）》第 49 条对本罪增设了对自然人"并处罚金"之规定。

通过中国裁判文书网检索，2018 年至 2022 年间，全国法院审结一审单位行贿罪刑事案件共计 1486 件，其中，2018 年 688 件，2019 年 439 件，2020 年 246 件，2021 年 84 件，2022 年 29 件。

司法实践中，单位行贿罪案件主要呈现出以下特点及趋势：一是行贿时间跨度较长，行贿次数较多，犯罪形态多为连续犯，因行贿手段较为隐秘，以及缺乏有效监管，导致被告单位与自然人就和涉案受贿人之间存在长期、大量的权钱交易；二是犯罪领域辐射面广，犯罪领域从学校、国企、私营、个体到国家机关，辐射面极广，包含各个社会管理领域，尤其是工程建设领域行贿犯罪相对突出；三是行贿目的以招标投标、取得工程建设资格为最多，贿赂案件中一人犯数罪的明显增多，许多犯罪分子集受贿、贪污、徇私枉法、巨额财产来源不明等数种犯罪于一身；四是房地产公司类的单位行贿案件和工程公司类的单位行贿案件，是比较高发的此类犯罪单位类型；五是单位行贿的刑事惩罚制度实行的是"双罚制"，既惩处单位，也惩处被告人（自然人），从目前审理的此类犯罪来看，被告人（自然人）的缓刑适用率较高。

三、单位行贿罪案件审理热点、难点问题

1. 1997 年《刑法》将国家机关作为单位犯罪主体，虽然案件数占比很小但容易引发舆情。这样的做法无论是在理论研究上，还是在司法实践中，都存在许多矛盾与冲突，

其合理性与可操作性一直受到众多学者的质疑，有关的争论也十分激烈。

2. 在打击贿赂犯罪方面存在"重受贿轻行贿"的思维导向，行贿刑事处罚偏轻，免予刑事处罚、缓刑居多，难以起到应有的法律效果。

3. 对单位行贿罪的罚金没有一个准确、具有合理惩戒性的规定，导致单位行贿罪在判决时的适用罚金刑情况明显失衡。

4. 如何判断单位行贿还是个人行贿，特别是一人公司行贿、以承包企业名义行贿、挂靠单位实施行贿行为如何认定，在司法实践中比较复杂，经常出现争议。

四、单位行贿罪案件办案思路及原则

1. 对国家机关单位犯罪应慎重处罚，在《刑法》修改前宜采取撤回起诉、变更起诉、宣告无罪、变更罪名等司法能动措施，以保证刑法实施效果符合法治中国建设的现实需要。如人民检察院将国家机关作为单位犯罪主体予以起诉，人民法院认为确实不当的，可以依职权将单位犯罪罪名变更为自然人犯罪罪名。

2. 对行贿罪和单位行贿罪区分的关键标准就是看行贿所得利益的归属，归个人的，认定行贿罪，归单位的，认定单位行贿罪。

3. 一人公司的行贿行为是否构成单位行贿罪，要看该公司是否具有独立的公司人格。具体应从两方面进行认定：其一，是否有独立的财产利益，即公司的财务制度是否完整，与个人的财产是否混同，因行贿所得利益是否归属于公司；其二，是否有独立的意志，即公司的决策及行为是否依程序作出。

4. 如果发包单位在发包期间，实际参与了企业的经营管理，并根据企业的盈利状况收取承包费用，这种情况下，承包人的行为、利益与发包单位的行为、利益挂钩，承包人因行贿所谋取的不正当利益也与发包单位的利益相关，对此，应认定为单位犯罪。但如果发包单位在发包期间没有实际出资，没有参与经营管理，只是按照约定收取固定的承包费，相关盈利均归承包人所有，此时，虽然承包人仍以发包单位的名义从事经营活动，但在具体认定中应将发包单位剥离，对承包人的行为进行独立认定。

5. 对于个人"挂靠"单位，单位收取固定的"挂靠费"，或收取一定比例的管理费的，由于并没有改变双方的经营方式，挂靠人仍然属于个人经营，其从事的行贿类犯罪应定性为自然人犯罪。

第二节 单位行贿罪审判依据

一、法律

《刑法》（2020年12月26日修正）（节录）

第三百九十三条 单位为谋取不正当利益而行贿，或者违反国家规定，给予国家工作人员以回扣、手续费，情节严重的，对单位判处罚金，并对其直接负责的主管人员和其他直接责任人员，处五年以下有期徒刑或者拘役，并处罚金。因行贿取得的违法所得

归个人所有的，依照本法第三百八十九条、第三百九十条的规定定罪处罚。

二、司法解释

《最高人民检察院关于人民检察院直接受理立案侦查案件立案标准的规定（试行）》
（1999 年 9 月 16 日　高检发释字〔1999〕2 号）（节录）

（八）单位行贿案（第 393 条）

单位行贿罪是指公司、企业、事业单位、机关、团体为谋取不正当利益而行贿，或者违反国家规定，给予国家工作人员以回扣、手续费，情节严重的行为。

涉嫌下列情形之一的，应予立案：

1. 单位行贿数额在 20 万元以上的；

2. 单位为谋取不正当利益而行贿，数额在 10 万元以上不满 20 万元，但具有下列情形之一的：

（1）为谋取非法利益而行贿的；

（2）向 3 人以上行贿的；

（3）向党政领导、司法工作人员、行政执法人员行贿的；

（4）致使国家或者社会利益遭受重大损失的。

因行贿取得的违法所得归个人所有的，依照本规定关于个人行贿的规定立案，追究其刑事责任。

三、刑事政策文件

《最高人民法院、最高人民检察院关于办理商业贿赂刑事案件适用法律若干问题的意见》（2008 年 11 月 20 日　法发〔2008〕33 号）（节录）

七、商业贿赂中的财物，既包括金钱和实物，也包括可以用金钱计算数额的财产性利益，如提供房屋装修、含有金额的会员卡、代币卡（券）、旅游费用等。具体数额以实际支付的资费为准。

八、收受银行卡的，不论受贿人是否实际取出或者消费，卡内的存款数额一般应全额认定为受贿数额。使用银行卡透支的，如果由给予银行卡的一方承担还款责任，透支数额也应当认定为受贿数额。

十、办理商业贿赂犯罪案件，要注意区分贿赂与馈赠的界限。主要应当结合以下因素全面分析、综合判断：（1）发生财物往来的背景，如双方是否存在亲友关系及历史上交往的情形和程度；（2）往来财物的价值；（3）财物往来的缘由、时机和方式，提供财物方对于接受方有无职务上的请托；（4）接受方是否利用职务上的便利为提供方谋取利益。

十一、非国家工作人员与国家工作人员通谋，共同收受他人财物，构成共同犯罪的，根据双方利用职务便利的具体情形分别定罪追究刑事责任：

（1）利用国家工作人员的职务便利为他人谋取利益的，以受贿罪追究刑事责任。

（2）利用非国家工作人员的职务便利为他人谋取利益的，以非国家工作人员受贿罪追究刑事责任。

（3）分别利用各自的职务便利为他人谋取利益的，按照主犯的犯罪性质追究刑事责任，不能分清主从犯的，可以受贿罪追究刑事责任。

第三节　单位行贿罪在审判实践中的疑难新型问题

问题 1. 如何准确区分单位行贿与个人行贿

单位行贿与个人行贿的区别，关键是看行贿意志与利益归属两个方面。从形式层面来看，是否以单位名义实施行贿行为并体现单位意志；从实质层面来看，行贿所得的不正当利益是否归于单位。行为人帮助其他单位的项目承包人实施行贿行为，应区分项目承包人与单位的关系进行具体分析。若单位仅向项目承包人提供资质，项目承包人自行投资，自负成本，向单位上交管理费后盈利均归个人所有，那么行为人帮助项目承包人实施的行贿行为与单位无关，属个人行贿。

【人民司法案例】吴某环行贿案[①]

一、基本案情

2005 年 8 月 1 日，李某超、周某东以福建永立信阀门制造有限公司（以下简称福建永立信公司）的名义与禾嘉实业集团有限公司（以下简称禾嘉实业集团）控股的自贡高阀公司签订合作合同，承包经营自贡高阀公司。2006 年 1 月 3 日，李某超与自贡高阀公司、永立信公司签订协议书，约定永立信公司在承包合同中的权利义务由李某超承接。李某超与被告人吴某环、周某东、苏某良、洪某坑、周某军五人商定共同承包自贡高阀公司，其中吴某环在承包经营中占 80% 的份额，并担任自贡高阀公司总经理。之后，李某超、周某东为规避自贡高阀公司原有债务关系，避免投资款被自贡高阀公司原债权人追索，该二人成立自贡高阀销售公司，各占股 90%、10%。该销售公司未开展实际经营活动。2009 年，承包合同发生纠纷，吴某环主张起诉自贡高阀公司与禾嘉实业集团，但李某超不愿意打官司，吴某环便以向李某超出具承诺书的方式获取该合同纠纷案的全部自主权，并约定若案件胜诉，吴某环将付给李某超和周某东投资份额相对应的投资款，即每人 150 万元人民币，其余收益均归吴某环所有，诉讼成本亦由吴某环承担。对此，周某东等其他合伙人不具体知情。2009 年至 2012 年，吴某环以李某超名义向四川省自贡市大安区人民法院起诉自贡高阀公司与禾嘉实业集团，请求法院判处自贡高阀公司与禾嘉实业集团支付补偿费人民币 6000 万元，并请时任四川省人大常委会副主任郭永祥（另案处理）为该合同纠纷案的处理提供帮助，为此先后四次送给郭永祥共计人民币 220 万元。

2009 年至 2013 年，被告人吴某环为谋取通州建总集团有限公司（以下简称通州建总公司）项目承包人金剑承诺给予的工程中介费，请时任中国石油四川石化有限责任公司原副总经理姜某祥（另案处理）帮助通州建总公司承接工程，先后送给姜某祥欧元 5 万元、美元 10 万元，共计折合人民币 109.25 万元。

另查明：金某与通州建总公司系内部承包关系，金某以通州建总公司的名义承接工程，所得工程款向公司上交管理费后其余归个人所有，自担成本，自负盈亏。

---

① 竹莹莹：《单位行贿与个人行贿的界分——吴某环行贿案》，载《人民司法·案例》2016 年第 29 期。

宜昌市三峡坝区人民法院认为，被告人吴某环为谋取不正当利益，给予国家工作人员财物共计折合人民币329.25万元，其行为已构成行贿罪，情节特别严重。公诉机关指控吴某环犯行贿罪的罪名成立。（1）关于吴某环及其辩护人所提吴某环向郭某祥行贿应认定单位行贿罪的辩解和辩护意见。经查，吴某环以李某超名义起诉自贡高阀公司与禾嘉集团的行为，不代表全体合伙人的意志，且承包主体是吴某环等六个自然人，不是法律意义上的单位，不能成为单位犯罪的主体；吴某环向郭某祥行贿一事也未告知其他合伙人，所送钱款也系吴某环个人资金，属于吴某环的个人行为。至于自贡高阀销售公司，该公司既不是承包经营合同的主体，也不是承包合同纠纷案的主体，更不是行贿利益的获得者，因此，不是单位行贿罪的主体。吴某环及其辩护人所提该项辩解和辩护意见不能成立。（2）关于吴某环及其辩护人所提吴某环向姜某祥行贿应认定单位行贿罪的辩解和辩护意见。经查，吴某环给姜某祥送钱，名义上是为金某所在的通州建总公司承接工程，实质上是为了获得金某承诺的好处费；通州建总公司对吴某环及金某行贿一事不知情，也未授权吴某环向他人行贿，因此，不是单位行贿罪的主体。吴某环及其辩护人所提该项辩解和辩护意见不能成立。吴某环归案后能如实供述自己的罪行，依法可以从轻处罚；但其交代系在追诉后交代，不能适用《刑法》第390条第2款的规定，辩护人所提相关辩护意见不予采纳。依照《刑法》第389条第1款、第390条第1款、第67条第3款、第64条，和《最高人民法院、最高人民检察院关于办理行贿案件具体应用法律若干问题的解释》第4条第1项、第12条、第13条，以及《刑事诉讼法》第74条之规定，宜昌市三峡坝区人民法院于2015年9月7日作出判决，认定被告人吴某环犯行贿罪，判处有期徒刑10年，并处没收个人财产人民币50万元，对其行贿所得不正当财产性利益人民币330万元依法追缴，上缴国库。

一审宣判后，被告人吴某环不服，提出上诉。吴某环及其辩护人提出：吴某环与李某超等六人合伙承包自贡高阀公司，吴某环为承包纠纷案向郭某祥行贿是为了全体合伙人的利益，构成单位行贿罪；吴某环向郭某祥行贿是为了追求司法公正，主观恶性小；一审判决认定吴某环从金某处获取的人民币330万元是违法所得而予以追缴，以及认定送给姜某祥5万欧元系吴某环行贿是错误的。

宜昌市中级人民法院经审理后认为，被告人吴某环等人组成的承包合伙体不符合单位行贿罪的主体要求，吴某环向郭某祥行贿不代表其他合伙人意志，系其个人行为；吴某环与金某共同向姜某祥行贿5万欧元以获得承揽工程的机会，应认定二人共同行贿，吴某环从中获取好处费人民币330万元，属非法利益。吴某环及其辩护人提出的上诉理由和辩护意见均不能成立。原判认定事实和适用法律正确，量刑适当，审判程序合法。依照《刑事诉讼法》第225条第1款第1项之规定，宜昌市中级人民法院于2015年10月21日作出裁定，驳回上诉，维持原判。

二、案例评析

本案审理过程中对被告人吴某环的行为属于谋取不正当利益无分歧意见。吴某环为达个人经济目的，通过请托郭某祥向有关政法系统领导打招呼，干扰人民法院正常审判活动，违反了《宪法》和《刑事诉讼法》"人民法院依照法律规定独立行使审判权，不受行政机关、社会团体和个人的干涉"的规定，应认定为谋取不正当利益；吴某环为获得巨额中介费，通过请托姜某祥向有关人员打招呼，为金某及通州建总公司谋取承揽项目竞争优势，亦应认定为谋取不正当利益。

本案争议的焦点，一是被告人吴某环作为承包合伙体的一员，以向其他部分成员出具承诺书的方式获取关于承包合同纠纷案的处理权，后在其他成员不知情的情况下向郭某祥行贿人民币220万元，该行为属于个人行贿，还是单位行贿？二是吴某环为帮助通州建总公司的项目承包人金某承揽工程而向姜某祥行贿折合人民币109.25万元，该行为属于个人行贿，还是单位行贿？

对于上述问题，有不同意见。第一种意见认为，吴某环向郭某祥行贿、向姜某祥行贿均属于个人行贿，全案定行贿罪。第二种意见认为，吴某环向姜某祥行贿属于个人行贿；向郭某祥行贿属于单位行贿。理由是：吴某环处理承包合同纠纷案得到了合同实际主体李某超的授权，其决定打官司并为此向郭某祥行贿，虽然未经承包合伙人全体研究决定，但是其事实上是为了所有合伙人的利益，若案件胜诉则全体获益，因此，该笔事实属承包合伙体的单位行贿，又由于承包合伙体未真正成立合伙企业，而是设立了自贡高阀销售公司，故可以转而认定自贡高阀销售公司是本案单位行贿罪的主体。由此主张全案应定自贡高阀销售公司、吴某环构成单位行贿罪，吴某环另外构成行贿罪。第三种意见认为，吴某环向郭某祥行贿属单位行贿，理由同上；向姜某祥行贿亦属单位行贿。理由是：吴某环与金某共同向姜某祥行贿5万欧元，以及吴某环单独向姜某祥行贿10万美元，均出于帮助通州建总公司承揽工程的目的，虽然姜某祥与金某均能从中获利，但工程合同的签订方是通州建总公司，行贿利益的最终归属也是通州建总公司，因此，通州建总公司是单位行贿罪的主体。由此主张全案定自贡高阀销售公司、吴某环构成单位行贿罪，通州建总公司与吴某环构成单位行贿罪。

经研究，审判机关同意第一种意见。区分个人行贿与单位行贿的关键在于如何分析判断行贿主体、行贿意志、行贿利益归属这三个方面。结合本案情况，具体阐述如下：

1. 被告人吴某环为谋取不正当利益，请托郭某祥给有关政法系统领导打招呼，干扰司法公正，为此送给郭某祥人民币220万元的行为，系个人行贿，应认定为行贿罪

首先，从行贿主体分析。行贿罪的主体是个人，即自然人。单位行贿罪的主体是单位。根据《刑法》第30条及《最高人民法院关于审理单位犯罪案件具体应用法律有关问题的解释》的有关规定，单位一般是指公司、企业、事业单位、机关、团体等。刑法理论界与司法实务界对单位行贿罪的主体包括具备法人资格的私营企业已无争议，但对是否包括合伙企业尚未形成定论。一种观点认为，合伙企业是两个以上合伙人共同出资、合伙经营、共享收益、共担风险并对合伙企业债务承担无限连带责任的营利性组织，合伙企业不具有法人资格，合伙企业的财产与合伙人的财产没有完全分离，因此，不能独立承担责任。合伙企业即使触犯刑律，也属于合伙人为自己的利益而实施的共同犯罪，其刑事责任由合伙人共同承担，故不能成为单位行贿罪的主体。另一种观点认为，我国《刑法》规定的单位犯罪不等于也不限于法人犯罪，单位行贿罪中的企业主体不必要求具有法人资格。合伙企业不是合伙人的简单相加，其经依法注册登记设立，有自己的名称、场所和合伙财产，依据合伙协议进行运作，虽不能与法人企业相比，但仍具有一定的独立性，因此，可以成为单位行贿罪的主体。我们赞同后一种观点。类比2001年1月最高人民法院《全国法院审理金融犯罪案件工作座谈会纪要》规定的"以单位的分支机构或者内设机构、部门的名义实施犯罪，违法所得亦归分支机构或者内设机构、部门所有的，应认定为单位犯罪。不能因为单位的分支机构或者内设机构、部门没有可供执行罚金的财产，就不将其认定为单位犯罪，而按照个人犯罪处理"，不论合伙企业有无可供执行罚

金的财产，均不能否定其具有区别于合伙人的相对独立性，因此，在合伙企业实施行贿行为、利益归属合伙企业的情况下，将其作为单位行贿罪的主体具有合理性。不过，合伙企业可以成为单位行贿罪的主体，并不意味着尚未注册登记成立企业的合伙人团体也可以成为单位行贿罪的主体，因为合伙体是各合伙人组成的共同体，虽有股权确认书等协议，但仍具有松散、不稳定、不独立的特点。结合本案分析，被告人吴某环与李某超、周某东等人为承包自贡高阀公司而形成了合伙体，但未正式成立合伙企业。吴某环、李某超等人组成的合伙体没有自己的名称和独立财产，无法区分其利益与各合伙人利益的界限，自然也无法以自己的名义对外承担法律责任，因此，不能成为单位行贿罪的主体。至于后来成立的自贡高阀销售公司是李某超、周某东二人为规避债务纠纷、保护投资款安全而成立的企业，吴某环未占股，未担任法定代表人或实际控制人，不能代表该公司进行决策，因此不能将该公司视为为承包事宜成立的合伙企业，吴某环也没有以自贡高阀销售公司的名义去处理承包合同纠纷，因此本案审理过程中认为自贡高阀销售公司作为承接合伙体的公司，可以作为单位行贿罪主体的观点不正确。

其次，从行贿意志分析。行贿罪体现的是个人意志，单位行贿罪体现的是集体意志，集体意志是单位决策机构按照决策程序形成的。本案中，被告人吴某环供述："周某东等其他股东没有参与打官司这个事，李某超也不愿意打，但是我不一样，我是大股东，坚持要打，所以我和李某超商量这个官司由我一个人打，找关系和官司费用都由我个人出，官司的风险也由我独自承担，给郭某祥送钱是我个人行为，也没告诉过别人"；吴某环为表明其诉讼行为与李某超无关，还向李某超出具了承诺书，内容为："本人郑重承诺，在履行承包合同期间，如涉及违法犯罪行为，由本人承担，与你无关"。股东李某超、周某东的证言与吴某环的供述及承诺书相印证，其中李某超证实："吴某环以我的名义打官司，具体情况不清楚，不知道他在打官司过程中是否找过相关人员帮忙，也不知道郭某祥这个人，周某东也没有参与打官司"；周某东证实："我知道李某超和自贡高压阀门公司在打官司，吴某环在具体负责，他们没给我说过打官司的情况，我不清楚"。其他三名股东的证言亦证明他们对吴某环打官司、向郭某祥行贿等不知情。上述证据表明，吴某环个人决定为承包经营合同纠纷案的处理而向郭某祥行贿人民币220万元，行贿款项来源于其本人，行贿行为由其一人实施，承包合伙体的其他成员对吴某环向郭某祥送钱一事均不知情，故不能认定行贿事宜出自承包合伙体的集体意志。

最后，从行贿利益归属分析。行贿罪是为个人谋取不正当利益，单位行贿罪是为单位谋取不正当利益。本案中，虽然被告人吴某环设想其若赢了承包合同纠纷案从而获得赔偿款后，其将分别支付给股东李某超、周某东人民币300万元，这看起来其与李某超、周某东有可能利益均沾，但这并非吴某环的主要目的。根据吴某环在向郭某祥行贿时所表达的意愿、其与禾嘉实业集团老板夏某嘉的电子邮件以及其向法院提交的和解方案等来看，吴某环事实上期待从诉讼中获取的赔偿款是人民币6000万元，除支付李某超和周某东人民币共计600万元外，巨额余款都将归属吴某环个人所有。换言之，吴某环承诺给予李某超和周某东各人民币300万元，无非是其买断承包合同纠纷案全部处理权的对价，并非为了与其他人利益均沾。归根结底，吴某环向郭某祥行贿是为了其个人利益。吴某环辩称是为了自贡高阀销售公司全体股东的利益而行贿，其辩护人称吴某环是为了承包合伙体全体合伙人利益而行贿的辩解和辩护意见均不能成立。

2. 被告人吴某环为谋取不正当利益，请托姜某祥给中石油相关领导打招呼，帮助金某承接工程项目，为此送给姜某祥5万欧元、10万美元的行为，系个人行贿，亦应认定为行贿罪

下文将在厘清金某与通州建总公司、吴某环与金某之间的关系基础上，结合行贿主体、行贿意志和行贿利益归属三个方面进行综合阐述。

首先，从金某与通州建总公司的关系分析。公司的项目承包人为承揽工程项目向他人行贿，公司是否成为单位行贿罪的主体？该问题不能一概而论。如公司对项目承包人有资产投入或将公司设备交由承包人经营使用，承包人向公司交纳管理费后对外以公司名义开展经营活动，这种情况下，公司与承包人之间的关系较为密切，公司只是将具体经营权转给了承包人，但依然享有对部分财产的所有权，对于承包人为承揽项目而以公司名义向他人行贿且事实上公司从中获利的，公司可以成为单位行贿罪的主体。如公司对项目承包人没有资产投入，仅仅提供营业执照，承包人自己投资并负担经营成本，扣除管理费后所有盈利均归个人所有，这种情况下，公司与承包人相对脱离，承包人虽然以公司的名义实施行贿行为，但行贿所获不正当利益主要归个人所有，故应以个人行贿论处。若不分具体情况，仅仅因承包人向公司交纳一定比例的管理费，而认定承包人行贿是为公司创造利益，从而判断其行为均属单位行贿行为，是不妥当的。结合本案而言，金某是通州建总公司的项目承包人，通州建总公司除了向金某提供公司资质外，不进行任何投资或设备投入，金某承揽项目过程中自己承担材料费、人工费、税款等成本，在向公司交纳管理费后所有利润归个人所有，若入不敷出，则亏损也由金某一人承担，因此，本案属上述第二种情形。金某为承揽工程，个人出资向姜某祥行贿，虽然客观上会给通州建总公司增加收入，但根本目的是自己通过承揽工程而获取利润，实质是个人行贿行为。从通州建总公司的角度说，该公司对金某一方既没有投入，也不具体参与工程承揽事宜，对金某行贿一事不知情，行贿资金亦与其无关，因此，不能认定通州建总公司是单位行贿罪的主体。

其次，从吴某环与金某之间的关系分析。（1）关于吴某环与金某一起向姜某祥行贿5万欧元一笔。虽然5万欧元行贿款来自金某，行贿直接目的是为金某承揽项目，吴某环的行为似有牵线搭桥的意味，但事实上吴某环积极追求请托事项的成功，不仅是为金某与姜某祥牵线搭桥，更重要的是为了自己从中获取巨额利益，即金某允诺的工程标的额5%的好处费。吴某环的行为性质已超出介绍贿赂的范畴，属于为谋取不正当利益而向国家工作人员行贿的性质，与金某构成行贿罪的共犯。（2）关于吴某环单独向姜某祥行贿10万美元一笔。吴某环的目的是为继续从金某处获得工程项目中介费，同时在金某面前表现出他"打通高层领导"的能耐，吴某环瞒着金某向姜某祥送了10万美元，通过姜某祥给中石油云南石化副总经理杨某让等人打招呼，从而帮助金某拿到了云南石化项目。该笔行贿款项来自吴某环本人，金某对行贿过程不知情，因此，本起行贿系吴某环个人行贿。

综上，被告人吴某环的行为构成行贿罪。

问题2. 行为人同时实施了行贿和串通投标行为的，应当如何认定

中标获利才是投标人的目的行为，其实施的行贿和串通投标都是手段行为，不构成原因与结果行为或手段与目的行为的牵连关系，行贿人谋取不正当利益的行为构成犯罪

的，应当与行贿罪实行数罪并罚。

【人民司法案例】刘某刚行贿案①

一、基本案情

被告人刘某刚，原系湖南省建筑工程集团总公司路桥工程有限公司聘任副总经理。2008 年至 2012 年 5 月，刘某刚为谋取不正当利益，违规借用相关承建单位的资质，采取串通其他公司投标、围标的非法手段，同时借助湖南省交通运输厅原副厅长陈某宪、郴宁高速公路筹备组长、洞新高速公路建设开发有限公司总经理吴某徕在中标过程中的关照，先后承接了汝城—郴州高速、郴州—宁远高速、洞口—新宁高速中一些合同段的建设工程，业务总额共计人民币 10 亿余元。刘某刚在获得上述工程业务的过程中，为了得到和感谢陈某宪的推荐和打招呼，先后送给陈某宪 15 万元人民币及 1 万美元（折合人民币 6.7 万元）；为得到和感谢吴某徕在高速公路招标中的关照，先后六次共送给吴某徕人民币 53 万元及欧元 4 万元（折合人民币 41.8 万元）。

湖南省岳阳市岳阳楼区人民法院作出一审判决，被告人刘某刚犯行贿罪，被判处有期徒刑 5 年。一审宣判后，岳阳市岳阳楼区人民检察院提出抗诉称，一审判决认定被告人刘某刚的行贿犯罪行为与串通投标犯罪行为之间存在牵连关系，仅以行贿罪对刘某刚定罪科刑，定性错误，适用法律不当，量刑畸轻。被告人刘某刚不服，以不是个人行贿是单位行贿等理由提出上诉。湖南省岳阳市中级人民法院审理认为，上诉人刘某刚在高速公路招投标过程中，为谋取不正当利益，给予国家工作人员财物，情节特别严重，其行为已构成行贿罪；刘某刚在招投标活动中，违规借用相关单位的建设资质，采取内部承包或联营的形式，但实为独立核算、自负盈亏、自担风险的非法经营模式承接工程，且在招投标过程中自行决定并使用自有资金向相关负有领导、管理职责的国家工作人员行贿，故应认定为刘某刚个人行贿。刘某刚向陈某宪、吴某徕行贿，是为了利用招标单位领导、管理者的职权，排挤对手，达到串通投标，最后实现中标获利的目的。其中，中标获利是目的行为，行贿和串通投标都是手段行为，不构成原因与结果行为或手段与目的行为的牵连关系。同时，根据《最高人民法院、最高人民检察院关于办理行贿刑事案件具体应用法律若干问题的解释》（以下简称《解释》）第 6 条规定，行贿人谋取不正当利益的行为构成犯罪的，应当与行贿罪实行数罪并罚。据此，改判如下：刘某刚犯行贿罪，判处有期徒刑 5 年；犯串通投标罪，判处有期徒刑 1 年，并处罚金 20 万元。决定执行有期徒刑 5 年 6 个月，并处罚金 20 万元。

二、案例评析

工程项目投标过程中竞标人实施行贿和串通投标行为的案件很多，但对这类案件的处理实践并不统一，分歧点在于对投标人在工程项目投标过程中行贿和串通投标行为的罪数认定和处罚。本案就是一例。一种意见即本案一审判决的观点，认为投标人的行贿与串通投标犯罪之间有牵连关系，是牵连犯，应从一重罪处断，以行贿罪定罪量刑。另一种意见即二审改判的观点，认为中标获利才是投标人的目的行为，其实施的行贿和串通投标都是手段行为，不构成原因与结果行为或手段与目的行为的牵连关系，且《解释》第 6 条规定，行贿人谋取不正当利益的行为构成犯罪的，应当与行贿罪实行数罪并罚，因

---

① 黄燕：《行贿并串通投标应数罪并罚》，载《人民司法·案例》2016 年第 26 期。

此本案应数罪并罚。对该类型案件的争论，实质上是关于牵连犯理论及其在实践中如何适用的争论。

1. 关于牵连犯理论的实践现状。理论上一般认为牵连犯的特征有四个：存在数个行为，出于一个犯罪目的，数个行为之间存在手段与目的、原因与结果的牵连关系，手段行为或结果行为又触犯其他罪名。牵连犯一直被视为是处断的一罪，应择一重罪处罚。但是从 1979 年《刑法》开始，总则中没有关于牵连犯的规定，《刑法》分则处理牵连犯也没有遵循择一重罪处罚的原则：有以法定的某罪处罚的，如盗窃信用卡并冒用他人信用卡，定盗窃罪；有法定择一重罪处罚的，如因受贿而徇私枉法裁判的；有数罪并罚的，如国家机关工作人员实施渎职犯罪并收受贿赂的。可见，关于牵连犯处罚原则的理论和立法是不一致的。《刑法》或司法解释有明确规定的应依法处理，但对那些没有明确规定、形式上存在一定牵连关系的数个行为如何认定和处理？是否都要认定为牵连犯？如果认定为牵连犯，是否都应择一重罪处罚？司法实践对此一直莫衷一是。而对牵连犯的争论最终都集中为：要解决这些问题就要明确符合牵连犯要求的牵连关系的存在。对此，理论上有主观说、客观说、折衷的通常说、因果关系说等多种观点。这些观点都试图对方法与目的行为、原因行为与结果行为之间的牵连关系是否有通常的、必然的联系确定一个固定的标准。但是在现实生活中，方法和手段具有选择性，行为人为了达到一个目的可采取多种方法，目的行为不一定必须通过某种手段行为达成；因果关系则具有复杂性，一个原因可以造成包括直接和间接结果、有形和无形结果、意料之中和意料之外的结果等多种结果。正是这种选择性和复杂性带来的不确定性，因而在《刑法》分则的罪状中会出现"其他方法、其他严重后果"的表述。对何种方法与目的行为之间有客观上的必然联系、什么原因在逻辑上必然造成什么结果，因具体的案情会存在不同，因判断者的认识不同也会得出不同的结论，本案就是如此。一审认定行贿是为了串通投标，二者之间有密切联系；二审则认为，中标获利才是行为人的目的行为，行贿和串通投标是并列的手段行为，两行为之间不存在牵连。因此，无论哪种学说都无法给出一个可操作的标准，导致了司法实务中的困惑。牵连关系是一个很宽泛的描述，行为人实施犯罪过程中的若干行为之间总会有这样或那样的联系，传统牵连犯理论以牵连关系的紧密与否来确定对数行为是从一重处断还是数罪并罚是不客观的，所以也一直无法对司法实践作出明确且被广泛认可的指导。而从牵连犯的理论发展历史来看，费尔巴哈提出牵连犯的概念及从一重处断原则的初衷是限制当时刑罚的残酷性、恣意性，因此牵连犯理论是一种理论策略，而不是一个经过完整的逻辑论证得出的一个当然的结论。它缺乏充足的理论根据，具有先天的局限性，无法应对复杂的司法实践。也正是因为如此，在其被提出后的 200 多年里，该理论并未得到世界刑法学及刑事法律的普遍认可。

2. 对有牵连关系的数个行为的认定。对于数个有牵连关系的行为如何定罪及适用刑罚，应该遵循《刑法》的两个基本的原则：一是罪刑法定原则，二是罪刑相适应原则，脱离这两个原则而纠缠于牵连关系紧密的判断标准无异于南辕北辙。罪刑法定主义要求，判断行为是否构成犯罪以及犯罪的个数，必须以刑法规定的犯罪构成为标准进行判断，而不能以行为人的主观认识或者社会上一般人的认识为标准。犯罪的本质是对刑法保护的法益的侵害，决定一个行为是否构成犯罪主要看该行为是否侵犯了法律明确保护的某种法益。罪刑相适应原则包括刑罚的适用禁止重复评价，同时还要充分评价。禁止重复评价原则是指在司法运用上要求司法裁判者在定罪、量刑阶段禁止对同一犯罪法定构成要件要素情节和量刑情节进行重复评价，即一行为一刑罚。充分评价原则要求对行为人的行为进行法律上的全面评价。实质上，无论是禁止重复评价，还是充分评价，都是罪刑法定原则这一基石理论的要求。因此，对有牵连关系的数行为如何处罚，要在现有刑法规定的范畴内，根据对法益的侵害，考虑禁止重复评价原则和充分评价原则，而最终决定适用何种处罚。笼统地适用从一重处断或数罪并罚原则，都有失偏颇，这也是牵连犯理论的局限性所在。根据以上原则，再结合对牵连关系的种类进行分析判断，对实践中纷繁复杂的有牵连关系的数行为的定罪处罚可以按以下思路处理：

第一，行为人实施的数行为在表面上符合数个犯罪构成，但是最终能够为一个犯罪构成要件所能包含的，应按照从一重处断原则给予处罚。典型的例子就是我国《刑法》第 399 条的情况。该条规定了徇私枉法罪，民事、行政枉法裁判罪，执行判决、裁定失职罪，执行判决、裁定滥用职权罪，枉法仲裁罪。该条第四款规定，司法工作人员收受贿赂，有前三款行为，同时又构成本法第 385 条规定之罪的，依照处罚较重的规定定罪处罚。关于这一条，很多人认为，这种牵连行为属于想象竞合犯，因为五个罪的具体枉法行为属于受贿罪中为他人谋取利益的构成要件要素，因此，应按照想象竞合犯从一重处罚的理论处理。我们认为，这种观点是对牵连犯和想象竞合犯本质的混淆。牵连犯是数个行为，想象竞合犯是一个行为，这种本质的不同决定了不存在符合想象竞合犯特征的牵连犯。第 399 条之所以这样规定，是因为和大多数滥用职权罪的犯罪构成相比较，徇私枉法罪等五个罪的犯罪构成中都包含了具体枉法行为的前提：徇私和徇情，而徇私在很多情况下就是有受贿行为。2002 年《刑法修正案（四）》第 8 条第 4 款则将原来条款中的"贪赃枉法"这种口语化的表述明确为"收受贿赂"。仔细对比修改前后的条款，会发现，第 399 条原来的内容基本没有改动，只是增加了执行判决、裁定失职罪，执行判决、裁定滥用职权罪的内容，这完全是实践所需。因为司法领域里除了在审判活动中有滥用职权枉法裁判的行为外，在执行裁判活动中以及仲裁活动中也存在着，因此这种修改并不是立法原意有变，而是一种应对实践的必要补充。司法工作人员因徇私、徇情的原因行为而滥用职权枉法裁判、执行、仲裁，前后行为符合行为逻辑，且是这五个罪名犯罪构成要件内容的应有之义。之所以仅在第 399 条第 1 款的徇私枉法罪中有"司法工作人员徇私枉法、徇情枉法"的表述，应该是立法者出于行文简洁的考虑，而不是要将这两个原因行为从其他四个罪中删掉。而以犯罪情节对应的刑罚适用受贿罪量刑更重时，以受贿罪来评价行为人的徇私和枉法行为同样也能对整个行为作出全面的评价，因为受贿罪中"为他人谋取利益"既包括主观上的认识，也包括实施具体的枉法行为为他人谋取利益。因此，在这种情况下，适用第 399 条或第 385 条任一个法条均能对整个行为作出全面的评价。我们认为，第九章滥用职权罪中有包含"徇私舞弊"的罪名，在行为人的受贿行为达到受贿罪的犯罪构成时，都可以依照第 399 条的原理从一重处罚。但是在《刑法修正案（四）》出台十年后的 2012 年 12 月，最高人民法院、最高人民检察院又出台了《关于办理渎职刑事案件适用法律若干问题的解释（一）》（以下简称《解释》）。《解释》第 3 条规定："国家机关工作人员实施渎职犯罪并收受贿赂，同时构成受贿罪的，除刑法另有规定外，以渎职犯罪和受贿罪数罪并罚。"为什么会有此规定？最高人民检察院在《解释》的理解与适用中进行了说明。这主要考虑受贿罪的法定刑一般都会比徇私舞弊类渎职犯罪的法定刑高，实践中只要查实了受贿问题后往往就不再追查渎职问题，致使受贿行为造成的严重渎职后果被掩盖；此外，有的地方为确保能以渎职罪名判决，在深挖受贿上积极性不高，甚至人为掩盖较大数额的受贿犯罪，造成重罪轻判。从上述说明来看，采取数罪并罚的做法，更侧重于当前要强力打击贪贿犯罪和渎职犯罪刑事政策上的考虑。但是，在数行为同时符合受贿罪与包含了徇私舞弊行为要素的滥用职权罪的情况下，从一重罪论处并不意味着就不能全面体现法律对国家机关工作人员渎职犯罪和受贿犯罪的否定评价。如果真正认为从一重罪论处不能全面体现对两种罪的否定评价，那么2015 年的《刑法修正案（九）》就应该将第 399 条第 4 款关于从重处罚的规定修改为与《解释》第 3 条的内容一致。实际上，虽然制定《解释》第 3 条的初衷是全面打击渎职犯罪和受贿罪，但如果在侦查过程中不去积极查处深挖，在审判中再谈全面打击也只能是收效甚微。当然，法律既然如此规定，司法实践必须遵照执行。

第二，行为人实施的前行为或后行为在形式上虽不能为主行为罪名规定的构成要件所包含，但前后行为与主行为在客观上存在一定的逻辑性或连续性，且为行为人主观所认识，侵犯的客体具有同一性，侵犯的法益没有超出主行为所侵犯的法益范围，主行为的罪质、危害、法定刑罚明显重于前后行为。在这种情况下，仅按主行为的罪名和刑罚从重处理就能对数个行为做出全面的评价，无须数罪并罚。如非法侵入他人住宅实施盗窃或强奸，法律规定非法侵入他人住宅罪的目的就在于保护他人的财产权利、人身权利，适用盗窃罪或强奸罪足以将非法侵入他人住宅的前行为的否定评价予以包含。还有如行为人伪造货币并出售或者运输的，伪造货币是原因行为，妨害的是货币的公共信用，而运输或出售是伪造的结果行为，也可以说是一种必然的延续行为，运输或伪造行为侵犯的法益仍然是货币的公共信用，因此依照伪造货币罪从重处罚就可以对数个行为进行否定评价。但这里要求必须是针对同一个客体，即同一宗假币。同理，购买假币肯定是为了使用，因此，购买假币后使用构成犯罪的，应以购买假币罪从重处罚，不应数罪并罚；但行为人出售、运输假币，并不必然使用假币，因此，若又有使用假币行为的，应当数罪并罚。我国的刑法理论界一直认为这是属于吸收型的牵连行为，所以应按吸收犯的从一重处理，也有人认为这是"不可罚的前后行为"理论。无论是按哪一种理论，实践中的指导原则都应该是既不能评价不充分，也禁止重复评价。

第三，对行为人实施的数个行为超出了一个罪名规定构成要件，侵害了两个不同种类性质的法益，两个法益之间不存在包含关系，必须适用两个法条才能充分评价行为人实行的行为的，应实行数罪并罚。这种情况在实践中最容易产生分歧。在形式上看，行为人实施的数个行为之间的确存在牵连关系，因此，多数人主张从一重处罚。但是，抛开牵连关系，这种数个行为在形式上触犯数个法条，实质上侵犯了数个法益，法条之间、法益之间均没有包容关系，无论适用哪一个法条，都无法对数行为进行全面充分的评价，因此，必须按数罪并罚处理。如《刑法》第 157 条规定的以暴力、威胁方法抗拒缉私的，走私与暴力行为看似有牵连，实质上两行为是完全独立的，走私行为侵犯的法益是海关监管制度制度，暴力、威胁方法抗拒缉私行为侵犯的是国家机关的正常公务管理活动，两罪在构成要件和法益上没有交集，无论适用第 157 条还是适用第 279 条都是对另一种犯罪行为的放纵，没有充分评价两种行为，故应该数罪并罚。

具体到本案，被告人向主管招标事项的人行贿，同时，他在招投标过程中，又串通其他单位串通投标报价、围标，最终在多项招投标中中标。被告人行贿的直接目的是在投标中获得关照，串通其他单位投标、围标也是为了中标，两行为都是为了能够中标获取非法利益，的确存在牵连关系。但是仔细分析，行贿不是串通投标罪犯罪构成中的必要手段，能得到受贿人的关照而得以串通投标也不是行贿后的必然结果，虽然将为了串通投标视为行贿罪构成要件中的为谋取不正当利益，但这仅仅是主观要件，并不必然外化为客观行为。而本案被告人还将其外化为串通其他单位投标、围标且构成犯罪，行贿人实施了两个行为，一个是行贿行为本身，一个是为谋取不正当利益的客观行为，侵犯了两个犯罪客体，单独适用行贿罪或串通投标罪不能对行为人的行为进行完全评价，罚不当罪，故应当数罪并罚。这应该也是《解释》第 6 条规定"行贿人谋取不正当利益的行为构成犯罪的，应当与行贿罪实行数罪并罚"的理由。因此，我们认为二审法院的判决是正确的。

当然，如果行为人为了串通投标而行贿，即以贿赂招标人的手段串通投标的，因为只存在一个行为，是想象竞合犯，故可以择一重罪处理。在招投标案件中，行贿和受贿是对合的，因此，在受贿罪与串通投标罪、滥用职权罪并存的情况下，如何认定罪数和处罚也是实践中的难点。

按照上述处理原则，国家机关工作人员为了与投标人串通投标，必然要滥用职权，滥用职权行为是串通投标罪的客观要件所包含的，串通投标所侵害的国家、集体、公民的合法权益也是滥用职权罪犯罪所要保护的，因此，在滥用职权行为构罪的情况下，也不能将其和串通投标罪数罪并罚，只需要择一重罪处罚，否则就是重复评价。而行为人受贿后又实施串通投标的，前后行为独立，行为人受贿后也不必然会选择串通投标，在构成要件上没有包含性，在侵害的法益上也不具有同一性，因此应当数罪并罚。

问题 3. 如何理解"在被追诉前主动交待行贿行为"及行贿人揭发他人受贿是否构成立功

《刑法》规定被告人在被追诉前主动交代行贿事实可以减轻或者免除处罚，旨在通过行贿人的交代，获取更多证据，帮助破获相关受贿犯罪案件并推进案件进入司法审判。如办案机关先破获受贿案件，再根据线索侦破行贿案件，在行贿人交代之前，检察机关已经掌握了单位实施行贿的犯罪事实。此种情况下若将其认定为"在被追诉前主动交待行贿行为"，对行贿人从宽处罚，有违立法本意；构成立功必须具备两个条件：一是与自己的行贿行为无关；二是揭发与本人行贿行为无关的他人其他犯罪。行贿人到案后，主动供述司法机关尚未掌握的自己其他行贿犯罪事实，但因该事实属于与其行贿犯罪事实关联的事实，故不构成立功。

【刑事审判参考案例】被告单位成都主导科技有限责任公司、被告人王某单位行贿案①

一、基本案情

2005 年初，被告人王某与时任铁道部运输指挥中心装备部车辆管理验收处副处长刘某扬（另案处理）相识后，为确保成都主导公司轮对故障动态检测系统设备在铁路第六次大提速中得到推广使用，和感谢刘某扬帮助其公司成为该产品的唯一供应商，自 2005

---

① 刘晓虎、许建华：《被告单位成都主导科技有限责任公司、被告人王某单位行贿案——"在被追诉前主动交待行贿行为"以及揭发他人犯罪行为构成立功的认定》，载中华人民共和国最高人民法院刑事审判第一、二、三、四、五庭主办：《刑事审判参考》（总第 115 集），指导案例第 1282 号，法律出版社 2019 年版，第 97～103 页。

年初至 2009 年年底，多次以劳务费等名义从公司提款，陆续给予刘某扬人民币（以下如无特别注明币种同）120 万元、欧元 10 万元（折合人民币 97.059 万元），共计价值 217.059 万元。2006 年，刘某扬利用其负责全国铁路车辆设备招投标的职务之便，使成都主导公司的轮对故障动态检测系统设备以 800 万元的单价进入高铁市场。2008 年 2 月，时任北京铁路局动车段工程建设指挥部指挥长的刘某扬代表北京动车段与成都主导公司签订了 2 套轮对故障动态检测系统的设备采购合同。案发后，侦查机关对成都主导公司 108 万元款项予以扣押。

另查明，郑州铁路运输检察院在收到上级检察机关指定管辖决定书后，于 2012 年 9 月 14 日对被告人王某依法询问，王某如实供述其行贿犯罪事实，郑州铁路运输检察院当日立案。同年 9 月 20 日，王某主动揭发北京铁路局原动车段建设指挥部副指挥长戴某跃收受其 15 万元现金和报销 2 万元机票等费用。根据该线索，河南省人民检察院郑州铁路运输分院反贪污贿赂局于 2013 年 3 月 3 日对戴某跃涉嫌受贿犯罪立案侦查。经侦查查明，戴某跃涉嫌受贿金额 150 余万元。

被告单位成都主导公司及其辩护人对公诉机关指控成都主导公司向刘某扬行贿的事实不持异议。其辩护人提出，成都主导公司在竞争性谈判中获得的竞争优势和价格优势是其自有优势，该公司成为唯一供应商，并非完全由刘某扬帮助取得。成都主导公司受当时市场环境影响，主观恶性较小，造成的危害后果较轻、社会不良影响较小。据此，请求法院对王某免予刑事处罚。

被告人王某及其辩护人对公诉机关指控的事实和罪名不持异议。其辩护人提出，王某系初犯，主观恶性较小，犯罪情节较轻，被追诉前主动交代单位行贿行为，且认罪悔罪，具有重大立功情节；王某长期以来对社会作出积极贡献，是高铁领域不可多得的专家学者，建议对王某免予刑事处罚。

郑州铁路运输法院认为，被告单位成都主导公司的行为构成单位行贿罪，同时应当追究被告人王某的刑事责任。王某不属于"在被追诉前主动交待行贿行为"，不具有立功情节，但认罪悔罪，积极配合退赃，依法可以从宽处罚。综合被告单位成都主导公司的犯罪事实、性质、对社会的危害程度以及上述情节，以单位行贿罪判处被告单位成都主导科技有限责任公司罚金人民币五百万元，判处被告人王某有期徒刑三年。

二、案例评析

在本案审理过程中，对被告人王某是以行贿罪还是以单位行贿罪追究刑事责任、王某是否属于"在被追诉前主动交待行贿行为"以及是否具有立功情节，均存在不同意见。下文围绕上述三个争议焦点展开论述。

（一）关于单位行贿罪的认定

本案中，关于应当追究被告人王某单位行贿罪的刑事责任还是行贿罪的刑事责任，存在不同意见。

一种意见认为，被告人王某的行为构成行贿罪。主要理由如下：一是本案犯意的提起、实施行贿过程以及最后完成行贿的，都是王某。整个行贿行为没有经单位集体决定，虽然行贿款是单位的，但整体上属于形式上设立公司法人，实际上以个人意志运作的情形。二是王某占有公司 70% 的股份，受益最大，王某是权钱交易的一方主体，应当以行贿罪追究其刑事责任。

另一种意见认为，被告单位成都主导公司的行为构成单位行贿罪，应当追究被告人王某单位行贿罪的刑事责任。主要理由如下：一是王某作为成都主导公司的法定代表人，系为谋取单位利益，代表被告单位实施行贿行为，目的是确保公司产品进入高铁市场。二是本案所涉行贿款均来源于成都主导公司，且所谋取利益归属于被告单位。王某作为法定代表人与铁路方洽谈，以公司名义签署合同，利益按股份比例通过年终分红的形式分配。三是被告单位成都主导公司于 2000 年设立，系依法设立的具有法人资格的有限责任公司，经营业务系向铁路部门供应多种产品，不属于有关司法解释规定的"个人为进行违法活动而设立公司实施犯罪和设立公司后以实施犯罪为主要活动"的情形。

我们赞同后一种意见，被告单位成都主导公司及被告人王某构成单位行贿罪。主要理由是：

1. 本案符合单位行贿罪主体和对象特征。（1）主体适格。被告单位成都主导公司系依法设立的具有法人资格的有限责任公司，合同的签订均以被告单位名义，并且开具发票列入单位利润，排除了被告单位形式上设立公司法人，实际上以个人意志运作和获利的情况；成都主导公司 2000 年设立，成立以来向铁路部门供应多种产品，不属于"个人为进行违法活动而设立公司实施犯罪和设立公司后以实施犯罪为主要活动"的情形。（2）符合单位行贿犯罪对象的身份特征。在案证据证明，刘某扬在与王某认识及交往期间均在铁道部、北京铁路局担任领导职务，在铁道部车辆管理验收处任职期间负责铁道车辆相关检修、检测、检修专用设备的技术评审、鉴定、选型和推广等方面工作，任北京铁路局动车段工程建设指挥部指挥长期间负责该单位全面工作，主管计财、技术装备部，具有国家工作人员身份。

2. 本案符合单位行贿罪的主、客观特征。（1）王某作为被告单位法定代表人，主观上系为单位谋取利益而实施行贿行为。（2）王某向刘某扬行贿，目的是确保单位产品形成市场竞争优势乃至垄断，无论被告单位产品本身是否具有实际竞争优势，只要属于为了通过行贿获取更多竞争优势，就应当认定为"谋取不正当利益"。（3）本案签订合同、收取货款、开具发票等活动均是以被告单位名义，王某没有绕开单位私自经营产品和截留货款，其本人获取利益系根据单位经营情况，通过分红、奖金等形式从公司支取，虽然王某占有大部分股份，收益最大，但是，在法律上自然人的人格与单位是不同的，即便是同一个公司，也不能将两个不同主体混用，从而否认单位行为的性质。

（二）关于"在被追诉前主动交待行贿行为"的认定

关于被告人王某是否属于"在被追诉前主动交待行贿行为"的情形，能否适用《刑法》第 390 条第 2 款的规定从宽处罚，主要形成两种意见：

一种意见认为，王某属于"在被追诉前主动交待行贿行为"的情形。（1）根据《最高人民法院、最高人民检察院关于办理行贿刑事案件具体应用法律若干问题的解释》（以下简称《行贿解释》）第 13 条规定，认定是否属于"被追诉前"的节点在于检察机关对行贿人的行贿行为刑事立案，只要在立案前主动交代，就应认定为被追诉前主动交代。本案检察机关出具的侦破经过证明，办案机关系先询问后立案，王某在接受询问时如实供述，属于被追诉前主动交代。（2）因行贿人主动交代行贿行为而破获受贿案件，也包括对在案证据的证明力加强的情形。如果行贿人不承认，受贿的事实可能依然难以认定。（3）只要检察机关对行贿人尚未立案查处，行贿人作为证人接受检察机关调查，承认向受贿人行贿的事实，就应当认定为"在被追诉前主动交待行贿行为"的情形。以《刑事审判参考》第 787 号案例袁某行贿案为例，行贿人在纪检监察部门查处他人受贿案件时，主动交代（承认）向他人行贿的事实，被认定属于"在被追诉前主动交待行贿行为"的情形。本案中，根据检察机关出具的归案经过，侦查机关对王某进行询问，王某如实供述自己的行贿事实，虽然侦查机关当日对其立案，但检察机关对王某正式立案是在王某如实供述犯罪事实之后。因此，王某属于"在被追诉前主动交待行贿行为"。

另一种意见认为，王某不属于"在被追诉前主动交待行贿行为"，不应适用《刑法》第390条第2款的规定。理由是：在检察机关已经掌握王某向刘某扬行贿线索并指定管辖的情况下，王某接受调查时供述上述事实不属于"在被追诉前主动交待行贿行为"的情形。

我们赞同后一种意见。主要理由是：（1）据被告人王某的供述，当时其知道有关部门在调查刘某扬，完全有条件主动向司法机关说明情况，却基于种种考虑没有主动投案，而是等到检察机关在接到上级指定管辖决定书后找其谈话时，才供述其向刘某扬行贿的事实，是被动接受调查而交代，不具有主动性。（2）尽管从检察机关出具的侦破经过来看，检察机关系在询问王某后立案，但是本案系经最高人民检察院、河南省人民检察院、河南省人民检察院郑州铁路运输分院逐级指定管辖后，由郑州铁路运输检察院立案。根据《人民检察院刑事诉讼规则（试行）》第18条的规定，郑州铁路运输检察院在接到上级检察机关指定管辖决定书后，就已具备立案条件，也应当依法立案，而不以犯罪嫌疑人是否到案作为立案的条件。（3）从《行贿解释》第7条第1款规定的立法原意分析，《刑法》规定被告人在被追诉前主动交代行贿事实可以减轻或者免除处罚，旨在通过行贿人的交代，获取更多证据，帮助破获相关受贿犯罪案件并推进案件进入司法审判。本案是先破获受贿案件，再根据线索侦破行贿案件。在王某交代之前，刘某扬已供述了收受王某贿赂的事实，检察机关已经掌握了刘某扬受贿和王某代表单位实施行贿的犯罪事实。此种情况下若将其认定为"在被追诉前主动交待行贿行为"，对行贿人从宽处罚，有违立法本意。

（三）关于揭发他人犯罪行为构成立功的认定

关于被告人王某是否构成立功，形成以下两种意见。

一种意见认为，王某构成一般立功。理由是：（1）通过王某的揭发行为，司法机关查明戴某跃收受贿赂150余万元，有利于打击犯罪和节约司法资源，如不认定为立功，意味着对王某的揭发行为没有作出法律评价，亦未体现激励政策导向。（2）王某的行为符合《最高人民法院关于处理自首和立功具体应用法律若干问题的解释》第5条"提供侦破其他案件的重要线索，经查证属实"的规定。犯罪分子到案后有检举、揭发他人犯罪行为，经查证属实，应当认定为有立功表现。本案中，戴某跃的受贿犯罪相对于王某而言，属于他人犯罪行为，可以认定王某具有立功表现。（3）戴某跃犯罪数额为150万元，根据目前全国、河南省对受贿犯罪的判罚情况，一般不会被判处无期徒刑以上刑罚，而且戴某跃案也不是在本省或者全国有较大影响的案件，故不宜认定王某为重大立功，仅构成一般立功。

另一种意见认为，被告人王某向戴某跃的行贿行为，系王某自己参与的对合犯罪，不构成立功。理由是：《行贿解释》第9条规定，行贿人揭发受贿人与其行贿无关的其他犯罪行为，查证属实，构成立功。根据该规定，构成立功必须具备两个条件：一是与自己的行贿行为无关；二是揭发与本人行贿行为无关的他人其他犯罪。本案中，王某虽然到案后主动供述司法机关尚未掌握的自己其他行贿犯罪事实，但因该事实属于与其行贿犯罪事实关联的事实，故王某的行为不构成立功。

我们赞同后一种意见。主要理由是：根据《行贿解释》第9条的规定，行贿人构成立功，必须是揭发受贿人与其行贿无关的其他犯罪事实。本案中，王某系因行贿犯罪（向刘某扬行贿）归案后，又主动供述司法机关尚未掌握的本人其他行贿事实（向戴某跃行贿），该事实属于与其行贿在法律上、事实上有紧密关联的事实，而非揭发他人其他犯罪，故不应认定为立功。王某如实供述自己行贿的犯罪事实，依法应当认定为坦白，可以从轻处罚。同时，需要注意的是，王某虽然不具有立功情节，但王某的主动交代行为在客观上为司法机关查明戴某跃受贿案件起到了积极作用，在量刑时应予考虑。

此外，能否对被告人王某适用缓刑也是本案讨论的重点之一。我们认为，本案不宜对王某判处缓刑。理由如下：（1）王某不属于追诉前主动供述，不构成立功，不具有法定减轻处罚情节；关于王某的学术成就，难以认定为杰出贡献，不属于法定减轻情节。根据被告人的犯罪情节，在仅有从轻处罚情节的情况下，对其适用缓刑依据不足。（2）除了公诉机关指控的行贿数额外，对王某于2010年送200万元现金、2012年报销30万元左右发票、2012年送10万元现金，刘某扬及王某的相关笔录中均载明了相关事实，可见，王某系多次向多人行贿，而公诉机关未予追诉。公诉机关指控的行贿数额明显少于实际数额，前后行贿的情形和性质类似，公诉机关以未牟取不正当利益作为不追诉的理由不够充分。根据刑事诉讼法不诉不理的原则，人民法院只能就公诉机关指控的事实进行裁判，但在量刑时可以酌情考虑。（3）在当前反腐败斗争形势依然严峻的情况下，为遏制腐败源头，深入贯彻打击行受贿并重的政策精神，在严厉打击受贿犯罪的同时，有必要加大对行贿犯罪的打击力度。本案行贿数额达数百万元，如果判处缓刑，社会效果不好。

综上，郑州铁路运输法院的判决定罪准确，量刑适当。

问题4. 单位违规承揽项目后，将项目高价分包给国家工作人员指定的单位，应当如何认定[①]

【实务专论】

依据《刑法》第393条的规定，单位行贿罪指单位为谋取不正当利益而行贿，或者违反国家规定，给予国家工作人员以回扣、手续费，情节严重的行为。从构成要件上分析，首先，单位行贿罪的犯罪客体系国家机关、公司、企业、事业单位和团体的正常管理活动、职能活动和声誉。其次，单位行贿罪在客观方面主要表现为给予国家工作人员数额较大的财物或者违反国家规定给予国家工作人员回扣、手续费，且达到情节严重的程度。根据我国有关规定，一般而言单位行贿数额在二十万元以上，或者单位行贿数额在十万元至二十万元，且具有向三人以上行贿、为谋取非法利益、向党政领导或司法工作人员或行政执法人员行贿、致使国家或者社会利益遭受重大损失的情形，即属于情节严重。再次，单位行贿罪的主体限于单位。最后，单位行贿罪在主观方面主要表现为故意，而且具有通过向国家工作人员给予钱财，而利用对方手中的权力为自己谋取利益的

---

① 国家法官学院、中国人民大学法学院：《中国审判案例要览》（2012年刑事审判案例卷），中国人民大学出版社2015年版。

目的。

传统的单位行贿往往表现为直接给予国家工作人员钱款或者物品，但随着时代的发展出现了许多新型行贿方式，而对于新型行贿我国并无专门的条款加以规定。由于行贿与受贿属于对合性犯罪，即二者之间具有相互依存、互为因果的密切联系，通常情形下没有行贿就无受贿，因此在判断一种行为是否属于行贿时可以结合我国关于受贿行为的规定。对于以交易形式受贿，我国有关司法解释规定："国家工作人员利用职务上的便利为请托人谋取利益，以下列交易形式收受请托人财物的，以受贿论处：（1）以明显低于市场的价格向请托人购买房屋、汽车等物品的；（2）以明显高于市场的价格向请托人出售房屋、汽车等物品的；（3）以其他交易形式非法收受请托人财物的。"据此，交易型行贿指国家工作人员利用职务上的便利为请托人谋取利益，请托人则因此主动提出或者按照国家工作人员的要求应允以低价买、高价卖等方式，与国家工作人员交易房屋、汽车等物品，通过差价交易的形式达到给予国家工作人员财物的目的。虽然从表面上看，请托人与国家工作人员之间进行的是合法的市场交易，但是从本质上说，请托人只是通过交易的方式向国家工作人员让渡因低价买、高价卖等方式而产生的多余利益，因此交易型行贿仍然属于权钱交易。此外，交易型行贿并不仅仅表现为房屋、汽车等物品的购买或出售，一般而言只要系以交易形式实现的权钱交易，即可认定为交易型行贿。

单位为答谢国家工作人员利用职务便利为其违规承揽项目提供的帮助，而按照国家工作人员的要求将承包的部分项目以明显高于市场价的价格分包给国家工作人员指定的单位，使该国家工作人员通过指定的单位取得超出市场价部分的钱款。从单位的上述行为上看，首先，将违规承揽的项目分包给国家工作人员指定的单位，属于从事交易活动；其次，以明显高于市场价的价格分包项目，使得国家工作人员通过指定的单位获得超出市场价部分的钱款，属于以交易的方式向国家工作人员让渡因高价分包而产生的多余利益；再次，单位在承揽项目的过程中确实利用了国家工作人员的职务便利，且达到了违规承揽项目的目的；最后，单位的此种行为损害了公司的正常管理活动、职能活动和声誉。因此，单位的上述行为本质上属于权钱交易，符合交易型行贿的构成特征。在此情况下，应当以单位行贿罪追究单位及其法定代表人的刑事责任。

问题 5. 国家机关是否是单位行贿罪的适格犯罪主体

【实务专论】

根据《刑法》规定，对单位行贿罪的行贿对象包括国家机关，具体包括各级人民代表大会机关、各级政治协商会议机关、政党机关、人民政府、军事机关、监察机关、审判机关和检察机关等。其中，政党机关既包括中国共产党各级机关、组织，也包括八大民主党派。对于国家机关能否成为对单位行贿罪的对象，目前刑法学界乃至司法实务界存在较大争议。目前，主要有以下两种意见：

第一种意见认为，尽管将国家机关作为单位犯罪主体似不严肃，但必须看到，现实中仍有个别国家机关巧立名目，向被管理单位收取各种"咨询费""管理费""赞助费"，严重败坏了国家机关的声誉和社会公信力，在政治上产生极为恶劣的影响，甚至对党和国家的事业也造成了损害。因此，从罪刑法定的角度来讲，对于相关个人、企业向国家机关行贿的，应当依法认定国家机关构成对单位行贿罪的犯罪对象。①

第二种意见认为，国家机关不同于公司、企业、事业单位。从刑法理论上看，人民民主专政下的国家意志与犯罪意志决然不能共存，即社会主义国家机关从性质上讲不可能产生犯罪动机和犯罪目的，也更不可能成为犯罪主体。②

我们同意第二种意见，主要理由是：

1. 国家机关是政治机关，代表人民行使执政权、立法权、行政权、执法权、监察权、侦查权、审判权、法律监督权等国家权力，并在各项活动中体现了国家意志。如不顾现实情况，一味追求把国家机关作为对单位行贿罪的犯罪对象，不仅有悖于刑法理论和我国基本国情，还将最终损害国家声誉和法治权威。同理，民主党派的核心职能为参政议政和监督协商，而非直接履行法律意义上的公职权能，不是典型意义上的直接行使国家公权力的主体，因此并不属于刑事法律中职务犯罪的主体。③

2. 从政治角度分析，国家机关从具有的人民性和服务性决定了其不具有谋取私利的动机和目的。在现实中存在某些国家机关的领导干部出于个人私心或者小团体利益，利用手中权力触犯《刑法》的情况，如行贿罪、受贿罪，表面上看起来似乎是单位犯罪，但是实际上国家机关的公权力不过是个别领导谋取私利进而犯罪的工具，对于这些犯罪实际应该追究的是个别领导干部的刑事责任，而不是国家机关的刑事责任。④ 另外，国家机关的工作经费全部来自国家财政下发或拨付，如作为犯罪主体缴纳罚金，也同样需要上缴国库，不仅逻辑上存在问题，在财政资金的使用效率上也会令人产生困惑。⑤

3. 考虑到现有刑法对于本罪的犯罪对象仍有明文规定的情况下，不宜将国家机关完全排除在对单位行贿罪之外。对于国家机关能否成为对单位行贿罪对象的问题，在当前的立法规范和政治语境存在一定张力的情况下，司法机关宜采取"存而不论""备而不用"的态度。如在审理案件或撰写裁判文书过程中确实遇到类似情况，且避开国家机关则存在论证和说理障碍的，可以通过《刑法》第13条、第37条等方式做出罪化处理，或采取单独追究单位负责人刑事责任的方式，以避免处理国家机关的实践难题和由此带来的负面影响。

---

① 刘树德、任素贤：《贪污贿赂类案裁判规则与适用》，北京大学出版社2021年版，第60页。
② 马克昌：《"机关"不宜规定为单位犯罪的主体》，载《现代法学》2007年第5期。
③ 陈伟：《监察法与刑法的衔接协调与规范运行》，载《中外法学》2019年第2期。
④ 裴显鼎：《国家机关单位犯罪的困境与变革——对190份生效刑事裁判文书的实证研究》，载《法律适用》2021年第12期。
⑤ 戴玉忠：《我国贿赂犯罪刑法制度的演变与发展完善》，载《法学杂志》2016年第4期。

第十一章
巨额财产来源不明罪

第一节　巨额财产来源不明罪概述

一、巨额财产来源不明罪的概念及构成要件

巨额财产来源不明罪，是指国家工作人员的财产或者支出明显超过合法收入，差额巨大，本人不能说明并证明其来源的行为。

（一）客体要件

本罪侵犯的客体是复杂客体，即国家工作人员职务行为的廉洁制度和公私财物的所有权。本罪客体的复杂性是由巨额财产来源不明罪的刑法内涵的复杂性和特殊性所决定的。《刑法》设立本罪的目的是严密法网，使司法机关易于证明犯罪而使腐败官员难以逃避裁判，也即按通常的司法程序，在官员贪污、受贿难以证实的情况下，把举证责任部分转移而设立本罪。因此，首先，从设立该罪的目的就可以看出，巨额财产来源不明罪侵犯的首要客体是国家工作人员职务行为的廉洁性。其次，既然是巨额财产来源不明，本罪也就必然地侵害了社会主义的财产关系，侵犯了国有财产、集体财产和公民个人的财产所有权。一般而言，除国家工作人员有固定的工资收入外，与其共同生活的家庭成员也有不同的合法收入来源。如果国家工作人员的财产或者支出与自己及其家庭成员的合法收入明显不符，差额巨大，本人又不能说明并证明其来源是合法的，这部分财产则属于巨额财产来源不明，应认定为非法所得。作为国家工作人员，拥有不能说明并证明其合法来源的巨额财产，本身就是不廉洁的证明，破坏了国家的廉政建设制度，应当依法追究其刑事责任。

（二）客观要件

本罪在客观方面表现为国家工作人员的财产或支出明显超过合法收入，且差额巨大，本人不能说明其合法来源。

第一，行为人拥有的财产或者支出明显超过合法收入，而且差额巨大。这里所说的财产，是指行为人实际拥有的财产，包括住房、交通工具、存款等，以及名义上是别人实质是行为人的财产，应当属于行为人拥有的财产。这里的支出，是指行为人已经对外支付的款物，包括赠与他人的款物。合法收入，是指按法律规定应属于行为人合法占有的财产，如工资、奖金、继承的遗产、接受馈赠、捐助等。参照《最高人民检察院关于人民检察院直接受理立案侦查案件立案标准的规定（试行）》的规定，巨额财产来源不明，数额在 30 万元以上的，应予立案。

第二，行为人不能说明其拥有的财产或支出与合法收入之间巨大差额的来源及其合法性。"行为人不能说明"，包括以下情况：（1）行为人拒不说明财产来源；（2）行为人无法说明财产的具体来源；（3）行为人所说的财产来源经司法机关查证并不属实；（4）行为人所说的财产来源因线索不具体等原因，司法机关无法查实，但能排除存在来源合法的可能性和合理性的。

本罪的行为状态，表现为国家工作人员对数额巨大的不合法财产的占有和支配。

司法实践中，行为人能够"说明"其明显超过合法收入的巨额财产的来源并不违法，但其"说明"的内容必须经过司法机关查证属实的才认为其"说明"的真实性，才能证明其明显超过合法收入的巨额财产的来源的合法性。否则，即使行为人"说明"了，而不能经司法机关调查证明其说明是真实的，其明显超过合法收入的巨额财产仍将被认为是"非法所得"。

（三）主体要件

本罪的主体是特殊主体，即国家工作人员。非国家工作人员不能成为本罪主体。国家工作人员，包括：在国家机关、国有公司、企业、事业单位、人民团体中从事公务的人员和国家机关、国有公司、企业、事业单位委派到非国有公司、企业、事业单位、社会团体从事公务的人员，以及其他依照法律从事公务的人员。

（四）主观要件

本罪在主观上是故意，即行为人明知财产不合法而故意占有，案发后又故意拒不说明财产的真正来源，或者有意编造财产来源的合法途径。明知而占有，又不能说明并证明其合法来源，因而是故意犯罪。

二、巨额财产来源不明罪案件审理情况

本条系 1997 年《刑法》沿用《全国人民代表大会常务委员会关于惩治贪污罪贿赂罪的补充规定》（自 1988 年 1 月 21 日起施行）第 11 条的规定，仅将第 1 款规定的"并处或者单处没收其财产的差额部分"调整为"财产的差额部分予以追缴"。2009 年 2 月 28 日起施行的《刑法修正案（七）》第 14 条对本条第 1 款作了修改，将法定最高刑由五年有期徒刑调整为十年有期徒刑，并对文字作了调整。

通过中国裁判文书网检索，2018 年至 2022 年间，全国法院审结一审巨额财产来源不明罪案件共计 55 件，其中，2018 年 21 件，2019 年 19 件，2020 年 10 件，2021 年 5 件。

司法实践中，巨额财产来源不明罪案件主要呈现出以下特点及趋势：一是案件数量呈逐年下降之势。随着贪污案件查处力度的增强、标准的提升，行为人来源不明的"非

法所得"越来越多的成为查的清、审的明的贪污、受贿等犯罪"违法所得"。二是案件绝对数量较少。相比于其他常见职务犯罪，巨额财产来源不明罪刑事案件整体数量较少，由于该罪往往伴随着贪污、受贿等罪名发生，鲜见单独定罪。三是涉案金额巨大。该罪所涉案件的财产差额一般远高于 30 万元的立案追诉标准，但由于该罪名内涵清晰，通常不会产生此罪彼罪的认识分歧，被告人、辩护人很少对罪名的认定存在异议。

三、巨额财产来源不明罪案件审理热点、难点问题

（一）注意划清罪与非罪的界限

本罪的罪名为"巨额财产来源不明"。只有国家工作人员的财产、支出明显超过合法收入，差额"巨大"的才可能构成犯罪。由于本罪的举证责任主要在被告人本人，因此，认定应当更加慎重，宁失之于稍宽，不能失之于过严。实际上，在查明本罪时，司法机关应当通过各种法定的侦查和调查手段、方法，尽量查明"来源"，如行为人的财产是以贪污、受贿、挪用公款或者其他犯罪方法取得的，则应当以贪污罪、受贿罪、挪用公款罪或者其他犯罪追究刑事责任；如确实无法查清，又确属"差额巨大"的，才应按巨额财产来源不明罪定罪处罚。

（二）巨额财产来源不明罪是否存在自首

对于巨额财产来源不明罪是否存在自首，有截然对立的两种观点。一种观点是否定说。该观点否认巨额财产来源不明罪存在自首的情形。理由是：巨额财产来源不明罪的成立是以被告人拥有本人拒绝说明、不能说明、无法说明的巨额财产为前提的，这种犯罪的特殊性使得巨额财产来源不明罪本身不可能成立自首：（1）如果行为人拒不说明财产的合法来源，应以巨额财产来源不明罪论处，无所谓自首；（2）如果行为人说明了巨额财产的合法来源或一般违法来源，则根本不构成巨额财产来源不明和其他犯罪，也无所谓自首；（3）如果行为人说明巨额财产是通过其他犯罪行为取得时，则不能认定为巨额财产来源不明罪，而应按照该行为构成的犯罪定性处罚，这种情况下行为人成立自首也不是巨额财产来源不明罪的自首。另一种观点是肯定说。该观点认为，巨额财产来源不明罪存在自首，理由是，刑法总则有关于自首的规定，而分则又没有关于巨额财产来源不明罪不存在自首的特别规定。[①]

我们认为，从法律规定和司法实践看，巨额财产来源不明罪本身也是存在自首的。根据《刑法》第 67 条的规定，自首包括两种情形，即一般自首和以自首论的特别自首。就一般自首而言，行为人成立巨额财产来源不明罪的自首，其自首成立的条件除了"自动投案"外，"如实供述自己的罪行"这一条件的内容是：行为人在投案之后如实供述自己拥有来源不明的巨额财产。巨额财产的真实来源可能是行为人为避重就轻而拒不交代，也可能是时间久远无法说清，由于巨额财产来源不明罪构造上的特殊性，其自首的成立不应要求行为人在如实供述拥有巨额财产的同时还供述巨额财产的真实来源。就特别自首而言，行为人成立巨额财产来源不明罪的自首，其自首成立的条件是因为其他犯罪（包括贪污受贿犯罪）被采取强制措施或者被判处刑罚、正在服刑，如实供述了司法机关尚未掌握的自己有来源不明的巨额财产的罪行。

---

① 赵震：《职务犯罪重点疑难精解》，法律出版社 2013 年版，第 333 页。

（三）追诉时效制度能否适用

有观点认为，巨额财产来源不明罪无所谓追诉时效问题，主要理由在于：巨额财产来源不明罪是在司法机关的侦查过程中成立的犯罪，本罪的"不能说明"行为必须而且只能发生在司法机关查明行为人拥有巨额财产并责令之时。如果将"不能说明"行为作为巨额财产来源不明罪的本质行为，其导致的结论必然是巨额财产来源不明罪不能适用《刑法》规定的追诉时效。

我们认为，巨额财产来源不明罪作为刑法分则规定中的一个具体罪名，自然应当同其他罪名一样，都存在有追诉时效的时空条件。根据《刑法》总则与分则的一般原理，《刑法》第87条规定的追诉时效作为总则性规定，无疑应当适用于巨额财产来源不明罪的分则规定。巨额财产来源不明罪具有时效的存在空间，主要理由在于：（1）巨额财产来源不明罪的犯罪事实并非因追诉而形成。行为人非法获取巨额财产的犯罪事实是导致司法机关予以侦查、追诉的原因，却不是由于司法机关的侦查、追诉而促使行为人产生了非法获取巨额财产的犯罪事实。（2）巨额财产来源不明罪具有时效的存在空间。巨额财产来源不明罪在客观方面应当由非法获取巨额财产与拒绝说明巨额财产来源双重行为复合而成，但在追诉时效方面主要是依据非法获取巨额财产的犯罪行为。由于该非法获取巨额财产，直至拥有这些巨额财产的犯罪行为结束之后，与司法机关查获犯罪行为人，开始对巨额财产来源不明犯罪事实进行侦查、追诉，两者之间存在时间间隔，当这种间隔年限符合《刑法》中有关追诉时效规定的，不应当再追诉行为人的巨额财产来源不明罪。

四、巨额财产来源不明罪案件办案思路及原则

1. 财产差额部分的认定应当全面。巨额财产来源不明罪是国家工作人员的财产、支出明显超出本人合法收入，差额巨大，本人不能说明其来源的行为。这里所说的"财产"，是指国家工作人员私人所有的房屋、车辆、存款、现金、股票、生活用品等。"支出"，是指各种消费以及其开支。"超过合法收入"，是指国家工作人员的财产、支出数额，明显超过其工资、奖金、津贴以及其他依照国家规定取得的报酬的数额。"财产、支出明显超过合法收入"，应计算包括财产和支出两项的总和。本条所规定的"不能说明来源的"，是指行为人不能说明其支出明显超过合法收入，差额巨大的财产是如何获得的。这里既包括本人、家庭向调查司法机关的说明，也包括所在单位等能够正常出具的合理说明。

2. 法律适用应当准确。司法机关在适用本条规定处罚时，应当注意，追缴犯罪分子财产差额部分的法律依据，直接援引《刑法》第395条第1款即可，不应同时援引《刑法》第64条的规定。这是因为，《刑法》第64条所称的违法所得，与本罪的"违法所得"有所不同。本罪的"违法所得"，是认定本罪必须具有的"证据"，而《刑法》第64条所规定的违法所得，在任何侵犯财产的犯罪中，有的可能收缴在案，有的未能收缴在案，未能收缴在案的，也不一定影响定罪量刑。另外，既然《刑法》第395条规定了"财产的差额部分予以追缴"，追缴这部分财产就有了法律依据，不必、也不应再援引其他刑法条文作为处罚的法律依据。

第二节　巨额财产来源不明罪审判依据

一、法律

《刑法》（2020 年 12 月 26 日修正）（节录）

第三百九十五条第一款　国家工作人员的财产、支出明显超过合法收入，差额巨大的，可以责令该国家工作人员说明来源，不能说明来源的，差额部分以非法所得论，处五年以下有期徒刑或者拘役；差额特别巨大的，处五年以上十年以下有期徒刑。财产的差额部分予以追缴。

二、司法解释

1. 《**最高人民检察院关于人民检察院直接受理立案侦查案件范围的规定**》（1998 年 5 月 11 日　高检发释字〔1998〕1 号）（节录）

刑法分则第八章规定的贪污贿赂犯罪及其他章中明确规定依照第八章相关条文定罪处罚的犯罪案件：

9. 巨额财产来源不明案（第 395 条第 1 款）；

10. 隐瞒境外存款案（第 395 条第 2 款）。

2. 《**最高人民检察院关于人民检察院直接受理立案侦查案件立案标准的规定（试行）**》（1999 年 9 月 16 日　高检发释字〔1999〕2 号）（节录）

（九）巨额财产来源不明案（第 395 条第 1 款）

巨额财产来源不明罪是指国家工作人员的财产或者支出明显超出合法收入，差额巨大，而本人又不能说明其来源是合法的行为。

涉嫌巨额财产来源不明，数额在 30 万元以上的，应予立案。

三、刑事政策文件

《全国法院审理经济犯罪案件工作座谈会纪要》（2003 年 11 月 13 日　法发〔2003〕167 号）（节录）

关于巨额财产来源不明罪

（一）行为人不能说明巨额财产来源合法的认定

刑法第三百九十五条第一款规定的"不能说明"，包括以下情况：（1）行为人拒不说明财产来源；（2）行为人无法说明财产的具体来源；（3）行为人所说的财产来源经司法机关查证并不属实；（4）行为人所说的财产来源因线索不具体等原因，司法机关无法查实，但能排除存在来源合法的可能性和合理性的。

（二）"非法所得"的数额计算

刑法第三百九十五条规定的"非法所得"，一般是指行为人的全部财产与能够认定的所有支出的总和减去能够证实的有真实来源的所得。在具体计算时，应注意以下问题：（1）应把国家工作人员个人财产和与其共同生活的家庭成员的财产、支出等一并计算，而且一并减去他们所有的合法收入以及确属与其共同生活的家庭成员个人的非法收入。（2）行为人所有的财产包括房产、家具、生活用品、学习用品及股票、债券、存款等动产和不动产；行为人的支出包括合法支出和不合法的支出，包括日常生活、工作、学习费用、罚款及向他人行贿的财物等；行为人的合法收入包括工资、奖金、稿酬、继承等法律和政策允许的各种收入。（3）为了便于计算犯罪数额，对于行为人的财产和合法收入，一般可以从行为人有比较确定的收入和财产时开始计算。

第三节　巨额财产来源不明罪在审判实践中的疑难新型问题

问题1. 如何在犯罪嫌疑人死亡案件中认定实施巨额财产来源不明犯罪

有观点认为，认定巨额财产来源不明罪一个必不可少的环节是犯罪嫌疑人、被告人对财产来源作出说明，因此，犯罪嫌疑人、被告人死亡案件无法达到巨额财产来源不明罪的认定标准，不宜适用违法所得没收程序。我们认为，《最高人民法院、最高人民检察院关于适用犯罪嫌疑人、被告人逃匿、死亡案件违法所得没收程序若干问题的规定》第1条明确将巨额财产来源不明罪列入违法所得没收程序适用罪名，符合《刑事诉讼法》增设违法所得没收程序的立法本意，且不会因此导致违法所得范围任意扩大，对犯罪嫌疑人、被告人以及利害关系人的合法财产权利造成侵害。法院只要在立案阶段查明有证据证明犯罪嫌疑人、被告人实施了巨额财产来源不明犯罪，审理阶段如没有利害关系人对申请没收的相应财产主张权利，或者虽然主张权利但未提供相关证据，或提供的证据没有达到相应证明标准，即应当视为申请没收的财产属于违法所得及其他涉案财产，裁定予以没收。

【刑事审判参考案例】任某厚受贿、贪污、巨额财产来源不明违法所得没收申请案[①]

一、基本案情

江苏省扬州市人民检察院于2016年12月2日以犯罪嫌疑人任某厚涉嫌实施受贿、贪污、巨额财产来源不明犯罪，向扬州市中级人民法院提出没收违法所得申请。

遵照最高人民法院的指定管辖决定，扬州市中级人民法院依法组成合议庭，经审查，符合立案受理条件，遂立案受理，并于同月发布公告。扬州市中级人民法院公开开庭进行了审理，利害关系人任某乙、袁某到庭参加诉讼，任某甲因身体原因未到庭。

---

① 刘晓虎、张宇：《任某厚受贿、贪污、巨额财产来源不明违法所得没收申请案——关于违法所得没收程序具体操作规范和裁判要点解析》，载中华人民共和国最高人民法院刑事审判第一、二、三、四、五庭主办：《刑事审判参考》（总第112集），指导案例第1235号，法律出版社2018年版，第116~130页。

（一）立案审查查明的事实

1. 受贿犯罪事实

2001 年至 2013 年，犯罪嫌疑人任某厚利用担任山西潞安矿业（集团）有限责任公司董事长、总经理，山西潞安环保能源开发股份有限公司董事长，山西省人民政府副省长等职务上的便利，为他人职务晋升及其亲属安排工作提供帮助，2011 年至 2013 年，先后收受、索要现金，报销个人及亲属旅游、疗养费，共计 223.505549 万元。

2. 贪污犯罪事实

2006 年至 2007 年，犯罪嫌疑人任某厚利用担任潞安集团董事长、潞安环能公司董事长职务上的便利，通过其时任秘书毛某指使潞安集团驻北京办事处主任申某、驻太原办事处主任张某为其贿选购买礼品，安排餐饮、住宿，并将相关费用共计 44.16738 万元在潞安环能公司报销。

3. 巨额财产来源不明犯罪事实

检察机关冻结犯罪嫌疑人任某厚及其亲属任某甲、任某乙、袁某名下的银行存款本金人民币 1859.059088 万元、港币 18.063768 万元、美元 54.947599 万元、欧元 8.140057 万元；扣押现金人民币 312.38 万元、港币 24.992 万元、美元 49.496 万元、欧元 13.2675 万元、加元 1 万元、英镑 100 镑；扣押珠宝、玉石 45 件，黄金制品 53 件，字画 22 幅，手表 11 块，纪念币、手机、相机、电脑 16 件，银行卡、存单存折 194 张，资料类物品 8 件。截至案发，任某厚及其亲属名下财产和支出共计折合 3000 余万元，另有珠宝、玉石、黄金制品、字画、手表等物品。任某厚在纪检监察部门调查期间未对上述财产和支出来源作出说明。扣除任某厚夫妇合法收入、任某厚部分受贿所得（贪污、部分受贿所得直接消费）以及任某厚亲属能够说明来源的财产，尚有本外币存款、现金折合 2000 余万元及物品 100 余件，任某厚亲属在侦查、审查起诉阶段均不能说明来源。

（二）公开开庭审理查明的事实

扣押、冻结财产中，有 30 万元属于犯罪嫌疑人任某厚实施受贿犯罪所得。2007 年至 2009 年，任某厚先后三次在其家中收受肖某现金共计 15 万元；2011 年至 2013 年任某厚先后三次在其家中及医院病房收受洪某现金共计 15 万元。上述钱款已转变、转化为现扣押、冻结在案的任某厚及其亲属名下财产。

扣押、冻结财产中，不包含犯罪嫌疑人任某厚实施受贿犯罪所得 193.505549 万元、实施贪污犯罪所得 44.16738 万元。2007 年、2010 年，任某厚先后实施受贿犯罪所得共计 70 万元，均被直接用于任某厚贿选支出；2011 年，任某厚实施受贿犯罪所得 123.505549 万元，被直接用于任某厚及其亲属外出旅游、疗养支出；2006 年至 2007 年，任某厚实施贪污犯罪所得 44.16738 万元，被直接用于购买礼品后用于贿选。以上共计 237.672929 万元，与扣押、冻结在案财产未发生混同。

扣押、冻结财产中，有人民币 1265.562708 万元，部分外币以及物品 135 件属于犯罪嫌疑人任某厚实施巨额财产来源不明犯罪所得。任某厚在接受纪检监察部门调查期间，未对其本人及其亲属名下财产来源作出说明。审理期间，作为利害关系人参与诉讼的任某厚亲属均对任某厚实施巨额财产来源不明犯罪所得相应部分财产，即扣押、冻结在案的任某厚及其亲属名下的人民币 1265.562708 万元、港币 42.975768 万元、美元 104.294699 万元、欧元 21.320057 万元、加元 1 万元以及物品 135 件，不能说明来源。

扬州市中级人民法院认为，本案有证据证明犯罪嫌疑人任某厚实施了受贿、贪污、巨额财产来源不明犯罪；检察机关申请没收的财产中，有 30 万元属于任某厚实施受贿犯罪所得，有 1265.562708 万元及部分外币、物品属于任某厚实施巨额财产来源不明犯罪所得，依法应当没收；上述违法所得存入银行部分产生的孳息，依法应当一并没收。任某厚实施受贿犯罪所得 193.505549 万元、实施贪污犯罪所得 44.16738 万元，均被直接用于贿选和旅游、疗养支出，未与扣押、冻结在案的财产发生混同，检察机关申请没收的财产中不包含该部分违法所得，故对相应没收申请不予支持。扬州市中级人民法院裁定：没收任某厚实施受贿犯罪所得人民币 30 万元、实施巨额财产来源不明犯罪所得人民币 1265.562708 万元、港币 42.975768 万元、美元 104.294699 万元、欧元 21.320057 万元、加元 1 万元及孳息，以及珠宝、玉石、黄金制品、字画、手表等物品 135 件，上缴国库；驳回检察机关所提没收任某厚实施受贿、贪污犯罪所得 237.672929 万元的申请。一审宣判后，利害关系人均未提出上诉，检察机关亦未提出抗诉，本案违法所得没收裁定已生效。

二、案例评析

本案系《追赃规定》颁布实施后宣判的第一起因犯罪嫌疑人死亡而适用违法所得没收程序的省级干部职务犯罪案件。

有观点认为，认定巨额财产来源不明罪一个必不可少的环节是犯罪嫌疑人、被告人对财产来源作出说明，而在犯罪嫌疑人、被告人逃匿、死亡案件中，特别是在犯罪嫌疑人、被告人死亡案件中，犯罪嫌疑人、被告人没有说明财产来源的机会，因此，此类案件无法达到巨额财产来源不明罪的认定标准，巨额财产来源不明罪不宜适用违法所得没收程序。

我们认为，本案可以认定相应财产属于巨额财产来源不明违法所得及其他涉案财产，裁定予以没收。主要理由如下：（1）法律规定明确。《最高人民法院、最高人民检察院关于适用犯罪嫌疑人、被告人逃匿、死亡案件违法所得没收程序若干问题的规定》（以下简称《追赃规定》）第 1 条明确将巨额财产来源不明罪列入违法所得没收程序适用罪名。（2）犯罪嫌疑人、被告人未到案作出说明一般不会影响巨额财产来源不明基本事实的认定。如果在案物证、书证、证人证言等证据足以证明"国家工作人员的财产、支出明显超过合法收入，差额巨大"，那么犯罪嫌疑人、被告人是否到案说明来源一般不会影响巨额财产来源不明犯罪的认定。（3）违法所得没收程序的本质特征决定了巨额财产来源不明犯罪事实证明标准有所降低。巨额财产来源不明违法所得的认定本质上系对明显超过合法收入的财产权属的确认，不涉及对犯罪嫌疑人、被告人的定罪处罚，对巨额财产来源不明犯罪事实的证明标准，可以比照普通刑事案件有所降低。特别是在犯罪嫌疑人、被告人逃匿案件中，犯罪嫌疑人、被告人到案后还可以按照普通刑事诉讼程序重新进行审理。（4）利害关系人对申请没收的财产主张权利可以起到补充说明财产来源的作用。虽然巨额财产来源不明犯罪事实系在立案受理阶段认定的，但这一阶段认定的犯罪事实不要求巨额财产来源不明的数额十分准确，可以综合物证、书证、证人证言，包括犯罪嫌疑人、被告人的近亲属的证言认定。鉴于巨额财产来源不明数额直接涉及违法所得及其他涉案财产的认定，可以在开庭审理过程中通过对证据示证、质证进一步查证。犯罪嫌疑人、被告人的近亲属以及其他利害关系人可以申请参加诉讼，对申请没收的财产（包括巨额财产来源不明）主张权利。查明数额有误的，可以对具体数额进行调整。《追赃规定》第 17 条第 2 款进一步明确，对于申请没收巨额财产来源不明犯罪案件的违法所得，没有利害关系人主张权利，或者虽然主张权利但提供的证据没有达到相应证明标准的，申请没收的财产视为属于违法所得及其他涉案财产。

本案中，法院经立案审查查明，有证据证明犯罪嫌疑人任某厚财产、支出明显超过合法收入，差额巨大，犯罪嫌疑人任某厚在接受纪检监察部门调查期间，未对其本人及亲属名下财产和支出的来源情况作出说明，利害关系人仅对部分物品及冻结的个别账户资金说明来源，据此认定了任某厚实施了巨额财产来源不明犯罪事实。在开庭审理过程中，利害关系人任某乙对在案冻结的其名下账户存款 1.1 万美元主张权利，提出该款系其父母给其出国留学费用结余部分，因相关留学费用已计入任某厚家庭重大支出，故该留学费用不应再作为任某厚财产重复冻结。法院根据庭审查明的证据，经对该账户存款时间、金额等情况与任某乙留学期间出入境情况的契合程度等方面综合分析，采用高度盖然性证明标准，认为该账户内冻结资金高度可能是任某厚给任某乙留学费用结余，并据此在统计任某厚家庭支出中核减了对应金额，调整了巨额财产来源不明数额。此外，利害关系人未对申请没收的任某厚实施巨额财产来源不明犯罪所得其他财产主张权利，或者虽然主张权利但提供的相关证据没有达到相应证明标准，法院据此对任某厚实施巨额财产来源不明犯罪所得进行了认定，并裁定予以没收。

问题2. 如何准确认定巨额财产来源不明罪中的财产差额

关于巨额财产来源不明罪中财产差额的计算，《全国法院审理经济犯罪案件工作座谈会纪要》（2003 年 11 月 13 日，法〔2003〕167 号）作出了较明确的解释。司法实践中应注意以下几点，一是统计计算主体范围应保持一致，即财产和支持要计算共同生活的家庭成员，同意合法收入或能说清来源的其他收入也应把共同生活的家庭成员纳入统计范围。二是统计计算的时间起点应以有证据证明为标准，对于行为人的财产和合法收入，应以有证据证明行为人有比较确定的收入和财产时开始计算。

【地方参考案例】李某先贪污、受贿、巨额财产来源不明案①

一、基本案情

贪污、受贿事实（略）

巨额财产来源不明事实。检察机关在对被告人李某先涉嫌贪污、受贿案侦查时，发现李某先与妻子刘某 3 名下大量银行存款，遂对其财产状况进行调查。经审理查明：1. 被告人李某先家庭财产、家庭支出。李某先、刘某 3 家庭存款总额为人民币 350 余万元（含理财基金、购买的保险、股票等）、3820.36 美元；李某先河东区月光园住房 711117 元。家庭支出：（1）月光园住房装修费用 280449 元、购买家具 20000 元；（2）其子李某 3 购买北京住房支出购房款 1129960 元（含定金 20000 元）、中介费 18930 元；（3）2001 年至 2013 年家庭日常消费性支出 376868.06 元（依统计年鉴推算）；（4）借给杨某 100000 元；（5）有消费记录可查的，刘某 3 在海信广场等购物支出 78536.60 元。以上家庭支出共计 2004743 元。综上，被告人李某先家庭财产、支出共计人民币 620 余万元（6215860）元、美元 3820 元。2. 被告人李某先家庭收入。（1）李某先、刘某 32001 年至 2014 年工资、奖金收入共计 2236104.54 元；（2）李某先出售其河北区民权南里住房收入 420000 元；（3）河东区月光园住房"延期交房赔偿金"40000 元；（4）李某先二姐李慧茹支付给李某先的房屋继承款 80000 元；（5）刘某 3 继承的父母遗产约 100000 元；

---

① 天津市第一中级人民法院（2017）津 01 刑终 661 号刑事判决书。

（6）李某3工作后交给家里的工资250000余元；（7）李某先、刘某3已领取的住房公积金、补贴共计299217元。综上、被告人李某先家庭收入共计人民币341万余元。被告人李某先家庭现有财产、家庭支出共计620万余元，减去其家庭收入341万余元，差额279万余元，扣除从培训中心领取的295700元后，差额共计人民币249万余元，被告人李某先无法说明来源。另被告人李某先提出美元3820.36元系找他人兑换所得，属合理解释，不再计入无法说明的差额部分。

原审法院认为，被告人李某先身为国家工作人员，利用职务上的便利非法收受他人财物，为他人谋取利益，数额较大，其行为已构成受贿罪；被告人李某先的财产、支出明显超过合法收入，差额巨大，不能说明来源，差额部分以非法所得论，构成巨额财产来源不明罪。判决：一、被告人李某先犯受贿罪，判处有期徒刑六个月，并处罚金人民币十万元；被告人李某先犯巨额财产来源不明罪，判处有期徒刑四年。数罪并罚，决定执行有期徒刑四年，并处罚金人民币十万元。二、案获张某2联想笔记本电脑，依法没收；被告人李某先所犯巨额财产来源不明罪的财产差额二百四十九万元，依法追缴。

宣判后，李某先对巨额财产来源不明提出异议，以其能够说明财产来源为由提出上诉。

二审期间，辩护人提交了部分银行存折复印件，用以证实李某先和刘某自2007年以后的银行存款利息共计40余万元；李某先在2001年左右有存款30万元；2010年5月12日李某的岳父将20万元存入刘某账户用于李某在北京购买房产；刘某2000年至2004年在河北区站工作的收入证明，证实期间共计收入32922.20元；李某先、刘某的父母、姐姐等给予李某的各种钱款以及家庭红白事等所收钱款，上述钱款均应当从巨额财产来源不明罪中予以减除。

二审法院审理认为，除原判认定的上诉人李某先家庭财产、家庭支出、家庭收入外，综合考虑李某先、刘某3参加工作时间，刘某在河北区站2000年至2004年的收入情况及存款利息等情况，对原判认定的差额予以扣减，本院认定李某先无法说明来源的财产、支出超出合法收入的差额共计人民币209万余元。依法改判李某先犯巨额财产来源不明罪，判处有期徒刑三年六个月，并对李某先不能说明来源的财产差额二百零九万元，依法追缴。

二、案例评析

巨额财产来源不明罪中来源不明财产数额应是持有财产总额加支出总额减去来源明确财产总额。此案焦点问题是在巨额财产来源不明罪中应如何统计计算"来源明确"的财产。毫无疑问，上述几项财产计算的应然原则当为准确无误。但囿于对这类案件的取证通常无法达成全面的精确，因而在实践中通常采取"宁纵不枉"的实然原则。即对于数额能够框定在一定范围内但无法查证准确的，持有财产数额和支出数额就低不就高，而来源明确的财产数额则就高不就低。具体到本案，辩护人银行存折仅能证明2003年8月1日账户余额为39343元，不能证明此余额为利息，故不能因此得出李某先之前有存款30万元的结论；同理，辩护人主张购买北京住房时，李某岳父出资20万元，但未能提供证据证明该款来源于李某岳父；辩护人主张的其他日常生活中有亲友给付的各种钱款，钱款数额无法统计，亦无任何证据予以作证。据此，法院未将上述"款项"计入来源明确财产数额是证据的。另外，审理法院认定，李某先、刘某夫妻二人在2001年已工作多年，辩护人提交的收入证明证实刘某2000年至2004年在河北区站工作共计收入32922.20元，此笔收入应计算为李某先家庭收入并在确定来源不明财产数额时予以减除。

第十二章

隐瞒境外存款罪

第一节 隐瞒境外存款罪概述

一、隐瞒境外存款罪的概念及构成要件

隐瞒境外存款罪，是指国家工作人员对自己数额较大的境外存款，应当依照国家规定申报而隐瞒不报的行为。

（一）客体要件

本罪侵犯的客体是复杂客体，即国家的廉政制度和国家的外汇管理制度。国家工作人员应当是遵纪守法、廉洁奉公的楷模。国家工作人员在境外的存款，应当依照国家规定申报。某些国家工作人员置法律规定于不顾，在涉外公务活动中，不惜损害国家的利益，以权谋私，进行钱权交易，大肆进行贪污、受贿等违法犯罪活动，将在国内外贪污、受贿等非法所得的赃款存入境外，隐瞒不报，破坏了国家廉政制度，同时也侵犯国家对外汇的管理，使国家损失了这部分应得的外汇收入。本罪的犯罪对象是"境外存款"。所谓境外存款，是指在我国国（边）境以外的国家和地区（包括香港、澳门、台湾地区）存入金融机构的外币、外币有价证券、支付凭证、贵重金属及其制品等。因此，这里讲的"存款"，是指外汇，而不是指人民币，因为人民币不能在外国自由兑换。

存款的来源，不论国家工作人员在境外的工作报酬、继承遗产或接受赠与，还是违法犯罪所得；也不论是本人亲自存在境外，还是托人辗转存于境外，都是境外存款，均为本罪的犯罪对象。

（二）客观要件

本罪在客观方面表现为国家工作人员在境外依照国家规定应当申报而隐瞒不报，且数额较大的行为。依照国家规定申报在境外的存款，是国家工作人员应当履行的义务，以便国家对其在境外的收入进行监督。因此，本罪必须以违反国家规定的国家工作人员

申报境外存款的特定义务为前提；如果没有向国家申报境外存款的义务，则不构成犯罪。

参照《最高人民检察院关于人民检察院直接受理立案侦查案件立案标准的规定（试行）》的规定，隐瞒境外存款折合人民币数额在30万元以上的，应予立案。

（三）主体要件

本罪的主体是特殊主体，即只能由国家工作人员构成。非国家工作人员的一般公民，没有特定的申报财产义务，也没有申报境外存款的义务。所以，即使是集体经济组织工作人员、其他依法从事公务的人员以及其他经手、管理公共财物的人员在境外存有巨款，因其没有申报的义务，均不构成隐瞒境外存款罪。

（四）主观要件

本罪在主观上是故意，即行为人明知自己的境外存款应当申报而故意隐瞒不报。隐瞒境外存款罪是故意犯罪，这种故意表现为先有在境外存款的行为，并且明知国家的申报规定，然后有意隐瞒拒不申报。不是出于故意隐瞒，而是对国家的申报规定不明知，在主观无过错的情况下没有申报的，或者由于客观上的原因未及时申报的，都不能构成此罪。隐瞒不报境外存款的动机是多种多样的，有的是为了掩盖非法收入，有的是出于对国家的不信任，但无论是何种动机，都不影响本罪的成立。

二、隐瞒境外存款罪案件审理情况

通过中国裁判文书网检索，2017年至2021年间，全国法院审结一审隐瞒境外存款罪案件共计7件，其中2017年1件，2018年3件，2019年1件，2020年1件，2021年1件。相比于其他常见犯罪，隐瞒境外存款罪案件整体数量较少。

司法实践中，由于司法人员对该罪的社会危害性理解差异较大，且隐瞒境外存款罪存在调查取证困难，容易与巨额财产来源不明罪等罪名存在混淆，往往导致单独以该罪名处罚的案件不多。

三、隐瞒境外存款罪案件审理热点、难点问题

（一）巨额财产来源不明罪与隐瞒境外存款罪的罪数关系

隐瞒境外存款拒不申报并不能说明其来源或不能说明其来源是合法的时候，应当如何认定是现实中该罪审理的热难点问题。有观点认为，隐瞒境外存款罪的犯罪对象并不限于合法财产，故此种情况应认定为隐瞒境外存款罪，[①] 还有观点认为，只有合法财产才能成为隐瞒境外存款罪的犯罪对象，故此种情况应认定为巨额财产来源不明罪，[②] 另有观点认为，此种情况下应认定为两罪，即隐瞒境外存款罪与巨额财产来源不明罪数罪并罚。[③]

（二）隐瞒境外存款罪中的"境外存款"的理解与适用

在司法实践当中，最具争议的是关于"境外存款"的理解与适用问题。如"境外存

① 刘家琛主编：《刑法（分则）及配套规定新释新解》（下），人民法院出版社2002年版，第273页。

② 周道鸾、张军：《刑法罪名精释》，人民法院出版社2003年版，第734～735页。

③ 裴广川主编：《经济犯罪的认定与刑罚》（下），吉林人民出版社2002年版，第945～946页。

款"是否限于在我国国（边）境以外的国家和地区（包括港澳台地区）存入金融机构的外币？能否扩大解释为在境外存入金融机构的人民币、贵重金属及其制品，在境外购买的股票、基金、保险、信托产品等金融资产均存在不同理解。

（三）关于"境外存款"的范围，尚无立法解释、司法解释予以明确

全国人大常委会法制工作委员会刑法室主编的丛书对隐瞒境外存款罪释义为国家工作人员隐瞒在境外的存款，不按照国家规定申报，并且数额较大的行为。该释义实际并未对"存款"的种类和范围作进一步解释。① 司法机关相关部门的专家在主编的丛书中的相关观点也不尽统一。

四、隐瞒境外存款罪案件办案思路及原则

（一）准确把握隐瞒境外存款罪的犯罪构成，依法惩治犯罪

国家工作人员在境外的存款数额较大，隐瞒不报，是本罪的关键。在境外取得的合法收入，也属于规定的境外存款。因为隐瞒境外存款罪的立法原则是针对境外存款的监督，而不在于追究其财产来源是否有过错。构成隐瞒境外存款罪必须达到"数额较大"的标准，没有达到数额较大标准的，属于违反国家规定的行为，可由其所在单位或上级主管机关酌情给予行政处分，不应追究其刑事责任。如国家工作人员在境外炒 B 股、H 股显然要申报，如达到数额较大，同样会构成隐瞒境外存款罪。国家工作人员利用沪港通炒境外的股票，由于账户在境内，不如实申报，即使达到数额较大，也不构成隐瞒境外存款罪，如果是领导干部则是违反财产申报制度。此外，在司法实践中可能有的国家工作人员确实不了解有关国家工作人员在境外存款应当申报的规定，而未向有关部门申报。但当其知道或者被告知有关规定后，能如实申报的，只要查明他此前确实不知晓这一国家规定，也不应当追究其刑事责任。

（二）准确把握本罪的责任阻却事由，区分罪与非罪

首先，隐瞒境外存款罪是纯正不作为犯，在客观方面表现为不作为犯罪，而且只能由不作为构成。构成隐瞒境外存款罪，行为人必须负有申报境外存款的法定义务。其次，隐瞒境外存款罪是指国家工作人员违反国家规定，故意隐瞒不报在境外的存款，数额较大的行为。情节较轻的，不予刑事处罚。"情节较轻"是指在境外存款数额较小，案发后主动坦白交代、认罪、态度好等情节。比如，在境外或海外外派工作学习期间，有少量的存款，或有数额较大的存款，回国后及时申报，都不应该定罪。但可依据中共中央办公厅、国务院办公厅《领导干部报告个人有关事项规定》第 13 条："领导干部有下列情形之一的，根据情节轻重，给予批评教育、组织调整或者组织处理、纪律处分。（一）无正当理由不按时报告的；（二）漏报、少报的；（三）隐瞒不报的；（四）查核发现有其他违规违纪问题的"予以处理。

---

① 王爱立：《〈中华人民共和国刑法〉释解与适用》（下），人民法院出版社 2021 年版，第 1154 页。

（三）准确把握隐瞒境外存款罪与巨额财产来源不明罪的界限①

两罪的作为义务来源有区别。尽管两罪在客观方面都表现为不作为，但两罪在作为义务的来源上却是有区别的。巨额财产来源不明罪的客观特征可以表现为以下两个方面：

第一，被告人不能说明巨额财产的真实来源是以被告人负有特定解释的作为义务为前提的。本罪作为义务的成立，必须是在侦查机关责令行为人说明巨额财产的真实来源之时，这种义务的履行仰赖于其前提条件责令说明，如果没有责令说明，则不存在作为义务，或者说侦查机关之责令说明是被告人履行说明义务的期待性行为的前提条件，否则就没有被告人积极说明巨额财产来源期待可能，不成立本罪。第二，巨额财产来源不明罪的客观方面还表现为行为人在负有积极说明的作为义务的基础上，不能说明明显超过合法性收入的巨额财产的合法来源。隐瞒境外存款罪的作为义务直接源自刑法的命令性规范，即它是由刑法条文本身显示的。根据《刑法》第 395 条第 2 款前半段的规定，国家工作人员在境外的存款，应当依照国家规定申报。通过该规定，为国家工作人员设定了依照国家规定申报在境外存款的作为义务。如前所述，巨额财产来源不明罪的作为义务却是刑法条文隐含的，尽管条文没有明确规定，却内含了对于财产来源具有说明义务。因此，在履行上隐瞒境外存款罪的作为义务有些差别。如前所述，巨额财产来源不明罪的作为义务的成立，必须是司法机关首先责令行为人说明巨额财产的真实来源，这种义务的履行仰赖于其前提条件责令说明。换言之，司法机关之责令说明是被告人履行说明义务的期待性行为的前提条件，否则就没有被告人积极说明巨额财产的期待可能性。可见，巨额财产来源不明罪与隐瞒境外存款罪在义务来源上，还是有些细微区别的。

第二节　隐瞒境外存款罪审判依据

一、法律

《刑法》（2020 年 12 月 26 日修正）（节录）

第三百九十五条第二款　国家工作人员在境外的存款，应当依照国家规定申报。数额较大、隐瞒不报的，处二年以下有期徒刑或者拘役；情节较轻的，由其所在单位或者上级主管机关酌情给予行政处分。

二、司法解释

1. 《最高人民法院、最高人民检察院关于适用犯罪嫌疑人、被告人逃匿、死亡案件违法所得没收程序若干问题的规定》（2017 年 1 月 4 日　法释〔2017〕1 号）（节录）

第一条　下列犯罪案件，应当认定为刑事诉讼法第二百八十条第一款规定的"犯罪案件"：

---

① 周强总主编：《中华人民共和国刑法案典》（下），人民法院出版社 2016 年版，第 2247 页。

（一）贪污、挪用公款、巨额财产来源不明、隐瞒境外存款、私分国有资产、私分罚没财物犯罪案件。

2.《最高人民检察院关于人民检察院直接受理立案侦查案件范围的规定》（1998 年 5 月 11 日　高检发释字〔1998〕1 号）（节录）

一、刑法分则第八章规定的贪污贿赂犯罪及其他章中明确规定依照第八章相关条文定罪处罚的犯罪案件：

10. 隐瞒境外存款案（第 395 条第 2 款）。

3.《最高人民检察院关于人民检察院直接受理立案侦查案件立案标准的规定（试行）》（1999 年 9 月 16 日　高检发释字〔1999〕2 号）（节录）

（十）隐瞒境外存款案（第 395 条第 2 款）

隐瞒境外存款罪是指国家工作人员违反国家规定，故意隐瞒不报在境外的存款，数额较大的行为。

涉嫌隐瞒境外存款，折合人民币数额在 30 万元以上的，应予立案。

第三节　隐瞒境外存款罪在审判实践中的疑难新型问题

问题 1. 隐瞒境外存款行为与巨额财产来源不明行为重叠时该如何区分

在隐瞒境外存款行为与巨额财产来源不明行为重叠的情况下，即被告人境外存款数额巨大，明显超过其合法收入，且不能说明该存款来源合法的，不属于想象竞合犯，而应认定构成隐瞒境外存款罪一罪。

【地方参考案例】张某民贪污、受贿、巨额财产来源不明、隐瞒境外存款案①

一、基本案情

被告人张某民，男，原系上海市嘉定区供销合作总社主任、上海烟草（集团）嘉定烟草糖酒有限公司副董事长。

张某民 1995 年被国家与集体联营企业上海烟草（集团）嘉定烟草糖酒有限公司（以下简称"烟糖公司"）董事会聘任为烟糖公司经理，同年 4 月被上海市烟草专卖局任命为上海市烟草专卖局嘉定分局（系与烟糖公司两块牌子一套班子，以下简称"烟草分局"）局长。1998 年 9 月，受嘉定区委组织部委派担任集体性质的上海市嘉定区供销合作总社（以下简称供销社）副主任，2000 年 1 月，受区委组织部委派担任供销社主任，同年 4 月不再担任烟糖公司经理及烟草分局局长职务。2000 年 6 月，经烟糖公司董事会决定兼任烟糖公司副董事长。

张某民于 2004 年至 2005 年担任供销社主任期间，利用职务便利伙同他人侵吞公款共

---

① 上海市第二中级人民法院（2006）沪二中刑初字第 118 号刑事判决书。

计人民币 199 万元（以下币种除特别标注以外，均为人民币），张从中分得 99 万余元。1995 年至 2005 年，张某民担任烟草分局局长兼烟糖公司经理、供销社副主任、主任期间，利用职务便利，先后多次收受贿赂合计价值 352.1686 万元。

张某民另于 2005 年担任供销社主任期间，以其妻潘某名义在香港汇丰银行设立账户并存有巨额外币存款，未按照国家规定向主管部门如实申报，隐瞒了境外存款事实。2005 年 11 月底，张委托他人赴港将上述账户内港币 253.49 万元（折合人民币 264.0352 万元）转汇至美国。案发后，侦查机关从该账户内另查获美元存款 9.9776 万元（折合人民币 80.6841 万元）。

一审法院认为，被告人张某民符合国家工作人员的身份要件，其利用职务便利，结伙侵吞公款 199 万余元，实得 99 万余元；收受贿赂共计 352 万余元；财产明显超过合法收入的差额部分 1328 万余元，其中包括隐瞒的境外存款 344 万余元，本人不能说明来源合法，已分别构成贪污罪、受贿罪、巨额财产来源不明罪和隐瞒境外存款罪。鉴于张某民所犯贪污罪、受贿罪有自首情节，并有立功表现，其犯罪所得业已追缴等，对起诉指控的被告人张某民所犯数罪依法分别从轻处罚。

二、案例评析①

本案中起诉书在指控被告人张某民巨额财产来源不明罪一节事实时，认定张及其妻潘某犯罪所得折合人民币 823 万余元，其中包括了张某民隐瞒不报的境外存款港币 253.49 万元和美元 99776 元等，对于上述指控事实中出现的张隐瞒境外存款行为与巨额财产来源不明行为重叠的情况，重合部分应当如何定罪？讨论中，有三种不同观点：第一种观点认为应认定构成隐瞒境外存款罪；第二种观点认为此种情形属于想象竞合犯，应择重罪认定构成巨额财产来源不明罪；第三种观点认为应以隐瞒境外存款罪与巨额财产来源不明罪数罪并罚。本案采纳了第一种观点，认为应按照隐瞒境外存款罪定罪量刑，隐瞒境外存款罪的数额应从巨额财产来源不明罪的犯罪数额中予以扣除。② 主要理由如下：

1. 隐瞒境外存款罪和巨额财产来源不明罪之间主客观方面存在较大区别

隐瞒境外存款罪与巨额财产来源不明罪规定在同一法条中，分别为《刑法》第 395 条第 1、2 款，因此，在探讨一罪与数罪时必须首先厘清两个罪名的关系。根据《刑法》第 395 条第 1、2 款的规定，两个罪名除犯罪客体有部分重合、犯罪主体有部分交叉、犯罪对象在某种情况下会重叠外，区别是主要的。这两个罪名的区别从主观方面看，隐瞒境外存款罪的行为人故意隐瞒自己在境外的财产，知道应当按照规定申报而故意不申报，而巨额财产来源不明罪的行为人则是故意占有和支配其不合法的财产。从客观方面来看，本罪的成立只要求行为人隐瞒不报数额较大的境外存款，其能否说明存款的来源对本罪的构成不产生影响，而巨额财产来源不明罪的行为人却不能说明其财产的合法来源。

2. 隐瞒境外存款罪的犯罪对象不仅指违法犯罪所得的非法财产，还包括合法财产

当隐瞒境外存款拒不申报并不能说明其来源或不能说明其来源是合法的时候，应当如何认定？如上文中出现的三种观点上的分歧实际上都是基于对隐瞒境外存款罪的犯罪

---

① 薛振、张娅娅：《隐瞒境外存款罪与巨额财产来源不明罪罪行重叠时的区分》，载《人民司法》2008 年第 4 期。

② 王群智、李君：《隐瞒境外存款罪的准确认定》，载《犯罪研究》2007 年第 2 期。

对象理解上的不同所造成的。第一种观点由于对隐瞒境外存款罪犯罪对象的理解并不限于合法财产，因此认为此种情况下应认定为隐瞒境外存款罪；第二种观点由于认为只有合法财产才能成为隐瞒境外存款罪的犯罪对象，因此，主张认定为巨额财产来源不明罪；第三种观点认为应以隐瞒境外存款罪与巨额财产来源不明罪数罪并罚。我们认为，设立隐瞒境外存款罪的立法意图是针对国家工作人员境外存款的监督，而不在于追究行为人在财产来源上的过错。也就是说，即使是合法收入，但作为国家工作人员隐瞒不报的话，同样会发生侵犯国家对国家工作人员境外存款的监管制度的危害后果。而国家工作人员在境外的存款依照国家规定申报，是对国家工作人员财产状况进行监督的必要措施，也是防止某些犯罪分子利用境外查证难的特点，将在违法犯罪活动中所得的非法财产转移境外、逃避监管检查的一种手段。因此，隐瞒境外存款罪中境外存款来源不仅包括非法收入，也应包括合法收入，如合法的劳动报酬、依法继承的财产等。[①] 隐瞒境外存款罪的成立不受境外存款来源是否合法的限制，不论是合法收入还是违法所得，都不影响本罪的成立。本案案发后，侦查机关依法查获被告人张某民银行存款、房产、股票等财产，共计价值 28809681 元。经查，张某民及其家庭成员支出 8071659 元，张及其妻潘某犯罪所得 4511686 元，张及其妻潘某的合法收入 13743311 元，加上张能够说明合法来源的财产 534 万元，两项合计 19083311 元。差额部分 13286343 元，张不能说明合法来源。由于认定被告人张某民隐瞒不报的境外存款系张贪污或受贿犯罪所得缺乏依据，应从其该犯罪所得中剔除，因此，本案认定张某民犯罪所得合计 4511686 元。

3. 隐瞒境外存款与巨额财产来源不明犯罪不属于想象竞合犯

被告人张某民隐瞒境外存款与巨额财产来源不明犯罪行为之间不属于想象竞合犯，不能认定构成巨额财产来源不明罪。所谓想象竞合犯是指，行为人实施一个犯罪行为而同时触犯数个罪名的犯罪情形。想象竞合犯的前提基础是行为人只实施了一个犯罪行为。而在本案中，张某民实施了两个犯罪行为，即一个是违反了有关国家工作人员境外存款申报规定的行为；另一个是当有关国家机关责令行为人说明其合法收入以外的差额部分时，行为人不能说明其合法来源的行为。由于被告人实施的上述两个犯罪行为之间不存在牵连或者吸收关系，因此，隐瞒境外存款拒不申报，且不能说明其来源是合法的情形不符合想象竞合犯的构成特点，对被告人也就不能以想象竞合犯择一重罪认定构成巨额财产来源不明罪。

4. 如果以隐瞒境外存款罪与巨额财产来源不明罪对被告人实行数罪并罚将会违背禁止重复评价原则。

禁止重复评价原则是指，在定罪量刑时禁止对同一犯罪构成事实予以两次或者两次以上的评价。重复评价的对象是犯罪构成要件的要素事实。张某民虽然实施了隐瞒不报和拒不说明财产来源合法两个行为，但隐瞒境外存款并拒不说明其来源合法的行为对象是同一的，行为所指向的标的物本身不是能够单独构成犯罪构成要件的两个事实，因此如果以隐瞒境外存款罪和巨额财产来源不明罪对其分别评价将会存在重复的问题，对此类行为给予数罪并罚也违背了禁止重复评价原则。

综上所述，一审法院对于公诉机关指控被告人张某民巨额财产来源不明罪一节事实，将张隐瞒不报的境外存款数额从张的巨额财产来源不明罪的犯罪所得中予以扣除，并对

---

① 张平、谢雄伟：《隐瞒境外存款罪若干争议问题研究》，载《中国检察官》2006 年第 2 期。

张违反国家规定隐瞒不报境外存款 344 万余元单独认定构成隐瞒境外存款罪是正确的。

问题 2. 在司法机关掌握其在境外存有巨款的事实并立案后，又交代有其他来源不明的巨额财产的，是否成立巨额财产来源不明罪的自首情节

司法机关掌握了行为人在境外存有巨款的事实后，对其以隐瞒境外存款罪立案侦查，在此情况下，行为人又交代其有其他来源不明的巨额财产的事实。虽然隐瞒境外存款罪和巨额财产来源不明罪是两种不同性质的犯罪，但这只是司法机关立案初期对事实的定性不同而已，行为人交代的事实与司法机关掌握的事实属同一性质内容，只能认为是坦白认罪，而不成立巨额财产来源不明罪的自首情节。

【地方参考案例】 张某韶受贿、巨额财产来源不明案①

一、基本案情

被告人张某韶从 1992 年至 2004 年在担任开平市、鹤山市主要领导期间，利用职务便利，先后收受开平市大沙镇原党委书记梁某瑞 100 万港元，收受香港商人吴某良 10 万港元，收受开平市水电建筑集团公司总经理关某超人民币 24 万元，收受香港商人张某湛人民币 20 万元，收受原开平市经贸局局长高某炽 50 万港元和一台背投电视机，收受原鹤山市政府办公室主任吴某驹 1 万港元，收受鹤山市华虹电器公司董事长麦某尧人民币 20 万元，收受鹤山市恒达鞋业有限公司法定代表人李某鹏、新潮流皮革有限公司法定代表人李某雄共人民币 20 万元、港币 20 万元，收受鹤山市华安房地产公司 13 万美元，以上款物共折合人民币 3854394 元；公诉机关另指控被告人张某韶拥有巨额来源不明的财产共人民币 53.01 万元、391.5 万港元和 4085.86 美元不能说明合法来源。

二、案例评析

本案在审理过程中主要的争议是巨额财产来源不明罪和受贿罪是否有自首情节。

巨额财产来源不明罪是否存在自首问题，一直存在争议。第一种观点认为该罪不存在自首。理由是巨额财产来源不明罪是指罪犯对巨额财产"本人不能说明其合法来源"，即故意不说清其财产来源，隐瞒了贪污、受贿等更严重的罪行，不符合自首的"如实交代自己的罪行"的构成要件，因此，本罪不存在自首。

另一种观点认为，巨额财产来源不明罪存在自首。理由有二：（1）不能说明合法来源包括主观上的"不愿"和客观上的"不能"。特别是后者，被告人想说清来源但由于各种原因无法说明清楚，甚至有些已经作了说明，但因为条件限制，司法机关无法对其说明查证属实，这种情况不能说被告人隐瞒罪行。（2）《刑法》第 101 条规定："本法总则适用于其他有刑罚规定的法律，但是，其他法律有特殊规定的除外。"巨额财产来源不明罪规定在《刑法》分则第 395 条，该条并无特别规定，理应适用《刑法》总则的原则。因此，巨额财产来源不明罪应该存在自首。可见第二种观点更恰当。

那么，如何认定巨额财产来源不明罪的自首呢？该罪的自首也像其他犯罪一样存在"一般自首"和"特别自首"两种情况。本罪的"一般自首"应该满足两个条件：（1）自动投案，指被告人自动向司法机关或者有关部门投案；（2）如实交代自己的罪行，指被告人如实交代自己不能说明合法来源的巨额财产的金额及其财产处所。本罪的"特

---

①　广东省江门市中级人民法院（2006）江中法刑二初字第 10 号刑事判决书。

别自首"是指因其他犯罪而被采取强制措施的犯罪嫌疑人、被告人和正在服刑的罪犯，如实供述司法机关尚未掌握的其拥有的"来源不明的巨额财产"时，对巨额财产来源不明罪以自首论。

在本案中，司法机关掌握了张某韶在香港南洋商业银行存有巨款，决定对张某韶涉嫌隐瞒境外存款罪立案侦查，在此情况下，张某韶才交代其境内境外拥有巨额财产的事实，虽然隐瞒境外存款罪和巨额财产来源不明罪是两种不同性质的犯罪，但这只是司法机关立案初期对事实的定性不同而已，并不能否定司法机关已经掌握了张某韶在境外有巨额存款的事实。因此，尽管张某韶后来又交代了其他的巨额财产，但这只是交代与司法机关掌握的属同一性质的事实，只能认为是坦白认罪，而不是自首。后来，张某韶在被司法机关采取强制措施前主动交代部分财产是受贿所得，因受贿这一事实司法机关没有掌握，因此，受贿罪有自首情节。

第十三章
私分国有资产罪

第一节　私分国有资产罪概述

一、私分国有资产罪的概念及构成要件

私分国有资产罪，是指国家机关、国有公司、企业、事业单位、人民团体，违反国家规定，以单位名义将国有资产集体私分给个人，数额较大的行为。

（一）客体要件

本罪侵犯的直接客体是国有资产的管理制度及其所有权。

国有资产，是指依法经由国家机关、国有公司、企业、事业单位、人民团体管理、使用或者运输中的国有资产，例如，税务机关掌握着的纳税人依法上交国家的税款等等。国家对单位的财经分配，有一整套宏观管理制度。例如对所有权与经营权相分离的国有企业，凡实行承包经营者，国家均实行资金分账制度：将该企业掌握的资金分为国家资金和企业资金。其中，凡国家资金，不得用作企业职工集体福利或用作职工奖励奖金等。否则，即属违背国家对国有资产管理的不法行为，其中集体私分国有资产者，更进一步侵犯了国有资产的所有权，数额较大者，即构成本罪。

（二）客观要件

在客观方面，本罪行为人实施了违反国家规定，以单位名义将国有资产集体私分给个人，数额较大的行为。所谓违反国家规定，指违反了国家对此类单位的国有资产分配管理规定。例如，违背了国家关于国有资金与企业资金的分账比例管理制度，擅自将国有资金转为企业资金，进而私分国有资产者。所谓以单位名义，是指由单位领导班子集体决策或者由单位负责人决定并由直接责任人员经手实施，公开或半公开地以单位"分红"、单位"发奖金"、单位下发的节日"慰问费"等名义所进行的活动。集体私分给个人，是指行为人以单位的名义，将国有资产按人头分配给本单位全部或部分职工。这里

所谓个人，指的是该单位的职工。本罪是实害犯。按照本条第 1 款的规定，仅有上述行为，还不足以构成认定本罪的客观基础，还必须集体私分国有资产给个人"数额较大"的，才符合本罪客观要件。应当注意的是，对这里所谓"数额较大"，原则上应理解为集体私分国有资产的总额"较大"，而非指每一个人所分数额较大。换言之，由于单位职工众多，因而按人头私分的结果，每一个人所分数额即便并不大，但私分总额大者，仍应成立这里的"数额较大"。

参照《最高人民检察院关于人民检察院直接受理立案侦查案件立案标准的规定（试行)》的规定，涉嫌私分国有资产，累计数额在 10 万元以上的，应予立案。

（三）主体要件

本罪主体是国家机关、国有公司、企业、事业单位、人民团体。本罪是单位犯罪，但根据法律规定只处罚私分国有资产的直接负责的主管人员和其他直接责任人员。

（四）主观要件

本罪在主观方面是直接故意犯罪。行为人须有明知是国有资产而故意违反国家规定，将其集体私分给个人的确定故意。如疏忽大意地误将国有资产当作企业资金加以集体私分者，不能成立本罪，情节严重者，可按有关渎职犯罪处理。

二、私分国有资产罪案件审理情况

本罪系 1997 年《刑法》增设的规定，该罪的犯罪行为原来属于贪污行为，1997 年修订后的《刑法》将其规定为独立的犯罪。

通过中国裁判文书网检索，2018 年至 2022 年间，全国法院审结一审私分国有资产罪案件共计 265 件，其中 2018 年 139 件，2019 年 62 件，2020 年 43 件，2021 年 13 件，2022 年 8 件。司法实践中，私分国有资产罪较为常见。近年来，随着我国反腐败及国有资产监管力度的不断加大，触犯该罪名的案件有逐年减少的趋势。

三、私分国有资产罪案件审理热点、难点问题

（一）"以单位名义将国有资产集体私分给个人"中"个人"的范围认定[①]

"以单位名义将国有资产集体私分给个人"中"个人"的范围认定是有争议的，私分国有资产罪的单位犯罪的性质是否意味着要将国有资产分给单位的全体职工？这个问题在理论界尚存争议。

关于"个人"的范围有两种观点。第一种观点认为，"以单位名义将国有资产集体私分给个人"，是指由单位负责人决定，或者单位决策机构集体讨论决定，分给单位所有职工。第二种观点则认为，集体私分给个人，是指经集体研究决定将国有资产分配给单位的所有成员或者多数人。或者表现为按照一定的分配方案或者分发标准将国有资产以单位名义分发给本单位职工。即不要求分给单位所有职工，只要是多数职工即可，强调分配行为的单位意志和分配利益的集体所得。

---

① 伍天翼：《私分国有资产罪若干问题研究》，载《长春理工大学学报（社会科学版）》2014 年第 8 期。

（二）本罪与个人决定以单位名义实施的挪用公款罪的区别

根据《刑法》规定，个人决定以单位名义将公款供其他单位使用，谋取个人利益的，构成挪用公款罪。这就产生一个问题，即使本罪与上述类型的挪用公款罪的界限变得相对模糊。一般认为，两罪的最本质区别在于，个人决定以单位名义将公款供其他单位使用，谋取个人利益的，本质上属于个人行为，而私分国有资产罪是一种单位行为，并且两罪中所有权转移情况也存在差异。《刑法》虽然没有明确规定挪用公款罪中的"利用职务上的便利"是擅自行为，但从《刑法》的立法意图来看，这一点确定无疑。如果单位的有关人员作为单位成员参与单位集体决策，与单位其他成员一起决定或同意将公款挪出，已不再是什么"利用职务上的便利条件"挪用公款了。对于经单位集体讨论、为单位利益挪用公款的案件，自然不能以挪用公款罪论处，否则与罪刑法定原则相悖，更不能以私分国有资产罪处罚，因为为单位利益挪用公款的案件中并没有发生所有权的转移，而私分国有资产罪中，国有资产的所有权已经发生转移成为私人所有。

四、私分国有资产罪案件办案思路及原则

1. 准确把握私分国有资产罪的犯罪构成，依法惩治犯罪。私分国有资产罪的犯罪主体只能是国有单位，主观上体现群体犯罪意志，往往直接表现为单位的决策机构作出犯罪决定。尽管《刑法》第396条规定对"直接负责的主管人员和其他责任人员"判处有期徒刑或者拘役，但这并不表明自然人就可以成为单位犯罪的主体，在单位犯罪中，自然人是以单位犯罪的责任者身份，而不是以犯罪主体的身份来承担刑事责任的。在犯罪方式上，私分国有资产罪在犯罪时是以单位名义，将国有资产集体私分，单位全部职工至少绝大多数职工均参加了分配，也就是人人有份，并且在私分时大家都知情。

2. 注重主观心理状态分析，准确认定罪名。一些犯罪分子以集体私分的名义，实质是为少数人谋取非法利益，因害怕法律对其个人进行处罚，因此，以集体私分为借口，为自己或单位某几个人谋取较大利益，单位其他职工"喝汤"的现象十分普遍。例如，在私分过程中，单位直接负责的主管人员分得几十万元，而其他职工只分得几千元甚至更少。如果在私分之前，由有决定权的主管人员或其他直接责任人员根据参与私分人员的级别、工龄、行政职级、业务等级、工作贡献等名义制定出不同档次，全体私分人员都是按照此计算方法计算出具体数额，即使拿最高档次的人与拿最低档次的人之间数额相差悬殊，也应以私分国有资产罪来认定。从这种行为的客观表现来分析其主观心理状态，是将国有资产集体私分，而不是分给自己或某几个人，至于制定的私分政策是否合理不予考虑。因为这种行为反映的是单位整体意志，符合以单位名义集体私分的特征。反之，如果私分前没有制定统一的标准，也未经单位集体研究决定，而是由主管人员或直接责任人员一手操纵，将国有资产私分时，主管人员或直接责任人的数额与其他职工数额悬殊，其他职工也并不明知此种情况，或者是对其他职工的私分制定了标准，而主管人员或直接责任人在标准之外，又私分了数额较大的国有资产或公共财产的，可以推定主管人员或直接责任人是以私分的形式来掩盖其个人利用职务之便，侵吞、占有国有资产的目的，应认定为贪污罪。

3. 贯彻宽严相济的刑事政策。办理私分国有资产犯罪案件时，要综合考虑历史条件、企业发展、职工就业、社会稳定等因素，具体情况具体分析，严格把握犯罪与一般违规

行为的区分界限。对于主观恶意明显、社会危害严重、群众反映强烈的严重犯罪，要坚决依法从严惩处；对于特定历史条件下、为了顺利完成企业改制而实施的违反国家政策法律规定的行为，行为人无主观恶意或者主观恶意不明显，情节较轻，危害不大的，可以不作为犯罪处理。办理该类案件时，要加大经济上的惩罚力度，充分重视财产刑的适用和执行，最大限度地挽回国家利益遭受的损失。不能退赃的，在决定刑罚时，应当作为重要情节予以考虑。

第二节　私分国有资产罪审判依据

一、法律

《刑法》（2020 年 12 月 26 日修正）（节录）

第三百九十六条第一款　国家机关、国有公司、企业、事业单位、人民团体，违反国家规定，以单位名义将国有资产集体私分给个人，数额较大的，对其直接负责的主管人员和其他直接责任人员，处三年以下有期徒刑或者拘役，并处或者单处罚金；数额巨大的，处三年以上七年以下有期徒刑，并处罚金。

二、司法解释

《最高人民检察院关于人民检察院直接受理立案侦查案件立案标准的规定（试行）》（1999 年 9 月 16 日　高检发释字〔1999〕2 号）（节录）

（十一）私分国有资产案（第 396 条第 1 款）

私分国有资产罪是指国家机关、国有公司、企业、事业单位、人民团体，违反国家规定，以单位名义将国有资产集体私分给个人，数额较大的行为。

涉嫌私分国有资产，累计数额在 10 万元以上的，应予立案。

三、刑事政策文件

《最高人民法院、最高人民检察院关于办理国家出资企业中职务犯罪案件具体应用法律若干问题的意见》（2010 年 11 月 26 日　法发〔2010〕49 号）（节录）

二、关于国有公司、企业在改制过程中隐匿公司、企业财产归职工集体持股的改制后公司、企业所有的行为的处理

国有公司、企业违反国家规定，在改制过程中隐匿公司、企业财产，转为职工集体持股的改制后公司、企业所有的，对其直接负责的主管人员和其他直接责任人员，依照刑法第三百九十六条第一款的规定，以私分国有资产罪定罪处罚。

改制后的公司、企业中只有改制前公司、企业的管理人员或者少数职工持股，改制前公司、企业的多数职工未持股的，依照本意见第一条的规定，以贪污罪定罪处罚。

第三节　私分国有资产罪在审判实践中的疑难新型问题

问题 1. 在仅能由单位构成犯罪的情形下，能否认定非适格主体与单位构成共犯

非适格主体可以成为由适格主体实施犯罪的共犯。在单独犯罪中，特定犯罪当然要求必须由特定主体才能构成，但在共同犯罪当中，根据共同犯罪成立理论中的行为共同说，共同犯罪应当是指数人共同实施了构成要件的行为，而不是共同实施特定的犯罪。所以对于教唆犯、帮助犯则不需要具备特定的主体要素。质言之，不要求行为人共同实施特定的犯罪，只要行为具有共同性就可以成立共同犯罪。至于共犯人的责任问题，则需要个别认定。综上，对于非适格主体参与实施私分国有资产行为，只要非适格主体与适格单位共同实施了私分国有资产的行为，就可以成立共同犯罪。

【**刑事审判参考案例**】徐某桢等私分国有资产案①

一、基本案情

2002 年 7 月至 2011 年 5 月，被告人徐某桢担任上海市信息化办公室无线电管理处（以下简称"无管处"）处长，上海市无线电管理委员会办公室（以下简称"无委办"）副主任兼上海市无线电监测站（以下简称"监测站"）站长，后兼任中共上海市无线电管理局（以下简称"无管局"）党组成员，主要工作职责为负责监测站党政工作，分管精神文明建设，协管无管局日常行政、财务、干部调配等相关工作。

2002 年年底至 2003 年年初，被告人徐某桢为解决监测站职工集体福利问题，决定启用无资质、无场地、无设备、正处于歇业状态的上海唯远信息开发有限公司（以下简称"唯远公司"）承接定检工作。后其与该公司负责人、被告人陈某晖商定，唯远公司所得收入除列支必要成本外，剩余钱款均应当以现金形式账外返还监测站用于职工福利发放。2003 年四五月间，徐某桢隐瞒唯远公司的真实情况，利用职权以无委办的名义批准授予唯远公司无线电设备检测资质，同时授意倪伟杰并通过相关人员讨论决定，委托唯远公司承接定检工作，后又将监测站办公场地、政府采购的技术设备、有关技术服务及启动资金提供给唯远公司使用。

2003 年 5 月起，唯远公司受委托以监测站名义开展定检工作，直接向非国家拨款的单位或者个人收取检测费；监测站也以国家财政拨款和转移支付项目专款向唯远公司支付检测费用。监测站向陈某晖提出明确要求，2003 年唯远公司的全年业务开支为人民币（以下币种同）12 万元。2004 年起，上海市定检工作每年财政预算达数百万元。徐某桢代表监测站与陈某晖变更约定，唯远公司须将监测站拨款及公司自行收取的检测费，按50% 的比例以现金形式返还监测站。2007 年 10 月，陈某晖另设上海咸元通信技术有限公

---

① 朱以珍、赵拥军：《徐某桢等私分国有资产罪案——在仅能由单位构成犯罪的情形下，能否认定非适格主体与单位构成共犯》，载中华人民共和国最高人民法院刑事审判第一、二、三、四、五庭主办：《刑事审判参考》（总第 95 集），指导案例第 939 号，法律出版社 2014 年版，第 123 页。

司（以下简称"咸元公司"）取代唯远公司承接定检工作，有关约定保持不变。2003年至2009年年底，唯远公司、咸元公司自行直接收取检测费以及以检测劳务费等名义通过监测站获取财政拨款合计3860余万元。陈某晖按照事先约定，通过其专门成立的上海银闪通信技术有限公司（以下简称"银闪公司"）、常帮唯博电脑软件编制服务社（以下简称"常帮唯博服务社"）以及其他单位将上述款项予以套现或者转账，监测站则违反国家规定，由徐某桢决定，监测站副站长丁一咏等人具体执行，将上述返还款隐匿于监测站账外，分别多次将其中13228073元以职工津贴、工资补差、奖金、过节费等名义陆续发放给无管局及监测站全体员工，徐某桢个人分得507729.20元。

上海市徐汇区人民法院认为，国有事业单位监测站与被告人陈某晖相勾结，违反国家规定，套取、截留国有资产，并以单位名义将其中1300余万元集体私分给本单位职工，数额巨大，被告人徐某桢作为该单位实施上述犯罪直接负责的主管人员，其行为构成私分国有资产罪，且系共同犯罪，应予处罚。陈某晖为监测站私分国有资产提供帮助，其行为构成私分国有资产罪，且系共同犯罪；在共同犯罪中陈某晖起辅助作用，系从犯，依法予以减轻处罚。

二、案例评析

本案在审理过程中，对以私分国有资产罪追究被告人徐某桢的刑事责任没有疑问，但对以私分国有资产罪追究被告人陈某晖的刑事责任，存在分歧。

一种意见认为，不应以私分国有资产罪追究被告人陈某晖的刑事责任。理由是：刑法规定了单位犯罪等特别规定，非单位主体由于主体不适格，不可与其构成共犯。非特定的主体要素不可构成《刑法》所规定的必须具备特定的主体要素的犯罪。本案中，仅监测站构成私分国有资产罪，徐某桢作为国有事业单位监测站直接负责的主管人员，应当承担相应刑事责任，但陈某晖不是监测站的人员，系非适格主体，因此，不构成共犯。

另一种意见认为，可以私分国有资产罪追究被告人陈某晖的刑事责任。理由是：特定的主体要素作为违法要素并不是成立共犯不可欠缺的构成要件要素。非特定的主体不能单独成为特定主体的正犯，但若是和特定的主体一起，就可共同引起符合构成要件的事实。因而，非特定的主体可以成立特定主体所犯之罪的共犯。但当特定主体要素是作为责任要素时，则不可缺失。因特定的主体要素所致使的刑罚有轻重时，不具有这种要素的共犯，对其科处通常刑罚。

我们同意后一种意见。具体理由如下：

首先，从定罪角度分析，非适格主体可以成为由适格主体实施犯罪的共犯。《刑法》所规定的特定犯罪必须具备特定的主体要素，其仅是针对单独犯而言的。对于教唆犯、帮助犯则不需要具备特定的主体要素。共同犯罪应当是指数人共同实施了构成要件的行为，而不是共同实施特定的犯罪。质言之，不要求行为人共同实施特定的犯罪，只要行为具有共同性就可以成立共同犯罪。至于共犯人的责任问题，则需要个别认定。因而，对于非适格主体参与实施私分国有资产行为，只要非适格主体与适格单位共同实施了私分国有资产的行为，就可以成立共同犯罪。

其次，从量刑角度分析，对于共犯中非适格主体的量刑，一般按照普通主体适用刑罚或者以从犯身份适用刑罚。具体而言，在仅由适格主体实施的犯罪案件中，如果刑法规定对适格主体适用从重的刑罚，对不适格主体的共犯人，只能适用通常之刑罚。例如，《刑法》第238条第4款规定："国家机关工作人员利用职权犯前三款罪的，依照前三款的规定从重处罚。"当非国家机关工作人员与国家机关工作人员共同非法拘禁他人的，则不可以对非国家机关工作人员适用从重处罚的规定。如果刑法未规定对适格主体适用从轻或者从重的刑罚，对不适格主体一般按照从犯地位适用刑罚。本案就属于这种情形。

本案中，由于私分国有资产罪仅能由国家机关、国有公司、企业、事业单位、人民团体等单位主体构成，监测站系适格单位主体，应当认定监测站为实行犯，且系主犯，并据此判处被告人徐某桢的刑罚；陈某晖系非适格自然人主体，其为监测站顺利私分国有资产提供帮助，起到了次要作用，故与监测站构成私分国有资产罪的共同犯罪，但系从犯，应当从轻或者减轻处罚。据此，对陈某晖应当以单位直接负责的主管人员徐某桢的处罚标准为基点，同种情况下，原则上其所承担的刑事责任不能重于徐某桢的刑事责任。

问题2. 如何确定变相集体私分国有资产犯罪与违反财经纪律超标准、超范围发放奖金、福利等行为的界限

正确区分两者的界限，应当依照《刑法》第396条第1款关于私分国有资产罪的规定，结合是否违反国家规定和数额是否较大两个方面的构成要件来加以理解和把握。在实践中，数额较大的判断一般而言相对容易，此时对于是否违反国家规定的判断就显得尤其重要。根据《刑法》第96条规定，违反国家规定，是指违反全国人民代表大会及其常务委员会制定的法律和决定，国务院制定的行政法规、规定的行政措施、发布的决定和命令。据此，国家机关、国有公司、企业、事业单位、人民团体依照相关国家规定发放奖金、津贴、福利等行为属合法行为，当然不能认为是变相私分国有资产。具体到现实上来，由于国有单位在改革中出现一些财务管理不规范、不完善的情况，在私分国有资产罪中的违反国家规定的具体理解和掌握上，一定要具体情况具体分析，实事求是、合情合理地予以认定。不宜将违反规定超标准、超范围等乱发、滥发奖金、福利的财经违纪行为，一概认定为集体私分行为，以避免刑事打击面过大。

具体判断方面，可参照单位经营利润情况、单位对所分资产是否具有自主支配、分配权等情况综合分析。对于在单位财力状况允许的范围内以及将单位具有一定自主支配权的钱款违反规定分配给单位成员，未造成严重社会危害后果的行为，一般不宜认定为私分行为。相反，下列情形一般可以认定为私分国有资产行为：第一，在单位没有经营效益甚至经营亏损的情况下，变相分配国有财产等严重违背国有财产的经营管理职责，妨害国有公司、企业的正常生产、经营活动的；第二，单位将无权自主支配、分配的钱款通过巧立名目、违规做账等手段从财务账上支出，或者将应依法上缴财务入账的正常或者非正常收入予以截留，编造各种名目进行私分发放等，严重破坏国家财政收支政策的贯彻落实的。

【刑事审判参考案例】张某康、夏某私分国有资产案①

一、基本案情

上海市医疗保险事务管理中心（以下称"医保管理中心"）系上海市医疗保险局所属

---

① 朱妙、征伟杰：《张某康、夏某私分国有资产案——如何区分变相集体私分国有资产犯罪与违反财经纪律超标准、超范围发放奖金、福利等行为的界限》，载中华人民共和国最高人民法院刑事审判第一、二庭：《刑事审判参考》（总第37集），指导案例第293号，法律出版社2004年版，第73页。

的国有事业单位，经费来源为国家财政全额拨款。被告人张某康系医保管理中心主任；被告人夏某系医保管理中心办公室主任。

2001 年 12 月至 2003 年 4 月，医保管理中心领导班子经讨论，由张某康决定，夏某具体操办，将国家财政专项拨款的邮电通信费和资料速递费结余部分以快递费、速递费、邮寄费等名义，从上海市邮政局静安电信服务处、上海宝山泗塘邮电支局先后套购邮政电子消费卡价值人民币（以下均同）213000 元，套取现金 97560 元并用于购买超市代币券，相应发票予以入账。随后，二被告人将其中价值 243800 元的邮政电子消费卡和超市代币券以单位福利名义，定期分发给医保管理中心的全体员工，张某康及夏某各分得面值 14100 元和 10500 元的消费卡及代币券。另外，张某康在已经享受单位每月给予 180 元通信费的前提下，让夏某用邮政电子消费卡为其支付移动电话通信费 5800 余元。

2002 年 2 月，由张某康决定，夏某具体操办，将国家财政专项拨款的业务招待费以会务费名义从本市申康宾馆套现 1.5 万元。以 "2001 年度特别奖励" 的名义发放给医保管理中心部分人员，其中张某康分得 10000 元，夏某分得 5000 元。

上海市静安区人民法院认为，医保管理中心作为国有事业单位，违反国家财政经费必须专项使用的规定，以虚假名义套取专项经费后以单位名义变相私分，数额达 20 余万元，其行为已构成犯罪；被告人张某康、夏某作为该中心实施上述犯罪直接负责的主管人员和直接责任人员，应当承担私分国有资产罪的刑事责任。张某康在已经领取单位通信费且没有向上级领导申请并获得批准的情况下，决定由夏某具体操作，用已经套购并准备分发的邮政电子消费卡报销移动电话通信费，该行为亦属整体的私分国有资产行为的组成部分。张某康、夏某以 "2001 年度特别奖励" 的名义把从专项经费中套取的现金分发给部分员工，因系在单位内部的一定范围内分发，同样可以认定私分国有资产的性质，而不仅仅是违反财经纪律。

二、案例评析

如何正确区分私分国有资产行为特别是方式方法上表现为发放奖金、津贴、福利补贴等变相私分行为与一般财经违纪行为的界限，在理论和实务上都容易产生分歧。对此，我们认为，正确区分两者的界限，应当依照《刑法》第 396 条第 1 款关于私分国有资产罪的规定，结合是否违反国家规定和数额是否较大两个方面的构成要件来加以理解和把握。在本案中，涉案金额达 20 余万元，参照相关规定，认定数额较大不成问题，那么，能否认为张某康、夏某二被告人虚构用途套取专项经费后以福利、奖金等名义分配单位资产的行为违反了国家相关规定，进而认定为私分国有资产行为呢？答案是肯定的。

私分国有资产行为首先是一种违反国家规定的行为。本案中张某康、夏某二被告人违反了国家财政经费必须专项使用的规定，虚构用途套取专项经费后以福利、奖金等名义予以集体私分的行为，属于单位将无权自主支配、分配的钱款通过巧立名目、违规做账等手段从财务账上支出，或者将应依法上缴财务入账的正常或者非正常收入予以截留，编造各种名目进行私分发放的行为。根据国家有关保险及医疗保险的相关规定，财政专户内的资金应严格开支范围和开支标准，确保专款专用；确需调整经费用途的，应在不突破预算总额的前提下，报相关部门审核批准。张某康、夏某二被告人所套用的邮电通信费、资料速递费和业务招待费不仅系国家财政专项经费，而且二被告人明知如需调整用途必须上报审核，医保管理中心对此钱款不具有自主支配、分配权。二被告人故意使用虚假发票违规做账，并假借福利、奖励等名义将专项使用资金在公司内部成员之间进行集体私分，数额较大，其主观恶性和危害后果均已达到应受刑罚处罚的程度，故将之认定为变相私分国有资产的犯罪行为是正确的。

问题3. 集体私分国有资产行为与共同贪污行为如何区分

两者在以下几个构成方面的差别是明显的：第一，实施主体方面。私分国有资产罪是单位犯罪，贪污罪则是自然人犯罪。第二，行为方式方面。私分国有资产罪一般表现为本单位领导集体研究决定并由单位统一组织实施，尽管往往需要采取一定的欺骗手段以逃避有关部门的监管，但就本单位内部而言是相对公开的，因而具有较大程度和较大范围的公开性；贪污罪表现为行为人利用职务便利，以侵吞、窃取、骗取等不为人所知或者他人不知实情的方式实施，除了行为人或者共同行为人之外，其他人并不知情，因而具有相当的秘密性和隐蔽性。第三，受益人员的数量、构成方面。私分国有资产属于集体私分行为，表现为单位多数员工甚至所有员工均实际分取了财物，在受益人员的数量上具有多数性特征，而且，一般不以某一特定层面为限，在受益人员的构成上具有广泛性特征。简言之，二者的区别在于，共同贪污是有权决定者共同利用职权便利，为少数人牟私利；私分国有资产罪是有权决定者利用职权便利，非法为多数人牟私利。以单位名义集体私分是私分国有资产罪区别于贪污罪最本质的特征。只要其行为符合私分国有资产罪的构成特征，即使私分的范围是单位全体职工中的相对少数人，亦应以私分国有资产罪追究刑事责任。①

【地方参考案例】 杨某起等私分国有资产案②

一、基本案情

天津铁道职业技术学院（以下简称"铁道学院"）系天津市人力资源和社会保障局所属全额预算拨款事业单位，主要负责专业培训、学历教育、职业教育、成人教育等工作。第一学生食堂、第二学生食堂、教工食堂（原第三食堂）是铁道学院后勤管理处的下属部门。

第一、第二学生食堂负责为铁道学院的学员提供餐饮服务。2006年至2010年间，被告人杨某起任铁道学院主校区膳食中心副主任，负责管理第一、第二学生食堂；被告人申某敏负责第一学生食堂财务工作；被告人赵某立任第一食堂菜组组长；被告人韩某凤任第一食堂花样组组长。其间，学生食堂实行过班组承包的经营模式，按照承包合同，学生食堂无偿为班组提供设备、场地、水、电、煤气，学生食堂保证班组长享有食堂的一切福利待遇，学生食堂不干预班组的经营；班组由个人承包，独立核算、自负盈亏。2010年第一、第二学生食堂先后对外承包。2010年6月杨某起被聘为后勤管理处副处长，申某敏竞聘到后勤管理处任会计员，赵某立竞聘到后勤管理处从事后勤工作，韩某凤竞聘到后勤管理处食堂监管办公室工作。

2010年8月，铁道学院承接了西藏中职班的培训任务。铁道学院副院长从某田找到杨某起，责成杨某起组织本院职工到教工食堂工作，为藏族学生提供伙食。杨某起找到申某敏、赵某立、韩某凤，三人均同意到教工食堂工作。2010年9月杨某起等四人自带

---

① 喻海松：《实务刑法评注》，北京大学出版社2022年版，第1899~1900页。

② 天津市第一中级人民法院（2015）一中刑终字第0446号刑事判决书。

原第一学生食堂的公章、账户及账户内 5 万余元的备用金，接管了教工食堂。在教工食堂，杨某起任负责人，负责教工食堂的全面工作，并最终确定培训学员菜谱的标准，申某敏负责教工食堂的财务工作，赵某立带领临时工从事厨房工作并具体负责制定菜谱，韩某凤负责库管等工作。其间，教工食堂承接了为西藏中职班培训人员供应伙食的任务，由铁道学院通知教工食堂的负责人杨某起、会计申某敏培训人员的人数、伙食标准，杨某起在明知培训人员伙食标准的情况下，指使赵某立在制定菜谱时降低伙食标准，产生结余。2010 年 9 月底，杨某起召集全体正式员工到其办公室，会计申某敏计算出当月食堂结余后，杨某起称教工食堂效益不错，伙食费有结余，决定按照每个人出力多少分配该结余款，申某敏、赵某立、韩某凤均表示同意。同时，四人商议分出一定数额，由杨某起处理。杨某起确定私分的数额后，会计申某敏制作支付单，四人在支付单上签字领取了伙食费结余款，支付单由会计申某敏保存。后教工食堂又承接了坦赞铁路第十四期专业技术人员培训项目（以下简称"坦赞班"）、铁道部高铁培训班、北京铁路局高铁培训班等培训人员的伙食供应工作。四被告人采取上述手段，按月将教工食堂伙食费结余予以私分。同时，在杨某起负责教工食堂期间，铁道学院每月向教工食堂拨付临时工工资 14000 元用于聘请临时工，杨某起决定由教工食堂正式员工在临时工人员不足时从事临时工工作并领取临时工工资。自 2010 年 9 月至 2012 年 6 月间，教工食堂共计私分伙食费结余 857000 元，私分临时工工资共计 71300 元，其中杨某起分得 205450 元，申某敏分得 173650 元，赵某立分得 256550 元，韩某凤分得 204650 元。

2012 年，国家审计署对铁道学院承接的坦赞铁路第十四期专业技术人员培训项目进行审计，并对铁道学院拨付教工食堂的坦赞班伙食费进行了延伸审计，发现教工食堂收到坦赞班伙食费 426400 元，实际支出 124600 元，教工食堂四名职工未报经学院领导批准，集体讨论决定按照每人工作量分配了伙食费结余资金 247000 元。后杨某起等人将坦赞班伙食费结余款 247000 元退回铁道学院财务处。2012 年 7 月，铁道学院根据审计部门的意见对教工食堂进行了整改，整改内容涉及完善食堂承包经营合同，重新确认承包形式，明确食堂的权利义务。2012 年 9 月，铁道学院与杨某起签订了内部承包协议书，约定：杨某起对其承包的第三食堂（教工食堂）自主经营、独立核算、自负盈亏；杨某起自行承担教工食堂的水、电、燃气费用；杨某起向铁道学院报送教工食堂的财务报表，食堂利润与铁道学院二八分成（学院分二成，教工食堂分八成）。铁道学院不收取杨某起承包金；铁道学院负担教工食堂正式员工的工资、奖金、保险、公积金；铁道学院每月负担教工食堂 14000 元的临时工工资。2013 年 12 月 13 日，杨某起向铁道学院提交了要求返还个人垫资的请示，认为其四人用个人的 247000 元，代学院上交了退款，要求铁道学院酌情返还。2013 年 12 月 24 日，铁道学院财务处提出了对杨某起等四人要求返还垫资（承包利润）的意见，该意见认为，铁道学院根据审计初步意见将杨某起等四人承包食堂已分配利润 247000 元临时收回，根据审计结果，最终认定杨某起等四人承包协议有效，根据杨某起等四人申请，拟按照 80% 的比例退还，计 197600 元。该意见经副院长刘某春、副院长杨某林、院长李某先签字同意。后铁道学院财务处退还杨某起等四人 197600 元，其中申某敏、赵某立、韩某凤每人分得 50000 元，剩余部分由杨某起分得。

二、案例评析

本案焦点在于如何区分私分国有资产行为与共同贪污国有资产行为。

本案中，对于被告人杨某起等四人作为铁道学院后勤管理处下属部门教工食堂的负责人，违反相关规定，提议并擅自决定将教工食堂违规降低伙食标准产生的伙食费结余及部分临时工工资，以奖金、加班费的名义私分给教工食堂全体正式职工的行为，是认定为贪污罪还是私分国有资产罪，争议较大。

认为被告人杨某起等四人的这一行为构成贪污罪的理由如下：1. 杨某起、申某敏、赵某立、韩某凤四人不构成私分国有资产罪：（1）在犯罪主体上，本案教工食堂属于后勤管理处领导的工作组，不是铁道学院的内设机构或部门，不是私分国有资产罪的适格主体"单位"。另外四人侵吞伙食费、临时工工资不是以教工食堂或后勤管理处或学院的名义进行的，不体现单位意志，将违法所得据为己有，也并非"归单位所有"或"为了单位利益"，不能以单位犯罪论处。（2）在行为方式上，四被告人分得伙食费、临时工工资，包括临时工在内的其他人均不知情，属于以秘密手段侵吞公款，不具备私分国有资产罪"单位内部相对公开"的特征。（3）在受益人员的数量及构成上，四被告人均参与截留及侵吞公款，但教工食堂的多名临时工从未领取过该款，因此，并不能体现利益归属的团体性，不符合私分国有资产罪"受益人数多数性"的特征。（4）在主观故意和犯罪动机上，四被告人因为食堂工作的特殊性，在案发期间已经按照学院加班管理规定领取了加班费，且在学院领取了相关培训班的专项奖金，擅自决定降低伙食标准截留伙食费并侵吞，并以干了临时工的部分工作为名领取临时工工资，主观上具有贪污公款的故意，动机是以权谋私，不是为了更好地完成工作、提高员工积极性或者改善福利待遇，不具备私分国有资产罪的主观特征。2. 杨某起、申某敏、赵某立、韩某凤四人的行为应认定为贪污罪，且系共同贪污：（1）杨某起、申某敏、赵某立、韩某凤具有管理、使用伙食费的职务便利，杨某起、申某敏同时具有管理、经手临时工工资的职务便利。（2）涉案伙食费及临时工工资是铁道学院拨付给教工食堂的专款，具有专用性质，不得被截留、侵吞。（3）杨某起、申某敏、赵某立、韩某凤利用职务便利，共同实施了侵吞学院拨付的专项伙食费及临时工工资的行为，上述行为均具有秘密性和隐蔽性，属于共同贪污。

针对上述理由，我们认为：

1. 关于原审被告人杨某起等四人领取伙食费结余及临时工工资是否正当合法的问题

经查，杨某起等四人的供述，杨某起记载的领取钱款的记录单、支付单，教工食堂现金付款凭证、铁道学院拨款的相关财务凭证、审计署审计意见等证据证实，教工食堂的伙食费及临时工工资均是铁道学院拨付给教工食堂用于培训学员餐饮服务的专款，费用来源于国家财政，系公款。教工食堂在给培训学员提供用餐服务的过程中，杨某起等四人私自降低伙食费标准，因此，产生伙食费结余，后四人商议私分结余款，并每月签单领取钱款。2010年9月至2012年6月四人私分伙食费结余共计857000元。四人在教工食堂工作，铁道学院按月发放工资、奖金和加班费等，四人又额外领取了铁道学院拨给教工食堂的临时工工资共计71300元。综上，杨某起等四人领取铁道学院拨付给教工食堂的伙食费结余及临时工工资的事实清楚，客观有据。但四人领取教工食堂伙食费结余及临时工工资无合法正当理由。

（1）没有证据证明杨某起等四人承包了教工食堂，伙食费结余及临时工工资不是承包利润。铁道学院院长李某先、主管教工食堂工作的副院长从某田的证言及铁道学院出具的材料均证实，2010年9月至2012年6月，杨某起等四人是按照铁道学院的安排在教工食堂工作，铁道学院与四人没有签订过承包教工食堂的口头和书面协议，教工食堂按标准提供就餐服务，不应产生结余，学院不允许也不知道四人截留伙食费的事。杨某起供述铁道学院副院长从某田召集四人开会时说了承包的事，但该内容与申某敏、赵某立、韩某凤三人的供述及从某田的证言均相矛盾，且申某敏、赵某立、韩某凤均供述没有与铁道学院签订过承包教工食堂的协议，也没见过书面的承包协议。对钱款的性质及用途，四人均供述这些钱是铁道学院专门拨给教工食堂用于培训学员伙食的，应该专款专用，在商量分配伙食费结余时都感觉分钱不合适。另外，在案证据证实，杨某起等四人在教工食堂工作期间，工资、奖金、加班费、福利待遇等均由学院统一发放，杨某起等人已正常从学院领取了工资、加班费等，不应再从学院拨给教工食堂用于聘请临时工的工资中领取一份额外加班费。上述事实表明，杨某起等四人在主观上对伙食费结余的性质及不应该私分伙食费结余、临时工工资是明知的，私分行为没有正当合法理由。

（2）铁道学院的返款行为不应认定为铁道学院对杨某起等四人承包教工食堂的追认。①铁道学院副院长刘某春、财务处长张某冰等人的证言证实，返款给杨某起等四人是院长李某先决定的，并未经过学院正常的程序讨论，不符合铁道学院正当议事程序。铁道学院院长办公会和党政联席会会议记录中没有关于 2013 年 12 月 27 日返还给杨某起等四人 197600 元记录的事实，进一步证明返款给杨某起等人不符合铁道学院的正当程序。②铁道学院财务处关于"对杨某起等四人要求返还垫款（承包利润）的意见"中明确，所返钱款"学院财务处以发放奖金的形式从学院财务列支"，该事实证明返还给杨某起等四人的钱款来源于铁道学院，并不是杨某起等人承包所得的利润。③铁道学院返款给杨某起等四人，是在审计发现四人私分伙食费结余的事实之后提出的，此时杨某起等人私分伙食费结余及临时工工资的犯罪行为已完成。铁道学院是否追认，不影响对杨某起等人犯罪事实的认定。

2. 关于本案教工食堂是否构成单位犯罪适格主体的问题

（1）从机构设置上看，教工食堂（第三食堂）虽然不属于铁道学院的内设机构，但亦是铁道学院认可设立的、长期客观存在的实体部门，为教职工或部分培训学院提供餐饮服务，具有自己稳定的员工和一定的职能分工。（2）铁道学院出具的相关材料证实，教工食堂是铁道学院后勤管理处的下属部门，收支未纳入学院财务统一会计核算和管理中，学院财务处不参与教工食堂的财务管理工作，也不对教工食堂的资金使用情况进行监管，教工食堂不向学院财务处报送报表。原审被告人杨某起、申某敏的供述及证人从某田的证言等证据还证实，教工食堂有自己的公章、独立的账户、财务账目；杨某起作为教工食堂的负责人，对教工食堂的财务支出具有实际使用权、支配权，不需要学院领导签字同意。上述证据证实，教工食堂在财务上具有相对独立的财产处分权，在组织上具有稳定的正式成员，具备相对独立的意志。故此，本案中教工食堂符合刑法意义上的"单位"特征，可以构成单位犯罪的适格主体。

3. 关于杨某起等四人私分伙食费结余、临时工工资行为的定性问题

（1）从犯罪体现的意志来看，私分伙食费结余及临时工工资，是教工食堂负责人杨某起提议并经教工食堂全体正式职工商议的结果，体现了教工食堂的整体意志。在案证据证实，教工食堂的正式职工只有杨某起、申某敏、赵某立、韩某凤四人。杨某起是教工食堂的负责人，食堂工作人员的分工、学员用餐标准和食谱的最后确定、钱款的支配使用等均由杨某起一人决定，申某敏、赵某立、韩某凤只是按照杨某起的安排分别从事财务、厨房及库管工作。杨某起召集申某敏、赵某立、韩某凤开会，提议将教工食堂账

户上伙食费结余分了，其他人三人均"表示同意"，杨某起按照多劳多得的原则决定每人分得的数额，后四人按月照单领钱并签字。因此，从教工食堂的实际情况及四人分配钱款的过程看，杨某起等人是以教工食堂的名义私分了伙食费结余及临时工工资，教工食堂全体正式职工均获得了利益，体现的是教工食堂的集体意志，而不是个体意志。

（2）从犯罪动机及犯罪故意的内容来看，杨某起等四人私分伙食费结余、临时工工资，主观上不完全是为一己私利，也有提高工作积极性，推动工作顺利开展的动机。从杨某起等四人的供述来看，私分伙食费结余是因为"食堂有盈利，大伙干的都挺不错"；从分配原则及获利情况看，赵某立是厨师，干的活最多，分的钱也最多，体现了"多劳多得"的原则，起到了鼓励职工多干活，完成工作任务的作用。教工食堂工作时间长，劳动强度较大，杨某起等四人经常加班加点，铁道学院领导李某先、从某田的证言及铁道学院出具的证明材料均能证实教工食堂的工作得到了学院和培训学员的认可。因此，杨某起等人在犯罪动机上不只是为一己私利，还有提高员工工作积极性的一面，主观故意主要是私分，不是贪污。

（3）从行为方式来看，杨某起对分配伙食费结余、临时工工资起决定作用，申某敏、赵某立、韩某凤三人未利用职务行为予以配合，且私分行为在教工食堂是公开的，具有一定程度的公开性。①伙食费及临时工工资是铁道学院事先拨给教工食堂的，教工食堂具有实际支配使用的权利，杨某起等人并没有采取秘密手段套取国家钱款，其行为不具有隐秘性。②四人开会商量分配钱款，并以发放奖金、加班费的名义领取，每次领钱均在领款单上签字，教工食堂的财务上有原始记录，杨某起本人在电脑上亦有详细记载，每人领取钱款的数额在教工食堂内部是公开的。③2010年9月至2012年6月，四人均按照"多劳多得"的原则分配伙食费结余，并照单签字领取钱款，已形成教工食堂长期坚持的"分配制度"。④杨某起是教工食堂的负责人，对教工食堂的伙食费等钱款具有实际处分权，其提出分钱的意见后，申某敏等三人只是"表示同意"并照单签字领钱，在分配上不起实际决定作用，提议分钱及具体如何分配均是杨某起一人，其他人实际上并未实施职务行为予以配合。因此，杨某起等人分配伙食费结余及临时工工资的行为本质上是私分行为，而非共同贪污行为。

（4）从受益对象来看，教工食堂全体正式员工均领取了钱款，体现了受益对象的广泛性。教工食堂四名正式职工均按月领取钱款，每个人均系私分的受益人。虽然教工食堂存在临时工，但人员和人数并不稳定，且临时工是按劳动合同提供劳务并领取报酬，不能因临时工未分得钱款就否定杨某起等四人私分行为的性质。

综上，原审被告人杨某起作为铁道学院后勤管理处下属部门教工食堂的负责人，违反相关规定，提议并擅自决定将教工食堂违规降低伙食标准产生的伙食费结余及部分临时工工资，以奖金、加班费的名义私分给教工食堂全体正式职工，数额巨大，其行为构成私分国有资产罪；原审被告人申某敏、赵某立、韩某凤作为教工食堂职工，在私分国有资产犯罪中系直接责任人，依法均构成私分国有资产罪。原审判决认定本案的罪名准确，适用法律正确。

问题4. 私分国有资产罪中"国有资产"如何认定

国有资产本质上是国家基于国家权力的行使而依法取得和认定的，或者国家以各种形式对企业投资及投资收益形成的，以及国家拨款、接受赠与等形成的各种财产和财产权利。①

首先，从性质上看，国有资产是国家所有的资产，而非集体所有的资产，这也是与我国现行所有制结构相对应的，如果国有机关、国有公司、企业、事业单位、人民团体以单位名义将集体性质的资产私分给个人，则不能定为私分国有资产罪，应当按照贪污罪定罪处罚。

其次，从范围上看，国有资产包括国家依法取得和认定的，或者国家以各种形式对企业投资和投资收益、国家向行政事业单位拨款形成的资产。因此，国家下拨或者国家投资的行为并不会使国有资产的性质发生变化，国家下拨或者投资的以货币计量的各种经济资源都属于国有资产的范围。这里要特别注意的是，事业单位按照国家规定运用国有资产组织收入形成的资产、国家以各种形式对企业的投资收益，当然属于国有资产的范畴。如果将该部分收益通过截留、隐瞒、转入账外形成单位的"小金库"，该"小金库"中的资金性质也是国有资产，发放该"小金库"中的资金，也属于私分国有资产的行为。如果直接将该部分收益以"福利""红包"或者其他名义发放，当然也属于私分国有资产的行为。②

【地方参考案例】袁某私分国有资产案③

一、基本案情

2012 年至 2015 年间，被告人袁某利用其担任天津市公安局铁道工程治安分局局长的职务便利，与单位领导班子成员商议决定，与铁道第三勘查设计院集团有限公司签订《公安机构移交补充协议》。被告人袁某以天津市保安总公司第十二分公司和天津联华集团有限公司河北分公司的名义与铁道第三勘查设计院集团有限公司签订虚假合同套取中央财政专项支付款，将总额 209 余万元（以下未标记币种均以人民币计）的中央财政专项支付款以补贴、补助等名目发放给其本单位全体干警，被告人袁某本人获得人 6.68 万元。2015 年 4 月间，被告人袁某利用职务之便与铁道第三勘查设计院集团有限公司签订虚假销售安防监控设备合同，将中央财政转移支付给铁道第三勘查设计院集团有限公司的专项款 55 万元转入天津联华集团有限公司河北区分公司的账户。之后被告人袁某伙同其子袁某 1 采取虚开销售安防监控设备发票的手段，提取了中央财政专项支付款 45 万元存入袁某 1 个人兴业银行账户理财。2016 年 3 月，被告人袁某让袁某 1 将中央财政专项支付款 30 万元汇至被告人袁某的工商银行账户中，由被告人袁某操作进行原油期货买卖活动，款项已被挥霍。

二、案例评析

1. 关于公安铁道分局给干警所发钱款是否属于公安铁道分局合法所有或合法管理控制的财产，是否构成私分国有资产罪

国有资产，是指国家机关、国有公司、企业、事业单位、人民团体管理、使用或者运输中的资产。本案中，公安铁道分局以补贴等名义发放的资金来源于中央专款，是作为国家机关的公安铁道分局管理、使用的资金，属于国有资产。被告人袁某等公安铁道

---

① 谢次昌：《国有资产法》，法律出版社 1997 年版，第 3 页。

② 伍天翼：《私分国有资产罪若干问题研究》，载《长春理工大学学报（社会科学版）》2014 年第 8 期。

③ 天津市第一中级人民法院（2018）津 01 刑初 17 号刑事判决书。

分局领导成员明知发放补贴的资金属国有资产，仍集体决定以单位的名义给全体干警发放补贴，其行为侵害了国有资产的管理制度及其所有权，符合私分国有资产罪的犯罪构成，应定罪处罚。故上述辩护意见，无事实根据和法律依据，本院不予采纳。

2. 关于本案私分国有资产的数额及被告人袁某是否构成贪污犯罪

被告人袁某安排铁三院于 2015 年转给联华河北分公司的 55 万元，而后袁某让其子袁某 1 套现用于发放奖金，袁某 1 将从联华河北分公司倒出的 45 万元存入个人兴业银行卡，后另给了袁某等额现金用于发放补贴，2016 年 3 月，袁某 1 将存有 45 万元的兴业银行卡中的 30 万元汇给袁某工商银行账户，30 万元被袁某用于购买原油期货。第一，公安铁道分局 2015 年发放补贴的 45 万元与 2012 年至 2014 年发放补贴的钱款均来源于中央专款，属国有资金。因钱款是种类物，不能以套取现金过程中存在倒款行为，来否定发放补贴的 45 万元的属国有资金的性质。即公安铁道分局私分国有资金的数额为 254.4301 万元。第二，现有证据不能证实袁某 1 的 45 万元现金是来源于保安公司、联华公司的经营收入，还是来源于中央转移支付的剩余款，抑或是来源于个人其他收入，因此，就无法准确认定袁某 1 卡中 45 万元被现金替代后的钱款来源及性质。综上，袁某贪污犯罪的事实不清，证据不足。

问题 5. 单位是不是私分国有资产案件中的适格被告

单位不构成私分国有资产罪中的适格被告。虽然根据《刑法》规定私分国有资产罪中承担罪责的是直接负责的主管人员和其他直接责任人员，但他们只是本罪的处罚对象，而非犯罪主体，这是单位犯罪代罚制的体现，而不涉及对单位犯罪主体的改变。因此，私分国有资产罪适用的是单罚制，只处罚自然人，不处罚单位，故不应将单位列为被告。

【地方参考案例】闵某光私分国有资产案[①]

一、基本案情

天津市南翠屏公园管理所（以下简称"南翠屏管理所"）为事业单位法人，自 2011 年 9 月被告人闵某光任南翠屏管理所党支部书记。2010 年 7 月，南翠屏公园管理所出资成立天津美景山林物业服务有限公司。后南翠屏管理所对外招标物业养管项目，天津美景山林物业服务有限公司中标该项目。2011 年 9 月至 2014 年，被告人闵某光作为南翠屏管理所领导班子成员，经与其他领导班子成员集体研究后，将天津市财政局批复并支付的"南翠屏公园养管经费"专项资金以支付绿化养护费的名义转入天津美景山林物业服务有限公司，使用上述资金以该管理所名义向本单位职工发放奖金，从而私分国有资产。被告人闵某光参与私分国有资产 316000 元，其个人分得钱款 15400 元。案发后，本案在审理期间，被告人闵某光退交违法所得人民币 15400 元。

一审过程中，南开区人民检察院起诉书仅指控闵某光犯私分国有资产罪，南开区人民法院经审查，认为应将闵某光所在单位天津市南翠屏公园管理所列为被告单位，并在开庭审理时通知了被告单位诉讼代表人参加诉讼。南开区人民法院审理认为，天津市南翠屏公园管理所违反国家规定，以单位名义将国有资产集体私分给本单位职工，数额巨大，其行为依法构成私分国有资产罪。被告人闵某光身为直接负责的主管人员，应依法

---

① 天津市第一中级人民法院（2018）津 01 刑初 17 号刑事判决书。

以私分国有资产罪追究其刑事责任。闵某光参与私分国有资产 316000 元，数额较大。闵某光在侦查机关立案前，在未对其采取强制措施并接受询问时，如实供述了天津市南翠屏公园管理所私分国有资产，其作为领导班子成员参与私分并分得国有资产的犯罪行为，符合自首成立条件，依法可从轻处罚。闵某光能如实供述自己的犯罪行为，依法可从轻处罚。判决被告人闵某光犯私分国有资产罪，判处有期徒刑一年，缓刑一年，并处罚金人民币 5000 元。

一审宣判后，原审被告人闵某光以量刑过重为由提出上诉。闵某光的辩护人提出，原审法院将天津市南翠屏公园管理所列为被告单位，违反刑事诉讼程序，建议二审法院撤销原判，发回重审。

天津市第一中级人民法院认为，天津市南翠屏公园管理所违反国家规定，以单位名义将国有资产私分给本单位职工，数额巨大，上诉人闵某光作为该单位直接负责的主管人员，其行为已构成私分国有资产罪。原审判决认定上诉人闵某光犯罪的事实清楚，证据确实、充分，定性准确，但认定闵某光系主犯不准确，应予纠正。原审法院将天津市南翠屏公园管理所列为被告单位不符合法律的相关规定，予以纠正。但鉴于原审法院对天津市南翠屏公园管理所未在判决主文中定罪处罚，并未影响案件的公正审判，不属于需要发回重审的情形。依照法律规定判决：（1）维持天津市南开区人民法院（2018）津0104 刑初 241 号刑事判决的定罪部分，即"被告人闵某光犯私分国有资产罪"；（2）撤销天津市南开区人民法院（2018）津 0104 刑初 241 号刑事判决的量刑部分，即"判处有期徒刑一年，缓刑一年，并处罚金人民币 5000 元"；（3）上诉人闵某光犯私分国有资产罪，免予刑事处罚。

二、案例评析

在单位犯罪案件的审理过程中，必然涉及以谁为被告的问题，关于单位是否是私分国有资产罪中的适格被告，目前主要有以下三种意见：

第一种意见认为，私分国有资产罪属于单位犯罪，因而单位应当被列为被告。主要理由是：私分国有资产行为是在单位决策机构按正常程序集体决议后实行，以单位名义作出，体现单位意志，且以发放奖金、福利等名义在单位内部公开进行，而不是以个人名义实施或个人擅自决定。同时，《刑法》第 396 条对私分国有资产罪作了明确规定，从条文内在逻辑上看，犯罪主体包括"国家机关、国有公司、企业、事业单位、人民团体"五类单位主体，故该罪的处罚对象只能是单位，相关责任人员只是"代罚制"的对象。

第二种意见认为，私分国有资产罪是自然人犯罪而不是单位犯罪，不应将单位列为被告。主要理由是：首先，本罪虽然是经集体研究决定或负责人员决定实施的犯罪，具有单位犯罪的某些特点，但是该罪本质上并不是为单位本身谋取非法利益，而是为单位内部人员谋取非法利益，二者存在一定区别；其次，私分国有资产罪并不体现单位意志。私分国有资产的决定虽然系单位领导层集体作出，但实际上体现的是单位成员的共同意志，而不是单位的整体意志；最后，本罪实质上是单位直接负责的主管人员和其他直接责任人实施的以权谋私行为，是自然人以单位名义实施的、为个人（不限于本人）非法占有国有资产的犯罪。

第三种意见认为，尽管刑法规定私分国有资产罪中承担罪责的是直接负责的主管人员和其他直接责任人员，但他们只是本罪的处罚对象，而非犯罪主体，这是单位犯罪代罚制的体现，而不涉及对单位犯罪主体的改变。因此，私分国有资产罪适用的是单罚制，只处罚自然人，不处罚单位，故不应将单位列为被告。

我们同意第三种意见，主要理由是：

1. 私分国有资产罪符合现行刑法中单位犯罪的特征。单位犯罪最早出现在英国刑法中，我国在 1987 年《海关法》中首次引入单位犯罪的概念，我国 1997 年《刑法》不仅在分则部分规定了 120 多个具体的单位犯罪，而且在总则部分还就单位犯罪的概念、主体范围和处罚原则作出了一般性规定。根据《刑法》第 396 条规定，"国家机关、国有公司、企业、事业单位、人民团体，违反国家规定，以单位名义将国有资产集体私分给个人，……"从语法上分析，"违反国家规定"的是"国家机关、国有公司、企业、事业单位、人民团体"，"以单位名义"也是指上述单位，实施私分行为的也是这些单位。因此，从《刑法》关于私分国有资产罪的表述方式来看，该罪是纯正的单位犯罪。同时，从主观方面来看，私分国有资产罪所体现的是单位的整体意志，这种行为至少在形式上是通过单位决策机构的讨论、决定，最后形成单位的整体意志。从客观方面来看，私分国有资产罪的受益主体往往是一个单位的全体人员，并不局限于行为的实施者。因此，从主客观相统一的角度来看，私分国有资产罪的犯罪主体不应认为是自然人而应是单位。从行为实施的具体过程来看，私分国有资产是一种单位整体运作的行为，而不只是某几个人的行为，更不可能是某一个人能全部实施的。每一个单位都有自己独立、完整的财务管理制度。在没有单位认可的情况下，要将国有资产顺利地进行私分并不现实，而且如果缺乏单位认可进行的小范围的私分国有资产，其行为性质已不再是私分国有资产，而是贪污。因此，在分析私分国有资产罪行为的过程时，应将各个"单独"的行为有机地联系起来作为一个单位整体行为看待，而不能孤立地分析。

2. 为单位谋取利益不是构成单位犯罪的必要条件。虽然单位犯罪多发生在经济活动的过程中，往往是为了追求某种非法经济利益而不惜损害社会整体利益，但我国《刑法》中的单位犯罪并不都是为了本单位的利益。正如自然人犯罪并未规定"犯罪所得收益归于被告人本人"的情况才可以构成犯罪，同理，《刑法》并未将"为单位谋取利益"规定为单位犯罪的必备构成要件。从现行《刑法》的规定看，有些单位犯罪的主观要件不是为本单位谋取利益，如单位非法出租、出借枪支罪，单位战时拒绝、故意延误军事订货罪，其主观上未必具有为单位谋取利益的目的。因此，所谓单位犯罪应该是指"法律规定的由于单位机关的决定或者管理和监督不力而由单位成员在其业务范围内所实施的危害社会、应受刑事处罚的行为"。

3. 对单位犯罪既可以采取双罚制，也可以采取单罚制。我国《刑法》第 31 条规定，单位犯罪的，对单位判处罚金，并对其直接负责的主管人员和其他直接责任人员判处刑罚。本法分则和其他法律另有规定的，依照规定。该条对单位犯罪确立了双罚制为主、单罚制为辅的处罚原则，即单位犯罪承担刑事责任原则上是双罚制，但如果《刑法》分则或其他法律另有规定不采取双罚制而采取单罚制的，则属于例外情况。目前，我国《刑法》中采取单罚制的单位犯罪主要包括私分国有资产罪、私分罚没财物罪、妨害清算罪、重大劳动事故罪、工程重大安全事故罪、资助危害国家安全犯罪活动罪以及违规批露、不批露重要信息罪、消防责任事故罪、强迫职工劳动罪、挪用特定款物罪等 15 个罪名。上述罪名之所以实行单罚制，主要是考虑到单位犯罪的情况较为复杂，其社会危害程度差别不一，如一律采取双罚制的原则，并不能准确全面地体现罪刑相适应原则和符合犯罪的实际情况。特别是私分国有资产罪、私分罚没财物罪等罪名不是为谋取单位利益，而提供虚假财会报告罪和妨害清算罪如处罚单位，还可能将损害相关股东甚至众多股民利益。因此，在单罚制的单位犯罪中，单位只承担"有罪不罚"的否定社会评价。同时，鉴于单位犯罪的决策和执行者是自然人，他们对单位犯罪的发生起着关键的作用，在单罚制单位犯罪中只惩罚单位中有责任的自然人，同样能起到预防单位犯罪的效果。

4. 公诉机关未将单位列为被告的情况下，法院不宜直接通知单位作为被告出庭。在单罚制的单位犯罪中，如果将单位列为被告，法院判决时，又不能判处单位刑罚，这不但没有任何意义，而且还与刑事诉讼的不告不理原则相违背。本案中，天津市南翠屏公园管理所的公园养管经费专项资金被单位成员集体私分，其作为单位显然具有"受害人"身份，如果在案件审理过程中被列为被告，则将产生"明明是受害者却仍要被追究法律责任"的悖论，既无法律依据，也不符合一般情理。因此，虽然私分国有资产罪的单位也是犯罪主体，但由于法律不追究其刑事责任，不宜将其列为被告参加刑事诉讼，判决书也不宜将其列为被告。此外，根据《刑事诉讼法解释》第283条的规定，对应当认定为单位犯罪的案件，人民检察院只作为自然人犯罪起诉的，人民法院应当建议人民检察院对犯罪单位补充起诉。人民检察院仍以自然人犯罪起诉的，人民法院应当依法审理，按照单位犯罪中的直接负责的主管人员或者其他直接责任人员追究刑事责任，并援引《刑法》分则关于追究单位犯罪中直接负责的主管人员和其他直接责任人员刑事责任的条款。本案中，原审法院在未建议公诉机关对犯罪单位补充起诉的情况下，直接将闵某光所在单位天津市南翠屏公园列为被告单位，不符合《刑事诉讼法解释》的相关规定。

综上，二审法院对原审法院将天津市南翠屏公园管理所列为被告单位的做法予以纠正，符合法律的相关规定。

第十四章
私分罚没财物罪

第一节　私分罚没财物罪概述

一、私分罚没财物罪的概念及构成要件

私分罚没财物罪，是指司法机关、行政执法机关违反国家规定，将应当上缴国家的罚没财物，以单位名义集体私分给个人，数额较大的行为。

（一）客体要件

本罪侵犯的客体是职责的廉洁性和国家财产所有权。国家司法机关、行政执法机关截留私分罚没财物，是对其公职行为廉洁性的严重侵犯，同时也侵犯国家对国有资产的所有权关系。

罚没财物，包括：（1）司法机关、行政执法机关追缴、没收的违法犯罪所得的赃款、赃物及其犯罪工具等。例如，贪污赃款、走私的影碟机、犯罪用的汽车、赌资等。（2）行政执法机关依据有关法律、法规，对公民、法人组织的行政罚款。例如，环保部门对污染环境、限期不改的企业施以行政罚款；交管部门对违反交通法规、违章驾驶的车主所施以的交通行政罚款；等等。（3）法律、法规授权的机构依据有关法律、法规，对破坏有关行政法律秩序的公民、法人组织的罚款。例如，国家文物管理部门授权文物所在地的文物管理机构，对参观文物时毁坏文物者所处以的罚款。

此类罚没财物，依据我国财政部 1993 年《关于对行政收费、罚没收入实行预算管理的规定》，均应当折价上缴国家财政，拒不上缴而擅自留作单位自用者，属行政违法行为；拒不上缴而又集体加以私分者，构成本罪行为。由于本罪行为既违犯了上述国家对罚没财物的管理制度，又侵犯了国家对罚没财物的所有权，因而本罪所侵犯的直接客体是国家对罚没财物的管理制度及其国有财产的所有权。

（二）客观要件

本罪在客观方面表现为司法机关、行政执法机关违反国家规定，将应当上缴国家的罚没财物以单位名义集体私分的行为。

私分的标的，既可以是应当上缴国家的罚没的款项，也可以是应当上缴的罚没的物品。私分的方式既可以是按人头均分，也可以是依其职位、职称、工作业绩、岗位的不同有所侧重的私分；私分的次数，既可以是一次性地集体私分，也可以是持续性地集体私分，例如，海关对罚没的摄像机，采取随罚随分的方式，持续性地私分给其职工。

参照《最高人民检察院关于人民检察院直接受理立案侦查案件立案标准的规定（试行）》的规定，涉嫌集体私分罚没财物，累计数额在 10 万元以上的，应予立案。

（三）主体要件

本罪主体是单位，即司法机关、行政执法机关。司法机关即法院、检察院、公安机关、国家安全机关等。行政执法机关即海关、工商管理机关、税务机关、卫生检查机关、商检部门、环境保护部门等。自然人不能构成本罪，但本罪处罚的则是单位的直接负责的主管人员和其他直接责任人员。

由法律、法规授权的机构依据有关法律、法规对破坏有关行政法律秩序的公民、法人组织施以行政罚款者，由于其既非司法机关，又非行政执法机关，因而此类机构如有集体私分罚没财物行为者，原则上不能构成本罪，可给予有关行政违法处理。

本罪的犯罪主体既可以是法人单位、也可以是非法人单位。虽然司法机关、行政执法机关本身一般均为依法设立的法人机构，但其派出机构往往没有独立法人资格，但由于其符合刑法上的"单位"的条件，且也属于司法机关或行政执法机关，因而此类机构自身原则上应当能够成立本罪犯罪主体，例如，公安派出所、各级林业管理部门的派出管理机构等。

（四）主观要件

本罪在主观方面表现为故意，即上述单位明知罚没财物应依照有关国家规定，上缴国库，但仍以单位名义集体私分给个人的行为。

二、私分罚没财物罪案件审理情况

我国 1979 年《刑法》和 1988 年全国人大常委会《关于惩治贪污罪贿赂罪的补充规定》均没有私分罚没财物罪的罪名。在司法实践中，对于私分罚没财物的行为，一般按照违反财经纪律处理；对于情节严重的私分罚没财物行为，按照贪污罪处罚。如 1988 年全国人大常委会《关于惩治走私罪的补充规定》第 13 条规定："处理走私案件没收的财物和罚金、罚款收入，全部上缴国库，不得提成，不得私自处理。私分没收的财物和罚金、罚款收入的，以贪污论处。" 1996 年《行政处罚法》第 58 条第 1 款规定："行政机关将罚款、没收的违法所得或者财物截留、私分或者变相私分的，由财政部门或者有关部门予以追缴，对直接负责的主管人员和其他直接责任人员依法给予行政处分；情节严重构成犯罪的，依法追究刑事责任。" 1997 年修订后的《刑法》在贪污贿赂罪一章之中增设了私分罚没财物罪。

通过中国裁判文书网检索，2006年至2022年间，全国法院审结一审私分罚没财物罪刑事案件共5件，且2018年之后已无相关判例。本罪名在实践中总体使用较少。

三、私分罚没财物罪案件审理热点、难点问题

以单位名义，巧立名目乱收乱罚得来的"罚没财物"，可否认定为罚没财物？有观点认为，这种"罚没财物"虽不合法，但它是以国家名义收缴的，应认定为"罚没财物"。也有观点认为，这样"没收的财物"或"罚款"既无处罚的法定依据，又没有遵守法定程序，不能视为"罚没财物"。对单位私分乱收乱罚财物的行为，如何定性和处罚，《刑法》尚未明确规定，实践中较难以把握。

四、私分罚没财物罪案件办案思路及原则

1. 我国《刑法》对单位犯罪一般采取"双罚制"原则，但根据《刑法》第396条第1款的规定，对集体私分罚没财物者，采取的是"双罚制"的例外情况即"单罚制"，也就是说，对于司法机关、行政执法机关违反国家规定，将应当上缴国家的罚没财物，以单位名义集体私分给个人，数额较大构成犯罪的，只追究单位直接负责的主管人员和其他直接责任人员的刑事责任。对于单位其他得益者，无论其私分到多少，均不以犯罪论处。

2. 私分罚没财物罪是指司法机关、行政机关违反国家的规定，将应当上缴国家的罚没财物，以单位的名义集体私分给个人的行为。区县公安机关的派出所、工商局的派出机构等能否成为本罪的司法机关、行政执法机关的犯罪主体？我们认为，根据2001年1月21日最高人民法院印发的《全国法院审理金融犯罪案件工作座谈会纪要》和最高人民检察院的有关批复均已明确规定，即以单位名义实施犯罪，违法所得归单位所有的，是单位犯罪。以单位的分支机构或内设机构、部门的名义实施犯罪，违法所得亦归分支机构或内设机构、部门所有的，应认为单位犯罪。不能因为单位的分支机构或内设机构、部门没有可供执行罚金财产，就不将其认定为单位犯罪而按个人犯罪处理。所以上述司法机构、行政执法机关的派出机构等能够成为这里所指的司法机关、行政执法机关，亦即能够成为本罪的主体。

第二节　私分罚没财物罪审判依据

一、法律

1.《刑法》（2020年12月26日修正）（节录）

第三百九十六条第二款　司法机关、行政执法机关违反国家规定，将应当上缴国家的罚没财物，以单位名义集体私分给个人的，依照前款的规定处罚。

2.《行政处罚法》（2021年1月22日修订）（节录）

第七十四条　除依法应当予以销毁的物品外，依法没收的非法财物必须按照国家规

定公开拍卖或者按照国家有关规定处理。

罚款、没收的违法所得或者没收非法财物拍卖的款项，必须全部上缴国库，任何行政机关或者个人不得以任何形式截留、私分或者变相私分。

罚款、没收的违法所得或者没收非法财物拍卖的款项，不得同作出行政处罚决定的行政机关及其工作人员的考核、考评直接或者变相挂钩。除依法应当退还、退赔的外，财政部门不得以任何形式向作出行政处罚决定的行政机关返还罚款、没收的违法所得或者没收非法财物拍卖的款项。

第七十九条 行政机关截留、私分或者变相私分罚款、没收的违法所得或者财物的，由财政部门或者有关机关予以追缴，对直接负责的主管人员和其他直接责任人员依法给予处分；情节严重构成犯罪的，依法追究刑事责任。

执法人员利用职务上的便利，索取或者收受他人财物、将收缴罚款据为己有，构成犯罪的，依法追究刑事责任；情节轻微不构成犯罪的，依法给予处分。

二、司法解释

《最高人民检察院关于人民检察院直接受理立案侦查案件立案标准的规定（试行）》（1999 年 9 月 16 日　高检发释字〔1999〕2 号）（节录）

（十一）私分国有资产案（第 396 条第 1 款）

私分国有资产罪是指国家机关、国有公司、企业、事业单位、人民团体，违反国家规定，以单位名义将国有资产集体私分给个人，数额较大的行为。

涉嫌私分国有资产，累计数额在 10 万元以上的，应予立案。

（十二）私分罚没财物案（第 396 条第 2 款）

私分罚没财物罪是指司法机关、行政执法机关违反国家规定，将应当上缴国家的罚没财物，以单位名义集体私分给个人的行为。

涉嫌私分罚没财物，累计数额在 10 万元以上，应予立案。

三、刑事政策文件

《最高人民法院、最高人民检察院关于办理国家出资企业中职务犯罪案件具体应用法律若干问题的意见》（2010 年 11 月 26 日　法发〔2010〕49 号）（节录）

二、关于国有公司、企业在改制过程中隐匿公司、企业财产归职工集体持股的改制后公司、企业所有的行为的处理

国有公司、企业违反国家规定，在改制过程中隐匿公司、企业财产，转为职工集体持股的改制后公司、企业所有的，对其直接负责的主管人员和其他直接责任人员，依照刑法第三百九十六条第一款的规定，以私分国有资产罪定罪处罚。

改制后的公司、企业中只有改制前公司、企业的管理人员或者少数职工持股，改制前公司、企业的多数职工未持股的，依照本意见第一条的规定，以贪污罪定罪处罚。

第三节 私分罚没财物罪在审判实践中的疑难新型问题

问题 1. 如何区分私分国有资产罪与私分罚没财物罪①

【实务专论】

私分罚没财物罪与私分国有资产罪在犯罪客体、客观方面、法定刑等方面均有相同之处，但二者又有明显不同。

一是犯罪对象不同。私分罚没财物罪的对象仅指应上缴国家的罚没财物，外延比较小。而私分国有资产罪可以是任何国有资产，范围比较宽泛。二是犯罪主体不同。私分罚没财物罪的主体只能是国家机关中的司法机关和行政执法机关。而私分国有资产罪的主体是任何国家机关、国有公司、企业、事业单位、人民团体。三是违反国家规定的内容不同。私分罚没财物罪违反的国家规定，主要是国家关于罚没财物应当上缴国家的财经法规，而私分国有资产罪违反的国家规定可以是国有资产保护、管理、处分等方面的规定，也可以是财经纪律方面的规定。

问题 2. 如何确定私分罚没财物罪与贪污罪的界限

【实务专论】

私分罚没财物罪与贪污罪在客观方面具有一定相似之处，即都侵害了国家所有的财产权，非法侵吞或蚕食国家财产。在我国 1997 年《刑法》颁布之前，私分罚没财物的案件是按照贪污罪定罪处罚的，因此，区分两罪对于司法实践具有重要意义。

（1）客体不同。私分罚没财物罪侵犯的客体是国家罚没财物的管理制度与国家廉政制度，贪污罪侵犯的客体是国家工作人员的职务廉洁性以及公共财产的所有权。

（2）客观方面不同。私分罚没财物罪在客观方面表现为违反国家规定，将应上缴国家的罚没财物，以单位名义私分给个人。贪污罪是利用职务便利，侵吞、窃取、骗取或者以其他手段非法占有公共财物的行为。在客观方面，私分罚没财物罪与贪污罪的最大差别在于，前者是以单位名义将国家罚没收入分给单位中所有人或大多数人。如果私分罚没财物的行为不是以单位名义作出的，而是自然人的行为，即几个自然人私下将国家罚没财物分掉，这种情况下，行为人应构成贪污罪。

（3）犯罪主体不同。私分罚没财物罪的犯罪主体是司法机关、行政执法部门，而贪污罪的犯罪主体是自然人。这是两罪在犯罪主体方面的最大差别。

---

① 周强总主编：《中华人民共和国刑法案典》（下），人民法院出版社 2016 年版，第 2265 页。

问题 3. 对于有财政部门文件规定，以罚款部分比例返还作为单位经费、工资、加班费的，是否构成私分罚没财物罪

由于历史和政策的原因，在单位财政拨款严重不足的情况下，单位用截留的罚没款来发放工资是迫于无奈，一般不以本罪论处，但可认定属于违反财经纪律的行为。

【典型案例】何某、朱某、谢某、黄某、崔某犯贪污罪、私公罪没财物案①

一、基本案情

佛冈县人民检察院指控原审被告人何某、朱某、谢某、黄某、崔某集体私分罚没财物一案，佛冈县人民法院 1998 年 6 月 15 日作出（1998）佛刑初字第 14 号刑事判决，宣告各原审被告人无罪。宣判后，佛冈县人民检察院提出抗诉，清远市中级人民法院 1998 年 11 月 10 日作出（1998）清中法刑终字第 40 号刑事裁定，驳回抗诉，维持原判。判决发生法律效力后，广东省人民检察院对该案提出抗诉。广东省高级人民法院依照审判监督程序，再审审理查明：1993 年至 1996 年，佛冈县公安局根据该县的财政政策对下属各派出所实行经费包干，干警工资由该局发放，其他一切费用在各派出所上缴罚没款和行政性收费的 30%～40%（浮动）返拨款中解决。1993 年 8 月至 1994 年 8 月，原审被告人何某任佛冈县公安局石角分局局长兼城南派出所所长期间，在城南派出所办案办公正常经费得不到保证的情况下，与原审被告人谢某、黄某等人商量，决定在单位内设立"小钱柜"，将应上缴的部分罚没款、行政性收费、退赃款、保证金进行截留，连同赞助款等收入"小钱柜"，用作补充办公、办案、建设、购置设备等办公经费和发放派出所干警各项补助等项开支。1994 年 1 月至 1995 年 4 月城南派出所向全所干警发放生活、节日、夜班、加班等补助共九次（按干警出勤情况发放），总金额人民币 120801 元，其中，何某共领款 13626.40 元，谢某、黄某分别共领款 13616.40 元。1994 年 9 月，原审被告人朱某接任佛冈县公安局城南派出所所长后，与副所长、原审被告人谢某、黄某、崔某共同商量，继续设立"小钱柜"，用于补充办公费用和向该所干警发放各项补贴，至 1996 年 12 月发放各项补贴四十次（基本按干警出勤情况发放），共 426950 元，其中，朱某、谢某、黄某、崔某各领取人民币 41277 元，何某接受城南派出所的补贴 27977 元。综上所述：从 1994 年 1 月至 1996 年 12 月，何某领款 13626.40 元，另接受城南派出所各项补助二十九次共 27977 元，合计得款 41603.40 元；朱某领款四十次，得款 41277 元；谢某、黄某分别领款四十九次，分别得款 54893.40 元；崔某领款四十次，得款 41277 元。案发后，五被告人均退清上述所得款。

广东省人民检察院抗诉认为：原审被告人何某、朱某、谢某、黄某、崔某私分罚没财物的数额大，情节严重，造成了恶劣的社会影响，其行为触犯了 1988 年全国人大常委会《关于惩治贪污罪贿赂罪的补充规定》第 1 条第 1 款及新《刑法》第 396 条第 2 款之规定，构成贪污罪、私分罚没财物罪，根据从旧兼从轻的原则，对原审被告人的行为应以私分罚没财物罪定罪处罚。各原审被告人及辩护人均辩称：原审被告人没有贪污或者私分罚没款的故意，所得的这些钱是应得的劳动报酬；城南派出所发生这些情况，在当时是普遍现象，是受到提倡"来之不当用之当"做法的影响，目的是保证所里的办公经费和提高干警工作积极性，这属于违反财经纪律的行为，不构成贪污罪，也不构成私分

---

① 赵俊：《贪污贿赂类罪认定标准与办案指南》，法律出版社 2019 年版，第 441 页。

罚没财物罪。

广东省高级人民法院再审认为：原审被告人何某、朱某、谢某、黄某、崔某身为派出所负责人，不按照有关规定将罚没款、行政性收费全部上缴后再从返拨款中开支，而是商定将部分应上缴的罚没款、行政性收费、退赃款、保证金进行截留，连同赞助款等收入"小钱柜"，又从"小钱柜"支出补贴办公办案经费和发放干警的各项补贴，属违反财经纪律的行为。由于派出所从"小钱柜"支出发放的各项补贴主要是按照干警出勤情况平均发放，各原审被告人没有借机故意侵吞公款的行为，而且"小钱柜"中有赞助款等非罚没款的部分，因此，各原审被告人的行为尚不构成犯罪。原判认定的事实清楚、证据确实，适用法律正确，审判程序合法。各原审被告人及其辩护人认为不构成犯罪的主要理由成立，应予采纳；广东省人民检察院的抗诉理由不能成立，不予采纳。经该院审判委员会讨论决定，依照《刑事诉讼法》第 205 条第 3 款和第 206 条的规定，裁定如下：驳回抗诉，维持原判。

二、案例评析

该案发生在特殊地区，尤其是财政经费不足以保障支出的地方，财政部门有文件许可，而且发放标准是以劳动出勤为标准，不是以工龄、级别、职务其他标准私分，故法院处理本案充分考虑社会效果与法律效果，各被告人也最终退清了所有发放款项，得到了教育。实际上本案也属于单位用截留的罚没款给职工发"开口工资"（指按财经政策允许发放，但国家财政不拨款，由单位自筹解决的工资部分）。"开口工资"应该从形式上加以明确：一是"开口"部分必须经过财政机关备案；二是"开口"部分必须从形式上要转化为财政经费或者拨款。对于未经上述程序的应认定为私分罚没财物行为。对于一些偏远地区的基层单位，由于财政拨款没有到位，截留罚没财物用以发放职工工资，由于工资是单位职工应得的劳动报酬，职工有权利要求按时得到，在单位财政拨款严重不足的情况下，单位用截留的罚没款来发放工资是迫于无奈，是坐支罚没款的行为。而不以本罪论处，但可认定属于违反财经纪律的行为。

第十五章

滥用职权罪

第一节 滥用职权罪概述

一、滥用职权罪的概念及构成要件

滥用职权罪，是指国家机关工作人员故意逾越职权或者不履行职责，致使公共财产、国家和人民利益遭受重大损失的行为。

（一）客体要件

本罪侵犯的客体是国家机关的正常活动。国家机关工作人员故意逾越职权，致使国家机关的某项具体工作遭到破坏，给国家、集体和人民利益造成严重损害，从而危害了国家机关的正常活动。本罪侵犯的对象可以是公共财产或者公民的人身及其财产。

（二）客观要件

本罪在客观方面表现为滥用职权，致使公共财产、国家和人民利益遭受重大损失的行为。滥用职权，是指不法行使职务上的权限的行为，即就形式上属于国家机关工作人员一般职务权限的事项，以不当目的或者以不法方法，实施违反职务行为宗旨的活动。首先，滥用职权应是滥用国家机关工作人员的一般职务权限，如果行为人实施的行为与其一般的职务权限没有任何关系，则不属于滥用职权。其次，行为人或者是以不当目的实施职务行为或者是以不法方法实施职务行为；在出于不当目的实施职务行为的情况下，即使从行为的方法上看没有超越职权，也属于滥用职权。最后，滥用职权的行为违反了职务行为的宗旨，或者说与其职务行为的宗旨相悖。滥用职权的行为主要表现为以下几种情况：一是超越职权，擅自决定或处理没有具体决定、处理权限的事项；二是玩弄职权，随心所欲地对事项作出决定或者处理；三是故意不履行应当履行的职责，或者说任意放弃职责；四是以权谋私、假公济私，不正确地履行职责。具体包括：

1. 对非法制造、买卖、运输、储存毒鼠强等禁用剧毒化学品行为负有查处职责的国家机关工作人员，滥用职权致使公共财产、国家和人民利益遭受重大损失的，依照《刑法》第 397 条的规定，以滥用职权罪追究刑事责任。

2. 国家机关工作人员在履行安全监督管理职责时滥用职权，致使公共财产、国家和人民利益遭受重大损失的，或者徇私舞弊，对发现的刑事案件依法应当移交司法机关追究刑事责任而不移交，情节严重的，分别依照《刑法》第 397 条、第 402 条的规定，以滥用职权罪或者徇私舞弊不移交刑事案件罪定罪处罚。公司、企业、事业单位的工作人员在依法或者受委托行使安全监督管理职责时滥用职权构成犯罪的，应当依照《全国人民代表大会常务委员会关于〈中华人民共和国刑法〉第九章渎职罪主体适用问题的解释》的规定，适用渎职罪的规定追究刑事责任。

3. 对药品、医疗器械注册申请负有核查职责的国家机关工作人员，滥用职权导致使用虚假证明材料的药品、医疗器械获得注册，致使公共财产、国家和人民利益遭受重大损失的，应当依照《刑法》第 397 条规定，以滥用职权罪追究刑事责任。

4. 负有无线电监督管理职责的国家机关工作人员滥用职权致使公共财产、国家和人民利益遭受重大损失的，应当依照《刑法》第 397 条的规定，以滥用职权罪追究刑事责任。

5. 国家机关工作人员滥用职权，有下列情形之一，致使盗窃、抢劫、诈骗、抢夺的机动车被办理登记手续，数量达到三辆以上或者价值总额达到三十万元以上的，依照《刑法》第 397 条第 1 款的规定，以滥用职权罪定罪，处三年以下有期徒刑或者拘役，（1）明知是登记手续不全或者不符合规定的机动车而办理登记手续的；（2）指使他人为明知是登记手续不全或者不符合规定的机动车办理登记手续的；（3）违规或者指使他人违规更改、调换车辆档案的；（4）其他滥用职权的行为。

6. 国家机关工作人员疏于审查或者审查不严，致使盗窃、抢劫、诈骗、抢夺的机动车被办理登记手续，数量达到五辆以上或者价值总额达到五十万元以上的，依照《刑法》第 397 条第 1 款的规定，以玩忽职守罪定罪，处三年以下有期徒刑或者拘役。国家机关工作人员实施前两款规定的行为，致使盗窃、抢劫、诈骗、抢夺的机动车被办理登记手续，分别达到前两款规定数量、数额标准五倍以上的，或者明知是盗窃、抢劫、诈骗、抢夺的机动车而办理登记手续的，属于《刑法》第 397 条第 1 款规定的"情节特别严重"，处三年以上七年以下有期徒刑。国家机关工作人员徇私舞弊，实施上述行为，构成犯罪的，依照《刑法》第 397 条第 2 款的规定定罪处罚。

7. 在预防、控制突发传染病疫情等灾害的工作中，负有组织、协调、指挥、灾害调查、控制、医疗救治、信息传递、交通运输、物资保障等职责的国家机关工作人员，滥用职权致使公共财产、国家和人民利益遭受重大损失的，依照《刑法》第 397 条的规定，以滥用职权罪定罪处罚。

8. 海关、外汇管理部门的工作人员严重不负责任，造成大量外汇被骗购或者逃汇，致使国家利益遭受重大损失的，依照《刑法》第 397 条的规定处罚。

9. 公安、工商行政管理人员或者其他国家机关工作人员滥用职权或者玩忽职守、徇私舞弊，致使赃车入户、过户、验证的，给予行政处分；致使公共财产、国家和人民利益遭受重大损失的，依照《刑法》第 397 条的规定处罚。

10. 国家机关工作人员违反《刑事诉讼法》和《关于严格执行刑事诉讼法、切实纠正超期羁押的通知》的规定，造成犯罪嫌疑人、被告人超期羁押的，对于直接负责的主管人员和其他直接责任人员，由其所在单位或者上级主管机关依照有关规定予以行政或者纪律处分；造成犯罪嫌疑人、被告人超期羁押，情节严重的，对于直接负责的主管人员和其他直接责任人员，依照《刑法》第 397 条的规定，以玩忽职守罪或者滥用职权罪追究刑事责任。

11. 国家机关工作人员滥用职权实施下列行为之一，致使公共财产、国家和人民利益遭受重大损失的，依照《刑法》第 397 条的规定，以滥用职权罪定罪处罚：（1）超越职权范围，批准发放石油、天然气勘查、开采、加工、经营等许可证的；（2）违反国家规定，给不符合法定条件的单位、个人发放石油、天然气勘查、开采、加工、经营等许可证的；（3）违反《石油天然气管道保护条例》等国家规定，在油气设备安全保护范围内批准建设项目的；（4）对发现或者经举报查实的未经依法批准、许可擅自从事石油、天然气勘查、开采、加工、经营等违法活动不予查封、取缔的。

12. 国家机关工作人员滥用职权危害矿山生产安全，具有下列情形之一，致使公共财产、国家和人民利益遭受重大损失的，依照《刑法》第 397 条的规定定罪处罚：（1）对不符合矿山法定安全生产条件的事项予以批准或者验收通过的；（2）对于未依法取得批准、验收的矿山生产经营单位擅自从事生产经营活动不依法予以处理的；（3）对于已经依法取得批准的矿山生产经营单位不再具备安全生产条件而不撤销原批准或者发现违反安全生产法律法规的行为不予查处的；（4）强令审核、验收部门及其工作人员实施本条第 1 项行为，或者实施其他阻碍下级部门及其工作人员依法履行矿山安全生产监督管理职责行为的；（5）在矿山生产安全事故发生后，负有报告职责的国家机关工作人员不报或者谎报事故情况，贻误事故抢救的；（6）其他滥用职权或者玩忽职守的行为。

13. 国家机关工作人员在履行安全监督管理职责时滥用职权，致使公共财产、国家和人民利益遭受重大损失的，分别依照《刑法》第 397 条、第 402 条的规定，以滥用职权罪定罪处罚。

14. 负有无线电监督管理职责的国家机关工作人员滥用职权致使公共财产、国家和人民利益遭受重大损失的，应当依照《刑法》第 397 条的规定，以滥用职权罪追究刑事责任。

15. 国家机关工作人员在行使反兴奋剂管理职权时滥用职权造成严重兴奋剂违规事件，严重损害国家声誉或者造成恶劣社会影响，符合《刑法》第 397 条规定的，以滥用职权罪定罪处罚。依法或者受委托行使反兴奋剂管理职权的单位的工作人员，在行使反兴奋剂管理职权时滥用职权或者玩忽职守的，依照前述规定定罪处罚。

16. 林业主管部门工作人员违法发放林木采伐许可证，致使森林遭受严重破坏的，依照《刑法》第 407 条的规定，以违法发放林木采伐许可证罪追究刑事责任；以其他方式滥用职权致使森林遭受严重破坏的，依照《刑法》第 397 条的规定，以滥用职权罪追究刑事责任，立案标准依照《最高人民检察院关于渎职侵权犯罪案件立案标准的规定》第一部分渎职犯罪案件第 18 条第 3 款的规定执行。

17. 对买卖尚未加盖发证机关的行政印章或者通行专用章印鉴的空白《中华人民共和国边境管理区通行证》的行为，不宜以买卖国家机关证件罪追究刑事责任。国家机关工作人员实施上述行为，构成犯罪的，可以按滥用职权等相关犯罪依法追究刑事责任。

18. 林业主管部门工作人员之外的国家机关工作人员，违反森林法的规定，滥用职权致使林木被滥伐 40 立方米以上或者幼树被滥伐 2000 株以上，或者致使防护林、特种用途林被滥伐 10 立方米以上或者幼树被滥伐 400 株以上，或者致使珍贵树木被采伐、毁坏 4 立方米或者 4 株以上，或者致使国家重点保护的其他植物被采伐、毁坏后果严重的，或者致使国家严禁采伐的林木被采伐、毁坏情节恶劣的，按照《刑法》第 397 条的规定以滥用职权罪追究刑事责任。

滥用职权的行为，必须致使公共财产、国家和人民利益造成重大损失的结果时，才构成犯罪。所谓重大损失，是指给国家和人民造成的重大物质性损失和非物质性损失。物质性损失一般是指人身伤亡和公私财物的重大损失，是确认滥用职权犯罪行为的重要依据；非物质性损失是指严重损害国家机关的正常活动和声誉等。认定是否重大损失，应根据司法实践和有关规定，对所造成的物质性和非物质性损失的实际情况，并按直接责任人员的职权范围全面分析，以确定应承担责任的大小。

根据《最高人民法院、最高人民检察院关于办理渎职刑事案件适用法律若干问题的解释（一）》规定，国家机关工作人员滥用职权，具有下列情形之一的，应当认定为《刑法》第 397 条规定的"致使公共财产、国家和人民利益遭受重大损失"：（1）造成死亡 1 人以上，或者重伤 3 人以上，或者轻伤 9 人以上，或者重伤 2 人、轻伤 3 人以上，或者重伤 1 人、轻伤 6 人以上的；（2）造成经济损失 30 万元以上的；（3）造成恶劣社会影响的；（4）其他致使公共财产、国家和人民利益遭受重大损失的情形。

具有下列情形之一的，应当认定为《刑法》第 397 条规定的"情节特别严重"：（1）造成伤亡达到前款第（1）项规定人数 3 倍以上的；（2）造成经济损失 150 万元以上的；（3）造成前款规定的损失后果，不报、迟报、谎报或者授意、指使、强令他人不报、迟报、谎报事故情况，致使损失后果持续、扩大或者抢救工作延误的；（4）造成特别恶劣社会影响的；（5）其他特别严重的情节。

国家机关工作人员滥用职权，符合《刑法》第九章所规定的特殊渎职罪构成要件的，按照该特殊规定追究刑事责任；主体不符合《刑法》第九章所规定的特殊渎职罪的主体要件，但滥用职权涉嫌前款第 1 项至第 9 项规定情形之一的，按照《刑法》第 397 条的规定以滥用职权罪追究刑事责任。

公共财产的重大损失，通常是指滥用职权行为已经造成的重大经济损失。在司法实践中，有以下情形之一的，虽然公共财产作为债权存在，但已无法实现债权的，可以认定为行为人的渎职行为造成了经济损失：（1）债务人已经法定程序被宣告破产；（2）债务人潜逃，去向不明；（3）因行为人责任，致使超过诉讼时效；（4）有证据证明债权无法实现的其他情况。重大损失应当是指滥用职权犯罪或者与滥用职权犯罪相关联的犯罪立案时已经实际造成的财产损失，包括为挽回渎职犯罪所造成的损失而支付的各种开支、费用等。立案后至提起公诉前持续发生的经济损失，应一并计入渎职犯罪造成的经济损失。债务人经法定程序被宣告破产，债务人潜逃、去向不明，或者因行为人的责任超过诉讼时效等，致使债权已经无法实现的，无法实现的债权部分应当认定为滥用职权犯罪的经济损失。滥用职权犯罪或者与滥用职权犯罪相关联的犯罪立案后，犯罪分子及其亲友自行挽回的经济损失，司法机关或者犯罪分子所在单位及其上级主管部门挽回的经济损失，或者因客观原因减少的经济损失，不予扣减，但可以作为酌定从轻处罚的情节。

滥用职权行为与造成的重大损失结果之间，必须具有刑法上的因果关系。滥用职权行为与造成的严重危害结果之间的因果关系错综复杂，有直接原因，也有间接原因；有主要原因，也有次要原因；有领导者的责任，也有直接责任人员的过失行为。构成本罪，应当追究刑事责任的，则是指滥用职权行为与造成的严重危害结果之间有必然因果联系的行为。否则，一般不构成滥用职权罪，而是属于一般工作上的错误问题的，应由行政主管部门处理。

司法实践中对国家机关工作人员滥用职权犯罪"造成恶劣社会影响"的认定，可从以下方面予以把握：（1）严重损害国家机关形象，致使政府公信力下降的；（2）引发新闻媒体广泛关注，引起强烈社会反响的；（3）造成大规模上访、暴力冲突等事件，影响国家机关正常职能活动的；（4）诱发民族矛盾纠纷，严重影响民族团结、社会稳定的；（5）造成其他恶劣社会影响的。

（三）主体要件

本罪主体是国家机关工作人员。国家机关是指国家权力机关、国家行政机关、国家监察机关和国家司法机关，因此，国家机关工作人员，是指在各级人大及其常委会、各级人民政府、各级监察机关和各级人民法院和人民检察院中依法从事公务的人员。根据《全国人民代表大会常务委员会关于〈中华人民共和国刑法〉第九章渎职罪主体适用问题的解释》的规定，在依照法律、法规规定行使国家行政管理职权的组织中从事公务的人员，或者在受国家机关委托代表国家机关行使职权的组织中从事公务的人员，或者虽未列入国家机关人员编制但在国家机关中从事公务的人员，在代表国家机关行使职权时，有渎职行为，构成犯罪的，依照《刑法》关于渎职罪的规定追究刑事责任。

（四）主观要件

本罪在主观方面表现为故意，行为人明知自己滥用职权的行为会发生致使公共财产、国家和人民利益遭受重大损失的结果，并且希望或者放任这种结果发生。从司法实践来看，对危害结果持间接故意的情况比较多见。至于行为人是为了自己的利益滥用职权，还是为了他人利益滥用职权，则不影响本罪的成立。

二、滥用职权罪案件审理情况

滥用职权罪系1997年《刑法》吸收修改1979年《刑法》作出的规定。1979年《刑法》第187条规定："国家工作人员由于玩忽职守，致使公共财产、国家和人民利益遭受重大损失的，处五年以下有期徒刑或者拘役。"1997年《刑法》将渎职罪的主体限制为国家机关工作人员，在玩忽职守的基础上增加了滥用职权，并对法定刑作出了调整；同时，明确了本条的普通法条地位。

通过中国裁判文书网检索，2018年至2022年，全国法院审结一审滥用职权罪刑事案件共计2114件。其中，2018年943件，2019年618件，2020年422件，2021年107件，2022年24件。

司法实践中，滥用职权罪案件主要呈现出以下特点及趋势：一是犯罪主体日趋多元化，人员成分复杂，多为窝案串案、涉案人员多，例如，在征地拆迁领域发生的滥用职权案件，有关人员往往采取打招呼或商量、合谋等方式，共同策划打通各个环节，最终达到额外获取补偿的目的，使得一件滥用职权案件的查处，通常会牵连出其他职务犯罪；二是滥用职权犯罪违法形态日趋多样化，有的利用职权徇私情私利，有的超越自己的职权范围行使其他机关工作人员行使的权力，有的违背职权行使的时间、地域、程序、内容限制，不正确行使职权；三是危害后果极其严重，"不揣腰包"的腐败同样会给国家和人民造成严重损失，重特大案件所占比例较高，给国家造成巨额经济损失。

三、滥用职权罪案件审理热点、难点问题

1. 法律法规有其变动性，总要适应于一定的现实需要，因此，总会不断地进行修改，更不用说与社会实际联系更紧密的部门和地方规章了，那么如果行为人行为时违反某一规定行使职权的，然而该规定在行为人犯罪之后被废除，或者其规定在一定程度上进行了放宽，导致行为人的行为现在并未违反规定，那么对于行为人应当准用何时的规定？是依照旧法予以处罚，还是依照新法将其无罪处理？我们认为，行为人在实施公务行为时应当遵照当时所规定的职责要求即职权行使规范实施职权活动，如果事后规定该职责要求的法律法规发生了变动，说明原法律法规不适应事后的社会生活，因此，需要修改，但不能据此得出原法律法规不适应修改之前的状况的结论。在行为人滥用职权行为时，认定其是否滥用职权应当按照行为时的法律予以考量，不能因事后法对当事人有利就采用事后法。滥用职权罪强调的是行为本身的违法性，而行为本身是否违法必须依据行为当时的法律来进行判断，修改后的法律其现实状况和行为时都有很大的区别，不可作为判断行为时违法的依据。因此，不能适用从旧兼从轻的原则来判断相关法律修改时行为人的行为性质。从旧兼从轻原则适用于对行为人本身利益直接作用的法律文件，而行为人行为违法与否的事实判断应当依照行为当时的法律而作出。

2. 当若干规定同一职权的法律规定之间存在冲突时应当如何处理。我国行政法规、部门规章众多，各地区还存在诸多的地方性法规和地方规章，当这些法律文件之间就某一问题的具体规定存在冲突时，应当如何处理？我们认为，当不同法律之间的具体规定存在冲突时，应当分析冲突的法律文件之间的效力等级，效力高的法律文件应当优先适用，当然如果两文件效力相同，就需要提交有决定权的部门决定适用何种规定。当无法判定两冲突的法律文件的效力高低时，首先考虑行为时的法律原则，如果行为时两法律文件均适用，则依据新法优于旧法、特别法优于普通法的原则进行判定。

3. 实践中，涉案人员经常以工作惯例或工作失误为由进行辩解，如何审查此类辩解的合理性？如何界定工作失误和渎职犯罪？我们认为，首要区别在于是否正确履行了职责。渎职犯罪是指国家机关工作人员在履行职责或者行使职权过程中，滥用职权、玩忽职守或徇私舞弊，致使公共财产、国家和人民利益遭受重大损失的行为，表现在由于严重不负责任而不履行或不正确履行职责。而工作失误行为则是由于经验不足、能力水平有限，或因无法预见和不可抗拒的客观因素影响，虽行为人尽力履行了职责，但仍给国家、集体和人民利益造成损失的行为。工作失误的主观愿望是积极的，往往是为了做好工作，或想创造性地工作，但由于经验不足，或者技术水平不高等而事与愿违，发生了危害结果。而渎职类犯罪行为人的主观方面大多出于故意，有的出于过失，过失也分为两种，一是行为人知道自己的行为可能会导致社会危害，但轻信能够避免而导致结果发生；二是行为人应当预见自己的行为可能会导致社会危害，但出于疏忽大意，而导致结果发生。

4. 对于"徇私舞弊"的理解和认定难。《刑法》第397条第2款"国家机关工作人员徇私舞弊"中的"徇私舞弊"，是主观要件还是客观要件、是犯罪目的还是犯罪动机，存在多种观点，目前通说认为属于犯罪动机，徇私舞弊的性质则是由"徇私"这一动机

决定的。① 实践中，对于"徇私"的认定常出现争议，一方面，徇私指出于贪图财色、袒护亲友、照顾关系或泄愤报复等私情私利，那么除了"徇个人之私"，是否还包括"徇单位或小集体之私"？另一方面，作为主观心理活动，如何利用证据证明存在徇私动机，一直是侦查、审判过程中的难点，对于其证明方式和证明标准亦未达成一致。

5. 对于滥用职权造成损失的处理难。在行为人滥用职权为他人谋取利益的情形中，滥用职权造成的经济损失具有明确的去向，即第三人的非法获利。实践中，有些案件第三人在审理过程中主动或应办案机关要求将非法获利退回，弥补了滥用职权造成的损失。但在第三人未退缴或未全部退缴非法获利的情况下，应如何在判决中处理滥用职权造成的损失，目前尚不明确，做法未达成统一。多数判决仅笼统判处"依法追缴滥用职权造成的损失"，但对于追缴对象、数额等均未予明确，也有判决对该问题避而不谈。为了更加有力打击滥用职权犯罪，弥补犯罪行为给公共财产、国家和人民利益造成的损失，同时消除不法获利，这一问题亟待解决。

四、滥用职权罪案件办案思路及原则

1. 认定滥用职权罪时，应当遵循从客观到主观的认定顺序。如果行为人的客观行为并不符合滥用职权罪的要求，即便主观上存在滥用职权的故意，也不能认定滥用职权罪。在实施犯罪的过程中，行为人有可能会对自己的行为是否属于"滥用"职权产生认识错误。就此，应当以相关的法律以及规章制度为标准，以行为时为判断的时间点，进行客观的、综合的判断。

2. 准确把握"严重后果"的归因与归责。滥用职权罪往往经过了多重职务行为的传递，而且还可能介入其他因素。因此，最终的"严重后果"能否在客观上归责于源头的"启动行为"，需慎重判断。源头的滥用职权当然是"严重后果"发生的条件之一，但《刑法》所要求的因果关系比条件关系更严格，因此，必须在条件关系的基础上进一步限缩。

认定因果关系，应当以行为时客观存在的一切事实为基础，依据一般人的经验进行判断，特别是在"一果多因"的情况下，危害后果的发生是在行为人实施行为后多个因素的介入下而产生的，应当通过考察行为人的行为导致结果发生的可能性大小、介入因素对结果发生的作用大小、介入因素的异常程度等来判断行为人的行为与结果之间是否存在因果关系。如果行为人的行为导致最后结果发生的可能性越高，则认定因果关系存在的理由越足，反之则不然；介入因素对结果发生的作用越大，认定因果关系存在的理由越不足，反之则不然；介入因素的异常程度越高，认定因果关系存在的理由越不足，反之则不然。

3. 对于证明滥用职权罪主观方面，应重点审查以下内容：（1）证明行为人不正确行使职权或超越职权违法处理公务活动的动机、目的的证据，以查明与管理相对人的关系、有无收受好处、是否为本人或他人谋私情、私利；（2）行为人对其本人不正确行使或超越职权处理公务活动、违法违规违纪的认知程度；（3）行为人对可能造成的危害后果的认知程度；（4）对法律"明知故犯"的情形，应调取被告人对公务熟悉程度的证据，包括其知识层次、从事公务活动的时间、有无管理权限、是否接受过培训等；（5）共同犯

---

① 王佩芬：《"徇私舞弊"在刑法中的功能定位及立法重构》，载《政治与法律》2020 年第 12 期。

罪的，应查明行为人之间的犯意提起、联络、分工情况以及在共同犯意下各行为人实施的行为。

4. 对于滥用职权罪中具体职权职责的情况，应重点审查：（1）是否调取单位"三定"（定部门职责、定内设机构、定人员编制）方案，以确定单位的职责职权；（2）是否调取个人任职分工文件或会议记录，以确定其个人具体职责职权范围、行使职权的程序、接受监督的方式及自身的知识层次、从事公务年限、接受的培训情况等；（3）是否调取单位内部规定、工作程序、年终总结、目标考核材料、个人签订的责任状等，以明确依法行使职权的情况下应如何处理公务；（4）是否调取相关证人证言，以印证上述书证反映的职责，并确认是否存在临时分工调整等特殊情况。

5. 对于滥用职权罪的具体过程，应审查：（1）是否调取会议记录、决定、批件、工作日志、电话记录等，以查明被告人不正确行使或超越职权处理公务活动的时间、地点、手段、参与人员、经过、处理结果和造成的后果；（2）以"集体研究"形式实施的，应查明被告人所起具体作用，是否负主要责任或全部责任；（3）如被告人系具体执行人员，应查明其行为性质、是否提出反对意见、危害结果大小等情节；（4）查明与管理相对人的关系，有无收受好处、服务、财物及存在其他私情、仇怨；（5）有无为本单位、部门谋取好处以及谋取好处的形式、种类、数量、特征。

6. 对于滥用职权罪的后果，应审查：（1）是否调取证明违法处理公务造成的伤亡情况、经济损失、恶劣社会影响等损害后果的证据；（2）损失发生后，被告人是否有不报、迟报、谎报或授意、指使、强令他人不报、迟报、谎报事故情况，导致损失后果持续、扩大或者抢救工作延误；（3）"经济损失"具体为滥用职权罪或者与其相关联的犯罪立案时已经实际造成的财产损失，包括为挽回损失而支付的各种开支、费用等。立案后至提起公诉前持续发生的经济损失，应一并计入渎职犯罪造成的经济损失；（4）"造成恶劣社会影响的"，应调取报纸、期刊、网站、微博、微信等网络媒体有关报道和舆情，以及发案经过、举报、控告材料等其他证明材料；（5）滥用职权行为与危害后果之间是否具有法律上的因果关系。

第二节　滥用职权罪审判依据

一、法律

《刑法》（2020 年 12 月 26 日修正）（节录）

第三百九十七条　国家机关工作人员滥用职权或者玩忽职守，致使公共财产、国家和人民利益遭受重大损失的，处三年以下有期徒刑或者拘役；情节特别严重的，处三年以上七年以下有期徒刑。本法另有规定的，依照规定。

国家机关工作人员徇私舞弊，犯前款罪的，处五年以下有期徒刑或者拘役；情节特别严重的，处五年以上十年以下有期徒刑。本法另有规定的，依照规定。

二、司法解释

1. 《最高人民法院、最高人民检察院关于办理妨害预防、控制突发传染病疫情等灾害的刑事案件具体应用法律若干问题的解释》（2003 年 5 月 14 日　法释〔2003〕8 号）（节录）

第十五条　在预防、控制突发传染病疫情等灾害的工作中，负有组织、协调、指挥、灾害调查、控制、医疗救治、信息传递、交通运输、物资保障等职责的国家机关工作人员，滥用职权或者玩忽职守，致使公共财产、国家和人民利益遭受重大损失的，依照刑法第三百九十七条的规定，以滥用职权罪或者玩忽职守罪定罪处罚。

2. 《最高人民法院、最高人民检察院关于办理盗窃油气、破坏油气设备等刑事案件具体应用法律若干问题的解释》（2007 年 1 月 15 日　法释〔2007〕3 号）（节录）

第七条　国家机关工作人员滥用职权或者玩忽职守，实施下列行为之一，致使公共财产、国家和人民利益遭受重大损失的，依照刑法第三百九十七条的规定，以滥用职权罪或者玩忽职守罪定罪处罚：

（一）超越职权范围，批准发放石油、天然气勘查、开采、加工、经营等许可证的；

（二）违反国家规定，给不符合法定条件的单位、个人发放石油、天然气勘查、开采、加工、经营等许可证的；

（三）违反《石油天然气管道保护条例》等国家规定，在油气设备安全保护范围内批准建设项目的；

（四）对发现或者经举报查实的未经依法批准、许可擅自从事石油、天然气勘查、开采、加工、经营等违法活动不予查封、取缔的。

3. 《最高人民法院、最高人民检察院关于办理与盗窃、抢劫、诈骗、抢夺机动车相关刑事案件具体应用法律若干问题的解释》（2007 年 5 月 9 日　法释〔2007〕11 号）（节录）

第三条　国家机关工作人员滥用职权，有下列情形之一，致使盗窃、抢劫、诈骗、抢夺的机动车被办理登记手续，数量达到三辆以上或者价值总额达到三十万元以上的，依照刑法第三百九十七条第一款的规定，以滥用职权罪定罪，处三年以下有期徒刑或者拘役：

（一）明知是登记手续不全或者不符合规定的机动车而办理登记手续的；

（二）指使他人为明知是登记手续不全或者不符合规定的机动车办理登记手续的；

（三）违规或者指使他人违规更改、调换车辆档案的；

（四）其他滥用职权的行为。

国家机关工作人员疏于审查或者审查不严，致使盗窃、抢劫、诈骗、抢夺的机动车被办理登记手续，数量达到五辆以上或者价值总额达到五十万元以上的，依照刑法第三百九十七条第一款的规定，以玩忽职守罪定罪，处三年以下有期徒刑或者拘役。

国家机关工作人员实施前两款规定的行为，致使盗窃、抢劫、诈骗、抢夺的机动车被办理登记手续，分别达到前两款规定数量、数额标准五倍以上的，或者明知是盗窃、抢劫、诈骗、抢夺的机动车而办理登记手续的，属于刑法第三百九十七条第一款规定的

"情节特别严重"，处三年以上七年以下有期徒刑。

国家机关工作人员徇私舞弊，实施上述行为，构成犯罪的，依照刑法第三百九十七条第二款的规定定罪处罚。

第四条 实施本解释第一条、第二条、第三条第一款或者第三款规定的行为，事前与盗窃、抢劫、诈骗、抢夺机动车的犯罪分子通谋的，以盗窃罪、抢劫罪、诈骗罪、抢夺罪的共犯论处。

第五条 对跨地区实施的涉及同一机动车的盗窃、抢劫、诈骗、抢夺以及掩饰、隐瞒犯罪所得、犯罪所得收益行为，有关公安机关可以依照法律和有关规定一并立案侦查，需要提请批准逮捕、移送审查起诉、提起公诉的，由该公安机关所在地的同级人民检察院、人民法院受理。

第六条 行为人实施本解释第一条、第三条第三款规定的行为，涉及的机动车有下列情形之一的，应当认定行为人主观上属于上述条款所称"明知"：

（一）没有合法有效的来历凭证；

（二）发动机号、车辆识别代号有明显更改痕迹，没有合法证明的。

4.《最高人民法院、最高人民检察院关于办理渎职刑事案件适用法律若干问题的解释（一）》（2012 年 12 月 7 日　法释〔2012〕18 号）①

第一条 国家机关工作人员滥用职权或者玩忽职守，具有下列情形之一的，应当认定为刑法第三百九十七条规定的"致使公共财产、国家和人民利益遭受重大损失"：

（一）造成死亡 1 人以上，或者重伤 3 人以上，或者轻伤 9 人以上，或者重伤 2 人、轻伤 3 人以上，或者重伤 1 人、轻伤 6 人以上的；

（二）造成经济损失 30 万元以上的；

（三）造成恶劣社会影响的；

（四）其他致使公共财产、国家和人民利益遭受重大损失的情形。

具有下列情形之一的，应当认定为刑法第三百九十七条规定的"情节特别严重"：

（一）造成伤亡达到前款第（一）项规定人数 3 倍以上的；

（二）造成经济损失 150 万元以上的；

（三）造成前款规定的损失后果，不报、迟报、谎报或者授意、指使、强令他人不报、迟报、谎报事故情况，致使损失后果持续、扩大或者抢救工作延误的；

（四）造成特别恶劣社会影响的；

（五）其他特别严重的情节。

第二条 国家机关工作人员实施滥用职权或者玩忽职守犯罪行为，触犯刑法分则第九章第三百九十八条至第四百一十九条规定的，依照该规定定罪处罚。

国家机关工作人员滥用职权或者玩忽职守，因不具备徇私舞弊等情形，不符合刑法分则第九章第三百九十八条至第四百一十九条的规定，但依法构成第三百九十七条规定的犯罪的，以滥用职权罪或者玩忽职守罪定罪处罚。

第三条 国家机关工作人员实施渎职犯罪并收受贿赂，同时构成受贿罪的，除刑法另有规定外，以渎职犯罪和受贿罪数罪并罚。

---

① 因本司法解释的内容适用于本章各罪，故不在本章各罪"相关规定"处重复。

第四条 国家机关工作人员实施渎职行为,放纵他人犯罪或者帮助他人逃避刑事处罚,构成犯罪的,依照渎职罪的规定定罪处罚。

国家机关工作人员与他人共谋,利用其职务行为帮助他人实施其他犯罪行为,同时构成渎职犯罪和共谋实施的其他犯罪共犯的,依照处罚较重的规定定罪处罚。

国家机关工作人员与他人共谋,既利用其职务行为帮助他人实施其他犯罪,又以非职务行为与他人共同实施该其他犯罪行为,同时构成渎职犯罪和其他犯罪的共犯的,依照数罪并罚的规定定罪处罚。

第五条 国家机关负责人员违法决定,或者指使、授意、强令其他国家机关工作人员违法履行职务或者不履行职务,构成刑法分则第九章规定的渎职犯罪的,应当依法追究刑事责任。

以"集体研究"形式实施的渎职犯罪,应当依照刑法分则第九章的规定追究国家机关负有责任的人员的刑事责任。对于具体执行人员,应当在综合认定其行为性质、是否提出反对意见、危害结果大小等情节的基础上决定是否追究刑事责任和应当判处的刑罚。

第六条 以危害结果为条件的渎职犯罪的追诉期限,从危害结果发生之日起计算;有数个危害结果的,从最后一个危害结果发生之日起计算。

第七条 依法或者受委托行使国家行政管理职权的公司、企业、事业单位的工作人员,在行使行政管理职权时滥用职权或者玩忽职守,构成犯罪的,应当依照《全国人民代表大会常务委员会关于〈中华人民共和国刑法〉第九章渎职罪主体适用问题的解释》的规定,适用渎职罪的规定追究刑事责任。

第八条 本解释规定的"经济损失",是指渎职犯罪或者与渎职犯罪相关联的犯罪立案时已经实际造成的财产损失,包括为挽回渎职犯罪所造成损失而支付的各种开支、费用等。立案后至提起公诉前持续发生的经济损失,应一并计入渎职犯罪造成的经济损失。

债务人经法定程序被宣告破产,债务人潜逃、去向不明,或者因行为人的责任超过诉讼时效等,致使债权已经无法实现的,无法实现的债权部分应当认定为渎职犯罪的经济损失。

渎职犯罪或者与渎职犯罪相关联的犯罪立案后,犯罪分子及其亲友自行挽回的经济损失,司法机关或者犯罪分子所在单位及其上级主管部门挽回的经济损失,或者因客观原因减少的经济损失,不予扣减,但可以作为酌定从轻处罚的情节。

第九条 负有监督管理职责的国家机关工作人员滥用职权或者玩忽职守,致使不符合安全标准的食品、有毒有害食品、假药、劣药等流入社会,对人民群众生命、健康造成严重危害后果的,依照渎职罪的规定从严惩处。

第十条 最高人民法院、最高人民检察院此前发布的司法解释与本解释不一致的,以本解释为准。

5. **《最高人民检察院关于对林业主管部门工作人员在发放林木采伐许可证之外滥用职权玩忽职守致使森林遭受严重破坏的行为适用法律问题的批复》**(2007 年 5 月 16 日 高检发释字〔2007〕1 号)(节录)

林业主管部门工作人员违法发放林木采伐许可证,致使森林遭受严重破坏的,依照刑法第四百零七条的规定,以违法发放林木采伐许可证罪追究刑事责任;以其他方式滥用职权或者玩忽职守,致使森林遭受严重破坏的,依照刑法第三百九十七条的规定,以滥用职权罪或者玩忽职守罪追究刑事责任，立案标准参照《最高人民检察院关于渎职侵权犯罪案件立案标准的规定》第一部分渎职犯罪案件第十八条第三款的规定执行。

6.《最高人民检察院关于企业事业单位的公安机构在机构改革过程中其工作人员能否构成渎职侵权犯罪主体问题的批复》（2002 年 5 月 16 日　高检发释字〔2002〕3 号）

企业事业单位的公安机构在机构改革过程中虽尚未列入公安机关建制，其工作人员在行使侦查职责时，实施渎职侵权行为的，可以成为渎职侵权犯罪的主体。

三、刑事政策文件

1.《全国法院审理经济犯罪案件工作座谈会纪要》（2003 年 11 月 13 日　法发〔2003〕167 号）（节录）

一、关于贪污贿赂犯罪和渎职犯罪的主体

（一）国家机关工作人员的认定

刑法中所称的国家机关工作人员，是指在国家机关中从事公务的人员，包括在各级国家权力机关、行政机关、司法机关和军事机关中从事公务的人员。

根据有关立法解释的规定，在依照法律、法规规定行使国家行政管理职权的组织中从事公务的人员，或者在受国家机关委托代表国家行使职权的组织中从事公务的人员，或者虽未列入国家机关人员编制但在国家机关中从事公务的人员，视为国家机关工作人员。在乡（镇）以上中国共产党机关、人民政协机关中从事公务的人员，司法实践中也应当视为国家机关工作人员。

（二）国家机关、国有公司、企业、事业单位委派到非国有公司、企业、事业单位、社会团体从事公务的人员的认定

所谓委派，即委任、派遣，其形式多种多样，如任命、指派、提名、批准等。不论被委派的人身份如何，只要是接受国家机关、国有公司、企业、事业单位委派，代表国家机关、国有公司、企业、事业单位在非国有公司、企业、事业单位、社会团体中从事组织、领导、监督、管理等工作，都可以认定为国家机关、国有公司、企业、事业单位委派到非国有公司、企业、事业单位、社会团体从事公务的人员。如国家机关、国有公司、企业、事业单位委派在国有控股或者参股的股份有限公司从事组织、领导、监督、管理等工作的人员，应当以国家工作人员论。国有公司、企业改制为股份有限公司后，原国有公司、企业的工作人员和股份有限公司新任命的人员中，除代表国有投资主体行使监督、管理职权的人外，不以国家工作人员论。

（三）"其他依照法律从事公务的人员"的认定

刑法第九十三条第二款规定的"其他依照法律从事公务的人员"应当具有两个特征：一是在特定条件下行使国家管理职能；二是依照法律规定从事公务。具体包括：（1）依法履行职责的各级人民代表大会代表；（2）依法履行审判职责的人民陪审员；（3）协助乡镇人民政府、街道办事处从事行政管理工作的村民委员会、居民委员会等农村和城市基层组织人员；（4）其他由法律授权从事公务的人员。

（四）关于"从事公务"的理解

从事公务，是指代表国家机关、国有公司、企业、事业单位、人民团体等履行组织、领导、监督、管理等职责。公务主要表现为与职权相联系的公共事务以及监督、管理国

有财产的职务活动。如国家机关工作人员依法履行职责，国有公司的董事、经理、监事、会计、出纳人员等管理、监督国有财产等活动，属于从事公务。那些不具备职权内容的劳务活动、技术服务工作，如售货员、售票员等所从事的工作，一般不认为是公务。

六、关于渎职罪

（一）渎职犯罪行为造成的公共财产重大损失的认定

根据刑法规定，玩忽职守、滥用职权等渎职犯罪是以致使公共财产、国家和人民利益遭受重大损失为构成要件的。其中，公共财产的重大损失，通常是指渎职行为已经造成的重大经济损失。在司法实践中，有以下情形之一的，虽然公共财产作为债权存在，但已无法实现债权的，可以认定为行为人的渎职行为造成了经济损失：（1）债务人已经法定程序被宣告破产；（2）债务人潜逃，去向不明；（3）因行为人责任，致使超过诉讼时效；（4）有证据证明债权无法实现的其他情况。

（二）玩忽职守罪的追诉时效

玩忽职守行为造成的重大损失当时没有发生，而是玩忽职守行为之后一定时间发生的，应从危害结果发生之日起计算玩忽职守罪的追诉期限。

（三）国有公司、企业人员渎职犯罪的法律适用

对于1999年12月24日《中华人民共和国刑法修正案》实施以前发生的国有公司、企业人员渎职行为（不包括徇私舞弊行为），尚未处理或者正在处理的，不能按照刑法修正案追究刑事责任。

（四）关于"徇私"的理解

徇私舞弊型渎职犯罪的"徇私"应理解为徇个人私情、私利。国家机关工作人员为了本单位的利益，实施滥用职权、玩忽职守行为，构成犯罪的，依照刑法第三百九十七条第一款的规定定罪处罚。

2.《最高人民法院、最高人民检察院、公安部、国家工商行政管理局关于依法查处盗窃、抢劫机动车案件的规定》（1998年5月8日 公通字〔1998〕31号）（节录）

九、公安、工商行政管理人员或者其他国家机关工作人员滥用职权或者玩忽职守、徇私舞弊，致使赃车入户、过户、验证的，给予行政处分；致使公共财产、国家和人民利益遭受重大损失的，依照《刑法》第三百九十七条的规定处罚。

3.《最高人民检察院关于镇财政所所长是否适用国家机关工作人员的批复》（2000年5月4日 高检发研字〔2000〕9号）（节录）

对于属行政执法事业单位的镇财政所中按国家机关在编干部管理的工作人员，在履行政府行政公务活动中，滥用职权或玩忽职守构成犯罪的，应以国家机关工作人员论。

4.《最高人民检察院关于合同制民警能否成为玩忽职守罪主体问题的批复》（2000年10月9日 高检发研字〔2000〕20号）（节录）

根据刑法第九十三条第二款的规定，合同制民警在依法执行公务期间，属其他依照法律从事公务的人员，应以国家机关工作人员论。对合同制民警在依法执行公务活动中的玩忽职守行为，符合刑法第三百九十七条规定的玩忽职守罪构成条件的，依法以玩忽职守罪追究刑事责任。

第三节　滥用职权罪在审判实践中的疑难新型问题

问题 1. 滥用职权行为与损害后果之间的因果关系如何认定

构成滥用职权罪要求滥用职权行为与损害结果之间有因果关系，这种因果关系应当是必然因果联系，否则，一般不构成本罪，而是属于一般工作上的错误问题，应由行政主管部门处理。在判断该因果关系时，应以行为时客观存在的一切事实为基础，依据一般人的经验进行判断。同时也应注意到，渎职罪的因果关系与结果归属具有自身特点。首先，就因果关系层面，对于滥用职权、玩忽职守等渎职罪需要采取条件说。其次，从因果归属的角度，由于通常会介入第三者的行为，所以，一方面需要判断介入因素是否对因果关系的成立产生阻却影响，即介入行为的"通常性"与因果关系的"相当性"；另一方面还需要考查国家机关工作人员对介入行为的监管职责的内容与范围，只要国家机关工作人员有义务监管第三者的介入行为，原则上就应当将介入行为造成的结果归属于国家机关工作人员的渎职行为。①

【刑事审判参考案例】包某安受贿、滥用职权案②

一、基本案情

（一）受贿事实

1996 年 10 月至 2003 年 5 月，被告人包某安利用职务上的便利，为王某辉等人谋取利益，先后 22 次非法收受王某辉等人财物共计人民币 28.04 万元。

（二）滥用职权事实

1997 年 3 月至 1998 年 1 月，被告人包某安在担任南京市劳动局局长期间，未经集体研究，擅自决定以南京市劳动局的名义，为下属企业南京正大金泰企业（集团）有限公司（以下简称"正大公司"）出具鉴证书，致使该公司以假联营协议的形式，先后向南京计时器厂、南京钟厂、南京长乐玻璃厂借款人民币 3700 万元，造成 3 家企业共计人民币3440 余万元的损失。1999 年至今，经南京市人民政府协调，由南京市劳动局陆续"借"给上述 3 家企业共计人民币 1700 余万元。江苏省南京市中级人民法院以受贿罪判处被告人包某安有期徒刑八年，没收财产人民币十万元，以滥用职权罪判处有期徒刑四年，决定执行有期徒刑十年，没收财产人民币十万元。后包某安提出上诉，江苏省高级人民法院经审理，认为原审法院认定包某安犯滥用职权罪不当，最终维持原审对包某安犯受贿罪的判决，撤销关于包某安犯滥用职权罪的判决部分。

---

① 参见张明楷：《刑法学》（第六版），法律出版社 2021 年版，第 1631 页。

② 王新英：《包某安受贿、滥用职权案——滥用职权行为与损失后果之间没有必然因果关系的是否构成滥用职权罪》，载中华人民共和国最高人民法院刑事审判第一庭、第二庭：《刑事审判参考》（总第 41 集），指导案例第 327 号，法律出版社 2005 年版，第 63 页。

二、案例评析

本案中，包某安在担任南京市劳动局局长期间，未经集体研究，擅自决定以该局的名义，为正大公司出具鉴证书的行为是一种超越职权的滥用职权行为，在客观上也发生了重大损失，但根据《刑法》第397条的规定，是否构成滥用职权罪，还要求滥用职权行为与危害后果之间存在刑法上的因果关系。而本案中，不存在这种因果关系，故对于包某安滥用职权以南京市劳动局的名义，为正大公司出具鉴证书的行为，不能以滥用职权罪定罪处罚。理由如下：

第一，被告人包某安的滥用职权行为与南京计时器厂、南京钟厂、南京长乐玻璃厂将资金拆借给正大公司而造成重大损失没有必然的因果关系。本案中，正大公司是南京市劳动局下属企业控股的公司，为解决资金运转困难，经与南京计时器厂、南京钟厂、南京长乐玻璃厂协商，拟从3家企业借用资金3700万元。借贷双方均明知企业间相互拆借资金违反了财经纪律，为规避财经管理制度，采取以假联营的形式拆借。出借方为了保证资金的安全要求正大公司出具劳动局鉴证的鉴证书，包某安为了帮助下属公司解决资金困难而擅自决定以南京市劳动局名义出具了鉴证书，但鉴证不是借款合同成立的必经程序，也不对合同的履行起法律上的保证作用。3家企业作为市场经济的主体，对此应当是明知的。没有证据证实包某安在企业拆借过程中起决定性的作用，3家企业将资金拆借给正大公司是3家企业决策机构作出的一种企业行为，非法拆借与遭受经济损失之间存在直接的因果关系，所造成的重大损失与包某安的滥用职权行为之间没有刑法上的因果关系。

第二，正大公司破产是南京计时器厂、南京钟厂、南京长乐玻璃厂不能收回借款的直接原因，但正大公司破产、无力偿还所拆借资金系由正大公司经营管理不善、资金周转困难等多种原因造成的，不是包某安帮助促成借款造成的，直接责任人应是该公司的负责人，而不是该公司的上级主管部门领导包某安，况且资金借来后亦用于正大公司的正常经营活动，与该公司的破产无必然的因果关系。

第三，鉴证不具有担保性质，南京市劳动局不需要对南京计时器厂、南京钟厂、南京长乐玻璃厂的资金拆借损失承担赔偿责任。根据1997年11月3日国家工商行政管理局发布的《合同鉴证办法》的规定，鉴证是工商行政管理机关审查合同的真实性、合法性的一种监督管理制度。本案鉴证书内容为："我局将督促正大金泰公司切实履行协议中的各项条款，如其违约，我局将负责追究其经济责任，并确保其补偿一切损失。"南京市劳动局并未承诺当正大公司不能偿还借款时，由劳动局承担偿还责任或承担连带赔偿责任，而仅是承诺承担督促正大公司切实履行协议的行政管理责任。该鉴证书的内容没有超出鉴证的范围。同时，根据担保法第八条的规定，国家机关不得为保证人。南京计时器厂、南京钟厂、南京长乐玻璃厂对此应当是明知的，在没有担保的情况下将资金拆借给正大公司，也应当知道当正大公司无力偿还所拆借资金时必然会自己承担所遭受的损失，而无法向南京市劳动局追偿。虽然在正大公司破产后，经过南京市政府协调，南京市劳动局陆续借给上述3家企业1700余万元，该款在法律属性上是借款，而不是代为偿还，不能认为是该局履行担保责任的行为。上述3家企业和正大公司的相关负责人对本案所造成的重大经济损失，负有重要责任。

综上，包某安出具鉴证书的行为与造成重大经济损失之间不具有刑法上的因果关系，其行为不符合滥用职权罪的构成要件，其对超越职权行为最终发生的结果，只能承担行政领导责任，而不是刑事责任，故二审法院依法撤销一审刑事判决中对被告人包某安犯滥用职权罪的定罪量刑部分是适当的。

问题2. 滥用职权罪追诉时效期限的起算点应如何认定

《刑法》第89条规定，追诉期限从犯罪之日起计算；犯罪行为有连续或者继续状态的，从犯罪行为终了之日起计算。"犯罪之日"应当理解为犯罪成立之日，即犯罪行为符合全部构成要件之日。《最高人民法院、最高人民检察院关于办理渎职刑事案件适用法律若干问题的解释（一）》第6条的规定，以危害结果为条件的渎职犯罪的追诉期限，从危害结果发生之日起计算；数个危害结果的，从最后一个危害结果发生之日起计算。滥用职权罪作为以危害结果为条件的犯罪，应属状态犯，而非继续犯。滥用职权的犯罪行为实行终了后产生不法状态，即侵害结果，此后侵害结果虽然一直存在，但滥用职权行为本身已经实行终了，因此，追诉期限应从滥用职权行为造成的侵害结果发生之日起计算。

【刑事审判参考案例】沈某某滥用职权案[①]

一、基本案情

某县人民检察院以被告人沈某某犯滥用职权罪，向某县人民法院提起公诉。

某县人民法院经审理认为，被告人沈某某的行为属于犯罪已过追诉时效期限且不是必须追诉的情形，裁定本案终止审理。一审宣判后，某县人民检察院提出抗诉。

某市人民检察院支持上述抗诉意见。

某市中级人民法院经审理查明，罪犯张某青因涉嫌犯抢劫罪，于2007年9月20日被某县公安局上网追逃。同年10月，张某青的父亲张某某打算送其去当兵，因其未达到法定服兵役年龄，便以张某青户口簿在录入填报时有错为由，到村委会出具张某青出生日期录错的相关证明材料，后到公安机关办理申请更正张某青出生日期的有关事宜。同年10月24日，时任某县公安局城东派出所教导员的被告人沈某某在办理张某青的户口项目变更申请时，违反公安机关户政管理的有关规定，在张某青的《户口项目变更更正申请审批表》中"申请人签名""监护人情况""受理单位派出所承办人意见和签名"等项目欠缺填写，更改出生日期所必需的原始材料严重欠缺，审批程序手续不齐全的情况下，不按规定要求当事人提供张某青的《出生证》或其他有效的原始凭证，不调取张某青入户前的户籍信息档案对比核实，不派员或自行对申请人的情况进行调查核实，就直接办理审批同意张某青的变更户籍信息申请。

2007年10月29日，某县公安局户政股股长刘某某（另案处理）在审批张某青更改出生日期时，在审批手续不齐全的情况下，轻信所在派出所审核把关，同意张某青更改出生日期。同年11月2日，张某青的出生日期由1991年12月7日更改为1989年12月7日，身份证号码也相应变更，变更后的出生日期和身份证号码被重新录入户政管理系统，致使张某青原网上追逃的身份证号码在全国人口信息系统中无法找到，致使张某青抢劫的犯罪事实得不到及时的追究。

---

① 林钟彪、林伟桐：《沈某某滥用职权案——滥用职权罪追诉时效期限的起算点应如何认定》，载中华人民共和国最高人民法院刑事审判第一、二、三、四、五庭主办：《刑事审判参考》（总第105集），指导案例第1134号，法律出版社2016年版，第114页。

被告人沈某某在任某县公安局城东派出所教导员期间，负责所在辖区征兵政审工作。2007 年 11 月 18 日，沈某某在办理张某青的征兵政审工作期间，没有认真执行公安部、总参谋部、总政治部颁发的《关于征兵政治审查组织实施工作的规定》的有关规定，在没有对张某青的情况进行调查核实的情况下，就在张某青的《应征公民政治审查表》上签署"张某青符合征兵政审条件"的审查意见，后又在张某青的《接兵干部走访调查表》上签署"该青年无违法违纪及不良行为"的意见，致使张某青于 2007 年 12 月 1 日政审合格并应征入伍，参加中国人民解放军部队，服役至 2011 年 9 月。2011 年 9 月，某县公安机关在"清网行动"中，经进一步核查张某青的真实身份，将其从服役的部队抓获归案。2012 年 8 月 10 日，某县人民法院以抢劫罪判处张某青有期徒刑一年十个月，并处罚金人民币二千元。

潮州市中级人民认为，被告人沈某某的行为已构成滥用职权罪，依照《刑法》第 397 条第 1 款的规定，被告人应"处三年以下有期徒刑或者拘役"。依照《刑法》第 87 条第 1 项的规定："犯罪经过下列期限不再追诉：（一）法定最高刑为不满五年有期徒刑的，经过五年……"沈某某于 2007 年 10 月 24 日违法行使审批权，致张某青的出生时间和身份信息于 2007 年 11 月 2 日被重新录入户政管理系统，使其抢劫的犯罪事实得不到及时的追究。后又于 11 月 18 日在张某青的征兵政审工作中不负责任地出具张某青符合征兵政审条件和无违法违纪及不良行为的意见，致张某青于 2007 年 12 月 1 日应征入伍服兵役，至此犯罪结果发生，沈某某的行为符合滥用职权罪的构成要件，应认定为《刑法》第 89 条第 1 款规定的"犯罪之日"，并由此时起算追诉时效，至 2012 年 11 月 30 日追诉期限届满。2012 年 12 月 26 日检察机关对沈某某立案侦查时，已超过追诉时效。一审裁定认定事实清楚，适用法律正确，处理恰当，审判程序合法。抗诉机关的抗诉理由不能成立，不予支持。依照《刑事诉讼法》第 225 条第 1 款第 1 项之规定，裁定驳回抗诉，维持原审裁定。

二、案例评析

近年来，在公安机关开展的"清网行动"中，不时发现一些被通缉人员通过公安机关有关人员的渎职行为，在户口登记过程中，违反规定办理身份证，从而"漂白"了身份，给通缉工作带来巨大困难。但是此类案件中，违规办理身份证的时间和"清网行动"中发现通缉犯的时间往往相距较长，如何把握渎职罪的追诉时效期限，成为疑难问题。根据《刑法》第 89 条第 1 款的规定，追诉期限从犯罪之日起计算；犯罪行为有连续或者继续状态的，从犯罪行为终了之日起计算。关于"犯罪之日"的含义，司法实践中存在"犯罪成立之日""犯罪行为实施之日""犯罪行为发生之日""犯罪行为完成之日""犯罪行为停止之日"等不同理解。本案在审理中，对于如何认定被告人沈某某滥用职权的追诉时效期限，以及是否已超过追诉时效期限的问题就存在两种不同意见：

第一种意见，即公诉机关的意见是，滥用职权罪的追诉时效期限应当从危害结果发生或者呈现后，即符合构成要件之日起计算，并非以行为实施之日计算。本案中，沈某某滥用职权的行为虽然发生在 2007 年，但直至 2011 年 9 月在逃犯张某青在部队落网之日，沈某某滥用职权的行为才造成恶劣社会影响，从而符合滥用职权罪的构成要件，应当从 2011 年 9 月起计算追诉时效期限，本案没有超过追诉时效期限，应追究被告人的刑事责任。

第二种意见，即一、二审法院的意见是，"犯罪之日"应当理解为犯罪成立之日，即犯罪行为符合全部构成要件之日。沈某某滥用职权行为的犯罪后果，在张某青更改身份证号码后于 2007 年 12 月 1 日应征入伍时已全部产生，沈某某的行为在当时已经符合滥用职权罪的犯罪构成要件，故追诉期限应从 2007 年 12 月 1 日起算，本案已超过五年的追诉时效期限。

我们同意一、二审法院的意见，具体理由如下：

（一）本案追诉期限应从沈某某滥用职权全部犯罪后果产生之日起算

依照《刑法》第 397 条第 1 款的规定，滥用职权罪属于结果犯，即除了有犯罪行为外，还应该致使公共财产、国家和人民利益遭受重大损失这一后果发生才构成犯罪。根据《最高人民法院、最高人民检察院关于办理渎职刑事案件适用法律若干问题的解释（一）》第 6 条的规定，以危害结果为条件的渎职犯罪的追诉期限，从危害结果发生之日起计算；数个危害结果的，从最后一个危害结果发生之日起计算。

首先，本案中需要明确被告人沈某某犯罪行为发生的时间。2007 年 10 月 24 日，沈某某签署同意张某青变更户籍信息申请；同年 10 月 29 日，同案人刘某某审批同意更改；同年 11 月 2 日，公安网上系统审批同意更改，张某青出生时间由 1991 年 12 月 7 日更改为 1989 年 12 月 7 日，后身份证号码也作了相应更改。2007 年 11 月 18 日，沈某某在张某青《应征公民政治审查表》上"常住户口所在地公安派出所审查意见"栏上签署意见，此时其犯罪行为已实施完毕。

其次，本案中需要明确被告人沈某某犯罪行为的危害结果发生时间。检察机关认为，2011 年 9 月张某青被抓获时，沈某某渎职行为的危害后果才发生，追诉期限应从此时起算；而一、二审法院认为，县武装部出具张某青"政审合格"的意见，2007 年 12 月 1 日张某青入伍之时，沈某某渎职行为的危害后果已经发生，追诉期限应从此时起算。我们同意后一种观点，司法实践当中，渎职犯罪的情况复杂，渎职行为造成损害后果的情形也较为复杂，有生命损害、健康损害、物质损害等，不同的损害后果，在认定发生时间上也不尽相同。就本案而言，沈某某滥用职权造成的后果有两个：一是因为张某青原来网上追逃的身份证号码在全国人口信息系统中无法找到，致使其抢劫的犯罪事实得不到及时的追究；二是张某青于 2007 年 12 月 1 日应征入伍，参加中国人民解放军部队。如果从"漂白"身份妨害司法机关及时追究张某青刑事责任的角度来看，沈某某渎职行为的危害后果从其违反规定为张某青更改户口登记，导致张某青身份证号码被更改时就已经开始产生，到张某青应征入伍时，沈某某渎职行为的危害后果已全部产生。因为从张某青入伍之日起，司法机关查处逃犯的难度大大增加，妨害了司法机关的追逃行动，从而危害社会的安全，此时的损害后果也可以理解为"其他致使公共财产、国家和人民利益遭受重大损失的情形"，因此，2007 年 12 月 1 日张某青入伍时，沈某某渎职行为的危害后果已经产生，其滥用职权行为符合犯罪构成要件，构成滥用职权罪，追诉期限应从该日起算。

检察机关认为沈某某滥用职权行为的犯罪后果至 2011 年 9 月张某青被抓获时才发生，实际上是混淆了《刑法》理论中的继续犯和状态犯的概念。继续犯也称"持续犯"，是指作用于同一对象的一个犯罪行为从着手实行到行为终了，犯罪行为与不法状态在一定时间内同时处于不间断的持续状态的犯罪，如非法拘禁罪、窝藏罪等。继续犯有以下几个特征：第一，行为人出于一个故意，实施一个犯罪行为；第二，犯罪行为必须持续一定的时间；第三，犯罪行为与犯罪造成的不法状态同时继续，这是继续犯重要的特征。继续犯实施的犯罪行为往往一经实施，犯罪造成的不法状态即犯罪客体遭受侵害的状态就已经形成。犯罪行为的继续，也就意味着犯罪不法状态的继续。而状态犯，是指犯罪行为已经实施完毕，但犯罪行为所造成的不法状态仍在继续。状态犯的典型特征是属于构成要件的犯罪行为先行结束、不法状态单独继续着。继续犯与状态犯，虽然都有不法状态的继续，但两者的本质区别在于：继续犯的不法状态从犯罪实行时就已产生；而状态犯的不法状态产生于犯罪行为实行终了。继续犯是实行行为本身的持续，行为的持续导致不法状态也在持续，也即继续犯的行为对法益的侵犯在持续，行为的构成要件符合性在持续；而状态犯发生侵害结果后，行为的构成要件符合性没有持续，仅仅是犯罪的不法状态的继续。因此，《刑法》第89条规定，犯罪行为有连续或者继续状态的，追诉期限从犯罪行为终了之日起计算，这是《刑法》对连续犯和继续犯的追诉期限所做的特殊规定。

我们认为，滥用职权罪属于状态犯，而非继续犯。滥用职权罪的犯罪行为实行终了后产生不法状态，即侵害结果，此后，侵害结果虽然一直存在，但滥用职权行为本身已经实行终了，没有持续，因此，追诉期限仍应从滥用职权行为造成的侵害结果发生之日起算，而不能以侵害结果终了之日起算。本案中，被告人沈某某违法行使审批权，致张某青的出生日期和身份信息被重新录入户政管理系统，使其抢劫的犯罪事实得不到及时的追究。后又在张某青的征兵政审工作中不负责任地出具张某青符合征兵政审条件和无违法违纪及不良行为的意见，致张某青于2007年12月1日应征入伍服兵役等危害后果发生。在危害后果持续期间，沈某某再没有实施其他滥用职权的行为，追诉期限应从2007年12月1日起算，之后张某青继续服兵役至2011年9月才被抓获归案，这期间是不法状态的持续，而不是犯罪行为的持续。

（二）本案属于超过追诉时效期限，应裁定中止审理

根据检察机关指控的情节，"沈某某违反公安机关户政管理制度，滥用职权，擅自办理审批他人更正出生日期业务，致使他人逃避刑事处罚，造成恶劣社会影响"，依照《刑法》第397条第1款的规定，被告人应"处三年以下有期徒刑或者拘役"。依照《刑法》第87条第1项的规定："犯罪经过下列期限不再追诉：（一）法定最高刑为不满五年有期徒刑的，经过五年……"被告人沈某某犯滥用职权罪，于2007年12月1日起算追诉期限，至2012年11月30日追诉期限届满。2012年12月26日检察机关对沈某某立案侦查时，已超过追诉时效期限，且本案不是必须追诉的情形，根据《刑事诉讼法》的相关规定应裁定终止审理。

综上，一、二审法院从被告人沈某某滥用职权犯罪后果产生之日起算本案的追诉时效期限，据此认定本案已超过追诉时效期限，裁定终止审理是适当的。

问题3. 行政管理职权转委托情形下受托方的滥用职权行为如何认定

根据法律和司法解释的规定，对于公司、企业工作人员而言，构成滥用职权罪的前提应是依法或受国家机关委托代表国家机关行使行政管理职权，所从事的公务需与国家机关职权内容紧密联系。这种委托，应当是根据法律规定的直接委托，而不包括转委托。因此，受国家机关委托行使行政管理职权的公司将相关职权再次委托给其他人员，相关人员的滥用职权行为一般不认定为滥用职权罪。

【刑事审判参考案例】周某强、朱某华非国家工作人员受贿案①

一、基本案情

上海南外滩集团房产前期开发有限公司（以下简称"前期公司"）系国有公司。2007年8月至2008年1月，前期公司受上海市市政工程管理处委托，负责上海市西藏路道路改建工程2期一标段所涉周边房屋拆迁工作。周某强、朱某华分别受前期公司委托，担任该标段动迁项目总经理和经理。其间，周某强、朱某华二人在明知西藏南路265弄1号底层后客堂、西藏南路265弄1号底层中客堂、西藏南路277弄9号底层灶间及桃源路65号底层前客堂均处于空户状态，动迁安置补偿款应归上海南外滩房产（集团）有限公司（以下简称"南房集团"）所有的情况下，接受上海北门物业管理公司（以下简称"北门物业"）总经理陈某德、办公室负责人丁某虹（均已另案处理）的请托，共同利用审批审核动迁安置费用等职务便利，按照陈某德、丁某虹提供的涉案房屋虚假用户材料，违规审批内容虚假的拆迁安置签报、居民动迁安置用款申请表等相关材料，使陈某德、丁某虹等人冒领涉案房屋的拆迁补偿款得以成功，导致国家财产计人民币1384130元（以下币种均为人民币）遭受损失。周某强、朱某华利用上述职务便利，在违规审批之前分别收受陈某德、丁某虹给予的"好处费"各10000元。事成之后，陈某德、丁某虹又将198000元按周某强要求，转入朱某华个人账户，其中28000元被朱某华花用。

上海市黄浦区人民法院认为，周某强、朱某华系受国家机关委托从事公务的人员，在履行国家机关行使职权的过程中，滥用职权致使公共财产遭受重大损失，其行为构成滥用职权罪；被告人周某强、朱某华在行使上述职权过程中，利用职务上的便利，非法收受他人财物，为他人谋取利益，数额巨大，其行为构成受贿罪；周某强、朱某华均在判决宣告前一人犯数罪，应当数罪并罚。鉴于周某强、朱某华能如实供述且退赔了全部赃款，可以依法分别从轻和酌情从宽处罚。据此，以滥用职权罪判处被告人周某强有期徒刑一年六个月，以受贿罪判处周某强有期徒刑三年，并处罚金人民币二十万元，决定执行有期徒刑三年六个月，并处罚金人民币二十万元；以滥用职权罪判处被告人朱某华有期徒刑一年三个月，以受贿罪判处朱某华有期徒刑三年，并处罚金人民币二十二万元，决定执行有期徒刑三年三个月，并处罚金人民币二十二万元；违法所得予以追缴。一审判决后，被告人周某强、朱某华均不服，向上海市第二中级人民法院提出上诉。

上海市第二中级人民法院经审理确认了原判认定的事实，并进一步查明：2007年8月至2008年1月，国有公司前期公司受上海市市政工程管理处委托，负责本市西藏路道路改建工程2期一标段所涉周边房屋拆迁工作。前期公司与周某强、朱某华所在的更强公司签订《委托实施拆迁劳务协议》《委托动拆迁劳务费结算协议》，委托更强公司以前期公司动迁二部的名义实施西藏路道路拆迁的具体工作，并支付劳务费用。后周某强、朱某华受前期公司负责人口头任命，分别以前期公司动迁二部总经理、经理的名义，具体负责动拆迁工作。黄浦区动迁指挥部将动迁款分成安置费和劳务费两部分下拨到前期公司，被动迁户的安置费根据周某强、朱某华提供的清册，二人在安置审批表上签字后，

---

① 陈姣、朱婷婷、宋文健：《周某强、朱某华非国家工作人员受贿案——行政管理职权转委托情形受托方的滥用职权及收受财物行为如何认定》，载中华人民共和国最高人民法院刑事审判第一、二、三、四、五庭主办：《刑事审判参考》（总第111集），指导案例1207号，法律出版社2016年版，第13页。

由前期公司审核后直接支付到具体动迁户的专用存折里。其间，周某强、朱某华明知涉案房屋系空户状态，仍受他人请托，违规审批他人提供的虚假材料，使拆迁补偿款被冒领，致使公共财产遭受 138 万余元的损失。周某强、朱某华以此共同收受他人给予的"好处费"共计 21.8 万元。

上海市第二中级人民法院认为，周某强、朱某华作为公司、企业的工作人员，利用职务上的便利，非法收受他人财物，为他人谋取利益，数额较大，其行为均已构成非国家工作人员受贿罪。国有公司前期公司与非国有公司更强公司之间的委托关系仅存续于拆迁项目的运作中，周某强、朱某华属于受合同委托在特定时间段内从事特定事务，此后即无相关权限，周、朱二人仍系更强公司的工作人员，而非前期公司的工作人员，故二人不符合受贿犯罪的主体要件；周某强、朱某华工作职能的依据系前期公司与更强公司之间的委托协议及前期公司管理人员的口头委托，并非依法或受国家机关委托进行工作，故二人亦不符合滥用职权罪的主体要件。据此，以非国家工作人员受贿罪，分别改判周某强、朱某华有期徒刑一年六个月。

二、案例评析

本案在审理中对于周某强、朱某华的主体身份认定及行为定性，存在以下 3 种观点：

第一种观点认为，周某强、朱某华二人具有国家机关工作人员身份，应以滥用职权罪和受贿罪论处，但滥用职权罪已过追诉时效，故仅以受贿罪定罪处罚。周、朱可认定为国家机关工作人员，符合滥用职权罪和受贿罪的犯罪主体要求。根据 2012 年 12 月 7 日最高人民法院、最高人民检察院《关于办理渎职刑事案件适用法律若干问题的解释（一）》[以下简称《渎职解释（一）》]第 7 条的规定，依法或者受委托行使国家行政管理职权的公司、企业、事业单位的工作人员，在行使行政管理职权时滥用职权或者玩忽职守，构成犯罪的，适用渎职罪的规定追究刑事责任。周某强、朱某华接受前期公司的口头委托，对外以前期公司名义具体负责动拆迁的管理工作。本案涉及的西藏路道路改建工程 2 期一标段为市政工程，周某强、朱某华系受委托行使国家行政管理职权，即周某强、朱某华可视作国家机关工作人员，当然也能以国家工作人员论。周某强、朱某华在履行职务的过程中，利用职务上的便利，非法收受他人财物 21.8 万元，为他人谋取利益，数额巨大，其行为构成受贿罪。

第二种观点认为，周、朱二人作为国有公司、企业工作人员，应以国有公司、企业人员滥用职权罪和受贿罪定罪处罚，但国有公司、企业人员滥用职权罪已过追诉时效，故仅以受贿罪定罪处罚。此观点认为，周某强、朱某华可视作前期公司的工作人员，亦符合《刑法》第 93 条规定的国家工作人员的范围。周某强、朱某华接受前期公司季某某、邬某某的口头任命，对外以前期公司的名义从事拆迁工作，前期公司为周、朱办理上岗证等，劳务费的取得、发放由前期公司决定，发放流程为周某强制单上报前期公司后从动迁指挥部下拨劳务费中直接支付，故二人可视作国有公司前期公司的工作人员，符合《刑法》第 168 条国有公司、企业滥用职权罪的主体要件。同时，根据《刑法》第 93 条第 2 款的规定，国有公司、企业、事业单位中从事公务的人员，以国家工作人员论，符合受贿罪的主体要件。

第三种观点认为，周、朱二人不属于国家机关工作人员，也不属于国家工作人员，不能成立滥用职权罪和受贿罪。二人作为从事劳务工作的公司、企业人员，在履行职务的过程中，收受他人贿赂，其行为构成非国家工作人员受贿罪。

我们同意第三种观点，理由如下：

（一）周某强、朱某华不属于国家机关工作人员，其行为不构成滥用职权罪

1. 滥用职权罪的主体界定

关于滥用职权罪，《刑法》第397条规定犯罪主体为国家机关工作人员。同时，2002年《全国人民代表大会常务委员会关于〈中华人民共和国刑法〉第九章渎职罪主体适用问题的解释》规定，"在依照法律、法规规定行使国家行政管理职权的组织中从事公务的人员，或者在受国家机关委托代表国家机关行使职权的组织中从事公务的人员，或者虽未列入国家机关人员编制但在国家机关中从事公务的人员，在代表国家机关行使职权时，有渎职行为，构成犯罪的，依照刑法关于渎职罪的规定追究刑事责任"。2012年《渎职解释（一）》第7条规定，"依法或者受委托行使国家行政管理职权的公司、企业、事业单位的工作人员，在行使行政管理职权时滥用职权或者玩忽职守，构成犯罪的，应当依照《全国人民代表大会常务委员会关于〈中华人民共和国刑法〉第九章渎职罪主体适用问题的解释》的规定，适用渎职罪的规定追究刑事责任"。根据上述立法解释和司法解释，可以将滥用职权罪的主体划分为以下几类：

（1）在国家机关中从事公务的人员。这类人员即传统意义的国家机关工作人员，主要包括在国家权力机关、行政机关、司法机关和军事机关中从事公务的人员。

（2）在依照法律、法规规定行使国家行政管理职权的组织中从事公务的人员。主要包括以下几种情况：一是某些法律、法规直接授权规定某些非国家机关的组织在某些领域行使国家行政管理职权、监督职权，如证监会、保监会；二是在机构改革中，有些国家机关被调整为事业单位，但仍然保留着某些行政管理的职能，如我国知识产权局、气象局、地震局、科学院等单位；三是在一些非国家机关所设的具有国家机关性质的机构，如铁路、林业、油田等系统内设立的纪检、监察、审计以及公安司法机构等。

（3）在受国家机关委托代表国家机关行使职权的组织中从事公务的人员。国家机关按照一定程序将某些管理职权委托给非国家机关的组织代为行使，受委托组织对外以国家机关的名义行使国家管理职权，其行为的后果由委托的国家机关承担，对于在受委托行使职权的组织中从事公务的人员，应当视为国家机关工作人员。

（4）虽未列入国家机关人员编制但在国家机关中从事公务的人员。如对外代表各级人大或人大常委会履行职能的各级人大代表；各级人民法院的人民陪审员；在监狱行使监管、看守职责的合同制民警、武警战士等。这些人员本身并不属于国家机关工作人员，但当其代表国家机关行使管理职责时，依法可以成为渎职罪的主体。

虽然根据《渎职解释（一）》的规定，依法或者受委托行使国家行政管理职权的公司、企业、事业单位的工作人员可以构成渎职犯罪，但从司法解释文意来看，主体身份的认定要回归到2002年的立法解释，也就是说公司、企业、事业单位的工作人员只有接受特定的委托主体（国家机关）的委托才有可能构成渎职罪。综上，对于公司、企业工作人员而言，构成滥用职权罪的前提应是依法或受国家机关委托代表国家机关行使行政管理职权，所从事的公务需与国家机关职权内容紧密联系。

2. 本案不符合滥用职权罪的主体要件要求

在本案中，上海市市政工程管理处将房屋拆迁相关工作委托给前期公司，前期公司属于受国家机关委托代表国家机关行使职权的国有公司，市政工程管理处并未将相关职权直接委托给更强公司，更强公司系受前期公司转委托而行使管理职权。周某强、朱某

华二人工作职能的依据系前期公司与更强公司之间的委托协议之规定及前期公司管理人员的口头委托，并非依法或受国家机关委托进行工作。故周、朱二人的职权资格并非直接来源于国家机关，不符合滥用职权罪主体身份的要求，其在履职中造成公共财产重大损失的行为，不构成滥用职权罪。

（二）周某强、朱某华不属于国家工作人员，其行为不构成受贿罪

1. 国家工作人员的范围界定

根据《刑法》理论通说，受贿罪的保护法益是国家工作人员职务行为的不可收买性，也可以说是国家工作人员职务行为与财物行为的不可交换性。因此，受贿罪是身份犯，行为主体为国家工作人员，其范围应根据《刑法》第 93 条的规定确定。《刑法》第 93 条规定："本法所称国家工作人员，是指国家机关中从事公务的人员。国有公司、企业、事业单位、人民团体中从事公务的人员和国家机关、国有公司、企业、事业单位委派到非国有公司、企业、事业单位、社会团体从事公务的人员，以及其他依照法律从事公务的人员，以国家工作人员论。"

《全国人民代表大会常务委员会关于〈中华人民共和国刑法〉第九十三条第二款的解释》规定，村民委员会等村基层组织人员协助人民政府从事下列行政管理工作时，属于刑法第 93 条第 2 款规定的"其他依照法律从事公务的人员"：（1）救灾、抢险、防汛、优抚、扶贫、移民、救济款物的管理；（2）社会捐助公益事业款物的管理；（3）国有土地的经营和管理；（4）土地征用补偿费用的管理；（5）代征、代缴税款；（6）有关计划生育、户籍、征兵工作；（7）协助人民政府从事的其他行政管理工作。

2003 年 11 月 13 日最高人民法院发布的《全国法院审理经济犯罪案件工作座谈会纪要》（以下简称《纪要》）就贪污贿赂犯罪和渎职犯罪的主体中"其他依照法律从事公务的人员"的认定作了界定，认为《刑法》第 93 条第 2 款规定的"其他依照法律从事公务的人员"应当具有两个特征：一是在特定条件下行使国家管理职能；二是依照法律规定从事公务。具体包括：（1）依法履行职责的各级人民代表大会代表；（2）依法履行审判职责的人民陪审员；（3）协助乡镇人民政府、街道办事处从事行政管理工作的村民委员会、居民委员会等农村和城市基层组织人员；（4）其他由法律授权从事公务的人员。

可以看出，尽管全国人大常委会对《刑法》第 93 条规定的"其他依照法律从事公务的人员"作出了立法解释，但也只是对村民委员会等村基层组织人员协助政府从事项行政管理工作时，明确其属于"其他依照法律从事公务的人员"。2003 年最高人民法院《纪要》也只列出了 4 种情形，而且表述上仍都使用了"其他……"字样，表明其范围并没有穷尽。司法实践中应注意参照《纪要》的精神准确认定"其他依照法律从事公务的人员"。

所谓从事公务，是指组织、领导、监督、管理社会公共事务和国家事务。根据我国现行《刑法》的规定，我国的公务活动包括以下几种：（1）各级国家权力、行政、司法机关以及军队中的事务，即单纯的国家事务；（2）国有事业单位、人民团体的事务，即国家参与管理的一部分社会性事务；（3）国有企业、公司等经营管理国有财产的事务。判断立法解释和《纪要》之外的主体是否属于国家工作人员时，最重要的是要看其是否是依照法律，在法律的授权下对包括国家事务、社会事务等在内的公共事务进行管理，如果管理的权限不是源于法律的规定而是来源于其他的行为（如委托），则行为人不能认定为国家工作人员。

2. 本案中周、朱二人不是国家工作人员

本案中，周某强、朱某华分别受前期公司委托，担任该标段动迁项目总经理和经理，没有直接接受国家机关的委托。因此，周、朱二人不是国家工作人员，不构成受贿罪。具体说，（1）更强公司非国家机关，故二人不属于国家机关中从事公务的人员。（2）更强公司不具备国有性质，故二人不属于国有公司、企业中从事公务的人员。（3）周、朱二人也不是国有公司、企业委派到非国有公司、企业从事公务的人员。需要指出的是，委托并不等同于委派。根据《纪要》的规定，"所谓委派，即委任、派遣，其形式多种多样，如任命、指派、提名、批准等"。"委派"要具有刑法效力，必须同时具备"有效性、法定性、隶属性和内容特定性"四个条件。所谓有效性，就是做出委派意思表示的主体必须是国家机关、国有公司、企业、事业单位而非私人委派，且其意思表示必须明确。同时，受委派人也必须做出明确的接受委派的意思表示。所谓法定性，就是委派单位必须在其法定的权限范围内做出委派的意思表示，不能越权委派。所谓隶属性，是指受被委派人必须接受委派单位的领导、管理和监督，被委派人与委派单位之间的关系属于行政隶属关系而非平等委托关系。所谓内容特定性，即受委派的人到被委派单位从事的工作限于领导、管理、监督的公务行为，而非诸如生产、服务等一般的劳务活动。本案中，前期公司属国有公司，《委托实施拆迁劳务协议》等书证证实更强公司是挂靠在前期公司拆迁管理部下，周某强、朱某华二人也只是接受了前期公司负责人的口头委托，这里的"挂靠""口头委托"并不等于"委派"，故周、朱二人也非国有公司、企业委派到非国有公司、企业从事公务的人员。（4）周某强、朱某华二人工作职能的依据系前期公司与更强公司之间的委托协议之规定及相关口头委托，并非依照法律从事公务。综上，周、朱二人不是刑法规定的国家工作人员。

3. 受贿罪的主体不包括受委托管理、经营国有财产的人员

根据《刑法》第382条第2款的规定，受国家机关、国有公司、企业、事业单位、人民团体委托管理、经营国有财产的人员，利用职务上的便利，侵吞、窃取、骗取或者以其他手段非法占有国有财物的，以贪污论。据此，肯定观点认为受国家机关等国有单位委托管理、经营国有财产的人员，实际上属于"其他依照法律从事公务的人员"，因而应以国家工作人员论，因此这类人员受贿的也应当按照受贿罪论处。否定观点认为，《刑法》第382条规定是国有单位委托他人管理、经营国有财产，主要形式是承包、租赁等方式，这些人本身不是国家工作人员，只是说他们受委托管理、经营国有财产，有义务保证国有资产的安全，如果利用职务之便以各种手段占有国有资产的，应构成贪污罪；而受贿罪的主体是国家工作人员，不包括上述人员。这种争议的本质上是《刑法》第382条第2款究竟是法律拟制还是注意规定的问题。

我们认为，《刑法》第382条规定属于法律拟制，只能在贪污罪中适用，将受贿罪的主体范围等同于贪污罪的主体范围是不正确的。法律拟制具有相当性，只有拟制情形与被拟制情形在社会危害程度上是否具有相当性且能够建立起等值关系时，才能进行法律拟制。受委托管理、经营国有财产的人员之所以能构成贪污罪，是因为此类人员的贪污行为侵犯的客体与国家工作人员的贪污行为侵犯的客体具有等值关系，二者的社会危害具有相当性。此外，从刑法条文的前后设置上看，此规定也只能属于法律拟制。如果此规定属于注意规定，受委托管理、经营国有财产的人员本来就属于《刑法》第93条第2款规定的应当以国家工作人员论的其他依照法律从事公务的人员，那么《刑法》第382

条第 1 款中的"国家工作人员"自然就包含了这类主体，第 2 款关于这类主体利用职务上的便利非法占有国有财物以贪污论的专门规定就显得多此一举了。显然，《刑法》第382 条第 2 款的规定表明，"受委托管理、经营国有财物的人员"并不包括在国家工作人员范围之内，这一款的规定自然也就不能类推适用于受贿罪的认定。

（三）周某强、朱某华不构成国有公司、企业人员滥用职权罪

我国《刑法》第三章第三节规定了妨害对公司、企业的管理秩序罪。根据《刑法》第 168 条第 1 款规定，国有公司、企业的工作人员滥用职权，造成国有公司、企业破产或者严重损失，致使国家利益遭受重大损失的构成国有公司、企业人员滥用职权罪。本罪的犯罪主体为特殊主体，即国有公司、企业工作人员。

在本案中，周某强、朱某华分别受前期公司委托，担任动迁项目总经理和经理，更强公司是依照平等主体间签订的委托合同的规定，以前期公司名义从事拆迁工作。双方委托关系仅存续于拆迁项目的运作中，在从事拆迁工作期间，周某强、朱某华仍然系更强公司的人员，而非前期公司的人员，因此，二人不是国有公司、企业的工作人员，不构成国有公司、企业人员滥用职权罪。

（四）周某强、朱某华构成非国家工作人员受贿罪

我们认为，周、朱二人不符合滥用职权罪和受贿罪的主体要求，其行为均应以非国家工作人员受贿罪论处。

《刑法》第 163 条第 1 款规定，公司、企业或者其他单位的工作人员利用职务上的便利，索取他人财物或者非法收受他人财物，为他人谋取利益，数额较大的，处五年以下有期徒刑或者拘役；数额巨大的，处五年以上有期徒刑，可以并处没收财产。本案中，周某强、朱某华二人作为更强公司的工作人员，利用职务上的便利，非法收受他人财物，为他人谋取利益，数额较大，符合非国家工作人员受贿罪的犯罪构成。

至于是否与行贿人构成贪污罪的共同犯罪，根据在案证据，周某强、朱某华二人虽帮助行贿人违规取得拆迁款，但认定二人系贪污共犯的证据不足。故对周、朱二人，仅能以非国家工作人员受贿罪一罪论处。

综上，滥用职权罪的主体是国家机关工作人员，受贿罪的主体是国家工作人员，二者的范围都应当严格根据法律规定来界定，恪守罪刑法定的原则。《渎职解释（一）》规定的受委托情形，应当是根据法律规定的直接委托，而不包括转委托。本案中，受国有公司的委托管理相关事务的主体因为并非直接接受国家机关的委托而不属于国家机关工作人员和国家工作人员的范畴，不属于滥用职权罪和受贿罪的适格主体，故对被告人应以非国家工作人员受贿罪定罪处罚。

问题 4. 国有控股、参股公司、企业工作人员私分公司、企业资产行为如何定性

私分国有资产罪与单位受贿罪中的"国有公司、企业"仅指国有独资公司、企业，国有控股、参股公司、企业不属于私分国有资产罪中的"国有公司、企业"。国有控股、参股公司、企业工作人员私分本公司、企业国有资产的行为依法可以构成国有公司、企业人员滥用职权罪。

【刑事审判参考案例】工商银行神木支行、童某等国有公司人员滥用职权案①

一、基本案情

2010 年 11 月，被告人童某担任被告单位神木支行行长后，为解决经费不足和职工福利问题，授意该支行办公室主任、被告人张某采取虚构项目的方式，向其上级行榆林分行套取经营性费用。2010 年，张某以虚构的维修费、燃料费、绿化费等名目套取资金 22 笔，合计 65.0261 万元。后经行长办公会决定，将其中 22 万元以春节过节费的名义发放给该支行全体职工。2011 年 2 月，被告人温某出任神木支行副行长，分管财务和市场营销。童某、温某继续指使张某套取资金：2011 年，张某以上述方式向榆林分行套取费用 73 笔，合计 303.9538 万元。经行长办公会决定，将其中 38.6 万元（其中现金 21.7 万元，另含价值 16.9 万元的购物卡）以春节福利费的名义发放给全体职工；以第三、四季度奖励和专项奖励的名义发放给职工 62.69 万元。

某县人民法院经审理认为，依据刑法及相关司法解释的规定，私分国有资产罪中的"国有公司、企业"不包括国有控股、参股公司、企业。中国工商银行改制后属于国有控股公司，神木支行作为中国工商银行的分支机构，不具备私分国有资产罪的主体要件，因此被告单位神木支行和被告人童某、温某、张某的行为不构成私分国有资产罪。被告人童某、温某、张某作为国有控股公司的主管人员，对该公司的资产严重不负责任，损公肥私，集体违法研究决定以所谓福利费和奖金的名义发放给全体职工，致使国家利益遭受重大损失，其行为均已构成国有公司人员滥用职权罪，依法应予处罚。公诉机关指控的事实成立，唯有指控罪名不当。鉴于三被告人的行为亦是为激励调动本单位全体职工的工作积极性，提高工作效率，并非谋取个人私利，其主观恶性较小，犯罪情节轻微，均可依法免予刑事处罚。依照《刑法》第 168 条第 1 款、第 25 条第 1 款、第 37 条、第 64 条之规定，认定被告人童某、温某、张某犯国有公司人员滥用职权罪，均免予刑事处罚。宣判后，没有上诉、抗诉，判决发生法律效力。

二、案例评析

本案审理过程中，被告人童某等人及其辩护人对公诉机关指控的被告单位神木支行违反国家规定，以单位名义将国有资产集体私分给职工个人，数额巨大的事实不持异议。控辩双方主要争议在于两点：一是国有控股、参股公司、企业是否属于私分国有资产罪中的"国有公司、企业"；二是国有控股、参股公司、企业工作人员私分本公司、企业资产的行为如何定性。

（一）国有控股、参股公司、企业不属于私分国有资产罪中的"国有公司、企业"

关于国有控股、参股公司、企业是否属于私分国有资产罪中的"国有公司、企业"，有两种意见：一种意见认为，私分国有资产罪中的"国有公司、企业"应当作扩大解释，包括国有独资公司、企业和国有控股、参股公司、企业。主要理由是：（1）参照财政部于 2003 年作出的《关于国有企业认定问题有关意见的函》（财企函〔2003〕9 号）的答复精神，国有控股权超过 50% 的绝对控股公司、企业应当属于国有公司、企业。本案被

---

① 刘晓虎、许建华：《工商银行神木支行、童某等国有公司人员滥用职权案——国有控股、参股公司、企业工作人员私分本公司、企业资产行为的认定》，载中华人民共和国最高人民法院刑事审判第一、二、三、四、五庭主办：《刑事审判参考》（总第 112 集），指导案例 1234 号，法律出版社 2018 年版，第 109 页。

告神木支行国有股占 70.73%，属于国有绝对控股，应当认定为国有公司。（2）根据最高人民法院、最高人民检察院于 2010 年 11 月 26 日联合出台的《关于办理国家出资企业中职务犯罪案件具体应用法律若干问题的意见》（以下简称《2010 年意见》）的相关规定，国有公司、企业包括国有独资公司、企业和国有控股、参股公司、企业。神木支行属于国有控股公司，应当认定为国有公司。（3）从国有资产保护需要出发，对私分国有资产罪中的"国有公司、企业"应当作扩大解释。随着市场经济的飞速发展和政企分开政策的深入推进，大多数国有公司、企业都改制为国有控股、参股公司、企业，国有独资公司、企业越来越少。如果在法律上将国有控股公司、企业排除在国有公司、企业之外，那么《刑法》第三百九十六条关于私分国有资产罪的规定就有可能成为"睡眠条款"，国有资产将会因得不到《刑法》层面的保护而大量流失。综合上述理由，应当认定本案被告神木支行为私分国有资产罪中的"国有公司"，构成私分国有资产罪，具体犯罪数额可以按照工商银行国有资产占股比例，即按照 70.73% 比例认定。

另一种意见认为，私分国有资产罪中的"国有公司、企业"应当作狭义解释，仅指国有独资公司、企业。主要理由是：（1）根据最高人民法院于 2001 年 5 月 23 日下发的《关于在国有资本控股、参股的股份有限公司中从事管理工作的人员利用职务便利非法占有本公司财物如何定罪问题的批复》（以下简称《2001 年批复》）的规定，在国有资本控股、参股的股份有限公司中从事管理工作的人员，除受国家机关、国有公司、企业、事业单位委派从事公务的以外，不属于国家工作人员。由此推论，国有控股公司的性质不属私分国有资产罪中的"国有公司"。如果认为国有控股、参股公司、企业属于国有公司、企业，那么该公司、企业中从事管理的人员当然属于国家工作人员，而无须附加受国家机关、国有公司、企业、事业单位委派从事公务的认定条件。此观点进一步认为，在国有资本控股公司中，因其占股比例及资金混杂，也不能简单以其参股比例认定被告单位私分国有资产的数额。（2）根据最高人民法院于 2005 年 8 月 1 日公布的《关于如何认定国有控股、参股股份有限公司中的国有公司、企业人员的解释》（以下简称《2005 年解释》）的规定，只有国有公司、企业委派到国有控股、参股公司从事公务的人员，才能以国有公司、企业人员论。由此也能得出与《2001 年批复》基本相同的结论。（3）根据《2010 年意见》，国有公司、企业与国有控股、参股公司、企业是并列主体，这间接说明了刑法中的国有公司、企业仅限于国有独资公司、企业。（4）根据公司法第三条、第四条的规定，公司是企业法人，有独立的法人财产，享有法人财产权。工商银行改制为股份公司后，公司资产属于独立的法人财产，财产权归属于工商银行，而不是大股东财政部和中央汇金公司，国家对已经投资出去的财产不直接享有所有权和支配权。本案神木支行属于国有控股公司，被侵害的客体是工商银行的资产所有权，不是刑法意义上的纯国有资产。

我们赞同被告单位神木支行不构成私分国有资产罪的意见。对私分国有资产罪与单位受贿罪中的"国有公司、企业"均应作限制解释，即仅指国有独资公司、企业。主要理由如下：（1）从资产性质分析，将私分国有资产罪中的"国有公司、企业"限制解释为"国有独资公司、企业"更符合立法原意。私分国有资产罪的犯罪主体是国家机关、国有公司、企业、事业单位、人民团体，犯罪对象是国有资产，从同一罪名罪质分析，私分国有资产罪中单位主体的资产性质应当保持大致同一。本罪中"国家机关、国有公司、企业、事业单位、人民团体"是并列主体，国家机关的资产是纯国有资产，国有公司、企业、事业单位、人民团体的资产也应当是纯国有资产，而上述单位主体中符合该条件要求的，只有国有独资公司、企业。（2）从罪名设置分析，将私分国有资产罪中的"国有公司、企业"作限制解释更符合立法原意。《刑法》将私分国有资产罪设置在第八章"贪污贿赂罪"中，且仅与同章中单位受贿罪的犯罪主体、对单位行贿罪的犯罪对象一样，都是国家机关、国有公司、企业、事业单位、人民团体，故对私分国有资产罪中的"国有公司、企业"参照单位受贿罪中的犯罪主体、对单位行贿罪的犯罪对象来解释具有一定立法依据。作为单位受贿罪的犯罪主体、对单位行贿罪的犯罪对象，国有公司、企业仅指国有独资公司、企业，这一点基本无异议。因此，参照单位受贿罪犯罪主体、对单位行贿罪犯罪对象的范围，对私分国有资产罪中的"国有公司、企业"应当限制解释为"国有独资公司、企业"。（3）从法益保护角度分析，将私分国有资产罪中的"国有公司、企业"作限制解释不会影响国有资产的保护。实践中有观点提出，如果将私分国有资产罪中的"国有公司、企业"解释为"国有独资公司、企业"，那么国有控股、参股公司、企业集体私分国有资产的行为如何适用罪名便将成为问题，如此实际意味着国有控股、参股公司、企业的国有资产将失去刑法的保护。我们认为，虽然国有控股、参股公司、企业集体私分国有资产的行为不能认定构成私分国有资产罪，但是并不意味着不构成其他犯罪。如果国有控股、参股公司、企业的工作人员违反国家规定，以单位名义将国有资产集体私分给个人，造成公司严重损失，致使国家利益遭受重大损失的，依然可以构成国有公司、企业人员滥用职权罪。因此，国有独资公司、企业和国有控股、参股公司、企业中私分国有资产的行为都可以通过刑法予以规制，国有公司、企业改制前、改制过程中以及改制完成后三个阶段中，任一阶段发生私分国有资产的行为都可以通过刑法规制，不会出现国有资产刑法保护的真空地带。因此，对私分国有资产罪中的"国有公司、企业"限制解释为"国有独资公司、企业"可能导致对国有资产保护不利的顾虑没有必要，以此为由主张对该罪中"国有公司、企业"作扩大解释的理由不足。

（二）国有控股、参股公司、企业工作人员私分本公司、企业国有资产行为的定性

我们认为，国有控股、参股公司、企业工作人员私分本公司、企业国有资产的行为依法可以构成国有公司、企业人员滥用职权罪，对被告人童某、温某、张某应以国有公司人员滥用职权罪定罪处罚。主要理由是：

1. 童某、温某、张某符合国有公司、企业人员滥用职权罪的主体特征。国家出资企业包括国有独资公司、企业和国有控股、参股公司、企业。《2010年意见》第4条第1款规定："国家出资企业中的国家工作人员在公司、企业改制或者国有资产处置过程中严重不负责任或者滥用职权，致使国家利益遭受重大损失的，依照《刑法》第168条的规定，以国有公司、企业人员失职罪或者国有公司、企业人员滥用职权罪定罪处罚。"根据上述规定，国有控股、参股公司、企业的工作人员属于国有公司、企业人员滥用职权罪的适格主体。本案发生时，被告人童某任神木支行行长、温某任副行长，在神木支行从事组织、领导、监督、经营、管理工作；被告人张某任办公室主任，在该行从事财务管理工作，属于国有公司的工作人员，符合国有公司人员滥用职权罪的主体特征。

2. 童某、温某、张某实施了滥用职权的行为。在案证据证实，神木支行行长童某、副行长温某违反财务制度，授意办公室主任张某向上级行工商银行榆林分行套取经费，并以春节过节费、季度奖励、专项奖励以及其他名义发给职工。根据工商银行相关财务制度和考核办法，神木支行职工的基本工资、绩效工资、福利费系由支行经考核后上报

榆林分行，由分行审批后直接发放给职工。本案中，童某、温某、张某以套取的经费发放福利费、奖金属于重复发放、非正常发放，属于国有公司、企业的工作人员滥用职权的行为。

3. 童某、温某、张某滥用职权的行为致使国家利益遭受重大损失。《2010 年意见》第 4 条第 1 款将《刑法》第 168 条关于"造成国有公司、企业破产或者严重损失，致使国家利益遭受重大损失"的表述解释为"致使国家利益遭受重大损失"，故滥用职权造成国有控股、参股公司重大经济损失的行为符合国有公司、企业人员滥用职权罪的客观特征。本案中，被告人童某等人向上级行套取资金并发放给职工总计 123.29 万元的行为，对于神木支行而言，虽然没有遭受实质损失，但由于工行实行的是统收统支的财务管理制度，各分支机构系向上级报账，最终会体现为国家利益的损失。根据《最高人民检察院、公安部关于公安机关管辖的刑事案件立案追诉标准的规定（二）》第 16 条的规定，造成国家直接经济损失数额在 30 万元以上的，即可认定为"致使国家利益遭受重大损失"，故应当认定本案被告人童某、温某、张某滥用职权的行为致使国家利益遭受重大损失。

综上，被告人童某、温某、张某的行为构成国有公司人员滥用职权罪，某县人民法院判决将公诉机关指控的私分国有资产罪变更为国有公司人员滥用职权罪是正确的。

问题 5. 国家机关工作人员以单位名义擅自出借公款给其他单位使用造成巨大损失的行为如何定性

国家机关工作人员，违反国家和单位财务管理规定，未经请示和审批手续，超越职权范围行使权力，以单位名义擅自出借公款给其他单位使用，未谋取个人利益，并造成无法收回的结果，客观上已使公共财产遭受重大损失，且滥用职权与这一危害后果之间具有刑法上的因果关系，符合滥用职权罪的构成要件，应以滥用职权罪论处。

【刑事审判参考案例】张某生滥用职权案[①]

一、基本案情

1998 年 10 月至 2002 年 12 月，被告人张某生作为某军事院校科研部财务负责人，为给单位赚取利息，未经请示单位领导，擅自决定从院校财务账户支取转账支票出借资金给两个地方公司，并与对方约定利率和还款期限，借款方出具向张所在院校借款的借条。借款方到期无力还款时，应对方请求，张某生又让借款人借新还旧。通过此种滚动方式，张某生先后多次出借公款，累计 2900 万元。在此期间，收回利息款 45 万余元。至案发，尚有本金 500 余万元无法追回，张以项目协作费名义挂账。张某生在院校财务处清查经费账目时，即如实交代了其擅自出借资金给地方单位造成损失的事实。

解放军总直属队军事法院认为，被告人张某生身为国家机关工作人员，违反国家和军队财务管理规定，超越职权范围行使权力，多次擅自出借军队资金，给单位造成重大经济损失，其行为已构成滥用职权罪。公诉机关指控的犯罪事实清楚，证据确凿，罪名

---

① 包遵耀：《张某生滥用职权案——国家机关工作人员以单位名义擅自出借公款给其他单位使用造成巨大损失的行为如何定罪》，载中华人民共和国最高人民法院刑事审判第一、二、三、四、五庭主办：《刑事审判参考》（总第 68 集），指导案例第 563 号，法律出版社 2009 年版，第 61～65 页。

成立。张某生在被立案侦查前，主动交代了司法机关尚不掌握的犯罪事实，依法应认定为自首，可以从轻处罚。辩护人提出张某生认罪态度较好、积极赔偿单位损失，具有酌情从轻处罚情节的辩护意见属实，应予采纳。依照《刑法》第397条第1款、第67条第1款、第64条和《最高人民法院关于处理自首和立功具体应用法律若干问题的解释》第1条之规定，认定被告人张某生犯滥用职权罪，判处有期徒刑二年零六个月。一审宣判后，被告人张某生未上诉，检察院未抗诉，判决发生法律效力。

二、案例评析

对于被告人张某生的行为是构成挪用公款罪还是滥用职权罪，在审理中有两种意见：第一种意见认为，张某生构成挪用公款罪。理由是：2002年全国人大常委会《关于〈中华人民共和国刑法〉第三百八十四条第一款的解释》（以下简称《人大解释》）规定，"有下列情形之一的，属于挪用公款'归个人使用'：（一）将公款供本人、亲友或者其他自然人使用的；（二）以个人名义将公款供其他单位使用的；（三）个人决定以单位名义将公款供其他单位使用，谋取个人利益的"。本案中，张某生未经请示单位领导出借公款，属于"以个人名义将公款供其他单位使用"，符合上述司法解释规定的第二种挪用公款的情形。第二种意见认为，张某生构成滥用职权罪。理由是：张某生作为国家机关工作人员，违反国家和军队财务管理规定，未经请示单位领导，超越职权范围行使权力，多次擅自出借公款，并造成无法收回的结果，客观上已使公共财产遭受重大损失，且滥用职权与这一危害后果之间具有刑法上的因果关系，符合滥用职权罪的构成要件。

我们认为，被告人张某生的行为构成滥用职权罪，具体理由如下：

滥用职权罪属于职务犯罪，挪用公款罪从本质上讲也属于一种渎职行为，两种犯罪主要区别在犯罪构成尤其是客观方面的行为表现上。

一是两罪侵犯的客体不同。挪用公款罪不但侵犯了国家工作人员职务的廉洁性，还侵犯了公共财产的使用收益权，而滥用职权罪侵犯的是国家机关的正常活动。为保证国家机关工作人员正当、合理地行使职权，国家有关机关制定、颁布了一系列法律、法规和规章来规范、约束其工作人员的职务行为。这些规定既是国家机关工作人员行使和运用各自职权的法律依据和保障，也是其职务行为的界限、范围和行动的准则，因而是每一个国家机关工作人员的法定责任和义务。职权的不正当运用尤其是滥用，不仅违反了这些规定中关于正当、合理运用职权的基本要求，从而妨害国家机关的正常管理活动和秩序，而且还会给公共财产、国家和人民利益造成不可估量甚至无法弥补的损害。

二是两罪主体都是特殊主体，但又有所不同。挪用公款罪的犯罪主体是国家工作人员，其范围《刑法》第93条有明确规定。滥用职权罪的犯罪主体是国家机关工作人员，关于其范围的界定，2002年全国人大常委会《关于〈中华人民共和国刑法〉第九章渎职罪主体适用问题的解释》亦作出规定，两类人员具有包容关系，即国家工作人员包括了国家机关工作人员。

三是两罪客观方面不同。挪用公款罪是利用职务之便，擅自决定将公款挪归个人使用的行为，具体而言有三种行为表现。滥用职权罪表现为违反法律规定的权限和程序，滥用职权，致使公共财产、国家和人民利益遭受重大损失的行为。滥用职权的行为在客观上表现为两种情形：一是不认真地运用权力，即在履行职务的过程中，未尽到注意义务，在其职务范围内随便、随意或马虎地行使权力；二是过度地运用权力，即在履行职务的过程中，超越职务范围去行使权力，或者在职务范围内超越权力运用的前提、条件、程序、内容等要求而行使权力。前者是不认真履行职责，后者则是超越限度或没有限度地履行职责，均以作为的方式表现出来。

四是两罪的主观方面不同。挪用公款罪只能由故意构成，滥用职权罪主观方面一般由过失构成，特殊情况下也不排除间接故意的存在。判断故意还是过失，应当以行为人对其所实施行为的危害结果所持的心理态度，而不是行为人对行为本身的心理态度为标准。作为国家机关工作人员，对其职权的法律依据、行使范围与程序以及职权滥用的危害后果，通常具有一定明知，不管是出于何种动机而滥用职权，一般较难以认定行为人是在希望或积极追求公共财产、国家以及人民利益遭受重大损失之危害后果的发生；但实践中确实存在行为人明知违反职责义务的行为会造成危害结果，但为了某种利益而对危害结果的发生采取放任态度，则其主观心态就不再出于过失而应当属于故意了。

本案中，有关证据显示，被告人张某生作为单位财会人员，擅自决定将公款借给地方公司使用，但因其是以单位名义借款，且用款单位也是向张某生所在单位出具借条，不能认定张某生是"以个人名义将公款供其他单位使用"；张某生与借款单位约定了利息，借款单位也支付了45万余元的利息款，因此款并非被张某生获得，而是入了张某生所在单位的账户，而本案中也没有证据显示其谋取其他个人利益，因此也不符合"个人决定以单位名义将公款供其他单位使用，谋取个人利益"的情形，故本案就不符合挪用公款罪要求的"挪用公款归个人使用"的本质特征。有观点认为，"归个人使用"与"归单位使用"已并列为挪用公款罪客观方面的选择要件，因为《人大解释》第2、3项明确规定挪用公款"供其他单位使用"的，可以构成挪用公款罪，也就是说，挪用公款罪不再以"归个人使用"为必要要件。我们认为，这是对《人大解释》的误解。《人大解释》第2、3项规定情形是有前提条件或限制的，即是"以个人名义"或者"个人决定以单位名义……谋取个人利益"。其意义在于突出挪用公款罪"公款私用"的本质，将实践中这两种变相公款私用的行为进行明确解释规定，便于统一司法，但并未突破"归个人使用"的立法定位，更不意味着"归单位使用"也是挪用公款罪的客观构成要件。具体而言，"以个人名义将公款供其他单位使用"，其实质是先将公款挪给自己使用，然后自己再处分公款；"个人决定以单位名义将公款供其他单位使用，谋取个人利益的"，实际上是个人将公款作为谋取利益的手段。因此，两种行为本质上仍然属于挪用公款"归个人使用"。

被告人张某生为给单位赚取利息谋取利益，违反国家和单位财务管理规定，未经请示单位领导，擅自决定并实施了多次从单位财务账户支取转账支票出借资金，借给地方公司使用，属于过度行使自己的职权，且最终给单位造成500余万元的损失，符合滥用职权罪的构成要件，法院以滥用职权罪对被告人张某生定罪处罚是正确的。

问题6. 如何认定滥用职权造成恶劣社会影响

国家工作人员在煤矿发生事故后，未履行职责，且授意他人不将煤矿事故上报、不到现场救援，安排他人提供虚假材料，作虚假调查，要求他人隐瞒事故真相。因事故真相被隐瞒，致使事故调查、处理工作延误，相关责任人员未被追究责任，且煤矿存在重大安全隐患而未整改，仍组织矿工冒险下井生产作业，致使煤矿得以继续违法开采的，构成滥用职权罪。

【刑事审判参考案例】杨某林滥用职权、受贿案[①]

一、基本案情

（一）关于滥用职权的事实

2010 年 11 月起，被告人杨某林担任百管委副主任，分管安全生产等工作，2012 年 2 月起兼任百里杜鹃安全委员会（以下简称"百安委"）主任，负有按照国家、省、市的要求，在煤矿发生安全事故后到现场组织开展抢险救援、及时上报事故情况、做好事故善后工作、开展事故调查等职责。2013 年 10 月 4 日，贵州湾田煤业集团有限公司（以下简称"湾田煤业公司"）所属的百管委金坡乡金隆煤矿发生 3 死 3 伤的重大劳动安全事故。杨某林未按规定将事故情况及时上报，未组织安监、煤矿安全部门相关人员去现场救援，并且授意金隆煤矿负责人隐瞒不报。同月 11 日，贵州煤矿安全监察局毕节监察分局（以下简称"毕节监察分局"）要求百管委组织对金隆煤矿事故进行调查。为隐瞒事故真相，杨某林指使安监、煤矿安全部门以及矿方与事故死伤者家属相互串通，在百管委组织调查时提供虚假材料，并将事前与彭洪亮等人商定的金隆煤矿未发生事故的虚假调查结论上报，致使事故真相被隐瞒。2014 年 3 月，毕节监察分局准备组织对金隆煤矿事故重新调查。杨某林得知后，安排他人伪造举报信，以"举报"金隆煤矿发生造成 2 人受伤的虚假事故为由组织第二次调查。后杨某林指使调查组作出煤矿发生事故，造成 2 人受伤的虚假调查结论上报，致使事故真相再次被隐瞒。事故真相被隐瞒期间，数家新闻媒体记者以调查金隆煤矿安全事故为由，向金隆煤矿敲诈勒索财物，金隆煤矿被迫以赞助费等名义给予记者赵某等人现金数十万元；金隆煤矿得以继续违规生产；相关责任人员也未受到处理。

（二）关于受贿的事实（略）

毕节市中级人民法院认为，被告人杨某林身为国家机关工作人员，滥用职权，致使国家和人民利益遭受重大损失的行为构成滥用职权罪。以滥用职权罪，判处杨某林有期徒刑三年，决定执行有期徒刑十七年，并处没收个人财产人民币五十万元。一审宣判后，杨某林向贵州省高级人民法院提起上诉。贵州省高级人民法院经审理后裁定驳回上诉，维持原判。

二、案例评析

滥用职权罪，是指国家机关工作人员滥用职权，致使公共财产、国家和人民利益遭受重大损失的行为。换言之，滥用职权行为，只有致使公共财产、国家和人民利益遭受重大损失的，才成立犯罪。一般认为，国家机关工作人员滥用职权造成的损失可以分为有形损失和无形损失。实践中，对有形损失如造成的经济损失、人员伤亡情况等的认定较为容易；但对无形损失的认定则相对难以把握。

2013 年 1 月，《最高人民法院、最高人民检察院关于办理渎职刑事案件适用法律若干问题的解释（一）》（以下简称《渎职解释一》）第 1 条第 1 款规定了滥用职权罪的入罪门槛，即明确了《刑法》第 397 条第 1 款中滥用职权"致使公共财产、国家和人民利益

[①] 孔德伦：《杨某林滥用职权、受贿案——滥用职权造成恶劣社会影响的及供犯罪所用的本人财物如何认定，受贿既、未遂并存的如何处罚》，载中华人民共和国最高人民法院刑事审判第一、二、三、四、五庭主办：《刑事审判参考》（总第 103 集），指导案例第 1089 号，法律出版社 2016 年版，第 97 页。

遭受重大损失"的认定，具体包括四种情形：（1）造成死亡 1 人以上，或者重伤 3 人以上，或者轻伤 9 人以上，或者重伤 2 人、轻伤 3 人以上，或者重伤 1 人、轻伤 6 人以上的；（2）造成经济损失 30 万元以上的；（3）造成恶劣社会影响的；（4）其他致使公共财产、国家和人民利益遭受重大损失的情形。其中，第 3 项"造成恶劣社会影响"就属于无形损失。对此类无形损失的认定，我们认为，应当根据被告人滥用职权行为造成的危害后果、社会影响等客观实际，结合滥用职权行为的性质、手段等因素综合分析判断。

本案中，在案证据证实，金隆煤矿发生事故后，被告人杨某林未履行职责，且授意他人不将煤矿事故上报、不到现场救援，安排他人提供虚假材料，作虚假调查，要求他人隐瞒事故真相。因事故真相被隐瞒，一方面，致使事故调查、处理工作延误，相关责任人员未被追究责任；另一方面，煤矿存在重大安全隐患而未整改，仍组织矿工冒险下井生产作业，致使煤矿得以继续违法开采。同时，事故真相被隐瞒期间，数名记者以调查金隆煤矿安全事故为由，向金隆煤矿敲诈勒索财物共计数十万元，在当地造成的社会影响极坏，致使政府公信力受到人民群众的质疑。据此，一、二审法院认定杨某林滥用职权行为，严重损害了国家机关公信力，在当地造成了恶劣社会影响。依照《刑法》第 397 条第 1 款、《渎职解释一》第 1 条第 1 款第 3 项的规定，杨某林的行为构成滥用职权罪。

综上，我们认为，司法实践中对国家机关工作人员渎职犯罪"造成恶劣社会影响"的认定，在正确认识渎职犯罪行为侵犯的是国家机关公务的合法、公正、有效执行以及人民群众对此的信赖这一法益的基础上，一般可从以下方面予以把握：（1）渎职行为严重损害国家机关形象，致使政府公信力下降的；（2）渎职行为引发新闻媒体广泛关注，引起强烈社会反响的；（3）渎职行为造成大规模上访、暴力冲突等事件，影响国家机关正常职能活动的；（4）渎职行为诱发民族矛盾纠纷，严重影响民族团结、社会稳定的；（5）渎职行为造成其他恶劣社会影响的。

问题 7. 放弃履行职责致其他行政机关不能行使行政处罚权的行为如何定性

国家机关工作人员或者受委托行使行政管理职权的人员，自己或安排工作人员放弃履行行政管理职责，导致其他行政机关无法行使行政管理职权，进而造成行政违法行为人逃避行政处罚及行政处罚款流失的损害后果，构成滥用职权罪。

【刑事审判参考案例】卢某春滥用职权案①

一、基本案情

2013 年 1 月至 5 月，时任山西省芮城县风陵渡煤焦管理站站长的被告人卢某春为给单位谋取不当利益，违反《山西省煤炭可持续发展基金征收管理办法》《煤炭可持续发展基金公路运输出省原煤查验补征管理办法（试行）》《山西省煤炭销售票使用管理办法》及《关于山西省煤炭销售票使用管理的补充通知》的规定，决定将出省的 8692.5 吨煤炭改为焦炭收取焦炭运销服务费和中介服务费，给国家造成应收而未收煤炭可持续发展基

---

① 柴喆：《卢某春滥用职权案——放弃履行职责致其他行政机关不能行使行政处罚权罪行为的定性》，载最高人民法院刑事审判第一、二、三、四、五庭编：《刑事审判参考》（总第 128 集），指导案例第 1433 号，人民法院出版社 2022 年版，第 144 页。

金 521550 元和对无煤炭销售票罚款 434625 元的经济损失。

太原市迎泽区人民法院认为：被告人卢某春作为受委托行使行政管理职权的国有企业的负责人，在该单位履行查验补征煤炭可持续发展基金、核查回收煤炭销售票职责时，违反山西省煤炭可持续发展基金、煤炭销售票管理的相关规定，放弃应当履行的职责，通过集体开会的方式决定将出省的 8692.5 吨煤炭改为焦炭收取运销服务费，给国家造成应收而未收煤炭可持续发展基金与无煤炭销售票罚款两项共计 956175 元的经济损失，卢某春的行为构成滥用职权罪。卢某春如实供述自己的罪行，自愿认罪，依法可从轻处罚。以滥用职权罪判处卢某春有期徒刑九个月。

二、案例评析

1. 关于被告人的身份问题

《山西省煤炭销售票使用管理办法》规定受煤炭行政主管部门委托，省煤炭运销总公司所属的煤炭出省口管理站（含出省口营业站，以下简称"煤炭出省口管理站"）负责核查回收《山西省煤炭销售票（公路出省）》。《煤炭可持续发展基金公路运输出省煤炭查验补征管理办法（试行）》规定，风陵渡煤焦管理站属于山西省煤炭运销总公司管理的 43 个出省口煤焦管理站之一，故核查回收"山西省煤炭销售票（公路出省）"的行为属于风陵渡煤焦管理站受煤炭行政主管部门委托而行使的行政职权。风陵渡煤焦管理站营业执照和组织机构代码显示其属于国有企业，被告人卢某春作为该煤焦管理站的负责人，符合《最高人民法院、最高人民检察院关于办理渎职刑事案件适用法律若干问题的解释（一）》第 7 条关于滥用职权罪主体的规定。

2. 关于被告人所在单位核查回收煤炭运输票行为的性质

根据《山西省煤炭销售票使用管理办法》（省政府 212 号令，以下简称《办法》）的规定，对无煤炭销售票罚款是一种行政处罚措施。就法律渊源而言，212 号令是山西省政府颁布实施的规范性文件，属于地方性规章。依据《办法》的规定，对无煤炭销售票的处罚主体是县级以上人民政府煤炭行政主管部门。根据《办法》第 14 条规定，县级以上人民政府煤炭行政主管部门可以委托所属纠察机构对本行政区域内煤炭销售票的执行情况（含煤炭出省口管理站）进行监督检查。但该条规定的"监督检查"并没有明确由出省口管理站代替煤炭行政管理部门实施处罚。故该规章并未将该行政处罚权委托给省煤运集团或其下属的煤焦管理站。依据《行政处罚法》第 18 条、第 19 条的规定，行政机关依照法律、法规或者规章的规定，可以在法定权限内委托符合本法第 19 条规定条件的组织实施行政处罚，受委托的组织必须是依法成立的管理公共事务的事业组织。煤焦管理站为企业，不具备实施行政处罚的主体资格，无权行使行政处罚权。依照《办法》的规定，受煤炭行政主管部门的委托，省煤炭运销总公司所属的煤炭出省口管理站负责核查回收"山西省煤炭销售票（公路出省）"，该核查回收行为只是一般的行政行为，不属于行使行政处罚权的行为。

3. 被告人的行为是否属于滥用职权行为

2013 年 1 月至 4 月，被告人卢某春通过单位例会的形式决定将经过该站运输出省的煤炭按照焦炭收取相关费用并在该站职工大会上予以宣布，该站工作人员按照上述要求，在实际工作中对经过该站出省运煤车辆没有核查回收煤炭销售票（出省），而是对出省煤炭按照焦炭收取相关费用，该行为违反地方性政府规章的规定，放弃履行"受相关行政机关委托的行政管理职权"的行为性质，属于滥用职权。

4. 被告人安排单位工作人员放弃履行职责行为与国家行政处罚罚款流失之间的因果关系问题

《山西省煤炭可持续发展基金安排使用管理实施细则（试行）》第 2 条规定："本实施细则所称煤炭可持续发展基金，是指煤炭开采企业依照《山西省煤炭可持续发展基金征收使用管理实施办法（试行）》规定上缴的政府非税收入"。《山西省煤炭可持续发展基金征收管理办法》规定，各级地方税务机关（以下简称"地税机关"）根据省人民政府的决定，受财政部门的委托负责基金征收管理工作，地税机关应当通过加强公路、铁路运输原煤环节的管理，查验补征基金，实现对外运原煤基金缴纳情况的有效监控和征收，对公路运输出省原煤基金可以委托省煤炭运销总公司管理的出省口煤焦管理站进行查验补征。《山西省煤炭销售票使用管理办法》规定受煤炭行政主管部门委托，省煤炭运销总公司所属的煤炭出省口管理站（含出省口营业站）（以下简称"煤炭出省口管理站"）负责核查回收《山西省煤炭销售票（公路出省）》。《煤炭可持续发展基金公路运输出省煤炭查验补征管理办法（试行）》规定，风陵渡煤焦管理站属于山西省煤炭运销总公司管理的 43 个出省口煤焦管理站之一，故本案中"风陵渡煤焦管理站查验补征煤炭可持续发展基金"，属于风陵渡煤焦管理站受地方税务机关委托的而行使的行政管理职权。对经过风陵渡煤焦管理站出省的运煤车辆核查回收煤炭运输票是对无煤炭销售票进行处罚的前提，而被告人安排其所在风陵渡煤焦管理站工作人员不履行核查回收煤炭销售票的行为，使得未获得煤炭销售票运煤车辆逃避了本应受到的处罚，导致行政机关无法行使行政处罚权，进而导致行政处罚款的流失。换言之，被告人所在单位虽无行政处罚权，但被告人安排工作人员放弃履行职责，使本应受到行政处罚的行为不能被发现，导致相关行政机关无法行使行政处罚权，其行为与行政处罚款流失之间有直接因果关系。

综上，被告人作为受委托行使行政管理职权的国有企业负责人，安排工作人员放弃履行行政管理职责，导致其他行政机关无法行使行政管理职权，进而造成行政违法行为人逃避行政处罚及行政处罚款流失的损害后果，其行为符合滥用职权罪的构成要件，法院以滥用职权罪追究其刑事责任是正确的。

问题8. 怠于履行职务的行为能否构成滥用职权罪

国家机关工作人员行使职权与履行职责是统一的，明知上级的决定或命令错误，却不加审查、不加指正、不加建议，仍贯彻执行的，非刑法意义上的阻却违法；负有履职义务而故意不履行或履行行为与其职责要求相背离，与违规行使职权在事实和性质上是对等的。因此，国家机关工作人员故意采取消极不作为的态度放弃职守或不履行职责，该行为模式完全符合滥用职权行为的特征，可以构成滥用职权罪。换言之，滥用职权罪在客观方面不仅包括作为方式，还包括不作为方式即故意不履行职责的行为。

【典型案例】黄某勇滥用职权案①

一、基本案情

2015 年 8 月至 2016 年 5 月，被告人黄某勇身为瑞安市农村生活污水治理工程质量巡

① 蔡蕾：《黄某勇滥用职权、受贿案》，载最新文件解读丛书编选组编：《刑事法律文件解读》总第 181 辑，人民法院出版社 2020 年版，第 113～120 页。

查员，在负责工程质量巡查工作，履行对农村生活污水治理工程进行质量巡查监管的职责过程中，在原市治污办副主任林某明（已判）作出不对窨井盖进行"二次检测"的决定后，明知该决定违反相关规定，没有提出异议，并予以执行，放松了对窨井盖质量的二次检测监督，甚至在发现窨井盖有质量问题后及 2016 年 3 月份林某明被查处后，仍一直不履行督促镇、监理、施工队对窨井盖进行"二次检测"的职责，致使不符合 C250设计标准的 Φ700 型号窨井盖在 100 多个村的生活污水治理工程中被投入施工使用，造成严重的安全隐患，政府财政为这些不符合设计标准的 Φ700 型号窨井盖多支付货款 31 万余元及后期原供应商不能更换这些不符合要求窨井盖的更换费用。另外，被告人黄某勇还利用职务的便利收受上述窨井盖供应商林某长等人的贿赂款（具体犯罪事实略）。

浙江省瑞安市人民法院经审理认为，被告人黄某勇身为国家机关工作人员，滥用职权致使国家利益遭受重大损失，并利用职务上的便利非法收受他人财物，为他人谋取利益，数额较大，其行为均已触犯刑律，分别构成滥用职权罪和受贿罪。公诉机关指控的罪名成立。在滥用职权事实中，被告人黄某勇系从犯，且其渎职行为与分管领导违法决定有直接关联，犯罪情节轻微，依法免予刑事处罚。一审宣判后，被告人黄某勇不服，提起上诉。浙江省温州市中级人民法院经审理裁定驳回上诉，维持原判。

二、案例评析

（一）罪与非罪之争：阻却违法事由及重大损失的认定

1. 执行上级的错误决定或者命令不必然归属阻却违法事由

如果某行为实现了滥用职权罪的构成要件，但不具备违法性的情况，那么是否可以认定为阻却违法？目前，司法实践中较为常见的阻却违法事由包括执行上级决定或命令的行为。对于如何评价执行上级错误决定或者命令的行为，有两种意见。一种意见认为，根据期待可能性的理论，由于我国历来存在"上行下效"的传统理念，因而也存在上级对下级的错误决定或命令具有其拘束力的问题。如果下级能根据自己的判断来审查上级的决定或命令是否错误，认为错误就可以不服从、不执行的话，势必会在一定程度上破坏国家机关在组织上的统一性。另一种意见则认为，错误的决定或命令就不应该被服从，若服从该错误的决定或命令就应以犯罪论处。

我们认为，执行上级错误的决定或者命令不必然归属于阻却违法事由，仅在就该错误的决定或命令已向上级提出改正或撤销建议的情况下，则可归属于阻却违法事由。理由如下：

符合构成要件的行为之所以阻却违法，正如张明楷教授主张的，是因为行为保护了更为优越或至少是同等的法益，阻却违法事由的行为并不具有社会危害性。国家机关工作人员担任职务是为了服务公共利益，其作为履行专门职责的国家机关工作人员应熟知本人及所在单位的职责，在明知上级的决定或命令错误时，以其不具有期待可能性或违法认识性来直接阻却违法、阻却责任，是不恰当的，其不分是非曲直一律服从的行为具有社会危害性。当然，也要诚实面对现代行政法律关系中上、下级的关系，要明确一个合理的限度来阻却违法。

这个合理的限度在我国的公务员法中有所体现。根据我国公务员法的有关规定，公务员执行公务时，认为上级的决定或者命令有错误的，可以向上级提出改正或者撤销该决定或者命令的意见；上级不改变该决定或者命令，或者要求立即执行的，公务员应当执行该决定或者命令，执行的后果由上级负责，公务员不承担责任；但是，公务员执行明显违法的决定或者命令的，应当依法承担相应的责任。该条款虽不具体，但也较为明确地阐述了法令行为中上、下级的关系及责任承担问题，设定了下级具有相对限制的不服从制度。

具体到本案中，被告人黄某勇负有监管职责，其明知领导作出的对窨井盖不需要进行二次检测的决定是错误的、违反规定的，既不反对，也不反映，仍予以贯彻执行；后续有部分镇街干部向其反映窨井盖存在质量问题时，也没有及时采取措施，只是交代厂家注意窨井盖产品质量，并在履职期间还收受窨井盖供货商胡某良等人的贿赂。综合上述分析，被告人黄某勇执行上级林某明决定的行为并不归属于阻却违法事由。另外，被告人黄某勇没有正当履行职责，其渎职行为对危害结果的发生具有"原因力"，应认定不合格窨井盖流入治污工程与其渎职行为之间具有刑法意义上的因果关系。

2. 重大损失的认定

最高人民法院的司法解释、答复已对重大损失中的物质损失有明确的规定和标准，包括损失计算的时间节点、计算方式。其中，计算时间节点区分为两种情况：一是立案时损失已经固定下来，那么就以立案时实际造成的损失计算；二是立案时损失没有固定，还在延续，那么计算至提起公诉时止，而立案以后、判决宣告以前，行为人自行追回或通过单位等其他方式追回财产损失的，可以作为量刑情节予以考虑。

具体到本案中，被告人黄某勇的渎职行为使得政府财政多支付了31万多元的货款及支付后期原供应商不能更换不符合要求窨井盖的更换费用，该损失已计算至侦查机关的立案之时。至于辩护人提出财政损失可以通过民事诉讼等方式挽回的意见，并不影响对被告人黄某勇行为性质的认定。

（二）此罪与彼罪之辩：故意放弃职守或不履行职责的行为定性

1997年《刑法》新增了滥用职权罪，该罪从玩忽职守罪中分离出来，但又与玩忽职守罪规定在同一条文中，相同的犯罪主体、犯罪结果及刑罚，在理论界引发了广泛的争论，实践中也存在不小的争议。所以，在认定本案构成刑事犯罪基础上，对于本案的具体定性仍存在较大争议。

一种意见认为，滥用职权罪应限定于作为的方式，以作为的方式超越职权，违反规定、处理其无权决定或处理的事情，或者不顾职责、不顾程序随心处理公务，而玩忽职守罪则主要以不作为的方式不履行职责或不认真履行职责，故被告人黄某勇的行为应构成玩忽职守罪；另一种意见则认为，滥用职权罪不应限定为作为犯，且玩忽职守罪的主观罪过应限于过失，故被告人黄某勇的行为应构成滥用职权罪。

1. 滥用职权罪、玩忽职守罪的区分关键

从我国的《刑法》规定来看，对于主观罪过的鉴定标准应视犯罪主体对自身行为及其危害社会的结果所抱的心理态度。虽然《刑法》条文中并没有明示滥用职权罪、玩忽职守罪的主观罪过形态，但主观罪过形态的认定是区分滥用职权罪和玩忽职守罪的关键。对于滥用职权的主观罪过，理论界主要有单一罪过说、复合罪过说及主要罪过说等观点。我们认为，滥用职权罪的主观罪过形态应为单一的故意，既包括直接故意，也包括间接故意，而玩忽职守罪更倾向于过失。理由如下：

从滥用职权罪拆分的原因来看，原先的玩忽职守罪被解读为过失犯罪，对于故意滥用职权的行为难以囊括，对故意滥用职权行为的处置于法无据，且在实践中难以达成统一。1997年《刑法》修订时增加了滥用职权罪，虽然两罪规定在同一个条款中，但两罪的行为方式存有差异，对两罪分别认定为性质相反的主观罪过形态，并不存在法理上的障碍，同时也便于司法实践操作。

从行为人的自身来看，行为人因其身份、工作内容、地位等，应明知自身的工作职责和权限范围，但仍违背职责行使职权的行为，足见其对滥用职权的行为是希望的、放任的；也正是基于职务行为的特殊性，行为人对而后产生的损害后果也应具有认识的可能性，其明知滥用职权的行为会侵犯国家机关的正常活动等法益仍为之。而玩忽职守罪侧重于行为人严重不负责任，不履行或不认真履行职责，其对国家机关的正常活动及公共利益的侵犯实际上是持否定态度的。

2. 滥用职权罪的实行行为包括不作为

实行行为通常可分为作为和不作为两种基本形态，其中，作为是滥用职权罪中常见的类型，对于不作为是否是滥用职权行为的形式，还存有争议。我们认为，滥用职权的实行行为包括不作为，理由如下：

从"滥用"的词义理解来看，"滥用"包括胡乱地或不加节制地运用、利用，超越职权是对职权的滥用，应履行职责而不履行、放弃职守也同样是对职权的滥用。

从我国滥用职权罪的立法沿革来看，刑法新增滥用职权罪就是要打击滥竽充数、消极怠工、放弃履行职责等这类行为，将"不作为"排除在滥用职权罪的实行行为形态外不符合立法原意。

从国家机关的设置来看，常设的国家机关或因专项任务而抽调各单位人员组建的指挥部等，常具有某些法定的监督管理职责，这些职责会赋予相关国家机关工作人员一定的作为义务；对于这些正当的职务行为，行为人不论是作为，还是不作为，都有可能达到其犯罪的目的，且该职责应当被履行而未履行或被放弃，事实上与积极滥用职权之间存在对等性，那么该行为不论是作为，还是不作为，都具有等价的社会危害性。

综合上述分析，我们认为故意的不作为（包括放弃职守或不履行职责的行为）地违反规定处理公务的行为宜定性为滥用职权罪。

具体到本案中，被告人黄某勇身为瑞安市农村生活污水治理工程的质量巡查员，有巡查、监督整个污水治理工程治理的职责，包括对窨井盖在内的工程材料供应具有质量监管职责、巡查发现问题时通知整改、提议更换、考核评分等职责，但其并没有正当履行职责，反而是在明知某水泥厂的Φ700型号窨井盖第一次检测质量不合格的情况下，把窨井盖改送至非指定的检测单位检测，使其合格后以应急供货的名义投入使用，且未在投入使用前对将要投入使用的窨井盖进行二次检测，对于部分镇街干部反映的窨井盖质量问题，也仅是口头要求厂家注意质量。实际上，被告人黄某勇因负有监管职责，应积极履行职责，但其采用一种消极不作为的态度放弃职守或不履行职责，这显然与其职责要求是相背离的，也说明其实施上述消极不作为行为时的主观心态明显是故意的。由此可见，被告人黄某勇故意的不作为地违反规定处理公务的行为完全符合滥用职权行为的特征，构成滥用职权罪。

问题9. 村民委员会、居民委员会等基层组织人员利用职务便利将不符合镇保条件的人员纳入镇保范围，是否构成滥用职权罪

随着我国城镇建设和社会主义新农村建设逐步深入推进，村民委员会、居民委员会等基层组织协助人民政府管理社会发挥越来越重要的作用。实践中，对村民委员会、居

民委员会等基层组织人员协助人民政府从事行政管理工作时，滥用职权、玩忽职守构成犯罪的，应当依照刑法关于渎职罪的规定追究刑事责任。

【最高人民检察院指导性案例】陈某、林某、李甲滥用职权案[①]

一、基本案情

2004 年 1 月至 2006 年 6 月，被告人陈某利用担任上海市奉贤区四团镇推进镇保工作领导小组办公室负责人的职务便利，被告人林某、李甲利用受上海市奉贤区四团镇人民政府委托分别担任杨家宅村镇保工作负责人、经办人的职务便利，在从事被征用农民集体所有土地负责农业人员就业和社会保障工作过程中，违反相关规定，采用虚增被征用土地面积等方法徇私舞弊，共同或者单独将杨家宅村、良民村、横桥村 114 名不符合镇保条件的人员纳入镇保范围，致使奉贤区四团镇人民政府为上述人员缴纳镇保费用共计人民币 600 余万元、上海市社会保险事业基金结算管理中心（以下简称"市社保中心"）为上述人员实际发放镇保资金共计人民币 178 万余元，造成了恶劣的社会影响。其中，被告人陈某共同及单独将 71 名不符合镇保条件人员纳入镇保范围，致使镇政府缴纳镇保费用共计人民币 400 余万元、市社保中心实际发放镇保资金共计人民币 114 万余元；被告人林某共同及单独将 79 名不符合镇保条件人员纳入镇保范围，致使镇政府缴纳镇保费用共计人民币 400 余万元、市社保中心实际发放镇保资金共计人民币 124 万余元；被告人李甲共同及单独将 60 名不符合镇保条件人员纳入镇保范围，致使镇政府缴纳镇保费用共计人民币 300 余万元，市社保中心实际发放镇保资金共计人民币 95 万余元。

2008 年 4 月 15 日，陈某、林某、李甲因涉嫌滥用职权罪由上海市奉贤区人民检察院立案侦查，陈某于 4 月 15 日被刑事拘留，4 月 29 日被逮捕，林某、李甲于 4 月 15 日被取保候审，6 月 27 日侦查终结移送审查起诉。2008 年 7 月 28 日，上海市奉贤区人民检察院以被告人陈某、林某、李甲犯滥用职权罪向奉贤区人民法院提起公诉。2008 年 12 月 15 日，上海市奉贤区人民法院作出一审判决，认为被告人陈某身为国家机关工作人员，被告人林某、李甲作为在受国家机关委托代表国家机关行使职权的组织中从事公务的人员，在负责或经办被征地人员就业和保障工作过程中，故意违反有关规定，共同或单独擅自将不符合镇保条件的人员纳入镇保范围，致使公共财产遭受重大损失，并造成恶劣社会影响，其行为均已触犯刑法，构成滥用职权罪，且有徇个人私情、私利的徇私舞弊情节。其中被告人陈某、林某情节特别严重。犯罪后，三被告人在尚未被司法机关采取强制措施时，如实供述自己的罪行，属自首，依法可从轻或减轻处罚。判决被告人陈某犯滥用职权罪，判处有期徒刑二年；被告人林某犯滥用职权罪，判处有期徒刑一年六个月，宣告缓刑一年六个月；被告人李甲犯滥用职权罪，判处有期徒刑一年，宣告缓刑一年。一审判决后，被告人林某提出上诉。上海市第一中级人民法院二审终审裁定，驳回上诉，维持原判。

二、案例评析

该案例涉及村民委员会等村基层组织人员在协助人民政府从事行政管理工作时，能否认定为国家机关工作人员，超越人民政府的指导和监督或者怠于按照人民政府的指导和监督行事，造成公共财产、国家和人民利益重大损失的，能否构成渎职犯罪的问题。

---

① 最高人民检察院指导性案例检例第 5 号。

我们认为，滥用职权罪的犯罪主体为国家机关工作人员。这里所称"国家机关工作人员"，是指在国家机关中从事公务的人员。"国家机关"，是指国家权力机关、行政机关、监察机关、司法机关、军事机关。2002 年 12 月 28 日第九届全国人民代表大会常务委员会第三十一次会议通过了《全国人民代表大会常务委员会关于〈中华人民共和国刑法〉第九章渎职罪主体适用问题的解释》，根据该解释的规定，下列人员在代表国家机关行使职权时，有渎职行为构成犯罪的，也依照刑法关于渎职罪的规定追究刑事责任：（1）在依照法律、法规规定行使国家行政管理职权的组织中从事公务的人员；（2）在受国家机关委托，代表国家机关行使职权的组织中从事公务的人员；（3）虽未列入国家机关人员编制但在国家机关中从事公务的人员。随着我国城镇建设和社会主义新农村建设逐步深入推进，村民委员会、居民委员会等基层组织协助人民政府管理社会发挥越来越重要的作用。实践中，对村民委员会、居民委员会等基层组织人员协助人民政府从事行政管理工作时，滥用职权、玩忽职守构成犯罪的，应当依照刑法关于渎职罪的规定追究刑事责任。

问题 10. 因滥用职权而应罚未罚的金额能否认定为渎职行为造成的损失

国家机关工作人员滥用职权，不按照法律规定对行政相对人进行处罚，对应罚而未罚的金额可以计算为渎职行为造成的损失。

【典型案例】赵某滥用职权案[①]

一、基本案情

2012 年 12 月，万全县质监局对万全县某食品有限公司生产的燕麦片进行了抽检，后经检验，该公司 2012 年 12 月 2 日生产的燕麦片质量不合格（霉菌严重超标），此批次产品共生产 1 万千克，货值金额共计 4 万元，违法所得 2000 元整。被告人赵某在其主持该案件审理期间，不按照法律规定进行处罚，同意对行政相对人万全县该食品有限公司作出了 2.4 万元的罚款，给国家造成 17.6 万余元的损失。2013 年 10 月 25 日万全县质监局根据群众举报对某食品开发有限公司进行检查，发现该公司将 554.5 箱过期的火锅料进行重新包装和更改生产日期，货值金额至少为 7.21 万余元，至少应对该公司处以 36 万余元罚款。赵某不按照法律规定进行处罚，同意对行政相对人该食品开发有限公司作出了 19.9 万余元的罚款，给国家造成 16.1 万余元损失。以上赵某滥用职权的行为总共给国家造成 33.7 万余元的损失。同时赵某在担任万全县质监局局长期间，利用职务上的便利，收受贿赂总计人民币 11 万元。下花园区法院经审理，判决被告人赵某犯滥用职权罪，判处有期徒刑一年；犯受贿罪，判处有期徒刑十年零六个月，并处没收个人财产 5 万元，决定执行有期徒刑十年零六个月，并处没收个人财产 5 万元。

二、案例评析

本案具有一定典型意义。首先，明确了应罚未罚的金额可以计算为渎职行为造成的损失。万全县该食品有限公司 2012 年 12 月 2 日生产的不合格产品，按照法律规定应当处罚货值的五倍即 20 万元，赵某滥用职权，同意只作出 2.4 万元的处罚，少收的 17.6 万元罚款可以计算为其滥用职权造成的损失；其次，强调了在办理职务犯罪案件时要注重渎

贪并查的原则。根据司法解释规定，国家机关工作人员实施渎职犯罪并收受贿赂，同时构成受贿罪的，除刑法另有规定外，以渎职犯罪和受贿罪数罪并罚。本案办案机关在侦办赵某渎职犯罪过程中，注意搜寻贪污受贿等犯罪线索，渎贪并查，法院经审理对其以滥用职权罪和受贿罪并罚，适用法律正确，有力打击了犯罪。

问题 11. 国家机关工作人员为避免政府违约而违规返还土地出让金的行为如何定性

【实务专论】

因国家土地政策调整，导致地方政府与企业签订的返还土地出让金协议终止履行，国家机关工作人员为避免政府违约，违规返还土地出让金并造成公共财产损失的，其行为带有"新官理旧账"的性质，同时，在国家土地管理政策多次进行调整的背景下，该行为有别于一般的滥用职权犯罪，故不宜以滥用职权罪追究其刑事责任。

问题 12. 在招商引资过程中，国家工作人员违规给国家参股企业减免土地出让金、契税等，在认定造成公共财产损失时，国有股份所对应的减免数额是否应予扣除

在招商引资过程中，国家工作人员违规给国家参股企业减免土地出让金、契税等，在认定滥用职权罪造成的公共财产损失时，应当坚持损失是具体的而非抽象的观点，并结合具体情况区分国有资产的不同主体，以准确甄别和客观把握国有资产的范畴，不宜根据企业性质是否包含国有股份而区别对待，即国有股份对应的减免数额不应从公共财产损失数额中扣除。

【职务犯罪参考案例】崔某某滥用职权案[①]

一、基本案情

2008 年 8 月，H 公司到 T 市经济技术开发区洽谈投资铜箔项目。时任 T 市开发区管委会主任的崔某某代表开发区管委会，与 H 公司签订协议书，约定 H 公司在 T 市开发区建设电解铜箔项目，项目土地挂牌价与实际出让价之间的差价部分由开发区管委会另行补偿，且该项目由 T 市开发区管委会辖下的 X 投资有限责任公司占 20% 股份。2009 年 8 月，H 公司通过招拍挂程序以 3100 万元价格拍得一块工业用地。后崔某某明知国家禁止返还土地出让金，未经 T 市开发区管委会会议研究或上报审批，擅自决定由开发区财政局于 2009 年 8 月返还 H 公司用地差价部分契税 85.552 万元、土地出让金 2138.8 万元，共 2224.352 万元。2016 年，H 公司被法院裁定宣告破产。其间，T 市开发区入股资金没有按照规定，由项目投资主体回购。

二、案例评析

对于本案的处理，存在两种不同意见：

---

① 于同志、张文波：《在招商引资过程中，国家工作人员违规给国家参股企业减免土地出让金、契税等，在认定造成公共财产损失时，国有股份所对应的减免数额是否应予扣除》，最高人民法院刑二庭主编：《职务犯罪审判指导》第 1 辑，法律出版社 2022 年版，第 63~67 页。

第一种意见认为，国家工作人员违反国有资产管理规定，在国有单位之间肆意划拨国有资产或以国有资产对外增加投资等，属于严重违反财经纪律、行政法规的行为，但如果没有造成国有资产损失则不宜作为刑事犯罪处理。因此，在计算公共财产损失数额时，应当从有利于被告人的角度对国有股份对应损失数额予以扣除。

第二种意见认为：滥用职权所造成的公共财产损失，不能只关注是否有国有资本参股的问题，而应全面整体来考量，否则就会错误地认为领导干部只要是为国企滥用职权，就可以不以犯罪论处。因此，崔某某违规给国家参股企业减免土地出让金、契税的行为，在认定造成公共财产损失时，国有股份所对应的减免数额应不予扣除。

我们同意第二种意见。具体理由如下：

1. 认定滥用职权罪造成的公共财产损失，应当坚持损失是具体的而非抽象的观点

首先，从刑法、司法解释规定及其精神来看，作为滥用职权罪成立要件的公共财产损失应当是具体的而非抽象的，应明确到某一个特定主体。在案证据显示，案发时 T 市政府已经实行土地出让金"收支两条线"管理制度，H 公司缴纳的土地出让金按照规定应由市财政局统一管理和支配，而被告人擅自决定将土地出让金直接返还给 H 公司并从市财政局申请将上述土地出让金全额拨回，客观上侵害了市级财政的整体利益。其次，对于国有资产的"损失"不宜单纯理解为财物在物理意义上的毁损、灭失，未经法定程序或正当事由的财产流转以及财政资金未能"专款专用"亦有可能造成国有资产的损失。按照国务院办公厅《关于规范国有土地使用权出让收支管理的通知》规定，土地出让金的主要用途包括被征地农民安置补助费、地上附着物和青苗补偿费和拆迁补偿费用、被征地农民社会保障支出、土地开发支出、基础设施建设支出等，即土地出让金具有"专款专用"的特定用途。如果不顾土地出让金的基本用途而返还给企业，且在前述所列的基本支出事项仍需完成的情况下，则很可能会导致其他财政资金被挤占、挪用，在客观上亦会造成公共财产、国家利益受到损失的结果。因此，在计算国有资产损失时，应当避免以是否实际毁损、灭失为标准而人为缩小"财产损失"的范围。最后，对于第一种意见所提"在计算公共财产损失数额时，应当从有利于被告人的角度对国有股份对应损失数额予以扣除"，我们认为"有利于被告人"原则一般适用于查明事实和证据审查、判断方面。本案中被告人崔某某违规决定返还的土地出让金和契税数额确定，国有持股的比例确定，并不涉及事实认定问题，而主要是一个法律适用问题。因此，对于本案中公共财产损失的认定，应当结合案件的具体情况进行分析，而不宜适用"有利于被告人"原则。

2. 对于"国有资产"同样不宜进行抽象解释，而应结合具体情况并区分不同主体，以准确甄别和客观把握国有资产的范畴

首先，我国当前财政体制实行"分灶吃饭，分级所有"的模式，即中央与地方之间、地方不同层次的国家机关、国有企业、事业单位之间均为独立核算的法人，因此，不同国有主体之间的资产不能随意置换，即使进行流转也应当遵循必要的法定程序。尽管从宏观角度和整体意义看，上述单位的全部资产和收入均属于"国有资产"或"全民所有财产"，但在实际运行中仍然需要根据监管、运营主体的不同来确定国有资产的具体负责单位。不能简单地将国有资产在不同国有主体之间的流转视为"左口袋倒右口袋"，或者认为只要最终所有权属于国家，则无论怎样分配都不会造成国家利益的损失。该案中，虽然违规返还土地出让金可能使国有参股企业中的国有股份在一定程度上"受益"，但客

观上不仅造成了市级财政的"损失"，也导致国家既出让了国有土地使用权，又丧失了对该笔土地出让金和契税的占有、控制，由此产生的国有资产损失不宜一概予以扣除。其次，国有资产和公司法人财产并非同一概念。国有公司入股 H 公司代表的是国有股东利益，但入股完成后的经营活动实际上是公司行为，且因 H 公司并非国家绝对控股或相对控股的公司，国家投入相应资产后，不能完全决定或支配公司经营利润的分配，国有资产账面仅反映具体投入的数额，而不反映相应资产的损益，在合资企业解散或破产前，相应国有资产权益也无法实现。因此，不宜将公司利益等同于（国有）股东利益。最后，公司中的国有股份，系 T 市开发区管委会为完成招商引资任务而对 H 公司入股，并约定 H 公司三年后回购国有股份，有关证人证言亦证明开发区管委会当时并非为赚取投资利益。而公司最终亦未按约定回购国有股份，且因该公司破产，客观上造成了相应国有资产的损失。故就本案而言，减免土地出让金、契税与国有资产的增、损之间没有必然的因果关系。

3. 从案件处理效果来讲，不宜将国有股份对应的土地出让金从公共财产损失数额中扣除

首先，根据相关法律和政策规定，在社会主义市场经济中国有企业和民营企业是平等参与经济活动的市场主体，对于国有企业和民营企业应当一视同仁，实行平等保护、同等对待原则。在计算犯罪数额或者犯罪行为造成的财产损失方面，不宜根据企业性质或是否包含国有股份而区别对待，本案中 H 公司违规获取土地出让金和契税，应当视为整体上造成了国家损失，不宜对国有参股部分从民营企业中扣除并单独评价。其次，本案中还涉及另一起违规返还民营企业土地出让金的滥用职权犯罪事实，鉴于两起事实在行为方式及性质基本一致，不能因为土地出让金返还的对象是纯民营企业，就将其违规获得的土地出让金全部认定为公共财产损失；而对于国有参股企业，就将国有股份抵扣。如对两起事实分别认定，可能会导致同一个案件处理的不平衡。最后，国有参股企业的实际经营状况较为复杂、多样，除本案直接持股的情形外，还存在交叉持股、多重持股、间接持股、股份代持等情形，如不加区分地将国有股份对应的公共财产损失予以扣除，将可能面临无法准确认定国有股对应数额的难题。

综上，被告人崔某某在招商引资过程中，未经管委会集体讨论，在明知国家已经明令禁止向企业返还国有土地出让金和契税的情况下，仍违规给国家参股企业减免土地出让金、契税，构成滥用职权罪。在认定公共财产损失时，国有股份对应的减免数额可不予扣除。同时，考虑到国有资产相关问题的政策性较强，司法实践中国有资产或财政资金流转的情况复杂、多样，对于认定是否造成公共财产损失及损失数额，仍需进一步结合案件的具体情况予以准确认定。

问题 13. 无身份者与有身份者能否构成滥用职权罪的共犯

【实务专论】

我们认为，无身份者与有身份者能够构成滥用职权共犯，但需要具备以下条件：第一，必须符合共同犯罪的构成条件，即二名以上有身份人员和无身份人员共同故意犯罪；第二，有身份人员与无身份人员必须具有共同的滥用职权犯罪行为，这里不仅包括共谋和共同实施实行行为，也包括无身份人员的教唆和帮助行为；第三，有身份人员的身份

条件即其所反映的特定地位、资格等个体身份因素对犯罪的成立起主要作用，决定犯罪的性质。

在承认无身份者与有身份者能够构成滥用职权共犯的基础上，如滥用职权的行为又符合其他罪名构成要件时，该如何定性？对此，理论界存在"分别定罪说""想象竞合说""行为性质定罪说"，后者又分"主犯行为性质决定说"和"有身份者行为决定说"。结合审判实践，我们认为，有身份者的身份是反映犯罪本质特征的关键因素，应以有身份者行为性质认定为原则，同时综合考量共同犯罪中主从犯的关系，如有身份者在共同犯罪中所起作用很小，其身份于犯罪实施无甚紧要或并非必需，则可以考虑依据起主要作用的无身份者的行为性质，按照想象竞合原则认定共同犯罪的性质。

问题14. 司法工作人员徇私舞弊滥用职权，给当事人造成财产损失的，应如何认定

法院的司法工作人员，在办理执行案件的过程中，为使近亲属获得相关利益，未经领导批准及征求当事人同意，擅自启动执行标的物评估、拍卖程序，给当事人造成了近50万元的财产损失，其行为属于徇私舞弊滥用职权，构成滥用职权罪。

【典型案例】林某聪滥用职权案[①]

一、基本案情

1997年4月至2003年10月，被告人林某聪任原厦门市开元区人民法院执行庭助理审判员。2002年9月5日，厦门市开元区人民法院对工商银行厦门市城建支行申请执行郭某惠借款合同纠纷案予以立案，并交由被告人林某聪承办。城建支行要求强制执行郭某惠的本市中信惠扬大厦公寓楼某单元房产用于清偿郭某惠的欠款。在执行过程中，被执行人郭某惠积极寻找房产受让方以便偿还欠款。2002年9月16日、11月4日郭某惠与受让人李某哲分别签订了《房屋转让协议书》《补充协议书》，约定该房产转让价为112万元。11月4日受让人李某哲当即支付郭某惠10万元定金，这笔定金款由惠扬（厦门）房地产发展有限公司（以下简称惠扬公司）代管，惠扬公司于11月5日代郭某惠归还城建支行借款本息47820.92元。城建支行同意了郭某惠自行寻找买主的做法，于2002年11月11日向法院提出了暂缓委托评估房产的要求，并获得同意。11月12日惠扬公司还出具承诺函，向城建支行承诺若郭某惠在12月15日前未能清偿欠款其愿代为清偿。被告人林某聪为低价购得该房产，授意城建支行的代理律师王某普申请恢复强制执行，启动评估、拍卖程序。同年12月5日，被告人林某聪通过向厦门国际商品拍卖有限公司的相关人员打招呼，委托其朋友王某疆以其妹妹林某娟的名义参加竞拍。在拍卖过程中，王某疆在征得被告人林某聪的同意后，与其他竞买人违法串标，最终以57.5万元的价格竞买成交。当天，买受人林某娟与厦门国际商品拍卖有限公司签订了《拍卖成交确认书》，并经厦门市工商行政管理局鉴证。2002年12月11日林某娟交清了房款、佣金等款项。事后，郭某惠得知房产被拍卖，遂向有关部门反映。厦门市开元区人民法院接到举报后，于2003年1月23日向厦门国际商品拍卖有限公司撤回了该房产的拍卖委托。厦门国际商

① 刘晓洪：《林某聪滥用职权案》，载国家法官学院、中国人民大学法学院编：《中国审判案例要览》（2006年刑事审判案例卷），人民法院出版社、中国人民大学出版社2007年版，第417～422页。

品拍卖有限公司已退回买受人拍卖款和相关费用，并办理了解除工商鉴证手续。2003 年 5 月 23 日，该房产的面积实测后，李某哲以 107 万元的价格买下该房产。

2002 年初，被告人林某聪在承办建设银行厦门市城建支行申请执行赵某玲的本市禾祥东路 20 — 11 号龙祥花园某室房产一案的过程中，未征求被执行人意见即自行委托评估，未经领导审批擅自将被执行房产委托拍卖，然后由其妹妹林某娟参与竞买，最终竞买成功而将该房产购置于林某娟的名下。

二、案例评析

本案审理中控辩双方具有较大争议的两个问题，就是行为人是否具有滥用职权的行为和行为人的行为是否造成相关人员的经济损失。这两方面直接关系行为人行为性质的认定。

1. 行为人是否具有滥用职权的行为

滥用职权罪，是指国家机关工作人员滥用职权，致使公共财产、国家和人民利益遭受重大损失的行为。客观方面表现为滥用职权，致使公共财产、国家和人民利益遭受重大损失的行为。所谓滥用职权，是指不法行使职务上的事项，以不当目的或者以不法方法，实施违反职务行为宗旨的活动。首先，滥用职权应是滥用国家机关工作人员的一般职务权限，如果行为人实施的行为与其一般的职务权限没有任何关系，则不属于滥用职权。其次，行为人或者是在以不当目的实施职务行为的情况下，即使从行为的方法上看没有超越职权，也属于滥用职权。最后，滥用职权的行为违反了职务行为的宗旨，或者说与其职务行为的宗旨相悖。

主观方面是过失，即行为人应当预见自己滥用职权的行为可能致使公共财产、国家和人民利益遭受重大损失，或者已经预见而轻信能够避免，以致这种重大损失发生的严重不负责的心理态度。行为人滥用职权行为本身往往是故意的，但对损害结果，则是过失。

行为人辩解其启动评估、拍卖程序，是依法行使职权，没有违反相关的规定，谈不上滥用职权。诚然，在郭某惠执行案中，行为人在被执行人未履行还款义务，且案件也未中止执行的情况下，启动对执行标的的评估、拍卖程序，是在行为人作为执行法官的权限范围内。但问题在于行为人启动评估、拍卖程序前，已经有意以低价购买被执行的房产，而且，启动评估、拍卖程序也并非申请执行人的真实意思，而是在行为人的授意下申请执行人的代理人书面出具恢复强制执行的申请。本案从行为人行为的方法上和范围上来看没有超越职权，但行为人是以不当目的实施其职务行为，并且该行为违反保护当事人权利的宗旨，属于滥用职权。行为人的行为表象虽如其所辩解的未超越职权，但究其实质仍符合滥用职权罪的客观表现。

2. 行为人的行为造成的经济损失如何认定

既然行为人的行为符合滥用职权罪的客观表现，但能否定罪须看其行为有否造成重大损失的法定结果。所谓重大损失，是指给国家和人民造成的重大物质性损失和非物质性损失。本案法院对行为人关于没有造成恶劣社会影响（非物质性损失）的辩解予以采纳。那么，本案仅存在如何计算物质性损失的问题。行为人的滥用职权行为导致郭某惠的房产被拍卖，并以 57.5 万元成交，这与先前郭某惠约定的变卖价格 112 万元有很大差距，表明依此拍卖后郭某惠损失了即将实现的几十万元收入，那么，房产拍卖成交之时行为人滥用职权行为的犯罪结果就已经发生。后来行为人所在单位原开元区人民法院发现行为人行为造成的后果，就以其法院特殊的地位向拍卖行要求撤回对该房产的拍卖委托，只能视为事后挽回当事人的损失而已，不能据此认为行为人的行为没有给当事人造成经济损失。

具体的损失数额如何确认？公诉机关在指控中将郭某惠第一次与李某哲所签合同的房产价格112万元，减去拍卖的成交价57.5万元的两者差额54.5万元，作为损失数额，这样的计算方法是不妥的。房产撤拍后郭某惠最终将房产转让给李某哲的价格为107万元，经查该价格的变化系因转让时确认的房产面积与撤拍前所签合同确认的房产面积不一样所致，这样排除了撤拍后郭某惠出于某种目的与李某哲随意定价的可能性。故应以撤回拍卖后的房产成交价107万元和拍卖时的成交价57.5万元两者之间的差额49.5万元，作为本案的损失数额。

3. 关于确定罪名的问题

行为人的行为触犯的法条为《刑法》第397条第2款的规定。而2002年12月28日通过的《刑法修正案（四）》在《刑法》第397条增加第3款，其罪名为执行判决、裁定滥用职权罪，本案行为人的行为亦符合该罪名，但行为人的行为发生在该修正案之前，根据从旧兼从轻原则，应当定滥用职权罪，适用《刑法》第397条第2款的规定。

问题15. 国家机关工作人员将集体土地作为国有土地进行土地使用权转让，将土地用途由工业用地改变为城镇混合住宅用地的，应当如何认定

国家机关工作人员不正当行使职权，将集体土地作为国有土地进行土地使用权转让，将土地用途由工业用地改变为城镇混合住宅用地，侵犯了国家机关的正常职能活动，并使国家遭受重大损失，该行为构成滥用职权罪。

【典型案例】杨某全等滥用职权案①

一、基本案情

被告人杨某全于1994年6月至2002年在大竹县国土资源局工作，2003年3月至2004年3月担任大竹县城东乡党委副书记、副乡长并主持该乡政府工作。

1984年9月，大竹县城关供销社竹阳农副产品联营经理部、大竹县城东乡竹阳村13组与福建省福州市琅岐公社星辉大队陈某润等七户农民共同筹建了"大竹县竹阳联办机砖厂"（以下简称机砖厂），该厂位于城东乡竹阳村13组，租用竹阳村13组李某富等8户农民的承包土地取土生产机砖。该厂于1984年12月正式生产，1987年停产，停产后，该地一直闲置。

2003年10月27日，大竹县城东乡党委政府召开书记办公会及党政办公会研究合作基金会兑付筹资问题，决定设立筹资领导小组，并下设三个工作组，由被告人杨某全任资产整理组组长，具体负责对"机砖厂"资产的整理、处置。之后，杨某全在未收集、调查"机砖厂"建厂的原始资料和任何依据的情况下，与大竹县国土资源局测绘队联系，对"机砖厂"宗地进行测绘。同年11月6日，城东乡政府的工作人员王某成按照杨某全授意，将"机砖厂"以"大竹县城东乡东城红砖厂"（以下简称东城红砖厂）的名义，

① 陈雯雯：《杨某全等滥用职权案》，载国家法官学院、中国人民大学法学院编：《中国审判案例要览》（2007年刑事审判案例卷），人民法院出版社、中国人民大学出版社2008年版，第506～511页。

草拟了"东城红砖厂"是原城东公社乡办企业，建于 1980 年 1 月，位于城东乡竹阳村 13 组，原公社已经给 13 组进行了补偿的虚假"城东乡东城红砖厂情况说明"，要求土地确权的"申请"以及土地已补偿了村社的虚假"证明"，交杨某全审核、修改、定稿后作为土地确权的报件资料。后由被告人杨某全将上述虚假资料以"东城红砖厂"的名义向大竹县国土资源局申请办理该厂的土地初始确权和转让手续。

2003 年 11 月，被告人唐某在审查"东城红砖厂"的土地初始确权报件资料时，对该厂的建厂时间、权属性质及原城东公社是否补偿村社等情况未进行审查，仅凭城东乡政府出具的内容虚假的"申请""城东乡东城红砖厂情况说明"和对村组已补偿的"证明"，将本不属于原城东乡政府的"机砖厂"租用地确权给了城东乡政府，并于 2003 年 11 月 28 日给城东乡政府颁发了竹集用〔2003〕0765 号集体土地使用证。

2003 年 11 月 26 日，城东乡政府委托无土地评估资质的四川中宇会计师事务所对"东城红砖厂"的资产进行评估。经评估，"东城红砖厂"总资产价值 99.0464 万元，其中厂房及围墙价值 2 万元，集体土地价值 97.0464 万元。2003 年 11 月 28 日，城东乡政府向县乡镇企业产权制度改革领导小组递交了改制申请。2003 年 12 月 3 日，城东乡政府通过其上报的虚假资料获得了县乡镇企业产权制度改革领导小组下发同意重庆求实公司整体兼并"东城红砖厂"的文件。2003 年 12 月 3 日，城东乡政府与重庆求实公司正式签订了兼并"东城红砖厂"的协议，兼并金额 112 万元，同时商定土地转让手续由城东乡政府负责办理。

2003 年 12 月下旬，城东乡政府将东城红砖厂土地变更报件资料报送县国土资源局土地利用股，被告人杨某全分别找该局的经办人员及相关领导办理"东城红砖厂"的土地转让手续。同年 12 月 29 日，杨某全向被告人皮某提出将该宗土地的用途由工业用地批成城镇混合住宅地。皮某即将经办人徐某励草拟的竹府土函〔2003〕298 号文件底稿中的土地用途由工业用地修改为城镇混合住宅用地，将土地所有权性质由集体土地直接改变、确认为国有土地。同月 31 日，被告人杨某全在被告人皮某处拿到竹府土函〔2003〕298 号文件。该文件将"东城红砖厂"土地的所有权性质由集体土地审批为国有土地，土地用途由工业用地审批为城镇混合住宅用地。2004 年 1 月 4 日重庆求实公司根据该文件获得"东城红砖厂"土地的国有土地使用证。

由于"东城红砖厂"初始确权后，其中的四户农民不愿搬迁，被告人杨某全又联系县国土资源局测绘队重新对该宗土地进行测绘，将 2003 年 8 月县国土资源局报省政府已征待批的位于竹阳村七社的 4.746 亩土地纳入测绘范围，重新制作了虚假的宗地平面图，并安排王某成草拟了包含七社 4.746 亩土地在内的虚假"申请""情况说明"和"证明"。2003 年 12 月 31 日晚，杨某全与被告人唐某联系，以自己到城东乡时间短，原来确权的"东城红砖厂"的界址搞错了为由，要求"纠正"，唐某违反土地确权变更程序，擅自同意并安排国土局工作人员温某学等人负责办理，以致被告人杨某全与温某学等人一起私自进入国土资源局办证大厅，由杨某全调换了"申请""情况说明""证明"、宗地平面图，并亲手修改了有关"东城红砖厂"的竹集用〔2003〕0765 号和竹国用〔2003〕02419 号国有土地使用证报件档案资料。事后，被告人唐某未对更换材料的真实性进行任何审查。2004 年 4 月，重庆求实公司获得了包含竹阳村 13 组和 7 组在内的 22.056 亩土地，其中 7 组的 4.746 亩土地属大竹县国土资源局 2003 年 8 月已征待批的土地。

2003 年 12 月至 2004 年 4 月，重庆求实公司分三次付款 90 万元给城东乡人民政府。

2003 年 12 月 28 日，城东乡人民政府将其中的 60 万元付给了城东乡竹阳村 13 组。

经成都大成不动产评估有限责任公司鉴定：城东乡转让给重庆求实公司 22.056 亩土地工业用地总地价为 261.7312 万元，城镇混合住宅用地总地价为 696.9696 万元；其中 7 组的 4.746 亩土地工业用地总地价为 56.0028 万元，城镇混合住宅用地总地价为 144.2784 万元。

二、案例评析

杨某全（时任城东乡政府副乡长）身为国家机关工作人中，在负责对"机砖厂"资产的整理处置工作中，其编造虚假的土地确权报件资料，致使将本不属于城东乡政府所有的 22.056 亩土地确权给了城东乡政府，后又直接将集体土地作为国有土地进行转让，将土地用途由工业用地改变为城镇混合住宅用地，严重侵犯了国家机关的正常职能活动，致使国家财产遭受重大损失，其故意不正当履行职责的行为，完全符合滥用职权的客观要件，皮某将经办人徐某励草拟的竹府土函［2003］298 号文件底稿中的土地用途由工业用地修改为城镇混合住宅用地，将土地所有权性质由集体土地直接改变、确认为国有土地，其行为对竹府土函［2003］298 号文件的出台及本案后果有直接的因果关系；唐某在审查"东城红砖厂"的土地初始确权报件资料的，未进行审查，就颁发了集体土地使用证，还违反土地确权变更程序，以致杨某全能调换相关档案资料，并且未对更换材料的真实性进行任何审查。他们三人的行为最终导致了国家财产遭受重大损失，均符合滥用职权罪的四个构成要件，应负刑事责任。但在数额的认定上，公诉机关指控三犯罪人给国家财产造成 6969696 元损失实属不当，因为重庆求实公司与城东乡政府达成的兼并协议金额 112 万元，这并非三犯罪人滥用职权行为所直接导致的，换言之，其与滥用职权行为并不存在刑法意义上的因果关系，所以应当扣除，一审判决是正确的。

问题 16. 如何认定国家机关工作人员擅自以单位名义将公款供其他单位使用，自己没有谋取个人利益的行为

国家机关工作人员擅自以单位名义将公款供其他单位使用，自己没有谋取个人利益的，不应认定为挪用公款罪。其行为致使国家利益遭受重大损失的，应当依照滥用职权罪定罪处罚。

【人民司法案例】张某滥用职权案①

一、基本案情

1998 年 10 月至 2002 年 12 月，某军事院校科研部财务负责人张某为给单位赚取利息，未经请示单位领导，擅自决定从院校财务账户支取转账支票出借资金，并与对方约定利率和还款期限，分别出借给两地方公司，借款方出具向张所在院校借款的借条。借款方到期无力还款时，应对方请求，张又让借款人借新还旧。通过此种滚动方式，张先后 35 次出借公款，累计 2900 万元。其间，收回利息款 45 万元。至立案，尚有本金 500 万元无法追回，张以项目协作费名义挂账。

张某在院校财务处清查经费账目时，即如实交代了其擅自出借资金给单位造成损失的事实。

---

① 孔德学、包遵耀：《挪用公款罪与滥用职权罪的区别》，载《人民司法·案例》2008 年 14 期。

解放军总直属队军事法院认为，被告人张某身为国家机关工作人员，多年从事财务工作，却违反国家和军队财务管理规定，超越职权范围行使权力，多次擅自出借军队资金，给单位造成重大经济损失，其行为已构成滥用职权罪。公诉机关指控被告人张某的犯罪事实清楚，证据确凿，罪名成立。张某在被立案侦查前，主动交代了司法机关尚不掌握的犯罪事实，依法应认定为自首，可以从轻处罚。辩护人提出张某认罪态度较好、积极赔偿单位损失，具有酌情从轻情节的辩护意见属实，应予采纳。遂判决被告人张某犯滥用职权罪，判处有期徒刑二年零六个月。

一审宣判后，被告人张某未上诉，总直属队军事检察院未抗诉，判决已生效。

二、案例评析

对于被告人张某的行为如何定性，是本案争议的最大焦点。审理中有两种不同意见：

第一种意见认为，张某构成挪用公款罪。《刑法》第384条第1款规定："国家工作人员利用职务上的便利，挪用公款归个人使用，进行非法活动的，或者挪用公款数额较大、进行营利活动的，或者挪用公款数额较大、超过三个月未还的，是挪用公款罪。"1998年最高人民法院《关于审理挪用公款案件具体应用法律若干问题的解释》规定，对挪用公款罪，应区分三种不同情况予以认定：一是挪用公款归个人使用，数额较大，超过3个月未还的；二是挪用公款归个人使用，数额较大，进行营利活动的，不受挪用时间和是否归还的限制；三是挪用公款归个人使用，进行赌博、走私等非法活动的，不受数额较大和挪用时间的限制。2002年全国人大常委会《关于〈中华人民共和国刑法〉第三百八十四条第一款的解释》（以下简称人大解释）规定："有下列情形之一的，属于挪用公款'归个人使用'：（一）将公款供本人、亲友或者其他自然人使用的；（二）以个人名义将公款供其他单位使用的；（三）个人决定以单位名义将公款供其他单位使用，谋取个人利益的。"本案中，张未经请示单位领导出借公款，属于"以个人名义将公款供其他单位使用"的情形，符合上述最高法院司法解释规定的第二种挪用的情形。

第二种意见认为，张某构成滥用职权罪。滥用职权犯罪是指国家机关工作人员故意逾越职权或者不履行职责，致使公共财产、国家和人民利益遭受重大损失的行为。《刑法》第397条第1款规定："国家机关工作人员滥用职权或者玩忽职守，致使公共财产、国家和人民利益遭受重大损失的，处三年以下有期徒刑或者拘役；情节特别严重的，处三年以上七年以下有期徒刑。本法另有规定的，依照规定。"本案中，张某作为国家机关工作人员，违反国家和军队财务管理规定，未经请示单位领导，超越职权范围行使权力，多次擅自出借公款，并造成无法收回的结果，客观上已达到该罪构成要件中"致使公共财产、国家和人民利益遭受重大损失"的程度，且滥用职权与这一危害后果之间具有刑法上的因果关系，符合滥用职权罪的构成要件。

我们同意第二种意见，即被告人张某的行为构成滥用职权罪。挪用公款罪与滥用职权罪虽然都属于职务犯罪，挪用公款也是渎职行为的一种形式，它们的主体都是特殊主体，但是，两种犯罪在犯罪构成尤其是客观方面的表现却存在明显差别：

一是两罪侵犯的客体不同。挪用公款罪不但侵犯了国家工作人员职务的廉洁性，还侵犯了公共财产的使用权，而滥用职权侵犯的是国家机关的正常活动，具体表现为滥用职权罪侵犯了国家某项重要制度。为保证国家机关工作人员正当、合理地行使职权，国家有关机关制定、颁布了一系列法律、法规和规章来规范、约束其工作人员的职务行为。这些规定既是国家机关工作人员行使和运用各自职权的法律依据和保障，也是其职务行为的界限、范围和行动的准则，因而是每一个国家机关工作人员的法定责任和义务。职权的不正当运用尤其是滥用，不仅违反了这些规定中关于正当、合理运用职权的基本要求，从而妨害国家机关的正常管理活动和秩序，而且还会给公共财产、国家和人民利益造成不可估量甚至无法弥补的损害。

二是两罪客观方面不同。挪用公款罪是利用职务之便，擅自决定将公款挪归个人使用，表现为三种挪用公款的行为。滥用职权罪表现为违反法律规定的权限和程序，滥用职权，致使公共财产、国家和人民利益遭受重大损失的行为。职权是职务范围以内的权力，职务的范围和权力一般由法律、法规和规章作出具体的规定。滥用职权的行为在客观上表现为：一是不认真地运用权力，即在履行职务的过程中，未尽到注意义务，在其职务范围内随便、随意或马虎地行使权力；二是过度地运用权力，即在履行职务的过程中，超越职务范围去行使权力，或者在职务范围内超越权力运用的前提、条件、程序、内容等要求而行使权力。前者是不认真履行职责，后者则是超越限度或没有限度地履行职责，均以作为的方式表现出来。

三是两罪的主观方面不同，挪用公款罪一般由故意构成，滥用职权主观方面一般由过失构成，即行为人应当预见自己滥用职权的行为可能致使公共财产、国家和人民的利益遭受重大损失，因为疏忽大意而没有预见，或者已经预见而轻信能够避免。判断故意还是过失，应当以行为人对其所实施行为的危害结果所持的心理态度，而不是行为人对行为的本身的心理态度为标准。作为滥用职权罪主体的国家机关工作人员，对其职权的法律依据、行使范围与程序以及职权滥用的危害后果，通常是明知的。不管国家机关工作人员是否为了徇私情而故意滥用职权，出于趋利避害之本能，都难以认定行为人是在希望或积极追求公共财产、国家和人民利益遭受重大损失之危害后果的发生，否则是不符合生活常理的。

本案中，张某给地方公司借款是以单位的名义，借条也是向张所在单位出具，利息也入了该单位账，因此不能认定张是以个人名义将公款供其他单位使用；而本案中张擅自出借公款也未谋取个人利益，因此也不符合个人决定以单位名义将公款供其他单位使用，谋取个人利益，因此，本案就不符合挪用公款罪的本质特征"挪用公款归个人使用"。有观点认为：归个人使用与归单位使用已并列为挪用公款罪客观方面的选择要件，因为人大解释第2、3项明确规定挪用公款供其他单位使用的，可以构成挪用公款罪，也就是说，挪用公款罪不再以归个人使用为必要要件。其实这是对人大解释的误解，人大解释第2、3项规定情形的前提条件是以个人名义或者个人决定以单位名义……谋取个人利益。如果去掉这一限制，则不属于归个人使用了。因此，立法解释的意义在于突出挪用公款罪公款私用的本质，并未突破归个人使用的立法定位，更不意味着归单位使用也是挪用公款罪的客观构成要件。具体而言，以个人名义将公款供其他单位使用，其实质是先将公款挪给自己使用，然后自己再处分公款；个人决定以单位名义将公款供其他单位使用，实际上是个人将公款作为谋取利益的手段。因此，两者本质上仍然属于挪用公款归个人使用。综上，一审法院对被告人张某的行为以滥用职权罪定罪是正确的。

问题17. 如何认定纵容下属倒卖补贴农机的行为

违反国家相关政策倒卖补贴农机具是滥用职权的行为。如果为了从生产厂家获得更多的回扣资金，没有遵循相关管理制度而将享受补贴的农机卖给不符合条件者，并为其办理享受政府购机补贴手续，从而直接造成财政专项资金的流失，是违反国家相关政策倒卖补贴农机的滥用职权行为。

【人民法院报案例】朱某江受贿、滥用职权案①

一、基本案情

江苏省涟水县农业机械管理局承担着对该县境内相关农机补贴的审核与管理工作，在农机推广中可以从生产厂家获得回扣资金。被告人该局局长朱某江在执行政府农机购置补贴政策过程中，接受他人请托而安排下属高某玉等人采用签订虚假合同等违规手段将32台插秧机、2台烘干机卖给商贩，并为其办理享受购机补贴款手续，导致国家补贴损失计27.36万元；又同意该下属将16台插秧机以同样的手段卖给商贩，导致国家补贴损失计12.32万元，上两项共计39.68万元，其中，徇私舞弊造成国家经济损失计27.36万元。此外，该局工作人员高某玉等8人亦以上述手段将205台插秧机、94台拖拉机卖给商贩，共导致国家补贴损失计357.27万元。为应付上级检查，朱某江在会议上统一要求下属与相关农户串通以掩盖该局内部存在的弄虚作假事实，其在归案后如实交代司法机关尚未掌握的同种较重罪行。另，朱某江在任期间利用职务之便，为他人谋取利益，多次收受与农机有关的单位和人员的贿赂计17.35万元。

江苏省涟水县人民法院经审理认为：被告人朱某江受贿和滥用职权指使、纵容下属倒卖补贴农机致国家补贴资金重大损失，其行为构成受贿罪和滥用职权罪，应数罪并罚。朱某江在归案后能如实交代司法机关尚未掌握的同种较重罪行，应从轻处罚。遂判决：朱某江犯受贿罪，判处有期徒刑十一年，并处没收财产5万元；犯滥用职权罪，判处有期徒刑二年零六个月；决定执行有期徒刑十二年，并处没收财产5万元。宣判后，朱某江不服，上诉于淮安市中级人民法院。淮安市中院裁定：驳回上诉，维持原判。

二、案例评析

1. 滥用职权罪、玩忽职守罪中加重情节"徇私舞弊"的认定

徇私、舞弊在其他特殊的渎职犯罪中可以分别成为其主、客观构成要件要素，但在滥用职权罪、玩忽职守罪的普通渎职犯罪中则为从重处罚情节。原因在于，公务的裁量性要求公职人员具有较高的法律素质、政策水平、技术能力，其基本职业准则和法定义务要求其秉公执法、不徇私情、不谋私利，如果徇私舞弊而滥用职权或玩忽职守，则是情节恶劣之举。

根据2006年施行的《最高人民检察院关于渎职侵权犯罪案件立案标准的规定》的"附则"中规定，徇私舞弊是指国家机关工作人员为徇私情、私利，故意违背事实和法律，伪造材料，隐瞒情况，弄虚作假的行为。司法实践中，徇私仅指徇个人私情、私利；私情、私利与单位利益相对应，徇单位之私一般不理解为徇私。主要理由：首先，文义解释表明，徇私应指徇个人私情、私利；其次，体系解释表明，徇私不包括徇单位之私。若将徇私解释为包括徇单位之私，则《刑法》第169条规定的徇私舞弊低价折股、出售国有资产罪，在逻辑上无法说通。因为，其如果理解为徇单位利益而舞弊，则作为本罪主体的国有公司、企业或者其上级主管部门直接负责的主管人员是在徇国家这个"单位"利益之"私"，而为国家利益乃为公；此外，为了单位利益实施的滥用职权、玩忽职守行

为构成犯罪的可以适用《刑法》第 397 条第 1 款之规定。据此，国家机关工作人员为了本单位的利益而实施滥用职权行为，不属于徇私舞弊情形。

学术界有观点认为，徇私还包括徇单位、集体之私。其主要理由是：国家机关工作人员徇个人之私与徇单位、集体的小团体之私实施渎职行为，其侵犯的法益同为国家机关工作人员职务行为的客观公正性，以及国民对该客观公正性的信赖，本质上是徇个人之私。该观点有其道理。

2. 本案被告人放纵默许下属倒卖补贴农机行为的定性

违反国家相关政策倒卖补贴农机具是滥用职权的行为。农机购置补贴作为国家的惠农政策，其对农机购置补贴的实施范围、补贴对象具有明确的针对性，在程序上有严格的审查过程；享受该补贴政策的对象为符合条件的直接购买者，不符合条件的购买者不应获得该补贴，否则违反国家的惠农政策，导致国家补贴资金的流失；同时，法律和政策赋予了农机管理部门规范操作、严格监管、最大限度发挥补贴政策效应的职责。本案的农机管理局为了从生产厂家获得更多的回扣资金，没有遵循相关管理制度而将享受补贴的农机卖给不符合条件者，并为其办理享受政府购机补贴手续，从而直接造成财政专项资金的流失，是违反国家相关政策倒卖补贴农机的滥用职权行为。

本案中，朱某江放纵、默许下属倒卖补贴农机是滥用职权的行为。认定朱某江该行为的主观心态要依据客观事实作出判断，并依主、客观相一致原则对此行为性质作出认定。首先，朱某江有要求下属与相关农户串通的授意行为。朱某江在会议上统一要求下属与相关购机户串通，是对下属的授意。该行为一方面在客观上表现为不正当地使用权力，滥用了职权；另一方面，给该局内部违规操作成风起到了负面的促进作用，使得下属肆意弄虚作假倒卖农机的行为成为工作"常态"；此后，其明知他人弄虚作假而纵容或放任，不予以制止，是对下属行为的默许，是其滥用职权行为的延续和表现。其次，朱某江有受人请托而安排下属倒卖补贴农机具和同意下属倒卖补贴农机具的导向行为。农机主管部门负责人指使、同意下属倒卖补贴农机具，如果该个人行为在单位内部公开化，对单位职工产生驱动、导引作用在所难免。本案朱某江本应该对其下属行使领导、监管职权，其非但不行使，反而亲自指使、同意下属为之，此行为必然在单位广大下属中形成一种领导人要求自己如是做的意识，从而令其领导者的意志在下属倒卖农机的行为中得以反映或再现。再次，如前所述，作为行使公权的农机管理局局长，职业性质对其法律素质、政策水平、技术能力具有较高的要求，并有职业准则和法定义务的约束，这些都客观上要求其事前认识到放纵、默许下属倒卖补贴农机都是对公权的亵渎，是对公共财产、国家和人民利益严重不负责任，以及因之而可能会发生相关损失的危害结果，至于是何种特定化的危害结果，不应在此论。

因此，本案朱某江为了本单位完成农机推广任务以及从生产厂家获得回扣资金而放纵、默许下属为之，对侵犯的法益和可能造成国家经济损失的后果是明知的，而放任之，主观上具有滥用局长监管职权的故意，是滥用职权的行为。故法院对公诉机关关于"玩忽职守"事实部分指控的罪名依法予以变更是有道理的。

3. 本案朱某江徇私舞弊情节的认定

首先，徇私舞弊而滥用职权罪的罪责仅归于行为者本人。法院最终认定：徇私舞弊发生在朱某江接受请托而安排下属倒卖农机的行为中，而同意、放纵、默许下属倒卖农机部分不属于其徇私舞弊情形。我们认为：如前所述，徇私舞弊是为个人徇私情、私利，是滥用职权罪和玩忽职守罪的加重情节，但其罪责仅直接归于积极作为者本人；本案虽然能够认定下属倒卖补贴农机的行为是朱某江滥用职权行为的延续和表现，但不能将下属如果存在的徇私舞弊这种个人行为作为其滥用职权行为的加重情节。

其次，国家机关工作人员实施的渎职行为，系为本单位的利益，则不属徇私舞弊情形。本案中，涟水县农业机械管理局在农机推广过程中本身可以从生产厂家获得回扣资金，而朱某江仅在接受他人请托而安排下属倒卖农机中具有徇私舞弊表现；而其余部分，其同意、放纵、默许下属倒卖农机，均系为了单位获得厂家的回扣资金，并非徇其个人的私情或私利。因此，法院认定朱某江徇私舞弊所涉损失金额为 27.36 万元，并以此作为其滥用职权罪的加重情节。

问题 18. 如何认定国家机关工作人员利用主管优抚工作的便利为自己骗取权利性待遇的行为

行为人作为国家机关工作人员，在主管本单位优抚、安置等工作中，不正确履行职责，以权谋私，为自己违规办理"军人伤残证"以领取抚恤金，造成恶劣的社会影响。行为人没有直接管理财物的职务便利条件，其办理假证件利用的是其主管优抚工作的便利，所骗取的优抚待遇属权利性待遇，侵犯的是国家机关的正常活动，没有直接侵犯公共财产的所有权，因此其行为不符合贪污罪的构成要件，成立滥用职权罪。

【地方参考案例】肖某生滥用职权案[①]

一、基本案情

被告人肖某生原系祁东县民政局副局长，主管优抚、安置等工作。2005 年 5、6 月的一天，湖南省民政厅优抚处来衡阳市集中办理衡阳市军人伤残证换证工作，祁东县民政局由肖某生和优抚股股长肖某利负责。在办理换证过程中，肖某生得知持有"军人伤残证"外出乘车可以减免一半车费和旅游景点可免门票，便通过肖某利为其办了一个"六级伤残证"。2007 年，肖某生得知"军人伤残证"可享有伤残抚恤金，便向肖某利询问相关情况，肖某利告知肖某生，已持有"军人伤残证"未经过省、市两级民政部门的审批，没有备案，不能享有抚恤金。2009 年 11 月，肖某生按照肖某利所讲的要求，通过不正当关系虚造了一整套发证之前的残疾鉴定材料。利用肖某利提供的一份盖有省、市两级民政部门公章的空白《祁东县残废人员登记表》，未再向省、市民政部门申报审批，自行评定为二级乙等即套改后的六级伤残。然后，肖某利按照肖某生六级伤残等级计算抚恤金交与局财务室由局长审核签字后发放给肖某生。2010 年 2 月 9 日，肖某生一次性领取 2005 年度至 2010 年 3 月的伤残抚恤金共计 2.9573 万元，截至 2011 年第一季度，肖某生共领取抚恤金 3.9863 万元。此款案发后全部退还。

二、案例评析

本罪的争议焦点是构成贪污罪还是滥用职权罪。我们认为，贪污罪是指国家工作人员利用职务上的便利，侵吞、窃取、骗取或者以其他手段非法占有公共财物的行为。原审被告人肖某生主管优抚、安置等工作，没有直接管理财物的职务便利条件，肖某生是利用其主管优抚工作的便利，以权谋私，为自己办理虚假的军人伤残证，骗取抚恤金，

---

① 衡阳市中级人民法院（2011）衡中法刑二终字第 100 号刑事判决书。

方便行车、旅游观光等优抚待遇，属权利性待遇，其行为侵犯的是国家机关的正常活动，没有直接侵犯公共财物的所有权，肖某生的行为符合滥用职权罪的构成要件。至于滥用职权的行为是为了自己的利益，还是为了他人的利益，不影响该罪名的成立。故抗诉机关提出肖某生的行为构成贪污罪的理由不能成立，本院不予采纳。原审被告人肖某生为了私利实施犯罪，但其犯罪情节较轻，案发后，如实供述自己的犯罪事实，具有坦白情节。积极退赃，具有悔罪表现。鉴于上述情节，对肖某生可以免予刑事处罚。综上，原判认定事实清楚，证据确实，程序合法，适用法律正确，处理恰当。

第十六章
玩忽职守罪

第一节　玩忽职守罪概述

一、玩忽职守罪的概念及构成要件

玩忽职守罪，是指国家机关工作人员严重不负责任，不履行或不正确地履行自己的工作职责，致使公共财产、国家和人民利益遭受重大损失的行为。

（一）客体要件

本罪侵犯的客体是国家机关的正常活动。国家机关工作人员对本职工作严重不负责，不遵纪守法，违反规章制度，玩忽职守，不履行应尽的职责义务，致使国家机关的某项具体工作遭到破坏，给国家、集体和人民利益造成严重损害，从而危害国家机关的正常活动。本罪侵犯的对象可以是公共财产或者公民的人身及其财产。

（二）客观要件

本罪在客观方面表现为国家机关工作人员违反工作纪律、规章制度，擅离职守，不尽职责义务，或者不正确履行职责义务，致使公共财产、国家和人民利益遭受重大损失的行为。

（1）必须有违反国家工作纪律和规章制度，玩忽职守的行为，包括作为和不作为。所谓玩忽职守的作为，是指国家工作人员不正确履行职责的行为。有的工作马马虎虎，草率从事，敷衍塞责，违令抗命，极不负责任。有的阳奉阴违，弄虚作假，欺上瞒下，胡作非为等。所谓玩忽职守的不作为，是指国家工作人员不尽职责的行为，即对于自己应当履行的，也有条件履行的职责，不尽自己应尽的职责。有的擅离职守，撒手不管；有的虽然未离职守，但却不尽职责，该管不管，该作不作，听之任之等。

由于各个机关、单位都有自己的活动原则、组织纪律和规章制度，以及工作人员的职责和权利、义务，这些都是必须遵守的工作纪律和规章制度。国家机关工作人员只有违反了这些工作纪律和规章制度，才能成为玩忽职守的行为。玩忽职守的行为方式多样，涉及面广，在不同领域、不同部门，有不同的规定。例如，在粮食保护、防火护林、商品检验、食品卫生、文物保护、防止伤亡事故及金融管理等方面，对玩忽职守行为以及依法应予追究的情况，本节和有关单行法规都有明确具体的规定。因此在处理具体玩忽职守案件时，必须严格按照本节和有关法律规定，对照个案情况予以认定。

（2）必须具有因玩忽职守，致使公共财产、国家和人民利益造成重大损失的结果。所谓重大损失，是指给国家和人民造成的重大物质性损失和非物质性损失。物质性损失一般是指人身伤亡和公私财物的重大损失，是确认玩忽职守犯罪行为的重要依据；非物质性损失是指严重损害国家机关的正常活动和声誉等。重大损失，应根据司法实践和相关规定，结合所造成的物质性和非物质性损失的实际情况予以认定。

公共财产的重大损失，通常是指渎职行为已经造成的重大经济损失。在司法实践中，有以下情形之一的，虽然公共财产作为债权存在，但已无法实现债权的，可以认定为行为人的渎职行为造成了经济损失：①债务人已经法定程序被宣告破产；②债务人潜逃，去向不明；③因行为人责任，致使超过诉讼时效；④有证据证明债权无法实现的其他情况。

根据《最高人民法院、最高人民检察院关于办理渎职刑事案件适用法律若干问题的解释（一）》规定，国家机关工作人员玩忽职守，具有下列情形之一的，应当认定为《刑法》第397条规定的"致使公共财产、国家和人民利益遭受重大损失"：（1）造成死亡1人以上，或者重伤3人以上，或者轻伤9人以上，或者重伤2人、轻伤3人以上，或者重伤1人、轻伤6人以上的；（2）造成经济损失30万元以上的；（3）造成恶劣社会影响的；（4）其他致使公共财产、国家和人民利益遭受重大损失的情形。

（3）玩忽职守行为与造成的重大损失结果之间，必须具有刑法上的因果关系，这是确定刑事责任的客观基础。玩忽职守行为与造成的严重危害结果之间的因果关系错综复杂，有直接原因，也有间接原因；有主要原因，也有次要原因；有领导者的责任，也有直接责任人员的过失行为。构成本罪，应当追究刑事责任的，是指玩忽职守行为与造成的严重危害结果之间有必然因果关系的行为，而属于一般工作上的失误问题，应由行政主管部门处理。

（三）主体要件

本罪的主体为特殊主体，即国家机关工作人员。这里所称"国家机关工作人员"，是指在国家机关中从事公务的人员。"国家机关"，是指国家权力机关、行政机关、监察机关、司法机关、军事机关。

在1997年《刑法》修订之前，我国《刑法》对玩忽职守罪主体规定为"国家工作人员"，修订后的《刑法》将玩忽职守罪的主体限定为"国家机关工作人员"。

2002年12月28日《关于〈中华人民共和国刑法〉第九章渎职主体适用法律问题的解释》对国家机关工作人员的范围进行了界定。根据解释，认定是否为国家机关工作人员并不取决于国家机关工作人员身份，而是其工作性质。对于工作性质的理解，我们认为必须要具有"公务性"。[①] 例如，执行公务、执法监督、管理公共事务和社会事务、行

---

① 张明楷：《刑法学》（下册），法律出版社2021年版，第1555页。

使国家行政管理职权、协助人民政府从事行政管理工作的人员即使不具有国家机关工作人员的身份，也同样可以构成玩忽职守罪的主体。对于"公务性"，可以从两方面理解：一是公众对公务行为的信赖，渎职犯罪所保护的是综合法益，从表面上看是对公务行为未能正确、完整、恰当代行国家的监督管理权，以及未能适当履行职责所侵害的具体法益，但从实质上保护的是社会公众对特定身份人员本应正确、适当履行公务行为的信赖。据此，玩忽职守导致公众信赖降低的，说明具有"公务性"。二是工作内容承载公权力的运行，国家权力由具体部门代行，而具体部门落实到某个或某些人实施，当这些人从事公务行为的时候，就不具有私人主体的身份与形象，而是"公共身份"，它所承载的就是国家权力。[①]

综上，对于玩忽职守罪主体的认定，不应仅以国家机关工作人员的身份作为标准，还应以行为人在工作中是否从事公务为标准。

（四）主观要件

本罪在主观方面表现为过失，故意不构成本罪，也就是说，行为人应当知道擅离职守或者疏于履行职责，可能会发生一定危害结果，但是疏忽大意没有预见，或者是虽已预见，但轻信可以避免，以致造成严重损失。行为人主观上的过失是针对造成重大损失的结果而言，但并不排斥行为人对违反工作纪律和规章制度或对自己的作为和不作为行为存在故意的情形。如果行为人在主观上对危害结果的发生不是出于过失，而是故意，不应以本罪处罚。

有观点认为玩忽职守罪的罪过形式除过失还包括间接故意，如对于应当给予行政许可时没有给行政许可申请人颁发，应当在文件上签字时故意不签字等。对于明确不履行职责的国家机关工作人员，主观上只能是间接故意。也有观点认为，国家机关工作人员主观上实质是过失。首先，玩忽职守罪是结果犯不是行为犯。《刑法》上所有的过失犯罪都以出现严重后果为前提，行为人主观上对应的是危害后果，并不是危险行为。以交通肇事罪为例，该罪是典型的过失犯罪，行为人在实施闯红灯等行为时，主观上明显是故意，但对于闯红灯后会发生的结果，行为人因过于自信、轻信可以避免，并不是希望或放任。同理，即使国家机关工作人员在工作中故意不作为，对造成的危害结果主观上并不是主动追求损害结果的发生，不存在间接故意，倘若其主观上存在故意，则会触犯其他罪名，构成其他犯罪。其次，从渎职罪规定的两个主要罪名来看，滥用职权和玩忽职守是构成渎职犯罪的两种表现形式，在主观上也表现为故意和过失。从利用职务上的便利"利用"两字来看，其表达的意思是不合理使用或者超出职权范围行使职权的行为。行为人在明知后果的情况下，依然做出该行为，去追求结果的发生，其主观上是故意。而作为渎职犯罪的玩忽职守罪，如果同样是故意犯罪，会使渎职犯罪的内部结构显得重复，玩忽职守在主观上是"玩忽"，属于过失犯罪，这样既符合文义解释，又能完整表述渎职犯罪主观上的两个方面。我们同意后一种观点，认为玩忽职守罪主观方面只能是过失，而不能是故意。

---

① 徐岱、李方超：《"国家工作人员"认定范围的再解释》，载《法学》2019年第5期。

二、玩忽职守罪案件审理情况

《刑法》第 397 条系 1997 年《刑法》吸收修改 1979 年《刑法》作出的规定。1979 年《刑法》第 187 条规定："国家工作人员由于玩忽职守，致使公共财产、国家和人民利益遭受重大损失的，处五年以下有期徒刑或者拘役。"1997 年《刑法》将渎职罪的主体限制为国家机关工作人员，在玩忽职守的基础上增加了滥用职权，并对法定刑作出调整；同时，明确了本条的普通法条地位。

通过中国裁判文书网检索，2018 年至 2022 年，全国法院共审结一审玩忽职守罪刑事案件 2160 件。其中，2018 年 1161 件，2019 年 559 件，2020 年 313 件，2021 年 107 件，2022 年 20 件。

司法实践中，玩忽职守罪案件主要呈现出以下特点及趋势：

玩忽职守罪属于常见犯罪，案件数量多，涉及人员广，因玩忽职守给公共财产、国家和人民利益造成的损失特别重大。从文书检索情况来看，触犯该罪名的案件近年来呈现出逐年递减的趋势，其具体特点主要有以下几点：

一是玩忽职守犯罪多与其他犯罪交织在一起。如在购销领域中，有相当数量的玩忽职守案件与诈骗案有关。国家机关工作人员因工作严重不负责任被骗，构成玩忽职守犯罪。其特征是一方审查不细，盲目轻信，将款物给付对方，另一方虚构事实、隐瞒真相骗取钱款，由此形成一方是玩忽职守犯罪，另一方是诈骗犯罪。在安全生产管理、基本建设和固定资产更新改造、仓储管理、医药卫生等方面，玩忽职守犯罪又往往与重大责任事故犯罪相伴而生，在金融投资、司法、进出口商品检验等活动中，玩忽职守犯罪常常与徇私舞弊、贿赂犯罪交织在一起。此外，玩忽职守行为人还常常利用职权实施贪污受贿等犯罪，出现一人多罪的特点。

二是犯罪行为有明显的行业特征、涉及面广。玩忽职守案件一般发生在国家机关的职能活动中，但发生的领域非常广泛，可能涉及各种行业，而不同行业有不同的行业规范管理制度。由于玩忽职守行为与专业技术密切相关，并可能发生在执行职务的各个环节，对侦查人员提出了更高的要求，侦查人员需掌握有关的法律、规章制度、行业知识和技术特点。且玩忽职守案件往往涉及面广、环节多，原因复杂，责任分散，存在认定难的问题。

三是犯罪的隐匿数高。此类犯罪的行为人往往利用职务身份进行掩饰，信息灵通，反侦查意识强，毁灭证据逃避法律的制裁，玩忽职守犯罪还体现出发案率高，犯罪的不良示范作用大等特点。[①]

三、玩忽职守罪案件审理热点、难点问题

1. 责任主体认定难。玩忽职守案件中，有时牵涉多人，危害后果也往往是由多人或者数人的行为所造成，即"一果多因"。如何准确区分直接责任人员和间接责任人员，以及责任的区分认定成为审理难点。

2. 因果关系厘清难。玩忽职守罪的因果关系作为刑法上因果关系的一种特殊表现形式，主要存在以下两个问题：一是多因一果关系判断错综复杂，其中又包括直接、间接、

---

① 莫洪宪、王明星：《论职务犯罪的特点、原因及其刑事对策》，载《犯罪研究》2003 年第 2 期。

主次责任的认定。二是介入因素作用力大小难以界定，在司法实践中，由于玩忽职守罪的复杂性，以致该罪的发生会介入很多因素，各个因素之间又复杂多样，因果关系认定难。

3. 经济损失认定难。在司法实践中，经济损失的范围、计算经济损失的时间节点、债权损失的理解、重大损失的认定、直接经济损失的认定等成为审理难点。

4. 本罪与滥用职权罪的界定。二者在侵犯的客体、危害后果、主观方面和主体上基本相同，区别主要在于客观行为方式不完全相同。前者表现为违反职责义务，不履行或者不正确履行职责；后者则主要表现为违反法律规定的权限和程序，超越限度或者没有限度地履行职责。

四、玩忽职守罪案件办案思路及原则

1. 正确限定重大损失的范围。尽管从立法规定和现实需要来看，应对玩忽职守罪中重大损失作比较宽泛的理解，但应有一些限制，不能无限作扩大解释。从当前的理论研究和司法实践看，在认定玩忽职守罪中的重大损失时，应注意以下几个问题：第一，"重大损失"应具有一定的客观表现形态，不能以主观感受或评价认定；第二，判断"重大损失"时，只能依据案内因素进行综合、全面、客观判断，不能受案外因素影响；第三，"重大损失"不包括造成实害结果的危险；第四，间接经济损失是否计入"重大损失"应区分情况。行为人具有注意能力的，应将间接经济损失计入"重大损失"。反之，不应计入"重大损失"。①

2. 因果关系的判断。渎职因果关系判断的关键是审查渎职行为对危害后果是否实际发生作用，且为一般人能够预见或认识。需要我们以事实为基础，并依据一般人的经验进行判断。在存在介入因素的场合下，判断介入因素是否对因果关系的成立产生阻却影响时，一般是通过是否具有"相当性"判断，在相当性的具体判断中，可以从以下三个方面考量：一是最早出现的实行行为导致最后结果发生的概率高低，概率高者因果关系存在，反之不存在。二是介入因素异常性的大小，介入因素过于异常的实行行为和最后结果之间的因果关系不存在，反之因果关系存在。三是介入因素对结果发生的影响力，影响力大，因果关系不存在，反之因果关系存在。当然，如果介入行为与此前行为对结果的发生作用相当或者互为条件时，均应视为原因行为，同时成立因果关系。②

3. 证据的收集。其中包括主体身份证据的收集、主观方面证据的收集、客观行为证据的收集、重大损失证据的收集。

第一，本罪主体身份证据主要有两方面：一是证明相关组织行使国家行政管理职权。需收集相关公司和企业的营业执照、事业单位的组织机构代码证、主管部门对人民团体成立的批准文件。二是证明相关人员从事公务。需收集任职文件、干部履历表、任命书或委派书、聘用协议、相关机关就其身份的说明等。

第二，实践中，行为人往往不会主动供述自己实施行为时真实的心理状态，或用过失掩盖故意，或用不能预见、不可抗拒掩盖过错，我们要在全面收集相关证据的基础上，

---

① 刘志伟：《认定玩忽职守罪中"重大损失"的两点思考》，载《河南社会科学》2010 年第 3 期。
② 于天敏、王飞：《龚某玩忽职守案——渎职犯罪的因果关系判断》，载最高人民法院刑事审判第一、二、三、四、五庭主办：《刑事审判参考》（总第 128 集），指导案例第 294 号，法律出版社 2004 年版，第 78 页。

仔细甄别：一是审查行为人的供述和辩解、相关人员的证言等，分析其实施行为时对危害结果发生的真实心态；二是审查行为人的个人简历、文化水平等，分析其认识能力；三是审查行为人的职务层次、任职年限、工作业绩等，分析其工作能力和水平。

第三，本罪行为表现为严重不负责任，不履行或不正确履行工作职责。实践中，国家工作人员职责来源主要有四类：一是法定职责，即法律法规中明确规定的职责。需收集法律法规相关一般性和特殊性规定。二是基本职责，即该工作岗位应遵守的具体规定。需收集相关行业领域、上级主管部门、单位内部制定的规章制度等。三是授权性职责，即因有权机关或人员授权而获得的职责和权限。需收集相关机关或人员的授权文件、说明或证言等。四是依照惯例应履行的职责，即虽没有明文规定，但按照约定俗成的惯例或工作习惯应遵守的职责。需收集相关领导、同事及同类岗位人员的证言。不履行职责或不正确履行职责主要有三种表现：一是擅离职守，即未按要求的时间或未在要求的场所行事；二是完全不履行职责，虽未擅离职守但根本没有履行职责要求的行为；三是不完全履行职责，即虽然履行了职责，但敷衍了事，违反相关规定履职。需收集行为人的供述与辩解、领导与同事证言、其他知情人证言及物证、书证等。

第四，实践中，可将"重大损失"分为三类：一是经济损失，即立案时确已造成的经济损失，又分为直接经济损失和间接经济损失。需收集会计鉴定、审计报告、价格评估报告等证据；二是人员伤亡，需收集法医学鉴定意见、诊断证明、死亡证明等证据；三是声誉影响，需收集新闻媒体报道、社会舆论及群众反映等证据。

4. 准确把握渎职罪一般罪名与特殊罪名的适用规则，依法惩治犯罪。《刑法》第397条规定了渎职罪的一般罪名，即滥用职权罪和玩忽职守罪，第398条至第419条还结合特殊主体、特殊领域规定了渎职罪的35个特别罪名。国家机关工作人员实施渎职行为，符合特殊渎职罪规定的，应当依照特殊渎职罪处理。因为《刑法》第397条第1款和第2款均已明确规定"本法另有规定的，依照规定"，对于符合《刑法》第398条至第419条规定的特殊渎职罪构成要件的，只能按照特殊渎职罪追究其刑事责任。

第二节　玩忽职守罪审判依据

一、法律

《刑法》（2020年12月26日修正）（节录）

第三百九十七条　国家机关工作人员滥用职权或者玩忽职守，致使公共财产、国家和人民利益遭受重大损失的，处三年以下有期徒刑或者拘役；情节特别严重的，处三年以上七年以下有期徒刑。本法另有规定的，依照规定。

国家机关工作人员徇私舞弊，犯前款罪的，处五年以下有期徒刑或者拘役；情节特别严重的，处五年以上十年以下有期徒刑。本法另有规定的，依照规定。

二、司法解释

1. 《最高人民法院、最高人民检察院关于办理妨害预防、控制突发传染病疫情等灾害的刑事案件具体应用法律若干问题的解释》（2003 年 5 月 14 日　法释〔2003〕8 号）（节录）

第十五条　在预防、控制突发传染病疫情等灾害的工作中，负有组织、协调、指挥、灾害调查、控制、医疗救治、信息传递、交通运输、物资保障等职责的国家机关工作人员，滥用职权或者玩忽职守，致使公共财产、国家和人民利益遭受重大损失的，依照刑法第三百九十七条的规定，以滥用职权罪或者玩忽职守罪定罪处罚。

2. 《最高人民法院、最高人民检察院关于办理盗窃油气、破坏油气设备等刑事案件具体应用法律若干问题的解释》（2007 年 1 月 15 日　法释〔2007〕3 号）（节录）

第七条　国家机关工作人员滥用职权或者玩忽职守，实施下列行为之一，致使公共财产、国家和人民利益遭受重大损失的，依照刑法第三百九十七条的规定，以滥用职权罪或者玩忽职守罪定罪处罚：

（一）超越职权范围，批准发放石油、天然气勘查、开采、加工、经营等许可证的；

（二）违反国家规定，给不符合法定条件的单位、个人发放石油、天然气勘查、开采、加工、经营等许可证的；

（三）违反《石油天然气管道保护条例》等国家规定，在油气设备安全保护范围内批准建设项目的；

（四）对发现或者经举报查实的未经依法批准、许可擅自从事石油、天然气勘查、开采、加工、经营等违法活动不予查封、取缔的。

3. 《最高人民法院、最高人民检察院关于办理与盗窃、抢劫、诈骗、抢夺机动车相关刑事案件具体应用法律若干问题的解释》（2007 年 5 月 9 日　法释〔2007〕11 号）（节录）

第三条　国家机关工作人员滥用职权，有下列情形之一，致使盗窃、抢劫、诈骗、抢夺的机动车被办理登记手续，数量达到三辆以上或者价值总额达到三十万元以上的，依照刑法第三百九十七条第一款的规定，以滥用职权罪定罪，处三年以下有期徒刑或者拘役：

（一）明知是登记手续不全或者不符合规定的机动车而办理登记手续的；

（二）指使他人为明知是登记手续不全或者不符合规定的机动车办理登记手续的；

（三）违规或者指使他人违规更改、调换车辆档案的；

（四）其他滥用职权的行为。

国家机关工作人员疏于审查或者审查不严，致使盗窃、抢劫、诈骗、抢夺的机动车被办理登记手续，数量达到五辆以上或者价值总额达到五十万元以上的，依照刑法第三百九十七条第一款的规定，以玩忽职守罪定罪，处三年以下有期徒刑或者拘役。

国家机关工作人员实施前两款规定的行为，致使盗窃、抢劫、诈骗、抢夺的机动车被办理登记手续，分别达到前两款规定数量、数额标准五倍以上的，或者明知是盗窃、抢劫、诈骗、抢夺的机动车而办理登记手续的，属于刑法第三百九十七条第一款规定的"情节特别严重"，处三年以上七年以下有期徒刑。

国家机关工作人员徇私舞弊，实施上述行为，构成犯罪的，依照刑法第三百九十七条第二款的规定定罪处罚。

第四条 实施本解释第一条、第二条、第三条第一款或者第三款规定的行为，事前与盗窃、抢劫、诈骗、抢夺机动车的犯罪分子通谋的，以盗窃罪、抢劫罪、诈骗罪、抢夺罪的共犯论处。

第五条 对跨地区实施的涉及同一机动车的盗窃、抢劫、诈骗、抢夺以及掩饰、隐瞒犯罪所得、犯罪所得收益行为，有关公安机关可以依照法律和有关规定一并立案侦查，需要提请批准逮捕、移送审查起诉、提起公诉的，由该公安机关所在地的同级人民检察院、人民法院受理。

第六条 行为人实施本解释第一条、第三条第三款规定的行为，涉及的机动车有下列情形之一的，应当认定行为人主观上属于上述条款所称"明知"：

（一）没有合法有效的来历凭证；

（二）发动机号、车辆识别代号有明显更改痕迹，没有合法证明的。

4. **《最高人民法院、最高人民检察院关于办理渎职刑事案件适用法律若干问题的解释（一）》**（2012 年 12 月 7 日　法释〔2012〕18 号）①

第一条 国家机关工作人员滥用职权或者玩忽职守，具有下列情形之一的，应当认定为刑法第三百九十七条规定的"致使公共财产、国家和人民利益遭受重大损失"：

（一）造成死亡 1 人以上，或者重伤 3 人以上，或者轻伤 9 人以上，或者重伤 2 人、轻伤 3 人以上，或者重伤 1 人、轻伤 6 人以上的；

（二）造成经济损失 30 万元以上的；

（三）造成恶劣社会影响的；

（四）其他致使公共财产、国家和人民利益遭受重大损失的情形。

具有下列情形之一的，应当认定为刑法第三百九十七条规定的"情节特别严重"：

（一）造成伤亡达到前款第（一）项规定人数 3 倍以上的；

（二）造成经济损失 150 万元以上的；

（三）造成前款规定的损失后果，不报、迟报、谎报或者授意、指使、强令他人不报、迟报、谎报事故情况，致使损失后果持续、扩大或者抢救工作延误的；

（四）造成特别恶劣社会影响的；

（五）其他特别严重的情节。

第二条 国家机关工作人员实施滥用职权或者玩忽职守犯罪行为，触犯刑法分则第九章第三百九十八条至第四百一十九条规定的，依照该规定定罪处罚。

国家机关工作人员滥用职权或者玩忽职守，因不具备徇私舞弊等情形，不符合刑法分则第九章第三百九十八条至第四百一十九条的规定，但依法构成第三百九十七条规定的犯罪的，以滥用职权罪或者玩忽职守罪定罪处罚。

第三条 国家机关工作人员实施渎职犯罪并收受贿赂，同时构成受贿罪的，除刑法另有规定外，以渎职犯罪和受贿罪数罪并罚。

第四条 国家机关工作人员实施渎职行为，放纵他人犯罪或者帮助他人逃避刑事处

---

① 因本司法解释的内容适用于本章各罪，故不在本章各罪"相关规定"处重复。

罚，构成犯罪的，依照渎职罪的规定定罪处罚。

国家机关工作人员与他人共谋，利用其职务行为帮助他人实施其他犯罪行为，同时构成渎职犯罪和共谋实施的其他犯罪共犯的，依照处罚较重的规定定罪处罚。

国家机关工作人员与他人共谋，既利用其职务行为帮助他人实施其他犯罪，又以非职务行为与他人共同实施该其他犯罪行为，同时构成渎职犯罪和其他犯罪的共犯的，依照数罪并罚的规定定罪处罚。

第五条 国家机关负责人员违法决定，或者指使、授意、强令其他国家机关工作人员违法履行职务或者不履行职务，构成刑法分则第九章规定的渎职犯罪的，应当依法追究刑事责任。

以"集体研究"形式实施的渎职犯罪，应当依照刑法分则第九章的规定追究国家机关负有责任的人员的刑事责任。对于具体执行人员，应当在综合认定其行为性质、是否提出反对意见、危害结果大小等情节的基础上决定是否追究刑事责任和应当判处的刑罚。

第六条 以危害结果为条件的渎职犯罪的追诉期限，从危害结果发生之日起计算；有数个危害结果的，从最后一个危害结果发生之日起计算。

第七条 依法或者受委托行使国家行政管理职权的公司、企业、事业单位的工作人员，在行使行政管理职权时滥用职权或者玩忽职守，构成犯罪的，应当依照《全国人民代表大会常务委员会关于〈中华人民共和国刑法〉第九章渎职罪主体适用问题的解释》的规定，适用渎职罪的规定追究刑事责任。

第八条 本解释规定的"经济损失"，是指渎职犯罪或者与渎职犯罪相关联的犯罪立案时已经实际造成的财产损失，包括为挽回渎职犯罪所造成损失而支付的各种开支、费用等。立案后至提起公诉前持续发生的经济损失，应一并计入渎职犯罪造成的经济损失。

债务人经法定程序被宣告破产，债务人潜逃、去向不明，或者因行为人的责任超过诉讼时效等，致使债权已经无法实现的，无法实现的债权部分应当认定为渎职犯罪的经济损失。

渎职犯罪或者与渎职犯罪相关联的犯罪立案后，犯罪分子及其亲友自行挽回的经济损失，司法机关或者犯罪分子所在单位及其上级主管部门挽回的经济损失，或者因客观原因减少的经济损失，不予扣减，但可以作为酌定从轻处罚的情节。

第九条 负有监督管理职责的国家机关工作人员滥用职权或者玩忽职守，致使不符合安全标准的食品、有毒有害食品、假药、劣药等流入社会，对人民群众生命、健康造成严重危害后果的，依照渎职罪的规定从严惩处。

第十条 最高人民法院、最高人民检察院此前发布的司法解释与本解释不一致的，以本解释为准。

5.《最高人民检察院关于企业事业单位的公安机构在机构改革过程中其工作人员能否构成渎职侵权犯罪主体问题的批复》（2002 年 5 月 16 日 高检发释字〔2002〕3 号）

企业事业单位的公安机构在机构改革过程中虽尚未列入公安机关建制，其工作人员在行使侦查职责时，实施渎职侵权行为的，可以成为渎职侵权犯罪的主体。

6. 《最高人民检察院关于对林业主管部门工作人员在发放林木采伐许可证之外滥用职权玩忽职守致使森林遭受严重破坏的行为适用法律问题的批复》（2007 年 5 月 16 日 高检发释字〔2007〕1 号）（节录）

林业主管部门工作人员违法发放林木采伐许可证，致使森林遭受严重破坏的，依照刑法第四百零七条的规定，以违法发放林木采伐许可证罪追究刑事责任；以其他方式滥用职权或者玩忽职守，致使森林遭受严重破坏的，依照刑法第三百九十七条的规定，以滥用职权罪或者玩忽职守罪追究刑事责任，立案标准参照《最高人民检察院关于渎职侵权犯罪案件立案标准的规定》第一部分渎职犯罪案件第十八条第三款的规定执行。

三、刑事政策文件

1. 《全国法院审理经济犯罪案件工作座谈会纪要》（2003 年 11 月 13 日 法发〔2003〕167 号）（节录）

2. 《最高人民法院、最高人民检察院、公安部、国家工商行政管理局关于依法查处盗窃、抢劫机动车案件的规定》（1998 年 5 月 8 日 公通字〔1998〕31 号）（节录）

九、公安、工商行政管理人员或者其他国家机关工作人员滥用职权或者玩忽职守、徇私舞弊，致使赃车入户、过户、验证的，给予行政处分；致使公共财产、国家和人民利益遭受重大损失的，依照《刑法》第三百九十七条的规定处罚。

3. 《最高人民检察院关于镇财政所所长是否适用国家机关工作人员的批复》（2000 年 5 月 4 日 高检发研字〔2000〕9 号）

对于属行政执法事业单位的镇财政所中按国家机关在编干部管理的工作人员，在履行政府行政公务活动中，滥用职权或玩忽职守构成犯罪的，应以国家机关工作人员论。

4. 《最高人民检察院关于合同制民警能否成为玩忽职守罪主体问题的批复》（2000 年 10 月 9 日 高检发研字〔2000〕20 号）

根据刑法第九十三条第二款的规定，合同制民警在依法执行公务期间，属其他依照法律从事公务的人员，应以国家机关工作人员论。对合同制民警在依法执行公务活动中的玩忽职守行为，符合刑法第三百九十七条规定的玩忽职守罪构成条件的，依法以玩忽职守罪追究刑事责任。

一、关于贪污贿赂犯罪和渎职犯罪的主体

（一）国家机关工作人员的认定

刑法中所称的国家机关工作人员，是指在国家机关中从事公务的人员，包括在各级国家权力机关、行政机关、司法机关和军事机关中从事公务的人员。

根据有关立法解释的规定，在依照法律、法规规定行使国家行政管理职权的组织中从事公务的人员，或者在受国家机关委托代表国家行使职权的组织中从事公务的人员，或者虽未列入国家机关人员编制但在国家机关中从事公务的人员，视为国家机关工作人员。在乡（镇）以上中国共产党机关、人民政协机关中从事公务的人员，司法实践中也应当视为国家机关工作人员。

（二）国家机关、国有公司、企业、事业单位委派到非国有公司、企业、事业单位、社会团体从事公务的人员的认定

所谓委派，即委任、派遣，其形式多种多样，如任命、指派、提名、批准等。不论被委派的人身份如何，只要是接受国家机关、国有公司、企业、事业单位委派，代表国家机关、国有公司、企业、事业单位在非国有公司、企业、事业单位、社会团体中从事组织、领导、监督、管理等工作，都可以认定为国家机关、国有公司、企业、事业单位委派到非国有公司、企业、事业单位、社会团体从事公务的人员。如国家机关、国有公司、企业、事业单位委派在国有控股或者参股的股份有限公司从事组织、领导、监督、管理等工作的人员，应当以国家工作人员论。国有公司、企业改制为股份有限公司后，原国有公司、企业的工作人员和股份有限公司新任命的人员中，除代表国有投资主体行使监督、管理职权的人外，不以国家工作人员论。

（三）"其他依照法律从事公务的人员"的认定

刑法第九十三条第二款规定的"其他依照法律从事公务的人员"应当具有两个特征：一是在特定条件下行使国家管理职能；二是依照法律规定从事公务。具体包括：（1）依法履行职责的各级人民代表大会代表；（2）依法履行审判职责的人民陪审员；（3）协助乡镇人民政府、街道办事处从事行政管理工作的村民委员会、居民委员会等农村和城市基层组织人员；（4）其他由法律授权从事公务的人员。

（四）关于"从事公务"的理解

从事公务，是指代表国家机关、国有公司、企业、事业单位、人民团体等履行组织、领导、监督、管理等职责。公务主要表现为与职权相联系的公共事务以及监督、管理国有财产的职务活动。如国家机关工作人员依法履行职责，国有公司的董事、经理、监事、会计、出纳人员等管理、监督国有财产等活动，属于从事公务。那些不具备职权内容的劳务活动、技术服务工作，如售货员、售票员等所从事的工作，一般不认为是公务。

六、关于渎职罪

（一）渎职犯罪行为造成的公共财产重大损失的认定

根据刑法规定，玩忽职守、滥用职权等渎职犯罪是以致使公共财产、国家和人民利益遭受重大损失为构成要件的。其中，公共财产的重大损失，通常是指渎职行为已经造成的重大经济损失。在司法实践中，有以下情形之一的，虽然公共财产作为债权存在，但已无法实现债权的，可以认定为行为人的渎职行为造成了经济损失：（1）债务人已经法定程序被宣告破产；（2）债务人潜逃，去向不明；（3）因行为人责任，致使超过诉讼时效；（4）有证据证明债权无法实现的其他情况。

（二）玩忽职守罪的追诉时效

玩忽职守行为造成的重大损失当时没有发生，而是玩忽职守行为之后一定时间发生的，应从危害结果发生之日起计算玩忽职守罪的追诉期限。

（三）国有公司、企业人员渎职犯罪的法律适用

对于1999年12月24日《中华人民共和国刑法修正案》实施以前发生的国有公司、企业人员渎职行为（不包括徇私舞弊行为），尚未处理或者正在处理的，不能按照刑法修正案追究刑事责任。

（四）关于"徇私"的理解

徇私舞弊型渎职犯罪的"徇私"应理解为徇个人私情、私利。国家机关工作人员为

了本单位的利益，实施滥用职权、玩忽职守行为，构成犯罪的，依照刑法第三百九十七条第一款的规定定罪处罚。

第三节　玩忽职守罪在审判实践中的疑难新型问题

问题1. 玩忽职守类犯罪法条竞合时应该如何处理

玩忽职守类犯罪罪名竞合时，应遵循特别法优于普通法的原则。最高人民法院、最高人民检察院2012年公布的《关于办理渎职刑事案件适用法律若干问题的解释（一）》第二条中对此进一步明确，国家机关工作人员实施滥用职权或者玩忽职守犯罪行为，触犯《刑法》分则第九章第398条至第419条规定的，依照该规定定罪处罚。

【地方参考案例】乐某某国家机关工作人员签订、履行合同失职被骗案①

一、基本案情

2014年11月至2019年1月，被告人乐某某担任奉贤区科委党组书记期间，全面负责该委党政工作。

2015年7月，被告人乐某某在带队赴北京考察人民融合公司等事项过程中，未做尽职调查，仍于2015年9月以奉贤区科委名义在上报奉贤区政府的《关于奉贤区与人民融合文化科技（上海）有限公司签署智慧城市建设合作协议的请示》中，直接引用人民融合公司提供的关于该公司具有国资背景、拥有多家合作支撑单位的虚假内容，致使奉贤区政府于2016年1月与人民融合公司签署了合作协议。

2018年3月，被告人乐某某在奉贤区新型智慧城市建设总体规划与设计项目的立项招标过程中，为将此项目交由人民融合公司承接，不正确履行职责，决定以单一来源采购方式报奉贤区财政局审核并获批，致使奉贤区科委与没有实际履约能力的人民融合公司法定代表人张某某签订《奉贤区新型智慧城市建设总体规划与设计项目合同》，方案设计费共计169万元。

2018年11月，在人民融合公司提交的通过抄袭、拼凑手法炮制的设计方案尚未通过验收的情况下，被告人乐某某审批提前支付合同余款84.5万元，至2019年5月，人民融合公司提供的银行履约保函失效，造成国家损失共计169万元。

上海市浦东新区人民法院审理认为，被告人乐某某身为国家机关工作人员，在代表国家机关签订、履行合同中，因严重不负责任被诈骗，致使国家利益遭受重大损失，其行为构成国家机关工作人员签订、履行合同失职被骗罪。根据本案犯罪的事实、犯罪的性质、情节、对于社会的危害程度，判决认定被告人乐某某犯国家机关工作人员签订、履行合同失职被骗罪，判处有期徒刑一年二个月。

二、案例评析

本案争议的焦点在于被告人乐某某在推进奉贤区新型智慧城市建设总体规划与设计项目过程中严重不负责行为的定性。第一种意见认为乐某某的行为构成玩忽职守罪，第

---

① 上海市浦东新区人民法院（2020）沪0115刑初4876号刑事判决书。

二种意见认为乐某某的行为构成国家机关工作人员签订、履行合同失职被骗罪。我们同意第二种意见，理由如下：

《刑法》分则在第九章"渎职罪"中，除了玩忽职守罪的一般规定外，还规定了许多具体的玩忽职守型的渎职犯罪，如失职致使在押人员脱逃罪，国家机关工作人员签订、履行合同失职被骗罪，环境监管失职罪，传染病防治失职罪，商检失职罪，动植物检疫失职罪，失职造成珍贵文物损毁、流失罪等。玩忽职守罪与这些特殊的玩忽职守型犯罪之间属于法条竞合的关系，是一般法条与特殊法条的竞合，依照特别法条优于一般法条的法条竞合适用原则，国家机关工作人员玩忽职守，符合《刑法》分则第九章所规定的特殊玩忽职守型犯罪构成要件的，按照该特殊规定追究刑事责任；不符合《刑法》分则第九章所规定的特殊玩忽职守型犯罪的构成要件，但符合一般的玩忽职守罪构成的，按照《刑法》第397条的规定以玩忽职守罪追究刑事责任。本案中乐某某的行为既符合玩忽职守罪的犯罪构成要件，同时又符合《刑法》第406条的特别规定，应当遵循特别法优于普通法的基本原则，以国家机关工作人员签订、履行合同失职被骗罪定罪处罚。

问题2. 居委会工作人员能否成为玩忽职守罪的犯罪主体

根据《城市居民委员会组织法》规定，居委会属基层群众性自治组织，非国家机关。居委会工作人员不属于国家机关工作人员，其在协助人民政府从事相关公务时能够成为玩忽职守罪的犯罪主体，但居委会工作人员在行使居委会职责，从事居委会自治范围内的事务时，并非协助政府从事公务，不能成为玩忽职守罪的犯罪主体。

【地方参考案例】胡某玩忽职守案[①]

一、基本案情

胡某原系张店区畜牧局的一名干部，1996年5月被张店区人民政府体育场办事处任命为河滨居委会支部书记、代主任。1996年8月经居民选举为该居委会主任，并于1999年连任。河滨社区服务中心（集体性质）1998年成立，胡某同时兼该中心主任。其间，因居委会综合楼建设缺乏资金，胡某遂找满某忠帮忙，并将居委会二楼的房产证变更至社区服务中心名下。满某忠以该中心名义贷款30万元，而向胡某谎称款未贷出，借给该中心10万元，余款20万元被满某忠占为己有。满某忠借贷款利用公章之机，瞒着胡某用其单位公章以张店区河滨社区服务中心作担保为个人在淄博商业银行重新办理23万元贷款。因满某忠无力偿还贷款，张店区法院判令该中心对上述23万元负连带清偿责任。

二、案例评析

本案的争议焦点在于胡某是否符合玩忽职守罪的犯罪主体构成要件，第一种意见认为胡某不符合玩忽职守罪主体资格，第二种意见认为胡某符合玩忽职守罪的主体资格。我们同意第一种意见，理由如下：

玩忽职守罪的主体属特殊主体，即国家机关工作人员。根据我国《宪法》的规定，国家机关包括国家权力机关、行政机关、审判机关、检察机关、军事机关。在上述机关中从事公务的人员属于国家机关工作人员。结合我国实际，在乡镇以上党委、政协机关中从事公务的人员，也应作为国家机关工作人员。根据《城市居民委员会组织法》规定，

---

① 山东省淄博市中级人民法院（2002）淄刑二终字第17号刑事判决书。

居委会属基层群众性自治组织，非国家机关。上诉人作为居委会主任兼社区服务中心主任，不属于国家机关工作人员。

根据全国人大常委会对渎职罪主体适用问题的解释作出的规定，以下"四种人"也被纳入渎职犯罪主体，即法律授权某种非国家机关的组织，在某些领域行使国家行政管理职权；在机构改革中，有的地方将原来的一些国家机关调整为事业单位，但仍然保留其行使某些行政管理的职能；某些国家机关将自己行使的职权依法委托给一些组织行使；实践中有的国家机关根据工作需要聘用了一部分国家机关以外的人员从事公务。本案上诉人胡某被张店区委组织部选调至居委会任职不属于上述四种情形。全国人大常委会对《刑法》第93条第2款所作的解释，规定村民委员会等村基层组织人员协助人民政府从事救灾、抢险、移民、救济款物等的管理，社会捐助公益事业款物的管理，国有土地的经营和管理，土地征用补偿费用的管理，代征、代缴税款，有关计划生育、户籍、征兵等行政管理工作，属于"其他依照法律从事公务的人员"。胡某在行使居委会主任及服务中心主任职责，于本单位综合楼建设筹集资金过程中发生的行为，属自治范围内的事务，非协助政府从事公务。不能以国家工作人员论，自然被排除在国家机关工作人员之外。本案中，由于上诉人胡某不具备国家机关工作人员的主体资格，其行为不符合玩忽职守罪的构成要件，不构成玩忽职守罪。二审法院改判上诉人胡某无罪是正确的。

问题3. 中储粮盐城直属库的巡查监管员，能否成为玩忽职守罪的犯罪主体

中央储备粮是中央政府储备的用于调节全国粮食供求总量，稳定粮食市场，以及应对重大自然灾害或者其他突发事件等情况的粮食和食用油。根据国务院《中央储备粮管理条例》，中国储备粮管理总公司负责中央储备粮油的经营管理工作，承担对中央储备粮油数量、质量和储存安全负责的职能，属于依照行政法规规定行使国家行政管理职权的组织。中储粮总公司及其直属企业不同于一般的国有公司法人，其巡查监管员负有对仓储粮油的数量、质量、管理、安全等进行全面监督管理的职责，如因巡查监管员未能认真履职导致中央储备粮油短少造成重大经济损失的，对行为人应以玩忽职守罪定罪处罚。

【地方参考案例】张某斌玩忽职守案[①]

一、基本案情

2011年6月8日，国家四部委（国家发展和改革委员会、国家粮食局、财政部、中国农业发展银行）下发通知，经国务院批准，决定由中储粮总公司承担在油菜籽主产区收购部分菜籽委托加工后转入国家临时存储任务，安排直属企业或委托有一定资质的粮油企业执行菜籽油收储任务。中储粮盐城直属库具体负责在盐城地区执行国家临时收储菜籽油的任务，于2011年6月与新海公司签订了油菜籽委托收购加工协议和油罐设施租赁合同，委托新海公司收购、加工2011年国家临时存储菜籽（油），并租赁新海公司的油罐对国家临储油进行存储。

被告人张某斌自2006年开始担任中储粮盐城直属库巡查监管员，于2012年12月调到大纵湖粮管所担任驻库监管员。2011年6月至2012年8月，被告人张某斌负责对新海

---

① 吴海龙、王新房：《被告人张汉斌作为中储粮直属库工作人员不认真履行职责致储备油重大损失构成玩忽职守案》，载《江苏省高级人民法院公报》2016年第5辑（总第47辑）。

公司收购、加工、入库、存储 2011 年国家临储菜籽（油）各个环节进行巡查监管，并负责对 2011 年新海公司加工的国家临储菜籽（油）入库验收。其间，新海公司由于菜籽收购量不足、油菜籽出油率低、菜籽自燃碳化、生产设备老化等原因，导致菜籽油产量达不到盐城直属库的要求，数量不足。该公司负责人朱某伟为了多申报盐城直属库的收购资金和继续做临储油的生意，制作了虚假的菜籽收购凭证、磅单等原始材料上报给盐城直属库。2012 年 9 月，朱某伟担心油罐不满的事情败露，在油菜籽加工结束后，趁厂里工人放假，往 12 号罐中注水，后致案发。

被告人张某斌在巡查监管期间，未能按照规定认真履行巡查监管员的职责，在检查台账的过程中从未对驻库监管员邵某旗让他人代为填写台账资料及铅封长期不更换、油温及高度不变的情况提出异议，从未对 12 号罐进行开罐检查，对油菜籽的收购及储油的变化等情况不明，致使 12 号油罐菜籽油短少 329.92 吨未被发现，造成损失合计3629120 元。

二、案例评析

本案的争议焦点在于张某斌是否符合玩忽职守罪的犯罪主体构成要件，第一种意见也就是被告人及辩护人认为张某斌不符合玩忽职守罪主体资格，第二种意见认为张某斌符合玩忽职守罪的主体资格。我们同意第二种意见，理由如下：

中国储备粮管理总公司于 2000 年经国务院批准组建，由国有资产管理委员会直接管理，承担特殊的政策性任务，是国家调控粮食市场的重要载体，属于涉及国家安全和国家经济命脉的国有大型骨干企业。《中央储备粮管理条例》第 4 条规定，国家实行中央储备粮垂直管理体制。第 8 条第 1 款规定："中国储备粮管理总公司具体负责中央储备粮的经营管理，并对中央储备粮的数量、质量和储存安全负责。"结合前述分析，中国储备粮管理总公司具体负责中央储备粮的经营管理，其不同于一般的国有公司法人，其所经营管理的中央储备粮油所有权属于国家，中国储备粮管理总公司及其直属企业承担对中央储备粮油数量、质量和储存安全负责的职能，属于依照行政法规规定行使国家行政管理职权的组织。

2011 年，国家四部委联合发文，明确中储粮总公司受国家委托，承担在油菜籽主产区收购部分菜籽委托加工后转入国家临时存储任务，安排直属企业或委托有一定资质的粮油企业执行菜籽油收购任务。该任务是中储粮总公司具体执行中央储备粮经营管理工作的体现。中央储备粮盐城直属库根据通知要求，在盐城地区具体负责执行国家临时收储菜籽（油）任务，对油菜籽收购、加工和菜籽油入库等各环节进行全程跟踪监控，确保国家的惠农政策落到实处。上诉人张某斌作为盐城直属库的巡查监管员，负责对直属库仓储实施监管，其职责与盐城直属库系中储粮总公司直属机构之职权属性紧密挂钩，因此，张某斌属于依法行使国家行政管理职权的组织中从事公务的人员，根据全国人民代表大会常务委员会《关于〈中华人民共和国刑法〉第九章渎职罪主体适用问题的解释》的规定，张某斌符合玩忽职守罪的主体资格。

问题 4. 根据人民警察的工作安排，无独立执法权的辅警将被救助人送救助站接受救助，此时辅警能否成为玩忽职守罪的犯罪主体

对于渎职犯罪主体"国家机关工作人员"的确认，本质要件在于是否在国家机关中"从事公务"，而非是否具备形式上的编制或身份，只要是国家机关依法通过录用、聘用、委派甚至借用的途径给予一定的工作岗位并赋予一定的公务职责，都可以在渎职犯罪中以国家机关工作人员论。公安机关及人民警察在执行职务时对有需要的人员进行救助和帮助接受救助的工作职责，人民警察法和国务院相关行政法规均有明确规定该职责属于公安机关的综合社会管理职能。派出所将无名男子送救助的行为即属该职能，应当认定为公务行为。同时，将无名男子送至救助站接受救助并非执法性工作，亦无规定必须由具有警察身份人员实施，根据警力不足的实际，辅警可在民警安排下独自进行，其行为属代表所在公安机关履行公务行为。故其系玩忽职守犯罪的适格主体。

【地方参考案例】陈某、褚某玩忽职守案①

一、基本案情

2014年8月21日，靖江市公安局某派出所接110指令，称人民医院接诊一无名男子，请求核实身份。辅警陈某随民警出警，了解到该男子系120救护车从路边救回，救回时口腔和肛门处均有血迹，情况较危险。出警人员经当场询问无法核实身份后，要求医院按相关规定进行救治后离开。

8月25日22时许，该所接110指令，称一身份不明男子躺在人民医院东门处地上。该所民警孙某带领辅警陈某、褚某处警，了解到该男子即为上述无名男子，因各项指标正常被赶出医院。该男子被带至派出所后，因不能正常交流，无法查明身份，孙某经请示值班领导后安排陈某、褚某将其送救助站救助。当日23时许，陈某、褚某开车将该男子带至救助站附近，打开车门让其自行下车，后驾车离开。该男子行走数步后摔倒。回所后，陈某向孙某报称已将其送至救助站。次日7时许，该男子被发现双目紧闭躺在救助站门前路边，经送第二人民医院抢救，于两日后因失血性休克死亡。

靖江市人民法院经审理认为，被告人陈某、褚某系国家机关工作人员，在履行公务过程中，严重不负责任，不正确履行职责，致使人民利益遭受重大损失，其行为构成玩忽职守罪。考虑到无名男子的死亡与自身患有疾病、相关部门和人员的处置存在瑕疵等多种因素有关，结合两被告人认罪、悔罪态度，认为犯罪情节轻微，可不判处刑罚。依照刑法相关规定于2017年6月2日认定被告人陈某、褚某犯玩忽职守罪，免予刑事处罚。

一审宣判后，两被告人均未提出上诉，公诉机关亦未抗诉，判决发生法律效力。

二、案例评析

本案的焦点在于对案件的定性，第一种意见认为二被告人的行为构成玩忽职守罪；第二种意见认为因主体不适格或行为与后果之间无因果关系，其行为不构成玩忽职守罪。我们同意第一种意见，理由如下：

1. 受委托代表公安机关从事公务活动的辅警系渎职犯罪的适格主体。辅警一般由公安机关统一招录并与其建立劳动关系，在公安机关及人民警察的指挥、监督下从事警务辅助工作，其无独立执法权。其是否符合渎职犯罪的主体身份，应根据法律及司法解释的内在精神加以诠释。《全国人大常委会关于〈中华人民共和国刑法〉第九章渎职罪主体适用问题的解释》规定："虽未列入国家机关人员编制但在国家机关中从事公务的人员，在代表国家机关行使职权时，有渎职行为，构成犯罪的，依照刑法关于渎职罪的规定追究刑事责任。"因此，对于渎职犯罪主体"国家机关工作人员"的确认，本质要件在于是

---

① 江苏省靖江市人民法院（2016）苏1282刑初第154号刑事判决书。

否在国家机关中"从事公务",而非是否具备形式上的编制或身份,只要是国家机关依法通过录用、聘用、委派甚至借用的途径给予一定的工作岗位并赋予一定的公务职责,都可以在渎职犯罪中以国家机关工作人员论。

2. 帮助公民接受救助是公安机关的综合社会管理职能,辅警根据民警安排送被救助人至救助站接受救助属于其他执法性工作,无须民警陪同。判断两被告人是否属于国家机关工作人员,焦点在于涉案帮助公民接受救助行为是否属履行公务职责,是否必须民警陪同。

公安机关及人民警察在执行职务时对有需要的人员进行救助和帮助接受救助的工作职责,《人民警察法》和国务院相关行政法规均有明确规定,案发地亦有此类规范性文件,该职责属于公安机关的综合社会管理职能。本案中派出所将无名男子送救助的行为即属该职能,应当认定为公务行为。同时,将无名男子送至救助站接受救助并非执法性工作,亦无规定必须由具有警察身份人员实施,根据警力不足的实际,辅警可在民警安排下独自进行,其行为属代表所在公安机关履行公务行为。

3. 未将被救助人送至救助站并与救助站人员办理交接手续,属怠于履职的玩忽职守行为。一方面,两被告人作为派出所辅警,通过日常工作和学习对送救助时应将人员送到救助站并与救助站工作人员办理交接手续,且需提供出警记录的程序均应知晓;另一方面,对无名男子前期救治情况以及在送救助前身体状况也属明知,应尽到谨慎护送的责任。而两被告人在接受任务后,仅将无名男子送至救助站附近,让其自行下车前往,未与救助站工作人员办理交接手续即离开,且回所后还谎称已将人送达,严重不负责任,未履行公安机关应当履行的职责,属于怠于履职的玩忽职守行为。

4. 怠于履职的玩忽职守行为与被救助人死亡后果之间应作存在刑法上的因果关系判断。根据医疗损害鉴定意见,无名男子前期诊疗过程中无医疗过错行为,其在被送往救助站之前亦未有异常因素介入,而两被告人的玩忽职守行为却直接导致该男子病发后无人发现,丧失被及时救治的机会,同时致使最后救治的医院无法获知其前期病史,实施对症救治,最终产生该男子经抢救无效死亡后果,其行为与死亡后果之间具有条件性因果关系,且行为对该后果产生了积极性作用,两者之间可作存在刑法上的因果关系判断。

最后,综合分析本案结果产生的原因,与无名男子自身身体状况、前后医院救治不力、派出所工作人员处置不当以及两被告人玩忽职守行为等均存在因果关系,属多因一果,且两被告人行为原因力相对较小,故此一审法院认定两被告人犯罪情节轻微,以玩忽职守罪对其免予刑事处罚是适当的。

问题5. 多监管层级下如何认定玩忽职守罪法律责任主体

多监管层级下对玩忽职守罪的法律责任主体的认定一般把握以下原则:(1)以主体为中心。如具体监管者作为最直接、最底层(或内层)的监管者,其实质权限实际上仅止于对分管领导及主管领导、上级领导指挥决策的贯彻执行,是指示指令、方针政策和规章制度的实际实施者,在指挥决策上没有重大失误或违法违规问题,仅仅是具体监督者贯彻不力、执行不到位甚至是弄虚作假、欺下瞒上,如此上面层级的责任基本不会大于具体监管者。反之,如果分管领导及主管领导、上级领导指挥决策上存在重大问题、自身怠于对具体监管者实施督导甚至出现干涉、不正常介入具体监管工作的情况导致危害结果的发生,责任恐将会重于具体监督者。(2)以行为为重心。刑法意义上的玩忽职守行为，是指严重不负责任，不履行职责或者不正确履行职责的行为，意即包括两个类型。通常不履行职责是通过不作为的形式表现出来的；而不正确履行职责是采取作为的方式实施。其中，不履行还可细化为擅离职守、未履行职守两个种类。不正确履行职责的方式则多种多样，消极的方式包括不尽心、不尽力、马马虎虎、敷衍塞责、草率行事、阳奉阴违、欺下瞒上等表现；积极的方式又包括违反决策程序、管理制度、上级指令等的违令抗命、胡干蛮干行为。（3）以因果关系为核心。重点考察在行为人履责的情况下，危害后果发生的几率性、盖然性。如果尽职履责，危害结果发生的几率就小、盖然性就低，则说明玩忽职守的行为对重大损失的结果的原因力就大，行为人因玩忽职守负刑事法律责任的可能性就高；反之亦然。对于多监管层级的情况来说，在无上级指令或决策问题的情况下，具体监管者的执行行为对危害结果发生的原因力要大于处于其他层级者；反之，如果存在上级指挥决策上的重大问题、上级自身怠于对具体监管者督导甚至出现干涉、不正常介入具体监管工作的情况，具体监管者的执行行为对危害结果发生的原因力要小于处于其他层级者。

【人民法院案例选案例】申某玩忽职守、受贿案[①]

一、基本案情

1. 被告人申某作为分管师宗县煤炭工业局、师宗县煤炭安全监督管理局的副县长，不认真履行职责，对师宗县私庄煤矿违法生产情形，未组织相关部门采取有效措施予以整治，尤其是在 2011 年 6 月 8 日，申某收到云南省煤矿安全监察局曲靖分局发给师宗县政府的《煤矿安全监督预警书》后，未正确履行职责，对存在问题的煤矿进行督促检查、整改落实。在得知私庄煤矿《安全生产许可证》被暂扣仍存在违规违法生产行为，未进行实地检查督促，并未按有关规定，及时组织有关部门、采取措施将私庄煤矿关闭，最终导致 2011 年 11 月 10 日 6 时 19 分师宗县私庄煤矿发生特别重大煤与瓦斯突出事故，造成 43 人死亡，直接经济损失 3970 万元。

2. 被告人申某于 2011 年 7 月的一天接受师宗焦化有限责任公司黎某为其存款 20 万元人民币，事后积极批转请示、协调、安排该公司奖励兑现事宜；于 2010 年春节前至 2011 年中秋节期间先后收受王某贵人民币 12 万元，并为其积极协调、安排他人或部门办理请托事宜；于 2011 年春节前的一天，收受师宗县私庄煤矿法人代表梁某辉人民币 1 万元。

云南省曲靖市中级人民法院审理认为，被告人申某身为国家机关工作人员，不正确履行工作职责，致使人民利益遭受特别重大的损失，其行为已构成玩忽职守罪。其还利用职务上的便利，非法收受他人人民币 33 万元，为他人谋取利益，其行为又构成受贿罪。判决认定一、被告人申某犯受贿罪，判处有期徒刑六年，并处没收个人财产人民币 10 万元；犯玩忽职守罪，判处有期徒刑四年，决定执行有期徒刑九年，并处没收个人财产人民币 10 万元；二、违法所得人民币 33 万元依法予以没收，由扣押机关上交国库。判决作出后，被告人未提出上诉，公诉机关亦未提出抗诉，本判决已生效。

---

① 孙尉玲：《申某玩忽职守、受贿案——玩忽职守犯罪的认定》，载最高人民法院中国应用法学研究所编：《人民法院案例选》（总第 93 辑），人民法院出版社 2015 年版。

二、案例评析

本案争议的焦点在于申某是否构成玩忽职守罪，第一种意见认为，申某只是一个分管领导，其下面有主管部门，上面有县委书记、县长等领导，对私庄煤矿的问题，申某也从政策方面作出了一些笼统要求和指导，其玩忽职守情节轻微，可以不认为是犯罪。第二种意见认为，申某作为分管煤矿安全工作的副县长，解决煤矿安全工作中的突出、重大问题是其工作职责，私庄煤矿安全生产许可证被暂扣，被责令停产整顿，但仍存在偷采行为，本应该作为监管的重点。但申某在大舍煤管所听取了所长曹某俊的汇报、周某林的工作安排后，仍未提出明确要求，对私庄煤矿采取依法关闭等有效措施，最终导致事故发生，属于不正确履行职责，完全符合玩忽职守罪的构成要件。我们同意第二种意见，理由如下：

1. 申某对私庄煤矿的违法生产问题负有何种职责

私庄煤矿发生"11·10"特大煤与瓦斯突出事故的根本原因是，该矿的违规违法生产行为未得到及时有效制止——责令立即停产、关闭。《煤矿隐患排查和整顿关闭实施办法（试行）》第3条规定，对煤矿的重大隐患和违法行为负有检查查处职责的是县级以上地方人民政府负责煤矿安全生产监督管理的部门；第19条第4项规定，责令停产整顿后擅自进行生产的；无视政府安全监管，拒不进行整顿或者停而不整、明停暗采的，负责煤矿有关证照颁发的部门应当责令该煤矿立即停止生产，提请县级以上地方人民政府予以关闭，并可以向上一级地方人民政府报告；《国务院关于预防煤矿生产安全事故的特别规定》第11条第3款规定，被责令停产整顿的煤矿擅自从事生产的，县级以上地方人民政府负责煤矿安全生产监督管理的部门、煤矿安全监察机构应当提请有关地方人民政府予以关闭。根据上述规定，对私庄煤矿《安全生产许可证》被暂扣仍违规违法生产的行为的制止，是师宗县煤炭工业局、煤监局的职责。被告人申某是分管负责煤矿安全生产监督管理的部门——煤炭工业局、煤监局的副县长，其职责范围是，解决煤矿安全工作中的突出、重大问题。其对制止违规违法生产行为负有领导职责。

2. 申某是否正确履行了领导职责

申某是分管负责煤矿安全生产监督管理的部门的副县长，其职责范围是，领导监督解决煤矿安全工作中的突出、重大问题。申某收到云南省煤矿安全监察局曲靖分局发给师宗县政府的《煤矿安全监督预警书》，该预警书载明部分煤矿存在违法违规生产行为，申某应当将该问题作为煤矿安全工作中的突出、重大问题督促煤矿安全生产监督管理的部门落实整改。2011年7月20日申某参加了师宗大舍煤管所会议，会议上，相关部门汇报了私庄煤矿安全生产许可证被暂扣，但仍存在偷采现象，煤矿调运量日达2000吨，煤炭局局长周某林提出要突击检查偷采，坚决制止、关停。被告人申某只是笼统地从政策方面作出了一些要求和指导，没有明确要求煤监局等职能部门查明情况及原因，提请政府予以关闭。煤炭产业是师宗县财政收入的重要来源，申某在知道私庄煤矿存在严重违法生产且煤炭局局长提出要制止、关停的前提下，仍未明确要求关停，必然导致相关部门理解为领导不主张制止、关停，结果也如此，师宗县煤监局等职能部门对私庄煤矿违法生产行为并未采取任何有效措施予以制止。可见，申某在该问题上未正确履行领导职责，存在领导监督上的过失，并且该过失行为直接导致了煤监局等职能部门怠于履行监管职责，最终导致"11·10"特大煤与瓦斯突出事故的发生。

3. 申某未正确履行领导职责是否构成玩忽职守罪

玩忽职守罪，是指国家机关工作人员严重不负责任，不履行或者不认真履行职责，致使公共财产、国家和人民利益遭受重大损失的行为。主观构成要件是过失，在许多场合，行为人主观上是一种监督过失，主要表现为应当监督直接责任者却没有实施监督行为，导致了结果发生；或者应当确立完备的安全体制、管理体制，却没有确立这种体制，导致了结果发生。申某未正确履行领导职责，存在领导监督上的过失，并且该过失行为直接导致了煤监局等职能部门怠于履行监管职责，最终导致"11·10"特大煤与瓦斯突出事故的发生，完全符合玩忽职守罪构成要件。曲靖中院认定申某上述行为构成玩忽职守罪，完全符合立法的本意和导向，2012 年 12 月 7 公布的《最高人民法院、最高人民检察院关于办理渎职刑事案件适用法律若干问题的解释（一）》第 5 条规定就体现了这一执法理念。

问题 6. 玩忽职守罪中如何准确认定行为人的工作职责范围

玩忽职守罪主要表现为不作为的过失犯，作为义务来源是职责认定的重要问题。我国刑法传统理论认为，法律明文规定、职务业务要求、法律行为、先行行为等是行为人作为义务的来源。然而现实情况中，行为人的作为义务经常来源于委任、聘任、临时性安排等情形。以下类型，是实务认定中应特别留意的问题：

1. 如果依据法定职责认定行为人构成玩忽职守罪，则违反的职责规定应是明确的，不成文惯例不应作为职责界定的依据。因为肯定主管机关整体的作为义务并不困难，但直接推导出其中某一特定公务员具有作为义务，有时较为困难。对于行为人职责的原则性规定，如《突发公共卫生事件应急条例》第 42 条规定，有关部门、医疗卫生机构在应对传染病时有早发现、早报告、早隔离、早治疗，切断传播途径，防止扩散的职责。但该防控职责规定较笼统，并非卫生部门内部的所有人员都有防控职责，还需根据具体情形和内部职责分工具体判断。

2. 界定职责内涵的依据必须是工作规范，即行为规范和程序规范，而非从业操守和形象规范，后者更多带有道德约束的意味，不涉及具体的工作职责。

3. 行为人被临时抽调或借用，从事本职工作以外的其他非实质性工作，没有参与被评价为玩忽职守的实质性工作时，不应认定其应负玩忽职守的责任。

4. 行为人的工作职责仅在于对文字资料的字面审核，而不负实质性审查或审批的职责时，不宜将资料真实性出现的问题归咎于其玩忽职守。对行为人签署不具有实质内容的过程性意见的行为，不应简单将形式审核等同于玩忽职守中的职责。

5. 行为人履行公务行为虽可能与本级要求不符，却是按上级主管部门下发文件的明确要求去做的，则不应认定行为人有玩忽职守行为。

3. 超出行为人自身知识和技能的专业评估事项，经相关专业技术人员签字认可后，行为人最终签字履行对该评估程序的确认手续，由于该行为人不具有否定评估结论的专业技能，因此，其行为并未违反工作职责，否则属于片面加重职责和义务。

【地方参考案例】张某良、谢某犯玩忽职守案①

一、基本案情

2011 年 6 月，被告人张某良身为常州市新北区罗溪中心国土资源所工作人员，在日

---

① 常州市新北区人民法院（2017）苏 0411 刑再 1 号刑事判决书。

常巡查中发现常州市黄河化工设备有限公司在未取得土地使用权的情况下违法占地建造厂房，被告人张某良虽口头予以制止，但未向该公司发出《责令停止土地违法行为通知书》，未向罗溪镇政府、罗溪中心国土资源所以及常州市国土资源局新北分局报告。同年8月，被告人张某良在联合执法过程中，发现该公司仍然在继续实施违法占地建房的行为后，未履行职责进行查处、未向常州市国土资源新北分局报告。2011年10月18日，该公司在建造厂房过程中，建筑工人孙某涛被坠落的木块砸中头部，经抢救无效死亡。

2011年4月，被告人谢某身为常州市新北区罗溪镇建设管理服务站工作人员，在巡查过程中发现常州市黄河化工设备有限公司在未办理房屋建设手续的情况下违法建造厂房，向该公司发出《违法建设停工通知书》。同年8月，被告人谢某在联合执法过程中，发现该公司仍然在违法施工建房，向该公司发出《违法建设限期拆除通知书》，并将该情况向单位负责人倪某成汇报。后被告人谢某发现该公司未在规定的期限内自行拆除违章建筑，继续实施违法建设行为时，未向单位负责人及罗溪镇镇政府报告，也未依法启动强制拆除程序，致使该公司违法建房的行为未得到及时查处。2011年10月18日，发生上述一人死亡的重大事故。

常州市新北区人民法院原审审理认为，被告人张某良身为国家机关工作人员，在查处违法用地行为过程中，工作严重不负责任，不认真履行职责，致使发生一人死亡的重大事故，其行为已构成玩忽职守罪。被告人谢某身为国家机关工作人员，在查处违法建造房屋行为过程中，工作严重不负责任，不认真履行职责，致使发生一人死亡的重大事故，其行为已构成玩忽职守罪。判决认定被告人张某良犯玩忽职守罪，免予刑事处罚。被告人谢某犯玩忽职守罪，免予刑事处罚。

上述判决已经发生法律效力，后原审被告人谢某不服，于2016年1月12日向常州市新北区人民法院提出申诉，常州市新北区人民法院经申诉复查后认为其申诉理由不成立，于2016年9月1日作出并送达了（2016）苏0411刑申1号驳回申诉通知书。原审被告人谢某又于2017年2月21日向江苏省常州市中级人民法院提出申诉，江苏省常州市中级人民法院经审查后认为原审被告人谢某关于"其行为不构成犯罪"的申诉理由符合《刑事诉讼法》第242条第2项规定的再审条件，并于2017年6月12日作出（2017）苏04刑申5号再审决定书，指令常州市新北区人民法院另行组成合议庭对本案进行再审。常州市新北区人民法院依法另行组成合议庭，公开开庭审理了本案。

常州市新北区人民法院再审审理认为，原审关于被告人张某良身为国家机关工作人员，在查处违法用地行为过程中，工作严重不负责任，不认真履行职责，致使发生一人死亡的重大事故，其行为已构成玩忽职守罪的认定并无不当。据原审及再审中查明的事实，罗溪镇政府为了遏制违法用地、违章建筑的发生，成立了镇联合检查工作领导小组并下设办公室，于2011年8月8日下发了罗政发[2011]40、41号文件，整合了各相关部门的职责，镇建管站负责对违法建筑会同各村委开出停工通知书和限期拆除通知书，并将每周日常、联合监督检查情况形成每周民房、企业违法违章建设汇总表向镇联合检查工作领导小组办公室上报，原审被告人谢某按照此规定已经履行了作为镇建管站具体承办人的工作职责，至于在违建单位未在限期内自行拆除时，是否启动或如何启动强拆程序，在作为罗溪镇针对违法用地、违章建筑的专门执法机构镇联合检查工作领导小组及相关部门完全掌握的情况下，应当由具有法定决策权的罗溪镇政府决定。常州市黄河化工设备有限公司将车间发包给没有资质的社会个体承建，施工过程中没有规范的安全防范措施，是造成一名施工人员身亡的直接原因，与谢某的行为之间没有直接的因果关系，原审关于原审被告人谢某身为国家机关工作人员，在查处违法建造房屋行为过程中，工作严重不负责任，不认真履行职责，致使发生一人死亡的重大事故，其行为已构成玩忽职守罪的认定，属于适用法律错误，常州市新北区人民法院再审应予纠正。判决认定，一、维持（2012）新刑二初字第140号刑事判决对原审被告人张某良的定罪量刑部分即被告人张某良犯玩忽职守罪，免予刑事处罚；二、撤销（2012）新刑二初字第140号刑事判决对原审被告人谢某的定罪量刑部分即被告人谢某犯玩忽职守罪，免予刑事处罚；三、原审被告人谢某无罪。

二、案例评析

本案的焦点在于准确认定谢某的职责范围，从而认定谢某是否存在玩忽职守的行为。第一种意见认为谢某未充分履职，存在玩忽职守的行为，第二种意见认为谢某已经充分履职，不存在玩忽职守的行为。我们同意第二种意见，理由如下：

谢某为常州市新北区罗溪镇建设管理服务站工作人员，在巡查过程中发现常州市黄河化工设备有限公司在未办理房屋建设手续的情况下违法建造厂房，向该公司发出《违法建设停工通知书》。同年8月，被告人谢某在联合执法过程中，发现该公司仍然在违法施工建房，向该公司发出《违法建设限期拆除通知书》，并将该情况向单位负责人倪某成汇报。根据2011年8月8日罗溪镇下发的罗政发〔2011〕40、41号文件规定，镇政府为了保障总体规划实施，加强土地、规划、建设管理，落实各单位职责，遏制违法用地、违章建筑的发生，成立镇联合检查工作领导小组并下设办公室，整合了各相关部门的职责，其中，40号文件第二部分第3点第（3）项规定"未经审批擅自建设的，由建管站会同各村委开出停工通知书和限期拆除通知书。如不自行拆除，由镇城管巡防中队会同相关村委组织强制拆除"；41号文件第三条完善信息报告制度，城管巡防中队、土管所、建管站及村委每周向联合检查领导小组办公室上报每周日常、联合监督检查情况形成每周民房、企业违法违章建设、违法用地建设汇总表。据此，谢某的工作职责主要是向违建单位发放停工通知书和限期拆除通知书，并每周上报违建情况汇总表，对此谢某已经履行了职责。

此外，在违建单位未在限期内自行拆除时，是否启动或如何启动强拆程序，在作为罗溪镇针对违法用地、违章建筑的专门执法机构镇联合检查工作领导小组及相关部门完全掌握的情况下，应当由具有法定决策权的罗溪镇政府决定。违建单位将车间发包给没有资质的社会个体承建，施工过程中没有规范的安全防范措施，是造成一名施工人员身亡的直接原因，与谢某的行为之间没有直接的因果关系，原审关于原审被告人谢某身为国家机关工作人员，在查处违法建造房屋行为过程中，工作严重不负责任，不认真履行职责，致使发生一人死亡的重大事故，其行为已构成玩忽职守罪的认定，属于认定事实不清，适用法律错误，应予纠正。

问题7. 如何准确区分工作失误与玩忽职守行为

工作失误是行为人意志以外的原因，是由于制度不完善，一些具体政策界限不清，管理上存在弊端，以及国家工作人员文化水平、业务素质、工作经验方面有欠缺，因而在积极工作中发生错误，造成国家和人民利益遭受重大损失。

【典型案例】 徐某玩忽职守案①

一、基本案情

2013 年 12 月，某法院受理了阮某（11 月在看守所突患心脏病被监视居住）等人盗窃案，由法官徐某负责审理该案。2014 年 4 月底，因拟对阮某判处有期徒刑，徐某建议对阮某变更强制措施为逮捕，报审批同意后将逮捕决定书送达同级公安局。同年 5 月 5 日上午，公安民警将阮某送看守所执行逮捕（经体检可以羁押），看守所以阮某患心脏病不符合羁押条件为由拒绝收押。徐某得知后要求看守所出具不予收押的书面说明，看守所和公安局均未出具不能执行逮捕的说明。后因同案犯上诉，该案进入二审程序。2014 年 11 月，上级法院对该案作出二审裁定，维持原判，该案进入执行程序。同年 12 月，在没有对阮某宣判、执行的情况下，书记员因结案率考核将阮某等人犯罪案件作为已结案归档，徐某亦因工作疏忽而遗忘阮某尚未执行刑罚。后阮某因无人监管于 2015 年两次在外省重新实施盗窃犯罪。

二、案例评析

本案的争议焦点在于徐某的行为是否属于玩忽职守行为，在审理过程中形成了两种意见。第一种意见认为徐某的行为属于玩忽职守行为，第二种意见认为徐某的行为属于工作失误。我们同意第二种意见，理由如下：

首先，徐某开具了逮捕决定书，在得知看守所拒绝收押阮某后要求看守所出具不予收押的书面说明，看守所和公安局却均未出具不予收押或不能执行逮捕的说明。在此情况下，法院的逮捕决定书是否还有效力是本案的关键。既然法院开具了逮捕决定书送达公安机关，被告人经体检也能够羁押，那么看守所就应当收押，拒绝收押应当给出合理的理由并书面说明，不能仅凭口头或者电话通知法院就认为该逮捕决定书已经不能执行甚至作废。因此，法院的逮捕决定书应当是仍有效力的。其次，虽然刑诉法规定了法官负责交付罪犯执行，但阮某在逃应先抓捕到案才能进一步交付执行。徐某作为审判人员，其职责是将罪犯交付执行，对于未在押而是在逃的罪犯，交付执行的前提是抓获到案，法官并不负有抓捕逃犯的职责，对于在逃而需要执行的罪犯，法官的法定职责是开具逮捕决定书，徐某也已经履行了该职责，开具了逮捕决定书。最后，法律并没有规定逮捕的决定机关应当监督或者督促执行，法院及徐某并不负有对逮捕执行行为的监管职责。若认定徐某没有督促公安机关执行逮捕是非法的，与阮某重新犯罪之间有法律上的因果关系，那么所有的检察机关、审判机关的办案人员在依法开出逮捕决定书后，就都需要监督、督促执行机关尽快执行，否则一旦犯罪嫌疑人或被告人重新实施犯罪，这些办案人员都有可能承担责任。综上，徐某没有监管逮捕执行的职责，其没有督促公安机关积极执行逮捕是错误行为，属于工作上的失误，但不是非法的职务行为，不属于玩忽职守。

问题 8. 实践中如何准确把握玩忽职守行为与危害结果之间的因果关系

判断玩忽职守行为与危害结果之间的因果关系时，要首先结合案件分析造成危害结果的各个原因，在此基础上要考虑以下因素：一是行为人的工作职责。玩忽职守罪的犯罪主体是国家机关工作人员，具有典型的职责性特点，即没有职责无所谓渎职。二是行

---

① 刘犇：《玩忽职守案中法律上因果关系的认定》，载《中国检察官》2019 年第 24 期。

为人是否有玩忽职守行为。玩忽职守行为是对职责的背离，这种对职责背离的行为往往会表现为对某种潜在的危险转向现实的危险提供了客观帮助。不作为的玩忽职守行为，则多表现为对社会上现有的危险或潜在的危险不控制、不制止，或未能合理监控危险源。玩忽职守行为违背法律义务与职责要求，减弱了国家管理应有的强度或者使社会管理的某个领域处于管理失控状态，从而对行为对象带来了受侵害的危险。三是《刑法》构成要件的效力范围。玩忽职守罪中，构成要件的效力范围与行为人所承担职责的范围紧密相关。国家机关工作人员违反法定义务，对义务相对人造成的一切损害后果，都存在于构成要件的效力范围内。司法实践中，玩忽职守罪的危害后果往往同时可以归责于实施了相关犯罪的行为人，但这并不影响这些危害后果同时归责于玩忽职守行为人。特别是存在多名国家机关工作人员先后实施多个玩忽职守行为导致同一危害结果的情况下，不能因为危害结果可以归责于最后实施玩忽职守的行为人就否定之前的玩忽职守行为与危害结果之间的因果联系。

【地方参考案例】 张某玩忽职守案①

一、基本案情

被告人张某自 2012 年 5 月 20 日任江安县卫生执法监督大队（以下简称卫监大队）监督二科科长。2014 年张某所在的监督二科包括张某在内实有两名工作人员。监督二科的工作职责除了负责接待辖区群众的来信来访，对群众投诉举报的案件和违反卫生法律、法规的行为进行调查处理外，还负责全县的医疗卫生、传染病监督、学校卫生、消毒产品执法检查以及撰写相关工作计划、方案、总结等。2013 年 12 月，宜宾市建立打击非法行医长效监管工作机制，实现监察、卫生、人口和计生、公安、食药监、工商、城管等多部门的衔接与密切配合。2013 年 11 月至 2014 年 8 月，江安县开展"整顿医疗秩序打击非法行医专项行动"，成立了以县政府、县卫生局、县公安局、县食品药品监督管理局等单位组成的领导小组，下设办公室在县卫生局医政农卫股，张某系办公室成员之一。其间，张某作为监督二科科长，与监督一科相互协作配合，在负责日常性工作的同时要加大力度组织落实好辖区内打击非法行医专项行动的工作任务，确实查处了属于专项活动打击任务的违法违规案件 28 件，包括非法行医 6 件，坐堂行医 3 件，超范围执业 1 件，使用非卫生技术人员从事医疗卫生技术工作 4 件，跨点执业 14 件，其中张某参与了 24 件。2014 年，作出卫生监督意见书 44 份。2014 年 6 月至 9 月，朱某某在江安县江安镇东贸市场 31 号门市通过扎银针、拔火罐方式从事非法行医活动。7 月 15 日，张某等四人到东贸市场进行了巡查，未发现朱某某非法行医。9 月 7 日，朱某某为刘某某扎银针治疗致其死亡。

四川省江安县人民法院经审理认为，张某在工作中认真履行了职责，且朱某某非法行医致人死亡的这一损失后果与被告人张某履行职责之间不具有刑法意义上的因果关系，故张某的行为不构成玩忽职守罪。判决认定被告人张某无罪。

二、案例评析

本案的争议焦点在于张某的行为与被害人死亡之间是否存在因果关系。第一种意见认为张某的行为与被害人死亡之间存在因果关系，第二种意见认为张某的行为与被害人

---

① 四川省江安县（2015）江安刑初字第 79 号刑事判决书。

死亡之间不存在因果关系。我们同意第二种意见，理由如下：

查处和打击非法行医活动是多部门的联动执法工作。张某所在的监督二科虽负责打击非法行医，但仅是其工作职责之一。根据《江安县卫生执法监督大队职能及岗位职责的通知》《江安县进一步整顿医疗秩序打击非法行医专项行动实施方案》的规定，以农贸市场、集市、建筑工地等人员密集场所为重点，严厉打击坑害群众利益的游医、假医活动只是查处非法行医的工作任务之一，打击非法行医又仅是张某负责的医疗卫生工作的一部分，且张某所在的监督二科还要负责接待辖区群众的来信来访，对群众投诉举报的案件和违反卫生法律、法规的行为进行调查处理，负责指定区域传染病监督、消毒产品执法检查等工作，负责撰写相关工作计划、方案、总结等。专项行动中，未明确对全县集贸市场的巡查是张某及其工作部门的日常性工作。开展打击非法行医专项行动期间，《关于建立宜宾市打击非法行医长效监管工作机制的意见》的通知中提出要实现卫生、人口和计生、公安、食药监、工商、城管等部门的衔接和密切配合，建立多部门联动的打击非法行医长效监管工作机制。此外，根据《江安县进一步整顿医疗秩序打击非法行医专项行动实施方案》的规定，成立了以县政府、县卫生局、县公安局、县食品药品监督管理局等单位组成的领导小组，张某只是成员之一，没有统筹全县各单位联合打击非法行医的权限，而只能在其职权范围内依法履行职责。且该实施方案中从职责分工看，卫生部门负责组织专项检查，查处无证行医和医疗机构的违法违规行为，但就如何在该重点场所开展专项检查工作，并未制定和落实如人员安排、巡查方式、时间和频次等方面的工作制度，也未将全县集贸市场的巡查工作落实为张某及其工作部门的专项职责。张某及其工作部门在人少事多的情况下，客观上不可能对全县的集贸市场采取日常巡查的方式作为查处和打击非法行医行为的日常性工作。打击非法行医是多部门的联动行动，朱某某自2014年6月起在江安镇东贸市场非法行医，未有群众、部门的举报，说明有关部门亦未发现，并非张某主观上工作严重不负责任导致。根据查明的事实，虽然朱某某从2014年6月至9月在江安镇东贸市场摆摊进行非法行医活动，但作为负责人的张某及其工作单位，从未接到过有关群众、部门的举报，故对朱某某的非法行医行为及后果具有不可预见性。同时，全县集贸市场的巡查并非张某及其工作部门的唯一工作，未发现朱某某的非法行医违法行为，与张某所在的工作部门的人员配备、工作范围及职责不明确、制度不完善密切相关。且7月15日巡视东贸市场的四名工作人员，均未发现朱某某非法行医。2014年9月7日，刘某某死亡系多因一果，直接原因系朱某某非法行医导致，但与多部门监管不力、制度规定不够细化等因素有一定关系，张某工作不到位仅是多重监管不力中的一个因素，其与危害结果之间并不具有《刑法》上的因果关系。

问题9. 存在介入因素的情况下如何准确判断玩忽职守行为与危害结果之间的因果关系

在判断行为与结果之间是否存在《刑法》上的因果关系时，尤其是存在介入因素的场合下，判断介入因素是否对因果关系的成立产生阻却影响时，一般是通过是否具有"相当性"的判断来加以确定。在"相当性"的具体判断中，一般可从以下三个方面来进行：（1）最早出现的实行行为导致最后结果发生的概率的高低。（2）介入因素异常性的大小。（3）介入因素对结果发生的影响力。

【刑事审判参考案例】龚某玩忽职守案①

一、基本案情

1995 年 10 月，被告人龚某毕业于重庆医科大学后被分配至四川省黔江地区公安处交通警察支队工作。1996 年 9 月，黔江地区公安处交通警察支队安排具有医学专业知识的被告人龚某到其下属的黔江地区车辆管理所从事驾驶员体检工作，直至 2000 年 3 月。

1998 年 12 月，黔江地区车管所下辖的彭水县村民蒋某凡持有的驾驶证有效期届满后（蒋于 1994 年 5 月申请办理准驾 B 型车辆的正式驾驶证），向彭水县公安局交通警察大队申请换证。彭水县公安局交通警察大队对蒋某凡的申请初审后，将其报送给黔江地区车辆管理所审验换证。

1999 年 3 月 22 日，时在黔江地区车辆管理所负责驾驶员体检工作的被告人龚某收到蒋某凡的《机动车驾驶证申请表》后，在既未对蒋某凡进行体检，也未要求蒋某凡到指定的医院体检的情况下，违反规定自行在其《机动车驾驶证申请表》上的"视力"栏中填写上"5.2"，在"有无妨碍驾驶疾病及生理缺陷"栏中填上"无"，致使自 1995 年左眼视力即已失明的蒋某凡换领了准驾 B 型车辆的驾驶证。此后，在 2000 年、2001 年及 2002 年的年度审验中，蒋某凡都通过了彭水县公安局交通警察大队的年度审验。

2002 年 8 月 20 日，蒋某凡驾驶一辆中型客车违章超载 30 人（核载 19 座）从长滩乡驶向彭水县城，途中客车翻覆，造成乘客 26 人死亡、4 人受伤和车辆报废的特大交通事故，蒋某凡本人也在此次事故中死亡。事故发生后，经彭水县公安局交通警察大队调查，认定驾驶员蒋某凡违反《道路交通管理条例》第 26 条第 9 项"在患有妨碍安全行车的疾病或过度疲劳时，不得驾驶车辆"的规定和第 33 条第 1 项"不准超过行驶证上核定的载人数"的规定，对此次事故负全部责任，乘客不负事故责任。

黔江区人民法院认为，被告人龚某在蒋某凡申请换证时，未能正确履行职责，致使蒋某凡驾驶证换证手续得以办理，但其效力仅及于当年，此后年审均在彭水县交警大队办理，且现有证据不能确定发生车祸的具体原因，被告人龚某的行为不构成玩忽职守罪，依照《刑事诉讼法》第 162 条第 3 项的规定，判决被告人龚某无罪。

一审宣判后，黔江区人民检察院以判决认定被告人龚某的失职行为与蒋某凡所驾车辆发生的交通事故之间没有刑法上的因果关系错误，被告人龚某构成玩忽职守罪，向重庆市第四中级人民法院提出抗诉。

重庆市第四中级人民法院经开庭审理认为，根据《机动车驾驶证管理办法》的规定，在对驾驶员审验时及驾驶员申请换领驾驶证时，黔江地区车辆管理所均负有对驾驶员进行体检的义务。驾驶员蒋某凡在申请换证时，被告人龚某未履行对其身体进行检查的职责，其玩忽职守行为客观存在，但其失职行为与"8·20"特大交通事故之间不存在刑法上的因果关系，因此，不能认定被告人龚某的玩忽职守行为已致使公共财产、国家和人民利益遭受重大损失，进而，不能认定其行为已构成玩忽职守罪。据此，依照《刑事诉讼法》第 189 条第 1 项的规定，裁定驳回抗诉，维持原判。

---

① 于天敏、王飞：《龚某玩忽职守案——渎职犯罪的因果关系判断》，载中华人民共和国最高人民法院刑事审判第一、二、三、四、五庭主办：《刑事审判参考》（总第 37 集），指导案例第 294 号，法律出版社 2004 年版，第 78 页。

二、案例评析

被告人龚某是否存在玩忽职守行为如果存在玩忽职守行为，则其玩忽职守行为与"8·20"特大交通事故之间是否具有刑法上的因果关系？

1. 被告人龚某的失职行为客观存在

《机动车驾驶证管理办法》第22条规定，"驾驶证有效期满前3个月内，持证人应当到车辆管理所换证。车辆管理所应结合审验对持证人进行身体检查"。据此，黔江地区车辆管理所在驾驶员申请换证时，负有对驾驶员进行身体检查的职责。1996年9月至2000年3月，在黔江地区车辆管理所从事驾驶员体检工作的被告人龚某当然负有对持证驾驶员进行体检的职责。因此，在驾驶员申请换证时，被告人龚某应当按照规定对驾驶员进行身体检查，或要求驾驶员到指定的医院进行体检，并对体检结果进行审查。

1999年3月，在对蒋某凡换领驾驶证的申请审核时，在蒋左眼已失明的情况下，被告人龚某既未对蒋某凡进行体检，也未要求其到指定的医院体检，便自行在其《机动车驾驶证申请表》上的"视力"栏中填写上"5.2"，在"有无妨碍驾驶疾病及生理缺陷"栏中填写上"无"，其行为违反了《机动车驾驶证管理办法》的相关规定，致使不符合持证条件的蒋某凡换领了准驾B型车辆的驾驶证，从而使其得以继续从事汽车驾驶工作。因此，被告人龚某的失职行为客观存在。

2. 被告人龚某的玩忽职守行为与"8·20"特大交通事故之间没有刑法上的因果关系

《机动车驾驶证管理办法》第19条规定，"对持有准驾车型A、B、N、P驾驶证的……每年审验一次"，"审验时进行身体检查"。据此规定，车辆管理所须对持有准驾车型B驾驶证的蒋某凡进行一年一度审验，且审验时必须进行身体检查。但无论是体检或审验，其效力都只及于检审的当年度。因此，龚某于1999年为蒋某凡出具的虚假体检结论的效力只及于2000年度审验以前。在此之后的各年度审验中，该体检结论便不具有效力。这意味着在此后的各年度审验中，蒋某凡只有经重新体检合格后，方能够通过审验。而在蒋某凡驾驶的客车肇事之前的2000年、2001年和2002年的年度审验中，本不应通过审验的蒋某凡却又多次通过了彭水县公安局交通警察大队的审验，这说明在上述年度审验中，从事驾驶员体检工作的有关人员均未按规定对蒋某凡进行身体检查或对体检结果进行审查，同样存在未履行其职责或未正确履行职责的玩忽职守行为。因此，认定谁的失职行为与"8·20"特大交通事故之间存在《刑法》上的因果关系是正确评价被告人龚某行为性质的关键所在。在判断行为与结果之间是否存在刑法上的因果关系时，应以行为时客观存在的一切事实为基础，依据一般人的经验进行判断。在存在介入因素的场合下，判断介入因素是否对因果关系的成立产生阻却影响时，一般是通过是否具有"相当性"的判断来加以确定的。在"相当性"的具体判断中，一般可从以下三个方面来进行：（1）最早出现的实行行为导致最后结果发生的概率的高低。概率高者，因果关系存在；反之，不存在。（2）介入因素异常性的大小。介入因素过于异常的，实行行为和最后结果之间的因果关系不存在；反之，因果关系存在。（3）介入因素对结果发生的影响力。影响力大者，因果关系不存在；反之，因果关系存在。当然，如果介入行为与此前行为对于结果的发生作用相当或者互为条件时，均应视为原因行为，同时成立因果关系。

就本案而言，从本案的行为与结果之间的联系看，与"8·20"特大交通事故有联系的因素有三个：一是被告人龚某在蒋某凡换证时的体检失职行为；二是换证以后各年度审验中的他人审验失职行为；三是驾驶员蒋某凡的违章驾驶行为。从行为与结果联系的紧密程度看，在上述三个因素中，最后一个因素是导致事故发生的直接原因，前两个因素不可能单独导致交通事故的发生，其只有依附于最后一个因素，才能产生本案的结果。在不存在第二个因素的情况下，判断被告人的行为与交通事故之间是否存在因果关系并不困难。正是由于其介入在被告人龚某的失职行为与本案的损害后果之间，使得判断被告人龚某的失职行为与损害结果之间是否存在因果关系的问题变得较为困难和复杂。由于被告人龚某为蒋某凡出具的虚假体检结论的效力只有 1 年，如果蒋某凡驾驶的汽车在其换证的当年度由于其本人的原因而发生了交通事故，毫无疑问，该损害结果与被告人龚某的玩忽职守行为之间存在刑法上的因果关系，其应对损害结果负责。在龚某出具虚假体检结论之后的年度审验中，蒋某凡能够通过审验，完全是由于他人体检失职行为所致，而非龚某的失职行为所致，因为龚某的体检行为在 1 年之后已经归于无效。在其后的年度审验中，相关人员如果认真履行了职责，则蒋某凡不可能通过审验，其当然也就不可能合法地从事驾驶工作，"8·20"特大交通事故也可能就不会发生。就龚某的失职行为和其后的失职行为对交通事故发生的影响力而言，前者对结果的发生在法律上已经不具有影响力。故此，龚某的失职行为与交通事故之间不存在《刑法》上的因果关系。尽管被告人龚某客观上存在失职行为，可依照其他有关规定予以行政处分，但其行为不构成玩忽职守罪。

问题 10. 在低保金的发放过程中，行为人利用该制度漏洞故意实施贪污低保金的犯罪行为，其部门直接负责领导是否构成玩忽职守罪

关于低保的现有规定集中在低保资格的审核、审批工作，通过各级政府的逐级细化形成了较为完备的审核、审批流程，而对于低保金的发放工作，各级文件中往往只是原则性地规定为"低保金实行社会化发放"。如果由于当地对于低保发放工作中涉及的部门分工、人员职责、工作衔接、检查监督等问题无进一步的细化规定，个别地区低保金发放工作长期缺乏明确具体详细的流程规范，导致低保金的具体经办人贪污低保金。此时，导致损害后果的直接原因系经办人利用低保金发放制度漏洞故意实施的贪污犯罪，其部门领导在低保金发放工作上沿袭前任的工作惯例，应承担工作管理上没有积极主动制定相关管理规范或者提出建议完善相关工作的领导责任，但其行为并未违反相关工作纪律或法律法规，故不属于刑法意义上的渎职行为，其行为与本案的损害结果之间也不存在刑法意义上的因果关系，故不应认定其构成玩忽职守罪。

【地方参考案例】刘某某玩忽职守案①

一、基本案情

刘某某自 2008 年开始担任天津市河北区江都路街道办事处（以下简称江都路街）社区工作科（原居民科）科长，负责该部门的全面工作。社区工作科负责辖区内的低保救助、特困救助等工作，该科科员李莉（已判刑）具体负责低保相关工作。2009 年 11 月至 2016 年 10 月，李某利用最低生活保障金发放工作中存在的向街道财务科报送的《江都路街最低生活保障金领发签字簿》及向银行报送的低保金发放明细无需领导审批签字、区民政局财务科与社救科之间不互相核对低保人员信息等漏洞，采用虚构低保人员姓名及发放金额，并向银行提供虚假的发放明细的方式骗取最低生活保障金共计人民币

---

① 天津市第一中级人民法院（2018）津 01 刑终 686 号刑事判决书。

723391. 4 元，2016 年 11 月李某向所在单位交代了骗取低保金的部分事实，并于同年 11 月 25 日被立案侦查。2017 年 3 月 30 日，天津市河北区人民检察院反渎职侵权局对本案立案侦查，并于当日将刘某某电话传唤到案。

天津市河北区人民法院审理认为，被告人刘某某作为天津市河北区江都路街道办事处社区工作科科长，对最低生活保障金的发放工作严重不负责任，在长达六七年的时间内未进行监管，造成该科室最低生活保障金发放工作管理混乱，最终导致该科科员李谋利用管理漏洞贪污公款，致使公共财产遭受重大损失，其行为已经构成玩忽职守罪。公诉机关指控的罪名成立，依法予以支持。但考虑到造成国家最低生活保障金损失的原因是多方面的，刘某某未进行监管的行为仅是造成国家重大经济损失的多个原因中的一个原因，根据其行为在多因一果中所起到的作用，可以认为其犯罪行为情节轻微不需要判处刑罚，判决认定被告人刘某某犯玩忽职守罪，免予刑事处罚。

一审宣判后，原审被告人刘某某提出上诉。天津市第一中级人民法院审理认为，原审判决认定上诉人刘某某犯玩忽职守罪的事实不清，适用法律不当，根据本院查明的事实、证据及相关法律规定，依法予以改判，判决认定上诉人刘某某无罪。

二、案例评析

本案的争议焦点在于刘某某的行为与公共财产遭受重大损失之间是否具有因果关系，在审理过程中形成了两种意见。第一种意见认为刘某某的行为与公共财产遭受重大损失之间具有因果关系，第二种意见认为没有因果关系。我们同意第二种意见，理由如下：

玩忽职守罪是过失犯罪，其中玩忽职守的行为一般表现为严重不负责任，不履行职责或者不正确履行职责。构成本罪，需要存在违反工作纪律或者规章制度的行为，且该行为与重大损失的损害后果之间应当具有刑法上的因果关系。结合相关事实及证据分析，李某案发前，河北区低保金发放工作长期缺乏明确的制度规范，而导致本案损害后果的直接原因也系李某利用该制度漏洞故意实施的贪污犯罪，刘某某在低保金发放工作上满足于沿袭前任的工作惯例，应承担工作管理上没有积极主动制定相关管理规范或者提出建议完善相关工作的领导责任，但其行为并未违反相关工作纪律或法律法规，故不属于刑法意义上的渎职行为，其行为与本案的损害结果之间也不存在刑法意义上的因果关系，故不应认定其构成玩忽职守罪。

问题 11. 人民警察在出警处理故意伤害警情的过程中"应为而不为"的行为是构成故意伤害罪的共犯，还是构成玩忽职守罪

行为人作为出警的人民警察，在执法过程中发现保安人员殴打被害人时，行为人有义务及时制止，在事后返回案发现场查看死者的时候，行为人有义务履行救助职责。行为人不及时履行法定职责，两次不作为的行为，最终造成被害人死亡的后果发生，其行为符合玩忽职守罪的《刑法》规定，应以玩忽职守罪对其定罪处罚。

【典型案例】唐某泽玩忽职守案①

一、基本案情

云南省昆明市官渡区人民检察院对被告人唐某泽以玩忽职守罪、故意伤害罪提起公

---

① 晏晖：《唐群泽玩忽职守案》，载《中国审判案例要览》（2011 年刑事审判案例卷），第 501~506 页。

诉，经审理查明，（1）2003年12月2日早上8时30分，昆明市经济技术开发区民警被告人唐某泽与民警关某胜（现下落不明）前往开发区主干道工地饱经现场协助处警。在中航昆明工程管理局承建的开发区主干道工地现场，看到由工地民工李某可等人抓获后捆绑在项目部院内葡萄架下的"小偷"，被告人唐某泽检查了"小偷"双腿的伤情，在工作走访后，明知"小偷"因在工地上盗窃被工人抓到，并被殴打致伤的情况下，没有按照法律、法规作出对"小偷"进行审查或救治等必要的处理，便驱车离开工地现场。后工人将"小偷"弃置于开发区科技园的路口。当日下午3时40分，一男性尸体在开发区科技创新园东南侧人行道被发现。经查，该被害人名叫王某昌，经鉴定王某昌死于创伤性休克。

（2）2007年9月27日凌晨，昆明市公安局经济技术开发区分局昆明船舶小区警务站保安宿舍被社会闲杂人员破坏，经济开发区分局民警被告人唐某泽作为该警务站的负责人赶到现场后，与李某强（另案处理）带着穿戴防刺服和头盔、手持钢管和木棒的木某杰、李某红、张某、詹某连、胡某文（均另案处理）以及陈某辉（在逃）六名保安沿贵昆路往普照村方向对打砸宿舍和车辆的人员进行寻找。寻找途中，发现一穿黑色衣服的男子正沿贵昆路的非机动车道往普照村方向行走，因怀疑该男子打砸了保安宿舍和昆明船舶小区门口的车辆，八人共同追赶该男子，并在昆明船舶小区北大门外贵昆铁路桥下贵昆公路非机动车道上追赶上该男子，六名保安持钢管和木棒对该男子进行殴打，李某强也用脚踢了该男子。该男子被打伤躺在地上。在殴打过程中，民警唐某泽人在现场，但却没有积极进行劝阻，放任七名保安对该男子进行殴打。实施完殴打后，唐某泽带领保安离开现场返回警务站，之后，唐某泽又带领李某强等四人返回现场查看该男子的伤情，发现被殴打的男子仍然躺在原地呻吟，伤势较重。在此情况下，唐某泽没有对该男子实施必要的救助就再次离开现场。2007年9月27日6时50分左右，张某碧经经此路段时，发现一男子躺在路上，确认该男子为自己的弟弟张某贵；7时左右，张某贵死亡。经鉴定，死者张某贵系被他人多次用钝力作用于头部致颅脑损伤死亡。

云南省昆明市官渡区人民法院经审理认为：关于公诉机关第一起指控事实，公诉机关提交的证据仅能证实唐某泽与关某胜出警后，在明知"小偷"在工地上盗窃被工人抓到，并被殴打致伤的情况下，未对该事件采取任何工作程序就走了，后工人将"小偷"弃置于开发区科技园的路口。当日下午，王某昌的尸体在开发区科技创新园东南侧人行道被发现。而对于王某昌是否系之前工地上被殴打的小偷，则在本案中没有直接证据证实。因被告人唐某泽的玩忽职守行为，是否导致"小偷"死亡的事实不清。而玩忽职守罪的构成，要求造成法定后果，故公诉机关指控被告人唐某泽犯玩忽职守罪的罪名不能成立。关于公诉机关指控的第二起犯罪事实及罪名，首先，关于本案中被害人张某贵的死亡，是否系被告人唐某泽带领的保安殴打致死的认定问题。公诉机关提交的指控证据能相互印证，证实了被害人张某贵于当天凌晨在昆明船舶小区北大门外贵昆铁路桥下贵昆公路非机动车道上被六名保安使用钢管、木棒等工具殴打后致颅脑损伤死亡的事实。其次，关于被告人唐某泽是否构成故意伤害罪的问题。木某杰、李某红、胡某文、张某的陈述能相互印证，证实：在追到张某贵后，唐某泽目睹保安人员使用钢管、木棒对张某贵实施殴打，却未及时制止，而在张某贵被打伤后，唐某泽才让保安住手，并置被打伤的张某贵不顾，带领保安回到警务站。之后唐某泽又带领保安返回打人现场，在确认张某贵尚未死亡的情况下，又未采取任何措施就离开现场，导致张某贵被打致伤后未得到及时救治而死亡。本案中，被告人唐某泽虽未对被害人张某贵实施殴打行为，也未指使保安殴打被害人，但其作为值班民警，在带领保安寻找打砸人员的过程中，其在职责上对保安负有管理义务。根据法律规定，在故意伤害罪中，行为人有义务防止或阻止他人身体受到伤害，而故意不履行此义务的，即不作为，也构成本罪。被告人唐某泽身为警察面对不法侵害行为不制止，且对被打伤的被害人不救治的不作为行为，其主观上是一种放任的间接故意，客观上造成其同伙将被害人殴打致死的后果，故对其行为应以故意伤害罪的共犯论处。判决认定被告人唐某泽犯故意伤害罪，判处有期徒刑十一年。

一审宣判后，被告人唐某泽提出上诉。云南省昆明市中级人民法院经审理认为：关于本案第一个焦点，即保安人员对被害人实施故意殴打时上诉人唐某泽是否在现场的问题，经查，原判认定的受害人张某贵被殴打时上诉人唐某泽在现场的事实，有被告人唐某泽的供述及辩解、证人证言、现场指认笔录及照片、相关书证和物证等证据相互予以证实。故上诉人唐某泽及其辩护人提出的该上诉理由和辩护意见不能成立。关于本案第二个焦点，即在受害人张某贵被殴打致死的事实中，上诉人唐某泽是构成故意伤害罪还是玩忽职守罪的问题，法院认为，本案中，唐某泽作为警长，特别是作为带队出警的警长，在保安人员发现被害人形迹可疑，上前询问，至发生冲突，再至殴打的整个行为过程中，唐某泽与七名保安之间，事前既没有故意伤害的共谋，也没有事发时的犯意联络，唐某泽对实施伤害行为无犯意上的明示，也无行为或者语言上的暗示。故在本案中，上诉人唐某泽与其他实施致受害人死亡的保安人员之间，主观上没有共同伤害的故意，客观上没有共同伤害的行为，原判对其以故意伤害的共犯定罪处罚不当，应予以纠正。在本案中，唐某泽作为警长，特别是作为带队出警的警长，其身份所具备的职务因素，其职务行为所具备的行为准则，要求唐某泽对出警人员的行为进行合法有效地管理，保证出警行为的合法性和正当性，及时制止不法行为，防止侵害后果发生。因而在发现保安人员殴打被害人时，唐某泽有义务及时制止，在事后返回案发现场查看死者的时候，唐某泽有义务履行救助职责。在本案中，唐某泽不及时履行法定职责，两次不作为的行为，最终造成被害人死亡的后果发生，其行为符合玩忽职守罪的刑法规定，依法应以玩忽职守罪对其定罪处罚。判决认定上诉人唐某泽犯玩忽职守罪，判处有期徒刑三年。

二、案例评析

本案的争议焦点在于唐某泽"应为而不为"的行为是构成故意伤害罪的共犯，还是构成玩忽职守罪。第一种意见认为唐某泽"应为而不为"的行为构成故意伤害罪的共犯，第二种意见认为唐某泽"应为而不为"的行为构成玩忽职守罪。我们同意第二种意见，理由如下：

1. 行为人唐某泽的行为不构成故意伤害罪的"片面共犯"

本案中，唐某泽作为警长，特别是作为带队出警的警长，在保安人员发现被害人形迹可疑，上前询问，至发生冲突，再至殴打的整个行为过程中，唐某泽与其他七名涉案人员之间，没有事前故意伤害的共谋，也没有事发时的犯意联络（即唐某泽对其余七人无犯意上的明示，也无行为或语言上的默示），故在本案中，唐某泽与其他实施致受害人死亡的保安人员之间，主观上没有共同伤害的故意，客观上没有共同伤害的行为，其行为不属于故意伤害罪"片面共犯"中的片面共同实行，不属于片面教唆，也不属于片面帮助，更不是同时伤害。因此，原判对唐某泽以故意伤害罪的共犯定罪处罚有欠妥当。

2. 唐某泽的行为构成玩忽职守罪

本案中，唐某泽系人民警察，属于国家机关工作人员，符合玩忽职守罪对犯罪主体的要求。其作为国家机关工作人员，在被害人被其余七人殴打时，没有及时予以劝阻或制止，属于不履行职责的情形，其第二次去查看被害人的伤情时，发现被害人伤势较重却驱车离开，甚至没有下车查看，只是在车上看了一下，没有对被害人实施任何的救助措施，致使被害人死亡，其行为已致使他人的生命权遭受重大损害。

行为人唐某泽"该为而不为"的行为与被害人张某贵的死亡之间具有刑法上的因果关系。具体到本案中，唐某泽作为警长，两次不作为并不是造成受害人死亡的直接因素，即属于不作为因果关系中的他人行为。警察的行为准则，要求作为警长的唐某泽对出警人员和在场保安的行为进行合法有效的管理，保证出警行为的合法性和正当性，及时制止不法行为，防止侵害后果发生，因而在发现保安人员殴打被害人时，唐某泽有义务及时制止，在事后返回案发现场查看受害者的时候，其有义务履行救助职责。唐某泽应当履行且能够履行职责，故二审法院根据唐某泽的犯罪事实、性质及社会危害后果，对一审不正确的定性予以纠正，取得了本案刑罚目的和社会效果相一致的效果。

问题 12. 社区矫正对象在社区矫正期间实施故意犯罪的，相关社区矫正机构工作人员是否构成玩忽职守罪

如果相关社区矫正机构工作人员已经严格按照《社区矫正实施办法》等法律法规执行了监管教育制度，社区矫正对象也一直在正常接受监管，只是偶发性地逃避监管实施故意犯罪，此时相关工作人员客观上不存在玩忽职守的行为，不构成玩忽职守罪。如果工作人员在监管过程中确实有违反工作纪律和规章制度的行为，此时应当结合个案证据情况，对其行为的性质进行准确判断，查明是属于工作上的瑕疵还是履职严重不负责任的玩忽职守行为，对于二者进行准确区分关键在于把握实际履职行为与工作职责具体要求之间的差距，如果仅是偶发性走访不及时、了解情况不到位，则属于工作上的瑕疵，如果是长期不执行监管制度，伪造相关社区矫正材料，则属于履职严重不负责任的玩忽职守行为，此时再结合个案中社区矫正对象故意犯罪的具体情况，对因果关系作出准确判断。

【地方参考案例】黄某某玩忽职守案[①]

一、基本案情

2013 年 7 月 29 日，被告人黄某某与含山县司法局签订劳动合同书，受聘至含山县昭关镇司法所从事社区矫正监督管理服务工作。该合同约定期限自 2013 年 8 月 1 日至 2016 年 7 月 29 日止，本合同期满即中止执行。一方要求续订合同，须在合同期满前 30 日提出，经双方协商同意，可以办理续订合同手续。2016 年 4 月，被告人黄某某调至仙踪镇司法所工作，从事社区矫正监督管理服务工作。合同期满后，被告人黄某某继续在仙踪镇司法所从事该项工作，含山县司法局继续发给其工资。2016 年 11 月份调至清溪镇司法所工作。被告人黄某某在仙踪镇司法所工作期间，每月具体负责约 20 至 30 名社区矫正人员的矫正工作。

---

① 安徽省含山县人民法院（2017）皖 0522 刑初 235 号刑事审判决书。

安徽省含山县人民法院于 2016 年 5 月 10 日作出（2016）皖 0522 刑初 97 号刑事判决书，以危险驾驶罪判处被告人张某龙拘役六个月，宣告缓刑一年，并处罚金 4000 元。同年 5 月 23 日，以（2016）皖 0522 刑初 97 号执行通知书，将罪犯张某龙交付含山县司法局执行，其缓刑考验期自 2016 年 5 月 23 日至 2017 年 5 月 22 日止。含山县社区矫正局接到执行通知后，于 2016 年 5 月 27 日决定对张某龙进行社区矫正，并向张某龙送达社区矫正宣告书、社区矫正人员手机定位监管告知书，张某龙在上述文书上签名。含山县社区矫正局开具（2016）含矫报字第（00119）社区矫正人员报到通知书，通知张某龙到仙踪司法所报到，由仙踪司法所对其进行监管、矫正。2016 年 5 月 28 日，含山县仙踪镇司法所对张某龙的社区矫正工作成立矫正小组，该小组由司法所所长某任组长，被告人黄某某、社区矫正人员张某龙母亲李某、其行政村书记水某为组员。仙踪司法所与矫正小组签订责任书。同时，制定了张某龙的《矫正方案》，被告人黄某某作为责任人签名。该方案规定的矫正措施是：（1）每周电话汇报；（2）每半月来所报到；（3）每半个月张某龙走访 1 次；（4）每月义务劳动 8 小时；（5）每个月集中教育 8 小时。

在对张某龙进行实际矫正工作中，社区矫正人员张某龙能按规定到司法所刷证（身份证）报到，参加集中学习，提交抄写的学习材料；张某龙提交参加社区劳动的证明材料，被告人黄某某据此予以登记；张某龙没有每周向司法所电话汇报自己的生活、工作的情况。被告人黄某某在社区矫正人员汇报记录薄上登记了电话汇报，对张某龙没有电话汇报的情况未作出相应的处理；被告人黄某某没有按规定每半个月对张某龙进行走访一次，但却填写了走访登记表，并在该登记表中被走访人员栏签上水某的名字；张某龙在社区矫正人员半月度、月度考察表（时间 2016 年 5 月至 10 月 10 日）上书写了本人小结，该表矫正办意见：表现稳定评为较好，考核人黄某某，加盖含山县仙踪镇社区矫正工作领导小组办公室公章。2016 年 6 月 30 日、9 月 30 日的社区矫正人员季度考察表，评定意见为表现稳定评为较好。

另查明，张某龙在社区矫正期间多次未请假外出，该情况未能被发现。张某龙于 2016 年 10 月 10 日来所报到、填写社区矫正人员月度考核表，并提交其参加社区服务证明材料，后再次未请假外出到北京。2016 年 10 月 30 日，张某龙在北京市朝阳区某烧烤店前，与在此打工的前妻张某复婚未能谈妥，张某龙持刀将前妻张某砍成重伤，自己跳楼自杀身亡。

安徽省含山县人民法院审理认为，被告人黄某某在本案中的玩忽职守行为、情节显著轻微，不符合玩忽职守罪的构成要件，判决认定被告人黄某某无罪。

二、案例评析

本案争议的焦点在于被告人黄某某的行为是否属于履职严重不负责任，在审理过程中对此形成了二种不同意见，第一种意见认为黄某某的行为属于玩忽职守行为，其行为与张某的故意犯罪及自杀之间存在因果关系，构成玩忽职守罪。第二种意见认为黄某某的行为属于工作上的瑕疵，不属于履职严重不负责任，与张某的故意犯罪及自杀之间不存在因果关系，不构成玩忽职守罪。我们同意第二种意见，理由如下：

1. 被告人黄某某对张某龙没有按规定每周电话汇报自己情况未及时作出处理，以及未定期实际走访的行为，只是张某龙多次不假外出未被及时发现的原因之一，且所起作用甚微，不属履职严重不负责任。具体来说，一是张某龙到仙踪司法所报到后，仙踪司法所成立了矫正小组，并确定被告人黄某某为具体负责人，但实际矫正工作中，并没有根据小组成员所在单位和身份，明确各自的责任和义务，在对张某龙的矫正实际工作中，除被告人黄某某一人进行矫正工作外，未见有其他小组成员的作为；矫正小组制定对张某龙的矫正方案，实际上是《社区矫正实施细则》针对社区矫正人员和社区矫正工作者提出的具体要求，该方案并没有根据张某龙的实际情况及特点，采取具体措施、方法，将上述规定要求的内容加以分解、落实。同时，被告人黄某某一人承担全辖区20至30名社区矫正人员的矫正工作，基本上都是采取这样监督、管理形式。仙踪镇司法所及矫正小组没有建立实质、安全有效监管体制。二是在对张某龙宣告社区矫正之初，就已告知其要按规定汇报自己的有关情况，外出、变更居住地要审批，以及参加司法所组织的教育学习和社区服务相关的事项，张某龙也在社区矫正保证书签名，但在实际矫正中，张某龙没有按照告知的规定，定期汇报自己生活、工作等情况，而且多次没有履行请假手续外出，其严重违反了社区矫正的相关规定。三是张某龙是否每周电话汇报自己的情况，不能通过打电话发现其是否外出，即使是定期走访，也只能偶然发现其是否外出，要真正监管、掌握其是否不假外出，除张某龙自觉遵守相关规定外，还应通过监督人的监督和定位监管系统等技术手段加以监管、掌控。矫正小组成员张某龙的母亲李某，作为监督人，与张某龙同吃同住，对张某龙外出未加以监督或将外出情况反馈给司法所，又因张某龙所犯罪性质较轻，没有纳入手机定位监管系统，所以，被告人对张某龙多次不假外出未被及时发现。上述诸原因，共同导致了张某龙多次不假外出未被发现。由此可见，被告人黄某某上述玩忽职守的行为对张某龙多次不假外出未被及时发现所起作用甚微。

2. 被告人黄某某对本案结果的发生不具有过失，其行为与本案结果不具有刑法上的因果关系。被告人黄某某作为张某龙矫正的具体责任人，其与张某龙之间是监督管理关系，对张某龙这种突发无预兆、故意行为所造成结果，被告人黄某某也无法预见，该结果也不应归责于被告人黄某某。本案结果是张某龙不假外出将前妻砍成重伤，自己跳楼自杀身亡。该结果是张某龙与前妻因复婚问题没有谈妥，突发的、故意的行为直接造成。而被告人黄某某在本案中的行为，只是张某龙多次不假外出未被发现的原因之一，且所起作用甚微，该行为不是该结果发生的必要条件，被告人的行为与本案结果不具有刑法上的因果关系。

问题13. 行为人故意伪造材料欲骗取退税，国家税务局具体经办人员在税源审核工作中玩忽职守，最终给国家造成税收损失，经办人员是否构成玩忽职守罪

造成本案中国家税款流失这一损害后果的原因有多种，有具体经办人的严重不负责任、有其上级领导的把关不严，有企业的故意犯罪行为，属于典型的多因一果，但不可否认的是具体经办人严重不负责任的行为对于危害结果具有原因力，存在刑法上的因果关系，但在量刑时应当充分考虑多因一果的特殊情况，对其从轻处罚。

【地方参考案例】甄某某、韩某某玩忽职守案①

一、基本案情

偃师市福利工业制品厂2007年被河南省民政厅认定为福利企业，至案发时一直享受增值税即征即退的税收优惠政策。根据《财政部、国家税务总局关于促进残疾人就业

---

① 河南省偃师市人民法院（2015）偃刑一初字第22号刑事判决书。

税收优惠政策的通知》及《国家税务总局、民政部、中国残疾人联合会关于促进残疾人就业税收优惠政策征管办法的通知》，福利企业要享受增值税即征即退的税收优惠政策，必须符合以下条件：月平均实际安置的残疾人占单位在职职工总数的比例高于25%（含25%）且人数多于10人（含10人），并且安置的每位残疾人在单位实际上岗工作。但偃师市福利工业制品厂从2007年以来并未按照上述文件要求的比例和数量实际安置残疾人上岗工作，不符合增值税即征即退条件。该企业利用13名残疾人的残疾证编造了虚假的有关资料，用于退税。

被告人甄某某从2010年1月至案发时任偃师市国家税务局某某分局税源管理员，负责辖区内企业和福利企业的税源管理工作。甄某某在工作中没有认真履行自己的职责，在本辖区偃师市福利工业制品厂增值税退税申请审批过程中，没有严格审查该企业退税资料的真实性，在每月对该企业进行的日常检查中，已经发现了有残疾职工未实际上岗工作、实际情况与书面材料不符的情况，在未采取有效措施调查核实该企业是否实际符合增值税即征即退条件的情况下，仍然每月都在该企业的退税资料上签字通过。

被告人韩某某从2009年12月至案发时在偃师市国家税务局税政科工作，负责福利企业的退税审核。韩某某在工作中没有认真履行自己的职责，在没有调查核实偃师市福利工业制品厂退税资料的真实性、是否实际符合增值税即征即退条件的情况下，即在该企业的退税资料上签字通过。在税政科工作人员组织到偃师市福利工业制品厂检查时，韩某某还曾擅自提前与该厂老板段某某联系，告知段某某检查时间，使得偃师市福利工业制品厂有时间进行虚假应对，从而逃避检查。

2010年1月至2014年8月，偃师市福利工业制品厂在未按前述文件要求的比例和数量实际安置残疾人上岗工作、不符合增值税即征即退条件的情况下，通过退税套取国家增值税款共计1169181.4元。案发后，偃师市福利工业制品厂老板段某某向偃师市人民检察院上缴150000元。

偃师市人民法院经审理认为，甄某某、韩某某身为国家机关工作人员，严重不负责任，没有正确履行自己的工作职责，致使国家利益遭受重大损失，其行为均已构成玩忽职守罪。公诉机关指控罪名成立，适用法律正确，本院予以确认。因本案中造成国家税款流失这一损害后果的原因有多种，二被告人的玩忽职守行为只是其中之一。二被告人犯罪情节轻微，依法可免于刑事处罚，判决认定被告人甄某某犯玩忽职守罪，免于刑事处罚。被告人韩某某犯玩忽职守罪，免于刑事处罚。

二、案例评析

本案争议的焦点在于被告人甄某某、韩某某的行为是否构成玩忽职守罪，在审理过程中形成两张意见，第一种意见认为，二人的行为构成玩忽职守罪，第二种意见认为，二人的行为不构成玩忽职守罪。我们同意第一种意见，理由如下：

甄某某、韩某某作为税务机关负责福利企业退税工作的经办人员，理应对工作认真负责，对企业退税材料的真实性进行调查核实，防止国家税收流失。甄某某在日常检查中已经发现了有残疾职工不在岗的情况，但却没有采取进一步的措施去查处问题，没有意识到企业有造假嫌疑，客观上也没有切实、认真地履行好自己的职责，在一定程度上导致了1169181.4元国家税款的流失。其行为已经构成玩忽职守罪。韩某某在检查前擅自电话通知企业老板，客观上为企业弄虚作假、应付检查提供了帮助，主观上也存在过错，其行为亦构成玩忽职守罪。

根据罪责刑相适应的原则，认为二被告人可以免于刑事处罚的理由主要有几点：1. 造成本案中国家税款流失这一损害后果的原因有多种，二被告人的渎职行为只是其中之一，不宜对损失数额承担全部责任。一是从税务部门内部来看，在退税审批手续上，不仅有甄某某、韩某某二人签字，且二人仅是作为经办人签字，同时还有某某分局局长周某某（前任）、刘某某（现任），税政科科长李甲某（前任）、张乙某（现任），主管局长李乙某签字或者盖章，没有这些领导人员的签章，不可能退税。二是从外部因素来看，该厂的福利企业资格是民政部门认定的，且每年都通过了民政、税务等多个部门联合进行的年审。三是从企业方面讲，为了骗取退税，其制作了一套完善、齐全的虚假材料，从退税资料本身并不容易发现问题。四是案发后，企业上缴了15万元税款，挽回了一定损失。综上，被告人甄某某、韩某某均构成玩忽职守罪，但可免于刑事处罚。

问题14. 民事法官在履行审判职责过程中，出现当事人因判决结果自杀的情形，其履职行为与当事人自杀结果之间是否存在《刑法》上的因果关系，法官是否构成玩忽职守罪

在民事诉讼中，如果法官依照法定程序履行法官的职责，按照民事诉讼证据规则认定案件事实并作出判决，即使案件由于出现新的证据而发现原判错误需要纠正的，也不属于错案。由于法官没有不负责任或不正确履行职责的玩忽职守行为，可能出现的后果（如当事人自杀）与法官职务行为间就没有《刑法》上的必然因果关系，法官的行为不构成玩忽职守罪。

【人民法院报案例】莫某军玩忽职守案①

一、基本案情

2001年9月3日，广东省四会市的李某兴持借款借据等证据向广东省四会市人民法院提起诉讼。该借据的内容为："今借李某兴现金1万元整（10000元）作购房之用（张某金跟陈某新购入住房一套），现定于今年8月底还清，逾期不还，将予收回住房。此致借款人张某金、父张某石、母陆某芳、妹张某娇 2001年5月1日。"李某兴请求法院判令张某金、张某石、陆某芳、张某娇4被告归还借款和利息并承担诉讼费用。四会市法院立案后确定适用简易程序审理，排定由该院民庭审判员莫某军独任审判。7日，四会市法院向4被告送达了原告的起诉状副本，以及答辩、举证、应诉通知书和开庭传票。9月27日上午，莫某军依民事诉讼简易程序审理该案。其间，依法进行了法庭调查、质证、辩论和调解。经调查，原、被告双方确认借条上"张某石、陆某芳、张某娇"的签名均为本人所签，而签借据时张某金不在现场，其签名为张某娇代签。被告张某娇辩称，借条是因当年4月26日其装有房产证的手袋被一名叫冯某雄的人抢走，其后冯带原告到张家胁迫其一家人签订的，实际上不存在向原告借款的事实；事发后张氏一家均没有报案。当天的庭审因被告一方表示不同意调解而结束。庭审后，莫某军通知冯某雄到法院接受调查，冯某雄对张某娇提出的借条由来予以否认。9月29日，四会市法院作出民事判决，判令被告张某石、陆某芳、张某娇于判决生效后10日内清还原告李某兴的借款1万元及

① 广东省高级人民法院：《法官不对依法履行职责后出现的后果负责———广东高院裁定检方指控莫兆军玩忽职守案》，载《人民法院报》2005年1月11日。

利息，并互负连带清还欠款责任；被告张某金不负还款责任。判决书送达双方当事人后，被告没有上诉，该判决发生法律效力。11 月 8 日，李某兴向四会市法院申请执行。13 日，该院依程序向被告送达了执行通知书。14 日中午，张某石、陆某芳夫妇在四会市法院围墙外服毒自杀。之后，四会市公安机关进行侦查，查明李某兴起诉所持的"借条"确是他伙同冯某雄劫取张某娇携带的"国有土地使用证"后持凶器闯入张家住宅，胁迫张某石、陆某芳、张某娇写下的。12 月 5 日下午，中共四会市委政法委与张某石、陆某芳的家属张某荣、张某荣、张某金、张某娇四人签订《协议书》（无加盖任何单位公章），由政法委补偿他们家属人民币 23 万元。该款由四会市法院先行垫付。

肇庆市中级人民法院经一审审理，宣告被告人莫某军的行为不构成犯罪。肇庆市人民检察院提出抗诉，广东省高级人民法院经审判委员会讨论决定，裁定驳回抗诉，维持原判。

二、案例评析

本案的争议焦点是被告人莫某军是否有玩忽职守行为，以及当事人自杀的严重后果和重大损失与莫某军的职务行为是否存在必然联系。对此有两种意见，第一种意见认为，莫某军有玩忽职守行为，当事人自杀的严重后果和重大损失与莫某军的职务行为有因果关系，其构成玩忽职守罪。第二种意见认为，莫某军没有玩忽职守行为，危害结果与其案件审理活动没有因果关系，其不构成玩忽职守罪。我们同意第二种意见，理由如下：

（一）被告人莫某军是否有玩忽职守行为

1. 莫某军是否违背法定职责：（1）民事诉讼首先必须遵循民事诉讼的证据规则。在民事诉讼中，原、被告双方举证的权利义务是平等的，任何一方无法举证证明自己的主张就必须承担举证不能的败诉结果。李某兴诉张某娇等借款纠纷案中，被告辩称借据是因为受到胁迫而签订，原告当庭否认，而被告既无法提供相关的证人证明，也没有报案材料等证据加以佐证。主审法官莫某军庭后向冯某雄调查，冯也予以否认。因此，莫某军根据已质证确认的证据认定借贷关系成立，没有失职之处。（2）法官判断民事案件是否有犯罪嫌疑必须有相应的证据支持。《规定》强调"经审理认为"显然是指按照民事诉讼的证据制度，从双方当事人举证、质证中发现相关的证据证明案件涉嫌经济犯罪，才能决定移送刑事审查，而并非检察机关理解的只要有一方当事人提出案件涉嫌经济犯罪嫌疑，就必须移送侦查机关。否则，民事诉讼制度就没有存在的必要。（3）任何人举报犯罪行为或犯罪嫌疑人必须有相应的证据支持。在李某兴诉张某金等借款纠纷一案中，被告方虽提出借据因胁迫而立，但并不能提供可以证明被胁迫的证据，也未能提供在房产证被抢后向房地产管理机关或公安机关报案的证据。在这种情况下，如果法院终结民事诉讼，移送侦查机关，不但于法无据，更是不严格履行法定职责、不体现司法公正的表现。

2. 莫某军是否尽职尽责：（1）莫某军在审理李某兴诉张某金等借款纠纷一案中，依照法定程序履行职责，没有不负责任或不正确履行职责的行为。第一，莫某军充分考虑了双方当事人的主张，在审理阶段较认真地审查了证据，负责任地对待被告方的抗辩意见。第二，莫某军严格按照民事诉讼中证据采信的原则决定证据的取舍。确认借条是合法、有效的证据而予以采纳，完全符合民事诉讼的"谁主张、谁举证"的原则。第三，司法实践中，案件一方当事人在书证面前提出异议但因为举证不能而被判败诉的案件通常是权利义务关系明确而适用简易程序审理的，该案适用简易程序没有不当。第四，莫某军在判决书中清晰地表达了判决的理由。（2）造成该民事案件判决结果与客观事实不符的责任不应由莫某军承担。第一，原告与冯某雄相互勾结，迫使被告签订与事实不符的借条，而冯某雄对调查作了伪证，因而造成该案的错误判决。第二，被告张某娇等人不行使法律赋予的权利，使冯、李的犯罪行为得不到揭发。第三，是民事审判的职能及民事诉讼证据规则的限制。虽然民事诉讼法也规定在当事人无法举证的情况下，法院可以依职权调取证据，但民事诉讼中法院所能采取的调查核实证据的手段十分有限，不可能也不允许采取类似于刑事诉讼的取证方式获取证据。因此，莫某军在被告一方对借条提出异议后向冯某雄核实时，只能按照民事诉讼的取证方式进行询问，当冯坚决否认并不能印证被告方的诉辩，已基本穷尽补充证据的手段。

（二）当事人自杀的严重后果和重大损失与被告人莫某军的职务行为是否存在必然联系

1. 指控张氏夫妇自杀的唯一原因是莫某军的职务行为和四会市法院的一审判决所致没有依据。主要表现在：民事诉讼中，一方当事人胜诉、另一方当事人败诉是客观存在的普遍现象。张某石夫妇及张某娇姐妹在一审判决之后完全可以行使上诉诉讼权利，但他们放弃或者没有选择法律赋予的权利。张氏夫妇在败诉后服毒自杀的实际原因是其自身对自己权利的放弃以及对法律、对法院、对法官的误解，是他们对于败诉的结果有怨气并作出极端的选择。

2. 赔偿张某石子女 23 万元的问题：根据最高人民法院违法审判责任追究和本院有关错案追究的规定，民事案件由于出现新的证据而发现原判错误需要纠正的，不属于错案，作出该判决的法院也无需承担国家赔偿的义务。在张氏夫妇自杀后出现的 23 万元赔偿，实际上是当地有关单位给予死者家属的安抚性的补偿。这 23 万元无论是依据上、标准上还是程序上都不是基于错案而按照国家赔偿的程序、标准予以赔偿的，不能认为是错判所造成的损失。

3. 指控莫某军"应当预见而没有预见严重后果"以及该严重后果与其职务行为有必然联系的理由也不能成立。在民事诉讼中，绝大多数的当事人都是通过上诉、申诉等合法途径以争取对自己有利的裁判结果。采取极端措施甚至自杀，极为罕见，尤其是当事人已经一再放弃了各种有利于自己主张权利的机会。莫某军作为该案的主审法官，不可能意识到当事人会采取过激行为。另外，张氏夫妇从未流露过要自杀的情绪和倾向。因此，要求莫某军承担没有及时注意当事人动态并加以控制、避免当事人自杀后果发生的责任，否则就是玩忽职守的理由过于牵强。

综上，被告人莫某军作为司法工作人员，在民事诉讼中依照法定程序履行独任法官的职责，按照民事诉讼证据规则认定案件事实并作出判决，没有出现不负责任或不正确履行职责的玩忽职守行为，客观上出现的当事人自杀结果与其职务行为之间没有刑法上的必然因果关系，其行为不构成玩忽职守罪。

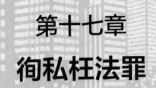

第十七章

徇私枉法罪

第一节　徇私枉法罪概述

一、徇私枉法罪的概念及构成要件

徇私枉法罪，是指司法工作人员徇私枉法、徇情枉法，对明知是无罪的人而使他受追诉，对明知是有罪的人而故意包庇不使他受追诉或者在刑事审判活动中故意违背事实和法律作枉法裁判的行为。

（一）客体要件

本罪侵犯的客体是国家司法机关的正常活动。司法机关，指行使国家赋予侦查、检察和审判以及法律监督权力的机关，在我国，是人民法院、人民检察院和公安机关的总称。人民法院是国家的审判机关，依法行使审判权；人民检察院是国家的法律监督机关，依法行使检察权；公安机关是执行机关，负责部分刑事案件的侦查。公、检、法三机关实行分工负责、互相配合、互相制约。

（二）客观要件

本罪客观方面表现为在刑事诉讼中徇私、徇情，违背事实和法律，在追诉或者刑事审判活动中作枉法决定或者裁判的行为。所谓"徇私、徇情"，是指出于个人目的、为了私利私情；"违背事实和法律"，是指不忠于事实真相、不遵守法律规定。枉法决定或者裁判表现为下列几种基本形式：

1. 对明知是无罪的人使他受追诉。所谓无罪的人，既包括根本上无违法犯罪事实的人，又包括虽有违法行为，但依法不构成犯罪的人，还包括虽然构成犯罪但根据《刑事诉讼法》第16条的规定依法不应追究，如犯罪已过追诉时效期限的，经特赦令免除刑罚的，依照刑法告诉才处理的犯罪没有告诉或者撤回告诉等的人。所谓使他受追诉，是指对无罪人本不应该进行侦查、起诉、审判等刑事诉讼活动，但为了徇私徇情，追究其刑事责任而对无罪的人立案侦查、起诉或审判。

2. 对明知是有罪的人而故意包庇不使他受追诉。所谓有罪的人，是指构成犯罪且应当依法追究其刑事责任的人。所谓故意包庇使其不受追诉，是指故意包庇使其不受侦查（含采用强制性措施）、起诉或者审判。故意包庇不使他受追诉的犯罪事实，既可以是全部的犯罪事实，也可以是部分的犯罪事实和情节。此外，故意违背事实真相，违法变更强制措施，或者虽然采取强制措施，但实际放任不管，致使人犯罪嫌疑人逃避刑事追诉的，以及司法机关专业技术人员在办案中故意提供虚假材料和意见，或者故意作虚假鉴定，严重影响刑事追诉活动的等，都应以本罪的徇私枉法行为论。

3. 在刑事审判活动中故意违背事实和法律作枉法裁判。其与前两种情况有所不同，上面二者可以发生在刑事诉讼的立案、侦查、审查起诉、审判的过程中，侦查人员、检察人员、审判人员都可以成为行为的主体而构成本罪；而这种情况则仅发生在刑事审判过程中，只有刑事审判人员才能实施这种行为而构成本罪。所谓枉法裁判，是指司法工作人员利用掌握刑事审判的便利条件，故意歪曲案情真相，作出违背事实和违反法律的判决、裁定，包括在刑事案件中明知是无罪而故意判有罪，明知是有罪而故意判无罪，也包括故意轻罪重判、重罪轻判等。这种行为具体表现为搜集制造假的证据材料，篡改、销毁足以证明事实真相的证据材料，曲解或者滥用法律条文，违反诉讼程序等。

（三）主体要件

本罪的主体是特殊主体，即司法工作人员。《刑法》第94条规定："本法所称司法工作人员，是指有侦查、检察、审判、监管职责的工作人员。"本罪的主体主要是司法工作人员中从事侦查、检察、审判工作的人员，包括公安、国安、监狱、军队保卫部门、人民检察院中的侦查人员；人民检察院包括铁路运输检察院、林业检察院等专门检察院的检察人员；人民法院的审判人员。非上述机关人员或者虽为上述机关中的工作人员但不负有侦查、检察、审判、监管职责如工会、党委、司法行政等人员，一般不能成为本罪主体，构成本罪的，成立共同犯罪。侦查人员，即对刑事案件行使侦查权的专门机关的工作人员，如公安机关和人民检察院负责侦查工作的人员，其职权是搜集证据，揭露和证实犯罪，查缉犯罪嫌疑人，并实施必要的强制措施。检察人员，主要是指检察员或负有检察职责的人员。他们的职责是对检察院直接受理和公安机关移送的刑事案件进行侦查、补充侦查、审查起诉、提起公诉和出庭支持公诉等，根据宪法和法律的规定，对公安机关的侦查、人民法院的审判活动以及案件判决、裁定的执行和监狱、看守所、劳改等是否合法，实行监督。审判人员，是指在法院行使审判权的工作人员。只有上述人员，才有可能在立案、侦查、预审、起诉、审判活动中徇私枉法、徇情枉法。

（四）主观要件

本罪在主观方面表现为故意，且为直接故意，要求必须"明知"，过失不构成本罪。犯罪的目的是放纵罪犯，或者冤枉好人，动机是徇私、徇情，具体表现多种多样：有的是图谋私利，贪赃受贿；有的是报复陷害他人；有的是徇私情，袒护、包庇亲友；有的是横行霸道，逞威逞能等。需要注意的是，在办案过程中，司法工作人员由于政策观念不强，工作不深入、不细致，调查研究不够，以致于造成工作上的错误，如错捕、错判的案件，不能认定为本条规定的犯罪，如确实需要追究刑事责任的，应当依照玩忽职守罪、滥用职权罪定罪处罚。

二、徇私枉法罪案件审理情况

徇私枉法罪系 1997 年《刑法》吸收修改 1979 年《刑法》和附属《刑法》作出的规定。1997 年《刑法》第 399 条规定："司法工作人员徇私枉法、徇情枉法，对明知是无罪的人而使他受追诉、对明知是有罪的人而故意包庇不使他受追诉，或者在刑事审判活动中故意违背事实和法律作枉法裁判的，处五年以下有期徒刑或者拘役；情节严重的，处五年以上十年以下有期徒刑；情节特别严重的，处十年以上有期徒刑。在民事、行政审判活动中故意违背事实和法律作枉法裁判，情节严重的，处五年以下有期徒刑或者拘役；情节特别严重的，处五年以上十年以下有期徒刑。司法工作人员贪赃枉法，有前两款行为的，同时又构成本法第三百八十五条规定之罪的，依照处罚较重的规定定罪处罚。"2002 年 12 月 28 日起施行的《刑法修正案（四）》第 8 条对本条作了修改，增加第 3 款关于执行判决、裁定渎职犯罪的规定。此外，本条第 2 款规定的罪名于 2002 年 3 月 26 日起由"枉法裁判罪"调整为"民事、行政枉法裁判罪"。

通过中国裁判文书网检索，2018 年至 2022 年，全国法院审结一审徇私枉法刑事案件共计 408 件。其中，2018 年 54 件，2019 年 118 件，2020 年 181 件，2021 年 48 件，2022 年 7 件。

司法实践中，徇私枉法案件主要呈现出以下特点及趋势：案件数量先增加后下降，这与近几年国家对司法机关的监督管理以及惩治司法领域违法犯罪的力度逐步加大有关，同时反映出在规范司法工作人员职务行为、整肃司法活动、净化司法环境等方面呈现向好趋势。

三、徇私枉法罪案件审理热点、难点问题

1. 如何准确区分徇私枉法罪与帮助犯罪分子逃避处罚罪的界限。两罪都是发生在刑事司法活动中的故意犯罪，在行为人主观目的、行为方式和后果等方面非常相似，审判实践中针对定性问题常发生争议。两罪区别主要在于：一是犯罪客观方面不同。帮助犯罪分子逃避处罚罪客观方面表现为向犯罪分子通风报信、提供便利，帮助犯罪分子逃避处罚的行为；徇私枉法罪客观方面表现为徇私枉法、徇情枉法，对明知是无罪的人而使他受追诉，对明知是有罪的人而故意包庇不使他受追诉，或者在刑事审判活动中故意违背事实和法律作枉法裁判的行为。二是犯罪主体不同。帮助犯罪分子逃避处罚罪的主体是负有查禁犯罪活动职责的国家机关工作人员，但又不是对该犯罪具有刑事追诉权限的人员。徇私枉法罪的主体是享有追诉、审判职权的特定司法工作人员，即侦查、检察、审判、监管人员，而不是一般的司法工作人员。具有刑事追诉职权的司法工作人员，在刑事追诉过程中，对明知是有罪的人而故意使其不受追诉的，应以徇私枉法罪论处，而不能认定为帮助犯罪分子逃避处罚罪。

2. 如何准确区分徇私枉法罪与包庇罪的界限。两罪都是发生在刑事司法活动中的故意犯罪，在犯罪的客观方面，徇私枉法罪中对明知是有罪的人而故意包庇不使他受追诉的行为，与包庇罪对明知是犯罪的人而作假证明故意包庇的行为也非常相似，司法实践中极易发生混淆。两罪的区别主要是：（1）犯罪主体不同。徇私枉法罪的主体，只能是司法工作人员这一特殊主体；而包庇罪是一般主体构成的犯罪。（2）犯罪手段不同。包

庇罪的包庇行为，不要求利用职务之便实施；而徇私枉法罪的包庇手段，必须是利用职务之便实施。如果行为人并非利用职权对犯罪分子实施包庇行为，则构成包庇罪而不构成徇私枉法罪。（3）犯罪发生的时间不同。包庇罪的包庇行为，可以在犯罪分子犯罪后的任何阶段实施，既可以在侦查、起诉、审判阶段实施，也可以在判决之后实施。徇私枉法罪的包庇行为，一般发生在判决之前。

四、徇私枉法罪案件办案思路及原则

在办理徇私枉法案件时，要注意准确把握罪数问题。司法实践中，司法工作人员实施徇私枉法、枉法裁判等违法犯罪行为，常常出于徇私情、徇私利（贪图钱财或者为徇其他私情），其徇私行为又触犯《刑法》第385条受贿罪的规定，此时涉及徇私枉法，民事、行政枉法裁判，执行判决、裁定滥用职权罪过程中的罪数问题。《刑法》第399条第4款对此作出明确规定，即行为人因接受他人贿赂而枉法的，既构成徇私枉法罪，民事、行政枉法裁判罪，执行判决、裁定滥用职权罪和执行判决、裁定失职罪，又构成受贿罪，应按其中处罚较重的罪定罪处罚，不适用数罪并罚。

第二节　徇私枉法罪审判依据

一、法律

1. 《刑法》（2020年12月26日修正）（节录）

第三百九十九条第一款　司法工作人员徇私枉法、徇情枉法，对明知是无罪的人而使他受追诉、对明知是有罪的人而故意包庇不使他受追诉，或者在刑事审判活动中故意违背事实和法律作枉法裁判的，处五年以下有期徒刑或者拘役；情节严重的，处五年以上十年以下有期徒刑；情节特别严重的，处十年以上有期徒刑。

2. 《法官法》（2019年4月23日修订）（节录）

第四十六条　法官有下列行为之一的，应当给予处分；构成犯罪的，依法追究刑事责任：

（一）贪污受贿、徇私舞弊、枉法裁判的；

（二）隐瞒、伪造、变造、故意损毁证据、案件材料的；

（三）泄露国家秘密、审判工作秘密、商业秘密或者个人隐私的；

（四）故意违反法律法规办理案件的；

（五）因重大过失导致裁判结果错误并造成严重后果的；

（六）拖延办案，贻误工作的；

（七）利用职权为自己或者他人谋取私利的；

（八）接受当事人及其代理人利益输送，或者违反有关规定会见当事人及其代理人的；

（九）违反有关规定从事或者参与营利性活动，在企业或者其他营利性组织中兼任职

务的；

（十）有其他违纪违法行为的。

法官的处分按照有关规定办理。

3.《检察官法》（2019 年 4 月 23 日修订）（节录）

第四十七条 检察官有下列行为之一的，应当给予处分；构成犯罪的，依法追究刑事责任：

（一）贪污受贿、徇私枉法、刑讯逼供的；

（二）隐瞒、伪造、变造、故意损毁证据、案件材料的；

（三）泄露国家秘密、检察工作秘密、商业秘密或者个人隐私的；

（四）故意违反法律法规办理案件的；

（五）因重大过失导致案件错误并造成严重后果的；

（六）拖延办案，贻误工作的；

（七）利用职权为自己或者他人谋取私利的；

（八）接受当事人及其代理人利益输送，或者违反有关规定会见当事人及其代理人的；

（九）违反有关规定从事或者参与营利性活动，在企业或者其他营利性组织中兼任职务的；

（十）有其他违纪违法行为的。

检察官的处分按照有关规定办理。

二、司法解释

《最高人民检察院关于渎职侵权犯罪案件立案标准的规定》（2006 年 7 月 26 日　高检发释字〔2006〕2 号）（节录）

一、渎职犯罪案件

（五）徇私枉法案（第三百九十九条第一款）

徇私枉法罪是指司法工作人员徇私枉法、徇情枉法，对明知是无罪的人而使他受追诉、对明知是有罪的人而故意包庇不使他受追诉，或者在刑事审判活动中故意违背事实和法律作枉法裁判的行为。

涉嫌下列情形之一的，应予立案：

1. 对明知是没有犯罪事实或者其他依法不应当追究刑事责任的人，采取伪造、隐匿、毁灭证据或者其他隐瞒事实、违反法律的手段，以追究刑事责任为目的立案、侦查、起诉、审判的；

2. 对明知是有犯罪事实需要追究刑事责任的人，采取伪造、隐匿、毁灭证据或者其他隐瞒事实、违反法律的手段，故意包庇使其不受立案、侦查、起诉、审判的；

3. 采取伪造、隐匿、毁灭证据或者其他隐瞒事实、违反法律的手段，故意使罪重的人受较轻的追诉，或者使罪轻的人受较重的追诉的；

4. 在立案后，采取伪造、隐匿、毁灭证据或者其他隐瞒事实、违反法律的手段，应当采取强制措施而不采取强制措施，或者虽然采取强制措施，但中断侦查或者超过法定期限不采取任何措施，实际放任不管，以及违法撤销、变更强制措施，致使犯罪嫌疑人、被告人实际脱离司法机关侦控的；

5. 在刑事审判活动中故意违背事实和法律，作出枉法判决、裁定，即有罪判无罪、无罪判有罪，或者重罪轻判、轻罪重判的；

6. 其他徇私枉法应予追究刑事责任的情形。

第三节 徇私枉法罪在审判实践中的疑难新型问题

问题 1. 公安机关借调、聘用人员在参与案件侦查工作时能否认定为司法工作人员

认定行为人是否属于司法工作人员，可参照国家机关工作人员人员认定思路。实践中，对于国家机关工作人员的认定，关键要看其是不是在国家机关中从事一定的公务，行使一定的公权力。只要是国家机关依法通过录用、聘用、委派甚至借用的途径给予一定的工作岗位并赋予一定的公务职责，就应该被视为国家机关工作人员。对于公安机关借调、聘用的不具有国家工作人员身份的人员，只要行为人在公安机关中受委派从事着国家公务，其就属于国家机关工作人员，可以成为渎职罪的主体。同时，在公安机关借用期间，实际协助参与刑事案件的侦查工作，履行侦查工作的主要职责，应当认定为国家机关工作人员中的司法工作人员。同理，公安机关的合同制辅警、法院、检察院的聘任制书记员，只要依法参与了案件的侦查、检察、审判、监管职责等工作，均可认为是司法工作人员。

【刑事审判参考案例】 杨某才帮助犯罪分子逃避处罚案①

一、基本案情

被告人杨某才原系某企业保卫科工作人员，1997 年 5 月起借调到郑州市公安局某分局治安科工作。1998 年 10 月，杨某才与民警杨某罡等人查办铁某海等人奸淫幼女一案。铁某海归案后交代，其伙同王某、郭某锋、杨某荣以及一个不知姓名的人，共同奸淫了幼女。杨某才根据有关线索得知铁某海所称不知姓名的人就是付某召，即对付某召进行了传唤。1998 年 11 月，杨某才在接受请托人周某尘（受付某召亲属委托）等的宴请和转送来的 2700 元钱后，即放弃了对犯罪嫌疑人付某召的进一步侦查、抓捕，也未向治安科负责人汇报付某召的情况。1999 年 12 月 9 日，转入该分局刑侦大队工作的被告人杨某才到检察机关拿取对犯罪嫌疑人王某、郭某锋的批准逮捕决定书，因害怕王某、郭某锋归案后供出付某召，从而导致自己收受周某尘财物的事情败露，于 12 月 10 日让他人通知王某、郭某锋二人"注意躲躲"。2000 年 1 月 4 日，犯罪嫌疑人王某被逮捕归案后，被告人杨某才参与押送其到拘留所，趁无人之际，杨某才交代王某"不要乱说"。1 月 7 日，杨

---

① 蔡智玉：《杨某才帮助犯罪分子逃避处罚案——参与案件侦查工作的公安机关借用人员是否属于司法工作人员》，载中华人民共和国最高人民法院刑事审判第一庭、第二庭：《刑事审判参考》（总第 20 集），指导案例第 129 号，法律出版社 2002 年版，第 22 页。

某才同刑侦大队其他两名干警去北京将郭某锋抓获后，当晚趁无人之机又交代郭某锋"现在就你们四个，别再多说"。1月8日在看守郭某锋去厕所时，又告诉郭"王某也被抓起来了，说多了没啥好处"。2月29日，杨某才同赵某忠一同提审郭某锋时，又趁看守郭某锋去厕所之机告诉郭某锋"别乱说话，您四个就您四个"。由于杨某才的上述行为，致使王某、郭某锋在侦查及审查起诉阶段均未供述付某召参与共同犯罪的事实，付某召在该案的侦查及审查起诉中一直成为"不知名的人"，直至2000年8月17日付某召到检察机关投案自首，杨某才的上述行为才予败露。

郑州矿区人民法院认为，被告人杨某才在郑州市公安局某分局借用期间，受指派办理铁某海等奸淫幼女一案，参与传唤、抓捕、审讯等工作，具有侦查职责，是司法工作人员。杨某才在办理案件过程中，对付某召进行传唤后，明知付某召为犯罪嫌疑人，在接受他人宴请及财物后，放弃了对付的抓捕，亦未向治安科领导汇报，致使付某召一年零十个月不能归案；后杨某才为使自己收受财物之事不暴露，又向该案两名犯罪嫌疑人通报被批准逮捕的消息，并在二人归案后指使二人作虚伪供述，致使二人在侦查及审查起诉阶段一直不供述付某召参与共同犯罪的事实，付某召在该案侦查及审查起诉中一直成为"不知姓名的人"，未受到追诉。被告人杨某才为个人私利、贪赃枉法而包庇犯罪嫌疑人付某召，不使其受到追诉，其行为已构成徇私枉法罪，依法应予惩处。以徇私枉法罪判处被告人杨某才有期徒刑四年。一审宣判后，杨某才不服，提出上诉。郑州市中级人民法院裁定驳回上诉，维持原判。

二、案例评析

对被告人杨某才的行为如何定性，存在三种意见：一是认为其构成包庇罪。理由是杨某才明知付某召、王某、郭某锋为犯罪嫌疑人，仍帮助其逃避法律追究，杨某才不是公安机关正式工作人员，不具有国家干部身份，应当视为一般自然人，因此应当以包庇罪论处。二是认为其构成帮助犯罪分子逃避处罚罪。理由是杨某才在受指派办理刑事案件中，负有查禁犯罪活动的职责，其向犯罪分子通风报信，不履行侦查职责，以帮助付某召、王某、郭某锋等犯罪分子逃避处罚的行为，应当以帮助犯罪分子逃避处罚罪论处。三是认为其构成徇私枉法罪，这也是本案的最后定案意见。

上述三罪名在犯罪构成上有相同之处，即侵犯的客体都是司法机关追诉犯罪的正常活动，主观上都要求明知行为对象是犯罪的人（徇私枉法罪还包括明知是无罪的人的情形）。但也有本质不同：即从犯罪主体上看，包庇罪的主体是具有刑事责任能力的一般自然人，而后二者为特殊主体，帮助犯罪分子逃避处罚罪的主体是具有查禁犯罪活动职责的国家机关工作人员，徇私枉法罪的主体是司法工作人员；从客观行为上看，包庇罪表现为向司法机关作假证明；帮助犯罪分子逃避处罚罪表现为利用查禁犯罪的职责便利，向犯罪分子通风报信，提供便利；徇私枉法罪中枉法不追诉的情形，表现为明知是有罪的人而故意包庇不予立案、侦查、逮捕、起诉的行为。实践中产生不同认识的主要原因在于对国家机关工作人员的外延及三罪名的客观行为特点有不同的认识。

1. 本案被告人杨某才既是负有查禁犯罪活动职责的国家机关工作人员，也是司法工作人员

对杨某才身份的认识，即视为一般自然人还是国家机关工作人员或司法工作人员，是确定其行为构成包庇罪还是渎职罪的关键依据。司法实践中对国家机关工作人员的内涵和外延认识不一致，一种观点认为国家机关工作人员是指在国家机关中从事特定公务

并具有国家干部身份的人；另一种观点则认为对国家机关工作人员不应要求必须具有国家干部身份。

我们同意后一种观点，理由如下：其一，《刑法》第93条规定："本法所称的国家工作人员，是指国家机关中从事公务的人员。"这一条也是国家机关工作人员的法律定义。可见，立法确认国家机关工作人员的本质在于"从事公务"，外延是在"国家机关中"，并没有明确国家机关工作人员必须具有干部身份。其二，要求国家机关工作人员都必须具有干部身份，与我国目前的社会现实是不相符的。诚然在我国各级国家机关中从事公务的人员，大多数是具有干部或公务员身份的，但随着各级国家机关中的用人制度和人事制度的不断改革，也不排除有一些是聘用、借用的人员。如设在铁路、林业、农垦、油田、矿山等大型国有企业中的公安机关中的工作人员，他们中很多来自企业，人事管理由企业负责，但从事的工作性质却是行使国家权力，执行国家公务。又如中国证监会先后聘任香港人士为中国证监会首席顾问、副主席，作为香港居民，他们并不具有干部身份，但他们所从事的工作无疑是"在国家机关中从事公务"，如果以身份为依据，就不能认定这些人为国家机关工作人员，这显然是不对的。其三，渎职罪的本质只要求有"职"可"渎"即可，没有国家干部身份，但却在国家机关中实际行使着特定的国家公权力的人，与在国家机关中从事公务的有国家干部身份的人，在从事国家公务、行使国家权力方面并没有什么实质的区别，都可以成为渎职罪的主体。因此，认定是不是国家机关工作人员，关键要看其是不是在国家机关中从事一定的公务，行使一定的公权力，而不在于其是不是具有国家干部身份。当然从事公务仍应以具有一定身份为前提，但这种身份以"能使其具有从事公务必须的权力"即可，而不必非得是国家干部，只要是国家机关依法通过录用、聘用、委派甚至借用的途径给予一定的工作岗位并赋予一定的公务职责，就应该视为国家机关工作人员。全国人大常委会《关于〈中华人民共和国刑法〉第九十三条第二款的解释》规定："村民委员会等基层组织人员协助人民政府从事下列行政管理工作，应属于'其他依照法律从事公务的人员'"，即应以国家工作人员论；以及最高人民法院《关于未被公安机关正式录用的人员、狱医能否构成失职致使在押人员脱逃罪主体问题的批复》等都体现了这种立法和司法精神。本案被告人杨某才虽为公安机关借用人员，不具有国家干部身份，但却在公安机关中受委派从事着国家公务，当然是国家机关工作人员，完全可以成为渎职罪的主体。同时，根据《刑法》第94条规定，"本法所称的司法工作人员，是指具有侦查、检察、审判、监管职责的工作人员"，杨某才在公安机关借用期间，先后在治安科、刑侦大队工作，参与了多起案件的办理工作，在受指派办理铁某海等人奸淫幼女一案中，参与了传唤、抓捕、押解、审讯等工作，可以说侦查工作的主要职责他都参与了，应当认定为国家机关工作人员中的司法工作人员。确认杨某才是司法工作人员，也就不是一般自然人，当然也就不能以包庇罪定罪了。

2. 被告人杨某才的行为符合徇私枉法罪的构成特征

徇私枉法罪和帮助犯罪分子逃避处罚罪，在主观上都要求明知行为对象是犯罪的人（徇私枉法罪还包括明知是无罪的人的情形），就枉法不追诉的情形而言，二者又都表现为明知是犯罪分子而帮助其逃避刑事追究，但二者的区别还是比较明显的：一是主体方面，徇私枉法罪的主体是司法工作人员，而帮助犯罪分子逃避处罚罪的主体则是负有查禁犯罪活动职责的国家机关工作人员；二是主客观方面，徇私枉法罪表现为对明知是无罪的人而使他受到追诉，对明知是有罪的人而故意包庇不使他受到追诉，或者在刑事审判活动中故意违背事实和法律作枉法裁判三种情形，且要求具有徇私、徇情的动机，而帮助犯罪分子逃避处罚罪的客观行为仅表现为向犯罪分子通风报信、提供便利以帮助其逃避处罚，且主观上并不特别要求必须具徇私、徇情的动机。在本案中，杨某才实施了向两名犯罪分子通风报信的行为，符合帮助犯罪分子逃避处罚罪的行为特征，但深入分析就会发现，帮助犯罪分子逃避处罚只是杨某才行为的一个次要方面，而不是主要方面，更非全部。首先，杨某才在 1998 年 10 月至 11 月，参与办理铁某海等奸淫幼女一案，对付某召进行了传唤，也就是说其已明知付某召为犯罪嫌疑人，但在接受请托人宴请及 2700 元现金后，即放弃了对付的抓捕，亦未向治安科领导汇报付的情况。由于该案在押犯罪嫌疑人铁某海与付并不熟识，致使付某召在该案侦查过程中及同案犯铁某海的起诉、审判中一直成为"不知姓名的人"，没有受到追诉。其行为实际上就是为了个人私利而故意包庇犯罪分子付某召，不使其受到追诉，而不是"通风报信、提供便利"所能涵盖的。其次，1999 年 12 月以后，杨某才拿到犯罪嫌疑人王某、郭某锋的批准逮捕决定书后，通知王、郭二人"注意躲躲"，后又在抓捕、押解二人的过程中，多次趁机交代二人"不要多说、不要乱说"，指使二人作虚伪供述，结果二人在侦查及审查起诉阶段一直没有供述付某召参与共同犯罪的事实。杨某才的行为从表面上看是向犯罪分子通风报信，提供逃避追诉的便利，但其目的却是为了防止二人被抓获后供出付某召，使付受到追诉。因为付某召归案后，杨某才收受钱财的事情就会暴露，这才是杨某才行为的动机所在。因此，杨某才的行为中虽包含为犯罪分子通风报信的成分，但其主要方面仍是为了个人私利，而包庇付某召不受追诉。依照刑法理论，这是一行为触犯两罪名，应按重罪即徇私枉法罪定罪处罚。

徇私枉法罪（枉法不追诉的情形）与包庇罪的客观方面都表现为包庇行为，但二者的外延不同。作为一般自然人，由于受本身能力、条件所限，大部分情况下只能是"作假证明包庇"；而司法工作人员由于其职务便利，与自然人相比，拥有比自然人更多的可凭借条件，除"作假证明包庇"外，还可以通过隐情不报，怠于职责，通风报信，强迫、诱使证人、犯罪嫌疑人作虚假陈述等多种手段袒护犯罪分子，不能因此而否认其行为的包庇性质。本案中杨某才正是利用职务便利放弃对犯罪分子付某召的抓捕，并向领导隐瞒付的情况，后又为另外两名犯罪分子通风报信，在其二人归案后又指使他们作虚伪供述，以使付某召参与犯罪的事实不暴露出来，从而达到袒护付某召的目的，其行为无疑是一种包庇行为。

综上，本案被告人杨某才为了个人私利，明知付某召是有罪的人，而故意包庇不使其受到追诉，人民法院对杨某才的行为以徇私枉法罪定罪处理是正确的。

问题 2. 如何认定徇私枉法"情节严重"

徇私枉法是行为犯，一般不以是否发生行为人所追求的后果为要件，只要行为人在刑事诉讼过程中实施了徇私或徇情枉法的行为，且不属于"情节显著轻微危害不大的"情形，就应当认定为犯罪。"情节严重"和"情节特别严重"只是本罪加重处罚的情节，直接影响着对行为人犯徇私枉法罪的量刑。参照审判实践经验，对于《刑法》规定的情节犯和情节加重犯，一般应当从行为人的手段是否恶劣、后果是否严重、是否造成恶劣社会影响等方面综合分析认定。就徇私枉法罪而言，对于因行为人的徇私枉法或者徇情枉法行为，致使无辜的人被追究刑事责任，或者使已经构成犯罪的人逃脱了刑事追究，或者重罪轻判、轻罪重判，严重损害社会主义法制尊严的，应当根据具体犯罪事实、性质、情节和对于社会的危害程度认定为徇私枉法"情节严重"或者"情节特别严重"。

【刑事审判参考案例】李某宾徇私枉法、接送不合格兵员案①

一、基本案情

1997年11月25日10时许，犯罪嫌疑人陈某全在文山县石油公司宿舍楼，用塑料片捅开常某虹家房门，盗走14600元现金和价值8000元的2枚金戒指，共计价值22600元。陈某全被抓获归案后，陈的父母找到失主道歉，并请失主向县公安局办案人员和领导要求放出陈某全。失主常某虹即找到被告人李某宾说，陈某全未满18周岁，他妈妈曾是我女儿的老师，我们原谅他了，能否将陈某全放出来？李答，我问一下再说。后刑警队副队长周某英向李报告该案已超办案时限，请示如何处理时，被告人李某宾说：失主家已原谅陈某全了，叫陈的父母担保把人放出去算了。周某英将李某宾的意思转告案件承办人杨某荣，杨便写了解除陈某全刑事拘留的报告拿给李批，李不在，杨便拿给分管刑侦局的副局长廖某洪批，说是李某宾让放的。1997年12月30日犯罪嫌疑人陈某全被释放。1999年1月21日，犯罪嫌疑人张某、孙某燕在文山县望华路将王某绑架至文山州卫生防疫站未竣工的新建办公大楼最高层卫生间内，并要王某的父母拿出3万元，否则不放人。同月23日13时许，文山县公安局将二犯罪嫌疑人抓获归案，解救出被绑架的王某。在准备提请检察机关批准逮捕时，犯罪嫌疑人张某的父亲张某忠、母亲李某琴和犯罪嫌疑人孙某燕的父亲孙某找到孙某燕的表哥吴某海、文山县公安局110特警队长向某洪说愿交10万元，请找人活动一下，把张某、孙某燕放出来。后向某洪分别找到案件承办人杨某武、刑警大队长田某余说了张、孙父母提出愿意交钱请求放人之事，杨、田说不敢干。吴某海带了5条云烟到李某宾家说，孙某燕是其表妹，张某、孙某燕的父母提出愿交10万元，请求把人放出去。李某宾答，我瞧一下。后向某洪又找到李某宾说，孙某燕是我亲戚，能否通融一下，让家属交点罚款把人放出来。被告人李某宾叫向某洪通知张某、孙某燕的父母，准备20万元。后被告人李某宾又叫案件承办人杨某武通知张、孙的父母搞一份病情证明来。杨某武将李某宾的话转告张某、孙某燕的父母，张、孙的父母即到昆明红十字会医院开了张某、孙某燕患乙型肝炎的假证明，带到文山经向某洪、吴某海转交杨某武，杨又将该证明拿给李某宾看。李某宾看后，说这个证明不成，要文山本地的证明才行。杨又将假证明退给向某洪、吴某海，叫二人转告张某、孙某燕的父母将证明换成文山本地的。后吴某海、向某洪又通过关系到67医院开出张某、孙某燕患有乙型肝炎的假证明，并写了取保候审申请书一并交给杨某武。杨将重新开来的证明给李某宾看后，被告人李某宾召集案件承办人杨某武、刑警大队长田某余、副局长朱某开会，讨论如何处理犯罪嫌疑人张某、孙某燕绑架案。会上，除被告人李某宾外，其余人一致认为案情重大，应报检察院批准对二犯罪嫌疑人进行逮捕，但李不采纳参会人员的正确意见，执意以假病情证明为依据，收取15万保证金后，对二犯罪嫌疑人取保候审予以释放。本案案发后，人民法院依法以绑架罪判处张某、孙某燕各有期徒刑十年。

---

① 李祥民：《李某宾徇私枉法、接送不合格兵员案——如何认定徇私枉法"情节严重"》，载中华人民共和国最高人民法院刑一庭、刑二庭编：《刑事审判参考》（总第31辑），指导案例237号，法律出版社2003年版，第65～72页。

文山壮族苗族自治州中级人民法院认为：被告人李某宾身为司法工作人员，对明知是有罪的人而故意包庇，不使他受到追诉，其行为构成徇私枉法罪，判处有期徒刑二年。

宣判后，李某宾不服，提出上诉。文山壮族苗族自治州人民检察院提出抗诉，认为被告人李某宾犯徇私枉法罪，其情节已属严重，原审判决对该罪量刑畸轻。

云南省高级人民法院经审理认为，原判定罪准确，审判程序合法，但对李某宾徇私枉法的犯罪行为量刑不当，对其徇私枉法罪改判有期徒刑七年。

二、案例评析

被告人李某宾犯徇私枉法罪，情节严重，依法应处五年以上十年以下有期徒刑。根据《刑法》第399条的规定，司法工作人员徇私枉法、徇情枉法，对明知是无罪的人而使他受到追诉、对明知是有罪的人而故意包庇不使他受追诉，或者在刑事审判活动中故意违背事实和法律作枉法裁判的，构成徇私枉法罪。本罪的本质特征是司法工作人员刑事诉讼行为的枉法性。"徇私枉法、徇情枉法"具体表现为三种行为：一是对明知是无罪的人而使他受追诉。通常是指负有侦查、检察职责的司法工作人员知道或者应当知道他人是无罪的，仍然为徇私情、私利，采取伪造、隐匿证据或者其他隐瞒事实、违背法律的手段，以追究刑事责任为目的对其进行立案、侦查（含采取强制措施）和起诉。二是对明知是有罪的人而故意包庇不使他受追诉。通常是指司法工作人员对明知有犯罪事实需要追究刑事责任的人，采取伪造、隐匿、毁灭证据或者其他隐瞒事实、违背法律的手段，故意包庇使其不受立案追究，或者在立案后，故意违背事实和法律，应该采取强制措施而不采取强制措施，或者虽然采取强制措施，但无正当理由中断侦查或者超过法定期限不采取任何措施，实际放任不管，以及违法撤销、变更强制措施，致使犯罪嫌疑人、被告人实际脱离司法机关侦控等行为。故意包庇不使其被追究刑事责任的事实，既可以是全部犯罪事实，也可以是部分犯罪事实；既可以是构成犯罪的事实，也可以是从重处罚的事实。三是在刑事审判活动中，故意违背事实和法律作枉法裁判的。这是指在刑事审判活动中故意违背事实和法律，作出枉法判决、裁定，即有罪判无罪、无罪判有罪，或者重罪轻判、轻罪重判的情形。徇私枉法罪是行为犯，一般不以是否发生行为人所追求的后果为条件，只要行为人在刑事诉讼过程中实施了上述其中的一种徇私枉法或者徇情枉法行为，且不属于"情节显著轻微危害不大的"情形，应当认定构成犯罪，"处五年以下有期徒刑或者拘役"；对于徇私枉法行为"情节严重的，处五年以上十年以下有期徒刑；情节特别严重的，处十年以上有期徒刑"。由此看出，徇私枉法罪的成立，是不以"情节严重"为必要条件的。"情节严重"和"情节特别严重"只是本罪加重处罚的情节，直接影响着对行为人犯徇私枉法罪的量刑。虽然刑法和有关司法解释没有规定徇私枉法"情节严重"和"情节特别严重"的具体情形，但参照审判实践经验，对于刑法规定的情节犯和情节加重犯，一般应当从行为人的手段是否恶劣、后果是否严重、是否造成恶劣社会影响等方面综合分析认定。就徇私枉法罪而言，对于因行为人的徇私枉法或者徇情枉法行为，致使无辜的人被追究刑事责任，或者使已经构成犯罪的人逃脱了刑事追究，或者重罪轻判、轻罪重判，严重损害社会主义法制尊严的，应当根据具体犯罪事实、性质、情节和对于社会的危害程度认定为徇私枉法"情节严重"或者"情节特别严重"。

本案中，被告人李某宾身为依法履行查处犯罪、保护公民合法权益职责的公安局长，明知犯罪嫌疑人陈某全盗窃价值2.26万元公私财物的行为属于盗窃犯罪行为，犯罪嫌疑人张某、孙某燕以勒索财物为目的绑架他人的行为属于绑架犯罪行为，应当追究刑事责任，但其利用职务上的便利，徇私将犯罪嫌疑人陈某全释放，致使盗窃犯罪分子陈某全暂时逃脱法律追究；指使他人伪造证据，开具假医院证明，徇私对不具备法定条件的犯罪嫌疑人张某、孙某燕取保候审，致使绑架犯罪分子张某、孙某燕实际脱离了司法机关的侦控。无论从李某宾徇私枉法所包庇的对象、行为手段，还是从所造成的后果来看，都应当属于徇私枉法"情节严重"或者"情节特别严重"。云南省高级人民法院根据本案被告人李某宾徇私枉法的犯罪事实、性质、情节以及对于社会的危害程度，采纳了检察机关的抗诉理由，认定被告人李某宾犯徇私枉法罪，情节严重，改判其有期徒刑七年，是正确的。

问题3. 采取隐瞒事实、违反法律的手段，故意使有罪的人不受追诉、罪重的人受到较轻的追诉的行为如何定性

徇私枉法罪中"有罪之人"既是指在刑事实体法上构成犯罪的人，又是指刑事程序法上应被追诉的人，与实际是否已受追诉无关，更不要求已经刑事诉讼程序被判决有罪。正因为这类人应当受追诉，而司法工作人员徇情、徇私使之不受追诉，才成立徇私枉法罪。对于长期实施犯罪活动而未被追诉的人，应视为有罪之人；对于徇私枉法使本应判处重罪的人受到较轻追诉的，可理解为广义的不受追诉，也可构成徇私枉法罪。

【典型案例】李某友徇私枉法案①

一、基本案情

2008年3月，时任晋江市公安局罗山派出所副所长的被告人李某友，为了让因涉嫌受贿罪而正被追究刑事责任的许某志能得到减轻处罚，将其掌握的涉嫌非法运输枪支弹药罪的在逃犯范某权的藏匿地点等信息打印成纸条，经丁某清交给许某志的一审辩护人李某河（另案处理），再由李某河利用会见许某志之机将该信息传递给许某志，并授意许某志向泉州市看守所举报将线索转交罗山派出所李副所长处理。3月18日，许某志向泉州市看守所举报该线索。3月21日，泉州市看守所民警经许某志授意将相关材料移交罗山派出所交给被告人李某友。被告人李某友即私自组织人员抓获范某权。3月23日，被告人李某友以罗山派出所的名义出具"根据许某志的举报抓获通缉犯范某权"的说明，致使泉州市中级人民法院认定许某志具有立功情节予以减轻处罚。2008年8月，被告人李某友为了使许某志在二审期间能再次得到减轻处罚，在得知杨某勇（已被审查起诉）能提供张某贩毒线索后，指使杨某勇化名"杨波"谎称许某志的朋友，并将杨某勇提供的线索打印成纸条附上杨某勇的照片，经丁某清交给许某志的二审辩护人陈某鹏，再由陈某鹏利用会见许某志之机将该信息传递给许某志，并授意许某志举报。8月20日，许某志向泉州市看守所举报该线索。泉州市看守所将相关材料移送晋江市公安局禁毒大队。杨某勇遂化名"杨波"以许某志朋友的身份向晋江市公安局禁毒大队提供张彪贩毒的线索。9月9日，杨某勇将纯度仅为7.6%的338克海洛因交给张彪（已被审查起诉），并同张彪一起到晋江市青阳街道东方巴黎酒店×××号房和禁毒大队人员乔装的买主交易时

---

① 施经营：《李某友徇私枉法案》，载国家法官学院、中国人民大学法学院编：《中国审判案例要览》（2010年刑事审判案例卷），中国人民大学出版社2012年版，第411~422页。

被当场抓获。晋江市人民法院以徇私枉法罪判处李某友有期徒刑三年。

泉州市中级人民法院经审理认为，一审的定罪、适用法律正确，审判程序合法。鉴于上诉人李某友归案后协助公安机关抓捕其他犯罪嫌疑人，有立功表现，予以从轻处罚。改判李某友犯徇私枉法罪，判处有期徒刑二年十个月。

二、案例评析

关于被告人行为的定性存在四种不同的意见：

第一种意见认为，要具体问题具体分析。在第一起案件中，被告人李某友的行为构成徇私枉法罪。首先，该行为符合"妨害作证罪"的构成要件，理由如下：一是客体上侵犯了国家司法机关正常的诉讼活动；二是客观方面表现为在诉讼过程中，指使他人作伪证并亲自作伪证；三是主体及主观方面均符合该罪的构成要件。其次，该行为亦符合"徇私枉法罪"的构成要件，理由如下：一是客体上侵犯了国家司法机关的正常活动；二是客观方面表现为采取隐瞒事实、违反法律的手段，故意使罪重的人受到较轻的追诉；三是主观上是直接故意；四是主体上，被告人李某友是许某志受贿案中检举其他犯罪嫌疑人线索的侦查人员。被告人李某友的行为同时构成妨害作证和徇私枉法罪，属想象竞合犯，应择一重罪处罚，按徇私枉法罪定罪处罚。在第二起案件中，被告人李某友的行为构成妨害作证罪，具体理由如下：一是客体上侵犯了国家司法机关的正常诉讼活动；二是客观方面表现为在诉讼过程中，为了使许某志得到减轻处罚，以贿买手段指使杨某勇作伪证谎称其是许某志的朋友知道一条重大贩毒线索能协助侦破，通过丁某清、陈某鹏指使许某志作伪证；三是犯罪主体为一般主体；四是主观上为故意，为了使许某志得到减轻处罚。

第二种意见认为，被告人李某友的行为构成妨害作证罪，理由如下：一是客体上侵犯了国家司法机关正常的诉讼活动；二是客观方面表现为在诉讼过程中，以贿买等手段指使他人作伪证；三是主体上为一般主体；四是主观上为直接故意。

第三种意见认为，被告人李某友的行为构成帮助伪造证据罪，理由如下：一是客体上侵犯了国家司法机关正常的诉讼活动；二是客观方面表现为帮助当事人伪造立功的证据，即与当事人共同伪造立功的证据；三是主体上为一般主体；四是主观上为直接故意。

第四种意见认为，被告人李某友的行为构成徇私枉法罪。理由如下：一是客体上侵犯了国家司法机关的正常活动；二是客观方面表现为采取隐瞒事实、违反法律的手段，故意使罪重的人受到较轻的追诉；三是主观上是直接故意；四是主体上，被告人李某友是许某志受贿案中检举其他犯罪嫌疑人线索的侦查人员。

最终，一、二审法院采纳了第四种意见，认定被告人李某友的行为构成徇私枉法罪，具体理由如下：

一是客体上侵犯了国家司法机关的正常活动。被告人李某友的行为不仅违背了起码的司法职业道德，而且故意违背事实和法律，使罪重之人得到减轻处罚，破坏了国家司法机关的威信和正常活动，损害了法律的严肃性。

二是客观方面表现为违背事实和法律，利用职务上的便利，在侦查过程中采取隐瞒事实、违反法律的手段，使罪重之人得到减轻处罚。在第一起案件中，其本来就掌握在逃犯藏匿的线索，却知情不报，不依法及时地实施抓捕，而是通过中间人违法地传递给被告人许某志，使本不是许某志所掌握的线索成为被告人许某志举报的线索，后又私自组织人员抓捕了在逃犯，致使许某志的举报构成立功，得以减轻处罚。在第二起案件中，虽然最后未得逞，但其性质更恶劣，被告人李某友指使杨某勇制造贩毒案件，杨某勇从而唆使张彪贩卖300多克海洛因，意图使张彪受到十五年有期徒刑或者无期徒刑的重刑，意图使罪重之人再次得到减轻处罚。上述犯罪线索都是被告人李某友利用职务上的便利获得的，为许某志伪造立功也是利用职务上的便利实施的，所以符合徇私枉法罪的客观要件。而妨害作证罪和帮助伪造证据罪均不要求"利用职务之便"，且"立功"都是被告人李某友一手制造出来的，不是简单的帮助伪造证据而已，所以该行为不构成妨害作证罪和帮助伪造证据罪。

三是主体上身为公安民警，虽然不是许某志受贿犯罪事实的侦查人员，但其在第一起案件中，是许某志检举其他犯罪嫌疑人线索的侦查人员；在第二起案件中，其利用职务上的便利为杨某勇配合许某志提供贩毒线索提供帮助：指使杨某勇冒用具有户籍资料无照片的他人身份、指使杨某勇找条贩毒300克以上的线索等。

四是主观上是直接故意，被告人李某友从事公安工作多年，应当知道其实施的行为是违背事实和法律的，且丁某清说许某志可能被判十年，心情很不好，被告人李某友听后就提出由他操作，"搞一条检举别人犯罪的线索，就可以减刑"，所以其亦明知自己行为是违背事实和法律的，仍希望枉法结果的发生。其动机是帮丁某清，为徇私、徇情。

问题4. 司法工作人员徇私枉法包庇他人，但被包庇的人不构成被包庇之罪的，如何定罪

关于徇私枉法罪构成要件中的"对明知是有罪的人而故意包庇不使他受追诉"，如何界定"有罪"，是否要求被包庇的人确定构成犯罪，是否需要经法院生效判决认定，在审判实践中易引起争议。我们认为，构成本罪不必须要求被包庇的人经法院判决认定有罪，可能相关案件尚未侦查、起诉或审判完毕，也可能司法工作人员以为被包庇的人构成本罪但实际构成彼罪，甚至可能经法院审理后判决无罪，均不影响本罪的构成。只要司法工作人员主观上认识到被包庇的人可能构成犯罪，并且为了使其不受追诉而在侦查、起诉、审判等过程中实施了违规变更强制措施、伪造犯罪嫌疑人笔录等证据等包庇行为，就可能构成本罪。至于被包庇的人是否构成犯罪、构成何种犯罪、结果和情节如何，可以作为量刑的参考。

【地方参考案例】赵某、王某辉、李某、赵某光犯徇私枉法案①

一、基本案情

代某强因犯抢劫罪、盗窃罪，于2010年8月13日被淮北市烈山区人民法院判处有期徒刑十七年。2012年7月13日，代某强因患上消化道大出血、重症失血性贫血病，被批准暂予监外执行一年。2013年6月21日，宿州监狱建议对代某强续保（保外就医）至2014年7月15日，同年6月25日，安徽省监狱管理局同意续保至2014年6月30日。2013年4月6日，代某强因琐事将施某松殴打致伤。濉溪县公安局新城派出所值班民警被告人赵某负责处理该案。当月10日，赵某传唤代某强至新城派出所并制作了询问笔录，代某强供述了其殴打他人及有犯罪前科的事实。当日，赵某在能查清代某强前科的情况下，却以未查出为由让代某强回去等候处理。后代某强得知施某松的伤情构成轻伤，为

① 安徽省淮北市中级人民法院（2019）皖06刑再1号刑事判决书。

逃避刑事责任追究，通过其朋友徐某华（已死亡）找被告人李某、赵某光等人为其请托关系，并许诺事情办好后给1万元好处费。李某、赵某光和徐某华等人送时任濉溪县公安局治安大队二中队中队长的被告人王某辉中华（软）香烟二条，请托王某辉给予帮忙。王某辉遂联系赵某了解案件情况，并要求赵某对代某强予以照顾。在徐某华、李某、赵某光、王某辉等人的帮助下，当月24日，徐某华以代某强的名义与施某松达成赔偿谅解协议。为表示感谢，代某强给徐某华、李某、赵某光等人好处费1万元，并在王某辉、徐某华的陪同下送给赵某二条中华香烟，王某辉要求赵某在该案中继续照顾代某强，赵某表示同意。同年4月26日，赵某取回施某松伤情为轻伤的鉴定报告，并于同日呈请代某强故意伤害案立案，次日，经濉溪县公安局审核同意，代某强故意伤害案转为刑事案件立案侦查，同年5月17日，经新城派出所所长马某标及县局分管领导批准，决定对代某强采取刑事拘留措施。此后，赵某明知代某强的联系方式、确切住址等信息，却故意消极侦查，未对代某强采取任何措施，致使代某强实际脱离侦查机关的侦控，马某标亦未按职责要求督促办理。同年9月16日，代某强按照王某辉的安排到新城派出所投案时得知要被刑事拘留，即电话联系李某、王某辉等人，让他们与赵某沟通讲情，后王某辉等人先后电话联系赵某要求帮忙。当日21时许，赵某与其同事将代某强带至濉溪县医院体检，体检过程中，未按规定给代某强戴械具，并默许代某强随意通话，实施请托行为。体检结束后，代某强持随身携带的刀具将其本人肚皮划伤。赵某等人返回濉溪县医院对代某强进行治疗。随后，赵某将该情况向值班副所长宁某明、所长马某标汇报，马某标到现场后得知代某强是王某辉打招呼要求关照的人时，即要求赵某通知王某辉到现场，商议如何处理此事。为逃避责任追究，马某标、赵某、王某辉三人决定对代某强自残一事保密，并继续争取给代某强办理取保候审。次日，赵某在呈请代某强取保候审报告书中及向法制科、分管副局长周杰汇报时均隐瞒了代某强供述有犯罪前科及自残等事实，并于当日将代某强的强制措施变更为取保候审。后为帮助代某强逃避刑事处罚，赵某消极侦查，故意拖延办案时间，致使代某强长期实际脱离司法机关管控。同年10月21日，该所副所长朱成新通过公安协同办案系统查询到代某强有犯罪前科且系监外执行的罪犯，马某标未按规定立即对代某强变更强制措施，而是同意对代某强进行取保直诉。同年11月24日，代某强因涉嫌故意杀害他人，伪造畏罪自杀的假象被公安机关抓获归案。2013年12月20日，赵某光、李某接通知到纪检机关接受约谈后，在检察机关对二人的第一次询问中，二人均供述了主要犯罪事实。同年12月21日，赵某、王某辉接通知到纪检机关接受约谈后，在检察机关对二人的第一次询问时，二人均如实供述了主要犯罪事实。2014年1月22日，马某标接通知后到检察机关接受讯问时如实供述了主要犯罪事实。

二、案例评析

针对该案中被告人是否构成徇私枉法罪，存在两种意见：

一种意见认为，只要是司法工作人员故意包庇犯罪人员就构成相应犯罪，至于被包庇人员是否因包庇犯罪，犯罪结果如何，不能作为其三人无罪的抗辩理由，只能作为定罪量刑的参考。

另一种意见认为，法院已经作出终审判决代某强故意杀人事实不清，证据不足，故意杀人罪不能成立。由此报告人违规给代某强办理取保候审，造成代某强杀死一人的社会后果缺乏事实依据，不能构成本罪。

本案中，代某强因病监外执行期间将施某松殴打致轻伤，为逃避刑事责任追究，代某强通过其朋友联系时任濉溪县公安局治安大队二中队中队长王某辉，送其中华（软）香烟二条，请托帮忙。王某辉接受请托后联系办案民警赵某并要求赵某对代某强予以照顾，其后赵某亦接受代某强的中华（软）香烟二条。代某强致人轻伤刑事立案后，本应先对犯罪嫌疑人抓捕，采取刑事拘留的强制措施，如果抓捕不到，应当在 8 日内上网追逃。赵某作为主办民警，违规办案，消极侦查，在代某强发生自残行为后，将该情况汇报其所长马某标时，仍强调代某强系王某辉打过招呼的，两人联系王某辉到场后，三人协商对代某强自残一事予以隐瞒。赵某身为国家司法工作人员，作为代某强故意伤害案的办案民警，接受他人请托，虽然对代某强采取刑事拘留的强制措施，但实际放任不管，后又故意隐瞒 2010 年即上网的代某强前科情况及自残情况，违法为代某强办理取保候审，在明知代某强系被暂予监外执行的罪犯的情况下，仍不依法变更强制措施，致使代某强实际脱离司法机关侦控，造成代某强在取保候审期间实施了伪造自杀现场的焚尸行为，其行为已构成徇私枉法罪。王某辉身为国家司法工作人员，在接受他人请托后，积极请托赵某在办案过程中对代某强给予关照，与赵某共同实施徇私枉法行为，其行为已构成徇私枉法罪。马某标身为国家司法工作人员，作为办案民警的直接领导，为逃避上级部门的追究，明知代某强系王某辉请托之人，故意隐瞒代某强自残、有犯罪前科等事实，枉法同意为代某强变更强制措施，与赵某共同实施徇私枉法行为，其行为已构成徇私枉法罪。

问题 5. 辅警协助正式干警办案，不明知干警以办案为名行敲诈勒索之实的前提下，协助实施了犯罪行为，应当如何认定

徇私枉法罪属于主、客体特定的渎职型犯罪，形式上符合徇私枉法罪的主体，并非其所从事的一切行为均具有司法性质。聘用制公安辅警人员，代表司法机关行使职能，形式上符合徇私枉法罪的司法工作人员主体，但是是否构成徇私枉法罪，要从其实际履行的职权来考虑，并综合全案的事实、行为人的认知能力、在办案过程中所起的作用和动机等具体情节来考虑。辅警协助公安正式干警办案，不明知干警以办案为名行敲诈勒索之实的前提下，协助实施了犯罪行为，并不必然构成徇私枉法罪。

【人民司法案例】程某文徇私枉法案[①]

一、基本案情

俞某在与陈某波（均已判刑）合作贩卖高考答案过程中发生矛盾，便欲报复陈某波。俞某与王某（已判刑）商议，决定找一个警察，向该警察说出陈某波发送高考答案作弊的事情，并让其抓捕陈某波，进而一起从中搞钱。王某找到了时任婺源县公安局许村派出所的干警程某威（已判刑）。2015 年 6 月 8 日，王某、程某威达成一致意见。当天下午，程某威打电话给程某文要他帮忙一起去抓两个人，后程某威驾车带着程某文在婺源县婺国府小区抓获贩卖高考答案的陈某波及何某飞，并将二人带至婺源县公安局紫阳派出所调查。调查期间，程某文通过陈某波的供述知道陈某波、何某飞是因贩卖高考答案而被抓。17 时许，程某威和程某文一起将陈某波、何某飞带离紫阳派出所，在车上程某威又叫程某文把何某飞带回紫阳派出所。在紫阳派出所院子里，程某文发短信问程某威何某飞这个人怎么办，程某威回短信说让他走，后程某文就让何某飞走了，程某文猜想

---

① 甘美英：《公安辅警不必然构成徇私枉法罪主体》，载《人民司法·案例》2019 年 26 期。

何某飞可能是程某威的线人。之后，程某文与程某威一起将陈某波带至婺源县臻品酒店陈某波入住的房间。19时许，在房间内，程某威与受南昌朋友之托（杜某、甘某兵等人）前来打探陈某波被抓一事的吾某庐（已判刑）见面，程某威将与王某、俞某借办案之名实为搞钱的事情真相告诉吾某庐，邀请吾某庐一起参与。后程某威通过吾某庐与前来保陈某波的姜某、甘某兵等人交涉后，定下缴纳10万元保证金就放人的意见。

6月9日凌晨，吾某庐与姜某、甘某兵见面，并受他们之托将4万元保证金在婺源县文公大桥交给程某威。同时，程某威通过审问陈某波，得知考生支付的作弊费用在陈某鹏（陈某波的表弟）处，遂与程某文带陈某波前往陈某鹏住处收缴4.86万元。因陈某鹏提出没有回去的路费，程某威遂给了陈某鹏约1000元。之后，程某威、程某文带着陈某波返回臻品酒店。在酒店房间里，程某威从收缴的约4.76万元中拿出1万元给陈某波，让陈某波编个谎话向一起贩卖高考答案的同伙解释卖答案的钱怎么不见了，但陈某波没有收，程某威亦未将从陈某波表弟处收缴4.86万元的事情告知王某、俞某。6月9日8、9时许，姜某、甘某兵等人为稳妥起见，通过朋友洪某、江某锋找到时任县公安局副局长的江良忠打听案情，得知陈某波未被刑事立案，遂对陈某波被抓一事产生怀疑。但出于先把人保出来的考虑，再加上约定交钱的时间快到，姜某等人决定还是先把剩下的钱交了。后洪某、甘某兵在文公大桥桥头处交给程某威5.7万元。程某威收到钱后，将扣押的发送高考答案的设备归还洪某和甘某兵，并承诺马上放人。程某威开车在婺国府附近的十字路口拿出1万元钱给了陈某波，让其圆谎隐瞒收缴4.86万元一事，之后把陈某波放下车，带着程某文离开。陈某波被释放后，姜某、甘某兵等人一起商谈陈某波被抓的事情，怀疑程某威办假案，遂联系吾某庐转达怀疑，并以将事情暴露相要挟要求退钱。吾某庐遂前往臻品酒店与程某威商议，决定将9.7万元退还给姜某、甘某兵等人。正准备退钱时，许村派出所所长、教导员找到程某威询问陈某波被抓一事，程某威承认了私自抓捕陈某波的事实。

二、案例评析

（一）被告人程某文形式上符合渎职罪的主体要件，但其在本案中的行为并不具有司法性质

《刑法》第399条明确规定，徇私枉法罪的主体为司法工作人员。而对司法工作人员的范围，《刑法》第94条规定，"本法所称司法工作人员，是指有侦查、检察、审判、监管职责的工作人员"。本案被告人程某文为婺源县公安局统一招考录用的协警，其工作职责是协助正式民警进行治安管理及刑事案件的查办。程某文作为一名非正式民警，能否构成徇私枉法罪的主体要件？

在司法实践中，是否构成徇私枉法罪的主体，有身份说和职责说，根据身份说，被告人程某文显然不构成徇私枉法罪的主体，身份说显然过于狭隘。根据职责说，对于不具备司法工作人员身份，能否构成徇私枉法罪主体，关键看该人员是否具有刑事追诉、审判职责。本案被告人虽然不具有国家公务人员的身份，但是其行使的是司法职能，代表的是司法机关，其履行职责的行为最终是本罪客体即国家刑事活动的正当性。全国人民代表大会常务委员会《关于刑法第九章渎职罪主体适用问题的解释》关于"虽未列入国家机关人员编制但在国家机关中从事公务的人员，在代表国家机关行使职权时，有渎职行为，构成犯罪的，依照刑法关于渎职罪的规定追究刑事责任"的规定，就采取了职责说，承认不具备特定身份的人，如行使了相应职权，可以成为渎职罪的主体。徇私枉

法罪作为渎职罪的一种，同样适用。因此，程某文形式上符合徇私枉法罪的主体要件。

徇私枉法罪属于主、客体特定的渎职型犯罪，形式上符合徇私枉法罪的主体，并非其所从事的一切行为均具有司法性质。程某文为婺源县公安局协警，工作职责是协助正式民警进行治安管理及刑事案件的查办，其工作职责表明其行使的是司法职能，其代表的是司法机关。但在本案中，程某文协助婺源县公安局正式民警程某威办案。而程某威伙同他人利用警察身份办假案，实施敲诈行为，公诉机关立案及侦查终结时均以徇私枉法罪的罪名定罪，但最终指控程某威构成诈骗罪（择一重罪），经法院一、二审审理，认定程某威构成敲诈勒索罪。程某文与程某威并无共同犯罪故意，不明知程某威利用警察身份敲诈他人财物的犯罪行为。程某文身为协警，听从程某威的安排，其跟随程某威实施的一系列行为并不是真正的出警履行职责行为，实质上并不属于代表婺源公安局或许村派出所行使职权。因此，本案中，程某文的行为并非发生在刑事诉讼的侦查环节，而是属于程某威的个人行为，其履行的工作职责并不符合徇私枉法罪的司法工作人员主体身份，程某文在本案中并不符合徇私枉法罪的主体要件。

（二）被告人程某文不明知其行为对象是有罪或无罪进而故意枉法犯罪，并无徇私或徇情的犯罪动机

徇私枉法罪是直接故意犯罪，主观方面只能是故意，即必须是明知有罪而故意包庇，明知无罪而故意陷害，枉法的动机在于徇私、徇情。本案证据并不能充分证明程某文明知其行为对象陈某波等人是有罪或无罪进而故意犯罪，并无犯罪动机，程某文主观上并不明知自己的行为是徇私枉法行为。

1. 对行为对象明知而故意枉法的认定

故意犯罪的属性要求行为人具有明知其行为会发生危害社会结果的认识因素，而徇私枉法罪则具体要求明知行为对象是无罪的人或者有罪的人。因此，首先行为人要认识到行为对象是无罪的人或者有罪的人，这是第一层明知。其次才能认识到追诉无罪的人、包庇有罪的人的行为及危害社会结果，这是第二层明知。徇私枉法的明知，要从全案的事实及具体情节来把握，结合行为人的认知能力、在办案过程中所起的作用和动机、行为人实施的客观行为表现、接触案件材料和行为对象的情况、各个诉讼环节掌握的案件事实及案件进展情况等案件的具体情节，在行为人供述不知道、怀疑等有模棱两可意义的字眼时可以结合全案进行推定。徇私枉法罪的立法本意是故意犯罪，对行为人因业务水平不高、认识错误、经验不足等原因枉法的，不能定性为徇私枉法罪。

具体到本案中，抓陈某波并从中搞钱自始至终都是程某威一手操作，程某威并没有向程某文说过自己办私案及搞钱的计划，相反，程某威与本案相关人员接打电话、商谈、收取保证金的过程均是避开程某文的。程某文作为协警，在本案中并无决定作用，其职责就是按照民警程某威的决定抓人、看人，配合民警办案，程某文并不清楚案件的真实情况，程某文与程某威之间没有共犯的意思联络。随着程某威办私案的进一步发展，程某文对程某威的一些言行（如将陈某波带至臻品酒店看守一天一夜、程某威没有法律手续从陈某波表弟处收取赃款、从赃款中拿钱给陈某波表弟以及拿钱给陈某波要陈某波圆谎等等）产生了疑惑。但程某文作为一名被公安招录工作刚满 1 年的年轻协警，之前未接受过系统的法律学习，被招录为协警后仅经过 6 天的培训，根据程某文对刑事案件侦办程序的认知，并不必然能够判断出程某威是在办假案及为个人搞钱，程某威亦供述"其没有对程某文明说其是为所里搞钱还是为个人搞钱，程某文是协警，不一定能判断得出

其是为所里还是为个人搞钱"。因此，程某文在整个案件过程中均不知道其所抓获的对象是有罪或无罪，更无从在明知行为对象有罪或无罪的情况下而故意枉法犯罪。

2. 对徇私或徇情的认定

徇私或徇情是徇私枉法罪的构成要素，徇私或徇情是犯罪故意的主观内容之一，动机是行为人主观思想和内心起因，不具有徇私或徇情则不构成徇私枉法罪。本案亦无证据证明程某文因个人私利或私情而枉法，程某文听从程某威的指示抓人或放人，只是在履行正常的工作职责，程某威并没有告知程某文其在办假案，程某文也不存在帮助程税威的动机。根据程某文的供述，放走陈某波后，程某威为了让程某文不要把这个事情透露出去，对程某文说过给其1万元钱，其没有表示要或不要（事实上程某威也没有给）。该1万元给的时间点，整个犯罪行为已经完成，即便给了，也不能构成本案徇私或徇情的动机，也只能是分赃，构成敲诈勒索罪的共犯。况且该钱程某威并没有给，双方也没有明确该钱的实际目的。因此，本案被告人程某文不具有徇私或徇情的主观故意。

由于程某文的行为不符合徇私枉法罪的构成要件，一审法院据此认定程某文的行为不构成徇私枉法罪正确，婺源县人民检察院的抗诉意见不成立，二审最终判决程某文无罪。

第十八章

民事、行政枉法裁判罪

第一节　民事、行政枉法裁判罪概述

一、民事、行政枉法裁判罪的概念及构成要件

民事、行政枉法裁判罪，是指司法工作人员在民事、行政审判活动中故意违背事实和法律作枉法裁判，情节严重的行为。

（一）客体要件

本罪所侵害的客体是人民法院正常的民事、行政审判活动和司法公正。

（二）客观要件

本罪在客观方面表现为于民事、行政审判活动中违背事实和法律作枉法裁判，情节严重的行为。违背事实和法律作枉法裁判的行为的具体方式多种多样，有的是故意伪造、搜集证据材料；有的是引诱、贿买甚至胁迫他人提供伪证；有的是篡改、毁灭证据材料；有的是故意歪曲理解法律甚至无视法律规定；有的是违反诉讼程序，压制甚或剥夺当事人的诉讼权利的"民事审判"；等等。枉法裁判行为必须发生在民事、行政审判活动中。"民事、行政审判活动"，是指依照《民事诉讼法》《行政诉讼法》审理民事、行政案件的诉讼活动。这里是广义的概念，凡依据《民事诉讼法》进行的审判，均为民事审判。"枉法裁判"，是指故意作出不符合事实或者违反法律规定的裁定、判决，如该胜诉的判败诉，该败诉的判胜诉等。枉法裁判的行为必须达到情节严重才能构成本罪，司法实践中，"情节严重"一般是指犯罪手段恶劣，严重侵犯当事人合法权益的；给当事人的生产、经营或者生活造成严重困难的；造成恶劣社会影响的等情形。虽有枉法裁判的行为，但尚未达到情节严重，仅属违法违纪行为，应以行政纪律手段处理。

（三）主体要件

本罪的主体为特殊主体，即仅限于司法工作人员。实际能构成本罪的主要是那些从

事民事、行政审判工作的审判人员，因为只有他们才能利用职权而枉法裁判，具体包括各级人民法院院长、副院长、审判委员会委员、庭长、副庭长及审判员等。

（四）主观要件

本罪在主观方面必须出于故意，即明知自己的行为违背了事实和法律属枉法裁判但仍然决意为之。过失不能构成本罪。如果过失致使国家和人民利益及公共财产遭受重大损失，构成犯罪的，应定玩忽职守罪。

二、民事、行政枉法裁判罪案件审理情况

我国 1979 年《刑法》规定了"徇私舞弊罪"，其第 188 条规定，司法工作人员徇私舞弊，对明知是无罪的人而使他人受追诉、对明知是有罪的人而故意包庇不使他受追诉或者故意颠倒黑白作枉法裁判的，处 5 年以下有期徒刑、拘役或者剥夺政治权利；情节特别严重的，处 5 年以上有期徒刑。这一规定只限于处罚在刑事案件中枉法裁判的行为，而不处罚在民事、行政案件中的枉法裁判行为。1991 年 7 月 17 日最高人民法院在《关于审判人员在审理民事、经济纠纷案件中徇私舞弊枉法裁判构成犯罪的应当依照刑法第一百八十八条规定追究刑事责任的批复》中指出："《中华人民共和国民事诉讼法》第四十四条第三款规定：'审判人员有贪污受贿，徇私舞弊，枉法裁判行为的，应当追究法律责任；构成犯罪的，依法追究刑事责任。'据此，审判人员在审判民事、经济纠纷案件过程中，徇私舞弊、故意颠倒黑白作枉法裁判，构成犯罪的，应该依照刑法第一百八十八条的规定追究刑事责任。"但是，由于该批复的法律效力问题和各司法机关之间工作协调的问题，对民事、行政审判工作中出现的枉法裁判行为较少给予刑罚处罚。民事、行政枉法裁判罪系 1997 年《刑法》增设的规定，罪名于 2002 年 3 月 6 日起由"枉法裁判罪"调整为"民事、行政枉法裁判罪"。

通过中国裁判文书网检索，2012 年至 2022 年，全国法院审结一审民事、行政枉法裁判刑事案件共 49 件。

司法实践中，民事、行政枉法裁判罪案件主要呈现出以下特点及趋势：案件数量总体较少，近十年每年案件数均为个位数，但自 2015 年起，案件数量相对有所增加，反映出对司法机关的监管力度以及司法活动中违法犯罪查处力度的增大。

三、民事、行政枉法裁判罪案件审理热点、难点问题

1. 如何准确区分本罪与徇私枉法罪的界限。民事、行政枉法裁判罪与徇私枉法罪都是由特殊主体实施的故意犯罪，都会导致错误的判决、裁定的出现，两罪之间的区别主要表现在：（1）发生的审判领域不同。前者指发生于民事、行政审判领域，后者则发生在刑事审判领域。（2）犯罪主体的具体范围不同。民事、行政枉法裁判罪的犯罪主体是民事、经济、行政审判人员；徇私枉法罪的犯罪主体是侦查、检察、刑事审判及监管人员。（3）客观方面表现不尽相同。民事、行政枉法裁判罪表现为违背民事、行政案件事实及相关法律枉法作出民事、行政判决、裁定；徇私枉法罪除违背刑事案件的事实及相关法律枉法作出刑事判决、裁定外，还包括使无罪的人受到追诉或者使有罪的人不受追诉的行为。（4）徇私枉法罪是行为犯，民事、行政枉法裁判罪则是结果犯，构成民事、行政枉法裁判罪必须达到情节严重。

2. 如何准确区分本罪与执行判决、裁定失职罪的界限。执行判决、裁定失职罪和民事、行政枉法裁判罪都属于司法工作人员的渎职行为，两罪的主要区别在于：（1）两罪行为发生的时空范围不同，执行判决、裁定失职罪发生在执行判决、裁定的活动中，而本罪只发生在审判活动中。（2）两罪行为的具体表现不同，执行判决、裁定失职罪表现为在执行判决、裁定活动之严重不负责任的行为；本罪则表现为故意违背事实和法律作枉法裁判，情节严重的行为。前罪表现为消极的不作为，后罪表现为积极的作为。前罪行为的最低限度是对当事人或其他人造成了重大损失，后罪行为的最低要求是情节严重。（3）两罪的犯罪主体不同，执行判决、裁定失职罪的主体主要是司法工作人员中的执行工作人员，本罪的主体则只是审判工作人员。（4）两罪的主观方面也不相同，执行判决、裁定失职罪的主观方面是过失，本罪的主观方面则是故意。

四、民事、行政枉法裁判罪案件办案思路及原则

1. 准确认定刑事附带民事诉讼中枉法裁判行为的性质。司法工作人员在审理刑事附带民事诉讼案件中，如果仅就附带民事案件部分作枉法裁判构成犯罪的，应适用本条第 2 款的规定；如果就刑事部分和民事部分都作了枉法裁判的，应从一重罪处罚。

2. 准确把握本罪与虚假诉讼罪的关系。《刑法》第 307 条之一规定了虚假诉讼罪。实践中存在司法工作人员与当事人串通，参与虚假诉讼活动的情况，可能同时触犯虚假诉讼罪和本条第 2 款规定的民事、行政枉法裁判罪。根据《刑法》第 307 条之一第 4 款的规定，应依照处罚较重的规定定罪从重处罚。

3. 准确把握罪数问题。犯本罪同时构成受贿罪的罪数问题，在徇私枉法罪一章中已有论述，不再赘述。

第二节　民事、行政枉法裁判罪审判依据

一、法律

1. 《刑法》（2020 年 12 月 26 日修正）（节录）

第三百九十九条第二款　在民事、行政审判活动中故意违背事实和法律作枉法裁判，情节严重的，处五年以下有期徒刑或者拘役；情节特别严重的，处五年以上十年以下有期徒刑。

2. 《法官法》（2019 年 4 月 23 日修订）（节录）

第四十六条　法官有下列行为之一的，应当给予处分；构成犯罪的，依法追究刑事责任：

（一）贪污受贿、徇私舞弊、枉法裁判的；

（二）隐瞒、伪造、变造、故意损毁证据、案件材料的；

（三）泄露国家秘密、审判工作秘密、商业秘密或者个人隐私的；

（四）故意违反法律法规办理案件的；

（五）因重大过失导致裁判结果错误并造成严重后果的；

（六）拖延办案，贻误工作的；

（七）利用职权为自己或者他人谋取私利的；

（八）接受当事人及其代理人利益输送，或者违反有关规定会见当事人及其代理人的；

（九）违反有关规定从事或者参与营利性活动，在企业或者其他营利性组织中兼任职务的；

（十）有其他违纪违法行为的。

法官的处分按照有关规定办理。

3. 《检察官法》（2019 年 4 月 23 日修订）（节录）

第四十七条 检察官有下列行为之一的，应当给予处分；构成犯罪的，依法追究刑事责任：

（一）贪污受贿、徇私枉法、刑讯逼供的；

（二）隐瞒、伪造、变造、故意损毁证据、案件材料的；

（三）泄露国家秘密、检察工作秘密、商业秘密或者个人隐私的；

（四）故意违反法律法规办理案件的；

（五）因重大过失导致案件错误并造成严重后果的；

（六）拖延办案，贻误工作的；

（七）利用职权为自己或者他人谋取私利的；

（八）接受当事人及其代理人利益输送，或者违反有关规定会见当事人及其代理人的；

（九）违反有关规定从事或者参与营利性活动，在企业或者其他营利性组织中兼任职务的；

（十）有其他违纪违法行为的。

检察官的处分按照有关规定办理。

二、司法解释

《最高人民检察院关于渎职侵权犯罪案件立案标准的规定》（2006 年 7 月 26 日　高检发释字〔2006〕2 号）（节录）

（六）民事、行政枉法裁判案（第三百九十九条第二款）

民事、行政枉法裁判罪是指司法工作人员在民事、行政审判活动中，故意违背事实和法律作枉法裁判，情节严重的行为。

涉嫌下列情形之一的，应予立案：

1. 枉法裁判，致使当事人或者其近亲属自杀、自残造成重伤、死亡，或者精神失常的；

2. 枉法裁判，造成个人财产直接经济损失 10 万元以上，或者直接经济损失不满 10 万元，但间接经济损失 50 万元以上的；

3. 枉法裁判，造成法人或者其他组织财产直接经济损失 20 万元以上，或者直接经济损失不满 20 万元，但间接经济损失 100 万元以上的；

4. 伪造、变造有关材料、证据，制造假案枉法裁判的；

5. 串通当事人制造伪证，毁灭证据或者篡改庭审笔录而枉法裁判的；

6. 徇私情、私利，明知是伪造、变造的证据予以采信，或者故意对应当采信的证据不予采信，或者故意违反法定程序，或者故意错误适用法律而枉法裁判的；

7. 其他情节严重的情形。

第三节 民事、行政枉法裁判罪在审判实践中的疑难新型问题

问题1. 关于枉法裁判的范围是否包含枉法调解

【实务专论】

审判人员在民事诉讼活动中枉法调解，是否构成民事枉法裁判罪，刑法理论和实务界存在争议。有观点认为，枉法调解不构成民事枉法裁判罪，主要理由是：第一，按照文义解释，《刑法》第399条第2款"裁判"就是指裁定和判决，并不包括调解，而罪刑法定原则不允许任意进行扩张解释；第二，法院在民事诉讼过程中进行的调解行为，不同于民事审判程序，民事调解书的法律性质和效力也不完全等同于民事裁定书和民事判决书；第三，法院调解是在审判人员的主持下，在当事人自愿的基础上进行并达成协议，审判人员不能强迫或变相强迫当事人一方或双方接受法院的意见，此点亦不同于法院的裁判行为。

我们认为，枉法裁判应当包括枉法调解。主要理由为：首先，民事、行政枉法裁判罪中的"枉法裁判"本质上指司法渎职行为，即审判人员故意违背事实和法律做出的一切具有裁判性质的行为，无须也不应局限在裁定和判决两种形式上；其次，民事诉讼法专章规定了调解程序和调解原则，民事调解须按照法定程序和原则进行，调解协议亦具有法定形式，经法定程序才能生效，并且，调解书与裁定、判决一样，是民事诉讼结束的方式，具有同等的强制执行效力。再次，枉法调解所造成的危害结果与枉法裁判在性质上并无区别，都使民事诉讼的结果违背了事实和法律，损害了法院正常的民事诉讼活动和当事人的合法权益，破坏了法院的权威和公信力。在实践中，对于是否构成枉法调解，要结合具体情节进行审查，如是否以强迫、威胁等方式强迫一方或双方当事人接受违背事实和法律的结果，或者以欺骗、诱导方式让当事人陷入错误认识而接受调解结果等。

问题2. 执行人员是否能够成为枉法裁判罪的犯罪主体

民事、行政枉法裁判罪，是指国家司法工作人员违背事实和法律在民事、行政审判活动中作枉法裁判情节严重的行为；对于行为人在执行过程中，违背法律和事实滥用职权造成当事人损失的行为，不能构成民事、行政枉法裁判罪。

【地方参考案例】林某金诈骗、民事枉法裁判案①

一、基本案情

2000年5月15日，被告人林某金作为承办人在执行中江县永太镇农村合作基金会诉余某武、林某志借款纠纷一案时，查封了余某武位于中江县南华镇南塔村8组的江房私13317号房产，2000年6月，该案中止执行。该案被告余某武找到被告人林某金，让其帮忙解除查封，后被告人林某金与余某武一起到房地产交易所询问如何过户，得知还需法院的解封裁定书，该房才能过户。2002年1月30日，被告人林某金违背事实，将盖有法院公章的、填写有"被执行人已履行义务"虚假内容的解封民事裁定书送达中江县房地产交易所，将13317号房产解除查封；同日，中江县房地产监理所也收到一份对13317号房产解除查封的民事裁定书。根据该两份裁定书，余某武得以于2002年2月将该房产产权变更登记为余某明，造成查封财产流失的严重后果。

法院认为，对于公诉机关指控被告人将解封裁定书送达监理所的事实，证人黄某兰最后的陈述是不能确定是被告人送去的，同时，公诉机关又无其他直接证据，因此，本院对该事实不予采信。被告人林某金在承办执行案件中，滥用职权，故意将虚假内容的解封裁定书送达房地产交易所，与另一份被送达到房地产监理所的裁定书共同引起了法院查封财产流失的后果，致案件当事人的利益遭受损失，其行为属于执行程序中的滥用职权行为，根据从旧兼从轻原则，应适用《刑法》第397条关于滥用职权罪的规定处罚，但因其造成的后果尚未达到刑法所要求的"重大损失"的标准，因此，被告人滥用职权的行为不构成犯罪。

二、案例评析

法院执行人员在案件执行过程中，徇私情、私利，使一些该执行的案件被裁定中止执行，或长期拖延不执行，致使公民、法人或其它组织的财产遭受重大损失，执行人员枉法裁定的行为能否构成民事、行政枉法裁判罪？该问题在刑法理论和实务界均存在较大的分歧。有观点认为，执行人员枉法裁定不能以民事、行政枉法裁判罪论。在犯罪主体方面，民事、行政枉法裁判罪要求主体是审判人员，执行人员不负有审判职能，不同于审判人员；在职权内容方面，执行过程中的裁定只是针对程序问题、而无关或不改变实体上权利义务的认定。相反观点认为，执行人员可以构成本罪。一方面，执行人员也是广义的审判人员；另一方面，执行人员故意违背程序法枉法裁定，本质也是司法渎职行为，破坏了司法活动的正常秩序，侵害了当事人的合法权益。我们认为，民事、行政枉法裁判罪，是指国家司法工作人员违背事实和法律在民事、行政审判活动中作枉法裁判情节严重的行为；对于行为人在执行过程中，违背法律和事实滥用职权造成当事人损失的行为，不能构成民事、行政枉法裁判罪。

问题3. 民事枉法裁判罪的界定及其追诉时效的计算

《刑法》第89条第1款规定："追诉期限从犯罪之日起计算。"从犯罪的全过程来看，枉法裁判的执行应当看成是"枉法"行为的继续，而不是"枉法"状态的继续，因为不被执行的裁判是没有任何意义的，执行是枉法裁判的应有之意。因此，从法益侵害的一

---

① 四川省广汉市人民法院（2003）广汉刑初字第152号刑事判决书。

体性与行为的完整性上来说，可以将审判行为与执行行为视为一个完整的"枉法裁判"行为。执行行为完毕之日正是"枉法裁判"停止之时，追诉时效当从此开始计算。

【典型案例】金某民事枉法裁判案①

一、基本案情

2001 年 9 月 18 日，武汉市无线电电容器厂（国有企业）与武汉市中奇房地产开发公司就该厂所属的一块地签订转让合同。10 月 11 日，中奇公司支付完约定的价款。之后不久，中国银行委托东方资产管理公司在江岸区法院起诉电容器厂，要求其偿还 2000 万元债务，并拟查封该地。中奇公司为抢先得到该地，与电容器厂商议，虚构双方之间存在债务，并通过汉南区人民法院邓家口法庭法官金某，使法庭受理该案并查封了该地。之后，中奇公司在办理土地过户时，市政府出台了土地转让新规。根据新规中奇公司将很难得到土地。金某、中奇公司和电容器厂于是合谋伪造合同，制造虚假庭审笔录，增加诉讼请求。经指定管辖，由汉南区法院受理该案。此后，金某安排书记员更改庭审笔录时间，伪造判决确认债务，通过调解方式决定土地转让。2002 年 9 月 12 日，汉南区法院裁定涉案土地的查封有效期至中奇公司获得该地块的过户为止，并由金某执行。2003 年 9 月 12 日，该地块的过户转让完毕。

二、案例评析

关于本案的定性和诉讼实效的计算，存在两种意见：

第一种意见认为，金某构成《刑法》399 条第 2 款的民事枉法裁判罪，其他涉案人员构成民事枉法裁判罪的共犯，追诉时效从 2003 年 9 月 12 日起计算。

第二种意见认为，金某构成《刑法》第 399 条第 2 款的民事枉法裁判罪，其他涉案人员构成民事枉法裁判罪的共犯，追诉时效从 2002 年 5 月 27 日左右起计算（2002 年 6、7 月，金某安排书记员将 2002 年 6 月 7 日的庭审笔录时间改为"2002 年 5 月 17 日"，并伪造了时间为"2002 年 5 月 27 日"的判决）；金某与书记员还涉嫌《刑法》第 399 条第 3 款的执行判决、裁定滥用职权罪，但由于损失无法计算，故不构成犯罪。

（一）关于本案的定性

1. 金某是否构成执行判决、裁定滥用职权罪？对此，我们持肯定态度。一方面，联系民事诉讼法的相关规定，审判员金某违规参与裁判的执行并从中擅权，违法作出执行裁定，这是滥用职权的行为。根据《刑法》第 399 条第 3 款规定，执行判决、裁定滥用职权罪显然属于结果犯，即只有出现"致使当事人或者其他人的利益遭受重大损失"的结果方能成罪。最高人民检察院 2006 年发布的《关于渎职侵权犯罪案件立案标准的规定》（以下简称《立案标准》）对此结果进行了细化，将下列情节视为本罪的"情节严重"：（1）枉法裁判，致使当事人或者其近亲属自杀、自残造成重伤、死亡，或者精神失常的；（2）枉法裁判，造成个人财产直接经济损失 10 万元以上，或者直接经济损失不满 10 万元，但间接经济损失 50 万元以上的；（3）枉法裁判，造成法人或者其他组织财产直接经济损失 20 万元以上，或者直接经济损失不满 20 万元，但间接经济损失 100 万元以上的；（4）伪造、变造有关材料、证据，制造假案枉法裁判的；（5）串通当事人制造伪证，毁灭证据或者篡改庭审笔录而枉法裁判的；（6）徇私情、私利，明知是伪造、变造的证

---

① 莫洪宪、周天泓：《民事枉法裁判罪的界定及其追诉时效的计算》，载《中国检察官》2013 年第 9 期。

据予以采信，或者故意对应当采信的证据不予采信，或者故意违反法定程序，或者故意错误适用法律而枉法裁判的；（7）其他情节严重的情形。由此可见，无论是刑法规定还是司法解释都没有因为"损失无法计算"就可以认定行为"不构成犯罪"，而且"损失无法计算"恰好说明了实际损失是存在的。同时，考虑到金某违法使邓家口法庭受理虚假诉讼并查封土地，已致使中国银行对电容器厂享有的合法债权遭到损害，只要中国银行与电容器厂的债权在最后的判决执行时依然存在，这部分损失也是可以计算的。因此"损失无法计算，故不构成犯罪"的意见不妥。另一方面，我们认为根据本罪在《刑法》中所处的位置，其保护的主要法益应为司法活动的公正性和司法机关的威信，其次才是当事人或者其他人的利益。因此，本罪虽然在犯罪构成上属于结果犯，但从法益保护的刑法目的出发，司法实践不应局限于《立案标准》所规定的具体的已然结果。违法执行判决、裁定情节严重，对主要法益造成现实损害且可能导致重大未然损失的，也应当以本罪追究责任。本案中，金某滥用职权违法执行裁判已严重损害司法公正和司法威信，而且联系当时市政府颁布的新规，其行为使中奇公司免除了招、拍、挂程序而违法获得了该地，破坏了土地交易的公平竞争，同时使国有资产（电容器厂是国有企业）也造成了未然的损失，因此，对金某可以本罪论处。

2. 对金某是否适用数罪并罚？我们认为作为审判员的金某先枉法裁判后参与裁判的执行并从中擅权的前后两个行为受一个犯意支配，实施前行为以后，在原法益的范围内又实施了一个对前行为所造成的不法状态加以利用的后行为，该后行为的不法内涵已包括在前行为的评价范围内，即使后行为本身符合执行判决、裁定滥用职权罪的犯罪构成，但由于行为人缺乏期待可能性而不应与前行为数罪并罚，此即学理上的"事后不可罚"。正如实务中对行为人盗窃后的销赃行为一般不再做单独评价一样，对于金某的后行为也不宜与前行为做数罪处理，而应作为民事枉法裁判罪的从重处罚情节加以适用。

（二）关于本案诉讼时效的计算，我们同意第一种意见

首先，民事枉法裁判罪的法益侵害具有后续性，追诉时效的起算点也应该具有相应的后续性。理论上，民事枉法裁判罪侵害的法益是民事审判活动的公正性以及国家与他人的利益，前者是主要法益，后者是次要法益。从本罪的犯罪构成上来看，枉法裁判一经作出达到情节严重就对主要法益产生了损害，已经构成本罪，但是需要注意的是该行为对次要法益的损害只是应然层面上的。唯有该错误的裁判得到切实有效的执行，才是实然层面上的损害。而且现实中错误裁判是否达到"情节严重"有时也只有在实际执行后方能显现。最高人民检察院颁布的《立案标准》中认定民事枉法裁判罪"情节严重"的前三种情节也是当然地包括枉法裁判的执行给当事人、法人或者其他组织造成的损失的，否则易导致本罪的处罚范围过于狭窄。因此，执行后的损害结果既有可能是本罪的构成要件，又与追究本罪的责任有着因果联系。如果仅将追诉时效的起算点停留在应然上，而不考虑实然的危害后果，无疑会使法益得不到全面有效的保护，也不符合国民的司法感情，更不利于打击此类犯罪。

其次，就《刑法》上规定追诉时效的根据而言，我们以为无论是"改善推测说""准受刑说""规范感情缓和说"还是"尊重事实说"，其中都蕴含这样的法理：犯罪行为自起算点之后在某一个阶段产生的"状态"都不会差于前面阶段的"状态"。例如，"规范感情缓和说"认为随着时间的经过，社会对犯罪的规范感情得以缓和，不一定要求给予现实的处罚。可是如果民事枉法裁判罪的追诉时效起算点从裁判做出的那一刻开始

计算，由于后续还有一个裁判的执行行为，此一阶段的"状态"不可能优于前面阶段的"状态"，相反还有可能更差，因为裁判实际执行时所带来的损害不比"作出枉法裁判"小，社会对犯罪的规范感情并没有得以缓和。而将裁判实际执行后作为时效起算点则不会出现这样的情况。

最后，从法条解释上来看，完全可以将《刑法》第89条第1款的前段"追诉期限从犯罪之日起计算"中的"犯罪之日"解释成犯罪行为停止之日。正如前文所述，金某执行判决的行为是在前行为侵害的法益范围内实施的对前行为所造成的不法状态加以利用的后行为，该后行为的不法内涵已包括在前行为的评价范围内，所以前后行为具有法益侵害的一体性。从犯罪的全过程来看，枉法裁判的执行应当看成"枉法"行为的继续，而不是"枉法"状态的继续，因为枉法裁判不是一个单纯的裁判过程，其做出的判决也不是只停留在纸面上的判决，不被执行的裁判是没有任何意义的，执行是枉法裁判的应有之意。因此，从法益侵害的一体性与行为的完整性上来说，我们可以将审判行为与执行行为视为一个完整的"枉法裁判"行为。执行行为完毕之日正是"枉法裁判"停止之时，追诉时效当从此开始计算。

综上所述，我们以为金某构成民事枉法裁判罪，对该罪的追诉时效应该从2003年9月12日开始计算。本案中除金某外的其他涉案人员，如有教唆、帮助行为的，应当构成民事枉法裁判罪的共犯。在共同犯罪的场合，应以共犯人中的最终行为终了之日，起算对所有共犯人的追诉期限。因此，对共犯的追诉时效也应当从2003年9月12日开始计算。

第一节　执行判决、裁定失职罪，执行判决、
裁定滥用职权罪概述

一、执行判决、裁定失职罪，执行判决、裁定滥用职权罪的概念及构成要件

（一）执行判决、裁定失职罪，是指司法工作人员在执行判决、裁定活动中，严重不负责任，不依法采取诉讼保全措施、不履行法定执行职责，致使当事人或者其他人的利益遭受重大损失的行为

1. 客体要件

本罪所侵害的客体为司法机关正常的执行活动。犯罪对象是"判决、裁定"。此处的"判决、裁定"应作广义的理解。根据全国人民代表大会常务委员会《关于〈中华人民共和国刑法〉第三百一十三条的解释》规定的"人民法院的判决、裁定"，是指人民法院作出的具有执行内容并已发生法律效力的判决、裁定。人民法院为依法执行支付令、生效的调解书、仲裁裁决、公证债权文书等所作的裁定属于该条规定的裁定。

2. 客观要件

本罪在客观方面表现为在执行判决、裁定的活动中，严重不负责任，不依法采取诉讼保全措施、不履行法定执行职责，致使当事人或者其他人的利益遭受重大损失的行为。这里的"执行判决、裁定活动"，是指人民法院的执行活动。

所谓严重不负责任，是指在执行判决、裁定的工作中不履行自己职责的行为。所谓不履行职责，既包括擅离职守的不履行，即违反有关规章制度的规定，在执行职务的过程中，擅自离开自己的工作岗位，根本不履行自己的职责，又包括虽在工作岗位但没有实施法定的执行判决、裁定的职责，即有职而不守，如不执行上级的指示、命令或规定，拒绝履行自己的职责，或者应当履行却放任不管，置之不理而放弃职责，或者发现问题，不及时采取措施而不尽职责等。其与擅离职守的玩忽职守行为的区别在于后者是离职而

不守，而其则不离职但缺岗或有职而不守。既包括不履行全部执行职责，又包括不履行部分执行职责。

所谓不依法采取诉讼保全措施，是指对于人民法院作出的诉讼保全裁定不依法采取查封、扣押、冻结等措施，以阻却一方当事人的行为或者其他致使判决不能执行或者难以执行的原因的实现。

所谓不履行法定的执行职责，是指在执行判决、裁定的活动中，不依法采取法定的执行方法以保证判决、裁定确定的内容得以实现，如应当依法采取查询、冻结、划拨被执行人的存款或者扣留、提取被执行人的收入而不采取有关措施的，应当依法查封、扣押、冻结、拍卖被执行人的财产而不查封、扣押、冻结、拍卖的，应当搜查债务人隐匿的财产而不采取搜查措施的，应当强制被执行人交付判决、裁定等法律文书指定的财物、票证，或者迁出房屋或退出土地，或完成法律文书指定的行为而不采取措施加以强制的等。

严重不负法定责任的行为必须对当事人或者其他人的利益造成了重大损失的，才能构成本罪。虽有不依法采取诉讼保全措施、不履行法定执行职责的玩忽职守的行为，但没有因此造成当事人或其他人利益的损失，或者虽然因此造成了当事人或其他人的利益的一定损失但不是重大损失，或者当事人或其他人利益虽然遭受了重大损失但不是因为行为人的严重不负责任的行为而致，都不能构成本罪。判定损失是否达到重大程度是区分执行判决裁定罪罪与非罪的关键。

3. 主体要件

本罪的主体为特殊主体，即只有司法工作人员才能成为本罪主体。根据《刑法》第94条的规定，司法工作人员，是指具有侦查、检察、审判、监管职能的工作人员。

4. 主观要件

本罪在主观方面必须出于过失，即应当预见自己在执行判决、裁定中的不依法采取诉讼保全措施、不依法履行法定职责的严重不负责任的行为，可能发生危害当事人或者其他人利益的后果，但因疏忽大意而没有预见，或者虽然已经预见但却轻信可以避免，因而发生了危害后果，造成当事人或者其他人利益遭受了重大损失。

（二）执行判决、裁定滥用职权罪，是指司法工作人员在执行判决、裁定活动中，滥用职权，违法采取诉讼保全措施、强制执行措施，致使当事人或者其他人的利益遭受重大损失的行为

1. 客体要件

本罪所侵害的客体为司法机关正常的执行活动。犯罪对象是判决、裁定。此处的"判决、裁定"应作广义的理解。根据全国人大常委会的立法解释，人民法院的判决、裁定，是指人民法院作出的具有执行内容并已发生法律效力的判决、裁定。人民法院为依法执行支付令、生效的调解书、仲裁裁决、公证债权文书等所作的裁定属于该条规定的裁定。执行人员的职责是依法办理民事、行政判决、裁定的执行事项和刑事判决、裁定中关于财产部分的执行事项，以实现判决、裁定确定的内容，维护当事人的合法权益，维持法律的权威。执行人员在执行活动中如果滥用职权，必然使正常的执行秩序受到破坏，使当事人和其他人的利益遭受重大损失。

2. 客观要件

执行判决、裁定滥用职权罪的客观行为表现为，在执行判决、裁定的活动中，滥用

职权，违法采取诉讼保全措施、强制执行措施，如滥用职权冻结案外人账户、未按规定优先给抵押权人分配司法拍卖款等。执行判决、裁定失职罪的客观行为表现为，在执行判决、裁定的活动中，严重不负责任，不依法采取诉讼保全措施、不履行法定执行职责，如对抵债房产未经评估强制过户造成轮候查封债权人损失等。同时应注意，若构成犯罪，需要执行判决、裁定滥用职权或失职行为造成当事人或者其他人的利益遭受重大损失的结果。另外，经人民法院主持达成的调解协议具有与生效判决、裁定同等的效力，生效调解书也属于两罪中的"判决、裁定"范畴。

3. 主体要件

本罪的主体为特殊主体，只有司法工作人员才能成为本罪。

4. 主观要件

本罪在主观方面必须出于故意且为间接故意，即明知自己在执行判决、裁定活动中滥用职权的行为，会发生致使当事人或者其他人的利益损失这一危害社会的结果，而仍然置之不顾，放任其发生。

二、执行判决、裁定失职罪，执行判决、裁定滥用职权罪案件审理情况

本条是 2002 年 12 月 28 日起施行的《刑法修正案（四）》增设的罪名。

通过中国裁判文书网检索，2012 年至 2022 年，全国法院审结一审执行判决、裁定失职刑事案件共计 14 件，其中，2016 年 7 件，2017 年 2 件，2018 年 3 件，2020 年 2 件；执行判决、裁定滥用职权刑事案件共计 28 件，各年份案件数量均为个位数。总体来说，这两个罪名在审判实践中使用较少。

三、执行判决、裁定失职罪，执行判决、裁定滥用职权罪案件审理热点、难点问题

1. 准确把握执行判决、裁定失职罪与执行判决、裁定滥用职权罪的关系。两罪都是司法工作人员的渎职犯罪，主要区别在于：（1）两罪的行为表现不同。执行判决、裁定滥用职权罪表现为滥用职权，违法采取诉讼保全措施、强制执行措施；执行判决、裁定失职罪表现为严重不负责任，不依法采取诉讼保全措施、不履行法定执行职责。执行判决、裁定滥用职权罪一般表现为积极的作为，执行判决、裁定失职罪一般表现为消极的不作为。（2）两罪行为的最低限度的具体认定标准不同。尽管两罪成立犯罪的最低标准都是致使当事人或者其他人的利益遭受重大损失，但由于执行判决、裁定滥用职权罪行为的危害性大于执行判决、裁定失职罪行为的危害性，因而司法实践中执行判决、裁定滥用职权罪重大损失的具体标准低于执行判决、裁定失职罪的重大损失的具体标准。（3）两罪的主观方面不同。本罪的主观方面表现为故意，执行判决、裁定失职罪的主观方面则表现为过失。主观方面的不同是两罪之间的一个非常明显的区分。

2. 如何准确界定执行判决、裁定失职罪与徇私枉法罪。本罪和徇私枉法罪都是司法工作人员的渎职犯罪，都侵犯了司法机关正常的活动和威信。两罪的区分主要表现在：（1）两罪行为发生的时空不同。执行判决、裁定失职罪发生于执行判决、裁定的活动中；徇私枉法罪则发生于从立案到审判的司法活动中。（2）两罪针对的诉讼活动的性质不同。徇私枉法罪针对的是刑事诉讼活动，只能发生于刑事诉讼活动中；执行判决、裁定失职罪针对的主要是民事、行政诉讼活动。（3）两罪行为的客观表现不同。徇私枉法罪的行

为表现为徇私枉法、徇情枉法，对明知是无罪的人而使他受追诉，对明知是有罪的人而故意包庇不使他受追诉，或者在刑事审判活动中故意违背事实和法律作枉法裁判的；执行判决裁定失职罪的行为表现为严重不负责任，不依法采取诉讼保全措施、不履行法定执行职责。前罪一般表现为积极的作为，后罪表现为消极的不作为。（4）两罪的主体也不完全相同。虽然两罪的主体都是司法工作人员，但执行判决、裁定失职罪的主体主要是执行工作人员；徇私枉法罪的主体主要是侦查、检察、审判人员。（5）两罪的主观方面也不相同。徇私枉法罪的主观方面表现为故意，且具有徇私、徇情的犯罪动机。执行判决、裁定失职罪的主观方面表现为过失。

3. 如何准确界定执行判决、裁定失职罪和拒不执行判决、裁定罪。执行判决、裁定失职罪和拒不执行判决、裁定罪都是发生于执行判决、裁定活动中的犯罪，犯罪对象针对的都是判决、裁定；两罪中的判决、裁定也具有同样的内涵和外延。行为也可以都表现为拒不执行法院判决、裁定的活动，两罪的区分主要表现在：（1）两罪的主体不同。本罪的主体是司法工作人员，属于特殊主体；拒不执行判决、裁定罪的主体是被法院判决、裁定明确指定履行某种义务的人，也属于特殊主体。但前罪的主体是具有司法职权特别是执行权的国家机关工作人员，后罪的主体则是具有履行某种义务的人，不是具有司法职权的国家机关工作人员。可见，两罪的主体的关系是执行者与被执行者的关系，基本上处于相对的地位。（2）两罪行为的表现不同。拒不执行判决、裁定罪的行为表现为有能力履行法院的判决、裁定而拒不履行，情节严重的行为。执行判决、裁定失职罪的行为表现为消极的不作为，而拒不执行判决、裁定罪可以表现为消极不作为的拒不履行，也可表现为积极作为的拒不履行。本罪行为的最低限度要求是严重损失，拒不执行判决、裁定犯罪行为的最低要求是情节严重。（3）两罪的主观方面也不相同。本罪主观方面表现为过失，拒不执行判决、裁定罪的主观方面表现为故意。

四、执行判决、裁定失职罪，执行判决、裁定滥用职权罪案件办案思路及原则

1. 准确把握罪与非罪的界限。虽有执行判决、裁定失职或滥用职权的行为，但情节显著轻微危害不大的，不认为是犯罪；虽然执行判决、裁定失职或滥用职权的行为对当事人或者其他人的利益造成了损失，但没有达到重大程度的，也不能构成本罪。因此，判定损失是否达到重大程度是区分执行判决裁定罪罪与非罪的关键。

2. 准确把握罪数问题。犯本罪同时构成受贿罪的罪数问题，在徇私枉法罪一章中已有论述，不再赘述。

第二节　执行判决、裁定失职罪，执行判决、 裁定滥用职权罪审判依据

一、法律

1.《刑法》（2020 年 12 月 26 日修正）（节录）

第三百九十九条第三款　在执行判决、裁定活动中，严重不负责任或者滥用职权，不依法采取诉讼保全措施、不履行法定执行职责，或者违法采取诉讼保全措施、强制执行措施，致使当事人或者其他人的利益遭受重大损失的，处五年以下有期徒刑或者拘役；致使当事人或者其他人的利益遭受特别重大损失的，处五年以上十年以下有期徒刑。

2.《法官法》（2019 年 4 月 23 日修订）（节录）

第四十六条　法官有下列行为之一的，应当给予处分；构成犯罪的，依法追究刑事责任：

（一）贪污受贿、徇私舞弊、枉法裁判的；

（二）隐瞒、伪造、变造、故意损毁证据、案件材料的；

（三）泄露国家秘密、审判工作秘密、商业秘密或者个人隐私的；

（四）故意违反法律法规办理案件的；

（五）因重大过失导致裁判结果错误并造成严重后果的；

（六）拖延办案，贻误工作的；

（七）利用职权为自己或者他人谋取私利的；

（八）接受当事人及其代理人利益输送，或者违反有关规定会见当事人及其代理人的；

（九）违反有关规定从事或者参与营利性活动，在企业或者其他营利性组织中兼任职务的；

（十）有其他违纪违法行为的。

法官的处分按照有关规定办理。

3.《检察官法》（2019 年 4 月 23 日修订）（节录）

第四十七条　检察官有下列行为之一的，应当给予处分；构成犯罪的，依法追究刑事责任：

（一）贪污受贿、徇私枉法、刑讯逼供的；

（二）隐瞒、伪造、变造、故意损毁证据、案件材料的；

（三）泄露国家秘密、检察工作秘密、商业秘密或者个人隐私的；

（四）故意违反法律法规办理案件的；

（五）因重大过失导致案件错误并造成严重后果的；

（六）拖延办案，贻误工作的；

（七）利用职权为自己或者他人谋取私利的；

（八）接受当事人及其代理人利益输送，或者违反有关规定会见当事人及其代理人的；

（九）违反有关规定从事或者参与营利性活动，在企业或者其他营利性组织中兼任职务的；

（十）有其他违纪违法行为的。

检察官的处分按照有关规定办理。

二、司法解释

《最高人民检察院关于渎职侵权犯罪案件立案标准的规定》（2006 年 7 月 26 日 高检发释字〔2006〕2 号）（节录）

一、渎职犯罪案件

（七）执行判决、裁定失职案（第三百九十九条第三款）

执行判决、裁定失职罪是指司法工作人员在执行判决、裁定活动中，严重不负责任，不依法采取诉讼保全措施、不履行法定执行职责，或者违法采取保全措施、强制执行措施，致使当事人或者其他人的利益遭受重大损失的行为。

涉嫌下列情形之一的，应予立案：

1. 致使当事人或者其近亲属自杀、自残造成重伤、死亡，或者精神失常的；

2. 造成个人财产直接经济损失 15 万元以上，或者直接经济损失不满 15 万元，但间接经济损失 75 万元以上的；

3. 造成法人或者其他组织财产直接经济损失 30 万元以上，或者直接经济损失不满 30 万元，但间接经济损失 150 万元以上的；

4. 造成公司、企业等单位停业、停产 1 年以上，或者破产的；

5. 其他致使当事人或者其他人的利益遭受重大损失的情形。

（八）执行判决、裁定滥用职权案（第三百九十九条第三款）

执行判决、裁定滥用职权罪是指司法工作人员在执行判决、裁定活动中，滥用职权，不依法采取诉讼保全措施、不履行法定执行职责，或者违法采取保全措施、强制执行措施，致使当事人或者其他人的利益遭受重大损失的行为。

涉嫌下列情形之一的，应予立案：

1. 致使当事人或者其近亲属自杀、自残造成重伤、死亡，或者精神失常的；

2. 造成个人财产直接经济损失 10 万元以上，或者直接经济损失不满 10 万元，但间接经济损失 50 万元以上的；

3. 造成法人或者其他组织财产直接经济损失 20 万元以上，或者直接经济损失不满 20 万元，但间接经济损失 100 万元以上的；

4. 造成公司、企业等单位停业、停产 6 个月以上，或者破产的；

5. 其他致使当事人或者其他人的利益遭受重大损失的情形。

第三节　执行判决、裁定失职罪，执行判决、裁定滥用职权罪在审判实践中的疑难新型问题

问题1.如何把握执行判决、裁定滥用职权罪中"特别重大损失"的认定

执行判决、裁定滥用职权罪是滥用职权罪的特殊罪名，是针对司法工作人员这一特定主体在判决、裁定执行的特定领域设置的刑罚更为严重的罪名。并且，两者第一档量刑即入罪标准均是"重大损失"，从立法规律和文义解释的角度看，执行判决、裁定滥用职权罪的第二档量刑标准"特别重大损失"应与滥用职权罪的第二档量刑标准"情节特别严重"相对应。因此，关于"特别重大损失"的认定可以参照适用《最高人民法院、最高人民检察院关于办理渎职刑事案件适用法律若干问题的解释（一）》中关于滥用职权罪"情节特别严重"的判断标准。

【人民法院报案例】钱某执行判决、裁定滥用职权案①

一、基本案情

被告人钱某系某法院执行法官，负责被执行人汤某某的系列民事执行案。2013年4月，在处置汤某某名下银匙公司资产时，钱某应侦办汤某某合同诈骗案的经侦大队原警官胡某之请，出具委托付款函给购买了银匙公司资产的中太集团，要求其将200万元应付款打到经侦大队指定账户。按照胡某与汤某某的事先约定，该款一部分被用于偿还汤某某所欠个人债务，一部分被用作给经侦大队"小金库"的赞助款。

二、案例评析

本案争议点在于，被告人钱某滥用职权，使本应进入法院执行账户的200万元执行款，转到经侦大队指定的账户，被挪作他用，该行为是否符合执行判决、裁定滥用职权罪中的"重大损失"要件，是否构成"特别重大损失"。对此存在三种观点：第一种观点认为，钱某虽然有滥用执行权行为，导致200万执行款未入账并被挪作他用，但汤某某名下银匙公司的2011年资产审计报告显示其资产大于负债，且其土地等资产仍未处置，不会给申请执行人造成经济损失。故不构成执行判决、裁定滥用职权罪。第二种观点认为，资产处置结果即使能够清偿汤某某系列执行案中的债务，只属可以挽回的经济损失，而涉案200万元是立案时确定造成的经济损失，故钱某构成执行判决、裁定滥用职权罪。但由于法律、司法解释未明确界定执行判决、裁定滥用职权罪的损失数额标准，可不认定为"特别重大损失"。第三种观点认为，钱某构成执行判决、裁定滥用职权罪，并可参照适用"两高"司法解释中关于滥用职权罪"情节特别严重"的判断标准，认定为"特别重大损失"。

我们赞同第三种观点，理由如下：

执行判决、裁定滥用职权罪，是指在执行判决、裁定活动中，滥用职权，不依法采

---

① 徐荣荣：《执行判决、裁定滥用职权罪"特别重大损失"的认定》，载《人民法院报》2018年12月20日。

取诉讼保全措施、不履行法定执行职责，或者违法采取诉讼保全措施、强制执行措施，致使当事人或者其他人的利益遭受重大损失的行为。本案中，中太集团所付款项属执行款，根据《最高人民法院关于执行款物管理工作的规定》，① 对执行款应当实行专款管理、专款专付。但钱某滥用职权，违法采取强制执行措施，出具委托付款函，致使 200 万元执行款被挪作他用。

根据《最高人民法院、最高人民检察院关于办理渎职刑事案件适用法律若干问题的解释（一）》，经济损失属于重大损失的范畴，经济损失是指立案时已经实际造成的财产损失。立案后，犯罪分子及其亲友自行挽回的经济损失，司法机关或者犯罪分子所在单位及其上级主管部门挽回的经济损失，或者因客观原因减少的经济损失，不予扣减，但可以作为酌定从轻处罚的情节。本案所涉 200 万元是确定的执行款，未入法院执行账户而被挪作他用，在性质上属于刑事立案时已给申请执行人实际造成的损失。即使汤某某实际资产在全部处置后能够兑现申请执行人的债权，那也只是挽回损失的问题。此外，如果以事后处置的情况来看是否造成损失，客观上必然导致定案受制于立案后资产处置进程和结果的不正常现象，显然有违犯罪追诉的基本逻辑。

依照《刑法》第 399 条第 3 款的规定，对于执行判决、裁定滥用职权罪的量刑，以损失程度为标准："重大损失"的，处五年以下有期徒刑或者拘役；"特别重大损失"的，处五年以上十年以下有期徒刑。但《刑法》及司法解释对该罪损失数额的认定标准未作明确规定。对此，我们认为，可以参照适用司法解释对《刑法》第 397 条滥用职权罪、玩忽职守罪有关经济损失数额的认定标准，即造成经济损失 150 万以上的，可以认定为执行判决、裁定罪中的"特别重大损失"。首先，执行判决、裁定滥用职权罪是滥用职权罪的特别类型；其次，两者第一档次量刑的依据均是"重大损失"；再次，与一般的滥用职权罪相比，执行判决、裁定滥用职权罪因其主体特定，要求是司法工作人员，刑罚更重，即致使重大损失的滥用职权罪刑期为三年以下，情节特别严重的处三年以上七年以下，而执行判决、裁定滥用职权罪致使重大损失的刑期为五年以下，造成特别重大损失的处五年以上十年以下。

所以，按照入罪"举轻以明重"的基本法理，本案执行判决、裁定滥用职权罪"特别重大损失"的认定，可以参照适用滥用职权罪"情节特别严重"的标准。

问题 2. 执行明显违法的错误判决、裁定的行为，应当如何认定

执行权的本质属性具有强制性，被执行人要遵守判决、裁定所确定的义务，而执行人也要遵守相应的执行规范，否则就构成权力的滥用。执行人没有国家授权而执行当属授权范围外的弄权行为，有国家授权而不正确执行则属授权范围内的不正确行使执行权的滥用职权。对于明显违法的判决、裁定不能视为国家授权，而执行明显违法性错误的判决、裁定则属于授权范围外的弄权行为，成立作为形式的滥用执行权。

---

① 该规定现已失效，但不影响本案中对于执行款性质的认定。

【地方参考案例】吴某斌执行判决、裁定滥用职权案①

一、基本案情

2015 年以来，时任广南县人民法院院长的吴某斌与徐某（另案处理）之间长期有不正当的经济关系。2015 年 7 月 13 日，徐某向广南县人民法院起诉张某春民间借贷纠纷一案，吴某斌向该案承办人打探案件情况。本案经广南县人民法院、文山州中级人民法院一、二审判决由张某春赔偿徐某借款本金 110 万元及利息 22000 元，共计人民币 1122000 元。在此期间，张某春提出徐某虚假诉讼，后徐某、张某春及其代理人到广南县进行调解，徐某承认错告张某春，张某春对徐某予以谅解。

2018 年 1 月 11 日，吴某斌在其办公室撰写并打印徐某执行申请书后交给徐某。同日，广南县人民法院将该案从立案庭移送执行局执行。2018 年 2 月 22 日，张某春向广南县人民法院提出执行异议申请书。2018 年 3 月 6 日，广南县人民法院裁定驳回张某春的执行异议请求。2018 年 3 月 8 日，张某春向文山州中级人民法院提出执行异议复议申请书。2018 年 3 月 14 日，文山州中级人民法院裁定驳回张某春复议申请。

2018 年 5 月 23 日，广南县人民检察院以广检民（行）执监（2018）53262700002 号检察建议书中止执行该案。同月 30 日，吴某斌签发了不予中止执行的复函。2018 年 6 月 6 日，经法官助理吴某拟稿，许某签发张某春被限制高消费令和纳入失信被执行人名单，失信期限 2 年。2018 年 6 月 21 日，经吴某斌签发执行裁定书，扣划了被执行人张某春在银行的存款共计人民币 113.562 万元至广南县人民法院账户。在此期间，因徐某被公安机关立案侦查，执行款未兑付给徐某，吴某斌便批示"同意延迟退款"。

云南省砚山县人民法院于 2020 年 6 月 15 日作出（2019）2622 刑初 265 号刑事判决书、云南省文山州中级人民法院于 2020 年 9 月 18 日作出（2020）云 26 刑终 160 号刑事裁定书认定：被告人徐某以让被害人张某春给自己写借条、方便其向在赌场借高利贷不还的人索要借条为由，在双方不存在任何借贷关系的情况下，2010 年 6 月 8 日让张某春在被告人杨某 2 写好的"借条"上签字按印，借条内容为"张某春向徐某借款现金 110 万元，于 2011 年 10 月 30 日还清。"2013 年 9 月 2 日徐某用同样的理由，在广南县特安呐酒店让张某春在徐某富写好的承诺书上签字按印，承认内容为："欠徐某 110 万元，如到期未还，承担债前的一切费用及相应的法律责任。张某春承诺于 2013 年 10 月 30 日前还清。"2015 年 1 月 22 日，徐某用欺骗手段让张某春在被告人徐某俊写好的确认书上签字、按印。确认内容为："张某春于 2010 年 6 月 28 日向徐某借款 110 万元，用途为矿山日常资金周转。因张某春无法按时归还借款，徐某同意将张某春的还款延长到 2015 年 3 月 22 日前，张某春如不按时还款，承担本案的经济、法律责任及徐某为实现债权所支出的全部费用。"2015 年 7 月 13 日，被告人徐某持张某春签下的借条、承诺书、确认书及广南县农村信用社的一份银行流水（证实其有支付能力，2010 年 2 月 10 日其从 62×××51 账户取款 71 万）、短信息截图到广南县人民法院起诉张某春，经法院一审、二审，张某春败诉被判赔还徐某 113 万余元人民币。同年 12 月 9 日张某春向广南县公安局报案，2016 年 3 月 2 日，广南县公安局以徐某涉嫌虚假诉讼罪立案侦查。徐某得知后害怕被追究刑事责任，便找中间人牵线，希望与张某春和解、获得谅解，2016 年 5 月 23 日张某春

---

① 云南省砚山县法院（2020）云 2622 刑初 510 号刑事判决书。

同意和解，双方自愿签下《和解协议书》《谅解书》，并送广南县人民法院、广南县公安局存档。2018年2月徐某申请广南县人民法院强制执行对张某春的判决、裁定，在广南县人民法院吴某斌、原副院长许某的操作下受理执行申请，并于2018年6月14日裁定强制扣划张某春银行存款113.562元到广南县人民法院账户。因本案案发，该款尚未兑现给徐某。徐某因犯组织、领导黑社会性质组织罪，开设赌场罪、敲诈勒索罪、虚假诉讼罪、高利转贷罪被判处总和刑期三十五年，并处没收个人全部财产，罚金人民币二千零六十万元，剥夺政治权利五年，决定执行有期徒刑二十五年，并处没收个人全部财产，剥夺政治权利五年。

二、案例评析

吴某斌在执行判决、裁定活动中，违反依法秉公办案的义务，该自行回避而不回避，滥用职权违法进行强制执行，致使被执行人张某春遭受重大经济损失，其行为构成执行判决、裁定滥用职权罪。我们认为，执行权的本质属性具有强制性，被执行人要遵守判决、裁定所确定的义务，而执行人也要遵守相应的执行规范，否则就构成权力的滥用。执行人没有国家授权而执行当属授权范围外的弄权行为，有国家授权而不正确执行则属授权范围内的不正确行使执行权的滥用职权。对于明显违法的判决、裁定不能视为国家授权，而执行明显违法性错误的判决、裁定则属于授权范围外的弄权行为，成立作为形式的滥用执行权。正确行使国家授权内的执行权，是指不管在实体上还是在程序上都要符合执行规范性的要求。本案中，吴某斌身为司法工作人员，长期与强制执行申请人徐某之间存在经济往来，在徐某申请执行的案件中应当回避而没有回避，且明知徐某承认错告被执行人张某春，可能存在虚假诉讼的情况下，在其办公室内亲自代徐某拟写《执行申请书》，并在执行过程中，吴某斌明知申请执行人徐某已被公安机关以虚假诉讼立案、广南县人民检察院提出中止执行的检察建议情况下，仍签发了执行裁定书，扣划被执行人张某春款项人民币1135620元，从而使该存款脱离张某春的实际管控和占有，客观上已经造成张某春的损失。吴某斌的上述行为看似是在执行生效判决，形式合法，实则主观上是在维护申请执行人徐某的不法利益，客观上实施以权谋私、假公济私，不正确履行职责的行为，符合滥用职权的认定标准，其行为构成执行判决、裁定滥用职权罪。

问题3. 未优先分配司法拍卖款给抵押权人导致其损失，应当如何认定

人民法院对被执行人所有的其他人享有抵押权、质押权或留置权的财产，可以采取查封、扣押措施。财产拍卖、变卖后所得价款，应当在抵押权人、质押权人或留置权人优先受偿后，其余额部分用于清偿申请执行人的债权。司法工作人员在执行判决、裁定活动中滥用职权，未优先分配司法拍卖款给抵押权人，致使他人利益遭受重大损失，其行为构成执行判决、裁定滥用职权罪。

【地方参考案例】邢某执行判决、裁定滥用职权案[①]

一、基本案情

被告人邢某在任吉林省伊通满族自治县人民法院执行局副局长期间，于2013年9月12日受理了贺某申请执行孙某、孙某1借款一案。邢某在办理此案过程中，发现贺某申

---

① 吉林省吉林市中级人民法院（2018）吉02刑终214号刑事判决书。

请执行的房屋于 2006 年 4 月 27 日已经抵押登记给吉林省华银典当有限责任公司，同时该房屋还因孙某欠李某借款，于 2013 年 6 月 9 日被吉林省九台市人民法院（以下简称九台法院）司法查封。2013 年 10 月 15 日，邢某作出裁定对房屋进行拍卖。2013 年 10 月 17 日，邢某在没有找到李某的情况下，制作了一份李某同意伊通法院拍卖，拍卖款给李某预留 100 万元的笔录，并将该笔录交给贺某，让贺某找李某签字。而贺某将由李某妹妹李某 1 签字的笔录交给邢某，邢某未予核查，凭此笔录于 2013 年 10 月 18 日函请九台法院同意由伊通法院评估、拍卖被查封的财产，九台法院回函同意。后邢某在未积极寻找的情况下向吉林省华银典当有限责任公司（吉林华银投资有限公司、现为沈阳技成投资有限公司）公告送达相关文书。2014 年 6 月 26 日，该房屋以 443 万元拍卖成交。2014 年 7 月 4 日，邢某在知道有其他优先受偿权人的情况下，将房屋拍卖款 200 万元交付给贺某。2014 年 12 月 22 日，沈阳技成投资有限公司提出执行异议申请，伊通法院于 2015 年 9 月 21 日以（2013）伊法执字第 208 - 7 号执行裁定书，要求贺某返还拍卖款 200 万元，贺某一直未返还。2016 年 10 月 31 日，检察机关立案侦查后，贺某分二次返还拍卖款 120 万元。2016 年 11 月 1 日，邢某被传唤至检察机关接受调查。

二、案例评析

被告人邢某在执行判决、裁定中存在严重不负责、滥用职权的行为，使他人的利益遭受重大损失。首先是邢某与九台法院协商拍卖一事时，九台法院工作人员给其回复若当事人（李某）同意并预留一定款项的情况下，依照正常程序，可以由伊通法院进行拍卖。后邢某并没有直接找李某询问李某的意见，而是违反法律规定制作询问李某笔录，并交由与李某在案件处理上有利害关系的贺某找李某签字，事后证明笔录签字并非李某本人签字。邢某依此笔录以书面的形式向九台法院发函，九台法院在认为当事人本人同意的情况下才做出同意拍卖的复函。房屋拍卖后，邢某并未将预留的款项转交九台法院。其次，邢某并未积极向与案件有利害关系的吉林省华银典当有限责任公司（现为沈阳技成投资有限公司）送达相关文书。在案证据显示邢某仅在 2013 年 11 月 26 日到过吉林省华银典当有限责任公司送达相关文书，并于 2014 年 1 月 24 日作出公告送达，其间，并未显示邢某在找寻吉林省华银典当有限责任公司一次无果后又积极找寻。同时，吉林省华银典当有限责任公司企业年检审查表中载有公司联系电话，邢某亦未拨打过电话进行问询。最后，通过查询房屋档案及邢某对贺某的询问笔录，能够证实邢某知道拍卖的房屋存在抵押权人，同时在除去抵押权人的优先受偿权后已无余额。根据《最高人民法院关于人民法院执行工作若干问题的规定（试行）》第 40 条规定，人民法院对被执行人所有的其他人享有抵押权、质押权或留置权的财产，可以采取查封、扣押措施。财产拍卖、变卖后所得价款，应当在抵押权人、质押权人或留置权人优先受偿后，其余额部分用于清偿申请执行人的债权。作为多年办理执行案件的邢某并未按此规定办理贺某申请执行一案，而是根据贺某的申请支付给贺某 200 万元。至 2016 年 10 月 31 日侦查机关对邢某案件立案时，贺某拒不返还，邢某的行为已经使他人的利益遭受重大损失，且达到渎职犯罪的立案追诉标准。

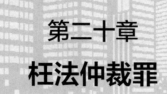

第二十章

枉法仲裁罪

第一节　枉法仲裁罪概述

一、枉法仲裁罪的概念及构成要件

枉法仲裁罪，是指依法承担仲裁职责的人员在仲裁活动中故意违背事实和法律作枉法裁决，情节严重的行为。本罪是《刑法修正案（六）》新增加的一类犯罪。

（一）客体要件

本罪的客体包括以下两个方面：

（1）仲裁委员会的正常职能活动。本罪虽然被纳入"渎职罪"一章中，其侵犯的客体从属于渎职罪的同类客体，与渎职罪的同类客体有着一致性。仲裁作为一种争议解决机制，要求仲裁人员必须公正不倚的依法裁决。仲裁人员的枉法裁决行为不仅影响一个国家的正常仲裁职能活动，而且给社会公众对仲裁公正性的信任度造成了极大的伤害，从而损害仲裁部门及其工作人员在公众心目中的形象和威信，对仲裁事业将会造成重大阻碍。

（2）仲裁当事人的合法权益。仲裁的目的是公平公正地解决纠纷，保护当事人的合法权益，违背事实和法律而进行枉法仲裁的行为必然会侵害当事人的合法权益，使其得不到本应有的保障，使仲裁失去原有的意义。

（二）客观要件

本罪的客观方面是"在仲裁活动中违背事实和法律作枉法裁决，情节严重"的行为。

第一，必须发生在仲裁活动中。这也是本罪与徇私枉法罪，民事、行政枉法裁判罪的重要区别。枉法裁决行为只有在"仲裁活动"中进行时才能成立枉法仲裁罪，"仲裁活动"的范围为何？仲裁员和仲裁机构的关系不同于法官与法院，仲裁员不是仲裁机构的常驻工作人员，仲裁庭独立于仲裁机构，主导仲裁程序的进行，独立作出裁决，不受仲裁机构的干预；同时，根据中国仲裁法和仲裁机构的仲裁规则，仲裁机构和仲裁委员会主任或秘书长有权就仲裁管辖权、仲裁员的指定、回避、延长裁决期限等作出决定；另外，在必要时仲裁机构的核稿人员、专家委员会成员可以研讨仲裁案件并向仲裁庭提出修改建议。以上种种活动，是否都属于"仲裁活动"呢？从《仲裁法》和各仲裁机构的仲裁规则来看，仲裁活动的范围是极为广泛的，且从近些年国际仲裁活动及各国立法来看，仲裁员权力呈现不断扩大的趋势。根据《仲裁法》及一些仲裁机构仲裁规则的规定，仲裁活动主要包括以下几类：（1）确定仲裁庭的管辖权；（2）确定仲裁程序性事项；（3）对实体争议作出终局裁决。综上所述，实践中仲裁活动的范围很广，但是并非所有的仲裁活动都在枉法仲裁罪客观方面规定的"仲裁活动"范围之内的，而是要具体情况具体分析，要求司法人员在司法实践中认真把握。

第二，违背事实和法律作枉法裁决。这是指仲裁员背离案件的客观事实，故意歪曲法律、法规和相关司法解释的原意，作出仲裁裁决。"法律"应以中国法律和国际规则、国际惯例为主，将外国法律归入其中是不适宜的。根据《民事诉讼法》的规定，违反法律指的是违反实体法而非违反诉讼程序法，由于违背事实和法律导致违反法定程序从而影响实体裁判的，应认定为违反事实和法律，如由于违背事实和法律致使纠纷应当受理而未受理，或不应当受理却予以受理。我们认为该规定同样适用于判断仲裁人员在枉法裁决时是否违反法律。仲裁人员违背法律主要包括以下几种情况：（1）错误认定法律关系的性质；（2）错误认定法律关系的主体；（3）确定权利归属、内容、责任承担或者责任划分发生错误的；（4）遗漏诉讼请求或超出诉讼请求范围作出裁决；（5）其他适用法律错误的情形。

第三，必须达到情节严重程度，包括收受贿赂枉法裁决、给仲裁当事人造成重大财产损失或者造成其他严重后果等情形的。"情节严重"是枉法仲裁罪犯罪构成的基本要素，是确定枉法仲裁罪的一个非常重要的客观要件，也就是说在仲裁活动中有枉法仲裁行为的，一般情况下并不构成犯罪，只有情节严重的才构成犯罪。但是法律并没有对"情节严重"作出详细的判断标准，因而内容也是不确定的。认定情节是否严重，应当综合考虑以下因素：

（1）枉法仲裁的后果。承担仲裁职责的人员的枉法仲裁行为给公民的人身、财产和国家、集体财产造成重大损失和恶劣社会影响的，应认定为情节严重。《最高人民检察院、公安部关于公安机关管辖的刑事案件立案追诉标准的规定》中对于民事、行政枉法裁判罪应当予以立案的情形是这样规定的：枉法裁判，致使当事人或者其近亲属自杀、自残造成重伤、死亡，或者精神失常的；枉法裁判，造成个人财产直接经济损失10万元以上，或者直接经济损失不满10万元，但间接经济损失50万元以上的；枉法裁判，造成法人或者其他组织财产直接经济损失20万元以上，或者直接经济损失不满20万元，但间接经济损失100万元以上的；伪造、变造有关材料、证据，制造假案枉法裁判的；串通当事人制造伪证，毁灭证据或者篡改庭审笔录而枉法裁判的；徇私情、私利，明知是伪造、变造的证据予以采信，或者故意对应当采信的证据不予采信，或者故意违反法定程序，或者故意错误适用法律而枉法裁判的；其他情节严重的情形。对于枉法仲裁，判断其行为是否"情节严重"也可以参照上述立案标准判断情节是否严重，但是根据前文所指，枉法仲裁罪的立案标准应当高于民事、行政枉法裁判罪，而如果枉法仲裁行为造成的财产损失和社会影响均属一般的，则不应认为是情节严重。

（2）枉法仲裁的动机和目的。考虑到枉法仲裁罪的主观要件只要求主观故意，动机与目的并不是犯罪构成要件，因此，对仲裁人员出于贪利、贪色以及报复泄愤等个人目的即徇私情、私利而枉法仲裁的行为应认定为情节严重；对于没有明确的个人目的，为牟取单位、小集体利益而枉法仲裁的，为情节一般。

（3）枉法仲裁的手段。对于承担仲裁职责的人员有下列行为之一的，应认定为情节严重：伪造、变造有关材料、证据，制造假案枉法仲裁的；串通当事人制造伪证，毁灭证据、故意丢失证据或者篡改仲裁笔录而枉法仲裁的；徇私情、私利，明知是伪造、变造的证据予以采信，或者故意对应当采信的证据不予采信，或者故意违反法定程序，或者故意错误适用法律而枉法仲裁的；具有索取或者收受财物情节的；其他恶劣手段。这些行为严重侵犯对方当事人的人身权利和财产权利的，应构成枉法仲裁罪。对于没有明显的恶劣手段，造成对方当事人损害一般的，不认为构成枉法仲裁罪。

（4）枉法仲裁者的主观恶性。仲裁人员如两次或两次以上枉法仲裁的，也应认定为情节严重。仲裁人员偶尔一次枉法仲裁，手段、后果均一般的，不构成犯罪。

仲裁虽然是一裁终局，实质上却并非一经裁决即会产生法律后果的，因为其有自身的救济机制。《仲裁法》第五章规定了向法院申请撤销裁决的程序，第六章规定了法院经过合议庭审查核实可以不予执行仲裁裁决的条款。存在枉法仲裁行为，但裁决被法院裁定撤销或重新仲裁，或者法院裁定不予执行的，是否仍然构成枉法仲裁罪？我们认为，只要仲裁裁决已经作出，且有证据证明确实存在枉法行为并已达到情节严重的程度，就可以构成枉法仲裁罪。首先，从犯罪构成角度看，枉法裁决一旦作出，且已达到情节严重的程度，犯罪就处于完成状态，具备了犯罪构成所需的全部要件。原仲裁案件的裁决结果是否被撤销或不予执行，并不影响枉法仲裁罪的成立。其次，枉法仲裁与否，关键是看仲裁人员是否违背了事实和法律，是否达到情节严重的程度，而裁定撤销裁决或不予执行裁决的情形与是否判处枉法仲裁罪的判断标准并不一致。法院的裁定并非绝对正确，也可能发生错误。法院裁定执行原裁决或不予撤销裁决，并不意味着枉法仲裁人员没有枉法事实，而法院裁定撤销裁决或不予执行裁决，也并不意味着仲裁人员就一定构成枉法裁决罪。所以，是否构成枉法仲裁罪与原仲裁案件的仲裁结果并无绝对的联系，法院的裁定只能作为参考因素之一，若得当衡量，没有达到严重程度的，可不定罪。

（三）主体要件

本罪的主体是依法承担仲裁职责的人员。《仲裁法》第14条规定："仲裁委员会独立于行政机关，与行政机关没有隶属关系。仲裁委员会之间也没有隶属关系。"第15条规定："中国仲裁协会是社会团体法人……是仲裁委员会的自律性组织。"由此可见，我国的仲裁委员会是社会团体法人，独立于行政机关。仲裁员大都是受聘的律师、曾任审判员或法律教学、研究、有高级职称的教学科研人员。从形式要件上看，仲裁委员会的设立应当经省、自治区、直辖市的司法行政部门登记而成。因此该种社会团体法人不是国家机关，也不是属于国家机关授权从事某种国家职能而组建的单位，原则上不具有国家机关的属性。

本罪中的仲裁应该是《仲裁法》意义上的仲裁。《仲裁法》第13条规定了选聘仲裁员的条件："仲裁委员会应当从公道正派的人员中聘任仲裁员。仲裁员应当符合下列条件之一：（一）通过国家统一法律职业资格考试取得法律职业资格，从事仲裁工作满八年的；（二）从事律师工作满八年的；（三）曾任法官满八年的；（四）从事法律研究、教学工作并具有高级职称的；（五）具有法律知识、从事经济贸易等专业工作并具有高级职称或者具有同等专业水平的。"根据《仲裁法》的规定，除了仲裁员，仲裁委员会主任、秘书长、专家咨询委员会委员在仲裁过程中都不同程度地承担了一定的职责。仲裁委员会主任或秘书长有权就仲裁管辖权、仲裁员回避、延长裁决期限等作出决定，必要时仲裁机构的专家咨询委员会委员可以对案件发表咨询意见等，如果其作出决定时徇私舞弊，明显故意违反法定程序，从而造成当事人巨大损失，情节严重的，应当可以独立成为枉法仲裁罪的主体。专家咨询委员会委员对案件发表咨询意见对案件的仲裁结果并不会产生实质性的改变，所以不能独立成为枉法仲裁罪的主体。除此之外，本罪中"依法承担仲裁职责的人员"还包括根据劳动法、公务员法、体育法、著作权法、反兴奋剂条例等法律、行政法规的规定，在由政府行政主管部门代表参加组成的仲裁机构中对法律、行政法规规定的特殊争议承担仲裁职责的人员。

（四）主观要件

本罪在主观方面必须出于故意，即明知自己的行为违背了事实和法律属枉法裁决但仍然决意为之。过失不能构成本罪。

二、枉法仲裁罪案件审理情况

枉法仲裁罪系 2006 年 6 月 29 日起施行的《刑法修正案（六）》增设的规定，旨在打击仲裁活动中的渎职行为。

通过中国裁判文书网检索，全国法院审结一审枉法仲裁刑事案件共计 6 件，其中，2013 年 1 件，2018 年 1 件，2019 年 3 件，2020 年 1 件。本罪名在审判实践中使用率极低，随着经济社会发展和仲裁活动的增多，应逐步提高对该罪名的重视，充分发挥其对仲裁活动的规范作用。

三、枉法仲裁罪案件审理热点、难点问题

如何准确把握枉法仲裁罪与徇私枉法罪的界限。徇私枉法罪与枉法仲裁罪在主观上都具有牟取私利的动机；在客观上都表现为违背法律作出枉法的裁决。两者的区别主要表现在以下几个方面：（1）徇私枉法罪侵犯的客体是国家的司法制度；而枉法仲裁罪侵犯的是国家的仲裁制度。前者发生在司法工作人员在履行侦查、检察、审判职责的过程中，后者则发生未进入诉讼程序（包括刑事诉讼、民事诉讼等）的仲裁活动中。（2）客观表现形式不同。徇私枉法罪表现为牟取私利，对明知是无罪的人而使他受追诉，对明知是有罪的人而故意包庇使其不受追诉，或者在刑事审判中故意违背事实和法律枉法裁判的行为；而枉法仲裁罪表现为在仲裁活动中故意违背事实和法律作枉法裁决，情节严重的行为。（3）犯罪主体不同。徇私枉法罪的主体是司法工作人员，即对犯罪案件具有侦查、检察、审判和监管职责的司法工作人员；而枉法仲裁罪的主体则是依法享有仲裁职责的人员，主要是指依据法律、行政法规和部门规章的规定承担仲裁职责的人员，不属于司法人员。（4）主观故意内容不同。徇私枉法罪的主观故意有三种形式，即对明知是无罪的人而使他受追诉，对明知是有罪的人而故意包庇不使他受追诉，或者故意违背事实和法律作枉法裁判；而枉法仲裁罪在主观方面只要求表现为明知自己作出的裁决违

背事实和法律，依然裁决之。

四、枉法仲裁罪案件办案思路及原则

1. 准确把握本罪的性质和立法目的。枉法仲裁罪的行为本质也是一种枉法裁判行为，现行刑事立法将仲裁员与公检法工作人员的枉法裁判行为一起规定在刑法典的"渎职罪"中，是因为仲裁工作具有的准司法权属性。从立法规定上看，枉法仲裁罪与枉法裁判罪在罪行主观方面和客观方面的规定基本一致，最为关键的区别就在于主体方面。

2. 准确把握"违背事实和法律"的判断标准。《仲裁法》第 43 条规定："当事人应当对自己的主张提供证据。仲裁庭认为有必要收集的证据，可以自行收集。"可见仲裁是以当事人收集证据为原则，仲裁庭自行收集证据为例外，仲裁案件的举证责任落在当事人身上，发现证据、获取证据的能力明显弱于国家公权力机关，因此仲裁中"法律真实"的证明标准和民事证据一样明显低于刑事证据甚至行政证据的证明标准。我国司法实务界和理论界通常将该标准界定于"高度盖然（可能）性"标准，即在当事人对同一事实举出相反证据且都无法否定对方证据的情况下，如果一方提供的证据的证明力明显大于另一方，则可以认为证明力较大的证据支持的事实具有高度盖然性。与民事诉讼相似，仲裁案件的裁决也可以采取"高度盖然性"的证明标准。仲裁人员收集、审查和采信证据的过程就是认定案件事实的过程。仲裁人员违背事实的行为就是对证据规则的违背，这种违背通常存在以下几种情况：（1）对达到甚至超过"高度盖然性"证明程度的证据所证明的事实不予认定；（2）对证据不充分的事实予以认定；（3）隐匿、毁灭、伪造证据或者妨害证人作证；（4）对依法应当排除的非法证据或者没有证明力或证明力微弱的证据予以认定；（5）对不应适用举证责任倒置规则而适用的，或者该适用而未适用的；（6）对依法应当免除举证责任而未免除，或者不应免除的而免除；（7）对当事人伪造的证据或采取胁迫、欺诈手段获取的证据或提供虚假的证据予以认定。

第二节 枉法仲裁罪审判依据

枉法仲裁罪系 2006 年 6 月 29 日十届全国人大常委会第二十二次会议通过的《中华人民共和国刑法修正案（六）》增设。

一、法律

1. 《刑法》（2020 年 12 月 26 日修正）（节录）

第三百九十九条之一 依法承担仲裁职责的人员，在仲裁活动中故意违背事实和法律作枉法裁决，情节严重的，处三年以下有期徒刑或者拘役；情节特别严重的，处三年以上七年以下有期徒刑。

2. 《仲裁法》（2017 年 9 月 1 日修正）（节录）

第二条 平等主体的公民、法人和其他组织之间发生的合同纠纷和其他财产权益纠纷，可以仲裁。

第三条 下列纠纷不能仲裁：

（一）婚姻、收养、监护、扶养、继承纠纷；

（二）依法应当由行政机关处理的行政争议。

第四条 当事人采用仲裁方式解决纠纷，应当双方自愿，达成仲裁协议。没有仲裁协议，一方申请仲裁的，仲裁委员会不予受理。

第七条 仲裁应当根据事实，符合法律规定，公平合理地解决纠纷。

第八条 仲裁依法独立进行，不受行政机关、社会团体和个人的干涉。

第九条 仲裁实行一裁终局的制度。裁决作出后，当事人就同一纠纷再申请仲裁或者向人民法院起诉的，仲裁委员会或者人民法院不予受理。

裁决被人民法院依法裁定撤销或者不予执行的，当事人就该纠纷可以根据双方重新达成的仲裁协议申请仲裁，也可以向人民法院起诉。

第二十一条 当事人申请仲裁应当符合下列条件：

（一）有仲裁协议；

（二）有具体的仲裁请求和事实、理由；

（三）属于仲裁委员会的受理范围。

第三十四条 仲裁员有下列情形之一的，必须回避，当事人也有权提出回避申请：

（一）是本案当事人或者当事人、代理人的近亲属；

（二）与本案有利害关系；

（三）与本案当事人、代理人有其他关系，可能影响公正仲裁的；

（四）私自会见当事人、代理人，或者接受当事人、代理人的请客送礼的。

第三十五条 当事人提出回避申请，应当说明理由，在首次开庭前提出。回避事由在首次开庭后知道的，可以在最后一次开庭终结前提出。

第三十六条 仲裁员是否回避，由仲裁委员会主任决定；仲裁委员会主任担任仲裁员时，由仲裁委员会集体决定。

第三十八条 仲裁员有本法第三十四条第四项规定的情形，情节严重的，或者有本法第五十八条第六项规定的情形的，应当依法承担法律责任，仲裁委员会应当将其除名。

第五十三条 裁决应当按照多数仲裁员的意见作出，少数仲裁员的不同意见可以记入笔录。仲裁庭不能形成多数意见时，裁决应当按照首席仲裁员的意见作出。

3.《劳动争议调解仲裁法》（2007 年 12 月 29 日）（节录）

第十九条 劳动争议仲裁委员会由劳动行政部门代表、工会代表和企业方面代表组成。劳动争议仲裁委员会组成人员应当是单数。

劳动争议仲裁委员会依法履行下列职责：

（一）聘任、解聘专职或者兼职仲裁员；

（二）受理劳动争议案件；

（三）讨论重大或者疑难的劳动争议案件；

（四）对仲裁活动进行监督。

劳动争议仲裁委员会下设办事机构，负责办理劳动争议仲裁委员会的日常工作。

第二十条 劳动争议仲裁委员会应当设仲裁员名册。

仲裁员应当公道正派并符合下列条件之一：

（一）曾任审判员的；

（二）从事法律研究、教学工作并具有中级以上职称的；

（三）具有法律知识、从事人力资源管理或者工会等专业工作满五年的；

（四）律师执业满三年的。

第二十一条　劳动争议仲裁委员会负责管辖本区域内发生的劳动争议。

劳动争议由劳动合同履行地或者用人单位所在地的劳动争议仲裁委员会管辖。双方当事人分别向劳动合同履行地和用人单位所在地的劳动争议仲裁委员会申请仲裁的，由劳动合同履行地的劳动争议仲裁委员会管辖。

第三十三条　仲裁员有下列情形之一，应当回避，当事人也有权以口头或者书面方式提出回避申请：

（一）是本案当事人或者当事人、代理人的近亲属的；

（二）与本案有利害关系的；

（三）与本案当事人、代理人有其他关系，可能影响公正裁决的；

（四）私自会见当事人、代理人，或者接受当事人、代理人的请客送礼的。

劳动争议仲裁委员会对回避申请应当及时作出决定，并以口头或者书面方式通知当事人。

第三十四条　仲裁员有本法第三十三条第四项规定情形，或者有索贿受贿、徇私舞弊、枉法裁决行为的，应当依法承担法律责任。劳动争议仲裁委员会应当将其解聘。

二、司法解释

《最高人民法院、最高人民检察院关于办理渎职刑事案件适用法律若干问题的解释（一）》（2012 年 12 月 7 日　法释〔2012〕18 号）（节录）

第二条　国家机关工作人员实施滥用职权或者玩忽职守犯罪行为，触犯刑法分则第九章第三百九十八条至第四百一十九条规定的，依照该规定定罪处罚。

国家机关工作人员滥用职权或者玩忽职守，因不具备徇私舞弊等情形，不符合刑法分则第九章第三百九十八条至第四百一十九条的规定，但依法构成第三百九十七条规定的犯罪的，以滥用职权罪或者玩忽职守罪定罪处罚。

第三节　枉法仲裁罪在审判实践中的疑难新型问题

问题1. 劳动争议仲裁员能否成为枉法仲裁罪的主体[①]

【实务专论】

我国《刑法》规定的枉法仲裁罪为身份犯，其主体为特殊主体。学术界及司法实践中较为一致地认为民商事仲裁人员为枉法仲裁罪的主体；而对于其他仲裁包括劳动争议仲裁、人事争议仲裁、土地承包仲裁等主体是否能成为该罪主体，观点不一，实践中存在三种不同的观点：第一种观点认为，本罪主体应作广义理解，即不仅包括从事民商事仲裁的人员，还包括劳动争议仲裁、人事争议仲裁、土地承包仲裁甚至是体育争议仲裁等相关仲裁主体。第二种观点认为，本罪的主体既包括商事仲裁，也包括劳动仲裁。第三种观点认为，本罪主体应作狭义上的理解，指的是1994年《仲裁法》所调整的民商事仲裁。理由是民商事仲裁有别于其他仲裁，其特有的一裁终局制度导致其救济途径缺失，进而产生枉法仲裁后果的发生，而其他仲裁裁定并不是终局的。

我们认为，劳动争议仲裁员应当属于本罪主体。首先，从立法目的来看，劳动争议仲裁属枉法仲裁罪调整范围。2006年《刑法修正案（六）》在《刑法》第399条司法工作人员枉法犯罪之后增设以仲裁人员为主体的枉法仲裁罪，其目的就是打击、防范与枉法裁判在本质上极其相似的枉法仲裁行为。劳动仲裁被动、居中、独立地解决当事人之间的实体权利义务纠纷，具有准司法属性，也应当成为本罪调整范围。另外，从渎职犯罪主体角度分析，枉法仲裁罪规定在渎职罪一章中，而且是与司法工作人员的徇私枉法罪、民事、行政枉法裁判罪、执行判决、裁定滥用职权罪规定在同一条文中，如果从强调主体身份一致的角度，劳动仲裁相对于民商事仲裁而言，不仅具有社会性，一定程度上还具有行政性，更应成为本罪规制的对象。其次，从侵害法益来看，劳动争议枉法仲裁侵害的法益包含在枉法仲裁罪所侵害的法益之中。仲裁作为决定当事人权利义务的一种争议解决机制，要求仲裁人员必须公正不倚地依法裁判。仲裁人员的枉法裁判行为不仅破坏了一个国家的正常仲裁秩序，还会给当事人合法权益造成侵害，损害仲裁机构及其工作人员在公众心目中的形象和威信。劳动争议枉法仲裁当然也不例外。再次，从劳动仲裁具体规定来看，劳动仲裁具体操作与民商事仲裁无异。新的《劳动争议调解仲裁法》于2008年5月1日起生效实施，此后劳动仲裁都适用该法第三章"仲裁"的规定，不再适用《劳动法》《企业劳动争议处理条例》中的相关规定，劳动仲裁与民商事仲裁性质上并无大的区别。如仲裁员均从审判员、律师、教师、人力资源管理人员或工会工作人员中聘任；仲裁实行仲裁庭制或者独任仲裁制，裁决按照仲裁庭多数仲裁员的意见作

[①] 程敏：《曾德明枉法仲裁案——劳动仲裁中的枉法调解行为应纳入枉法仲裁罪规制范围》，载最高人民法院刑事审判第一、二、三、四、五庭编：《刑事审判参考》（总第125集），指导案例第1402号，人民法院出版社2020年版，第137~139页。

出，不能形成多数意见时，则按照首席仲裁员的意见作出；当事人享有申请回避、举证、质证、辩论等广泛权利；等等。虽然仲裁委员会由劳动行政部门代表、工会代表和企业方面代表组成，并且有权"讨论重大或者疑难的劳动争议案件"，但主要从事案件受理、聘任或解聘仲裁员、监督仲裁活动、文书送达等行政管理及程序性工作，仲裁委员会对于重大或疑难案件的讨论也类似于法院审判委员会对案件的讨论，并不具体从事仲裁业务。因此，劳动仲裁中的仲裁员与民商事仲裁中的仲裁员一样，都是受聘任从事仲裁业务。劳动仲裁裁决的作出，也体现了仲裁的民间性、社会性。

问题 2. 如何认定枉法仲裁罪的"情节严重"

"情节严重"是区分枉法仲裁行为罪与非罪的标准，判断枉法仲裁行为是否属于"情节严重"，应当以枉法仲裁罪构成要件为基础，参照民事、行政枉法裁判罪的立案标准，综合考虑枉法仲裁行为的后果、枉法仲裁行为实施的方式和手段、行为人的动机和目的等要素。

【刑事审判参考案例】曾某明枉法仲裁案[①]

一、基本案情

被告人曾某明，案发前系福建省武平县人力资源和社会保障局劳动关系股股长兼武平县劳动人事争议仲裁院院长、武平县劳动人事争议仲裁委员会仲裁员。王某兴得知其民间借贷债务人王某贵担任原法定代表人的福建省武平县梁野山茶业有限公司（以下简称"梁野山茶业公司"）的土地及厂房被司法拍卖后，担心难以要回借款，不能参与法院执行案件的财产分配并优先足额受偿其债权（借款本息合计 414700 元），便于 2017 年 7 月 29 日找到其堂妹夫被告人曾某明，并将王某贵个人欠其借款本息 40 余万元及梁野山茶业公司资产被武平县人民法院司法拍卖等相关情况告知曾某明，希望能假借梁野山茶业公司拖欠工人工资形式申请劳动仲裁，进而能够凭借仲裁文书参与法院执行分配，以期能尽快足额拿回借款本息。曾某明在王某兴央求下，碍于亲戚情面，答应为其作劳动仲裁调解处理，并要求其与对方沟通及准备好相关仲裁申请材料。

之后，王某兴征得时任梁野山茶业公司法定代表人王某福（王某贵之子）的同意后，收集了自己和亲友共计 13 人的身份证复印件，虚构了梁野山茶业公司拖欠前述 13 人工资共 414700 元的劳动仲裁申请材料。2017 年 7 月 30 日上午，王某兴将相关仲裁申请材料送给被告人曾某明审查，曾某明明知申请人中有多人系其亲戚，不可能是梁野山茶业公司工人的情形下，仍然告知王某兴工人工资表不能只有每个人的工资总额而应把每人每月的工资做成明细表格等修改事项，指导王某兴对虚假仲裁申请材料进行了补充和修改，并据此制作了劳动仲裁调解笔录。当日下午，王某福到曾某明办公室，在调解笔录及虚构的工人工资表等申请材料上签字并加盖公司印章，曾某明当即未经合议就制作履行期限为 2017 年 8 月 15 日、落款时间为 2017 年 7 月 30 日的仲裁调解书，盖章后当场送给王某兴和王某福。经曾某明同意，王某兴将调解笔录及仲裁申请书带回并暗中背着曾某明

① 程敏：《曾某明枉法仲裁案——劳动仲裁中的枉法调解行为应纳入枉法仲裁罪规制范围》，载最高人民法院刑事审判第一、二、三、四、五庭编：《刑事审判参考》（总第 125 集），指导案例第 1402 号，人民法院出版社 2020 年版，第 133 页。

冒签了申请人王林鑫、周仁兴的名字后于次日交给曾某明。

2017 年 7 月 31 日上午，王某兴持上述仲裁调解书等材料到武平县人民法院申请执行，因履行期限未到以及送达程序等问题未果。随即，王某兴再次找到被告人曾某明帮忙，曾某明应王某兴要求重新修改了调解笔录及仲裁调解书上的履行期限，交代工作人员将案件相关信息补录入电脑系统，制作了立案受理表、结案审批表、文书审批单等文书并层交不知情的相关领导审批签发后，在其他仲裁员不知情的情况下重新制作了包括"梁野山茶业公司同意支付王某兴等 13 人工资款合计 414700 元，并同意在土地拍卖款中由武平县人民法院直接支付到县人社局农民工工资账户"等内容、履行期限及落款时间均为 2017 年 7 月 31 日、仲裁庭成员包括首席仲裁员曾某明、仲裁员钟国才、仲裁员艾菊香的"武劳仲案〔2017〕19 号"武平县劳动人事争议仲裁委员会仲裁调解书和送达证明交给王某兴。同时，曾某明将空白送达回执及修改后的调解笔录交给王某兴，让其一并给王某福和其他申请人代表签字盖章后交回。同日，王某兴持该仲裁调解书和送达证明等相关材料再次向武平县人民法院申请执行。2017 年 8 月 4 日，武平县人民法院予以受理并向梁野山茶业公司发出（2017）闽 0824 执 888 号《执行通知书》，责令被申请人梁野山茶业公司向申请人王某兴等人支付工资 414700 元及利息。几天后，曾某明觉得虚假的仲裁调解不妥，要求王某兴向法院撤回执行申请，但遭对方拒绝。

2017 年 8 月 220，武平县人民检察院发现武劳仲裁案〔2017〕19 号仲裁调解案属虚假案件，经其建议，武平县劳动人事争议仲裁委员会于 2017 年 8 月 24 日决定撤销武劳仲裁案〔2017〕19 号劳动争议案件，武平县人民法院于 2018 年 8 月 29 日裁定终结执行（2017）闽 0824 执 888 号案件。

武平县人民法院认为，被告人曾某明作为依法承担仲裁职责的劳动人事争议仲裁委员会仲裁员，故意违背事实和法律规定，明知是虚假诉讼事实和伪造的证据，仍徇私情协助他人补强伪证并予采信，使不在受案范围的民间借贷纠纷变通形式后得以仲裁立案受理，对实际不存在劳动关系的虚假劳动争议擅自启动仲裁程序，刻意规避证据审查与事实认定程序，未经合议即以仲裁庭名义违法制作劳动仲裁调解书且送达，导致该仲裁调解书通过法院立案审查进入民事诉讼执行程序，其利用职权积极帮助他人实施虚假诉讼的行为，妨害司法和仲裁秩序，损害了司法权威和仲裁公正性，并严重威胁民事诉讼执行案件当事人的财产安全，涉案标的达 414700 元，情节严重，其行为构成枉法仲裁案。被告人有自首情节，依法可以从轻处罚。结合其犯罪情节和悔罪表现，依法可适用缓刑。故以枉法仲裁罪判处曾某明有期徒刑六个月，缓刑一年。福建省龙岩市中级人民法院裁定维持原判。

二、案例评析

（一）劳动争议仲裁员属于枉法仲裁罪的主体

具体理由上文已作分析，此不赘述。

（二）劳动仲裁中的枉法调解行为应纳入枉法仲裁罪规制范围

需要明确的是，这里所说的"调解"，是劳动争议调解仲裁法第三章"仲裁"中的调解，而非劳动争议调解仲裁法第二章"调解"中的调解组织进行的调解活动。仲裁调解，是指在仲裁程序中，双方当事人在仲裁庭的主持下，自愿协商、相互谅解，就争议的解决达成协议的活动。在案件受理后仲裁裁决作出之前，仲裁庭经双方当事人同意，均能进行调解。枉法仲裁罪的犯罪对象是仲裁裁决，仲裁裁决是仲裁庭按照仲裁法和仲裁规则在审理案件过程中或审结后，根据查明的事实和认定的证据，依法对当事人提交仲裁的争议事项所作的权威性决断。我们认为，仲裁活动中的枉法调解行为，也应当属于枉法仲裁罪的规制范围。理由是：

1. 劳动仲裁中的调解属于仲裁活动劳动争议仲裁调解是指在仲裁庭主持下，仲裁当事人在自愿协商、互谅互让基础上达成协议，从而解决纠纷的一种制度。根据《劳动争议调解仲裁法》第 42 条规定，仲裁庭在作出裁决前，应当先行调解。调解达成协议的，仲裁庭应当制作调解书。《劳动人事争议仲裁办案规则》第四章"仲裁调解"，专门对仲裁调解作了详细的规定。显然，劳动争议仲裁调解系在仲裁庭主持下进行的前置必经仲裁程序，是劳动仲裁程序的有机组成部分。

2. 仲裁调解书与裁决书具有同等法律效力

根据劳动争议调解仲裁法规定，经仲裁庭调解，双方当事人达成协议的，仲裁庭应当制作调解书。调解书要写明仲裁请求和当事人协议的结果，并由仲裁员签名，加盖仲裁委员会印章，仲裁调解书经双方当事人签收后即发生法律效力，对于争议双方都具有法律约束力和执行力。当事人对发生法律效力的调解书、裁决书，应当依照规定的期限履行，一方当事人逾期不履行的，另一方当事人可以依照《民事诉讼法》的有关规定向人民法院申请执行，受理申请的人民法院应当依法执行。可见，仲裁调解书与仲裁裁决书均为仲裁庭在仲裁活动中对仲裁事项作出的实体或程序处置结果，在法律约束力、执行力上都是具有同等效力的。

3. 枉法调解的社会危害性与枉法裁决并无本质差别

劳动仲裁中的调解与裁决一样，同样要查明事实、分清是非，遵循合法原则。而枉法调解的本质与枉法裁决的本质相同，都是承担仲裁职责的人员超越当事人和法律的授权，故意违背事实和法律作出的有损当事人正当合法权益的枉法行为。两者均违背了仲裁员公平中立进行仲裁程序、勤勉审慎履行职责的基本职责要求，是对法律直接、严重的破坏。枉法调解与枉法裁决一样，一方面侵犯了当事人的合法权益，使权益人的合法权益得不到应有的保障；另一方面又扰乱了正常的仲裁活动，使人们丧失对仲裁公正性的信赖。

（三）本案被告人曾某明的枉法调解行为属于"情节严重"

"情节严重"是区分枉法仲裁行为罪与非罪的一个重要标准。对于"情节严重"的标准，目前虽然没有相关司法解释予以明确，但考虑枉法仲裁罪的犯罪构成要件除了犯罪主体以外，其余犯罪构成要件均与民事、行政枉法裁判罪相似，司法实践中可以参照民事、行政枉法裁判罪的立案标准。2006 年 7 月 26 日，《最高人民检察院关于渎职侵权犯罪案件立案标准的规定》（以下简称《渎职侵权立案标准》）对民事、行政枉法裁判罪中的"情节严重"对此给予了解释："1. 枉法裁判，致使当事人或者其近亲属自杀、自残造成重伤、死亡，或者精神失常的；2. 枉法裁判，造成个人财产直接经济损失 10 万元以上，或者直接经济损失不满 10 万元，但间接经济损失 50 万元以上的；3. 枉法裁判，造成法人或者其他组织财产直接经济损失 20 万元以上，或者直接经济损失不满 20 万元，但间接经济损失 100 万元以上的；4. 伪造、变造有关材料、证据，制造假案枉法裁判的；5. 串通当事人制造伪证，毁灭证据或者篡改庭审笔录而枉法裁判的；6. 徇私情、私利，明知是伪造、变造的证据予以采信，或者故意对应当采信的证据不予采信，或者故意违反法定程序，或者故意错误适用法律而枉法裁判的；7. 其他情节严重的情形。"实践中，判断枉法仲裁行为是否属"情节严重",应以枉法仲裁罪构成要件为基础,参照上述规定,综合考虑枉法仲裁行为的主观恶性(包括动机和目的)、手段、后果等要素进行认定:

1. 从枉法仲裁的动机和目的判断

枉法仲裁罪的犯罪主观方面是故意,动机与目的并不是犯罪的构成要件,无论是出于徇私的动机,如贪图钱财、袒护亲友、泄愤报复或其他私情私利,还是出于其他如地方保护主义、受地方党政领导干预或为仲裁机构谋取不当利益等,均可以构成本罪。但是,行为人枉法仲裁的动机与目的,对于行为人主观故意的认定、行为是否能够认定为"情节严重"以及刑罚的裁量有着直接的关系。一般而言,行为人出于徇私情、私利而违背事实和法律作出错误裁决行为,主观故意明显,造成严重后果的,应当认定为"情节严重"。而对于行为人没有明确的动机和目的,违背事实和法律作出错误裁决行为的,则应当从行为人是否有明显违反法定程序,是否明知当事人及其代理人伪造、隐匿、毁灭证据,是否妨害证人作证,并结合行为人的业务水平等,综合分析与判断行为人是否有枉法仲裁的故意,如存在伪造、毁灭、隐匿证据或妨害证人作证行为的,即可认定存在枉法的故意,并进而判断是否为"情节严重"。如由于行为人的过失,或者因仲裁水平、能力的低下而造成错判的情形,则不能构成枉法仲裁罪。在量刑上,如因接受吃请、收礼受贿等原因徇私情枉法仲裁与受领导干预枉法仲裁相比,前者应明显重于后者。

本案中,被告人曾某明一开始就明知王某兴与梁野山茶业公司之间不存在拖欠劳动工资关系,也知道王某兴申请劳动仲裁的目的是使自己的个人债务在法院执行中得到优先支付,虽然其有所推托,但还是碍于亲戚关系,对王某兴的非法要求予以答应;在王某兴第一次持仲裁调解书等材料向武平县人民法院申请执行未果的情况下,曾某明更加明确王某兴是要以虚假的仲裁调解书向法院申请执行,却一错再错,为了配合王某兴虚假诉讼的需要,故意违反法定程序,继续作出了更加完备的仲裁调解书(第二次的仲裁调解书有审批、有录入系统、有文号、更改了送达时间),最终使得王某兴的执行申请蒙混过关而被法院受理。因此,曾某明的主观动机是徇私情。

2. 从枉法仲裁的手段判断

《渎职侵权立案标准》对于枉法裁判罪中"情节严重"第4~6项规定的情形,都是严重侵犯对方当事人或第三人利益的裁决行为,体现的是法定程序和价值的严重破坏,这一点对于民事、行政诉讼抑或是仲裁并无本质的区别。对此,枉法仲裁罪完全可以参照适用。

本案中,被告人曾某明的行为符合《渎职侵权立案标准》第6项之规定"徇私情、私利,明知是伪造、变造的证据予以采信,或者故意对应当采信的证据不予采信,或者故意违反法定程序,或者故意错误适用法律而枉法裁判的",属于手段比较恶劣,表现在:一是在案件受理前私自会见当事人;二是明知是虚假的仲裁事实仍徇私情予以受理且未回避;三是明知是伪造的证据而协助他人补强伪证并予以采信;四是在王某兴第一次持仲裁调解书等材料向武平县人民法院申请执行未果的情况下,为了配合王某兴虚假诉讼的需要,故意违反法定仲裁程序,未经合议即以仲裁庭名义继续作出枉法仲裁调解。曾某明的枉法仲裁行为最终使得王某兴的执行申请蒙混过关而被法院受理。

3. 从枉法仲裁的后果判断

承担仲裁职责的人员的枉法仲裁行为给公民人身、财产和国家、集体财产造成重大损失和恶劣社会影响的，可以认定为"情节严重"。在以造成后果为主要评判标准时，也可以参照《渎职侵权立案标准》中第 1～3 项规定来判断，但应当考虑的是，毕竟民事、行政枉法裁判行为侵害的是国家司法机关的正常职能活动，且其法定刑要高于枉法仲裁罪，这说明枉法仲裁罪的社会危害性要低于民事、行政枉法裁判罪，所以在参照《渎职侵权立案标准》来认定枉法仲裁是否达到"情节严重"时，其标准可以根据当地实际情况略高于民事、行政枉法裁判罪。

需要指出的是，本罪是情节犯，即使未造成人员伤害、财产损失，当承担仲裁职责的人员有上文所述的其他严重情节，仍然可以构成本罪。至于原仲裁案件的裁决结果是否被撤销或执行，并不影响枉法仲裁罪的成立，可作为"情节严重"的辅助判断。

本案中，被告人曾某明作为首席仲裁员违法作出劳动仲裁调解书，导致该仲裁调解书进入民事诉讼执行程序，涉案标的额达 414700 元，因被司法机关及时发现而非曾某明或王某兴等人主动申请撤回才未造成实际财产损失，其行为严重扰乱了仲裁和司法秩序，降低了仲裁机构的威信及群众对仲裁活动公正性的信赖，并对其他债权人的合法权利构成严重威胁。

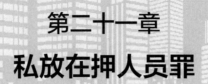

第二十一章
私放在押人员罪

第一节　私放在押人员罪概述

一、私放在押人员罪的概念及构成要件

私放在押人员罪，是指司法工作人员，利用职务上的便利，私自将在押的犯罪嫌疑人、被告人或者罪犯非法释放的行为。

（一）客体要件

本罪侵犯的客体是国家监管机关的监管制度，即看守所、拘留所、未成年犯管教所、拘役所、监狱等监管机关的监管制度。凡经公安机关、检察院、人民法院拘留、逮捕、判处实刑的犯罪嫌疑人、被告或者罪犯，一般来说，都是因他们实施了或可能实施危害社会的行为，需要受到刑罚的犯罪分子。本罪的对象是依法在押的犯罪嫌疑人、被告人和罪犯，包括已决犯和未决犯。"在押"包括羁押场所与押解途中。如果放走的是被行政拘留、司法拘留的人员，不构成本罪。

（二）客观要件

本罪客观方面表现为行为人利用监管职务的便利，未经法定程序私自将被关押的犯罪嫌疑人、被告人或者罪犯非法释放的行为。职务上的便利包括看管、管教、押解、提审等便利条件，如果没有利用职务上的便利释放罪犯的，不构成本罪。"私放"，即明知是未经合法批准而擅自将本应接受司法机关监管的刑事罪犯放回社会，既可以表现为作为的方式，如私自直接将在押人员放走，伪造相关法律文书、篡改刑期将在押人员放走，授意、指使、强迫他人将在押人员放走，为在押人员通风报信、提供条件，帮助其脱逃等；也可以表现为不作为，如明知在押人员脱逃而故意不阻拦、不追捕。私放的手段是否恶劣及其危害后果的大小，是量刑考虑的轻重情节。

（三）主体要件

本罪主体是特殊主体，必须是对犯罪嫌疑人、被告人或者服刑罪犯负有监管职责的司法工作人员，司法实践中多为监狱、看守所、拘役所等监管机构的管教人员和看守人员，以及执行逮捕和押解罪犯的人员。

（四）主观要件

本罪在主观方面表现为故意，即明知是犯罪嫌疑人、被告人、罪犯，且未经法定程序与手续而故意将其非法释放。犯罪的动机是多种多样的，有的是由贪赃受贿，有的是出于包庇同伙，有的是徇私情等。犯罪动机不影响本罪的成立。过失不构成本罪，但可以成立失职致使在押人员脱逃罪。

二、私放在押人员罪案件审理情况

私放在押人员罪系 1997 年《刑法》吸收修改 1979 年《刑法》作出的规定。1979 年《刑法》第 190 条规定："司法工作人员私放罪犯的，处五年以下有期徒刑或者拘役；情节严重的，处五年以上十年以下有期徒刑。"1997 年《刑法》在吸收上述规定的基础上，增加了一档法定刑，即"情节特别严重的，处十年以上有期徒刑"，使得刑事法网更加严密、刑罚层次更加分明。

通过中国裁判文书网检索，2018 年至 2022 年，全国法院审结一审私放在押人员刑事案件共计 1 件，即 2018 年 1 件，其余年份并没有此类裁判文书。

司法实践中，私放在押人员罪案件的特点及趋势主要体现在案件数量少且呈下降趋势。该罪名在全国范围内近五年仅有两个案例，最近四年更是"零报告"，可见并不属于常见罪名，且呈下降趋势，也体现出司法工作人员在履行监管职责方面更加严格、认真，能够做到依法履职尽责。

三、私放在押人员罪案件审理热点、难点问题

（一）如何区分私放在押人员罪与徇私枉法罪

私放在押人员罪与徇私枉法罪二者在犯罪主体、犯罪对象、主观故意等方面都具有一定重合性，如二罪都要求行为主体为司法工作人员，行为人的犯罪行为都会引起犯罪嫌疑人、被告人或者罪犯逃避法律制裁的结果等。因此，在审判实践中常易引起混淆，应从行为方式等犯罪客观方面进行区分。

（二）如何认定"情节严重"与"情节特别严重"

本罪为行为犯，只要私放罪犯的行为一经发生，就已构成犯罪，"情节严重"与"情节特别严重"是法定升格情节，但是对于什么情节属于"严重"和"特别严重"，我国刑法没有做出规定，也没有相应的司法解释进行明确，在司法实践中多由审判机关根据行为人的主观动机、社会危害性等因素综合判断。

四、私放在押人员罪案件办案思路及原则

1. 任何一种犯罪都是对《刑法》所保护的社会价值的侵害，因此，对犯罪行为人实施刑法上的制裁是维护及修复社会价值的重要方式，其中对犯罪行为人人身自由的剥夺和限制就是一种适用广泛的制裁手段。而如果在此过程中，司法工作人员违法私自将在押人员放走，使在押人员逃脱了法律的制裁和改造，哪怕该在押人员在释放期间没有造成任何不利后果，也无疑是对国家司法制度和司法机关正常活动的破坏，是对国家司法机关及其工作人员声誉及形象的损坏，是对国家安全和社会秩序的危害。

2. 在审理此类案件时，应注意从犯罪构成要件的角度准确把握罪与非罪、此罪与彼罪的界限。例如，本罪要求行为人主观上为故意，那么如果行为人主观上并非故意而是过失，则应以失职致使在押人员脱逃罪处理；如果行为人主观上既非故意也非过失，而是在不能预见或处于不能抗拒的情况下造成了在押人员脱逃的后果，则不应以犯罪论处。又例如，行为人出于故意私放在押人员，无疑是一种故意帮助依法被关押的犯罪嫌疑人、被告人、罪犯脱逃的行为，那么如何区分本罪与脱逃罪的帮助犯？两者的区别在于：首先，私放在押人员罪的犯罪主体必须是司法工作人员，且负有对在押人员的监管职责，而脱逃罪的帮助犯没有特定的身份要求，可以是司法工作人员，也可以是非司法工作人员；其次，构成本罪的主体必须是利用职权的便利实施私放行为，而脱逃罪的帮助犯则不一定是利用自己的职权便利实施私放行为。

第二节　私放在押人员罪审判依据

一、法律

1. 《刑法》（2020 年 12 月 26 日修正）（节录）

第四百条第一款　司法工作人员私放在押的犯罪嫌疑人、被告人或者罪犯的，处五年以下有期徒刑或者拘役；情节严重的，处五年以上十年以下有期徒刑；情节特别严重的，处十年以上有期徒刑。

2. 《监狱法》（2012 年 10 月 26 日修正）（节录）

第十四条　监狱的人民警察不得有下列行为：

（一）索要、收受、侵占罪犯及其亲属的财物；

（二）私放罪犯或者玩忽职守造成罪犯脱逃；

（三）刑讯逼供或者体罚、虐待罪犯；

（四）侮辱罪犯的人格；

（五）殴打或者纵容他人殴打罪犯；

（六）为谋取私利，利用罪犯提供劳务；

（七）违反规定，私自为罪犯传递信件或者物品；

（八）非法将监管罪犯的职权交予他人行使；

（九）其他违法行为。

监狱的人民警察有前款所列行为，构成犯罪的，依法追究刑事责任；尚未构成犯罪的，应当予以行政处分。

二、司法解释

1. 《最高人民检察院关于工人等非监管机关在编监管人员私放在押人员行为和失职致使在押人员脱逃行为适用法律问题的解释》（2001 年 3 月 2 日　高检发释字〔2001〕2 号）

工人等非监管机关在编监管人员在被监管机关聘用受委托履行监管职责的过程中私放在押人员的，应当依照刑法第四百条第一款的规定，以私放在押人员罪追究刑事责任；由于严重不负责任，致使在押人员脱逃，造成严重后果的，应当依照刑法第四百条第二款的规定，以失职致使在押人员脱逃罪追究刑事责任。

2. 《最高人民检察院关于渎职侵权犯罪案件立案标准的规定》（2006 年 7 月 26 日高检发释字〔2006〕2 号）（节录）

一、渎职犯罪案件

......

（九）私放在押人员案（第四百条第一款）

私放在押人员罪是指司法工作人员私放在押（包括在羁押场所和押解途中）的犯罪嫌疑人、被告人或者罪犯的行为。

涉嫌下列情形之一的，应予立案：

1. 私自将在押的犯罪嫌疑人、被告人、罪犯放走，或者授意、指使、强迫他人将在押的犯罪嫌疑人、被告人、罪犯放走的；

2. 伪造、变造有关法律文书、证明材料，以使在押的犯罪嫌疑人、被告人、罪犯逃跑或者被释放的；

3. 为私放在押的犯罪嫌疑人、被告人、罪犯，故意向其通风报信、提供条件，致使该在押的犯罪嫌疑人、被告人、罪犯脱逃的；

4. 其他私放在押的犯罪嫌疑人、被告人、罪犯应予追究刑事责任的情形。

第三节　私放在押人员罪在审判实践中的疑难新型问题

问题 1. 如何认定司法工作人员私放在押人员后在押人员如约按期返回狱所的行为

司法实践中，存在司法工作人员出于徇私情、徇私利等动机目的，与在押人员约定要按期返回狱所，之后利用职务之便，将在押人员临时放出监管场所的案件。对于被私放的罪犯没有按约如期返回狱所而逃跑的，对行为人无疑应以私放在押人员罪论处；但如果之后在押人员如约按期返回了狱所，对于此种情形应如何认定？一种观点认为，行为人并无让在押人员长期脱逃在外的故意，罪犯也已按约返回，不构成犯罪；另一种观点认为行为人已经构成犯罪。我们认为，首先应该认识到，本罪作为行为犯，只要私放罪犯的行为一经发生，就已构成犯罪；罪犯在被放出去后是否再回来，只是量刑上考虑的情节，而不是定罪情节。因为无论这种私放行为是长期还是临时，也无论被私放的在押人员是否及时返回监管场所，这种私放行为都侵害了正常的监管制度和秩序。刑法并没有将私放的时间长短、被私放的在押人员是否及时返回作为犯罪构成要件，上述情形只能作为量刑的一个考虑因素。

【人民法院案例选案例】吴某等私放在押人员案①

一、基本案情

2005 年 1 月，被告人罗某在执行罪犯张某外诊治疗监管任务时，违反规定，擅自非法同意张某离开监控范围自行回家，致使后者脱管失控。

2005 年 4 月 18 日至 30 日，被告人吴某在罪犯张某于福建省龙岩市第二医院住院治疗期间，多次擅自将张某带离指定的监控范围，其本人两次留宿在张某为其开的宾馆房间内，且擅自非法同意张某自行回家，造成张某长时间脱管失控。

2005 年 5 月 13 日至 16 日，罪犯张某在龙岩市第二医院住院治疗期间：（1）被告人罗某在负责执行 5 月 13 日至 5 月 14 日 8 时对张某的监管任务时，违反规定，擅自将张某带出监控范围，与张一起外出吃饭、娱乐，并于 5 月 14 日凌晨擅自非法同意张某自行回家睡觉，致使张某脱管失控。（2）被告人叶某在负责执行 5 月 14 日 8 时至 5 月 15 日 8 时对张某执行外诊住院治疗监管任务时，于 5 月 14 日上午发现张某不在监管地点，并未与上一班民警罗某交接班，亦未将此情况向有关领导报告，而是离开监管地点，外出办私事，放任张某脱管，直至当天下午 6 时许张某才返回监管地点。随后，叶某违反规定，擅自非法将张某带出监控范围，与张某一起外出吃饭、修车、访亲会友，出入酒店。当晚由张某及其朋友开车送叶某回家，叶某擅自非法同意张某自行回家睡觉，致使张某脱管失控。5 月 15 日凌晨，张某在娱乐场所结伙将他人打成轻伤。（3）被告人吴某在负责执行 5 月 15 日 8 时至 5 月 16 日 8 时对张某的监管任务的期间，吴某未按规定交接班，也未到龙岩市第二医院对张某执行监管任务，24 小时脱岗，并擅自非法同意张某自行回家睡觉，造成张某长时间脱管失控。

法院经审理认为，被告人吴某、叶某、罗某身为监狱司法工作人员，在执行罪犯外诊、住院治疗监管任务时违反规定，擅自非法同意所监管的罪犯离开监控范围自行回家，其行为均已构成私放在押人员罪，并据此对各被告人分别判处刑罚。

二、案例评析

三被告人擅自同意所监管的罪犯在外诊、外出住院治疗期间回家，在被监管人员没有逃跑，而是又自行回来的情况下，该行为是否构成私放在押人员犯罪？答案是肯定的。私放在押人员犯罪的客观方面，表现为利用监管职责的便利，私放在押的犯罪嫌疑人、被告人或者罪犯的行为。三被告人让罪犯张某自行回家的行为均属于其擅自决定的行为，既无法律上的授权，亦无有权机关的批准、同意，即属"私放"。"私放"两字的含义清楚地表明了行为人主观上是故意的，即明知是未经合法批准而擅自将本应接受司法机关

---

① 参见最高人民法院中国应用法学研究所编：《人民法院案例选》（刑事卷第 8 册），人民法院出版社 2017 年版，第 4176 页。

监管的刑事罪犯放回社会。不论是永久还是暂时的释放，都是将罪犯释放的一种表现形式。罪犯本应在监管场所服刑，接受刑罚的处罚，进行劳动改造，如若均像本案三被告人的所作所为，人民法院对犯罪分子的刑事判决书就必然会成为一纸空文，法律的尊严也必将遭到践踏，人民群众既降低了对司法权威的信任感，同时也失去了生活中的安全感，和谐社会的构建就失去应有的司法保障，其社会危害性是显而易见的。批准服刑罪犯回家需要一整套的程序，违反其中的一部分合法程序，导致罪犯被批准请假回家才属违规，而本案的三被告人不具有批准服刑罪犯请假回家的权力，在没有任何的手续、报告的情况下擅自决定罪犯自行回家，就是变相地变更了刑罚的正确执行，其不是一般的违规、违纪行为，而是犯罪行为。综上可以看出，本案三被告人的行为完全符合私放在押人员罪的特征，对他们以私放在押人员罪定罪处罚是正确的。

问题2. 如何认定私放在押人员罪的既遂与未遂

【地方参考案例】康某某犯私放在押人员罪一案①

一、基本案情

2013年9月9日9时15分，被告人康某某利用法警队队长职务的便利，使用主审法官没有从法警队拿走的提票，将法院已判决犯人贾某某提出看守所，康某某把贾某某提到法院后让其自由，并约贾某某的朋友一起喝酒吃饭，吃饭后康某某离开，一直到下午下班时间将贾某某送押看守所，造成贾某某长时间脱管失控。

2013年9月12日8时58分，被告人康某某利用法警队队长职务的便利，使用主审法官没有从法警队拿走的提票，让当天有值庭任务的法警把已判决犯人贾某某从看守所提到法院，康某某见到贾某某后让其自由，并约贾某某的妻子、朋友一起喝酒吃饭，吃饭后让贾某某和妻子一起去宾馆开房休息，康某某本人回家，一直到当天20时13分才把贾某某送押看守所，造成贾某某长时间脱管失控。

2014年3月7日，法院对涉嫌强奸罪的王某某开庭审理，被告人康某某利用值庭的便利，在中午12点多王某某开庭结束后不进行送押，而是和王某某的妻子、父亲、朋友等十多人到饭店吃饭，放任王某某自由，让王某某失去监管，一直到当天18时4分才将王某某送回看守所羁押，造成王某某脱管失控。

2014年3月24日9时35分，被告人康某某利用法警队队长职务的便利，利用主审王某某一案法官没有从法警队拿走的提票，让当天有值庭任务的法警把不是开庭的王某某从看守所提到法院，康某某见到王某某后让其自由，并约人和王某某的妻子、父亲、看守所的民警一起吃饭、娱乐，吃饭后让王某某回家，当天的18时40分才把王某某送押看守所，造成王某某长时间脱管失控。当日下午，主审法官向王某某送达法律文书时，县看守所值班民警发现王某某中午未被送回看守所引发本案。

辩护人认为，被告人康某某的行为属于一种"临时私放"行为。

法院认为，被告人康某某作为提押刑事被告人的司法工作人员，在执行提押被告人开庭任务或非开庭时，违反监管规定，擅自提出被告人或非法同意所提的被告人离开监控范围自行回家或与家人等一起吃饭，其行为构成私放在押人员罪。案发后被告人如实

---

① 河南省泌阳县人民法院（2014）泌刑初字第00359号刑事判决书。

供述犯罪事实，认罪态度较好，且被私放的罪犯按约如期回到看守所，未造成严重后果，量刑时可对其酌情从轻处罚。被告人康某某的犯罪情节较轻，可不予刑事处罚。判决：被告人康某某犯私放在押人员罪，免予刑事处罚。

二、案例分析

本案中，因被私放人员均返回了关押地，康某某的行为是否能够认定为犯罪未遂。我们认为，私放在押人员罪的既遂应以被私放的人员是否摆脱了监管机关和监管人员的控制为标准，而不能以被私放的在押人员脱管时间长短为标准，在具体司法实践中，还应该根据个案的情况不同而具体把握：在设警戒线的场所私放在押人员的，以被私放者是否超越警戒线为准，被私放者超过警戒线的，行为人构成本罪既遂；反之，构成未遂。在未设警戒线的场所私放在押人员的，以被私放者是否脱离监管人的控制范围为准，被私放者已经脱离监管人员控制范围的，行为人构成本罪既遂；反之，属于未遂。在押解途中私放在押人员的，如果被私放者已经逃离至不能被及时抓获的地方，则行为人成立本罪既遂；如果被私放者未来得及走远就被有关人员及时抓获，行为人的行为就属于未遂。

第二十二章
失职致使在押人员脱逃罪

第一节　失职致使在押人员脱逃罪概述

一、失职致使在押人员脱逃罪的概念及构成要件

失职致使在押人员脱逃罪，是指司法工作人员由于严重不负责任，致使在押的犯罪嫌疑人、被告人或者罪犯脱逃，造成严重后果的行为。

（一）客体要件

本罪所侵害的客体是司法机关的正常活动，主要指监管机关的正常秩序。

（二）客观要件

本罪在客观方面表现为司法工作人员玩忽职守，严重不负监管职责，致使在押的犯罪嫌疑人、被告人或者罪犯脱逃，造成严重后果的行为。所谓脱逃，是指在押的犯罪嫌疑人、被告人或者罪犯从看守所、拘役所、监狱、未成年犯管教所等羁押场所或者押解途中或者审判场所逃走，从而脱离司法机关及其工作人员的监管。虽然在押但不是犯罪嫌疑人、被告人或者罪犯，而是其他人员如被行政、司法拘留的人员逃离羁押，负有监管职责的司法工作人员不能构成本罪，构成犯罪的，亦应以他罪如玩忽职守罪论处。所谓严重不负责任，是指在羁押场所、押解途中未按规定采取有关看守、监管措施；擅离看守、监管岗位；发现犯罪嫌疑人、被告人或者罪犯有脱逃迹象，不及时采取有效的防范措施；在犯罪嫌疑人、被告人或者罪犯脱逃时，不及时组织、进行追捕等。在押犯罪嫌疑人、被告人或者罪犯的脱逃是行为人的玩忽职守、严重不负责任而造成。如果没有玩忽职守、严重不负责任的行为或者虽有玩忽职守、严重不负责任的行为但与在押人员的脱逃没有《刑法》上的因果关系，也不能以本罪论处。

本罪属结果犯，只有造成严重后果时才构成犯罪，所谓造成严重后果，一般是指致使重要的犯罪嫌疑人、被告人或者罪犯脱逃；致使多名犯罪嫌疑人、被告人或者罪犯脱

逃；犯罪嫌疑人、被告人的脱逃致使案件的侦查、起诉、审判受到严重影响；犯罪嫌疑人、被告人或者罪犯脱逃后打击报复控告人、举报人、证人和司法工作人员，继续犯罪，危害社会等。

（三）主体要件

本罪的主体为特殊主体，同私放在押人员罪一样，只有司法工作人员才能构成本罪。

（四）主观要件

本罪在主观方面必须出于过失，但这是针对在押人员脱逃这一后果而言的，对于其玩忽职守的行为，则表现为明知故犯。故意不能构成本罪，构成犯罪的，应属私放在押人员罪。如果行为人明知某在押人员企图逃跑，却放任不管，属于故意，此时应以后者即私放在押人员罪定罪；如果不知道其想逃跑，或者知道其想脱逃但根据环境条件、在押人员的自身能力等因素而轻易相信其逃跑不了，结果致使其逃跑，构成犯罪的，则应以失职致使在押人员脱逃罪定罪。

二、失职致使在押人员脱逃罪案件审理情况

失职致使在押人员脱逃罪系 1997 年《刑法》修订时增设的罪名，旨在严密法网，将过失导致在押人员脱逃的行为亦纳入刑法规制，切实督促司法工作人员加强防范意识，严格遵守监管规定和工作纪律，认真履行看管职责，积极作为，敢于担当。

通过中国裁判文书网检索，2018 年至 2022 年，全国法院审结一审失职致使在押人员脱逃刑事案件共计 20 件，其中，2018 年 10 件，2019 年 4 件，2020 年 4 件，2021 年 2 件。

司法实践中，失职致使在押人员脱逃罪案件主要呈现出以下特点及趋势：一是案件具有偶发性，相关案例较少，并不属于常见犯罪，且总体呈下降趋势。二是判罚具有轻缓性，整体而言，判罚刑期不重，大多适用缓刑，还有部分免予刑事处罚。

三、失职致使在押人员脱逃罪案件审理热点、难点问题

（一）如何认定"严重不负责任"

在司法实践中，客观存在部分监管单位分工不清、职责不明的现实情况，或者所规定的责任超越了责任人的实际的、正常的、应有的责任能力，亦或一些惯例行为、普遍做法实际是违反有关规定的，更有甚者有关规定本身存在瑕疵的，在这样的情况下，是否考虑以及如何考虑外部因素对行为人履职行为的影响，成为认定行为人是否"严重不负责任"的难点。

（二）如何认定共同犯罪的责任

监管工作具有一定流程，环环相扣，相应地，对同一在押人员，会有多名司法工作人员负有监管职责，若多名司法工作人员均存在严重不负责任的行为导致在押人员脱逃并造成严重后果，这一行为该如何评价？行为中可能存在直接责任人和间接责任人，是否对二者都应以失职致使在押人员脱逃罪定罪量刑？对于具体实施人员受命于领导人员

实施行为的，如何认定双方责任？对于上述问题均应在审判实践中慎重考虑，具体案件具体分析，确保罪责刑相适应。

（三）如何认定"特别严重后果"

本罪为结果犯，造成严重后果是构成犯罪的前提，而根据刑法规定，造成特别严重后果是法定升格条件。对于何谓"严重后果"，《最高人民检察院关于渎职侵权犯罪案件立案标准的规定》有较为明确的规定，在司法实践中可参照执行，但对于"特别严重后果"尚无统一认定标准，造成司法实践中对此理解不一、适用不一。

四、失职致使在押人员脱逃罪案件办案思路及原则

1. 充分认识司法工作人员所负监管职责的重要意义。司法工作人员对在押人员的监管，从空间角度，不仅体现在羁押场所，也体现在押解途中；从时间角度，不仅体现在刑罚执行阶段，也体现在羁押候审阶段。无论在哪一场所、哪一阶段，脱逃都意味着在押人员的失控、脱管，意味着社会治安再次面临着可能的侵害，意味着司法权威遭受到严重的挑战与亵渎。因此，在司法工作人员私放在押人员构成犯罪的基础上，对于司法工作人员失职致使在押人员脱逃、造成严重后果的行为，同样应追究刑事责任。

2. 本罪名属于针对特殊领域和人群的特别规定，对于行为类型、行为对象、犯罪主体及主观罪过等方面均有特定要求。因此，实践中应严格把握本罪各构成要件的含义，并注意与私放在押人员罪、玩忽职守罪等罪名的区分，做到准确适用。对于此类案件，从事实认定及证据审查上可参考下列路径：行为人是否属于司法工作人员并负有监管职责；行为人是否实施了严重不负责任、不履行或者不正确履行监管职责的行为；行为人的上述行为是否出于过失；该行为是否造成了严重后果。

第二节　失职致使在押人员脱逃罪审判依据

一、法律

1. 《刑法》（2020 年 12 月 26 日修正）（节录）

第四百条第二款　司法工作人员由于严重不负责任，致使在押的犯罪嫌疑人、被告人或者罪犯脱逃，造成严重后果的，处三年以下有期徒刑或者拘役；造成特别严重后果的，处三年以上十年以下有期徒刑。

2. 《监狱法》（2012 年 10 月 26 日修正）（节录）

第十四条　监狱的人民警察不得有下列行为：

（一）索要、收受、侵占罪犯及其亲属的财物；

（二）私放罪犯或者玩忽职守造成罪犯脱逃；

（三）刑讯逼供或者体罚、虐待罪犯；

（四）侮辱罪犯的人格；

（五）殴打或者纵容他人殴打罪犯；

（六）为谋取私利，利用罪犯提供劳务；

（七）违反规定，私自为罪犯传递信件或者物品；

（八）非法将监管罪犯的职权交予他人行使；

（九）其他违法行为。

监狱的人民警察有前款所列行为，构成犯罪的，依法追究刑事责任；尚未构成犯罪的，应当予以行政处分。

二、司法解释

1.《最高人民检察院关于工人等非监管机关在编监管人员私放在押人员行为和失职致使在押人员脱逃行为适用法律问题的解释》（2001 年 3 月 2 日 高检发释字〔2001〕2 号）

工人等非监管机关在编监管人员在被监管机关聘用受委托履行监管职责的过程中私放在押人员的，应当依照刑法第四百条第一款的规定，以私放在押人员罪追究刑事责任；由于严重不负责任，致使在押人员脱逃，造成严重后果的，应当依照刑法第四百条第二款的规定，以失职致使在押人员脱逃罪追究刑事责任。

2.《最高人民检察院关于渎职侵权犯罪案件立案标准的规定》（2006 年 7 月 26 日 高检发释字〔2006〕2 号）（节录）

一、渎职犯罪案件

……

（十）失职致使在押人员脱逃案（第四百条第二款）

失职致使在押人员脱逃罪是指司法工作人员由于严重不负责任，不履行或者不认真履行职责，致使在押（包括在羁押场所和押解途中）的犯罪嫌疑人、被告人、罪犯脱逃，造成严重后果的行为。

涉嫌下列情形之一的，应予立案：

1. 致使依法可能判处或者已经判处十年以上有期徒刑、无期徒刑、死刑的犯罪嫌疑人、被告人、罪犯脱逃的；

2. 致使犯罪嫌疑人、被告人、罪犯脱逃 3 人次以上的；

3. 犯罪嫌疑人、被告人、罪犯脱逃以后，打击报复报案人、控告人、举报人、被害人、证人和司法工作人员等，或者继续犯罪的；

4. 其他致使在押的犯罪嫌疑人、被告人、罪犯脱逃，造成严重后果的情形。

第三节　失职致使在押人员脱逃罪
在审判实践中的疑难新型问题

问题 1. 未被公安机关正式录用的人员、狱医能否构成失职致使在押人员脱逃罪主体

【实务专论】

2000 年 9 月 19 日，最高人民法院针对吉林省高级人民法院的相关请示，作出了《关于未被公安机关正式录用的人员、狱医能否构成失职致使在押人员脱逃罪主体问题的批复》（以下简称《批复》）。《批复》对于在办理失职致使在押人员脱逃刑事案件中，"未被公安机关正式录用，受委托履行监管职责的人员""狱医"这两种主体认定的问题作出解释。现就《批复》理解与适用中的主要问题介绍如下：

对于受委托履行监管职责的人员，能否构成《刑法》第 400 条第 2 款规定的失职致使在押人员脱逃罪主体的问题，讨论中意见的主要分歧点在于《刑法》第 400 条第 2 款规定的"司法工作人员"是否必须是国家机关工作人员。一种意见认为，《刑法》第 94 条对"司法工作人员"的概念作了界定，即"本法所称司法工作人员，是指有侦查、检察、审判、监管职责的工作人员"。虽然该条没有对司法工作人员必须是国家机关工作人员作出明确规定，但从立法本意上看，司法工作人员应当是国家机关工作人员。在修订《刑法》的过程中，对于分则第九章"渎职罪"的犯罪主体曾明确应当限定在"国家机关工作人员"的范围内，因此，作为列在"渎职罪"一章中的犯罪的主体当然都必须是国家机关工作人员。另一种意见认为，从《刑法》第 94 条规定本身理解，只要实际担负了侦查、检察、审判、监管职责的人员，就应当认定属于"司法工作人员"，不应将"司法工作人员"局限于国家机关工作人员范围内。在《批复》制定过程中，多数同志从立法本意、有利于严格执法等角度，倾向于对"司法工作人员"的范围应当严格限制，不能随意扩大范围；同时，也考虑到，司法实践中，公安机关看守所、监狱等部门，由于警力不足等原因，委托不具有正式人民警察身份的人员监管犯罪嫌疑人、被告人或者犯罪分子的情况比较普遍，这种不规范的做法在今后一段时期内还无法从根本上杜绝，而这类不具有正式人民警察身份的人员，受委托实际履行着监管职责，行使人民警察的相关职权，实践中这类人员严重不负责任，致使在押人员脱逃，造成了严重后果的案例也比较多见。如果对这种情况一律不追究刑事责任，显然会放纵犯罪。从实践中看，由于"受委托履行监管职责的人员"身份比较复杂，其在受委托范围、履行职责等方面情况也各不相同，故考虑也不宜将所有受委托人员都认定为上述犯罪主体。在综合上述几方面意见的基础上，《批复》仅针对吉林高院请示涉及的较特殊的情形，即被告人系已经被所属公安机关录用工作，但根据公安部门录用人民警察的有关文件规定，尚未履行完相关手续（如未报经省级公安部门审批），未取得正式人民警察身份的人员，作出针对性较强的答复。根据《批复》规定，对于具有上述特殊情形，未被公安机关正式录用，受委托

履行监管职责的人员，严重不负责任，致使在押人员脱逃，造成严重后果的，应当依照《刑法》第400条第2款的规定定罪处罚。在适用《批复》时应当注意："未被公安机关正式录用的人员"是指可能成为正式人民警察，但行为时暂不具有正式人民警察身份的人员，不应当将所有不具有人民警察身份，但受公安机关委托履行了监管职责的人员，一律理解认定为《批复》上述规定的人员。

关于狱医能否构成《刑法》第400条第2款规定的失职致使在押人员脱逃罪主体的问题，讨论中有两种意见。一种意见认为，既然狱医是人民警察，那么在看守所工作的狱医就应当视为有监管职责的人员，其严重不负责任，致使在押人员脱逃，造成严重后果的，就应当依照《刑法》第400条第2款的规定定罪处罚。另一种意见认为，狱医虽然有人民警察的身份，但其主要职责范围是为在押人员治病，不负责监管在押人员，因此不能构成该罪犯罪主体。经到有关主管部门了解，目前，没有制定出有关狱医具体职责范围的明确规定。考虑到狱医的情况比较复杂，经研究，大体上区分了两种情形作出规定：对于已经实际履行了监管职责的狱医，狱医被指派执行押解犯罪嫌疑人的任务，承担了实际监管职责，对于这种情况，可以构成失职致使在押人员脱逃罪的犯罪主体。至于在通常情况下，狱医没有实际履行监管职责的，一般不构成该罪的犯罪主体。根据上述意见，《批复》规定，不负监管职责的狱医，不构成失职致使在押人员脱逃罪的主体。但是受委派承担了监管职责的狱医，严重不负责任，致使在押人员脱逃，造成严重后果的，应当依照《刑法》第400条第2款的规定定罪处罚。

2002年12月28日第九届全国人民代表大会常务委员会第三十一次会议通过《关于〈中华人民共和国刑法〉第九章渎职罪主体适用问题的解释》，明确规定：在依照法律、法规规定行使国家行政管理职权的组织中从事公务的人员，或者在受国家机关委托代表国家机关行使职权的组织中从事公务的人员，或者虽未列入国家机关人员编制但在国家机关中从事公务的人员，在代表国家机关行使职权时，有渎职行为，构成犯罪的，依照刑法关于渎职罪的规定追究刑事责任。

鉴于上述《批复》所答复的问题已在立法解释中得到了明确规定，因此，在2019年7月8日，最高人民法院将该《批复》废止。[见《最高人民法院关于废止部分司法解释（第十三批）的决定》]

综上，根据上述《批复》及立法解释的精神，未被司法机关正式录用，但受委托履行监管职责的人员，可以成为本罪主体；不负监管职责的狱医，不能成为本罪主体，但受委派承担了监管职责的狱医，也可以成为本罪主体。这一规则，应同样适用于私放在押人员罪。

问题2. 如何认定刑法意义上的"在押人员"

根据《刑法》规定，"在押人员"是指在押的犯罪嫌疑人、被告人或者罪犯。因此，根据罪刑法定原则，本罪的行为对象仅限于犯罪嫌疑人、被告人或者罪犯这三种特定人员。事实上，这是刑事诉讼程序在不同诉讼阶段给予同一个行为人的三种不同称呼，如犯罪嫌疑人是在立案、侦查、审查起诉阶段的称呼，被告人是在审判阶段的称呼，而只有经过法院生效裁判认定应当承担刑事责任的，才能被称为"罪犯"。可见，这里的"在押人员"是特指进入刑事诉讼程序中的"在押人员"，而被行政拘留、司法拘留的人，虽然其人身自由也受到限制，但不属于刑法意义上的"在押人员"。

需要探讨的是，被监察机关留置人员是否属于本罪及私放在押人员罪中的"在押人员"？易言之，监察机关工作人员私放被留置人员或失职致使被留置人员失控脱管的，是否构成该两罪名？我们认为，第一，该两罪名都是特殊主体即司法工作人员才能构成，根据《刑法》第 94 条的规定，司法工作人员是指有侦查、检察、审判、监管职责的工作人员。而根据监察法的规定，监察委员会是行使国家监察职能的专责机关，监察人员并未被纳入司法工作人员范畴；第二，如前所述，本罪的行为对象仅限于犯罪嫌疑人、被告人或者罪犯这三种特定人员，并未包含被留置人员。因此，在现有法律框架内，不宜认定监察机关工作人员私放被留置人员或失职致使被留置人员失控脱管的构成私放在押人员罪与失职致使在押人员脱逃罪。

但对于司法实践中确实可能出现的私放被留置人员或失职致使被留置人员失控脱管的情况，可以根据不同情况讨论：（1）监察机关工作人员私放被留置人员或失职致使被留置人员失控脱管的，可考虑是否构成其他渎职犯罪，例如私放被留置人员造成恶劣影响的可能构成滥用职权罪。（2）被留置人员虽然不属于犯罪嫌疑人、被告人或者罪犯三种人员，但从本质上讲也属于人身自由被剥夺将其认定为"在押人员"并没有超出文义解释的范畴，也符合司法实践（例如，留置天数可以折抵刑期，与羁押天数可以折抵刑期的规定是一致的），因此，被留置人员性质上等同于在押人员。实践中，对被留置人员的监管职责很多情况下由公安干警担负，若该公安干警私放被留置人员或失职致使被留置人员失控脱管，可以成立私放在押人员罪或失职致使在押人员脱逃罪。另外，监察机关与司法机关在工作流程上存在诸多衔接节点，在监察机关工作人员与司法工作人员共谋私放被留置人员的情况下，按照无身份人与有身份人共同犯罪的法理，可以以司法工作人员的身份来认定本案构成私放在押人员罪，监察机关工作人员以共犯身份同样构成该罪。

【地方参考案例】吴某甲失职致使在押人员脱逃案①

一、基本案情

1998 年 10 月 22 日，犯罪嫌疑人吴某乙、李某假冒军人，驾驶假军车从东兴市非法贩运国家一级野生保护动物蟒蛇 91 条，重量 890 千克，途经防城港市防城区华石镇时，被防城港军分区查扣。当天下午防城港军分区将吴某乙、李某和查扣的蟒蛇一起移交给防城港市林业局林业公安科处理，防城港市林业局林业公安科按程序接收后，由被告人吴某甲负责组织人员对二人进行了讯问。当晚吴某乙、李某戴上手铐后，被留置在防城港市林业局林业公安科，由吴某甲负责看守。吴某甲在负责看守吴某乙、李某时，不履行监管职责，擅离职守，到隔壁的防火办公室睡觉，致使吴某乙、李某于次日凌晨撬开手铐脱逃，一直未能抓获归案。法院以失职致使在押人员脱逃罪判处被告人吴某甲有期徒刑一年，缓刑二年。

二、案例评析

本案中，两名脱逃的犯罪嫌疑人是由于非法贩运国家一级野生动物而被扣押的，两名犯罪嫌疑人非法贩运的国家一级野生保护动物数量多，属于重大犯罪嫌疑人，属于刑法意义上的"在押人员"；在案证据还证实是吴某甲主动提出由他负责看守两名犯罪嫌疑

---

① 广西壮族自治区防城港市港口区人民法院（2001）港刑初字第 61 号刑事判决书。

人，吴某甲当时是林业公安科的负责人，两名犯罪嫌疑人的脱逃是在吴某甲看守的过程中脱逃的，吴某也供述了其看守两犯罪嫌疑人时，到隔壁的防火办公室睡觉，系擅离职守，严重不负责任，符合该罪的犯罪构成。

问题 3. 如何从犯罪构成上区分私放在押人员罪与失职致使在押人员脱逃罪

私放在押人员罪和失职致使在押人员脱逃罪主要区别在于主观方面不同的心态。从主观方面来看，构成私放在押人员罪主观上必须是故意。这种犯罪的动机是各种各样的，有的是为了贪图钱财而私放，有的是为了徇私情而私放，有的是为了包庇犯罪同伙而私放。构成失职致使在押人员脱逃罪的主观方面则是过失，即司法工作人员因为疏忽大意而没有预见，或者已经预见而轻信能够避免，以致发生了这种危害的后果。另外，私放在押人员罪是行为犯，而失职致使在押人员脱逃罪是结果犯。

【地方参考案例】孙某、李某、石某涛失职致使在押人员脱逃案[①]

一、基本案情

被告人孙某、李某、石某涛均是天津市公安局预审监所管理局第一看守所民警。被告人孙某、李某、石某涛受该所领导指派，于 2015 年 6 月 17 日 8 时 30 分到天津市第一中心医院心外科 A0519 病房，负责戒护因犯故意杀人罪、抢劫罪已被判处死刑在该医院就医的在押人员陈某。在戒护期间，三被告人未严格检查陈某加戴戒具和随身物品，并在 6 月 18 日凌晨同时睡觉，使陈某趁机于当日凌晨 2 时许用私藏的铁片打开戒具脱逃。值班护士石某妹发现后被陈某推倒在地，遂大声呼叫，三被告人惊醒后相继冲出病房追捕，但未能抓到陈某。之后，被告人孙某打电话将陈某脱逃的情况通知了陈某的管教民警张某并报警，后三被告人回到看守所向主管领导和纪检部门如实汇报了案件经过，并均表示接受组织处理。同年 6 月 20 日，天津市公安机关将逃至河北省邯郸市的陈某抓获归案。同年 7 月 3 日，三被告人接通知后到检察机关接受询问，并因涉嫌渎职犯罪被刑事拘留。

法院认为，被告人孙某、李某、石某涛身为司法工作人员，严重不负责任，致使已被判处死刑的在押人员趁机脱逃，造成严重后果。孙某、李某、石某涛之行为均已构成失职致使在押人员脱逃罪。鉴于三被告人具有自首情节，依法可从轻处罚。考虑到三被告人的犯罪情节较轻，认罪悔罪，宣告缓刑对所居住社区没有重大不良影响，可依法适用缓刑。判决：被告人孙某犯失职致使在押人员脱逃罪，判处有期徒刑一年，缓刑一年；被告人李某犯失职致使在押人员脱逃罪，判处有期徒刑一年，缓刑一年；被告人石某涛犯失职致使在押人员脱逃罪，判处有期徒刑一年，缓刑一年。

二、案例评析

构成私放在押人员罪主观上必须是故意，构成失职致使在押人员脱逃罪的主观方面则是过失。构成私放在押人员罪在客观方面必须是实施了私放犯罪嫌疑人、被告人或者罪犯的行为，主要是指擅自、非法将在押人员释放使其逃出监管机关的监控范围；失职致使在押人员脱逃罪的客观方面则是司法工作人员严重不负责任，不履行或者不认真履行相关职责，致使犯罪嫌疑人、被告人或者罪犯脱逃，造成了严重后果。本案中，被告

---

① 天津市第一中级人民法院（2015）一中刑初字第 0084 号刑事判决书。

人孙某、李某、石某涛身为监管人员，在戒护监管外出治病在押人员期间，主观上疏忽大意，严重不负责任，不认真履行看守犯罪嫌疑人的职责，客观上造成了在押犯罪嫌疑人脱逃的严重后果，其行为侵犯了国家监管机关的监管制度，均已构成失职致使在押人员脱逃罪。

第二十三章
徇私舞弊减刑、假释、暂予监外执行罪

第一节　徇私舞弊减刑、假释、暂予监外执行罪概述

一、徇私舞弊减刑、假释、暂予监外执行罪概念及构成要件

徇私舞弊减刑、假释、暂予监外执行罪，是指司法工作人员徇私舞弊，对不符合减刑、假释、暂予监外执行条件的罪犯，予以减刑、假释或者暂予监外执行的行为。

（一）客体要件

本罪的客体是国家对罪犯的正常监管活动。本罪的对象是罪犯，即被法院依法判处刑罚，正在监狱或其他场所服刑的人员。

（二）客观要件

本罪的客观方面。本罪的客观方面表现为徇私舞弊，对不符合减刑、假释、暂予监外执行条件的罪犯予以减刑、假释或者暂予监外执行。此处的"徇私舞弊"具体表现为如下几种情形：（1）刑罚执行机关的工作人员对不符合减刑、假释、暂予监外执行条件的罪犯，捏造事实，伪造材料，违法报请减刑、假释、暂予监外执行的；（2）审判人员对不符合减刑、假释、暂予监外执行条件的罪犯，徇私舞弊，违法裁定减刑、假释或者违法决定暂予监外执行的；（3）监狱管理机关、公安机关的工作人员对不符合暂予监外执行条件的罪犯，徇私舞弊，违法批准暂予监外执行的；（4）不具有报请、裁定、决定或者批准减刑、假释、暂予监外执行权的司法工作人员利用职务上的便利，伪造有关材料，导致不符合减刑、假释、暂予监外执行条件的罪犯被减刑、假释、暂予监外执行的；（5）其他徇私舞弊减刑、假释、暂予监外执行应予追究刑事责任的情形。

本罪是选择性罪名，具体表现为三种情况：一是徇私舞弊，对不符合减刑法定条件的罪犯予以减刑；二是徇私舞弊，对不符合假释法定条件的罪犯予以假释；三是徇私舞弊，对不符合《刑事诉讼法》规定的暂予监外执行条件的罪犯暂予监外执行。行为人实

施上述三种行为之一，即构成本罪。

（三）主体要件

本罪的主体。本罪的主体是特殊主体，即司法工作人员，实践中，具体指刑罚执行机关和审判机关中有权决定减刑、假释或暂予监外执行的司法工作人员。

（四）主观要件

本罪的主观方面。本罪的主观方面是故意，即明知不符合减刑、假释、暂予监外执行法定条件的罪犯，予以减刑、假释或者暂予监外执行，行为人多出于贪利、徇私情等动机。过失不成立本罪。

二、徇私舞弊减刑、假释、暂予监外执行罪案件审理情况

1997 年修订《刑法》以前，司法实践中出现了一些司法工作人员在减刑、假释、暂予监外执行相关工作中徇私舞弊，甚至贪赃枉法，对不符合条件的罪犯予以减刑、假释、暂予监外执行的情形，致使本应当在监所内服刑的罪犯逍遥法外，甚至继续违法犯罪造成严重后果。这种行为具有严重的社会危害性，应当予以惩治。因此，在 1997 年修订《刑法》时，根据维护司法公正、惩治司法腐败的需要和各方面的意见，增加规定了司法工作人员徇私舞弊减刑、假释、暂予监外执行的犯罪。

通过中国裁判文书网检索，2018 年至 2022 年，全国法院审结一审徇私舞弊减刑、假释、暂予监外执行罪案件共计 16 件，其中，2018 年 2 件，2019 年 0 件，2020 年 7 件，2021 年 5 件，2022 年 2 件，相较于其他常见犯罪，徇私舞弊减刑、假释、暂予监外执行罪刑事案件整体数量不多。

司法实践中，徇私舞弊减刑、假释、暂予监外执行罪案件主要呈现出以下特点及趋势：一是从涉案主体的单位来看，监狱的民警违法违规办理减刑、假释、暂予监外执行问题比较突出，而法院、检察院等司法机关的工作人员此问题相对较少。二是窝案串案多，呈现群体性的特征，例如，监狱提请减刑需要多部门同意，违规减刑往往涉及多名民警涉案。

三、徇私舞弊减刑、假释、暂予监外执行罪案件审理中的热点、难点问题

1. 本罪与徇私枉法罪的界限。两者的区别主要在于：

（1）客观方面不同。本罪的客观方面表现为两种：一是有报请、裁定、决定或者批准减刑、假释、暂予监外执行权限的机关在其合法权限内，对不符合减刑、假释、暂予监外执行条件的罪犯予以减刑、假释、暂予监外执行。二是无报请、裁定、决定或者批准减刑、假释、暂予监外执行权限的机关超越合法权限范围，对不符合减刑、假释、暂予监外执行条件的罪犯予以减刑、假释、暂予监外执行。徇私枉法罪的客观方面表现为司法工作人员徇私枉法、徇情枉法，对明知是无罪的人而使他受追诉、对明知是有罪的人而故意包庇不使他受追诉，或者在刑事审判活动中故意违背事实和法律作枉法裁判的。

（2）犯罪发生的阶段不同。本罪只能发生在刑罚的执行过程中，而徇私枉法罪则可以发生在刑事诉讼的各个阶段，包括侦查、检察、审判、执行阶段。

（3）对象不同。本罪所针对的对象只能是正在服刑中的罪犯，而徇私枉法罪的对象

既包括已决犯，也包括未决犯。

（4）主体不同。本罪的主体为司法工作人员，包括审判机关、刑罚执行机关，而徇私枉法罪的犯罪主体包括侦查、检察和审判机关。

如果有关的审判人员在裁定减刑、假释的过程中，徇私舞弊，违背事实和法律枉法裁判的，同时构成本罪和徇私枉法罪，属于想象竞合犯，从一重罪处理，按照徇私枉法罪定罪处罚。

2. 本罪与私放在押人员罪的界限。两者的主要区别在于：

（1）犯罪对象不同。本罪的犯罪对象仅包括正在被执行刑罚的罪犯。而私放在押人员罪的犯罪对象不仅包括正在被执行刑罚的罪犯，还包括犯罪嫌疑人、被告人。

（2）客观方面不同。本罪往往表现为伪造虚假的事实材料，使不符合减刑、假释、暂予监外执行条件的罪犯符合法律规定的条件，然后再通过一定的程序对被执行人员实施减刑、假释、暂予监外执行，而私放在押人员罪则表现为利用其职务上的便利，私自放行在押人员。

（3）犯罪发生的过程不同。本罪只能发生在刑罚执行过程中，而私放在押人员罪则可以发生在刑事案件的侦查、检察、审判及其执行过程中。

四、徇私舞弊减刑、假释、暂予监外执行罪案件办案思路及原则

1. 准确把握罪与非罪的界限。正确把握徇私舞弊减刑、假释、暂予监外执行罪罪与非罪的界限主要有以下几点：第一，只有对不符合减刑、假释、暂予监外执行的实质条件的罪犯予以减刑、假释和暂予监外执行的，才能构成本罪；如果罪犯符合减刑、假释、暂予监外执行的实质条件，司法工作人员只是违反了法定程序予以减刑、假释、暂予监外执行的，则不能以本罪论处。对减刑、假释或者暂予监外执行条件的把握，应严格遵守有关法律、法规、司法解释的规定。第二，本罪是行为犯，只要行为人实施本条所规定的行为，就应该按照本罪定罪处罚。但是，这并不意味着对行为人的行为没有任何程度方面的要求。按照《刑法》第13条的但书的规定，"但是情节显著轻微危害不大的，不认为是犯罪"。即行为人的行为只有达到情节严重的，才能按照本罪定罪处罚。

2. 划清本罪既遂与未遂的界限。区别本罪既遂与未遂的标准为是否作出了不符合法定条件的减刑、假释或暂予监外执行的裁定或者决定。对于有权直接作出裁定或者决定的司法工作人员，自该裁定或决定一经作出，即为既遂。如果司法工作人员只有权建议作出裁定或决定的，则在该裁定或决定被批准作出后，即构成既遂；尚未批准的，构成未遂。另外，在既遂状态下，罪犯正式离开狱所可作为情节在量刑时予以考虑。

3. 区分一罪与数罪。本罪为选择性罪名。按照法律规定，行为人徇私舞弊，具有对不符合减刑、假释或者暂予监外执行的罪犯予以减刑、假释、暂予监外执行其中一种行为的，就成立本罪；实施了两种以上行为的，仍为一罪，不实行并罚。

第二节　徇私舞弊减刑、假释、暂予监外执行罪审判依据

一、法律

1. 《刑法》（2020 年 12 月 26 日修正）（节录）

第四百零一条　司法工作人员徇私舞弊，对不符合减刑、假释、暂予监外执行条件的罪犯，予以减刑、假释或者暂予监外执行的，处三年以下有期徒刑或者拘役；情节严重的，处三年以上七年以下有期徒刑。

第七十八条　被判处管制、拘役、有期徒刑、无期徒刑的犯罪分子，在执行期间，如果认真遵守监规，接受教育改造，确有悔改表现的，或者有立功表现的，可以减刑；有下列重大立功表现之一的，应当减刑：

（一）阻止他人重大犯罪活动的；

（二）检举监狱内外重大犯罪活动，经查证属实的；

（三）有发明创造或者重大技术革新的；

（四）在日常生产、生活中舍己救人的；

（五）在抗御自然灾害或者排除重大事故中，有突出表现的；

（六）对国家和社会有其他重大贡献的。

减刑以后实际执行的刑期不能少于下列期限：

（一）判处管制、拘役、有期徒刑的，不能少于原判刑期的二分之一；

（二）判处无期徒刑的，不能少于十三年；

（三）人民法院依照本法第五十条第二款规定限制减刑的死刑缓期执行的犯罪分子，缓期执行期满后依法减为无期徒刑的，不能少于二十五年，缓期执行期满后依法减为二十五年有期徒刑的，不能少于二十年。

第七十九条　对于犯罪分子的减刑，由执行机关向中级以上人民法院提出减刑建议书。人民法院应当组成合议庭进行审理，对确有悔改或者立功事实的，裁定予以减刑。非经法定程序不得减刑。

第八十条　无期徒刑减为有期徒刑的刑期，从裁定减刑之日起计算。

第八十一条　被判处有期徒刑的犯罪分子，执行原判刑期二分之一以上，被判处无期徒刑的犯罪分子，实际执行十三年以上，如果认真遵守监规，接受教育改造，确有悔改表现，没有再犯罪的危险的，可以假释。如果有特殊情况，经最高人民法院核准，可以不受上述执行刑期的限制。

对累犯以及因故意杀人、强奸、抢劫、绑架、放火、爆炸、投放危险物质或者有组织的暴力性犯罪被判处十年以上有期徒刑、无期徒刑的犯罪分子，不得假释。

对犯罪分子决定假释时，应当考虑其假释后对所居住社区的影响。

第八十二条　对于犯罪分子的假释，依照本法第七十九条规定的程序进行。非经法定程序不得假释。

第八十三条 有期徒刑的假释考验期限，为没有执行完毕的刑期；无期徒刑的假释考验期限为十年。

假释考验期限，从假释之日起计算。

第八十四条 被宣告假释的犯罪分子，应当遵守下列规定：

（一）遵守法律、行政法规，服从监督；

（二）按照监督机关的规定报告自己的活动情况；

（三）遵守监督机关关于会客的规定；

（四）离开所居住的市、县或者迁居，应当报经监督机关批准。

第八十五条 对假释的犯罪分子，在假释考验期限内，依法实行社区矫正，如果没有本法第八十六条规定的情形，假释考验期满，就认为原判刑罚已经执行完毕，并公开予以宣告。

第八十六条 被假释的犯罪分子，在假释考验期限内犯新罪，应当撤销假释，依照本法第七十一条的规定实行数罪并罚。

在假释考验期限内，发现被假释的犯罪分子在判决宣告以前还有其他罪没有判决的，应当撤销假释，依照本法第七十条的规定实行数罪并罚。

被假释的犯罪分子，在假释考验期限内，有违反法律、行政法规或者国务院有关部门关于假释的监督管理规定的行为，尚未构成新的犯罪的，应当依照法定程序撤销假释，收监执行未执行完毕的刑罚。

2.《监狱法》（2012年10月26日修正）（节录）

第二十五条 对于被判处无期徒刑、有期徒刑在监内服刑的罪犯，符合刑事诉讼法规定的监外执行条件的，可以暂予监外执行。

第二十六条 暂予监外执行，由监狱提出书面意见，报省、自治区、直辖市监狱管理机关批准。批准机关应当将批准的暂予监外执行决定通知公安机关和原判人民法院，并抄送人民检察院。

人民检察院认为对罪犯适用暂予监外执行不当的，应当自接到通知之日起一个月内将书面意见送交批准暂予监外执行的机关，批准暂予监外执行的机关接到人民检察院的书面意见后，应当立即对该决定进行重新核查。

第二十九条 被判处无期徒刑、有期徒刑的罪犯，在服刑期间确有悔改或者立功表现的，根据监狱考核的结果，可以减刑。有下列重大立功表现之一的，应当减刑：

（一）阻止他人重大犯罪活动的；

（二）检举监狱内外重大犯罪活动，经查证属实的；

（三）有发明创造或者重大技术革新的；

（四）在日常生产、生活中舍己救人的；

（五）在抗御自然灾害或者排除重大事故中，有突出表现的；

（六）对国家和社会有其他重大贡献的。

第三十条 减刑建议由监狱向人民法院提出，人民法院应当自收到减刑建议书之日起一个月内予以审核裁定；案情复杂或者情况特殊的，可以延长一个月。减刑裁定的副本应当抄送人民检察院。

第三十一条 被判处死刑缓期二年执行的罪犯，在死刑缓期执行期间，符合法律规定的减为无期徒刑、有期徒刑条件的，二年期满时，所在监狱应当及时提出减刑建议，报经省、自治区、直辖市监狱管理机关审核后，提请高级人民法院裁定。

第三十二条　被判处无期徒刑、有期徒刑的罪犯，符合法律规定的假释条件的，由监狱根据考核结果向人民法院提出假释建议，人民法院应当自收到假释建议书之日起一个月内予以审核裁定；案情复杂或者情况特殊的，可以延长一个月。假释裁定的副本应当抄送人民检察院。

第三十三条　人民法院裁定假释的，监狱应当按期假释并发给假释证明书。

对被假释的罪犯，依法实行社区矫正，由社区矫正机构负责执行。被假释的罪犯，在假释考验期限内有违反法律、行政法规或者国务院有关部门关于假释的监督管理规定的行为，尚未构成新的犯罪的，社区矫正机构应当向人民法院提出撤销假释的建议，人民法院应当自收到撤销假释建议书之日起一个月内予以审核裁定。人民法院裁定撤销假释的，由公安机关将罪犯送交监狱收监。

第三十四条　对不符合法律规定的减刑、假释条件的罪犯，不得以任何理由将其减刑、假释。

人民检察院认为人民法院减刑、假释的裁定不当，应当依照刑事诉讼法规定的期间向人民法院提出书面纠正意见。对于人民检察院提出书面纠正意见的案件，人民法院应当重新审理。

3.《刑事诉讼法》（2018 年 10 月 26 日修正）（节录）

第二百六十五条　对被判处有期徒刑或者拘役的罪犯，有下列情形之一的，可以暂予监外执行：

（一）有严重疾病需要保外就医的；

（二）怀孕或者正在哺乳自己婴儿的妇女；

（三）生活不能自理，适用暂予监外执行不致危害社会的。

对被判处无期徒刑的罪犯，有前款第二项规定情形的，可以暂予监外执行。

对适用保外就医可能有社会危险性的罪犯，或者自伤自残的罪犯，不得保外就医。

对罪犯确有严重疾病，必须保外就医的，由省级人民政府指定的医院诊断并开具证明文件。

在交付执行前，暂予监外执行由交付执行的人民法院决定；在交付执行后，暂予监外执行由监狱或者看守所提出书面意见，报省级以上监狱管理机关或者设区的市一级以上公安机关批准。

第二百六十六条　监狱、看守所提出暂予监外执行的书面意见的，应当将书面意见的副本抄送人民检察院。人民检察院可以向决定或者批准机关提出书面意见。

第二百六十七条　决定或者批准暂予监外执行的机关应当将暂予监外执行决定抄送人民检察院。人民检察院认为暂予监外执行不当的，应当自接到通知之日起一个月以内将书面意见送交决定或者批准暂予监外执行的机关，决定或者批准暂予监外执行的机关接到人民检察院的书面意见后，应当立即对该决定进行重新核查。

第二百六十八条　对暂予监外执行的罪犯，有下列情形之一的，应当及时收监：

（一）发现不符合暂予监外执行条件的；

（二）严重违反有关暂予监外执行监督管理规定的；

（三）暂予监外执行的情形消失后，罪犯刑期未满的。

对于人民法院决定暂予监外执行的罪犯应当予以收监的，由人民法院作出决定，将有关的法律文书送达公安机关、监狱或者其他执行机关。

不符合暂予监外执行条件的罪犯通过贿赂等非法手段被暂予监外执行的，在监外执行的期间不计入执行刑期。罪犯在暂予监外执行期间脱逃的，脱逃的期间不计入执行刑期。

罪犯在暂予监外执行期间死亡的，执行机关应当及时通知监狱或者看守所。

第二百七十三条第二款　被判处管制、拘役、有期徒刑或者无期徒刑的罪犯，在执行期间确有悔改或者立功表现，应当依法予以减刑、假释的时候，由执行机关提出建议书，报请人民法院审核裁定，并将建议书副本抄送人民检察院。人民检察院可以向人民法院提出书面意见。

第二百七十四条　人民检察院认为人民法院减刑、假释的裁定不当，应当在收到裁定书副本后二十日以内，向人民法院提出书面纠正意见。人民法院应当在收到纠正意见后一个月以内重新组成合议庭进行审理，作出最终裁定。

二、司法解释

1. 最高人民法院《关于适用〈中华人民共和国刑事诉讼法〉的解释》（2020年12月7日　法释〔2021〕1号）（节录）

第五百一十四条　罪犯在被交付执行前，因有严重疾病、怀孕或者正在哺乳自己婴儿的妇女、生活不能自理的原因，依法提出暂予监外执行的申请的，有关病情诊断、妊娠检查和生活不能自理的鉴别，由人民法院负责组织进行。

第五百一十五条　被判处无期徒刑、有期徒刑或者拘役的罪犯，符合刑事诉讼法第二百六十五条第一款、第二款的规定，人民法院决定暂予监外执行的，应当制作暂予监外执行决定书，写明罪犯基本情况、判决确定的罪名和刑罚、决定暂予监外执行的原因、依据等。

人民法院在作出暂予监外执行决定前，应当征求人民检察院的意见。

人民检察院认为人民法院的暂予监外执行决定不当，在法定期限内提出书面意见的，人民法院应当立即对该决定重新核查，并在一个月以内作出决定。

对暂予监外执行的罪犯，适用本解释第五百一十九条的有关规定，依法实行社区矫正。

人民法院决定暂予监外执行的，由看守所或者执行取保候审、监视居住的公安机关自收到决定之日起十日以内将罪犯移送社区矫正机构。

第五百一十六条　人民法院收到社区矫正机构的收监执行建议书后，经审查，确认暂予监外执行的罪犯具有下列情形之一的，应当作出收监执行的决定：

（一）不符合暂予监外执行条件的；

（二）未经批准离开所居住的市、县，经警告拒不改正，或者拒不报告行踪，脱离监管的；

（三）因违反监督管理规定受到治安管理处罚，仍不改正的；

（四）受到执行机关两次警告，仍不改正的；

（五）保外就医期间不按规定提交病情复查情况，经警告拒不改正的；

（六）暂予监外执行的情形消失后，刑期未满的；

（七）保证人丧失保证条件或者因不履行义务被取消保证人资格，不能在规定期限内提出新的保证人的；

（八）违反法律、行政法规和监督管理规定，情节严重的其他情形。

第五百一十七条 人民法院应当在收到社区矫正机构的收监执行建议书后三十日以内作出决定。收监执行决定书一经作出，立即生效。

人民法院应当将收监执行决定书送达社区矫正机构和公安机关，并抄送人民检察院，由公安机关将罪犯交付执行。

第五百一十八条 被收监执行的罪犯有不计入执行刑期情形的，人民法院应当在作出收监决定时，确定不计入执行刑期的具体时间。

第五节 减刑、假释案件的审理

第五百三十三条 被判处死刑缓期执行的罪犯，在死刑缓期执行期间，没有故意犯罪的，死刑缓期执行期满后，应当裁定减刑；死刑缓期执行期满后，尚未裁定减刑前又犯罪的，应当在依法减刑后，对其所犯新罪另行审判。

第五百三十四条 对减刑、假释案件，应当按照下列情形分别处理：

（一）对被判处死刑缓期执行的罪犯的减刑，由罪犯服刑地的高级人民法院在收到同级监狱管理机关审核同意的减刑建议书后一个月以内作出裁定；

（二）对被判处无期徒刑的罪犯的减刑、假释，由罪犯服刑地的高级人民法院在收到同级监狱管理机关审核同意的减刑、假释建议书后一个月以内作出裁定，案情复杂或者情况特殊的，可以延长一个月；

（三）对被判处有期徒刑和被减为有期徒刑的罪犯的减刑、假释，由罪犯服刑地的中级人民法院在收到执行机关提出的减刑、假释建议书后一个月以内作出裁定，案情复杂或者情况特殊的，可以延长一个月；

（四）对被判处管制、拘役的罪犯的减刑，由罪犯服刑地的中级人民法院在收到同级执行机关审核同意的减刑建议书后一个月以内作出裁定。

对社区矫正对象的减刑，由社区矫正执行地的中级以上人民法院在收到社区矫正机构减刑建议书后三十日以内作出裁定。

第五百三十五条 受理减刑、假释案件，应当审查执行机关移送的材料是否包括下列内容：

（一）减刑、假释建议书；

（二）原审法院的裁判文书、执行通知书、历次减刑裁定书的复制件；

（三）证明罪犯确有悔改、立功或者重大立功表现具体事实的书面材料；

（四）罪犯评审鉴定表、奖惩审批表等；

（五）罪犯假释后对所居住社区影响的调查评估报告；

（六）刑事裁判涉财产部分、附带民事裁判的执行、履行情况；

（七）根据案件情况需要移送的其他材料。

人民检察院对报请减刑、假释案件提出意见的，执行机关应当一并移送受理减刑、假释案件的人民法院。

经审查，材料不全的，应当通知提请减刑、假释的执行机关在三日以内补送；逾期未补送的，不予立案。

第五百三十六条 审理减刑、假释案件，对罪犯积极履行刑事裁判涉财产部分、附带民事裁判确定的义务的，可以认定有悔改表现，在减刑、假释时从宽掌握；对确有履行能力而不履行或者不全部履行的，在减刑、假释时从严掌握。

第五百三十七条 审理减刑、假释案件，应当在立案后五日以内对下列事项予以公示：

（一）罪犯的姓名、年龄等个人基本情况；

（二）原判认定的罪名和刑期；

（三）罪犯历次减刑情况；

（四）执行机关的减刑、假释建议和依据。

公示应当写明公示期限和提出意见的方式。

第五百三十八条 审理减刑、假释案件，应当组成合议庭，可以采用书面审理的方式，但下列案件应当开庭审理：

（一）因罪犯有重大立功表现提请减刑的；

（二）提请减刑的起始时间、间隔时间或者减刑幅度不符合一般规定的；

（三）被提请减刑、假释罪犯系职务犯罪罪犯，组织、领导、参加、包庇、纵容黑社会性质组织罪犯，破坏金融管理秩序罪犯或者金融诈骗罪犯的；

（四）社会影响重大或者社会关注度高的；

（五）公示期间收到不同意见的；

（六）人民检察院提出异议的；

（七）有必要开庭审理的其他案件。

第五百三十九条 人民法院作出减刑、假释裁定后，应当在七日以内送达提请减刑、假释的执行机关、同级人民检察院以及罪犯本人。人民检察院认为减刑、假释裁定不当，在法定期限内提出书面纠正意见的，人民法院应当在收到意见后另行组成合议庭审理，并在一个月以内作出裁定。

对假释的罪犯，适用本解释第五百一十九条的有关规定，依法实行社区矫正。

第五百四十条 减刑、假释裁定作出前，执行机关书面提请撤回减刑、假释建议的，人民法院可以决定是否准许。

第五百四十一条 人民法院发现本院已经生效的减刑、假释裁定确有错误的，应当另行组成合议庭审理；发现下级人民法院已经生效的减刑、假释裁定确有错误的，可以指令下级人民法院另行组成合议庭审理，也可以自行组成合议庭审理。

第五百四十二条 罪犯在缓刑、假释考验期限内犯新罪或者被发现在判决宣告前还有其他罪没有判决，应当撤销缓刑、假释的，由审判新罪的人民法院撤销原判决、裁定宣告的缓刑、假释，并书面通知原审人民法院和执行机关。

第五百四十三条 人民法院收到社区矫正机构的撤销缓刑建议书后，经审查，确认罪犯在缓刑考验期限内具有下列情形之一的，应当作出撤销缓刑的裁定：

（一）违反禁止令，情节严重的；

（二）无正当理由不按规定时间报到或者接受社区矫正期间脱离监管，超过一个月的；

（三）因违反监督管理规定受到治安管理处罚，仍不改正的；

（四）受到执行机关二次警告，仍不改正的；

（五）违反法律、行政法规和监督管理规定，情节严重的其他情形。

人民法院收到社区矫正机构的撤销假释建议书后，经审查，确认罪犯在假释考验期限内具有前款第二项、第四项规定情形之一，或者有其他违反监督管理规定的行为，尚未构成新的犯罪的，应当作出撤销假释的裁定。

第五百四十四条　被提请撤销缓刑、假释的罪犯可能逃跑或者可能发生社会危险，社区矫正机构在提出撤销缓刑、假释建议的同时，提请人民法院决定对其予以逮捕的，人民法院应当在四十八小时以内作出是否逮捕的决定。决定逮捕的，由公安机关执行。逮捕后的羁押期限不得超过三十日。

第五百四十五条　人民法院应当在收到社区矫正机构的撤销缓刑、假释建议书后三十日以内作出裁定。撤销缓刑、假释的裁定一经作出，立即生效。

人民法院应当将撤销缓刑、假释裁定书送达社区矫正机构和公安机关，并抄送人民检察院，由公安机关将罪犯送交执行。执行以前被逮捕的，羁押一日折抵刑期一日。

2. 最高人民法院《关于办理减刑、假释案件具体应用法律的补充规定》（2019年4月24日　法释〔2019〕6号）

第一条　对拒不认罪悔罪的，或者确有履行能力而不履行或者不全部履行生效裁判中财产性判项的，不予假释，一般不予减刑。

第二条　被判处十年以上有期徒刑，符合减刑条件的，执行三年以上方可减刑；被判处不满十年有期徒刑，符合减刑条件的，执行二年以上方可减刑。

确有悔改表现或者有立功表现的，一次减刑不超过六个月有期徒刑；确有悔改表现并有立功表现的，一次减刑不超过九个月有期徒刑；有重大立功表现的，一次减刑不超过一年有期徒刑。

被判处十年以上有期徒刑的，两次减刑之间应当间隔二年以上；被判处不满十年有期徒刑的，两次减刑之间应当间隔一年六个月以上。

第三条　被判处无期徒刑，符合减刑条件的，执行四年以上方可减刑。

确有悔改表现或者有立功表现的，可以减为二十三年有期徒刑；确有悔改表现并有立功表现的，可以减为二十二年以上二十三年以下有期徒刑；有重大立功表现的，可以减为二十一年以上二十二年以下有期徒刑。

无期徒刑减为有期徒刑后再减刑时，减刑幅度比照本规定第二条的规定执行。两次减刑之间应当间隔二年以上。

第四条　被判处死刑缓期执行的，减为无期徒刑后，符合减刑条件的，执行四年以上方可减刑。

确有悔改表现或者有立功表现的，可以减为二十五年有期徒刑；确有悔改表现并有立功表现的，可以减为二十四年六个月以上二十五年以下有期徒刑；有重大立功表现的，可以减为二十四年以上二十四年六个月以下有期徒刑。

减为有期徒刑后再减刑时，减刑幅度比照本规定第二条的规定执行。两次减刑之间应当间隔二年以上。

第五条　罪犯有重大立功表现的，减刑时可以不受上述起始时间和间隔时间的限制。

3. 最高人民法院《关于办理减刑、假释案件具体应用法律的规定》（2016 年 11 月 14日 法释〔2016〕23 号）（节录）

第二条 对于罪犯符合刑法第七十八条第一款规定"可以减刑"条件的案件，在办理时应当综合考察罪犯犯罪的性质和具体情节、社会危害程度、原判刑罚及生效裁判中财产性判项的履行情况、交付执行后的一贯表现等因素。

第三条 "确有悔改表现"是指同时具备以下条件：

（一）认罪悔罪；

（二）遵守法律法规及监规，接受教育改造；

（三）积极参加思想、文化、职业技术教育；

（四）积极参加劳动，努力完成劳动任务。

对职务犯罪、破坏金融管理秩序和金融诈骗犯罪、组织（领导、参加、包庇、纵容）黑社会性质组织犯罪等罪犯，不积极退赃、协助追缴赃款赃物、赔偿损失，或者服刑期间利用个人影响力和社会关系等不正当手段意图获得减刑、假释的，不认定其"确有悔改表现"。

罪犯在刑罚执行期间的申诉权利应当依法保护，对其正当申诉不能不加分析地认为是不认罪悔罪。

第四条 具有下列情形之一的，可以认定为有"立功表现"：

（一）阻止他人实施犯罪活动的；

（二）检举、揭发监狱内外犯罪活动，或者提供重要的破案线索，经查证属实的；

（三）协助司法机关抓捕其他犯罪嫌疑人的；

（四）在生产、科研中进行技术革新，成绩突出的；

（五）在抗御自然灾害或者排除重大事故中，表现积极的；

（六）对国家和社会有其他较大贡献的。

第（四）项、第（六）项中的技术革新或者其他较大贡献应当由罪犯在刑罚执行期间独立或者为主完成，并经省级主管部门确认。

第五条 具有下列情形之一的，应当认定为有"重大立功表现"：

（一）阻止他人实施重大犯罪活动的；

（二）检举监狱内外重大犯罪活动，经查证属实的；

（三）协助司法机关抓捕其他重大犯罪嫌疑人的；

（四）有发明创造或者重大技术革新的；

（五）在日常生产、生活中舍己救人的；

（六）在抗御自然灾害或者排除重大事故中，有突出表现的；

（七）对国家和社会有其他重大贡献的。

第（四）项中的发明创造或者重大技术革新应当是罪犯在刑罚执行期间独立或者为主完成并经国家主管部门确认的发明专利，且不包括实用新型专利和外观设计专利；第（七）项中的其他重大贡献应当由罪犯在刑罚执行期间独立或者为主完成，并经国家主管部门确认。

第六条 被判处有期徒刑的罪犯减刑起始时间为：不满五年有期徒刑的，应当执行一年以上方可减刑；五年以上不满十年有期徒刑的，应当执行一年六个月以上方可减刑；

十年以上有期徒刑的，应当执行二年以上方可减刑。有期徒刑减刑的起始时间自判决执行之日起计算。

确有悔改表现或者有立功表现的，一次减刑不超过九个月有期徒刑；确有悔改表现并有立功表现的，一次减刑不超过一年有期徒刑；有重大立功表现的，一次减刑不超过一年六个月有期徒刑；确有悔改表现并有重大立功表现的，一次减刑不超过二年有期徒刑。

被判处不满十年有期徒刑的罪犯，两次减刑间隔时间不得少于一年；被判处十年以上有期徒刑的罪犯，两次减刑间隔时间不得少于一年六个月。减刑间隔时间不得低于上次减刑减去的刑期。

罪犯有重大立功表现的，可以不受上述减刑起始时间和间隔时间的限制。

第七条　对符合减刑条件的职务犯罪罪犯，破坏金融管理秩序和金融诈骗犯罪罪犯，组织、领导、参加、包庇、纵容黑社会性质组织犯罪罪犯，危害国家安全犯罪罪犯，恐怖活动犯罪罪犯，毒品犯罪集团的首要分子及毒品再犯，累犯，确有履行能力而不履行或者不全部履行生效裁判中财产性判项的罪犯，被判处十年以下有期徒刑的，执行二年以上方可减刑，减刑幅度应当比照本规定第六条从严掌握，一次减刑不超过一年有期徒刑，两次减刑之间应当间隔一年以上。

对被判处十年以上有期徒刑的前款罪犯，以及因故意杀人、强奸、抢劫、绑架、放火、爆炸、投放危险物质或者有组织的暴力性犯罪被判处十年以上有期徒刑的罪犯，数罪并罚且其中两罪以上被判处十年以上有期徒刑的罪犯，执行二年以上方可减刑，减刑幅度应当比照本规定第六条从严掌握，一次减刑不超过一年有期徒刑，两次减刑之间应当间隔一年六个月以上。

罪犯有重大立功表现的，可以不受上述减刑起始时间和间隔时间的限制。

第八条　被判处无期徒刑的罪犯在刑罚执行期间，符合减刑条件的，执行二年以上，可以减刑。减刑幅度为：确有悔改表现或者有立功表现的，可以减为二十二年有期徒刑；确有悔改表现并有立功表现的，可以减为二十一年以上二十二年以下有期徒刑；有重大立功表现的，可以减为二十年以上二十一年以下有期徒刑；确有悔改表现并有重大立功表现的，可以减为十九年以上二十年以下有期徒刑。无期徒刑罪犯减为有期徒刑后再减刑时，减刑幅度依照本规定第六条的规定执行。两次减刑间隔时间不得少于二年。

罪犯有重大立功表现的，可以不受上述减刑起始时间和间隔时间的限制。

第九条　对被判处无期徒刑的职务犯罪罪犯，破坏金融管理秩序和金融诈骗犯罪罪犯，组织、领导、参加、包庇、纵容黑社会性质组织犯罪罪犯，危害国家安全犯罪罪犯，恐怖活动犯罪罪犯，毒品犯罪集团的首要分子及毒品再犯，累犯以及因故意杀人、强奸、抢劫、绑架、放火、爆炸、投放危险物质或者有组织的暴力性犯罪的罪犯，确有履行能力而不履行或者不全部履行生效裁判中财产性判项的罪犯，数罪并罚被判处无期徒刑的罪犯，符合减刑条件的，执行三年以上方可减刑，减刑幅度应当比照本规定第八条从严掌握，减刑后的刑期最低不得少于二十年有期徒刑；减为有期徒刑后再减刑时，减刑幅度比照本规定第六条从严掌握，一次不超过一年有期徒刑，两次减刑之间应当间隔二年以上。

罪犯有重大立功表现的，可以不受上述减刑起始时间和间隔时间的限制。

第十条　被判处死刑缓期执行的罪犯减为无期徒刑后，符合减刑条件的，执行三年以上方可减刑。减刑幅度为：确有悔改表现或者有立功表现的，可以减为二十五年有期徒刑；确有悔改表现并有立功表现的，可以减为二十四年以上二十五年以下有期徒刑；有重大立功表现的，可以减为二十三年以上二十四年以下有期徒刑；确有悔改表现并有重大立功表现的，可以减为二十二年以上二十三年以下有期徒刑。

被判处死刑缓期执行的罪犯减为有期徒刑后再减刑时，比照本规定第八条的规定办理。

第十一条 对被判处死刑缓期执行的职务犯罪罪犯，破坏金融管理秩序和金融诈骗犯罪罪犯，组织、领导、参加、包庇、纵容黑社会性质组织犯罪罪犯，危害国家安全犯罪罪犯，恐怖活动犯罪罪犯，毒品犯罪集团的首要分子及毒品再犯，累犯以及因故意杀人、强奸、抢劫、绑架、放火、爆炸、投放危险物质或者有组织的暴力性犯罪的罪犯，确有履行能力而不履行或者不全部履行生效裁判中财产性判项的罪犯，数罪并罚被判处死刑缓期执行的罪犯，减为无期徒刑后，符合减刑条件的，执行三年以上方可减刑，一般减为二十五年有期徒刑，有立功表现或者重大立功表现的，可以比照本规定第十条减为二十三年以上二十五年以下有期徒刑；减为有期徒刑后再减刑时，减刑幅度比照本规定第六条从严掌握，一次不超过一年有期徒刑，两次减刑之间应当间隔二年以上。

第十二条 被判处死刑缓期执行的罪犯经过一次或者几次减刑后，其实际执行的刑期不得少于十五年，死刑缓期执行期间不包括在内。

死刑缓期执行罪犯在缓期执行期间不服从监管、抗拒改造，尚未构成犯罪的，在减为无期徒刑后再减刑时应当适当从严。

第十三条 被限制减刑的死刑缓期执行罪犯，减为无期徒刑后，符合减刑条件的，执行五年以上方可减刑。减刑间隔时间和减刑幅度依照本规定第十一条的规定执行。

第十四条 被限制减刑的死刑缓期执行罪犯，减为有期徒刑后再减刑时，一次减刑不超过六个月有期徒刑，两次减刑间隔时间不得少于二年。有重大立功表现的，间隔时间可以适当缩短，但一次减刑不超过一年有期徒刑。

第十五条 对被判处终身监禁的罪犯，在死刑缓期执行期满依法减为无期徒刑的裁定中，应当明确终身监禁，不得再减刑或者假释。

第十六条 被判处管制、拘役的罪犯，以及判决生效后剩余刑期不满二年有期徒刑的罪犯，符合减刑条件的，可以酌情减刑，减刑起始时间可以适当缩短，但实际执行的刑期不得少于原判刑期的二分之一。

第十七条 被判处有期徒刑罪犯减刑时，对附加剥夺政治权利的期限可以酌减。酌减后剥夺政治权利的期限，不得少于一年。

被判处死刑缓期执行、无期徒刑的罪犯减为有期徒刑时，应当将附加剥夺政治权利的期限减为七年以上十年以下，经过一次或者几次减刑后，最终剥夺政治权利的期限不得少于三年。

第十八条 被判处拘役或者三年以下有期徒刑，并宣告缓刑的罪犯，一般不适用减刑。

前款规定的罪犯在缓刑考验期内有重大立功表现的，可以参照刑法第七十八条的规定予以减刑，同时应当依法缩减其缓刑考验期。缩减后，拘役的缓刑考验期限不得少于二个月，有期徒刑的缓刑考验期限不得少于一年。

第十九条 对在报请减刑前的服刑期间不满十八周岁，且所犯罪行不属于刑法第八十一条第二款规定情形的罪犯，认罪悔罪，遵守法律法规及监规，积极参加学习、劳动，应当视为确有悔改表现。

对上述罪犯减刑时，减刑幅度可以适当放宽，或者减刑起始时间、间隔时间可以适当缩短，但放宽的幅度和缩短的时间不得超过本规定中相应幅度、时间的三分之一。

第二十条　老年罪犯、患严重疾病罪犯或者身体残疾罪犯减刑时，应当主要考察其认罪悔罪的实际表现。

对基本丧失劳动能力，生活难以自理的上述罪犯减刑时，减刑幅度可以适当放宽，或者减刑起始时间、间隔时间可以适当缩短，但放宽的幅度和缩短的时间不得超过本规定中相应幅度、时间的三分之一。

第二十一条　被判处有期徒刑、无期徒刑的罪犯在刑罚执行期间又故意犯罪，新罪被判处有期徒刑的，自新罪判决确定之日起三年内不予减刑；新罪被判处无期徒刑的，自新罪判决确定之日起四年内不予减刑。

罪犯在死刑缓期执行期间又故意犯罪，未被执行死刑的，死刑缓期执行的期间重新计算，减为无期徒刑后，五年内不予减刑。

被判处死刑缓期执行罪犯减刑后，在刑罚执行期间又故意犯罪的，依照第一款规定处理。

第二十二条　办理假释案件，认定"没有再犯罪的危险"，除符合刑法第八十一条规定的情形外，还应当根据犯罪的具体情节、原判刑罚情况，在刑罚执行中的一贯表现，罪犯的年龄、身体状况、性格特征，假释后生活来源以及监管条件等因素综合考虑。

第二十三条　被判处有期徒刑的罪犯假释时，执行原判刑期二分之一的时间，应当从判决执行之日起计算，判决执行以前先行羁押的，羁押一日折抵刑期一日。

被判处无期徒刑的罪犯假释时，刑法中关于实际执行刑期不得少于十三年的时间，应当从判决生效之日起计算。判决生效以前先行羁押的时间不予折抵。

被判处死刑缓期执行的罪犯减为无期徒刑或者有期徒刑后，实际执行十五年以上，方可假释，该实际执行时间应当从死刑缓期执行期满之日起计算。死刑缓期执行期间不包括在内，判决确定以前先行羁押的时间不予折抵。

第二十四条　刑法第八十一条第一款规定的"特殊情况"，是指有国家政治、国防、外交等方面特殊需要的情况。

第二十五条　对累犯以及因故意杀人、强奸、抢劫、绑架、放火、爆炸、投放危险物质或者有组织的暴力性犯罪被判处十年以上有期徒刑、无期徒刑的罪犯，不得假释。

因前款情形和犯罪被判处死刑缓期执行的罪犯，被减为无期徒刑、有期徒刑后，也不得假释。

第二十六条　对下列罪犯适用假释时可以依法从宽掌握：

（一）过失犯罪的罪犯、中止犯罪的罪犯、被胁迫参加犯罪的罪犯；

（二）因防卫过当或者紧急避险过当而被判处有期徒刑以上刑罚的罪犯；

（三）犯罪时未满十八周岁的罪犯；

（四）基本丧失劳动能力、生活难以自理，假释后生活确有着落的老年罪犯、患严重疾病罪犯或者身体残疾罪犯；

（五）服刑期间改造表现特别突出的罪犯；

（六）具有其他可以从宽假释情形的罪犯。

罪犯既符合法定减刑条件，又符合法定假释条件的，可以优先适用假释。

第二十七条 对于生效裁判中有财产性判项，罪犯确有履行能力而不履行或者不全部履行的，不予假释。

第二十八条 罪犯减刑后又假释的，间隔时间不得少于一年；对一次减去一年以上有期徒刑后，决定假释的，间隔时间不得少于一年六个月。

罪犯减刑后余刑不足二年，决定假释的，可以适当缩短间隔时间。

第二十九条 罪犯在假释考验期内违反法律、行政法规或者国务院有关部门关于假释的监督管理规定的，作出假释裁定的人民法院，应当在收到报请机关或者检察机关撤销假释建议书后及时审查，作出是否撤销假释的裁定，并送达报请机关，同时抄送人民检察院、公安机关和原刑罚执行机关。

罪犯在逃的，撤销假释裁定书可以作为对罪犯进行追捕的依据。

第三十条 依照刑法第八十六条规定被撤销假释的罪犯，一般不得再假释。但依照该条第二款被撤销假释的罪犯，如果罪犯对漏罪曾作如实供述但原判未予认定，或者漏罪系其自首，符合假释条件的，可以再假释。

被撤销假释的罪犯，收监后符合减刑条件的，可以减刑，但减刑起始时间自收监之日起计算。

第三十一条 年满八十周岁、身患疾病或者生活难以自理、没有再犯罪危险的罪犯，既符合减刑条件，又符合假释条件的，优先适用假释；不符合假释条件的，参照本规定第二十条有关的规定从宽处理。

4. 最高人民法院、最高人民检察院《关于办理渎职刑事案件适用法律若干问题的解释（一）》（2012年12月7日，法释〔2012〕18号）（节录）

第二条 国家机关工作人员实施滥用职权或者玩忽职守犯罪行为，触犯刑法分则第九章第三百九十八条至第四百一十九条规定的，依照该规定定罪处罚。

国家机关工作人员滥用职权或者玩忽职守，因不具备徇私舞弊等情形，不符合刑法分则第九章第三百九十八条至第四百一十九条的规定，但依法构成第三百九十七条规定的犯罪的，以滥用职权罪或者玩忽职守罪定罪处罚。

5. 最高人民检察院《关于渎职侵权犯罪案件立案标准的规定》（2006年7月26日高检发释字〔2006〕2号）（节录）

一、渎职犯罪案件

（十一）徇私舞弊减刑、假释、暂予监外执行案（第四百零一条）

徇私舞弊减刑、假释、暂予监外执行罪是指司法工作人员徇私舞弊，对不符合减刑、假释、暂予监外执行条件的罪犯予以减刑、假释、暂予监外执行的行为。

涉嫌下列情形之一的，应予立案：

1. 刑罚执行机关的工作人员对不符合减刑、假释、暂予监外执行条件的罪犯，捏造事实，伪造材料，违法报请减刑、假释、暂予监外执行的；

2. 审判人员对不符合减刑、假释、暂予监外执行条件的罪犯，徇私舞弊，违法裁定减刑、假释或者违法决定暂予监外执行的；

3. 监狱管理机关、公安机关的工作人员对不符合暂予监外执行条件的罪犯，徇私舞弊，违法批准暂予监外执行的；

4. 不具有报请、裁定、决定或者批准减刑、假释、暂予监外执行权的司法工作人员利用职务上的便利，伪造有关材料，导致不符合减刑、假释、暂予监外执行条件的罪犯被减刑、假释、暂予监外执行的；

5. 其他徇私舞弊减刑、假释、暂予监外执行应予追究刑事责任的情形。

三、刑事政策文件

最高人民检察院《人民检察院直接受理立案侦查的渎职侵权重特大案件标准（试行）》（2002 年 1 月 1 日 高检发〔2001〕13 号）（节录）

九、徇私舞弊减刑、假释、暂予监外执行案

（一）重大案件

1. 办理三次以上或者一次办理三人以上的；

2. 为重大刑事犯罪分子办理减刑、假释、暂予监外执行的。

（二）特大案件

1. 办理五次以上或者一次办理五人以上的；

2. 为特别重大刑事犯罪分子办理减刑、假释、暂予监外执行的。

第三节 徇私舞弊减刑、假释、暂予监外执行罪 在审判实践中的疑难新型问题

问题 1. 关于监狱管理人员利用职务上的便利指使他人违规将不符合条件的罪犯决定暂予监外执行的行为，应如何定性

在司法实践中，关于徇私舞弊减刑、假释、暂予监外执行罪中的"利用职务上的便利"实施犯罪行为的犯罪主体包括以下两种人，即可以是直接参与罪犯管理的工作人员，又可以是有权监督、管理、决定减刑、假释的领导人员。

【地方参考案例】杨某徇私舞弊暂予监外执行案[①]

一、基本案情

被告人杨某在任河北省女子监狱副监狱长期间，分包教育科、医院，分包第四、十三、十六监区工作。服刑罪犯高某甲之兄高某乙（另案处理）、女儿赵某（另案处理）为使高某甲顺利办理保外就医，行贿于河北保定监狱副监狱长高某，并委托高某丙打通河北省女子监狱关节。

2010 年 7 月的一天，被告人杨某接受高某丙的宴请，在此次宴请中主动叫上与其有隶属关系的樊某等相关人员，并接受高某丙赠送的购物卡 2 张（面值各 1000 元）。席间

---

① 河北省唐山市路南区（2015）南刑初字第 20 号刑事判决书。

被告人杨某要求樊某在高某甲保外就医一事上给予照顾，尽量往政策上靠靠。罪犯高某甲经河北省女子监狱医院伤残鉴定医学小组组长樊某等人违法鉴定为慢性肾盂肾炎、左肾囊肿、劲腰椎、双膝多关节退化，明知不符合保外就医条件，而以上述理由使高某甲成功获得保外就医暂予监外执行。杨某在罪犯高某甲保外就医暂予监外执行事情上具有徇私舞弊的事实。

在审理期间，被告人杨某已将赃款人民币 2000 元退缴法院。

法院认为：被告人杨某身为监狱管理机关工作人员，利用职务上的便利指使他人违规将不符合条件的罪犯决定暂予监外执行，其行为已构成徇私舞弊暂予监外执行罪。

二、案件评析

本案的争议焦点在于，司法工作人员徇私舞弊行为必须是利用职务之便进行的。所谓利用职务之便，是仅指本人职务范围内的权利，还是虽然不是直接利用职权，但是利用了本人的职权或地位形成的便利条件也可以构成此罪。

我们认为，如果罪犯不符合规定的条件，行为人徇私舞弊，为其减刑、假释或决定暂予监外执行，即可构成本罪，根据本罪主体性质的不同，其行为方式具体可分为两种情况：一是监狱、未成年犯管教所等执行机关的工作人员明知罪犯不符合减刑、假释或者暂予监外执行的条件，捏造事实，伪造证据，如伪造悔改或立功表现、病历诊断证明、实际执行的刑期等，制作、报请内容虚假的有关减刑、假释、暂予监外执行的材料；二是有权决定减刑、假释、暂予监外执行的司法工作人员明知罪犯不符合减刑、假释或者暂予监外执行的条件，而非法作出减刑、假释裁定或者暂予监外执行的决定。

问题 2. 关于被告人受贿后徇私舞弊为服刑罪犯减刑、假释的行为，应以单罪论处还是认定为数罪并罚

在司法实践中认为，受贿罪与徇私舞弊减刑、假释分别有不同的构成要件，两者并无法条竞合与牵连关系，如果受贿人收受贿赂后又为罪犯违规进行减刑、假释的，应当分别构成受贿罪和徇私舞弊减刑、假释罪，实施数罪并罚。

【刑事审判参考案例】胡某某受贿案、徇私舞弊减刑、假释案[①]

一、基本案情

被告人胡某某在担任某监狱副监狱长，被告人韦某某在担任某中级人民法院刑事审判第二庭庭长期间，大肆收受服刑罪犯及其亲属的钱财，分别利用管理、呈报服刑罪犯减刑、假释材料和审理、裁定减刑、假释案件的职务便利，对明知不符合减刑、假释条件的服刑罪犯，采取故意违反法定程序和条件、编造罪犯改造情况等手段呈报罪犯减刑、假释材料及裁定给予罪犯减刑、假释，致使多名不符合条件的罪犯得以多减刑或假释出监。最终法院判决胡某某、韦某某构成受贿罪和徇私舞弊减刑、假释罪。

---

① 《最高人民法院刑事审判第一庭审判长会议关于被告人受贿后徇私舞弊为服刑罪犯减刑、假释的行为应定一罪还是数罪的研究意见》，载中华人民共和国最高人民法院刑事审判第一庭、第二庭：《刑事审判参考》（总第 14 集），法律出版社 2001 年版，第 73 页。

二、案件评析

本案的争议焦点，对于被告人胡某某、韦某某利用职务便利，收受贿赂并徇私舞弊减刑、假释的行为应认定为受贿罪或徇私舞弊减刑、假释罪一罪还是认定为受贿罪与徇私舞弊减刑、假释罪两罪，有以下几种意见：

第一种意见认为，被告人胡某某、韦某某为达到受贿目的，为不符合减刑、假释条件的服刑罪犯予以呈报减刑、假释材料和裁定减刑、假释，属于目的行为和手段行为的牵连，按照对牵连犯的"择一重罪"处断的原则，应以受贿罪从重处罚。

第二种意见认为，被告人胡某某、韦某某的行为应认定为徇私舞弊减刑、假释罪。理由是《刑法》第401条徇私舞弊减刑、假释罪中的"徇私"，已包含贪赃受贿的内容，受贿应作为徇私的情节，在量刑时从重处罚。

第三种意见认为，《刑法》第385条受贿罪与《刑法》第401条徇私舞弊减刑、假释罪的构成要件不同，被告人胡某某、韦某某的行为同时符合上述两罪的犯罪构成，应认定同时构成受贿罪和徇私舞弊减刑、假释罪，实行两罪并罚。

最高人民法院刑一庭审判长会议经过讨论认为，现实生活中，国家机关工作人员形形色色的私舞弊行为往往与其受贿行为有着密不可分的联系。本案如何确定罪名，是1997年《刑法》施行后司法部门办理徇私舞弊类犯罪案件中经常会遇到的带有普遍性的问题。对此问题加以研究，无论对刑法理论研究，还是对审判实践，都具有现实意义。会议一致认为：被告人受贿后徇私舞弊为服刑犯减刑、假释的行为，同时符合受贿罪和徇私舞弊减刑、假释罪的犯罪构成，应当认定为受贿罪和徇私舞弊减刑、假释罪，实行两罪并罚。理由概要如下：

1. 不同的犯罪构成要件是区分一罪与数罪的根本标准。具体地说，行为人出于一个犯意，实施一种犯罪行为，侵害一个犯罪客体，构成一罪；行为人出于数个犯意，实施数种犯罪行为，侵害数个犯罪客体，则构成数罪。比较《刑法》第385条受贿罪与《刑法》第401条徇私舞弊减刑、假释罪的犯罪构成：前罪的主体为国家工作人员，而后罪的主体则为司法工作人员；前罪的客观方面表现为利用职务之便收受他人财物的行为，后罪表现为利用职务之便违法办理减刑、假释的行为；前罪的主观方面是故意为他人谋取利益而收受贿赂，后罪的主观方面是故意徇私情而使不符合减刑、假释条件的罪犯获得减刑、假释。因此，可以说两罪既非法条竞合关系，也非刑法意义上的牵连关系。受贿兼有徇私舞弊减刑、假释的，同时符合两个罪的构成，应当认定为两罪。

2. 对受贿并徇私舞弊减刑、假释的行为实行数罪并罚并不违反对同一行为禁止重复评判的原则。禁止对同一行为进行重复评判，是刑法适用中的一项原则。但就受贿与徇私舞弊减刑、假释罪而言，以两罪并罚并不存在重复评判的问题。具体地说，如果是索贿并徇私舞弊减刑、假释的，显然存在着分别可以认定为两罪的两种行为，因而定两罪不存在对一行为的重复评判；在非法收受他人财物，为他人谋取利益的情况下，由于"为他人谋取利益"只是受贿罪的主观要件，并不要求受贿人已为他人实际谋取了非法利益，满足了行贿人的要求。那么，受贿人利用职务便利所实施的舞弊行为即对不符合减刑、假释条件的罪犯予以减刑、假释又是独立于受贿罪构成要件之外的行为，因而也不存在对一行为重复评判的问题，可见，对受贿并徇私舞弊减刑、假释的行为认定为两罪是不违背刑法适用上的"禁止重复评判"原则的。

3. 对受贿并徇私舞弊减刑、假释行为认定为两罪、实行并罚，与《刑法》第399条第 3 款的特别规定并不矛盾。有种观点认为,《刑法》第 399 条第 3 款规定,司法工作人员贪赃枉法,有前两款行为的,同时又构成本法第 385 条规定之罪的,依照处罚较重的规定定罪处罚即以受贿罪(重罪)一罪定罪处罚的规定,对同类问题应当具有普遍适用的意义。司法工作人员贪赃受贿并徇私舞弊减刑、假释的亦应比照该规定以受贿罪一罪定罪处罚,不宜以受贿罪与徇私舞弊减刑、假释罪两罪实行并罚。其实,立法单独规定对司法工作人员徇私枉法、枉法裁判同时又有受贿的只定一重罪,而对国家机关工作人员受贿兼有其他徇私舞弊行为包括徇私舞弊减刑、假释的却没有作这样的规定,此恰恰表明《刑法》第 399 条第 3 款是一种特别规定,特别规定只能适用于特定情形,不具有普遍意义。

综上所述,对被告人胡某某、韦某某以受贿罪、徇私舞弊减刑、假释罪实行并罚,是有充分的立法和法理依据的。同理,对其他徇私型渎职犯罪,如被告人同时符合受贿罪与相应徇私型渎职犯罪的构成,且刑法无特别规定的,也应按照这一原则办理。

问题 3. 对于没有司法工作人员身份的人,是否能够构成徇私舞弊减刑、假释、暂予监外执行罪的共同正犯

司法实践中认为,因该罪的实行行为是"对不符合减刑、假释、暂予监外执行条件的罪犯予以减刑、假释、暂予监外执行"。司法工作人员必须是具备一定资格的法定主体,其行为具有专属性、技术性和保密性,减刑、假释、暂予监外执行的整个过程的决定者都必须是司法工作人员,非身份者的行为在客观上或者法律上不可能直接侵犯该罪的法益,因此非身份者并不能构成该罪的共同正犯,只能成为教唆犯或者帮助犯。

【地方参考案例】区某某徇私舞弊减刑罪[①]

一、基本案情

2009 年,被告人区某某时任佛山市高明区看守所所长,其收受正在押人员甘某培的亲友的好处后,利用负责所内犯罪侦查的职务之便,安排甘某培接近同仓在押犯吴某强套取犯罪线索,并制作了讯问笔录。发现线索后,区某某没有及时向管辖派出所反映情况,同时违反相关规定,未将该线索移交检察院审查和法院审理,而是在甘某培案判决后,将该立功情况向甘某培所在监狱提出,作为减刑的立功条件,致使罪犯甘某培获得减刑提前释放。

二、案件评析

本案的争议焦点在于对于甘某培的亲友,应当以徇私舞弊减刑罪的共同正犯处理,还是以教唆犯处理?

第一种观点认为,对于甘某培的亲友,应当以徇私舞弊减刑罪的共同正犯来处理。

第二种观点认为,对于甘某培的亲友,因其不具备司法工作人员的身份,不能构成该罪的共同正犯,只能以该罪的教唆犯来处理。

该案例中,罪犯甘某培的亲友对被告人区某某进行收买,意图使甘某培违法获取减

---

① 广东省佛山市禅城区(2014)佛城法刑初字第 439 号刑事判决书。

刑，司法工作人员为罪犯创造立功条件，并未按照法律规定利用该条件作为罪犯减刑的"证据"，导致罪犯获得减刑。实践中鲜见对非司法工作人员以该罪的教唆犯或者行贿罪定罪的案例。实践中当二罪发生竞合时一般都是以行贿罪来认定，我们认为对罪犯的亲友应该以徇私舞弊减刑罪的教唆犯和行贿罪择一重定罪，对二罪竞合问题的问题可比照该罪实行犯和受贿罪的竞合来处理。

第二十四章

徇私舞弊不移交刑事案件罪

第一节　徇私舞弊不移交刑事案件罪概述

一、徇私舞弊不移交刑事案件罪的概念及构成要件

徇私舞弊不移交刑事案件罪，是指行政执法人员徇私舞弊，对依法应当移交司法机关追究刑事责任的不移交，情节严重的行为。

（一）客体要件

本罪侵犯的客体是行政执法机关的正常执法活动。行政执法机关担负着执行法律、法规，管理国家，维护国家安全、社会秩序、经济秩序的职责，享有法律授予的行政处罚权、行政裁决权，如公安、工商、税务、海关、劳动、交通、环境保护、卫生、检疫、质量监督、计量等部门。这些行政执法机关的执法人员，是否依法行政、严格执法，直接关系行政机关的形象，更关乎国家和人民的利益。若行政执法人员违背职责，徇私舞弊，枉法行政，对依法应当移交司法机关追究刑事责任的案件不移交，必将给国家和人民利益造成重大损失，破坏国家机关的管理活动。因此，必须对严重徇私舞弊的行政执法人员依法予以刑事制裁。

（二）客观要件

本罪在客观方面，表现为徇私舞弊，对依法应当移交司法机关追究刑事责任的不移交，情节严重的行为。

行政执法人员徇私舞弊行为首先必须是利用职务之便进行的。所谓利用职务之便，是指利用职权或者与职务有关的便利条件。职权是指本人职务范围内的权利；与职务有关的便利条件是指虽然不是直接利用职权，但是利用了本人的职权或地位形成的便利条件。

依法应当移交司法机关追究刑事责任的不移交，是指行政执法人员在履行职责的过

程中，明知他人的行为已经构成犯罪，应当交由司法机关依法追究其刑事责任，但是行为人不移交司法机关，而故意予以隐瞒、掩饰，或者大事减小，以行政处罚代替刑事处罚，使犯罪人逃避法律追究的行为。

行政执法人员徇私舞弊的行为并非都构成犯罪，只有"情节严重"才能构成，这是区分罪与非罪的主要标准。

（三）主体要件

本罪的犯罪主体为特殊主体，即是行政执法人员，指在具有行政执法权的行政机关中从事公务的人员，如公安人员、税务机关工作人员、工商行政管理人员。对于依照法律法规授权，具有管理公共事务职能，在法定授权范围内实施行政处罚的组织的执法人员实施本条规定的行为的，也可以构成本罪。大体包括以下几类：（1）国务院组成部门中拥有执法权的人员；（2）国务院直属机构以及国务院各部委管理的国家局中拥有执法权的人员；（3）地方各级人民政府及其职能部门中享有执法权的人员；（4）地方人民政府的派出机关中享有执法权的人员；（5）依照法律、法规的授权决定而设立的、具有行政主体资格的专门机关中享有执法权的人员；（6）依法设定的各种公务组织中享有行政执法权的人员。

（四）主观要件

本罪在主观方面，必须是出于故意，即行政执法人员明知自己对应当移交司法机关追究刑事责任的不移交的行为会产生危害社会的后果，但仍徇私舞弊不移交，对这种后果的发生持希望或者放任的态度。过失不构成本罪。至于行为人的犯罪动机可能是多种多样的，有的是为了贪图钱财等不法利益，有的是因碍于亲朋好友情面而徇私舞弊，有的是出于报复或嫉妒心理而徇私舞弊，有的是为了得到某种利益以行政处罚代替刑罚，或者出于地方保护主义，为徇单位私利，对犯罪人网开一面等。动机如何对本罪构成没有影响，可以在量刑时作为因素之一予以考虑。如果行政执法人员不是出于徇私的动机，而是由于没有认真了解情况，存在对事实认识上的偏差，或者由于工作上的失误，则不构成本罪。

二、徇私舞弊不移交刑事案件罪案件审理情况

徇私舞弊不移交刑事案件罪系1997年《刑法》增设的罪名。随着社会活力的不断迸发，公众对社会生活的参与度越来越高，行政部门在维护经济社会正常运行秩序方面起到的作用越来越大，在此过程中，个别行政执法人员徇私舞弊、滥用行政执法权的行为时有发生，但对此类行为如何处理并没有明确的、统一的法律依据。鉴于此，1997年《刑法》在总结司法实践经验的基础上增设了徇私舞弊不移交刑事案件罪，严密了刑事法网，保护了职务行为的廉洁性。

通过中国裁判文书网检索，2018年至2022年，全国法院审结一审涉徇私舞弊不移交刑事案件罪案件共计28件，其中，2018年14件，2019年5件，2020年7件，2021年2件。

司法实践中，徇私舞弊不移交刑事案件罪案件主要呈现出以下特点及趋势：一是案件整体数量少，不属于常见犯罪，且呈总体下降趋势，这种案件数量随时间变化的趋势，

体现出行政执法人员的工作日益严格、规范。二是共同犯罪特点明显。"一人为私,二人为公",一方面行政执法行为大多需要两名工作人员共同执行;另一方面部分徇私舞弊不移交刑事案件行为的发生是受小团体利益驱动,两方面原因均导致了该罪名相关案例中有相当一部分为共同犯罪案件。

三、徇私舞弊不移交刑事案件罪案件审理热点、难点问题

1. 对公安机关工作人员的主体身份如何界定。本罪司法认定的关键之处在于对主体即行政执法人员的判断,而公安机关既有社会治安方面的行政执法职能,又有立案侦查刑事犯罪案件的刑事司法职能。因此,公安机关工作人员既有司法机关工作人员的性质,又有行政机关工作人员的性质,在此客观前提下,公安机关工作人员在发现刑事案件后,徇于私情、私利而不移交的行为应认定为徇私舞弊不移交刑事案件罪还是徇私枉法罪,存在分歧。

2. 非行政机关工作人员是否能成为本罪主体存在争议。有观点认为,行政执法人员应当仅指行政机关中从事执法的人员,对于非行政机关工作人员,不应认定为行政执法人员,自然不能成为本罪主体。也有观点认为,在我国从事行政执法的,不仅有国家机关,还包括由法律法规授权的组织以及由国家机关所委托的组织,因此,对于受权或受委托从事执法的非行政机关工作人员也应纳入本罪主体。在司法实践中对于此问题仍有争论,尚不统一。

3. 对于"徇何之私"无法查清的,能否认定为本罪在实践中掌握尺度不一。通常来讲,徇私或徇私利或徇私情,相对而言徇私利情况较为单一,相对易于查明,但徇私情则有多种情况,尤其在领导打招呼即所谓"徇领导之私"的境况中,实践中存在无法认定具体是哪位领导打了招呼的情况,导致"徇谁之私"无法查清。对此类案件是否应认定为徇私舞弊不移交刑事案件罪存在争议。

四、徇私舞弊不移交刑事案件罪案件办案思路及原则

1. 实践中适用本罪名时,需准确把握罪与非罪即本罪与国家工作人员工作失误的界限。如果行为人主观上不是故意,而是其业务知识、经验不足,或者是调查研究不够充分,工作作风不够深入,思想方法简单片面造成认识偏颇而发生的错误行为,即使造成一定危害后果的,一般也不构成犯罪,如果情节严重或者造成重大后果而构成其他犯罪的,应以其他相应犯罪论处。

2. 行政执法行为与追究刑事责任通常只有一线之隔,在《刑法》具有谦抑性的大前提下,公正廉洁的行政执法对于打击违法行为、维护社会秩序、保障人民权益具有十分重大的意义。而当违法行为构成犯罪时,就超出了行政执法机关的查处职权范围,应当交由司法机关追究刑事责任,否则即会造成轻纵犯罪的后果。

第二节　徇私舞弊不移交刑事案件罪审判依据

一、法律

1. 《刑法》（2020 年 12 月 26 日修正）（节录）

第四百零二条　行政执法人员徇私舞弊，对依法应当移交司法机关追究刑事责任的不移交，情节严重的，处三年以下有期徒刑或者拘役；造成严重后果的，处三年以上七年以下有期徒刑。

2. 《行政处罚法》（2021 年 1 月 22 日修订）（节录）

第八条　公民、法人或者其他组织因违法行为受到行政处罚，其违法行为对他人造成损害的，应当依法承担民事责任。

违法行为构成犯罪，应当依法追究刑事责任的，不得以行政处罚代替刑事处罚。

第二十七条　违法行为涉嫌犯罪的，行政机关应当及时将案件移送司法机关，依法追究刑事责任。对依法不需要追究刑事责任或者免予刑事处罚，但应当给予行政处罚的，司法机关应当及时将案件移送有关行政机关。

行政处罚实施机关与司法机关之间应当加强协调配合，建立健全案件移送制度，加强证据材料移交、接收衔接，完善案件处理信息通报机制。

第八十二条　行政机关对应当依法移交司法机关追究刑事责任的案件不移交，以行政处罚代替刑事处罚，由上级行政机关或者有关机关责令改正，对直接负责的主管人员和其他直接责任人员依法给予处分；情节严重构成犯罪的，依法追究刑事责任。

二、司法解释

1. 《最高人民法院、最高人民检察院关于办理危害生产安全刑事案件适用法律若干问题的解释》（2015 年 12 月 14 日　法释〔2015〕22 号）（节录）

第十五条　国家机关工作人员在履行安全监督管理职责时滥用职权、玩忽职守，致使公共财产、国家和人民利益遭受重大损失的，或者徇私舞弊，对发现的刑事案件依法应当移交司法机关追究刑事责任而不移交，情节严重的，分别依照刑法第三百九十七条、第四百零二条的规定，以滥用职权罪、玩忽职守罪或者徇私舞弊不移交刑事案件罪定罪处罚。

公司、企业、事业单位的工作人员在依法或者受委托行使安全监督管理职责时滥用职权或者玩忽职守，构成犯罪的，应当依照《全国人民代表大会常务委员会关于〈中华人民共和国刑法〉第九章渎职罪主体适用问题的解释》的规定，适用渎职罪的规定追究刑事责任。

2.《最高人民检察院关于渎职侵权犯罪案件立案标准的规定》（2006 年 7 月 26 日 高检发释字〔2006〕2 号）（节录）

一、渎职犯罪案件

……

（十二）徇私舞弊不移交刑事案件案（第四百零二条）

徇私舞弊不移交刑事案件罪是指工商行政管理、税务、监察等行政执法人员，徇私舞弊，对依法应当移交司法机关追究刑事责任的案件不移交，情节严重的行为。

涉嫌下列情形之一的，应予立案：

1. 对依法可能判处三年以上有期徒刑、无期徒刑、死刑的犯罪案件不移交的；

2. 不移交刑事案件涉及三人次以上的；

3. 司法机关提出意见后，无正当理由仍然不予移交的；

4. 以罚代刑，放纵犯罪嫌疑人，致使犯罪嫌疑人继续进行违法犯罪活动的；

5. 行政执法部门主管领导阻止移交的；

6. 隐瞒、毁灭证据，伪造材料，改变刑事案件性质的；

7. 直接负责的主管人员和其他直接责任人员为牟取本单位私利而不移交刑事案件，情节严重的；

8. 其他情节严重的情形。

三、刑事政策文件

《公安部关于打击拐卖妇女儿童犯罪适用法律和政策有关问题的意见》（2000 年 3 月 24 日　公通字〔2000〕25 号）（节录）

六、关于不解救或者阻碍解救被拐卖的妇女、儿童等渎职犯罪

对被拐卖的妇女、儿童负有解救职责的国家机关工作人员不履行解救职责，或者袒护、纵容甚至支持买卖妇女、儿童，为买卖妇女、儿童人员通风报信，或者以其他方法阻碍解救工作的，要依法处理：

……

（三）行政执法人员徇私情、私利，伪造材料，隐瞒情况，弄虚作假，对依法应当移交司法机关追究刑事责任的拐卖妇女、儿童犯罪案件不移交司法机关处理，构成犯罪的，以徇私舞弊不移交刑事案件罪移送人民检察院追究刑事责任。

第三节　徇私舞弊不移交刑事案件罪
在审判实践中的疑难新型问题

问题 1. 认定徇私舞弊不移交刑事案件罪是否应以未移交的犯罪嫌疑人已被生效判决确定有罪为前提

关于认定徇私舞弊不移交刑事案件罪是否应以未移交的犯罪嫌疑人已被生效判决确定有罪为前提，实践中有观点认为，应当以未移交的犯罪嫌疑人已被生效判决确定有罪为前提，理由是如果最终生效判决确认该犯罪嫌疑人无罪，那么该事件就不应当作为刑事案件移交，进而得出不能认定为构成徇私舞弊不移交刑事案件罪的结论，因此，为避免此种尴尬，应当以法院生效判决确定有罪为前提。我们认为，判断是否"依法应当移交"的标准只能是依照刑事实体法律规范的要求，涉案行为的性质必须符合犯罪构成要件的规定，但是认定徇私舞弊不移交刑事案件罪不以未移交的犯罪嫌疑人已被生效判决确定有罪为前提。

【刑事审判参考案例】 丁某方徇私舞弊不移交刑事案件案①

一、基本案情

1997 年 7 月，丁某方任宜兴市林副业局林政科科长兼林政稽查大队大队长。2001 年 2 月，无锡市多种经营管理局接到关于宜兴市伏东镇上坝村滥伐林木的举报后，派该局林政处副处长顾某到该村初查。同年 4 月 17 日，宜兴市信访局、农工部等单位协调决定，由宜兴市林副业局负责查处此案。4 月 18 日上午，丁某方和顾某等人到上坝村调查，丁某方查看了该村 1999 年和 2000 年的销售林木账，初步测算出该村两年内滥伐林木约 600 立方米。当日下午，丁某方因事离开，由顾某等人对群众举报滥伐情况严重的部分林地进行了实地踏查并画了 3 份现场图。事后，顾某将现场图交给丁某方。4 月 20 日，丁某方向伏东镇领导通报上坝村滥伐林木案查处情况时表示，上坝村滥伐林木情节严重，有关人员会受到刑事处罚。镇领导要求"不要抓人"，丁某方接受说情，还承诺将认定的滥伐林木数降至 20 立方米以下，以行政处罚结案，并让镇领导将这一数字作为行政处罚确定的滥伐林木数，对上坝村的销售林木账进行技术处理。之后，丁某方隐瞒初步测算上坝村滥伐林木约 600 立方米的调查情况，根据顾某交给他的现场图，测算出这些地块内滥伐的林木数是 17. 9888 立方米，以此作为查处结果，向本局领导与顾某作了汇报。宜兴市林副业局根据丁某方汇报的滥伐林木数量，于 4 月 27 日决定对上坝村进行林业行政处罚，处罚决定由顾某宣布。案件审理过程中，宜兴市伏东镇上坝村滥伐林木一案由人民法院判决，生效判决认定该村的滥伐林木数量为 542. 712 立方米。

---

① 张亚静：《丁某方徇私舞弊不移交刑事案件案——认定徇私舞弊不移交刑事案件罪是否应以未移交的犯罪嫌疑人已被生效判决确定有罪为前提》，载中华人民共和国最高人民法院刑事审判第一庭、第二庭：《刑事审判参考》（总第 28 集），指导案例第 209 号，法律出版社 2003 年版，第 74 页。

法院经审理认为，丁某方作为宜兴市林副业局林政科科长兼林政稽查大队队长，其职责是认真执法，保护森林和林木，查处毁坏林木的违法、犯罪行为；在林业行政执法中，发现需要追究刑事责任的案件，应当移交司法机关处理。丁某方在查办上坝村滥伐林木案的过程中，明知该村滥伐林木数额巨大，行为人依法应受刑罚处罚，却徇私舞弊，指使他人修改销售账，隐瞒真相，不向司法机关移送案件，致使本应追究刑事责任的滥伐林木行为只受到行政处罚，由此放纵了犯罪，实属情节严重，其行为确已构成犯罪。因此，认定丁某方犯徇私舞弊不移交刑事案件罪，判处有期徒刑一年，缓刑一年六个月。

二、案例评析

此案控辩双方的争议焦点是：在对上坝村滥伐林木判决确定有罪以前，能否对丁某方徇私舞弊不移交刑事案件先行作出判决。徇私舞弊不移交刑事案件罪，必须是"情节严重"方能构成。所谓"情节严重"，其情形之一是指"对依法可能判处三年以上有期徒刑、无期徒刑、死刑的案件不移交"。丁某方未予移交的上坝村滥伐林木一案，是否属于上述规定的"情节严重"的情形，在上坝村有关责任人员涉嫌犯滥伐林木罪一案尚未审结前，对滥伐林木行为人是否要判处三年以上有期徒刑是个未知数，那么，在徇私舞弊不移交刑事案件罪所必要的构成要件尚未正式确认之前，即先行认定丁某方构成徇私舞弊不移交刑事案件罪，并判处刑罚，是否适当？答案应当是肯定的。首先，本罪对"应当移交而不移交的刑事案件"中的"刑事案件"，要求的仅是进行实体上的预断，即是否涉嫌构成犯罪，而并未要求必须对此作出有罪的生效判决为前提。根据《行政执法机关移送涉嫌犯罪案件的规定》第3条规定，只能由行政执法机关按照已发现的违法事实所涉及的金额、违法事实的情节、违法事实造成的后果等，根据《刑法》关于破坏社会主义市场经济秩序罪、妨害社会管理秩序罪等的规定和最高人民法院、最高人民检察院关于破坏社会主义市场经济秩序罪、妨害社会管理秩序罪等的司法解释以及最高人民检察院、公安部关于经济犯罪案件的追诉标准等实体规范，进行预断，看是否涉嫌构成犯罪。如果涉嫌构成犯罪，该行政执法机关及其执法人员就负有应当移送的义务。如徇私舞弊不履行该义务的，即应当承担徇私舞弊不移交刑事案件的责任。那种将"涉嫌构成犯罪"理解为必须是已作出有罪的生效判决，对犯徇私舞弊不移交刑事案件罪行为人的侦查、起诉、审判要在其"未移交的刑事案件"审结后才能进行的理解，显然违背了立法原意。否则，假如出现犯罪嫌疑人因未移交而逃匿或死亡等情况时，岂不是对徇私舞弊不移交刑事案件的行为人无法追究刑事责任了吗？其次，对行政执法人员徇私舞弊未予移交的刑事案件中的犯罪嫌疑人"可能判处三年以上有期徒刑"也应当理解为是指该犯罪嫌疑人所涉嫌的犯罪依法应当适用的法定刑档次，而不是指实际判处的刑罚。如果该犯罪嫌疑人所涉嫌的犯罪应当适用的量刑档次在有期徒刑三年以上，但因其具有自首、立功等情况减轻处罚致实际判处的刑罚低于三年有期徒刑，不影响徇私舞弊不移交刑事案件罪的构成。综上，司法机关在办理徇私舞弊不移交刑事案件过程中，只要根据已经掌握的事实，依据相应的刑事实体规范，足以判定徇私舞弊"未予移交的案件"已经涉嫌构成犯罪，且其犯罪嫌疑人有可能被判处三年以上有期徒刑的，即可对徇私舞弊不移交刑事案件行为人进行刑事追究，而不需要等待该"未移交的案件"的审结。就本案而言，审理时，检察机关已以宜兴市伏东镇上坝村有关责任人员犯滥伐林木罪向法院提起公诉，起诉书指控上坝村滥伐林木数为552.195立方米。按照有关法律规定滥伐林木500多立方米已远远超过数额巨大标准并可能判处三年以上七年以下有期徒刑，据此，法院认定丁某方犯徇私舞弊不移交刑事案件罪是正确的。

问题2. 如何理解行政执法与刑事司法的有效衔接

在社会治理过程中，对破坏社会主义市场经济秩序、妨害社会管理秩序及其他违法行为，由行政机关进行行政处罚，构成犯罪的，则由司法机关追究刑事责任。行政执法机关的日常行政执法使其具备了主动发现违法行为的优势，对其中构成犯罪的案件线索，应及时移送司法机关，这就涉及行政执法与刑事司法两种不同性质权力的衔接。从案件移送来讲，行政执法机关发现违法事实涉及的金额、违法事实的情节、违法事实造成的后果等，涉嫌构成破坏社会主义市场经济秩序罪、妨害社会管理秩序罪等的，应当向公安机关移送。行政执法机关不得以行政处罚代替移送，坚决克服有案不移、有案难移、以罚代刑现象，实现行政处罚和刑事处罚的无缝对接，有效打击犯罪。

【最高人民检察院指导性案例】胡某刚、郑某徇私舞弊不移交刑事案件案①

一、基本案情

被告人胡某刚在担任天津市工商行政管理局河西分局（以下简称"工商河西分局"）公平交易科科长期间，于2006年1月11日上午，带领被告人郑某等该科工作人员对群众举报的天津华夏神龙科贸发展有限公司（以下简称"神龙公司"）涉嫌非法传销问题进行现场检查，当场扣押财务报表及宣传资料若干，并于当日询问该公司法定代表人李某，李某承认其公司营业额为114万余元（与所扣押财务报表上数额一致），后由被告人郑某具体负责办理该案。2006年3月16日，被告人胡某刚、郑某在案件调查终结报告及处罚决定书中，认定神龙公司的行为属于非法传销行为，却隐瞒该案涉及经营数额巨大的事实，为牟取小集体罚款提成的利益，提出行政罚款的处罚意见。被告人胡某刚在局长办公会上汇报该案时亦隐瞒涉及经营数额巨大的事实。2006年4月11日，工商河西分局同意被告人胡某刚、郑某的处理意见，对当事人作出"责令停止违法行为，罚款50万元"的行政处罚，后李某分数次将50万元罚款交给工商河西分局。被告人胡某刚、郑某所在的公平交易科因此案得到2.5万元罚款提成。

李某在分期缴纳工商罚款期间，又成立河西、和平、南开分公司，由王某荫担任河西分公司负责人，继续进行变相传销活动，并造成被害人华某某等人经济损失共计40万余元人民币。公安机关接被害人举报后，查明李某进行传销活动非法经营数额共计2277万余元人民币（工商查处时为1600多万元）。天津市河西区人民检察院在审查起诉被告人李某、王某荫非法经营案过程中，办案人员发现胡某刚、郑某涉嫌徇私舞弊不移交被告人李某、王某荫非法经营刑事案件的犯罪线索。经河西区人民法院审理，胡某刚、郑某均被判处徇私舞弊不移交刑事案件罪。

二、案例评析

行政违法行为与犯罪行为存在质的区别，行政机关和司法机关分别追究行为人的行政违法责任和刑事责任，行政机关和司法机关的责任不同。行政机关在执法过程中发现某人的行为已经达到刑事犯罪的程度，就应当移交公安机关立案侦查。但是，在实践中，少数行政机关执法人员或出于小团体利益考量，或出于人情关系，片面强调行政优先和

---

① 最高人民检察院公布第二批指导性案例（检例第7号）。

行政处罚，而怠于移交刑事案件。因此，有必要建立行政执法与刑事司法的有效衔接机制，避免打击犯罪不力。当案件既可能是行政违法案件，又可能是犯罪案件时，原则上应当先由司法机关按刑事诉讼程序解决行为人的刑事责任问题，再由行政机关依行政处罚程序解决行为人的行政处罚责任，解决"以罚代刑"和"移送难"的问题。对于行政机关而言，如果行政执法机关在行政执法时认为行政违法行为可能构成犯罪，应主动将案件移送司法机关，再视司法机关处理情况和法律规定来依法实施行政处罚；如果行政机关已适用了行政处罚后才发现该行为可能构成犯罪，行政处罚也不影响对犯罪嫌疑人刑事责任的追究，行政机关已经对犯罪嫌疑人进行了行政罚款，司法机关仍然可以适用刑罚。但是，人民法院判处罚金时，行政机关已经给予当事人罚款的，应当折抵相应罚金。此外，也不能单纯地适用刑罚，并以此排斥行政处罚，造成只判处刑罚，而不对经营企业执行吊销营业执照等行政处罚的情况。

问题3. 如何区分徇私舞弊不移交刑事案件罪与徇私枉法罪

徇私舞弊不移交刑事案件罪与徇私枉法罪比较类似。徇私枉法罪与徇私舞弊不移交刑事案件罪的共同点在于：一是主观上都是为徇私情私利；二是客观上都可能对明知是有罪的人而故意包庇不使其受刑事追诉。

两罪的区别在于：一是犯罪主体不同。徇私舞弊不移交刑事案件罪的主体是行政执法人员，即没有对犯罪行为直接行使侦查、检察、审判等司法权力的行政机关的执法人员；而徇私枉法罪的主体是司法工作人员，即对犯罪行为有侦查、检察、审判等职责的人员；二是犯罪客观方面不同。徇私舞弊不移交刑事案件罪的客观方面仅指行为人为徇私情私利故意把应当移交司法机关追究刑事责任的案件不移交；而徇私枉法罪的客观方面则包括三个方面，即对明知是无罪的人使他受追诉，对明知是有罪的人故意包庇不使他受追诉，或者故意违背事实和法律作枉法裁判。其中，"对明知是有罪的人故意包庇不使他受追诉"和徇私舞弊不移交刑事案件罪中的"对依法应当移交司法机关追究刑事责任的不移交"相比，前者发生在司法工作人员在履行侦查、检察、审判职责的过程中，后者则发生在行政执法过程中。三是徇私舞弊不移交刑事案件罪要求情节严重的才构成犯罪，而徇私枉法罪中的行为构成犯罪则没有"情节严重"的要求。以上是两罪在法律上的主要区别。

【地方参考案例】陈某明徇私舞弊不移送刑事案件罪[①]

一、基本案情

2003年至2014年，被告人陈某明先后任天津市公安交通管理局红桥支队（以下简称"交警红桥支队"）西站大队（以下简称"交警西站大队"）、西青道大队（以下简称"交警西青道大队"）交通警察，对所接警处置的交通事故案件负有现场处置、现场勘查、调查、提出呈报道路交通事故责任认定意见、按审批的意见制作道路交通事故认定书、组织道路交通事故当事人调解、提出呈报拟追究涉嫌犯罪的交通肇事人员刑事责任书面意见、对交通事故处理材料立卷及向公安红桥分局刑侦支队移送涉嫌犯罪的交通肇事人员案卷等职责。

① 天津市第一中级人民法院（2016）津01刑初22号刑事判决书。

2011年10月9日20时50分许，闫某祺酒后驾驶客车在南运河北路咸阳桥附近（龙悦花园小区外停车场）将司某顺撞伤，正值班备勤的被告人陈某明接警后到事故现场进行现场勘查、绘图、拍照等处置工作。其间，闫某祺的表弟于某生、儿子闫某卿（已判刑）亦到事故现场，因于某生与陈某明相识便向陈某明请托。同年10月10日，司某顺经抢救无效死亡。为了让闫某祺受到关照，10月10日下午，闫某卿在交警西站大队办公室内将贿赂款人民币2000元交给被告人陈某明。

2011年10月10日至12月17日，被告人陈某明先后询问了该起交通事故的肇事司机闫某祺、证人张某生，并向司某顺的亲属、闫某卿等人送达了尸体、车辆、事故痕迹等鉴定检验报告。其间，交警西站大队研究认定闫某祺承担该起道路交通事故的全部责任。被告人陈某明根据审批意见制作了道路交通事故认定书，并向司某顺的亲属及闫某卿分别送达。之后，被告人陈某明又主持进行交通事故损害赔偿调解，在闫某卿挪用单位资金对司某顺的亲属进行赔偿后，被告人陈某明即未再对闫某祺作出处理。

2012年下半年，交警西站大队更名为交警西青道大队，被告人陈某明继续在该大队任交通警察。其间，陈某明向闫某卿提出交警西青道大队新任队长向他问及闫某祺交通事故案件。为不让闫某祺受到刑事追诉，闫某卿又送给陈某明木质茶盘一个、瓷质茶具一套（鉴定价值为人民币1100元），还按照陈某明的要求，将陈某明的外甥盛某泽介绍到天津华苑昱华汽车销售有限公司任职。

至本案案发时，被告人陈某明违反有关规定，未提出呈报拟追究闫某祺刑事责任的书面意见，未将闫某祺交通肇事案件移送至公安红桥分局刑侦支队，致使涉嫌犯交通肇事罪的闫某祺未被刑事追诉。2014年6月25日，被告人陈某明被抓获归案。

公诉机关认为，被告人陈某明的行为应当以徇私枉法罪追究其刑事责任。

法院认为，被告人陈某明身为行政执法人员，在明知应当将交通肇事人员闫某祺移送司法机关追究刑事责任的情况下，因贪图个人私利，采取不作为的方式故意不履行职责未移送案件，致使闫某祺长期未受到司法机关处理，情节严重。依照法律规定，公诉机关指控被告人陈某明犯罪的事实清楚，证据确实、充分，依法予以确认；但指控罪名不当，依法予以调整。被告人陈某明的行为已构成徇私舞弊不移交刑事案件罪，应依法予以处罚。判决：一、被告人陈某明犯徇私舞弊不移交刑事案件罪，判处有期徒刑一年八个月；（刑期从判决执行之日起计算。判决执行以前先行羁押的，羁押一日折抵刑期一日，即自2014年6月25日起至2016年2月24日止。）二、依法追缴被告人陈某明的违法所得人民币2000元，上缴国库；三、扣押的木质茶盘和瓷质茶具，依法由扣押机关负责处理。

二、案例评析

公安机关是行政执法机关，同时也行使侦查权，如公安机关办理出入境证件、户籍管理、治安管理等，都属行政执法活动，而进行侦查却是属于司法活动。因此在公安机关中，既有行政执法人员，又有司法工作人员。有观点认为，公安人员都是司法工作人员，公安人员徇私舞弊，对应当追究刑事责任的不追究，符合徇私枉法罪中的"对明知是有罪的人而故意包庇不使他受追诉"的要求，因此，应以徇私枉法罪追究其刑事责任。实际上，这是一种误解。要正确理解这一问题，必须注意区分刑法意义上的"司法工作人员"与一般意义上的"司法工作人员"。一般意义上的"司法工作人员"泛指在司法机关从事法律工作的人员，而刑法意义上的"司法工作人员"则是指我国《刑法》第94

条规定范围内的人员。该条规定："本法所称司法工作人员，是指有侦查、检察、审判、监管职责的工作人员。"根据刑事诉讼法的规定，侦查是指公安机关、人民检察院在办理刑事案件过程中，依照法律进行的专门调查工作和有关强制性措施。在公安机关中，只有在刑事案件中具有侦查、监管职责的人员才是刑法意义上的司法工作人员，这些公安人员在履行职责时，徇私舞弊，使有罪的人不受刑事追诉，应以徇私枉法罪追究刑事责任，而其他公安人员则属行政执法人员，他们在履行行政执法职责时，徇私舞弊，对应当追究刑事的案件，不移交有关部门追究刑事责任，则应以徇私舞弊不移交刑事案件罪定罪处罚。如某户籍民警在审查办理临时户口登记时，发现对方用的是假身份证，经过盘问，对方承认是自己伪造的，并塞了一些钱给该民警，该民警就将其放走。这种情况，显然构成徇私舞弊不移交刑事案件罪，而非徇私枉法罪。需要注意的是，在公安机关中，一些局领导既负责出入境管理等行政执法工作，又负责侦查、监管等司法工作，具有双重身份，对这些人的徇私枉法行为，不能简单地以身份来认定罪名，而应该以其行为究竟是处于行政执法程序还是司法程序，究竟是行政执法行为还是司法行为等方面进行具体分析认定。

本案中，天津市公安交通管理局出具的该单位不具备办理刑事案件主体资格的材料、证人赵某凯等人关于交通警察应将涉嫌犯罪的交通肇事人员移送公安红桥分局刑侦支队的证言及张某德、韩某成交通事故案卷表明交警西青道大队向公安红桥支队移送刑事案件后由公安红桥支队立案侦查的流程等证据，均证实天津市公安交通管理局所属交通警察，在办理交通事故案件时发现当事人涉嫌犯罪后，没有刑事侦查职责；同时，交通警察依照交通管理法规执行公务行为发生在刑事立案之前，性质上属于行政执法行为。因此，时任交警西青道大队交通警察的被告人陈某明在处置闫某祺交通肇事案时，只有行政执法职责，而没有对该案的刑事侦查职责，陈某明属行政执法人员而不是刑法意义上的司法工作人员，其不符合徇私枉法罪的主体构成要件，应当认定为徇私舞弊不移送刑事案件罪。

第二十五章
滥用管理公司、证券职权罪

第一节　滥用管理公司、证券职权罪概述

一、滥用管理公司、证券职权罪的概念及构成要件

滥用管理公司、证券职权罪，是指国家有关主管部门的国家机关工作人员，徇私舞弊，滥用职权，对不符合法律规定条件的公司设立、登记申请或者股票、债券发行、上市申请，予以批准或者登记，致使公共财产、国家和人民利益遭受重大损失的行为。

（一）客体要件

本罪侵犯的客体是国家对公司、证券的正常管理活动。我国《公司法》《证券法》《企业债券管理条例》等法律、法规，对公司的设立条件和申请登记程序、股票、债券发行、上市的条件和审批程序，都做出了明确具体的规定，并通过法律授权给国家有关行业主管部门、工商行政管理部门、证券管理部门对公司设立、登记申请或者股票、债券发行、上市申请依法进行审查、批准或者登记。负有审批或登记职责的上述国家机关工作人员，只有严格依法办事，按照法定条件进行审批或登记，才能保障国家对公司的正常监管活动，维护社会经济秩序，促进经济建设的顺利发展。若徇私舞弊，滥用职权，非法批准公司设立、登记，股票、债券发行、上市申请，必将破坏国家对公司的正常监管活动，致使公共财产、国家和人民利益遭受重大损失。因此，《刑法》规定，对上述有关主管部门的国家机关工作人员的这种渎职行为而造成严重后果的，必须依法予以刑事制裁。

（二）客观要件

本罪在客观方面表现为国家有关主管部门国家机关工作人员徇私舞弊、滥用职权，对不符合法律规定条件的公司设立、登记申请或者股票、债券发行、上市申请，予以批准或者登记，致使公共财产、国家和人民利益遭受重大损失的行为。

行为人对不符合法律规定条件的公司设立、登记申请或者股票、债券发行、上市申请，予以批准或者登记的行为，必须致使公共财产、国家和人民利益遭受重大损失。否则，即使实施了对不符合法律规定条件的公司设立、登记申请或者股票、债券发行、上市申请予以批准或者登记的行为，如没有给公共财产、国家和人民利益造成损失，或者虽有损失但不是重大损失，亦不能构成本罪。是否造成公共财产、国家和人民利益重大损失，是本罪与非罪的一个重要界限。所谓重大损失，主要是指造成巨大直接经济损失；造成恶劣的政治影响等情况。

参照《最高人民检察院关于渎职侵权犯罪案件立案标准的规定》的规定，涉嫌下列情形之一的，应予立案：（1）造成直接经济损失 50 万元以上的；（2）工商管理部门的工作人员对不符合法律规定条件的公司设立、登记申请，违法予以批准、登记，严重扰乱市场秩序的；（3）金融证券管理机构工作人员对不符合法律规定条件的股票、债券发行、上市申请，违法予以批准，严重损害公众利益，或者严重扰乱金融秩序的；（4）工商管理部门、金融证券管理机构的工作人员对不符合法律规定条件的公司设立、登记申请或者股票、债券发行、上市申请违法予以批准或者登记，致使犯罪行为得逞的；（5）上级部门、当地政府直接负责的主管人员强令登记机关及其工作人员，对不符合法律规定条件的公司设立、登记申请或者股票、债券发行、上市申请予以批准或者登记，致使公共财产、国家或者人民利益遭受重大损失的；（6）其他致使公共财产、国家和人民利益遭受重大损失的情形。

公共财产的重大损失，通常是指渎职行为已经造成的重大经济损失。在司法实践中，有以下情形之一的，虽然公共财产作为债权存在，但已无法实现债权的，可以认定为行为人的渎职行为造成了经济损失：（1）债务人已经法定程序被宣告破产；（2）债务人潜逃，去向不明；（3）因行为人责任，致使超过诉讼时效；（4）有证据证明债权无法实现的其他情况。

（三）主体要件

本罪的主体为特殊主体，即国家有关主管部门的国家机关工作人员，本条所称"有关主管部门"是指负责对公司设立、登记申请或者股票、债券发行、上市申请的条件是否符合法律规定予以审核、批准或者登记的国家机关。国家有关主管部门的国家工作人员，根据《公司法》的规定，包括以下几类人员：（1）法律、行政法规规定的审批有限责任公司设立的国家机关的国家工作人员；（2）审批股份有限公司设立的国务院授权的部门或者省级人民政府中的国家工作人员；（3）审批以募股方式设立股份有限公司的国务院证券管理部门中的国家工作人员；（4）公司设立的登记机关的国家工作人员，一般是指工商行政管理机关中的国家工作人员；（5）审批股票发行的国务院授权部门或者省级人民政府，或者国务院证券管理部门中的国家工作人员；（6）审批股票上市的国务院或者证券管理部门中的国家工作人员；（7）审批债券发行的国务院证券管理部门中的国家工作人员。

这里所称上级部门，是广义的，它既包括登记机关，即工商行政管理机关的上级领导管理部门，也包括工商行政管理机关以外的对工商行政管理机关负有领导责任的部门。同时这里所说的上级部门，不仅仅是指上级部门的负责人，也包括在上级部门工作的具体工作人员。

（四）主观要件

本罪在主观方面表现为故意，即行为人对公司的设立、登记申请或者股票、债券发行、上市申请不符合法定条件是明知的，对非法批准、登记可能会造成公共财产、国家和人民利益遭受重大损失的结果持放任态度。过失不构成本罪。需要指出的是，行为人的犯罪动机多种多样，有的是为了贪图钱财等不法利益，有的是碍于亲朋好友情面而徇私舞弊，有的是出于报复或嫉妒心理而徇私舞弊等，但犯罪动机并不影响对行为人的定罪，可在量刑时予以考虑。

二、滥用管理公司、证券职权罪案件审理情况

滥用管理公司、证券职权罪是 1997 年《刑法》吸收单行《刑法》作出的规定。《全国人民代表大会常务委员会关于惩治违反公司法的犯罪的决定》（自 1995 年 2 月 28 日起施行）第 8 条规定："国家有关主管部门的国家工作人员，对不符合法律规定条件的公司设立、登记申请或者股票、债券发行、上市申请，予以批准或者登记，致使公共财产、国家和人民利益遭受重大损失的，依照刑法第一百八十七条的规定处罚。""上级部门强令登记机关及其工作人员实施前款行为的，对直接负责的主管人员依照前款规定处罚。"此处的"刑法第一百八十七条的规定"是指 1979 年《刑法》规定的玩忽职守罪。1997年《刑法》对上述规定作了修改完善，对滥用管理公司、证券职权犯罪作了规定，旨在维护国家对公司、证券的正常监管活动。

通过中国裁判文书网检索，2018 年至 2022 年，全国法院审结一审滥用管理公司、证券职权刑事案件共计 3 件，且都集中于 2016 年。

司法实践中，滥用管理公司、证券职权罪案件主要呈现出以下特点及趋势：一是多发于工商行政管理部门，滥用管理公司、证券职权罪的主体是特殊主体，即具有管理公司、证券职权的人，主要是工商行政管理部门、人民银行、证券管理等有关主管部门的工作人员；二是存在与非主体人员共同犯罪情况；三是此罪往往与其他罪名交织在一起。

三、滥用管理公司、证券职权罪案件审理热点、难点问题

1. 关于"上级部门强令"是否影响行为人定罪的问题。实践中对此存有争议。有观点认为，既然在被强令的情形下，登记机关及其工作人员不具有徇私舞弊、滥用职权的意图，是否只应追究上级部门直接负责责任人员的责任。我们认为，从被强令一方角度而言，属于执行命令的职务行为，但依命令的职务行为正当化的要件之一是要求下级国家工作人员必须不知该命令违法。作为公司、证券有关主管部门的工作人员，对有关公司、证券管理方面的法律规定应是明知的，对上级部门的"强令"是否违反法律规定不难作出判断。即使在被强令的情况下，登记机关及其工作人员对明知是不符合法律规定条件的公司设立、登记申请或股票发行，上市申请等仍予以批准或登记的，主观上具有故意，不具备执行命令的职务行为的正当化要件。但相关情节可在量刑时酌情考虑，以实现罪责刑相适应。

2. 证券交易所工作人员可否构成本罪问题。证券交易所是提供证券集中竞价交易场所的不以营利为目的的法人，其本身并不是证券管理部门，证券交易所工作人员能否成为本罪主体存有争议。我们认为，根据《证券法》的规定，国务院证券监督管理机构可

以授权证券交易所依照法定条件和法定程序核准股票、公司债券上市申请。在证券交易所根据国务院证券监督管理机构的授权，核准股票、公司债券上市申请时，应当认为其在履行证券监督管理职责，具有证券管理职权，若其工作人员徇私舞弊，对不符合法律规定的股票、公司债券上市申请予以核准，致使公共财产、国家和人民利益遭受重大损失，应以本罪论处。

四、滥用管理公司、证券职权罪案件办案思路及原则

1. 本罪的一罪与数罪问题。实践中，有关主管部门的国家机关工作人员对明知是不符合法律规定条件的公司设立、登记申请或者股票、债券发行、上市申请而予以批准或者登记，为申请人或公司有关人员实施虚报注册资本、虚假出资或者欺诈发行股票、债券等行为创造条件和提供便利，此种情况下是一罪还是数罪，关键在于是否存在共同犯罪故意。如存在共谋，该主管部门的工作人员同时构成虚报注册资本罪、虚假出资罪或者欺诈发行股票、债券罪的共犯，两罪属于想象竞合，应从一重罪处罚；如果不存在共谋，分别定罪处罚，即对有关主管机关及其工作人员以滥用管理公司、证券职权罪论处；对申请人或公司的有关人员以虚报注册资本罪、虚假出资罪或者欺诈发行股票、债券罪处罚。

2. 本罪与受贿罪的数罪并罚。根据《最高人民法院、最高人民检察院关于办理渎职刑事案件适用法律若干问题的解释（一）》第3条规定，国家机关工作人员实施渎职犯罪并收受贿赂，同时构成受贿罪的，除刑法另有规定外，以渎职犯罪和受贿罪数罪并罚。行为人实施滥用管理公司、证券职权行为往往交织着受贿甚至主动索取贿赂行为，此情形下应实行数罪并罚。

3. 本罪与滥用职权罪的竞合。根据《最高人民法院、最高人民检察院关于办理渎职刑事案件适用法律若干问题的解释（一）》第2条规定，国家机关工作人员实施滥用职权或者玩忽职守犯罪行为，触犯《刑法》分则第九章第398条至第419条规定的，依照该规定定罪处罚。在竞合情形下，应以本罪定罪处罚。

第二节　滥用管理公司、证券职权罪审判依据

一、法律

1. 《刑法》（2020年12月26日修正）（节录）

第四百零三条　国家有关主管部门的国家机关工作人员，徇私舞弊，滥用职权，对不符合法律规定条件的公司设立、登记申请或者股票、债券发行、上市申请，予以批准或者登记，致使公共财产、国家和人民利益遭受重大损失的，处五年以下有期徒刑或者拘役。

上级部门强令登记机关及其工作人员实施前款行为的，对其直接负责的主管人员，依照前款的规定处罚。

2. 《证券投资基金法》（2015 年 4 月 24 日修正）（节录）

第一百四十八条 违反法律、行政法规或者国务院证券监督管理机构的有关规定，情节严重的，国务院证券监督管理机构可以对有关责任人员采取证券市场禁入的措施。

第一百四十九条 违反本法规定，构成犯罪的，依法追究刑事责任。

3. 《证券法》（2019 年 12 月 28 日修订）（节录）

第二百一十六条 国务院证券监督管理机构或者国务院授权的部门有下列情形之一的，对直接负责的主管人员和其他直接责任人员，依法给予处分：

（一）对不符合本法规定的发行证券、设立证券公司等申请予以核准、注册、批准的；

（二）违反本法规定采取现场检查、调查取证、查询、冻结或者查封等措施的；

（三）违反本法规定对有关机构和人员采取监督管理措施的；

（四）违反本法规定对有关机构和人员实施行政处罚的；

（五）其他不依法履行职责的行为。

第二百一十九条 违反本法规定，构成犯罪的，依法追究刑事责任。

4. 《保险法》（2018 年 12 月 29 日修正）（节录）

第一百七十八条 保险监督管理机构从事监督管理工作的人员有下列情形之一的，依法给予处分：

（一）违反规定批准机构的设立的；

（二）违反规定进行保险条款、保险费率审批的；

（三）违反规定进行现场检查的；

（四）违反规定查询账户或者冻结资金的；

（五）泄露其知悉的有关单位和个人的商业秘密的；

（六）违反规定实施行政处罚的；

（七）滥用职权、玩忽职守的其他行为。

第一百七十九条 违反本法规定，构成犯罪的，依法追究刑事责任。

二、司法解释

《最高人民检察院关于渎职侵权犯罪案件立案标准的规定》（2006 年 7 月 26 日　高检发释字〔2006〕2 号）（节录）

一、渎职犯罪案件

（十三）滥用管理公司、证券职权案（第四百零三条）

滥用管理公司、证券职权罪是指工商行政管理、证券管理等国家有关主管部门的工作人员徇私舞弊，滥用职权，对不符合法律规定条件的公司设立、登记申请或者股票、债券发行、上市申请予以批准或者登记，致使公共财产、国家和人民利益遭受重大损失的行为，以及上级部门、当地政府强令登记机关或其工作人员实施上述行为的行为。

涉嫌下列情形之一的，应予立案：

1. 造成直接经济损失 50 万元以上的；

2. 工商管理部门的工作人员对不符合法律规定条件的公司设立、登记申请，违法予以批准、登记，严重扰乱市场秩序的；

3. 金融证券管理机构工作人员对不符合法律规定条件的股票、债券发行、上市申请，违法予以批准，严重损害公众利益，或者严重扰乱金融秩序的；

4. 工商管理部门、金融证券管理机构的工作人员对不符合法律规定条件的公司设立、登记申请或者股票、债券发行、上市申请违法予以批准或者登记，致使犯罪行为得逞的；

5. 上级部门、当地政府直接负责的主管人员强令登记机关及其工作人员，对不符合法律规定条件的公司设立、登记申请或者股票、债券发行、上市申请予以批准或者登记，致使公共财产、国家或者人民利益遭受重大损失的；

6. 其他致使公共财产、国家和人民利益遭受重大损失的情形。

第三节　滥用管理公司、证券职权罪
在审判实践中的疑难新型问题

问题　如何认定滥用管理公司、证券职权罪"重大损失"

"重大损失"是滥用管理公司、证券职权罪与非罪的重要界限。根据《刑法》第 403 条规定，认定滥用管理公司、证券职权罪，关键构成要件在于判断犯罪嫌疑人、被告人的行为是否造成了公共财产、国家和人民利益的重大损失。此处的"重大损失"，在性质和内容上，可以是造成巨大直接经济损失，也可以是造成恶劣的政治、社会影响等情况。

【地方参考案例】马某超滥用管理公司、证券职权案[①]

一、基本案情

2009 年 4 月，在河南省信昌源投资担保有限公司成立过程中，因该公司股东缺乏注册资金 5000 万元，找到时任洛阳市工商局瀍河回族区分局注册股股长马某超帮助办理注册事项。马某超介绍光普会计师事务所主任孙某某及中介人员王某萍帮助该公司筹措资金代办注册，并商定代办费用 40 万元，后孙某某等人筹措注册资金 5000 万元，于 2009 年 4 月 29 日以沈某某、吕某某等人名义按投资比例存入河南省信昌源投资担保有限公司账户。马某超在明知河南省信昌源投资担保有限公司注册资金存在问题、不符合注册条件的情况下，仍予以审核通过该公司的注册申请。该公司领取营业执照后，于次日将 5000 万元注册资金抽逃。

与河南省信昌源投资担保有限公司情况雷同，洛阳东强实业发展有限公司和洛阳豫龙工贸有限公司在注册时也同样被马某超介绍给中介公司，被分别收取 8.5 万元、8000 元中介费。洛阳东强实业发展有限公司于 2009 年 7 月 23 日以他人名义注入 1000 万元注册资金，马某超为其通过注册申请颁发营业执照后，2009 年 7 月 27 日该公司即将该 1000 万元注册资金抽逃；洛阳豫龙工贸有限公司于 2010 年 1 月 18 日以他人名义注入 100 万元注册资金，马某超为其通过注册申请颁发营业执照后，2010 年 1 月 22 日该公司即将该

---

① 河南省洛阳市中级人民法院（2014）洛刑二终字第 15 号刑事判决书。

100 万元注册资金抽逃。

2010 年 3 月，为加强融资性担保公司的监督管理，规范融资性担保行为，经国务院批准，原中国银行业监督管理委员会联合国家发展改革委、工业和信息化部、财政部等七部委联合发布了《融资性担保公司管理暂行办法》，规定融资性担保公司的业务范围和禁止行为。河南省信昌源投资担保有限公司是一家以融资担保、投资担保、合同履约担保等为主的有限责任公司。根据河南省工业和信息化厅、河南省工商行政管理局文件［豫工信（2009）178 号］及《融资性担保公司管理暂行办法》的规定，融资性担保公司变更注册资金的，须有河南省工业和信息化厅的批准方可予以办理变更。但河南省信昌源投资担保有限公司注册成立后，在未取得相关职能部门批准的情况下，欲将注册资金由 5000 万元变更为 1 亿元。

为此，该公司董事长沈某某指使员工侯某某将变更注册资金的申请材料送交马某超后，马某超携带该公司的申请材料，找到原瀍河回族区工商分局注册科的科员宁某某，并交代宁某某将该公司的申请材料录入档案，同时让原瀍河回族区工商分局注册科副科长蒋某某签核同意变更。在宁某某、蒋某某询问申请材料是否齐全、担保公司注册资金变更是否有特殊规定时，马某超称材料齐全且无特殊规定，宁某某、蒋某某分别在河南省信昌源投资担保有限公司变更申请上签字受理及签字批准，并出具变更注册资金 1 亿元的营业执照。

后河南省信昌源投资担保有限公司以其注册资金 1 亿元、资金雄厚等名义，通过报纸、公交广告、灯箱、宣传册等手段对外大肆宣传，骗取广大人民群众信任，非法吸收公众存款，社会影响恶劣。

洛阳市中级人民法院经审理认为，马某超作为工商管理部门工作人员，徇私舞弊、滥用职权，其对不符合法律规定条件的公司设立申请违法予以批准，致使犯罪行为得逞，并严重扰乱市场秩序，造成广大人民群众利益的重大损失，其行为已构成滥用管理公司、证券职权罪。

二、案件评析

本案的争议焦点在于判断马某超的行为是否造成了公共财产、国家和人民利益的重大损失。"重大损失"的认定直接关系马某超的行为是否构成犯罪。

第一种观点认为，马某超的行为并没有造成经济上的重大损失，其行为不符合该罪名的构成要件。

第二种观点认为，本案中，马某超等人被判滥用管理公司、证券职权罪，主要是因为产生了恶劣的社会影响。

我们同意第二种观点，行为人对不符合法律规定条件的公司设立、登记申请或者股票、债券发行、上市申请，予以批准或者登记的行为，是否造成公共财产、国家和人民利益重大损失，是本罪与非罪的一个重要界限。所谓重大损失，主要是指造成巨大直接经济损失或造成恶劣的政治影响等情况。本案中河南省信昌源投资担保有限公司以其注册资金 1 亿元、资金雄厚等名义，通过报纸、公交广告、灯箱、宣传册等手段对外大肆宣传，骗取广大人民群众信任，非法吸收公众存款，社会影响恶劣，也属于"重大损失"。

第二十六章
徇私舞弊不征、少征税款罪

第一节　徇私舞弊不征、少征税款罪概述

一、徇私舞弊不征、少征税款罪的概念及构成要件

徇私舞弊不征、少征税款罪，是指税务机关的工作人员徇私舞弊，不征或者少征应征税款，致使国家税收遭受重大损失的行为。

（一）客体要件

本罪侵害的客体是国家税收征收管理制度和国家税收机关的正常管理活动。税收是国家财政收入的主要来源，依法保障国家税收，对增加国家综合国力具有重要意义。全国人大常委会相继通过税收征收管理法等一系列涉税法律、法规，为依法打击涉税犯罪，保障国家财政收入提供了必要的法律武器。徇私舞弊不征、少征税款，不仅会使国家的财政收入受到损失，侵犯国家的税收管理制度，而且侵犯税务机关工作人员职务行为的廉洁性，侵犯国家税收机关的正常管理活动。

（二）客观要件

本罪在客观方面表现为徇私舞弊，不征或者少征应征税款，致使国家税收遭受重大损失的行为。

1. 税务工作人员的徇私舞弊行为必须利用职务之便。所谓利用职务之便，是指利用职权或者与职务有关的便利条件。

2. 税务工作人员必须有不征、少征应征税款的行为。所谓应征税款，是指税务机关根据法律、行政法规规定的税种税率应向纳税人征收的税款。所谓不征，是指税务机关工作人员明知纳税人应缴纳税款，但不向其征收，或者违反法律、行政法规规定，擅自决定纳税人免缴税款，或者对纳税人欠缴税款的，本应通知银行或其他金融机构从纳税人存款中扣缴，而不通知；或者对应当扣押、查封、拍卖与欠税人应纳税款相当的物品，

而不扣押、查封、拍卖等。所谓少征，是指税务机关的工作人员向纳税人实际征收的税款少于应征税款，或者明知不具备减税条件，弄虚作假擅自决定减税。

徇私舞弊不征或者少征税款的行为表现在税收征管的各个环节。如税务登记、账簿、凭证管理、纳税申报、税款征收（包括税款的缴纳、退还、补缴和追征、税收减免、应纳税额的核定、纳税担保）以及税务检查。税务工作人员只要在上述各个环节中违背事实和法律、法规，滥用征管职权，搞虚假税务登记，涂改账簿，伪造纳税凭证、擅自减少应纳税数额等，都是徇私舞弊行为。

3. 不征、少征税款的行为必须致使国家税收遭受重大损失。税务机关工作人员虽然有徇私舞弊不征或者少征应征税款的行为，但并未使国家税收遭受重大损失，便不构成犯罪。致使国家税收遭受重大损失，是指行为人徇私舞弊不征或少征的税款，由于主客观原因，国家无法再实际予以征收。如行为人不征或少征应征税款，税务机关发现后依法征收并如数收归国库，则不能认定致使国家税收遭受重大损失。

参照《最高人民检察院关于渎职侵权犯罪案件立案标准的规定》的规定，涉嫌下列情形之一的，应予立案：（1）徇私舞弊不征、少征应征税款，致使国家税收损失累计达10万元以上的；（2）上级主管部门工作人员指使税务机关工作人员徇私舞弊不征、少征应征税款，致使国家税收损失累计达10万元以上的；（3）徇私舞弊不征、少征应征税款不满10万元，但具有索取或者收受贿赂或者其他恶劣情节的；（4）其他致使国家税收遭受重大损失的情形。

（三）主体要件

本罪的主体是特殊主体，是履行征收税款职责的国家机关工作人员，即税务机关的工作人员。税务机关的工作人员，是指在各级税务局、税务分局和税务所中代表国家依法负有向纳税人或纳税单位征收税款义务并行使征收税款职权的人员。

（四）主观要件

本罪的主观方面表现为故意。即税务机关的工作人员，明知自己不征或者少征税款的行为破坏有关税收管理法规，会给国家税收造成严重损失，仍然希望或放任这种危害结果的发生。

过失不构成犯罪，如果税务工作人员在税收征管中玩忽职守，严重不负责任，给国家税收造成重大损失，应按《刑法》第397条的玩忽职守罪追究刑事责任。需要指出的是，犯罪动机并不影响定罪，有的是为了贪图钱财等不法利益，有的是因碍于亲朋好友情面而徇私舞弊，有的是出于报复或嫉妒心理而徇私舞弊等，以上可在量刑时予以考虑。

二、徇私舞弊不征、少征税款罪案件审理情况

徇私舞弊不征、少征税款罪是1997年《刑法》吸收附属《刑法》作出的规定。1992年《税收征收管理法》第54条第1款规定："税务人员玩忽职守，不征或者少征应征税款，致使国家税收遭受重大损失的，依照刑法第一百八十七条的规定追究刑事责任……"此处的"刑法第一百八十七条的规定"是指1979年《刑法》规定的玩忽职守罪。1997年《刑法》将"玩忽职守"调整为"徇私舞弊"，并规定独立的法定刑。1997年《刑法》修订时增设此罪名，旨在打击税务执法过程中的腐败渎职乱象，进一步增强税务工

作人员的法治意识，维护税收正常征收、管理秩序。

通过中国裁判文书网检索，2018 年至 2022 年，全国法院审结一审徇私舞弊不征、少征税款一审刑事案件共计 21 件。其中，2018 年 8 件，2019 年 12 件，2020 年 1 件。

司法实践中，徇私舞弊不征、少征税款罪案件主要呈现出以下特点及趋势：一是本罪在一些特定税收业务领域发生率较高，逐渐呈现典型化、类型化趋势。最为突出的体现在二手房产转让相关税费征管过程中，税务人员与纳税人或"黄牛"串通，弄虚作假，以不征个人所得税、营业税的方式实现不缴或少缴税款；二是个别城市集中发案，相对于乡村来说，主要集中于经济发达的城市；三是涉案税务人员主要是县区级税务管理和稽查人员。县区正副局长、所长、科长、股长和关键岗位人员涉案风险较高，省级和地市级人员较少涉案；四是税务人员"徇私"的行为常与受贿或牟利行为等交织在一起。

三、徇私舞弊不征、少征税款罪案件审理热点、难点问题

1. 实践中，徇私舞弊不征、少征税款的行为方式一般较为隐蔽，且存在利益交织，如何准确把握徇私舞弊的行为特征、准确界定罪与非罪，以及准确把握损失数额等成为审理难点。

2. 随着税务征管系统的完善，涉税事项流程审批制度的实施，一定程度上遏制了税务机关工作人员的违法违规行为，但近年来也出现税务机关内部合谋，共同犯罪的趋势。对于单位内部共同犯罪，如何区分多人合意行为还是个别领导的指示行为，如何区分主从犯分别定罪量刑等成为审理难点。

3. 本罪与逃税罪的界定。税务机关工作人员如与逃税人相互勾结，不履行其依法征税的职责，不征或少征应征税款，应认定为逃税罪的从犯。但税务机关工作人员明知他人逃税，仍不征或少征应征税款，致使国家税收遭受重大损失的，应以徇私舞弊不征、少征税款罪定罪处罚。

四、徇私舞弊不征、少征税款罪案件办案思路及原则

1. 本罪与受贿罪的数罪并罚。根据《最高人民法院、最高人民检察院关于办理渎职刑事案件适用法律若干问题的解释（一）》第 3 条规定，国家机关工作人员实施渎职犯罪并收受贿赂，同时构成受贿罪的，除《刑法》另有规定外，以渎职犯罪和受贿罪数罪并罚。税务机关工作人员徇私舞弊不征、少征税款，往往是为了谋取私利，甚至在征税过程中利用职务便利，主动索取贿赂，此情形下应实行数罪并罚。

2. 本罪与滥用职权罪的竞合。根据《最高人民法院、最高人民检察院关于办理渎职刑事案件适用法律若干问题的解释（一）》第 2 条规定，国家机关工作人员实施滥用职权或者玩忽职守犯罪行为，触犯《刑法》分则第九章第 398 条至第 419 条规定的，依照该规定定罪处罚。在竞合情形下，应以本罪定罪处罚。

3. 解决徇私舞弊不征、少征税款腐败问题，要加强制度建设。定期梳理廉政风险点，完善执法程序和内部防控机制，做到税收稽查权力公开、透明、阳光，堵住以权谋私的漏洞。要创新税收大数据治理模式，依托税收大数据和信息技术手段，尽量避免人为因素对税收征管工作的干扰，进一步加强税收监管和税务稽查。同时，上级税务主管部门和纪检监察机关要加强对税收稽查执法的监督，加大监督检查和追责问责力度，对发现的违法违纪行为严肃处理，形成强大的震慑合力。

第二节 徇私舞弊不征、少征税款罪审判依据

一、法律

1.《刑法》（2020年12月26日修正）（节录）

第四百零四条 税务机关的工作人员徇私舞弊，不征或者少征应征税款，致使国家税收遭受重大损失的，处五年以下有期徒刑或者拘役；造成特别重大损失的，处五年以上有期徒刑。

2.《税收征收管理法》（2015年4月24日修正）（节录）

第八十二条 税务人员徇私舞弊或者玩忽职守，不征或者少征应征税款，致使国家税收遭受重大损失，构成犯罪的，依法追究刑事责任；尚不构成犯罪的，依法给予行政处分。

税务人员滥用职权，故意刁难纳税人、扣缴义务人的，调离税收工作岗位，并依法给予行政处分。

税务人员对控告、检举税收违法违纪行为的纳税人、扣缴义务人以及其他检举人进行打击报复的，依法给予行政处分；构成犯罪的，依法追究刑事责任。

税务人员违反法律、行政法规的规定，故意高估或者低估农业税计税产量，致使多征或者少征税款，侵犯农民合法权益或者损害国家利益，构成犯罪的，依法追究刑事责任；尚不构成犯罪的，依法给予行政处分。

二、司法解释

《最高人民检察院关于渎职侵权犯罪案件立案标准的规定》（2006年7月26日 高检发释字〔2006〕2号）（节录）

一、渎职犯罪案件

（十四）徇私舞弊不征、少征税款案（第四百零四条）

徇私舞弊不征、少征税款罪是指税务机关工作人员徇私舞弊，不征、少征应征税款，致使国家税收遭受重大损失的行为。

涉嫌下列情形之一的，应予立案：

1. 徇私舞弊不征、少征应征税款，致使国家税收损失累计达10万元以上的；

2. 上级主管部门工作人员指使税务机关工作人员徇私舞弊不征、少征应征税款，致使国家税收损失累计达10万元以上的；

3. 徇私舞弊不征、少征应征税款不满10万元，但具有索取或者收受贿赂或者其他恶劣情节的；

4. 其他致使国家税收遭受重大损失的情形。

第三节　徇私舞弊不征、少征税款罪
在审判实践中的疑难新型问题

问题　如何认定徇私舞弊不征税款罪税收损失数额

徇私舞弊不征税款罪是指税务机关工作人员徇私舞弊，不征应征税款，致使国家税收遭受重大损失的行为。个人转让股权所得属于税法规定的应征税款。徇私舞弊行为必须利用职务之便进行，其数额认定以实际取得额为计算基础。

【刑事审判参考案例】杜某军徇私舞弊不征税款、受贿案①

一、基本案情

2006 年 12 月，杜某军时任江苏省宜兴市地方税务局第二税务分局管理一股股长，负责对辖区范围内的企业和个人进行纳税评估。1997 年 4 月，江苏全能机电仪表设备有限公司成立，公司性质为有限责任公司，注册资本人民币（以下币种同）1 000 万元，钱某华任法定代表人。1999 年 4 月，周某华出资 20 万元受让 200 万元股权，占 20% 股份。2002 年 1 月，江苏全能机电仪表设备有限公司变更为江苏全能机械设备有限公司（以下简称全能机械公司）。2008 年 6 月、12 月，全能机械公司先后三次增资，注册资本增加到 7000 万元，周某华的注册资本从 200 万元增加到 1 400 万元，仍占 20% 股份，但均未实际出资。2009 年 4 月，周某华与钱某华等达成股权转让协议，协议约定：周某华将公司 20% 的股份以 1200 万元分别转让给葛某中、钱某华、张某平，葛某中、钱某华、张某平转让款于 2009 年 5 月 8 日、2010 年 5 月 8 日和 2011 年 5 月 8 日之前分 3 次付清（每年支付 400 万元，至案发已支付 800 万元）。2009 年 6 月，周某华在得知其转让股权的溢价部分要缴纳个人所得税后，至杜某军家中送给杜 5 万元，并将其存在股权转让溢价的情况告诉了杜某军，要求杜某军为其在缴纳个人所得税上提供帮助。杜某军明知周某华转让股权存在溢价，不认真履行职责，仅在事后安排相关人员对全能机械公司财务账面情况进行例行检查，既未对此作深入调查，也未将此情况向领导报告，至案发时致使国家税收遭受损失 156 万元。

案发后，周某华向宜兴市人民检察院退出应缴税款 156 万元。

二、案例评析

本案的争议焦点在于个人股权转让过程中是否存在应征税款，对此问题的认识直接影响被告人杜某军是否存在渎职行为的认定。审理过程中，对个人股权转让过程中是否存在应征税款问题形成了两种意见。

第一种意见认为，杜某军虽然明知全能机械公司股东周某华有转让股权的行为，但

---

① 楼炯燕：《杜某军徇私舞弊不征税款、受贿案——徇私舞弊不征税款罪的认定及损失数额的计算》，载中华人民共和国最高人民法院刑事审判第一、二、三、四、五庭主办：《刑事审判参考》（总第 89 集），指导案例第 809 号，法律出版社 2013 年版，第 13～18 页。

周某华的股权本身价值（按此股权比例对应的资产额）高于实际转让所得，其在个人股权转让中没有实际收益，不需要缴纳个人所得税，因此，杜某军不存在渎职行为。

第二种意见认为，税法规定的征税对象之一——财产转让所得包括个人股权转让所得，在实践中应当考察股权转让所得与实际出资之间是否有差额，而非考察股权转让所得与股权本身价值之间是否有差额。杜某军明知他人在股权转让中有收益而不予征税，即构成徇私舞弊不征税款罪。我们同意第二种意见，理由如下：

根据相关规定，股权转让合同履行完毕、股权已作变更登记，且所得已经实现的，转让人取得的股权转让收入应当依法缴纳个人所得税。在计算徇私舞弊不征税款罪造成的税款损失时，要以纳税人已经实现的实际所得额作为基础。本案中，周某华转让股权时双方约定的转让款为 1200 万元，但至本案案发时周某华实际取得转让款为 800 万元，尚有 400 万元未实际取得。公诉机关指控杜某军徇私舞弊不征应征税款 236 万元，其计算基础是周某华应当得到的股权转让款 1200 万元与周某华实际投入的 20 万元的差额，即（1200－20）万元×20%（税率）=236 万元。而一审法院认为，应当以周某华已经实现的转让所得数额 800 万元扣减 20 万元出资额的差额来计算其应纳税额更为科学合理，故周某华实际造成国家损失的税款应当扣除其未取得的 400 万元应纳税额部分，由此计算的实际损失为 156 万元，即（800－20）万元×20%=156 万元。我们认为，一审法院所认定的损失数额是正确的。

第二十七章

徇私舞弊发售发票、抵扣税款、出口退税罪

第一节　徇私舞弊发售发票、抵扣税款、出口退税罪概述

一、徇私舞弊发售发票、抵扣税款、出口退税罪的概念及构成要件

徇私舞弊发售发票、抵扣税款、出口退税罪，是指税务机关的工作人员违反法律、法规的规定，在发售发票、抵扣税款、出口退税工作中徇私舞弊，致使国家利益遭受重大损失的行为。

（一）客体要件

本罪所侵犯的客体是税务机关的正常工作秩序。徇私舞弊行为使国家税收法律、法规的顺利实施受到严重干扰，损害了国家税务机关的威信。

本条所称发票，是指在购销商品、提供或者接受服务以及从事其他经营活动中，开具、收取的收付款凭证。发售发票，是指主管税务机关根据已依法办理税务登记的单位或个人提出的领购发票申请向其出售发票的活动。抵扣税款，是指凭发票抵扣税款制度，发票上所注明的税款是唯一可以抵扣的税款。增值税专用发票就是以商品和劳动增值额为征税对象，并具有抵扣税款功能的专门用于增值税的收付款凭证。此外，具有同增值税专用发票相同功能，可以抵扣税款的普通发票有农业产品收购发票、废旧物品收购发票、运输发票等。出口退税，是指税务机关依法向出口商品的生产或经营单位退还该商品在生产、流通环节已征收的增值税和消费税。国家制定这一税收政策的目的，是为了鼓励出口贸易，增强我国出口产品在国际市场上的竞争力。

（二）客观要件

本罪在客观方面表现为违反法律、行政法规的规定，在发售发票、抵扣税款、出口退税工作中徇私舞弊，致使国家利益遭受重大损失的行为。

我国对发票实行严格的管理制度，在一系列法律、行政法规中都有规定，税务机关

都有一整套的工作纪律和规章制度，以及工作人员的职责和权利、义务，只有违反了法律、行政法规、工作纪律和规章制度的行为，才能成为徇私舞弊行为。"违反法律行政法规规定"是指违反税收征收管理法、发票管理办法、增值税暂行条例等法律、行政法规关于发票发售、税款抵扣和出口退税制度的规定。

税务工作人员在发售发票、抵扣税款、出口退税工作中，违反法律、行政法规的规定，向不该领取发票的人发售了发票，或向可以领取的人多发售了发票，或使犯罪分子非法抵扣、骗取出口退税，致使国家税款大量流失。具体表现为以下几种行为：

1. 在发售发票过程中的徇私舞弊，主要是指给不具备申购发票条件的单位和个人发售发票，或者领购发票的单位和个人虽具备规定的条件，但未按规定的数量向其发售发票等。

根据有关规定，申请购买发票人应当办理了税务登记，申购的种类应当与所经营的业务范围相一致，如从事个体饭店、饮食店、餐馆等经营的，就应申购个体饮食行业统一发票；从事建筑安装经营的，应申购建筑安装专用发票；从事出租住宅经营的，应申购住宅租金专用发票等。如果没有办理税务登记或不符合其他条件，如所申购的发票种类与自己的经营活动不相一致，税务机关不应给申购人发售发票。购买人申购发票，经主管税务机关批准购买的，应当发给申购人发票领购簿，申购人再凭此簿向主管税务机关进行购买，有关工作人员应当依领购簿核准的种类、数量及其购买方式等予以发售，不得擅自为之。临时到本省、自治区、直辖市以外从事经营活动的，应凭所在地税务机关的证明，向经营地的税务机关申购经营地的发票。经营地的税务机关可以要求申购人提供保证人或者根据所领购发票的票面限额以及数量缴纳不超过1万元的保证金。临时在本省、自治区、直辖市以内跨市、县从事经营活动需要领购发票的，具体办法则由省、自治区、直辖市税务机关自行确定。

2. 在抵扣税款工作中的徇私舞弊，指税务机关的工作人员出于徇私情、谋私利的原因，不正确履行职责，致使不应抵扣的国家税款被非法抵扣等。

为了加强税收管理，尽量防止税收流失，以保障国家财政收入，国家对某些税种或纳税人实行在购进货物或接受服务时予以纳税的纳税办法。代扣代缴人代扣税款后，应当向扣税对象即购进货物时已纳税的纳税人开具扣税的专用发票。专用发票设有扣税专栏，列明销售总额、适用税率和代扣税额等内容。其中一联交给扣税的对象作为完税凭证；一联作为单位记账凭证和汇总缴纳税款的依据；一联则转给税务机关作为掌握分户扣税情况和查账的根据。此种扣税发票，包括增值税专用发票，都应视为税收票证。扣税的对象即在购货时已纳税的人对已扣缴的税款，可以凭此种抵扣税款的发票，从每月应纳税税款总额中抵扣。

根据我国有关法律、法规的规定，增值税专用发票作为抵扣税款凭证必须符合下列条件：（1）购货方必须是享有税款抵扣权的增值税一般纳税人；（2）开具的增值税专用发票必须真实、正确、完整、有效。如有下列情形之一，不得作为进项税额的抵扣凭证：字迹不清、涂改以及项目填写不齐全的；票物不符、票面金额与实际收取的金额不符或者票面各项内容有误的；单联开具或上下联金额、增值税额等内容不一致的；发票联或抵扣联未加盖财务专用章的；只取得发票联或抵扣联的；未按规定时限开具专用发票的；伪造的专用发票。下列项目的进项税额不得从销项税额中抵扣：购进固定资产；用于非应税项目的购进货物或者应税劳务；用于免税项目的购进货物或者应税劳务；用于集体福利或个人消费的购进货物或者应税劳务；非正常损失的购进货物等。

税务机关主管抵扣税款的工作人员，应当认真履行自己的职责，就纳税人提供的证明真伪，抵扣税款的数额，是否属于应当抵扣的税种、货物内容进行仔细详尽的审查，不应抵扣的税款而抵扣，以及应少抵扣的而多抵扣，从而致使税收遭受重大损失的，应以本罪定罪科刑。

3. 在出口退税工作中的徇私舞弊，指税务机关的工作人员出于徇私情、谋私利的原因，不正确履行职责，致使骗取出口退税行为得逞的行为。

退还出口货物的增值税、消费税应当符合下列条件：（1）退税的主体仅限于具有出口经营权的企业以及其他特准退税企业。后者包括对外承包工程公司，对外承接修理修配业务的企业，外轮供应公司、远洋运输供应公司，利用国际金融组织或外国政府贷款采取国际招标方式销售机电产品、建筑材料而中标的企业，在国内采购货物而运往境外作为国外投资的企业等。非上述单位，就不能申请退税，否则即属违法，骗取出口退税的，则可构成骗取出口退税罪。（2）必须是依法可以作为退税对象的货物才能予以退税，否则，即使是上述企业也不能申请退税，税务机关也不得批准退税。（3）所退还的税收应是退税主体已经缴纳的增值税、消费税等税收，非上述税种不能成为出口退税的退税项目。

主管出口退税的税务机关在接到上述有关必备的出口退税的证明文件及资料后，应认真审查核实，看申请退税人是否属于退税主体，即是否属于法律规定的可以退税的企业；货物是否已经报关且在财务上做了销售处理；所提供的证明材料是否完整、真实、可靠；企业应退税款数额的计算是否正确等等。如果徇私舞弊，滥用职权，不正确履行职责，造成国家税收重大流失的，应以本罪定罪。

徇私舞弊发售发票、抵扣税款、出口退税行为，只有使国家利益遭受重大损失才有可能构成本罪。如果仅有徇私舞弊的行为，但没有造成国家利益的实际损失，或者虽然造成了损失，但没有达到重大损失的程度，不能以本罪论处。何谓国家利益重大损失，其标准应是多方面的，如严重影响税收秩序，致使税务机关的正常活动处于极为混乱的状态中，造成恶劣影响等。

参照《最高人民检察院关于渎职侵权犯罪案件立案标准的规定》的规定，涉嫌下列情形之一的，应予立案：（1）徇私舞弊，致使国家税收损失累计达 10 万元以上的；（2）徇私舞弊，致使国家税收损失累计不满 10 万元，但发售增值税专用发票 25 份以上或者其他发票 50 份以上或者增值税专用发票与其他发票合计 50 份以上，或者具有索取、收受贿赂或者其他恶劣情节的；（3）其他致使国家税收遭受重大损失的情形。

（三）主体要件

本罪的主体是特殊主体，只有税务机关的工作人员才能成为本罪主体，单位不能构成本罪的主体。

（四）主观要件

本罪在主观方面表现为故意，即行为人明知自己在办理发售发票、抵扣税款、出口退税工作中的徇私舞弊行为是违反有关法律规定的，明知自己行为可能致使国家利益遭受损失，而对这种后果的发生持希望或者放任的态度。行为人的犯罪动机不影响定罪，可在量刑时作为因素之一予以考虑。

如果税务机关的工作人员在发售发票、抵扣税款、出口退税工作中疏忽大意，严重不负责，致使国家利益遭受损失的，应按照《刑法》第 397 条规定的玩忽职守罪追究刑事责任。如税务工作人员事先与逃税、非法购买增值税专用发票、骗取出口退税分子通谋，应按照共同犯罪定罪处罚。

二、徇私舞弊发售发票、抵扣税款、出口退税罪案件审理情况

徇私舞弊发售发票、抵扣税款、出口退税罪是 1997 年《刑法》吸收修改单行《刑法》作出的规定。《全国人民代表大会常务委员会关于惩治虚开、伪造和非法出售增值税专用发票犯罪的决定》（自 1995 年 10 月 30 日起施行）第 9 条规定："税务机关的工作人员违反法律、行政法规的规定，在发售发票、抵扣税款、出口退税工作中玩忽职守，致使国家利益遭受重大损失的，处五年以下有期徒刑或者拘役；致使国家利益遭受特别重大损失的，处五年以上有期徒刑。" 1997 年《刑法》吸收上述规定作为第 1 款，将"玩忽职守"调整为"徇私舞弊"，在"发售发票"之前增加"办理"一词；同时，增设第 2 款关于违法提供出口退税凭证犯罪的规定。1997 年《刑法》修订时增设此罪名，旨在打击税务执法过程中的腐败渎职乱象，进一步维护国家税收安全。

通过中国裁判文书网检索，2013 年至 2022 年，全国法院审结一审徇私舞弊发售发票、抵扣税款、出口退税刑事案件共计 23 件，其中，2013 年 1 件，2014 年 8 件，2015 年 7 件，2016 年 1 件，2017 年 2 件，2018 年 1 件，2019 年 3 件。

司法实践中，徇私舞弊发售发票、抵扣税款、出口退税罪案件主要呈现出以下特点及趋势：一是案件金额、涉案人数逐年上升；二是本罪名与多项罪名在犯罪构成要素方面存在不同程度交叉。

三、徇私舞弊发售发票、抵扣税款、出口退税罪案件审理热点、难点问题

1. 本罪与徇私舞弊不征、少征税款罪的界定。本罪与徇私舞弊不征、少征税款罪相比，在主体、客体方面有相同或相似之处，但在客观及主观方面上存在区别。客观方面的区别主要表现为：（1）两者虽都发生在税收征管领域，但发生的具体阶段不同。徇私舞弊不征、少征税款罪往往发生在税务机关工作人员征收税款的过程中，或者应当履行征收税款职责而故意不履行。徇私舞弊发售发票往往发生在征收税款之前，徇私舞弊出口退税又往往发生在征收税款后，只有抵扣税款的行为可发生在征收过程中。（2）行为的具体方式不同。徇私舞弊不征、少征税款罪的舞弊方式往往表现为不作为，即行为人为徇私情、私利而故意不履行其应当履行的职责，或不正确履行职责。徇私舞弊发售发票、抵扣税款、出口退税罪的行为方式往往为作为，即行为人为徇私情、私利，通过积极的行为去违法发售发票、抵扣税款或办理出口退税。

2. 本罪与非法出售增值税专用发票罪的界定。司法实践中，对于税务机关工作人员发售发票的过程中徇私舞弊，或税务人员为了谋取不当利益而非法出售发票的行为如何认定存在一定分歧。一种观点认为，两罪区别主要在于主体身份上的差异。徇私舞弊发售发票罪的主体是特殊主体，非法出售增值专用发票的主体是一般主体。此种观点的缺陷在于，如果税务机关工作人员虽有特殊身份但是没有相关职权，实施发售、出售发票行为只能认定为"徇私舞弊发售发票罪"。另一种观点认为，本罪是税务人员以正常的价

格向不具有领购发票资格的单位和个人发售发票，且收入归税务机关所有；非法出售增值税专用发票罪是一般主体，是以非法高价出售发票且收入归个人所有。此观点导致无法对税务人员为谋私利违法发售发票的行为予以处罚，仅以获利的高低区分并不合理，且目前税务机关基本已经取消了发票工本费，去税务局领购发票不需要另行付费。第三种观点从主观角度分析，认为如主观上出于故意，构成"非法出售增值税专用发票罪"。但实际上两罪都属于故意犯罪，如此区分显然无法准确定性。我们认为，徇私舞弊发售发票罪属于渎职犯罪，不仅要求行为人具备税务机关发售发票的资格，也要求其发售发票的行为属于其职权范围。如果行为人虽为税务机关工作人员，但其岗位职责并非发售发票，或者虽然具备发票发售职务，但并未利用职务发售发票，如行为人先通过不法手段套领出发票后非法提供给管辖范围之外的企业或个人，此种情形不应认定为徇私舞弊发售发票罪。

四、徇私舞弊发售发票、抵扣税款、出口退税罪案件办案思路及原则

1. 本罪系结果犯，即税务机关工作人员徇私舞弊发售发票、抵扣税款、出口退税的行为，造成国家利益重大损失，才能构成本罪。如果犯罪行为被及时发现而未得逞，没有造成损失，或者数额不大，则不构成犯罪，应由有关主管部门对行为人依法追究行政责任。此外，不熟悉业务或者受到犯罪分子的蒙蔽等工作失误导致国家利益损失，也不应按犯罪处理。

2. 本罪共犯问题。实践中，常有税务机关工作人员与骗取国家出口退税款、非法出售增值税专用发票等犯罪分子相勾结而徇私舞弊发售发票、抵扣税款、出口退税，如明知对方采取欺骗手段骗取发票、税款抵扣或者出口退税，仍然发售发票、抵扣税款或者办理出口退税，此种情形应如何认定关键在于查明是否具有共同犯罪故意。如事先没有通谋，分别按相应罪名追究刑事责任；如果事先有通谋，税务机关工作人员的行为同时构成本罪的实行犯和骗取国家出口退税罪、非法出售增值税专用发票罪等罪的帮助犯，其他犯罪分子同时构成骗取国家出口退税罪、非法出售增值税专用发票罪等罪的实行犯和本罪的帮助犯，此时成立想象竞合，应从一重罪处理。

3. 本罪与受贿罪的数罪并罚。根据《最高人民法院、最高人民检察院关于办理渎职刑事案件适用法律若干问题的解释（一）》第3条规定，国家机关工作人员实施渎职犯罪并收受贿赂，同时构成受贿罪的，除《刑法》另有规定外，以渎职犯罪和受贿罪数罪并罚。税务机关工作人员徇私舞弊发售发票、抵扣税款、出口退税，往往交织着受贿甚至主动索取贿赂行为，此情形应实行数罪并罚。

4. 本罪与徇私舞弊罪、滥用职权罪的竞合。根据《最高人民法院、最高人民检察院关于办理渎职刑事案件适用法律若干问题的解释（一）》第2条规定，国家机关工作人员实施滥用职权或者玩忽职守犯罪行为，触犯《刑法》分则第九章第398条至第419条规定的，依照该规定定罪处罚。在竞合情形下，应以本罪定罪处罚。

第二节　徇私舞弊发售发票、抵扣税款、出口退税罪审判依据

一、法律

《刑法》（2020 年 12 月 26 日修正）（节录）

第四百零五条第一款　税务机关的工作人员违反法律、行政法规的规定，在办理发售发票、抵扣税款、出口退税工作中，徇私舞弊，致使国家利益遭受重大损失的，处五年以下有期徒刑或者拘役；致使国家利益遭受特别重大损失的，处五年以上有期徒刑。

二、司法解释

《最高人民检察院关于渎职侵权犯罪案件立案标准的规定》（2006 年 7 月 26 日　高检发释字〔2006〕2 号）（节录）

一、渎职犯罪案件

（十五）徇私舞弊发售发票、抵扣税款、出口退税案（第四百零五条第一款）

徇私舞弊发售发票、抵扣税款、出口退税罪是指税务机关工作人员违反法律、行政法规的规定，在办理发售发票、抵扣税款、出口退税工作中徇私舞弊，致使国家利益遭受重大损失的行为。

涉嫌下列情形之一的，应予立案：

1. 徇私舞弊，致使国家税收损失累计达 10 万元以上的；

2. 徇私舞弊，致使国家税收损失累计不满 10 万元，但发售增值税专用发票 25 份以上或者其他发票 50 份以上或者增值税专用发票与其他发票合计 50 份以上，或者具有索取、收受贿赂或者其他恶劣情节的；

3. 其他致使国家利益遭受重大损失的情形。

第三节　徇私舞弊发售发票、抵扣税款、出口退税罪
在审判实践中的疑难新型问题

问题　如何把握徇私舞弊发售发票，造成国家巨额财产损失，同时又利用职务便利收受他人贿赂的定罪量刑

对于在明知他人不具备申领发票资格的前提下，仍向其发售发票致国家利益遭受重大损失的，构成徇私舞弊发售发票罪；对于利用税务人员身份收受贿赂为不具纳税人资格的人取得纳税主体资格的，属于利用职务便利收受贿赂为他人谋取不正当利益的行为，

构成受贿罪。对于上述两罪应当分别定罪，数罪并罚。

【地方参考案例】任某徇私舞弊发售发票、受贿案①

一、基本案情

任某于 2005 年 4 月至 2010 年 4 月担任益阳市高新区国税局朝阳税务所副所长。

2009 年年底，任某经人介绍认识了郑某盛（另案处理）。2010 年 1 月，郑某盛经咨询任某后，将其原在益阳市资阳区设立的益阳市益达贸易有限公司（简称益达公司，系郑某盛为虚开、买卖增值税专用发票而成立的无资金、无生产经营场地及生产设备、无实际贸易业务往来的三无公司）在益阳市高新区重新注册，并向高新区国税局朝阳税务所提交了法定代表人身份证复印件、会计证复印件、公司职员花名册等材料，为该公司申请认定增值税一般纳税人资格。经上诉人任某打招呼关照之后，益达公司的税收专管员丁某在未对益达公司进行现场查验的情况下，即出具了由丁某、任某签名的虚假的现场查验报告；在对相关人员进行约谈时，并未对约谈人身份进行核对，即形成了由丁某签名的约谈记录。上诉人任某还主动会同高新区国税局综合业务科的孙某花、潘某平、符某等人到现场进行查验，但未严格按照有关税务行政法规关于增值税一般纳税人资格认定实地查验环节的规定进行查验，在收受了益达公司老板郑某盛所送的 2000 元红包之后，没有核实益达公司法定代表人、会计的身份，没有核对公司职工人数的真伪，即完成了现场查验程序。2010 年 1 月 28 日，益达公司通过了增值税一般纳税人资格认定。之后，益达公司又顺利通过了领购增值税发票的份数及最高开票金额的审批，向高新区国税局领购增值税专用发票，并大肆虚开、买卖，从中牟利。

2010 年 4 月，郑某盛又注册成立了一家与益达公司性质相同的益阳市保银贸易有限公司（以下简称保银公司），并向高新区国税局朝阳税务所申请认定增值税一般纳税人资格。同样，在上诉人任某的关照下，该公司的税收专管员廖某云在未对保银公司进行现场查验的情况下，即出具了由廖某云、任某签名的虚假现场查验报告；对相关人员进行约谈时，也并未依程序对约谈人身份进行核对，即形成了由廖某云签名的约谈记录。上诉人任某还主动会同高新区国税局综合业务科的孙某花、潘某平、符某等人到现场进行查验，但未严格按照有关税务行政法规关于增值税一般纳税人资格认定实地查验环节的规定进行查验，没有核实益达公司法定代表人、会计的身份，没有核对公司职工人数的真伪，即完成了现场查验。2010 年 4 月 12 日，保银公司通过了增值税一般纳税人资格认定。之后，保银公司又顺利通过了申领增值税发票的份数及最高开票金额的审批，向高新区国税局领购增值税专用发票，进行虚开、买卖。

2010 年 2 月至 5 月，益达公司在高新区国税局共领购增值税专用发票 550 份，其中虚开、买卖 528 份，金额共计 48517761.91 元，税额 8248019.84 元，经当地税务部门认证、抵扣 349 份，共计抵扣税款 5408426.96 元。2010 年 4 月至 6 月，保银公司在高新区国税局共领购增值税专用发票 150 份，其中虚开、买卖 57 份，金额共计 38508752.21 元，税额 6546487.87 元，经当地税务部门认证、抵扣 34 份，共计抵扣税款 4102485.07 元。益达公司和保银公司在开办期间，共计向高新区国税局缴纳税款 470463.07 元，扣除上述已缴纳税款，益达公司和保银公司因虚开增值税专用发票给国家造成经济损失共计

---

① 湖南省益阳市中级人民法院（2012）益法刑二终字第 20 号刑事裁定书。

9040448.96 元。

另查明，企业向税务机关购买增值税专用发票需要经过多道程序、多项审批，首先企业需向管辖税务机关办理税务登记，而后申请认定增值税一般纳税人资格，然后审批领购增值税发票的份数及最高开票金额，安装增值税防伪税控系统、购买金税卡等专用设备，最后领购增值税专用发票。

同时，任某在担任高新区国税局朝阳分局副所长期间，利用职务上的便利，两次非法收受郑某盛贿赂共计 82000 元，为郑某盛开办的益达公司、保银公司取得增值税一般纳税人资格提供了关照和帮助。法院最终认为一审法院认定任某一人犯两罪，数罪并罚正确。最终判决：驳回上诉，维持原判。

二、案例评析

本案的争议焦点在于对任某是否应当数罪并罚，对此问题的认识直接影响到被告人任某的定罪量刑。审理过程中，对是否应当数罪并罚形成了两种意见。

第一种意见认为，对于任某的行为不应当数罪并罚，徇私舞弊发售发票和受贿系牵连关系，应该择一重处罚。

第二种意见认为，对于任某的行为应当以徇私舞弊发售发票罪和受贿罪数罪并罚。

我们同意第二种意见，理由如下：企业购买增值税专用发票需要经过多个环节审批，其中企业取得增值税一般纳税人资格是成功领购增值税专用发票的先决条件，而任某徇私舞弊，为不符合条件的公司申请增值税一般纳税人资格提供便利条件，从而使其成功通过增值税一般纳税人资格审查，取得领购增值税专用发票的先决条件，其行为符合徇私舞弊发售发票罪的犯罪构成要件。上诉人任某徇私舞弊发售发票，造成国家巨额财产损失，同时又利用职务便利收受他人贿赂，根据《最高人民法院、最高人民检察院关于办理渎职刑事案件适用法律若干问题的解释（一）》第 3 条规定，国家机关工作人员实施渎职犯罪并收受贿赂，同时构成受贿罪的，除《刑法》另有规定外，以渎职犯罪和受贿罪数罪并罚。

第二十八章

违法提供出口退税凭证罪

第一节　违法提供出口退税凭证罪概述

一、违法提供出口退税凭证罪的概念及构成要件

违法提供出口退税凭证罪是指税务机关以外的其他国家机关的工作人员违反国家规定，在提供出口货物报关单、出口收汇核销单等出口退税凭证的工作中，徇私舞弊，致使国家利益遭受重大损失的行为。

（一）客体要件

本罪侵犯的客体是国家的税收管理制度和国家机关的正常管理活动。为了鼓励企业出口创汇，参与国际竞争，1985 年开始，我国按照国际惯例，逐步实行出口退税制度，即在企业产品出口后，根据增值税专用发票、出口货物报关单和出口收汇单证等，将其所缴纳的税款再退还给该企业。一些不法企业和个人利用该项税收优惠政策，大肆骗取出口退税活动，导致国家税款的大量流失。为了实现其骗取出口退税的目的，他们千方百计地采取多种手段，获取用于退税的出口货物报关单、出口收汇核销单等凭证。而有些国家机关工作人员徇私舞弊，为他人非法提供这些出口退税凭证，严重干扰了国家对出口退税的管理制度，同时也使国家的税收利益受到侵害。

（二）客观要件

本罪的客观方面表现为行为人违反国家规定，在提供出口货物报关单、出口收汇核销单等出口退税凭证的工作中，徇私舞弊，致使国家利益遭受重大损失的行为。根据我国海关总署《出口退税报关单管理办法》的规定，出口退税报关单，系海关总署统一印制并注明"出口退税专用"字样的，由出口企业按规定办理申领手续，认真填写，海关凭以受理报关，经严格审核后盖上海关检讫章将报关单封入关封，交出口企业送交退税地税务机关的一种出口退税凭证。海关受理报关时，对出口企业采取以少报多，以次

（废）充好，以低税率产品冒充高税率产品等企图骗取出口退税行为的，在现场发现部分由海关依法处理。有关国家机关工作人员在办理上述出口退税凭证工作中，违反国家的上述规定，图私利、徇私情，采取欺骗手段，弄虚作假，提供虚假的出口退税凭证，致使国家利益遭受重大损失的，即构成本罪。

根据本条规定，违反国家规定，在提供出口货物报关单、出口收汇核算单等出口退税凭证的工作中，徇私舞弊，只有致使国家利益遭受重大损失的，才构成本罪；否则，不构成犯罪，可作为一般徇私舞弊行为，由主管部门予以处理。所谓致使国家利益遭受重大损失，是指致使骗取国家出口退税款的行为得逞，国库税款损失重大等。

参照《最高人民检察院关于渎职侵权犯罪案件立案标准的规定》的规定，涉嫌下列情形之一的，应予立案：（1）徇私舞弊，致使国家税收损失累计达 10 万元以上的；（2）徇私舞弊，致使国家税收损失累计不满 10 万元，但具有索取、收受贿赂或者其他恶劣情节的；（3）其他致使国家利益遭受重大损失的情形。

公共财产的重大损失，通常是指渎职行为已经造成的重大经济损失。在司法实践中，有以下情形之一的，虽然公共财产作为债权存在，但已无法实现债权的，可以认定为行为人的渎职行为造成了经济损失：（1）债务人已经法定程序被宣告破产；（2）债务人潜逃，去向不明；（3）因行为人责任，致使超过诉讼时效；（4）有证据证明债权无法实现的其他情况。

（三）主体要件

本罪的主体是特殊主体，即税务机关工作人员以外的其他国家机关工作人员，主要是指承担着提供出口货物报关单和出口收汇核算单等出口退税凭证职责的海关工作人员等国家机关工作人员。凡是办理出口退税凭证工作的国家机关工作人员，都可以成为本罪的主体。

（四）主观要件

本罪在主观方面表现为故意，即行为人明知自己在提供出口货物报关单、出口收汇核销单等出口退税凭证的工作中的徇私舞弊行为是违反国家有关规定的，明知自己的行为可能致使国家利益遭受重大损失，而对此后果持希望或放任的态度。过失不构成本罪。

二、违法提供出口退税凭证罪案件审理情况

违法提供出口退税凭证罪系 1997 年《刑法》修订时增设的罪名，与徇私舞弊发售发票、抵扣税款、出口退税罪相互补充，严密了刑事法网，进一步维护了国家税收安全。

通过中国裁判文书网检索，2013 至 2022 年，全国法院审结一审违法提供出口退税凭证刑事案件共计 3 件，本罪相关案例较少，不属于常见犯罪，检索到的 3 个案件均在 2013 年由浙江省宁波市北仑区人民法院一审审结，且对三名被告人均以本罪与受贿罪数罪并罚。

三、违法提供出口退税凭证罪案件审理热点、难点问题

1. 本罪与徇私舞弊出口退税罪的界定。本罪与徇私舞弊出口退税罪都发生在税收领域且都是在有关出口退税工作中发生，在客观上都发生了致使国家税收遭受重大损失的

危害后果。二者的主观方面都是故意，都出于徇私情、私利的目的；二罪都是渎职犯罪，均直接侵犯了国家的税收管理制度。二罪的区别主要表现在以下几个方面：

（1）主体范围不同。本罪的主体是税务机关以外的其他国家机关工作人员，主要是海关、商检、外汇管理等国家机关的工作人员。徇私舞弊出口退税罪的主体仅限于税务机关的工作人员。

（2）客观方面不同。本罪的客观方面主要表现为行为人为徇私情、私利，违反国家法律、行政法规的规定，非法提供出口货物报关单、出口收汇核销单等出口退税凭证，致使国家利益遭受重大损失的行为。徇私舞弊出口退税罪的客观方面与之相比，其主要区别表现为三个方面：一是行为发生阶段不同。违法提供出口退税凭证的行为一般发生在办理出口退税前；徇私办理出口退税的行为往往发生在办理出口退税过程中，并以伪造或者非法提供的出口退税凭证为依据。二是行为发生的部门不同。违法提供出口退税凭证的行为发生在税务机关以外的其他国家机关；徇私办理出口退税的行为则发生在税务机关办理出口退税的工作之中。三是行为方式不同。前者是徇私提供出口退税凭证，为骗取出口退税的犯罪分子提供了犯罪条件，是积极的行为；后者是徇私办理出口退税，不履行或者不正确履行法定职责，是不作为。

2. 本罪与骗取出口退税罪的界定。骗取出口退税罪是指以假报出口或者其他欺骗手段，骗取国家出口退税，数额较大的行为。它与本罪的区别主要表现在：

（1）犯罪主体不同。骗取出口退税罪的主体是一般主体。本罪的主体则为包括海关工作人员在内的国家机关工作人员，为特殊主体。

（2）客观方面不同。骗取出口退税罪的客观方面表现为假报出口或者以少报多、以劣报优或者以其他欺骗手段，骗取国家出口退税款。本罪的客观方面表现为包括海关工作人员在内的国家机关工作人员徇私舞弊，非法提供出口货物报关单、出口收汇核销单等出口退税凭证。

（3）侵犯的客体不同。骗取出口退税罪侵犯的客体是国家的税收管理秩序。本罪侵犯的客体不仅是国家税收管理秩序，同时也侵犯了国家机关的管理活动，违反了职务行为的正当性。

3. 本罪与徇私舞弊发售发票、抵扣税款、出口退税罪的界定。本罪主体与徇私舞弊发售发票、抵扣税款、出口退税罪的主体互不包含，亦不存在重合。由于主体上的限制，本罪客观行为只能发生在办理出口退税工作中，且只能发生在提供出口退税凭证这一环节。

四、违法提供出口退税凭证罪案件办案思路及原则

1. 本罪共犯问题。对于司法实践中，一些负责办理出口货物报关单、出口收汇核销单等出口退税凭证工作的国家机关工作人员（在此处不包括税务机关工作人员），与骗取出口退税的犯罪分子共谋，此时国家机关工作人员构成本罪的实行犯和骗取出口退税罪的帮助犯，其他犯罪分子构成骗取出口退税罪的实行犯和本罪的帮助犯，此情形构成想象竞合，应从一重罪处理。

2. 海关、外汇管理等部门的工作人员违反国家规定，严重不负责任，在提供出口货物报关单、出口收汇核销单等出口退税凭证的工作中致使国家利益遭受重大损失，不存在徇私舞弊行为，不应以本罪处罚。如符合玩忽职守罪构成要件，可以玩忽职守罪定罪

处罚。

3. 本罪与受贿罪的数罪并罚。根据《最高人民法院、最高人民检察院关于办理渎职刑事案件适用法律若干问题的解释（一）》第 3 条规定，国家机关工作人员实施渎职犯罪并收受贿赂，同时构成受贿罪的，除《刑法》另有规定外，以渎职犯罪和受贿罪数罪并罚。行为人实施违法提供出口退税凭证行为往往交织着受贿甚至主动索取贿赂行为，此情形下应实行数罪并罚。

4. 本罪与滥用职权罪的竞合。根据《最高人民法院、最高人民检察院关于办理渎职刑事案件适用法律若干问题的解释（一）》第 2 条规定，国家机关工作人员实施滥用职权或者玩忽职守犯罪行为，触犯《刑法》分则第九章第 398 条至第 419 条规定的，依照该规定定罪处罚。在竞合情形下，应以本罪定罪处罚。

第二节　违法提供出口退税凭证罪审判依据

一、法律

《刑法》（2020 年 12 月 26 日修正）（节录）

第四百零五条第二款　其他国家机关工作人员违反国家规定，在提供出口货物报关单、出口收汇核销单等出口退税凭证的工作中，徇私舞弊，致使国家利益遭受重大损失的，依照前款的规定处罚。

二、司法解释

《最高人民检察院关于渎职侵权犯罪案件立案标准的规定》（2006 年 7 月 26 日　高检发释字〔2006〕2 号）（节录）

一、渎职犯罪案件

（十六）违法提供出口退税凭证案（第四百零五条第二款）

违法提供出口退税凭证罪是指海关、外汇管理等国家机关工作人员违反国家规定，在提供出口货物报关单、出口收汇核销单等出口退税凭证的工作中徇私舞弊，致使国家利益遭受重大损失的行为。

涉嫌下列情形之一的，应予立案：

1. 徇私舞弊，致使国家税收损失累计达 10 万元以上的；

2. 徇私舞弊，致使国家税收损失累计不满 10 万元，但具有索取、收受贿赂或者其他恶劣情节的；

3. 其他致使国家利益遭受重大损失的情形。

第三节 违法提供出口退税凭证罪
在审判实践中的疑难新型问题

问题 如何理解违法提供出口退税凭证罪"致使国家利益遭受重大损失"

司法实践中，违法提供出口退税凭证罪"致使国家利益遭受重大损失"的情形主要包括：（1）徇私舞弊，致使国家税收损失累计达 10 万元以上的；（2）徇私舞弊，致使国家税收损失累计不满 10 万元，但具有索取、收受贿赂或者其他恶劣情节的；（3）严重损害国家声誉，或造成恶劣社会影响的；（4）造成有关公司、企业等单位停产、严重亏损、破产的。

【典型案例】卢某某受贿、违法提供出口退税凭证案①

一、基本案情

2010 年 10 月，胡某某（另案处理）为骗取出口退税和使含有危险品的货物顺利通关，在一批出口至牙买加的货物申报出口时，向海关提交虚假的出口报关单等报关资料（单据上虚列了 8000 台电话机，实际只装箱了 2 部电话机，隐匿了香水等危险品）。后该批货物在申报某海关布控查验，胡某某得知消息后，通过中间人唐某某、朱某某、阮某某（均另案处理）联系到时任宁波某某海关查验一科副科长的贺某某（已判刑），并告知贺某某该批货物有骗取出口退税意图，以承诺给好处费的方式请求贺某某帮忙放行。2010 年 10 月 15 日，贺某某找到当班查验关员被告人卢某某，要求被告人卢某某对该批货物查验后直接放行。经查验后，被告人卢某某明知该批货物有骗取出口退税嫌疑，仍按照贺某某的要求对该批货物直接放行。后胡某某用从某海关获得的报关单退税联到税务部门骗取出口退税，造成国家税收损失人民币 50854.71 元。事后，胡某某将 125000 元好处费通过中间人唐某某、朱某某、阮某某转交给贺某某，经中间人层层截留，贺某某最终从阮某某处分得现金人民币 50000 元。案发后，相关涉案事实被媒体曝光，宁波海关贪腐窝案也被多家网络媒体转载，造成恶劣的社会影响。

原审法院认为，被告人卢某某违反国家规定，在提供出口退税报关单等出口退税凭证工作中，结伙徇私舞弊，致使国家利益遭受损失，并造成恶劣的社会影响，其行为已构成违法提供出口退税凭证罪。

二、案件评析

本案的争议焦点在于如何认定"致使国家利益遭受重大损失"，对此问题的认识直接影响被告人卢某某的定罪量刑。审理过程中，对于此问题形成了两种意见。

第一种意见认为，被告人构成本罪必须是致使国家利益遭受重大损失的，这主要是指退税数额巨大，使国家税款遭受重大损失等情形。

---

① 陈建勇：《卢某某受贿、违法提供出口退税凭证案》，载《渎职犯罪案例与实务》，清华大学出版社 2017 年版，第 158 页。

第二种意见认为，致使国家利益遭受重大损失，并不仅指经济损失。我们赞成第二种意见理由如下：

在本案案发后，相关涉案事实被媒体曝光，宁波海关贪腐窝案也被多家网络媒体转载，造成恶劣的社会影响，属于致使国家利益造成重大损失。被告人卢某某违反国家规定，在提供出口退税报关单等出口退税凭证工作中，结伙徇私舞弊，致使国家利益遭受损失，并造成恶劣的社会影响，其行为已构成违法提供出口退税凭证罪。

第二十九章

国家机关工作人员签订、
履行合同失职被骗罪

第一节　国家机关工作人员签订、履行合同失职被骗罪概述

一、国家机关工作人员签订、履行合同失职被骗罪的概念及构成要件

国家机关工作人员签订、履行合同失职被骗罪，是指国家机关工作人员在签订、履行合同过程中，因严重不负责任被诈骗，致使国家利益遭受重大损失的行为。

（一）客体要件

本罪侵犯的客体是国家机关的正常活动和国有资产的安全。国家工作人员对本职工作严重不负责，不遵纪守法，违反规章制度，不履行应尽的职责义务，致使国家经济利益受到重大损失，给国家、集体和人民利益造成严重损害，从而危害了国家机关的正常活动。

（二）客观要件

本罪在客观方面表现为国家机关工作人员在签订、履行合同过程中，因严重不负责任被诈骗，致使国家利益遭受重大损失的行为。

1. 必须有在签订、履行合同的过程中违反有关工作纪律和规章制度，严重不负责任的行为，包括作为和不作为

所谓的作为，是指国家机关工作人员在签订、履行合同的过程中不正确履行职责义务的行为。有的工作马马虎虎，草率从事，敷衍塞责，对于自己应当履行的，而且也有条件履行的职责，都不尽自己应尽的职责义务。

本条规定的犯罪行为发生在签订、履行合同的过程中。所谓签订，是指当事人双方就合同的主要条款经过协商，达成一致。所谓履行，是指合同当事人对于合同中所规定的事项全部并适当地完成。所谓严重不负责任，一般有如下一些表现：粗枝大叶，盲目

轻信，不认真审查对方当事人的合同主体资格、资信情况；不认真审查对方的履约能力和货源情况；应当公证或者鉴证的不予公证或鉴证；贪图个人私利，关心的不是产品的质量和价格，而是个人能否得到回扣，从中捞取多少，得到好处后，在质量上舍优取劣，在价格上舍低就高，在路途上舍近求远，在供货来源上舍公取私；销售商品时对并非滞销甚至是紧俏的商品，让价出售或赊销，以权谋私，导致被骗；无视规章制度和工作纪律，擅自越权，签订或者履行合同；急于推销产品，上当受骗；不辨真假，盲目吸收投资，同假外商签订引资合作等协议；违反规定为他人签订合同提供担保，导致发生纠纷时承担担保责任等。

2. 必须具有因严重不负责被诈骗，致使国家利益造成重大损失的结果

所谓重大损失，是指给国家和人民造成的重大物质性损失和非物质性损失。物质性损失一般是指人身伤亡和公私财物的重大损失，就本罪而言，一般是指重大的经济损失，非物质性损失是指严重损害国家机关的正常活动和声誉等。认定是否重大损失，应根据司法实践和有关规定，对所造成的物质性和非物质性损失的实际情况，并按直接责任人员的职权范围全面分析，以确定应承担责任的大小。

参照《最高人民检察院关于渎职侵权犯罪案件立案标准的规定》的规定，涉嫌下列情形之一的，应予立案：（1）造成直接经济损失30万元以上，或者直接经济损失不满30万元，但间接经济损失150万元以上的；（2）其他致使国家利益遭受重大损失的情形；（3）严重不负责任行为与造成的重大损失结果之间，必须具有刑法上的因果关系。

这是确定刑事责任的客观基础。严重不负责任行为与造成的严重危害结果之间的因果关系错综复杂，有直接原因，也有间接原因；有主要原因，也有次要原因；有领导者的责任，也有直接责任人员的过失行为。构成本罪，应当追究刑事责任的，则是指严重不负责任行为与造成的严重危害结果之间有必然因果联系的行为。

（三）主体要件

本罪主体为特殊主体，即国家机关工作人员，包括在中央和地方各级权力机关、行政机关、司法机关、军事机关、监察机关中从事公务的人员。

（四）主观要件

本罪在主观方面只能由过失构成，故意不构成本罪。也就是说，行为人对于其行为所造成重大损失结果，在主观上并不是出于故意而是过失造成的，他应当知道自己在签订、履行合同过程中的严重不负责任的行为，可能会发生一定的社会危害结果，但是他因疏忽大意而没有预见，或者是虽然已经预见到可能会发生，但他凭借着自己的知识或者经验而轻信可以避免，以致发生了造成严重损失的危害结果。行为人主观上的过失是针对造成重大损失的结果而言，但并不排斥行为人对自己严重不负责任的行为可能是故意的情形。如果行为人在主观上对于危害结果的发生不是出于过失，而是出于故意，不仅预见到，而且希望或者放任它的发生，那就不属于本罪所定的犯罪行为，而构成其他的故意犯罪。

二、国家机关工作人员签订、履行合同失职被骗罪案件审理情况

国家机关工作人员签订、履行合同失职被骗罪系1997年《刑法》修订时增设的罪

名，对于此类行为，在《刑法》修订之前一直以玩忽职守罪定罪处罚，但考虑到此类犯罪的特殊性，在玩忽职守罪具体化的立法要求下，1997《刑法》在修订时将此类犯罪从玩忽职守罪剥离出来，作为一种独立的犯罪。

通过中国裁判文书网检索，2018 年至 2022 年，全国法院审结一审国家机关工作人员签订、履行合同失职被骗刑事案件共计 7 件，其中，2018 年 1 件，2019 年 3 件，2020 年 2 件，2021 年 1 件。

司法实践中，国家机关工作人员签订、履行合同失职被骗罪案件主要呈现出以下特点及趋势：一是相较于其他常见犯罪，本罪较为"冷门"，相关案例较少，近几年呈逐年下降趋势。二是此类案件常易发生在工程领域，国家机关工作人员的失职被骗主要表现为未核实工程量及原始发票等资料真实性、未做尽职调查等不正确履行职责的行为。

三、国家机关工作人员签订、履行合同失职被骗罪案件审理热点、难点问题

1. 对"在签订、履行合同的过程中"之"过程"二字难以定义。签订、履行合同是市场经济条件下，经济活动契约化的一种基础性活动，国家机关作为社会成员之一，在进行正常的经济活动中，必然存在与其他平等主体的自然人、法人、其他组织之间签订、履行合同的问题。国家机关工作人员签订、履行合同失职被骗罪只能发生在签订、履行合同的过程中，而该过程是由多个环节、多个步骤共同组成的动态运行流程。因此，如何界定国家机关工作人员处于该流程中的节点或者说该流程起始点成为审理中的难点问题。

2. 对使国家利益遭受重大损失或特别重大损失的理解。应当注意到，这里的损失通常是指经济损失，而且不仅包括直接经济损失，还包括间接经济损失，但是对于间接经济损失数额如何认定、以及对于其他国家利益遭受损失如何认定都是司法实务中的难点。

3. 对"被诈骗"的理解。实践中认定本罪应当与对方进行诈骗的行为结合起来，仔细甄别认定对方行为是否涉嫌诈骗。如果对方不是诈骗，而是因经营不善、意外事件、不可抗力等诈骗以外的其他原因导致不能履行合同的，国家机关工作人员即使因严重不负责任造成了国家利益重大损失，也不构成本罪，但可能构成玩忽职守罪。

四、国家机关工作人员签订、履行合同失职被骗罪案件办案思路及原则

1. 要注意办理此类案件时不能"唯结果论"，而应着重考察行为人在签订、履行合同过程中因严重不负责任被诈骗与国家利益遭受重大或者特别重大损失这一结果之间是否具有因果关系。行为人虽然严重不负责任但并没有被诈骗，即便致使国家利益遭受重大或者特别重大损失，也不能构成本罪；或者行为人认真履行了职责但还是被诈骗，亦不能构成本罪。

2. 要注意本罪与签订、履行合同失职被骗罪的区别。本罪与签订、履行合同失职被骗罪行为方式、主观罪过等基本是相同的，关键区别就在于犯罪主体的不同：国家机关工作人员签订、履行合同失职被骗罪的主体仅限于国家机关工作人员，而签订、履行合同失职被骗罪的主体为国有公司、企业、事业单位直接负责的主管人员，即后者主体是除国家机关工作人员之外的其他国家工作人员。

第二节　国家机关工作人员签订、履行合同
失职被骗罪审判依据

一、法律

《刑法》（2020 年 12 月 26 日修正）（节录）

第四百零六条　国家机关工作人员在签订、履行合同过程中，因严重不负责任被诈骗，致使国家利益遭受重大损失的，处三年以下有期徒刑或者拘役；致使国家利益遭受特别重大损失的，处三年以上七年以下有期徒刑。

二、司法解释

《最高人民检察院关于渎职侵权犯罪案件立案标准的规定》（2006 年 7 月 26 日　高检发释字〔2006〕2 号）（节录）

一、渎职犯罪案件

（十七）国家机关工作人员签订、履行合同失职被骗案（第四百零六条）

国家机关工作人员签订、履行合同失职被骗罪是指国家机关工作人员在签订、履行合同过程中，因严重不负责任，不履行或者不认真履行职责被诈骗，致使国家利益遭受重大损失的行为。

涉嫌下列情形之一的，应予立案：

1. 造成直接经济损失 30 万元以上，或者直接经济损失不满 30 万元，但间接经济损失 150 万元以上的；

2. 其他致使国家利益遭受重大损失的情形。

三、刑事政策文件

《全国法院审理经济犯罪案件工作座谈会纪要》（2003 年 11 月 13 日　法发〔2003〕167 号）（节录）

六、关于渎职罪

（一）渎职犯罪行为造成的公共财产重大损失的认定

根据刑法规定，玩忽职守、滥用职权等渎职犯罪是以致使公共财产、国家和人民利益遭受重大损失为构成要件的。其中，公共财产的重大损失，通常是指渎职行为已经造成的重大经济损失。在司法实践中，有以下情形之一的，虽然公共财产作为债权存在，但已无法实现债权的，可以认定为行为人的渎职行为造成了经济损失：（1）债务人已经法定程序被宣告破产；（2）债务人潜逃，去向不明；（3）因行为人责任，致使超过诉讼时效；（4）有证据证明债权无法实现的其他情况。

2. 最高人民法院刑二庭审判长会议纪要《关于签订、履行合同失职被骗犯罪是否以对方当事人的行为构成诈骗犯罪为要件的意见》（2001 年 4 月 1 日）

关于刑法第一百六十七条规定的"签订、履行合同失职被骗罪"和第四百零六条规定的"国家机关工作人员签订、履行合同"是否以对方构成诈骗犯罪为要件的问题，最高人民法院刑二庭审判长会议进行了研究，纪要如下：

认定签订、履行合同失职被骗罪和国家机关工作人员签订、履行合同失职被骗罪应当以对方当事人涉嫌诈骗，行为构成犯罪为前提。

但司法机关在办理或者审判行为人被指控犯有上述两罪的案件过程中，不能以对方当事人已经被人民法院判决构成诈骗犯罪作为认定本案当事人构成签订、履行合同失职被骗罪或者国家机关工作人员签订、履行合同失职被骗罪的前提。

也就是说，司法机关在办理案件过程中，只要认定对方当事人的行为已经涉嫌构成诈骗犯罪，就可依法认定认为人构成签订、履行合同失职被骗罪或者国家机关工作人员签订、履行合同失职被骗罪，而不需要搁置或者中止审理，直至对方当事人被人民法院审理并判决构成诈骗犯罪。

第三节　国家机关工作人员签订、履行合同失职被骗罪在审判实践中的疑难新型问题

问题 1. 如何界定签订、履行合同过程中的各时间节点

在市场经济下，合同是市场主体之间发生经济关系，进行生产、经营等活动的主要媒介，也是记载双方当事人权利、义务的有效凭证。合同的签订一般包括三个阶段：一是前期酝酿阶段，双方就合同约定的主要内容、权利义务等细节进行协商、谈判，进行必要的调查，达成意向性的协议；二是起草文本阶段，双方就洽谈内容形成书面文本并就文本内容进行修改、完善；三是签字盖章阶段，即双方在达成一致的文本上签字确认。合同的履行即合同双方对合同规定义务执行的过程，通常包括执行合同义务的准备、具体合同义务的执行以及义务执行的善后等。国家机关工作人员签订、履行合同失职被骗罪的时空条件要求行为人的失职行为必须发生在签订、履行合同的过程中，而这一过程系由多个环节共同组成的动态运行过程。当国家机关作为合同相对方时，一般安排具体的责任人员负责合同签订、履行中的相关工作。作为国家机关利益的代表，相关责任人员在此过程中应当尽到足够谨慎的注意义务，严格审查合同签订之真伪，如认真调查了解对方的资信、经营状况，认真审查对方提供的有关证件、证明，认真检查对方的实际履约能力、供货的质量、来源，等等。这些工作都属于为签订、履行合同所作必要之准备，对合同签订、履约内容起到决定性作用。因此，判定是否属于签订、履行合同的行为不以是否在合同文本上签字署名为标准，而应当判断具体行为是否属于合同形成的必要阶段。国家机关工作人员虽未在合同上签字署名，但在负责签订、履行合同的调查、核实、商谈等工作过程中，严重不负责任被骗的，仍构成国家机关工作人员签订、履行

合同失职被骗罪。

【刑事审判参考案例】王某筠等国家机关工作人员签订、履行合同失职被骗案①

一、基本案情

2010 年 5 月，宜兴市新庄街道办事处成立景湖人家安置小区筹建小组，并在会议上口头任命时任新庄街道城市建设管理办公室副主任的被告人王某筠为筹建小组负责人，聘用被告人闵某庚等技术人员为筹建小组成员，全面负责安置小区的现场管理、矛盾协调等工作。2010 年 9 月，新庄街道准备采购景湖人家等安置小区高层住宅楼房电梯，王某筠安排闵某庚统计电梯停靠层数等数据。闵某庚在统计过程中，没有核对建筑施工图，将景湖人家高层实际为二层地下室统计成一层地下室，并据此草拟了采购电梯的申请交给王某筠审核。王某筠亦没有核对建筑施工图，就按照闵某庚拟定的采购电梯申请上报宜兴市财政局，后据此进行了电梯采购招标。2011 年 4 月，景湖人家等安置小区的上述电梯采购经公开招标，由金刚公司和无锡市崇芝电梯有限公司联合体中标。同年 6 月，新庄街道办事处和金刚公司签订了电梯供需合同。同年年底，金刚公司与东芝电梯（中国）有限公司（以下简称东芝公司）签订电梯销售合同。

2012 年 10 月，金刚公司派员至现场进行电梯安装准备工作时发现景湖人家小区高层住宅有二层地下室，合同上电梯少算一层。金刚公司法定代表人薛某刚立即通知新庄街道。经重新统计，共有 59 台电梯需要变更层数。后金刚公司对新庄街道隐瞒东芝公司仅有一台电梯安排生产、其余均未投产的事实，谎称电梯均已生产，需要对电梯进行改装，改装费用共需要人民币 500 余万元。新庄街道委派被告人王某筠、闵某庚参与和金刚公司就电梯改装费补偿问题的前期商谈工作。后薛某刚提供了伪造的东芝公司电梯改造报价清单和金刚公司支付改装费 300 万元的银行电子交易回执，并安排所谓的东芝公司工作人员至工地现场与王某筠见面证实改装费用等情况。王某筠在未认真审核的情况下，将上述情况向新庄街道作了汇报，新庄街道遂安排其测算电梯改装费用，王某筠又安排闵某庚根据招投标文件以及江苏省人工工资调整的相关规定测算改装费用。王某筠、闵某庚在未实际至电梯生产商东芝公司处实地核实的情况下，测算出改装费用约为 271 万余元，此外增加井道照明费 24 万元。王某筠将上述数据向新庄街道汇报后，新庄街道于 2013 年 6 月与金刚公司签订了补充合同，约定新庄街道再支付金刚公司 59 台电梯增层费、人工工资和井道照明费合计人民币 295.5681 万元。后薛某刚安排徐某新持补充合同分别至宜兴市招投标中心、宜兴市政府采购管理办公室盖章确认，在上述两部门不同意加盖公章的情况下，薛某刚、徐某新指使他人，采用电脑扫描、复制技术，将伪造的上述两部门印章加盖在补充合同上。2013 年 12 月初，薛某刚借用其他公司资质进行电梯安装，为了向宜兴市质量技术监督局申请报备，安排徐某新指使他人采用上述相同手段，伪造宜兴市新庄街道办事处印章加盖在电梯安装合同上。

2013 年年底，金刚公司实际共安装电梯 36 台（均涉及变更层数），后双方同意解除

① 杨温蕊、袁红玲：《王某筠等国家机关工作人员签订、履行合同失职被骗案——国家机关工作人员虽未在合同上签字署名，但在负责签订、履行合同的调查、核实、商谈等工作过程中，严重不负责任被骗的，如何定性》，载中华人民共和国最高人民法院刑事审判第一、二、三、四、五庭主办：《刑事审判参考》（总第 122 集），指导案例第 1353 号，法律出版社 2022 年版，第 114 页。

电梯供需合同。2014 年 6 月，以上述补充合同为依据，新庄街道与金刚公司就已安装的 36 台电梯签订了新的补充合同，约定新庄街道支付金刚公司 36 台电梯的增层费、安装费和井道照明费等共计人民币 1520964 元（以下币种均为人民币，其中井道照明费为 115200 元）。至案发，新庄街道应支付金刚公司共计 7674824 元，已支付 7290836 元，尚有 383988 元未支付。另查明，东芝公司已安排生产的一台 19 层电梯所产生的已排产损费为 17000 元。经鉴定，已安装的 36 台电梯增加一层的市场价格为 269784 元。据此，金刚公司实际骗得新庄街道总计 734992 元。

江苏省宜兴市人民法院以国家机关工作人员签订、履行合同失职被骗罪判处被告人王某筠有期徒刑八个月，以国家机关工作人员签订、履行合同失职被骗罪对被告人闵某庚免予刑事处罚。江苏省无锡市中级人民法院二审裁定维持原判。

二、案例评析

本案中，被告人王某筠系国家机关工作人员，为景湖人家安置小区筹建小组负责人，被告人闵某庚系受聘在国家机关中从事公务的人员，为筹建小组成员，全面负责安置小区的现场管理、矛盾协调等工作。二人行为具体可以分为两个阶段：

第一阶段，2010 年 9 月至 2011 年 6 月，王某筠等二人在负责安置小区高层住宅楼房电梯采购过程中，统计、审核电梯停靠层数，因马虎草率，未与建筑施工图进行核对，将实际为二层地下室统计成一层地下室，并将据此拟定的采购电梯申请上报给宜兴市财政局进行电梯采购的招投标。后根据该错误的数据，新庄街道与金刚公司签订了第一份电梯供需合同。

第二阶段，2012 年 10 月至案发时，金刚公司进行电梯安装准备工作时，发现电梯层数错误并通知新庄街道，同时虚构事实、隐瞒真相，发函给电梯生产商东芝公司，明确已经排产的一台电梯暂停发货，改造增层后再发货并与东芝公司签订销售变更协议后，仍向新庄街道谎称全部电梯已经生产，需要支付增层改装费共计 500 余万元。新庄街道继续委派被告人王某筠等二人负责电梯改装费补偿的商谈工作。在商谈中，金刚公司提供了伪造的东芝公司电梯改造报价清单及支付改装费 300 万元的银行电子交易回执，并安排所谓的东芝公司工作人员到场见证，王某筠等本应对电梯改装费用、工作人员身份情况与电梯生产商东芝公司进一步核实，且在客观条件允许的情况下，对金刚公司提供的所谓清单、回执、人员等真实性未加核实，轻信其一面之词，即向新庄街道作了汇报，测算出改装费用，2013 年 6 月新庄街道以王某筠、闵某庚商谈、测算的数据为准与金刚公司签订了补充合同，并最终被骗 73 万余元。

本案中的最终损害后果为新庄街道损失 73 万余元，而造成该损害结果的原因包括：（1）被告人王某筠等第一次在电梯申报过程中因工作不负责任导致电梯层数统计失误；（2）王某筠等统计错误使得金刚公司有机可乘，并趁机诈骗；（3）王某筠等人在与金刚公司商谈电梯改装费用时未认真审核，新庄街道基于王某筠等的汇报情况签订补充合同，并最终被骗。国家财产的重大损失系由王某筠等人的玩忽职守行为与金刚公司的诈骗行为共同导致的，且金刚公司的诈骗行为应被追究刑事责任。王某筠等人在为签订第一份电梯供需合同做基础测算、统计数据过程中未尽到应尽职责，在履行合同过程中并为签订第二份电梯增层改造的补充合同做协商、洽谈、审核工作时严重不负责任。王某筠虽未代表新庄街道在最终合同文本上签字署名，但签字署名仅是合同签订、履行过程中完成形式要件的阶段，而为签订合同所做的准备工作包括调查、协商、谈判等相关工作均属于合同签订、履行的重要环节，不能否认其工作内容对最终订立的合同起决定性作用。二被告人的失职行为均发生在合同的签订、履行过程中，应当构成国家机关工作人员签订、履行合同失职被骗罪。

问题2. 如何区分国家机关工作人员签订、履行合同失职被骗罪与玩忽职守罪

玩忽职守罪与国家机关工作人员签订、履行合同失职被骗罪的犯罪构成基本相同，主要区别在于渎职的性质有所不同。前者属于公务职权，后者为经营、管理职权。同时，我国刑法对国家机关工作人员玩忽职守犯罪行为采取一般规定与具体规定相结合的方式。玩忽职守罪，是指国家机关工作人员玩忽职守，致使公共财产、国家和人民利益遭受重大损失的行为。该罪客观上要求行为人不履行或者不正确履行工作职责，导致公共利益遭受重大损失。我国《刑法》第397条第1款对此罪名作了概括性规定。同时，该条表述"本法另有规定的，依照规定"，即玩忽职守罪为一般性的普通罪名，对具有玩忽职守情形另有特别规定构成其他罪的，应当按照特别罪名处理。最高人民法院、最高人民检察院2012年公布的《关于办理渎职刑事案件适用法律若干问题的解释（一）》第2条中对此进一步明确："国家机关工作人员实施滥用职权或者玩忽职守犯罪行为，触犯刑法分则第九章第三百九十八条至第四百一十九条规定的，依照该规定定罪处罚。"《刑法》分则中另外规定的玩忽职守犯罪，包括第400条第2款失职致使在押人员脱逃罪、第406条国家机关工作人员签订、履行合同失职被骗罪、第408条环境监管失职罪、第409条传染病防治失职罪等，这些罪名均属于特别规定。因此，如果国家机关工作人员玩忽职守的犯罪行为，《刑法》有明确、具体规定的，则应按对该行为的具体规定定罪处罚，只有《刑法》对该行为没有明确、具体的规定，而又符合《刑法》第397条第1款所规定的玩忽职守罪构成要件的，才可以按玩忽职守罪定罪处罚。

【典型案例】古某国家机关工作人员签订、履行合同失职被骗案①

一、基本案情

2004年10月，时任长沙市某区财政局局长、区经济技术开发有限公司董事长的被告人古某通过某证券公司刘某的推荐，与广东A网络有限公司股东王某商谈购买王某所持有的A网络有限公司的部分股权。被告人古某在赴广东对王某所持有股份的广东A网络有限公司进行考察时，邀请了区经济技术开发有限公司的投资意向人张某等3人一同前往考察。在考察过程中，被告人古某等人仅看了王某提供的本公司的部分财务报表，听取了其对本公司的所谓资产及经营情况的介绍，对王某称该公司经济实力雄厚、与政府证券方面关系密切、发展潜力很大、经过改制很快将在深圳上市、到期股值将会大幅度增值等情况未进一步核实，对该公司的资产状况、资信状况、经营状况以及对该公司是否能够上市未进行可行性研究，既未向有关专家咨询，也未对王某提供的财务报表的真伪及王某所称的该公司庞大的固定资产所有权进行核实，仅凭考察印象及介绍人某证券公司刘某的推荐，被告人古某就于2004年10月23日与王某签订了购买股权的协议，以每股5元的价格购买了王某所持有的A网络有限公司每股1元的股份300万股，协议总价款1500万元。按照协议约定，被告人古某于协议签订第二天即向王某指定的广东A网络有

---

① 参见徐志伟主编：《贪污贿赂罪与渎职罪》，中国民主法制出版社2014年版，第219页。

限公司账户上汇入了 300 万元，余款应在广东 A 网络有限公司变更为广东 A 网络股份有限公司注册登记后 5 日内汇出。但是，被告人古某未按协议约定，在 A 网络有限公司变更前，提早一个月支付了剩余的款项即 1200 万元。协议中王某明确承诺如果 10 个月内 A 网络股份有限公司不能上市，王某将以同样价格回购古某购买的 1500 万元股权。但是，根据《公司法》的规定，广东 A 网络股份有限公司既不可能在 10 个月内上市，王某也不可能按协议约定内容回购股权。对协议中此项条款，被告人古某未作任何咨询，致使协议履行后 1500 万元国有资金遭受重大损失。目前，除追回 50 万元外，尚有 1450 万元未被追回。只有经检察机关冻结广东 A 网络股份有限公司在银行的账户，才有可能追回剩余的被骗款项。人民检察院以古某犯玩忽职守罪起诉至人民法院。人民法院经审理认为，被告人古某的身份应为国家机关工作人员，在担任区财政局局长及区经济技术开发有限公司董事长职务期间，受区政府委托对区经济技术开发有限公司的国有资产具有监管职责，在履行职责与他人签订经济合同中，严重不负责任，致使国有资产遭受重大损失，且数额巨大，其行为已构成国家机关工作人员签订、履行合同失职被骗罪，并以国家机关工作人员签订、履行合同失职被骗罪对古某做出判罚。

二、案例评析

为什么人民法院没有按检察院起诉的罪名，判决被告人古某犯玩忽职守罪，而是判决其构成国家机关工作人员签订、履行合同失职被骗罪？首先，是因为古某的行为符合国家机关工作人员签订失职被骗罪的构成要件。其一，古某担任长沙市某区财政局局长及区经济技术开发有限公司董事长职务，受区政府委托对区经济技术开发有限公司的国有资产具有监管职责，符合本罪的主体要件；其二，古某应当预见到自己严重不负责任，在没有认真核实对方公司真实性的情况下，仅凭考察印象及介绍人某证券公司刘某的推荐，就与对方签订合同，并支付了 1500 万元，是有可能发生被诈骗的结果，但由于疏忽大意而没有预见，其主观心态是过失，符合该罪主观方面要件；其三，古某严重不负责任的行为致使国有资金遭受 1450 万元的重大损失，符合该罪的客观要件；其四，被告人古某在未进一步核实王某所称该公司经济实力雄厚、与政府证券方面关系密切、发展潜力很大、经过改制很快将在深圳上市、到期股值将会大幅度增值等情况，未研究该公司的资产状况、资信状况、经营状况以及上市的可行性，未向有关专家咨询，未对王某提供的财务报表的真伪及王某所称的该公司庞大固定资产所有权进行核实的情况下，仅凭考察印象及介绍人的推荐，就与王某签订了购买股权的协议，并分两次共支付 1500 万元，致使国有资产 1450 万元被诈骗，造成的损失特别重大，符合该罪的客观要件。其次，玩忽职守罪是指国家机关工作人员严重不负责任，不履行或者不认真履行职责，致使公共财产、国家和人民利益遭受重大损失的行为。从大的方面来讲，国家机关工作人员签订、履行合同失职被骗也是一种玩忽职守的行为，但根据《刑法》规定，对具有玩忽职守情形另有特别规定构成其他罪的，应当按照特别罪名处理，因此，虽然检察机关对本案是以玩忽职守罪起诉，但是法院最终却是以国家机关工作人员签订、履行合同失职被骗罪定罪处罚。

问题 3. 签订、履行合同失职被骗犯罪是否以对方当事人的行为构成诈骗罪为要件

【实务专论】

认定签订、履行合同失职被骗罪和国家机关工作人员签订、履行合同失职被骗罪应当以对方当事人涉嫌诈骗，行为构成犯罪为前提。但司法机关在办理或者审判行为人被指控犯有上述两罪的案件过程中，不能以对方当事人已经被人民法院判决构成诈骗犯罪作为认定本案当事人构成签订、履行合同失职被骗罪或者国家机关工作人员签订、履行合同失职被骗罪的前提。也就是说，司法机关在办理案件过程中，只要认定对方当事人的行为已经涉嫌构成诈骗犯罪，就可依法认定行为人构成签订、履行合同失职被骗罪或者国家机关工作人员签订、履行合同失职被骗罪，而不需要搁置或者中止审理，直至对方当事人被人民法院审理并判决构成诈骗犯罪。①

---

① 《最高人民法院刑二庭审判长会议纪要：关于签订、履行合同失职被骗犯罪是否以对方当事人的行为构成诈骗罪为要件的意见》，载中华人民共和国最高人民法院刑事审判第一、第二庭：《刑事审判参考》（总第15集），法律出版社 2001 年版，第 77 页。

第三十章

违法发放林木采伐许可证罪

第一节　违法发放林木采伐许可证罪概述

一、违法发放林木采伐许可证罪的概念及构成要件

违法发放林木采伐许可证罪，是指林业主管部门的工作人员违反《森林法》的规定，超过批准的年采伐限额发放采伐许可证或者违反规定滥发林木采伐许可证，情节严重，致使森林遭受严重破坏的行为。《刑法》第 407 条规定了违法发放林木采伐许可证罪，明确该罪的构成要件和刑罚适用，为依法惩治违法发放林木采伐许可证犯罪提供了法律依据。

（一）客体要件

本罪侵害的客体是国家的林业管理制度，具体地是指国家审核发放林木采伐许可证部门对许可证的正常管理活动。

（二）客观要件

本罪在客观方面表现为违反《森林法》的规定超过批准的年采伐限额发放林木许可证或者违反规定滥发林木采伐许可证，情节严重，致使森林遭受严重破坏的行为。

本罪在客观上还必须同时具备"情节严重"和"致使森林遭受严重破坏"这两个要件。前者是情节要件，是指违法发放采伐许可证的情节达到严重程度，主要包括超过年采伐的限额较大，滥发许可证的数量较大或者多次滥发许可证等情形；后者是结果要件。二者缺一不可。具体来说，参照《最高人民检察院关于渎职侵权犯罪案件立案标准的规定》的规定，涉嫌下列情形之一的，应予立案：（1）发放林木采伐许可证允许采伐数量累计超过批准的年采伐限额，导致林木被超限额采伐 10 立方米以上的；（2）滥发林木采伐许可证，导致林木被滥伐 20 立方米以上，或者导致幼树被滥伐 1000 株以上的；（3）滥发林木采伐许可证，导致防护林、特种用途林被滥伐 5 立方米以上，或者幼树被

滥伐 200 株以上的；（4）滥发林木采伐许可证，导致珍贵树木或者国家重点保护的其他树木被滥伐的；（5）滥发林木采伐许可证，导致国家禁止采伐的林木被采伐的；（6）其他情节严重，致使森林遭受严重破坏的情形。

违法发放林木采伐许可证罪与滥用职权罪、玩忽职守罪的界限。林业主管部门工作人员违法发放林木采伐许可证，致使森林遭受严重破坏的，以违法发放林木采伐许可证罪追究刑事责任；以其他方式滥用职权或者玩忽职守，致使森林遭受严重破坏的，根据《最高人民检察院关于对林业主管部门工作人员在发放林木采伐许可证之外滥用职权玩忽职守致使森林遭受严重破坏的行为适用法律问题的批复》，应当依照《刑法》第 397 条的规定，以滥用职权或者玩忽职守罪追究行为人的刑事责任。

（三）主体要件

本罪的犯罪主体为特殊主体，即林业主管部门的工作人员，其他部门的工作人员不能构成本罪。林业主管部门是从中央到地方各级人民政府中的林业管理部门，如林业局等。

林业主管部门工作人员之外的国家机关工作人员，违反《森林法》的规定，滥用职权或者玩忽职守，致使林木被滥伐 40 立方米以上或者幼树被滥伐 2000 株以上，或者致使防护林、特种用途林被滥伐 10 立方米以上或者幼树被滥伐 400 株以上，或者致使珍贵树木被采伐、毁坏 4 立方米或者 4 株以上，或者致使国家重点保护的其他植物被采伐、毁坏后果严重的，或者致使国家严禁采伐的林木被采伐、毁坏情节恶劣的，按照《刑法》第 397 条的规定以滥用职权罪或者玩忽职守罪追究刑事责任。

（四）主观要件

本罪在主观方面由间接故意构成，即行为人对违法发放采伐许可证是明知的，但对于导致森林资源遭受严重破坏的结果则持放任态度。

二、违法发放林木采伐许可证罪案件审理情况

违法发放林木采伐许可证罪系 1997 年《刑法》增设的罪名。通过中国裁判文书网检索，2017 年至 2022 年，全国法院审结一审违法发放林木采伐许可证案件共计 31 件，其中，2017 年 17 件，2018 年 4 件，2019 年 7 件，2020 年 3 件。

司法实践中，违法发放林木采伐许可证案件主要呈现出以下特点及趋势：本罪相关案例较少，并不属于常见犯罪，目前已发案件呈现出多发于林区面积较大的东北、西南地区等省份的特点。

三、违法发放林木采伐许可证罪案件审理热点、难点问题

1. 先砍伐后补办林木采伐许可证的处理。实践中有的行为人未经批准先采伐林木，林木采伐完毕后为掩盖罪行，通过种种关系再找有权发证人补发采伐许可证，有权发证人明知违法仍予以发证。此种情况下，发证人补证再后，虽有违法行为，但其行为与结果不能构成本罪的因果关系，但是如果滥伐行为人是采用边伐边申请发证的手段，违法发证人发证后，领证人仍继续滥伐的，违法发证人应负发证后致使森林资源继续遭受破坏的责任。

2. 林木采伐许可证的领证人实际滥伐的数额超过违法发证允许砍伐的数额时，发证人是否对超出许可证的采伐数额负责。违法发证人必然对许可证范围内的采伐数额负责，对于超出的数额部分应当综合个案情况予以认定，如果发证人对领证人后续采伐的过程负有明确的监管义务，其主观上对于领证人超出证中允许砍伐的数量持放任态度，则此时发证人应当对超出许可证范围的采伐数额负责。

四、违法发放林木采伐许可证罪案件办案思路及原则

对超过批准的年采伐限额发放林木许可证行为的理解。超过批准的采伐限额发放林木采伐许可证，是指明知国家批准的林木年采伐限额已经届满，仍然继续发放采伐许可证。

所谓年采伐限额，是指国家根据合理经营、永续利用的原则对森林和林木实行的每年限制采伐的控制指标。根据《森林法实施条例》第 28 条规定，国家所有的森林和林木以国有林业企业事业单位、农场、厂矿为单位，集体所有的森林和林木、个人所有的林木以县为单位，制定年森林采伐限额，由省、自治区、直辖市人民政府林业主管部门汇总、平衡，经本级人民政府审核后，报国务院批准；其中，重点林区的年森林采伐限额，由国务院林业主管部门审核后，报国务院批准。该条例第 29 条还规定，采伐森林、林木作为商品销售的，必须纳入国家年度木材生产计划；但是，农村居民采伐自留山上个人所有的薪炭林和自留地、房前屋后个人所有的零星林木除外。

所谓林木采伐许可证，是指国家林业行政主管部门，根据需要采伐林木的单位或个人的申请，经审查核实后而签发的允许采伐林木的证明，主要包括准许采伐的树种、数量（蓄积）、面积、方式、时间、地点以及完成更新造林的期限等内容，是单位、个人采伐林木的法律凭证。凡采伐林木都必须申请林木采伐许可证，但农村居民采伐自留地和房前屋后个人所有的零星林木以及采伐竹子和不是以生产竹材为主要目的的竹林除外。遇有紧急抢险情况，必须就地采伐林木的，也可以免除申请林木采伐许可证，但事后组织抢险的单位和部门应当将采伐情况报当地县级以上林业主管部门备案。采伐许可证一般由县级以上人民政府林业主管部门核发。县属国有林场，由所在地的县级人民政府林业主管部门核发；省、自治区、直辖市和设区的市、自治州所属的国有林业企业事业单位、其他国有企业事业单位，由所在地的省、自治区、直辖市人民政府林业主管部门核发；重点林区的国有林业企业事业单位，由国务院林业主管部门核发。农村居民采伐自留山和个人承包集体林地上的林木，由县级人民政府林业主管部门或者其委托的乡镇人民政府核发采伐许可证。申请林木采伐许可证，应当提交申请采伐林木的所有权证书或者使用权证书，国有林业企业事业单位还应当提交采伐区调查设计文件和上年度采伐更新验收证明，其他单位还应当提交包括采伐林木的目的、地点、林种、林况、面积、蓄积量、方式和更新措施等内容的文件，个人还应当提交包括采伐林木的地点、面积、树种、株数、蓄积量、更新时间等内容的文件。

第二节　违法发放林木采伐许可证罪审判依据

一、法律

1. 《刑法》（2020 年 12 月 26 日修正）（节录）

第四百零七条　林业主管部门的工作人员违反森林法的规定，超过批准的年采伐限额发放林木采伐许可证或者违反规定滥发林木采伐许可证，情节严重，致使森林遭受严重破坏的，处三年以下有期徒刑或者拘役。

2. 《森林法》（2019 年 12 月 28 日修订）（节录）

第五十九条　符合林木采伐技术规程的，审核发放采伐许可证的部门应当及时核发采伐许可证。但是，审核发放采伐许可证的部门不得超过年采伐限额发放林木采伐许可证。

二、司法解释

《最高人民检察院关于渎职侵权犯罪案件立案标准的规定》（2006 年 7 月 26 日　高检发释字〔2006〕2 号）（节录）

一、渎职犯罪案件

（十八）违法发放林木采伐许可证案（第四百零七条）

违法发放林木采伐许可证罪是指林业主管部门的工作人员违反森林法的规定，超过批准的年采伐限额发放林木采伐许可证或者违反规定滥发林木采伐许可证，情节严重，致使森林遭受严重破坏的行为。

涉嫌下列情形之一的，应予立案：

1. 发放林木采伐许可证允许采伐数量累计超过批准的年采伐限额，导致林木被超限额采伐 10 立方米以上的；

2. 滥发林木采伐许可证，导致林木被滥伐 20 立方米以上，或者导致幼树被滥伐 1000 株以上的；

3. 滥发林木采伐许可证，导致防护林、特种用途林被滥伐 5 立方米以上，或者幼树被滥伐 200 株以上的；

4. 滥发林木采伐许可证，导致珍贵树木或者国家重点保护的其他树木被滥伐的；

5. 滥发林木采伐许可证，导致国家禁止采伐的林木被采伐的；

6. 其他情节严重，致使森林遭受严重破坏的情形。

林业主管部门工作人员之外的国家机关工作人员，违反森林法的规定，滥用职权或者玩忽职守，致使林木被滥伐 40 立方米以上或者幼树被滥伐 2000 株以上，或者致使防护林、特种用途林被滥伐 10 立方米以上或者幼树被滥伐 400 株以上，或者致使珍贵树木被采伐、毁坏 4 立方米或者 4 株以上，或者致使国家重点保护的其他植物被采伐、毁坏后果严重的，或者致使国家严禁采伐的林木被采伐、毁坏情节恶劣的，按照刑法第 397 条的规定以滥用职权罪或者玩忽职守罪追究刑事责任。

第三节 违法发放林木采伐许可证罪在审判实践中的疑难新型问题

问题 1. 乡镇林业站的聘用工作人员是否符合本罪的犯罪主体要件

乡镇林业站的聘用工作人员是《刑法》意义上的"林业主管部门的工作人员"，完全符合违法发放林木采伐许可证罪的犯罪主体要件。

【典型案例】倪某某违法发放林木采伐许可证案①

一、基本案情

2007 年元月，被告人倪某某被某县林业局聘用为公益林护林员，同时被乡林业站聘用为该站工作人员。2008 年 7 月至 12 月，被告人倪某某接受乡林业站站长安排和指派发放林木采伐许可证。2008 年 9 月至 10 月，被告人倪某某使用县林业局下达的松树雪压材采伐计划。在没有任何农户提出采伐申请的情况下自行填报《林木采伐申请书》，同时在没有经过林业站工作人员到被采伐山场实地勘察核实的情况下，由被告人在办公室随意选择、编凑、编造、估计"农户、小地名、采伐面积、采伐量出材率"等内容、数字，填写虚假的《林木采伐作业简易设计表》5 张。而后将随意选择简易设计表中 5 位农户户名发放松树采伐证 5 张共计 240 立方米、提供给倪德某使用。倪德某持这 5 张采伐证采伐松树原木材积共计 212. 565 立方米，折立木材积为 354. 275 立方米。

二、案例评析

本案的争议焦点在于乡镇林业站的聘用工作人员是否符合本罪的犯罪主体要件。本案被告人倪某某既是县林业局聘用的公益林护林员又是乡林业站聘用工作人员。尽管其受聘时间长达 5 年，但始终没有正式编制、不是林业局的正式在编人员。审理过程中，对其主体身份的认定形成了两种意见。

第一种意见认为被告人倪某某不符合违法发放林木采伐许可证罪的犯罪主体要件；第二种意见认为被告人倪某某完全符合违法发放林木采伐许可证罪的犯罪主体。我们同意第二种意见，理由如下：

在一些基层乡镇林业站存在一定数量的聘用制人员，该部分人员没有正式编制，不是林业部门正式在编人员。由于相关人员实际代表"林业主管部门"从事林业行政管理工作，尤其是发放林木采伐许可证是执行《森林法》实施行政许可的执法活动，履行的是公务管理活动，行使的是国家行政管理权力。根据森林法律 、法规及相关规定，县林业局是发放林木采伐许可证的法定主体机关。其属于"虽未列入国家机关人员编制，但

---

① 操光明、张贤钊：《破解违法发放林木采伐许可证案办理难题》，载《中国检察官》2012 年第 11 期（总第 160 期）。

在国家机关中从事公务的人员在代表国家机关行使职权时，视为国家机关工作人员"，是《刑法》意义上的"林业主管部门的工作人员"，完全符合违法发放林木采伐许可证罪的犯罪主体要件。

问题2. 如何判断核发林木采伐许可证的行为与森林遭受严重破坏后果之间的因果关系

如果行为人在核发林木采伐许可证时存在一定的违规或者违法行为，后续又出现了相关林木遭受严重破坏的后果，在判断因果关系时，应当充分考虑是否存在其它介入因素，比如，具体组织实施采伐林木的部门是否存在擅自改变采伐方式或者采伐过程中是否严重缺乏监管等情况，此时应当将介入因素与行为人的行为作对比，比较究竟是谁的行为对结果的发生起了更大的作用，从而对因果关系的认定作出准确的判断。

【刑事审判参考案例】李某违法发放林木采伐许可证无罪案①

一、基本案情

2006年2月26日，安徽省肥东县桥头集镇人民政府以需在龙泉山林场修建防火道和清理林区内坟场周边病死树及过密林木为由，向安徽省肥东县林业局申请发放林木采伐许可证。在提交的"木竹采伐申请表"和"林木采伐作业设计表"中，均注明申请采伐面积1800亩，采伐方式为间伐，采伐数量6400株，采伐蓄积192方。上述申请材料交给时任县林业局分管林政工作的副书记被告人李某，李某于2006年2月27日在申请方未提交申请采伐林木的所有权证书或使用权证书（以下简称林权证），且申请理由和采伐方式不符，在同一份申请报告上审批不妥的情况下，批示"同意间伐192方，请林业站派员监督实施"。2月28日，李某打电话给时任林政科科长王兴政，安排其填发林木采伐许可证，王兴政在"No甲0000589号林木采伐许可证"上注明"采伐类型为抚育，采伐方式为间伐，及请镇林业站监督实施"等内容。

桥头集镇政府拿到采伐许可证后，交由桥头集镇林业站站长任贵明负责实施，在将采伐任务布置给昂正江和合肥宽越公司实施时，改变了采伐方式，由间伐变为皆伐，安排昂正江修建防火道3千米，采伐树木5000株（折合材积150方），合肥宽越公司修建防火道0.8千米，采伐树木1400株（折合材积42方）。由于任贵明在组织采伐林木过程中未履行监管职责，合肥宽越公司修建防火道0.8千米后，又超越采伐期限、超强度、超范围实施采伐，累计采伐林木216.53吨，折合材积186.22方，扣减其修建防火道0.8千米所采伐林木材积42方后，实际滥伐林木材积144.22方，且有部分树木被掩埋无法测算；昂正江实际修建防火道3128米，超出授权范围128米，滥伐林木122棵。

肥东县人民法院认为，被告人李某在分管林政工作期间，违反《森林法》的规定，在申请方未提交林权证的情况下滥发林木采伐许可证，致使森林遭到严重破坏，情节严重，其行为构成违法发放林木采伐许可证罪。依照《刑法》第407条、第72条第1款之规定，判决如下：被告人李某犯违法发放林木采伐许可证罪，判处有期徒刑一年，缓刑

---

① 胡宏林：《李某违法发放林木采伐许可证案——如何判断核发林木采伐许可证的行为与森林遭受严重破坏的后果之间的因果关系》，载中华人民共和国最高人民法院刑事审判第一、二、三、四、五庭主办：《刑事审判参考》（总第79集），指导案例第694号，法律出版社2011年版，第107页。

一年。

一审宣判后，被告人李某提出上诉。李某及其辩护人提出，李某主观上无犯罪故意，客观上也没有超过年采伐限额发放林木采伐许可证或违反规定滥发林木采伐许可证，其行为不具有违法性。森林遭受严重破坏的后果是因为桥头集镇政府在组织实施采伐过程中擅自改变采伐方式，超时间、超强度、超数量滥伐造成的，与李某的发证行为无因果关系，故李某的行为不构成违法发放林木采伐许可证罪。

合肥市中级人民法院经审理后认为，李某作为林业局分管林政工作的副书记，在申请方未提交林权证，申请理由和采伐方式不符，且在同一份申请报告上审批不妥的情况下，核发林木采伐许可证，确有不合法律规范之处，其行为具有一定的违法性。但李某核发林木采伐许可证属在法定职责范围内履行职权，没有违反有关发放对象范围或者发放限额的规定。林木被滥伐致森林遭受严重破坏的后果是桥头集镇政府改变作业方式，桥头集镇林业站站长任贵明在组织采伐林木过程中未履行监管职责，他人超越采伐期限、超强度、超范围滥伐等多个因素后造成的，李某违反规定发放林木采伐许可证的行为与林木被滥伐致森林遭受严重破坏的后果之间没有刑法上的因果关系，故李某的行为不构成犯罪。原判以违法发放林木采伐许可证罪论处，显属错误。李某的辩护人提出其行为不具有违法性的意见也不能成立，不予采信。据此，依照《刑事诉讼法》第 189 条第 3 项、第 162 条第 2 项之规定，判决如下：撤销安徽省肥东县人民法院（2009）肥东刑初第 274 号刑事判决，上诉人李某无罪。

二、案例评析

本案的焦点问题在于要通过对介入因素的考察，认定发放林木采伐许可证的行为与森林遭受严重破坏后果之间是否具有刑法上的因果关系。

《刑法》中的因果关系体现了我国刑法的基本原则——罪责自负，它的基本含义是：行为人只能对其危害行为及其造成的危害结果承担刑事责任。当危害结果发生时，要使行为人对该结果负责任，就必须查明其所实施的危害行为与该结果之间具有因果关系，这种因果关系是在危害结果发生时行为人负刑事责任的必要条件。在司法实践中，危害行为与危害结果之间的因果关系通常并不难确定，但在"一果多因""一因多果"等情况中因果关系的认定往往变得异常复杂。

我们认为，认定因果关系，应当以行为时客观存在的一切事实为基础，依据一般人的经验进行判断，特别是在"一果多因"的情况下，危害后果的发生是在行为人实施行为后多个因素的介入下而产生的，应当通过考察行为人的行为导致结果发生的可能性大小、介入因素对结果发生的作用大小、介入因素的异常程度等来判断行为人的行为与结果之间是否存在因果关系。如果行为人的行为导致最后结果发生的可能性越高，则认定因果关系存在的理由越足，反之则不然；介入因素对结果发生的作用越大，认定因果关系存在的理由越不足，反之则不然；介入因素的异常程度越高，认定因果关系存在的理由越足，反之则不然。

具体联系本案，被告人李某核发林木采伐许可证的行为虽具有一定违法性，但导致龙泉山林场林木被滥伐致森林遭受严重破坏的主要因素是李某核发林木采伐许可证后的其他情况：（1）桥头集镇政府在组织实施过程中改变采伐方式，由间伐变为皆伐；（2）桥头集林业站相关人员在组织实施采伐过程中缺乏监管，存在渎职行为，以及超越采伐期限、超强度、超出范围滥伐。因此，在李某核发林木采伐许可证后，其他多种因素的介入造成了龙泉山林场林木被滥伐致森林遭受严重破坏的后果发生。而这些因素与李某的行为相比，显然对结果的发生起了更大的作用，故李某的行为与林木被滥伐致森林遭受严重破坏的后果之间不具有《刑法》意义上的因果关系。

综上，被告人李某的行为不属于违反规定滥发林木采伐许可证的行为，也未造成林木被滥伐致森林遭受严重破坏的后果，其行为不构成违法发放林木采伐许可证罪。

第三十一章

环境监管失职罪

第一节　环境监管失职罪概述

一、环境监管失职罪的概念及构成要件

环境监管失职罪，是指负有环境保护监督管理职责的国家机关工作人员严重不负责任，导致发生重大环境污染事故，致使公私财产遭受重大损失或者造成人身伤亡的严重后果的行为。

（一）客体要件

本罪侵害的客体是国家对保护环境防治污染的管理制度。环境是人类自身赖以生存和发展的基础。保护环境是一切单位和每个公民应尽的义务，更是环境保护部门及其工作人员的职责。环境保护部门的工作人员，严重不负责任，造成重大环境污染事故，导致公私财物重大损失或者人员伤亡的，是一种严重的渎职行为，直接危害了环境保护部门的正常管理活动，因此，必须依法予以刑事制裁。

（二）客观要件

本罪在客观上表现为严重不负责任，导致发生重大环境污染事故，致使公私财产遭受重大损失或者造成人身伤亡的严重后果的行为。"重大环境污染事故"，是指造成大气、水源、海洋、土地等环境质量标准严重不符合国家规定标准，造成公私财产重大损失或人身伤亡的严重事件。其中，"污染"是指在生产建设或者其他活动中产生的足以危害人体健康的废气、废水、废渣、粉尘、恶臭气体、放射性物质以及噪声、振动、电磁波辐射等。根据本条规定对造成环境污染事故的，必须是"致使公私财产遭受重大损失或者造成人身伤亡的严重后果"才构成犯罪。如果没有造成严重后果，可以由有关部门予以行政处分。应当注意的是，只要具备"使公私财产遭受重大损失"或者"造成人身伤亡"其中任何一个条件即构成本罪。《最高人民检察院关于渎职侵权犯罪案件立案标准的规

定》在"一、渎职犯罪案件（十九）环境监管失职案"中规定：涉嫌下列情形之一的，应予立案：（1）造成死亡 1 人以上，或者重伤 3 人以上，或者重伤 2 人、轻伤 4 人以上，或者重伤 1 人、轻伤 7 人以上，或者轻伤 10 人以上的；（2）导致 30 人以上严重中毒的；（3）造成个人财产直接经济损失 15 万元以上，或者直接经济损失不满 15 万元，但间接经济损失 75 万元以上的；（4）造成公共财产、法人或者其他组织财产直接经济损失 30 万元以上，或者直接经济损失不满 30 万元，但间接经济损失 150 万元以上的；（5）虽未达到（3）、（4）两项数额标准，但（3）、（4）两项合计直接经济损失 30 万元以上，或者合计直接经济损失不满 30 万元，但合计间接经济损失 150 万元以上的；（6）造成基本农田或者防护林地、特种用途林地 10 亩以上，或者基本农田以外的耕地 50 亩以上，或者其他土地 70 亩以上被严重毁坏的；（7）造成生活饮用水地表水源和地下水源严重污染的；（8）其他致使公私财产遭受重大损失或者造成人身伤亡严重后果的情形。根据 2007 年 1 月 1 日起施行的《最高人民法院、最高人民检察院关于办理环境污染刑事案件适用法律若干问题的解释》第 2 条的规定，实施《刑法》第 339 条、第 408 条规定的行为，致使公私财产损失三十万元以上，或者具有本解释第 1 条第 10 项至第 17 项规定情形之一的，应当认定为"致使公私财产遭受重大损失或者严重危害人体健康"或者"致使公私财产遭受重大损失或者造成人身伤亡的严重后果"。

（三）主体要件

本罪的主体为特殊主体，即负有环境保护监督管理职责的国家机关工作人员。主要包括在国务院环境保护行政主管部门、县级以上地方人民政府环境保护行政主管部门从事环境保护监督管理工作的人员，也包括在国家自然资源、港务监督、渔政渔港监督、军队环境保护部门和各级公安、交通运输等管理部门中，依照有关法律的规定对环境污染防治实施监督管理的人员。根据 2018 年 3 月第十三届全国人民代表大会第一次会议批准的国务院机构改革方案，将环境保护部的职责，国家发展和改革委员会的应对气候变化和减排职责，国土资源部的监督防止地下水污染职责，水利部的编制水功能区划、排污口设置管理、流域水环境保护职责，农业部的监督指导农业面源污染治理职责，国家海洋局的海洋环境保护职责，国务院南水北调工程建设委员会办公室的南水北调工程项目区环境保护职责整合，组建生态环境部，作为国务院组成部门。目前，国务院和地方各级人民政府的环境保护部门是各级生态环境部门。另外，在县级以上人民政府的自然资源、林业和草原、农业农村、水利行政主管部门中，依照有关法律的规定对资源的保护实施监督管理的人员，也可以构成本罪的主体。

（四）主观要件

本罪在主观方面必须出于过失，即针对发生重大环境污染事故，致使公私财产遭受重大损失或者造成人身伤亡的严重后果而言，是应当预见却由于疏忽大意而没有预见或者虽然预见但却轻信能够避免以致发生了这种严重后果。故意不构成本罪。

二、环境监管失职罪案件审理情况

环境监管失职罪系 1997 年《刑法》修订时增设的罪名，旨在打击和惩治环境犯罪，预防和保护环境。

通过中国裁判文书网检索，2017 年至 2020 年，全国法院审结一审环境监管失职案件共计 38 件，其中，2017 年 25 件，2018 年 10 件，2020 年 3 件。

司法实践中环境监管失职罪案件主要呈现以下特点及趋势：一是案发地集中，已发案件多集中于山东省、江苏省，体现出了上述地区对环境监管的重视程度。二是判处刑罚中大部分为定罪免处或者缓刑，判处实刑的相对较少。

三、环境监管失职罪案件审理热点、难点问题

1. 如何准确认定环境监管失职罪中的因果关系。在判断不作为犯罪的因果关系时，由于有介入的因素，会受到一定程度的限制，只有在事实证明行为人实施法律所规定的行为时极有可能不发生该结果的情况下，才能说不作为犯罪和危害结果之间具有因果关系。分析环境监管失职罪的因果关系应从造成重大污染事故的结果是不是由于负有环境监管职责的人在有能力履行其监管义务时，没有履行导致重大污染事故的发生着手。如果被监督人的介入行为独立于监管义务人的行为时，那么监管义务人的行为并不是导致最后结果的行为。只有在监督人的介入行为从属于监管义务人时，也就是说被监督人的行为是监管义务人疏于履行自己监管义务所引起时，监管义务人才对发生的危害结果承担刑事责任。

2. 检察机关环境行政公益诉讼与以环境监管失职罪追究行为人刑事责任的适用问题。环境行政公益诉讼与环境监管失职罪区分关键在于：一是对象不同，前者针对的对象是行政机关，而后者针对的对象是国家机关工作人员；二是主要目的不同，前者主要目的是督促行政机关履职，后者主要目的是惩治监管人严重不负责任的渎职犯罪行为。对于不履行环境监管职责导致危害后果的行为，具体适用行政责任还是刑事责任，认定关键在于行为对象以及危害后果的衡量，应当根据环境污染的危害后果，结合监管失职行为造成这一危害后果的作用力大小来综合判断承担的行政责任还是刑事责任，且刑事责任的追究不影响行政机关内部的行政处分。

四、环境监管失职罪案件办案思路及原则

1. 准确把握严重不负责任的情形。严重不负责任，是指行为人有我国《环境保护法》《水污染防治法》《大气污染防治法》《海洋环境保护法》《固体废物污染防治法》等法律及其他有关法规所规定的关于环境保护部门监管工作人员不履行职责，工作极不负责的行为。实践中，严重不负责任的表现多种多样，如对建设项目任务书中的环境影响报告不作认真审查，或者防治污染的设施不进行审查验收即批准投入生产、使用；对不符合环境保护条件的企业、事业单位，发现污染隐患，不采取预防措施，不依法责令其整顿，以防止污染事故发生；对造成环境严重污染的企业、事业单位应当提出限期治理意见而不提出治理意见；或者虽然提出意见，令其整顿，但不认真检查、监督是否整顿治理以及是否符合条件；应当现场检查排污单位的排污情况而不作现场检查，发现环境受到严重污染应当报告当地政府的却不报告或者虽作报告但不及时等。

2. 依法审查环境损害鉴定结论。环境损害鉴定评估报告是认定本罪危害后果的主要依据，但是鉴定结论涉及生态环境损害调查确认、污染破坏环境行为与损害因果关系的分析、生态损害量化分析以及生态环境恢复效果评估等多方面问题，具有高度的专业性，因此，在司法认定时可以根据需要通知专家辅助人出庭，对鉴定评估报告提出意见，进

行专业评价。并可以对鉴定评估报告中一些专业问题向专家辅助人进行询问，从而帮助审判者对案件事实进行准确认定。另外，在分析认定鉴定评估报告时，为保证鉴定结论的科学不要忽视对生态利益损失的评估。

第二节　环境监管失职罪审判依据

一、法律

1.《刑法》（2020年12月26日修正）（节录）

第四百零八条　负有环境保护监督管理职责的国家机关工作人员严重不负责任，导致发生重大环境污染事故，致使公私财产遭受重大损失或者造成人身伤亡的严重后果的，处三年以下有期徒刑或者拘役。

2.《环境保护法》（2014年4月24日修订）（节录）

第十条　国务院环境保护主管部门，对全国环境保护工作实施统一监督管理；县级以上地方人民政府环境保护主管部门，对本行政区域环境保护工作实施统一监督管理。

县级以上人民政府有关部门和军队环境保护部门，依照有关法律的规定对资源保护和污染防治等环境保护工作实施监督管理。

第六十八条　地方各级人民政府、县级以上人民政府环境保护主管部门和其他负有环境保护监督管理职责的部门有下列行为之一的，对直接负责的主管人员和其他直接责任人员给予记过、记大过或者降级处分；造成严重后果的，给予撤职或者开除处分，其主要负责人应当引咎辞职：

（一）不符合行政许可条件准予行政许可的；

（二）对环境违法行为进行包庇的；

（三）依法应当作出责令停业、关闭的决定而未作出的；

（四）对超标排放污染物、采用逃避监管的方式排放污染物、造成环境事故以及不落实生态保护措施造成生态破坏等行为，发现或者接到举报未及时查处的；

（五）违反本法规定，查封、扣押企业事业单位和其他生产经营者的设施、设备的；

（六）篡改、伪造或者指使篡改、伪造监测数据的；

（七）应当依法公开环境信息而未公开的；

（八）将征收的排污费截留、挤占或者挪作他用的；

（九）法律法规规定的其他违法行为。

第六十九条　违反本法规定，构成犯罪的，依法追究刑事责任。

3.《海洋环境保护法》（2023年10月24日修订）（节录）

第四条　国务院生态环境主管部门负责全国海洋环境的监督管理，负责全国防治陆源污染物、海岸工程和海洋工程建设项目（以下称工程建设项目）、海洋倾倒废弃物对海洋环境污染损害的环境保护工作，指导、协调和监督全国海洋生态保护修复工作。

国务院自然资源主管部门负责海洋保护和开发利用的监督管理，负责全国海洋生态、海域海岸线和海岛的修复工作。

国务院交通运输主管部门负责所辖港区水域内非军事船舶和港区水域外非渔业、非军事船舶污染海洋环境的监督管理，组织、协调、指挥重大海上溢油应急处置。海事管理机构具体负责上述水域内相关船舶污染海洋环境的监督管理，并负责污染事故的调查处理；对在中华人民共和国管辖海域航行、停泊和作业的外国籍船舶造成的污染事故登轮检查处理。船舶污染事故给渔业造成损害的，应当吸收渔业主管部门参与调查处理。

国务院渔业主管部门负责渔港水域内非军事船舶和渔港水域外渔业船舶污染海洋环境的监督管理，负责保护渔业水域生态环境工作，并调查处理前款规定的污染事故以外的渔业污染事故。

国务院发展改革、水行政、住房和城乡建设、林业和草原等部门在各自职责范围内负责有关行业、领域涉及的海洋环境保护工作。

海警机构在职责范围内对海洋工程建设项目、海洋倾倒废弃物对海洋环境污染损害、自然保护地海岸线向海一侧保护利用等活动进行监督检查，查处违法行为，按照规定权限参与海洋环境污染事故的应急处置和调查处理。

军队生态环境保护部门负责军事船舶污染海洋环境的监督管理及污染事故的调查处理。

4.《大气污染防治法》（2018 年 10 月 26 日修正）（节录）

第五条 县级以上人民政府环境保护主管部门对大气污染防治实施统一监督管理。

县级以上人民政府其他有关部门在各自职责范围内对大气污染防治实施监督管理。

第一百二十六条 地方各级人民政府、县级以上人民政府环境保护主管部门和其他负有大气环境保护监督管理职责的部门及其工作人员滥用职权、玩忽职守、徇私舞弊、弄虚作假的，依法给予处分。

第一百二十七条 违反本法规定，构成犯罪的，依法追究刑事责任。

5.《固体废物污染环境防治法》（2020 年 4 月 29 日修订）（节录）

第九条 国务院生态环境主管部门对全国固体废物污染环境防治工作实施统一监督管理。国务院发展改革、工业和信息化、自然资源、住房城乡建设、交通运输、农业农村、商务、卫生健康、海关等主管部门在各自职责范围内负责固体废物污染环境防治的监督管理工作。

地方人民政府生态环境主管部门对本行政区域固体废物污染环境防治工作实施统一监督管理。地方人民政府发展改革、工业和信息化、自然资源、住房城乡建设、交通运输、农业农村、商务、卫生健康等主管部门在各自职责范围内负责固体废物污染环境防治的监督管理工作。

第一百零一条 生态环境主管部门或者其他负有固体废物污染环境防治监督管理职责的部门违反本法规定，有下列行为之一，由本级人民政府或者上级人民政府有关部门责令改正，对直接负责的主管人员和其他直接责任人员依法给予处分：

（一）未依法作出行政许可或者办理批准文件的；

（二）对违法行为进行包庇的；

（三）未依法查封、扣押的；

（四）发现违法行为或者接到对违法行为的举报后未予查处的；

（五）有其他滥用职权、玩忽职守、徇私舞弊等违法行为的。

依照本法规定应当作出行政处罚决定而未作出的，上级主管部门可以直接作出行政处罚决定。

6.《水污染防治法》（2017年6月27日修正）（节录）

第九条 县级以上人民政府环境保护主管部门对水污染防治实施统一监督管理。

交通主管部门的海事管理机构对船舶污染水域的防治实施监督管理。

县级以上人民政府水行政、国土资源、卫生、建设、农业、渔业等部门以及重要江河、湖泊的流域水资源保护机构，在各自的职责范围内，对有关水污染防治实施监督管理。

第八十条 环境保护主管部门或者其他依照本法规定行使监督管理权的部门，不依法作出行政许可或者办理批准文件的，发现违法行为或者接到对违法行为的举报后不予查处的，或者有其他未依照本法规定履行职责的行为的，对直接负责的主管人员和其他直接责任人员依法给予处分。

第一百零一条 违反本法规定，构成犯罪的，依法追究刑事责任。

第一百零二条 本法中下列用语的含义：

（一）水污染，是指水体因某种物质的介入，而导致其化学、物理、生物或者放射性等方面特性的改变，从而影响水的有效利用，危害人体健康或者破坏生态环境，造成水质恶化的现象。

（二）水污染物，是指直接或者间接向水体排放的，能导致水体污染的物质。

（三）有毒污染物，是指那些直接或者间接被生物摄入体内后，可能导致该生物或者其后代发病、行为反常、遗传异变、生理机能失常、机体变形或者死亡的污染物。

（四）污泥，是指污水处理过程中产生的半固态或者固态物质。

（五）渔业水体，是指划定的鱼虾类的产卵场、索饵场、越冬场、洄游通道和鱼虾贝藻类的养殖场的水体。

二、司法解释

《最高人民法院、最高人民检察院关于办理环境污染刑事案件适用法律若干问题的解释》（2016年12月23日 法释〔2016〕29号）

第一条 实施刑法第三百三十八条规定的行为，具有下列情形之一的，应当认定为"严重污染环境"：

（一）在饮用水水源一级保护区、自然保护区核心区排放、倾倒、处置有放射性的废物、含传染病病原体的废物、有毒物质的；

（二）非法排放、倾倒、处置危险废物三吨以上的；

（三）排放、倾倒、处置含铅、汞、镉、铬、砷、铊、锑的污染物，超过国家或者地方污染物排放标准三倍以上的；

（四）排放、倾倒、处置含镍、铜、锌、银、钒、锰、钴的污染物，超过国家或者地方污染物排放标准十倍以上的；

（五）通过暗管、渗井、渗坑、裂隙、溶洞、灌注等逃避监管的方式排放、倾倒、处置有放射性的废物、含传染病病原体的废物、有毒物质的；

（六）二年内曾因违反国家规定，排放、倾倒、处置有放射性的废物、含传染病病原体的废物、有毒物质受过两次以上行政处罚，又实施前列行为的；

（七）重点排污单位篡改、伪造自动监测数据或者干扰自动监测设施，排放化学需氧量、氨氮、二氧化硫、氮氧化物等污染物的；

（八）违法减少防治污染设施运行支出一百万元以上的；

（九）违法所得或者致使公私财产损失三十万元以上的；

（十）造成生态环境严重损害的；

（十一）致使乡镇以上集中式饮用水水源取水中断十二小时以上的；

（十二）致使基本农田、防护林地、特种用途林地五亩以上，其他农用地十亩以上，其他土地二十亩以上基本功能丧失或者遭受永久性破坏的；

（十三）致使森林或者其他林木死亡五十立方米以上，或者幼树死亡二千五百株以上的；

（十四）致使疏散、转移群众五千人以上的；

（十五）致使三十人以上中毒的；

（十六）致使三人以上轻伤、轻度残疾或者器官组织损伤导致一般功能障碍的；

（十七）致使一人以上重伤、中度残疾或者器官组织损伤导致严重功能障碍的；

（十八）其他严重污染环境的情形。

第二条 实施刑法第三百三十九条、第四百零八条规定的行为，致使公私财产损失三十万元以上，或者具有本解释第一条第十项至第十七项规定情形之一的，应当认定为"致使公私财产遭受重大损失或者严重危害人体健康"或者"致使公私财产遭受重大损失或者造成人身伤亡的严重后果"。

第三节　环境监管失职罪在审判实践中的疑难新型问题

问题 1. 国有事业单位工作人员是否能成为环境监管失职罪犯罪主体

行使国家行政管理职权的公司、企业和事业单位工作人员，符合渎职罪主体要求；对其实施的涉及环境监管渎职行为构成犯罪的，应当依照《刑法》关于环境监管失职罪的规定追究刑事责任。

【最高人民检察院指导性案例】崔某国环境监管失职案[①]

一、基本案情

江苏省盐城市标新化工有限公司（以下简称标新公司）位于该市二级饮用水保护区

---

① 最高人民检察院第二批指导性案例，检例第 4 号。

内的饮用水取水河蟒蛇河上游。根据国家、市、区的相关法律法规文件规定，标新公司为重点污染源，系"零排污"企业。标新公司于2002年5月经过江苏省盐城市环保局审批建设年产500吨氯代醚酮项目，2004年8月通过验收。2005年11月，标新公司未经批准在原有氯代醚酮生产车间套产甘宝素。2006年9月建成甘宝素生产专用车间，含11台生产反应釜。氯代醚酮的生产过程中所产生的废水有钾盐水、母液、酸性废水、间接冷却水及生活污水。根据验收报告的要求，母液应外售，钾盐水、酸性废水、间接冷却水均应经过中和、吸附后回用（钾盐水也可收集后出售给有资质的单位）。但标新公司自生产以来，从未使用有关排污的技术处理设施。除在2006年至2007年部分钾盐废水（共50吨左右）外售至阜宁助剂厂外，标新公司生产产生的钾盐废水及其他废水直接排放至厂区北侧或者东侧的河流中，导致2009年2月发生盐城市区饮用水源严重污染事件。盐城市城西水厂、越河水厂水源遭受严重污染，所生产的自来水中酚类物质严重超标，近20万盐城市居民生活饮用水和部分单位供水被迫中断66小时40分钟，造成直接经济损失543万余元，并在社会上造成恶劣影响。

盐城市环保局饮用水源保护区环境监察支队负责盐城市区饮用水源保护区的环境保护、污染防治工作，标新公司位于市饮用水源二级保护区范围内，属该支队二大队管辖。被告人崔某国作为二大队大队长，对标新公司环境保护监察工作负有直接领导责任。崔某国不认真履行环境保护监管职责，并于2006到2008年多次收受标新公司法定代表人胡某某小额财物。崔某国在日常检查中多次发现标新公司有冷却水和废水外排行为，但未按规定要求标新公司提供母液台账、合同、发票等材料，只是填写现场监察记录，也未向盐城市饮用水源保护区环境监察支队汇报标新公司违法排污情况。2008年12月6日，盐城市饮用水源保护区环境监察支队对保护区内重点化工企业进行专项整治活动，并对标新公司发出整改通知，但崔某国未组织二大队监察人员对标新公司进行跟踪检查，监督标新公司整改。直至2009年2月18日，崔某国对标新公司进行检查时，只在该公司办公室填写了1份现场监察记录，未对排污情况进行现场检查，没有能及时发现和阻止标新公司向厂区外河流排放大量废液，以致发生盐城市饮用水源严重污染。在水污染事件发生后，崔某国为掩盖其工作严重不负责任，于2009年2月21日伪造了日期为2008年12月10日和2009年2月16日两份虚假监察记录，以逃避有关部门的查处。

2009年12月16日，阜宁县人民法院作出一审判决，认为被告人崔某国作为负有环境保护监督管理职责的国家机关工作人员，在履行环境监管职责过程中，严重不负责任，导致发生重大环境污染事故，致使公私财产遭受重大损失，其行为构成环境监管失职罪；依照《刑法》第408条的规定，判决崔某国犯环境监管失职罪，判处有期徒刑二年。2010年1月21日，盐城市中级人民法院二审终审裁定，驳回上诉，维持原判。

二、案例评析

本案的焦点在于被告人崔某国是否符合环境监管失职罪的主体要件。审理过程中，对主体要件的认定形成了两种意见。

第一种意见认为被告人崔某国不符合环境监管失职罪的犯罪主体要件；第二种意见认为被告人崔某国完全符合环境监管失职罪的犯罪主体。我们同意第二种意见，理由如下：

根据2002年12月28日《全国人大常委会关于我国刑法第九章渎职罪主体适用问题解释》的规定，在依照法律、法规规定行使国家行政管理职权的组织中从事公务的人员，或者在受国家机关委托代表国家机关行使职权的组织中从事公务的人员，在代表国家机关行使职权时，有渎职行为，构成犯罪的，依照《刑法》有关渎职罪的规定追究刑事责任。可见，我国对读职罪的主体是以"职责论"进行界定的，只要在代表国家行使职权时，就属于渎职罪的主体。此外未列入国家机关人员编制，但在国家机关中从事公务的人员，如合同制、聘用制人员等，也应认定为渎职罪的主体。实践中，一些国有公司、企业和事业单位经合法授权从事具体的管理市场经济和社会生活的工作，拥有一定管理公共事务和社会事务的职权，这些实际行使国家行政管理职权的公司、企业和事业单位工作人员，符合渎职罪主体要求，对其实施的涉及环境监管渎职行为构成犯罪的，应当依照《刑法》关于环境监管失职罪的规定追究刑事责任。

问题 2. 如何准确区分环境监管失职罪与玩忽职守罪

环境监管失职罪和玩忽职守罪从客观表现上都体现为国家工作人员严重不负责任，不履行或不认真履行职责导致国家利益遭受重大损失，二者的区别主要是主体身份不同，环境监管失职罪的犯罪主体是负有环境保护监督管理职责的国家机关工作人员，是特殊主体，而玩忽职守罪的主体是一般国家机关工作人员。

【地方参考案例】冯某安受贿、玩忽职守案[①]

一、基本案情

2014 年 1 月，被告人冯某安调任阳新县环保局局长，主持环保局全面工作，其间其不认真履行职责致使阳新县环保局疏于对网湖大湖环保违法行为的日常监管，致使网湖大湖水体污染严重。

2014 年 7 月，阳新县环保局接到黄石市环保局转交的网湖水体遭受污染的投诉后，组织阳新县环保局富池分局（以下简称富池分局）和监察大队一起进行查处，当场查获网湖养殖公司往湖内投肥。检查人员向该公司下达了"阳新县环境保护局环境违法行为改正通知书"，要求禁止向网湖大湖投肥养殖并自行封存肥料，随后进行了拍照取证并对网湖码头水体进行采样送检。检查完毕后，监察大队大队长何某将检查情况向冯某安汇报，并请示是否立案，冯某安同意立案并安排监察大队承办该案。

2014 年 7 月 30 日阳新县环保局监察大队对网湖养殖公司环保违法行为进行立案；同年 8 月 11 日根据冯某安的决定对网湖养殖公司作出了"责令停止违法行为，六个月内恢复网湖水体质量，禁止再向水体投肥养殖；处罚人民币 5 万元整"的处罚决定，并同时向网湖养殖公司送达了《行政处罚听证告知书》《行政处罚事先告知书》，2014 年 8 月 19 日向网湖养殖公司送达了《行政处罚决定书》。随后，何某等人多次催促刘某缴纳罚款，但刘某一直拖着不交并希望少交，后刘某找到冯某安并经其同意将罚款降至 3 万元。同年 9 月底，刘某与何某一起将该笔 3 万元交至环保局财务科，正当二人走出财务科办公室时，在门口走廊恰巧碰到了冯某安，冯某安批评何某不该收此罚款，让何某将已收 3 万元罚款退给刘某，并要求何某以后不要再管此事。何某按冯某安决定，回财务科将已收 3 万元罚款退给了刘某。冯某安随后将刘某带至冯某安办公室，刘某请求冯某安在行政处罚上给予关心和照顾，并将这 3 万元现金送了冯某安。此后，监察大队再未执行对网湖养

[①] 湖北省黄石市人民法院（2019）鄂 02 刑终 8 号刑事判决书。

殖公司的行政处罚，因此，该案在环保局一直未结案。

2015 年 4 月，阳新县环保局再次接到群众举报称网湖大湖存在污染水体行为，遂安排富池分局进行查处，经过现场检查发现网湖养殖公司的工人正拿水枪将酒渣、玉米渣等肥料冲入网湖大湖中，检查人员随即进行了取证。经检测得知网湖水质超标后，富池分局局长彭某 2 和分管富池分局的环保局副局长王某 1 一起来到冯某安办公室汇报检查情况，称网湖养殖公司向网湖大湖投放酒渣、玉米渣等肥料，且检测报告结果显示网湖大湖水体总磷超标，同时请示冯某安是否立案，冯某安以网湖养殖公司只是投放鱼料并未投肥为由，让王某 1 将该情况先放一放，不予立案。根据冯某安意见，王某 1 和彭某 2 二人此次未对网湖养殖公司的环保违法行为进行立案和行政处罚，此后也再未到网湖养殖公司进行环保监管。

2015 年 7 月开始，阳新县环保监测站每次对网湖大湖湖心水体监测结果出来后，王某 1 多次带着时任环保监测站站长欧某一起，将监测结果显示水质污染的情况向冯某安汇报，并提出以下三条建议：（1）建议向有关部门（网湖湿地管理局、林业局、水产局、畜牧等单位）通报；（2）向县政府报告；（3）移交监察大队或富池分局查处。但冯某安对王某 1 的建议从未采纳，并让王某 1 不要管此事。

2016 年下半年，中央环保督查组对网湖湿地保护区进行环保督查后启动追责程序，被告人冯某安为应付检查，要求环保局工作人员将 2014 年 7 月对网湖养殖公司所立案和 2015 年 4 月对网湖养殖公司环保违法行为调查相关案件查处手续补齐。根据冯某安的安排，县环保局相关人员伪造了富池分局 2015 年对网湖养殖公司环保违法案查处的全套立案、处罚文书，并连同 2014 年监察大队未收缴到罚款的案件一起，在 2016 年 11 月 29 日将该二起案件申请阳新县人民法院强制执行，但阳新县人民法院以超出时限为由未予受理。

经湖北省环境科学研究院生态环境损害司法鉴定中心鉴定，阳新网湖生态种养殖有限公司投肥养殖造成网湖水体环境损害的最低数额为 1946776 元，其中 2014 年度造成网湖水体环境损害的最低数额为 782424 元，2015 年和 2016 年度造成网湖水体环境损害的最低数额为 1164352 元。

一审法院认为，被告人冯某安不认真履行工作职责，致使国家和人民利益遭受重大损失，情节特别严重，其行为构成玩忽职守罪，判处有期徒刑三年。二审法院认定上诉人冯某安作为负有环境保护监督管理职责的国家工作人员严重不负责任，导致网湖大湖水质持续恶化，致使国家利益遭受重大损失，其行为符合环境监管失职罪的构成要件。原判未考虑冯某安的特殊主体身份，认定其构成玩忽职守罪，属于适用法律错误，二审予以纠正，判决认定上诉人冯某安犯环境监管失职罪，判处有期徒刑二年。

二、案例评析

环境监管失职罪的主体要求是负有环境保护监督管理职责的国家机关工作人员，而玩忽职守罪的主体涵盖了环境监管失职罪的主体范围，对两者进行区分关键在于根据相关法律法规认定犯罪主体是否负有环境保护监督管理职责。本案中根据《湖北省湖泊保护条例》《湖北省水污染防治条例》的规定，环境保护行政主管部门在湖泊保护工作中应履行水污染源的监督管理、水污染综合治理和监督职责，在水污染防治工作中依法开展水环境保护监察执法的职责。冯某安作为阳新县环保局局长，其负有环境保护监督管理的法定职责。

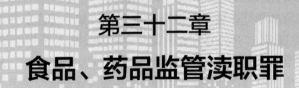

第三十二章
食品、药品监管渎职罪

第一节 食品、药品监管渎职罪概述

一、食品、药品监管渎职罪的概念及构成要件

食品、药品监管渎职罪，是指负有食品、药品安全监督管理职责的国家机关工作人员，滥用职权或者玩忽职守，造成严重后果或者有其他严重情节的行为。

（一）客体要件

本罪侵害的客体是国家对食品安全的监督管理活动。

（二）客观要件

本罪在客观上表现为本罪在客观方面表现为负有食品、药品安全监督管理职责的国家机关工作人员，滥用职权或者玩忽职守，造成严重后果或者有其他严重情节的行为。这里所规定的"滥用职权"，是指国家机关工作人员超越职权，违法决定、处理其无权决定、处理的事项，或者违反规定处理公务的行为。"玩忽职守"，是指国家机关工作人员严重不负责任，不履行或者不认真履行其职责的行为。

为了细化食品药品渎职的情形，增强可操作性和适用性，《刑法修正案（十一）》在本款分5项增加规定了五种具体的食品药品监管渎职行为：

第1项是关于瞒报、谎报食品安全事故、药品安全事件的规定。这里规定的"瞒报"是指隐瞒事实不报。"谎报"是指不真实的报告，如对事故、事件的危害后果避重就轻地报告等。"食品安全事故"，根据《食品安全法》第150条的规定，是指食源性疾病、食品污染等源于食品，对人体健康有危害或者可能有危害的事故。"药品安全事件"，是指在药品研发、生产、经营、使用中发生的，对人体健康造成或者可能造成危害的事件。

第2项是关于对发现的严重食品药品安全违法行为未按规定查处的规定。这里规定的"严重食品药品安全违法行为"是指严重违反《食品安全法》《药品管理法》《疫苗管理法》及其配套规定的行为。对于这些严重违法行为，有关国家机关工作人员已经发现，但不按照法律法规规定的权限和程序查处的，就可能构成本条规定的犯罪。《食品安全法》第142条至第144条、《药品管理法》第149条规定了有关国家机关工作人员不按规定查处违法行为的行政责任，本项规定是与之衔接的。

第3项是关于在药品和特殊食品审批审评过程中，对不符合条件的申请准予许可的。这里规定的"药品"，根据《药品管理法》第2条的规定，是指用于预防、治疗、诊断人的疾病，有目的地调节人的生理机能并规定有适应症或者功能主治、用法和用量的物质，包括中药、化学药和生物制品等。"特殊食品"，根据《食品安全法》第74条的规定，包括保健食品、特殊医学用途配方食品和婴幼儿配方食品等。根据《药品管理法》和《食品安全法》的规定，药品和特殊食品在研制、生产、经营、使用等环节，需要依法向监管部门申请审批审评，监管部门的工作人员应当依照有关法律规定和技术标准进行审批审评。有关国家机关工作人员对明知不符合条件的药品和特殊食品审批审评申请准予许可的，对食品药品安全造成危害，可能构成本条规定的犯罪。

第4项是关于依法应当移交司法机关追究刑事责任不移交的规定。《刑法》分则第三章第一节规定了一系列食品药品领域的犯罪行为及其处罚。实践中这些犯罪行为往往是由食品药品监管部门在行政执法中发现，再移交公安机关侦查的。食品药品监管机关的工作人员对于行政执法中发现的犯罪线索，应当依法及时移交司法机关追究刑事责任。如果不移交或者降格处理以罚代刑的，可能构成本条规定的犯罪。需要注意把握本项规定的犯罪行为与本款第2项规定犯罪行为的区分。第2项规定的行为主要是在行政管理执法中不尽职，该项规定是为了促使有关国家机关工作人员积极查处有关食品药品行政违法行为，防止造成更严重的后果和危害。本项规定的行为则是对已经构成犯罪的案件不依法移交。实践中适用本条规定应当注意第1款第4项规定的犯罪与《刑法》第402条规定的徇私舞弊不移交刑事案件罪的区分。构成徇私舞弊不移交刑事案件罪要求行政执法人员有徇私舞弊情节，本条第1款第4项没有规定徇私舞弊情节。同时，本条规定的刑罚比第402条规定更重。本条规定是对食品药品监督管理工作人员不移交刑事案件的行为规定了更严格严厉的处罚。

第5项是关于有其他滥用职权或者玩忽职守行为的规定。这里规定的"其他滥用职权或者玩忽职守行为"，是指本款第1项至第4项规定行为以外的对食品药品安全造成危害，应当追究刑事责任的滥用职权、玩忽职守行为。具体情形可由司法机关根据实际情况制定司法解释确定。

（三）主体要件

本罪的犯罪主体为特殊主体，即负有食品、药品安全监督管理职责的国家机关工作人员。根据《食品安全法》的规定，负有食品安全监督管理职责的国家机关工作具体职责分工为：食品安全监督管理部门对食品生产经营活动实施监督管理，卫生行政部门组织开展食品安全风险监测和风险评估，其他有关部门依照《食品安全法》和国务院规定的职责，承担有关食品安全工作。县级以上地方人民政府依照《食品安全法》和国务院的规定，确定本级食品安全监督管理、卫生行政部门和其他有关部门的职责。有关部门在各自职责范围内负责本行政区域的食品安全监督管理工作。县级人民政府食品安全监督管理部门可以在乡镇或者特定区域设立派出机构。根据《药品管理法》的规定，国务院药品监督管理部门主管全国药品监督管理工作。国务院有关部门在各自职责范围内负责与药品有关的监督管理工作。国务院药品监督管理部门配合国务院有关部门，执行国家药品行业发展规划和产业政策。省、自治区、直辖市人民政府药品监督管理部门负责本行政区域内的药品监督管理工作。设区的市级、县级人民政府承担药品监督管理职责的部门负责本行政区域内的药品监督管理工作。县级以上地方人民政府有关部门在各自职责范围内负责与药品有关的监督管理工作。

根据 2018 年 3 月第十三届全国人民代表大会第一次会议批准的国务院机构改革方案，将国家工商行政管理总局的职责，国家质量监督检验检疫总局的职责，国家食品药品监督管理总局的职责，国家发展和改革委员会的价格监督检查与反垄断执法职责，商务部的经营者集中反垄断执法以及国务院反垄断委员会办公室等职责整合，组建国家市场监督管理总局，作为国务院直属机构。同时，组建国家药品监督管理局，由国家市场监督管理总局管理。目前，负责食品药品安全监督管理职责的主要是各级市场监管、药品监管部门的工作人员。

（四）主观要件

本罪在主观方面一般由过失构成，即行为人应当预见自己滥用职权或者玩忽职守的行为可能致使发生重大食品安全事故或者造成其他严重后果，因为疏忽大意而没有预见，或者已经预见而轻信能够避免。但也不排除故意的存在。

二、食品、药品监管渎职罪案件审理情况

2011 年 5 月 1 日施行的《刑法修正案（八）》第 49 条在《刑法》第 408 条后增加一条，作为第 408 条之一，该款是关于食品监管渎职罪及其处罚的规定。2021 年 3 月 1 日起施行的《刑法修正案（十一）》第 45 条对本条作了修改。

通过中国裁判文书网检索，2017 年至 2020 年，全国法院审结一审食品监管渎职案件共计 38 件，其中，2017 年 9 件，2018 年 8 件，2019 年 1 件，2020 年 11 件，2021 年 8 件，2022 年 1 件。

司法实践中，食品、药品监管渎职罪案件主要呈现出以下特点及趋势：相关案件中自首情节出现的较多，被告人作为食品、药品领域的监管人员在出现食品、药品安全事故后主动投案。

三、食品、药品监管渎职罪案件审理热点、难点问题

行为人收受他人贿赂，并以此作为交换条件来实施食品监管渎职的行为，是否应当数罪并罚。对于国家机关工作人员因收受贿赂而实施其他渎职犯罪行为的，应当数罪并罚。具体就本罪来说，行为人收受他人贿赂而实施食品监管渎职犯罪行为的，应构成受贿罪和食品监管渎职罪，实行数罪并罚。

四、食品、药品监管渎职罪案件办案思路及原则

1. 关于法条竞合问题。1997 年修订后的《刑法》第 397 条规定了滥用职权罪和玩忽职守罪，它们是一般形态的渎职罪。在《刑法修正案（八）》增设食品监管渎职罪之前，对于负有食品安全监管职责的国家工作人员的渎职行为，可依据滥用职权罪、玩忽职守罪

追究刑事责任。由于一些地方食品安全监管部门的失职渎职行为，一定程度上纵容了危害食品安全违法犯罪活动的发生，为此，《刑法修正案（八）》将食品监管方面的渎职犯罪单列出来，并规定了比滥用职权罪、玩忽职守罪更重的法定刑，将最高法定刑从七年有期徒刑提高到十年有期徒刑，加大了对食品监管渎职犯罪的打击力度，发挥其对食品监管渎职犯罪分子的威慑力。《刑法修正案（十一）》第45条又将犯罪主题扩充为负有药品安全监督管理职责的国家机关工作人员在内，罪名由食品监管渎职罪调整为食品、药品监管渎职罪。可见，作为适用于食品、药品安全监管领域的一种渎职犯罪，食品、药品监管渎职罪与《刑法》第397条规定的滥用职权罪和玩忽职守罪，是法条竞合的关系。因此，根据法条竞合的适用原则，作为特殊法条的《刑法修正案（十一）》第45条的规定优先适用，即对于行为人的行为应以食品、药品监管渎职罪论处。

2. 实践中要注意把握此罪与彼罪的界限。主要是食品、药品监管渎职罪与放纵制售伪劣商品犯罪行为罪的界限。食品、药品监管渎职罪与放纵制售伪劣商品犯罪行为罪犯罪主体相同，均为国家机关的工作人员。但两者的犯罪领域不同，前者为食品、药品安全领域，后者为所有商品领域。客观方面也不尽相同，后者放纵的必须是刑事案件，常常采取的是以罚代刑；而前者渎职行为的前案既可以是犯罪行为，也可以是一般食品安全违法违规行为。因此，本罪与放纵制售伪劣商品犯罪行为罪存在着一定的交叉，形成竞合关系，应适用"特殊条款优先"的规则，食品监管渎职罪是特殊法条，放纵制售伪劣产品罪是一般法条。即渎职罪与相关犯罪法条关系及其适用选择问题是《刑法》立法细分造成的，相互之间形成双重的法条竞合关系。在现有的立法框架下，对于存在的法条竞合关系，在法条适用选择上应当统一标准，即应当优先按照主体身份的特殊性决定法条的适用选择。对于国家机关工作人员实施的特定的渎职犯罪行为，《刑法》渎职罪条款中有特殊条款的，应当优先选择渎职罪特殊法条。

第二节　食品、药品监管渎职罪审判依据

一、法律

1. **《刑法》**（2020年12月26日修正）（节录）

第四百零八条之一　负有食品药品安全监督管理职责的国家机关工作人员，滥用职权或者玩忽职守，有下列情形之一，造成严重后果或者有其他严重情节的，处五年以下有期徒刑或者拘役；造成特别严重后果或者有其他特别严重情节的，处五年以上十年以下有期徒刑：

（一）瞒报、谎报食品安全事故、药品安全事件的；

（二）对发现的严重食品药品安全违法行为未按规定查处的；

（三）在药品和特殊食品审批审评过程中，对不符合条件的申请准予许可的；

（四）依法应当移交司法机关追究刑事责任不移交的；

（五）有其他滥用职权或者玩忽职守行为的。

徇私舞弊犯前款罪的，从重处罚。

2. 《食品安全法》（2021 年 4 月 29 日修正）（节录）

第一百四十二条 违反本法规定，县级以上地方人民政府有下列行为之一的，对直接负责的主管人员和其他直接责任人员给予记大过处分；情节较重的，给予降级或者撤职处分；情节严重的，给予开除处分；造成严重后果的，其主要负责人还应当引咎辞职：

（一）对发生在本行政区域内的食品安全事故，未及时组织协调有关部门开展有效处置，造成不良影响或者损失；

（二）对本行政区域内涉及多环节的区域性食品安全问题，未及时组织整治，造成不良影响或者损失；

（三）隐瞒、谎报、缓报食品安全事故；

（四）本行政区域内发生特别重大食品安全事故，或者连续发生重大食品安全事故。

第一百四十三条 违反本法规定，县级以上地方人民政府有下列行为之一的，对直接负责的主管人员和其他直接责任人员给予警告、记过或者记大过处分；造成严重后果的，给予降级或者撤职处分：

（一）未确定有关部门的食品安全监督管理职责，未建立健全食品安全全程监督管理工作机制和信息共享机制，未落实食品安全监督管理责任制；

（二）未制定本行政区域的食品安全事故应急预案，或者发生食品安全事故后未按规定立即成立事故处置指挥机构、启动应急预案。

第一百四十四条 违反本法规定，县级以上人民政府食品安全监督管理、卫生行政、农业行政等部门有下列行为之一的，对直接负责的主管人员和其他直接责任人员给予记大过处分；情节较重的，给予降级或者撤职处分；情节严重的，给予开除处分；造成严重后果的，其主要负责人还应当引咎辞职：

（一）隐瞒、谎报、缓报食品安全事故；

（二）未按规定查处食品安全事故，或者接到食品安全事故报告未及时处理，造成事故扩大或者蔓延；

（三）经食品安全风险评估得出食品、食品添加剂、食品相关产品不安全结论后，未及时采取相应措施，造成食品安全事故或者不良社会影响；

（四）对不符合条件的申请人准予许可，或者超越法定职权准予许可；

（五）不履行食品安全监督管理职责，导致发生食品安全事故。

二、司法解释

《最高人民法院、最高人民检察院关于办理危害食品安全刑事案件适用法律若干问题的解释》（2021 年 12 月 30 日 法释〔2021〕24 号）（节录）

第二十条 负有食品安全监督管理职责的国家机关工作人员，滥用职权或者玩忽职守，构成食品监管渎职罪，同时构成徇私舞弊不移交刑事案件罪、商检徇私舞弊罪、动植物检疫徇私舞弊罪、放纵制售伪劣商品犯罪行为罪等其他渎职犯罪的，依照处罚较重的规定定罪处罚。

负有食品安全监督管理职责的国家机关工作人员滥用职权或者玩忽职守，不构成食品监管渎职罪，但构成前款规定的其他渎职犯罪的，依照该其他犯罪定罪处罚。

负有食品安全监督管理职责的国家机关工作人员与他人共谋，利用其职务行为帮助他人实施危害食品安全犯罪行为，同时构成渎职犯罪和危害食品安全犯罪共犯的，依照处罚较重的规定定罪从重处罚。

第三节 食品监管渎职罪在审判实践中的疑难新型问题

问题1. 如何在涉及行政授权和行政委托的案件中准确认定犯罪主体

【实务专论】

如果负有食品安全监管责任的部门通过行政授权的方式，被授权的单位将依法负有食品监管职责，在该单位从事公务的工作工作人员，如滥用职权或玩忽职守，致使发生重大食品安全事故，应认定为符合食品监管渎职罪的主体要件，而对授权单位的国家工作人员不应再给予刑罚的责难。因为行政授权的法律后果，或者是使得具有行政主体资格的组织的职权内容增加，或者使本不具有行政主体资格的组织具有行政主体资格。法律、法规、规章授权的组织在授权范围内能以自己名义行使行政职权，当然应独立承担由此而产生的法律后果。在负有食品监管职责的被授权单位从事食品监管工作的国家工作人员，理应作为食品监管渎职罪的主体，而授权单位本身在已经不负有食品监管职责的情况下，其工作人员不可能作为食品监管渎职罪的主体。而在行政委托中，负有食品监管职责的单位中的工作人员，不会因委托而发生职权及职责的转移，被委托组织也不能因此而取得行使被委托职权的行政主体资格。在负有食品监管职责的委托单位中的国家工作人员，则完全有可能认定为食品监管渎职犯罪的犯罪主体。

问题2. 如何准确判断食品监管渎职案件中的因果关系

司法实践中，大多数食品监管渎职案件中的行为与危害结果之间存在着多因一果的关系，特别是在我国实行多部门分管式的食品安全监管模式下，对食品渎职案件因果关系的判断极其困难。如果行为人的渎职行为与重大食品安全事故或其他严重后果的产生存在没有前者就没有后者的条件关系时，就可以肯定行为人的渎职行为是危害结果的原因。同时，在食品安全监管案件中，如果出现一个行为或者事实独立地导致了重大食品安全事故或其他严重后果的产生，并非食品监管国家机关工作人员的行为所导致，就应当将该结果归责于新出现的行为或事实，而不能够将重大食品安全事故或其他严重后果追溯至国家机关工作人员的先前食品监管行为。

【刑事审判参考案例】任某太等三人食品监管渎职案①

一、基本案情

被告人任某太、杨某、黄某分别为罗山县卫生监督执法所城市科科长、副科长、职工，负责本县卫生监督执法。按照内部分工，罗山县新都国际大酒店食品安全属任某太、杨某、黄某三人监管辖区内。因三被告人对该酒店食品安全监管不到位，没有完全正确履行监管职责，造成 2012 年 5 月 8 日中午在该酒店参加婚宴的客人中有 79 人陆续发生食物中毒。经罗山县疾病预防控制中心鉴定，该起食物中毒事件为沙门氏菌感染所致。

罗山县人民法院认为，被告人任某太、杨某、黄某身为卫生监督执法人员，未认真履行食品安全监管职责，导致 79 人食物中毒的严重后果，其行为均已构成食品监管渎职罪，检察机关指控罪名成立。被告人任某太的辩护人提出任某太不构成食品监管渎职罪的辩护意见，经查，《食品安全法》第 87 条明确规定，食品监管部门应当对食品进行定期或不定期抽样检验，但三被告人在工作中从未对新都国际大酒店进行过食品抽检，属玩忽职守行为。虽然本案的发生有多种原因，但与三被告人的渎职有着必然的因果关系，故辩护人的辩护理由不能成立，不予采纳。案发后三被告人积极配合办案机关办案，认罪态度好，依法可以从轻处罚。且该案的发生系多因一果，综合本案案情，三被告人犯罪情节轻微，依法可免予刑事处罚。据此，依据《刑法》第 408 条之一、第 67 条第 3款、第 37 条之规定，以食品监管渎职罪判处被告人任某太、杨某、黄某免予刑事处罚。

一审宣判后，三被告人均未提出上诉，检察机关亦未抗诉，判决已发生法律效力。

二、案例评析

1. 三被告人均应以负有食品安全监督管理职责的国家机关工作人员论

根据《刑法》规定，食品监管渎职罪的犯罪主体，是负有食品安全监督管理职责的国家机关工作人员。《食品安全法》第 6 条第 2 款规定："县级以上地方人民政府依照本法和国务院的规定，确定本级食品药品监督管理、卫生行政部门和其他有关部门的职责。有关部门在各自职责范围内负责本行政区域的食品安全监督管理工作。"具体来说，食品监管渎职罪的犯罪主体主要是县级以上的食品药品监督管理、卫生行政部门和其他有关部门中负有食品安全监督管理职责的国家机关工作人员。

具体到本案，三被告人是否属于国家机关工作人员，是本案能否认定为食品监管渎职犯罪的关键和前提。在卷证据表明，本案三被告人均为罗山县卫生监督执法所的工作人员。根据罗山县机构编制委员会提供的文件，罗山县卫生监督执法所系财政全供事业编制；根据该执法所提供的文件，三被告人的职责是罗山县城关西城区餐饮环保卫生监督工作。我们认为，三被告人的身份虽然是事业编制，但所履行的职责为国家行政执法机关的职责。《最高人民法院、最高人民检察院关于办理渎职刑事案件适用法律若干问题的解释（一）》第 7 条规定："依法或者受委托行使国家行政管理职权的公司、企业、事业单位的工作人员，在行使行政管理职权时滥用职权或者玩忽职守，构成犯罪的，应当依照《全国人民代表大会常务委员会关于〈中华人民共和国刑法〉第九章渎职罪主体适

① 董王超：《任某太等三人食品监管渎职案——食品监管渎职罪的司法认定》，载中华人民共和国最高人民法院刑事审判第一、二、三、四、五庭主办：《刑事审判参考》（总第 105 集），指导案例 1135 号，法律出版社 2016 年版，第 121～127 页。

用问题的解释》的规定，适用渎职罪的规定追究刑事责任。"《全国人民代表大会常务委员会关于〈中华人民共和国刑法〉第九章渎职罪主体适用问题的解释》规定："在依照法律、法规规定行使国家行政管理职权的组织中从事公务的人员，或者在受国家机关委托代表国家机关行使职权的组织中从事公务的人员，或者虽未列入国家机关人员编制但在国家机关中从事公务的人员，在代表国家机关行使职权时，有渎职行为，构成犯罪的，依照刑法关于渎职罪的规定追究刑事责任。"三被告人应当以负有食品安全监督管理职责的国家机关工作人员论，均能够成为食品监管渎职罪的犯罪主体。

2. 三被告人的玩忽职守行为与重大食品安全事故的发生具有《刑法》上的因果关系

在食品监管渎职罪中，行为人对重大食品安全事故或者其他严重后果承担刑事责任的前提是该严重后果是其实施的滥用职权行为或者玩忽职守行为造成的。也就是说，行为人的渎职行为与该严重后果必须具有《刑法》上的因果关系，否则行为人的行为不构成食品监管渎职罪，自然也不能承担刑事责任。被告人任某太的辩护人提出，虽然《食品安全法》规定食品监管部门应当定期或不定期对监管食品抽样检测，但上级没有在被告人所在工作单位配备专职检验人员和检验设备，且在抽检时间之外，仍然排除不了发生酒店食品中毒的可能，故被告人的职务行为与79人食物中毒的后果不存在《刑法》意义上的必然的、直接的因果关系。

《食品安全法》第107条规定："调查食品安全事故，除了查明事故单位的责任，还应当查明有关监督管理部门、食品检验机构、认证机构及其工作人员的责任。"该条规定表明，重大食品安全事故或者其他严重后果固然是由食品生产者或者经营者的不法行为直接造成的，但是负有食品监管职责的国家机关工作人员的渎职行为"纵容"了食品生产者或者经营者的不法行为，基于这种"共同作用力"，才导致发生重大食品安全事故或者造成其他严重后果。相对于食品生产者或者经营者而言，国家机关工作人员的渎职行为对于食品安全事故的发生具有某种"间接性"的特点，但仍然属于《刑法》上的因果关系。如果负有食品监管职责的国家机关工作人员尽职尽责，正确、合法地履行了监督管理职责，食品安全事故就能最大限度地避免，使人民群众免受其害。因此，只要重大食品安全事故或者其他严重后果是由行为人的渎职行为引起的，无论是直接造成的还是间接造成的，其对该结果的发生是起决定作用还是起非决定作用，行为人的行为与结果之间就具有刑法上的因果关系。

本案中，上级部门没有在被告人所在工作单位配备专职的检验人员和相应的检验设备，这在一定程度上确实限制了三被告人开展食品监管的有效性，但这一因素并不足以对《刑法》上的因果关系产生本质影响，三名被告人从未对涉案酒店的食品进行过抽检，因而导致发生重大食品安全事故，其玩忽职守行为与重大食品安全事故的发生仍然具有《刑法》上的因果关系。

第三十三章

传染病防治失职罪

第一节　传染病防治失职罪概述

一、传染病防治失职罪的概念及构成要件

传染病防治失职罪，是指从事传染病防治的政府卫生行政部门的工作人员严重不负责任，导致传染病传播或者流行，情节严重的行为。

（一）客体要件

本罪侵犯的客体是国家对传染病防治的管理制度。传染病，是指由于致病性微生物，如细菌、病毒、立克次体、寄生虫等侵入，发生使人体健康受到某种损害以及危及生命的一种疾病，可以通过不同方式直接或间接地传播，造成人群中传染病的发生或者流行。我国根据各种传染病的传染性强弱、传播途径难易、传播速度的快慢、人群易感范围等因素将传染病分为三类：甲类传染病属于传染性强、传播途径容易实现、传播速度快、人群普遍易感的烈性传染病，乙类传染病是与甲类传染病比较，其传染性、传播途径、速度、易感人群较次的一类，丙类传染病是根据其可能发生和流行的范围，通过确定疾病监测区和实验室进行监测管理的传染病。根据《传染病防治法》，甲类传染病包括鼠疫、霍乱，这是国际检疫传染病，一经发现，必须立即向世界卫生组织通报；乙类传染病包括传染性非典型肺炎、艾滋病、病毒性肝炎、脊髓灰质炎、人感染高致病性禽流感、麻疹、流行性出血热、狂犬病、流行性乙型脑炎、登革热、炭疽、细菌性和阿米巴性痢疾、肺结核、伤寒和副伤寒、流行性脑脊髓膜炎、百日咳、白喉、新生儿破伤风、猩红热、布鲁氏菌病、淋病、梅毒、钩端螺旋体病、血吸虫病、疟疾；丙类传染病包括流行性感冒、流行性腮腺炎、风疹、急性出血性结膜炎、麻风病、流行性和地方性斑疹伤寒、黑热病、包虫病、丝虫病，除霍乱、细菌性和阿米巴性痢疾、伤寒和副伤寒以外的感染性腹泻病。另外，《传染病防治法》还规定，国务院卫生行政部门根据传染病暴发、流行情况和危害程度，可以决定增加、减少或者调整乙类、丙类传染病病种并予以公布。因

此，新型冠状病毒感染也属于乙类传染病的一种。

传染病是危害严重的流行性疾病。传染病的传播或者流行，不仅严重危害人民的身体健康，而且会严重影响传染病流行区人民的正常生产和生活。从事传染病防治的政府卫生行政部门工作人员，严重不负责任导致发生传染病传播或者流行，是对传染病防治的管理制度的直接破坏。

（二）客观要件

本罪在客观方面表现为从事传染病防治工作的政府卫生行政部门工作人员严重不负责任，导致传染病传播或者流行，情节严重的行为。

"严重不负责任"，是指从事传染病防治的政府卫生行政部门工作人员不履行法律和其职务要求的防治传染病的职责或者在履行职务中敷衍塞责、草率应付，极端不负责任，没有切实履行起应当履行、能够履行的义务。其具体表现形式是多种多样的，如发现重大疫情应当报告而不报告或不立即报告；发现有传染病传播或流行的可能，应当采取措施而不采取措施；对传染病病人应当采取隔离治疗措施而未采取措施；应当对传染病的预防、治疗、监测、控制和疫情的管理措施进行监督、检查而不作监督、检查或者虽作监督、检查却不认真负责；发现有关单位与个人不符合传染病防治法的规定，应当责令其改进而不责令改进或者责令改进但不作检查或不作认真的检查；等等。

"传染病传播或者流行"是指在一定范围内出现传染病防治法中规定的甲类、乙类或丙类传染病疫情的发生，其中，甲类、乙类、丙类传染病是指传染病防治法第三条规定的传染病种类。通常还要求致使传染病通过一定的途径播散给其他健康的人，致使一个地区某种传染病发病率显著超过该病历年的一般发病率水平。

"情节严重"，是指本条所列人员严重不负责，不履行或不认真履行职责，情节恶劣以及对出现的疫情进行隐瞒、压制、虚报或者对出现的疫情不及时通报、公布和处理，以致造成严重后果的情形。根据《最高人民检察院关于渎职侵权犯罪案件立案标准的规定》，传染病防治失职行为涉嫌下列情形之一的，应予立案：（1）导致甲类传染病传播的；（2）导致乙类、丙类传染病流行的；（3）因传染病传播或者流行，造成人员重伤或者死亡的；（4）因传染病传播或者流行，严重影响正常的生产、生活秩序的；（5）在国家对突发传染病疫情等灾害采取预防、控制措施后，对发生突发传染病疫情等灾害的地区或者突发传染病病人、病原携带者、疑似突发传染病病人，未按照预防、控制突发传染病疫情等灾害工作规范的要求做好防疫、检疫、隔离、防护、救治等工作，或者采取的预防、控制措施不当，造成传染范围扩大或者疫情、灾情加重的；（6）在国家对突发传染病疫情等灾害采取预防、控制措施后，隐瞒、缓报、谎报或者授意、指使、强令他人隐瞒、缓报、谎报疫情、灾情，造成传染范围扩大或者疫情、灾情加重的；（7）在国家对突发传染病疫情等灾害采取预防、控制措施后，拒不执行突发传染病疫情等灾害应急处理指挥机构的决定、命令，造成传染范围扩大或者疫情、灾情加重的；（8）其他情节严重的情形。而根据《最高人民法院、最高人民检察院关于办理妨害预防、控制突发传染病疫情等灾害的刑事案件具体应用法律若干问题的解释》（2003年5月颁布）的规定，在国家对突发传染病疫情等灾害采取预防、控制措施后，具有下列情形之一的，属于《刑法》第409条规定的"情节严重"：（1）对发生突发传染病疫情等灾害的地区或者突发传染病病人、病原携带者、疑似突发传染病病人，未按照预防、控制突发传染病疫情等灾害工作规范的要求做好防疫、检疫、隔离、防护、救治等工作，或者采取的预防、控制措施不当，造成传染范围扩大或者疫情、灾情加重的；（2）隐瞒、缓报、谎报或者授意、指使、强令他人隐瞒、缓报、谎报疫情、灾情，造成传染范围扩大或者疫情、灾情加重的；（3）拒不执行突发传染病疫情等灾害应急处理指挥机构的决定、命令，造成传染范围扩大或者疫情、灾情加重的；（4）具有其他严重情节的。适用该司法解释时要注意，对于在国家对突发传染病疫情等灾害采取预防、控制措施之后，具有上述四种情形之一的，才可以追究卫生行政部门工作人员渎职行为的刑事责任，以避免因国家应对突发事件工作机制不完善而不当追究有关工作人员刑事责任的问题，防止可能出现的消极影响。2020年2月，为了保障新型冠状病毒感染肺炎疫情防控工作顺利开展，最高人民法院、最高人民检察院、公安部、司法部联合发布了《关于依法惩治妨害新型冠状病毒感染肺炎疫情防控违法犯罪的意见》。其第二部分第7条中规定，卫生行政部门的工作人员严重不负责任，不履行或者不认真履行防治监管职责，导致新型冠状病毒感染肺炎传播或者流行，情节严重的，依照本条的规定，以传染病防治失职罪定罪处罚。

（三）主体要件

本罪的主体为特殊主体，即从事传染病防治的政府卫生行政部门工作人员，具体是指在各级政府卫生行政部门中对传染病的防治工作负有统一监督管理职责的人员。根据《传染病防治法》的规定，各级政府卫生行政部门对传染病防治工作行使下列监督管理职权：（1）对下级人民政府卫生行政部门履行本法规定的传染病防治职责进行监督检查；（2）对疾病预防控制机构、医疗机构的传染病防治工作进行监督检查；（3）对采供血机构的采供血活动进行监督检查；（4）对用于传染病防治的消毒产品及其生产单位进行监督检查，并对饮用水供水单位从事生产或者供应活动以及涉及饮用水卫生安全的产品进行监督检查；（5）对传染病菌种、毒种和传染病检测样本的采集、保藏、携带、运输、使用进行监督检查；（6）对公共场所和有关单位的卫生条件和传染病预防、控制措施进行监督检查。

另外需要注意的是，2003年最高人民法院、最高人民检察院联合出台了《关于办理妨害预防、控制突发传染病疫情等灾害的刑事案件具体应用法律若干问题的解释》，其中第16条第1款规定："在预防、控制突发传染病疫情等灾害期间，从事传染病防治的政府卫生行政部门的工作人员，或者在受政府卫生行政部门委托代表政府卫生行政部门行使职权的组织中从事公务的人员，或者虽未列入政府卫生行政部门人员编制但在政府卫生行政部门从事公务的人员，在代表政府卫生行政部门行使职权时，严重不负责任，导致传染病传播或者流行，情节严重的，依照刑法第四百零九条的规定，以传染病防治失职罪定罪处罚。"该规定对传染病防治失职罪的主体范围进行了扩大解释。

（四）主观要件

本罪在主观方面，只能由过失构成，故意不构成本罪。也就是行为人应当知道自己严重不负责任的行为，可能会导致传染病传播或者流行，但是却疏忽大意而没有预见，或者是虽然已经预见到可能会发生，但凭借着自己的知识或者经验而轻信可以避免，以致发生了情节严重的危害结果。行为人主观上的过失是针对造成重大损失的结果而言，但并不排斥行为人对其严重不负责任行为可能是故意的情形。如果行为人在主观上对于危害结果的发生不是出于过失，而是出于故意，不仅预见到，而且希望或者放任它的发生，那就不属于本罪的犯罪行为，而构成其他的故意犯罪。

二、传染病防治失职罪案件审理情况

传染病防治失职罪系 1997 年《刑法》吸收修改附属《刑法》作出的规定。1989 年《传染病防治法》第 39 条规定："从事传染病的医疗保健、卫生防疫、监督管理的人员和政府有关主管人员玩忽职守，造成传染病传播或者流行的，给予行政处分；情节严重、构成犯罪的，依照刑法第一百八十七条的规定追究刑事责任。"这里的"刑法第一百八十七条"是指 1979 年《刑法》规定的玩忽职守罪。1997 年《刑法》对上述规定的主体和罪状做了调整，并规定独立的法定刑。

通过中国裁判文书网检索，全国法院审结一审传染病防治失职案件共计 2 件，均发生在 2014 年，此后未见相关案例。

司法实践中，传染病防治失职案件的特点及趋势主要体现在案件数量较少，适用不多。该罪名在全国范围内仅有两个案例，可见并不属于常见罪名，也体现出政府卫生行政部门工作人员在履行传染病防治职责方面更加认真、负责，传染病防治的相关管理措施也更加规范、科学。

三、传染病防治失职罪案件审理热点、难点问题

1. 难以准确把握对犯罪主观方面的认定。传染病防治失职罪要求行为人主观方面为过失，但在司法实践中，存在个别防治人员为了政绩而瞒报的情况，甚至在自己瞒报的同时也责令其他单位瞒报，最终导致传染病传播的后果。对于此情况下如何准确认定行为人的主观方面成为案件审理的难点，也是区分罪与非罪、此罪与彼罪的重要界限。

2. 传染病防治失职行为与工作失误难以区分。二者主体上几无差别，主观上都有过错，客观上同样造成损失，因此，较易于混淆。从主观上来看，传染病防治失职罪要求行为人主观上是否能预见或已预见到自己的行为可能导致传染病传播或流行的结果，但实践中工作人员的业务素质、工作经验等各有不同，如何认定行为人主观上有这种预见仍是审判实务中的难点。

四、传染病防治失职案件办案思路及原则

1. 传染病防治失职案件一般具有较强的政策性，在办理此类案件时应注意对司法解释等文件的更新，规范司法尺度。以新型冠状病毒感染疫情防控为例，疫情防控期间出台的《最高人民法院、最高人民检察院、公安部、司法部关于依法惩治妨害新型冠状病毒感染肺炎疫情防控违法犯罪的意见》《最高人民法院、最高人民检察院、公安部、司法部、海关总署关于进一步加强国境卫生检疫工作，依法惩治妨害国境卫生检疫违法犯罪的意见》对于进一步指导执法办案规范、统一法律政策标准具有重要意义。从文件性质来讲，这两个意见属于司法政策规范性文件。值得注意的是，2003 年最高人民法院、最高人民检察院曾出台《关于办理妨害预防、控制突发传染病疫情等灾害的刑事案件具体应用法律若干问题的解释》，因此，需要正确处理这三个文件的关系。根据新法优于旧法、特别法优于一般法的原则，之前发布的司法解释、规范性文件与两个意见不一致的，应以两个意见为准，同时，两个意见与该解释并非对立，而是互相补充的关系，该解释

不因两个意见的出台而当然失效，两个意见没有规定的，仍应适用该解释。

2. 传染病防治直接关系广大人民群众身体健康，对传染病防治失职案件要坚持依法从严惩处、从快审理。一是依法从严惩处，用足用好现有法律规定，对疫情防控期间发生的各类犯罪行为，依法从重处罚。同时，依法从严不是"一味从严"，并未否定宽严相济的刑事政策，审判中须正确把握"依法"与"从严"的关系，需要正确区分刑事犯罪与民事纠纷、一般违法之间的界限，对事件起因、后果、人身危险性、主观恶性、对防疫秩序的影响等要进行综合判断，选择最恰当、最精准的处置方式。对于具有从犯、自首、立功、如实供述、认罪认罚等从宽处罚情节的，要体现依法从宽，实现当严则严，当宽则宽，宽严相济，罚当其罪。二是依法从快审理，在准确认定案件事实证据的基础上，依法快速审判妨害疫情防控犯罪，有利于打击、震慑妨害疫情防控的违法犯罪分子。

第二节　传染病防治失职罪审判依据

一、法律

1. 《刑法》（2020 年 12 月 26 日修正）（节录）

第四百零九条　从事传染病防治的政府卫生行政部门的工作人员严重不负责任，导致传染病传播或者流行，情节严重的，处三年以下有期徒刑或者拘役。

2. 《传染病防治法》（2013 年 6 月 29 日修正）（节录）

第三条　本法规定的传染病分为甲类、乙类和丙类。

甲类传染病是指：鼠疫、霍乱。

乙类传染病是指：传染性非典型肺炎、艾滋病、病毒性肝炎、脊髓灰质炎、人感染高致病性禽流感、麻疹、流行性出血热、狂犬病、流行性乙型脑炎、登革热、炭疽、细菌性和阿米巴性痢疾、肺结核、伤寒和副伤寒、流行性脑脊髓膜炎、百日咳、白喉、新生儿破伤风、猩红热、布鲁氏菌病、淋病、梅毒、钩端螺旋体病、血吸虫病、疟疾。

丙类传染病是指：流行性感冒、流行性腮腺炎、风疹、急性出血性结膜炎、麻风病、流行性和地方性斑疹伤寒、黑热病、包虫病、丝虫病，除霍乱、细菌性和阿米巴性痢疾、伤寒和副伤寒以外的感染性腹泻病。

国务院卫生行政部门根据传染病暴发、流行情况和危害程度，可以决定增加、减少或者调整乙类、丙类传染病病种并予以公布。

……

第五十三条　县级以上人民政府卫生行政部门对传染病防治工作履行下列监督检查职责：

（一）对下级人民政府卫生行政部门履行本法规定的传染病防治职责进行监督检查；

（二）对疾病预防控制机构、医疗机构的传染病防治工作进行监督检查；

（三）对采供血机构的采供血活动进行监督检查；

（四）对用于传染病防治的消毒产品及其生产单位进行监督检查，并对饮用水供水单位从事生产或者供应活动以及涉及饮用水卫生安全的产品进行监督检查；

（五）对传染病菌种、毒种和传染病检测样本的采集、保藏、携带、运输、使用进行监督检查；

（六）对公共场所和有关单位的卫生条件和传染病预防、控制措施进行监督检查。

省级以上人民政府卫生行政部门负责组织对传染病防治重大事项的处理。

......

第六十五条 地方各级人民政府未依照本法的规定履行报告职责，或者隐瞒、谎报、缓报传染病疫情，或者在传染病暴发、流行时，未及时组织救治、采取控制措施的，由上级人民政府责令改正，通报批评；造成传染病传播、流行或者其他严重后果的，对负有责任的主管人员，依法给予行政处分；构成犯罪的，依法追究刑事责任。

第六十六条 县级以上人民政府卫生行政部门违反本法规定，有下列情形之一的，由本级人民政府、上级人民政府卫生行政部门责令改正，通报批评；造成传染病传播、流行或者其他严重后果的，对负有责任的主管人员和其他直接责任人员，依法给予行政处分；构成犯罪的，依法追究刑事责任：

（一）未依法履行传染病疫情通报、报告或者公布职责，或者隐瞒、谎报、缓报传染病疫情的；

（二）发生或者可能发生传染病传播时未及时采取预防、控制措施的；

（三）未依法履行监督检查职责，或者发现违法行为不及时查处的；

（四）未及时调查、处理单位和个人对下级卫生行政部门不履行传染病防治职责的举报的；

（五）违反本法的其他失职、渎职行为。

第六十七条 县级以上人民政府有关部门未依照本法的规定履行传染病防治和保障职责的，由本级人民政府或者上级人民政府有关部门责令改正，通报批评；造成传染病传播、流行或者其他严重后果的，对负有责任的主管人员和其他直接责任人员，依法给予行政处分；构成犯罪的，依法追究刑事责任。

二、司法解释

1.《**最高人民法院、最高人民检察院关于办理妨害预防、控制突发传染病疫情等灾害的刑事案件具体应用法律若干问题的解释**》（2003年5月14日 法释〔2003〕8号）（节录）

第十六条 在预防、控制突发传染病疫情等灾害期间，从事传染病防治的政府卫生行政部门的工作人员，或者在受政府卫生行政部门委托代表政府卫生行政部门行使职权的组织中从事公务的人员，或者虽未列入政府卫生行政部门人员编制但在政府卫生行政部门从事公务的人员，在代表政府卫生行政部门行使职权时，严重不负责任，导致传染病传播或者流行，情节严重的，依照刑法第四百零九条的规定，以传染病防治失职罪定罪处罚。

在国家对突发传染病疫情等灾害采取预防、控制措施后，具有下列情形之一的，属

于刑法第四百零九条规定的"情节严重":

（一）对发生突发传染病疫情等灾害的地区或者突发传染病病人、病原携带者、疑似突发传染病病人，未按照预防、控制突发传染病疫情等灾害工作规范的要求做好防疫、检疫、隔离、防护、救治等工作，或者采取的预防、控制措施不当，造成传染范围扩大或者疫情、灾情加重的；

（二）隐瞒、缓报、谎报或者授意、指使、强令他人隐瞒、缓报、谎报疫情、灾情，造成传染范围扩大或者疫情、灾情加重的；

（三）拒不执行突发传染病疫情等灾害应急处理指挥机构的决定、命令，造成传染范围扩大或者疫情、灾情加重的；

（四）具有其他严重情节的。

第十七条　人民法院、人民检察院办理有关妨害预防、控制突发传染病疫情等灾害的刑事案件，对于有自首、立功等悔罪表现的，依法从轻、减轻、免除处罚或者依法作出不起诉决定。

第十八条　本解释所称"突发传染病疫情等灾害"，是指突然发生，造成或者可能造成社会公众健康严重损害的重大传染病疫情、群体性不明原因疾病以及其他严重影响公众健康的灾害。

2.《最高人民检察院关于渎职侵权犯罪案件立案标准的规定》（2006 年 7 月 26 日高检发释字〔2006〕2 号）（节录）

一、渎职犯罪案件

（二十）传染病防治失职案（第四百零九条）

传染病防治失职罪是指从事传染病防治的政府卫生行政部门的工作人员严重不负责任，不履行或者不认真履行传染病防治监管职责，导致传染病传播或者流行，情节严重的行为。

涉嫌下列情形之一的，应予立案：

1. 导致甲类传染病传播的；

2. 导致乙类、丙类传染病流行的；

3. 因传染病传播或者流行，造成人员重伤或者死亡的；

4. 因传染病传播或者流行，严重影响正常的生产、生活秩序的；

5. 在国家对突发传染病疫情等灾害采取预防、控制措施后，对发生突发传染病疫情等灾害的地区或者突发传染病病人、病原携带者、疑似突发传染病病人，未按照预防、控制突发传染病疫情等灾害工作规范的要求做好防疫、检疫、隔离、防护、救治等工作，或者采取的预防、控制措施不当，造成传染范围扩大或者疫情、灾情加重的；

6. 在国家对突发传染病疫情等灾害采取预防、控制措施后，隐瞒、缓报、谎报或者授意、指使、强令他人隐瞒、缓报、谎报疫情、灾情，造成传染范围扩大或者疫情、灾情加重的；

7. 在国家对突发传染病疫情等灾害采取预防、控制措施后，拒不执行突发传染病疫情等灾害应急处理指挥机构的决定、命令，造成传染范围扩大或者疫情、灾情加重的；

8. 其他情节严重的情形。

三、刑事政策文件

《最高人民法院　最高人民检察院　公安部　司法部关于依法惩治妨害新型冠状病毒感染肺炎疫情防控违法犯罪的意见》（2020 年 2 月 6 日　法发〔2020〕7 号）（节录）

......

（七）依法严惩疫情防控失职渎职、贪污挪用犯罪。在疫情防控工作中，负有组织、协调、指挥、灾害调查、控制、医疗救治、信息传递、交通运输、物资保障等职责的国家机关工作人员，滥用职权或者玩忽职守，致使公共财产、国家和人民利益遭受重大损失的，依照刑法第三百九十七条的规定，以滥用职权罪或者玩忽职守罪定罪处罚。

卫生行政部门的工作人员严重不负责任，不履行或者不认真履行防治监管职责，导致新型冠状病毒感染肺炎传播或者流行，情节严重的，依照刑法第四百零九条的规定，以传染病防治失职罪定罪处罚。

从事实验、保藏、携带、运输传染病菌种、毒种的人员，违反国务院卫生行政部门的有关规定，造成新型冠状病毒毒种扩散，后果严重的，依照刑法第三百三十一条的规定，以传染病毒种扩散罪定罪处罚。

国家工作人员，受委托管理国有财产的人员，公司、企业或者其他单位的人员，利用职务便利，侵吞、截留或者以其他手段非法占有用于防控新型冠状病毒感染肺炎的款物，或者挪用上述款物归个人使用，符合刑法第三百八十二条、第三百八十三条、第二百七十一条、第三百八十四条、第二百七十二条规定的，以贪污罪、职务侵占罪、挪用公款罪、挪用资金罪定罪处罚。挪用用于防控新型冠状病毒感染肺炎的救灾、优抚、救济等款物，符合刑法第二百七十三条规定的，对直接责任人员，以挪用特定款物罪定罪处罚。

第三节　传染病防治失职罪在审判实践中的疑难新型问题

问题 1. 多种因素造成传染病传播或者流行时，对从事传染病防治的政府卫生行政部门工作人员失职行为，如何定罪量刑

传染病的传播或流行通常不是单一原因所致。在此情况下，尤其需要考量这一后果与行为人的失职行为之间的因果关系，以及该失职行为是属于过失犯罪还是一般工作失误。我们认为，传染病防治失职罪与一般工作失误的区别在于：（1）主观动机和客观行为表现不同，即行为人是否认真履职，在恪尽职守中是否能预见或已经预见其行为可能导致传染病传播或者流行的严重后果；（2）追责前提不同，即行为人违反职责的行为与传染病传播、流行的后果是否有《刑法》上的因果关系以及因果关系作用力大小；（3）政策界限不同，即在国家对突发传染病疫情等灾害尚未采取预防、控制措施之后，具有司法解释所规定"情节严重"的情形之一，才以传染病防治失职罪论处。因此，在导致传染病传播或者流行存在其他原因的情况下，量刑时应体现罪责刑相适应原则和宽严相济的刑事政策。

【刑事审判参考案例】黎某文传染病防治失职案①

一、基本案情

2013 年 2 月 14 日，广西壮族自治区巴马瑶族自治县（以下简称巴马县）人民医院通过中国疾病预防控制信息系统网络直报 1 例麻疹疑似病例，后订正为风疹。同月 16 日，巴马县疾病预防控制中心通过中国疾病预防控制信息系统网络直报 1 例麻疹疑似病例，后订正为其他。同月 21 日，巴马县人民医院通过中国疾病预防控制信息系统网络直报 1 例麻疹疑似病例，后经实验室检验确诊为麻疹病。

2013 年 3 月 5 日，巴马县人民医院又收治 1 例麻疹疑似病例，但没有通过中国疾病预防控制信息系统进行网络直报，而是依据"惯例"先口头向巴马县疾病预防控制中心免疫规划科科长周某东报告。周某东向该中心主任李某江汇报，李某江让免疫规划科去进行流行病学个案调查、采样，但调查、采样后并没有依照规定要求中心工作人员进行网络直报，而是将采样标本存放该中心冻库保存。

2013 年 3 月 7 日，广西壮族自治区疾病预防控制中心副主任卓某同通过中国疾病预防控制信息系统发现巴马县网络直报且经实验室检验确诊 1 例麻疹病例，便打电话给李某江讲巴马县已出现 1 例麻疹病例，要求其做好防控，加强疫苗接种工作，不能出现第 2 例麻疹病例。

2013 年 3 月 15 日，周某东又接到巴马县人民医院报告收治 1 例麻疹疑似病例，当日其在外出差，就向李某江汇报，李某江当时在县政府参加计划生育工作会议，便发一条短信给中心免疫规划科副科长韦某阳，短信内容为"桂阳，我在县里参加计划生育会议，县医院儿科有一例疑似麻疹，你现在上去调查核实相关信息及技术处理，不得再上报了"。韦某阳接到短信后，便带免疫规划科的其他同事到巴马县人民医院进行流行病学个案调查及采样，并依其理解的"技术处理"让医院的医生在病历上将"麻疹"更改为"肺炎""支气管炎"等，并根据李某江"不得再上报"的指示，要求医院不能进行网络直报。调查、采样回来后，李某江没有依照规定要求中心工作人员进行网络直报，而是将采样标本存放该中心冻库保存。

2013 年 3 月 26 日，周某东再接到巴马县人民医院报告 1 例麻疹疑似病例。该患者为巴马县甲篆乡甲篆村金边屯人，入院时间为 2013 年 3 月 23 日。周某东接到报告后向李某江汇报，李某江让周某东带人去进行流行病学个案调查及采样，并让周某东告知医院不能进行网络直报，病历诊断上不能出现"麻疹"字样。周某东依李某江的指示传达给县人民医院的医生。后周某东等人进行个案调查及采样后并没有依规定进行网络直报，而是将采样标本存放该中心冻库保存。同月 29 日，百色市右江民族医学院附属医院通过中国疾病预防控制信息系统网络直报在该医院确诊的巴马县 1 例麻疹病例，患者为巴马县甲篆乡甲篆村金边屯人。依据麻疹暴发定义，巴马县甲篆乡甲篆村金边屯在 10 日内发生 2 例，已达到麻疹暴发的标准。

---

① 刘茂盛、王丰贤：《黎某文传染病防治失职案——多种因素造成传染病传播或者流行时，对从事传染病防治的政府卫生行政部门工作人员失职行为，如何定罪量刑》，载中华人民共和国最高人民法院刑事审判第一、二、三、四、五庭主办：《刑事审判参考》（总第 121 集），指导案例 1332 号，法律出版社 2022 年版，第 104~113 页。

2013年3月19日、3月29日，巴马县卫生局分管疾病预防控制工作的被告人黎某文（时任巴马县卫生局副局长）两次接到李某江关于巴马县麻疹疫情的汇报，但没有按要求及时督促疾病预防控制中心及医疗机构按规定及时上报相关部门。此后，巴马县又出现新的麻疹疫情。同年4月1日上午，巴马县卫生局召开了对麻疹疫情防控的紧急碰头会，由局长杨军主持，参会人员有黎某文、罗某及李某江，会上李某江反映巴马县麻疹疫情的网络直报已有2例，继续网络直报巴马县卫生系统绩效考评会被"黄牌警告"。基于这种情况，此次会议形成了暂不进行麻疹疫情网络直报的一致意见。会议结束后，黎某文于当日11时召集人民医院、民族医院、妇幼保健院分管传染病防控的副院长开会，要求各医院在发现新的麻疹疫情后不能进行网络直报，同时要求对麻疹患者病历上的"麻疹"字样进行技术处理，但各医院分管副院长没有将会议内容传达给医院相关人员。截至4月1日，巴马县共出现8例麻疹疑似病例。

2013年4月8日，巴马县人民医院院长岑丹洁发现当日在该院就诊的麻疹病例多达10例，就打电话汇报给杨军。同日，巴马县疾病预防控制中心写了《2013年2—4月麻疹疫情调查处理》书面汇报给巴马县卫生局。次日，杨军局长打电话向河池市卫生局副局长文某汇报巴马县已出现麻疹病例10余例，文某副局长指示巴马县按要求进行防控工作。同日，巴马县卫生局写了《巴马瑶族自治县2013年2—4月麻疹疫情调查处理》书面汇报县人民政府副县长韦某芬。截至4月8日，巴马县共出现16例麻疹疑似病例。

2013年4月10日上午，巴马县卫生局召开疫情防控协调会，参会人员有卫生局领导班子、县人民医院、县妇幼保健院正副院长及李某江，会上被告人黎某文再次强调各单位要服从大局，服从领导，在对收治的疑似麻疹病患者的病历上不能出现"麻疹"字样，已经诊断的麻疹病历，必须改为"肺炎""上呼吸道感染"等字样，不能进行网络直报，但仍以麻疹病情救治。县人民医院分管儿科副院长会后交代儿科按卫生局要求在病历上不出现"麻疹"字样，可改为"肺炎""支气管炎"等。

2013年4月11日下午至12日，根据河池市卫生局文某副局长要求，河池市疾病预防控制中心副主任黄某毅和工作人员黄某到巴马县进行督导检查，发现巴马县麻疹疫情严重，于同月12日下午召开麻疹防控工作汇报、推进会，部署麻疹疫情防控工作，并向巴马县疾病预防控制中心下督导意见。督导意见指出自2013年以来，巴马县陆续发现18例麻疹疑似病例，甲篆乡、巴马镇已达疑似麻疹暴发标准，要求加强疫情监测，实行零报告制度，对麻疹疑似病例按规定报告并采集血清、咽拭子和尿液告示标本及时送检。李某江签收后并未按要求网络直报，也未及时将采集标本送检。从2013年3月15日至4月14日，医疗机构发现的每一例麻疹病例均按巴马县疾控中心等单位的要求，不进行网络直报，而是报告给周某东，后周某东汇报给李某江，并进行流行病学个案调查和采样，先后共采样27份，采样标本均存放中心冻库，没有及时送检。

2013年4月14日晚，自治区、市卫生（厅）局及疾病预防控制中心领导、专家组到巴马县调查核实麻疹疫情，发现巴马县有瞒报行为，要求巴马县按规定网络直报，及时将采集标本送检。当晚，县疾病预防控制中心将采集的27例瞒报麻疹标本送市疾病预防控制中心专家，专家直接在该县疾病预防控制中心进行实验室检测。

2013年4月15日，全市麻疹疫情防控工作会议在巴马县人民政府召开，区、市及全市各县卫生系统领导参加，会上通报巴马县麻疹疫情，部署防控救治工作。4月15日以后，各医院按规定如实网络直报并补报之前瞒报的病例，各项防控救治工作按工作方案进行。

广西壮族自治区疾病预防控制中心于 2013 年 5 月 3 日发布的《广西巴马县麻疹暴发疫情处理情况（续报）》、河池市人民政府于 2013 年 5 月 22 日下发的河政发〔2013〕25 号文件《河池市人民政府关于巴马瑶族自治县瞒报假报麻疹疫情的通报》、广西壮族自治区卫生厅于 2013 年 7 月 9 日下发的桂卫疾控〔2013〕33 号文件《自治区卫生厅关于巴马县麻疹暴发疫情的情况通报》，都指出巴马县疫情暴发原因之一是瞒报迟报疫情，错过最佳处置时机，导致疫情蔓延扩散。

2013 年 8 月 5 日，河池市疾病预防控制中心出具《2013 年巴马县麻疹疫情结案报告》表明，截至 6 月 28 日，全县 10 个乡镇均有病例报告、累计报告麻疹病例 540 例，排除 12 例，确诊 528 例，除死亡 1 例，其余 527 例经治疗痊愈。疫情出现两个流行峰，4 月 1 日至 8 日出现第一个小流行峰，发病 22 例；4 月 14 日至 5 月 13 日出现第二个大流行峰，发病 432 例。疫情发生、蔓延的原因之一是"瞒报迟报疫情错过最佳处置时间"。

法院认为，被告人黎某文身为巴马县卫生局分管疾病预防控制工作的副局长，在履行传染病防治职责过程中，严重不负责任，授意、指使巴马县疾病预防控制中心和医疗机构隐瞒麻疹疫情，使上级有关部门没有及时掌握疫情动态，致使麻疹疫情错过最佳防控时机，导致传染病麻疹传播和流行，造成 500 余人感染麻疹病和 1 人医治无效死亡的严重后果，情节严重，其行为已触犯刑律，构成了传染病防治失职罪。根据专家分析及自治区卫生厅通报，造成巴马县麻疹疫情暴发的原因有多种：一是当地免疫规划基础工作严重滑坡、接种率低下；二是乡、村两级防保网络破溃，导致预防接种服务无法做到全面覆盖；三是瞒报迟报疫情错过最佳处置时机，导致疫情蔓延扩散；四是没有认真贯彻落实自治区卫生厅的文件精神，未成立独立的防保组，且专职防保人员不足，没有落实免疫规划工作经费。据此，黎某文瞒报迟报行为与造成麻疹疫情暴发的后果有《刑法》上的因果关系，但属一果多因，责任较轻。麻疹疫情扑灭后，黎某文于 2013 年 8 月 13 日在接受河池市人民检察院对事件调查时主动交代全部犯罪事实；同年 12 月 25 日，河池市人民检察院对黎某文涉嫌犯罪立案侦查，黎某文上述行为属自首，依法可以从轻或者减轻处罚。综上，黎某文的犯罪情节轻微，不需要判处刑罚，可以免予刑事处罚。依照《刑法》第 409 条、第 67 条第 1 款、第 37 条之规定，判决：被告人黎某文犯传染病防治失职罪，免予刑事处罚。

二、案例评析

传染病疫情防控攸关人民健康、社会安定和国家安全。疫情就是命令，防控就是责任。疫情防控的有力保障是法治。我国历来重视依法科学防控传染病，要求疫情防控人员做到"守土尽责"，先后颁行《传染病管理办法》《传染病防治法》《突发公共卫生事件应急条例》等法律法规。1997 年《刑法》修订时，专门设立了传染病防治失职罪。2003 年"非典"疫情发生后，最高人民法院、最高人民检察院发布了《关于办理妨害预防、控制突发传染病疫情等灾害的刑事案件具体应用法律若干问题的解释》（以下简称《解释》），对传染病防治失职罪的主体范围和"情节严重"的四种情形作了具体规定。通常而言，导致传染病疫情发生和蔓延的原因有很多种，它既可能是相关人员的失职行为，也可能是非人为因素，以及人为与非人为因素叠加所致。为了保障相关人员依法履职，避免因不当追究对疫情防控产生消极影响，在追究相关人员失职行为的刑事责任时，需要严格依照法律法规及司法解释，准确执行宽严相济的刑事政策。结合本案，具体分析如下：

（一）关于本罪与一般工作失误的区别

根据《刑法》第409条规定，传染病防治失职罪是指从事传染病防治的政府卫生行政部门工作人员严重不负责任，不履行或者不认真履行传染病防治监管职责，导致传染病传播或者流行，情节严重的行为。由于本罪与一般工作失误客观上都会造成传染范围扩大或者疫情、灾情加重的危害后果，实践中易于混淆。本案中，控辩双方争议焦点之一亦是被告人黎某文的行为是否属于工作失误。我们认为，这二者的区别在于：一是主观动机和客观行为表现不同，即行为人是否认真履职，在恪尽职守中是否能预见或者已经预见到其行为可能导致传染病传播或者流行的严重后果。工作失误的主观动机往往是行为人为了做好工作，认真履行工作职责，但主观上仍未预见到危害后果的发生，或者在尽责履职中已经预见，但因为经验能力有限、政策界限模糊、管理机制缺失等情况出现失误，以致发生传染范围扩大或者疫情、灾情加重的危害后果。反之，传染病防治失职罪在主观上表现为行为人对自身职责的认识偏差，不认真履行职责，违反《传染病防治法》及相关法律和工作制度，疏忽大意、过于自信、不尽职责、擅离职守等，导致发生严重危害后果。二是追责的前提条件不同，即行为人违反职责的行为与传染病传播、流行的后果是否有《刑法》上因果关系以及因果作用力大小。如果行为人没有违反所承担职责的规定，或者违反职责的行为与危害后果之间不具有《刑法》上因果关系或者作用力较小，即便发生了严重危害后果，也属于工作失误或者意外事件；反之，则构成本罪的失职行为。三是政策界限不同，即在国家对突发传染病疫情等灾害尚未采取预防、控制措施时，行为人履职中行为有差错，通常属于工作失误；反之，在采取预防、控制措施之后，具有上述司法解释所规定"情节严重"的情形之一，才以本罪论处。

具体到本案，被告人黎某文作为巴马县卫生局分管疾病预防控制工作的副局长，负有组织对突发疫情的调查、通报、控制和医疗救治工作的职责，且国家已对麻疹疫情采取了疫苗接种、疫情通报等预防、控制措施，但黎某文在疫情发生后，严重不负责任，授意、指使他人隐瞒麻疹疫情，致使错过最佳防控时机，造成麻疹传染范围扩大。黎某文授意、指使他人瞒报疫情的行为与造成麻疹疫情加重的后果之间有刑法上的因果关系，且情节严重，依法应认定构成传染病防治失职罪。

（二）关于指使他人隐瞒疫情并造成传染范围扩大或者疫情、灾情加重的情节认定

本罪属于情节犯，情节是否严重是区分罪与非罪的关键。根据《解释》第16条第2款的规定，在国家对突发传染病疫情等灾害采取预防、控制措施后，具有下列情形之一的，属于《刑法》第409条规定的"情节严重"：（1）对发生突发传染病疫情等灾害的地区或者突发传染病病人，病原携带者、疑似突发传染病病人，未按照预防、控制突发传染病疫情等灾害工作规范的要求做好防疫、检疫、隔离、防护、救治等工作，或者采取的预防、控制措施不当，造成传染范围扩大或者疫情、灾情加重的；（2）隐瞒、缓报、谎报或者授意、指使、强令他人隐瞒、缓报、谎报疫情、灾情，造成传染范围扩大或者疫情、灾情加重的；（3）拒不执行突发传染病疫情等灾害应急处理指挥机构的决定、命令，造成传染范围扩大或者疫情、灾情加重的；（4）具有其他严重情节的。

本案在审理过程中，被告人黎某文就辩称其没有"隐瞒疫情"。审查认为，根据《解释》，本罪"情节严重"第2项中的"隐瞒疫情"是"造成传染范围扩大或者疫情、灾情加重"的前提，是认定行为人失职且情节严重的客观行为表现。对此，可以从行为人

在疫情发生后履职行为表现、履职行为对疫情发展所起的作用、上级疾控部门对疫情的调查分析等方面进行综合审查。

1. 本案被告人黎某文在履行传染病防治职责中有指使他人隐瞒疫情的行为

在案证据证实，案涉疫情发生前，巴马县疾病预防控制中心主任李某江曾两次向黎某文汇报麻疹疫情，报告了该县麻疹疫情已达到暴发标准。但是，黎某文考虑到继续网络直报疫情会给县卫生系统绩效考评造成不利影响，便授意、指使巴马县疾病预防控制中心和医疗机构隐瞒麻疹疫情，并且在疫情发生后的 2013 年 4 月 10 日全县麻疹疫情防控协调会上，黎某文要求相关医院在收治患者的病历上不能出现"麻疹"字样，而可改为"肺炎"等字样，且不能通过网络直报疫情。

值得注意的是，集体研究不能成为行为人失职行为的免责理由。案涉疫情发生后，巴马县卫生局相关领导于 2013 年 4 月 1 日召开了麻疹疫情防控紧急碰头会，形成"不进行网络直报疫情"的意见。黎某文作为该局有关疾病预防控制的主管人员，既参与了上述意见的讨论和决定，之后又多次授意、指使他人隐瞒疫情，应当对其失职行为承担责任。

2. 被告人黎某文隐瞒疫情的行为造成了传染范围扩大的严重后果

2013 年 4 月 27 日，广西壮族自治区疾病预防控制中心工作组到巴马县指导疫情防控，随即发布《广西巴马县麻疹暴发疫情处理情况（续报）》，其中指出"瞒报迟报疫情，错过最佳处置时机，导致疫情蔓延扩散"是案涉疫情暴发的原因之一。之后，《河池市人民政府关于巴马瑶族自治县瞒报假报麻疹疫情的通报》《自治区卫生厅关于巴马县麻疹暴发疫情的情况通报》中均重申了导致疫情散播的这一原因。疫情结束后，河池市疾病预防控制中心出具的《2013 年巴马县麻疹疫情结案报告》显示，截至 2013 年 6 月 28 日，该县 10 个乡镇均有麻疹病例报告，累计确诊 528 例，其中死亡 1 例。

需要说明的是，人们对传染病疫情往往有一个逐步认识和完善应对的过程，不同时期有关疫情报告中会出现病例统计数据不同的情况。具体到本案，河池市疾病预防控制中心工作组在 2013 年 4 月 12 日的督导意见中统计"自 2013 年 2 月以来，巴马县陆续发现 18 例麻疹疑似病例"，而该中心在 2013 年 8 月 5 日出具的《2013 年巴马县麻疹疫情结案报告》则为"2013 年 4 月 1 日至 8 日出现第一个小流行峰，发病 22 例"。前组数据是该中心工作组调查核实是否存在疫情及其严重程度，以便及时部署疫情防控工作，故统计时间有限，并没有全面掌握全部疑似病例数据。后组数据是对麻疹疑似患者采样标本，经实验室检测后得出。这两组数据客观反映出对疫情发展的认识经过，并不影响对被告人行为性质、后果的认定。因而被告人所称两组数据不一致、指控事实有误的辩解不能成立。

（三）关于导致传染病传播或者流行存在其他原因，且行为人有自首情节时，量刑时应体现宽严相济刑事政策

对于发生在预防、控制突发传染病疫情期间的犯罪行为，现行法律及司法解释强调了依法从严从重处罚的内容，但并不意味着相关案件都要一味从重，应当根据个案具体情况，切实做到严之有据、宽之有度，只有如此方能督促卫生行政部门工作人员依法履职，推进传染病防治工作健康有序发展，维护人民群众的身体健康和生命安全。

本案中，广西壮族自治区卫生厅通报及专家分析均指出，除被告人黎某文瞒报疫情行为外，导致麻疹疫情蔓延还有其他原因，包括当地免疫规划基础工作严重滑坡、乡村两级防保网络破溃、未成立独立的防保组、专职防保人员不足等。另外，在疫情扑灭之后，被告人黎某文向河池市人民检察院主动交代了全部犯罪事实，构成自首。根据《解释》第17条的规定，人民法院、人民检察院办理有关妨害预防、控制突发传染病疫情等灾害的刑事案件，对于有自首、立功等悔罪表现的，依法从轻、减轻、免除处罚或者依法作出不起诉决定。正是基于上述情节，依法对黎某文从轻处罚。

综上，被告人黎某文作为疾病预防控制工作的主管人员，严重不负责任，授意、指使他人隐瞒麻疹疫情，导致传染病麻疹传播和流行，情节严重，其行为构成传染病防治失职罪。人民法院综合考虑本案系多种因素造成麻疹疫情暴发，且黎某文有自首情节，故对黎某文予以定罪免刑。

问题2. 如何区分传染病防治失职罪与妨害传染病防治罪、妨害国境卫生检疫罪

妨害传染病防治罪，指违反《传染病防治法》规定，导致甲类传染病传播或有传播严重危险的行为。传染病防治失职罪与妨害传染病防治罪二者有相似之处，即都违反了《传染病防治法》的规定，都可能造成传染病传播的危害结果，主观罪过也都是过失等。但是二者有着明显区别：一是主体不同。后者的主体是一般主体，不仅包括自然人也包括单位，他们往往是传染病防治人员的工作对象；本罪的主体则是特殊主体，只限于负有传染病防治职责的工作人员，单位不是该罪的主体。二是行为方式不同，后罪的行为人实施了《刑法》第330条规定的4项行为之一，违反了《传染病防治法》规定的预防和控制传染病的义务，而本罪的行为人违背传染病防治法规定的防治、监督、监测管理职责，具有渎职性。有时从事传染病防治监管工作的人员也可能成为后者的主体，区分二者的关键在于行为人违背的是单纯的预防和控制传染病义务，还是对传染病进行防治、监管的职责。如果是前者，则构成妨害传染病防治罪；如果是后者，则构成传染病防治失职罪。三是危害结果不同。后罪造成的危害结果既包括引起甲类传染病传播的实害结果，也包括引起其传播的严重危险结果；本罪造成的危害结果是导致传染病传播或流行且情节严重，只有实害结果一种，不包括危险结果，但传染病的种类既包括甲类传染病，也包括乙类、丙类传染病。四是侵害的客体不同。本罪侵害的客体是国家关于传染病防治的管理制度；而传染病防治失职罪则是国家对传染病防治工作进行监督管理的行政权力。

妨害国境卫生检疫罪，指违反国境卫生检疫规定，引起检疫传染病传播或者有传播严重危险的行为。传染病防治失职罪与妨害国境卫生检疫罪二者都是违反传染病预防、检查方面的法规，都因过失引起了传染病的传播。但二者在违反的法规、犯罪主体、传染病的范围方面明显不同。本罪是工作中违反《传染病防治法》规定失职的行为，而妨害国境卫生检疫罪则是违反国境卫生检疫规定，逃避对其人身、物品检查的行为。本罪的主体是特殊主体，且一般只能是中国公民；而后罪是一般主体，单位、自然人，中国和外国公民，只要是进出境人员以及有货物进出境的单位和个人都可以成为犯罪主体。本罪引起传染病的类型没有限制，而妨害国境卫生检疫罪引起危险的对象是检疫传染病，范围比本罪小，仅包括甲类传染病以及国务院确定并公布的其他传染病。①

---

① 刘宪权：《拒绝执行防疫措施行为刑法定性应注意的问题》，载中华人民共和国最高人民法院刑事审判第一、二、三、四、五庭主办：《刑事审判参考》（总第121集），法律出版社2022年版，第289页。

第三十四章

非法批准征收、征用、占用土地罪，非法低价出让国有土地使用权罪

第一节　非法批准征收、征用、占用土地罪，非法低价出让国有土地使用权罪概述

一、非法批准征收、征用、占用土地罪，非法低价出让国有土地使用权罪的概念及构成要件

（一）非法批准征收、征用、占用土地罪，是指国家机关工作人员徇私舞弊，违反土地管理法规，滥用职权，非法批准征收、征用、占用耕地、林地等农用地以及其他土地，情节严重的行为

1. 客体要件

本罪侵犯的客体，是国家土地管理、城市规划等机关的正常活动以及其他有关国家机关的正常管理活动。徇私舞弊行为使国家土地管理法律、法规的实施受到严重干扰，损害国家土地管理、城市规划机关的威信，损害国家和人民利益。

本罪的犯罪对象是土地。土地是人类赖以生存的自然资源，国有土地是社会主义全民所有公共财产的重要组成部分，违法批准征收、征用、占用土地的行为，会造成国家土地资源的浪费，使耕地面积减少，土地使用收益流失。

2. 客观要件

本罪在客观方面表现为徇私舞弊，违反土地管理法规，滥用职权，非法批准征收、征用、占用土地，情节严重的行为。

《全国人民代表大会常务委员会关于〈中华人民共和国刑法〉第二百二十八条、第三百四十二条、第四百一十条的解释》规定，"非法批准征收、征用、占用土地"，是指非法批准征收、征用、占用耕地、林地等农用地以及其他土地。

征收土地，是指国家为了进行经济、文化、国防建设以及兴办社会公共事业的需要，依照有关法律规定的条件及程序，将属于集体所有的土地收归国有的一种措施。征用土地，是指国家在抢险、救灾等紧急情况下强制性使用集体或国有土地的行为。占用土地，

是指对土地事实上的控制、管理与使用。

为了使有限的土地资源有效正确地利用，国家通过法律对土地征收、征用、占用等作了一系列规定，其中实行征用土地，必须具备以下几个条件：（1）征地是一种政府行为，是政府的专有权力，其他任何单位和个人都没有征地权；（2）必须依法取得批准；（3）必须依法对被征地单位进行补偿，造成劳动力剩余的还必须予以安置；（4）被征地单位必须服从，不得阻挠征地；（5）征地行为必须向社会公开，接受社会的公开监督。为了有效控制征用土地的数量和防止侵害被征用地单位的利益，《土地管理法》从法律上加强了征用土地的审批，上收了征地审批权。实行征用土地由国务院和省级人民政府两级审批。

非法征收、征用、占用土地的行为必须达到"情节严重"才构成本罪。所谓情节严重，主要是指多次实施本罪行为的；造成大量土地被非法征收、征用、占用的；导致耕地大量荒芜或者毁坏的；因严重徇私而非法批准征收、征用、占用土地的；造成恶劣影响的等。

《最高人民检察院关于渎职侵权犯罪案件立案标准的规定》的规定，涉嫌下列情形之一的，应予立案：（1）非法批准征用、占用基本农田10亩以上的；（2）非法批准征用、占用基本农田以外的耕地30亩以上的；（3）非法批准征用、占用其他土地50亩以上的；（4）虽未达到上述数量标准，但造成有关单位、个人直接经济损失30万元以上，或者造成耕地大量毁坏或者植被遭到严重破坏的；（5）非法批准征用、占用土地，影响群众生产、生活，引起纠纷，造成恶劣影响或者其他严重后果的；（6）非法批准征用、占用防护林地、特种用途林地分别或者合计10亩以上的；（7）非法批准征用、占用其他林地20亩以上的；（8）非法批准征用、占用林地造成直接经济损失30万元以上，或者造成防护林地、特种用途林地分别或者合计5亩以上或者其他林地10亩以上毁坏的；（9）其他情节严重的情形。

《最高人民法院关于审理破坏草原资源刑事案件应用法律若干问题的解释》第3条第1款规定，国家机关工作人员徇私舞弊，违反草原法等土地管理法规，具有下列情形之一的，应当认定为《刑法》第410条规定的"情节严重"：（1）非法批准征收、征用、占用草原四十亩以上的；（2）非法批准征收、征用、占用草原，造成二十亩以上草原被毁坏的；（3）非法批准征收、征用、占用草原，造成直接经济损失三十万元以上，或者具有其他恶劣情节的。

《最高人民法院关于审理破坏土地资源刑事案件具体应用法律若干问题的解释》第4条规定，国家机关工作人员徇私舞弊，违反土地管理法规，滥用职权，非法批准征用、占用土地，具有下列情形之一的，属于非法批准征用、占用土地"情节严重"，依照《刑法》第410条的规定，以非法批准征用、占用土地罪定罪处罚：（1）非法批准征用、占用基本农田十亩以上的；（2）非法批准征用、占用基本农田以外的耕地三十亩以上的；（3）非法批准征用、占用其他土地五十亩以上的；（4）虽未达到上述数量标准，但非法批准征用、占用土地造成直接经济损失三十万元以上；造成耕地大量毁坏等恶劣情节的。

《最高人民法院关于审理破坏林地资源刑事案件具体应用法律若干问题的解释》第2条规定，国家机关工作人员徇私舞弊，违反土地管理法规，滥用职权，非法批准征用、占用林地，具有下列情形之一的，属于《刑法》第410条规定的"情节严重"，应当以非法批准征用、占用土地罪判处三年以下有期徒刑或者拘役：（1）非法批准征用、占用防护林地、特种用途林地数量分别或者合计达到 10 亩以上；（2）非法批准征用、占用其他林地数量达到 20 亩以上；（3）非法批准征用、占用林地造成直接经济损失数额达到 30 万元以上，或者造成本条第 1 项规定的林地数量分别或者合计达到 5 亩以上或者本条第 2 项规定的林地数量达到 10 亩以上毁坏。实施本解释第 2 条规定的行为，具有下列情形之一的，属于《刑法》第 410 条规定的"致使国家或者集体利益遭受特别重大损失"，应当以非法批准征用、占用土地罪判处三年以上七年以下有期徒刑：（1）非法批准征用、占用防护林地、特种用途林地数量分别或者合计达到 20 亩以上；（2）非法批准征用、占用其他林地数量达到 40 亩以上；（3）非法批准征用、占用林地造成直接经济损失数额达到 60 万元以上，或者造成本条第 1 项规定的林地数量分别或者合计达到 10 亩以上或者本条第 2 项规定的林地数量达到 20 亩以上毁坏。

3. 主体要件

本罪主体是特殊主体，即国家机关工作人员，主要是指在各级政府中负责土地征收、征用审批的主管人员，以及土地管理、城市规划等部门负责审批的工作人员。根据最高人民检察院《关于加强查办危害土地资源渎职犯罪工作的指导意见》（高检发渎检字〔2008〕12 号），在查办案件中，要分清渎职行为对危害后果所起的作用大小，正确区分主要责任人与次要责任人、直接责任人与间接责任人。对多因一果的有关责任人员，要分清主次，分别根据他们在造成危害土地资源损失结果发生过程中所起的作用，确定其罪责。要正确区分决策者与实施人员、监管人员的责任。对于决策者滥用职权、玩忽职守、徇私舞弊违法决策，严重破坏土地资源的，或者强令、胁迫其他国家机关工作人员实施破坏土地资源行为的，或者阻挠监管人员执法，导致国家土地资源被严重破坏的，应当区分决策者和实施人员、监管人员的责任大小，重点查处决策者的渎职犯罪；实施人员、监管人员贪赃枉法、徇私舞弊，隐瞒事实真相，提供虚假信息，影响决策者的正确决策，造成危害后果发生的，要严肃追究实施人员和监管人员的责任；实施人员、监管人员明知决策者决策错误，而不提出反对意见，或者不进行纠正、制止、查处，造成国家土地资源被严重破坏的，应当视其情节追究渎职犯罪责任；对于决策者与具体实施人员、监管人员相互勾结，共同实施危害土地资源渎职犯罪的，要依法一并查处。要严格区分集体行为和个人行为的责任。对集体研究作出的决定违反法律法规的，要具体案件具体分析。对于采取集体研究决策形式，实为个人滥用职权、玩忽职守、贪赃枉法、徇私舞弊等，构成危害土地资源渎职犯罪的，应当依法追究决策者的刑事责任。

4. 主观要件

本罪在主观方面必须是故意，而且有徇私的动机。"徇私"可理解为"徇个人私情、私利"。即行为人明知自己的徇私舞弊行为违反土地管理法律法规的规定，明知自己行为可能产生的危害后果，而对这种后果的发生持希望或者放任的态度。行为人的犯罪动机是徇私，有的是为了贪图钱财等不法利益，有的是碍于亲朋好友情面，有的是出于报复或嫉妒心理而徇私舞弊等。

（二）非法低价出让国有土地使用权罪，是指国家机关工作人员徇私舞弊，违反土地管理法规，滥用职权，非法低价出让国有土地使用权，情节严重的行为

1. 客体要件

本罪侵犯的客体是国家对国有土地使用管理的正常活动。我国《土地管理法》《土地管理法实施条例》《城镇国有土地使用权出让和转让暂行条例》等法律、法规，对出让国

有土地使用权的批准权限、程序和要求等都作了明确具体的规定，这对于合理开发、利用、经营土地，加强土地管理，促进城市建设和经济发展有着十分重要的作用。国家机关工作人员徇私舞弊，违反土地管理法规，滥用职权，非法低价出让国有土地使用权，侵犯了国家对国有土地的使用管理制度，破坏了国有土地使用管理的正常活动。

2. 客观要件

本罪在客观方面表现为违反土地管理法规，徇私舞弊、滥用职权，非法低价出让国有土地使用权，情节严重的行为。

出让，是指不以牟利为目的而卖出所享有的土地使用权。所谓土地使用权，是指对土地的占有、使用、收益的权利。

违反土地管理法规，主要是指违反《土地管理法》等法律法规中关于出让国有土地使用权的规定，将国有土地越权审批出让或者出让给不符合条件的单位与个人。

低价出让，是指以低于国有土地使用权最低价的价格出让国有土地使用权。国土资源部《协议出让国有土地使用权规定》规定，协议出让国有土地使用权，应当遵循公开、公平、公正和诚实信用的原则。以协议方式出让国有土地使用权的出让金不得低于按国家规定所确定的最低价。协议出让最低价不得低于新增建设用地的土地有偿使用费、征地（拆迁）补偿费用以及按照国家规定应当缴纳的有关税费之和有基准地价的地区，协议出让最低价不得低于出让地块所在级别基准地价的70%。低于最低价时国有土地使用权不得出让。省、自治区、直辖市人民政府国土资源行政主管部门应当依据该规定第5条的规定拟定协议出让最低价，报同级人民政府批准后公布，由市、县人民政府国土资源行政主管部门实施。

非法低价出让国有土地使用权的行为必须情节严重才能构成本罪。虽有非法低价出让行为，但情节尚不属于严重，也不能以本罪论处。所谓情节严重，主要是指多次实施本罪行为，屡教不改的；大量非法低价出让国有土地使用权的；非法低价出让国有土地使用权造成国家利益重大损失的；因严重徇私而非法低价出让国有土地使用权的；因其行为造成恶劣影响的等。

《最高人民检察院关于渎职侵权犯罪案件立案标准的规定》的规定，涉嫌下列情形之一的，应予立案：（1）非法低价出让国有土地30亩以上，并且出让价额低于国家规定的最低价额标准的60%的；（2）造成国有土地资产流失价额30万元以上的；（3）非法低价出让国有土地使用权，影响群众生产、生活，引起纠纷，造成恶劣影响或者其他严重后果的；（4）非法低价出让林地合计30亩以上，并且出让价额低于国家规定的最低价额标准的60%的；（5）造成国有资产流失30万元以上的；（6）其他情节严重的情形。

《最高人民法院关于审理破坏土地资源刑事案件具体应用法律若干问题的解释》第6条规定，国家机关工作人员徇私舞弊，违反土地管理法规，非法低价出让国有土地使用权，具有下列情形之一的，属于"情节严重"，依照《刑法》第410条的规定，以非法低价出让国有土地使用权罪定罪处罚：（1）出让国有土地使用权面积在三十亩以上，并且出让价额低于国家规定的最低价额标准的百分之六十的；（2）造成国有土地资产流失价额在三十万元以上的。

《最高人民法院关于审理破坏林地资源刑事案件具体应用法律若干问题的解释》规定，国家机关工作人员徇私舞弊，违反土地管理法规，非法低价出让国有林地使用权，具有下列情形之一的，属于《刑法》第410条规定的"情节严重"，应当以非法低价出让国有土地使用权罪判处三年以下有期徒刑或者拘役：（1）林地数量合计达到 30 亩以上，并且出让价额低于国家规定的最低价标准的 60%；（2）造成国有资产流失价额达到 30 万元以上。实施本解释第 4 条规定的行为，造成国有资产流失价额达到 60 万元以上的，属于《刑法》第 410 条规定的"致使国家和集体利益遭受特别重大损失"，应当以非法低价出让国有土地使用权罪判处三年以上七年以下有期徒刑。

3. 主体要件

本罪的主体为特殊主体，即国家机关工作人员。任何国家机关工作人员，只要违法低价出让国有土地使用权，情节达到了严重的程度，即可构成本罪。非国家机关工作人员则不能构成本罪。

4. 主观要件

本罪在主观方面必须出于故意，并且具有徇私的目的。即明知自己违反土地管理法规，在低价出让国有土地使用权，但为了徇私而仍决意为之。过失不能构成本罪。对工作严重不负责任，玩忽职守，过失低价出让国有土地的，即使构成犯罪，也不是本罪，而是玩忽职守罪。虽然出于故意，但不是为了徇私，也不能以本罪论处，构成犯罪的，应是滥用职权罪。

二、非法批准征收、征用、占用土地罪，非法低价出让国有土地使用权罪案件审理情况

本条系 1997 年《刑法》增设的规定。2009 年 8 月 27 日起施行的《全国人民代表大会常务委员会关于修改部分法律的决定》将本条规定的"征用"修改为"征收、征用"。修改后，罪名相应调整为"非法批准征收、征用、占用土地罪"。

通过中国裁判文书网检索，2018 年至 2022 年，全国审结一审非法批准征收、征用、占用土地罪案件 2 件，非法低价出让国有土地使用权罪 1 件。此类犯罪案件整体数量较少，主要原因是现行的土地流转、审批均有严格的制度限制，程序公开，发生犯罪的可能性较小。

三、非法批准征收、征用、占用土地罪，非法低价出让国有土地使用权罪案件审理热点、难点问题

（一）非法低价出让国有土地使用权罪客观方面的行为特征认定问题

实践中，如何认定非法低价出让国有土地使用权罪客观方面的行为特征是该罪名审理的难点所在。根据《刑法》第 410 条的规定，非法低价出让国有土地使用权罪，是指国家机关工作人员徇私舞弊，违反土地管理法规，滥用职权，非法低价出让国有土地使用权，情节严重的行为。该罪客观方面表现为，徇私舞弊，违反土地管理法规，滥用职权，非法低价出让国有土地使用权，情节严重的行为。非法低价出让国有土地使用权，是本罪客观方面的行为内容。其认定应当注意以下四点：

1. 国有土地的含义。我国实行土地公有制，具体包括土地国家所有制和土地集体所有制。根据《土地管理法实施条例》的规定，国有土地包括以下土地：（1）城市市区的土地；（2）农村和城市郊区中已经国家依法没收、征收、征购为国有的土地；（3）国家依法征用的原集体所有的土地；（4）依法不属于集体所有的林地、草地、荒地、滩涂及

其他土地；（5）农村集体经济组织全部成员转为城镇居民的，原属于其成员的土地；（6）因国家组织移民、自然灾害等原因，农民成建制地集体迁移后不再使用的原属于迁移农民集体所有的土地。在我国，国家土地所有权的主体由《宪法》规定。《土地管理法》在国家土地所有权问题上的立法重点是对行使国家土地所有权的代表做出规定。依照《土地管理法》的规定，国家土地所有权由国务院代表国家行使。同时，国务院可通过制定行政法规或发布行政命令，授权地方人民政府或其职能部门行使国家土地所有权。上述行使国家土地所有权的代表称为国有土地所有者代表。

2. 国有土地使用权的含义。国有土地使用权是用地者依其不同取得方式而享有的，具有不同法定权利内容的，与所有权相分离的，对国有土地所享有的用益性民事财产权利。国有土地使用权具有以下特征：（1）主体的广泛性。在我国，国有土地使用权的主体多为一般民事主体，对其身份资格多无特别限定。境内外法人、非法人组织及公民个人可依法取得国有土地使用权。（2）取得方式的多样性。国有土地所有者代表可依法通过出让、租赁、划拨等方式将国有土地使用权让与土地使用者。据此，用地者原始取得国有土地使用权。用地者也依法通过市场交易的方式，继受取得国有土地使用权。（3）内容的差异性。国有土地使用权人对国有土地享有占有权、使用权，并依权利取得方式之不同享有不同的收益权、处分权。在我国，国有土地使用权可因不同方式而取得，而取得方式之不同将导致权利内容具有实质性差异。国有土地使用权须经法定登记予以确认。依据土地管理法的规定，单位和个人使用的国有土地，由县级以上人民政府登记造册，核发证书，确认所有权。国有土地使用权因法律规定的情形而终止。一般说来，国有土地使用权终止的主要原因是国家依法收回土地使用权。依据《土地管理法》第58条的规定，有下列情形之一的，由有关人民政府土地行政主管部门报经原批准用地的人民政府批准，可以收回国有土地使用权：（1）为公共利益需要使用土地的；（2）为实施城市规划进行旧城区改造，需要调整使用土地的；（3）土地出让等有偿使用合同约定的使用期限届满，土地使用者未申请续期或者申请未获批准的；（4）因单位撤销、迁移等原因，停止使用原划拨的国有土地的；（5）公路、铁路、机场、矿场等经核准报废的。

3. 国有土地使用权的出让。国有土地使用权的出让，是指国家将国有土地使用权在一定年限内出让给土地使用者，由土地使用者向国家支付土地使用权出让金的行为。1990年5月19日国务院发布了《城镇国有土地使用权出让和转让暂行条例》，依照该《条例》的相关规定，国家按照所有权与使用权相分离的原则，实行城镇国有土地使用权出让、转让制度。境内外法人、非法人组织和公民个人可依法以出让的方式取得国有土地使用权。但是，外商投资开发经营成片土地，应依法设立中外合资经营企业、中外合作经营企业、外商独资企业，享有该项权利。出让国有土地使用权的法定方式为拍卖、招标、协议。依据《城市房地产管理法》的相关规定，商业、旅游、娱乐和豪华住宅用地，应当采取拍卖、招标方式出让土地使用权。没有条件，不能采取拍卖、招标方式的，可以采取协议方式出让土地使用权。2002年5月9日国土资源部发布了《招标拍卖挂牌出让国有土地使用权规定》，对以招标、拍卖方式出让国有土地使用权的程序做了详细的规定。土地使用者应当在签订土地使用权出让合同后60天内支付全部土地使用权出让金，领取土地使用权证，取得土地使用权。依双方约定采取分期付款方式取得国有土地使用权的，在未付清全部出让金前，土地使用者领取临时土地使用权证。国家可将国有土地使用权以出让的形式作价出资或入股作为对企业的投资，国家对企业享有相应的投资者权益（股权），企业享有出让土地使用权。根据国务院的现行规定，城镇国有土地使用权出让的最高年限，按土地用途分为以下几种情况：（1）居住用地 70 年；（2）工业用地 50 年；（3）教育、科技、文化、卫生、体育用地 50 年；（4）商业、旅游、娱乐用地 40 年；（5）综合或其他用地 50 年。国有土地所有者代表与用地者可在不超过最高年限的前提下，在出让合同中约定出让年限。

4. 国有土地使用权的出让价格。为加强城市国有土地使用权价格管理，维护市场价格正常秩序，保障国有土地所有者和使用者的合法权益，1995 年 12 月 1 日国家计委发布了《城市国有土地使用权价格管理暂行办法》。根据这一文件的规定，政府对土地使用权价格实行直接管理与间接管理相结合的原则，建立以基准地价、标定地价为主调控，引导土地使用权价格形成的机制。基准地价和标定地价由县级以上人民政府价格主管部门会同有关部门制定，经有批准权的人民政府批准后，定期向社会公布。基准地价是城市规划区内一定时期的不同土地区域或级别、不同用途的土地使用权的平均价格；标定地价是以基准地价为基础确定的标准地块的一定使用年期的价格。基准地价、标定地价的制定，应当以专业评估机构地价评估结果为基础，根据国家宏观经济政策要求和房地产市场供求变化趋势，经组织专家论证后，合理确定。基准地价、标定地价应当每两年调整公布一次；在房地产市场价格波动较大时，也可以每年调整公布一次。经城市人民政府批准公布的基准地价、标定地价，应当报上一级人民政府价格主管部门备案。省级人民政府价格主管部门应将本地区主要城市的基准地价汇总后，报国务院价格主管部门备案。土地使用权出让，可以采取拍卖、招标或者双方协议的方式。以拍卖、招标方式出让土地使用权时，出让人应当事前依据政府公布的基准地价或标定地价制定土地出让底价，经政府价格主管部门会同有关部门审核后报同级人民政府批准。以协议方式出让的土地使用权价格不得低于政府确定的最低价格。土地使用权出让的最低价格由省级政府价格主管部门会同有关部门依据基准地价制定，报同级人民政府批准。1999 年 6 月 28 日国家土地管理局发布了《协议出让国有土地使用权最低价确定办法》。根据这一规定，协议出让国有土地使用权最低价（以下简称协议出让最低价），是指上级人民政府为了宏观调控土地市场，防止低价协议出让国有土地使用权而实施的出让金最低控制标准。协议出让最低价由省、自治区、直辖市人民政府土地管理部门会同有关部门拟定，报同级人民政府批准后下达市、县人民政府土地管理部门执行。协议出让最低价根据商业、住宅、工业等不同土地用途和土地级别的基准地价的一定比例确定，具体适用比例由省、自治区、直辖市确定。但直辖市、计划单列市及省、自治区人民政府所在地的城市的具体适用比例，须报国家土地管理局核准。基准地价按《城镇土地估价规程》确定。基准地价调整时，协议出让最低价应当作相应调整。国家支持或重点扶持发展的产业及国家鼓励建设的项目用地，可以按行业或项目分类确定不同的协议出让最低价。确定协议出让最低价应当综合考虑征地拆迁费用、土地开发费用、银行利息及土地纯收益等基本因素。省、自治区、直辖市人民政府土地管理部门应当将确定的协议出让最低价在实施前报国家土地管理局备案。对确定协议出让最低价不符合《协议出让国有土地使用权最低价确定办法》第 7 条规定要求的，国家土地管理局可以责令重新确定。以协议方式出让国有土地使用权时，其出让金低于协议出让最低价的，由负责监督检查的人民政府土地管理部门责令限期改正；逾期不改正的，土地使用权出让合同无效，由此造成的损失由出让方承担，有关责任人员由其所在单位或者上级机关视情节给予行政处分。需要指出的是，非法低价出让国有土地使用权罪所指的非法低价转让国有土地使用权并非仅仅指低于出让最低价出让，还包括低于土地正常的市场价格出让。在实践中，还存在本应以出让的方式转移国有土地使用权，但行为人徇私舞弊，非法以划拨方式无偿给予用地者国有土地使用权，对这种行为，也应当以非法低价出让国有土地使用权罪论处，这其实是一种无偿出让国有土地使用权的行为，是低价出让国有土地使用权的极端形式。

（二）定罪量刑标准差异问题

对于非法批准征用、占用林地的行为，《最高人民法院关于审理破坏林地资源刑事案件具体应用法律若干问题的解释》第 2 条、第 3 条、分别就《刑法》第 410 条规定的"情节严重"和"致使国家或者集体利益遭受特别重大损失"作出解释性的具体规定，明确了这一犯罪的定罪量刑标准。但该文件在标准上存在与其他文件不相一致的部分。

1. 非法批准征收、征用、占用其他林地的定罪量刑标准与《最高人民法院关于审理破坏土地资源刑事案件具体应用法律若干问题的解释》的相关规定不同。《最高人民法院关于审理破坏林地资源刑事案件具体应用法律若干问题的解释》第 2 条第 2 项和第 3 条第 2 项分别规定，非法批准征用、占用其他林地数量达到 20 亩以上和 40 亩以上，而《最高人民法院关于审理破坏林地资源刑事案件具体应用法律若干问题的解释》的相关规定为 30 亩以上和 60 亩以上。这是因为，《最高人民法院关于审理破坏林地资源刑事案件具体应用法律若干问题的解释》把防护林地和特种用途林地与基本农田相对应，把其他林地与基本农田以外的耕地相对应。防护林地、特种用途林地与其他林地之间保持两倍的比例关系，不同量刑档次的数量标准亦保持为两倍的比例关系。其实，《最高人民法院关于审理破坏林地资源刑事案件具体应用法律若干问题的解释》的第 1 条、第 2 条和第 3 条规定中，基本农田与耕地之间以及不同量刑档次的数量标准之间也是同样的比例关系。就《最高人民法院关于审理破坏林地资源刑事案件具体应用法律若干问题的解释》的具体内容而言，这样规定才能不失平衡，体现了相对的科学性、合理性和一致性。

2. 将造成非法批准征收、征用、占用林地并毁坏作为成立这种犯罪的定罪量刑标准之一，并明确具体化。《最高人民法院关于审理破坏林地资源刑事案件具体应用法律若干问题的解释》第 2 条第 3 项和第 3 条第 3 项分别规定，造成非法批准征用、占用的防护林地、特种用途林地毁坏的数量分别或者合计达到 5 亩以上和 10 亩以上，造成非法批准征用、占用其他林地毁坏的数量达到 10 亩以上和 20 亩以上。这样明确规定，使《刑法》第 410 条规定的"情节严重"和"致使国家或者集体利益遭受特别重大损失"在破坏林地资源犯罪方面更加具体化，有利于司法实践中的操作。

3. 《最高人民法院关于审理破坏林地资源刑事案件具体应用法律若干问题的解释》对非法批准征收、征用、占用林地造成直接经济损失数额的定罪量刑标准分别规定为 30 万元以上和 60 万元以上，这也与《最高人民法院关于审理破坏林地资源刑事案件具体应用法律若干问题的解释》的相关规定有所不同。根据有关部门提供的资料，一般林地的市场最低价格为 2 万元（无林地）到 25 万元（有林地），与一般土地的市场最低价格 2 万元差异不大。而 20 亩和 40 亩林地与非法批准征用、占用林地造成直接经济损失 30 万元和 60 万元的数额更为接近、合理。

四、非法批准征收、征用、占用土地罪与非法低价出让国有土地使用权罪案件办案思路及原则

（一）《刑法》第410条中"违反土地管理法规"的理解

《最高人民检察院政策研究室对〈贵州省人民检察院政策研究室关于对刑法第四百一十条"违反土地管理法规"如何理解问题的请示〉的答复》（高检研〔2017〕9号）中明确，根据全国人大常委会有关立法解释，《刑法》第410条规定的"违反土地管理法规"，是指违反《土地管理法》《森林法》《草原法》等法律以及有关行政法规中关于土地管理的规定。农业部《草原征占用审核审批管理办法》是有关行政主管部门为执行草原法所作出的细化规定，属部门规章，不属于《刑法》第410条规定的"土地管理法规"。

（二）非法批准征用、占用土地罪和非法低价出让国有土地使用权罪的定罪处罚标准

据国土资源部调查，已发生的非法批准征用、占用土地案件中，最大非法批地面积在100亩以上，最小面积在1亩以下，多发案件的面积数量在10亩以下。为了严格保护耕地、严厉制裁土地违法犯罪行为，同时也注意刑事制裁面不宜过宽。《解释》规定，非法批准征用、占用基本农田10亩以上的，或者非法批准征用、占用基本农田以外的耕地30亩以上的，或者非法批准征用、占用其他土地50亩以上的，属于非法批准征用、占用土地"情节严重"。此外，非法批准征用、占用土地造成的直接经济损失，也是衡量是否属于"情节严重"、构成犯罪的重要标准之一。这里的"直接经济损失"，主要是指非法批准征用、占用土地致使建筑物被拆毁、拆迁等费用。由于非法批准征用、占用土地构成犯罪的土地面积最低是10亩，如果规定损失数额标准太低，则容易混淆罪与非罪的界限。综合考虑各种因素，《解释》规定，非法批准征用、占用土地虽未达到面积数量标准，但非法批准征用、占用土地造成直接经济损失三十万元以上，或具有造成耕地大量毁坏等恶劣情节的，也属于非法批准征用、占用土地"情节严重"。

非法低价出让国有土地的定罪标准中的面积数量、价额比例以及造成国有土地资产流失的价额，也是按照这样的原则确定的。[①]

（三）非法批准征收、征用、占用土地罪类罪区分

1. 本罪与非法转让、倒卖土地使用权罪的界限。两罪都是违反土地管理法规，有关土地所有权、使用权的犯罪，而且都是故意犯罪，容易混淆。其区别是：（1）犯罪主体不同。本罪的主体是特殊主体，即国家机关工作人员；而非法转让、倒卖土地使用权罪的主体是一般主体，既可以是自然人，也可以是单位。（2）主观方面故意的内容不同。非法转让、倒卖土地使用权罪的直接故意是行为人有意识地通过非法转让、倒卖土地使用权，非法获取不正当的经济利益，如果行为人不具备牟利的目的，则不构成此罪，而本罪的故意是指行为人明知自己的行为违反土地管理法规，而仍非法批准征用、占用土

---

① 熊选国：《〈关于审理破坏土地资源刑事案件具体应用法律若干问题的解释〉的理解与适用》，载最高人民法院刑事审判第一庭、第二庭：《刑事审判参考》（总第10集），法律出版社2000年版，第85页。

地，并不以行为人是否具有牟利目的为成立条件。（3）客观方面不同。非法转让、倒卖土地使用权罪在客观上表现为实施了非法转让、倒卖土地使用权的行为。而"非法征收、征用、占有土地使用"是指以买卖、转让以外的其他形式非法转移土地使用的行为，即未按国家法律规定程序办理征收、征用或者划拨手续的行为或者未按规定办理审批手续的土地转让行为。（4）侵犯的客体不同。本罪侵犯的客体是国家机关对土地依法进行管理的正常活动，而非法倒卖、转让土地罪侵犯的客体是国家对土地使用权合法转让的管理制度。

2. 本罪与非法占用耕地罪的界限。二者的区别在于：（1）犯罪主体不同。非法占用耕地罪的犯罪主体是一般主体，自然人和单位都可以成为本罪主体，而本罪的主体是特殊主体，即国家机关工作人员。（2）犯罪客观方面不同。非法占用耕地罪的行为表现是非法"占用"，即违反土地利用总体规划或计划，未经批准或骗取批准，擅自将耕地改为建设用地或者作其他用途的情况。本罪的行为是违反国家土地管理法规，非法批准征收、征用、占用土地。犯罪对象并不仅仅限于耕地，而且其行为造成的危害结果并不一定是造成土地资源的大量毁坏，如行为人多次非法批准的，也可以构成本罪。

3. 行为人与国家机关工作人员合谋非法占用耕地，后由国家机关工作人员非法批准的行为应当如何认定。行为人与国家机关工作人员合谋，非法占用耕地，后由国家机关工作人员非法批准的行为如何认定，这实际上涉及相关共犯与罪数问题，即对渎职者是认定渎职罪还是他人所犯之罪共犯问题。司法实践中主要有两种做法：一种做法是认定为渎职罪；另一种做法是，原则上认定为渎职罪，但是，如果以共犯对渎职者认定处罚更重的，则应认定为共犯。从共同犯罪和罪数理论角度进行分析，在这种情况下，渎职者的渎职行为实际上兼有渎职罪构成要件和共犯构成要件的双重性质，即他的同一行为，在观念上、形式上同时符合两个犯罪构成，属于想象竞合犯形态，依照想象竞合犯的处罚原则，对行为人应当择一重罪处罚。因此，行为人与国家机关工作人员合谋，非法占用耕地，原则上应当认定为非法批准征用、占用土地罪，如果非法占用耕地的行为处罚更重的话，应该以非法占用土地罪的共犯处罚。

（四）非法低价出让国有土地使用权罪类罪区分

1. 本罪与徇私舞弊低价折股、出售国有资产罪的界限。两罪有一定的相同之处，即它们都是特殊主体低价出让公共财产的渎职行为。二者的区别是：第一，犯罪主体不同。前者的主体是国家机关工作人员；后者的主体是国有公司、企业或者其上级主管部门直接负责的主管人员。第二，犯罪客观方面不同。前者在客观方面表现为违反土地管理法规，徇私舞弊、滥用职权，非法低价出让国有土地使用权，情节严重的行为；后者在客观方面表现为将国有资产低价折股或者低价出售，致使国家利益遭受重大损失的行为。第三，犯罪对象不同。前者的犯罪对象是国有土地；后者的犯罪对象是一般的国有资产。

对于国家机关工作人员在转让企业产权中，徇私舞弊低价折股、出售国有资产，其中的行为对象包括国有土地的，也应当一并按照徇私舞弊低价折股、出售国有资产罪定罪处罚；如果行为对象仅仅只是企业的国有土地的，应当按照非法低价出让国有土地使用权罪定罪处罚。

2. 本罪与非法批准征用、占用土地罪的界限。本罪的客体、主体与主观方面与非法批准征用、占用土地罪相同，但在客观方面有所不同。本罪的客观方面是行为人违反土地管理法规，滥用职权，非法低价出让国有土地使用权，且情节严重的行为。

3. 本罪与非法转让、倒卖土地使用权罪的界限。从两罪所侵犯的对象上讲，同是土地的使用权，即土地使用者在依法使用的土地的占有、使用、开发、收益、处分的权利。二者在客观方面也有相似之处。"非法低价出让"即违反国家土地管理等行政法规，将土地使用权予以非法低价出让。"非法转让"即违反国家土地管理等行政法规，将土地使用权予以转让。非法低价出让土地使用权与非法转让、倒卖土地使用权罪的区别表现在：第一，前者的主体为国家机关工作人员。后者的主体为一般主体，包括自然人和单位。第二，前者的主观方面为故意，行为人往往是因贪图钱财、照顾关系等原因，明知是违反土地管理法规，仍然滥用职权非法出让国有土地使用权，动机是"徇私"，并不一定以牟利为目的。后者的主观方面也是故意，表现为以"牟利"为目的，非法转让倒卖土地。第三，前者在客观方面的表现，是违反土地管理法规，非法低价出让国有土地使用权。后者在客观方面的表现是违反土地管理法规，非法转让或者非法倒卖土地使用权，但是不一定是国有土地的使用权，也可以是集体土地的使用权。第四，从客体上讲，前者属渎职罪，后者属破坏社会主义市场经济秩序罪章中的扰乱市场秩序罪。

第二节　非法批准征收、征用、占用土地罪与非法低价出让国有土地使用权罪审判依据

一、法律

1. 《刑法》（2020 年 12 月 26 日修正）（节录）

第四百一十条　国家机关工作人员徇私舞弊，违反土地管理法规，滥用职权，非法批准征收、征用、占用土地，或者非法低价出让国有土地使用权，情节严重的，处三年以下有期徒刑或者拘役；致使国家或者集体利益遭受特别重大损失的，处三年以上七年以下有期徒刑。

2. 《土地管理法》（2019 年 8 月 26 日修正）（节录）

第七十九条　无权批准征收、使用土地的单位或者个人非法批准占用土地的，超越批准权限非法批准占用土地的，不按照土地利用总体规划确定的用途批准用地的，或者违反法律规定的程序批准占用、征收土地的，其批准文件无效，对非法批准征收、使用土地的直接负责的主管人员和其他直接责任人员，依法给予行政处分；构成犯罪的，依法追究刑事责任。非法批准、使用的土地应当收回，有关当事人拒不归还的，以非法占用土地论处。

非法批准征收、使用土地，对当事人造成损失的，依法应当承担赔偿责任。

3. 《草原法》（2021 年 4 月 29 日修正）（节录）

第六十三条　无权批准征收、征用、使用草原的单位或者个人非法批准征收、征用、使用草原的，超越批准权限非法批准征收、征用、使用草原的，或者违反法律规定的程

序批准征收、征用、使用草原，构成犯罪的，依法追究刑事责任；尚不够刑事处罚的，依法给予行政处分。非法批准征收、征用、使用草原的文件无效。非法批准征收、征用、使用的草原应当收回，当事人拒不归还的，以非法使用草原论处。

非法批准征收、征用、使用草原，给当事人造成损失的，依法承担赔偿责任。

二、立法解释

《全国人民代表大会常务委员会关于〈中华人民共和国刑法〉第二百二十八条、第三百四十二条、第四百一十条的解释》（2009 年 8 月 27 日第十一届全国人民代表大会常务委员会第十次会议修正）

全国人民代表大会常务委员会讨论了刑法第二百二十八条、第三百四十二条、第四百一十条规定的"违反土地管理法规"和第四百一十条规定的"非法批准征收、征用、占用土地"的含义问题，解释如下：

刑法第二百二十八条、第三百四十二条、第四百一十条规定的"违反土地管理法规"，是指违反土地管理法、森林法、草原法等法律以及有关行政法规中关于土地管理的规定。

刑法第四百一十条规定的"非法批准征收、征用、占用土地"，是指非法批准征收、征用、占用耕地、林地等农用地以及其他土地。

现予公告。

三、司法解释

1.《最高人民法院关于审理破坏土地资源刑事案件具体应用法律若干问题的解释》（2000 年 6 月 19 日　法释〔2000〕14 号）（节录）

第四条　国家机关工作人员徇私舞弊，违反土地管理法规，滥用职权，非法批准征用、占用土地，具有下列情形之一的，属于非法批准征用、占用土地"情节严重"，依照刑法第四百一十条的规定，以非法批准征用、占用土地罪定罪处罚：

（一）非法批准征用、占用基本农田十亩以上的；

（二）非法批准征用、占用基本农田以外的耕地三十亩以上的；

（三）非法批准征用、占用其他土地五十亩以上的；

（四）虽未达到上述数量标准，但非法批准征用、占用土地造成直接经济损失三十万元以上；造成耕地大量毁坏等恶劣情节的。

第五条　实施第四条规定的行为，具有下列情形之一的，属于非法批准征用、占用土地"致使国家或者集体利益遭受特别重大损失"：

（一）非法批准征用、占用基本农田二十亩以上的；

（二）非法批准征用、占用基本农田以外的耕地六十亩以上的；

（三）非法批准征用、占用其他土地一百亩以上的；

（四）非法批准征用、占用土地，造成基本农田五亩以上，其他耕地十亩以上严重毁坏的；

（五）非法批准征用、占用土地造成直接经济损失五十万元以上等恶劣情节的。

第六条　国家机关工作人员徇私舞弊，违反土地管理法规，非法低价出让国有土地使用权，具有下列情形之一的，属于"情节严重"，依照刑法第四百一十条的规定，以非法低价出让国有土地使用权罪定罪处罚：

（一）出让国有土地使用权面积在三十亩以上，并且出让价额低于国家规定的最低价额标准的百分之六十的；

（二）造成国有土地资产流失价额在三十万元以上的。

第七条 实施第六条规定的行为，具有下列情形之一的，属于非法低价出让国有土地使用权，"致使国家和集体利益遭受特别重大损失"：

（一）非法低价出让国有土地使用权面积在六十亩以上，并且出让价额低于国家规定的最低价额标准的百分之四十的；

（二）造成国有土地资产流失价额在五十万元以上的。

第九条 多次实施本解释规定的行为依法应当追诉的，或者一年内多次实施本解释规定的行为未经处理的，按照累计的数量、数额处罚。

2.《最高人民法院关于审理破坏林地资源刑事案件具体应用法律若干问题的解释》（2005年12月26日 法释〔2005〕15号）（节录）

第二条 国家机关工作人员徇私舞弊，违反土地管理法规，滥用职权，非法批准征用、占用林地，具有下列情形之一的，属于刑法第四百一十条规定的"情节严重"，应当以非法批准征用、占用土地罪判处三年以下有期徒刑或者拘役：

（一）非法批准征用、占用防护林地、特种用途林地数量分别或者合计达到十亩以上；

（二）非法批准征用、占用其他林地数量达到二十亩以上；

（三）非法批准征用、占用林地造成直接经济损失数额达到三十万元以上，或者造成本条第（一）项规定的林地数量分别或者合计达到五亩以上或者本条第（二）项规定的林地数量达到十亩以上毁坏。

第三条 实施本解释第二条规定的行为，具有下列情形之一的，属于刑法第四百一十条规定的"致使国家或者集体利益遭受特别重大损失"，应当以非法批准征用、占用土地罪判处三年以上七年以下有期徒刑：

（一）非法批准征用、占用防护林地、特种用途林地数量分别或者合计达到二十亩以上；

（二）非法批准征用、占用其他林地数量达到四十亩以上；

（三）非法批准征用、占用林地造成直接经济损失数额达到六十万元以上，或者造成本条第（一）项规定的林地数量分别或者合计达到十亩以上或者本条第（二）项规定的林地数量达到二十亩以上毁坏。

第四条 国家机关工作人员徇私舞弊，违反土地管理法规，非法低价出让国有林地使用权，具有下列情形之一的，属于刑法第四百一十条规定的"情节严重"，应当以非法低价出让国有土地使用权罪判处三年以下有期徒刑或者拘役：

（一）林地数量合计达到三十亩以上，并且出让价额低于国家规定的最低价额标准的百分之六十；

（二）造成国有资产流失价额达到三十万元以上。

第五条 实施本解释第四条规定的行为，造成国有资产流失价额达到六十万元以上的，属于刑法第四百一十条规定的"致使国家和集体利益遭受特别重大损失"，应当以非法低价出让国有土地使用权罪判处三年以上七年以下有期徒刑。

第六条　单位实施破坏林地资源犯罪的，依照本解释规定的相关定罪量刑标准执行。

第七条　多次实施本解释规定的行为依法应当追诉且未经处理的，应当按照累计的数量、数额处罚。

3.《最高人民法院关于审理破坏草原资源刑事案件应用法律若干问题的解释》（2012年11月2日　法释〔2012〕15号）（节录）

第三条　国家机关工作人员徇私舞弊，违反草原法等土地管理法规，具有下列情形之一的，应当认定为刑法第四百一十条规定的"情节严重"：

（一）非法批准征收、征用、占用草原四十亩以上的；

（二）非法批准征收、征用、占用草原，造成二十亩以上草原被毁坏的；

（三）非法批准征收、征用、占用草原，造成直接经济损失三十万元以上，或者具有其他恶劣情节的。

具有下列情形之一，应当认定为刑法第四百一十条规定的"致使国家或者集体利益遭受特别重大损失"：

（一）非法批准征收、征用、占用草原八十亩以上的；

（二）非法批准征收、征用、占用草原，造成四十亩以上草原被毁坏的；

（三）非法批准征收、征用、占用草原，造成直接经济损失六十万元以上，或者具有其他特别恶劣情节的。

4.《最高人民检察院关于渎职侵权犯罪案件立案标准的规定》（2006年7月26日高检发释字〔2006〕2号）（节录）

一、渎职犯罪案件

（二十一）非法批准征用、占用土地案（第四百一十条）

非法批准征用、占用土地罪是指国家机关工作人员徇私舞弊，违反土地管理法、森林法、草原法等法律以及有关行政法规中关于土地管理的规定，滥用职权，非法批准征用、占用耕地、林地等农用地以及其他土地，情节严重的行为。

涉嫌下列情形之一的，应予立案：

1. 非法批准征用、占用基本农田10亩以上的；

2. 非法批准征用、占用基本农田以外的耕地30亩以上的；

3. 非法批准征用、占用其他土地50亩以上的；

4. 虽未达到上述数量标准，但造成有关单位、个人直接经济损失30万元以上，或者造成耕地大量毁坏或者植被遭到严重破坏的；

5. 非法批准征用、占用土地，影响群众生产、生活，引起纠纷，造成恶劣影响或者其他严重后果的；

6. 非法批准征用、占用防护林地、特种用途林地分别或者合计10亩以上的；

7. 非法批准征用、占用其他林地20亩以上的；

8. 非法批准征用、占用林地造成直接经济损失30万元以上，或者造成防护林地、特种用途林地分别或者合计5亩以上或者其他林地10亩以上毁坏的；

9. 其他情节严重的情形。

（二十二）非法低价出让国有土地使用权案（第四百一十条）

非法低价出让国有土地使用权罪是指国家机关工作人员徇私舞弊，违反土地管理法、森林法、草原法等法律以及有关行政法规中关于土地管理的规定，滥用职权，非法低价出让国有土地使用权，情节严重的行为。

涉嫌下列情形之一的，应予立案：

1. 非法低价出让国有土地 30 亩以上，并且出让价额低于国家规定的最低价额标准的百分之六十的；

2. 造成国有土地资产流失价额 30 万元以上的；

3. 非法低价出让国有土地使用权，影响群众生产、生活，引起纠纷，造成恶劣影响或者其他严重后果的；

4. 非法低价出让林地合计 30 亩以上，并且出让价额低于国家规定的最低价额标准的百分之六十的；

5. 造成国有资产流失 30 万元以上的；

6. 其他情节严重的情形。

第三节　非法批准征收、征用、占用土地罪，非法低价出让国有土地使用权罪在审判实践中的疑难新型问题

问题 1. 具有发证审核权，但不具有决定权的工作人员能否成为非法批准征收、征用、占用土地罪的犯罪主体

非法批准征收、征用、占用土地罪的犯罪主体是具有土地征收、征用、占用审批权的国家机关工作人员。在土地、规划等管理部门中负责对土地征收、征用、占用申请进行审核的工作人员，虽然不负责最终批准，但其审核工作是国家有关部门颁发相应证书的基础和前提，与颁发证书具有直接因果关系，符合该罪的主体条件。需要明确的是，对不具有审核权，只是负责材料的收集、整理等工作的人员，不能构成本罪的主体。

【地方参考案例】张某某非法批准占用土地罪[①]

一、基本案情

被告人张某某自 2005 年 4 月至 2011 年 11 月担任某县国土资源局局长期间，居住在该县乡镇的部分住户在集体土地上修建住宅后，先后自行申请或持有与他人私下签定的《土地转让协议书》等向县国土资源局提出办理《国有土地使用权证》书面申请。张某某未作详细审查，在申请书上批示后，派该局地籍股工作人员调查后，先后在 163 份《土地登记审批表》上签署同意的审核意见，其中 17 份（面积 5555.71 平方米 8.321 亩）《土地登记审批表》由县主管领导在"县级以上人民政府审批意见"一栏中签字审批，13

---

① 甘肃省临夏市人民法院（2016）甘 2901 刑初 52 号刑事判决书。

份（面积 3335.75 平方米 5 亩）《土地登记审批表》在"县级以上人民政府审批意见"一栏中有主管领导签字审批但未加盖某县国土资源局土地专用章，118 份《土地登记审批表》上未经县级以上政府审批但加盖有被告人保管的县国土资源局土地专用章，另有 15 份（面积 3912.25 平方米 5.86 亩）《土地登记审批表》未经县主管领导签字审批亦未加盖县国土资源局专用章的情况下，为 47724.457 平方米（合计 71.587 亩）集体土地上建成的宅基地颁发了国有土地使用权证。

法院认为，被告人张某某虽然只具有发证审核权，不具有审批权，但因其行为导致违法发放《国有土地使用权证》，在发证过程中起到了积极作用，为此应当承担相应责任。据此，认定被告人张某某犯非法批准占用土地罪，免于刑事处罚。

二、案例评析

本案的争议焦点在于被告人张某某作为仅具有发证审核权而不具有最终决定权的国家工作人员，是否符合非法批准占用土地罪的犯罪主体条件，这也是该罪在实践当中存在的共性问题，但目前对于是否符合存在两种意见分歧。

一种意见认为，被告人张某某不是最终发放《国有土地使用权证》的决定人员，不符合主体条件，不应以犯非法批准占用土地罪追究被告人张某某的刑事责任。理由是：本罪是特殊主体，根据《刑法》规定，本罪主体仅指国家机关工作人员，主要是在各级政府中负责土地征收、征用审批的主管人员，以及土地管理、城市规划等部门负责审批的工作人员。从该规定中不难看出，构成该罪必须是对土地征收、征用、占用最后审批权的人员，若仅具有审核权，可以认为其无法决定土地征收、征用、占用的审批与否，审核通过后不代表批准了土地的征收或征用，明显与法律规定的犯罪主体条件不符。综上，在司法实践中类似本案被告人张某某仅具有审核权的人员均系非适格主体，因此，不构成本罪。

另一种意见认为，可以犯非法批准占用土地罪追究被告人张某某的刑事责任。理由是：《刑法》中关于该罪犯罪主体的规定不应狭隘地认为仅指具有最终决定权的人员。在实践当中，土地的审批是一个复杂的流程，可能历经多个部门、多位工作人员，若仅仅只包含最终的决定人员，无疑是大幅缩小了本罪的认定范围，严格来说应当按照各工作人员具体所起作用的大小来进行认定，若在土地批准中起到了较大积极作用的，无疑符合本罪的主体要件。本案中被告人张某某在审核中发挥了不可替代的积极作用，对最终的审批与否起到了与决定权无异的推动力，因此，认定其符合犯罪主体要件，构成非法批准占用土地罪并无不妥。

我们同意后一种意见。具体理由如下：

首先，从法律规定的角度分析，根据最高人民检察院《关于加强查办危害土地资源渎职犯罪工作的指导意见》（高检发渎检字〔2008〕12 号），在查办案件中，要分清渎职行为对危害后果所起的作用大小，正确区分主要责任人与次要责任人、直接责任人与间接责任人。对多因一果的有关责任人员，要分清主次，分别根据他们在造成危害土地资源损失结果发生过程中所起的作用，确定其罪责。要正确区分决策者与实施人员、监管人员的责任。因此，在本罪犯罪主体认定上不应局限在最终决定人员上，而应具体分析在土地审核中所起作用的大小，对于作用与主要责任人无异或稍逊于主要责任人，但也起到较大积极作用的，应当认定符合主体条件。

其次，从实践的角度分析，通过分析近几年的几起案件以及实践中土地审核的流程，不难发现，在土地审核中常涉及多个流程、多位国家工作人员，审核权虽然与最终决定权有一定的差异性，但其在土地审核过程中起到了把关、认可的一个积极作用，对于最终决定者的判断具有重要的推动力，实践中决定人员也多参考审核人员的意见来进行判断，因此，第二种意见更加符合现实的情况和要求。

最后，从立法精神的角度分析，土地是人类赖以生存的自然资源，国有土地是社会主义全民所有公共财产的重要组成部分，违法批准征收、征用、占用土地的行为，会造成国家土地资源的浪费，使耕地面积减少，土地使用收益流失。设立本罪的目的就是为了维护国家土地管理、城市规划等机关的正常活动以及其他有关国家机关的正常管理活动，保护国家土地的正常使用和收益，保障国家和人民合法权益。根据犯罪具体所起作用的大小来综合认定是否符合主体条件，能够更加有效的实现本罪设立目的，贯彻立法精神，有利于依法打击土地犯罪，维护国家、人民利益。

问题2. 非法低价租赁国有土地和非法低价作价出资或者入股作为企业投资的行为是否可以本罪论处

根据《土地管理法实施条例》第29条的规定，国有土地使用权的有偿使用方式包括三类：（1）国有土地使用权出让；（2）国有土地租赁；（3）国有土地使用权作价出资或者入股。这就存在一个问题，即《土地管理法》中是将国有土地租赁、国有土地使用权作价出资或者入股与国有土地使用权的出让并列规定为国有土地使用权的有偿使用方式的。但是，在国有土地的租赁的过程中，也存在非法以低价租赁国有土地的行为；在国有土地使用权作价出资或者入股的过程中，也存在非法低价作价出资或者入股的行为。对非法以低价租赁国有土地和非法低价作价出资或者入股的行为是否能以非法出让国有土地使用权罪论处？我们认为，无论是国有土地的租赁，还是国有土地使用权的作价出资或者入股，在实质上都是国有土地使用权的有偿出让，即属于广义上的国有土地使用权出让行为，在造成国有土地资产流失之社会危害性与狭义的国有土地使用权行为并无两样。根据有关规定，国家以土地使用权作价出资或入股作为对企业的投资，国家对企业享有相应的投资者权益（股权），企业享有以出让方式获得的土地使用权。可见，在将国有土地使用权作价出资或入股作为企业的投资时，国家其实是向该企业出让国有土地使用权，只不过该企业不直接支付国有土地使用权出让金，而是以其他有偿形式如股息等形式回报。如果以低价作价出资或入股作为企业的投资，同样会造成国有土地资产的流失的危害后果。

【地方参考案例】黄某远非法低价出让国有土地使用权案①

一、基本案情

2006年至2007年，被告人黄某远在担任上林县国土资源规划利用股股长兼招拍挂工作期间，伙同韦某茂（时任该局局长）、李某其（时任该局副局长）徇私舞弊，在对上林县大丰镇皇周社区寨柳庄SL2006-01号地块国有土地使用权招标拍卖挂牌出让的过程中，违反规定由开发商覃某甲（龙盛公司总经理，已判刑）代行政府职责对该宗地进行征地拆迁、土地平整及土地评估。在明知该宗地非净地且土地利用条件的容积率为≤2.0的情

---

① 广西壮族自治区上林县人民法院（2014）上刑初字第98号刑事判决书。

况下，被告人黄某远及韦某茂、李某其徇私舞弊，滥用职权，在出让方案中将覃某甲提供的容积率为 1.43 条件下的土地估价结果虚报为该宗地的土地估价结果即 2797.86 万元，导致 SL2006－01 号地块的国有土地使用权以 3088 万元的低价被出让给覃某甲任法定代表人的龙盛公司。经鉴定，SL2006－01 号地块的地价为人民币 4037 万元。因被告人黄某远及韦某茂、李某其实施的一系列滥用职权的行为，导致龙盛公司非法获利人民币 959 万元，造成国家土地出让金遭受人民 959 万元的特别重大损失。

二、案例评析

根据本案在案证据，被告人黄某远伙同韦某茂、李某其徇私舞弊，以显著低于市场价格的租金将地块出租给龙盛公司，造成国有资产重大损失。二十年低价租期的签订与土地低价出让的危害后果相似，无论是国有土地的租赁，还是国有土地使用权的作价出资或者入股，在实质上都是国有土地使用权的有偿出让，属于广义上的国有土地出让，若将次行为排除在外，显然无法起到惩处犯罪、维护国有资产的目的。因此，均应当认定为非法低价出让国有土地使用权罪。

问题 3. 非法低价转让国有土地使用权的行为是否能以本罪论处

【实务专论】

依照《城镇国有土地使用权出让和转让暂行条例》的规定，国有土地使用权的转让，是指国有土地使用者将土地使用权再转移的行为，包括出售、交换和赠与。未按照土地使用权出让合同规定的期限和条件投资开发、利用土地的，土地使用权不得转让。在我国国有土地使用权的转让具体包括以下几类：一是原出让土地使用权的转让；二是原划拨土地使用权的转让。《城市房地产管理法》第 40 条规定："以划拨方式取得土地使用权的，转让房地产时，应当按照国务院规定，报有批准权的人民政府审批。有批准权的人民政府准予转让的，应当由受让方办理土地使用权出让手续，并依照国家有关规定缴纳土地使用权出让金。以划拨方式取得土地使用权的，转让房地产报批时，有批准权的人民政府按照国家有关规定决定可以不办理土地使用权出让手续的，转让方应当按照国务院规定将转让房地产所获收益中的土地收益上缴国家或者作其他处理。"根据上述规定，我们可以得知，如果国家机关以低于国家规定的价格转让以划拨方式取得的国有土地使用权的（尤其是不办理土地使用权出让手续时），其社会危害性与狭义的非法低价"出让"国有土地使用权行为没有任何区别。此外，根据《土地管理法》的规定，并非所有的国有单位都可以划拨方式取得国有土地使用权，大多数国有单位如大部分国有企业也要以出让方式取得国有土地使用权，这些国有单位以出让方式取得国有土地使用权后，国家机关工作人员（例如，国有资产管理部门的工作人员）在一定条件下也可以低价转让这种由国有单位行使的原来以出让方式获得的土地使用权。因而我们认为，国家机关工作人员非法低价转让国有土地使用权，情节严重的，也应以非法低价出让国有土地使用权罪论处。简而言之，《刑法》第 410 条中的非法低价出让国有土地使用权罪中之"出让"应作广义理解，不可完全按照土地管理相关法规中将"转让"和"出让"区分开来将出让作狭义理解的做法。具体来说，《刑法》第 410 条中的出让应当理解为转让。

问题4. 将本应以出让方式有偿转移用地者使用的国有土地使用权以无偿划拨的形式给予他人使用造成巨额国有土地资产流失的，是否属于非法低价出让国有土地使用权的行为

【实务专论】

非法低价出让国有土地使用权罪所指的非法低价转让，并非仅指低于出让最低价出让，还包括低于土地正常的市场价格出让。实践中，还存在徇私舞弊将本应以出让的方式转移国有土地使用权，但行为人徇私舞弊，非法以划拨方式无偿给予用地者国有土地使用权，对这种行为也应当以非法低价出让国有土地使用权罪论处，这实际上是一种无偿出让国有土地使用权的行为，是低价出让国有土地使用权的极端形式。

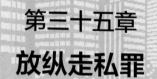

第三十五章
放纵走私罪

第一节　放纵走私罪概述

一、放纵走私罪的概念及构成要件

放纵走私罪，是指海关工作人员徇私舞弊，违反法律规定，明知是走私行为而予以放纵，使之不受查究，情节严重的行为。

（一）客体要件

本罪侵害的客体是国家的海关监管制度。海关是国家的进出境监督管理机关。它依照我国《海关法》和其他法律、法规，主要从事监管进出境的运输工具、货物、行李物品、邮递物品和其他物品，征收关税和其他税、费，查缉走私等海关业务。加强海关的管理，对维护国家的主权和利益，促进对外经济贸易和科技文化交往，保障社会主义现代化建设，具有重要作用。海关工作人员徇私舞弊，放纵走私，不仅纵容走私违法犯罪行为，破坏了海关监督秩序，使国家海关法律、法规的顺利实施受到严重干扰，还损害了国家机关特别是海关的威信。

（二）客观要件

本罪在客观上表现为本罪在客观方面表现为海关工作人员，徇私舞弊，放纵走私，情节严重的行为。放纵走私，是指海关工作人员为贪图财物、徇护亲友或者其他私情私利，对明知是走私行为而予以放纵的行为。徇私舞弊的方法，通常表现为搜集、制造提供假证据材料，篡改、毁灭证实真相的证据材料，歪曲事实，或者通风报信、私放、窝藏走私分子或者私放走私货物进出国（边）境等方法，纵容走私违法犯罪活动。需要注意的是，海关工作人员徇私舞弊，放纵走私的行为，一般只能发生在侦查或者查处阶段。所谓情节严重是指：多次放纵走私；放纵多名走私行为人；放纵走私犯罪分子；放纵走私行为造成严重后果的。参照《最高人民检察院关于渎职侵权犯罪案件立案标准的规定》

的规定，涉嫌下列情形之一的，应予立案：（1）放纵走私犯罪的；（2）因放纵走私致使国家应收税额损失累计达 10 万元以上的；（3）放纵走私行为 3 起次以上的；（4）放纵走私行为，具有索取或者收受贿赂情节的；（5）其他情节严重的情形。

（三）主体要件

本罪的犯罪主体为特殊主体，即海关工作人员。这里的"海关工作人员"，是指在我国海关机构中从事公务的人员。"海关机构"主要是指国务院设立的海关总署以及在对外开放的口岸和海关监管业务集中的地点，设立的依法独立行使职权的海关机构。我国目前主要在以下地点设立海关机构：（1）开放对外贸易的港口；（2）边境火车站、汽车站和主要国际联运火车站；（3）边境地区的陆路和江河上准许货物和人员进出的地点；（4）国际航空站；（5）国际邮件互换局（站）；（6）其他对外开放口岸和海关监管业务比较集中的地点；（7）国务院特许或者其他需要设立海关的地点。海关机构按层级分为海关总署；直接由海关总署领导，负责管理一定区域范围内的海关业务的直属海关；由直属海关领导，负责办理具体海关业务的隶属海关。海关总署、直属海关和隶属海关的工作人员，都属于本条规定的"海关工作人员"。

放纵走私罪与徇私舞弊不移交刑事案件罪的界限。放纵走私罪表现为行为人为贪图钱财袒护亲友或者徇其他私情私利，弄虚作假，违背法律，对明知是走私行为而予以放纵，使之不受到查究的行为；主体只能是海关工作人员。徇私舞弊不移交刑事案件罪表现为，对依法应当移送司法机关追究刑事责任的不移交，情节严重的行为。也就是行政执行人员在履行职责的过程中，明知违法行为已构成犯罪，依法应当移送司法机关追究刑事责任而不移送，予以掩饰、隐瞒或者大事化小，以行政处罚代替刑事处罚；主体不仅是海关工作人员，还包括公安、税务、工商等行政执法机关的工作人员。如果海关工作人员明知走私行为构成犯罪，应当移送司法机关追究刑事责任而不移交，而是枉法作出行政处罚，以罚代刑的行为，应当按照徇私舞弊不移交刑事案件处理。

（四）主观要件

本罪在主观方面必须是出于故意，即行为人明知自己的徇私舞弊行为是违反有关法律规定的，明知自己行为可能产生的后果，而对这种后果的发生持希望或者放任的态度。过失不构成本罪。

二、放纵走私罪案件审理情况

放纵走私罪系 1997 年《刑法》修订时增设的罪名，旨在打击海关执法过程中的腐败渎职乱象，有利于维护海关监管秩序。

通过中国裁判文书网检索，2017 年至 2022 年，全国法院审结一审放纵走私案共计 16 件，其中，2017 年 8 件，2018 年 5 件，2019 年 2 件，2020 年 1 件。

司法实践中放纵走私罪主要呈现以下特点及趋势：该类案件案发地域较为集中，主要集中在经济发达的广东省等东南沿海地区以及云南省等边境省份。

三、放纵走私罪案件审理热点、难点问题

1. 海关人员放纵走私且参与走私行为的认定。一些海关人员除了作为走私团伙的成

员参与走私外，在查私过程中，还为其他走私团伙成员开脱，不追究其刑事责任。对此应当以走私罪和放纵走私罪数罪并罚，原因在于海关人员在走私后利用自己的职权逃避查获的行为属于不可罚的事后行为，但积极为同案犯开脱的行为则侵犯了其他的法益，不是不具有期待可能性的行为，应当数罪并罚。

2. 事前有通谋的放纵走私行为如何定性。海关人员与走私犯罪分子事先通谋，并在走私过程中利用本人职务便利积极配合，放纵走私的，应当根据个案情况予以认定，如果海关人员长期放纵某个走私团伙的走私行为，且在通谋中积极帮助策划走私的路线、方式等具体手段，此时应当认定为走私罪的共犯。如果海关人员仅是明知走私行为而予以放纵，并未积极参与策划实施走私行为，此时宜认定为放纵走私罪，而非走私罪的共犯。

四、放纵走私罪案件办案思路及原则

1. 放纵走私罪与走私罪共犯的界限。如果查明海关工作人员与走私分子相互勾结、积极帮助、共同走私的，应当按照走私罪定罪处罚。2002年最高人民法院、最高人民检察院、海关总署联合颁布《办理走私刑事案件适用法律若干问题的意见》，其中第16条第1款明确规定："放纵走私行为，一般是消极的不作为。如果海关工作人员与走私分子通谋，在放纵走私过程中以积极的行为配合走私分子逃避海关监管或者在放纵走私之后分得赃款的，应以共同走私犯罪追究刑事责任。"

2. 放纵走私罪与受贿罪数罪并罚的情形认定。最高人民法院、最高人民检察院、海关总署《关于办理走私刑事案件适用法律若干问题的意见》认为，海关工作人员收受贿赂又放纵走私的，应以受贿罪和放纵走私罪数罪并罚。

第二节　放纵走私罪审判依据

一、法律

1.《刑法》（2020年12月26日修正）

第四百一十一条　海关工作人员徇私舞弊，放纵走私，情节严重的，处五年以下有期徒刑或者拘役；情节特别严重的，处五年以上有期徒刑。

2.《海关法》（2021年4月29日修正）

第七十二条　海关工作人员必须秉公执法，廉洁自律，忠于职守，文明服务，不得有下列行为：

（一）包庇、纵容走私或者与他人串通进行走私；

（二）非法限制他人人身自由，非法检查他人身体、住所或者场所，非法检查、扣留进出境运输工具、货物、物品；

（三）利用职权为自己或者他人谋取私利；

（四）索取、收受贿赂；

（五）泄露国家秘密、商业秘密和海关工作秘密；

（六）滥用职权，故意刁难，拖延监管、查验；

（七）购买、私分、占用没收的走私货物、物品；

（八）参与或者变相参与营利性经营活动；

（九）违反法定程序或者超越权限执行职务；

（十）其他违法行为。

第九十六条 海关工作人员有本法第七十二条所列行为之一的，依法给予行政处分；有违法所得的，依法没收违法所得；构成犯罪的，依法追究刑事责任。

二、司法解释

《最高人民检察院关于渎职侵权犯罪案件立案标准的规定》（2006 年 7 月 26 日　高检发释字〔2006〕2 号）（节录）

一、渎职犯罪案件

（二十三）放纵走私案（第四百一十一条）

放纵走私罪是指海关工作人员徇私舞弊，放纵走私，情节严重的行为。

涉嫌下列情形之一的，应予立案：

1. 放纵走私犯罪的；

2. 因放纵走私致使国家应收税额损失累计达 10 万元以上的；

3. 放纵走私行为 3 起次以上的；

4. 放纵走私行为，具有索取或者收受贿赂情节的；

5. 其他情节严重的情形。

三、司法政策文件

《最高人民法院、最高人民检察院、海关总署关于办理走私刑事案件适用法律若干问题的意见》（2002 年 7 月 8 日　法〔2002〕139 号）（节录）

十六、关于放纵走私罪的认定问题

依照刑法第四百一十一条的规定，负有特定监管义务的海关工作人员徇私舞弊，利用职权，放任、纵容走私犯罪行为，情节严重的，构成放纵走私罪。放纵走私行为，一般是消极的不作为。如果海关工作人员与走私分子通谋，在放纵走私过程中以积极的行为配合走私分子逃避海关监管或者在放纵走私之后分得赃款的，应以共同走私犯罪追究刑事责任。

海关工作人员收受贿赂又放纵走私的，应以受贿罪和放纵走私罪数罪并罚。

第三节　放纵走私罪在审判实践中的疑难新型问题

问题　如何认定非海关国家工作人员身份的国家工作人员受贿后放纵走私的行为

对海关工作人员以外的其他国家工作人员（其他党政机关、公安边防人员等）利用职务之便，保护及放纵走私的情况，根据《刑法》规定，可以以滥用职权罪定罪处罚，如果接受走私分子贿赂的数额较大或者情节严重，其受贿行为又构成受贿罪的，应当以受贿罪、滥用职权罪数罪并罚。

【地方参考案例】张某强滥用职权、受贿案①

2016年8月至2017年6月，被告人张某强在担任武警文山州边防支队某边境检查站站长期间，与时任该检查站教导员的李某1（另案处理）及走私人员李某3等人约定，走私过货以每车500元或者每吨大米50元、每头生猪20元收取好处费。多次通过撤回巡查士兵、安排过货时间、路线或者直接放行等方式给走私人员李某2、李某3、张某1等人提供帮助，致使大量从越南走私的大米、生猪顺利通过并运到文山州境内非法销售。其间，被告人张某强多次收受走私人员李某2、李某3、张某1分别送给的现金，共计人民币12.1万元。

云南省文山壮族苗族自治州中级人民法院院认为，被告人张某强目无国法，利用职务便利，为走私人员提供帮助并多次收受走私人员现金共计12.1万元的事实清楚，证据确实、充分。本案造成大量走私的越南大米和来自疫区的越南生猪非法进入文山州境内销售，一方面冲击和扰乱了国内市场，另一方面造成了恶劣的社会影响，依法应当认定为《刑法》第397条规定的"致使国家和人民利益遭受重大损失"。因此，被告人张某强的行为已触犯刑律，构成受贿罪、滥用职权罪，依法应数罪并罚。判决认定被告人张某强犯受贿罪，判处有期徒刑一年，并处罚金人民币10万元；犯滥用职权罪，判处有期徒刑一年。总和刑期二年，决定执行有期徒刑一年零六个月，并处罚金人民币10万元。

二、案例评析

本案的焦点在于对被告人张某强行为的定性以及是否应当数罪并罚。

关于对张某强行为的定性，关键在于准确区分放纵走私罪与滥用职权罪，本案中从主体上看张某强系某边境检查站站长，并非海关工作人员，由于主体要件不符，必然不构成放纵走私罪。张某强利用其担任边境检查站站长的职务便利，为走私人员提供帮助，造成大量走私的越南大米和来自疫区的越南生猪非法进入文山州境内销售，一方面冲击和扰乱了国内市场，另一方面造成了恶劣的社会影响，应当认定为刑法第397条规定的"致使国家和人民利益遭受重大损失"，其行为应认定为滥用职权罪。

关于是否应当数罪并罚有两种意见，第一种意见认为张某强滥用职权放纵走私的行

---

① 云南省文山壮族苗族自治州中级人民法院（2018）云26刑初16号刑事判决书。

为属于受贿罪中为他人谋取利益的内容，属于受贿罪的构成要件之一，应该择一重罪即以受贿罪定罪处罚即可。第二种意见认为应对张某强以受贿罪、滥用职权罪数罪并罚。我们同意第二种意见，理由如下：

《关于办理渎职刑事案件具体应用法律若干问题的解释（一）》对实施渎职行为并收受贿赂，同时构成渎职犯罪和受贿罪的，是择一重罪处罚还是实行数罪并罚，持并罚立场，其主要考虑是：（1）牵连犯择一重罪处理的理论观点，不具有普遍适用性，《刑法》和相关司法解释中不乏数罪并罚的规定。（2）成立受贿犯罪不以实际为他人谋取利益、更不以渎职为他人谋取非法利益为条件，受贿与渎职相对独立，实行并罚不存在明显的重复评价问题。（3）择一重罪处理难以满足从严惩治渎职犯罪的实践需要。受贿罪的处罚通常重于渎职罪，加之实践中检察机关对于牵连犯中的轻罪一般不再起诉，择一重罪处理不利于司法上对渎职罪全面、充分地作出评价。故本案中张某强构成受贿罪、滥用职权罪，应对其数罪并罚。

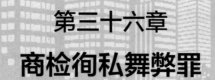

第三十六章
商检徇私舞弊罪

第一节　商检徇私舞弊罪概述

一、商检徇私舞弊罪的概念及构成要件

商检徇私舞弊罪，是指国家商检部门、商检机构的工作人员徇私舞弊，故意伪造检验结果的行为。

（一）客体要件

本罪侵害的客体是国家进出口商品检验部门、机构的正常活动及国家其他有关机关的正常活动。

（二）客观要件

本罪在客观上表现为国家商检部门、商检机构的工作人员徇私舞弊，故意伪造检验结果的行为。本罪是行为犯，只要行为人实施了伪造检验结果的行为，就已经侵犯了国家的进出口商检制度，构成犯罪既遂。造成严重后果，只是加重法定刑的问题。

（三）主体要件

本罪的犯罪主体为特殊主体，即国家商检部门、商检机构的工作人员。

（四）主观要件

本罪在主观方面本罪在主观方面只能由故意构成，过失不构成本罪。

二、商检徇私舞弊罪案件审理情况

商检徇私舞弊罪系 1997 年《刑法》增设的罪名，旨在打击国家商检部门、商检机构的工作人员徇私舞弊的行为。

通过中国裁判文书网检索，2017 年至 2022 年，全国法院审结一审商检徇私舞弊案件共计 3 件，2017 年审结 1 件，2022 年审结 2 件。

司法实践中，商检徇私舞弊罪案件主要呈现出以下特点及趋势：本罪相关案例较少，近年的两起案件均由天津市的法院审结。

三、商检徇私舞弊罪案件审理热点、难点问题

徇私舞弊与伪造检验结果的关系。从徇私舞弊和伪造检验结果的关系看，二者存在因果关系。即徇私舞弊是原因，而伪造检验结果是徇私舞弊的必然结果。在认定本罪时，二者不可分离。如果行为人仅仅有徇私舞弊的行为，而没有伪造检验结果，就不能认定为本罪。如果情节严重，需要按照犯罪处理的，可以按照《刑法》第 397 条的规定，按照一般的渎职犯罪处理。如商检机构的工作人员滥用职权、徇私舞弊或者玩忽职守、不依法履行处罚工作职责，没有伪造检验结果，只是造成当事人遭受重大损害的；国家商检部门、商检机构的工作人员滥用职权，故意刁难的；或者玩忽职守，延误检验出证的等。

四、商检徇私舞弊罪案件办案思路及原则

1. 在司法实践中应注意区分、准确区分商检徇私舞弊罪与商检失职罪的界限。二者的区别在于主观方面不同。商检失职罪出于过失，而商检徇私舞弊罪则是出于故意。同属应当检验进出口商品而不检验的行为，如果行为人明知不合格或者可能不合格而放任国家利益遭受损失的，则属明知，如果为了徇私，对之就应以商检徇私舞弊罪治罪。反之，出于过失，即虽知道被检商品有可能不合格并因此可能造成国家利益遭受重大损失，但根据进出口双方的品质、信誉等各种因素，轻信能够避免，结果发生了严重后果的，此时，则就应以商检失职罪论处。

2. 对国家商检部门、商检机构的理解。国务院设立进出口商品检验部门，主管全国进出口商品检验工作。国务院所设立的进出口商品检验机构的名称经历了不少变化，刚开始称为国家商品检验局，随后又改称国家进出口商品检验局，1998 年国家进出口商品检验局、卫生部卫生检疫局、农业部动植物检疫局共同组建国家出入境检验检疫局，2001 年国家出入境检验检疫局与国家质量技术监督局合并，组建国家质量监督检验检疫总局（简称国家质检总局），2018 年国家质检总局的出入境检验检疫管理职责和队伍划入海关总署。目前海关总署主管全国进出口商品检验工作。所谓商检机构，是指海关总署设在省、自治区、直辖市以及进出口商品的口岸、集散地的出入境检验检疫机构及其分支机构，即各省、市、自治区的出入境检验检疫局。应当注意的是，在国家商检部门或商检机构指定的检验机构中工作的人员，如果有徇私舞弊，伪造检验结果的行为，也应以本罪论处。所谓国家商检部门或商检机构指定的检验机构，是指国家商检部门指定的关于专门从事进出口商品检验的法人机构，如中国进出口商品检验总公司及其分公司，以及由于某些商品具有特殊性，一般检验机构很难从事这项检验工作，国家指定的专门负责对特殊进出口商品进行检验的有关机构，根据《进出口商品检验法实施条例》的规定，进出口药品的质量检验、计量器具的量值检定、锅炉压力容器的安全监督检验、船舶（包括海上平台、主要船用设备及材料）和集装箱的规范检验、飞机（包括飞机发动机、机载设备）的适航检验以及核承压设备的安全检验等项目，由有关法律、行政法规规定的机构实施检验。

第二节　商检徇私舞弊罪审判依据

一、法律

1. 《刑法》（2020 年 12 月 26 日修正）（节录）

第四百一十二条第一款　国家商检部门、商检机构的工作人员徇私舞弊，伪造检验结果的，处五年以下有期徒刑或者拘役；造成严重后果的，处五年以上十年以下有期徒刑。

2. 《进出口商品检验法》（2021 年 4 月 29 日修正）（节录）

第三十六条　国家商检部门、商检机构的工作人员滥用职权，故意刁难的，徇私舞弊，伪造检验结果的，或者玩忽职守，延误检验出证的，依法给予行政处分；构成犯罪的，依法追究刑事责任。

二、司法解释

《最高人民检察院关于渎职侵权犯罪案件立案标准的规定》（2006 年 7 月 26 日　高检发释字〔2006〕2 号）（节录）

一、渎职犯罪案件

（二十四）商检徇私舞弊案（第四百一十二条第一款）

商检徇私舞弊罪是指出入境检验检疫机关、检验检疫机构工作人员徇私舞弊，伪造检验结果的行为。

涉嫌下列情形之一的，应予立案：

1. 采取伪造、变造的手段对报检的商品的单证、印章、标志、封识、质量认证标志等作虚假的证明或者出具不真实的证明结论的；

2. 将送检的合格商品检验为不合格，或者将不合格商品检验为合格的；

3. 对明知是不合格的商品，不检验而出具合格检验结果的；

4. 其他伪造检验结果应予追究刑事责任的情形。

第三节　商检徇私舞弊罪在审判实践中的疑难新型问题

问题　国家商检部门、商检机构工作人员实施商检徇私舞弊行为又收受他人贿赂，同时构成商检徇私舞弊罪和受贿罪，是否应数罪并罚

国家商检部门、商检机构工作人员，为了谋取个人私利，在商品入境检验过程中，徇私舞弊，故意伪造检验结果，又收受他人贿赂，其行为同时构成商检徇私舞弊罪和受贿罪，应当以商检徇私舞弊罪和受贿罪数罪并罚。

【地方参考案例】宋某商检徇私舞弊、受贿案[①]

一、基本案情

被告人宋某于 2014 年 2 月至 2020 年 3 月，先后担任天津出入境检验检疫局化矿金属材料检测中心（天津出入境检验检疫局所属事业单位）冶炼原料检测实验室、天津海关化矿金属材料检测中心（天津海关所属事业单位）冶炼原料检测实验室副主任，负责实验室内部日常检验工作安排、落实质量措施、监督检验质量、控制检验流程、签发检验报告等工作。2015 年 9 月至 2019 年 5 月，被告人宋某实施了多次商检徇私舞弊、受贿的事实，具体如下：

1. 商检徇私舞弊的事实

2016 年 9 月至 2019 年 5 月，被告人宋某利用其职务上便利，在天津市德利货运代理有限公司进口的铜精矿报检过程中，受该公司经理李某的请托，在明知报检的铜精矿有害元素氟含量不符合限量值要求的情况下，为避免该公司的货物被退运或销毁，先后 30 余次指使其所在实验室下属工作人员胡某新（另案处理）将超标的检测数据修改为达标数据，并伪造检验结果。

2. 受贿的事实

2016 年 9 月至 2019 年 5 月，被告人宋某利用职务上的便利，接受李某的请托，实施上述徇私舞弊、伪造检验结果的行为期间，先后多次收受李某以微信转账形式所送好处费人民币 75000 元。被告人宋某将上述受贿款中的人民币 28000 元转交胡某新。

2018 年 1 月至 2019 年 5 月，被告人宋某利用其职务上的便利，在天津市德利货运代理有限公司代理进口的铬矿、锰矿报检过程中，受该公司经理李某的请托，多次指使其所在实验室下属工作人员武某（另案处理）为天津市德利货运代理有限公司报检的进口铬矿、锰矿安排优先检测及在合理允差范围内修改主含量检测数据。其间，被告人宋某多次收受李某以微信转账形式所送好处费人民币 57000 元。被告人宋某将上述受贿款中的人民币 28500 元转交武某。

2015 年 9 月至 2019 年 3 月，被告人宋某还多次通过微信转账的形式收受李某所送好处费人民币共计 9165.76 元。

[①] 天津市滨海新区人民法院（2021）津 0116 刑初 258 号刑事判决书。

综上，被告人宋某通过微信转账的形式收取李某所送好处费共计人民币141165.76元。

天津市滨海新区人民法院判决认定被告人宋某犯商检徇私舞弊罪，判处有期徒刑二年六个月；犯受贿罪，判处有期徒刑二年，并处罚金人民币十万元；决定执行有期徒刑四年，并处罚金人民币十万元。

二、案例评析

本案的争议焦点在于是否应当对宋某以渎职犯罪和受贿罪数罪并罚，对此形成了两种意见，第一种意见认为宋某只构成受贿罪，第二种意见认为对宋某应以商检徇私舞弊罪和受贿罪数罪并罚。我们同意第二种意见，理由如下：

最高人民法院、最高人民检察院《关于办理渎职刑事案件适用法律若干问题的解释（一）》第3条规定，国家机关工作人员实施渎职犯罪并收受贿赂，同时构成受贿罪的，除《刑法》另有规定外，以渎职犯罪和受贿罪数罪并罚。《最高人民法院、最高人民检察院关于办理贪污贿赂刑事案件适用法律若干问题的解释》第17条的规定，国家工作人员利用职务上的便利，收受他人财物，为他人谋取利益，同时构成受贿罪和渎职犯罪的，除《刑法》另有规定外，以受贿罪和渎职犯罪数罪并罚。而本案中，被告人宋某身为国家商检部门、商检机构工作人员，为了谋取个人私利，在商品入境检验过程中，将超标的检测数据修改为达标数据，并伪造检验结果，又收受他人贿赂，其行为同时构成商检徇私舞弊罪和受贿罪，应当以商检徇私舞弊罪和受贿罪数罪并罚。

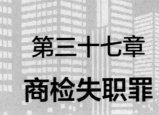

第三十七章
商检失职罪

第一节　商检失职罪概述

一、商检失职罪的概念及构成要件

商检失职罪，是指国家商检部门、商检机构的工作人员玩忽职守，严重不负责任，对应当检验的物品不检验，或者延误检验出证，错误出证，导致国家利益遭受重大损失的行为。

（一）客体要件

本罪侵害的客体是国家进出口商品检验部门、机构的正常活动及国家其他有关机关的正常活动。

（二）客观要件

本罪在客观上表现为国家商检部门、商检机构的工作人员玩忽职守，严重不负责任，对应当检验的物品不检验，或者延误检验出证，错误出证，导致国家利益遭受重大损失的行为。本罪属结果犯，只有使国家利益遭受重大损失的，才构成犯罪。

（三）主体要件

本罪的犯罪主体为特殊主体，即国家商检部门、商检机构的工作人员。

（四）主观要件

本罪在主观方面只能由过失构成，故意不构成本罪。

二、商检失职罪案件审理情况

商检失职罪系 1997 年《刑法》增设的罪名，明确了该罪的构成要件和刑罚适用，为依法惩治商检失职犯罪提供了法律依据。

通过中国裁判文书网检索，2017 年至 2022 年，未发现审结此类案件。

三、商检失职罪案件审理热点、难点问题

本罪中玩忽职守，严重不负责任的具体表现。（1）对应当检验的物品不检验。根据《进出口商品检验法》的规定，进出口商品检验由国家商检部门制定、调整必须实施检验的进出口商品目录并公布实施，列入目录的进出口商品，由商检机构实施检验。应当检验而不检验，并出于过失致使国家利益遭受重大损失的，则即构成本罪。应当检验而不检验，既包括根本不做检验，又包括虽然检验但只对部分物品及内容进行检验，即不对应当检验的进出口商品就其品种、质量、规格、数量、重量、包装以及是否符合安全、卫生要求等作全面的检验。（2）延误检验出证。是指虽然对应当检验的进出口商品进行了检验，但由于工作拖拉而致商品检验出具结果超出了法定的商品检验出证的期限。此时，只要超出了时间，不论其检验结果是否出错，都可构成本罪客观行为。根据《进出口商品检验法》规定，对进出口商品，商检机构应当在国家商检部门统一规定的期限内检验完毕，并出具检验证单。（3）错误出证。是指对应检商品进行检验后所出具的检验结果证明内容错误，与被检商品的客观情况不相符合，如把合格检验为不合格，不合格又检验成合格等。既可以是检验的全部内容不符合事实，也可以是其中的部分内容，如规格、数量、包装等部分内容不符合事实。

四、商检失职罪案件办案思路及原则

1. 在司法实践中应注意区分商检失职罪与出具证明文件重大失实罪的界限。二者的区别主要是：（1）犯罪客观方面的表现不同。商检失职罪责表现为行为人严重不负责任，对应当检验的物品不检验，或者延误检验、错误出证，致使国家利益遭受重大损失的情形；而出具证明文件重大失实罪表现为行为人严重不负责任，出具的证明文件有重大失实，造成严重后果的情形。（2）犯罪主体不同。商检失职罪的主体是国家商检部门、商检机构的工作人员；而出具证明文件重大失实罪的主体是承担资产评估、验资、验证、会计、审计、法律服务、保荐、安全评价、环境影响评价、环境监测等职责的中介组织及其人员。商检失职罪的主体只能由自然人构成，不能由单位构成；而出具证明文件重大失实罪的犯罪主体既可以由自然人构成，也可以由单位构成。

第二节 商检失职罪审判依据

一、法律

1. 《刑法》（2020 年 12 月 26 日修正）（节录）

第四百一十二条第二款 前款所列人员严重不负责任，对应当检验的物品不检验，

或者延误检验出证、错误出证，致使国家利益遭受重大损失的，处三年以下有期徒刑或者拘役。

2.《进出口商品检验法》（2021 年 4 月 29 日修正）（节录）

第三十六条 国家商检部门、商检机构的工作人员滥用职权，故意刁难的，徇私舞弊，伪造检验结果的，或者玩忽职守，延误检验出证的，依法给予行政处分；构成犯罪的，依法追究刑事责任。

二、司法解释

《最高人民检察院关于渎职侵权犯罪案件立案标准的规定》（2006 年 7 月 26 日　高检发释字〔2006〕2 号）（节录）

一、渎职犯罪案件
（二十五）商检失职案（第四百一十二条第二款）
商检失职罪是指出入境检验检疫机关、检验检疫机构工作人员严重不负责任，对应当检验的物品不检验，或者延误检验出证、错误出证，致使国家利益遭受重大损失的行为。

涉嫌下列情形之一的，应予立案：
1. 致使不合格的食品、药品、医疗器械等商品出入境，严重危害生命健康的；
2. 造成个人财产直接经济损失 15 万元以上，或者直接经济损失不满 15 万元，但间接经济损失 75 万元以上的；
3. 造成公共财产、法人或者其他组织财产直接经济损失 30 万元以上，或者直接经济损失不满 30 万元，但间接经济损失 150 万元以上的；
4. 未经检验，出具合格检验结果，致使国家禁止进口的固体废物、液态废物和气态废物等进入境内的；
5. 不检验或者延误检验出证、错误出证，引起国际经济贸易纠纷，严重影响国家对外经贸关系，或者严重损害国家声誉的；
6. 其他致使国家利益遭受重大损失的情形。

第三节　商检失职罪在审判实践中的疑难新型问题

问题　国家商检部门、商检机构工作人员实施商检徇私舞弊行为又收受他人贿赂，同时构成商检徇私舞弊罪和受贿罪，是否应数罪并罚

国家商检部门、商检机构工作人员，为了谋取个人私利，在商品入境检验过程中，徇私舞弊，故意伪造检验结果，又收受他人贿赂，其行为同时构成商检徇私舞弊罪和受贿罪，应当以商检徇私舞弊罪和受贿罪数罪并罚。

【地方参考案例】宋某商检徇私舞弊、受贿案①

一、基本案情

被告人宋某于 2014 年 2 月至 2020 年 3 月，先后担任天津出入境检验检疫局化矿金属材料检测中心（天津出入境检验检疫局所属事业单位）冶炼原料检测实验室、天津海关化矿金属材料检测中心（天津海关所属事业单位）冶炼原料检测实验室副主任，负责实验室内部日常检验工作安排、落实质量措施、监督检验质量、控制检验流程、签发检验报告等工作。2015 年 9 月至 2019 年 5 月，被告人宋某实施了多次商检徇私舞弊、受贿的事实，具体如下：

1. 商检徇私舞弊的事实

2016 年 9 月至 2019 年 5 月，被告人宋某利用其职务上便利，在天津市德利货运代理有限公司进口的铜精矿报检过程中，受该公司经理李某的请托，在明知报检的铜精矿有害元素氟含量不符合限量值要求的情况下，为避免该公司的货物被退运或销毁，先后 30 余次指使其所在实验室下属工作人员胡某新（另案处理）将超标的检测数据修改为达标数据，并伪造检验结果。

2. 受贿的事实

2016 年 9 月至 2019 年 5 月间，被告人宋某利用职务上的便利，接受李某的请托，实施上述徇私舞弊、伪造检验结果的行为期间，先后多次收受李某以微信转账形式所送好处费人民币 75000 元。被告人宋某将上述受贿款中的人民币 28000 元转交胡某新。

2018 年 1 月至 2019 年 5 月，被告人宋某利用其职务上便利，在天津市德利货运代理有限公司代理进口的铬矿、锰矿报检过程中，受该公司经理李某的请托，多次指使其所在实验室下属工作人员武某（另案处理）为天津市德利货运代理有限公司报检的进口铬矿、锰矿安排优先检测及在合理允差范围内修改主含量检测数据。其间，被告人宋某多次收受李某以微信转账形式所送好处费人民币 57000 元。被告人宋某将上述受贿款中的人民币 28500 元转交武某。

2015 年 9 月至 2019 年 3 月，被告人宋某还多次通过微信转账的形式收受李某所送好处费人民币共计 9165.76 元。

综上，被告人宋某通过微信转账的形式收取李某所送好处费共计人民币 141165.76 元。

天津市滨海新区人民法院判决认定被告人宋某犯商检徇私舞弊罪，判处有期徒刑二年六个月；犯受贿罪，判处有期徒刑二年，并处罚金人民币十万元；决定执行有期徒刑四年，并处罚金人民币十万元。

二、案例评析

本案的争议焦点在于是否应当对宋某以渎职犯罪和受贿罪数罪并罚，对此形成了两种意见，第一种意见认为宋某只构成受贿罪，第二种意见认为对宋某应以商检徇私舞弊罪和受贿罪数罪并罚。我们同意第二种意见，理由如下：

《最高人民法院、最高人民检察院关于办理渎职刑事案件适用法律若干问题的解释（一）》第 3 条规定，国家机关工作人员实施渎职犯罪并收受贿赂，同时构成受贿罪的，

除《刑法》另有规定外，以渎职犯罪和受贿罪数罪并罚。《最高人民法院、最高人民检察院关于办理贪污贿赂刑事案件适用法律若干问题的解释》第 17 条的规定，国家工作人员利用职务上的便利，收受他人财物，为他人谋取利益，同时构成受贿罪和渎职犯罪的，除《刑法》另有规定外，以受贿罪和渎职犯罪数罪并罚。而本案中，被告人宋某身为国家商检部门、商检机构工作人员，为了谋取个人私利，在商品入境检验过程中，将超标的检测数据修改为达标数据，并伪造检验结果，又收受他人贿赂，其行为同时构成商检徇私舞弊罪和受贿罪，应当以商检徇私舞弊罪和受贿罪数罪并罚。

第三十八章
动植物检疫徇私舞弊罪

第一节　动植物检疫徇私舞弊罪概述

一、动植物检疫徇私舞弊罪的概念及构成要件

动植物检疫徇私舞弊罪，是指动植物检疫机关的检疫人员徇私舞弊，伪造检疫结果的行为。

（一）客体要件

本罪侵害的客体是国家对进出境动植物的检疫制度。徇私舞弊行为使国家动植物检疫法律、法规的顺利实施受到严重干扰，损害了国家动植物检疫机关的威信，影响了国家动植物检疫机关的正常活动。

进出口动植物检疫工作对于防止动植物传染病，促进对外经济贸易的发展，具有十分重要的意义。动植物检疫人员如果徇私舞弊，把不住动植物检疫的国门，将会给农、林、牧、渔等生产带来灾难性后果，甚至危害人类健康，破坏正常的对外贸易关系，损害国家的声誉。

（二）客观要件

本罪在客观上表现为检疫人员徇私舞弊，伪造检疫结果的行为。

根据《进出境动植物检疫法》及其实施条例规定，进出境的动植物、动植物产品和其他检疫物，装载动植物、动植物物品和其他检疫物的容器、包装铺垫材料以及来自动植物检疫区的运输工具、进境拆解的废旧船舶，有关法律、行政法规、国际条约规定或者贸易合同约定应当实施进出境动植物检疫的其他货物物品应当依法进行检疫。

伪造检疫结果，是指滥用职权，出具虚假的、不符合应检物品实际情况的检疫结果，如根本不对应检动植物等检疫物进行检疫而放任危害结果就出具检疫结果；明知为不合

格的检疫物品为了徇私仍然签发、出具检疫合格的单证或在海关报关单上加盖检疫合格印章，为检疫合格的检疫物品出具不合格的检疫证明等。其具体表现在所出具的检疫放行通知单、动物过境许可证、动物检疫证书、植物检疫证书、动物健康证书、兽医卫生证书、熏蒸消毒证书等由检疫机关出具的有关动植物及其产品及其他检疫物健康或者卫生情况检疫证书中。应当指出，伪造检疫结果，既包括伪造、出具被检疫内容全部虚假的结果，又包括伪造、出具被检疫的内容部分不符合事实的结果。

构成本罪，不要求造成严重后果；造成严重后果，是本罪的加重情节。

（三）主体要件

本罪的犯罪主体为特殊主体，即动植物检疫机关的检疫人员。动植物检疫机关，包括国家动植物检疫机关及其在对外开放的口岸和进出境动植物检疫业务集中的地点设立的口岸动植物检疫机关。

（四）主观要件

本罪在主观方面是出于故意，即行为人明知自己的徇私舞弊行为是违反有关法律规定的，明知自己行为可能产生的后果，而对这种后果的发生持希望或者放任的态度。

二、动植物检疫徇私舞弊罪案件审理情况

动植物检疫徇私舞弊罪是现行《刑法》第413条第1款规定的国家机关工作人员渎职犯罪的一种，系1997年《刑法》新增加的罪名，旨在为依法惩治动植物检疫徇私舞弊犯罪提供法律依据。

通过中国裁判文书网检索，2018年至2022年，全国法院审结一审动植物检疫徇私舞弊案件共计70件，其中，2018年13件，2019年16件，2020年25件，2021年13件，2022年3件。

司法实践中，动植物检疫徇私舞弊罪案件主要呈现出以下特点及趋势：随着近年来我国对动植物检疫工作的重视以及动植物检疫人员法治观念的提升，案件在总体数量较少的基础上不断呈下降趋势。案件类型方面多为动物检疫站工作人员徇私舞弊伪造检疫结果，且多和受贿罪等贪污贿赂犯罪共同出现。

三、动植物检疫徇私舞弊罪案件审理热点、难点问题

（一）对伪造检疫结果行为的理解

伪造检疫结果，是指滥用职权，出具虚假的、不符合应检物品实际情况的检疫结果，如根本不对应检动植物等检疫物进行检疫而放任危害结果就出具检疫结果；明知为不合格的检疫物品为了徇私仍然签发、出具检疫合格的单证或在海关报关单上加盖检疫合格印章，为检疫合格的检疫物品出具不合格的检疫证明等。其具体表现在所出具的检疫放行通知单、动物过境许可证、动物检疫证书、植物检疫证书、动物健康证书、兽医卫生证书、熏蒸消毒证书等由检疫机关出具的有关动植物及其产品及其他检疫物健康或者卫生情况检疫证书中。应当指出，伪造检疫结果，既包括伪造、出具被检疫内容全部虚假的结果，又包括伪造、出具被检疫的内容部分不符合事实的结果。

（二）本罪与相关犯罪的牵连关系

本罪往往与受贿行为交织在一起，即行为人收受他人贿赂或索取贿赂，利用职权便利为他人谋取不正当利益。如果收受贿赂、索贿的数额达不到受贿罪的立案标准，而本身的渎职行为所产生的虚假检疫结果给国家和人民利益造成了一定损失或其他严重结果的，当然以本罪定罪处罚，受贿、索贿的行为只作为量刑情节考虑。但如果行为人的受贿行为既符合受贿罪的构成，又达到了本罪的定罪标准，对行为人应从一重罪认定还是认定为数罪呢？按照我国《刑法》理论，一般认为这种情况属于牵连犯，而对牵连犯应当从一重处断。但是，在我国刑事立法和司法解释以及司法实践中对于牵连犯的处罚，既有按照从一重处断的，也有按照数罪并罚的。规定从一重处断的，如《刑法》第399条第3款；规定数罪并罚的，如《刑法》第198条第2款的规定。由此，导致如何处理牵连犯在理论上和实践中出现了一定的混乱局面。对于本罪的牵连犯问题应实行数罪并罚。首先，在《刑法》渎职罪第一章的罪名当中，只有徇私枉法罪、枉法裁判罪和受贿罪牵连时适用"依照处罚较重的规定定罪处罚"的原则。由此可以推断，修订后的《刑法》的立法原义，就是该章其他各罪，若行为人同时又构成受贿罪的，均应以所犯渎职罪和受贿罪实行数罪并罚。其次从罪责刑相适应的角度看，无论是行为的社会危害性还是行为人的人身危险性，按照数罪并罚原则处理本罪和受贿罪的牵连问题更合理一些，目前审判实践也均是如此处理。[1]

四、动植物检疫徇私舞弊罪案件办案思路及原则

（一）罪与非罪的界限

动植物检疫徇私舞弊罪的主观罪过是故意，若动植物检疫机关的检疫人员故意实施了徇私舞弊，伪造检疫结果的行为，则构成此罪；若动植物检疫机关的检疫人员不是有意伪造，而是过失出具了不真实的检疫结果，依法不能认定为此罪。动植物检疫徇私舞弊罪的主体是国家动植物检疫机关中从事检疫工作的检疫人员。在检疫机关工作单不从事检疫工作的人员和不在检疫机关工作的人员，即使为私情、私利伪造了检疫结果，也不能认定为本罪。但刑法中规定的特定的犯罪主体，是针对单个人犯罪而言，就共同犯罪，不具有特定身份的人完全可以成为具有特定身份的人犯罪的主体，同具有特定身份的人一起成立具有特定身份的犯罪的共同犯罪。如果是检疫机关的非检疫人员徇私舞弊、滥用职权指使检疫人员伪造检疫结果，或非检疫机关的工作人员胁迫、指使、帮助检疫人员伪造检疫结果，根据共犯原理，非检疫人员也可成为此罪的主体，如符合本罪的其他构成要件，依法可认定为此罪。

《刑法》第413条第1款的规定没有要求动植物检疫机关的检疫人员徇私舞弊，伪造检疫结果的行为必须情节严重、情节恶劣或造成严重后果，故本罪是行为犯。只要检疫机关的检疫人员徇私舞弊，伪造检疫结果，就可依法认定为本罪。但是，根据现行《刑法》第13条的规定，如果动植物检疫机关的检疫人员徇私舞弊，伪造检疫结果的行为情节显著轻微，社会危害性不大，则依法不能认定为本罪。

---

[1]　樊建民：《论动植物检疫徇私舞弊罪》，载《河北法学》2007年第8期。

（二）此罪与彼罪的区分

动植物检疫徇私舞弊罪的主观罪过是故意，若动植物检疫机关的检疫人员，不是徇私舞弊，故意伪造检疫结果，而是由于过失出具了不实的检疫结果，且由于其所出具的错误结果使国家利益遭受重大损失的，应构成动植物检疫失职罪，而不是本罪。

动植物检疫徇私舞弊罪的客体是动植物检疫机关的正常活动，主体是检疫机关的检疫人员。非动植物检疫机关的检疫人员伪造动植物检疫结果的，不构成本罪，但可成立相关的其他犯罪。如伪造国家机关公文、证件、印章罪等。

动植物检疫徇私舞弊罪与商检徇私舞弊罪在主客观方面有很大的相似性，如都发生在进出口检验检疫活动中，都是徇私舞弊，伪造检疫、检验结果，都侵犯了国家进出口检验、检疫管理活动等；且因为原国家进出口商品检验局、原国家动植物检验局和原国家卫生检疫局已撤销，其所属机构也已撤销，合并成立了国家进出口检验检疫局，故动植物检疫人员和商品检验人员实际上在一个部门工作，只是所从事的职业分工不同而已。若是负有检疫职责的动植物检疫人员徇私舞弊，出具伪造的动植物检疫结果，就成立动植物检疫徇私舞弊罪；若是负有商品检验职责的商品检验人员徇私舞弊，出具伪造的检验结果，则成立商检徇私舞弊罪。[①]

第二节 动植物检疫徇私舞弊罪审判依据

一、法律

1.《刑法》（2020年12月26日修正）（节录）

第四百一十三条第一款 动植物检疫机关的检疫人员徇私舞弊，伪造检疫结果的，处五年以下有期徒刑或者拘役；造成严重后果的，处五年以上十年以下有期徒刑。

2.《进出境动植物检疫法》（2009年8月27日修正）（节录）

第四十五条 动植物检疫机关检疫人员滥用职权，徇私舞弊，伪造检疫结果，或者玩忽职守，延误检疫出证，构成犯罪的，依法追究刑事责任；不构成犯罪的，给予行政处分。

3.《动物防疫法》（2021年1月22日修订）（节录）

第八十七条 地方各级人民政府及其工作人员未依照本法规定履行职责的，对直接负责的主管人员和其他直接责任人员依法给予处分。

第八十八条 县级以上人民政府农业农村主管部门及其工作人员违反本法规定，有下列行为之一的，由本级人民政府责令改正，通报批评；对直接负责的主管人员和其他直接责任人员依法给予处分：

---

① 樊建民：《论动植物检疫徇私舞弊罪》，载《河北法学》2007年第8期。

（一）未及时采取预防、控制、扑灭等措施的；

（二）对不符合条件的颁发动物防疫条件合格证、动物诊疗许可证，或者对符合条件的拒不颁发动物防疫条件合格证、动物诊疗许可证的；

（三）从事与动物防疫有关的经营性活动，或者违法收取费用的；

（四）其他未依照本法规定履行职责的行为。

第八十九条 动物卫生监督机构及其工作人员违反本法规定，有下列行为之一的，由本级人民政府或者农业农村主管部门责令改正，通报批评；对直接负责的主管人员和其他直接责任人员依法给予处分：

（一）对未经检疫或者检疫不合格的动物、动物产品出具检疫证明、加施检疫标志，或者对检疫合格的动物、动物产品拒不出具检疫证明、加施检疫标志的；

（二）对附有检疫证明、检疫标志的动物、动物产品重复检疫的；

（三）从事与动物防疫有关的经营性活动，或者违法收取费用的；

（四）其他未依照本法规定履行职责的行为。

第九十条 动物疫病预防控制机构及其工作人员违反本法规定，有下列行为之一的，由本级人民政府或者农业农村主管部门责令改正，通报批评；对直接负责的主管人员和其他直接责任人员依法给予处分：

（一）未履行动物疫病监测、检测、评估职责或者伪造监测、检测、评估结果的；

（二）发生动物疫情时未及时进行诊断、调查的；

（三）接到染疫或者疑似染疫报告后，未及时按照国家规定采取措施、上报的；

（四）其他未依照本法规定履行职责的行为。

第九十一条 地方各级人民政府、有关部门及其工作人员瞒报、谎报、迟报、漏报或者授意他人瞒报、谎报、迟报动物疫情，或者阻碍他人报告动物疫情的，由上级人民政府或者有关部门责令改正，通报批评；对直接负责的主管人员和其他直接责任人员依法给予处分。

第一百零九条 违反本法规定，造成人畜共患传染病传播、流行的，依法从重给予处分、处罚。

违反本法规定，构成违反治安管理行为的，依法给予治安管理处罚；构成犯罪的，依法追究刑事责任。

违反本法规定，给他人人身、财产造成损害的，依法承担民事责任。

二、司法解释

《最高人民检察院关于渎职侵权犯罪案件立案标准的规定》（2006 年 7 月 26 日　高检发释字〔2006〕2 号）（节录）

一、渎职犯罪案件

（二十六）动植物检疫徇私舞弊案（第四百一十三条第一款）

动植物检疫徇私舞弊罪是指出入境检验检疫机关、检验检疫机构工作人员徇私舞弊，伪造检疫结果的行为。

涉嫌下列情形之一的，应予立案：

1. 采取伪造、变造的手段对检疫的单证、印章、标志、封识等作虚假的证明或者出具不真实的结论的；

    2. 将送检的合格动植物检疫为不合格，或者将不合格动植物检疫为合格的；

    3. 对明知是不合格的动植物，不检疫而出具合格检疫结果的；

    4. 其他伪造检疫结果应予追究刑事责任的情形。

第三节　动植物检疫徇私舞弊罪在审判实践中的疑难新型问题

问题 1. 乡镇负责辖区动物检疫工作的检疫员是否构成动植物检疫徇私舞弊罪的犯罪主体

按照《刑法》条文的规定，本罪主体是指动物检疫机关的检疫人员，但随着我国发展，动物检疫规模的扩大，动物检疫工作已经不仅仅局限在专门的动物检疫机关，还包含乡镇畜牧站等专门负责辖区动物检疫工作的一些机构，此时对动物检疫机关应作广泛的理解，将乡镇负责辖区检疫工作的检疫机关都纳入认定范围，以符合实际需要。综上，根据法律及审判实践均可认定负责辖区检疫工作的检疫员构成动植物检疫徇私舞弊罪的犯罪主体。

【地方参考案例】本巴动植物检疫徇私舞弊案[①]

一、基本案情

被告人本巴原系科左后旗某苏木某畜牧兽医站站长，于 2012 年 8 月 14 日取得官方兽医资格。2015 年 3 月至 2016 年 4 月，被告人本巴应他人请托徇私情，未按照《中华人民共和国动物检疫法》《动物检疫管理办法》《反刍动物产地检疫规程》的规定进行动物疫情检疫和"瘦肉精"检测，未履行检疫申报制度，无检疫记录且大多未看到《动物检疫合格证》所载动物的情况下，给汪某、周某等 58 名货主违规出具 246 张 4584 头牛及30585 只羊的《动物检疫合格证明》，使该牛羊大多流入市场。其中应吉林省牛贩汪某（另案处理）之托对非管辖范围、不符合检疫合格条件的，由汪某从吉林省某牛市购买的共 3383 头牛分 21 次开具了 83 张《动物检疫合格证》，上述肉牛中检疫证号为1500148009 的 53 头牛、检疫证号为 1500148010 的 50 头牛、检疫证号为 1500148011 的 52头牛、检疫证号为 1500148026 的 52 头牛、检疫证号为 1500148027 的 49 头牛在浙江省宁波市屠宰点抽检时发现其中 19 头牛含有"瘦肉精"，故浙江省对内蒙古肉牛产品停调一个月。

科尔沁左翼后旗人民法院认为，被告人本巴在担任科左后旗某苏木某兽医站站长期间，徇私舞弊违反检疫规程对非管辖范围、不符合检疫条件的牲畜进行检疫，将不合格的动物检疫为合格，多次伪造检疫结果，致使我区出口肉牛产品停调一个月，造成严重后果，其行为已经构成动植物检疫徇私舞弊罪，应追究其刑事责任。认定被告人本巴犯动植物检疫徇私舞弊罪，判处有期徒刑五年。

[①]　内蒙古自治区通辽市科尔沁左翼后旗人民法院（2016）内 0522 刑初 177 号刑事判决书。

二、案例评析

本案的争议焦点在于动植物检疫罪的犯罪主体是否能包括乡镇负责辖区动物检疫工作的检疫员，目前实践中的案件也多涉及此类人员。

《最高人民检察院关于渎职侵权犯罪案件立案标准的规定》（2006 年 7 月 26 日）第 26 条规定，动植物检疫徇私舞弊罪是指出入境检疫机关、检疫机构工作人员徇私舞弊，伪造检疫结果的行为。全国人大法工委和最高院相关人员作出的学理解释，亦将该罪的主体限定为动植物检疫机关的检疫人员，包括在国家动植物检疫机关及其在对外开放的口岸和进出境动植物检疫业务集中地点设立的口岸动植物检疫机关从事动植物检疫工作的人员。但实践中动植物检疫徇私舞弊罪规定的犯罪主体不能仅限定在出入境动植物检疫机关工作人员，通过在中国裁判文书网上搜索，2018 年以来，全国对在生猪检疫过程中提供虚假动物检疫合格证明的 47 起案件全部作出有罪判决，将地方实施动物产地检疫和屠宰检疫的检疫员均认定符合本罪的主体要件。

问题 2. 动植物检疫徇私舞弊罪构成要件中的"徇私"该如何认定

【实务专论】

关于本罪中"徇私"的"私"该如何理解与认定，往往是能否认定行为人构成犯罪的关键因素。对此问题，司法实践中存在以下不同看法：

第一种意见认为，1996 年《最高人民检察院关于办理徇私舞弊犯罪案件适用法律若干问题的解释》中曾规定，徇私舞弊中的"私"包括"为牟取单位或小集体不正当利益"。因此，"徇私"不仅包括徇个人私情、私利，还包括徇单位之私、小团体之私。

第二种意见认为，1996 年最高人民检察院的上述解释在 1997 年《刑法》修订后不再适用。个人与单位毕竟不同，而且有的单位其性质就是追求利润，因而为单位追求利润，牟取利益的行为不宜认定为"徇私"。

我们认为，本罪中的"徇私"的"私"与单位利益相对应，只能理解为徇个人私情、私利，徇单位之私不能理解为"徇私"。国家机关工作人员为了本单位的利益实施滥用职权的行为，构成犯罪的，应依照《刑法》第 397 条第 1 款滥用职权罪的规定定罪处罚，理由如下：

首先，本罪是 1997 年新修订的《刑法》中的新增罪名，1996 年最高人民检察院的司法解释不宜再适用于本罪。

其次，从刑法解释的角度出发，"徇私"应指徇个人私情、私利，而不应包括单位之私。据《现代汉语小词典》的释义，"私"有四层含义：（1）属于个人的或为了个人的；（2）私心；（3）暗地里、私下；（4）秘密而不合法的。因此，将"私"与单位相联，应该说不符合文义的逻辑性。从刑法意义上讲，一般认为，"单位是指依法设立，有必要的财产或经费，有自己的组织机构和场所，能独立承担民事责任的社会组织，包括法人单位和非法人单位，包括公司、企事业单位、机关、团体"。可见，刑法中的"单位"是与自然人相对应的术语。因此"徇私"中的所谓"私情、私利"与"单位利益"相对应，符合对"徇私"内涵的正确界定。

再次，为了本单位利益实施的滥用职权渎职行为，有相应的罪名予以规制，不需以本罪论处。我国《刑法》分则第九章"渎职罪"对于国家机关工作人员徇私舞弊情节的渎职犯罪，可依《刑法》第 397 条的滥用职权罪、玩忽职守罪追究刑事责任。同时，根据 1999 年 12 月全国人民代表大会常务委员会通过的《刑法修正案》第 2 条，对于国有公司、企业、事业单位的工作人员，由于严重不负责任或者滥用职权，致使国家利益遭受重大损失的，即使没有"徇私"情节，也可以以国有公司、企业、事业单位人员滥用职权罪定罪处罚，如果具有"徇私舞弊"情节，则应从重处罚。

最后，为牟取"小集体""小团体"的利益能否认定为"徇私"，应结合具体案情，区别对待，准确认定是单位利益还是私情、私利，还是多个个人利益的结合。如果是为了单位成员的集体福利，则应视为单位利益；如果是行为人对个人利益的处分，是为了特定单位成员的私情、私利，则可认定为"徇私"。①

---

① 樊建民：《论动植物检疫徇私舞弊罪》，载《河北法学》2007 年第 8 期。

第三十九章
动植物检疫失职罪

第一节　动植物检疫失职罪概述

一、动植物检疫失职罪的概念及构成要件

动植物检疫失职罪，是指动植物检疫机关的检疫人员严重不负责任，对应当检疫的物品不检疫，或者延误检疫出证、错误出证，致使国家遭受重大损失的行为。

（一）客体要件

本罪侵害的客体是国家对进出境动植物的检疫制度。失职行为使国家动植物检疫法律、法规的顺利实施受到严重干扰，损害了国家动植物检疫机关的威信，影响了国家动植物检疫机关的正常活动。

（二）客观要件

本罪在客观上表现为动植物检疫机关的检疫人员严重不负责任，对应当检疫的物品不检疫，或者延误检疫出证、错误出证，致使国家利益遭受重大损失的行为。本罪属结果犯，只有使国家利益遭受重大损失时才构成犯罪。所谓致使国家利益遭受重大损失，一般是指致使国家遭受重大经济损失；引起动植物疫情，或者有引起动植物疫情严重危险的；严重影响国家的对外贸易关系，损害国家的声誉等。

（三）主体要件

本罪的犯罪主体为特殊主体，即动植物检疫机关的检疫人员。动植物检疫机关，包括国家动植物检疫机关及其在对外开放的口岸和进出境动植物检疫业务集中的地点设立的口岸动植物检疫机关。

（四）主观要件

本罪在主观方面是过失，故意不构成本罪。

二、动植物检疫失职罪案件审理情况

通过中国裁判文书网检索，2017 年至 2022 年，全国法院审结一审动植物检疫失职案件共计 1 件，为 2017 年审结。可以看出，动植物检疫失职罪在实践当中比较罕见，一方面在于罪名构成的严苛，不仅要求特定主体动植物检疫机关检疫人员严重不负责任，而且要致使国家遭受重大损失；另一方面也得益于近年来我国对动植物检疫工作的不断重视，相关制度法规不断健全，人员法治意识不断提高。该罪虽少见，但对于维护我国动植物检疫安全具有重大意义，未来仍要给予充分的重视和研究。

三、动植物检疫失职罪案件审理热点、难点问题

（一）动植物检疫失职罪主观方面特征观点争议

学界对动植物检疫失职罪主观方面特征主要有以下两种观点：

第一种观点认为本罪在主观方面表现为过失，行为人对工作严重不负责任的行为可能是出于故意，但是对造成国家利益重大损失结果的发生则表现为一种过失心态，即对此危害结果应该预见而没有预见，或者虽然已经预见但是轻信能够避免。[①] 第二种观点认为本罪在主观方面表现为过失和间接故意。[②] 第三种观点认为本罪行为人在主观方面对不检疫或者延误检疫出证的行为既可能是过失的，也可能是明知故意的，对错误出证的行为一般是过失，包括疏忽大意的过失和过于自信的过失，但对于应当检疫的检疫物不检疫或者延误检疫出证的情况，也不排除放任的间接故意的存在。[③]

（二）"失职行为"与"致使国家利益遭受重大损失"之间因果关系的判断

动植物检疫失职罪属于过失渎职犯罪，该罪的因果关系判断与过失渎职犯罪一样。对于过失渎职犯罪中因果关系的认定，理论上有各种不同的主张，典型的有：（1）必然因果关系说，该说认为当危害行为中包含着危害结果产生的根据，并合乎规律地产生了危害结果时，危害行为与危害结果之间就是必然因果关系。[④] （2）偶然因果关系说，该说的基本观点是，当危害行为本身并不包含着产生危害结果的根据，但是其发展过程中，偶然地介入其他因素，由介入因素合乎规律地引起危害结果时，危害行为与危害结果之间就是偶然因果关系。[⑤] （3）中断理论，是指在前行为的条件行为与危害结果的因果关系正在进行的过程中，介入自然的或他人的行为，这种介入的事实或行为支配因果关系时，其前行为与危害后果的因果关系即行中断，后行为者的行为与结果之间继而发生因果关系。[⑥]

实践中多采用中断理论进行因果关系的判断，但本罪因果关系的判断具有特殊性、复杂性和间接性，上述判断理论难以直接适用。若采用必然因果关系或偶然因果关系，认定标准的可操作性不强，在动植物检疫失职罪中人们很难判断检疫行为中是否包含着

---

① 陈兴良：《罪名指南》（下），中国政法大学出版社 2000 年版，第 232 页。
② 赵秉志：《新刑法典的创制》，法律出版社 1998 年版，第 189 页。
③ 韩耀元：《渎职罪的定罪与量刑》，人民法院出版社 2000 年版，第 137 页。
④ 张明楷：《刑法学》（第六版），法律出版社 2022 年版，第 223 页。
⑤ 张明楷：《刑法学》（第六版），法律出版社 2022 年版，第 224 页。
⑥ 马克昌：《比较刑法原理》，武汉大学出版社 2003 年版，第 267 页。

结果产生的根据，很难断定检疫失职行为导致结果是否合乎规律。采用中断理论来判断也有些不合适，因为中断理论中的介入因素的发生通常很偶然，一般情况下是不会发生的，但确实又是导致危害结果的直接原因。如果动植物检疫人员认真履行职责，就可以避免该结果的发生。所以中断理论对于打击动植物检疫严重不负责任的这种行为有些不利。未来还应加深对因果关系判断理论适用该罪的研究和讨论。[①]

四、动植物检疫失职罪案件办案思路及原则

（一）罪与非罪的界定原则

在判断是否构成动植物检疫失职罪时，重点在于对其所造成的重大损失的把握与认定。

重大损失主要包括以下几方面：（1）导致疫情发生，造成人员重伤或者死亡的；（2）导致重大疫情发生、传播或者流行的；（3）造成个人财产直接经济损失 15 万元以上，或者直接经济损失不满 15 万元，但间接经济损失 75 万元以上的；（4）造成公共财产或者法人、其他组织财产直接经济损失 30 万元以上，或者直接经济损失不满 30 万元，但间接经济损失 150 万元以上的；（5）不检疫或者延误检疫出证、错误出证，引起国际经济贸易纠纷，严重影响国家对外经贸关系，或者严重损害国家声誉的；（6）其他致使国家利益遭受重大损失的情形。

（二）类罪区分问题

在司法实践当中，动植物检疫失职罪与传染病防治失职罪、动植物检疫徇私舞弊罪、商检失职罪等存在一定的类罪区分问题，上述罪名在犯罪构成中存在一定的相似性，因此，在实践中的把握与认定存在一定的难度。在具体区分认定上，我们应当以犯罪构成为基础，正确把握犯罪的主客观方面、主体客体要求，并结合具体个案事实来进行综合认定。

第二节　动植物检疫失职罪审判依据

一、法律

1. 《刑法》（2020 年 12 月 26 日修正）（节录）

第四百一十三条第二款　前款所列人员严重不负责任，对应当检疫的检疫物不检疫，或者延误检疫出证、错误出证，致使国家利益遭受重大损失的，处三年以下有期徒刑或者拘役。

2. 《进出境动植物检疫法》（2009 年 8 月 27 日修正）（节录）

第四十五条　动植物检疫机关检疫人员滥用职权，徇私舞弊，伪造检疫结果，或者玩

---

① 刘雪梅、杜沙沙：《动植物检疫失职罪探究》，载《中南林业科技大学学报（社会科学版）》2013 年第 6 期。

忽职守，延误检疫出证，构成犯罪的，依法追究刑事责任；不构成犯罪的，给予行政处分。

3. 《动物防疫法》（2021年1月22日修订）（节录）

第八十七条 地方各级人民政府及其工作人员未依照本法规定履行职责的，对直接负责的主管人员和其他直接责任人员依法给予处分。

第八十八条 县级以上人民政府农业农村主管部门及其工作人员违反本法规定，有下列行为之一的，由本级人民政府责令改正，通报批评；对直接负责的主管人员和其他直接责任人员依法给予处分：

（一）未及时采取预防、控制、扑灭等措施的；

（二）对不符合条件的颁发动物防疫条件合格证、动物诊疗许可证，或者对符合条件的拒不颁发动物防疫条件合格证、动物诊疗许可证的；

（三）从事与动物防疫有关的经营性活动，或者违法收取费用的；

（四）其他未依照本法规定履行职责的行为。

第八十九条 动物卫生监督机构及其工作人员违反本法规定，有下列行为之一的，由本级人民政府或者农业农村主管部门责令改正，通报批评；对直接负责的主管人员和其他直接责任人员依法给予处分：

（一）对未经检疫或者检疫不合格的动物、动物产品出具检疫证明、加施检疫标志，或者对检疫合格的动物、动物产品拒不出具检疫证明、加施检疫标志的；

（二）对附有检疫证明、检疫标志的动物、动物产品重复检疫的；

（三）从事与动物防疫有关的经营性活动，或者违法收取费用的；

（四）其他未依照本法规定履行职责的行为。

第九十条 动物疫病预防控制机构及其工作人员违反本法规定，有下列行为之一的，由本级人民政府或者农业农村主管部门责令改正，通报批评；对直接负责的主管人员和其他直接责任人员依法给予处分：

（一）未履行动物疫病监测、检测、评估职责或者伪造监测、检测、评估结果的；

（二）发生动物疫情时未及时进行诊断、调查的；

（三）接到染疫或者疑似染疫报告后，未及时按照国家规定采取措施、上报的；

（四）其他未依照本法规定履行职责的行为。

第九十一条 地方各级人民政府、有关部门及其工作人员瞒报、谎报、迟报、漏报或者授意他人瞒报、谎报、迟报动物疫情，或者阻碍他人报告动物疫情的，由上级人民政府或者有关部门责令改正，通报批评；对直接负责的主管人员和其他直接责任人员依法给予处分。

第一百零九条 违反本法规定，造成人畜共患传染病传播、流行的，依法从重给予处分、处罚。

违反本法规定，构成违反治安管理行为的，依法给予治安管理处罚；构成犯罪的，依法追究刑事责任。

违反本法规定，给他人人身、财产造成损害的，依法承担民事责任。

二、司法解释

《最高人民检察院关于渎职侵权犯罪案件立案标准的规定》（2006 年 7 月 26 日　高检发释字〔2006〕2 号）（节录）

一、渎职犯罪案件

（二十七）动植物检疫失职案（第四百一十三条第二款）

动植物检疫失职罪是指出入境检验检疫机关、检验检疫机构工作人员严重不负责任，对应当检疫的检疫物不检疫，或者延误检疫出证、错误出证，致使国家利益遭受重大损失的行为。

涉嫌下列情形之一的，应予立案：

1. 导致疫情发生，造成人员重伤或者死亡的；

2. 导致重大疫情发生、传播或者流行的；

3. 造成个人财产直接经济损失 15 万元以上，或者直接经济损失不满 15 万元，但间接经济损失 75 万元以上的；

4. 造成公共财产或者法人、其他组织财产直接经济损失 30 万元以上，或者直接经济损失不满 30 万元，但间接经济损失 150 万元以上的；

5. 不检疫或者延误检疫出证、错误出证，引起国际经济贸易纠纷，严重影响国家对外经贸关系，或者严重损害国家声誉的；

6. 其他致使国家利益遭受重大损失的情形。

第三节　动植物检疫失职罪在审判实践中的疑难新型问题

问题 1. 司法实践中动植物检疫失职罪与工作失误如何区分

【实务专论】

动植物检疫失职罪与工作失误的界限。（1）从主观方面看，二者的区别关键是看其是否与违反特定的职责规定相联系。如果没有违反特定职责义务的规定，即使发生了严重的损害结果，也属于客观上无法预见、不能避免、不能克服的意外事件，即主观上不存在犯罪过失，只能属于工作失误。如果违反了特定职责义务的规定，且主观上应当预见到其行为可能发生危害社会的结果，因为疏忽大意而没有预见，或者已经预见而轻信能够避免，导致发生了严重的损害后果，即主观上存在犯罪过失，则成立动植物检疫失职罪。（2）从客观方面看，正确认识二者的差别，不仅要看行为人是否违反特定职责义务的规定，而且还要看重大损失结果的发生是否与其违反职责义务的行为有《刑法》上的因果关系，以及因果作用力的大小。如果不具有《刑法》上的因果关系，或者因果作用力不大，属于工作失误；如果具有《刑法》上的因果关系且作用力达到了一定程度，则成立动植物检疫失职罪。

问题 2. 对严重不负责任该如何理解①

严重不负责任，是一种严重违背职责义务的行为。我国《进出境动植物检疫法》对检疫机关及其工作人员规定了一系列的职责，如对进出境的动植物、动植物产品和其他检疫物，装载动植物、动植物产品和其他检疫物的装载容器、包装物，以及来自动植物疫区的运输工具，应依照该法规定实施检疫；对输入、输出动植物、动植物产品和其他检疫物，由口岸动植物检疫机关实施检疫，经检疫合格的，检疫机关应签发检疫单证或检疫证书，经检疫不合格的，应签发《检疫处理通知单》；输入、输出的动植物、动植物产品和其他检疫物，需调离海关监管区检疫的，检疫机关应签发《检疫调离通知单》等。动植物检疫机关的检疫人员不履行或不忠实履行所规定的这些职责，严重不负责任，对应当检疫的物品不检疫，或者不按照规定的地点和期限检疫出证，或者出具与实际情况不相符合的检疫单证，致使国家利益遭受重大损失的，符合本罪的客观特征。就方式而言，可分为三种情况：（1）对应当检疫的检疫物不检疫，既包括对全部应当检疫的检疫物未进行检疫，又包括只对其中部分应当检疫的检疫物进行检疫，对其他应当检疫的检疫物不进行检疫，如只检疫动植物本身，不检疫其装载工具、包装物等。（2）延误检疫出证。虽然对应当检疫的检疫品进行了检疫，但却未按规定的检疫时间出具检疫结果证明，即超过了检疫期限。超过了检疫期限，不论其所出具的检疫结果是否错误，如果给国家利益造成重大损失的，都可构成本罪。（3）错误出证，即对检疫物在检疫后出具了不符合检疫物实际情况的虚假的检疫结果证明，如将不合格检疫为合格，将合格检疫成不合格等。只要具有上述三种严重不负责任行为的方式之一即可构成本罪。

【地方参考案例】李某动植物检疫失职案②

一、基本案情

日照市岚山区人民检察院指控，被告人李某在日照出入境检验检疫局动植物检疫科任职期间，负责木材、木制品等植物出入境检验检疫工作，但并非进出境动植物检验检疫岗位授权签证官。2015 年 7 月，被告人李某在对山东亚能能源有限公司（以下简称"山东亚能公司"）出口的木材（该批木材系木制品，非木质包装）进行检验检疫过程中，错误采用木质包装出口检疫处理技术处理该批木制品，且在该批木制品尚未达到出口国对动植物出入境处理要求的情况下，签字出具《熏蒸/消毒证书》。后因该批货物非是木质包装物不能仅凭上述《熏蒸/消毒证书》通关，于 2015 年 7 月 28 日再次报检后，被告人李某未对货物进行相应检验检疫和消杀处理，即为该批木制品货物签发《动植物检疫证书》，致使该批木材通关出境。该批木材出口至美国天宁岛后，因被检出天牛成虫而被美国进境检疫部门禁止入境，于 2015 年 9 月 24 日退运回中国，给山东亚能公司造成港口滞港费、疫情检测费、退运费、退运后国内港口堆存费等经济损失，共计约 190 万元。

公诉机关认为，被告人李某作为国家机关工作人员，工作严重不负责任，对应当检疫的检疫物不检疫，错误出证，造成重大损失，其行为触犯了《刑法》第 413 条第 2 款之规定，应当以动植物检疫失职罪追究刑事责任。

---

① 张军主编：《刑法（分则）及配套规定新释新解》（第 9 版），人民法院出版社 2016 年版，第 2170 页。

② 山东省日照市岚山区人民法院（2016）鲁 1103 刑初 240 号刑事判决书。

被告人李某对起诉书指控的主要事实无异议，辩称：植物检疫有效期是 21 天，7 月 28 日报检的货物，7 月 17 日至 19 日已检疫处理过，按检疫有效时间，不必重复检验处理，因此直接出具了检疫证书。对该批木材的消毒杀虫处理，溴甲烷处理和热处理都可以。除了输美工艺品，要求消杀时木材中心温度为 60 摄氏度，持续 60 分钟以上外，木质包装和木制品的木材中心温度达到 56 摄氏度以上，持续半小时以上即可。其所选择的消杀方式符合规定。辩护人提出以下辩护意见：被告人李某的行为不构成动植物检疫失职罪。1. 李某并非进出境动植物检验检疫签证官，不符合该罪的主体要求。2. 李某并无失职行为。3. 190 万元的经济损失是因质量问题导致退运造成，与李某的行为无法律上的因果关系。

日照市岚山区人民法院认为，根据检验检疫方面的相关规定，对木质包装和木制品的检疫除害处理方法和标准有相同之处，且检疫结果存在一定有效期。现有证据不足以证实被告人李某的检疫行为存在重大过错且工作严重不负责任，指控被告人李某犯动植物检疫失职罪证据不足，不能成立。

二、案例评析

在本案当中，认定被告人李某是否构成动植物检疫失职罪的关键点在于其行为是否属于严重不负责任，严重不负责任在客观方面表现为应检未检、延误检疫出证、错误检疫出证三种形式，具体到本案当中，罪与非罪的关键就在于被告人李某在对山东亚能公司出口木材进行检验检疫过程中，应采用木制品检疫方式而采用了木质包装的检疫方式以及再次报检时未对货物进行相应检验检疫和消杀处理，即为该批木制品货物签发《动植物检疫证书》的行为是否属于严重不负责任的情形，是否与山东亚能公司遭受财产损失直接具有因果关系。仔细梳理在案证据，中华人民共和国质量监督检验检疫总局（2013）100 号公告文件规定，美国从中国进口的木质工艺品（并非木制品）热处理时必须保证木材中心至少达到 60 摄氏度，持续 60 分钟以上。而本案中涉案木材并非输美工艺品。中华人民共和国出入境检验检疫行业标准 NT 2370—2009 木制品家具检疫除害处理方法规定，可对木制品及家具进行熏蒸或热处理等，热处理应保证木材中心温度至少达到 56 摄氏度，持续 30 分钟以上。中华人民共和国出入境检验检疫行业标准 SN/T 2371—2009 木质包装热处理操作规程规定，木质包装热处理技术指标为应保证木材中心温度至少达到 56 摄氏度，持续 30 分钟以上。中华人民共和国出入境检验检疫行业标准 SN/T 2956—2011 号出境植物检疫有效期确定原则规定，出境植物检疫有效期一般为 21 天。根据上述在案证据可以发现，木质包装和木制品的检疫除害处理方法和标准有相同之处，且检疫结果存在一定有效期，被告人李某的行为不属于严重不负责任的情形，未存在重大过错，不构成动植物检疫失职罪。

问题 3. 动植物检疫失职罪与传染病防治失职罪该如何区分[①]

【实务专论】

动植物检疫失职罪在客观方面表现为对应当检疫的物品不检疫，或者延误出证、错误出证，致使国家利益遭受重大损失；主体是国家动植物检疫机关的检疫人员，包括国

---

① 周强总主编：《中华人民共和国刑法案典》，人民法院出版社 2016 年版，第 2423 页。

家动植物检疫机关及其在对外开放的口岸和进出境动植物检疫业务集中的地点设立的口岸动植物检疫机关。传染病防治失职罪在客观方面表现为从事传染病防治的政府卫生行政部门的工作人员严重不负责任，导致传染病传播或者流行，情节严重的；主体是从事传染病防治的政府卫生行政部门的工作人员，主要是从事卫生防疫、医疗保健、卫生监督管理的工作人员和卫生行政部门的管理人员。

问题4. 动植物检疫失职罪与动植物检疫徇私舞弊罪该如何区分①

【实务专论】

当动植物检疫机关的工作人员由于疏忽大意或者过于自信，错误作出与实际情况不同的检疫结果时，同动植物检疫徇私舞弊罪伪造的检疫结果一样是不真实的检疫结果，这使两者在某种程度上容易混淆。两者的区别首先主要在主观方面：动植物检疫失职罪的主观方面是过失，即行为人对所出具的不真实的检疫结果由于疏忽大意没有预料到或者预料到了但轻信能够避免，其内心并不希望此不真实的检疫结果出现；而动植物检疫徇私舞弊罪的主观方面是故意，即行为人积极追求此不真实的结果出现。其次，本罪是结果犯，只有当错误出证的行为致使国家利益遭受重大损失时才能构成；而动植物检疫徇私舞弊罪是行为犯，只要行为人实施完毕伪造检疫结果的行为即可构成。

问题5. 动植物检疫失职罪与商检失职罪该如何区分②

【实务专论】

本罪与商检失职罪在主客观方面有很大的相似性，如都发生在进出口检验检疫活动中，都是行为人严重不负责任，对应当检验检疫的物品不检验检疫或者延误检验检疫出证、错误出证致使国家利益遭受重大损失；两者都侵犯了国家进出口检验、检疫管理活动等；且因为原国家进出口商品检验局、原国家动植物检验局和原国家卫生检疫局已撤销，其所属机构也已撤销，合并成立了国家进出口检验检疫局，故动植物检疫人员和商品检验人员实际上在一个部门工作，只是所从事的职业分工不同而已。若是负有动植物检疫职责的动植物检疫人员严重不负责任，对应当检疫的检疫物不检疫或者延误检疫出证、错误出证致使国家利益遭受重大损失，就构成动植物检疫失职罪；若是负有商品检验职责的商检人员对应当检验的物品不检验或者延误检验出证、错误出证致使国家利益遭受重大损失，则成立商检失职罪。

---

① 徐志伟主编：《贪污贿赂罪与渎职罪》，中国民主法制出版社2014年版，第280页。
② 姜黎艳、聂立泽：《玩忽职守犯罪的认定与处理》，人民法院出版社2004年版，第167页。

第四十章
放纵制售伪劣商品犯罪行为罪

第一节　放纵制售伪劣商品犯罪行为罪概述

一、放纵制售伪劣商品犯罪行为罪概念及构成要件

放纵制售伪劣商品犯罪行为罪，是指对生产、销售伪劣商品犯罪行为负有追究责任的国家机关工作人员，徇私舞弊，不履行法律规定的追究职责，情节严重的行为。

（一）客体方面

本罪侵犯的客体是国家对假冒伪劣商品犯罪行为的追诉活动。

（二）客观方面

放纵制售伪劣商品犯罪行为罪在客观方面表现为徇私舞弊，对生产、销售伪劣商品犯罪的行为不履行法律规定的追究职责，情节严重的行为。徇私舞弊，一般是为了满足私情私利，在从事公务追究活动中，故意违背事实和法律，不履行法律规定的追究职责，弄虚作假，应为而不为的行为。不履行法律规定的追究职责的行为方式多种多样，如该调查不调查，该查封、扣押伪劣商品的不予查封、扣押，该处罚的不处罚等。放纵制售伪劣商品犯罪行为罪在客观方面表现为纯正的不作为。

（三）主体方面

放纵制售伪劣商品犯罪行为罪的主体为特殊主体，即负有追究职责的国家机关工作人员，主要是指负有法律规定的查处生产、销售伪劣商品的违法犯罪行为的义务的国家工作人员，包括各级政府中主管查禁生产、销售伪劣商品的人员，行业主管部门如技术监督部门和工商行政管理部门中的人员，对制售伪劣商品犯罪行为进行刑事处理的公、检、法机关中的司法人员。关于主体问题，实践中有不同的认识，有的认为，只有公安、检察、审判机关才负有追究生产、销售伪劣商品犯罪的责任。有的认为，该罪主体不包

括司法工作人员。有的认为，本罪的主体应该是最先查处生产、销售伪劣商品犯罪行为的有关行政机关的工作人员，如工商行政管理部门的工作人员，产品质量监督机关的工作人员，当然也包括那些在事后获取了证据、线索进行正式行政处罚或者刑事处罚的司法机关工作人员。此外，由于追究一词的含义比较广泛，也应该包括各级党委中主管查禁生产、销售伪劣商品的机关工作人员。

（四）主观方面

放纵制售伪劣商品犯罪行为罪在主观方面是故意。即明知是有生产、销售伪劣商品犯罪行为的犯罪分子而不予追究刑事责任。如果不知是犯罪分子，而不予追究刑事责任，不构成放纵制售伪劣商品犯罪行为罪。放纵制售伪劣商品犯罪行为罪的主观动机是徇私。

二、放纵制售伪劣商品犯罪行为罪案件审理情况

本罪是 1997 年《刑法》针对我国经济领域假冒伪劣商品泛滥，对社会生产生活和广大人民生命健康危害严重，而很多相关执法部门工作人员却基于私情私利对之听之任之，不监不管的情况而增设的罪名。

通过中国裁判文书网检索，2018 年至 2022 年，全国法院审结一审放纵制售伪劣商品犯罪行为罪刑事案件 16 件。其中，2018 年 10 件，2019 年 3 件，2020 年 3 件。

司法实践中，放纵制售伪劣商品犯罪行为罪案件主要呈现出以下特点及趋势：放纵的犯罪对象日益广泛，伪劣商品涉及食品、药品、医疗器械、农资产品、化妆品、日用品等众多领域，与人民群众生活息息相关，严重影响了人民群众的生命健康和财产安全。

三、放纵制售伪劣商品犯罪行为罪案件审理热点、难点问题

1. 本罪与徇私枉法罪的区别。司法工作人员在办案过程中包庇生产、销售伪劣商品犯罪行为人的，应当以徇私枉法罪论处。"包庇"与"不追究"是两种不同的行为。"不追究"仅是以不作为的方式不履行追究责任，而"包庇"则是以伪造证据、隐匿、毁灭证据等作为的形式帮助犯罪行为人逃避追究。本罪仅表现为不追究生产、销售伪劣商品犯罪的行为，不包括包庇生产、销售伪劣商品犯罪的行为。如果司法工作人员对明知是生产、销售伪劣商品犯罪的单位或个人故意包庇使其不受追诉，则不应当以本罪论处，而应当按照《刑法》第 399 条规定的徇私枉法罪定罪处罚。

2. 本罪与徇私舞弊不移交刑事案件罪的区别。本罪与徇私舞弊不移交刑事案件罪有一定的共通之处。但是后者表现为行政执法人员对依法应当移交司法机关追究刑事责任的案件不移交，有的以行政罚代替刑罚，情节严重的行为。这就和本罪的行为方式有所不同。"不追究"和"以罚代刑"是两种不同的行为。"以罚代刑"是对犯罪行为降格处理的行为，"不追究"则是不履行追究责任，不作任何处理。实践中对行政执法人员徇私舞弊，对生产、销售伪劣商品的犯罪行为不移交司法机关，而是作罚款、没收处理，构成犯罪的，应当按徇私舞弊不移交刑事案件罪论处，不能以本罪论处。

3. 帮助犯罪分子逃避处罚罪与放纵制售伪劣商品犯罪行为罪、放纵走私罪的界限。本罪与放纵制售伪劣商品犯罪行为罪、放纵走私罪的主体、主观方面存在相同之处，主要区别在于客观方面。本罪的行为方式表现为向犯罪分子通风报信、提供便利，帮助犯罪分子逃避处罚，表现为一种积极的作为方式。放纵制售伪劣商品犯罪行为罪表现为不

履行法律规定的追究职责，主要表现为一种消极的不作为方式。放纵走私罪表现为徇私舞弊、放纵走私的行为，可以表现为积极的作为方式，也可以表现为一种消极的不作为方式。

在实践中，如果行为人向制售伪劣商品、走私犯罪分子通风报信、提供便利，帮助其逃避处罚的，应比较各罪不同档次的法定刑情况，从一重罪处理。

四、放纵制售伪劣商品犯罪行为罪案件办案思路及原则

1. 罪与非罪的界限。关键在于徇私舞弊，不履行法律规定的追究职责的行为，是否达到"情节严重"的程度。依照《最高人民法院、最高人民检察院关于办理生产、销售伪劣商品刑事案件具体应用法律若干问题的解释》第 8 条规定，国家机关工作人员徇私舞弊，对生产、销售伪劣商品犯罪不履行法律规定的查处职责，具有下列情形之一的，属于《刑法》第 414 条规定的"情节严重"：（1）放纵生产、销售假药或者有毒、有害食品犯罪行为的；（2）放纵依法可能判处 2 年有期徒刑以上刑罚的生产、销售、伪劣商品犯罪行为的；（3）对三个以上有生产、销售伪劣商品犯罪行为的单位或者个人不履行追究职责的；（4）致使国家和人民利益遭受重大损失或者造成恶劣影响的。《渎职侵权立案标准》在"一、渎职犯罪案件（二十八）放纵制售伪劣商品犯罪行为案"中规定：涉嫌下列情形之一的，应予立案：（1）放纵生产、销售假药或者有毒、有害食品犯罪行为的；（2）放纵生产、销售伪劣农药、兽药、化肥、种子犯罪行为的；（3）放纵依法可能判处 3 年有期徒刑以上刑罚的生产、销售伪劣商品犯罪行为的；（4）对生产、销售伪劣商品犯罪行为不履行追究职责，致使生产、销售伪劣商品犯罪行为得以继续的；（5）3 次以上不履行追究职责，或者对 3 个以上有生产、销售伪劣商品犯罪行为的单位或者个人不履行追究职责的；（6）其他情节严重的情形。

2. 如果对生产、销售伪劣商品犯罪行为实施了追究，但如果具有其他行为，如徇私舞弊，对依法应当移交司法机关追究刑事责任的不移交，公安人员该移送起诉的不移送起诉，检察人员该起诉的不起诉等，构成犯罪的，应是构成他罪，如徇私舞弊不移交刑事案件罪、徇私枉法罪等，而不构成放纵制售伪劣商品犯罪行为罪。

3. 关于放纵制售伪劣商品犯罪的主体问题，有人认为，根据《刑法》第 414 条的规定，放纵制售伪劣商品犯罪的对象是"生产、销售伪劣商品犯罪行为"，而行政机关没有查处犯罪的职责，所以，放纵制售伪劣商品犯罪的主体，不能是行政机关。我们理解，工商行政管理机关、质量技术监督管理等行政机关，属于法定的对生产、销售伪劣商品行为负有查处、追究职责的机关，而且，从《刑法》第 414 条规定的犯罪制售伪劣商品犯罪的行为方式看，也只有这些机关才能成为本罪的主体。司法工作人员不依法追究生产、销售伪劣商品犯罪行为的，可按照徇私枉法罪定罪处罚。

第二节　放纵制售伪劣商品犯罪行为罪审判依据

一、法律

1.《刑法》（2020年12月26日修正）（节录）

第四百一十四条　对生产、销售伪劣商品犯罪行为负有追究责任的国家机关工作人员，徇私舞弊，不履行法律规定的追究职责，情节严重的，处五年以下有期徒刑或者拘役。

2.《消费者权益保护法》（2013年10月25日修正）（节录）

第六十一条　国家机关工作人员玩忽职守或者包庇经营者侵害消费者合法权益的行为的，由其所在单位或者上级机关给予行政处分；情节严重，构成犯罪的，依法追究刑事责任。

3.《产品质量法》（2018年12月29日修正）（节录）

第九条　各级人民政府工作人员和其他国家机关工作人员不得滥用职权、玩忽职守或者徇私舞弊，包庇、放纵本地区、本系统发生的产品生产、销售中违反本法规定的行为，或者阻挠、干预依法对产品生产、销售中违反本法规定的行为进行查处。

各级地方人民政府和其他国家机关有包庇、放纵产品生产、销售中违反本法规定的行为的，依法追究其主要负责人的法律责任。

二、司法解释

1. 最高人民法院、最高人民检察院《关于办理渎职刑事案件适用法律若干问题的解释（一）》（2012年12月7日，法释〔2012〕18号）

第二条　国家机关工作人员实施滥用职权或者玩忽职守犯罪行为，触犯刑法分则第九章第三百九十八条至第四百一十九条规定的，依照该规定定罪处罚。

国家机关工作人员滥用职权或者玩忽职守，因不具备徇私舞弊等情形，不符合刑法分则第九章第三百九十八条至第四百一十九条的规定，但依法构成第三百九十七条规定的犯罪的，以滥用职权罪或者玩忽职守罪定罪处罚。

刑法第三百九十七条规定了渎职罪的一般罪名，即滥用职权罪和玩忽职守罪，第三百九十八条至第四百一十九条还结合特殊主体、特殊领域规定了渎职罪的35个特别罪名。渎职罪的一般罪名与特别罪名在法律适用上主要存在两个问题：一是刑法关于特别罪名的构成要件设置比较复杂，如必须是特殊主体、具备"徇私舞弊"等。实践中，这些特殊要件往往因为事实或者证据原因难以满足，办案部门对渎职行为不构成渎职罪的特别罪名能否适用一般渎职罪处理的认识不一致。二是特别罪名虽然构成要件设置复杂，但其法定刑规定有的却比一般罪名要轻（如刑法第四百一十八条招收公务员、学生徇私舞弊罪），法定刑设置不相协调。经研究认为，渎职犯罪法定刑之间不协调是立法问题，应通过立法途径加以解决；对于一般渎职罪与特殊渎职罪的法律适用问题，则可以通过司法解释解决。

国家机关工作人员实施渎职行为，符合特殊渎职罪规定的，应当依照特殊渎职罪处理。因为刑法第三百九十七条第一款和第二款均已明确规定"本法另有规定的，依照规定"，对于符合刑法第三百九十八条至第四百一十九条规定的特殊渎职罪构成要件的，只能按照特殊渎职罪追究其刑事责任。

国家机关工作人员的渎职行为不符合渎职罪的特别罪名的规定，但是符合一般罪名规定的，可以按照一般罪名，即滥用职权罪、玩忽职守罪追究其刑事责任，以防止放纵犯罪。不构成特殊渎职罪的情况下以一般渎职罪处理，并不违反特别法优于一般法的处理原则。

2. 最高人民法院、最高人民检察院《关于办理生产、销售伪劣商品刑事案件具体应用法律若干问题的解释》（2001 年 4 月 9 日，法释〔2001〕10 号）

第八条 国家机关工作人员徇私舞弊，对生产、销售伪劣商品犯罪不履行法律规定的查处职责，具有下列情形之一的，属于刑法第四百一十四条规定的"情节严重"：

（一）放纵生产、销售假药或者有毒、有害食品犯罪行为的；

（二）放纵依法可能判处二年有期徒刑以上刑罚的生产、销售伪劣商品犯罪行为的；

（三）对三个以上有生产、销售伪劣商品犯罪行为的单位或者个人不履行追究职责的；

（四）致使国家和人民利益遭受重大损失或者造成恶劣影响的。

3. 最高人民检察院《关于渎职侵权犯罪案件立案标准的规定》（2006 年 7 月 26 日，高检发释字〔2006〕2 号）

一、渎职犯罪案件

（二十八）放纵制售伪劣商品犯罪行为案（第四百一十四条）

放纵制售伪劣商品犯罪行为罪是指对生产、销售伪劣商品犯罪行为负有追究责任的国家机关工作人员徇私舞弊，不履行法律规定的追究职责，情节严重的行为。

涉嫌下列情形之一的，应予立案：

1. 放纵生产、销售假药或者有毒、有害食品犯罪行为的；

2. 放纵生产、销售伪劣农药、兽药、化肥、种子犯罪行为的；

3. 放纵依法可能判处 3 年有期徒刑以上刑罚的生产、销售伪劣商品犯罪行为的；

4. 对生产、销售伪劣商品犯罪行为不履行追究职责，致使生产、销售伪劣商品犯罪行为得以继续的；

5. 3 次以上不履行追究职责，或者对 3 个以上有生产、销售伪劣商品犯罪行为的单位或者个人不履行追究职责的；

6. 其他情节严重的情形。

三、刑事政策文件

最高人民检察院关于《人民检察院直接受理立案侦查的渎职侵权重特大案件标准（试行）》（高检发〔2001〕13号，2002年1月1日施行）

二十六、放纵制售伪劣商品犯罪行为案

（一）重大案件

1. 放纵生产、销售假药或者有毒、有害食品犯罪行为，情节恶劣或者后果严重的；

2. 放纵依法可能判处五年以上十年以下有期徒刑刑罚的生产、销售伪劣商品犯罪行为的；

3. 五次以上或者对五个以上有生产、销售伪劣商品犯罪行为的单位或者个人不履行追究职责的。

（二）特大案件

1. 放纵生产、销售假药或者有毒、有害食品犯罪行为，造成人员死亡的；

2. 放纵依法可能判处十年以上刑罚的生产、销售伪劣商品犯罪行为的；

3. 七次以上或者对七个以上有生产、销售伪劣商品犯罪行为的单位或者个人不履行追究职责的。

第三节 放纵制售伪劣商品犯罪行为罪
在审判实践中的疑难新型问题

问题1. 犯罪人负有打击销售伪劣烟卷的责任，却徇私舞弊且参与假烟销售的行为是否应当数罪并罚

犯罪人属于受委派从事公务人员，对销售假冒伪劣卷烟的行为依法负有追究责任。但犯罪人明知他人销售假冒伪劣卷烟，却徇私舞弊，不履行法律规定的追究职责，且参与假冒伪劣卷烟的销售，同时符合放纵制售伪劣商品犯罪行为罪与销售伪劣产品罪的构成要件，依法择一重罪论处。

【地方参考案例】袁某某放纵制售伪劣商品犯罪案①

一、基本案情

被告人袁某某自2004年12月起由无锡市保安服务公司派至无锡市烟草专卖局锡惠分局从事烟草稽查工作，持有江苏省烟草专卖局制发的烟草专卖执法检查证。2007年6月，被告人袁某某在烟草稽查工作中发现王某某经营的无锡市锡山区东亭镇兴盛烟酒店有销售假冒伪劣卷烟的行为，但被告人袁某某徇私舞弊，不对王某某的行为进行查处，此后还表达出有机会一起合作的意图，使得王某某继续销售假冒伪劣卷烟。2008年4月14

---

① 江苏省无锡市锡山区人民法院（2008）锡法刑初字第338号刑事判决书。

日，经王某某提议，被告人袁某某与王某某各出资 1 万元，从福建购进假冒伪劣的精品南京香烟 244 条、特醇南京香烟 984 条、佳品灵山香烟 898 条，货值金额 175132 元，存放于锡山区东亭镇柏庄莫宅里王加红租用的仓库内，准备销售。2008 年 4 月 22 日晚，被告人袁某某及王某某、鲁某某，至该仓库搬运上述假冒伪劣香烟时，被无锡市烟草专卖局当场查获。

二、案例评析

本案的争议焦点在于，被告人袁某某 2008 年 4 月参与销售假烟的行为，符合放纵制售伪劣商品犯罪行为罪的基本特征：其作为对销售假烟负有追究责任的国家机关工作人员，为徇私利，明知销售假烟的犯罪行为而不予查禁追究，甚至还参与其中。同时，该行为也符合销售伪劣产品罪的构成要件：明知欲销售的产品是假冒香烟，仍故意以假充真，欲行销售，破坏了国家产品质量管理制度。应当以单罪论处还是应当数罪并罚？

第一种观点认为，被告人的行为既构成放纵制售伪劣商品犯罪行为罪，也构成销售伪劣产品罪，应当数罪并罚。

第二种观点认为，被告人属于积极参与查禁职责范围内的犯罪行为同时构成其他犯罪，属想象竞合犯，应择一重罪论处。

那么，我们认为，本案袁某某的该行为属于一行为同时触犯数罪名的情况，系想象竞合犯。与想象竞合犯的两个基本特征想吻合：一是行为人只实施了一个行为，即作为负有查禁职责的国家机关工作人员参与销售假烟；二是一个行为触犯了数个罪名，即同时触犯了放纵制售伪劣商品犯罪行为罪和销售伪劣产品罪。对于想象竞合犯，由于其客观上只有一个行为，主观上仅有一个意思，原则上均采取"从一重处"的原则定罪量刑。根据《刑法》第 140 条及《最高人民法院、最高人民检察院、公安部、国家烟草专卖局关于办理假冒伪劣烟草制品等刑事案件适用法律问题座谈会纪要》（以下简称《烟草纪要》）的规定，销售伪劣产品，销售金额 5 万元以上不满 20 万元；伪劣烟草制品尚未销售，货值金额达到 15 万元不满 20 万元的，处二年以下有期徒刑或者拘役，并处或者单处销售金额百分之五十以上二倍以下罚金。袁某某参与销售假烟，货值金额 17 万余元，正是在这一起点刑档内。而《刑法》第 414 条规定，构成放纵制售伪劣商品犯罪行为罪的，处五年以下有期徒刑或者拘役。法定最低刑与最高刑均是放纵制售伪劣商品犯罪行为罪较销售伪劣产品罪重。因此，应从一重罪即放纵制售伪劣商品犯罪行为罪论处。同时根据《烟草纪要》第 5 条规定的精神，国家机关工作人员参与烟草制品犯罪行为的，从重处罚。对本案犯罪行为人同时构成放纵制售伪劣商品犯罪行为罪与销售伪劣产品罪时，择一重罪论处，也符合这一规定的精神。

问题 2. 放纵制售伪劣商品犯罪行为罪的追诉时效应如何计算起算点

【实务专论】

在行为型的情形中，只要有对制售假药、伪劣农药等《立案标准》规定的伪劣商品的放纵行为，该犯罪就会成立。我们认为，负有追究责任的国家机关工作人员在明知有较为充足的证据证实存在制售伪劣商品犯罪行为时，仍徇私舞弊，不履行法律规定的追究职责之时，即为该罪追诉时效的起算点。① 首先，本罪系不作为犯，当负有追究责任的国家机关工作人员知晓有制售伪劣商品犯罪行为时仍不查处，就应当被认定为不履行法律规定的追究责任。其次，如果所有被放纵的制售伪劣商品犯罪行为没过追诉时效，都可以不予以查处，那么其社会危害性极大，不利于社会安定有序，不利于保障民生。在结果型的情形中，致使被放纵行为得以继续的即可作入罪处理。我们一方面认为该类情形的规定无必要；另一方面认为该类情形的追诉时效起算点计算方式应当与行为型相同，前者系后者的原因。该类的放纵之意为不履行法律职责，包括不履行刑法规定的追究刑事责任的职责与不履行法律规定的追究其他法律责任的职责。无论哪种不履行法律职责的放纵，都会导致制售伪劣商品犯罪行为得以继续。因此，该结果型的情形规定实质上与行为型相同，并无意义。该情形下追诉时效的起算点也应当与行为型相同。在情节型的情形中，"放纵依法可能判处 3 年有期徒刑以上刑罚的生产、销售伪劣商品犯罪行为的"系从被放纵制售伪劣商品犯罪行为的可判处刑罚的角度来确定。这种情形中，如果被放纵的犯罪行为类型系行为犯，那么此时放纵制售伪劣商品犯罪行为罪的追诉时效起算点以放纵行为发生之日为准；如果被放纵的犯罪行为类型系危险犯或结果犯，放纵制售伪劣商品犯罪行为罪的犯罪过程的结束点应与该危险足以产生或已产生危害后果的时间点相同，那么此时该罪追诉时效的起算点以该危险足以产生或已产生危害后果之日为准。对于情节型中，"3 次以上不履行追究职责，或者对 3 个以上有生产、销售伪劣商品犯罪行为的单位或者个人不履行追究职责的"系从被放纵制售伪劣商品犯罪行为独立成罪的数量上来确定的。对此，负有法律追究责任的国家机关工作人员除已放纵的两起独立的制售伪劣商品犯罪行为外，明知并徇私舞弊，不予追究第三起制售伪劣商品犯罪行为之日系放纵制售伪劣商品犯罪行为罪的追诉时效起算点。

问题 3. 非国家机关工作人员的教唆行为，能否认定为放纵制售伪劣商品犯罪的主犯

【实务专论】

原本，渎职犯罪的主体乃特殊主体必须具有国家机关工作人员的身份才能构成本罪。非国家机关工作人员不具有特殊身份不能利用担任某种公职的职务便利单独实施渎职罪。但由于《刑法》有关于共同犯罪的规定使某些不具有特定身份的人依托于有身份者可能充足渎职罪修正的犯罪构成。所以，非国家机关工作人员教唆国家机关工作人员实施渎职犯罪成立渎职共同犯罪，它在共同犯罪中处于教唆犯的地位。对于教唆犯的处罚，我国《刑法》第 29 条规定，"教唆他人犯罪的应当按照他在共同犯罪中所起的作用处罚，即如果行为人在共同犯罪中起的是主要作用就作为主犯处理，如果是次要作用就作为从犯处理"。那么在非国家机关工作人员教唆国家机关工作人员犯渎职罪的场合其是否能起主要作用？我们认为不能。②

---

① 梁立宝：《放纵制售伪劣商品犯罪行为罪追诉时效起算点研究》，载《辽宁公安司法管理干部学院学报》，2014 年第 2 期。

② 康均心、王杨：《渎职罪共犯及其相关问题——以放纵制售伪劣商品犯罪行为罪为例》，载《河南省政法管理干部学院学报》，2011 年第 2 期。

　　首先，即使其与国家机关工作人员勾结在一起构成渎职罪的共犯，也只是借助国家机关工作人员的身份实施了有害于社会的行为，并非能因此取得国家机关工作人员这种特殊身份。所以在这种共同犯罪中非身份者对于身份者始终有一种犯罪成立上的依附关系。如非国家机关工作人员教唆负有查禁生产、销售伪劣商品的国家工商行政管理、质量技术监督部门等国家机关工作人员放纵制售伪劣商品犯罪行为的场合，非国家机关工作人员只是利用和借助了国家机关工作人员的身份使无身份者构成放纵制售伪劣产品犯罪行为罪，但并不因此使无身份的教唆者在共同犯罪中能够处于支配地位，而仅仅是非国家机关工作人员罪名的成立依附于国家机关工作人员。

　　其次，非国家机关工作人员教唆国家机关工作人员共犯渎职罪，其责任的划分不能比拟一般主体之间的共同犯罪之责任划分。在一般主体的普通共同犯罪中，教唆犯使没有犯罪意图的人产生犯罪意图进而实施犯罪，在共同犯罪中起了主犯的作用。但是，在特殊主体和一般主体共同犯罪的场合，责任大小的划分应该有所区别。此种情况下，无身份者即使教唆了有身份者共同去实施身份犯罪，成立共犯除了要具备有身份者的自觉自愿参与之外，还有一个必不可少的条件——有身份者的身份，这种身份是渎职犯罪共犯成立之本、行为的危害性之源，国家机关工作人员充分认识到了这一点，知道如果不利用自己职务上的便利，共同犯罪就成了无本之木、无源之水，并特意加以利用。因此，即使是非国家机关工作人员的教唆引起了国家机关工作人员渎职罪的犯意，国家机关工作人员仍然在渎职共同犯罪中起了主要的作用。

第四十一章

办理偷越国（边）境人员出入境证件罪、放行偷越国（边）境人员罪

第一节 办理偷越国（边）境人员出入境证件罪、放行偷越国（边）境人员罪概述

一、办理偷越国（边）境人员出入境证件罪、放行偷越国（边）境人员罪的概念及构成要件

（一）办理偷越国（边）境人员出入境证件罪，是指负责办理护照、签证以及其他出入境证件的国家机关工作人员，对明知是企图偷越国（边）境的人员予以办理出入境证件的行为

1. 客体要件

本罪侵犯的客体是国家的出入境管理制度。国家对出入境的人员实行严格的管理制度，对维护国家的主权、安全和社会秩序，保护公民出入境的正当权益，促进国际交往，有着十分重要的意义。《出境入境管理法》明确规定了我国的出入境管理制度和出入境管理人员的职责。出入境管理人员违反职责，对明知是企图偷越国（边）境的人员，予以办理出入境证件的，就直接侵害了国家的出入国（边）境管理制度，会给国家安全和社会管理秩序造成严重的损害。因此，对这种渎职行为必须予以刑事制裁。

2. 客观要件

本罪在客观方面表现为在办理护照、签证以及其他出入境证件的过程中，对明知是企图偷越国（边）境的人员，予以办理出入境证件的行为。参照《最高人民检察院关于渎职侵权犯罪案件立案标准的规定》的规定，办理偷越国（边）境人员出入境证件罪是指负责办理护照、签证以及其他出入境证件的国家机关工作人员，对明知是企图偷越国（边）境的人员，予以办理出入境证件的行为。负责办理护照、签证以及其他出入境证件的国家机关工作人员涉嫌在办理护照、签证以及其他出入境证件的过程中，对明知是企图偷越国（边）境的人员而予以办理出入境证件的，应予立案。

3. 主体要件

本罪的犯罪主体为特殊主体，只能由负责办理护照、签证以及其他出入境证件的国家机关工作人员构成，如外交、外事、公安等有关的人员。根据我国出入境管理有关法律、法规的规定，负责办理护照、签证以及其他出入境证件的国家机关是公安部、公安部授权的地方公安机关和外交部、外交部授权的地方外事部门。公安机关和外事部门在国内办理签证、证件的分工，原则上是外交和公务护照的签证由外交部和地方外事部门办理；普通护照的签证由公安机关办理。因而，能够成为办理偷越国（边）境人员出入境证件罪的犯罪主体的，就只能是上述国家机关中负责办理护照、签证等出入境证件的国家机关工作入境检查工作的国家机关工作人员。

4. 主观要件

本罪在主观方面是故意犯罪，即明知他人是企图偷越国（边）境的人员而故意给其办理出入境证件，构成本罪须以明知为要件，如果工作不负责任、疏忽大意、审查不严等原因而错误地为企图偷越国（边）境人员办理了出入境证件，则不构成本罪。但对于严重不负责任，草率从事，造成严重后果的，应当按玩忽职守罪论处。对"明知"的认定，不能仅凭犯罪嫌疑人、被告人的口供，而应根据案件的整个过程、情节予以全面的分析，只要能证明行为人知道或者应当知道对方是企图偷越国（边）境的人员仍予以办理出入境证件的，应可以认定为"明知"。本罪不要求必须以营利为目的。其动机是各种各样，有的可能是出于私利，有的是出于亲友情面等。过失不构成本罪，如后果严重的，可以玩忽职守罪论处。

（二）放行偷越国（边）境人员罪，是指边防、海关等国家工作人员，对明知是偷越国（边）境的人员，予以放行的行为

1. 客体要件

本罪侵犯的客体是国家的出入境管理制度。根据我国有关法律规定，海关是进境出境的监督管理机关，海关人员有权查阅进境出境人员的证件。人员出境入境时，应向边防检查站出示证件，边防检查站人员对未持有护照等出入境证件、持无效出入境证件、持伪造、涂改、冒用的出入境证件或拒绝交付出入境证件的人员有权不予放行，这是边防、海关等国家机关工作人员的权力，也是其必须履行的职责。如果海关、边防等国家机关工作人员不认真履行职责，对明知是偷越国（边）境的人员私自放行，则构成了犯罪。

2. 客观要件

本罪在客观方面表现为利用职务之便，非法放行他人偷越国（边）境的行为。参照《最高人民检察院关于渎职侵权犯罪案件立案标准的规定》的规定，边防、海关等国家机关工作人员涉嫌在履行职务过程中，对明知是偷越国（边）境的人员而予以放行的，应予立案。

3. 主体要件

本罪的犯罪主体为特殊主体，即海关、边防等国家机关工作人员。

4. 主观要件

本罪在主观方面是故意犯罪，即明知是偷越国（边）境的人员，而故意予以放行。本罪不要求必须以营利为目的。其动机是各种各样，有的可能是出于私利，有的是出于亲友情面等。过失不构成本罪，如后果严重的，可以以玩忽职守罪论处。

二、办理偷越国（边）境人员出入境证件罪、放行偷越国（边）境人员罪案件审理情况

办理偷越国（边）境人员出入境证件罪、放行偷越国（边）境人员罪系 1997 年《刑法》修订时增设的罪名，旨在打击相关渎职行为，维护国家出入境管理制度。

经检索中国裁判文书网，放行偷越国（边）境人员罪、办理偷越国（边）境人员出入境证件罪未检索到相关案例，司法实践中，涉及这两个罪名的案件较少，主要集中在国（边）境地区。

三、办理偷越国（边）境人员出入境证件罪、放行偷越国（边）境人员罪案件审理热点、难点问题

（一）办理偷越国（边）境人员出入境证件罪案件审理热点、难点问题

1. 罪数问题。行为人明知是偷越国（边）境的人员而向其出售护照、签证以及其他出入境证件的，其行为同时触犯办理偷越国（边）境人员出入境证件罪和《刑法》第320 条规定的出售出入境证件罪两个罪名，应按照处理法条竞合犯的原则，从一重罪处罚，不实行并罚。明知偷越国（边）境的人员是犯罪的人而为其办理出入境证件的，其行为同时触犯办理偷越国（边）境人员出入境证件罪和窝藏罪两个罪名，构成想象竞合犯，应从一重罪处罚，不实行并罚。

2. 出入境证件的范围认定。根据本罪的规定，护照和签证是出入境证件的一种。出入境证件除了包括护照、签证之外，还有多种表现形式，如出入境通行证、往来港澳通行证、前往港澳通行证、台湾地区居民来往大陆通行证、台湾地区同胞定居证、华侨回国定居证、大陆居民往来台湾地区通行证、边境通行证等。同时，根据《海员证管理办法》的规定，海员证也可以看作出入境证件的一种。因为，根据该法的规定，海员证是中国海员出入中国国境和在境外通行使用的有效身份证件。根据有关法律的规定，我国办理出入境证件的机关是不同的。对于护照，根据《护照法》的规定，普通护照由公安部出入境管理机构或者公安部委托的县级以上地方人民政府公安机关出入境管理机构以及中华人民共和国驻外使馆、领馆和外交部委托的其他驻外机构签发。外交护照由外交部签发。公务护照由外交部、中华人民共和国驻外使馆、领馆或者外交部委托的其他驻外机构以及外交部委托的省、自治区、直辖市和设区的市人民政府外事部门签发。对于边境证件，根据《（边）境管理区通行证管理办法》的规定，申领边境通行证应当向常住户口所在地县级以上公安机关或者指定的公安派出所提出申请。此外，根据《海员证管理办法》的规定，海员证由港务监督局或其授权的港务监督机关（以下简称颁发机关）颁发。中国的签证机关，在境外是中国驻外国大使馆、总领事馆、签证办事处、驻香港特派员公署领事部或外交部授权的其他驻外机构。外国人入境或过境中国，应向中国的上述签证机关申请办理签证。同时，这些机关在办理有关的出入境证件的时候，必须遵守相应的规定，只对符合规定条件的，才予以办理相应的出入境证件。

3. 注意区分办理偷越国（边）境人员出入境证件罪与提供伪造、变造的出入境证件罪的界限。两罪的主要区别是：一是犯罪主体不同。办理偷越国（边）境人员出入境证件罪的主体限定为负责办理护照、签证以及其他出入境证件的国家机关工作人员，是特

殊主体，只能由负责办理护照、签证以及其他出入境证件的国家机关工作人员构成，如外交、外事、公安等有关的人员，而提供伪造、变造的出入境证件罪的主体则没有身份上的限制，是一般主体。二是犯罪客观方面不同。办理偷越国（边）境人员出入境证件罪表现为对明知是企图偷越国（边）境的人员，予以办理出入境证件的行为，而提供伪造、变造的出入境证件罪，则表现为向他人提供伪造、变造的护照、签证等出入境证件的行为，其中"伪造的出入境证件"，是指无权制作护照、签证等出入境证件的人非法制作的出入境证件，"变造的出入境证件"，是指用涂改、抹擦、拼接等方法，对真实的出入境证件进行加工，改变其真实内容所制作的出入境证件。"提供"既可以是有偿的，也可以是无偿的。

（二）放行偷越国（边）境人员罪案件审理热点、难点问题

1. 对"放行"的认定。本罪中的"予以放行"，是指行为人利用职务之便，对不符合通关条件的人员，非法放行通关的行为。所谓"利用职务之便"，是指边防、海关的有关负责通关查验证件的国家工作人员利用负责审查、核对护照、签证等出入境证件的职务之便。如果国家工作人员没有利用职务之便，而以其他方法帮助他人偷越国（边）境的，不能认定为本罪所要求的"利用职务之便"。构成犯罪的，可以按偷越国（边）境罪定罪处罚。所谓"不符合通关条件"，是指出入境人员不具备通关所要求的形式要件或者实质要件。形式要件是指其随身携带的出入境证件不符合有关的规定，表现为出入境证件系伪造、变造、作废、失效等，或表现为出入境证件手续不齐备等。实质要件是指出入境人员具备法律规定的不得进出境的要件，比如，是刑事案件的嫌疑人、有未完结的民事案件等。所谓非法放行他人偷越国（边）境，是指违反规定，对上述不具备通关条件的出入境人员予以放行通关。

2. 在司法实践中注意本罪与玩忽职守罪的区别。一是犯罪主体不同。前者的主体是边防、海关等国家机关工作人员，后者则是一般国家机关工作人员；二是主观方面不同。前者在主观上具有明知的故意，后者则出于过失。

四、办理偷越国（边）境人员出入境证件罪、放行偷越国（边）境人员罪案件办案思路及原则

1. 办理偷越国（边）境人员出入境证件罪中"明知"的认定。从一般意义上讲，"明知"即是确切地知道。对本罪来说，是否明知只是意味着有关办理出入境证件的国家机关工作人员是否履行了形式审查的职责，即审查申请人提供的有关资料。根据有关规范性文件的规定，申请人提交的资料包括的范围非常广泛。对于办理出入境证件的国家机关工作人员来说，"明知"意味着双方在不存在共谋的情况下，只有通过对资料的审查核实或者其他已掌握的有关确切消息才可以判定正在申请办理出入境证件的人员是否有企图偷越国（边）境的意图。如果申请人提供了办理出入境证件所需要的各种证明文件，且真实有效，即使申请人确实存在偷越国（边）境的故意，也不能将该国家机关工作人员按本罪定罪处罚。

2. 放行偷越国（边）境人员罪中"明知"的认定。本罪中的"明知"也是形式层面的要求，即不要求边防、海关的有关工作人员确切地知道偷越国（边）境的人员的内心想法，只要从形式上判断即可。根据有关规范性文件的规定，公民出入境时要携带相应

的有效出入境证件。对于没有携带或携带的出入境证件不合法的，边防、海关的有关工作人员应阻止通关。如《公民出境入境管理法》规定，对于持用无效出境证件的，持用他人出境证件的，持用伪造或者涂改的出境证件的等，边防检查机关有权阻止其出境，并依法处理。《外国人入境出境管理法》也规定了相应的阻止出入境的条件，如刑事案件的被告人和公安机关或者人民检察院或者人民法院认定的犯罪嫌疑人；人民法院通知有未了结民事案件不能离境的；有其他违反中国法律的行为尚未处理，经有关主管机关认定需要追究的等。

3. 准确把握犯罪构成，依法从严惩处。近年来，我国沿海沿边地区如福建、浙江、广东等地偷越国（边）境的违法犯罪活动严重，在实践中，有些负责办理出入境证件的人员和边防、海关等执法机关工作人员，违背其职责，为偷越国（边）境的违法犯罪分子办理出入境证件，在一定程度上助长了偷渡分子的气焰，严重破坏了进出境管理秩序。办理偷越国（边）境人员出入境证件罪是行为犯，只要有"办理出入境证件"的行为，即构成既遂。放行偷越国（边）境人员罪侵犯的客体是国家的出入境管理制度，客观方面表现为对偷越国（边）境的人员予以放行的行为，犯罪主体为特殊主体，即边防、海关等国家机关工作人员，主观方面由故意构成，即明知是偷越国（边）境的人员而予以放行。过失不构成放行偷越国（边）境人员罪。

第二节　办理偷越国（边）境人员出入境证件罪、放行偷越国（边）境人员罪审判依据

一、法律

《刑法》（2020 年 12 月 26 日修正）（节录）

第四百一十五条　负责办理护照、签证以及其他出入境证件的国家机关工作人员，对明知是企图偷越国（边）境的人员，予以办理出入境证件的，或者边防、海关等国家机关工作人员，对明知是偷越国（边）境的人员，予以放行的，处三年以下有期徒刑或者拘役；情节严重的，处三年以上七年以下有期徒刑。

二、司法解释

《最高人民检察院关于渎职侵权犯罪案件立案标准的规定》（2006 年 7 月 26 日　高检发释字〔2006〕2 号）（节录）

一、渎职犯罪案件

（二十九）办理偷越国（边）境人员出入境证件案（第四百一十五条）

办理偷越国（边）境人员出入境证件罪是指负责办理护照、签证以及其他出入境证件的国家机关工作人员，对明知是企图偷越国（边）境的人员，予以办理出入境证件的行为。

负责办理护照、签证以及其他出入境证件的国家机关工作人员涉嫌在办理护照、签

证以及其他出入境证件的过程中，对明知是企图偷越国（边）境的人员而予以办理出入境证件的，应予立案。

（三十）放行偷越国（边）境人员案（第四百一十五条）

放行偷越国（边）境人员罪是指边防、海关等国家机关工作人员，对明知是偷越国（边）境的人员予以放行的行为。

边防、海关等国家机关工作人员涉嫌在履行职务过程中，对明知是偷越国（边）境的人员而予以放行的，应予立案。

第三节　办理偷越国（边）境人员出入境证件罪、放行偷越国（边）境人员罪在审判实践中的疑难新型问题

问题　如何把握放行偷越国（边）境人员罪的既未标准

"放行"行为是否实施完毕并不是放行偷越国（边）境人员罪未遂的决定因素，仍只能以是否存在实际的偷越者偷越国（边）境的结果发生为界限。

【刑事审判参考案例】张某升放行偷越国（边）境人员案[①]

一、基本案情

被告人张某升在北京国际机场出入境边防检查总站入境检查一队任检查员期间，为使他人顺利偷越国（边）境，利用职务上的便利，分别于1999年12月13日、14日在无人入境的情况下，在他人提供的8本中华人民共和国护照及入境登记卡上，加盖了入境验讫章，伪造入境记录，并录入电脑存档。12月14日，被告人张某升正在录入第五本护照的入境资料时，被查获归案。缴获护照8本。

北京市朝阳区人民法院认为：被告人张某升身为国家出入境边防检查机关的工作人员，本应严格遵守国（边）境管理法规，但其为谋私利，在明知他人企图偷越国（边）境的情况下，为使偷越国（边）境人员顺利出境，在无人入境的情况下，在他人提供的护照上加盖入境验讫章，并伪造入境记录存档，其行为违反了国（边）境管理法规，破坏了国家边防检查机关的正常管理活动和管理制度，触犯了刑律，已构成放行偷越国（边）境人员罪，应予惩处。被告人张某升在实施犯罪行为中被发现，应系犯罪未遂，故依法对被告人张某升所犯罪行从轻处罚。依照《刑法》第415条、第23条、第64条的规定，于2000年6月19日判决如下：1. 被告人张某升犯放行偷越国（边）境人员罪，判处有期徒刑一年六个月；2. 在案护照八本，予以没收。

宣判后，张某升没有上诉，检察机关亦未抗诉，判决发生法律效力。

---

① 康海滨：《张某升放行偷越国（边）境人员案——边防检查员伪造入境记录的行为如何定性》，载中华人民共和国最高人民法院刑事审判第一庭、第二庭：《刑事审判参考》（总第15集），指导案例第97号，法律出版社2001年版，第15页。

二、案例评析

本案的争议焦点 1. 边防检查员伪造入境记录的行为如何定性？

在审理过程中，针对被告人张某升的行为的定性，存在以下三种意见：

第一种意见认为，被告人张某升身为国家出入境边防检查员，在无人入境的情况下，为"蛇头"提供的护照上加盖入境验讫章，伪造入境记录，为组织他人偷越国（边）境提供帮助，应以组织他人偷越国（边）境罪的共犯处理。

第二种意见认为，被告人张某升身为国家出入边防检查员，对明知是企图偷越国（边）境的人员，为使偷越国（边）境人员顺利出境，在无人入境的情况下，为"蛇头"提供的护照上加盖入验讫章，伪造入境记录，办理了出入境证件，构成办理偷越国（边）境人员出入境证件罪。

第三种意见认为，被告人张某升身为国家出入边防检查员，在护照上私自加盖入境验讫章并伪造入境记录，其最终目的是能够使偷越国（边）境人员非法出境，也就是说，护照上加盖了入境验讫章后可使得持该护照的偷越国（边）境人员可不受相关规定的限制，较为顺利地出境，是一种渎职行为，故应以放行偷越国（边）境人员罪处罚。

（一）证实被告人张某升的行为构成组织或者运送他人偷越国（边）境犯罪（共犯）的证据不足

被告人张某升作为公安边防检查机关的工作人员，违反《出境入境边防检查条例》的有关规定，在明知无人入境的情况下，在他人提供的护照上加盖入境验讫章、伪造入境记录，为可能利用该护照的人非法组织或者运送他人偷越国（边）境提供了必要的条件。但由于本案没有证据证实要求张某升在 8 本护照上加盖入境验讫章、伪造入境记录的人，是为了实施非法组织或者运送他人偷越国（边）境，还是将该 8 本护照出售牟利，也没有证据证实张某升与其有事前通谋的情况。因此，认定被告人张某升构成组织他人偷越国（边）境罪或者运送他人偷越国（边）境罪的证据不足。

（二）被告人张某升不具有办理偷越国（边）境人员出入境证件罪的主体身份

依照《刑法》第 415 条的规定，办理偷越国（边）境人员出入证件罪，是指负责办理护照、签证以及其他出入境证件的国家机关工作人员，对明知是企图偷越国（边）境的人员，予以办理、发放出入境证件的行为。这里的"出入境证件"，包括护照、签证以及其他出入证件。"护照"是指一国的政府主管机关发给本国出国履行公务、旅行或者在外拘留的公民，用以证明其国籍和身份的证件，包括外交护照、公务护照和普通护照。"签证"是指一国国内或驻国外主管机关在本国或者外国公民所持的护照或者其他旅行证件上签证、盖章，表示准许其出入本国国（边）境或者过境的手续。"其他出入境证件"是指除护照以外其他用于出入境或过境的证明性文件，包括边防证、海员证、过境证等。根据有关出境入境管理法规的规定，我国有权办理出入境证件的机关有外交部或者外交部授权的地方外事部门以及中国驻外国的外交代表机关、领事机关或者外交部授权的其他驻外机关、公安部或者公安部授权的地方公安机关、港务监督局或者港务监督局授权的港务监督部门，而我国在对外开放的港口、航空站、车站和边境通道等口岸设立的出境入境边防检查站，只负责对出境、入境的人员及其行李物品、交通运输工具及其载运的货物实施边防检查，无权办理出入证件。边防检查机构工作人员在出入境证件上加盖验讫章并作有关记录的行为，不属于办理出入境证件。因此，被告人张某升不具有办理偷越国（边）境人员出入境证件罪的主体身份，其在他人提供的护照上加盖了入境验讫章、伪造入境记录的行为，也不是办理出入境证件的行为，故不构成办理出入境证件罪。

（三）被告人张某升的行为符合放行偷越国（边）境人员罪的构成特征

所谓放行偷越国（边）境人员罪，是指边防、海关等国家机关工作人员，对明知是偷越国（边）境的人员，予以放行的行为。根据《刑法》第415条的规定，放行偷越国（边）境人员罪只能由负责对出入境人员的出入境证件查验核准的边防、海关等国家机关工作人员构成。《出境入境边防检查条例》第7条规定："出境、入境的人员必须按照规定填写出境、入境登记卡，向边防检查站交验本人的有效护照或者其他出境、入境证件（以下简称出境、入境证件），经查验核准后，方可出境、入境。"也就是说，对出入人员的出入证件查验核准，是边防检查人员的职责。本案被告人张某升作为北京出入境检查总站入境检查一队的检查员，负有对出入境人员的证件进行查验核准的职责，却利用职务上的便利，在无人入境的情况下，在他人提供的护照上加盖入验讫章、伪造入境记录，致使持该护照的偷越国（边）境人员可不受相关规定的限制，较为顺利地出境，实质上是一种滥用职权的放行行为，完全符合《刑法》第415条规定的放行偷越国（边）境人员罪的构成特征，应以放行偷越国（边）境人员罪定罪处罚。

需要说明的是，被告人张某升的放行行为不是直接针对企图偷越国（边）境的人员本身，而是为提供护照的人［既可能是组织他人偷越国（边）境的人，也可能是运送他人偷越国（边）境的人，等等］提供有关的方便，是一种间接放行的行为。此种间接放行的行为只有在没有证据证实行为人与提供护照的人存在共同犯有组织他人偷越国（边）境罪或运送他人偷越国（边）境罪的前提下，才能按放行偷越国（边）境人员罪处理，否则，只能按组织他人偷越国（边）境罪或运送他人偷越国（边）境罪的共犯处理。

本案的争议焦点2. 此案应属何种犯罪形态？

被告人张某升的行为是犯罪既遂还是犯罪未遂，也存在不同的意见：一种意见认为，放行偷越国（边）境人员罪，属行为犯，即只要实施了放行的行为，就应认定既遂。就本案来说，被告人张某升在护照上已加盖的入境验讫章，即实施了放行的行为，犯罪行为已经完成，应认定为既遂。另一种意见认为，被告人张某升不是将偷越国（边）境人员直接予以放行，而是在准备偷越国（边）境的人员的8本护照上私自加盖入验讫章，并伪造了部分入境资料，由于其在实施犯罪行为时被及时发现，8本护照并未落入偷越人员手中，更谈不上出境，所以应认定为未遂。

被告人张某升实施的行为，不是一种直接将偷越国（边）境人员予以放行的行为，而是一种通过为提供护照的人［既可能是组织他人偷越国（边）境的人，也可能是运送他人偷越国（边）境的人，等等］提供有关帮助从而有利于偷越国（边）境者偷越国（边）境，属于间接的放行行为。从犯罪未遂形态的认定来看，直接放行行为与间接放行行为构成偷越国（边）境人员罪是存在区别的。就前种情形而言，只要偷越国（边）境者因各种原因（不包括行为人自身的阻止）最终未偷越过国（边）境，就应认定为放行偷越国（边）境人员罪的未遂。就后种情形而言，行为人只要着手实施了间接放行偷越国（边）境的行为，就已完成"放行"，但是此种"放行"行为是否实施完毕（例如，本案中的张某升将8本护照的有关记录都已录入完毕）并不是放行偷越国（边）境人员罪未遂的决定因素，仍只能以是否存在实际的偷越者偷越国（边）境的结果发生为界限，都应认定为放行偷越国（边）境人员罪的未遂。总之，放行偷越国（边）境人员罪的犯罪既遂应以被放行的偷越者实际偷越过国（边）境为标志。就本案而言，张某升的行为为企图偷越国（边）境者提供了必要的条件，即张某升利用职务上的便利，在他人提供的护照上加盖入境验讫章、伪造入境记录，已经完成了他可能完成的对将来使用护照人的放行行为。本案的特殊性在于，护照的使用者必须持护照入境，才算放行偷越国（边）境行为实施终了。而在此前，即张某升在录入第五本护照的入境资料时被查获，实际偷越国（边）境的行为人未能完成偷越国（边）境行为，因此，张某升放行他人偷越国（边）境的行为没有完成。对于这种已经着手实行犯罪，由于犯罪分子意志以外的原因而未发生犯罪分子所预期的危害后果的情形，根据《刑法》第 23 条第 1 款的规定，属于犯罪未遂，并且属于实施终了的犯罪未遂。北京市朝阳区人民法院根据被告人张某升的实施犯罪的具体情形和对于社会的危害程度，以放行偷越国（边）境人员罪，判处其有期徒刑一年零六个月，是适当的。

第四十二章
不解救被拐卖、绑架妇女、儿童罪，
阻碍解救被拐卖、绑架妇女、儿童罪

第一节　不解救被拐卖、绑架妇女、儿童罪，阻碍解救被拐卖、绑架妇女、儿童罪概述

一、不解救被拐卖、绑架妇女、儿童罪，阻碍解救被拐卖、绑架妇女、儿童罪的概念及构成要件

（一）不解救被拐卖、绑架妇女、儿童罪，是指对被拐卖、绑架的妇女、儿童负有解救职责的国家机关工作人员接到被拐卖、绑架的妇女、儿童及其家属的解救要求或者接到其他人的举报，而对被拐卖、绑架的妇女、儿童不进行解救，造成严重后果的行为

1. 客体要件

本罪侵犯的客体是国家对被拐卖、绑架妇女、儿童的正常解救活动。负有解救职责的国家机关工作人员本应认真负责地履行自己解救被拐卖、绑架的妇女、儿童的职责，如果其拒不履行职责，不但使国家机关工作人员解救妇女、儿童的职务活动不能进行或难以进行，还会使被拐卖、绑架的妇女、儿童及其亲属和群众对国家机关不信任和不满，损害国家机关的信誉。

本罪的对象是被拐卖的妇女、儿童，或者被绑架的妇女、儿童。被拐卖的妇女与儿童，是指为拐卖妇女、儿童的犯罪分子所控制、出卖的妇女与儿童，包括出于出卖目的，而为犯罪分子所绑架的妇女、儿童及所偷盗的婴幼儿。被拐卖的妇女与儿童如已被他人收买的，也应属于被拐卖的妇女与儿童，从而可以成为本罪对象。被绑架的妇女与儿童，是指实施绑架的犯罪分子所控制的妇女与儿童，如出于勒索财物的目的而绑架的妇女、儿童以及除出卖目的之外的其他目的而进行绑架并把被绑架人作为人质的妇女与儿童，不属上述的妇女与儿童，即使为犯罪分子所控制如进行非法剥夺人身自由、强奸、强制猥亵妇女、猥亵儿童、暴力干涉婚姻自由等所暂时或较长时间控制的妇女及儿童，也不可能成为本罪对象。对于后者这种妇女与儿童，置之不顾，不进行解救的，不可能构成本罪。

2. 客观要件

本罪在客观方面表现为对被拐卖、绑架的妇女、儿童负有解救职责的国家机关工作人员接到被拐卖、绑架的妇女、儿童及其家属的解救要求或者接到其他人的举报，而不进行解救，造成严重后果的行为。行为人负有解救被拐卖、绑架的妇女、儿童的职责，并接到"解救要求"或"举报"，这是履行解救义务的前提条件。必须具有不进行解救的行为，即行为人接到解救要求或者举报后，不履行解救职责。所谓不进行解救，是指接到解救要求或者举报后，不采取任何解救措施，或者推诿、拖延解救工作。这是一种不作为的犯罪，如不向主管负责解救的部门汇报情况；不制定解救方案、计划；不安排布置解救行动等。必须是因为不解救而造成严重后果，虽有不解救的行为，但未造成严重后果的，不构成本罪。

所谓造成严重后果，主要是指造成被拐卖、绑架的妇女、儿童或者其亲属重伤、死亡等后果以及引起其他犯罪案件发生等。

3. 主体要件

本罪的主体为特殊主体，即对被拐卖、绑架的妇女、儿童负有解救职责的国家机关工作人员。国家机关工作人员的范围是非常宽泛的，但只有那些负有特定的解救职责的国家机关工作人员，才可能成为本罪的主体。虽然本人是国家机关工作人员，并且实施了不解救的行为，但其如果不负有特定的解救职责，便不能构成本罪。这里的"解救职责"，是指在职务范围内或责任范围内具有"解救"的内容。根据有关法律规定，各级人民政府对被拐卖、绑架的妇女、儿童有解救职责，解救职责由公安机关会同有关部门执行。具体指各级人民政府、公安、检察、法院、民政、妇联等部门中主管、分管和直接参与解救工作的国家工作人员。上述人员负有把被拐卖、绑架的妇女、儿童从人贩子、收买人或者绑架人手中解脱出来，以及安置送返被害人等解救工作职责。

4. 主观要件

本罪主观方面在司法实践中多为间接故意，但也不排除直接故意存在的可能，即明知是被拐卖、绑架的妇女、儿童需要进行解救而不进行解救，过失不构成本罪。不解救的动机可多种多样，如怕麻烦、怕报复、为私情等，动机如何不影响本罪成立。

（二）阻碍解救被拐卖、绑架妇女、儿童罪，是指负有解救职责的国家机关工作人员利用职务阻碍解救被拐卖、绑架的妇女、儿童的行为

1. 客体要件

本罪侵犯的客体是国家对被拐卖、绑架妇女、儿童的正常解救活动。犯罪对象是被拐卖、绑架的妇女、儿童。

2. 客观要件

本罪客观方面表现为利用职务阻碍解救的行为。"解救"，是指负有解救职责的国家机关及其工作人员为使妇女、儿童脱离被拐卖、绑架的困境而依法采取的措施或者进行的活动。"利用职务"，是构成本罪的前提要件，是指负有解救职责的国家机关工作人员利用职权范围即主管、负责解救被拐卖、绑架的妇女、儿童工作的便利，而不是利用国家机关工作人员身份的便利阻碍解救工作。"利用职务阻碍解救"主要包括两种形式：（1）利用主管、分管解救工作的职务之便，不让进行解救或者给解救活动设置障碍；（2）将自己因职务关系掌握的解救计划、行动方案故意泄露给他人，使之阻碍解救或者使解救无法进行。实践中也不限于这两种。

3. 主体要件

本罪的犯罪主体为特殊主体，即对被拐卖、绑架的妇女、儿童负有解救职责的国家机关工作人员。

4. 主观要件

本罪在主观方面表现为故意且必须是直接故意。行为人既认识到自己的行为是在阻碍解救被拐卖、绑架的妇女、儿童，也希望发生被拐卖、绑架的妇女、儿童未获解救的结果。如只是认识到自己行为可能阻碍解救被拐卖的妇女、儿童，但主观上并不希望发生这种结果的，不构成本罪，导致严重后果的，以玩忽职守罪论处。

二、不解救被拐卖、绑架妇女、儿童罪，阻碍解救被拐卖、绑架妇女、儿童罪案件审理情况

经检索中国裁判文书网，近年来，没有涉及不解救被拐卖、绑架妇女、儿童罪及阻碍解救被拐卖、绑架妇女、儿童罪的相关案例。司法实践中，上述两个罪名的案件不常见。

三、不解救被拐卖、绑架妇女、儿童罪，阻碍解救被拐卖、绑架妇女、儿童罪案件审理热点、难点问题

1. 注意划分阻碍解救被拐卖、绑架妇女、儿童罪与不解救被拐卖、绑架妇女、儿童罪的界限。两者的区别主要体现在客观方面。前者客观方面表现为行为人利用职务阻碍解救被拐卖、绑架的妇女、儿童，行为人不但不积极解救，反而利用自己的职权或职务便利为其他人的解救工作设置障碍，如组织群众围攻解救人员，向拐卖、绑架妇女儿童的犯罪分子通风报信等。该行为既可以是作为，也可以是不作为，但主要表现为作为形式，且构成该罪不以发生严重后果为条件。不解救被拐卖、绑架妇女、儿童罪表现为接到被拐卖、绑架妇女、儿童及其家属的解救要求或者接到其他人的举报，而不进行解救，造成严重后果的行为。该行为只能是不作为，其构成要以发生严重后果为条件。①

2. 阻碍解救被拐卖、绑架妇女、儿童罪与妨害公务罪的区别。（1）侵犯的客体不同。尽管二者都可能侵犯国家工作人员解救妇女、儿童的公务活动，但是阻碍解救被拐卖、绑架妇女、儿童罪还侵犯了国家机关的声誉。（2）客观方面不同。妨害公务罪只能是以暴力、威胁的方法阻碍国家工作人员的解救公务活动，而阻碍解救被拐卖、绑架妇女、儿童罪阻碍的方法、方式多种多样，但都只能是利用职务阻碍解救活动。妨害公务罪，被妨害的公务必须是国家工作人员所执行的解救公务；本罪既可以是阻碍解救妇女、儿童的公务，又可以是其他公民的非公务的解救活动。（3）主体不同。妨害公务罪是一般主体，而本罪主体为特殊主体，仅限于负有解救职责的国家工作人员。（4）主观方面不同。妨害公务罪行为人主观上只须明知阻碍的是国家工作人员执行公务的行为即可，无须明知是何种公务、何类国家工作人员执行公务。而本罪行为人主观上是明知自己妨碍的是解救妇女、儿童的公务活动。②

3. 不解救被拐卖、绑架妇女、儿童罪与玩忽职守罪的界限。（1）犯罪主体不同。玩

---

① 周强总主编：《中华人民共和国刑法案典》（下），人民法院出版社 2016 年版，第 2438 页。

② 周强总主编：《中华人民共和国刑法案典》（下），人民法院出版社 2016 年版，第 2435 页。

忽职守罪主体为国家机关工作人员；不解救被拐卖、绑架妇女、儿童罪的主体为对被拐卖、绑架的妇女、儿童负有解救职责的国家机关工作人员，即各级人民政府、公安人员、人民检察院、人民法院以及司法行政、民政、妇联等部门的负责主管、分管或直接参与解救活动的工作人员。（2）客观方面表现形式不同。玩忽职守罪在客观方面表现为不履行职责或者逾越职权；不解救被拐卖、绑架妇女、儿童罪在客观方面表现为接到被拐卖、绑架妇女、儿童及其家属的解救要求或者接到其他人的举报，而对被拐卖、绑架妇女、儿童不进行解救，造成严重后果的行为。不解救被拐卖、绑架妇女、儿童罪的行为形式为不作为。玩忽职守罪与不解救被拐卖、绑架妇女、儿童罪是普通法与特殊法的关系，在行为人的行为同时符合两罪构成要件的情况下，依特别法优于普通法原则适用。[①]

4. 阻碍解救被拐卖、绑架妇女、儿童罪与聚众阻碍解救被收买的妇女、儿童罪的界限。（1）侵犯客体不同。本罪除侵犯国家工作人员解救妇女、儿童的公务活动外，还侵犯国家机关的声誉，而聚众阻碍解救被收买的妇女、儿童罪不侵犯国家机关的声誉。（2）客观方面不同。本罪客观行为多种多样，且限定为利用职务实施，阻碍的解救活动可以是公务也可以是非公务；聚众阻碍解救被收买的妇女、儿童罪行为形式只限定为以"聚众"的形式，且阻碍的仅限于解救被收买的妇女、儿童的公务行为。（3）主体上不同。本罪主体仅限于负有解救职责的国家机关工作人员，而聚众阻碍解救被收买的妇女、儿童罪的主体为实施阻碍行为的首要分子，可以是国家机关工作人员，也可以是非国家机关工作人员。（4）主观方面不同。本罪主观故意的内容是意图阻碍解救被拐卖、绑架的妇女、儿童的公务活动和非公务活动，而聚众阻碍解救被收买的妇女、儿童罪的故意内容是意图阻碍解救被收买的妇女、儿童的公务活动。[②]

四、不解救被拐卖、绑架妇女、儿童罪，阻碍解救被拐卖、绑架妇女、儿童罪行为罪案件办案思路及原则

坚持从严惩治。拐卖、绑架妇女、儿童严重侵犯妇女、儿童人身权利，造成许多家庭骨肉分离，甚至家破人亡，严重影响社会和谐稳定，一直以来都是各级司法机关惩治的重点。负有解救职责的国家工作人员不履行解救职责或者利用职务阻碍解救被拐卖、绑架的妇女、儿童，不但造成被拐卖、绑架的妇女、儿童及其家庭遭受更多的痛苦、伤害，严重妨碍解救工作的正常进行，还在很大程度上影响了国家机关的公信力，应予从严惩处。

司法实践中，还需要注意不解救被拐卖、绑架妇女、儿童的行为，除需符合构成要件外，还必须"造成严重后果"，才构成犯罪。阻碍解救被拐卖、绑架妇女、儿童的行为，则不要求造成严重后果，无论最终是否影响了被拐卖、绑架妇女、儿童的解救工作，都构成本罪。

---

① 刘方、单民、沈宏伟：《刑法适用疑难问题及定罪量刑标准通解》（修订版），法律出版社 2013 年版，第 795 页。

② 张军：《刑法（分则）及配套规定新释新解》（第 9 版）（下），人民法院出版社 2016 年版，第 2181 页。

第二节　不解救被拐卖、绑架妇女、儿童罪，阻碍解救被拐卖、绑架妇女、儿童罪审判依据

一、法律

《刑法》（2020 年 12 月 26 日修正）（节录）

第四百一十六条　【不解救被拐卖、绑架妇女、儿童罪】对被拐卖、绑架的妇女、儿童负有解救职责的国家机关工作人员，接到被拐卖、绑架的妇女、儿童及其家属的解救要求或者接到其他人的举报，而对被拐卖、绑架的妇女、儿童不进行解救，造成严重后果的，处五年以下有期徒刑或者拘役。

【阻碍解救被拐卖、绑架妇女、儿童罪】负有解救职责的国家机关工作人员利用职务阻碍解救的，处二年以上七年以下有期徒刑；情节较轻的，处二年以下有期徒刑或者拘役。

二、司法解释

《最高人民检察院关于渎职侵权犯罪案件立案标准的规定》（2006 年 7 月 26 日　高检发释字〔2006〕2 号）（节录）

一、渎职犯罪案件

（三十一）不解救被拐卖、绑架妇女、儿童案（第四百一十六条第一款）

不解救被拐卖、绑架妇女、儿童罪是指对被拐卖、绑架的妇女、儿童负有解救职责的公安、司法等国家机关工作人员接到被拐卖、绑架的妇女、儿童及其家属的解救要求或者接到其他人的举报，而对被拐卖、绑架的妇女、儿童不进行解救，造成严重后果的行为。

涉嫌下列情形之一的，应予立案：

1. 导致被拐卖、绑架的妇女、儿童或者其家属重伤、死亡或者精神失常的；

2. 导致被拐卖、绑架的妇女、儿童被转移、隐匿、转卖，不能及时进行解救的；

3. 对被拐卖、绑架的妇女、儿童不进行解救 3 人次以上的；

4. 对被拐卖、绑架的妇女、儿童不进行解救，造成恶劣社会影响的；

5. 其他造成严重后果的情形。

（三十二）阻碍解救被拐卖、绑架妇女、儿童案（第四百一十六条第二款）

阻碍解救被拐卖、绑架妇女、儿童罪是指对被拐卖、绑架的妇女、儿童负有解救职责的公安、司法等国家机关工作人员利用职务阻碍解救被拐卖、绑架的妇女、儿童的行为。

涉嫌下列情形之一的，应予立案：

1. 利用职权，禁止、阻止或者妨碍有关部门、人员解救被拐卖、绑架的妇女、儿童的；

2. 利用职务上的便利，向拐卖、绑架者或者收买者通风报信，妨碍解救工作正常进行的；

3. 其他利用职务阻碍解救被拐卖、绑架的妇女、儿童应予追究刑事责任的情形。

第三节　不解救被拐卖、绑架妇女、儿童罪，阻碍解救被拐卖、绑架妇女、儿童罪在审判实践中的疑难新型问题

问题1. 如何认定不解救被拐卖、绑架妇女、儿童罪的犯罪主体

【实务专论】

不解救被拐卖、绑架妇女、儿童罪的主体为特殊主体，即只能是对被拐卖、绑架的妇女、儿童负有解救职责的国家机关工作人员。

问题2. 如何认定阻碍解救被拐卖、绑架妇女、儿童罪的犯罪主体

【实务专论】

阻碍解救被拐卖、绑架妇女、儿童罪的主体为特殊主体，即必须是对被拐卖、绑架的妇女、儿童负有解救职责的国家机关工作人员。

第四十三章
帮助犯罪分子逃避处罚罪

第一节 帮助犯罪分子逃避处罚罪概述

一、帮助犯罪分子逃避处罚罪的概念及构成要件

帮助犯罪分子逃避处罚罪，是指有查禁犯罪活动职责的国家机关工作人员，向犯罪分子通风报信、提供便利，帮助犯罪分子逃避处罚的行为。

（一）客体要件

本罪侵犯的客体是国家对犯罪的查禁活动。

本罪的犯罪对象必须是犯罪分子，其中包括犯罪之后，潜逃在外，尚未抓获的犯罪分子，也包括尚未被司法机关发觉的犯罪分子。

（二）客观要件

本罪在客观方面表现为有查禁犯罪活动职责的国家机关工作人员，向犯罪分子通风报信、提供便利，帮助犯罪分子逃避处罚的行为。

通风报信、提供便利的行为可能发生在犯罪分子被发现后，也可能发生在犯罪分子被发现前。所谓通风报信，是指向犯罪分子泄露、提供有关查禁犯罪活动的情况、信息，如查禁的时间、地点、人员、方案、计划、部署等。其既可以当面口述，又可以通过电话、电报、传真、书信等方式告知，还可以通过第三人转告。所谓提供便利条件，是指向犯罪分子提供住处等隐藏处所；提供钱、物、交通工具、证件资助其逃跑；或者指点迷津，协助其串供、隐匿、毁灭、伪造、篡改证据等。无论提供便利的方式如何，目的只有一个，即帮助犯罪分子逃避制裁，免受刑事追究或者其他处罚如行政处罚。

行为人实施上述行为必须是利用其查禁犯罪活动的职责便利，不论行为的结果如何，只要行为人利用其查禁犯罪活动的职责便利条件，实施了向犯罪分子通风报信、提供便利，帮助犯罪分子逃避处罚的行为，即构成犯罪。情节是否严重，只是量刑轻重问题。

参照《最高人民检察院关于渎职侵权犯罪案件立案标准的规定》的规定，涉嫌下列情形之一的，应予立案：（1）向犯罪分子泄漏有关部门查禁犯罪活动的部署、人员、措施、时间、地点等情况的；（2）向犯罪分子提供钱物、交通工具、通讯设备、隐藏处所等便利条件的；（3）向犯罪分子泄漏案情的；（4）帮助、示意犯罪分子隐匿、毁灭、伪造证据，或者串供、翻供的；（5）其他帮助犯罪分子逃避处罚应予追究刑事责任的情形。

（三）主体要件

本罪的主体为特殊主体，只能是负有查禁犯罪活动职能的国家机关工作人员，非上述人员不能构成本罪主体。有查禁犯罪活动职责的国家机关工作人员，主要指司法机关（包括公安机关、国家安全机关、人民检察院、人民法院）的工作人员，此外，各级党委、政府机关中主管查禁犯罪活动的人员也包括在内。

（四）主观要件

本罪在主观方面表现为直接故意，即要求行为人必须出于故意才能构成。行为人明知犯罪分子处于查禁之列，仍然向其通风报信、提供便利，目的在于使犯罪分子逃避处罚。至于行为人主观上出于何种动机，是出于恻隐之心还是基于亲朋关系等，在此不问。如果不知是犯罪分子，无意透露消息提供便利的，不构成本罪。但是一旦发现是犯罪分子仍然为其通风报信、提供便利，帮助其逃避处罚的，则应以本罪论处。

二、帮助犯罪分子逃避处罚罪案件审理情况

本条系 1997 年《刑法》吸收修改单行《刑法》作出的规定。《全国人民代表大会常务委员会关于严禁卖淫嫖娼的决定》（自 1991 年 9 月 4 日起施行）第 9 条第 1 款规定："有查禁卖淫、嫖娼活动职责的国家工作人员，为使违法犯罪分子逃避处罚，向其通风报信、提供便利的，依照刑法第一百八十八条的规定处罚。"此处的"刑法第一百八十八条的规定"是指 1979 年《刑法》规定的徇私舞弊罪。1997 年《刑法》以上述规定为基础，对帮助犯罪分子逃避处罚犯罪作出专门规定，并配置独立的法定刑。

通过中国裁判文书网检索，2018 年至 2022 年，全国法院共审结一审帮助犯罪分子逃避处罚罪案件 433 件。其中，2018 年 79 件，2019 年 195 件，2020 年 125 件，2021 年 32 件。2022 年 2 件。

司法实践中，涉及该罪名的案件呈现出案发数量多、分布范围广等特点，且触犯该罪名的被告人往往与徇私枉法、受贿等行为相关联。

三、帮助犯罪分子逃避处罚罪案件审理热点、难点问题

（一）主体身份界定问题[①]

本罪主体为特殊主体，即"有查禁犯罪活动职责的国家机关工作人员"。但是，"有查禁犯罪活动职责的国家机关工作人员"具体包括哪些人员，立法未予明确，理论界存在不同认识，主要的观点有以下三种：一种观点认为，本罪主体为狭义主体，包括国家安全机关、公安机关、检察机关中负有查禁犯罪活动职责的司法工作人员。另一种观点

---

① 张永红：《帮助犯罪分子逃避处罚罪若干问题研究》，载《现代法学》2004 年第 3 期。

认为，本罪主体除司法机关工作人员外，还包括海关、税收等机关的行政执法人员。还有一种观点认为，本罪主体包括各级党委、政府机关中主管查禁犯罪活动的人员，如政法委员会、社会治安综合治理委员会等部门的工作人员，公、检、法、司机关的工作人员以及海关、工商、税务、质量技术监督、文化等其他有查禁犯罪活动职责的行政执法机关的工作人员。司法实务部门关于本罪主体的代表性意见，见于最高人民检察院1998年8月6日公布的《关于最高人民检察院直接受理立案侦查案件立案标准的规定（试行）》（以下简称《立案标准》），该《立案标准》将本罪的主体规定为"有查禁犯罪活动职责的司法及公安、国家安全、海关、税务等国家机关工作人员"。这一解释，虽然使刑事立法中关于本罪主体的笼统规定有所明确，但是仍然没有十分清楚地说明本罪主体的具体内容。因为《立案标准》在列举了本罪的几类具体主体后加了一个"等"字，这表明除了上述机关的工作人员之外，还有其他人员也可以成为本罪的主体。因此，总起来说，不论是理论界还是司法实务部门，对于本罪的主体范围都尚未完全明确和统一。

（二）对本罪中"犯罪分子"的理解有一定争议

"犯罪分子"作为本罪渎职行为的对象，其范围如何，理论上存在不同见解。一种观点认为，本罪中的犯罪分子必须是人民法院判决认定有罪的人，未经判决认定有罪的人不属于本罪中的犯罪分子。其依据是《刑事诉讼法》规定的"未经人民法院依法判决，对任何人都不得确定有罪"。另一种观点认为，只要是已经被批准或决定逮捕的人都可以是本罪所要求的犯罪分子。

四、帮助犯罪分子逃避处罚罪案件办案思路及原则

（一）准确把握犯罪构成，依法从严惩治

本条中"有查禁犯罪活动职责的国家机关工作人员"范围并不仅限于司法机关中的工作人员，各级党委、政府机关中主管查禁犯罪活动的人员也包括在内。"通风报信、提供便利"只是法条列举的帮助犯罪分子逃避处罚的通常行为，司法实践中应准确把握其内涵。"帮助犯罪分子逃避处罚"不是共同犯罪中的帮助行为，而是为了使犯罪分子逃避处罚所实施的实行行为，且该行为应与行为人的职责相关联。帮助犯罪分子逃避处罚的行为，客观上为国家机关查禁犯罪活动造成障碍，助长了犯罪分子的嚣张气焰，应依法从严打击。

（二）准确把握本罪与近似犯罪的界限

第一，本罪与相关犯罪之共犯的界限。帮助犯罪分子逃避处罚不是共同犯罪中的帮助行为，而是为了使犯罪分子逃避处罚而实施的实行行为。包括单独实施和与犯罪分子共同实施。一般情况下，行为人与犯罪分子事前通谋，在其实施犯罪后，为其通风报信、提供便利的，构成犯罪分子所实施犯罪的共犯，不以本罪论处。但是，因为这种情况下行为人帮助犯罪分子逃避处罚的行为又构成犯罪分子所实施的犯罪与本罪的想象竞合，应从一重处。也就是说，如果犯罪分子所实施犯罪的共犯可能判处的刑罚轻于本罪可能判处的刑罚时，就不再以犯罪分子所实施犯罪的共犯论处，而应以重罪即本罪论处。

第二，本罪与故意泄露国家秘密罪的界限。行为人向犯罪分子通风报信的内容，如涉及国家秘密，情节严重的，又触犯故意泄露国家秘密罪，属于法条竞合犯，应从一重

处，即以本罪论处。

第三，本罪与徇私枉法罪的界限。两罪均可由司法工作人员构成，都是职务犯罪，有时容易混淆。徇私枉法罪的主体为具有刑事追诉权的特定司法工作人员，即侦查、检察、审判人员，而不是一般的有查禁犯罪活动职责的司法工作人员与行政执法人员。具有刑事追诉权限的司法工作人员，在刑事追诉过程中对明知是有罪的人而采取伪造、隐匿、毁弃证据的方法掩盖犯罪事实，故意包庇使其不受追诉或者违法减轻其罪责的，构成徇私枉法罪与本罪的法条竞合，应从一重处，即以徇私枉法罪论处。但是，司法工作人员在刑事追诉过程之外以及没有刑事追诉职权但有查禁犯罪活动职责的司法工作人员，利用查禁犯罪活动职责为犯罪分子通风报信、提供便利，帮助其逃避处罚的，符合本罪的构成特征，应以本罪论处。

第四，本罪与窝藏、包庇罪的界限。窝藏、包庇罪的主体为一般主体，而本罪主体为特殊主体。一般主体实施为犯罪分子提供财物、隐藏处所，帮助其逃匿或者作假证明包庇行为的，以窝藏、包庇罪论处。而负有查禁犯罪活动职责的国家机关工作人员实施上述行为的，则以本罪论处。

第五，本罪与包庇黑社会性质组织罪的界限。负有查禁犯罪活动职责的国家机关工作人员为使黑社会性质组织及其成员逃避查禁，而通风报信，隐匿、毁灭、伪造证据，阻止他人作证、检举揭发，指使他人作伪证，帮助逃匿，或者阻挠其他国家机关工作人员依法查禁的行为，既构成包庇黑社会性质组织罪．也符合本罪的构成要件，属于法条竞合犯，应从一重处，即以包庇黑社会性质组织罪论处。

第六，本罪与帮助毁灭、伪造证据罪的界限。帮助毁灭、伪造证据罪的主体为一般主体，客观方面表现为在诉讼中帮助当事人毁灭、伪造证据。主观方面系直接故意。负有查禁犯罪活动职责的国家机关工作人员在诉讼中帮助犯罪分子毁灭、伪造证据，情节严重的，既构成本罪，也构成帮助毁灭、伪造证据罪，属于法条竞合犯，应从一重处，即以本罪论处。

第二节　帮助犯罪分子逃避处罚罪审判依据

一、法律

《刑法》（2020 年 12 月 26 日修正）（节录）

第四百一十七条　有查禁犯罪活动职责的国家机关工作人员，向犯罪分子通风报信、提供便利，帮助犯罪分子逃避处罚的，处三年以下有期徒刑或者拘役；情节严重的，处三年以上十年以下有期徒刑。

二、司法解释

1. **《最高人民法院、最高人民检察院关于办理扰乱无线电通讯管理秩序等刑事案件适用法律若干问题的解释》**（2017 年 6 月 27 日　法释〔2017〕11 号）（节录）

第七条第二款　有查禁扰乱无线电管理秩序犯罪活动职责的国家机关工作人员，向犯罪分子通风报信、提供便利，帮助犯罪分子逃避处罚的，应当依照刑法第四百一十七条的规定，以帮助犯罪分子逃避处罚罪追究刑事责任；事先通谋的，以共同犯罪论处。

2.《最高人民法院、最高人民检察院关于办理破坏野生动物资源刑事案件适用法律若干问题的解释》（2022 年 4 月 9 日　法释〔2022〕12 号）（节录）

第十条第二款　负有查禁破坏野生动物资源犯罪活动职责的国家机关工作人员，向犯罪分子通风报信、提供便利，帮助犯罪分子逃避处罚的，应当依照刑法第四百一十七条的规定，以帮助犯罪分子逃避处罚罪追究刑事责任。

3.《最高人民检察院关于渎职侵权犯罪案件立案标准的规定》（2006 年 7 月 26 日高检发释字〔2006〕2 号）（节录）

一、渎职犯罪案件

（三十三）帮助犯罪分子逃避处罚案（第四百一十七条）

帮助犯罪分子逃避处罚罪是指有查禁犯罪活动职责的司法及公安、国家安全、海关、税务等国家机关工作人员，向犯罪分子通风报信、提供便利，帮助犯罪分子逃避处罚的行为。

涉嫌下列情形之一的，应予立案：

（1）向犯罪分子泄漏有关部门查禁犯罪活动的部署、人员、措施、时间、地点等情况的；

（2）向犯罪分子提供钱物、交通工具、通讯设备、隐藏处所等便利条件的；

（3）向犯罪分子泄漏案情的；

（4）帮助、示意犯罪分子隐匿、毁灭、伪造证据，或者串供、翻供的；

（5）其他帮助犯罪分子逃避处罚应予追究刑事责任的情形。

三、刑事政策文件

《最高人民法院、最高人民检察院、公安部、国家工商行政管理局关于依法查处盗窃、抢劫机动车案件的规定》（1998 年 5 月 8 日　公通字〔1998〕31 号）（节录）

十、公安人员对盗窃、抢劫的机动车辆，非法提供机动车牌证或者为其取得机动车牌证提供便利，帮助犯罪分子逃避处罚的，依照《刑法》第四百一十七条规定处罚。

第三节　帮助犯罪分子逃避处罚罪在审判实践中的疑难新型问题

问题 1. 看守所民警帮助犯罪嫌疑人逃避法律处罚该如何认定

帮助犯罪分子逃避处罚罪所指的犯罪分子，是指触犯《刑法》而应当受到刑罚处罚的人，包括犯罪嫌疑人、被告人和正在服刑的罪犯。看守所民警为其所看管的犯罪嫌疑人串供提供便利，传递信息，帮助其逃避法律处罚，构成帮助犯罪分子逃避处罚罪。

【人民法院案例选案例】 孔某志帮助犯罪分子逃避处罚案①

一、基本案情

2005 年 6 月 21 日，犯罪嫌疑人张某宗涉嫌犯罪被刑拘后不久，张的叔叔张某林找到孔某志请其帮忙取保候审，孔答应帮忙，后孔打电话将张某宗妻子陈某英叫来家中，询问张某宗的基本案情。7 月 27 日下午孔某志在押解张回监室的途中，张就其贪污 11000 元一节请孔帮助串供，同时张某宗担心孔记不清串供内容提出再写张字条请孔带给陈某英，孔让其届时以寄存衣服的名义将字条交给自己。7 月 28 日，孔某志打电话将陈某英叫至家中，告知串供信息，同时提醒陈要"注意细节""不能有漏洞"，陈请其再问"细节"，并留下 100 元。次日上午，孔某志到张某宗所在的 14 监室门口问张某宗细节如何说，张讲："6000 元一次，5000 元一次，都是晚上在万某俊家给他的。"孔某志当日中午再次将相关信息告知陈某英。8 月 1 日，孔某志经过张某宗被羁押的监室时，张某宗将一张写有串供内容的字条放于衣服口袋内以寄存衣服为名递给孔，孔下班回家后即打电话让陈某英到其家中取走字条。数日后，孔某志再次帮助张某宗传递字条一张，转交给陈某英。陈某英收到孔某志传递的口信和字条后，多次与张某宗案的关系人王桂生和证人万某俊联系，要求万承认收到这笔钱，以达到司法机关不能认定张某宗贪污该笔款项的目的。万某俊在已经向检察机关如实作证的情况下，应陈某英的要求翻证，谎称收到张某宗给的 11000 元。

东台市人民法院审理认为，被告人孔某志身为负有查禁犯罪活动职责的国家机关工作人员，多次为在押人员传递口信和字条，进行串供，帮助其逃避处罚，被告人孔某志的行为触犯我国《刑法》，构成帮助犯罪分子逃避处罚罪。

二、案例评析

本案争议的焦点一是看守所的看守人员能否成为帮助犯罪分子逃避处罚罪的主体；二是对《刑法》第 417 条中规定的"犯罪分子"如何理解。

（一）关于看守所的看守人员能否成为帮助犯罪分子逃避处罚罪的主体问题

一种观点认为，本罪的主体是特殊主体，即"有查禁犯罪活动职责的国家机关工作人员"，看守所民警不是直接查禁犯罪活动的人员，不能成为该罪的犯罪主体。另一种观点认为，看守所民警可以成为该罪的犯罪主体。我们同意第二种观点。

首先，看守所民警属于国家机关工作人员范畴。依照我国法律、法规的有关规定，国家机关包括司法机关在内，看守所民警属于《刑法》所包括的司法工作人员之一。按有关解释，监管干警是指在监狱、少管所、拘役所、看守所、劳教所从事警察业务的人员。看守所系公安机关所属机构，其民警是公安民警的重要组成部分，是理所当然的国家机关工作人员。

其次，看守所民警具有查禁犯罪活动职责，所谓查禁犯罪职责，是指担负有查处、禁止犯罪的职责，按法律法规规定，看守所民警具有查禁犯罪的职责：

1. 《警察法》第 2 条明确规定，人民警察的任务是维护国家安全、维护社会治安，保护公民人身安全、人身自由、合法财产、保护公共财产、预防制止和惩治违法犯罪活

---

① 方朝军：《孔某志帮助犯罪分子逃避处罚案》，载最高人民法院中国应用法学研究所编：《人民法院案例选》（总第 55 辑），人民法院出版社 2006 年版，第 73～79 页。

动。第6条规定人民警察应依法履行预防、制止和侦查违法犯罪活动、维护社会治安秩序、制止危害社会治安秩序的行为、警卫特定人员、守卫重要场所和设施等十四项职责。从以上有关规定我们可以看出，人民警察是法定的执法主体，查禁违法犯罪活动是他们法定的职责。另外，人民警察法除规定了人民警察的职权外，还规定了他们必须履行的义务，如不得泄露国家机密、警务工作秘密；不得弄虚作假，隐瞒案情，包庇、纵容违法犯罪活动；不得玩忽职守不履行法定义务等。同样，看守所民警作为人民警察的一个警种，查禁犯罪既是其应享有的权利，也是其应当履行的义务。

2. 《看守所条例》第30条规定，人犯近亲属给人犯的物品须经看守所检查。该条例第31条规定，看守所对人犯的来往信件可以检查，发现有碍侦查、起诉、审判的，可以扣押并移送有关机关处理。该条例第37条规定：人犯羁押期间重新犯罪的，看守所应配合有关单位查处。《看守所条例实施办法》第17条规定，看守干警应当熟知所分管人犯的基本情况，通过与在押人员谈话、向办案人员了解情况等，随时掌握人犯的思想动态。从以上有关规定我们看出，看守所民警查禁犯罪活动的职责限定在特定场所和特定人群之内，对超出其监管在押人员职务之便的其他犯罪分子除了法律授权查禁之外，并不具有查禁犯罪活动的职责。

3. 赋予看守所民警查禁违法犯罪职责是与他们特定的工作性质和工作环境分不开的，对此，国家公安部也作出多项规定。由于看守所民警特定的工作性质和工作环境决定了他们接触犯罪分子及其家属的机会较多，通过多种渠道了解和掌握犯罪线索也相应较多，如一些犯罪分子为争取立功和其他目的检举揭发的案件线索，共同犯罪中犯罪分子相互揭发的材料，一些在押犯同外面通信时涉及的案件线索等。这些均为看守所民警查获违法犯罪和协助其他机关查获提供了可能。如果看守所民警不认真履行职责，被犯罪分子及其家属利用和收买，无疑将会造成犯罪分子逃避处罚、重罪轻判或者妨碍刑事诉讼活动顺利进行等后果。赋予看守所民警查禁犯罪的职责，其目的就在于利用自身所处工作性质和工作环境的便利，把看守所建设成严密羁押在押人员的安全场所，确保刑罚活动和刑事诉讼活动正确进行。

从一系列有关法律规定可以看出，查禁犯罪职责是法律赋予看守所民警的权利，同时也是看守所民警必须履行的法定义务，看守所民警可以成为帮助犯罪分子逃避处罚罪的主体。

问题2. 关于《刑法》第417条规定的"犯罪分子"如何理解（案例同上）

【实务专论】

一种观点认为，《刑法》第417条所指"犯罪分子"必须是经人民法院判决认定有罪的人，如未经判决认定不能确定为犯罪分子。其依据是《刑事诉讼法》规定的"未经人民法院依法判决，对任何人都不能确定有罪"。第二种观点认为，只要本案行为的对象已被批准或决定逮捕，就可以称之为犯罪分子。第三种观点认为，犯罪分子应统指触犯《刑法》而应当受到刑罚处罚的人，包括被指控为犯罪的犯罪嫌疑人、刑事被告人和罪犯。我们同意第三种观点。其理由是：

首先，从《刑法》条文规定来看。《刑法》第67条规定："对于自首的犯罪分子，可以从轻或者减轻处罚。"这里的"犯罪分子"是指犯罪嫌疑人。《刑法》第61条规定：

"对于犯罪分子决定刑罚的时候，应当……"这里的"犯罪分子"是指刑事被告人。《刑法》第 71 条规定："判决宣告以后，刑罚执行完毕以前，被判刑的犯罪分子又犯罪的，应当对新犯的罪作出判决……"。这里的"犯罪分子"则是指罪犯。因此从《刑法》条文中的"犯罪分子"来看，其泛指触犯《刑法》而应当受到刑罚处罚的人，范围包括被指控为犯罪的犯罪嫌疑人、刑事被告人和罪犯。

其次，刑事诉讼本身有个过程，如果将"犯罪分子"机械理解为已经法院判决的人或已被逮捕的人，将会导致检察机关虽发现行为人有帮助犯罪分子逃避处罚的犯罪事实存在，却因该犯罪分子尚未被逮捕或判决而不能对该行为人立案侦查，极易放纵犯罪，贻误打击犯罪时机。这与《刑事诉讼法》第 109 条"公安机关或者人民检察院发现犯罪事实或者犯罪嫌疑人，应当按照管辖范围，立案侦查"的规定也是不相符的。况且本罪属于行为犯，行为人实施了帮助犯罪分子逃避处罚的行为即构成犯罪既遂，并不要实际发生犯罪分子逃避处罚的后果。如果持"逮捕说"和"判决说"，一旦犯罪分子在行为人的帮助下，通过串供、伪造、毁灭证据等行为使犯罪事实无法查清，犯罪分子得以不被追诉、不被逮捕或被宣告无罪，其逃避处罚目的得逞，反而不能追究帮助者的刑事责任，这岂不荒谬。因此，我们认为"犯罪分子"应包括犯罪嫌疑人、刑事被告人和罪犯。只要行为人对上述人员实施了通风报信、提供便利的渎职行为，即构成本罪。

本案中，被告人孔某志作为负有查禁犯罪活动职责的国家机关工作人员，为在押刑事被告人传递口信和字条，进行串供，帮助在押人员逃避处罚，其行为已构成帮助犯罪分子逃避处罚罪。一审法院对被告人孔某志的定性均是正确的。

问题 3. 公安机关的借用人员能否认定为司法工作人员

公安机关等国家机关中司法工作人员的认定应当结合其具体工作职责、工作内容及参与程度进行综合认定和具体分析。公安机关借用人员不具有国家干部身份，但若在公安机关中受委派从事着国家公务，当然是国家机关工作人员，完全可以成为渎职罪的主体。同时，根据《刑法》第 94 条规定："本法所称的司法工作人员，是指具有侦查、检察、审判、监管职责的工作人员"，若在公安机关借用期间从事案件的办理工作，如传唤、抓捕、押解、审讯等工作，可以认为其主要工作职责带有司法性质，应当认定为国家机关工作人员中的司法工作人员。

【刑事审判参考案例】杨某才徇私枉法案[1]

一、基本案情

被告人杨某才原系某企业保卫科工作人员，1997 年 5 月起借调到郑州市公安局某分局治安科工作。1998 年 10 月，杨某才与民警杨某罡等人查办铁某海等人奸淫幼女一案。铁某海归案后交代，其伙同王某、郭某锋、杨某荣以及一个不知姓名的人，共同奸淫了幼女。杨某才根据有关线索得知铁某海所称不知姓名的人就是付某召，即对付某召进行了传唤。1998 年 11 月，杨某才在接受请托人周某尘（受付某召亲属委托）等的宴请和转

---

① 蔡智玉：《杨某才帮助犯罪分子逃避处罚案——参与案件侦查工作的公安机关借用人员是否属于司法工作人员》，载中华人民共和国最高人民法院刑事审判第一庭、第二庭：《刑事审判参考》（总第 20 集）指导案例第 126 号，法律出版社 2001 年版，第 22 页。

送来的2700元钱后,即放弃了对犯罪嫌疑人付某召的进一步侦查、抓捕,也未向治安科负责人汇报付某召的情况。

1999年12月9日,转入该分局刑侦大队工作的被告人杨某才到检察机关拿取对犯罪嫌疑人王某、郭某锋的批准逮捕决定书,因害怕王某、郭某锋归案后供出付某召,从而导致自己收受周某尘财物的事情败露,于12月10日让他人通知王某、郭某锋二人注意躲躲。

2000年1月4日,犯罪嫌疑人王某被逮捕归案后,被告人杨某才参与押送其到拘留所,趁无人之际,杨某才交代王某不要乱说。1月7日,杨某才同刑侦大队其他两名干警去北京将郭某锋抓获后,当晚趁无人之机又交代郭某锋"现在就你们四个,别再多说"。1月8日在看守郭某锋去厕所时,又告诉郭"王某也被抓起来了,说多了没啥好处"。2月29日,杨某才同赵某忠一同提审郭某锋时,又趁看守郭某锋去厕所之机告诉郭某锋别乱说话。杨某才的上述行为,致使王某、郭某锋在侦查及审查起诉阶段均未供述付某召参与共同犯罪的事实,付某召在该案的侦查及审查起诉中一直成为不知名的人,直到2000年8月17日付某召到检察机关投案自首,杨某才的上述行为才予败露。

郑州矿区人民法院认为,被告人杨某才在郑州市公安局某分局借用期间,受指派办理铁某海等奸淫幼女一案,参与传唤、抓捕、审讯等工作,具有侦查职责,是司法工作人员。杨某才在办理案件过程中,对付某召进行传唤后,明知付某召为犯罪嫌疑人,在接受他人宴请及财物后,放弃了对付的抓捕,亦未向治安科领导汇报,致使付某召一年零十个月不能归案;后杨某才为使自己收受财物之事不暴露,又向该案两名犯罪嫌疑人通报被批准逮捕的消息,并在二人归案后指使二人作虚伪供述,致使二人在侦查及审查起诉阶段一直不供述付某召参与共同犯罪的事实,判决被告人杨某才犯徇私枉法罪,判处有期徒刑四年。

二、案例评析

对被告人杨某才行为的如何定性,存在三种意见:一是认为其构成包庇罪。理由是杨某才明知付某召、王某、郭某锋为犯罪嫌疑人,仍帮助其逃避法律追究,杨某才不是公安机关正式工作人员,不具有国家干部身份,应当视为一般自然人,因此应当以包庇罪论处。二是认为其构成帮助犯罪分子逃避处罚罪。理由是杨某才在受指派办理刑事案件中,负有查禁犯罪活动的职责,其向犯罪分子通风报信,不履行侦查职责,以帮助付某召、王某、郭某锋等犯罪分子逃避处罚的行为,应当以帮助犯罪分子逃避处罚罪论处。三是认为其构成徇私枉法罪,这也是本案的最后定案意见。

上述三罪名在犯罪构成上有相同之处,即侵犯的客体都是司法机关追诉犯罪的正常活动,主观上都要求明知行为对象是犯罪的人(徇私枉法罪还包括明知是无罪的人的情形)。但也有本质不同:即从犯罪主体上看,包庇罪的主体是具有刑事责任能力的一般自然人,而后二者为特殊主体,帮助犯罪分子逃避处罚罪的主体是具有查禁犯罪活动职责的国家机关工作人员,徇私枉法罪的主体是司法工作人员;从客观行为上看,包庇罪表现为向司法机关作假证明;帮助犯罪分子逃避处罚罪表现为利用查禁犯罪的职责便利,向犯罪分子通风报信,提供便利;徇私枉法罪中枉法不追诉的情形,表现为明知是有罪的人而故意包庇不予立案、侦查、逮捕、起诉的行为。实践中产生不同认识的主要原因在于对国家机关工作人员的外延 及三罪名的客观行为特点有不同的认识。

本案中被告人杨某才既是负有查禁犯罪活动职责的国家机关工作人员,也是司法工作人员。对杨某才身份的认识,即视为一般自然人还是国家机关工作人员或司法工作人员，是确定其行为构成包庇罪还是渎职罪的关键依据。司法实践中对国家机关工作人员的内涵和外延认识不一致，一种观点认为国家机关工作人员是指在国家机关中从事特定公务并具有国家干部身份的人；另一种观点则认为对国家机关工作人员不应要求必须具有国家干部身份。

我们同意后一种观点，理由如下：其一，《刑法》第93条规定，本法所称的国家工作人员，是指国家机关中从事公务的人员。这一条也是国家机关工作人员的法律定义。可见，立法确认国家机关工作人员的本质在于从事公务，外延是在国家机关中，并没有明确国家机关工作人员必须具有干部身份。其二，要求国家机关工作人员都必须具有干部身份，与我国目前的社会现实是不相符的。诚然在我国各级国家机关中从事公务的人员，大多数是具有干部或公务员身份的，但随着各级国家机关中的用人制度和人事制度的不断改革，也不排除有一些是聘用、借用的人员。如设在铁路、林业、农垦、油田、矿山等大型国有企业中的公安机关中的工作人员，他们中很多来自企业，人事管理由企业负责，但从事的工作性质却是行使国家权力，执行国家公务。又如中国证监会先后聘任香港人士为中国证监会首席顾问、副主席，作为香港居民，他们并不具有干部身份，但他们所从事的工作无疑是在国家机关中从事公务，如果以身份为依据，就不能认定这些人为国家机关工作人员，这显然是不对的。其三，渎职罪的本质只要求有职可渎即可，没有国家干部身份，但却在国家机关中实际行使着特定的国家公权力的人，与在国家机关中从事公务的有国家干部身份的人，在从事国家公务、行使国家权力方面并没有什么实质的区别，都可以成为渎职罪的主体。因此，认定是不是国家机关工作人员，关键要看其是不是在国家机关中从事一定的公务，行使一定的公权力，而不在于其是不是具有国家干部身份。当然从事公务仍应以具有一定身份为前提，但这种身份以"能使其具有从事公务必须的权力"即可，而不必非得是国家干部，只要是国家机关依法通过录用、聘用、委派甚至借用的途径给予一定的工作岗位并赋予一定的公务职责，就应该视为国家机关工作人员。全国人大常委会《关于〈中华人民共和国刑法〉第九十三条第二款的解释》规定的"村民委员会等基层组织人员协助人民政府从事下列行政管理工作，应属于'其他依照法律从事公务的人员'"，即应以国家工作人员论；以及最高人民法院《关于未被公安机关正式录用的人员、狱医能否构成失职致使在押人员脱逃罪主体问题的批复》等都体现了这种立法和司法精神。本案被告人杨某才虽为公安机关借用人员，不具有国家干部身份，但却在公安机关中受委派从事着国家公务，当然是国家机关工作人员，完全可以成为渎职罪的主体。同时，根据《刑法》第94条规定"本法所称的司法工作人员，是指具有侦查、检察、审判、监管职责的工作人员"，杨某才在公安机关借用期间，先后在治安科、刑侦大队工作，参与了多起案件的办理工作，在受指派办理铁某海等人奸淫幼女一案中，参与了传唤、抓捕、押解、审讯等工作，可以说侦查工作的主要职责他都参与了，应当认定为国家机关工作人员中的司法工作人员。确认杨某才是司法工作人员，也就不是一般自然人，当然也就不能以包庇罪定罪了。

问题4. 帮助犯罪分子逃避处罚罪与徇私枉法罪如何区分（案例同上）

【实务专论】

徇私枉法罪和帮助犯罪分子逃避处罚罪，在主观上都要求明知行为对象是犯罪的人

（徇私枉法罪还包括明知是无罪的人的情形），就枉法不追诉的情形而言，二者又都表现为明知是犯罪分子而帮助其逃避刑事追究，但二者的区别还是比较明显的：一是主体方面，徇私枉法罪的主体是司法工作人员，而帮助犯罪分子逃避处罚罪的主体则是负有查禁犯罪活动职责的国家机关工作人员；二是主客观方面，徇私枉法罪表现为对明知是无罪的人而使他受到追诉，对明知是有罪的人而故意包庇不使他受到追诉，或者在刑事审判活动中故意违背事实和法律作枉法裁判三种情形，且要求具徇私、徇情的动机，而帮助犯罪分子逃避处罚罪的客观行为仅表现为向犯罪分子通风报信、提供便利以帮助其逃避处罚，且主观上并不特别要求必须具徇私、徇情的动机。在本案中，杨某才实施了向两名犯罪分子通风报信的行为，符合帮助犯罪分子逃避处罚罪的行为特征，但深入分析就会发现，帮助犯罪分子逃避处罚只是杨某才行为的一个次要方面，而不是主要方面，更非全部。首先，杨某才在 1998 年 10 月至 11 月，参与办理铁某海等奸淫幼女一案，对付某召进行了传唤，也就是说其已明知付某召为犯罪嫌疑人，但在接受请托人宴请及 2700 元现金后，即放弃了对付的抓捕，亦未向治安科领导汇报付的情况。该案在押犯罪嫌疑人铁某海与付并不熟识，致使付某召在该案侦查过程中及同案犯铁某海的起诉、审判中一直成为不知姓名的人，没有受到追诉。其行为实际上就是为了个人私利而故意包庇犯罪分子付某召，不使其受到追诉，而不是通风报信、提供便利所能涵盖的。其次，1999 年 12 月以后，杨某才拿到犯罪嫌疑人王某、郭某锋的批准逮捕决定书后，通知王、郭二人注意躲躲，后又在抓捕、押解二人的过程中，多次趁机交代二人不要多说、不要乱说，指使二人作虚伪供述，结果二人在侦查及审查起诉阶段一直没有供述付某召参与共同犯罪的事实。杨某才的行为从表面上看是向犯罪分子通风报信，提供逃避追诉的便利，但其目的却是为了防止二人被抓获后供出付某召，使付受到追诉。因为付某召归案后，杨某才收受钱财的事情就会暴露，这才是杨某才行为的动机所在。因此，杨某才的行为中虽包含为犯罪分子通风报信的成分，但其主要方面仍是为了个人私利，而包庇付某召不受追诉。依照《刑法》理论，这是一行为触犯两罪名，应按重罪即徇私枉法罪定罪处罚。

问题 5. 执行法官能否成为帮助犯罪分子逃避处罚罪的主体

执行法官一般不能成为帮助犯罪分子逃避处罚罪的主体。从广义的司法概念来看，法院和检察院虽然都属于司法机关，但我们不能说司法机关所有的工作人员都有查禁犯罪活动的职责。执行法官，其日常所从事的职务只是承办执行案件，也根本不具有查禁犯罪活动的职责，也没有因工作需要而实际参与到查禁某项犯罪活动中来，显然是不能单独成为帮助犯罪分子逃避处罚罪的主体。

【刑事审判参考案例】 李某等帮助犯罪分子逃避处罚案[①]

一、基本案情

2000 年 9 月，被告人李某得知帮助其妻子调动工作的张某人因涉嫌经济犯罪被南通市人民检察院立案侦查，羁押在南通市看守所后，便想去看望张某人。2000 年 12 月，被

---

① 王小荣、林鸿：《李某等帮助犯罪分子逃避处罚案——执行法官能否成为帮助犯罪分子逃避处罚罪的主体》，载中华人民共和国最高人民法院刑事审判第一庭、第二庭：《刑事审判参考》（总第 26 集），指导案例第 186 号，法律出版社 2002 年版，第 72 页。

告人李某向自己承办的一执行案件中的被执行人王某进打听其在南通市看守所有无熟人，并向王某进表明自己想去看一下张某人。王某进随后与南通市公安局戒毒所教导员王某泉取得联系，约好 2001 年 1 月 4 日上午到南通市看守所。此后，被告人李某以办案为由，从通州市人民法院刑庭拿了两张盖有院印的空白提审证，并与王某进商定，以王某进被执行案中，张某人是知情人为由提审张某人。2001 年 1 月 3 日下午，被告人李某将次日上午去看守所见张某人的事告诉了被告人张某（张某人之子），并叫张某用车子 4 日上午接他一起去看守所。

1 月 4 日上午 9 时许，被告人李某、张某和王某进三人，由王某泉带进南通市看守所，由李某填写了一份提审张某人的提审证，并在提审人栏内写上李某、徐国新的名字。办好提审张某人的手续后，在南通市看守所第三提审室，被告人李某、张某和王某进与张某人见了面。张某人告诉被告人李某、张某其挪用公款 110 万元，私分公款 20 万元等案情，并将自己准备翻供、辩解的理由告诉了被告人李某、张某。李某对张某人说："挪用公款的主体是国家工作人员，你已退休，主体不合格。挪用公款罪一要有挪用行为，二要挪用的是公款，如果你是承包的，除上交外全部是你的，挪用的就不是公款，就不构成挪用公款罪。即使挪用的是公款，只要是经领导同意的或者当时没有请示，事后经领导追认的，也不承担责任。现在你能不能想办法补救一下。"张某人听后即对被告人张某讲："你去找一下老校长，请他出来挑挑担子。"张某答应去办。在提审过程中，张某人还将预先写好的一张涉及有关案情的纸条给了张某。李某为预防有关部门的追查，还伪造了一份提审张某人的笔录，叫张某人签字，并在 1 月 5 日，又找到王某进伪造了一份谈话笔录。

如东县人民法院认定如东县人民检察院指控被告人李某，为徇私情，擅自使用通州市人民法院的提押证与被告人张某一同"提审"检察机关正在侦查的在押犯罪嫌疑人张某人的事实清楚，证据确实充分，予以认定。但如东县人民检察院指控被告人李某、张某犯帮助犯罪分子逃避处罚罪，定性不当。上述二被告人的行为符合帮助伪造证据罪的构成要件，构成帮助伪造证据罪，且系共同犯罪。

二、案例评析

本案焦点在于执行法官是否能成为帮助犯罪分子逃避处罚罪的主体。本案中，检察机关以帮助犯罪分子逃避处罚罪对被告人起诉，但人民法院最后认定为帮助伪造证据罪。帮助犯罪分子逃避处罚罪和帮助伪造证据罪均系《刑法》新设罪名，前者属渎职罪范畴，后者属妨害司法罪范畴，两罪在主客观要件方面存在一系列的区别。

执行法官一般不能成为帮助犯罪分子逃避处罚罪的主体。

根据《刑法》第 417 条的规定，帮助犯罪分子逃避处罚罪，是指有查禁犯罪活动职责的国家机关工作人员，向犯罪分子通风报信，提供便利，帮助犯罪分子逃避处罚的行为。所谓"有查禁犯罪活动职责的国家机关工作人员"，参照最高人民检察院颁布的《人民检察院直接受理立案侦查案件立案标准的规定（试行）》的规定，主要是指司法及公安、国家安全机关、海关、税务等国家机关的工作人员。通常而言，作为行使刑事审判权的人民法院，虽也负有打击犯罪活动的职责，但所谓的"打击犯罪职责"，主要是从法院最后对被告人定罪量刑的角度上讲的。由于审判权在刑事程序上的中立性和最后性，人民法院一般不直接参与或担负或履行查禁犯罪活动的职责。从广义的司法概念来看，法院和检察院虽然都属于司法机关，但我们不能说司法机关所有的工作人员都有查禁犯罪活动的职责。帮助犯罪分子逃避处罚罪，属于渎职罪范畴，渎职罪前提是必须有"职"可渎。

帮助犯罪分子逃避处罚罪的条文中虽没有明确指出构成本罪必须是利用职务便利，但这是不言而喻的。因此，只有那些直接负有查禁犯罪活动职责（包括领导职责）或因工作需要临时参与到查禁某项犯罪活动中来的司法机关工作人员，才有为帮助犯罪分子逃避处罚而向他们或亲属通风报信、提供便利的可能，也才有构成本罪的余地。至于司法机关内那些根本不负有上述职责且也没有实际参与到查禁某项犯罪活动中来的工作人员，是不能单独成为本罪的主体的。就本案而言，尽管被告人李某基于帮助犯罪分子逃避处罚的目的，利用其工作便利，如搞来提审证进入看守所等，并对挪用公款犯罪嫌疑人张某人提供了一些帮助，但其利用的毕竟不是查禁犯罪活动的职责。其身份只是人民法院的一名执行法官，其日常所从事的职务只是承办执行案件，也根本不具有查禁犯罪活动的职责，也没有因工作需要而实际参与到查禁某项犯罪活动中来，显然是不能单独成为帮助犯罪分子逃避处罚罪的主体。因此，如东县人民检察院指控身为执行法官的被告人李某以及非国家机关工作人员的张某犯帮助犯罪分子逃避处罚罪，从主体上看是不正确的。

问题6. 帮助犯罪分子逃避处罚罪与帮助伪造证据罪如何区分（案例同上）

帮助犯罪分子逃避处罚罪中，所谓"通风报信、提供便利"的行为，参照《人民检察院直接受理立案侦查案件立案标准的规定（试行）》的规定，主要是指：（1）为使犯罪分子逃避处罚，向犯罪分子及其亲属泄漏有关部门查禁犯罪活动的部署、人员、措施、时间、地点等情况的；（2）为使犯罪分子逃避处罚，向犯罪分子及其亲属提供交通工具、通信设备、隐藏处所等便利条件的；（3）为使犯罪分子逃避处罚，向犯罪分子及其亲属泄漏案情，帮助、指示其隐匿、毁灭、伪造证据及串供、翻供的；（4）其他向犯罪分子通风报信、提供便利，帮助犯罪分子逃避处罚的行为，而根据《刑法》第307条第2款的规定，帮助伪造证据罪，是指帮助当事人伪造证据，情节严重的行为。可见，帮助犯罪分子逃避处罚罪和帮助伪造证据罪，在客观行为上都可以表现为帮助对象实施伪造证据的帮助行为，但两罪也存在许多明显的区别：（1）前者的犯罪主体为特殊主体，只能是有查禁犯罪活动职责的国家机关工作人员。而后者则是诉讼活动中当事人以外的一般主体。（2）客观方面，前罪主要表现为如上所述的向犯罪分子或其亲属通风报信、提供便利的行为，而后罪则表现为为当事人伪造证据提供帮助。至于帮助的形式可以是多种多样，如出谋划策、提供便利、工具、指示串供、翻供等等。（3）主观方面，前罪行为人的帮助目的只能是明知是犯罪分子而有意帮助其逃避处罚。而在后罪，无论行为人采取何种帮助方式，其主观上都明知自己的行为是在为当事人伪造证据提供帮助，其故意内容就是想通过妨害司法机关查明真实案情来达到替当事人开脱责任或者嫁祸他人的目的。如果行为人不知道自己的行为是在为当事人伪造证据提供帮助，尽管客观上起到了帮助的效果，也不能构成帮助伪造证据罪。（4）在构成犯罪的情节要求方面，前者刑法条文中对其行为并没有情节严重的要求，也不论被帮助的犯罪分子是否已实际逃避了处罚。而后者的行为人所实施的帮助行为只有达到情节严重的程度才能构成犯罪。所谓"情节严重"通常是指行为人的帮助行为严重干扰了司法、诉讼活动，或者造成了冤假错案等严重后果，或者是帮助重大案犯伪造证据使其逃避法律制裁等。如果行为人实施的帮助行为，情节轻微或者显著轻微则无须以犯罪论处。（5）在帮助对象方面，前罪中的被帮助人只能是犯罪分子，即实施了犯罪行为应予刑罚处罚的人，不管该犯罪分子是否已被采取了强制措施。而后罪的被帮助人即"当事人"，既包括刑事案件中的自诉人、被告人、被害人，也可以包括民事、经济、行政等案件中的原告、被告、第三人等。

联系本案，被告人李某身为人民法院的执行法官，利用工作之便非法获取提审证，在明知张某人是检察机关正在侦查的在押的重大案件的犯罪嫌疑人的情况下，仍与被告人张某一同擅自使用该提审证以"提审"的名义与张某人见面，并为其出谋划策，让其改变口供并设法进行串供，且让被告人张某将张某人预先写的有关案情及串供的纸条带出看守所，事后造成张某人翻供，严重干扰了司法机关的正常诉讼活动，在社会上造成了恶劣影响。其本人虽未直接参与伪造证言等串供活动，但其行为已为他人伪造证据提供了帮助，且情节严重，符合帮助伪造证据罪的主客观方面的构成要件。如东法院以李某、张某共同犯帮助伪造证据罪，分别对其定罪量刑是正确的。

问题 7. 烟草专卖局等事业单位机构人员是否符合帮助犯罪分子逃避处罚罪的主体身份

烟草专卖局接受有关国家行政机关的委托，代表有关国家行政机关依法行使烟草专卖市场稽查和查处违反烟草专卖行为等行政执法权。发现违反烟草专卖规定的违法行为构成犯罪时，相关工作人员应当依法将案件移送司法机关处理。据此，烟草专卖局及其工作人员具有查禁违反烟草专卖规定的犯罪活动的职责。其在履职过程中，采用通风报信的手法，多次将突击检查假烟销售行动的部署安排透露给销售假烟的犯罪分子，致使犯罪分子逃避刑事处罚的，构成帮助犯罪分子逃避处罚罪。

【地方参考案例】 黄某海帮助犯罪分子逃避处罚案①

一、基本案情

被告人黄某海在担任上海市烟草专卖局静安分局稽查支队（以下简称稽查支队）稽查员期间，于 2006 年 9 月至 2007 年 10 月，在对假烟销售活动进行查禁的履职过程中，采用通风报信的手法，多次将稽查支队突击检查假烟销售行动的部署安排，事先泄漏给其辖区内的上海市胶州路 479 号青青杂货店经营者蔡某德（另案处理，已判决），致使蔡某德销售假冒烟草制品的犯罪行为得以逃避处罚。此外，黄某海于 2004 年 11 月起，伙同蔡某德将假冒中华卷烟先后销售给黄某海的亲友毛某梅、张某等人共计 200 余条，销售金额达人民币 8.6 万余元。上海市静安区人民法院一审认为：被告人黄某海犯帮助犯罪分子逃避处罚罪，判处有期徒刑一年六个月；犯销售假冒注册商标的商品罪，判处有期徒刑一年，并处罚金人民币 2000 元；决定执行有期徒刑二年，并处罚金人民币 2000 元。

二、案例评析

本案的争议焦点在于被告人黄某海是否符合帮助犯罪分子逃避处罚罪的主体身份。我们认为，其完全符合相应身份，具体分析如下。

首先，上海市烟草专卖局静安分局系依法成立的管理辖区内烟草专卖市场的组织，虽系事业单位，但受有关国家行政机关的委托，依法行使对辖区内烟草专卖市场进行稽查并对违反烟草专卖的行为进行查处等行政执法权。根据《行政处罚法》第 18 条第 1

---

① 上海市第二中级人民法院（2008）沪二中刑终 474 号刑事判决书。

款、第 19 条第 1 款第 1 项的规定，行政机关依照法律、法规或者规章的规定，可以在其法定权限内，委托依法成立的管理公共事务的组织实施行政处罚。根据上述规定并结合上海市烟草专卖局静安分局事业单位法人证书，可以确认，上海市烟草专卖局静安分局系接受有关国家行政机关的委托，代表有关国家机关依法行使烟草专卖市场稽查和查处违反烟草专卖行为等行政执法权的组织。根据《全国人大常委会关于〈中华人民共和国刑法〉第九章渎职罪主体适用问题的解释》的规定，在依照法律、法规规定行使国家行政管理职权的组织中从事公务的人员，或者在受国家机关委托代表国家机关行使职权的组织中从事公务的人员，或者虽未列入国家机关人员编制但在国家机关中从事公务的人员，在代表国家机关行使职权时，有渎职行为，构成犯罪的，依照《刑法》关于渎职罪的规定追究刑事责任。本案中，被告人黄某海系稽查支队的稽查员，其所在的稽查支队隶属于上海市烟草专卖局静安分局，具体负责辖区内烟草专卖市场稽查和查处违反烟草专卖行为。故可以认定，黄某海属于在受国家机关委托代表国家机关行使职权的组织中从事公务的人员，其在代表国家机关行使职权时，应以"国家机关工作人员"论。

其次，根据《刑法》第 417 条的规定，帮助犯罪分子逃避处罚罪是指有查禁犯罪活动职责的国家机关工作人员，向犯罪分子通风报信、提供便利，帮助犯罪分子逃避处罚的行为。该条规定的"查禁犯罪活动职责"，不仅是指司法机关依法负有的刑事侦查、检察、审判、刑罚执行等职责，也包括法律赋予相关行政机关的查禁犯罪活动的职责。《刑法》第 402 条规定："行政执法人员徇私舞弊，对依法应当移交司法机关追究刑事责任的不移交，情节严重的，处三年以下有期徒刑或者拘役；造成严重后果的，处三年以上七年以下有期徒刑。"国务院颁布的《行政执法机关移送涉嫌犯罪案件的规定》中也明确规定："行政执法人员徇私舞弊，对应当移交司法机关追究刑事责任的不移交，情节严重，应追究其刑事责任。"据此，行政机关在行政执法中发现涉嫌犯罪的，应当依法移交司法机关追究刑事责任，这是行政机关承担的查禁犯罪活动的法定职责。《最高人民检察院关于渎职侵权犯罪案件立案标准的规定》亦明确将帮助犯罪分子逃避处罚罪的主体规定为"有查禁犯罪活动职责的司法及公安、国家安全、海关、税务等国家机关工作人员"。本案中，上海市烟草专卖局静安分局接受有关国家行政机关的委托，代表有关国家机关依法行使烟草专卖市场稽查和查处违反烟草专卖行为等行政执法权。被告人黄某海所在的稽查支队隶属于上海市烟草专卖局静安分局，具体负责辖区内烟草专卖市场稽查和查处违反烟草专卖行为。根据国家烟草专卖局《烟草专卖行政处罚程序规定》第 29 条的规定，发现违反烟草专卖规定的违法行为构成犯罪时，相关工作人员应当依法将案件移送司法机关处理。据此，烟草专卖局的工作人员，在发现犯罪活动时，必须收集、整理有关证据材料并将案件移交司法机关处理，此即烟草专卖局及其工作人员所负有的查禁犯罪活动的职责。黄某海作为稽查支队的稽查员，负有此项职责。

问题 8. 明知犯罪对象是犯罪分子中的明知如何认定①

【实务专论】

本罪系直接故意犯罪，只有明知犯罪对象是犯罪分子的情况下方可构成本罪。如果

---

① 马长生、罗开卷：《帮助犯罪分子逃避处罚罪疑难问题探析》，载《法律适用》2009 年第 9 期。

犯罪分子是被告人，在明知的认定上比较容易。但是如果犯罪分子是犯罪嫌疑人，特别是尚未被抓捕但已经实施了犯罪行为的人，如何认定明知？我们认为，在有证据证明有犯罪事实且帮助者亦对此明知的情况下，可以认定本罪行为人对犯罪分子是明知的，具体包括以下几种情形：第一，明知已有证据证实所帮助的对象已涉嫌犯罪或目睹其实施犯罪；第二，明知所帮助的对象涉及的案件已被决定移送司法机关查处；第三，明知所帮助的对象是司法机关正在或准备抓捕的人；第四，明知所帮助的对象是被采取强制措施包括羁押、拘传、取保候审、监视居住的犯罪嫌疑人、被告人等。

当然，在明知的认定上对不同的行为人有不同的明知要求，应根据行为人职责的具体情况作具体分析。对直接参与案件办理的人员，其职责是审查发现犯罪、收集证据证实犯罪，那么对其明知的把握，要从案件查办已获取的证据来看，如侦查人员已知或应当知道案件中有证据证明行为人涉嫌犯罪，即可认定其明知。而对于监管看守人员来说，只要其明知该对象是被司法机关采取强制措施的人，就可以认定其主观上的明知，至于被监管人涉嫌犯罪是否有证据或证据是否充分不影响对其明知的认定。值得注意的是，如果明知被羁押、被追捕的对象确属受陷害或被冤枉的无辜者而对其提供帮助并经查证属实的，不应以本罪论处。

问题 9. 单位保卫人员、社区保安人员是否属于有查禁犯罪活动职责的国家机关工作人员[①]

【实务专论】

实践中发生的单位保卫人员、社区保安人员向犯罪分子通风报信、提供便利，帮助犯罪分子逃避处罚的行为，能否以本罪论处，需要具体分析。如果单位保卫人员、社区保安人员接受国家机关委托，代表或者协助国家机关从事查禁犯罪活动，则可以成为本罪主体。如果向其职责范围内应当查禁的犯罪分子通风报信、提供便利，帮助犯罪分子逃避处罚的，应以本罪论处。如被告人王某、金某原系受国家机关委托辅助治安巡逻的上海某社区保安大队副大队长、中队长。2006 年 12 月某日凌晨，被告人王某在社区内查获涉嫌盗窃上海某公司的物品共计价值人民币 5000 余元的李某及涉嫌收赃的范某的过程中，接受范某丈夫杨某的请托，私放了李某和范某，并将盗窃所得赃物交给范某处理。2007 年 1 月某日凌晨，被告人王某、金某在社区内查获涉嫌盗窃前述公司之物品共计价值人民币 1 万余元的李某、葛某及准备收赃的杨某的过程中，接受杨某的请托，当场私放了李某、葛某及杨某，并将盗窃所得赃物交给杨某处理。法院认为，被告人王某、金某作为受国家机关委托负责辅助治安巡逻的社区保安大队副大队长、中队长，明知自己负有协助公安机关查禁犯罪活动的工作职责，却为犯罪分子提供便利，帮助犯罪分子逃避处罚，其行为均构成帮助犯罪分子逃避处罚罪，遂判处王某有期徒刑 3 年，缓刑 3 年，判处金某有期徒刑年 1 年，缓刑 1 年。

当然，代表或者协助国家机关从事查禁犯罪活动的单位保卫人员和社区保安人员，只有在其职责范围内才符合本罪主体条件。超出了职责范围，则不再属于受国家机关委托从事查禁犯罪活动职责的工作人员。如果对不属于其职责范围内的犯罪分子（比如，

[①] 马长生、罗开卷：《帮助犯罪分子逃避处罚罪疑难问题探析》，载《法律适用》2009 年第 9 期。

住在社区的贪污受贿分子）通风报信、提供便利，帮助犯罪分子逃避处罚的，不以本罪论处，但可能构成窝藏罪或者包庇罪。事前有通谋的，应以共同犯罪论处。

问题 10. 本罪既遂的成立是否需要致使犯罪分子逃避了处罚①

【实务专论】

《刑法》第 417 条明确规定："有查禁犯罪活动职责的国家机关工作人员向犯罪分子通风报信、提供便利，帮助犯罪分子逃避处罚的"，即可构成本罪。从本罪罪状的表述来看，并未要求必须造成犯罪分子逃避处罚的结果，因此，本罪应是行为犯。但关于本罪的既遂标准，存在不同认识。一种观点认为，只要行为人出于帮助犯罪分子逃避处罚的目的，实施了向犯罪分子通风报信、提供便利的行为即成立既遂，至于犯罪分子是否实际上逃避了处罚，在所不问，但可以作为一个量刑情节考虑。另一种观点则认为，行为人只要实施了向犯罪分子通风报信、提供便利，帮助犯罪分子逃避处罚的行为，即构成本罪，是否事实上致使犯罪分子逃避了处罚，是区分本罪既遂与未遂的标准。

我们赞同第一种观点。第一，所谓行为犯是指以实施法定的犯罪行为作为犯罪构成必要条件的犯罪。而结果犯是指实施的行为必须造成实际的损失结果才构成既遂的犯罪。既然本罪是行为犯，则只要实施了法定的犯罪行为——向犯罪分子通风报信、提供便利，就成立本罪的既遂。如果还要求"致使犯罪分子逃避了处罚"这一结果，实际上是将本罪视为结果犯，与本罪法条的规定存在明显冲突。第二，所谓"帮助犯罪分子逃避处罚"只不过是"向犯罪分子通风报信、提供便利"行为的主观目的所在，而非该行为的实然结果。我国《刑法》条文对结果犯的表述是较为明确的，比如，《刑法》第 284 条规定："非法使用窃听、窃照专用器材，造成严重后果的"，即构成非法使用窃听、窃照专用器材罪。据此，如果"帮助犯罪分子逃避处罚的"是表示结果，一般应将其表述为"致使犯罪分子逃避处罚的"。所以，本罪不可能是结果犯。那么，行为人出于帮助犯罪分子逃避处罚的目的是否实施了向犯罪分子通风报信、提供便利的行为，应当是区分本罪既、未遂的标准。犯罪分子是否逃避了处罚，并不影响本罪既遂的成立。

此外，根据《刑法》第 417 条之规定，本罪系情节加重犯，即情节严重的，法定量刑幅度升格。何谓"情节严重"，一般认为是指对犯罪行为具有比较严重的社会危害性的综合评价。就本罪而言，并不是致使犯罪分子逃避了处罚就一定是情节严重，也并不是犯罪分子没有逃避处罚就一定不是情节严重。只有综合考虑多种因素，才能准确把握本罪中的"情节严重"。如既要考虑行为人的犯罪动机、目的，又要考虑行为人的犯罪手段、后果；既要考虑行为人所帮助的"犯罪分子"罪行的轻重，又要考虑犯罪分子是否逃避了处罚等。司法实践中，帮助犯罪分子逃避处罚的下列情形可视为"情节严重"：第一，向性质严重的犯罪分子或者犯罪集团通风报信、提供便利的；第二，多次向犯罪分子或者向多名犯罪分子通风报信、提供便利的；第三，犯罪动机、手段恶劣的；第四，向犯罪分子通风报信、提供便利，造成严重后果的；第五，其他情节严重的情形。

---

① 马长生、罗开卷：《帮助犯罪分子逃避处罚罪疑难问题探析》，载《法律适用》2009 年第 9 期。

第四十四章
招收公务员、学生徇私舞弊罪

第一节　招收公务员、学生徇私舞弊罪概述

一、招收公务员、学生徇私舞弊罪的概念及构成要件

招收公务员、学生徇私舞弊罪，是指国家机关工作人员在招收公务员、学生工作中徇私舞弊，情节严重的行为。

（一）客体要件

本罪侵犯的客体是国家机关的正常活动和招收工作制度。近些年来，在招收公务员、学生的工作中也出现了徇私舞弊的现象，严重影响了公务员和学生的整体素质，妨碍了正常的招收公务员和学生的活动。《刑法》将招收公务员、学生徇私舞弊的行为规定为犯罪，对于维护国家招收公务员、学生的正常活动，具有积极的作用。招收工作关系到招收对象的前途和命运，是一项政策性很强的工作，在招考工作中的徇私舞弊，严重破坏了国家对招收公务员、学生招考制度，妨害了国家对人才的选拔、培养，危害了国家机关的管理活动。因此，对招收公务员、学生工作中的徇私舞弊情节严重的行为予以刑罚制裁，对严肃招考和维护国家人才、干部选拔培养制度，以及反腐倡廉、净化社会风气，促进社会主义精神文明建设都具有十分重要的意义。

（二）客观要件

本罪在客观方面表现为利用职务之便或者不依法履行职责，在招收公务员、学生工作中徇私舞弊，情节严重的行为。

这里的"公务员"，根据《公务员法》规定，是指依法履行公职、纳入国家行政编制、由国家财政负担工资福利的工作人员。这里的"学生"，包括大、中、小各级各类学校的学生，如研究生、大学生、中学生、小学生等；既包括普通高等、中等院校的学生，又包括成人高等、中等院校的学生，后者既包括脱产进修的成人学生，又包括不脱产而

在职自修为主的学生如函授生。无论是哪类学生，都必须是需经过考试和按规定条件录取的学生。所谓"招收"，是指通过考试按照国家规定的条件予以录用、录取，既包括向社会公开招考，也包括在某一范围内进行招收，但不包括某一单位通过内部考试录用人员。根据公务员法以及国务院关于招生工作的有关规定，录用工作必须坚持公开、平等、择优录用的原则，特别是在录用公务员工作中，更应当严格审查、严格把关，按照国家规定的录用程序进行，任何徇私舞弊的行为，都应受到法律的惩处。所谓"徇私舞弊"，是指出于个人目的，利用主管、分管或者负责招收公务员、学生工作的职权或职务之便，弄虚作假，将不合格或不应招收的人员予以招收、录用，或者将应当予以招收、录用的不予招收、录用。手段主要包括伪造、变造、篡改有关材料，或者捏造、夸大事实，或者隐瞒、掩盖事实真相，如伪造体检表、个人履历表、立功受奖记录，篡改年龄、考试成绩、档案材料，隐瞒不良表现如违法犯罪行为，故意排挤符合条件的候选人以便让不符合条件的人补缺等等。但无论具体方式如何，其目的都是为了将不符合条件的情况隐瞒或者伪装成符合条件，以违反规定予以录用、录取。根据本条规定，招收公务员、学生徇私舞弊的行为必须达到"情节严重"的程度，才构成犯罪。所谓"情节严重"，是指在招收公务员、学生工作中多次实施徇私舞弊，或者招收多名不合格公务员、学生，或者严重扰乱了招考工作的正常秩序，造成人力、财力的重大损失，或者严重危害考生个人身心健康，给考生或者其家庭造成重大损失，或者在群众中造成极坏影响，给所在部门的声誉带来严重损害等情形。

参照《最高人民检察院关于渎职侵权犯罪案件立案标准的规定》的规定，涉嫌下列情形之一的，应予立案：（1）徇私舞弊，利用职务便利，伪造、变造人事、户口档案、考试成绩或者其他影响招收工作的有关资料，或者明知是伪造、变造的上述材料而予以认可的；（2）徇私舞弊，利用职务便利，帮助5名以上考生作弊的；（3）徇私舞弊招收不合格的公务员、学生3人次以上的；（4）因徇私舞弊招收不合格的公务员、学生，导致被排挤的合格人员或者其近亲属自杀、自残造成重伤、死亡，或者精神失常的；（5）因徇私舞弊招收公务员、学生，导致该项招收工作重新进行的；（6）其他情节严重的情形。

（三）主体要件

本罪的主体是特殊主体，即是负有招收公务员、学生职责的国家机关工作人员，包括国家机关中负有招收公务员工作职责的主管人员以及有关负责具体招收工作的人事部门的工作人员、教育部门中主管和负责招生工作的领导人员以及其他具体工作人员等。

（四）主观要件

本罪在主观方面，必须是出于故意，即行为人明知自己的徇私舞弊行为是违反有关法律规定的，明知自己行为可能产生的后果，而对这种后果的发生持希望或者放任的态度。过失不构成本罪。行为人的犯罪动机是徇私，有的是为了贪图钱财等不法利益，有的是碍于亲朋好友情面，有的是出于报复或嫉妒心理等。

二、招收公务员、学生徇私舞弊罪案件审理情况

通过中国裁判文书网检索，2018年至2022年，全国法院审结一审招收公务员、学生

徇私舞弊刑事案件仅有 2018 年的 1 件，2013 年至 2017 年共 121 件。

司法实践中，招收公务员、学生徇私舞弊案件之所以数量较少，一方面是因为本罪犯罪对象为公务员、学生的报考者，报考者深知竞争压力大，很少质疑负责招录的工作人员，另一方面也囿于调查取证困难，致使案件侦破查实的比例较小。

三、招收公务员、学生徇私舞弊罪案件审理热点、难点问题

1. 划清招收公务员、学生徇私舞弊罪与玩忽职守罪的界限。二者的区别在于：一是主观方面不同，前者主观上出于故意，并具有徇私的动机，后者则出于过失。二是行为发生的领域不同，前者发生在招收公务员、学生的工作中，后者则发生在一般工作中。

2. 准确把握罪数问题。招收公务员、学生徇私舞弊罪往往不会孤立存在，而是伴随其他违法犯罪行为，特别是收受贿赂行为，如因收受财物、接受请托而徇私舞弊，或是先在招收过程中徇私舞弊，事后接受感谢、收受财物。此时，如何认定行为性质，是定一罪还是数罪，理论上存在多种观点，主要有按照牵连犯从一重罪处罚、按照想象竞合犯择一重罪处罚、按照法条竞合犯从一重罪处罚等。我们认为，此种情形下招收公务员、学生徇私舞弊行为与受贿行为确有牵连关系，但若仅以一罪论处，无法充分评价行为对于国家工作人员职务行为不可收买性以及国家机关招收工作制度的侵害，难以体现罪责刑相适应，不利于打击犯罪。并且，《最高人民法院、最高人民检察院关于办理渎职刑事案件适用法律若干问题的解释（一）》第 3 条规定："国家机关工作人员实施渎职犯罪并收受贿赂，同时构成受贿罪的，除刑法另有规定外，以渎职犯罪和受贿罪数罪并罚"，明确了渎职犯罪与受贿罪并罚的处断原则。招收公务员、学生徇私舞弊罪作为渎职犯罪的一种，也应适用该规定。

四、招收公务员、学生徇私舞弊罪案件办案思路及原则

1. 准确把握招收公务员、学生徇私舞弊罪的犯罪构成，依法惩治犯罪。国家机关工作人员在招收公务员、学生工作中徇私舞弊，且情节严重，是本罪的关键。构成招收公务员、学生徇私舞弊罪必须达到"情节严重"的标准，没有达到情节严重，属于违反国家规定的行为，可由其所在单位或上级主管机关酌情给予行政处分，不应追究其刑事责任。

2. 准确把握罪与非罪的界限。首先，招收公务员、学生徇私舞弊罪是纯正作为犯，即需要在招收公务员、学生过程中存在徇私舞弊的积极行为，而且只能由作为方式构成。构成招收公务员、学生徇私舞弊罪，行为人必须负有招收的法定职责。其次，"情节严重"是区分本罪与一般违法行为的重要标准。行为人在招收公务员、学生工作中有徇私舞弊的行为，未达到"情节严重"的，属于一般违法行为，不构成犯罪。

第二节　招收公务员、学生徇私舞弊罪审判依据

一、法律

《刑法》（2020 年 12 月 26 日修正）（节录）

第四百一十八条　国家机关工作人员在招收公务员、学生工作中徇私舞弊，情节严重的，处三年以下有期徒刑或者拘役。

二、司法解释

《最高人民检察院关于渎职侵权犯罪案件立案标准的规定》（2006 年 7 月 26 日　高检发释字〔2006〕2 号）（节录）

（三十四）招收公务员、学生徇私舞弊案（第四百一十八条）

招收公务员、学生徇私舞弊罪是指国家机关工作人员在招收公务员、省级以上教育行政部门组织招收的学生工作中徇私舞弊，情节严重的行为。

涉嫌下列情形之一的，应予立案：

1. 徇私舞弊，利用职务便利，伪造、变造人事、户口档案、考试成绩或者其他影响招收工作的有关资料，或者明知是伪造、变造的上述材料而予以认可的；

2. 徇私舞弊，利用职务便利，帮助 5 名以上考生作弊的；

3. 徇私舞弊招收不合格的公务员、学生 3 人次以上的；

4. 因徇私舞弊招收不合格的公务员、学生，导致被排挤的合格人员或者其近亲属自杀、自残造成重伤、死亡，或者精神失常的；

5. 因徇私舞弊招收公务员、学生，导致该项招收工作重新进行的；

6. 其他情节严重的情形。

第三节　招收公务员、学生徇私舞弊罪
在审判实践中的疑难新型问题

问题 1. 教师能否成为招收学生徇私舞弊罪的主体

【实务专论】

招收学生徇私舞弊罪的主体是国家机关工作人员，学校的教师属于文教事业单位人员，不属于国家机关工作人员，因此，不能成为招收学生徇私舞弊罪的构成主体；教师接受委托或者聘请临时担任考试监考员等与招收学生相关职务的，并不具有国家机关工

作人员身份，同样不能成为招收学生徇私舞弊罪的犯罪主体。[①]

问题2. 如何理解和认定招收公务员、学生徇私舞弊罪中的"徇私""舞弊"

【实务专论】

"徇私舞弊"是一种复合结构，即为个人利益而弄虚作假进行违法乱纪活动。"徇私"代表主观故意，"舞弊"代表客观行为，"徇私"作为一种犯罪动机，是行为人"舞弊"原因，"舞弊"则是"徇私"外化的行为表现。

关于"徇私"的内涵，可以从两方面把握：一是与"徇情"的关系。理论界通说认为，徇私即为了私和情而做不合法的事，往往表现为贪图钱财、女色，袒护亲友，照顾关系，打击报复或者为徇其他私情私利。最高人民法院2003年《全国法院审理经济犯罪案件工作座谈会纪要》中规定："徇私舞弊型渎职犯罪的'徇私'应理解为徇个人私情、私利。"因此，"徇私"和"徇情"无须加以区分，二者含义基本相同，内涵也是一致的。二是是否包含"单位之私"。"徇私"一般体现为徇个人之私，当无争议，但是否包括徇单位、集体之私，刑法理论上与司法实践中则存在较大纷争。我们认为，应根据具体情况具体分析，有些罪名应仅限于徇个人之私，有的可扩大为部门之私，还有的可扩大为单位之私。至于招收公务员、学生徇私舞弊罪中的"徇私"，通常理解为徇个人之私，实践中也极少出现为单位或集体之私的情况。[②]

"舞弊"意指弄虚作假、滥用职权的行为，在犯罪构成中属于客观的构成要件要素。招收公务员、学生徇私舞弊罪中的"舞弊"行为通常表现为伪造材料、弄虚作假、滥用职权招收不合格的公务员、学生或故意拒绝招收应当招收的合格公务员、学生。

问题3. 公安机关工作人员为高考生办理虚假户籍的行为如何定性

招收公务员、学生徇私舞弊罪的主体是负有招收学生工作职责的国家机关工作人员。一般情况下，公安机关不属于直接具有招收学生职责的国家机关。但在一些特定考试中，户籍对于考生利益和考试结果的影响至关重要，户籍管理工作亦是招生工作的一部分，而审查考生户籍的职责由公安机关承担，此时，公安机关负责户籍审查工作的人员即为特指的国家机关中负责招收学生工作的工作人员，符合招收学生徇私舞弊罪的主体要件。该人员徇私情、私利，利用手中的职权，违反户籍管理规定办理虚假户籍，造成严重社会影响，应以招收学生徇私舞弊罪论处。

【人民法院案例选案例】徐某利、张某军招收学生徇私舞弊案[③]

一、基本案情

2008年高考报名期间，刘某桥委托原审被告人徐某利想办法帮助山东几个亲戚、朋

[①] 参见《最高人民法院刑二庭审判长会议关于教师能否成为招收学生徇私舞弊罪主体问题》，载最高人民法院刑事审判第一、二、三、四、五庭主办：《中国刑事审判指导案例6》（增订第3版），法律出版社2017年版，第716页。

[②] 黄现师：《渎职罪犯罪构成研究》，中国政法大学出版社2013年，第93页。

[③] 孙玺：《徐某利、张某军招收学生徇私舞弊案》，载最高人民法院应用法学研究所编：《人民法院案例选》（总第93辑），人民法院出版社2015年版。

友的孩子到内蒙古阿拉善盟额济纳旗考学，徐某利表示没有办过此事先给联系着看，过了几天刘某桥打电话询问此事，徐称事情不太好办，之后二人商议由刘某桥找关系从中国人民解放军63600部队（即东风基地）社会服务部出具一份证明以军工子女的名义在额济纳旗报名，徐表示同意。刘某桥遂给部队社会服务部的王某卿主任打电话请其帮忙出个证明，让山东的几个亲戚、朋友的孩子以军工子女的名义到额济纳旗报名参加高考，王某卿答复可以出具证明，刘某桥便以手机短信的方式向王某卿提供了刘某、朱某然、闫某、孙某冰四名山东籍学生的相关信息，请王某卿将证明开好后交给徐某利。徐某利收到该证明后又让刘某桥将以上四名学生的照片从电脑上发过来。高考开始报名时徐某利指使该局治安大队负责户籍管理工作的原审被告人张某军为四名学生打印户口，张某军遂用淘汰的人口信息系统为四名学生打印了户口内页，徐某利同时又指令该局下辖的巴彦宝格德派出所所长嘎某迪在户口内页上加盖户口专用章和个人名章，违规为四名学生办理了虚假的额济纳旗居民户籍簿，从而使四名山东籍考生获得了2008年内蒙古普通高校招生资格并顺利参加了2008年的高校招生考试。高考结束后，四名考生因被查出系"高考移民"被取消了成绩。经审理，法院以招收学生徇私舞弊罪判处原审被告人徐某利、张某军免予刑事处罚。

二、案例评析

本案是内蒙古自治区以招收学生徇私舞弊罪起诉和判决的首例案件。"高考移民"是指参加高考的学生利用各地存在的高考分数线的差异及录取率的高低，通过转学或迁移户口等办法到高考分数线相对较低、录取率较高的地区应考。考生必须要有参加考试地区的户口，在高考报名当中公安机关负有审查考生户籍的职责，考生要想实现"高考移民"，必须有当地公安机关的"帮助"——办理或真或假的当地户籍。本案中，二被告人为四名山东籍考生办理了虚假的户籍，并凭借虚假户籍报名参加了高考。国家相关规定明确，对于凭虚假材料报名或通过办理非正常户口迁移手续后报名的考生，取消考试、录取资格或取消学籍。而对于帮助考生办理虚假户籍的公安人员并未明确规定如何处罚。

"高考移民"是内蒙古自治区和其他省区过去数年都存在的现象，却鲜见对相关人员以罪论处的案例，而且按照全国人大法工委对《刑法》第418条的释解，该罪的主体是具有招收学生工作职责的国家机关工作人员，而公安机关不属于直接具有招收学生职责的国家机关。基于以上原因，一审法院对二被告人定罪还是按违规、违纪行为处理曾有争议，但考虑到该案确实造成了不良社会影响，认为应定罪处罚，因此一审结合其行为特征定罪为滥用职权罪。经再审审查认为，对招收学生徇私舞弊罪主体的认定不应仅局限于直接负责招收学生工作的国家机关工作人员，《最高人民检察院关于渎职侵权犯罪案件立案标准的规定》（高检发释字〔2006〕2号）关于招收公务员、学生徇私舞弊罪犯罪案件的立案标准第一项的规定，即徇私舞弊，利用职务便利，伪造、变造人事、户口档案、考试成绩或者其他影响招收工作的有关资料，或者明知是伪造、变造的上述材料而予以认可的，应按招收公务员、学生徇私舞弊罪立案。而户籍管理工作是招生工作的一部分，原审被告人徐某利、张某军既是国家机关工作人员，又属于特指的国家机关中负责招收学生工作的工作人员，符合招收学生徇私舞弊罪的主体要件。根据审理查明的事实，徐某利身为国家机关工作人员，因为老乡请托而徇私情随意行使手中的职权，违反了户籍管理规定，为四名山东高考移民考生办理虚假户籍、取得内蒙古高考资格创造了首要条件，致使四人违法取得在内蒙古的高考资格并参加考试，造成严重社会影响，从犯罪客体及具体行为特征来看，属于徇私舞弊类犯罪，按照"特殊优于一般"的原则，其行为构成招收学生徇私舞弊罪。

按照《刑法》第418条规定，招收学生徇私舞弊必须达到"情节严重"才构成犯罪。所谓"情节严重"，在司法实践中主要指：多次弄虚作假、招收不合格学生的，或者招收多名不合格学生的；犯罪手段恶劣的；造成严重社会影响等。从徐某利的具体行为来看，虽造成较严重的社会影响，但没有造成不合格学生被录取而排挤当地考生等后果，且后来查出四名学生"高考移民"后，他作为配合招生单位领导也签字确认，中止了其徇私行为，因此，可认为犯罪情节轻微，可以免于刑事处罚；且招收学生徇私舞弊罪相对于原判认定的滥用职权罪量刑更轻，属于轻罪，检察院抗诉是"由重罪抗诉为轻罪"，量刑也不宜加重。

张某军作为公安机关户籍管理人员，对高考学生的身份、户籍信息负有审查职责，张某军虽是接受徐某利指派办理此事，但明知四名学生系为在额济纳旗参加高考而违规落户，应向徐某利提出异议，而不应放弃工作职责，在没有准迁证的情况下，违反户籍管理及高考报名相关规定，帮助四名山东籍学生伪造户口资料，除了办理户口手续外，还去招生办等处积极帮助办理了相关报名手续，在与徐某利共同犯罪中做了大量具体工作，在犯罪中作用与徐某利相当，应与徐某利同罪同罚，亦应对张某军以招收学生徇私舞弊罪免予刑事处罚。

第四十五章
失职造成珍贵文物损毁、流失罪

第一节　失职造成珍贵文物损毁、流失罪概述

一、失职造成珍贵文物损毁、流失罪概念及构成要件

失职造成珍贵文物损毁、流失罪，是指国家机关工作人员严重不负责任，造成珍贵文物损毁或者流失，后果严重的行为。

（一）客体要件

本罪的客体是国家对文物的保护、管理制度。犯罪对象是珍贵文物，所谓珍贵文物，是指具有重要历史、艺术、科学价值的文物，主要包括国家规定的一、二级文物，三级文物要确定为珍贵文物的，应经国家文物鉴定委员会确认。

（二）客观要件

本罪客观方面表现为严重不负责任，造成珍贵文物损毁或者流失。严重不负责任，是指对自己经手管理、运输、使用的珍贵文物，不认真管理和保管，或者对可能造成珍贵文物损毁或者流失的隐患，不采取措施，情节恶劣的行为。损毁，即导致珍贵文物的原有形态、结构被破坏，历史、科学、文化等价值减少或者丧失。流失，即指珍贵文物不知去向、流落民间或者流往国外，因而使珍贵文物脱离法定保存单位的控制和支配。

（三）主体要件

本罪主体是国家机关工作人员，司法实践中通常是行使文物保护、管理、挖掘等职责的国家机关工作人员，如文物行政部门、公安机关、工商行政管理部门、海关、城乡建设规划部门等国家机关工作人员。

（四）主观要件

本罪主观方面只能是过失，故意造成珍贵文物损毁或者流失的，视性质与情节认定

为其他犯罪。

二、失职造成珍贵文物损毁、流失罪案件审理情况

失职造成珍贵文物损毁、流失罪系 1997 年《刑法》修订时增设的罪名，旨在提高相关人员对于古文物的保护意识。

通过中国裁判文书网检索，2016 年至 2022 年，全国法院审结一审失职造成珍贵文物损毁、流失罪刑事案件 1 件。仅在 2016 年审理一件。

司法实践中，失职造成珍贵文物损毁、流失罪案件主要呈现出以下特点及趋势：本罪相关案例较少，并不属于常见犯罪，已发案件主要呈现出古文物遗址较多、保存较为完整的地区，如浙江省、陕西省、河南省等地。

三、失职造成珍贵文物损毁、流失罪案件审理热点、难点问题

划清本罪与过失损毁文物罪的界限。两罪的主要区别有三：一是前者的主体是特殊主体，后者的主体则为一般主体；二是前者的犯罪对象仅限于珍贵文物，后者的犯罪对象除珍贵文物以外，还包括被确定为全国重点文物保护单位、省级文物保护单位的文物；三是前者是一种职务犯罪，即国家机关工作人员，因严重不负责任，造成珍贵文物损毁或者流失的行为，后者不属于职务犯罪，且行为方式仅限于"损毁"。

四、失职造成珍贵文物损毁、流失罪案件办案思路及原则

1. 要准确认定客观上造成的"后果严重"。根据《最高人民法院、最高人民检察院关于办理妨害文物管理等刑事案件适用法律若干问题的解释》第 10 条规定，国家机关工作人员严重不负责任，造成珍贵文物损毁或者流失，具有下列情形之一的，应当认定为《刑法》第 419 条规定的"后果严重"：（1）导致二级以上文物或者五件以上三级文物损毁或者流失的；（2）导致全国重点文物保护单位、省级文物保护单位的本体严重损毁或者灭失的；（3）其他后果严重的情形。

2. 关于本罪犯罪对象"珍贵文物"的分析。根据《刑法》的规定，失职造成珍贵文物损毁、流失罪的犯罪对象是珍贵文物，《文物保护法》第 4 条规定文物包括了可移动文物和不可移动文物（文物保护单位），可移动文物分珍贵文物和一般文物。本罪的犯罪对象不仅包括可移动文物中的珍贵文物，根据《最高人民法院、最高人民检察院关于办理妨害文物管理等刑事案件适用法律若干问题的解释》第 10 条规定，还包括全国重点文物保护单位、省级文物保护单位。

第二节 失职造成珍贵文物损毁、流失罪审判依据

一、法律

1.《刑法》（2020 年 12 月 26 日修正）（节录）

第四百一十九条 国家机关工作人员严重不负责任，造成珍贵文物损毁或者流失，后果严重的，处三年以下有期徒刑或者拘役。

2.《文物保护法》（2017 年 11 月 4 日修正）（节录）

第三条 古文化遗址、古墓葬、古建筑、石窟寺、石刻、壁画、近代现代重要史迹和代表性建筑等不可移动文物，根据它们的历史、艺术、科学价值，可以分别确定为全国重点文物保护单位，省级文物保护单位，市、县级文物保护单位。

历史上各时代重要实物、艺术品、文献、手稿、图书资料、代表性实物等可移动文物，分为珍贵文物和一般文物；珍贵文物分为一级文物、二级文物、三级文物。

第七十八条 公安机关、工商行政管理部门、海关、城乡建设规划部门和其他国家机关，违反本法规定滥用职权、玩忽职守、徇私舞弊，造成国家保护的珍贵文物损毁或者流失的，对负有责任的主管人员和其他直接责任人员依法给予行政处分；构成犯罪的，依法追究刑事责任。

二、司法解释

1. 最高人民法院、最高人民检察院《关于办理妨害文物管理等刑事案件适用法律若干问题的解释》（2015 年 12 月 30 日，法释〔2015〕23 号）

第十条 国家机关工作人员严重不负责任，造成珍贵文物损毁或者流失，具有下列情形之一的，应当认定为刑法第四百一十九条规定的"后果严重"：

（一）导致二级以上文物或者五件以上三级文物损毁或者流失的；

（二）导致全国重点文物保护单位、省级文物保护单位的本体严重损毁或者灭失的；

（三）其他后果严重的情形。

2. 最高人民法院、最高人民检察院《关于办理渎职刑事案件适用法律若干问题的解释（一）》（2012 年 12 月 7 日，法释〔2012〕18 号）（节录）

第二条 国家机关工作人员实施滥用职权或者玩忽职守犯罪行为，触犯刑法分则第九章第三百九十八条至第四百一十九条规定的，依照该规定定罪处罚。

国家机关工作人员滥用职权或者玩忽职守，因不具备徇私舞弊等情形，不符合刑法分则第九章第三百九十八条至第四百一十九条的规定，但依法构成第三百九十七条规定的犯罪的，以滥用职权罪或者玩忽职守罪定罪处罚。

3.《最高人民检察院关于渎职侵权犯罪案件立案标准的规定》（2006 年 7 月 26 日，高检发释字〔2006〕2 号）（节录）

（三十五）失职造成珍贵文物损毁、流失案（第四百一十九条）失职造成珍贵文物损毁、流失罪是指文物行政部门、公安机关、工商行政管理部门、海关、城乡建设规划部门等国家机关工作人员严重不负责任，造成珍贵文物损毁或者流失，后果严重的行为。

涉嫌下列情形之一的，应予立案：

1. 导致国家一、二、三级珍贵文物损毁或者流失的；

2. 导致全国重点文物保护单位或者省、自治区、直辖市级文物保护单位损毁的；

3. 其他后果严重的情形。

根据刑法第四百一十九条的规定，失职造成珍贵文物损毁或者流失，后果严重的，构成失职造成珍贵文物损毁、流失罪。最高人民法院、最高人民检察院《关于办理妨害文物管理等刑事案件适用法律若干问题的解释》第十条对"后果严重"的具体情形作出明确。需要说明的是，2006 年最高人民检察院《关于渎职侵权犯罪案件立案标准的规定》将失职造成珍贵文物损毁、流失罪的入罪标准之一规定为"导致国家一、二、三级珍贵文物损毁或者流失的"。而根据刑法第四百一十九条的规定，失职造成珍贵文物损毁、流失罪的入罪要件为"造成珍贵文物损毁或者流失，后果严重"。因此，"导致国家一、二、三级珍贵文物损毁或者流失"实际只是重复了"造成珍贵文物损毁或者流失"的规定，并未对"后果严重"作出解释。因此，第十条第一项规定"导致二级以上文物或者五件以上三级文物损毁或者流失的"才认定为造成珍贵文物损毁或者流失"后果严重"，构成失职造成珍贵文物损毁、流失罪。

第三节　失职造成珍贵文物损毁、流失罪在审判实践中的疑难新型问题

问题 1. 私自将文物借出并造成文物流失的严重后果，如何认定其主观上过失行为

行为人应当知道自己严重不负责的行为可能会造成珍贵文物损毁或者流失，但是由于疏忽大意而没有预见，或者是虽然已预见到可能会发生但凭借着自己的知识或者经验而轻信可以避免，以致发生了造成严重损失的危害结果，应依法认定其主观上存在过失，构成失职造成珍贵文物损毁、流失罪。

【典型案例】王某失职造成珍贵文物损毁、流失案①

一、基本案情

王某，湖北省荆门市文物局副局长、博物馆馆长。荆门市人民法院经公开审理查明，

① 李淑国：《湖北荆门原博物馆副馆长涉嫌倒卖古文物罪受审》，网址 https：//www. chinanews. com. cn/2001 -01-03/26/64295. html，最后访问时间：2023 年 10 月 28 日。

1999 年年底，文物贩子张某向王某提出复制一把国家二级文物玉首剑。王某在未经请示上级主管部门的情况下，私自安排该馆工作人员将玉首剑从展厅柜中取出，交与张某的女儿。张某借走玉首剑后，将玉首剑的玉璧镶嵌在一把仿制的铜剑上，并伙同他人窜至浙江省绍兴市，准备倒卖给绍兴华达贸易中心总经理孙某，孙某发现此剑系赝品后遂将剑扣留。2001 年 1 月 8 日，荆门市公安局侦查人员从孙某处将玉璧追回，但重要部件玉扣流失，造成不可挽回的损失。荆门市人民法院判决被告人王某犯失职造成珍贵文物损毁、流失罪，判决有期徒刑 1 年。

二、案情评析

本案的争议焦点在于，被告人王某对于将玉首剑交与张某造成文物流失的行为，是出于主观故意还是过失？

第一种观点认为，王某为谋取非法利益，故意将玉首剑交与张某，从而将文物进行拍卖获利，应当和张某构成共同故意犯罪。

第二种观点认为，王某将玉首剑交与张某的行为，不能推定其具有非法谋取利益的主观故意，属于过失造成文物流失，属于过失犯罪。

我们认为，王某作为国家文物管理机关的工作人员，熟悉国家对文物管理的法律、法规，也明确自己的职责和权力范围，其应当预见到自己违反规定将玉首剑私自借出的行为会导致文物的损毁、流失，却因为严重不负责任而没有预见到，其对玉首剑的玉璧的损毁和流失是一种过失，符合该罪主观方面要件，因此，其构成失职造成珍贵文物损毁、流失罪。

问题 2. 在实践中如何正确理解和把握"珍贵文物"

【实务专论】

珍贵文物，即具有重要历史、艺术、科学价值的文物，主要包括国家规定的一、二级文物，三级文物要确定为珍贵文物的，应经国家文物鉴定委员会确认。这里的文物，我国《文物保护法》有明确规定，专门列举了以下几类：第一，具有历史、艺术、科学价值的古文化遗址、古墓葬、古建筑、石窟寺、石刻；第二，与重大历史事件、革命运动和著名人物有关的，具有重要纪念意义、教育意义和史料价值的建筑物、遗址和纪念物；第三，历史各时代的珍贵艺术品、工艺美术品；第四，重要的革命文献资料以及具有历史、艺术和科学价值的手稿、古旧图书资料等；第五，反映历史上各时代、各民族社会制度、社会生产、社会生活的代表性实物。古脊椎动物化石和古人类化石。可见，在符合《文物保护法》文物基础上，尚需要进一步鉴定、认证为珍贵文物，之后才有可能踏入本罪的门槛。

同时具有科学价值的古脊椎动物化石、古人类化石也可以成为本罪的对象。国家机关工作人员严重不负责任，造成一、二、三级化石或者被确定为全国重点文物保护单位、省级文物保护单位的古人类化石、古脊椎动物化石地点、遗迹地点损毁或者流失，后果严重的，也可以构成本罪。

问题3. 构成本罪名应如何认定行为人"严重不负责任"

【实务专论】

本罪的客观样态是国家机关工作人员违反工作纪律、制度规章，擅离职守不尽职责义务，或者不正确履行职责义务，造成珍贵文物损毁或者流失，后果严重的行为。这里，严重不负责任是在履行职务中敷衍、草率应付，不尽职责，对自己经手管理、运输、使用的珍贵文物，不认真管理和保管，或者对可能造成珍贵文物损毁或者流失的隐患，不采取措施，情节恶劣的行为。其具体表现形式是多种多样的。比如，对馆藏珍贵文物不按《文物馆藏品管理办法》的规定建立固定、专用的库房，设专人管理；库房设备和措施不符合防火、防盗、防潮、防虫、防尘、防光、防震、防空气污染的要求；珍贵文物出库归库手续不健全；安全检查制度形同虚设；发现不安全因素，不及时采取措施纠正；发生火灾、文物失窃等案件不及时报告当地公安部门、文物行政管理部门和国家文物局等。其具体表现如何，不影响失职造成珍贵文物损毁、流失罪的成立。①

换言之，这里的毁损、流失、严重后果都是该罪的客观要素。所谓损毁，即损坏和毁灭，是指在考古发掘或者管理、保护过程中，损坏、毁坏、破坏文物以及其他使文物的历史、艺术、科学、史料、经济价值或纪念意义、教育意义丧失或者减少的行为。既包括使珍贵文物部分破损，使其丧失部分价值，即造成原有价值的减少，又包括使珍贵文物完全毁灭，从而丧失其全部价值。所谓流失，是指造成珍贵文物的丢失、被盗、遗失而下落不明或者流落至国外、境外的情形。

所谓严重后果，《刑法》本身没有细数之，但是在司法解释中有具体标准。根据2006年7月26日公布的《最高人民检察院关于渎职侵权犯罪案件立案标准的规定》第35条的规定，本罪之"后果严重"是指具有下列情形之一的：第一，导致国家一、二、三级珍贵文物损毁或者流失的；第二，导致全国重点文物保护单位或者省、自治区、直辖市级文物保护单位损毁的；第三，其他后果严重的情形。当然，根据《文物保护法》第3条规定，古文化遗址、古墓葬、古建筑、石窟寺、石刻、壁画、近代现代重要史迹和代表性建筑等不可移动文物，根据它们的历史、艺术、科学价值，可以分别确定为全国重点文物保护单位，省级文物保护单位，市、县级文物保护单位。《文物保护法》第13条规定，国务院文物行政部门在省级、市、县级文物保护单位中，选择具有重大历史、艺术、科学价值的确定为全国重点文物保护单位，或者直接确定为全国重点文物保护单位，报国务院核定公布。省级文物保护单位，由省、自治区、直辖市人民政府核定公布，并报国务院备案。市级和县级文物保护单位，分别由设区的市、自治州和县级人民政府核定公布，并报省、自治区、直辖市人民政府备案。《文物保护法》第15条规定，各级文物保护单位，分别由省、自治区、直辖市人民政府和市、县级人民政府划定必要的保护范围，作出标志说明，建立记录档案，并区别情况分别设置专门机构或者专人负责管理。全国重点文物保护单位的保护范围和记录档案，由省、自治区、直辖市人民政府文物行政部门报国务院文物行政部门备案。

---

① 许桂敏：《犯罪防控的基础理论——以失职造成珍贵文物损毁、流失罪立法为视角》，载《犯罪防控与平安中国建设》2014年第1期。

第四十六章
故意泄露国家秘密罪、过失泄露国家秘密罪

第一节　故意泄露国家秘密罪、过失泄露国家秘密罪概述

一、故意泄露国家秘密罪、过失泄露国家秘密罪的概念及构成要件

（一）故意泄露国家秘密罪，是指国家机关工作人员或其他有关人员，违反保守国家秘密法规，故意泄露国家秘密，使国家秘密被不应知悉者知悉，或者故意使国家秘密超出了限定的接触范围，情节严重的行为

1. 客体要件

本罪侵犯的客体是应为双重客体，其中主要客体是国家安全和利益，次要客体是国家的保密制度。《保守国家秘密法》第2条规定："国家秘密是关系国家安全和利益，依照法定程序确定，在一定时间内只限一定范围的人员知悉的事项。"第11条规定："国家秘密及其密级的具体范围，由国家保密行政管理部门分别会同外交、公安、国家安全和其他中央有关机关规定。"保守国家秘密是一切国家机关、武装力量、政党、社会团体、企业事业单位和每个公民对国家应尽的义务，它是一项维护国家安全和利益、保卫和促进社会主义建设事业发展的重要工作。任何泄露国家机密的行为，都会给国家的安全和人民的利益造成严重危害。因此，我们必须坚决同一切泄露国家秘密的行为做斗争。

本罪的犯罪对象是国家秘密。国家秘密，根据《保守国家秘密法》第9条，主要包括：（1）国家事务的重大决策中的秘密事项；（2）国防建设和武装力量活动中的秘密事项；（3）外交和外事活动中的秘密事项以及对外承担保密义务的秘密事项；（4）国民经济和社会发展中的秘密事项；（5）科学技术中的秘密事项；（6）维护国家安全活动和追查刑事犯罪中的秘密事项；（7）经国家保密行政管理部门确定的其他秘密事项。另外，政党的秘密事项符合国家秘密性质的，也属于国家秘密。至于具体的保密范围，则由各机关、各单位根据上述规定具体划定，并且根据该法第10条规定的秘密程度分类。依照《保守国家秘密法》第10条的规定，国家秘密的密级分为"绝密""机密""秘密"三级。"绝密"是最重要的国家秘密，泄露会使国家的安全和利益遭受特别严重的损害；

"机密"是重要的国家秘密，泄露会使国家安全和利益遭受严重的损害；"秘密"是一般的国家秘密，泄露会使国家安全和利益遭受损害。作为本罪对象的秘密，只要是秘密级的国家秘密即可。

2. 客观要件

本罪在客观方面，行为人必须具有违反国家保密法的规定，故意泄露国家秘密，情节严重的行为。所谓国家保密法，主要是 1988 年 9 月 5 日全国人大常委会通过，并于 2010 年 4 月 29 日修订的《保守国家秘密法》。另外，还有国务院 2014 年 1 月 17 日颁布、2014 年 3 月 1 日实施的《保守国家秘密法实施条例》。

《保守国家秘密法》对国家秘密的保密制度和接触国家秘密的国家工作人员等人员的保密义务作了具体规定。例如，《保守国家秘密法》第 24 条规定机关、单位应当加强对涉密信息系统的管理，任何组织和个人不得有下列行为：（1）将涉密计算机、涉密存储设备接入互联网及其他公共信息网络；（2）在未采取防护措施的情况下，在涉密信息系统与互联网及其他公共信息网络之间进行信息交换；（3）使用非涉密计算机、非涉密存储设备存储、处理国家秘密信息；（4）擅自卸载、修改涉密信息系统的安全技术程序、管理程序；（5）将未经安全技术处理的退出使用的涉密计算机、涉密存储设备赠送、出售、丢弃或者改作其他用途。第 25 条规定机关、单位应当加强对国家秘密载体的管理，任何组织和个人不得有下列行为：（1）非法获取、持有国家秘密载体；（2）买卖、转送或者私自销毁国家秘密载体；（3）通过普通邮政、快递等无保密措施的渠道传递国家秘密载体；（4）邮寄、托运国家秘密载体出境；（5）未经有关主管部门批准，携带、传递国家秘密载体出境。另外，各个有关的国家机关，依据国家保密法所规定的保密范围、保密制度和职责、要求，结合本部门、本单位的实际情况所作的具体保密规定，都是国家保密法的具体实施规定，违反了这些具体实施规定的，必然违反保密法规，所以在审判实践中都认为属于违反国家保密法的行为。

所谓泄露，就是行为人把自己掌管的或者知道的国家秘密让不应该知道的人知道。泄露行为的方式可以是多种多样的。可以是口头泄露，也可以是书面泄露；可以是用交实物的方法泄露，也可以是用密写、影印、拍摄、复制等方法泄露。泄露的不同方式，不影响泄露国家秘密罪的成立。但是，如果是敌人或者他人以盗窃、侦察、破译、遥测等方式获取了秘密，因而造成的泄露，而本人没有违反保密法规定，不属于泄露国家秘密罪的行为，不能据此而追究主管、经管该项秘密的人员或其他有关人员的泄密责任。

按照本条规定，泄露国家秘密，必须是情节严重的，才构成犯罪。

参照《最高人民检察院关于渎职侵权犯罪案件立案标准的规定》的规定，涉嫌下列情形之一的，应予立案：（1）泄露绝密级国家秘密 1 项（件）以上的；（2）泄露机密级国家秘密 2 项（件）以上的；（3）泄露秘密级国家秘密 3 项（件）以上的；（4）向非境外机构、组织、人员泄露国家秘密，造成或者可能造成危害社会稳定、经济发展、国防安全或者其他严重危害后果的；（5）通过口头、书面或者网络等方式向公众散布、传播国家秘密的；（6）利用职权指使或者强迫他人违反国家保守秘密法的规定泄露国家秘密的；（7）以牟取私利为目的泄露国家秘密的；（8）其他情节严重的情形。

3. 主体要件

本罪的主体一般情况下为特殊主体，只有国家机关工作人员才能构成本罪。因为通常情况只有国家机关工作人员才能掌握、了解国家秘密。非国家机关工作人员也可构成本罪，但性质上不属于渎职罪，为方便起见刑法在条文中作统一规定予以定罪处罚。

4. 主观要件

本罪在主观方面表现为故意，过失不能构成本罪。其动机则多种多样，如为了显示自己消息灵通而加以炫耀；为了贪图私利而加以出售；因贪恋美色或碍于情面而泄露；被威胁利诱而提供等等。

（二）过失泄露国家秘密罪，是指国家机关工作人员违反《保守国家秘密法》的规定，过失泄露国家秘密，情节严重的行为。如果没有违反国家有关保密法规，而是让应当知道的人知悉或依法公开，自然不可能以过失泄露国家秘密罪论处

1. 客体要件

本罪所侵害的客体是国家保密制度。犯罪对象是国家秘密。关于国家秘密的范围、密级，请参见关于故意泄露国家秘密罪的释解。

2. 客观要件

本罪在客观方面表现为违反国家保密法的规定，过失泄露国家秘密，情节严重的行为。如果没有违反国家有关保密法规，而是让应当知道的人知悉或依法公开，自然不可能以过失泄露国家秘密罪论处。所谓过失泄露，是指过失地使国家秘密让不该知道的人知道，既包括使国家秘密被不应知悉的人知悉，又包括使国家秘密超过了限定的接触范围，而不能证明未被不应知悉者知悉。对于后者，如果能够证明接触者并不知悉国家秘密的内容，则不能以本罪治罪。至于过失泄露的具体方式可多种多样，既可以是口头过失泄露，又可以是书面过失泄露；既可以当众过失泄露，又可以单个过失泄露甚至不当面过失泄露；既可以交付原物的方式过失泄露，又可以采用密写、影印、拍摄、复印等方式过失泄露等，不论其方式如何，只要让不该知道的人知道或者接触了国家秘密，即可构成本罪。

3. 主体要件

本罪的主体一般情况下为特殊主体，只有国家机关工作人员才能构成本罪。因为通常情况只有国家机关工作人员才能掌握、了解国家秘密。根据《刑法》第398条第2款的规定，非国家机关工作人员，亦可构成本罪，而成为本罪主体。

4. 主观要件

本罪在主观方面表现为过失，如果出于故意，则不是构成本罪，而是构成故意泄露国家秘密罪。过失，一般是因为疏忽大意、工作马虎、玩忽职守、违反保守国家秘密的有关规章制度等造成，如将保密文件不按规定放置而让他人看见，不认真保管致使丢失等，但也不排除出于过于自信的过失。

二、故意泄露国家秘密罪、过失泄露国家秘密罪案件审理情况

本罪系1997年《刑法》吸收修改1979年《刑法》和附属《刑法》作出的规定。1979年《刑法》第186条规定："国家工作人员违反国家保密法规，泄露国家重要机密，情节严重的，处七年以下有期徒刑、拘役或者剥夺政治权利。""非国家工作人员犯前款罪的，依照前款的规定酌情处罚。"1988年《保守国家秘密法》第31条第1款规定："违反本法规定，故意或者过失泄露国家秘密，情节严重的，依照刑法第一百八十六条的规定追究刑事责任。"1997年《刑法》综合上述规定，对泄露国家秘密犯罪作出规定。

通过中国裁判文书网检索，2018年至2022年，全国法院审结一审故意泄露国家秘密

罪刑事案件共计 24 件，其中，2018 年 8 件，2019 年 5 件，2020 年 9 件，2021 年 2 件；审结一审过失泄露国家秘密罪刑事案件 1 件（2019 年）。

司法实践中，故意泄露国家秘密罪、过失泄露国家秘密罪案件主要呈现出以下特点及趋势：一是故意泄密比过失泄密占比更大，大多数涉案人员具有为谋取私利而故意泄密的动机；二是犯罪手段电子化、网络化趋势明显，相对更加隐蔽，也更易产生上下游犯罪链条。

三、故意泄露国家秘密罪、过失泄露国家秘密罪案件审理热点、难点问题

1. 关于故意泄露国家秘密罪、过失泄露国家秘密罪的主体认定不一。有观点认为，根据《刑法》第 398 条规定，除了国家机关工作人员可构成本罪主体外，还有非国家机关工作人员也可构成此罪，因此，犯罪主体属于一般主体。另一种观点认为，《刑法》第 398 条第 2 款明确规定"非国家机关工作人员犯前款罪的……"根据前款的规定，犯前款罪是指"违反保守国家秘密法的规定……"换言之，该罪即使由非国家机关工作人员来实施，其依然为法定犯，只有根据《保守国家秘密法》的规定负有保密义务并且合法知悉、掌握国家秘密的人员泄露国家秘密才具有违法性，否则该非国家机关工作人员可能构成非法获取国家秘密罪，因此犯罪主体属于特殊主体。上述观点体现出在司法实践中对本罪主体是一般主体还是特殊主体的问题，仍存在一定争议。

2. "故意泄露"行为中的不作为情形与"过失泄露"难以区分。比如，根据《保守国家秘密法》规定，档案管理单位应当对其保密要害部门采取必要的保密措施，但某单位负责人认为没有必要，在技防和人防上都未采取措施，对其疏于管理。如果此时具有国家秘密性质的档案被他人窃取，这种情况下造成的国家秘密泄露就应当属于单位负责人以不作为方式泄露还是过失泄露国家秘密，实践中存在争议。

四、故意泄露国家秘密罪、过失泄露国家秘密罪案件办案思路及原则

1. 准确把握罪与非罪的界限。故意泄露国家秘密罪罪与非罪的界限可以从以下几个方面来把握：其一，看行为人泄露的是否是国家秘密。如果行为人故意泄露的事项不是国家秘密，不构成犯罪。其二，看行为人是否具有泄露国家秘密的故意。行为人构成故意泄露国家秘密罪是以行为人明知泄露的是国家秘密为前提，如果行为人没有认识到或者不明知其行为的对象是国家秘密，对自己的行为性质缺乏认识的，不构成本罪。其三，看行为人的行为是否情节严重。本罪是情节犯，只有行为人泄露国家秘密情节严重，才构成犯罪，如果情节不严重，不构成犯罪。关于情节严重的认定，可以参照有关的司法解释。

过失泄露国家秘密罪罪与非罪的界限可以从以下几个方面来把握：其一，看行为人泄露的是否是国家秘密。如果行为人过失泄露的事项不是国家秘密，不构成犯罪。其二，看行为人是否具有泄露国家秘密的过失。行为人构成过失泄露国家秘密罪以行为人应当预见到自己的行为会泄露国家秘密，因疏忽大意而没有预见到，或者已经预见到而轻信能够避免。如果没有这样的过失心态，不构成本罪。其三，看行为人的行为是否情节严重。本罪是情节犯，如果情节不严重，不构成犯罪。关于情节严重的认定，可以参照有关的司法解释。

2. 准确把握过失泄露国家秘密罪与故意泄露国家秘密罪的区别。过失泄露国家秘密罪与故意泄露国家秘密罪的区别主要表现在主观方面。前者的主观方面是过失，后者的

主观方面是故意。故意泄露国家秘密罪的犯罪主体是明知自己泄露的是国家秘密，明知自己泄露国家秘密要侵犯国家保密制度，而希望或放任危害结果发生。而过失泄露国家秘密罪的犯罪主体是应当预见自己的行为会泄露国家秘密、侵犯国家保密制度，但因疏忽大意没有预见，或者行为人已经预见到而轻信能够避免。

3. 行为人非法获取国家秘密后又过失泄露的，不实行数罪并罚，对之应依照其中的一罪从重处罚。由于非法获取国家秘密属于行为犯，不以情节严重为必要，因此，宜以非法获取国家秘密罪从重论处。

4. 军人过失泄露军事秘密的，应以特别法条规定的军人过失泄露军事秘密罪治罪。非军人过失泄露军事秘密，构成犯罪的，仍是本罪。

第二节　故意泄露国家秘密罪、过失泄露国家秘密罪审判依据

一、法律

1.《刑法》（2020 年 12 月 26 日修正）（节录）

第三百九十八条　国家机关工作人员违反保守国家秘密法的规定，故意或者过失泄露国家秘密，情节严重的，处三年以下有期徒刑或者拘役；情节特别严重的，处三年以上七年以下有期徒刑。

非国家机关工作人员犯前款罪的，依照前款的规定酌情处罚。

2.《保守国家秘密法》（2010 年 4 月 29 日修订）（节录）

第二条　国家秘密是关系国家安全和利益，依照法定程序确定，在一定时间内只限一定范围的人员知悉的事项。

第三条　国家秘密受法律保护。

一切国家机关、武装力量、政党、社会团体、企业事业单位和公民都有保守国家秘密的义务。

任何危害国家秘密安全的行为，都必须受到法律追究。

第九条　下列涉及国家安全和利益的事项，泄露后可能损害国家在政治、经济、国防、外交等领域的安全和利益的，应当确定为国家秘密：

（一）国家事务重大决策中的秘密事项；

（二）国防建设和武装力量活动中的秘密事项；

（三）外交和外事活动中的秘密事项以及对外承担保密义务的秘密事项；

（四）国民经济和社会发展中的秘密事项；

（五）科学技术中的秘密事项；

（六）维护国家安全活动和追查刑事犯罪中的秘密事项；

（七）经国家保密行政管理部门确定的其他秘密事项。

政党的秘密事项中符合前款规定的，属于国家秘密。

第十条 国家秘密的密级分为绝密、机密、秘密三级。

绝密级国家秘密是最重要的国家秘密，泄露会使国家安全和利益遭受特别严重的损害；机密级国家秘密是重要的国家秘密，泄露会使国家安全和利益遭受严重的损害；秘密级国家秘密是一般的国家秘密，泄露会使国家安全和利益遭受损害。

第十一条 国家秘密及其密级的具体范围，由国家保密行政管理部门分别会同外交、公安、国家安全和其他中央有关机关规定。

军事方面的国家秘密及其密级的具体范围，由中央军事委员会规定。

国家秘密及其密级的具体范围的规定，应当在有关范围内公布，并根据情况变化及时调整。

第二十一条 国家秘密载体的制作、收发、传递、使用、复制、保存、维修和销毁，应当符合国家保密规定。

绝密级国家秘密载体应当在符合国家保密标准的设施、设备中保存，并指定专人管理；未经原定密机关、单位或者其上级机关批准，不得复制和摘抄；收发、传递和外出携带，应当指定人员负责，并采取必要的安全措施。

第二十二条 属于国家秘密的设备、产品的研制、生产、运输、使用、保存、维修和销毁，应当符合国家保密规定。

第二十三条 存储、处理国家秘密的计算机信息系统（以下简称涉密信息系统）按照涉密程度实行分级保护。

涉密信息系统应当按照国家保密标准配备保密设施、设备。保密设施、设备应当与涉密信息系统同步规划，同步建设，同步运行。

涉密信息系统应当按照规定，经检查合格后，方可投入使用。

第二十四条 机关、单位应当加强对涉密信息系统的管理，任何组织和个人不得有下列行为：

（一）将涉密计算机、涉密存储设备接入互联网及其他公共信息网络；

（二）在未采取防护措施的情况下，在涉密信息系统与互联网及其他公共信息网络之间进行信息交换；

（三）使用非涉密计算机、非涉密存储设备存储、处理国家秘密信息；

（四）擅自卸载、修改涉密信息系统的安全技术程序、管理程序；

（五）将未经安全技术处理的退出使用的涉密计算机、涉密存储设备赠送、出售、丢弃或者改作其他用途。

第二十五条 机关、单位应当加强对国家秘密载体的管理，任何组织和个人不得有下列行为：

（一）非法获取、持有国家秘密载体；

（二）买卖、转送或者私自销毁国家秘密载体；

（三）通过普通邮政、快递等无保密措施的渠道传递国家秘密载体；

（四）邮寄、托运国家秘密载体出境；

（五）未经有关主管部门批准，携带、传递国家秘密载体出境。

第二十六条 禁止非法复制、记录、存储国家秘密。

禁止在互联网及其他公共信息网络或者未采取保密措施的有线和无线通信中传递国家秘密。

禁止在私人交往和通信中涉及国家秘密。

第二十八条　互联网及其他公共信息网络运营商、服务商应当配合公安机关、国家安全机关、检察机关对泄密案件进行调查；发现利用互联网及其他公共信息网络发布的信息涉及泄露国家秘密的，应当立即停止传输，保存有关记录，向公安机关、国家安全机关或者保密行政管理部门报告；应当根据公安机关、国家安全机关或者保密行政管理部门的要求，删除涉及泄露国家秘密的信息。

第三十条　机关、单位对外交往与合作中需要提供国家秘密事项，或者任用、聘用的境外人员因工作需要知悉国家秘密的，应当报国务院有关主管部门或者省、自治区、直辖市人民政府有关主管部门批准，并与对方签订保密协议。

第三十四条　从事国家秘密载体制作、复制、维修、销毁，涉密信息系统集成，或者武器装备科研生产等涉及国家秘密业务的企业事业单位，应当经过保密审查，具体办法由国务院规定。

机关、单位委托企业事业单位从事前款规定的业务，应当与其签订保密协议，提出保密要求，采取保密措施。

第四十四条　保密行政管理部门对机关、单位遵守保密制度的情况进行检查，有关机关、单位应当配合。保密行政管理部门发现机关、单位存在泄密隐患的，应当要求其采取措施，限期整改；对存在泄密隐患的设施、设备、场所，应当责令停止使用；对严重违反保密规定的涉密人员，应当建议有关机关、单位给予处分并调离涉密岗位；发现涉嫌泄露国家秘密的，应当督促、指导有关机关、单位进行调查处理。涉嫌犯罪的，移送司法机关处理。

第四十五条　保密行政管理部门对保密检查中发现的非法获取、持有的国家秘密载体，应当予以收缴。

第四十八条　违反本法规定，有下列行为之一的，依法给予处分；构成犯罪的，依法追究刑事责任：

（一）非法获取、持有国家秘密载体的；

（二）买卖、转送或者私自销毁国家秘密载体的；

（三）通过普通邮政、快递等无保密措施的渠道传递国家秘密载体的；

（四）邮寄、托运国家秘密载体出境，或者未经有关主管部门批准，携带、传递国家秘密载体出境的；

（五）非法复制、记录、存储国家秘密的；

（六）在私人交往和通信中涉及国家秘密的；

（七）在互联网及其他公共信息网络或者未采取保密措施的有线和无线通信中传递国家秘密的；

（八）将涉密计算机、涉密存储设备接入互联网及其他公共信息网络的；

（九）在未采取防护措施的情况下，在涉密信息系统与互联网及其他公共信息网络之间进行信息交换的；

（十）使用非涉密计算机、非涉密存储设备存储、处理国家秘密信息的；

（十一）擅自卸载、修改涉密信息系统的安全技术程序、管理程序的；

（十二）将未经安全技术处理的退出使用的涉密计算机、涉密存储设备赠送、出售、丢弃或者改作其他用途的。

有前款行为尚不构成犯罪，且不适用处分的人员，由保密行政管理部门督促其所在机关、单位予以处理。

第四十九条 机关、单位违反本法规定，发生重大泄密案件的，由有关机关、单位依法对直接负责的主管人员和其他直接责任人员给予处分；不适用处分的人员，由保密行政管理部门督促其主管部门予以处理。

机关、单位违反本法规定，对应当定密的事项不定密，或者对不应当定密的事项定密，造成严重后果的，由有关机关、单位依法对直接负责的主管人员和其他直接责任人员给予处分。

二、司法解释

《最高人民检察院关于渎职侵权犯罪案件立案标准的规定》（2006 年 7 月 26 日，高检发释字〔2006〕2 号）（节录）

（三）故意泄露国家秘密案

故意泄露国家秘密罪是指国家机关工作人员或者非国家机关工作人员违反保守国家秘密法，故意使国家秘密被不应知悉者知悉，或者故意使国家秘密超出了限定的接触范围，情节严重的行为。

涉嫌下列情形之一的，应予立案：

1. 泄露绝密级国家秘密 1 项（件）以上的；

2. 泄露机密级国家秘密 2 项（件）以上的；

3. 泄露秘密级国家秘密 3 项（件）以上的；

4. 向非境外机构、组织、人员泄露国家秘密，造成或者可能造成危害社会稳定、经济发展、国防安全或者其他严重危害后果的；

5. 通过口头、书面或者网络等方式向公众散布、传播国家秘密的；

6. 利用职权指使或者强迫他人违反国家保守秘密法的规定泄露国家秘密的；

7. 以牟取私利为目的泄露国家秘密的；

8. 其他情节严重的情形。

（四）过失泄露国家秘密案

过失泄露国家秘密罪是指国家机关工作人员或者非国家机关工作人员违反保守国家秘密法，过失泄露国家秘密，或者遗失国家秘密载体，致使国家秘密被不应知悉者知悉或者超出了限定的接触范围，情节严重的行为。

涉嫌下列情形之一的，应予立案：

1. 泄露绝密级国家秘密 1 项（件）以上的；

2. 泄露机密级国家秘密 3 项（件）以上的；

3. 泄露秘密级国家秘密 4 项（件）以上的；

4. 违反保密规定，将涉及国家秘密的计算机或者计算机信息系统与互联网相连接，泄露国家秘密的；

5. 泄露国家秘密或者遗失国家秘密载体，隐瞒不报、不如实提供有关情况或者不采取补救措施的；

6. 其他情节严重的情形。

第三节　故意泄露国家秘密罪、过失泄露国家秘密罪在审判实践中的疑难新型问题

问题 1. 利用中考命题工作的便利将考前辅导内容作为中考试题的行为，能否构成故意泄露国家秘密罪

对于将中考试题故意泄露的行为构成故意泄露国家秘密罪当无疑义，但对利用中考命题工作的便利将考前辅导内容作为中考试题的行为，实践中认定不一。我们认为，主观上，行为人明知自己的先行透露行为及后续的命题行为会造成属国家机密的中考试题泄露的后果，具有泄漏国家秘密的故意。客观上，行为人先行透露了命题内容，使该内容广为传播，后又利用命题人的身份将该内容作为正式试题，造成严重后果。其先行透露加后续命题行为与造成的严重后果具有直接的因果关系。上述行为的性质与先命题后透露的典型泄密行为并无实质的差异，符合故意泄露国家秘密罪的构成要件，构成故意泄露国家秘密罪。

【刑事审判参考案例】李某安、昝某木、李某安故意泄露国家秘密案①

一、基本案情

在孝感市 2002 年中考命题工作开始前，孝感市文昌中学、楚环中学、安陆市实验中学、德安中学、孝南区实验中学、应城市实验中学、云梦县城关中学、实验中学等 8 所学校的有关人员先后找到被告人李某安打听 2002 年中考政治考试内容，李某安向上述人员分别讲了 2002 年中考重点是"三个代表"中的第三个代表，加入世贸组织以及今年 4 月中旬《工人日报》上所登载的我国企业和外国企业在技术上和人才上的差距等内容，并接受上述人员吃请和收受所送现金 3000 元及烟、茶等物。上述人员根据李某安讲述的内容整理成备考资料后印发给学生。2002 年 5 月 21 日下午，李某安接到参加中考命题的通知（后被任命为孝感市 2002 年中考政史命题组组长）。次日上午 9 时许，汉川市城关中学的政治老师王某宏从汉川赶到孝感找到李某安打听考试的有关情况，李某安将政治考试的重要内容、答题方法告诉了王德宏，并收受现金 200 元。在命题过程中，李某安违反孝感市教育局有关命题时应回避自己在考试辅导中用过的原题的规定，将自己多次透露的内容编排进了这次政治考试卷中，造成 2002 年孝感市中考政治试题在考前大范围泄露，考生中考政治成绩作废。2002 年 5 月中旬，时任孝感市教育局教研室历史教研员的被告人昝某木编写了一套历史试题及答案。后在孝感文昌中学、孝南区实验中学、孝南区杨店中学、安陆市德安中学、汉川市城关中学、安陆市实验中学等 10 余所学校的历史老师找其打听 2002 年孝感市中考历史科目的考试内容时，昝某木向他们谈到赵薇穿日本军旗

① 王志辉、陈琴：《李某安、昝某木、李某安故意泄露国家秘密案——利用中考命题工作的便利将考前辅导内容作为中考试题的行为能否构成故意泄露国家秘密罪》，载中华人民共和国最高人民法院刑事审判第一、二庭编：《刑事审判参考》（总第 33 集），指导案例第 258 号，法律出版社 2003 年版，第 53 页。

服的事件、共产党在不同历史时期的土地政策等历史科目的主要内容，并接受吃请，收受现金 2000 余元。上述人员根据昝某木讲述的重点内容整理成备考资料印发给学生。5月 22 日上午 8 时许，昝某木将自己事前编好并已泄漏大部分内容的历史试题委托李某安交给参加孝感市 2002 年中考历史命题的被告人李某安，作为 2002 年中考历史科目的考试内容，并叮嘱"大题不要动，小题可以变动"。次日下午，李某安利用担任中考政史命题组组长的职务便利，在命题地将昝某木的历史试题交给李某安，要求李某安将其作为2002 年中考历史科目的考试内容，并要求李某安在命题时：可以变动选择题，简答题及分析说明题不要作变动，"这是最高指示"。李某安在命题过程中，采用该试题的原题分值达 42 分，占总分为 50 分的中考历史试卷的 84%。因孝感市教育局获知中考历史试题已被泄露，决定重新命题制卷，致使已印好的历史试卷全部作废。

二、案例评析

利用参加中考命题工作的便利将考前辅导内容作为正式试题，情节严重的，应当以故意泄露国家秘密罪定罪处罚。根据《刑法》第 398 条的规定，故意泄露国家秘密罪是指国家机关工作人员或其他有关人员，违反保守国家秘密法规，故意使国家秘密被不应知悉者知悉，或者故意使国家秘密超出了限定的接触范围，情节严重的行为。《保守国家秘密法》第 2 条规定："国家秘密是关系国家的安全和利益，依照法定程序确定，在一定时间内只限一定范围的人员知悉的事项。"第 10 条规定："国家秘密及其密级的具体范围，由国家保密工作部门分别会同外交、公安、国家安全和其他中央有关机关规定。"1989 年 12 月 13 日，国家保密局和国家教委联合发布了《教育工作中国家秘密及其密级具体范围的规定》，明确国家秘密包括"地区（市）级以上政府教育行政部门及其所属考试机构组织的各类高等及中等教育统一考试在启用之前的试题（包括副题）、参考答案和评分标准，命题工作及其人员的有关情况"。因此，故意使中等教育统一考试试题、参考答案、评分标准命题工作及其人员的有关情况被不应知悉者知悉的，属于故意泄漏国家秘密。由于中等教育统一考试的特点，中等教育统一考试的试题、参考答案、评分标准、命题工作及其人员的有关情况作为国家秘密，有一定的保密期限。依照《国家保守秘密期限的规定》，孝感市 2002 年中等教育统一考试试题的保密期限应从 2002 年 5 月 22 日起至 2002 年 6 月 2 日止。从形式上看，被告人李某安在保密期限内并没有故意使国家秘密被不应知悉者知悉，或者故意使国家秘密超出了限定的接触范围，而是利用参加孝感市2002 年中考政治命题工作的便利，在保密期限内将在考前的辅导内容直接作为孝感市2002 年中考政治试题。对于这种行为能否以故意泄漏国家秘密罪处罚呢？我们认为，作为孝感市教育局教研室教研员，被告人李某安与有关中学教师探讨教学重点，介绍答题方法，属于正常的教学研究活动。但是，被告人李某安对于孝感市的中考命题工作通常由孝感市教育局教研室教研员承担这一惯例是心知肚明的，孝感市各中学的教师对此也非常清楚。事实上，孝感市一些中学的政治教师正是由于被告人李某安在通常情况下仍将承担 2002 年中考政治试题的命题工作才找到其探听试题的。被告人李某安在明知自己很可能被任命为中考政治试卷命题人员的情况下，当有关学校政治教师向其打听中考试题内容时，将自己的命题方案先行透露给他们；在被正式通知为中考政治试卷命题人后，虽然未直接向他人泄露考试内容，但又违反命题规则和保密纪律，故意有针对性地将其曾透露给有关教师的内容作为中考政治试卷的主干命题。主观上，被告人李某安明知自己的先行透露行为及后续的命题行为会造成属国家机密的中考试题泄露的后果，仍实施了上述行为，其具有泄漏国家秘密的故意。客观上，李某安先行透露了"命题"内容，使该内容广为传播，后又利用命题人的身份将该内容作为正式试题，造成了参加孝感市2002年中考的考生政治成绩全部作废的严重后果。其先行透露加后续命题行为与造成的严重后果具有直接的因果关系。上述行为的性质与先命题后透露的典型泄密行为并无实质的差异。被告人李某安的行为符合故意泄露国家秘密罪的构成要件，构成故意泄露国家秘密罪。

问题2. 辩护律师将在法院复制的案件证据材料让被告人亲属查阅的行为是否构成犯罪

故意泄露国家秘密罪是指国家机关工作人员或者非国家机关工作人员违反保守国家秘密法，故意使国家秘密被不应知悉者知悉，或者故意使国家秘密超出了限定的接触范围，情节严重的行为。刑事被告人的辩护律师，并非国家机关工作人员，也不属于可能知悉或掌握国家秘密的非国家机关工作人员，故犯罪主体不适格。辩护律师通过合法手段获取的案件材料，但检察机关没有标明密级，也无人告知案件材料中涉及国家秘密，不得泄露给他人，律师便没有将案件材料当作国家秘密加以保护的义务，对于案件材料内容泄露的行为亦不存在主观故意。刑事被告人的辩护律师，将通过合法手段获得案件材料让当事人亲属查阅，不构成故意泄露国家秘密罪。

【刑事审判参考案例】 于某故意泄露国家秘密案①

一、基本案情

2000年8月21日，被告人于某接受马某刚之妻朱某荣的委托，担任马某刚涉嫌贪污犯罪一案的辩护人。2001年11月1日，沁阳市人民检察院以马某刚犯贪污罪向沁阳市人民法院提起公诉，并移送该案主要证据的复印件6本，计421页。11月3日，朱某荣得知该案已到法院，即与于某联系。当日下午，于某安排本所助理律师卢某前往沁阳。下午2时左右，卢某与朱某荣、马某（马某刚之子）、马某魁（马某刚之弟）一同来到沁阳市人民法院立案庭，卢某在向法院递交辩护函后，将公诉机关移送到法院的马某刚贪污案的主要证据材料借出，并到复印部复印。复印结束后朱某荣向卢某提出要看所复印的材料，卢某没同意，并答复要看须请示于某律师同意。马某魁听后用手机拨通于某的电话，并向于某提出看卷意图，于某表示同意，并在电话中交待卢某把复印材料留给朱某荣等人。当晚朱某荣、马某、马某魁详细翻阅了马某刚一案的有关起诉材料、证据，并进行了研究。朱某荣根据卷宗材料与所涉及的证人逐一进行了联系，并做了相应的工作。11月8日、10日，于某来沁阳调查取证时，马某刚贪污一案卷宗材料所涉及的证人张某田、吕某旗、侯某刚等人均向其出具了相应的虚假证明。2000年11月11日中午，于某从沁阳调查取证返回焦作时，因卷宗材料所涉及的证人王某胜的证明未能取到，又将卢某复印的卷宗材料卷6留下给朱某荣。朱某荣拿卷宗材料卷6于11月13日找到王某胜，让王某胜阅读马某刚的供述。王某胜根据马某刚的供述出具了一份虚假证明。2000年11

① 罗国良：《于某故意泄露国家秘密案——辩护律师将在法院复制的案件证据材料让被告人亲属查阅的行为是否构成犯罪》，载中华人民共和国最高人民法院刑事审判第一、二庭编：《刑事审判参考》（总第28集）指导案例第210号，法律出版社2003年版，第83页。

月 15 日，马某刚贪污一案公开开庭审理，庭审期间，于某出具了有关证人出具的虚假证言及证明材料后，公诉机关两次提出延期审理的建议，决定补充侦查。经河南省国家保密局、焦作市国家保密局鉴定，于某让马某刚家属所看的马某刚贪污一案的卷宗材料均属机密级国家秘密。

二、案例评析

首先，从犯罪对象来分析。《刑法》第 398 条第 1 款规定："国家机关工作人员违反保守国家秘密法的规定，故意或者过失泄露国家秘密，情节严重的，处三年以下有期徒刑或者拘役；情节特别严重的，处三年以上七年以下有期徒刑。"因此，故意泄露国家秘密罪的犯罪对象是国家秘密，而本案中被告人于某（辩护律师）让马某刚（贪污案被告人）亲属查阅的在法院复制的案件证据材料不属于国家秘密。理由如下：

1. 检察部门的保密规定（1996 年 1 月 15 日起生效的《检察工作中国家秘密及其密级具体范围的规定》及其附件《确定检察诉讼文书密级和保密期限的规定》）将检察机关直接受理案件中的"讯问被告人笔录"和"询问证人证言"确定为机密级国家秘密，其目的主要是为保障案件侦查的顺利进行，约束检察人员，禁止其泄漏这些材料。根据《刑事诉讼法》第 36 条第 1 款的规定，辩护律师在人民检察院审查起诉阶段可以查阅、摘抄、复制案件的诉讼文书和技术鉴定材料，但不包括"讯问被告人笔录"和"询问证人证言"在内的指控犯罪事实的材料。由于在这一阶段，律师不可能接触到涉及犯罪事实的材料，因此，检察部门的保密规定并不适用于辩护律师。除非辩护律师通过非正常渠道知悉这些材料（这本身就表明国家秘密已被泄露）后再将其透露给其他人。

2. 当案件移送到法院后，这些材料是否还属于国家秘密则取决于该案件是否属于涉及国家秘密的案件，或者该材料是否确定并标明密级和保密期以及法院系统的现行保密规定。从本案涉及的马某刚贪污案来看，该案只是一起普通的贪污案件，并非涉及国家秘密的案件。再从法院系统的现行保密规定来看，并未将涉及国家秘密案件以外的案件包括"讯问被告人笔录"和"询问证人证言"在内的指控犯罪事实的材料规定为国家秘密。因此，辩护律师将在起诉后、开庭前和开庭中将依法查阅、摘抄、复制的有关"讯问被告人笔录"和"询问证人证言"的证据材料，向外传播、泄漏的，并不能构成泄漏国家秘密罪。当然，如果辩护人利用这些知悉的材料，引诱有关证人违背事实改变证言或作伪证的，因而涉嫌犯妨害作证罪的，则是另外一回事。

3. 检察部门的保密规定虽将"讯问被告人笔录"和"询问证人证言"的保密期限规定为"庭审前"，但是这个规定与刑事诉讼法的规定相背离。《刑事诉讼法》第 26 条第 2 款规定："辩护律师自人民法院受理案件之日起，可以查阅、摘抄、复制本案所指控的犯罪事实的材料，可以同在押的被告人会见和通信。其他辩护人包括被告人的亲属经人民法院许可，同样也可以查阅、摘抄、复制上述材料，同在押的被告人会见和通信。"其中，所谓"犯罪事实的材料"主要是指包括被告人供述、证人证言在内的各种证据材料。这是因为，案件一旦起诉，包括被告人供述、证人证言等所有的证据材料都必须在庭上公开出示、宣读并经质证，不再有任何秘密可言，已不再属于国家秘密，故法律并不禁止律师或其他辩护人将其交予他人阅知。可见，将上述材料的保密期限表述为"庭审前"并不正确，应当说，上述所谓的"犯罪事实材料"包括被告人供述、证人证言在内的各种证据材料，一经起诉并移送到法院，即告失密。根据这样的理解，本案被告人于某让马某刚亲属查阅的在法院复制的案件证据材料不属国家秘密。其次，从犯罪主体方面来分析。故意泄露国家秘密罪的主体是国家机关工作人员以及因故知悉国家秘密的非国家机关工作人员，但本案被告人系辩护律师，根据《律师法》的规定，是"为社会提供法律服务的执业人员"，并非国家机关工作人员，更不属于检察部门保密规定所约束的本系统的国家秘密的知悉人员，且法院系统的保密规定亦未将案件证据材料确定为国家秘密，本案被告人自然没有将案件证据材料作为国家秘密加以保守的义务。一审法院将辩护律师认定为负有特定义务的国家机关工作人员，显然是错误的。再次，从犯罪主观方面来分析。故意泄露国家秘密罪的主观要件是明知为国家秘密而故意加以泄露。由于检察部门以及法院系统的保密规定本身都是秘密文件，被告人于某对这些文件及其内容不可能知悉；根据国家保密法及检察部门的保密规定，各级检察机关应依照规定对诉讼活动中形成的诉讼文书标明密级和保密期，对那些不宜直接标明的，须告知应知悉者并作文字记载，而本案的犯罪对象即在法院复制的案件证据材料既未标明密级和保密期，检察部门也未告知应知悉者并作文字记载，因此，本案被告人于某主观上根本不可能明知在法院复制的案件证据材料为国家秘密，其不具备犯罪故意。

综上，辩护律师于某将在法院复制的案件证据材料让被告人亲属查阅的行为不构成故意泄露国家秘密罪。

问题3. 如何区分故意泄露国家秘密罪与侵犯商业秘密罪[①]

【实务专论】

一般来说，侵犯商业秘密罪与故意泄露国家秘密罪区别是比较明显的。其一，犯罪客体不同。侵犯商业秘密罪的犯罪客体是扰乱市场秩序，犯罪对象是商业秘密权利人的商业秘密，而故意泄露国家秘密的犯罪客体是破坏国家的保密制度。犯罪对象是国家秘密。其二，犯罪客观方面不同。侵犯商业秘密罪的犯罪行为表现方式多样，包括以盗窃、利诱、胁迫等非法手段获取权利人商业秘密的行为，披露、使用或者允许他人使用以各种非法手段获取的权利人商业秘密的行为，违反约定或者违反权利人有关保守商业秘密的要求，披露、使用或者允许他人使用其所掌握的商业秘密的行为，还包括明知或应知前列行为而获取、使用或者披露他人的商业秘密的行为。而泄露国家秘密罪的犯罪行为表现方式是泄露，即使国家秘密让不应该知道的人知道。其三，犯罪主体不同，侵犯商业秘密罪的主体是一般主体，而且除自然人主体外，单位也可以成为侵犯商业秘密罪的主体。而故意泄露国家秘密罪的主体只能是自然人，单位不能成为故意泄露国家秘密罪的主体。

而对于国家秘密与商业秘密存在重合部分的，如国家秘密中有些应属于商业秘密，或者商业秘密中有些属于国家秘密。如果行为人披露或者泄露这些秘密，并给国家造成重大损失的，那么其行为既触犯了侵犯商业秘密罪，又触犯了故意泄露国家秘密罪。此时构成想象竞合关系，应该从一重罪处理。

---

① 周强总主编：《中华人民共和国刑法案典》（下），人民法院出版社2016年版，第2294页。

问题4. 如何区分故意泄露国家秘密罪与为境外窃取、刺探、收买、非法提供国家秘密、情报罪①

【实务专论】

故意泄露国家秘密罪与为境外窃取、刺探、收买、非法提供国家秘密、情报罪。两者的区别主要表现在：其一，犯罪客体不同。为境外窃取、刺探、收买、非法提供国家秘密、情报罪侵犯的客体是国家安全，而泄露国家秘密罪侵害的客体是国家保密制度。其二，犯罪客观方面不同。为境外窃取、刺探、收买、非法提供国家秘密、情报罪的犯罪行为表现为为境外的机构、组织、人员窃取、刺探、收买、非法提供国家秘密或者情报，犯罪行为的表现方式比较多，而故意泄露国家秘密罪的犯罪行为表现方式是泄露国家秘密。此外，在后罪中行为人只要实施了上述行为，危害国家安全，即可能成立犯罪，没有情节要求。而故意泄露国家秘密罪，行为人除实施了泄露国家秘密的行为外，还必须要求情节严重才能构成犯罪。其三，犯罪故意内容不同。故意泄露国家秘密罪只要求行为人明知自己泄露的是国家秘密，明知自己实施了泄露国家秘密的行为，而为境外窃取、刺探、收买、非法提供国家秘密、情报罪不但要求行为人明知为境外机构、组织、人员窃取、刺探、收买、非法提供的是国家秘密或者情报，而且要求明知是为境外机构、组织、人员窃取、刺探、收买、非法提供。

而对于国家机关工作人员或非国家机关工作人员将其所知悉的国家秘密泄露给境外的机构组织或者人员这种行为如何认定，我们认为，此时应该分析考察行为人对其受密对象是境外的机构、组织或者人员的身份性质是否明知，如果明知其受密对象是境外的机构、组织或者人员而仍将国家秘密对其泄露，应构成为境外窃取、刺探、收买、非法提供国家秘密、情报罪；如果不明知其受密对象是境外的机构、组织或者人员而意外地将国家秘密泄露给境外的机构、组织或者人员，不能认定构成为境外窃取、刺探、收买、非法提供国家秘密、情报罪，而只能认定构成故意泄露国家秘密罪。

问题5. 如何区分故意泄露国家秘密罪与间谍罪②

【实务专论】

两罪的区别主要表现以下两点：其一，两罪犯罪客体不同。间谍罪侵犯的客体是国家安全，而泄露国家秘密罪侵害的客体是国家保密制度。其二，犯罪客观方面不同。虽然间谍罪可以表现为泄露国家秘密的方式，但行为人必须是参加间谍组织或者受间谍组织及其代理人的任务后提供国家秘密。故意泄露国家秘密罪是在没有参加间谍组织或者接受间谍组织及其代理人的任务的情况下泄露国家秘密罪。向间谍组织及其代理人提供国家秘密的构成间谍罪，向其他人提供国家秘密的构成故意泄露国家秘密罪。

---

① 周强总主编：《中华人民共和国刑法案典》（下），人民法院出版社2016年版，第2294页。
② 周强总主编：《中华人民共和国刑法案典》（下），人民法院出版社2016年版，第2295页。

问题6. 如何区分故意泄露国家秘密罪与故意泄露军事秘密罪①

【实务专论】

故意泄露军事秘密罪与故意泄露国家秘密罪的主要区别是：

1. 犯罪主体不同。故意泄露军事秘密罪的主体限于军人，而故意泄露国家秘密罪的主体包括达到刑事责任年龄、具有刑事责任能力的所有自然人。

2. 犯罪客体不同。故意泄露军事秘密罪侵害的客体是国家的国防安全和军事利益，这是故意泄露国家秘密罪与故意泄露军事秘密罪的主要区别所在。

3. 犯罪客观方面表现不同。故意泄露军事秘密罪的行为发生在战时，法律明文规定了独立的法定刑，提高了量刑幅度，而故意泄露国家秘密罪中，战时仅可作为衡量情节严重与否的一个因素。

军人泄露军事秘密的，应以特别法条规定的故意泄露军事秘密罪治罪。非军人泄露军事秘密，构成犯罪的，仍是故意泄露国家秘密罪，而不是故意泄露军事秘密罪。

两罪最主要的区别在于犯罪对象不同。故意泄露国家秘密罪泄露的秘密是国家秘密，而故意泄露军事秘密罪泄露的秘密是国家军事秘密。

问题7. 司法人员在办案过程中，把其他被告人的供述透露给当事人的行为，应当如何认定

司法人员向当事人泄露案件秘密，属于徇私枉法、徇情枉法，对明知是有罪的人故意包庇不使其受追诉的，构成徇私枉法罪。

【人民法院案例选案例】程某华徇私枉法案②

一、基本案情

2000年10月，被告人程某华在担任原常州市郊区人民检察院审查起诉科科长期间，接受朋友许某平等人宴请吃饭，席间许某平、黄某晖谈及正由郊区人民检察院侦查的中铁一建经理张某政、副经理姚某海、申某生涉嫌贪污、挪用公款案。程某华提出等这个案件过来再说，临走时收受许某平送的2条香烟。

2000年11月29日，上述案件移送审查起诉后，由被告人程某华承办。在程某华初步阅看了案卷材料后，许某平等人再次约请程某华吃饭，饭后程某华向黄某晖、许某平泄露张某政对与姚某海、申某生、夏某堂、李某祥共同贪污30万元之事一直未承认，姚某海、申某生在审查起诉前也均已翻供，并谈了自己对案件的看法。程某华授意黄某晖写材料寄给有关方面，为开脱张某政的罪责创造条件。三人分手后，黄某晖、许某平即赶到李某祥家中，将张某政一直不承认共同贪污30万元之事透露给李某祥，李表示今后也不再承认此事了。2000年12月19日晚上，被告人程某华约许某平、黄某晖吃饭，三人吃完晚饭到一浴室包厢内，黄某晖把写的材料给程看，程看后说可以寄了，同时程把当天提审张某政、申某生的笔录及申某生写给反贪局韩筱筠的一封信给黄某晖、许某平

① 张军主编：《刑法（分则）及配套规定新释新解》（第9版）（下），人民法院出版社2016年版，第2068页。

② 朱向群：《程某华徇私枉法案》，载最高人民法院中国应用法学研究所编：《人民法院案例选》（总第47辑），人民法院出版社2004年版。

阅看，并分析刘德明是否经手张某政 22 万元集资款对 30 万元共同贪污之事是否存在是关键。得悉案情后，黄、许当晚又赶到李某祥家进行串供，让李作证看到张某政把 22 万元交给夏某堂了（因张某政供述未共同贪污 30 万元，他有 30 万集资款，其中 22 万元是刘德明为他收回的个人集资款，他交给夏某堂了）。2000 年 12 月 27 日，被告人程某华向夏某堂取证时，当夏提出钱退清了是否可以不作处理时，程某华故意答复退钱只是从轻处罚条件，不等于免除处罚，使夏某堂推翻了原有供述，否认五人共同贪污 30 万元之事。在夏对 30 万元来源无法说清时，程某华又违背取证的法律规定，叫刘德明到场将交给夏某堂 22 万元的过程讲给夏某堂听，夏某堂在程某华引导下根据刘德明的说法对 30 万元的来源作了虚假陈述，致使该笔 30 万元共同贪污的事实一时难以认定。

2000 年 12 月 29 日左右，被告人程某华分别向原郊区人民检察院领导和上级业务部门汇报，提出该案在事实和证据上有问题，原郊区人民检察院领导从收到的黄某晖所写的匿名信中察觉该案有泄密情况，即责令程某华交出案件材料，更换案件承办人。由于被告人程某华在审查起诉过程中违反法律，故意泄露案情，致使该院重新组织力量进行补充侦查，严重影响案件正常诉讼。该案经补充侦查并提出公诉后，原郊区人民法院于 2002 年 1 月 17 日作出一审判决，以被告人张某政犯有贪污、挪用公款等罪判处有期徒刑十八年，剥夺政治权利三年，没收财产人民币 80000 元，罚金人民币 30000 元，对姚某海、申某生亦作了有罪判决。张某政等人不服提出上诉。2002 年 4 月 22 日常州市中级人民法院作出裁定驳回上诉，维持原判。

二、案例评析

在本案审理过程中，对被告人程某华的行为构成什么罪有两种意见：

一种意见认为，被告人程某华的行为构成泄露国家秘密罪，认定徇私枉法罪证据不足。理由是：从主观方面看，徇私枉法罪要求行为人明知他人有罪而故意包庇不使其受追诉。从本案来看，在 30 万元共同贪污问题上，郊区反贪局在侦查环节所形成的 5 人的供述，虽夏某堂、李某祥的供述以 30 万元是一直承认的，但张某政始终不承认共同贪污之事，姚某海、申某生先承认后均翻供。五人供述有认有否，程某华有理由对张某政是否有罪提出怀疑。此外，黄某晖、许某平证词均反映了他们与程某华多次"交往"的经过，从这些证词中也反映不出程某华确定存在 30 万元共同贪污之事。故从现有证据认定程某华明知张某政有罪证据不足。其次，从程某华的客观行为看，他向黄某晖、许某平泄露了张某政、姚某海、申某生在侦查环节的供述情况，并把其提审张某政、申某生的笔录及申给韩筱筠的信给黄、许看，还把他到中铁一建取证的情况泄露给黄某晖。他有多次泄露案件秘密的行为，但无证据证实他实施了毁灭或隐匿罪证、虚构无罪证据、伪造证据、违反法律规定擅自作出处理决定等行为，而上列行为恰恰是枉法行为的具体实施手段。故从程某华行为的主观方面及客观方面分析，均不符合徇私枉法罪的特征，而是符合泄露国家秘密罪的特征。

另一种意见认为，被告人程某华的行为应构成徇私枉法罪。我们同意这种意见。在本案中，被告人程某华是否构成徇私枉法罪关键在于被告人程某华是否明知他人有罪而故意包庇不使其受追诉。所谓"有罪"，按照刑法的解释方法可以对其作文理解释和论理解释。文理解释是对法律条文的意义在文理上的解释。按照文理解释的要求，"有罪"必须是经过法院依法判决确定其有罪。主张程某华的行为不构成徇私枉法罪的同志就是对"有罪"作的文理解释。论理解释是按照立法精神，联系有关情况，从逻辑上所作的解释。论理解释又分为当然解释、扩张解释和限制解释。当然解释是指刑法规定虽未明示某一事项，但依规范目的、事物属性和形式逻辑，将该事项当然包括在该规范适用范围之内的解释；限制解释是根据立法原意，对刑法条文作狭于字面意思的解释；扩张解释是根据立法原意，对刑法条文作超出字面意思的解释。我们认为：根据《刑法》第 399 条在文字上的表述及立法精神，徇私枉法罪所涉及的"有罪"，即是指涉嫌犯罪，也就是对"有罪"要作扩张解释。从本案事实来看，张某政等人贪污、挪用公款案在郊区检察院反贪局侦查终结后移送该院起诉科审查起诉，此时张某政等人的身份是犯罪嫌疑人，即张某政等人涉嫌犯罪。被告人程某华在审查起诉过程中，通过阅卷已了解到李某祥、夏某堂对 30 万元共同贪污之事供认不讳，申某生与姚某海则先供后翻，根据程某华的业务水平、对法律知识的掌握，他应当能够判断出被告人张某政涉嫌犯罪。被告人程某华在明知他人有罪的情况下，实施了泄露案件秘密、授意他人写匿名信、违背法律规定程序取证等一系列包庇行为，目的就是为了使张某政的贪污问题不受追诉。综上，被告人程某华明知张某政有罪而故意包庇不使其受追诉，其行为符合徇私枉法罪的特征，故应认定其构成徇私枉法罪。

编后记

刑事审判要兼顾天理国法人情，以严谨的法理彰显司法的理性，以公认的情理展示司法的良知，做到既恪守法律，把案件的是非曲直、来龙去脉讲清楚，又通达情理，让公众理解和认同裁判结果，让人民群众感受到刑事司法有力量、有是非、有温度。为准确适用刑事法律规范，提高刑事法律工作者的办案水平，《刑事法律适用与案例指导丛书》应时而生。

丛书付梓在即，回顾成书之路，感慨万千。丛书自策划至今历时三年有余，其间虽有疫情的阻断，也有服务于最高人民法院的出版工作穿插，但编辑团队未曾懈怠，持续推进丛书的编辑工作，收集、筛选了刑事方面近十年的权威、典型、有指导意义的案例，刑事法律法规、司法解释、刑事审判政策，最高人民法院的权威观点等，线上线下召开丛书编撰推进会十七次，统一丛书编写内容要求、编写规范与体例，并先后赴天津高院、重庆高院、黑龙江高院、云南高院、上海一中院、重庆五中院等地方法院开展走访、座谈调研。为保证丛书内容权威、准确，不断充实作者团队，邀请最高人民法院咨询委员会副主任、中国法学会案例法学研究会会长胡云腾作为丛书总主编全程指导，吸纳最高人民法院对口领域的专家型法官作为审稿专家，对丛书内容观点进行审定。2023 年 8 月底，在云南省高级人民法院的大力指导协助下，出版社组织丛书各卷作者在云南召开编写统稿会，研讨争议观点，梳理类案裁判规则，对丛书的内容进行最后把关敲定。

丛书汇聚了诸多领导、专家及法官的思想、经验与智慧。最高人民法院刑二庭庭长王晓东、最高人民法院研究室主任周加海、上海市高级人民法院副院长黄祥青、最高人民法院刑三庭副庭长陈学勇、最高人民法院刑五庭副庭长欧阳南平、国家法官学院教授袁登明、最高人民法院研究室刑事处处长喻海松等领导专家在百忙之中抽出宝贵时间参与指导并审定具体内容，提供具体详细的修改建议，给予了大力支持与帮助，在此表示衷心的感谢！特别指出的是，陈学勇副庭长、欧阳南平副庭长克服巨大的工作压力，利用休息时间，认真审读书稿，为我们提供了长达十几页的意见建议，让我们十分感动！北京高院、天津高院、黑龙江高院、上海高院、江苏高院、浙江高院、山东高院、云南高院、重庆高院、天津一中院、上海一中院、重庆五中院等各卷作者积极组织、参与线下座谈调研及线上统稿会，提供地方法院典型案例，充实丛书内容，感谢各法院的鼎力支持，感谢各位作者在繁忙的工作之余为撰写丛书付出的辛勤劳动和智慧！

同时，编辑团队也为丛书的出版做了大量工作，付出了大量心血。丛书策划方案形成后，出版社教普编辑部和实务编辑部随即组成丛书编辑团队落地推进。从前期资料收集与汇总整理、问题提炼、目录编制、内容填充修改、对接地方法院、形成初始素材，到后期提交专家审定、再次打磨等，在编辑团队的合理分工和成员间的高效配合下，丛书最终得以顺利出版。在此，也要感谢我们曾经的伙伴杨钦云、邓灿、卢乐宁在丛书编创初期所做的大量工作和辛苦付出！

最后，特别感谢，最高人民法院咨询委员会副主任、中国法学会案例法学研究会会长胡云腾对整套丛书给予的指导与大力支持，感谢上海市高级人民法院副院长黄祥青在云南丛书编写统稿会期间的全程主持评议、研讨指导与帮助！

《刑事法律适用与案例指导丛书》的付梓凝聚了作者团队与编辑团队的辛勤付出与汗水，但面对刑事审判实践中层出不穷的问题，仍然显得汲深绠短，诚望广大读者提出宝贵意见，使本书不断完善，真正成为广大参与刑事诉讼工作的法律工作者把握刑事法律规范政策精神实质、解决刑事审判实务问题的良朋益友！

编者

2023 年 10 月 20 日